Heinrich Flatten

Gesammelte Schriften zum kanonischen Eherecht

HEINRICH FLATTEN

Gesammelte Schriften zum kanonischen Eherecht

Herausgegeben
von
Hubert Müller

1987

FERDINAND SCHÖNINGH
PADERBORN · MÜNCHEN · WIEN · ZÜRICH

CIP-Kurztitelaufnahme der Deutschen Bibliothek

Flatten, Heinrich:
Gesammelte Schriften zum kanonischen Eherecht /
Heinrich Flatten. Hrsg. von Hubert Müller. —
Paderborn; München; Wien; Zürich;
Schöningh, 1987.
　ISBN 3-506-72553-X
NE: Flatten, Heinrich: [Sammlung]

© 1987 Ferdinand Schöningh, Paderborn
(Verlag Ferdinand Schöningh, Jühenplatz 1, D 4790 Paderborn)

Alle Rechte vorbehalten. Dieses Werk sowie einzelne Teile desselben sind urheberrechtlich geschützt. Jede Verwertung in anderen als den gesetzlich zugelassenen Fällen ist ohne vorherige schriftliche Zustimmung des Verlages nicht zulässig.

Printed in Germany. Gesamtherstellung: Ferdinand Schöningh.

ISBN 3-506-72553-X

Inhaltsverzeichnis

Vorwort des Herausgebers	VII
Der Ausschluß der ehelichen Treuepflicht im kanonischen Eheprozeß	1
Zur exclusio prolis im kanonischen Eheprozeß	13
Absoluter Ehekonsens trotz bedingtem Heiratsentschluß?	22
Ehekonsens und Geisteskrankheit	41
Ehenichtigkeit bei Vorbehalt gegen die Unauflöslichkeit der Ehe oder den Kindersegen	56
Zum Inhalt des Ehekonsenses	80
Das Verhältnis von Vorbehalt und Bedingung. Versuch einer Abgrenzung zwischen c. 1086 und c. 1092	101
Irrtum und Täuschung bei der Eheschließung nach kanonischem Recht	123
Die Mischehenkautionen bei physischer Unmöglichkeit künftiger Nachkommenschaft	180
Der Ehekonsens als consensus de praesenti	203
Die freie Beweiswürdigung im kanonischen Prozeß	232
Die Koppelung der Klagegründe metus und simulatio im Ehenichtigkeitsurteil	256
Der error qualitatis dolose causatus als Ergänzung zu c. 1083 § 2 CIC	268
Quomodo matrimonium contrahentes iure canonico contra dolum tutandi sint	283
Zur Problematik der bedingten Eheschließung im kanonischen Recht	299
Der Streit um ‚ius' oder ‚exercitium iuris' in der jüngsten eherechtlichen Diskussion	323

Gilt bei c. 1086 § 2 heute noch die Unterscheidung von Nichtverpflichtungswillen und Nichterfüllungswillen?	334
Um eine sogenannte Josefsehe	356
De sententia nullitatis matrimonii, tum e capite metus tum e capite simulationis ferenda	366
Das Ärgernis der kirchlichen Eheprozesse	379
Zur Urteilsnichtigkeit im kirchlichen Eheprozeß wegen Verkürzung des Verteidigungsrechtes	403
Zur Reform des kirchlichen Eheprozesses. Das Motu proprio Papst Pauls VI. „Causas matrimoniales" vom 28. März 1971	416
Der Eheprozeß im Entwurf zum künftigen Codex Iuris Canonici	440
Nichtigerklärung, Auflösung und Trennung der Ehe	477
Die Eheverfahren	491
Die Gerichtszuständigkeit bei Wiederaufnahme eines abgebrochenen Eheprozesses	509
Bibliographie Heinrich Flatten	519
Personenregister	531
Sachwortregister	533
Stellenregister	545
1. CIC/1917	545
2. CIC/1983	547
3. Rota-Urteile	548

Vorwort des Herausgebers

Die Vollendung des 80. Lebensjahres von Heinrich Flatten, dem emeritierten Ordinarius für Kirchenrecht an der Katholisch-Theologischen Fakultät der Universität Bonn, am 25. Januar 1987 ist ein willkommener Anlaß, eine Auswahl der weit verstreut erschienenen, nicht immer leicht zugänglichen Beiträge des hochangesehenen Kanonisten herauszugeben.

Die vorliegende Sammlung der unverändert abgedruckten, chronologisch angeordneten Studien bietet nicht einen Querschnitt durch das umfängliche wissenschaftliche Werk des Jubilars, das in seinen vielfältigen Publikationen und zahlreichen Gutachten nahezu alle Gebiete des kanonischen Rechts berührt, sondern beschränkt sich bewußt auf jenen Schwerpunkt, der einen wesentlichen Teil seiner kirchenrechtlichen Arbeit ausmacht: das kanonische Ehe- und Eheprozeßrecht. Welche Bedeutung Heinrich Flatten gerade diesem Bereich des Kirchenrechts beimißt, läßt sich nicht nur aus seiner nun schon über vier Jahrzehnte währenden Tätigkeit in der kirchlichen Gerichtsbarkeit erschließen, sondern wird auch daraus ersichtlich, daß er das Eherecht an den Stätten seines akademischen Wirkens als unverzichtbaren Bestandteil seiner Lehrtätigkeit betrachtete und deshalb bei seiner Berufung an die Universität Bonn im Jahre 1963 darauf hinwirkte, daß es auch hier als Lehr- und Prüfungsinhalt in das Theologiestudium einbezogen wurde. Besondere Anerkennung seiner durch wissenschaftliche Forschung und gerichtliche Praxis gewonnenen Kompetenz erfuhr Heinrich Flatten durch die vertrauensvolle Berufung zum Konsultor der Päpstlichen Kommission für die Revision des Kirchlichen Gesetzbuches. Daß wichtige Neuerungen im Eherecht des im Jahre 1983 promulgierten Codex Iuris Canonici, vor allem im Bereich des Ehekonsensrechts, den von ihm vorgetragenen Überlegungen und den daraus entwickelten Reformvorschlägen entsprechen, stellen die in diesem Sammelband enthaltenen Beiträge eindrucksvoll unter Beweis.

Dies ist nicht der Ort für eine Würdigung des Lebenswerkes des Jubilars, das gottlob noch keineswegs abgeschlossen ist. Wohl aber verdient schon längst sein außerordentlich arbeitsreiches, von Fachkompetenz und Überzeugungskraft durchdrungenes kanonistisches Wirken ohne Einschränkung tiefen Respekt und ausdrücklichen Dank. Für die Kirchenrechtswissenschaft war es eine glückliche Entscheidung, als Heinrich Flatten im Jahre 1951 die

Stelle eines Geistlichen Botschaftsrats an der neu zu errichtenden Deutschen Botschaft beim Vatikan ablehnte, um seine Aufgaben als Professor des Kirchenrechts weiterführen zu können. Der aufrichtige Wunsch, daß der Jubilar in seiner bewundernswürdigen Frische und ungebrochenen Schaffenskraft auch weiterhin die Kirchenrechtswissenschaft durch seine profunden Analysen und subtilen Interpretationen bereichern möge, begleitet das Erscheinen dieses Bandes.

Abschließend sei allen, die diese Veröffentlichung ermöglicht haben, verbindlicher Dank und gebührende Anerkennung ausgesprochen: der Erzdiözese Köln für die großzügige Gewährung des fälligen Druckkostenzuschusses, dem Verlag Ferdinand Schöningh für die sorgfältige Betreuung der Drucklegung, den Mitarbeiterinnen und Mitarbeitern des Kirchenrechtlichen Seminars der Universität Bonn für den zuverlässigen Einsatz bei der Vorbereitung des Werkes, vor allem Frau Dr. theol. Ursula Beykirch, die die Hauptlast der wissenschaftlichen Betreuung des Unternehmens getragen hat.

Bonn, den 14. September 1986 *Hubert Müller*

Der Ausschluß der ehelichen Treuepflicht im kanonischen Eheprozeß

Ein Aufsatz über den Ausschluß der ehelichen Treuepflicht im kanonischen Eheprozeß verspricht nur geringe Ausbeute. Denn es ist eine jedem kirchlichen Ehrichter bekannte Tatsache, daß die Rechtsprechung alle Vorbehalte hinsichtlich der ehelichen Treue so gut wie immer als bloßen Nichterfüllungswillen zu werten geneigt ist und damit Klagen wegen Ausschlusses der Treuepflicht von vornherein regelmäßig zur Aussichtslosigkeit verurteilt. Es scheint in diesem Punkt also keine Problematik zu geben. Bei aller durch solche Sachlage gebotenen Bescheidung seien zu dem Thema vier Gedanken entwickelt.

1. Wegen Ausschlusses des bonum fidei ist die Ehe nur ungültig, wenn einer der Nupturienten bei der Heirat die *Verpflichtung* zur monogamen Treue ausschließt und sich ein *Recht* auf ein außereheliches Verhältnis vorbehalten will. Die vorherrschende Auffassung der Rota neigt dazu, diesen Tatbestand auf den Fall zu beschränken, daß jemand die Absicht hat, außer der Verpflichtung gegenüber dem eigenen Ehegatten auch noch einer dritten Person gegenüber eine Verpflichtung zu den actus coniugales einzugehen. Praktisch kommt dies nur bei Bigamisten oder Polygamisten in Frage, die bei dem Eheabschluß noch eine zweite oder mehrere Heiraten intendieren. Zum wenigsten soll eine der ersten Ehe irgendwie gleichwertige Verbindung intendiert sein.

Franz Triebs, Praktisches Handbuch des geltenden kanonischen Eherechts, Breslau 1927 ff. S. 489, schreibt dazu: „A geht mit der B die Ehe ein, er überträgt ihr auch das ius ad coniugalem actum, aber er überträgt ihr dieses Recht nicht als ein ausschließliches, vielmehr überträgt er *auch* der C, mit der er viele Jahre intim verkehrt hat, dieses Recht, wie wenn auch mit der C ein Vertrag bestände. Das Recht der C soll dem Rechte der B gleichwertig sein, also auf copula perfecta gehen. Nach der Intention des A liegt also kein Ehebruch vor, wenn er während des Bestandes der Ehe mit der B Geschlechtsverkehr mit der C hat. Diese Simulation verstößt gegen das monogamische Prinzip, gegen das bonum fidei: A muß nach c. 1081 § 2 der

---

Erschienen in: TThZ 60 (1951) 333—343.

B das ius *exclusivum* übertragen. Wer aber ein Recht als ein ausschließliches übertragen hat, kann über dieses Recht zugunsten eines Dritten nicht mehr verfügen. Die Ehe AB ist nichtig, da A zu gleicher Zeit die B und die C als rechtmäßige Frauen haben will. Dabei ist es gleich, ob A der C das ius in corpus auf *jeden* Fall mitüberträgt oder bloß möglichenfalls, z. B. wenn die C ihm im Leben wieder begegnet."

Nur soweit das ius ipsum, das Recht auf den ungeteilten Besitz der ehelichen Hingabe als Recht eingeschränkt ist, nur soweit die Verpflichtung zur ehelichen Treue als Verpflichtung ausgeschlossen wird, hat dies die Ungültigkeit der Ehe zur Folge. Wenn aber der animus se obligandi vorhanden ist, kommt ein gültiger Ehevertrag zustande. Mag dann auch einer der Partner den Vorbehalt hinzusetzen, die eingegangene Verpflichtung nicht erfüllen zu wollen (animus non adimplendi), so ändert das an dem fertigen Vertrag nichts.

Für diesen die Gültigkeit der Ehe nicht berührenden Nichterfüllungswillen bringt Triebs S. 492 folgendes Beispiel: „A und B schließen die Ehe; sie haben sich consensu interno et externo das ius exclusivum et perpetuum ad coniugalem actum übertragen. Damit ist ihre Ehe perfekt. Wenn nun A sich vorbehält, gelegentlich, z. B. auf Reisen, die Ehe zu brechen, so ist dieser sündhafte Vorbehalt rechtlich nicht beachtlich; denn A will mit seinem Vorbehalt einer zur Zeit des Eheschlusses ganz ungewissen und unbekannten Frauensperson kein *Recht* auf seinen Leib übertragen, welches mit dem der B übertragenen Rechte konkurrieren soll, sein Vorbehalt richtet sich nicht gegen das monogamische Prinzip, sondern er nimmt sich vor, die aus der Ehe entspringende Pflicht der Treue zu verletzen; der Ehebruch ist aber mit der Monogamie begrifflich vereinbar."

Man darf sich bei diesem Beispiel nicht irreführen lassen durch den Hinweis, daß es sich um nur gelegentlichen Ehebruch, dazu mit einer beim Eheabschluß noch unbekannten Person handelt, und nicht daraus den Fehlschluß ziehen, beim Festhalten an einem im Augenblick der Heirat schon bestehenden außerehelichen Verhältnis sei es anders. Auch der Wille, eine schon vorhandene Liebschaft während der Ehe nebenher fortzusetzen, macht nach der herrschenden Rechtsprechung die Ehe nicht ungültig, weil es sich regelmäßig um bloßen Nichterfüllungswillen handle. Eine Rota-Entscheidung vom 20. Mai 1930 hat sich hiermit eingehend befaßt. Obschon dies Urteil (RE 22 dec. 24 S. 282—296) schon länger zurückliegt, sei es hier besonders herangezogen, weil die Rota auch später wiederholt auf es verweist und es geradezu charakteristisch ist für die gesamte herrschende Meinung der Rota.

Der dem Urteil zugrundeliegende Tatbestand ist kurz folgender: Seit längerer Zeit unterhielt der Mann vor seiner Heirat ein Verhältnis. Seine Familie riet ihm dringend zu einer anderen ehelichen Verbindung. Trotz seines Sträubens, er könne seine Geliebte nicht im Stich lassen, hatte er sich schließlich auf den Druck seiner Angehörigen hin zu der Heirat verstanden. Es schien damals vor der Hochzeit zu einer Trennung von der Geliebten gekommen zu sein, wenigstens glaubten dies seine Verwandten. Aber mehreren Zeugen hat er mitgeteilt, daß er die Ehe in Wahrheit mit dem klaren Vorsatz geschlossen hat, die geschlechtlichen Beziehungen zu seiner Geliebten wie bisher fortzusetzen. Er sei sich zwar bewußt gewesen, daß er damit gegen die sittlichen Vorschriften verstoße; gleichwohl habe er die feste Absicht gehabt, daß durch seine Heirat die Beziehung zu der Geliebten nicht abbrechen solle, daß er vielmehr sein Verhältnis mit ihr fortführen wolle. Diesen Plan hat er dann auch in die Tat umgesetzt. Gleich nach der Rückkehr von der Hochzeitsreise hat er die Beziehung zu der Geliebten wieder aufgenommen, ihr ein eigenes Haus gebaut und ein ehebrecherisches Verhältnis mit ihr durch volle 9 Jahre unterhalten, bis die Person bei einem Autounfall ums Leben kam. Trotzdem hat er während der ganzen Zeit mit der ihm angetrauten Frau eine friedliche und ungestörte Ehe geführt, aus der 6 Kinder hervorgingen. Erst als zwei Jahre nach dem Tod der Geliebten auch die Ehefrau ein außereheliches Verhältnis begann, brach der Streit aus, und die Ehe wurde auf Antrag des Mannes zivil geschieden. Dann hat einige Jahre später die Frau die kirchliche Nichtigkeitserklärung der Ehe betrieben wegen Ausschlusses der ehelichen Treuepflicht von seiten des Mannes. Während die erste Instanz die Ehe deshalb für nichtig erklärte, hat die Metropolitaninstanz dies Urteil aufgehoben und die Klage abgewiesen. Und nun stand die Sache zur dritten Verhandlung vor der Rota.

In iure führte die Rota aus: Der bloße Vorsatz, auch nach der Eheschließung ehebrecherische Beziehungen zu unterhalten, stelle nur die Absicht dar, die übernommenen ehelichen Verpflichtungen zu verletzen. Nicht sei damit aber gegeben, daß der Nupturient sich ein *Recht* auf diese ehebrecherischen Beziehungen vorbehalten habe. Und daher sei eine solche Ehe auch nicht ungültig. Denn nur dann sei das bonum fidelitatis als Verpflichtung ausgeschlossen, wenn jemand bei der Trauung, bei der er das ius in corpus mit seiner Frau austauscht, in gleicher Weise ius oder obligatio zum geschlechtlichen Verkehr auch mit einer dritten Person intendiert. Entscheidend ist hiernach also, daß er sich ein *Recht* zu einem außerehelichen Verhältnis vorbehält oder daß er einer dritten Person gegenüber eine *Verpflichtung* zu geschlechtlichem Verkehr eingehen will. „Hoc (sc. bonum fidelitatis) excluditur cum contrahentes in matrimonii celebratione intendant, praeter traditionem et acceptationem iuris ad actus coniugales cum altero contrahente, etiam ius aut obligationem ad actus coniugales cum tertia persona." (S. 284.)

Das Aktenmaterial schaffte keine volle Klarheit, ob der Mann bei der Hochzeit den Willen hatte, das Verhältnis nicht aufzugeben, sondern unbeschadet seiner Ehe nebenher seine Geliebte als Konkubine zu behalten. Aber die ganze Argumentation des Urteils läuft darauf hinaus, daß selbst bei Vorliegen einer solchen Absicht doch nicht auf Konsensmangel zu erkennen sei. Die Begründung hierfür wird vor allem mit dem Hinweis geführt, daß der Mann selbst seine Ehe mit der Gattin und sein Konkubinat mit der Geliebten für zwei in ihrer Art völlig verschiedene Verhältnisse angesehen habe (S. 294 f.). Ein Recht auf seinen Leib habe er nur und ausschließlich seiner Ehefrau übertragen, mit ihr habe er eine dauernde Rechtsgemeinschaft begründet, und daß er selbst ihr gegenüber ein Recht auf die Einhaltung der ehelichen Pflichten zu haben glaubte, habe er ja gezeigt, als er hernach bei der ehelichen Untreue der Frau auf Scheidung geklagt habe. Seiner Konkubine habe er dagegen kein Recht auf seinen Leib übertragen, sondern ihr nur zu Befriedigung der Sinnlichkeit den Geschlechtsverkehr zugestanden. Der Mann habe, obschon er sich über die Unerlaubtheit seines Planes im klaren war, keinen Widerspruch darin gefunden, daß er auf der einen Seite seine Frau zu seiner wahren Ehefrau nahm und sich ihr gegenüber verpflichtete und zugleich nebenher noch eine Geliebte beibehielt. Nur seiner Frau, so argumentiert die Rota, hat er aber das ius coniugale übertragen. Der Plan, die Beziehungen zu der Geliebten aufrechtzuerhalten, war daher nur so zu deuten, daß er die seiner Frau gegenüber eingegangene Verpflichtung zur Treue verletzen, also nicht erfüllen wollte. Bloßer Nichterfüllungswille aber berührt die Gültigkeit der Ehe nicht, und demgemäß entschied die Rota in der 3. Instanz: Non constat de nullitate.

Charakteristisch an der ganzen Beweisführung ist folgendes: Der Nupturient unterscheidet deutlich die eheliche Beziehung und die konkubinarische Beziehung als zwei artverschiedene Verhältnisse. Mit dem ersteren wird ein ius in corpus übertragen, mit dem zweiten dagegen nicht. Dies wird als das entscheidende Kriterium dafür verwandt, daß die Absicht, neben der Ehe noch ein ehebrecherisches Verhältnis zu betreiben, keinen ehevernichtenden Konsensmangel bedeutet. Dahinter steckt die Auffassung, daß eine Ehe wegen Ausschlusses der Treuepflicht nur ungültig ist, wenn man bei der Hochzeit neben dem eigenen Ehegatten auch noch einer dritten Person ein ius in corpus zu übertragen beabsichtigt, wie es praktisch nur bei einem Polygamisten zutrifft. Das wird in dem Urteil zwar nicht mit restloser Klarheit ausgesprochen, aber es ist die der Beweisführung zugrundeliegende These, von der aus die gesamte Argumentation erst sinnvoll wird.

Den wichtigsten Satz aus dem oben besprochenen Rota-Urteil findet man ebenfalls in dem letzten Rota-Band, und zwar gleich an drei Stellen (RE 33 dec. 21 S. 216; dec. 58 S. 622; dec. 65 S. 699), wodurch sich auch die Konstanz der herrschenden Meinung ausweist: Bonum fidei ... deest tantummodo cum saltem unus ex contrahentibus, in matrimonii celebratione, intendit, praeter traditionem et acceptationem iuris ad actus coniugales cum altero contrahente, etiam ius aut obligationem ad actus coniugales cum tertia persona.

Ähnlich jüngst RE vom 21. 2. 1948 (Ephemerides iuris canonici 1949 S. 272): Eheungültigkeit sei dann gegeben, wenn jemand gewillt sei, das Recht auf seinen Leib in gleicher Weise auf zwei oder mehr Partner zu teilen: velle dividere aeque inter duos vel plures carnem suam. Gerade das *aeque* dividere läßt wiederum erkennen, daß die Rota bei der exclusio boni fidei auf den Polygamisten abstellt. Es entspricht daher durchaus dieser Rechtsprechung, wenn Ferdinand Schönsteiner, Grundriß des kirchlichen Eherechts 2. Aufl. Wien 1937 S. 591 schreibt: „Ein Willensvorsatz gegen die Einheit der Ehe ist, streng genommen, doch nur bei einem Polygamisten denkbar." Bei solcher Rechtsauffassung nimmt es nicht wunder, daß die Aussicht einer Klage propter exclusum bonum fidei praktisch gleich null erscheint. In den letzten 12 Bänden der S. Romanae Rotae decisiones seu sententiae findet sich infolgedessen auch nicht ein einziger Prozeß dieses Klagegrundes, welcher positiv mit einem Constat-Urteil geendet hätte.

2. Die exclusio boni fidei darf jedoch nicht auf den Fall des Polygamisten beschränkt werden, wie sich vor allem aus einem neuesten Rota-Urteil ergibt. Danach ist propter exclusum bonum fidei eine Ehe schon ungültig, wenn bei der Heirat die Absicht, das Verhältnis zu einem Dritten aufrechtzuerhalten, so fest ist, daß der Nupturient lieber auf den Ehegatten als auf den Geliebten zu verzichten bereit ist.

Es handelt sich um die Rota-Entscheidung vom 10. Juni 1947 coram Fidecicchi, welche in den eine fast zehnjährige Karenzzeit einhaltenden Rotae Decisiones noch nicht publiziert, aber doch durch mehrere Zeitschriftenhinweise bekannt geworden ist. So Periodica de re morali, canonica, liturgica 1948 S. 119 ff.; Ephemerides iuris canonici 1949 S. 273; Theologie und Glaube 1951 S. 49 ff. (besprochen von Wenner). Der Unterschied zu der unter 1) entwickelten Auffassung der Rota liegt dabei eigentlich nicht in der Darstellung der Rechtslage. Denn diese wird in der herkömmlichen Weise mit der Unterscheidung von Nichtverpflichtungs- und Nichterfüllungswillen dargelegt, und zwar mit folgenden Sätzen (übersetzt nach Ephemerides iuris canonici a. a. O.): „Die Übergabe des (ehelichen) Rechtes darf nur an eine einzige Person geschehen, da es exklusiv ist; mit der Verletzung des ehelichen Rechts hört die Übergabe des Rechts selbst nicht auf, weil man gegen das Recht selbst sündigen kann, was aber nur den Gebrauch des Rechtes oder seine Erfüllung betrifft. Esse rei non pendet ab eius exercitio. Wenn die verwerfliche Absicht zum Mißbrauch gleichzeitig mit dem Konsens, das Recht ausschließlich zu übertragen, und unabhängig von ihm vorhanden ist, so besteht dieser Konsens für sich und bewirkt ein gültiges Eheband. ... Daher macht der bloße Vorsatz zum Ehebruch die

Ehe nicht ungültig, da ein solcher schlechter Vorsatz die Verpflichtung zur Treue nicht als solche betrifft, sondern sich nur auf die Erfüllung der Verpflichtung bezieht. Dagegen ist anders zu entscheiden, wenn der Eheschließende ausdrücklich den Willen hat, sich nicht anders zu verpflichten als nur mit einer solchen dem Wesen der Ehe entgegengesetzten Einschränkung. Der Grund ist klar, weil dann der Vorsatz des Ehebruches sich nicht mehr unterscheidet von einer Intention gegen das bonum fidei. Nicht jener schließt also ungültig die Ehe, welcher bloß den Vorsatz hat, Ehebruch zu begehen, sondern nur jener, der sich bei der Heirat das Recht zum Ehebruch vorbehält, der die Verpflichtung zur ehelichen Treue selbst ausschließt."

Mit diesen Rechtsausführungen bleibt das Urteil noch weithin in dem Rahmen des bisher Üblichen. Aber „In facto" zeigt sich bei der Frage, wann nun das bonum fidei qua ius ausgeschlossen sei, eine beachtliche Weiterführung. Während man nach dem oben Gesagten zu der Forderung neigte, daß auch der dritten Person ein ius in corpus eingeräumt sein sollte, was praktisch nur bei Bi- und Polygamisten zutrifft, führt die Rota in dem erwähnten Urteil aus (zitiert nach Theologie und Glaube a. a. O.): „Im vorliegenden Fall hatte die Beklagte Sempronia 1930 die Ehe geschlossen und ihr voreheliches Verhältnis mit ihrem Liebhaber Antonius nicht aufgegeben. Als ihre Untreue 1934 entdeckt wurde, verließ sie ihren Mann Camillus und ihr Söhnchen und begab sich zu Antonius, mit dem sie fortan zusammenlebte. Erst nach 10 Jahren erhob Camillus Ehenichtigkeitsklage wegen Totalsimulation oder wenigstens wegen Ausschlusses des Gutes der Treue von seiten der Frau. Am 11. Juni 1945 erging bezüglich beider Klagepunkte in erster Instanz ein negatives Urteil, gegen das der Kläger an die Römische Rota Berufung einlegte. Die Frau mit ihrem Liebhaber und einem zweiten Zeugen wurden von neuem vernommen und zwei neue Zeugen eingeführt, woraufhin die Beklagte nochmals vor Gericht erscheinen mußte, um gewisse Zweideutigkeiten und Unstimmigkeiten zu beheben. Aus den Akten war ohne weiteres ersichtlich, daß die Frau mit dem Vorbehalt geheiratet hatte, das Verhältnis mit Antonius nicht aufzugeben. Es mußte aber der überzeugende Nachweis geführt werden, daß sie bei der Trauung die Einheit der Ehe bzw. die eheliche Treuepflicht grundsätzlich ablehnte. Nach dem Urteil der Rota übergab sie dem Camillus zwar das Recht auf ihren Leib, behielt sich aber gleichzeitig die Befugnis vor, ihrem Liebhaber weiterhin anzugehören, und zwar derart, daß sie bereit war, lieber auf ihren Mann als auf ihren Liebhaber zu verzichten. Damit änderte sie den wesentlichen, der Willkür des Menschen entzogenen Inhalt des Ehekonsenses, der sich auf das wechselseitige Geben und Empfangen des ungeteilten und ausschließlichen Rechtes auf den Leib erstreckt und jeden Dritten davon ausschließt. . . . Mithin erfolgte in zweiter Instanz ein Nichtigkeitsurteil."

Man wird diesen Darlegungen des neueren Rota-Urteils nur zustimmen können. Nicht erst dann, wenn der Nupturient den Willen hat, noch einer dritten Person in gleicher Weise wie dem Ehepartner ein ius in corpus zu übertragen, fehlt es an dem erforderlichen Verpflichtungswillen, sondern das gilt ebenso bereits, wenn der Nupturient sich nicht zum Verzicht auf ein außereheliches Verhältnis verpflichten will. Es kommt nicht auf das ius einer dritten Person an, vielmehr auf die obligatio des Eheschließenden selbst oder richtiger auf seinen Nichtverpflichtungswillen. Die mit der Ehe einzugehende Verpflichtung besagt aber nicht nur, daß es verboten ist, noch einer weiteren Person ein gleiches *ius* in corpus zu übertragen; sie umschließt zugleich die Verpflichtung, keinem anderen als dem eigenen Ehepartner den geschlechtlichen Verkehr zu gewähren. Hierauf sich zu verpflichten gehört zum Wesensinhalt des Ehekonsenses.

Damit ist die Unterscheidung von Nichtverpflichtungs- und Nichterfüllungswillen durchaus vereinbar und besteht auch weiterhin zu Recht. Bloßer Wille, sich trotz der eingegangenen Bindung über die bestehende Pflicht hinwegzusetzen und die Pflicht der ehelichen Treue zu verletzen, berührt nicht die Frage der Gültigkeit der Ehe, sofern der Eheschließende sich nur auf die eheliche Treue hat verpflichten wollen. Hat er dagegen eine solche Pflicht zur ehelichen Treue positiv ausgeschlossen, so liegt trotz des Ja-Wortes bei der Trauung nur ein scheinbarer Ehekonsens vor. Ausschluß der Verpflichtung zur ehelichen Treue ist nach dem Gesagten aber nicht erst dann gegeben, wenn der Nupturient gewillt ist, noch einer dritten Person ein eigentliches ius in corpus einzuräumen; vielmehr auch dann bereits, wenn er ausdrücklich bei der Heirat sich nicht hat so binden wollen, daß er zu einer Aufgabe eines außerehelichen Verhältnisses verpflichtet würde.

Wann aber kommt die Absicht, neben der Ehe noch ein Konkubinat aufrechtzuerhalten, einem positiven Willen gleich, sich nicht auf die eheliche Treue zu verpflichten? Nach dem besprochenen Rota-Urteil ist maßgebend der Wille, sich nicht anders als mit einer derartigen Einschränkung zu verpflichten, oder nach einer anderen Stelle die Bereitschaft, lieber auf den Ehegatten als auf den Liebhaber zu verzichten. Der Terminus condicio sine qua non taucht zwar nicht in dem Rota-Urteil auf, wenigstens nicht in dem durch die Zeitschriften zugänglichen Auszug. Aber man gibt den Sinn der von der Rota getroffenen Entscheidung wohl juristisch präzis wieder, wenn man sagt: Propter exclusum bonum fidei ist die Ehe ungültig, sobald die Absicht, das ehebrecherische Verhältnis zu einem Dritten aufrechtzuerhalten, zur *condicio sine qua non* des Ehekonsenses erhoben ist.

Auch früher hat die Rota gelegentlich betont, daß eine condicio sine qua non gegen die eheliche Treue für Nichtverpflichtungswillen spreche. So in RE 24 dec. 8 n. 3 S. 66; RE 31 dec. 28 n. 3 S. 254. Aber im Unterschied zu der Decisio von 1947 haben diese älteren Entscheidungen nicht zu einem Constat-Urteil geführt.

3. Der Hinweis auf die condicio sine qua non erinnert an den Klagegrund exclusio prolis, bei der ja auch Ausschluß des ehelichen Rechtes angenommen wird, falls die dauernde Ablehnung des Kindersegens zur condicio sine qua non gemacht wurde. Nun werden bei exclusio prolis condicio sine qua non und pactum auf eine Stufe gestellt. Das legt die Frage nahe, ob nicht auch bei exclusum bonum fidei, da nach dem unter 2) Gesagten die condicio sine qua non zur Ehenichtigkeit führt, ein Gleiches auch von dem pactum zwischen den Nupturienten über ein außereheliches Verhältnis zu gelten hat.

In der Tat wird man sagen müssen: Wenn die Eheschließenden bei der Heirat eine *Vereinbarung* treffen, daß einer von ihnen oder auch beide ein ehebrecherisches Verhältnis zu einem Dritten haben dürfen, so ist die Ehe propter exclusum bonum fidei ungültig.

Zur Begründung diene folgende Überlegung: Ein derartiger Vertrag ist mit dem Wesen des Ehekonsenses unvereinbar. Der Ehekonsens statuiert nach c. 1081 § 2 das ius in corpus als ein ius exclusivum. Was ist mit dieser Exklusivität, die ja den Gegenstand der ehelichen Treuepflicht ausmacht, gemeint? Man könnte zunächst an zwei verschiedene Auffassungen denken. Entweder bedeutet die Exklusivität, daß ausschließlich der Ehepartner das Recht hat, daß ihm der geschlechtliche Verkehr gewährt wird. Oder aber die Exklusivität besagt, daß der Ehepartner das Recht hat, daß ausschließlich ihm der geschlechtliche Verkehr gewährt wird. Auf den ersten Blick mag beides gleichbedeutend erscheinen, aber es macht in Wirklichkeit einen erheblichen Unterschied aus, ob man die Exklusivität so oder so bestimmt. Entweder: ausschließlich der Ehepartner hat das Recht, daß ihm der geschlechtliche Verkehr gewährt wird; oder hingegen: der Ehepartner hat das Recht, daß ausschließlich ihm der geschlechtliche Verkehr gewährt wird. Im ersten Falle bezöge sich die Exklusivität auf das Recht und seine Existenz, im zweiten dagegen auf seinen Inhalt. Der Unterschied zwischen beiden Auffassungen wird noch deutlicher, wenn man sich die Konsequenz für die dem Recht reziproke Verpflichtung vergegenwärtigt. Bei der ersten Deutung, nach der ausschließlich der Ehepartner das Recht hat, daß ihm der Geschlechtsverkehr gewährt wird, bestände die Verpflichtung des anderen Partners darin, keinem Dritten ein *Recht* auf Geschlechtsverkehr zuzugestehen. Eine solche Verpflichtung würde aber erst durch eine Bigamie, jedoch noch nicht durch tatsächlichen ehebrecherischen Verkehr verletzt. Bei der zweiten Deutung hingegen, nach welcher der Ehepartner das Recht hat, daß ausschließlich ihm der geschlechtliche Verkehr gewährt wird, geht die Verpflichtung erheblich weiter; hier verpflichtet sich der Eheschließende, keinem Dritten einen Geschlechtsverkehr zu gewähren. Ein Vergleich der beiden Auffassungen zeigt, daß nur die zweite dem wahren Sinn des ius exclusivum gerecht wird. Denn ein außerehelicher Geschlechtsverkehr eines Verheirateten ist mehr als bloße fornicatio, ist in vollem Sinne Ehebruch, Kontraktbruch, Bruch des dem Ehepartner zustehenden Rechtes, Verletzung der mit der Ehe eingegangenen Verpflichtung. Die aus dem ius exclusivum erwachsende Verpflichtung besagt also, daß der Eheschließende sich verpflichtet, mit keinem Dritten Geschlechtsverkehr auszuüben. Der Austausch des ius exclusivum bei der Trauung hat demnach zum wesentlichen Inhalt: Der A verpflichtet sich, mit keiner anderen Person als B geschlechtlich zu verkehren; und die B erhält das Recht, von A zu fordern, daß er jeden außerehelichen Geschlechtsverkehr unterlasse; und umgekehrt.

Nachdem so das Wesen des ius exclusivum klargestellt ist, läßt sich leicht die Folgerung ziehen, welche zwangsläufig mit einem Vertrag der beiden Eheschließenden über ein außereheliches Verhältnis verknüpft ist. Dabei sei vorausgesetzt, daß es sich um einen wirklichen Vertrag zwischen den beiden handelt, aus dem eine echte Bindung entstehen soll. Dann besagt ein derartiger Vertrag: Der A erhält den Anspruch, ein außereheliches Verhältnis mit seiner Geliebten fortzusetzen, und die B erklärt sich damit einverstanden, verzichtet also auf das Recht, von A die Unterlassung außerehelicher Beziehungen zu fordern. Damit ist aber der wesensnotwendige Inhalt des ius exclusivum negiert, welcher ja umschließt: auf seiten des A Verpflichtung zum Verzicht auf außerehelichen Geschlechtsverkehr und auf seiten der B Anspruch an A auf Unterlassung außerehelicher Beziehungen wie umgekehrt. Infolgedessen ist eine mit einem solchen Pakt eingegangene Ehe wegen Konsensmangels nichtig.

Man kann nicht etwa einwenden, in diesem Fall übertrügen die Partner sich wohl bei der Heirat das ius exclusivum in corpus und der Vertrag besage nur die gegenseitige Zusicherung, das empfangene Recht nicht geltend machen zu wollen. Ein derartiger Einwand verkennt die Rechtsnatur des ehelichen ius exclusivum in corpus. Das eheliche Recht ist nicht ein dingliches Recht; bei einem dinglichen Recht kann man allerdings in der Tat zwischen dem dinglichen Recht selbst und dem Nutzungsrecht unterscheiden, kann man ein dingliches Recht erwerben und zugleich auf sein Nutzungsrecht verzichten. Bei der Ehe ist aber eine solche Unterscheidung gar nicht möglich. Das ius exclusivum in corpus ist kein dingliches Recht, etwa auf den Leib des Partners, sondern ein Forderungsrecht, nämlich der Anspruch, vom Partner die Unterlassung jedes außerehelichen Verkehrs zu fordern. Dieser Anspruch wird aber verwirkt durch den Vertrag, in welchem die Verpflichtung übernommen wird, ein außereheliches Verhältnis des Partners zu dulden. Der so Paktierende verpflichtet sich, dem Gatten ehewidrige Beziehungen zuzugestehen. Da er sich daran vertragsmäßig, also rechtlich bindet, begibt er sich des Rechtes, in der Ehe die Unterlassung des ehebrecherischen Verhältnisses zu fordern. Ohne dieses mit dem ius exclusivum identische Forderungsrecht kann aber keine wahre Ehe zustandekommen. Der Pakt, daß neben der Ehe noch eine andere Geschlechtsverbindung bestehen dürfe, entleert den Ehekonsens um seinen notwendigen Inhalt und macht die Ehe ungültig.

Daß ein Pakt der Verlobten über ein künftiges ehebrecherisches Verhältnis für grundsätzlichen Ausschluß der Treueverpflichtung spricht, hat die Rota hin und wieder prinzipiell anerkannt. Vgl. RE 28 dec. 8 n. 3 S. 66; RE 31 dec. 28 n. 3 S. 254. Aber unter den neueren Rota-Entscheidungen gründet sich darauf kein einziges positives Urteil. Es mag das damit zusammenhängen, daß es höchst selten zwischen Brautleuten zu einem Vertrag über die Gestattung eines außerehelichen Verhältnisses kommen wird. Liegt es doch in der Natur der Sache, daß solche ehebrecherische Absicht viel eher vor dem Partner verheimlicht wird.

Wohl kann auf eine vereinzelte und weit zurückliegende Rota-Entscheidung vom 7. Februar 1925 verwiesen werden (RE 17 dec. 8 S. 61 ff.), die zu dem Urteil Constat de nullitate führte, weil der Mann in einer schriftlichen Vereinbarung mit seiner Braut sich ausbedungen hatte, daß er in geschlechtlicher Hinsicht völlig freie Hand behalte. Nur In facto scheint dieses Urteil etwas schwach begründet. Denn die Formulierung der Vereinbarung war so dunkel gehalten, daß die Braut bei der Unterzeichnung gar nicht erfaßte, daß der Mann sich damit die Möglichkeit zu außerehelichem Geschlechtsverkehr sichern wollte, was erst durch Zeugen, denen der Mann die wahre Absicht seiner Erklärung mitgeteilt hatte, festgestellt werden konnte.

Wo aber tatsächlich die Eheschließenden einen Vertrag eingehen, daß sie sich gegenseitig oder wenigstens einem ein außereheliches Verhältnis zugestehen, da fehlt es, wie sich nach dem oben Gesagten mit zwingender Logik ergibt, an dem hinreichenden Konsens. Denn ein solcher Pakt ist logisch unvereinbar mit dem notwendig zum Ehekonsens gehörenden ius exclusivum in corpus.

4. Nachdem unter 2) und 3) der Wille zu einem außerehelichen Verhältnis bei condicio sine qua non und bei pactum als konsenszerstörend erkannt wurde, legt wiederum die Analogie mit der exclusio boni prolis schließlich noch eine weitere Überlegung nahe. Bei Prozessen propter exclusionem prolis wird nach der geläufigen Gerichtspraxis der dauernde Ausschluß des Kindersegens als Nichtverpflichtungwille gewertet, wenn die Ablehnung von Nachkommenschaft als condicio sine qua non oder in der Form eines Paktes oder endlich mit besonderer *pertinacia* gefordert wird. In Anlehnung hieran wäre zu prüfen, ob nicht eine besondere tenacitas und pertinacia beim Vorsatz, ein ehebrecherisches Verhältnis fortzusetzen, ebenfalls den

Willen erkennen läßt, sich überhaupt von jeder Verpflichtung zu ehelicher Treue freizuhalten.

Die neueren Rota-Entscheidungen befassen sich kaum mit dieser Frage, so daß man nicht von einer einheitlichen Auffassung der obersten Rechtsprechung reden kann. Aber es sei doch zur Diskussion gestellt, ob nicht die absolute Entschiedenheit eines Nupturienten, sich durch nichts von dem geplanten außerehelichen Verhältnis abbringen zu lassen, deutlich erkennen läßt, daß er nicht nur den Willen hat, die Treuepflicht zu verletzen, sondern daß er eine solche Verpflichtung überhaupt nicht übernehmen will. Immerhin hat ein Rota-Urteil (RE 32 dec. 44 n. 4 S. 479) sich auf diesen Standpunkt gestellt und das propositum adulterandi „tenaciter intentum tenaciterque servatum" ebenso wie condicio sine qua non und pactum als Präsumtion für Nichtverpflichtungswillen gewertet.

Wann die pertinacia des Entschlusses psychologisch einer Ablehnung des ius ipsum, einer Verweigerung der Verpflichtung gleichkommt, hat zwar nicht für die exclusio fidei, wohl aber für die analoge exclusio prolis ein auch sonst recht beachtenswertes Urteil des Paderborner Metropolitangerichts vom 19. August 1950 sehr treffend dargelegt. Dort heißt es: „Tatsächlich gibt es wohl nur ein einziges wirklich durchschlagendes Kennzeichen dafür, daß durch den Ausschluß des Kindersegens das *ius* in corpus, das dem Partner beim Konsens übertragen werden muß, ausgeschlossen wird. Ein solcher Ausschluß des Rechtes liegt nach Ansicht des Gerichtes immer dann und nur dann vor, wenn der exkludierende Eheteil fest entschlossen ist, dem Partner das Debitum auch dann zu versagen, wenn dieser es innerhalb der gebotenen Schranken ernstlich verlangt. Eine *Frau* kann z. B. aus Bequemlichkeit und Opferscheu den Wunsch haben, in der Ehe ohne Kinder zu bleiben. Sie nimmt sich deshalb vor, Krankheit vorzuschützen oder den Mann sonstwie hinzuhalten oder ihn zu naturwidrigem Verkehr zu bewegen, sagt sich hierbei aber, daß sie das debitum schließlich leisten wird, wenn es ihr nicht gelingt, den Mann ihren Wünschen gefügig zu machen. In solchem Fall wird man noch nicht von Ausschluß des Rechtes sprechen können. Wenn aber der entschlossene Wille vorliegt, auch dem ernstlichen und gerechten Verlangen des Partners sich nicht zu fügen, kann kein Zweifel sein, daß dann das *Recht* nicht übertragen wird."[1]

Analog wird man m. E. auch für das bonum fidei sagen müssen: Die Ehe ist ungültig, wenn der Nupturient bei der Heirat die Absicht eines außerehelichen Verhältnisses mit solcher Entschiedenheit faßt, daß er die ehebrecherische Beziehung auch nicht auf Fordern des Ehegatten aufzugeben bereit sein will. Psychologisch koinzidiert bei einer derartigen Hartnäckigkeit des

---

[1] Diese Auffassung wurde auf der Tagung der westdeutschen Offizialate in Bonn 1951 von Offizialatsrat Msgr. Dr. ten Hompel mit guten Gründen gestützt.

ehebrecherischen Willens die Absicht des ehewidrigen Verhältnisses mit einem Nichtverpflichtungswillen. Wer so die Ehe eingeht, schließt jede Verpflichtung zur ehelichen Treue aus und verweigert dem Ehegatten ein Recht auf Treueforderung.

Zur exclusio prolis im kanonischen Eheprozeß

Die Ehe kommt dadurch zustande, daß zwei rechtlich dazu befugte Personen gegenseitig ihren ehelichen Willen (Ehekonsens) in gesetzmäßiger Weise kundgeben (c. 1081 § 1). Der Ehekonsens ist ein Willensakt, durch den die beiden Eheschließenden sich gegenseitig und für immer das ausschließliche Recht auf ihren Leib übertragen zur Vornahme jener Handlungen, welche an sich zur Erzeugung von Nachkommenschaft geeignet sind (c. 1081 § 2).

Fehlt im Augenblick der Eheschließung dieser Willensakt, so kommt keine gültige Ehe zustande. Hierzu bestimmt c. 1086 § 2: Wenn die beiden Eheschließenden oder auch nur einer von ihnen beim Eheabschluß den positiven Willen haben, keine Ehe einzugehen oder das volle Recht auf den naturgemäßen ehelichen Verkehr oder eine der wesentlichen Eigenschaften der Ehe auszuschließen, so ist die Ehe ungültig. Das Recht auf den naturgemäßen ehelichen Verkehr gehört so notwendig zum Wesen der Ehe, daß derjenige, welcher die Übergabe dieses Rechtes positiv ausschließt, hiermit überhaupt das Zustandekommen einer wahren Ehe verhindert. Allerdings müßte ein solcher innerer Konsensmangel streng bewiesen werden; denn bis zum Beweis des Gegenteils hat das Gericht nach c. 1086 § 1 anzunehmen, daß sich der innere Konsens mit dem bei der Trauung zum Ausdruck gebrachten Willen zur Ehe deckt.

In Prozessen wegen mangelnden Ehewillens infolge Ausschlusses des vollen Rechtes auf den naturgetreuen ehelichen Verkehr unterscheidet eine langjährige Gerichtspraxis zwischen Nichtverpflichtungswillen und Nichterfüllungswillen. Ein Nichtverpflichtungswille liegt dort vor, wo der Nupturient ausdrücklich die Verpflichtung zu einem naturgetreuen ehelichen Verkehr ausschließt: animus non se obligandi. Anders beim Nichterfüllungswillen: Hier will der Eheschließende zwar an sich die Verpflichtung des ius in corpus übernehmen, hat aber nebenher die Absicht, entgegen der eingegangenen Verpflichtung die Ehe zu mißbrauchen und so den Kindersegen zu verhüten, also die übernommene Verpflichtung nicht zu erfüllen: animus non adimplendi.

Rechtsausführungen zu einem Ehenichtigkeitsurteil des Kölner Erzbischöflichen Offizialats. Erschienen in: ThQ 133 (1953) 68–79.

Nichtverpflichtungswille macht, wie ohne weiteres ersichtlich ist, die Ehe ungültig. Denn die Verpflichtung zum gottgewollten Geschlechtsverkehr auf Verlangen des Gatten gehört notwendig zum Wesen der Ehe. Wer diese Verpflichtung als solche ausschließt, entleert den Ehekonsens um seinen wesentlichen Inhalt. Bloßer Nichterfüllungswille hat dagegen nach der kanonistischen Lehre wie nach der Spruchpraxis der Rota nicht eine solche konsenszerstörende Wirkung. Es genügt danach für einen hinreichenden Ehekonsens, daß jemand die Verpflichtung zum gottgewollten Eheverkehr als Verpflichtung auf sich nehmen will, mag er dabei auch von vornherein die Absicht haben, diese Verpflichtung hernach nicht zu erfüllen und seinem Partner de facto keinen naturgetreuen Geschlechtsverkehr in der Ehe zu gewähren. Ein derartiger Nichterfüllungswille läßt trotz seiner Verwerflichkeit nach der allgemein herrschenden Ansicht eine gültige Ehe zustandekommen.

Gegen die vorgenannte Unterscheidung von Nichtverpflichtungswillen und Nichterfüllungswillen und gegen ihre Verwendung in der Rechtsprechung der Eheprozesse richten sich in jüngster Zeit lebhafte Angriffe in der Zeitschriftenliteratur. So namentlich von Franz *Große-Wietfeld* in zwei Aufsätzen in Theologie und Glaube 1950 S. 358 ff. und S. 443 ff. Manche seiner Bemerkungen verdienen sorgsame Beachtung. Und die Art und Weise, wie in der Spruchpraxis die Unterscheidung von Nichtverpflichtungs- und Nichterfüllungswillen gehandhabt wird, mag in einzelnen Fällen zu ernsten Bedenken Anlaß geben. Gleichwohl dürfte an der Berechtigung, grundsätzlich zwischen Nichtverpflichtungs- und Nichterfüllungswillen zu unterscheiden, trotz der vorgebrachten Gegenargumente nicht zu rütteln sein.

Bei der erwähnten Unterscheidung beruft sich die Rota des öfteren auf Thomas von Aquin. Vgl. z. B. RE 26 (= Rota-Entscheidung; Sacrae Romanae Rotae Decisiones seu Sententiae Bd. 26.) dec. 28 n. 20 S. 266 f. Allein man muß bei genauem Abwägen der entsprechenden Thomastexte feststellen, daß Thomas für das Begriffspaar Nichtverpflichtungswille und Nichterfüllungswille nicht, zum mindesten nicht unmittelbar in Anspruch genommen werden kann. In seinem Sentenzenkommentar (in IV D. 31 q. 1 art. 3) erklärt Thomas hinsichtlich der bona matrimonii: Die beiden bona prolis und fidei können in einem doppelten Sinne betrachtet werden, einmal grundsätzlich, in suis principiis, als intentio prolis und debitum servandi fidem. In diesem Sinne als intentio prolis und Pflicht zur ehelichen Treue gehören die beiden bona wesentlich zur Ehe, so daß ohne sie überhaupt keine gültige Ehe bestehen kann. Wenn daher bei der Leistung des Ehekonsenses etwas gegen die intentio prolis oder gegen die Pflicht zur ehelichen Treue ausgedrückt würde, käme keine wahre Ehe zustande. Außer dieser Betrachtung in suis principiis können proles und fides zweitens in seipsis,

d. h. in ihrem faktischen Bestand gemeint sein. Bei dieser zweiten Fragestellung handelt es sich darum, ob in einer Ehe tatsächlich proles und fides vorliegen, ob de facto Nachkommenschaft erzeugt und die Treue gewahrt ist. In dieser zweiten Hinsicht gehören die bona prolis und fidei nicht mehr zum Wesen der Ehe, sondern zum „usus matrimonii". Es kann eine wirkliche Ehe existieren auch ohne proles und fides in diesem zweiten Sinne, weil das Wesen eines Dinges nicht von seinem Gebrauch abhängt. Esse rei non dependet ab uso suo.

Soweit die Darlegungen des Aquinaten. Hinsichtlich des bonum prolis gipfeln sie in der Feststellung: Ohne intentio prolis gibt es keine gültige Ehe; dagegen tangiert das faktische Fehlen von proles nicht die Gültigkeit der Ehe. Wie ohne weiteres ersichtlich ist, kann aber um eines solchen Gedankens willen Thomas keineswegs zu Recht für die Unterscheidung von Nichtverpflichtungswillen und Nichterfüllungswillen in Anspruch genommen werden. Wohl mag man ihn für das Begriffspaar ius ipsum und usus iuris anführen, insofern Thomas das esse matrimonii von dem usus matrimonii unterscheidet. Letzteres ist aber bei weitem nicht identisch mit der Unterscheidung von Nichtverpflichtungswillen und Nichterfüllungwillen.

Thomas stellt bei seiner Unterscheidung einander gegenüber die willentliche Einstellung beim Abschluß der Ehe (intentio prolis) und das faktische Vorhandensein von proles in der späteren Ehe. Er meint also gar nicht eine Unterscheidung innerhalb des ehelichen Konsenses, innerhalb des Willens selbst. Letzteres ist aber gerade das Anliegen der Unterscheidung von Nichtverpflichtungs- und Nichterfüllungswillen. Hier wird nicht nur der eheliche Konsens dem späteren faktischen Verhalten in der Ehe gegenübergestellt, sondern eine Unterscheidung in den Ehekonsens selbst hineingetragen, insofern angenommen wird, daß sich in dem Konsens des Eheschließenden zwei Willensentschlüsse scheiden lassen: Einmal soll er den Willen haben, die Pflicht zu einem naturgetreuen ehelichen Verkehr an sich als Verpflichtung zu übernehmen (Verpflichtungswille), und zugleich soll er im selben Augenblick den Entschluß fassen können, hernach unter Mißachtung der eingegangenen Bindung die übernommene Verpflichtung nicht zu erfüllen (Nichterfüllungswille), ohne daß durch einen solchen Nichterfüllungswillen der Verpflichtungswille hinfällig würde. Von der hier aufgeworfenen Fragestellung ist aber bei Thomas nichts zu finden, da er nur den ehelichen Willen von dem späteren Verhalten unterscheidet, nicht aber einen Unterschied innerhalb des Willens selbst beim Eheabschluß annimmt. Die Problemstellung der Unterscheidung von Nichtverpflichtungs- und Nichterfüllungswillen fehlt also bei Thomas völlig. Man wird daher gut daran tun, sich bei der genannten Unterscheidung nicht auf die Autorität des Aquinaten berufen zu wollen.

Ja, die Gegner der erwähnten Unterscheidung könnten ihrerseits versucht sein, auf Thomas hinzuweisen. Sagt doch der Aquinate, daß die „intentio prolis" wesensnotwendiger Inhalt eines gültigen Ehekonsenses ist. Wenn etwas Gegensätzliches zur intentio prolis im Ehekonsens ausgedrückt werde, komme keine wahre Ehe zustande. Intentio prolis bedeutet im sensus obvius des Wortes den Willen zum Kinde. Besitzt nun aber jemand, der den Nichterfüllungswillen im oben genanten Sinne gesetzt hat, der also von vornherein beim Eheabschluß die feste Absicht hat, den Kindersegen zu verhüten, mag er auch das *Recht* auf einen naturgetreuen Geschlechtsverkehr nicht eigens ausgeschlossen haben, noch den Willen zum Kinde? Man wird die Frage ehrlicherweise verneinen müssen. Doch empfiehlt es sich, in der ganzen Diskussion eine Berufung auf Thomas zu vermeiden, weil der Aquinate unsere Problemstellung als solche nicht behandelt hat.

Wenn nach dem Gesagten Thomas von Aquin die Unterscheidung von Nichtverpflichtungs- und Nichterfüllungswillen beim Ehekonsens auch nicht macht, so hat die weitere Entwicklung der kanonistischen Lehre und Rechtsprechung diese Unterscheidung eingeführt und zu weitreichender Bedeutung in der Judikatur gebracht. Wie bei jedem Vertrag kann ebenfalls beim Ehevertrag, wenn auch bei diesem nur mit gewissen, nachher noch zu besprechenden Einschränkungen, mit Recht zwischen dem Verpflichtungswillen und dem Erfüllungswillen unterschieden werden. Jeder zweiseitige Vertrag kommt dadurch zustande, daß sich die beiden Partner gegenseitig zu bestimmten Leistungen verpflichten. Dieser Wille, sich auf eine gewisse Leistung zu verpflichten, ist für das Entstehen des Vertrages unerläßlich. Wo auf seiten auch nur eines Partners ein solcher Wille fehlt, liegt kein gültiger Vertrag vor; freilich bliebe der fingierende Partner schadensersatzpflichtig, aber nicht auf Grund eines Vertrages, der ja in Wahrheit gar nicht zustande gekommen ist, sondern wegen arglistiger Täuschung. Auf der anderen Seite ist der Wille, sich zu einer Leistung zu verpflichten, für das Entstehen eines Vertrages auch ausreichend; nicht bedarf es darüber hinaus noch des Willens, die Leistung zu erfüllen. „Wesentlich ist also der Wille, sich zu verpflichten; nicht der Wille, das Versprochene zu leisten" (Otto *Schilling*, Grundriß der Moraltheologie, Freiburg i. Br. 1949², S. 350). Vgl. ähnlich *Noldin-Schmitt*, Summa theologiae moralis, Bd. 2, München-Heidelberg 1944²⁸, S. 488.

An der grundsätzlichen Berechtigung einer solchen Unterscheidung dürfte nicht zu zweifeln sein. Zwar kennt die weltliche Rechtslehre in der Behandlung des Vertragswillens die hier vorgetragene Auffassung nicht. Für das BGB ist dies nicht weiter verwunderlich, da dieses Gesetzbuch im Interesse der Verkehrssicherheit in den §§ 116 ff. mehr auf die Willens*erklärung* als auf den zugrundeliegenden Willen abstellt. Aber selbst das römische Recht, welches wenigstens in seiner klassischen Form auf seiten der Willenstheorie und gegen die Erklärungstheorie steht und ein Rechtsgeschäft bei tatsächlichem Willensmangel trotz der abgegebenen Willenserklärung für nichtig ansieht, also mehr Anlaß hat, auf den Vertragswillen und seinen entscheidenden Gehalt einzugehen, sagt von dem Vertragswillen nur, es müsse zur Gültigkeit gefordert werden, daß der in dem Vertrag bezeichnete Rechtserfolg auch gewollt sei (*Sohm - Mitteis - Wenger*, Institutionen. Geschichte und System des Römischen Privatrechts, München und Leipzig 1923[17], S. 212–216). Dabei wird nicht erörtert, worauf nun der eigentliche Vertragswille gerichtet sein muß, ob der Wille darauf gehen muß, sich auf eine Leistung zu verpflichten, oder ob vielmehr der Wille gefordert ist, eine Leistung zu vollziehen. Somit fehlt auch im römischen Recht die Unterscheidung zwischen Verpflichtungs- und Erfüllungswillen. Das hindert aber nicht, daß eine solche Unterscheidung tatsächlich zu Recht besteht und durchgehend von der gegenwärtigen katholischen Moraltheologie und Kanonistik vertreten wird.

Allerdings ist die Unterscheidung nur mit größter Behutsamkeit anzuwenden, da das, was logisch einwandfrei geschieden werden darf, psychologisch leicht koinzidieren kann. Auf die psychologische Seite aber kommt es hier an, wo es um die Frage geht, was der Vertragschließende de facto gewollt hat. Wie vorsichtig dabei vorzugehen ist, ergibt sich z. B. aus der Stellungnahme von *Cappello*, der einerseits auf dem allgemein angenommenen Standpunkt steht, daß der Nichterfüllungswille nicht unter allen Umständen zwangsläufig den Verpflichtungswillen ausschließt, aber im gleichen Zusammenhang doch schreibt: „Ista intentio non implendi potest considerari in duplici momento: vel una simul cum intentione contrahendi et se obligandi, vel separatim, quatenus superveniat illi intentioni iam elicitae seu matrimonio iam contracto. In prima hypothesi, obligatio non implendi non potest existere simul cum intentione vere contrahendi et se obligandi, quia altera alteram necessario excludit ex ipsa rei natura. In secunda hypothesi, intentio non implendi potest haberi et considerari ut plane distincta ac separata ab alia intentione. Sane posita intentione contrahendi et sese obligandi, contractus coniugalis est *iam perfectus* ideoque matrimonium *iam exsistit*, ita ut officiorum adimplementum superveniat matrimonio in suo esse iam plene constituto, et consequenter ipsius defectus essentiam actus mutare nequeat" (Felix M. *Cappello*, Tractatus canonico-moralis de sacramentis, Bd. 5: De matrimonio, Turin 1947[5], S. 580). Hiernach würde also ein im Augenblick des Eheabschlusses vorhandener Nichterfüllungswille psychologisch einen wahren Verpflichtungswillen unmöglich machen.

Im Einzelfall ist es in der Regel sehr schwierig zu entscheiden, ob Nichtverpflichtungswille oder Nichterfüllungswille vorliegt. Denn Brautleute, welche eine Einschränkung hinsichtlich des naturgemäßen ehelichen Verkehrs machen, sprechen in ihrer Formulierung durchweg nicht vom Ausschluß des ehelichen Rechts, sondern von der Ablehnung des Kindersegens. Die Rechtsprechung der Römischen Rota hat in ihrer langjährigen Spruchpraxis gewisse Richtlinien herausgearbeitet, wann der Ausschluß des Kindersegens als ehevernichtender Nichtverpflichtungswille zu werten ist. Danach ist vor allem dann auf Nichtigkeit der Ehe zu erkennen, wenn die Ablehnung des Kindersegens zwei Eigenschaften aufzuweisen hat: 1. die uneingeschränkte Geltungsdauer dieses Entschlusses (perpetuitas propositi) und 2. die unbedingte Entschiedenheit des Entschlusses (tenacitas propositi). So in RE 27, 63 n. 8 S. 541: Inter circumstantias, quae demonstrant exclusionem iuris factam esse et non tantum usus iuris, sunt praesertim perpetuitas et firmitas propositi.

Im einzelnen ist dabei zu unterscheiden, ob der dauernde Ausschluß des Kindersegens erfolgte in der Form einer bindenden Vereinbarung der beiden Brautleute oder als condicio sine qua non oder bloß durch positiven Willensakt eines oder beider Ehepartner.

Die tenacitas propositi, welche auf einen Ausschluß ipsius iuris schließen läßt, sieht die Rota in oft wiederholter Entscheidungspraxis vornehmlich dann als gegeben an, wenn die Eheschließenden vor der Hochzeit einen ausdrücklichen *Vertrag* eingegangen sind, ihre Ehe für immer kinderlos zu halten. Vgl. RE 28, 60 n. 5 S. 573: Si constet ... de pacto (sc. prolis excludendae) inito, iam de matrimonii nullitate constat. Ein derartiger Vertrag ist eben mit dem Wesen des Ehekonsenses innerlich nicht vereinbar. Ehekonsens besagt die gegenseitige Übertragung des Rechtes auf die zur Erzeugung notwendigen Akte; mit der Ehe entsteht ein Leistungsanspruch auf diese Akte. Nun hebt ein Vertrag, in welchem die Eheschließenden sich verpflichten, die Ehe kinderlos zu halten, einen solchen Anspruch auf Leistung der ehelichen Pflicht auf. Denn mit dem genannten Vertrag erklärt der Nupturient eigens, daß er nicht das Recht empfangen und übertragen wolle, in der Ehe einen naturgetreuen Verkehr zu fordern.

Man kann nicht etwa einwenden, in solchem Falle übertrügen die Partner sich wohl bei der Heirat das Recht auf den ehelichen Verkehr und der Vertrag über die Kinderlosigkeit besage nur die gegenseitige Zusicherung, das empfangene Recht nicht geltend machen zu wollen. Dieser Einwand übersieht einmal, daß mit dem Pakt über die Kinderverhütung eine rechtliche Bindung, eine Verpflichtung eingegangen werden soll. Und zum zweiten ist hier die Rechtsnatur des ehelichen ius in corpus verkannt. Das eheliche Recht ist nicht ein dingliches Recht nach Art des Eigentumsrechtes; bei einem solchen dinglichen Recht kann man allerdings in der Tat zwischen dem dinglichen Recht selbst und dem Nutzungsrecht unterscheiden, kann man ein dingliches Recht erwerben und zugleich auf sein Nutzungsrecht verzichten. Bei der Ehe ist aber eine solche Unterscheidung gar nicht möglich. Das eheliche Recht ist kein dingliches Recht, etwa auf den Leib des Partners, sondern ein Forderungsrecht, nämlich der Anspruch, den naturgetreuen Verkehr vom Partner zu fordern. Dieser Anspruch wird aber verwirkt durch den Vertrag, in welchem die Verpflichtung übernommen wird, die Ehe kinderlos zu halten. Der so Paktierende verpflichtet sich, den Geschlechtsverkehr niemals in der Weise zu vollziehen, daß daraus ein Kind erzeugt werden könnte. Da er sich daran vertragsmäßig, also rechtlich bindet, begibt er sich des Rechtes, in der Ehe einen naturgetreuen ehelichen Verkehr zu fordern. Ohne dieses Forderungsrecht kann aber keine wahre Ehe zustandekommen. Und wer von seinem künftigen Ehepartner verlangt, daß er sich zuerst in einer ausdrücklichen Erklärung daran binde, in der Ehe keinen solchen Geschlechtsverkehr zu vollziehen, aus dem Nachkommenschaft erwachsen könnte, zeigt damit deutlich, daß er gar nicht das Recht auf den gottgewollten ehelichen Verkehr übergeben will. Er schließt vielmehr mit solchem Vertrag positiv das Recht auf den naturgetreuen ehelichen Verkehr und damit *das* Recht aus, ohne welches es überhaupt keinen wahren Ehekonsens geben kann. Der Pakt, eine Ehe kinderlos zu halten, entleert den Ehekonsens um seinen notwendigen Inhalt und macht die Ehe ungültig.

Die hier entwickelten Gedanken über die Rechtsnatur des ius coniugale treten in der neuesten kanonistischen Literatur immer stärker hervor. So hat G. *Oesterle* im Dictionnaire de droit canonique, Bd. 4, Paris 1949, Sp. 350 f. s. v. Consentement matrimonial darauf hingewiesen, daß man das ius in corpus nicht nach Art eines Eigentumsrechtes auffassen darf, bei dem man zwischen Eigentumsrecht als solchem und Nutzungsrecht unterscheiden könne. Bei dem ehelichen ius in corpus sei vielmehr le droit coniugal real identisch mit le droit d'user du mariage. „Le droit coniugal ne peut être séparé du droit d'en faire usage, du moins pas réellement... Une condition qui exclut le droit d'user du mariage élimine par le fait même le pacte matrimonial lui-même." Zu dem gleichen Problem hat L. *Bender* O. P. in den Ephemerides iuris canonice 1945, S. 53–68, Stellung genommen. Wenn man auch zu einzelnen seiner Behauptungen Einschränkungen wird machen müssen, so verdient doch seine entscheidende These Anerkennung, daß nämlich das ius matrimoniale mit dem ius utendi matrimonio identisch ist. Wo das ius utendi matrimonio durch Vereinbarung der Kinderlosigkeit ausgeschlossen ist, da ist das ius matrimoniale selbst ausgeschlossen.

Mit logischer Zwangsläufigkeit ergibt sich daraus, daß auch schon eine Vereinbarung über einen nur zeitweiligen Ausschluß des Kindersegens eine Ehe nicht zustandekommen läßt. Allerdings hat die Rechtsprechung der Rota bislang eine solche Konsequenz noch nicht gezogen, vielmehr bisher aus dem Pakt eines zeitlich beschränkten Ausschlusses des Kindersegens eine Präsumtion für bloßen Nichterfüllungswillen abgelesen. Doch kann diese Frage des nur zeitweiligen Ausschlusses des Kindersegens hier auf sich beruhen, weil in dem zur Entscheidung stehenden Fall ein dauernder Ausschluß des Kindersegens behauptet ist. Bei dauerndem Ausschluß des Kindersegens sieht jedenfalls die Rota in einer bindenen Vereinbarung der beiden Partner einen hinreichenden Beweis für Ausschluß des ius ipsum und damit für die Nichtigkeit der Ehe.

Das gleiche gilt, wenn der dauernde Ausschluß des Kindersegens zwar nicht vereinbart, wohl aber von beiden Brautleuten oder auch nur von einem von ihnen zur *condicio sine qua non* gemacht worden ist. Hier nimmt die Rota ebenfalls eine hinreichende Präsumtion für Nichtverpflichtungswillen und damit für Nichtigkeit der Ehe an. Vgl. z. B. RE 32, 68 n. 6, S. 752; RE 28, 60 n. 5, S. 573.

Wie aber steht es, wenn der Ausschluß des Kindersegens weder Gegenstand eines Paktes war noch in Form einer condicio sine qua non erfolgte, sondern durch bloßen Willensakt geschah? Hier erbringt die *tenacitas* des Willensentschlusses, die Ehe für immer kinderlos zu halten, den Beweis, daß damit das ius ipsum coniugale ausgeschlossen und damit die Ehe nichtig ist. RE 30, 11 n. 15, S. 105: Iamvero notum est, cum de matrimonii nullitate agitur ob propositum devitandi prolem, iure merito ex pertinacia ipsius propositi deduci ius ipsum ad prolem fuisse reiectum. RE 28, 60 n. 12, S. 578: Nihilominus idem (sc. exclusio iuris) evincitur ex pervicacia, qua filiorum procreationem praepedire ipse studuit. RE 27, 63 n. 8, S. 541: Inter circumstantias, quae demonstrant exclusionem iuris factam esse et non tantum usus iuris, sunt praesertim perpetuitas et firmitas propositi.

Rechtsprechung und kanonistische Lehre laufen daher immer mehr darauf hinaus, daß bei perpetuitas und tenacitas der Kinderablehnung kein wahrer Ehekonsens mehr vorliegt. Man wird vielleicht hiergegen verweisen auf RE 33, 56 n. 5, S. 602, wo es In iure heißt: Unde *certo* ex inducta praxi in Ecclesia et logica ratione, conditio et pactum praesumptionem gignunt exclusi iuris in simulatione contra bonum prolis; *probabiliter* vero perpetuitas et tenacitas servati talis propositi, etsi minus gravem, similem praesumptionem inducunt. Man ist zunächst geneigt, aus dem probabiliter dieses Textes die Folgerung zu ziehen, daß perpetuitas et tenacitas propositi zwar ein gewisses Indiz, aber keinen ausreichenden Beweis für Nichtverpflichtungswillen lieferten. In Wirklichkeit ist aber gerade diese Rotaentscheidung RE 33, 56 in ihrem Teil In facto ein klares Beispiel dafür, daß die Rota mit dem Nachweis der perpetuitas et tenacitas propositi auch schon den Nichtverpflichtungswillen als erwiesen ansieht. Denn nachdem aufgezeigt ist, daß weder Pakt noch condicio sine qua non vorlag, fährt die Entscheidung fort: Hoc tamen non officit, quominus aliis argumentis ac praesumptionibus desumptis, praecipue ex tenacitate et perpetuitate exclusionis, reiectum ius valet demonstrari (S. 609). Und der ganze weitere Beweis In facto beschränkt sich darauf, die tenacitas und die perpetuitas propositi darzutun. Dabei wird die tenacitas, die Unbedingtheit oder Hartnäckigkeit der Kinderablehnung, aufgewiesen einmal mit dem Exklusionsmotiv, sodann mit der Heftigkeit der Äußerungen, mit denen die Beklagte den Kindersegen von vornherein verweigert hatte, und schließlich mit der Unnachgiebigkeit, mit der sie während ihrer Ehe an ihrem Entschluß festgehalten hat. Nachdem so tenacitas und außerdem perpetuitas der Kinderablehnung bewiesen ist, wird, ohne daß noch weitere Beweiserhebungen erfolgten, der Schluß gezogen: Somit ist das ius ipsum ausgeschlossen und damit die Ehe nichtig. Tenacitas und perpetuitas propositi erbringen also auch nach diesem Rota-Urteil einen hinreichenden Beweis für Nichtverpflichtungswillen. Der scheinbare Widerspruch zwischen In iure und In facto dieser Entscheidung löst sich vielleicht, wenn man auf den dortigen Wortlaut genau achtet. Dort heißt es „tenacitas *servati* talis propositi". Die Hartnäckigkeit, mit welcher der Vorsatz bewahrt, d. h. innerhalb der Ehe ausgeführt wird, erbringt allerdings für sich allein noch nicht den eindeutigen Beweis, daß auch schon beim Eheabschluß der Vorsatz der Kinderlosigkeit mit tenacitas gefaßt wurde, und schafft daher nur „probabiliter" eine Präsumtion für Ausschluß des ius ipsum.

Gleich der Rota vertritt auch die neuere kanonistische Literatur diese Auffassung, daß auf Nichtigkeit der Ehe zu erkennen ist, wenn ein Doppeltes bewiesen ist, einmal daß der Ausschluß des Kindersegens für die ganze Dauer der Ehe gemeint war (perpetuitas propositi) und daß er zweitens unbedingt, völlig, grundsätzlich gelten sollte (tenacitas propositi). Nur zwei Stimmen hierzu seien aus den letzten Jahren zitiert. Joseph *Wenner* in Theologie und Glaube 1949, S. 92: „Der Beweis für die Ehenichtigkeit gilt nur dann als erbracht, wenn auf die angegebene Weise nachgewiesen ist, daß tatsächlich der Kindersegen durch positiven Willensakt ausgeschlossen wurde und daß dieser Ausschluß grundsätzlich und für immer gewollt war, so daß der Ausschluß des Rechtes präsumiert werden darf." *Eichmann-Mörsdorf*, Lehrbuch des Kirchenrechts, Paderborn 1950[6], Bd. 2, S. 218: „Ferner gilt als allgemeine Regel, daß der Verpflichtungswille dann fehlt, wenn der Kindersegen ... *völlig und für immer* ausgeschlossen" wurde.

Absoluter Ehekonsens
trotz bedingtem Heiratsentschluß?

Die nachstehende Untersuchung wurde durch folgenden Tatbestand veranlaßt: Ein Mann ließ sich zur Heirat bestimmen, weil seine Bekannte ihm versicherte, sie erwarte von ihm ein Kind. Aber noch vor der Hochzeit stiegen ihm Zweifel an seiner Vaterschaft auf, und deshalb erklärte er ausdrücklich, er werde sie nur heiraten, falls das Kind von ihm stamme. Sein Entschluß zur Heirat war also bedingt.

Um sicher zu gehen, verlangte der Mann eine ärztliche Untersuchung des Mädchens, durch die er feststellen lassen wollte, daß die Schwangerschaft noch nicht über den 4. Monat hinaus bestehe. Denn erst seit 4 Monaten kannte er überhaupt das Mädchen. Sollte sich bei der Untersuchung ergeben, daß die Empfängnis weiter zurücklag, mußte er als Vater ausscheiden. Der Arzt konstatierte nun eine bereits vorgeschrittene Schwangerschaft im 7. Monat und gab dem Mädchen hierüber eine Bescheinigung mit. Doch das Mädchen fälschte die 7 in eine 4 um. Auf das so gefälschte Attest hin kam der Mann zu der vollen Überzeugung, daß er der Vater des Kindes sei. In dieser sicheren Annahme hat er dann, ohne noch irgendein Bedenken zu tragen, die Ehe geschlossen. Erst durch die frühe Geburt des Kindes stellte sich heraus, daß er einem Betrug zum Opfer gefallen war.

Sein erster Heiratsentschluß war zweifellos bedingt. Dagegen hat der Mann hernach bei der Eheschließung nicht mehr an die Beifügung der Bedingung gedacht. Es erhebt sich die Frage: Ist mit dem bedingten Heiratsentschluß auch schon der Ehekonsens als solcher bedingt und deshalb die Ehe ungültig? Oder ist trotz bedingtem Heiratsentschluß der Ehekonsens selbst absolut gegeben?

I. Die Stellungnahme der Sacra Romana Rota

Die Spruchpraxis der Rota unterscheidet recht nachdrücklich, ob die Bedingung, wenn auch nur virtuell, dem Ehekonsens selbst beigefügt ist oder bloß einem vorhergehenden Heiratsentschluß. Man müsse auseinanderhalten: condicio und propositum.[1] Wenn ein Mädchen, so führt die Rota z. B. in der Entscheidung vom 11. Juni 1930[2] aus, die Absicht äußert, einen Mann nur zu heiraten, wenn er nicht geschlechtskrank sei, so sei damit noch keineswegs eine den Ehekonsens beeinflussende Bedingung aufgestellt. Vielmehr habe die Frau damit nur erklärt, von der Gesundheit des Mannes mache sie es abhängig, „ob sie mit ihm überhaupt an den Traualtar trete, um das Jawort abzugeben; sie habe aber damit nicht zum Ausdruck bringen wollen, wenn sie trotzdem mit einem solchen Manne an den Altar trete, dann solle das Jawort nichts gelten ... Die ganze Absicht der Klägerin habe sich nämlich darauf bezogen, mit einem geschlechtskranken Manne nicht an den Traualtar zu treten. Was geschehen solle, wenn sie es trotzdem tun sollte, daran habe sie überhaupt nicht gedacht"[3].

Die Rota spricht in solchem Zusammenhang zu wiederholten Malen von der Unterscheidung zwischen condicio und propositum, und diese Formulierung hat sich auch in der eherechtlichen Literatur eingenistet.[4] Man muß diese Art der Formulierung bedauern, weil mit den beiden Begriffen condicio und propositum zwei Dinge verglichen werden, die logisch auf verschiedenen Ebenen liegen. Gemeint ist auch ein ganz anderer Unterschied, nämlich der Unterschied, ob die Bedingung dem consensus matrimonialis selbst oder aber nur dem propositum nubendi beigesetzt ist, ob es sich um bedingten Ehekonsens oder nur um bedingten Heiratsentschluß handelt. Das Gegensatzpaar heißt also nicht: condicio und propositum, sondern: consensus condicionatus und propositum condicionatum. Klar ist hierin SRR 35, 1943 dec. 89 n. 2 S. 977: „Sedulo tamen intuendum est, utrum conditio *proposito ineundi matrimonium*, vel *consensui ipsi praestituro in actu celebrationis*, adligata fuerit."[5]

Unverkennbar neigt die Rota zu der Ansicht, mit einem bedingten Heiratsentschluß sei nicht auch der Ehekonsens schon von selbst an die Bedingung geknüpft. Aber man kann unser Problem nicht allein mit einer Berufung auf die kirchliche Spruchpraxis erledigen. Und zwar nicht bloß deshalb, weil ein solcher Autoritätsbeweis mit seiner Entscheidung ab extrinseco wissenschaftlich wenig befriedigt. Hinzu kommt, daß die kirchliche Spruchpraxis bei genauerem Zusehen keineswegs so einheitlich ist, wie sie auf den ersten Blick erscheinen mag. Zwar wird die sogenannte Unterscheidung zwischen condicio und propositum immer wieder in den Rota-Urteilen zustimmend angeführt, aber ihre Anwendung ist so unterschied-

---

[1] SRR 16, 1924 dec. 7 n. 2, S. 60; seitdem öfters.
[2] SRR 22, 1930 dec. 28 n. 15, S. 335.
[3] Heribert *Jone*, Gesetzbuch der lateinischen Kirche, Bd. 2, Paderborn 1952², S. 344 zu c. 1092.
[4] Vgl. z. B. Johannes *Hollnsteiner*, Die Spruchpraxis der S. Romana Rota in Ehenichtigkeitsprozessen, Freiburg i. Br. 1934, S. 121.
[5] Ähnlich SRR 29, 1937 dec. 55 n. 3, S. 550.

lich, daß sie zu wiederholten Malen in den gleichen Prozessen zu entgegengesetzten Urteilen in zwei Instanzen der Rota kommt.[6]

Auch die berühmte Entscheidung der Spezialkommission der Kardinäle vom 2. August 1918[7], auf die hernach noch näher einzugehen ist, paßt nicht in das Bild einer angeblich einheitlichen oberstrichterlichen Auffassung. Sie wertet den Entschluß, nur zu heiraten, wenn eine bestimmte Bedingung erfüllt ist, zugleich als Kondizionierung des Ehekonsenses. In dem dort zur Erörterung stehenden Fall hatte die Frau erklärt: „Ich will unter keinen Umständen einen Mann heiraten, der mit einer anderen Person unerlaubte Beziehungen hatte." Die Kardinalskommission betrachtete ohne weiteres damit auch den Ehekonsens als bedingt, ohne eigens zu untersuchen, ob die Frau, als sie die Bedingung aufstellte, über den Heiratsentschluß hinaus an den eigentlichen Ehekonsens gedacht und auf diesen bewußt die Beifügung der Bedingung bezogen hatte. Man könnte, wenn auch mit zweifelhaftem Recht, immerhin einwenden, damals sei die sogenannte Unterscheidung zwischen condicio und propositum noch nicht geläufig gewesen und daher möge es rühren, wenn die Entscheidung auf die daraus entspringende Frage nicht eingehe. Wie will solch ein Einwand bestehen vor jener Kardinalskommission, zu der Koryphäen des Kirchenrechts wie *Gasparri* und *Lega* zählten! Aber auch später, als die Erörterung über „condicio und propositum" immer wieder in den Rota-Urteilen auftaucht, zeigten sich erhebliche Unterschiede in der Stellungnahme.

Auf der einen Seite stehen genug Decisiones, welche den Standpunkt vertreten, der bedingte Heiratsentschluß umschließe nicht zugleich schon einen bedingten Ehekonsens. Treffend ist diese Ansicht in SRR 32, 1940 dec. 76 n. 4 S. 836 dargelegt: Nicht derjenige habe schon einen bedingten Ehekonsens, welcher erkläre: „Ich werde diese Person nur heiraten, wenn sie ehrenwert ist", sondern nur jener, welcher den Willen habe: „Ich werde diese Person heiraten, aber ich will, daß mein Ehekonsens nur dann eine Ehe bewirkt, falls die Person tatsächlich diese gewünschte Eigenschaft besitzt." Im ersten Falle offenbare sich nur der Wille, entweder zu heiraten oder die Heirat abzulehnen; nachdem jedoch die Wahl getroffen sei, werde der Konsens absolut geleistet. Nur im zweiten Falle handle es sich um einen wirklich bedingten Ehekonsens. Wenn Nachforschungen über das Vorhandensein der verlangten Eigenschaft angestellt werden, dann ist, so wird in diesem und in ähnlichen Urteilen der Rota ausgeführt, noch gar keine Zustimmung zu der Ehe gegeben; vielmehr solle es von dem Ausfall der eingeholten Erkundigungen abhängen, ob die Ehe bejaht oder abgelehnt wird, nicht aber solle davon die Gültigkeit oder Ungültigkeit der Ehe selbst

---

[6] Vgl. z. B. SRR 22, 1930 dec. 28 gegen SRR 21, 1929 dec. 26; SRR 32, 1940 dec. 17 gegen SRR 29, 1937 dec. 57; SRR 34, 1942 dec. 78 gegen SRR 29, 1937 dec. 8.
[7] AAS 1918, S. 388–390.

abhängen. Erst nach dem Ergebnis der Nachforschungen werde überhaupt eine Entscheidung zu der Ehe getroffen, aber diese Entscheidung nach der Untersuchung falle dann absolut aus, entweder werde dann die Ehe absolut verworfen oder aber schlechthin bejaht. Da hier ein absoluter Entschluß getroffen werde, könne von einem bedingten Ehekonsens keine Rede sein.[8]

Aber es gibt auch eine Reihe von Rota-Urteilen, welche eine andere Richtung einschlagen. So hat SRR 30, 1938 dec. 35 n. 9 S. 325 aus der Aussage der Mutter des Klägers, ihr Sohn habe ihr eröffnet, er wolle unter keinen Umständen seine Braut heiraten, wenn er wüßte, daß sie nicht ehrbar sei, die Folgerung gezogen, daraus ergebe sich eindeutig (manifeste), daß hier eine echte Bedingung vorliege, und zwar, wie aus dem Gesamtzusammenhang der Entscheidung zu entnehmen ist, eine dem Ekekonsens selbst beigefügte Bedingung. Das Gericht trifft eine solche Feststellung nur aus den von der Mutter bezeugten Worten, obschon diese doch an sich ebensogut als eine bloße Bedingung des Heiratsentschlusses gemeint sein könnten. Dafür, daß man in derartigen Fällen die Bedingung als auf den Ehekonsens selbst bezogen ansehen müsse, führt die Rota gelegentlich an: Die Bedingung solle nach der Absicht des Kontrahenten gerade die Ehe vor unliebsamen Überraschungen schützen; deshalb müsse man annehmen, daß durch die Beifügung einer Bedingung der Ehekonsens selbst bedingt sein solle, nicht etwa nur der vorhergehende Entschluß zur Ehe. Ein solcher Gedankengang liegt z. B. bei SRR 32, 1940 dec. 17 n. 16 S. 175 f. zugrunde.[9] Die Rota hatte in diesem Prozeß die angebliche Bedingung in zwei Formulierungen vorliegen.[10] Nach der ersten Version sollte die Klägerin zu ihrem Bräutigam gesagt haben: „Se tu non sei guarito, io non ti sposo nè mai. E se tu m'inganni, questo consenso non è dato." Nach der anderen Version aber nur: „Mi sposo alla condizione che tu sia completamente, perfettamente guarito, se non, non ti sposo nè oggi nè mai." In der zweiten Fassung fehlte also der Zusatz: „Wenn Du mich betrügst, so gilt mein Konsens nicht." Es ist klar, daß mit letzterem Zusatz der Ehekonsens als solcher bedingt wäre. Wie aber, wenn dieser Zusatz, dessen tatsächliches Beifügen in dem Prozeß zweifelhaft blieb, nicht gesprochen war? Die anderen Worte: „Wenn Du nicht ganz geheilt bist, heirate ich Dich niemals" können an sich von einer bloßen Bedingung des Heiratsentschlusses verstanden werden in dem Sinne,

---

[8] SRR 19, 1927 dec. 53 n. 6, S. 477 f.: „Indagines et certiorationes, quae communiter praemittuntur antequam quis ad coniugium ineundum se determinet, sive ad exsistentiam qualitatum in comparte requisitarum comperiendam, quam ad errorem super his dispellendum, non secumferunt conditionem, sub qua futurus consensus est eliciendus, sed natae sunt certitudinem in animo contrahentis comparare ad contractum absolute ineundum vel absolute ab eo recedendum." Ähnlich SRR 22, 1930 dec. 28 n. 15, S. 335; SRR 29, 1937 dec. 44 n. 12, S. 430; SRR 32, 1940 dec. 76 n. 4, S. 835.
[9] Ähnlich SRR 30, 1938 dec. 16 n. 8, S. 156.
[10] SRR 32, 1940 dec. 17 n. 10–11, S. 170 f.

daß die Braut es von der Gesundheit des Mannes bzw. von ihren Nachforschungen über seinen Gesundheitszustand abhängig machen wolle, ob sie überhaupt mit ihm an den Altar trete, ohne daß deshalb aber, falls sie sich zur Heirat mit ihm schließlich bereit finde, auch noch ihr Ehekonsens selbst eigens bedingt sein solle. Gleichwohl stellt sich die Rota auf einen anderen Standpunkt und führt dem Sinne nach aus: Ob die Bedingung in der ersten oder in der zweiten Form erhoben war, macht substanziell gar keinen Unterschied aus; die Äußerung: „Ich heirate Dich nur, wenn Du vollkommen gesund bist" ist inhaltlich gleichbedeutend mit der Bedingung: „Sonst gilt mein Konsens nicht." Mit dem bedingten Heiratsentschluß ist hier auch der Ehekonsens selbst bedingt.

Dieses Rota-Urteil SRR 32, 1940 dec. 17 bringt in Übereinstimmung mit mehreren Entscheidungen dieses Gerichts ein Kriterium, nach dem man feststellen könne, ob der Ehekonsens oder nur der Heiratsentschluß bedingt seien. Man müsse zwar sorgfältig an dem Unterschied zwischen bedingtem propositum nubendi und bedingtem consensus matrimonialis festhalten. Aber es komme dabei wesentlich auf die inhaltliche Tragweite des in der Bedingung sichergestellten Umstandes an. Wenn es sich um eine Bedingung handle, welche objektiv von erheblichem Gewicht sei und welcher der Kontrahent zumal auch subjektiv besondere Bedeutung beigelegt habe, könne man nicht annehmen, sie sei nur dem propositum nubendi beigefügt; in solchen Fällen liege ein wirklicher bedingter Eheabschluß vor.[11] Als Bedingungen von solcher Tragweite, daß sie auf bedingten Ehekonsens schließen lassen, zählt die Rota z. B. die Virginität der Braut[12] oder das Versprechen der Konversion[13] oder das Freisein von bedenklicher Krankheit oder schwerem Laster.[14] Zweifellos wäre in der gleichen Linie einzureihen auch die Bedingung des Mannes, daß er der Vater des zu erwartenden Kindes sein müsse.

Nun vermag die zuletzt dargestellte Argumentation der Rota nicht voll zu befriedigen. Aber die angeführten Urteile zeigen auf jeden Fall deutlich, daß der römische Gerichtshof zwar einheitlich zwischen propositum condicionatum und consensus condicionatus trennt, daß er jedoch in der Anwendung dieser Unterscheidung erheblich divergiert. Man kann daher das

---

[11] SRR 30, 1938 dec. 20 n. 2, S. 187: „Quod si dubium manet circa actum cui conditio est adiecta (sc. utrum conditio proposito nubendi adiecta sit an consensui ipsi matrimoniali), quaestio ex circumstantiis resolvenda est ac ratio habenda gravitatis obiectivae nec non aestimationis quam de re in conditione posita contrahens fovet; si enim de re agitur quam saltem contrahens ipse magni facit, tunc praesumptio stat pro conditione adnexa ipsi matrimoniali consensui." Ähnlich äußern sich SRR 29, 1937, dec. 55 n. 3, S. 550 f. und SRR 32, 1940 dec. 6, S. 168.
[12] SRR 29, 1937 dec. 55 n. 10, S. 554 f.
[13] SRR 30, 1938 dec. 20 n. 7, S. 190.
[14] SRR 32, 1940 dec. 17 n. 6, S. 168.

Problem „Bedingter Heiratsentschluß oder bedingter Ehekonsens" schon um dessentwillen nicht mit bloßem Autoritätsbeweis durch Berufung auf die Rota erledigen, weil diese selbst die volle Einheitlichkeit vermissen läßt. Man wird deshalb das Problem mit Argumenten aus der Sache selbst zu behandeln haben. Dabei kann allerdings die gerade erwähnte Gedankenführung einiger Rota-Urteile, daß bei inhaltlich bedeutsamen Bedingungen der consensus matrimonialis bedingt sein müsse, nicht restlos überzeugen. Sie macht wohl durchaus verständlich, daß der Kontrahent an sich den Ehekonsens bedingen mußte, weil er doch gerade seiner Ehe eine so wichtige Eigenschaft des Partners od. dgl. sichern wollte. Aber die Gegenseite wird hiergegen immer wieder einwenden, man habe damit nur eine condicio interpretativa nachgewiesen, man habe wohl aufgewiesen, daß der Nupturient in solchem Falle die Bedingung seinem Konsens hätte befügen müssen, doch bleibe der springende Punkt, ob er es auch tatsächlich getan habe.

II. Lösungsversuch

1. Der Widerruf einer Bedingung

Für unser Problem ist folgender Tatbestand charakteristisch. Jemand entschließt sich zu einer Heirat, jedoch nur unter der Bedingung, daß seine Partnerin eine ganz bestimmte Eigenschaft aufzuweisen hat, an deren Vorliegen er vorerst zweifelt. Er will sich hierüber Gewißheit verschaffen, und erst, als er solche gefunden glaubt, heiratet er. Hat er dadurch, daß er nunmehr ohne Zweifel und Bedenken seinen Konsens gibt, die frühere Bedingung widerrufen oder doch sie stillschweigend fallen lassen?

Zur Beantwortung hat man sich das Wesen einer bedingten Eheschließung zu vergegenwärtigen. Wer unter einer Bedingung heiratet, will diese Ehe nicht schlechthin, sondern nur für den Fall, daß der von ihm ausbedungene Umstand eintritt oder vorliegt. Die Geltung, die rechtswirksame Existenz seines Ehewillens will er von der Existenz des zur Bedingung erhobenen Sachverhaltes abhängig sein lassen.[15]

Obschon die Bedingung nicht im Augenblick der Trauung erklärt zu werden braucht, so muß der auf die Bedingung gerichtete Wille doch mit dem Austausch des Ehekonsenses koexistent sein.[16] Diese Forderung ist ohne weiteres erfüllt, wenn der Eheschließende bei der Abgabe des Jawortes am Traualtar eigens den Willen setzt, seinen Ehekonsens von der Erfüllung

---

[15] A. *Reiffenstuel*, Ius canonicum universum, lib. 4 tit. 5 n. 2: Condicio „sumitur pro aliqua circumstantia alicui dispositioni adiecta, a cuius existentia dependere volumus actum seu dispositionem".

[16] Franz *Triebs*, Praktisches Handbuch des geltenden kanonischen Eherechts, Breslau 1927 ff. S. 100.

dieses oder jenes Umstandes abhängig zu machen (intentio actualis). Es genügt jedoch, wenn eine intentio virtualis vorliegt: Die Bedingung wurde vorher einmal ausdrücklich aufgestellt, und da sie nachher nicht widerrufen wurde, wirkt sie virtuell auch noch bei der Konsensabgabe fort, ohne daß sie in diesem Augenblick aktuell würde. Ist einmal die Bedingung beigefügt worden, so gilt sie als fortwirkend, bis der Widerruf feststeht. „Wer den Widerruf behauptet, muß ihn beweisen, z. B. der defensor matrimonii"[17] „Nam haec revocatio est factum et facta non praesumuntur sed probantur"[18].

Eine bloße voluntas habitualis, eine intentio interpretativa genügt für die Beifügung einer Bedingung nicht. Sie ist nichts weiter als die bloße Disposition eines Kontrahenten, die aus seinem ganzen Habitus entspringende Geneigtheit, die Ehe nicht zu schließen, wenn er wüßte, daß der Partner eine bestimmte Eigenschaft besäße oder nicht besäße.[19] Eine Bedingung ist rechtlich nur von Belang, wenn sie „positiv, tatsächlich, real"[20] gesetzt ist. Eine bloße condicio interpretativa ist aber überhaupt kein tatsächlicher Willensakt; wohl hätte der Kontrahent, wenn ihm an dem Vorhandensein der gewünschten Qualität ein Zweifel aufgestiegen wäre, eine Bedingung in dieser Richtung beigefügt; aber tatsächlich ist es nicht zu einem solchen Willensakt gekommen. Da also kein wirklicher Willensentschluß vorliegt, welcher die angebliche Bedingung beigefügt hätte, kann eine derartige condicio interpretativa keine Rechtswirkung beanspruchen. Hier liegt der bedeutungsvolle Unterschied zwischen einer nicht erfüllten Bedingung (condicio) und einem Irrtum, zumal einem Irrtum im Motiv (causa). Bei letzterem heiratet z. B. jemand, weil (quia) er sich irrtümlich für den Vater des zu erwartenden Kindes hält; durch seine vermeintliche Vaterschaft bewogen, gibt er seinen Ehekonsens, aber er gibt ihn absolut, unbedingt. Daran ändert auch nichts der Umstand, daß er bei wahrer Kenntnis des Sachverhalts die Ehe niemals eingegangen wäre. Die intentio mere interpretativa ist rechtlich irrelevant. Anders liegt die Sache bei einer tatsächlich beigesetzten Bedingung. Hier heiratet der Mann unter der Bedingung, daß (si, dummodo) er der Vater des Kindes ist, d. h. er bindet die Existenz seines Ehewillens an die Tatsache seiner Vaterschaft. Falls er in Wirklichkeit nicht der Vater des Kindes ist, so ist sein Ehekonsens hinfällig, und die Ehe ist objektiv nichtig, selbst wenn sich seine Nichtvaterschaft niemals herausstellen sollte.

Zur Beifügung einer Bedingung kann es nur kommen, wenn ein persönlicher Zweifel besteht, ob die gewünschte Eigenschaft tatsächlich vorliegt oder nicht. Diese *subjektive Ungewißheit* ist notwendig die *psychologische*

---

[17] *Triebs*, Eherecht, S. 519.
[18] AAS 1918, S. 389.
[19] Vgl. *Reiffenstuel*, Ius canonicum universum, lib. 4 tit. 1 n. 349.
[20] *Triebs*, Eherecht, S. 522.

Voraussetzung für einen bedingten Eheabschluß. „Contractus sub conditione fit de re dubia."[21] Erst der Zweifel veranlaßt den Kontrahenten, eine Bedingung beizusetzen, um sich auf diesem Wege des unsicheren Umstandes auf alle Fälle zu vergewissern. Wäre er der gewünschten Qualität bei seinem Partner von selbst schon sicher, so wäre es unverständlich, wie er dann noch diese Qualität zur condicio sine qua non erheben und sie damit als ungewiß hinstellen könnte.[22] Mit dieser Überlegung gewinnt man eine wertvolle Handhabe, um in manchen, wenn auch nicht in allen Ehenichtigkeitsprozessen Irrtum im Motiv und Beifügen einer Bedingung sauber voneinander zu scheiden. Beide erwachsen eben aus völlig andersartiger seelischer Situation: Die Aufstellung einer Bedingung aus einem Zweifel an dem Vorhandensein der betreffenden Eigenschaft; der Irrtum im Motiv dagegen gerade aus der zwar irrigen, aber subjektiv völlig sicheren Überzeugung von ihrem Vorhandensein.[23] Hatte der Kontrahent vor der Eheschließung überhaupt keinen Zweifel, so liegt regelmäßig Irrtum im Motiv vor; die angeblich beigefügte Bedingung ist dann höchstens eine condicio interpretativa, welche rechtlich ohne Belang bleibt.

Der vorstehende Gedankengang bedarf noch einer Präzisierung, nämlich hinsichtlich des Zeitpunktes, in welchem bei dem Eheschließenden der Zweifel obwalten muß, um die Beifügung einer Bedingung verständlich zu machen. Nach dem Gesagten muß die Aufstellung einer Bedingung, wenigstens virtuell, mit der Abgabe des Ehekonsenses koexistent sein. Hieraus legt sich die Schlußfolgerung nahe, daß es sich, da ohne dubium psychologisch keine condicio möglich ist, nur dann um eine wirkliche condicio handeln könne, wenn im Augenblick der Trauung noch ein Zweifel vorliegt. In Wahrheit aber erweist sich diese vorschnelle Konklusion als verfehlt, obschon sie früher in der kirchlichen Rechtsprechung eine Rolle gespielt hat. Doch die bereits erwähnte Spezialkommission von fünf Kardinälen, welche eigens zur endgültigen Klärung eines lange schwebenden Eheprozesses eingesetzt wurde, hat in dem Urteil vom 2. August 1918[24] in diesem Punkt die frühere Ansicht der Gerichtspraxis berichtigt.

In dem dabei zur Debatte stehenden Fall war die Braut im unklaren über das Vorleben ihres Bräutigams gewesen; sie knüpfte deshalb ihre Einwilli-

---

[21] SRR 16, 1924 dec. 7 n. 4, S. 62.
[22] SRR 33, 1941 dec. 40 n. 3, S. 448: „Appositio conditionis est revelatio dubii, quo absente, neque appositio conditionis consequitur; imo qui de aliqua re seu circumstantia ante matrimonium non dubitavit, in morali impossibilitate versabatur ... conditionem apponendi, sine qua matrimonium non contraxisset." Ebenso SRR 22, 1930 dec. 30 n. 13, S. 356.
[23] SRR 18, 1926 dec. 29 n. 2, S. 230: „Condicioni dat originem *dubium* quod mentem opprimit de exsistentia qualitatis, adversus quod quis in tuto se collocat apposita condicione ...; e contrario error dans causam gignitur *persuasione* in qua quis falso sit aut ponatur de qualitatis exsistentia." Ebenso SRR 29, 1937 dec. 44 n. 7, S. 427.
[24] AAS 1918, S. 388–390.

gung zur Ehe an die ausdrückliche Bedingung, daß der Mann mit keiner anderen Person unerlaubte Beziehungen unterhalten hatte. Noch vor der Hochzeit kam sie, zumal durch die Beteuerungen des Mannes, zu der festen Überzeugung, daß alles in Ordnung sei. Als sich nach der Heirat das Gegenteil herausstellte, klagte die Frau auf Nichtigkeit der Ehe wegen nichterfüllter Bedingung. Sie wurde in mehreren Instanzen des kirchlichen Gerichts abgewiesen; sie habe im Augenblick der Trauung überhaupt keinen Zweifel mehr an der Ehrbarkeit des Mannes gehegt; sie könne daher bei der Konsensabgabe keine Bedingung beigesetzt haben, vielmehr liege nur ein error qualitatis vor. Hiergegen wandte sich die Spezialkommission der Kardinäle. Es sei zuzugeben, daß die Braut durch die Versicherungen des Mannes getäuscht worden sei und sich so im Moment der Hochzeit in völliger Sicherheit gewiegt habe. Aber vorher habe sie Bedenken gehabt, und in diesem Stadium des Zweifels sei sie zur Aufstellung der Bedingung gekommen. Wenn nach der Beifügung der Bedingung die Bedenken verschwunden seien, so folge daraus nicht zwangsläufig, daß damit die Bedingung aufgegeben sei. Denn die nachträgliche Vergewisserung zerstört nicht von selbst die vorher aktuell erhobene Bedingung, sondern der einmal bedingt gesetzte Wille bleibt auch trotz späterer Gewißheit weiterhin ein bedingter Wille, es sei denn, daß in einem positiven Akt ein Widerruf erfolgt.[25] Demnach ist es nur erforderlich, daß der Zweifel in dem Augenblick bestand, da die Bedingung aktuell gesetzt wurde; tritt hernach an Stelle des Zweifels persönliche Gewißheit des Kontrahenten, so bleibt außer im Falle des positiven Widerrufs doch virtuell die Beifügung der Bedingung fortbestehen. Seit der erwähnten Entscheidung der Spezialkommission von 1918 hat diese Auffassung sich in der kirchlichen Gerichtspraxis widerspruchslos durchgesetzt und völlig konstante Anwendung gefunden.[26]

Freilich kann sich der Widerruf außer in Worten auch schon in konkludenten Handlungen kundtun. Dabei ist aber zu beachten, daß konkludente Handlungen ebenso wie Worte nicht selbst die Wiederaufhebung der Bedingung ausmachen, sondern nur die Ausdrucksmittel sind, an denen die Streichung der Bedingung zu erkennen ist. Konstitutiv für den Widerruf ist dagegen nur ein positiver Willensakt, durch den der Kontrahent eigens auf die vorher aufgestellte Bedingung verzichtet. Ohne einen positivus voluntatis actus gibt es keinen Widerruf. Wenn man sagt, der Widerruf könne auch

---

[25] AAS 1918, S. 390: „Nec conditionem per se cessasse coniici ex eo licet quod mulier ex falsa viri asseveratione acquisiverit certitudinem hunc esse contubernio immunem. Nam mulier conditionem apposuit ante viri asseverationem, ideoque ante acquisitam certitudinem; subsequens autem certitudo nullo modo destruit conditionem antea appositam, sed consensus eidem subordinatus remanet, non obstante subsequenti certitudine, quae esse simul potest cum virtuali voluntate conditionata."
[26] Vgl. SRR 32, 1940 dec. 17 n. 7, S. 168 f.

stillschweigend erfolgen, so kann das leicht zu einem Mißverständnis führen. Richtig ist, daß der Widerruf nicht immer in Worten erklärt zu werden braucht; er mag gelegentlich sich auch nur in konkludentem Verhalten äußern, setzt aber stets einen wenigstens implicite positiv widerrufenden Willensakt voraus. Wer z. B. erfährt, daß er nicht der Vater des zu erwartenden Kindes ist, und trotzdem das Aufgebot für die Hochzeit bestellt, leistet damit, wenn er etwa vorher seine Vaterschaft zur Bedingung der Heirat gemacht hat, concludenter auf diese Bedingung Verzicht. Falsch aber wäre es, ein rein negatives Verhalten des Willens wie ein Nicht-mehr-Betonen der Bedingung oder ein Nicht-mehr-daran-Denken als Widerruf zu werten. Die Bedingung ist erst preisgegeben, wenn der Kontrahent dies in einem eigenen Willensakt so will.

2. Genauere Abgrenzung des Problems

Die bisher angestellten Erwägungen schaffen die Möglichkeit, einige unstreitige Randgebiete aus der Erörterung auszuschalten und so den Kern unseres Problems noch schärfer zu präzisieren.

Unstreitig nach der positiven Seite ist die Rechtslage in folgendem Tatbestand. Jemand entschließt sich zu einer Heirat nur unter der Bedingung, daß der Partner ein untadeliges Vorleben aufzuweisen habe; und zwar in der Weise, daß er bewußt an sein künftiges Jawort am Traualtar denkt und den Entschluß faßt, dieses sein dereinstiges Jawort solle nur für den Fall Geltung haben, daß das Vorleben des anderen tatsächlich in Ordnung ist. Hier kann es keinem Zweifel unterliegen, daß der Ehekonsens als solcher bedingt ist, weil der Kontrahent die Bedingung bewußt und explicite auf das Jawort des Hochzeitstages hinbezogen hat. Und dabei bliebe es, selbst wenn der Betreffende, nachdem er die Bedingung erhoben hatte, vor der Trauung doch noch Erkundigungen eingezogen hätte und dabei zu der festen, wenn auch vielleicht irrigen Überzeugung vom einwandfreien Ruf des anderen gekommen wäre; hier bestände trotz der inzwischen erlangten persönlichen Gewißheit die einmal aufgestellte Bedingung doch virtuell fort, und zwar, weil vorher aktuell auf den Ehekonsens bezogen, jetzt virtuell ebenfalls als condicio ipsi matrimoniali consensui adiecta.

Unstreitig dürfte gleichfalls, diesmal aber nach der negativen Seite, die Rechtslage des nachstehenden Tatbestandes zu bewerten sein. Eine Frau erhält einen Heiratsantrag; da sie jedoch Bedenken trägt, ob der Mann an einer erblichen Krankheit leidet, trifft sie vorerst gar keine Entscheidung, ob sie den Antrag annehmen soll oder nicht; es kommt nicht einmal zu dem bedingten Willensentschluß: Ich heirate ihn, aber nur wenn er gesund ist. Wohl besitzt der Wille der Frau die Disposition, unter keinen Umständen einen erbkranken Menschen zu heiraten. Aber sie hat diese ihre Einstellung nicht in einem positivus actus voluntatis aktualisiert. Sie will sich zunächst Klarheit über den Gesundheitszustand des Mannes verschaffen und fordert zu dem Zweck von ihm ein amtsärztliches Zeugnis. Bis dahin hat sie zu der Ehe noch nicht ja gesagt, weder absolut noch auch nur bedingt. Erst als die ärztliche Bescheinigung zu ihrer Zufriedenheit ausfällt und alle ihre Bedenken zerstreut, trifft sie eine Entscheidung; sie entschließt sich zur Heirat, und zwar bedingungslos, weil ihr gar nicht der Gedanke kommt, der Mann könne trotz des ärztlichen Gutachtens an einer Erbkrankheit leiden. Hier scheidet jede Möglichkeit eines bedingten Eheabschlusses aus. Denn so, wie der Fall liegt, ist zu keinem Zeitpunkt eine Bedingung beigefügt worden, weder vor noch nach dem Empfang des ärztlichen Zeugnisses. Nachher nicht, weil von diesem Augenblick an bei der Frau überhaupt keine Bedenken mehr bestanden und somit die psychologische Voraussetzung für die Beifügung einer Bedingung fehlte. Aber auch vorher nicht, da die Frau zu dem Zeitpunkt noch gar keinen Entschluß hinsichtlich der Heirat getroffen hat, nicht einmal den bloßen Eventualentschluß: Ich heirate ihn nur, wenn er gesund ist. Sie hat vielmehr rein negativ die Entscheidung ausgesetzt und eine Untersuchung beim Arzt gefordert. Obschon hinter einem solchen Verlangen die innere Einstellung steht, niemals einen erbkranken Mann zu heiraten, ist diese habituell vorhandene Bedingung nicht zu einem aktuellen Willensentschluß erhoben worden. Die condicio habitualis oder interpretativa ist für sich allein aber ohne rechtlichen Einfluß.

Nachdem so die unstreitigen Punkte ausgeschieden sind, dürfte der Kern unseres Problems völlig klar sein: Jemand entschließt sich zur Heirat, doch erklärt er, da ihm über die Vergangenheit seiner zukünftigen Frau allerhand Gerüchte zugetragen sind, ihr ausdrücklich: Ich heirate Dich aber nur unter der Bedingung, daß Du noch im Besitz der jungfräulichen Unversehrtheit bist. Allerdings ist der psychologische Vorgang bei ihm so, daß er nicht explicite denkt, das Jawort am Traualtar solle keine Geltung haben, wenn sie die Virginität verloren hat. Wohl hat er den unumstößlichen Entschluß gefaßt, sie unter keinen Umständen zu heiraten, wenn sie nicht mehr Jungfrau ist. Da die Braut ihm ihre Unschuld beteuert und ihm schließlich eine ärztliche Bescheinigung über ihre körperliche Integrität vorlegt, ist er überzeugt und heiratet sie nunmehr ohne jedes Bedenken. An diesem Tatbestand tritt das eigentliche Problem unserer Frage klar hervor. Daß hier der Entschluß zur Heirat bedingt ist, bedarf keiner Erörterung. Aber dann setzt der Streit ein: Hat der bedingte Heiratsentschluß ohne weiteres zur Folge, daß auch das am Traualtar abgegebene Jawort in seiner Gültigkeit ebenfalls von der ausgemachten Bedingung abhängt? Enthält also der bedingte Heiratsentschluß einschlußweise bereits eine Bedingung für den Ehekonsens? Oder besteht eine solche innere Abhängigkeit nicht? Ist es zum bedingten Eheabschluß erforderlich, daß die Bedingung bewußt auf das Jawort am Traualtar bezogen wird, und hat eine Bedingung für das propositum nubendi nicht von selbst schon eine Konditionierung des consensus matrimonialis zur Folge, so daß trotz bedingtem Heiratsentschluß der Ehekonsens selbst absolut gegeben ist?

3. Das Verhältnis von Heiratsentschluß und Ehekonsens

Unter jenen Urteilen der Rota, welche sich entschieden dafür aussprechen, daß mit einem bedingten Heiratsentschluß noch keineswegs auch der Ehekonsens kondizioniert sei, bringt SRR 32 dec. 22 eine besonders sorgfältige Argumentation. Wer sich auf den gegenteiligen Standpunkt stellen wollte, müßte daher zuvor schon die dort angeführten Beweisgründe entkräften. SRR 32 dec. 22 argumentiert dem Sinn nach etwa so[27]: a) Zu dem Zeitpunkt, da jemand Nachforschungen anstellt, ob bei dem ausersehenen Partner diese oder jene Eigenschaft vorliegt, ist noch gar kein Ehekonsens vorhanden. In dieser Phase besteht erst ein Schwanken, ob er den Konsens leisten soll oder nicht. b) Solange aber kein Ehekonsens vorhanden ist, fehlt das Substrat, dem die Bedingung beigefügt werden kann. c) Erst wenn die Nachforschungen durchgeführt, aber noch irgendwelche Zweifel offen geblieben sind, ist der Heiratswillige psychologisch in der Lage, einen bedingten Ehekonsens zu setzen. d) Haben dagegen die eingeholten Erkundigungen alle Bedenken zerstreut, so hat man damit schon die Gewähr, daß nicht die Absicht eines bedingten Eheabschlusses besteht.

Von diesen Darlegungen ist von Gewicht der Gedanke, daß noch kein Ehekonsens vorliege, solange erst Nachforschungen angestellt werden. Ist zu diesem Zeitpunkt kein Ehewille möglich? Fragen wir zunächst so nach dem Ehewillen; hernach haben wir dann zu untersuchen, in welcher Beziehung Ehewille und Ehekonsens zueinander stehen.

Hat jemand, der sich zuvor hinsichtlich seines zukünftigen Partners über dieses oder jenes erkundigt, noch keinen Ehewillen? Man wird die Frage weder mit einem einfachen Ja noch mit einem glatten Nein beantworten können, vielmehr genau unterscheiden müssen. Sicher ist es einerseits, daß ein absoluter Wille zu dieser Ehe noch nicht vorliegt. Sodann wird in vielen, wenn nicht sogar in der überwiegenden Mehrzahl derartiger Fälle noch gar kein Entschluß zu dieser Ehe, nicht einmal ein bedingter, gefaßt sein. Hier setzt der vor die Wahl Gestellte zunächst noch jede Entscheidung aus, er will vorerst nur Erkundigungen einziehen, z. B. über Charakter, Gesundheit, Vermögen des Partners, und erst danach kommt es zu einem Entschluß hinsichtlich der Heirat. Für solche Fälle hat SRR 32 dec. 22 vollkommen recht: Was die Eheeinwilligung angeht, besteht hier vorher ein Vakuum. Es ist noch gar kein Ja zu der Ehe gesagt, auch nicht das bedingte Ja: Ich heirate

---

[27] SRR 32, 1940 dec. 22 n. 2–3, S. 227 f.

Dich, wenn diese oder jene Eigenschaft gegeben ist. Aber damit wird das Problem, um das es geht, überhaupt nicht berührt. Denn wie sich ohne weiteres ergibt, handelt es sich in derartigen Fällen um den zweiten der oben ausgeschiedenen unstreitigen Punkte. Und man tut gut daran, das Unstreitige aus der Diskussion auszusondern, weil dann der Kern der Frage um so schärfer hervortritt. Strittig kann eben nur der Fall sein, daß jemand sich sofort zu einer Heirat unter dieser oder jener Bedingung entschließt, noch ehe er die Nachforschungen nach der geforderten Eigenschaft begonnen oder abgeschlossen hat.

Hier schlägt die Argumentation nicht durch, daß keine Bedingung beigefügt sein könne, weil dem eine Einwilligung zur Ehe zugrunde liegen müsse und eine solche Eheeinwilligung nicht gegeben sei. Daß in dem angenommenen Fall keine Einwilligung in die Ehe vorliege, stimmt nicht. Vielmehr hat hier der Nupturient, anders als in der vorhin besprochenen Situation, sich nicht auf das Negative beschränkt, die Entscheidung einstweilen aufzuschieben und vorerst Erkundigungen einzuholen, sondern er hat sogleich ein Ja, wenn auch ein bedingtes, zu der Ehe gesagt. In einem positiven Willensakt willigt er in die Heirat ein, macht allerdings dabei diesen seinen Willen von einer bestimmten Bedingung abhängig. Aber es ist unbestreitbar eine Zustimmung zu der Ehe vorhanden; es fehlt also keineswegs an dem erforderlichen Substrat, dem eine Bedingung beigefügt werden könnte.

Ähnlich läßt sich erwidern, wenn zwei andere Rota-Urteile einwenden[28]: „Quod enim consentiat vel non, pendet ex informationibus quas favorabiles vel contrarias habeat. Eius consensus in suspenso est neque conditioni alligatur." Das stimmt nur für den oben als unstreitig ausgeschiedenen Fall, hingegen nicht für die hier zur Erörterung stehende Frage. Denn bei letzterer hat der Nupturient ja gerade von vornherein der Ehe zugestimmt, wenn auch nur bedingt. Gewiß wird er, falls er noch Nachforschungen anstellt und diese ein negatives Ergebnis zeitigen, von der Heirat zurücktreten; seine Eheeinwilligung ist dann von selbst hinfällig. Aber zunächst hat er, zwar condicionaliter, in einem positiven Willensakt in die Ehe eingewilligt. Wenn die erwähnten Rota-Entscheidungen schreiben: „Eius consensus in suspenso est", so ist das irreführend, weil doppeldeutig. Die Eheeinwilligung ist nicht in dem Sinne in der Schwebe, als ob der Mann noch gar keinen Entschluß zu der Ehe gefaßt und seine Zustimmung einstweilen ausgesetzt hätte. Wohl aber ist seine Eheeinwilligung in einem anderen Sinne in der Schwebe, nämlich so, wie jeder bedingte Willensakt „in suspenso" ist, insofern er zwar gesetzt, aber in seiner rechtlichen Existenz an das Vorhandensein einer bestimmten Bedingung geknüpft ist. Man kann also nicht mit den Rota-Entscheidungen sagen: „Eius consensus in suspenso est neque

---

[28] SRR 16, 1924 dec. 7 n. 2, S. 60 und SRR 33, 1941 dec. 40 n. 2, S. 447.

conditioni alligatur", sondern müßte richtig formulieren: „Eius consensus in suspenso est, quia conditioni alligatur."

Mit diesen Überlegungen sind wir freilich der Argumentation der Decisio 22 in SRR 32 noch nicht völlig gerecht geworden. Wohl ist festgestellt, daß die in dem Heiratsentschluß enthaltene Eheeinwilligung ein hinreichendes Substrat ist, an das eine Bedingung angeknüpft sein kann. Aber ist, wenn die Eheeinwilligung des Heiratsentschlusses bedingt ist, um dessentwillen auch schon die Eheeinwilligung des Ehekonsenses bedingt? Oder ist nicht die Eheeinwilligung des Ehekonsenses völlig verschieden und unabhängig von der Eheeinwilligung des Heiratsentschlusses?

Daß die beiden Eheeinwilligungen nicht numerisch identisch sind, steht außer Debatte. Aber selbst inhaltlich decken sie sich nicht ganz, ohne allerdings andererseits völlig auseinanderzufallen. Wie verhalten sie sich zueinander?

Bei dem Heiratsentschluß liegt der Wille vor: Ich will Dich zur Frau bzw. zum Manne nehmen. Beim Ehekonsens lautet der Wille: Ich will Dich jetzt und hiermit zur Frau bzw. zum Manne nehmen. Der Unterschied des Ehekonsenses liegt also in dem „hic et nunc". Bei der Trauung muß ein consensus de praesenti gesetzt werden, während bei dem bloßen Heiratsentschluß wohl der Wille zu dieser Ehe vorliegt, aber ohne daß die Ehe schon durch diesen Willen hier und jetzt geschlossen werden soll.

So gewichtig selbstverständlich der angeführte Unterschied ist, so darf man auf der anderen Seite nicht verkennen, daß Heiratsentschluß und Ehekonsens inhaltlich aufs engste miteinander verwandt sind. Denn beiden ist gemeinsam der Wille: Ich will Dich zur Frau bzw. zum Manne nehmen. Beiden ist gemeinsam der Wille, diese Ehe einzugehen. Freilich muß dies beim Ehekonsens darüber hinaus noch de praesenti gewollt sein; aber gemeinsam ist dem Heiratsentschluß und dem Ehekonsens die Einwilligung zu dieser bestimmten Ehe. Wie in dem Heiratsentschluß bereits der Wille zu der betreffenden Ehe vorliegt, so muß der gleiche Wille auch in dem Ehekonsens gesetzt werden, hier nur noch mit der einen Besonderheit, daß er jetzt als consensus de praesenti gemeint ist. Der schon in dem Heiratsentschluß sich kundgebende Wille, diese Ehe einzugehen, ist demnach ein konstitutiver Inhalt auch des Ehekonsenses.

Wenn es in SRR 35, 1943 dec. 74 n. 2 S. 792 heißt: „Intentio contrahendi nondum continet aliquod essentiale ipsius consensus postea eliciti", so stimmt das in dieser Fassung nicht. Wohl enthält die intentio contrahendi, der Heiratsentschluß, noch nicht das *totum* essentiale des Ehekonsenses; der Heiratsentschluß ist nicht mit dem Ehekonsens identisch. Aber ein *aliquod* essentiale, ein Teilelement des Ehekonsenses, und zwar ein sehr bedeutsames, ist bereits in dem Heiratsentschluß einbegriffen, nämlich der Wille, diese Ehe einzugehen. Der Wille, diese Ehe einzugehen, macht das Wesen des Heiratsentschlusses aus; der Wille, diese Ehe einzugehen, muß aber ebenfalls im Ehekonsens gesetzt werden, hier freilich obendrein noch als consensus de praesenti. Beiden Akten ist also als ein wesentlicher Inhalt gemeinsam: der Wille, diese Ehe einzugehen.

Welche Auswirkungen ergeben sich daraus für den Fall, daß der Heiratsentschluß bedingt gefaßt ist? Wenn der Heiratsentschluß bedingt erklärt wird, so besagt dies, daß der Wille zu dieser Ehe nur dann existiert, wenn die gestellte Bedingung erfüllt ist. Widrigenfalls ist nach der positiv gesetzten Absicht des Nupturienten kein wahrer Ehewille bei ihm vorhanden. Auch ohne daß der Betreffende ausdrücklich denkt, er wolle nicht nur seinen Heiratsentschluß, sondern auch sein künftiges Jawort am Traualtar in seiner rechtlichen Geltung an die Bedingung knüpfen, hat er durch die bloße Konditionierung des Heiratsentschlusses auf jeden Fall schon seinen Willen so eingeschränkt, daß er die Ehe nicht will, wenn die geforderte Bedingung ausbleibt. Hinsichtlich der rechtlichen Auswirkung dieses Tatbestandes muß man sich vergegenwärtigen, was oben über das virtuelle Fortbestehen einer einmal beigesetzten Bedingung gesagt wurde. Nur wenn in einem positiven Willensakt die Bedingung widerrufen wird, entfällt sie, anderenfalls bleibt sie virtuell in Kraft. Soweit also nicht die Bedingung eigens zurückgenommen wird, wirkt die in dem bedingten Heiratsentschluß ausdrücklich gesetzte Intention: „Ich will diese Ehe aber nur für den Fall, daß eine bestimmte Bedingung erfüllt ist" auch weiterhin fort.

In dem bedingten Heiratsentschluß ist der Wille zu der Ehe bedingt gesetzt. Da aber diese Einwilligung in die Ehe gerade konstitutives Element des eigentlichen Ehekonsenses ist und die Eheeinwilligung durch die Kondizionierung des Heiratsentschlusses fortwirkend bedingt bleibt, ist ebenfalls der Ehekonsens nur bedingt vorhanden. Mit dem bedingten Heiratsentschluß ist von selbst einschlußweise auch der Ehekonsens an die Bedingung geknüpft, weil in dem eingeschränkten Entschluß zur Heirat die Zustimmung zu der Ehe, ohne welche auch der Ehekonsens undenkbar ist, in ihrem Bestande von der Bedingung abhängig gemacht wird.

Analog liegt, was zur Verdeutlichung unserer Überlegung beitragen mag, das Verhältnis von Schenkungsversprechen und Schenkung. Bei einem bedingten Schenkungsversprechen ist einschlußweise auch die Schenkung bedingt gemeint. Ein Beispiel macht das klar. Ein Industrieller, der ohne Kinder dasteht, möchte seine Fabrik seiner Familie erhalten, zugleich aber den Betrieb auch nur einer qualifizierten Kraft übergeben. Deshalb erklärt er seinem Neffen, der an einer Technischen Hochschule studiert, er werde ihm später die Fabrik übertragen, jedoch nur unter der Bedingung, daß er das Diplomexamen mit der Note Gut besteht. Offensichtlich ein bedingtes Schenkungsversprechen. Der Wille, die Fabrik zu schenken, ist bedingt. Und er bleibt virtuell bedingt, auch wenn der Neffe sein Diplomzeugnis fälscht und der Onkel ihm daraufhin bedenkenlos den Betrieb übereignet. Wenn sich hernach der Betrug herausstellt, kann der Onkel mit Recht sagen: Mein Wille, Dir die Fabrik zu schenken, war doch an die Bedingung gebunden. Mit dem bedingten Schenkungsversprechen war der gesamte Schenkungswille und damit implicite auch die spätere Schenkung bedingt.

Entsprechend ist das Verhältnis von Heiratsentschluß und Ehekonsens. In dem bedingten Heiratsentschluß ist der Wille, diese Ehe einzugehen, bedingt und bleibt von da an in dem Nupturienten nur als ein kondizionierter Wille bestehen. Der Wille, diese Ehe einzugehen, ist auch wieder in dem Ehekonsens enthalten; da dieser Wille aber in dem betreffenden Nupturienten nur kondizioniert besteht, ist damit zugleich auch der Ehekonsens bedingt. Der bedingte Heiratsentschluß enthält implicite bereits die Kondizionierung des Ehekonsenses.[29] Es gibt keinen absoluten Ehekonsens bei bedingtem Heiratsentschluß, es sei denn, die beigesetzte Bedingung wäre eigens widerrufen.

Letztere Einschränkung darf natürlich nicht fehlen. Denn es ist durchaus möglich, daß jemand in dem Augenblick, als er sich zur Heirat entschließt, seine Zustimmung an eine Bedingung knüpft, dann aber hernach auf die Bedingung verzichtet und so bei der Trauung den Konsens absolut leistet, wie z. B. in folgendem Falle: Ein Mann entschließt sich zur Heirat, weil das Mädchen ein Kind erwartet; er macht aber seine Zustimmung ausdrücklich von der Bedingung abhängig, daß das Kind von ihm selbst stammen müsse. Als ihm hernach die Braut die Wahrheit gesteht, daß ein anderer der Vater des Kindes sei, läßt er sich durch ihre Bitten bewegen, von seiner Bedingung abzusehen und sie trotzdem zu heiraten. Hier ist eben die Bedingung eigens zurückgenommen. Wohl zu beachten bleibt dabei, daß der Widerruf nur in einem positiven Willensakt erfolgen kann und daß er deshalb vor allem nicht schon in der irrigen Überzeugung, die Bedingung sei erfüllt, von selbst gegeben ist.

Das Hauptargument der Rota, in dem Heiratsentschluß könne nicht schon der Ehekonsens bedingt sein, weil da noch gar nicht der Ehekonsens vorhanden sei, dürfte nach dem Vorstehenden an der Entgegnung scheitern: Im Heiratsentschluß und im Ehekonsens ist vorhanden der Wille, diese Ehe einzugehen. Wenn dieser Wille aber im Heiratsentschluß bedingt gesetzt wird, so bleibt er auch hernach im Ehekonsens als virtuell bedingt fortbestehen. Die übrigen Einwände der Rota greifen weniger tief und können daher kürzer behandelt werden.

SRR 33, 1941 dec. 40 sagt von dem Heiratsentschluß: „Propositum (sc. nubendi) autem est actus omnino unilateralis qui essentiam contractus non

---

[29] Daß die Bedingung dem Ehekonsens auch implicite beigefügt werden kann, erwähnt ebenso F. M. *Cappello*, De matrimonio, Turin-Rom 1950⁶, n. 585, S. 556, ohne dabei allerdings das Verhältnis von Heiratsentschluß und Ehekonsens zu berühren.

ingreditur neque illum limitat aut variat"[30]. Zu dem ersten Teil, daß es sich bei dem bedingten Heiratsentschluß um einen actus omnino unilateralis handle, ist ohne weiteres zuzugeben, daß die Beifügung einer Bedingung zu dem Heiratsentschluß sehr wohl einseitig geschehen kann. Aber damit ist für unser Problem nicht das Mindeste geklärt. Denn auch in jenen Fällen, in welchen unstreitig die Bedingung dem Ehekonsens selbst und nicht nur dem Heiratsentschluß beigesetzt ist, kann dies durch einen actus omnino unilateralis eines der beiden Kontrahenten geschehen. Auf den zweiten Teil des Einwandes, der Heiratsentschluß greife nicht in die Essenz des Ehekontraktes ein, ist aber nach dem Vorstehenden zu erwidern: Da in dem propositum nubendi die Zustimmung zur Ehe an eine Bedingung geknüpft ist, berührt der so in der Schwebe gelassene Ehewille entscheidend das Essentielle des Ehevertrages.

SRR 29, 1937 dec. 44 schreibt: „Non sufficit probare contrahentem desiderium, imo voluntatem, etiam decisissimam, habuisse non contrahendi, nisi data in altera parte hac vel illa qualitate; sed probetur oportet validitatem contractus explicite fuisse subordinatam exsistentiae eiusdem qualitatis, per conditionem sine qua non requisitae. Aliud est enim ... voluntatem aliquam in genere manifestare, aliud autem eam per modum conditionis adiicere, ita ut sub ea, et non alias, contractum celebrare voluerit."[31] Diesen Ausführungen kann man nur mit erheblichen Einschränkungen zustimmen. Wohl ist es richtig, daß das bloße desiderium, welches etwa einer Disposition oder einer condicio interpretativa gleichkommt, für die Aufstellung einer Bedingung nicht genügt. Anders jedoch bei dem festen Entschluß (voluntas decisissima), mit einer bestimmten Person unter keinen Umständen die Ehe einzugehen, falls nicht diese oder jene Eigenschaft gegeben ist. Es muß auffallen, daß die Rota-Entscheidung für ihre Ansicht nichts weiter zur Begründung vorbringt, als: aliud est voluntatem aliquam in genere manifestare, aliud autem eam per modum conditionis adiicere. Daß es nicht ausreicht, nur allgemein die Forderung nach dieser oder jener Qualität des Partners zu äußern (voluntatem in genere manifestare), steht außer Frage; hiermit ist der Ehekonsens noch nicht zu einem bedingten Willensakt gemacht. Aber in dem angenommenen Fall ist doch beträchtlich mehr geschehen: Es ist der Wille gesetzt non contrahendi, nisi data aliqua qualitate. Damit wird eine wirkliche condicio sine qua non erhoben. In dem so bedingten Heiratsentschluß ist implicite zugleich der Ehekonsens bedingt, und das genügt.

---

[30] SRR 33, 1941 dec. 40 n. 2, S. 447. Ebenso SRR 16, 1924 dec. 7 n. 2, S. 60 und SRR 29, 1937 dec. 44 n. 12, S. 430.
[31] SRR 29, 1937 dec. 44 n. 11, S. 429.

III. Die Konsequenzen des Lösungsvorschlages

Nach dem hier vorgetragenen Lösungsversuch ist unverkennbar eine recht beachtliche Anzahl von Eheschließungen als bedingt anzusehen. SRR 32, 1940 dec. 76 erhebt daher, allerdings weit über das Ziel hinausschießend, die Warnung: Wenn vorausgehende Nachforschungen über bestimmte Qualitäten des Partners ohne weiteres als Kondizionierung des Ehekonsenses zu werten wären, dann wären fast alle Eheschließungen bedingt.[32] Ein derartiger Einwand ist gewiß nicht leichtzunehmen. Zwar kann grundsätzlich nicht von den Konsequenzen her eine Frage entschieden werden, aber weittragende Auswirkungen einer These sollten doch immer ein Signal zur Vorsicht sein und eine Überprüfung veranlassen, ob bei der Argumentation kein Fehler unterlaufen ist.

Die Folgerung, daß bei unserer Ansicht fast alle Heiraten als bedingt anzusehen wären, stimmt allerdings nicht. Denn es ist, wie oben näher dargelegt wurde, sorgsam zu unterscheiden, ob man den Entschluß hinsichtlich der Heirat zunächst völlig aussetzt, vorerst nur Erkundigungen einzieht und dann später eine Entscheidung, und zwar jetzt eine absolute, trifft, oder ob man vielmehr sofort den Entschluß zu dieser Heirat faßt, allerdings mit der Einschränkung, daß man ihn an eine Bedingung bindet. Nur im zweiten Fall handelt es sich um einen bedingten Eheabschluß, während im ersten Falle der Ehekonsens einwandfrei bedingungslos gesetzt ist. Dabei hat man zu beachten, daß die erste der beiden Möglichkeiten im täglichen Leben wohl der Regelfall sein dürfte. Denn der gewöhnliche Lauf der Dinge geht zumeist so, daß man bei einer Heiratswahl nicht gleich schon die wenn auch nur bedingte Entscheidung trifft: Ich heirate ihn, wenn dies oder jenes stimmt. In der Mehrzahl der Fälle wird man vielmehr mit einer Entscheidung überhaupt noch abwarten und sich zunächst damit begnügen, Erkundigungen einzuholen, um sich über die charakterlichen Qualitäten des Partners, über seine Gesundheit, über seine Familie, über seine Vermögensverhältnisse usw. zu vergewissern, und erst danach wird man zu einem Entschluß hinsichtlich der in Erwägung gezogenen Ehe kommen. In all diesen Fällen also, die tatsächlich der Zahl nach weit überwiegen dürften, kann nicht von einem bedingten Eheabschluß die Rede sein. Nur wenn wirklich ein bedingter Heiratsentschluß vorliegt, was wohl seltener, wenn auch nicht ganz vereinzelt, vorkommt, kann man eine bedingte Eheschließung behaupten. Dann aber auch mit Recht. Denn der bedingte Heiratsentschluß enthält einschlußweise zugleich eine Kondizionierung des Ehekonsenses, und die einmal gesetzte Bedingung wirkt virtuell

---

[32] SRR 32, 1940 dec. 76 n. 4, S. 835. Ähnlich SRR 29, 1937 dec. 44 n. 12, S. 430 und SRR 19, 1927 dec. 53 n. 6, S. 478.

solange weiter, bis sie positiv widerrufen wird. Die Behauptung des angeführten Rota-Urteils, bei unserer These müßte man fast alle Eheschließungen als bedingt ansprechen, ist eine starke Übertreibung, die nur daher rührt, daß man den für unser Problem so grundlegenden Unterschied zwischen bedingtem Heiratsentschluß und vorläufigem Aussetzen einer Entscheidung nicht sieht.

Ein Nichtkanonist mag hier einwenden wollen, es dürfe und könne doch keinen in den Auswirkungen so folgenschweren Unterschied ausmachen, ob man sich sofort positiv, wenn auch nur bedingt zur Heirat entschließt oder ob man vorläufig bis zu den Erkundigungen die Entscheidung aussetzt, wohinter doch unausgesprochen ebenso die Disposition stehe, nicht zu heiraten, falls die gestellten Erwartungen nicht einträfen. Dieser Vorwurf geht aber an dem Fundamentalsatz der kanonistischen Ehekonsenslehre vorbei: Maßgebend ist stets und nur der tatsächlich gesetzte Wille, nie die intentio habitualis.

Darauf ist auch zu verweisen, wenn SRR 29, 1937 dec. 44 n. 12 S. 430 meint, bei unserer These sei es unbegreiflich, warum nicht mit gleichem Recht ebenso der bloße Irrtum über eine Qualität die Ungültigkeit der Ehe bewirke. Hierauf ist zu antworten: Weil beim bedingten Heiratsentschluß in einem positiven Willensakt die Zustimmung an die Bedingung gekoppelt wird, was beim bloßen Irrtum nicht geschieht.

Das Ergebnis unserer Überlegungen läßt sich in folgende Thesen zusammenfassen:

1. Von einem bedingten Heiratsentschluß ist zu unterscheiden ein *vorläufiges Aussetzen einer Entscheidung,* bei dem zunächst überhaupt kein Heiratsentschluß, auch nicht ein nur bedingter Entschluß, gefaßt wird. In diesem rein negativen Verhalten liegt keine Beifügung einer Bedingung.

2. Wird aber der *Entschluß zu einer Heirat bedingt* gefaßt, so ist damit zugleich für die ganze Folgezeit der Wille, diese Ehe einzugehen, an die Bedingung geknüpft.

3. Wohl ist ein *Widerruf der Bedingung* vor der Trauung möglich. Er kann aber nur in einem positiven Willensakt erfolgen, ist nicht schon in rein negativem Verhalten gegeben — etwa bei der irrtümlichen Annahme, die aufgestellte Bedingung sei inzwischen erfüllt.

4. Wo ein solch positiver Widerruf nicht erfolgt ist, bleibt die im Heiratsentschluß bedingt gesetzte Eheeinwilligung als nur bedingte Einwilligung auch im Ehekonsens bestehen. Vom Fall des positiven Widerrufs der Bedingung abgesehen, gilt daher: *Mit dem bedingten Heiratsentschluß ist auch der Ehekonsens bedingt.*

Ehekonsens und Geisteskrankheit

I. Die zum Ehekonsens erforderliche Geistesfähigkeit

1. Geisteskrankheit stellt kein trennendes Ehehindernis im technischen Sinne dar. Sie hat daher nicht schon um ihrer selbst willen die Ungültigkeit eines Eheabschlusses zur Folge, sondern führt diese Nichtigkeit nur insoweit herbei, als sie die Geistesfähigkeit des Kontrahenten so stark beeinträchtigt, daß er keinen hinreichenden Ehekonsens mehr leisten kann. Der *kodifikatorische Bezugspunkt* für einen amentia-Prozeß liegt daher in den cc. 1081 und 1082. C. 1081 § 1 bestimmt, daß ohne wahren Ehekonsens der beiden Nupturienten keine Ehe zustande kommen kann. In c. 1081 § 2 ist sodann der Ehekonsens charakterisiert als ein Willensakt, durch den beide Partner sich gegenseitig übertragen das ius in corpus, perpetuum et exclusivum, in ordine ad actus per se aptos ad prolis generationem. Dadurch, daß hier ein actus voluntatis gefordert wird, ist zugleich die Willensfreiheit des Handelnden, seine Fähigkeit zu eigener Willensbestimmung, vorausgesetzt. Und nach der Erkenntnisseite verlangt c. 1082 §1 als Minimum, daß der Eheschließende wenigstens die Kenntnis besitzt, daß die Ehe eine dauernde Verbindung von Mann und Frau ist mit dem Zweck der Kindererzeugung.

2. Die kanonistische Anforderung an den gültigen Ehekonsens hält die Mitte zwischen einem Zuviel und einem Zuwenig. Der zitierte c. 1082 § 1 vom *Minimum des unerläßlichen Wissens* richtet sich vor allem gegen ein Zuviel. Unbedingt notwendig ist nur das Wissen um die societas permanens inter virum et mulierem ad filios procreandos. Eine gültige Ehe kann also noch zustande kommen, auch wenn der Eheschließende nicht um sämtliche Wesenselemente der Ehe weiß in ihrem objektiven Umfang, wie der voraufgehende c. 1081 § 2 sie umschreibt. Also z. B. auch dann noch, wenn jemand sich über die Unauflöslichkeit *(ius perpetuum)* oder über die Einpaarigkeit *(ius exclusivum)* in Unkenntnis oder in Irrtum befindet. Es genügt schon, wenn er die Ehe als eine zwar nicht lebenslängliche und unauflösliche, aber doch irgendwie auf Dauer angelegte Gemeinschaft von Mann und Frau ansieht. Und zum zweiten muß er wenigstens wissen, daß die Ehe eine Gemeinschaft zur Erzeugung von Nachkommen darstellt. Ohne daß eine

genaue Kenntnis über den Vorgang der Kopula gefordert wäre, muß er dabei zum mindesten ein unvollkommenes Wissen über die Geschlechtsgemeinschaft besitzen, d. h. irgendwie darum wissen, daß zur Erzeugung von Kindern eine gegenseitige körperliche Mitwirkung von Mann und Frau notwendig ist.

3. Richtet sich c. 1082 § 1 zunächst gegen eine zu hohe Anforderung an den Ehekonsens, so betont das kanonische Recht aber ebenso stark die Abschirmung gegen ein Zuwenig. Für die Gültigkeit des Ehekonsenses ist erforderlich ein *maturius iudicium*, eine dem Objekt des Ehevertrages *entsprechende höhere Urteilsreife*. „Wegen der Wichtigkeit des Eheabschlusses genügt nicht schon der einfache Vernunftgebrauch, der zur schweren Sünde hinreicht, sondern es ist ein *vollständiger Vernunftgebrauch* notwendig, eine gewisse Reife des Urteils, so daß die Kontrahenten das Wesen und die Bedeutung des Ehevertrages erkennen können."[1]

4. Diese für *amentia*-Prozesse so außerordentlich wichtige Feststellung hat in den letzten Jahrzehnten in der Rechtsprechung der Sacra Romana Rota wie in der kanonistischen Literatur immer stärkere Betonung gefunden, so daß hierin jetzt eine einheitliche Rechtsauffassung vorliegt. Man hat damit die frühere Ansicht aufgegeben, für die man sich auf Sanchez berief, daß nämlich jene Urteilsreife, mit der man zum Begehen einer Todsünde fähig ist, auch schon für die Leistung eines Ehekonsenses ausreiche.[2] Die Rota stützt sich demgegenüber auf *Thomas von Aquin*, der für den Abschluß eines Verlöbnisvertrages (a fortiori also für den Ehekonsens) ein größeres Unterscheidungsvermögen voraussetzt als für das Begehen einer Todsünde: Ad peccandum mortaliter sufficit etiam consensus (in) praesens, sed in sponsalibus est consensus in futurum; maior autem rationis discretio requiritur ad providendum in futurum quam ad consentiendum in unum praesentem actum; et ideo ante potest homo peccare mortaliter, quam possit se obligare ad aliquid futurum.[3]

5. Die Forderung des Aquinaten kam in der Rechtsprechung der Rota zum Durchbruch in der *Decisio coram Prior* vom 14. November 1919[4] und ist inzwischen zu allgemeiner Anerkennung gelangt. In der genannten *Decisio* heißt es: Regula simplex ad omnes casus diiudicandos dari nequit nec certe

---

[1] Honorius *Hanstein,* Kanonisches Eherecht, Paderborn 1953³, S. 147.
[2] Vgl. Thomas *Sanchez,* De matrimonio 1 disp. 8 n. 15, wo Sanchez die Gültigkeit eines Ehevertrages mit der Feststellung begründet: Quia deliberationem sufficientem habet ad lethaliter peccandum.
[3] *Thomas von Aquin,* In sent. 4 dist. 27 qu. 2 art. 2 ad 2. Vgl. *Thomas von Aquin,* Summa theol. 3 Suppl. qu. 43 art. 2 corp. und ad 2.
[4] Vgl. Johannes *Hollnsteiner,* Die Spruchpraxis der S. Romana Rota in Ehenichtigkeitsprozessen, Freiburg i. Br. 1934, S. 60 und 63 f.

approbari potest regula a Sanchesio indicata, quod nempe satis est, ut contrahens deliberationem sufficientem habeat ad lethaliter delinquendum, cum ad lethaliter delinquendum sufficit simpliciter usus rationis, dum ... maturius iudicium requirunt doctores ad contractum matrimonialem faciendum. — Ad contractum ineundum vero non sufficit simpliciter usus rationis sed necessaria est etiam discretio iudicii contractui ineundo proportionata, qua semper natura eiusdem confuso saltem modo intelligitur, necnon essentiales proprietates. Maturius autem iudicium prae ceteris postulat ex natura sua contractus matrimonialis, quia perpetuus est et irrescindibilis et gravibus obligationibus onustus. Eine Fülle ähnlicher Rota-Entscheidungen läßt sich dafür anführen.[5]

6. Inhaltlich besagen die Darlegungen dieser Rota-Urteile: Zwar ist es zum gültigen Ehekonsens nicht notwendig, daß der Eheschließende die sämtlichen Auswirkungen seines Jawortes im einzelnen kennt und würdigt. Das hieße die Anforderungen an den Konsens übersteigern. Aber der Kontrahent muß ein solches Maß von Urteilsreife besitzen, daß er Natur und Tragweite des Ehevertrages versteht. Die Rota geht dabei von der richtigen psychologischen Feststellung aus, daß der usus rationis nicht eine feststehende Größe ist, daß vielmehr der Gebrauch der Vernunft Grade und Stufen kennt, angefangen vom ersten Erwachen der Vernunft beim Kind bis zum vollen Unterscheidungsvermögen und zum reifen Verständnis des Erwachsenen. Damit ergibt sich sofort die Frage, welches Maß von Urteilskraft für einen Ehekonsens erforderlich ist. Nicht reicht aus, so lautet die Antwort, der *simplex usus rationis,* eine untere Stufe des Vernunftgebrauches, wie sie für das Begehen einer schweren Sünde schon hinreichend wäre. Sondern es ist, wenn auch nicht die vollentfaltete Urteilskraft des Erwachsenen gefordert wird, doch immerhin ein höheres Unterscheidungsvermögen und eine größere Urteilsreife unerläßlich. Daß dieses notwendige Maß vorliegt, wird mit Erreichen der Pubertät vom Recht präsumiert, weil die Pubertät nicht nur die körperliche Reife mit sich bringt, sondern in der Regel zugleich auch das Verständnis für die geschlechtlichen Vorgänge entwickelt. Freilich handelt es sich dabei nur um eine einfache Rechtspräsumtion, gegen welche der Weg des Gegenbeweises offensteht.

7. Bei dem Versuch, das erforderliche Maß der Urteilsreife näher zu

---

[5] So u. a.: SRR 18, 1926 dec. 14 n. 5, S. 111. SRR 18, 1926 dec. 23 n. 2, S. 184. SRR 18, 1926 dec. 27 nn. 6—8, S. 215 f. SRR 23, 1931 dec. 19 nn. 5—6, S. 152 f. SRR 23, 1931 dec. 43 n. 2, S. 372 f. SRR 25, 1933 dec. 47 n. 3, S. 407 f. SRR 25, 1933 dec. 71 n. 4, S. 599 f. SRR 26, 1934 dec. 83 n. 3, S. 709 f. SRR 27, 1935 dec. 10 n. 6, S. 79. SRR 32, 1940 dec. 8 n. 5, S. 83. SRR 33, 1941 dec. 15 nn. 8—12, S. 149—152 (bes. n. 11, S. 151 f.). SRR 33, 1941 dec. 61 n. 3, S. 653. SRR 35, 1943 dec. 28 n. 2, S. 262 f. SRR 35, 1943 dec. 29 n. 3, S. 271. SRR 35, 1943 dec. 45 n. 4, S. 433 f. SRR 35, 1943 dec. 57 nn. 8 und 11, S. 598 f. SRR 35, 1943 dec. 67 n. 5, S. 708. SRR 35, 1943 dec. 87 n. 2, S. 949 f. SRR 36, 1944 dec. 15 n. 3, S. 150.

charakterisieren, betont die Rota immer wieder: Für jeden gültigen Vertragsabschluß muß das Maß des Unterscheidungsvermögens dem jeweiligen Vertragsobjekt *proportioniert* sein. Daher kann es einen gültigen Ehekonsens nur geben, wenn eine dem Inhalt des Ehevertrages proportionierte Urteilskraft vorliegt. Gerade im Hinblick auf die folgenschwere Tragweite des Ehevertrages ist deshalb für die Gültigkeit des Ehekonsenses eine entsprechend reifere Geistesfähigkeit vorausgesetzt. So heißt es z. B. in einer Rota-Entscheidung: Ad contrahendum autem requiritur iudicii discretio proportionata contractui ineundo; et cum matrimonium sit contractus perpetuus, exclusivus, in ordine ad prolis procreationem, requiritur ad illud ... maturius iudicium.[6] Ähnlich erklärt die Rota an einer anderen Stelle: Für den Eheabschluß, mit dem man sich ja zu einer servitus totius vitae binde, sei daher, wie man einhellig anerkenne, ein höheres Maß von Urteilskraft und freier Entscheidung gefordert als bei den sonstigen Angelegenheiten des Lebens. So könne es auch kommen, daß jemand sich in den Dingen des Alltags glatt zurechtzufinden scheine und man ihm doch wegen mangelnder Urteilsreife die Fähigkeit zu einem Ehekonsens absprechen müsse.[7] Dieser Feststellung kommt naturgemäß in *amentia*-Prozessen weitreichende Bedeutung zu. In einem weiteren Urteil der Rota heißt es: Mit Rücksicht auf die überragende Wichtigkeit des Ehevertrages und auf die Konsequenzen, die sich aus ihm ergeben, ist hier ein noch höheres Maß von Einsicht und Freiheit vorausgesetzt als bei anderen Verträgen.[8]

8. Von besonderem Einfluß ist es, inwieweit das *Verständnis für die Tragweite* des Eheabschlusses zu einem gültigen Ehekonsens gehört. Zwar kann nach der einmütigen Auffassung nicht gefordert sein, daß der Nupturient beim Eheabschluß im einzelnen und genau übersieht, welche Folgen dieser Schritt für sein Leben haben wird. Auch braucht er nicht eine reflexe Überlegung über die Konsequenzen seiner Heirat anzustellen, wofern er nur jene geistige Reife besitzt, daß er einschlußweise auch die wesentliche Bedeutung des Ehevertrages erfaßt. So führt es SRR 33, 1941 dec. 15 n. 12 S. 152 aus.[9] Aber diese gründliche Rota-Entscheidung betont ebenso klar,

---

[6] SRR 16, 1924 dec. 16 n. 2, S. 127.
[7] SRR 32, 1940 dec. 8 n. 5, S. 83: Iuxta omnes ad matrimonium rite ineundum, seu ad obligationem quae est servitus totius vitae, maior quam in ceteris negotiis requiritur consilii et arbitrii libertas. Unde nil mirum si quis appareat adhuc sua posse apte agere et ordinare negotia, qui tamen ad matrimonium censeri incapax debeat. Ebenso SRR 23, 1931 dec. 43 n. 2, S. 372 f.
[8] SRR 18, 1926 dec. 14 n. 5, S. 111: Attenta huius actus vel potius contractus praestantia ac consequentiis attentis quae ex eo derivant, maior adhuc libertas ac deliberatio in eo requiritur quam in aliis contractibus.
[9] Sufficit nempe cognitio aestimativa de substantia ac substantiali valore matrimonii, non requiritur ponderatio exacta omnium iurium et obligationum cum matrimonio connexarum. Porro sufficit cognitio reflexa per novum actum intellectus.

daß irgendwie doch eine Einsicht in die Bedeutung und Tragweite des Ehevertrages vorhanden sein muß. Zu der *cognitio conceptualis*, so erklärt hier die Rota, muß die *cognitio aestimativa* hinzutreten, damit jene Erkenntnis vorliegt, ohne welche ein gültiger Ehekonsens nicht zustande kommen kann.[10] Erst wo sich mit der begrifflichen Erkenntnis eine Wertung, ein Verständnis für die Bedeutung, verbindet, kann man von einem hinreichenden Vertragswillen sprechen. Denn ein wirklicher *actus humanus* setzt voraus, daß der Mensch sich frei entscheide auf Grund dieser doppelten Erkenntnis, sowohl der rein begrifflichen als auch der wertenden. Cognitio mere conceptualis effert *quid sit* obiectum cognitionis, cognitio aestimativa, quanti momenti vel valoris illud sit seu *quid valeat* ... Experientia teste, prius et multo facilius efformatur iudicium mere conceptuale; posterius et difficilius acquiritur cognitio aestimativa. Insuper notandum est usum rationis, qui ad omnem actum humanum requiritur, spectare tum cognitionem conceptualem tum cognitionem aestimativam, atque exigere capacitatem tum exercitii rationis tum dominii rationis seu capacitatem hominis disponendi de seipso et de sua actione secundum duplicem illam obiecti cognitionem.[11]

Mit der Rota kann man dies an einem Beispiel aus dem Vertragsrecht erläutern. Ein Junge von fünf Jahren kauft für 10 Mark Spielzeug und Leckereien. Es mag sein, daß der Junge geweckt ist und *begrifflich* wohl weiß, was 10 Mark sind, was Spielzeug und Leckerei ist und was kaufen und verkaufen ist. Dennoch ist, so erklärt die Rota, der Kaufvertrag schon nach dem Naturrecht ungültig, weil der Junge noch nicht die geistige Reife besitzt, um auch abwägen und werten zu können, was es bedeutet, für 10 Mark Spielzeug und Leckereien zu kaufen. Trotz vorhandener *cognitio conceptualis* ist der Vertrag nichtig, da es an der *cognitio aestimativa* fehlt.[12]

Auf den Ehevertrag angewandt besagt dies: Es genügt nicht, daß einer nur begrifflich weiß, daß die Ehe eine Dauergemeinschaft von Mann und Frau ist und daß diese Verbindung der Erzeugung von Nachkommenschaft dienen soll. Hinzukommen muß die wertende Einsicht in die Tragweite eines solchen Eheabschlusses. Dazu aber ist jene maturitas iudicii erforderlich, welche bereits die Scholastik für den gültigen Ehekonsens voraussetzte und mit der sie in der Sache, wie die Rota darlegt, das gleiche verlangte wie die neuere Psychologie mit der *cognitio aestimativa* als dem notwendigen dritten Element neben begrifflichem Erkennen und freiem Wollen. Recolendum est, iuxta doctrinam Auctorum scholasticorum et iurisprudentiam ecclesiasticam nullatenus sufficere merum usum rationis ad valide ponendum consensum matrimonialem seu ad praeviam cognitionem naturae

---

[10] SRR 33, 1941 dec. 15 nn. 8–12, S. 149–152.
[11] SRR 33, 1941 dec. 15 n. 8, S. 149.
[12] SRR 33, 1941 dec. 15 n. 9, S. 150.

matrimonii descriptam in cit. can. 1082, sed insuper requiri *discretionem et maturitatem iudicii* quae contractui matrimoniali ineundo *proportionata* sit.
... Haec diligenter perpendenti illico apparet in maturitate iudicii celebre illud „tertium elementum" a Modernis novo nomine ditatum.[13]

Eine andere Rota-Entscheidung spricht in ähnlichem Zusammenhang von der *clarior consequendorum aestimatio*[14], die bei Verträgen erforderlich sei. Wieweit das notwendige Verständnis in die Tragweite eines Eheabschlusses gehen müsse, bestimmt diese Decisio dahin, es sei jene durchschnittliche Einsicht gefordert, die man auch sonst voraussetze, wenn man sich in einer wichtigen Sache für die Zukunft binde. *Ordinaria aestimatio, quae habetur in re seria de futuro.*[15]

9. Daß zur Gültigkeit eines Ehekonsenses eine höhere, wenn auch nicht eine absolut höchste Geistesreife erforderlich sei, betont wie die Rechtsprechung der Rota so ebenfalls die *kanonistische Wissenschaft. Gasparri* erklärt: Es genügt nicht schlechthin ein Vernunftgebrauch, notwendig ist vielmehr eine solche Unterscheidungskraft und Urteilsreife, die dem Ehevertrag proportioniert ist, so daß der Kontrahent Natur und Tragweite *(naturam et vim)* des Ehevertrages verstehen kann; sonst kann es keinen Konsens geben.[16]

Ähnlich schreibt *Triebs:* „Was man nicht kennt, kann man auch nicht wollen, kann auch nicht Gegenstand eines Rechtsgeschäfts, eines Vertrags sein. Damit ist aber nicht etwa bloß gemeint, daß der den Willensakt setzende Mensch im Besitze seines Vernunftgebrauchs sein müsse, sondern darüber hinaus wird eine entsprechende Erkenntnis der Sache gefordert, für welche der Mensch sich entscheiden soll. Wer einen Vertrag schließen will, muß daher geistig soweit entwickelt sein, daß er die wesentlichen Eigenschaften des betr. Vertrages, insbesondere die aus dem betr. Vertrage für ihn entspringenden Verbindlichkeiten zu erkennen vermag, wenn auch nicht im einzelnen, so doch wenigstens in confuso. Niemand kann Verbindlichkeiten *wollen*, die er nicht kennt. Dem Willensakte, der ein Rechtsgeschäft begründet, muß demnach eine *proportionierte* Erkenntnis vorausgehen. Nun gibt es keinen Vertrag, welcher für das zeitliche und ewige Wohl des Menschen von größerer Bedeutung wäre als der Eheschließungsvertrag. Daher

---

[13] SRR 33, 1941 dec. 15 n. 11, S. 151. Vgl. Heribert *Jone,* Gesetzbuch der lateinischen Kirche, Bd. 2, Paderborn 1952², S. 321.
[14] SRR 35, 1943 dec. 57 n. 8, S. 599.
[15] SRR 35, 1943 dec. 57 n. 11, S. 599.
[16] Petrus Card. *Gasparri,* Tractatus canonicus de matrimonio, Bd. 2, Rom 1932², n. 783, S. 12: Proinde ut matrimonium ipso naturae iure valeat, utraque pars usu rationis ita pollere debet, ut quid sit matrimonium eiusdemque essentiales proprietates satis intelligere valeat, idest matrimonium consistere in iure perpetuo et exclusivo in corpus in ordine ad actus per se aptos ad prolis generationem (can. 1081 § 2), secus patet neque explicitum neque implicitum consensum habere posse.

muß dem ehelichen Konsense eine entsprechende Erkenntis der Ehe voraufgehen. Die Rota wird nicht müde, immer und immer wieder zu betonen, daß eine *maturior discretio iudicii* notwendig sei, also eine gereiftere Erkenntnis, welche sich nicht auf die Einzelheiten des Eheschließungsvertrages zu erstrecken braucht."[17]

II. Der Mangel der erforderlichen Geistesfähigkeit bei Geisteskrankheit[18]

10. Wie eingangs betont wurde, stellt Geisteskrankheit als solche nicht schon ein Ehehindernis dar. Sie macht die Eheschließung nur insofern ungültig, als sie dem Kontrahenten jenes Maß von Vernunftgebrauch, von Einsicht und freiem Willen nimmt, welches nach dem Vorstehenden für den Ehekonsens unerläßlich ist. Wer dieses Maß von Vernunftgebrauch dauernd oder auch nur im Augenblick der Eheschließung nicht besitzt, ist psychisch eheunfähig.

11. Geisteskrankheit raubt nicht schon in allen ihren Krankheitsformen und in jedem Falle den gesamten Vernunftsgebrauch. Vielmehr läßt sie zwischen der geistigen Gesundheit und der totalen Aufhebung aller geistigen Betätigungen Raum für mannigfache Zwischenstufen, und zwar im Sinne einer qualitativen wie auch einer quantitativen Stufung. In der ersten Hinsicht gibt es Geisteskrankheiten, welche wie die Manien nur gewisse Teilbereiche der Geistestätigkeit befallen, die übrigen Bereiche aber intakt lassen können.[19] In quantitativer Hinsicht kann eine Geisteskrankheit den Vernunftgebrauch in verschiedensten Graden und Maßen einschränken, angefangen von geringfügiger Beeinträchtigung bis hin zur totalen Ausschaltung jedes bewußten Handelns.[20] Daraus folgt ein Doppeltes:

a) Falls jemand an einer Geisteskrankheit leidet, so ist damit noch nicht ohne weiteres gesagt, daß alle seine Handlungen rechtsunwirksam sind. Es kann sich dabei um eine so geringe Herabsetzung der Geistesfähigkeit im konkreten Falle handeln, daß um derentwillen noch nicht der *sufficiens rationis usus* gerade für diesen Akt mangelt. Die Begriffe usus rationis und entsprechend defectus usus rationis sind relativ zu verstehen, nämlich in der Bezogenheit zu der jeweilig in Frage stehenden Handlung. Es richtet sich

---

[17] Franz *Triebs*, Praktisches Handbuch des geltenden kanonischen Eherechts, Breslau 1927 ff., S. 442 f. Vgl. Hermann *Müssener*, Das katholische Eherecht, Düsseldorf 1950³, S. 140: „Zur Gültigkeit des ehelichen Willens (gehört) ein solches Verständnis, das der Größe der Verpflichtung entspricht, welche die Ehe auferlegt."

[18] Zum folgenden Abschnitt sei verwiesen auf die gediegene Arbeit von Hans Nikolaus *Fäßler*, Die Schizophrenie als Ehenichtigkeitsgrund im kanonischen Recht, Freiburg i. Ue. 1951.

[19] Die kanonistische Rechtssprache redet hier von *dementia* im Unterschied von der alle Bereiche befallenden *amentia*.

[20] Vgl. *Fäßler*, Schizophrenie, S. 45 ff.

nach dem Gegenstand der jeweiligen Handlung, welches Maß an geistiger Fähigkeit erforderlich ist, damit man dieses Handeln noch als bewußtes und freies Tun des Menschen ansprechen kann. Es läßt sich nicht einfach behaupten: Wer an Geisteskrankheit leidet, der ist zu keinerlei vernünftigem Handeln fähig. Weil die einzelnen Handlungen des Menschen ein verschiedenes Maß an Geistesfähigkeit voraussetzen und weil auf der anderen Seite Geisteskrankheit den Vernunftgebrauch nicht immer völlig, sondern in verschiedenen Graden herabsetzt, muß nachgewiesen werden, daß im konkreten Fall die Geisteskrankheit so stark die Vernunftbetätigung gemindert hat, daß der Grad der für diese Handlung erforderlichen geistigen Fähigkeit nicht mehr vorlag.

b) Nach der negativen Seite ist aber ebenfalls abzugrenzen: Es ist für die Ehenichtigkeit nicht gefordert, daß ein *absoluter* Mangel an Vernunftgebrauch besteht. Vielmehr geht es um den Mangel einer dem Vertragsobjekt der Ehe *proportionierten* Vernunftbetätigung.[21] In diesem Falle redet zwar die Rechtsprechung vielfach von amentia perfecta oder amentia absoluta. Aber das ist nicht so zu verstehen, als ob der Zustand der totalen Aufhebung jeglicher Vernunftbetätigung erforderlich wäre. Sondern die Rechtsprechung nimmt das Wort amentia perfecta in einem juristischen Sinne, nämlich in Relation zu dem in Frage stehenden Rechtsgeschäft des Ehevertrages, mögen auch noch nicht alle geistigen Fähigkeiten erloschen sein.[22] Selbst wenn also ein Mensch zu den Verrichtungen des Alltags, ja sogar zu ganz einfachen Rechtshandlungen noch imstande ist, so kann doch jenes Maß von Einsicht fehlen, wie es für eine Eheschließung erforderlich ist. Denn wenn die Eheschließung auch nicht zu den verwickeltsten Rechtsgeschäften gehört, so daß ein Höchstmaß an geistiger Fähigkeit Voraussetzung wäre, so zählt sie doch immerhin zu den Rechtshandlungen von besonderer Tragweite, und um dessentwillen ist auf jeden Fall, wie oben dargelegt wurde, eine höhere Urteilskraft für den gültigen Ehekonsens nötig, so daß schon ein relativ geringerer Einbruch von Geisteskrankheit die psychische Ehefähigkeit nimmt.

12. Näherhin hat der Beweis für die Ehenichtigkeit ein Dreifaches aufzuzeigen, nämlich eine zeitliche, eine qualitative und eine quantitative Beziehung zwischen der Geisteskrankheit und dem Ehekonsens.[23]

a) *Zeitlich:* Nur der Geisteszustand im Augenblick der Konsensabgabe ist

---

[21] SRR 15, 1923 dec. 14 n. 3, S. 128: Defectus autem usus rationis potest esse totalis vel partialis. Ut vero matrimonium invalidet, non necessario totalis requiritur, sed sufficit relativus ad naturam ipsius consensus matrimonialis.
[22] SRR 7, 1915 dec. 20 n. 24, S. 225: Ubi deest talis deliberatio, ... sensu iuridico ecclesiastico, ita ut huiusmodi amens matrimonium valide contrahere nequeat, licet forte morbus amentiae qua laborat ad alios intensiores gradus adhuc progredi possit.
[23] Vgl. *Fäßler*, Schizophrenie, S. 58 ff.

entscheidend. Wie sich der Kranke vorher oder nachher befunden hat, das kann bloß exploratorische Bedeutung beanspruchen, insofern und insoweit man aus dem Vorher und dem Nachher irgendwie zu erschließen vermag, wie es um den Vernunftgebrauch im Augenblick der Trauung stand. Der Beweis hat sich darauf zu richten, ob die Geisteskrankheit eben für diesen ausschlaggebenden Augenblick vernunftgemäßes Handeln behindert oder gänzlich aufgehoben hat. Zu erweisen ist die amentia actualis seu in actu matrimonii.

b) *Qualitativ:* Neben totalen Geisteskrankheiten, welche sich in allen Geistesbereichen wenn auch graduell verschieden auswirken, gibt es partielle Geisteskrankheiten, die sich nur in einer begrenzten Geistessphäre zeigen, den Rest des Geisteslebens aber in keiner bemerkenswerten Weise berühren: Dementia, Monomanien. Soweit die letzteren nicht in das Gebiet des Geschlechtlichen eingreifen, vereiteln sie eine gültige Konsensabgabe nicht. Das gilt z. B. von der Kleptomanie. In einem Ehenichtigkeitsprozeß müßte also nachgewiesen werden, daß es sich um eine totale Geisteskrankheit handelt, welche gerade in der Richtung auf das Geschlechtliche und damit auch auf das Rechtsgeschäft der Eheschließung den nötigen Vernunftgebrauch aufhebt: amentia matrimonialis seu in ordine ad matrimonium.

c) *Quantitativ:* Weil nicht jeder Grad einer Geisteskrankheit dem Menschen restlos alle Fähigkeit zu rechtswirksamem Handeln nimmt, muß man im Ehenichtigkeitsprozeß einen gewissen Schweregrad feststellen. Und zwar in Proportion zu dem für einen gültigen Ehekonsens erforderlichen Maß an Geistesfähigkeit. Die Krankheit muß als so tiefgreifend erwiesen sein, daß kein Raum mehr für eine dem Vertragsobjekt der Ehe proportionierte Vernunftbetätigung verblieb: amentia perfecta in sensu iuridico seu in gradu proportionata matrimonio.

13. Einen eigenen Hinweis fordert die *Schizophrenie,* weil sie unter allen Geisteskrankheiten am häufigsten auftritt und daher relativ oft auch in kirchlichen Eheprozessen eine Rolle spielt. Zudem zeigt sie sich in ihren Auswirkungen besonders verhängnisvoll. Charakteristisch für diese Krankheit ist die Spaltung im geistigen Gefüge des Menschen, ein Zerfall seiner Persönlichkeit.[24] Wenn auch die einzelnen seelischen Funktionen für sich nicht ausfallen, so fehlt doch das sinnvolle Ineinander ihres Arbeitens. Der Zusammenschluß, welcher Gedanken, Gefühle und Wollen in eine harmonische Einheit in sich und untereinander bindet, scheint gespalten, aufgelöst, verloren zu sein, so daß von einem vernunftgemäßen Handeln nicht die Rede sein kann.

Schizophrenie zählt zu den totalen Geisteskrankheiten; sie greift also qualitativ alle Bereiche des Geisteslebens an. Auch quantitativ stellt die

---

[24] Vgl. *Fäßler,* Schizophrenie, S. 78 ff.

Schizophrenie einen so tiefen Eingriff in das geistige Gesamtgefüge dar, daß der Kranke zu einer verantwortlichen Ehekonsensleistung nicht mehr in der Lage ist. Wenigstens gilt dies für das akute Stadium der Schizophrenie.

Man muß letztere Einschränkung zunächst einmal machen, weil die Schizophrenie überaus häufig in einem Auf und Ab auftritt. Sie nimmt dann einen wellenförmigen Verlauf in mehreren Schüben. Zwischen den akuten Stadien der einzelnen Krankheitsschübe liegen mehr oder weniger lange Zeiten, in denen der Kranke gebessert scheint (sog. Remissionen). Daß der Kranke innerhalb eines akuten Schubs nicht ehekonsensfähig ist, steht außer Zweifel. Es erhebt sich aber die Frage, ob er nicht in der Zwischenzeit einer Remission einen hinreichenden Konsens zu leisten imstande ist. Die Antwort ist um so dringlicher, weil die Eheschließung eines Schizophrenen regelmäßig in eine Remissionszeit hineinfällt, während es innerhalb eines akuten Schubs wegen des dann absonderlichen Benehmens des Kranken kaum einmal zu einer Trauung käme.

III. Das Problem der geistigen Ehefähigkeit in den Remissionen

14. Die *Remissionen*[25] stellen von außen gesehen eine Besserung dar, in welcher der Kranke ruhiger und klarer erscheint und in welcher er sich unter Umständen sogar wieder in sein früheres Alltagsleben einfügt. Der Zustand der Besserung ist dabei sowohl in ihrem Grad als auch in ihrer Dauer sehr verschieden; es gibt Fälle, in denen die Remission sich über Jahre erstreckt und der Kranke äußerlich kaum mehr von einem Gesunden zu unterscheiden ist. Doch betrifft die Besserung vornehmlich nur die sekundären Krankheitssymptome; die auffälligsten Krankheitsäußerungen treten zurück oder verschwinden völlig. Aber eine wirkliche Heilung liegt nicht vor. Die Schizophrenie ist nach den heutigen Erkenntnissen der Psychiatrie theoretisch unheilbar, so daß auch im Stadium einer tiefgehenden Remission das Persönlichkeitsgefüge gespalten bleibt und die Schizophrenie latent weiter vorhanden ist und weiterwirkt. Wohl kann es in seltenen Fällen zu „praktischer oder sozialer Heilung" kommen, bei welcher der Kranke soweit gebessert erscheint, daß er sich wieder in das soziale Leben einzugliedern vermag, zunächst in der Hausgemeinschaft seiner Familie, vielleicht sogar in seiner früheren Berufsarbeit. Doch in der Tiefe bleibt die Krankheit bestehen und kann jederzeit in einem neuen Schub wieder zu akutem Durchbruch nach außen kommen. Es fragt sich, ob und wann ein Schizophrener im Stadium einer Remission zur Abgabe eines gültigen Ehekonsenses hinreichende Einsicht und freie Entscheidungskraft besitzt.

---

[25] Vgl. *Fäßler*, Schizophrenie, S. 98 f. und S. 154.

15. Aufs engste verwandt mit dieser Frage ist, was die Kanonistik seit alters über die *lucida intervalla* sagt. Ein an einer an sich habituellen Geisteskrankheit Leidender sei dann handlungsfähig, wenn die Krankheit gerade im Augenblick der Tat durch ein lucidum intervallum unterbrochen sei. Das ist letzten Endes nur die Konsequenz einerseits aus der Erwägung, daß ausschlaggebend bloß sein kann die Geistesfähigkeit in dem jeweiligen Augenblick der Handlung, und zum anderen aus der Erkenntnis, daß der Grad der Geistesgestörtheit im Ablauf einer Geisteskrankheit erheblichen Schwankungen unterworfen ist.

Freilich muß man sofort die Einschränkung anfügen, daß von einer Handlungsfähigkeit nur dort die Rede sein kann, wo dem Kranken nicht bloß scheinbar, sondern in der Tat hinreichende Vernunftbetätigung zurückgeschenkt ist. Das führte zu der Unterscheidung von *lucida intervalla apparentia* und *lucida intervalla vera*.

Die moderne Psychiatrie steht der traditionellen Lehre von den *lucida intervalla* äußerst skeptisch gegenüber und hat den Terminus mehr oder weniger verbannt. Heute ist es allgemein anerkannt, daß es bei einer Geisteskrankheit von der Schwere der Schizophrenie lucida intervalla vera in *dem* Sinne, daß die Krankheit völlig behoben und auch latent nicht mehr vorhanden sei, überhaupt nicht gibt. Ja, die Mehrzahl der Psychiater steht sogar auf dem Standpunkt, daß mit dem latenten Weiterbestehen der Geisteskrankheit in jedem lucidum intervallum auch die Handlungsfähigkeit des Menschen immer irgendwie herabgesetzt ist.[26]

16. Man wird in letzterem Falle zu *differenzieren* haben, wie es die Praxis der kirchlichen Gerichte stets tut. Es kommt ganz darauf an, für welches Rechtsgeschäft die Handlungsfähigkeit in Frage steht. „Handelt es sich um die zivilrechtliche Handlungsfähigkeit für Rechtsgeschäfte, so wird die Frage nach der Geschäftsfähigkeit nach der Notwendigkeit, Wichtigkeit und Verantwortlichkeit des Rechtsgeschäftes differenzierend entschieden werden müssen, je nachdem ein wie hoher Grad von Urteilsfähigkeit jeweils hierzu erforderlich ist."[27] „Für Handlungen von besonders sozialer Tragweite, durch die auch in die Schicksale anderer Menschen eingegriffen wird, wie z. B. Eheschließung, wird man die Anforderungen an die Einsichtsfähigkeit weit höher stellen, daher in dubio die Konsensfähigkeit eher verneinen müssen als bei Handlungen von nur individueller Tragweite."[28] Selbst wenn man letztere Begründung, daß es auf das soziale Gewicht ankomme, sich nicht zu eigen macht, so wird man dem einen jedoch vorbehaltlos zustimmen: Auch der Begriff des lucidum intervallum verum ist nicht eindeutig,

---

[26] Vgl. Albert *Niedermeyer,* Handbuch der speziellen Pastoralmedizin, Bd. 5, Wien 1952, S. 33.
[27] *Niedermeyer,* Handbuch 5, S. 33.
[28] *Niedermeyer,* Handbuch 5, S. 20.

sondern relativ zu verstehen, nämlich in Relation zu der jeweiligen Handlung. Soll das Rechtsgeschäft gültig sein, so müßte ein *sufficiens* intervallum lucidum verum vorliegen, d. h. es müßte ein solches Maß von Vernunftbetätigung vorhanden sein, wie es gerade für diese Handlung vorausgesetzt ist.

17. In der Praxis ist es naturgemäß außerordentlich schwer zu entscheiden, welcher Grad von Handlungsfähigkeit in einem Remissionsstadium vorliegt. Erst recht gilt dies, wenn man zur Zeit der Tat hierauf gar nicht geachtet und erst nach Jahren rückschauend die Handlung zu beurteilen hat. Um dieser Schwierigkeit in etwa zu begegnen, hat die Spruchpraxis der Rota in langjähriger Erfahrung für die Remissionsstadien eine *Präsumtion* aufgestellt.[29] Auszugehen ist von dem Tatbestand der Remission: Voraufgegangen ist ein akuter Schizophrenieanfall; in einem Stadium der Besserung fand die Eheschließung statt; später bricht in einem neuen Schub die Krankheit wieder aus. War in den beiden Krankheitsanfällen der betreffende geistig nicht zu einer Eheschließung fähig, so spricht nach der Rota *auch für das Zwischenstadium* die *Präsumtion für Konsensunfähigkeit*. Qua in re primum animadvertendum est, quod is qui probatur insania laborasse ante et post matrimonium, tempore quoque intermedio insanus fuisse praesumitur. Haec enim praesumptio, etsi quoad rem matrimonialem in Codice I. C. formaliter inscripta non sit, tamen legitime coniicitur tum ex lege lata de habitualiter amentibus, qui licet in certis actibus sani videantur, delicti tamen incapaces praesumuntur (can. 2201 § 1), tum ex receptissima in foro et apud probatos scriptores interpretatione veteris illius iuris, quod Codex I. C. refert de hoc impedimento ex capite defectus consensus ob amentiam, tum denique ex ipsa natura eiusmodi morbi.[30] Si constet de amentia antecedenti et subsequenti, deducitur et amentia concomitans. ... Cum amentia sit morbus natura sua perpetuus et insanabilis, in dubio, num matrimonium tempore amentiae initum fuerit an in lucido intervallo, censetur fuisse tempore amentiae contractum.[31] Si probetur antecedens dementia, quando, ut in casu, de consequenti dubitare non liceat, et concomitans praesumitur.[32] Die Rota folgt hier dem alten kanonistischen Grundsatz: Probatis nempe extremis (sc. insania antecedenti et insania subsequenti) et media praesumitur probata amentia.[33]

---

[29] Vgl. *Fäßler*, Schizophrenie, S. 139 ff.
[30] SRR 15, 1923 dec. 14 n. 11, S. 132.
[31] SRR 23, 1931 dec. 19 n. 8, S. 153.
[32] SRR 23, 1931 dec. 43 n. 3, S. 373.
[33] SRR 32, 1940 dec. 56 n. 7, S. 614. Vgl. A. *Amanieu*, Aliénation mentale en matière de nullité de mariage, DDC 1 Paris 1935 Sp. 429: En cas de doute, lorsque la folie a été reconvenue avant et après le mariage, la règle certaine est de présumer que le mariage n'a pas été conclu durant un intervalle lucide, mais en pleine démence. ... C'est la vieille règle ...: De amentia praesumitur medio tempore durasse, stante probatione extremorum.

18. Voraussetzung für die Anwendung der vorgenannten Präsumtion für Konsensunfähigkeit im Remissionsstadium ist der Nachweis, daß in den beiden das Remissionsstadium umschließenden Krankheitsanfällen die Geistesstörung so stark war, daß dort von einer Konsensfähigkeit nicht mehr die Rede sein konnte. Darin liegt ja erst die Basis für die Präsumtion, daß auch in der Zwischenzeit kontinuierlich die Konsensunfähigkeit angehalten hat. Naturgemäß wird sich dabei das Augenmerk vor allem auf den *voraufgehenden* Anfall zu richten haben, um dem Einwand zu begegnen, es habe vor dem Eheabschluß nur eine leichte Geistestrübung stattgefunden und erst nach der Hochzeit sei eine schwere, die Vernunftbetätigung entscheidend herabsetzende Geisteskrankheit ausgebrochen. Man hat daher den voraufgehenden Krankheitsschub auf seinen Schweregrad zu untersuchen. Ergibt sich aber, daß in diesem Schub keine Konsensleistung mehr möglich war, und steht es außerdem fest, was meist leichter nachweislich ist, daß auch in dem neuen Schub nach der Eheschließung keine hinreichende Geistesfähigkeit mehr vorlag, so steht die Präsumtion eindeutig für Mangel der geistigen Ehefähigkeit auch für den innerhalb des Remissionsstadiums abgegebenen Konsens. Nicht ist nach dem oben Dargelegten allerdings gefordert, daß in dem voraufgehenden Krankheitsanfall *jede* geistige Tätigkeit aufgehoben war. Es genügt, wenn psychiatrisch nur eine amentia semiplena vorlag, wofern diese nur eine amentia perfecta *in sensu iuridico* war, also den Mangel der dem Vertragsobjekt der Ehe proportionierten Vernunftbetätigung mit sich brachte. Ein solcher Mangel kann aber schon vorliegen, wenn die Krankheit noch nicht den Tiefstpunkt erreicht hat.[34]

19. Daß im Remissionsstadium die geistige Eheunfähigkeit fortdauere, ist freilich nur eine einfache Rechtspräsumtion. Der Weg eines *Gegenbeweises* steht daher durchaus offen. Denn die kirchliche Rechtspraxis hält wenigstens an der *Möglichkeit* fest, daß in dem Auf und Ab einer Geisteskrankheit einmal so klare Bewußtheitszustände auftreten können, daß der Kranke zur Leistung eines echten Ehekonsenses in der Lage ist. Ob dies allerdings tatsächlich der Fall ist, beurteilt die Rota mit großer Zurückhaltung. Die Rechtspräsumtion spricht für Kontinuität der Eheunfähigkeit. Der Richter kann für das Remissionsstadium nur dann die Gültigkeit einer Ehe anerkennen, wenn ein positiver Beweis erbracht ist, daß der Kranke einen so außerordentlichen Grad der Besserung erlebt hat, daß ihm ein echter Konsens möglich war. Bleibt das aber irgendwie zweifelhaft, so geht die genannte Präsumtion vor, und es ist auf Nichtigkeit der Ehe zu erkennen. . . . defec-

---

[34] Vgl. Felix M. *Cappello*, Tractatus canonico-moralis de sacramentis, Bd. 5: De matrimonio, Turin 1947⁵, n. 579, S. 549: Alii censent amentiam semiplenam sive imperfectam impedire actum humanum ideoque obesse validae celebrationi matrimonii. Quae sententia, perspectis gravissimis officiis matrimonialis contractus eiusque perpetuitate et indissolubilate, certa videtur.

tum consensus praesumi, donec contrarium aperte probetur.[35] „Dieser Grundsatz (von der Kontinuität der Konsensunfähigkeit) zieht sich denn auch durch die gesamte Rechtspraxis der Sacra Romana Rota hin und hat zur Folge, daß eine Behauptung hinsichtlich des Vorhandenseins eines lucidum intervallum rigoros bewiesen werden muß, soll die Gültigkeit einer von einem habituell Geisteskranken geschlossenen Ehe vor Gericht anerkannt werden."[36]

20. Die Präsumtion für das Fortbestehen der Konsensunfähigkeit auch im Stadium der Remission kann unter Umständen noch eine besondere Stütze finden. So erhärtet es die Handlungsunfähigkeit, wenn die Remission nur von kürzerer Dauer war, zumal wenn einer der beiden Schübe zeitlich dem Hochzeitstermin recht nahekam. In ähnlicher Weise läßt sich auswerten, wenn die Remission zwar von längerer Dauer war, aber doch noch gelegentlich Symptome der Krankheit aufzuweisen hatte. Man darf daraus um so eher schließen, daß die Geisteskrankheit unter der Oberfläche verborgen ihre Aktivität weiter entfaltet und eine hinreichende Einsicht und Willensentscheidung gehemmt hat. Bei dem einen oder anderen solcher Indizien ist erst recht auf Ehenichtigkeit zu erkennen.

IV. Medizinisches Gutachten und richterliches Urteil

21. Es bleibt schließlich noch ein Wort zu sagen über das Verhältnis von richterlichem Urteil und medizinischem Sachverständigengutachten. Art. 154 der Eheprozeßordnung verfügt in Anlehnung an c. 1804:

„§ 1. Das Gericht ist nicht gehalten, dem Sachverständigenurteil zu folgen, auch nicht bei Einhelligkeit der Schlußfolgerungen; es sind vielmehr auch die übrigen Umstände der Sache aufmerksam abzuwägen.

§ 2. Das Gericht muß in seinen Entscheidungsgründen zum Ausdruck bringen, auf welche Beweisgründe hin es die Schlußfolgerungen der Sachverständigen annimmt oder verwirft."[37]

Die Richter sind zweifellos, was die fachlichen psychiatrischen Aussagen angeht, auf das Gutachten der Sachverständigen angewiesen.[38] Hiermit kann man um so eher einverstanden sein, als das Amt eines Sachverständigen in

---

[35] SRR 33, 1941 dec. 63 n. 3, S. 669.
[36] *Fäßler*, Schizophrenie, S. 56 f.
[37] A. M. *Koeniger*, Die Eheprozeßordnung für die Diözesangerichte (Kanonistische Studien und Texte, Bd. 11), Bonn 1937, S. 89.
[38] *Triebs*, Eherecht, S. 469, schreibt: „Sieht der Richter die dem Gutachten zugrunde liegenden Tatsachen als kanonisch bewiesen an; ist der Sachverständige wissenschaftlich anerkannt und von sittlicher Integrität und ist das Gutachten beeidet, so ist es vernunftgemäß, daß der Richter dem Gutachten beitritt; denn *in medica arte medicis plena fides habenda est.*"

kirchlichen Eheprozessen gemäß EPO Art. 142 § 1 nur solchen anvertraut werden darf, die sich sowohl durch fachliche Qualifikation als auch durch persönliche Gewissenhaftigkeit auszeichnen.

Gleichwohl darf sich das Gericht nicht darauf beschränken, einfach die Entscheidung der ärztlichen Gutachter zu übernehmen. Vielmehr verbleibt ihm eine selbständige Aufgabe. Die Eigentätigkeit des Richters gegenüber dem Sachverständigengutachten hat vor allem ein Doppeltes zu verfolgen. Einmal hat der Richter in prozessualer Hinsicht zu prüfen, ob das in den Akten niedergelegte Material von den Sachverständigen erschöpfend und einwandfrei ausgewertet wurde. Zum zweiten obliegt ihm das materielle Urteil, ob das von den Gutachtern aufgedeckte Maß von Handlungsfähigkeit dem entspricht, was kanonistisch zur gültigen Leistung eines Ehekonsenses gefordert ist.

Ehenichtigkeit bei Vorbehalt gegen die Unauflöslichkeit der Ehe oder gegen den Kindersegen

In der wissenschaftlichen Erörterung zur kanonistischen Konsenslehre wie in der Praxis der kirchlichen Gerichte nimmt einen breiten Raum die Frage ein, wie es um die Gültigkeit einer Eheschließung steht, bei der ein Vorbehalt gegen die Unauflöslichkeit der Ehe oder gegen den ehelichen Kindersegen gesetzt wird.[1] Was muß bewiesen sein, damit eine Ehe wegen exclusio boni sacramenti oder wegen exclusio boni prolis[2] für ungültig erklärt werden kann? Diese Untersuchung über das thema probandum sei in einem ersten Abschnitt geführt. Wir werden dabei auf das Problem des prävalierenden Willens stoßen, das gerade in jüngster Zeit in einigen Rota-Urteilen wieder in den Vordergrund tritt: Da zwei Willensentschlüsse im Widerstreit miteinander lägen, müsse die Prävalenz den Ausschlag geben; überwiege der Wille zur Ehe, so sei an der Ehegültigkeit festzuhalten; überwiege dagegen der Vorbehaltswille, so mache er den Ehewillen zunichte und damit die Eheschließung ungültig. Mit der Frage nach der Prävalenz des Willens befaßt sich ein zweiter Abschnitt. Der dritte Abschnitt wird sich dann dem Beweisverfahren zuwenden, also zu beantworten haben, auf welchem Wege das, was im ersten Abschnitt als Beweisziel herausgestellt wird, nun zu erreichen ist. Dieser dritte Abschnitt wird in dem Ergebnis

---

Erschienen in: ÖAKR 6 (1955) 13–39.

[1] Ein Vorbehalt gegen das bonum fidei liegt wissenschaftlich auf der gleichen Ebene; er spielt jedoch in der gerichtlichen Praxis wegen besonderer Beweisschwierigkeiten nur eine untergeordnete Rolle. Vgl. H. *Flatten,* Der Ausschluß der ehelichen Treuepflicht im kanonischen Eheprozeß, in: Trierer Theol. Zeitschr. 60 (1951), S. 333 ff. (oben 1–12)

[2] Es empfiehlt sich, hierbei von Exklusionswillen oder von Vorbehalt zu sprechen, nicht dagegen von partieller Simulation, mag der Terminus simulatio partialis in der Rechtsprechung der Rota auch noch so geläufig sein. Denn der Begriff einer Simulation setzt, wie Pio Fedele (Analisi di recenti sentenze ecclesiastiche in tema di nullità di matrimonio, Ephemerides iuris canonici 9, 1953, S. 347 ff., bes. S. 356–363) mit Recht hervorhebt, doch voraus, daß die Diskrepanz zwischen Gewolltem und Erklärtem von dem Simulierenden bewußt erkannt und intendiert wird. In sehr vielen Fällen aber wird ein Nupturient, der z. B. die Unauflöslichkeit der Ehe positiv ausschließt, sich gar nicht bewußt sein, daß dadurch seine vor dem Traualtar abgegebene Erklärung und sein wirklicher innerer Wille auseinanderfallen.

ausmünden, wie man zweckmäßig das richterliche Urteil in den Eheprozessen der genannten capita aufzubauen hat.

I. Das Beweisziel

1. Bei Vorbehalt gegen die Unauflöslichkeit der Ehe

Bei Vorbehalt gegen die Unauflöslichkeit ist zu beweisen: ein positiv gesetzter und bei der Eheschließung wenigstens noch virtuell vorhandener Willensentschluß, sich nicht für immer an den Ehepartner zu binden.

a) Als erstes ist damit gefordert, daß ein *ausdrücklicher Willensakt* vorliegt, welcher die Unauflöslichkeit der Ehe ausschließt. Handelt es sich dagegen bloß um die irrige Meinung, die Ehe sei wieder auflösbar, so tut das der Gültigkeit der Ehe keinen Abbruch; selbst dann nicht, wenn der Eheschließende bei richtiger Kenntnis des unauflöslichen Charakters der Ehe eine solch unauflösliche Bindung sicher für sich abgelehnt hätte.[3] Eine derartige voluntas interpretativa müßte unberücksichtigt bleiben, da nur ein durch positivus voluntatis actus gemachter Vorbehalt die Ehe nicht zustande kommen läßt. Solange der Gedanke an die Auflösbarkeit der Ehe nur im Bereich des Verstandesmäßigen bleibt oder es sich um eine bloße Geneigtheit handelt, sich nicht für immer zu binden, ist die Ehe als gültig anzusehen. Anders liegt die Sache, wenn eine solche Einstellung auf den Willen übergreift und der Kontrahent seine eigene konkrete Ehe bewußt als lösbar intendiert: „Matrimonium praecise intendit qua solubile et non aliter", wie es in einer neueren Rota-Entscheidung heißt, die dann fortfährt: „Denn wer in solcher Intention heiratet, schränkt damit bereits in einem positiven Willensakt den Konsens, den er leistet, ein und macht dadurch die allgemeine Absicht, eine Ehe wie die übrigen Menschen zu schließen, zunichte, so daß der von ihm geleistete Konsens nicht mehr ein Ehekonsens ist, wie er in c. 1084[4] definiert wird."[5]

b) Die Absicht, sich später *scheiden zu lassen,* ist mit dem Ausschluß der Unauflöslichkeit der Ehe identisch. Man könnte dagegen einwenden, die Absicht der Scheidung ziele nur auf die bürgerliche Ehescheidung, wolle aber keineswegs den wahren Ehekonsens bei der kirchlichen Trauung einschränken; wer mit Scheidungsabsichten an den Traualter trete, habe gar nicht vor, die lebenslängliche Bindung auszuschließen; er wolle wohl eine Verpflichtung fürs ganze Leben eingehen, allerdings mit der nebenherlaufenden Absicht, sich dann später trotz der für immer übernommenen

---
[3] Vgl. c. 1084.
[4] Es muß heißen: c. 1081.
[5] SRR 31, 1939 dec. 55, n. 2, S. 552. Ähnlich SRR 36, 1944 dec. 11, n. 2, S. 112; 36, 1944 dec. 54, n. 2, S. 619.

Bindung doch durch eine bürgerliche Scheidung von dem Ehepartner wieder zu trennen. In einer prinzipiellen Stellungnahme hat ein mit fünf Richtern besetzter Rota-Turnus diesen Einwand ad absurdum geführt. Er legte dabei dar[6]: „Man kann nicht aufrechterhalten, daß sie (sc. die, welche mit der Absicht einer künftigen Scheidung heiraten) nur die Lösung der sogenannten bürgerlichen Ehe intendierten und daß sie daher die religiöse, also die einzig wahre Ehe unangetastet ließen. Denn man muß annehmen, daß solche Menschen sich, soweit es von ihnen selbst abhängt, *von jedem Band,* mit dem sie an den Partner gebunden werden, freizumachen beabsichtigen. Mit anderen Worten: Solche Menschen ... heiraten mit der positiven Absicht, sich, soweit es an ihnen liegt, völlig zu befreien, falls die Ehe einen unglücklichen Ausgang nehmen sollte."[7]

c) Schon der Wille, sich nur die *Möglichkeit* einer späteren Scheidung vorzubehalten, macht die Ehe ungültig.[8] Für den Nachweis der Ehenichtigkeit ist also nicht erforderlich, daß der Eheschließende die Absicht hatte, unbedingt unter allen Umständen später die Scheidung durchzuführen. Auch wenn er nur unter gewissen Voraussetzungen, etwa falls die Ehe nicht den gewünschten glücklichen Verlauf nähme, die Scheidung betreiben wollte, wäre die Ehe ungültig. Schon durch einen solchen Willensakt würde ja die Unauflösbarkeit, das Nicht-aufgelöst-werden-können der Ehe, ausgeschlossen.

d) Aus dem unter a) und c) Gesagten ergibt sich: Wenn jemand heiratet in der irrigen Annahme, die Ehe solle zwar in der Regel eine lebenslängliche Bindung sein, doch lasse sie bei außerordentlichen Notfällen wie etwa bei schwerer Verfehlung des Partners oder bei völliger gegenseitiger Entfremdung trotzdem eine Lösung zu, so ist die Ehe gleichwohl gültig, weil und soweit es sich hier um einen bloßen error handelt. Falls der Betreffende dagegen vor der Trauung zum Ausdruck bringt, er sei entschlossen, diese seine theoretische Ansicht auch auf seine bevorstehende konkrete Ehe anzuwenden und bei unglücklichem Verlauf seiner Ehe die Scheidung durchzuführen, so liegt die Sache anders. Psychologisch bewegt der Nupturient sich hier nicht mehr bloß im Verstandesbereich eines Urteilsaktes, sondern hat bereits den Willensbereich betreten und den Entschluß gefaßt, sich wenigstens für äußerste Notfälle die Möglichkeit einer Scheidung freizuhalten. Weil damit aber in einem positiven Willensakt die Unauflöslichkeit der Ehe ausgeschlossen ist, fehlt es hier am hinreichenden Ehekonsens, so daß die Ehe ungültig geschlossen wird.

An einem Beispiel läßt sich das verdeutlichen. In einer evangelischen

---

[6] SRR 31, 1939 dec. 40, n. 5, S. 393.
[7] Vgl. auch SRR vom 29. Juli 1949, zitiert in Ephemerides iuris canonici 1953, S. 386.
[8] Vgl. SRR 29, 1937 dec. 56, n. 4, S. 559; 31, 1939 dec. 40, n. 6, S. 395; 32, 1940 dec. 9, n. 2, S. 94.

Familie sträubte sich die Mutter entschieden dagegen, daß ihre Tochter einen Katholiken heiraten wollte, und vor allem dagegen, daß diese Eheschließung in katholisch-kirchlicher Trauung stattfinden sollte. Um wenigstens letzteres zu verhindern, stellte sie ihrer Tochter vor Augen, welche Bindung sie damit eingehe, da es von einer katholischen Trauung niemals, auch nicht unter noch so schwerwiegenden Umständen eine Lösung gebe. Die Tochter gab ihr zur Antwort: „Wenn ich das Gefühl hätte, daß meine Ehe nicht mehr eine harmonische Ehe darstellte, würde ich mich auch trotz meiner katholischen Trauung von meinem Manne trennen."

Mit diesen Worten ist die Unauflöslichkeit der Ehe in positivem Willensakt ausgeschlossen. Man kann nicht einwenden, in der zitierten Aussage sei mehr der irreale, d. h. aus der damaligen Sicht des Mädchens nicht ernsthaft in Betracht gezogene Fall zu sehen, nicht aber ein wirklich positiver Willensentschluß. Wohl mag die Tochter, wie man unbedenklich zugeben kann, im Ernste gar nicht mit einem Zerbrechen der ehelichen Harmonie gerechnet haben, wie sich schon in der irrealen Formulierung andeutet: „Wenn ich das Gefühl *hätte,* daß meine Ehe nicht mehr eine harmonische Ehe darstellte, *würde* ich mich auch trotz meiner katholischen Trauung von meinem Manne trennen." Von irrealem Fall kann aber nur insofern hier gesprochen werden, als die Braut der festen Hoffnung ist, in ihrer Ehe werde es tatsächlich niemals zum Zerwürfnis kommen. Aber sehr real — und auf diese Realität kommt es entscheidend an — ist ihr jetzt gefaßter Entschluß, was sie zu tun gedenke, wenn wider all ihr Erwarten ihre Ehe doch einen unglücklichen Verlauf nehme. Für diesen äußersten Notfall, mit dessen Eintreten sie zwar nicht rechnet, ist sie schon jetzt fest entschlossen, von ihrem vermeintlichen Recht der Freiheit Gebrauch zu machen und sich von ihrem Manne wieder zu trennen. Als irreal sieht sie also nur das Mißlingen der Ehe an. Durchaus real bekundet sich aber in den wiedergegebenen Worten ihr schon jetzt gefaßter Wille, sich dann auch durch die katholische Eheauffassung nicht von einer Scheidung zurückhalten zu lassen.

In den zitierten Worten liegt mithin mehr als nur der Ausspruch einer irrigen *Ansicht* über die Lösbarkeit der Ehe. Dadurch, daß das Mädchen auf die Befürchtungen der Mutter, die Ehe könne ein schlimmes Ende nehmen, die Antwort gibt: „(Dann) würde ich mich auch trotz meiner katholischen Trauung von meinem Manne trennen", faßt es bereits eine *Absicht,* nämlich den klaren Entschluß, sich für solchen Fall wieder scheiden zu lassen. Man verkennt psychologisch völlig den Sinn einer Aussage: „Dann würde ich das oder das tun", wenn man darin nur die Bestätigung einer Ansicht, nicht aber die Bekundung einer Absicht sehen will.[9] Wer eine derartige Äußerung tut, bringt damit nicht zum Ausdruck: Ich *sehe voraus,* daß ich demnächst in

---

[9] Das gilt z. B. gegenüber SRR 27, 1935 dec. 56, n. 5, S. 477.

solcher Situation so oder so handeln werde. Vielmehr lassen die Worte, will man ihnen nicht Gewalt antun, nur den einen Sinn zu: Ich bin *entschlossen*, ich bin jetzt schon gewillt, in solcher Lage so oder so zu verfahren.

Ohne die Vorhaltungen der Mutter wäre allerdings das Mädchen in dem angeführten Beispiel vermutlich gar nicht dazu gekommen, einen positiven Willensakt zu setzen, daß es sich unter Umständen wieder scheiden lassen werde. Dann hätte bei ihm zwar auch seiner ganzen Einstellung nach die Meinung bestanden, die Ehe lasse für den Notfall noch eine Lösung zu. Das wäre dann aber bloß ein error, eine irrige Ansicht, gewesen. Die Einwände der Mutter gaben jedoch den Anstoß, daß das Mädchen positiv den Willen faßte, entsprechend seiner gesamten Eheauffassung auch in seiner konkreten Ehe zu verfahren und im Notfalle eine Scheidung durchzuführen. Hiermit ist aber die Unauflöslichkeit der Ehe in einem positiven Willensakt ausgeschlossen.

2. Bei Vorbehalt gegen den Kindersegen

Erheblich schwieriger nur läßt sich bei der exclusio prolis angeben, was hier bewiesen sein muß, wenn eine Ehe für nichtig erklärt werden soll. Wenigstens gilt das, sooft der Vorbehalt sich unmittelbar gegen den Kindersegen richtet, wie das in der Regel geschieht, und nicht ausgesprochenermaßen intendiert ist, das ius in corpus auszuschließen.

a) Behandeln wir zunächst den leichteren Fall, daß der Wille bewußt und ausdrücklich darauf geht, das *ius in corpus auszuschließen*. Hier läßt sich klar abgrenzen: Das thema probandum besteht darin, daß der Nupturient seine Ehe geschlossen hat mit dem positiven Willen, mit dem Partner nicht das omne ius in corpus in ordine ad actus per se aptos ad prolis generationem auszutauschen.[10] Wer direkt das ius in actum coniugalem, das Recht auf naturgetreuen ehelichen Verkehr, als Recht ausschließt, heiratet ungültig. Allerdings wird es selten sein, daß der Vorbehalt sich bewußt und ausdrücklich gegen das ius in corpus als solches richtet. Wo es aber geschieht, besteht keinerlei kanonistische Schwierigkeit. Wenn also jemand nicht nur de facto Ehemißbrauch intendiert, sondern seine Absicht in die präzise Form faßt: „Ich behalte mir das Recht (!) vor, den ehelichen Verkehr mißbräuchlich auszuüben" oder „Ich soll aber berechtigt (!) bleiben, einen geforderten ehelichen Verkehr zu verweigern", da hat man es zweifelsfrei mit einer nichtigen Ehe zu tun, weil hier eindeutig das ius in actum coniugalem ausgeschlossen ist.

Das gilt sogar, wenn das ius in corpus auch nur teilweise ausgeschlossen wird. *Jegliche* Einschränkung des ius in corpus qua ius macht die Ehe nichtig. So bei der zeitweiligen Einschränkung: „Ein ius in corpus sollst Du erst

---

[10] Vgl. c. 1086, § 2 und c. 1081, § 2.

erhalten, wenn ich eine selbständige Existenz habe oder wenn wir eine Wohnung gefunden haben" oder „Ein Recht auf naturgetreuen ehelichen Verkehr übertrage ich nur solange, bis wir zwei Kinder haben" oder „Ein Anspruch auf ehelichen Verkehr, ein ius petendi, soll Dir nur in den empfängnisfreien Tagen zustehen". Daß der zuletzt genannte Vorbehalt einen wirklichen Konsensdefekt darstellt, der keine gültige Ehe zustande kommen läßt, hat Pius XII. in seiner oft zitierten Allocutio vom 29. Oktober 1951 vor dem katholischen Hebammenkongreß ausdrücklich erklärt.[11] Es ist innerlich begründet, wenn schon eine zeitliche Einschränkung und nicht nur der volle Ausschluß des ius ad actum coniugalem den Ehekonsens zunichte macht. Denn das ius in corpus ist notwendig ein ius perpetuum und muß als solches übertragen werden. Es kann entweder nur in seiner Ganzheit oder aber überhaupt nicht übertragen werden, da es ein permanentes und kontinuierliches, nicht ein zeitweiliges oder intermittierendes Recht ist.

b) Schwierig gestaltet sich die Rechtslage, wenn der Vorbehalt gegen das bonum prolis nicht bewußt und unmittelbar das ius in corpus qua ius angreift, sondern in einer *Ablehnung des Kindersegens* eingeschlossen ist. Der gegen das bonum prolis gerichtete Wille wird sich fast immer in diese Form kleiden. Hier erhebt sich die Frage, wann die Verweigerung von Nachkommenschaft, wann der Vorsatz, den ehelichen Verkehr naturwidrig auszuüben, einem Ausschluß des ius in corpus qua ius gleichkommt.

Die herrschende Meinung in Kanonistik und Rechtsprechung sucht das Problem zu bewältigen mit der Gegenüberstellung von Nichtverpflichtungswillen und Nichterfüllungswillen. Der Nichtverpflichtungswille besagt, daß der Nupturient den Willen setzt, sich nicht auf einen naturgetreuen Eheverkehr zu verpflichten (animus non se obligandi). Eine solche Intention macht die Ehe nichtig, weil ohne die Übernahme der Verpflichtung dem Partner das ius in corpus nicht übertragen werden kann; Verpflichtung des einen und Berechtigung des anderen sind reziprok gekoppelt. Bloßer Nichterfüllungswille dagegen besagt, daß der Nupturient bei der Heirat den Entschluß faßt, hernach den vom Ehepartner geforderten Verkehr nicht naturgemäß oder überhaupt nicht zu erfüllen (animus non adimplendi). Nach der herrschenden Ansicht ist es möglich, daß jemand bei der Eheschließung einen Verpflichtungswillen und zugleich doch einen Nichterfüllungswillen setzt. Er würde also auf der einen Seite den Willen haben, die Verpflichtung zu einem naturgetreuen Vollzug des vom Partner geforderten Verkehrs als Bindung und Verpflichtung zu übernehmen, auf der anderen Seite aber zugleich und nebenher noch die Absicht setzen, unbeschadet der eingegangenen Bindung sich hernach tatsächlich doch über die Verpflichtung hinwegzusetzen und die Forderung des Partners auf naturgemäßen

---

[11] AAS 1951, S. 845.

Eheverkehr nicht zu erfüllen. Da zum Wesen des Vertrages aber nur der Verpflichtungswille gehört, macht bloßer Nichterfüllungswille nicht die Ehe ungültig.

Wiederholt hat man in jüngster Zeit die genannte Unterscheidung heftig angegriffen, ohne daß man aber mit wirklich schlagenden Argumenten ihre prinzipielle Berechtigung hat untergraben können. Die Rota hält weiterhin an ihr fest, und auch die Äußerungen Pius' XII. in der erwähnten Allocutio bestätigen die herkömmliche entsprechende Unterscheidung von ius und usus iuris. Gleichwohl hat die neuere Kritik, mag sie mit der völligen Ablehnung der Unterscheidung auch über das Ziel hinausschießen, doch einen berechtigten Kern, insofern die Art und Weise, wie die Unterscheidung hin und wieder in der Rechtsprechung zu einer rein schematischen Klageabweisung benützt wurde, begründeten Widerspruch herausfordert. Grundsätzlich wird man die Frage, ob Verpflichtungswille und Nichterfüllungswille zugleich miteinander bestehen können, ob also ein Nichterfüllungswille noch Raum läßt für einen gleichzeitigen Verpflichtungswillen, in vorsichtigem Abwägen dahin beantworten müssen: *Logisch durchaus möglich; psychologisch jedoch recht schwierig und in manchen Fällen de facto nicht vorhanden.*

Logisch ist die Verbindung *möglich;* das wird man auf der einen Seite festhalten. Zwar hat gerade jüngst Mörsdorf[12] die logische Unmöglichkeit einer solchen Koppelung behauptet mit der Begründung: „Es ist nicht nur psychologisch schwierig, sondern logisch unmöglich, daß der innere Ehewille zugleich darauf gerichtet sein könne, zu leisten und nicht zu leisten." Doch wird man dem entgegenhalten dürfen: Es soll auch gar nicht behauptet sein, daß der Wille zugleich beabsichtigt, zu leisten und nicht zu leisten. Vielmehr geht es darum, daß der Wille zugleich dahin zielt, sich auf eine Leistung zu verpflichten und doch die Leistung nicht zu erbringen. Ein logischer Widerspruch besteht darin nicht. Freilich muß man sofort hinzufügen:

Psychologisch wird die Verbindung der beiden Willensentschlüsse oft sehr *schwierig* sein und auch tatsächlich in vielen Fällen nicht vorliegen. In dieser Hinsicht hat die neuere Kritik durchaus recht. Mögen auch Nichtverpflichtungswille und Nichterfüllungswille logisch sauber *unter*schieden werden können, häufig genug wird es jedoch so liegen, daß sie psychologisch nicht *ge*schieden sind; daß vielmehr ein Nichterfüllungswille nach der Intention des Nupturienten mit einem Nichtverpflichtungswillen koinzidiert. Wer den Willen hat, eine Leistung nicht zu erbringen, der kann zwar an sich daneben doch den Willen setzen, sich gleichwohl auf die Leistung zu verpflichten. Er kann aber auch seinen Willen, die Leistung nicht zu erbrin-

---

[12] E. *Eichmann* — Kl. *Mörsdorf,* Lehrbuch des Kirchenrechts auf Grund des Codex Iuris Canonici, Bd. 2, Paderborn 1953⁷, S. 223.

gen, so meinen und intendieren, daß er darauf zielt, sich auf die Leistung nicht einmal zu verpflichten. Nach allgemein menschlicher Erfahrung wird man sogar sagen müssen, daß letzteres den Normalfall darstellt, wenigstens wenn die Absicht vorhanden ist, überhaupt nie und unter keinen Umständen zu leisten. Wer von vornherein die Leistung stets und unbedingt zu verweigern gewillt ist, der wird in aller Regel damit eo ipso auch die Verpflichtung zu der Leistung negieren wollen.

Wenn man grundsätzlich die Antwort gibt: „Logisch möglich, jedoch psychologisch schwierig und oft tatsächlich nicht vorhanden", so hat man obendrein noch zu berücksichtigen: Die psychologische Seite der Frage hat vor der logischen eindeutig den Vorrang. Es kommt für die Urteilsfindung nicht in erster Linie darauf an, was logisch möglich ist, sondern was psychologisch wirklich vorgelegen hat. Entscheidend bleibt, was der Nupturient de facto gemeint, gewollt, intendiert hat.

c) Man hat demnach sein Augenmerk darauf zu lenken, wann der Wille des Eheschließenden, die eheliche Pflicht nicht naturgetreu oder überhaupt nicht zu erfüllen, einem Nichtverpflichtungswillen gleichkommt. Die langjährige Rechtsprechung der Rota hat hierzu bestimmte Präsumtionen herausgearbeitet, die eine gute Hilfe bieten. Zunächst sei dies dargestellt für den *dauernden* Ausschluß des Kindersegens, also für den Fall, daß jemand gewillt ist, jeglichen Kindersegen in seiner Ehe für immer zu verweigern. Die Praxis der Rota geht dahin: Wo jemand den Entschluß zu dauernder Kinderverhütung faßt, und zwar in absoluter, unbedingter Weise, hat man Nichtverpflichtungswillen anzunehmen. Eine exclusio usus *perpetua ac absoluta* steht bis zum Erweis des Gegenteils einer exclusio iuris gleich.

Zuerst gilt das, wenn die beiden Eheschließenden bei der Trauung miteinander eine *Vereinbarung (pactum)* treffen, ihre Ehe für immer kinderlos zu halten. Übrigens läßt sich zeigen, daß bei Vorliegen eines solchen Pakts mit logischer Zwangsläufigkeit Nichtverpflichtungswille besteht; nicht eine bloße Präsumtion ist dann gegeben. Um das zu verstehen, hat man zu beachten, daß das eheliche Recht ja nicht nach Art eines Eigentumsrechtes aufzufassen ist; eine derartige Parallelisierung würde sich auf die Begriffe ius ipsum und usus iuris und auf ihre Anwendung im Eherecht verhängnisvoll auswirken. Bei einem Eigentumsrecht an einer Sache sind in der Tat das Eigentumsrecht als solches und das Nutzungsrecht an der Sache zwei real verschiedene Rechte, die auch voneinander getrennt werden und in verschiedener Hand liegen können. Anders beim ehelichen Recht. Das eheliche Recht ist nicht ein Eigentumsrecht, nicht ein dingliches Recht. Es läßt sich, soweit man es überhaupt in diesen Kategorien einfangen kann, nur als ein obligatorisches Recht verstehen, als ein Forderungsrecht, als ein Leistungsanspruch, als ein Anspruch an den Partner, auf Forderung hin die eheliche Pflicht zu leisten. Hier kann also das ius utendi nicht, wie gerade beim Eigentumsrecht, von dem ius ipsum abgetrennt sein. Das ius ipsum matrimoniale besteht seinem Wesen nach in dem ius utendi. Auf dieses ius utendi kann der Nupturient gar nicht in einer Vereinbarung verzichten, ohne daß damit der Ehekonsens zunichte wird. Wohl kann er in dem Sinne auf das Recht verzichten, daß er hernach von seinem ehelichen Recht de facto keinen Gebrauch macht. Aber er kann nicht hierüber eine bindende Verzichtserklärung abgeben, er kann sich nicht auf den Verzicht verpflichten. Wo er es dennoch tut, ist kein wahrer Ehekonsens vorhanden. Ehekonsens umschließt notwendig die Übertragung des ius utendi. Die genannte Vereinbarung über Kinderverweigerung besagt aber eine obligatio non utendi (oder non naturali modo utendi). Es ist logisch unmöglich, daß das ius utendi gegenseitig übertragen und zugleich eine obligatio non utendi statuiert wird. Man kann nicht ein Recht zugleich haben und nicht haben. Mit einer bindenden Verabredung der Partner gegen den Kindersegen ist also stets eine exclusio iuris gesetzt.

Gelegentlich wird hierbei eingewendet, eine Vereinbarung der Brautleute über Verhütung von Nachkommenschaft wolle nur eine Zusicherung ex fidelitate aufstellen und könne so nicht das aus dem Ehevertrag ex iustitia bestehende ius utendi zunichte machen. Dazu ist zu sagen: Es kommt darauf an, ob bei der Verabredung die Nupturienten oder wenigstens einer von ihnen die Intention hat, daß mit der Vereinbarung eine bindende Verpflichtung zum Nonusus oder zum Abusus der Ehe auferlegt werden soll. Geht die Intention dabei auf eine solche bindende Verpflichtung und auf einen entsprechenden Anspruch des Partners, so schließt ein derartiger Pakt einen gültigen Ehekonsens aus.

Ähnlich wie bei einem Pakt wird Nichtverpflichtungswille und somit Ehenichtigkeit auch dort allgemein angenommen, wo der dauernde Ausschluß des Kindersegens zur *conditio sine qua non* des Eheabschlusses gemacht wird. Denn wer, so führt eine Rota-Entscheidung mit Recht aus[13], nur unter der Bedingung der Verhütung des Kindersegens die Ehe eingeht, so daß er sonst nicht zu dieser Heirat bereit wäre, gibt damit deutlich zu erkennen, daß er seinem Partner nicht einmal das Recht auf einen naturgetreuen Eheverkehr übertragen will. Das Gegenteil wäre zwar noch theoretisch möglich, es entspricht aber nicht der normalen menschlichen Erfahrung und hat daher, sofern nicht in einem außergewöhnlichen Einzelfall ein Gegenbeweis erbracht wird, für den Richter auszuscheiden. Gelegentlich betont man in diesem Zusammenhang, der in die Form einer conditio gekleidete Ausschluß des Kindersegens offenbare die Prävalenz des Exklusionswillens gegenüber dem Ehewillen, worauf hernach gesondert einzugehen ist.

---

[13] SRR 33, 1941 dec. 33, n. 7, S. 363.

Der Vorbehalt gegen den Kindersegen kann, wo er nicht in der qualifizierten Weise eines Pakts oder einer conditio auftritt, auch in einem bloßen *positivus voluntatis actus* geschehen. Ein solch einfacher Vorbehalt gilt nach der Rechtsprechung der Rota dann als exclusio iuris, wenn der Ausschluß des Kindersegens absolute et in perpetuum erfolgt. Zu der ständigen Dauer des Ausschlusses muß also noch die Absolutheit, die Unbedingtheit des kinderablehnenden Willens hinzukommen. Wer Nachkommenschaft, so argumentiert man zutreffend, für immer mit unumstößlicher Entschiedenheit ablehnt, von dem hat man in aller Regel anzunehmen, daß er sich zu einem naturgemäßen Eheverkehr nicht einmal verpflichten will. Die Absolutheit des limitierenden Willens läßt sich vor allem an drei Punkten erkennen: Einmal an der unbeirrbaren Entschiedenheit, mit der jemand einen solchen Entschluß vor der Heirat gefaßt und vielleicht auch schroff geäußert hat. Sodann an gewissen Exklusionsmotiven, deren Eigenart und Gewicht dafür sprechen, daß die Kinderablehnung unbedingt für alle Umstände gemeint ist. Ferner an der Hartnäckigkeit, mit der jemand hernach im tatsächlichen Verhalten des ehelichen Zusammenlebens seinen Entschluß durchführt und allen Gegenvorstellungen zum Trotz ständig die Ehe mißbraucht, sofern diese Hartnäckigkeit nicht erst einem späteren Zerwürfnis entspringt, sondern Ausfluß des ursprünglichen kinderablehnenden Willens ist.

d) Wann ein nur *zeitweiliger* Ausschluß des Kindersegens zur Ehenichtigkeit führt, läßt sich nicht mit der gleichen Eindeutigkeit bestimmen. Gewiß macht, wie einhellig zugegeben wird, auch eine nur zeitweilige Beschränkung des ius ipsum ad actum coniugalem den Ehekonsens zunichte. Aber Ausschluß des Kindersegens ist nicht ohne weiteres identisch mit Ausschluß des ius ipsum ad actum coniugalem; ja die Präsumtion steht bei nur zeitweiligem Ausschluß des Kindersegens nach der Rechtsprechung der Rota für bloßen Ausschluß des usus iuris. Versuchen wir eine gewisse Klärung, indem wir wieder die drei Formen durchgehen: Pakt, conditio, einfachen Vorbehalt.

Ein *Pakt über* eine auch nur zeitweilige Verhütung des Kindersegens macht die Ehe auf jeden Fall nichtig. Das hat sich so noch nicht eindeutig in der Rechtsprechung der Rota durchgesetzt. Eine solche Konsequenz dürfte jedoch logisch unausweichlich sein, vorausgesetzt, daß mit dem Pakt wirklich eine bindende Verpflichtung eingegangen sein soll. Wo jemand bindend sich verpflichtet, für eine gewisse Zeit den Kindersegen zu verhüten, so daß er für diese vereinbarte Zeit keinen naturgetreuen Eheverkehr fordern dürfe, da ist zwangsläufig das ius ipsum betroffen. Da aber das matrimoniale ius utendi nur als ein ius perpetuum ac continuum bestehen kann, wird es schon durch eine auch nur zeitweilige obligatio non utendi hinfällig.

Tritt der zeitweilige Ausschluß des Kindersegens in der Form einer *condi-*

tio auf, so spricht ebenfalls manches für Ehenichtigkeit. In diesem Sinne äußert sich z. B. ganz klar Lehmkuhl in einer auch von der Rota zitierten Stelle.[14] Lehmkuhl bringt zwei typische Fälle des zeitweiligen Ausschlusses: Jemand will nach dem ersten oder zweiten Kind die Ehe mißbrauchen oder er will die Ehe vorläufig mißbrauchen, bis sich seine wirtschaftliche Lage gebessert hat. In beiden Fällen hält Lehmkuhl, sofern der genannte Wille zur conditio sine qua non gemacht sei, die Ehe eindeutig für nichtig.

Erfolgt der zeitweilige Ausschluß des Kindersegens nur in einem *einfachen Vorbehalt,* so sieht die herrschende Meinung hierin einen bloßen Nichterfüllungswillen und entscheidet mit „Non constat de nullitate matrimonii". Versuche, in diesem Punkt eine genauere Abgrenzung zu finden, sind bislang nicht zum Abschluß gelangt. Beachtenswert dürfte immerhin der Vorschlag eines gründlichen Paderborner Urteils vom 19. August 1950[15] sein. Es sieht auch bei der Absicht einer nur zeitweiligen Kinderverhütung den Ausschluß des ius ipsum als gegeben an, falls bei der Eheschließung der feste Wille vorliegt, den naturgetreuen ehelichen Verkehr auch dann zu verweigern, wenn er vom Partner innerhalb der sittlich gebotenen Schranken eigens gefordert wird.

II. Der prävalierende Wille

1. Sinn der These vom prävalierenden Willen

Einer besonderen Betrachtung bedarf die neuerdings wieder mehrfach erhobene Forderung, man müsse in Eheprozessen des c. 1086, § 2, die Entscheidung jeweils nach dem prävalierenden Willen treffen. Nachdem diese Ansicht jahrelang in den Rota-Urteilen zurückgetreten war, gewinnt sie jetzt wieder an Gewicht. Es ist zwar keineswegs so, als ob sie gegenwärtig in allen einschlägigen Entscheidungen auftauchte. Ihr Hauptverfechter ist der Rota-Auditor Dino Staffa.[16] Aber es fehlt auch nicht an Gegnern. So hat in Deutschland Mörsdorf in einer Stellungnahme gegen Jone die These vom prävalierenden Willen abgelehnt[17], oder er will ihr allenfalls einen Wert nur in sehr eingeengtem Sinne zuerkennen.[18] In der Tat dürfte sich zeigen lassen, daß der These vom prävalierenden Willen nur in ganz bestimmten Grenzen Berechtigung zukommt.

---

[14] SRR 33, 1941 dec. 33, n. 8, S. 365 f. *Lehmkuhl,* Theologia moralis, Bd. 2, 12. Aufl., n. 881.
[15] Ponens Offizialatsrat Msgr. Dr. ten Hompel.
[16] Vgl. die von *Staffa* ponierten Rota-Urteile vom 5. August 1949: Ephemerides iuris canonici 1950, S. 576 ff.; vom 20. April 1951: Ephemerides iuris canonici 1951, S. 375 f. Ferner D. *Staffa,* De conditione contra matrimonii substantiam, 1952, S. 44 ff. Ähnlich eine Rota-Entscheidung vom 10. Juni 1953 coram Mattioli in einer Trierer Ehesache.
[17] Theologische Revue 1942, S. 176 f.
[18] *Eichmann-Mörsdorf,* Lehrbuch, Bd. 2, 7. Aufl., S. 222.

Doch zuvor sei klargestellt, was mit der Forderung nach der Prävalenz des Willens gemeint ist. Wenn jemand mit einem Vorbehalt gegen eines der drei bona matrimonii heiratet, dann stehen, so argumentiert man, zwei Willensentschlüsse einander gegenüber. Die eine Intention geht darauf, eine wirkliche Ehe zu schließen; da es aber eine wahre Ehe ohne die drei bona matrimonii nicht gibt, sind in dieser auf eine wirkliche Ehe gerichteten Intention auch die drei ehelichen Wesensgüter einschlußweise miterfaßt, implicite mitgewollt. Auf der anderen Seite steht der Vorbehalt, also ein ausdrücklicher Willensentschluß, eines der drei bona matrimonii oder auch mehrere, etwa die Unauflöslichkeit, auszuschließen. In dem ersten Willensakt ist dann die Unauflöslichkeit, wenn auch nur implicite, bejaht und gewollt, in dem zweiten dagegen speziell negiert und ausgeschlossen. Es genüge hier, das ist die Quintessenz der These, nicht der bloße Nachweis, daß der Nupturient tatsächlich in einem positiven Willensakt die Unauflöslichkeit ausgeschlossen hat. Dann stehe ja immer noch gegenüber die in dem allgemeinen Ehewillen einschlußweise mitgesetzte gegenteilige Intention. Es komme da ganz darauf an, welche der beiden Intentionen die stärkere sei. Die Prävalenz des Willens habe den Ausschlag zu geben. Erst wenn der Exklusionswille so stark sei, daß er vor dem allgemeinen Ehewillen prävaliere, mache er den Ehewillen zunichte und nur dann sei die Ehe ungültig.

Die Prävalenz des Exklusionswillens liegt nach den Vertretern der These nur dann vor, wenn der Vorbehalt so entschieden gefaßt ist, daß der Nupturient ohne diesen Vorbehalt unter keinen Umständen zu der Heirat sich bereitgefunden hätte. Das Urteil coram Mattioli vom 10. Juni 1953 drückt dies so aus: Es müßte nachgewiesen werden, daß der Eheschließende, wenn er vor die Entscheidung gestellt worden wäre, lieber auf die Heirat als auf seinen Vorbehalt verzichtet hätte.

Es dient der Fixierung des Problems, wenn wir noch zwei Punkte als nicht unmittelbar zur Sache gehörig ausschalten. Das ist einmal jener Fall, da für den Vorbehalt nur eine gewisse Velleität, nicht aber ein positiver Willensakt besteht. Eine bloße Geneigtheit, ein bloßer Wunsch, man sähe es lieber, wenn man in der Ehe ohne Kinder bliebe oder wenn man nicht für die ganze Lebenszeit gebunden würde, hat selbstverständlich nicht die Ehenichtigkeit zur Folge. Das hat hier auszuscheiden. Unser Problem meint nur den Fall, daß für den Vorbehalt ein wirklich ernster Entschluß gefaßt, ein positiver Willensakt gesetzt ist.

Nach der anderen Richtung wird man aus der Diskussion beiseitelassen jene Tatbestände, in denen der Vorbehalt bewußt zu einer förmlichen conditio sine qua non des Ehewillens gemacht ist. Denn hier ist es unbestritten, daß dort, wo der Ausschluß eines ius matrimoniale die Form einer echten Bedingung annimmt, stets Ehenichtigkeit vorliegt.

Das eigentliche Problem der Prävalenz des Willens bezieht sich demnach auf den Fall, daß zwar für den Vorbehalt ein ernster Wille besteht, dieser jedoch nicht bewußt und förmlich zur conditio sine qua non erhoben ist. Es geht also um den einfachen Vorbehalt in der Weise eines positivus voluntatis actus. Ein solcher könne den allgemeinen Ehewillen nicht irritieren, wenn er nicht so stark sei, daß der Nupturient ohne den Vorbehalt überhaupt nicht die Ehe eingegangen wäre. Der Vorbehalt müßte, wie Staffa einmal seine Ansicht treffend wiedergibt, die Kraft einer *conditio interpretativa* besitzen.[19] Mit diesem Terminus der conditio interpretativa dürfte die These vom prävalierenden Willen am besten umschrieben sein. Gewiß hat der so Exkludierende nicht aktuell eine förmliche conditio gesetzt; aber sein Vorbehaltswille müßte so entschlossen und unerbittlich sein, daß er, wenn man ihn zu einer Entscheidung gedrängt hätte, unter keinen Umständen von seinem Vorbehalt abgelassen, ja ihn zur unumstößlichen Bedingung seines Ehewillens gemacht hätte, so daß er lieber auf die Heirat als auf den Vorbehalt verzichtet hätte.

2. Grenze der These

Wenn man eine Stellungnahme zur These vom prävalierenden Willen versucht, so geht man zweckmäßig von dem Ausschluß der Unauflöslichkeit, nicht von dem Ausschluß des Kindersegens aus, um das Problem des prävalierenden Willens rein für sich zu behandeln, losgelöst von den Schwierigkeiten um die Unterscheidung von ius und usus iuris. Jemand hat den ehrlichen Willen, eine wirkliche Ehe einzugehen. Er setzt jedoch den klaren Vorbehalt, daß er sich nicht für immer binde, sondern unter Umständen die Möglichkeit einer Scheidung haben wolle. Ein solcher Mann hat dann de facto seine Ehe nur als eine auflösliche gewollt. Zwar ging sein Wille auch auf eine wahre Ehe, und implicite wäre damit zugleich die Unauflöslichkeit miterfaßt und mitgewollt. Aber durch den explicite gefaßten konkreten Vorbehalt kommt unbestreitbar zum Ausdruck, was er hinsichtlich des unumgänglich notwendigen Wesensstückes der Unauflöslichkeit gedacht und gewollt hat. Durch den speziellen Vorbehalt hat er dieses Wesensstück negiert und aus seinem allgemeinen Ehewillen herausgebrochen. Er hat seine Ehe nur als eine auflösliche aufgefaßt und gewollt. Daran ändert auch nichts die Möglichkeit, daß er bei hinreichender Belehrung, auf diese Weise komme überhaupt keine gültige Ehe zustande, sich vielleicht doch zu einem Verzicht auf den Vorbehalt durchgerungen hätte. In Wirklichkeit hat aber sein Wille anders gehandelt; er hat in seinem tatsächlichen Ehekonsens die Ehe nur und gerade als eine auflösliche gewollt. Diese in dem Vorbehalt ausdrücklich gefaßte spezielle Negierung der Unauflöslichkeit hat die in dem allgemeinen Ehewillen nur implicite enthaltene Be-

---

[19] Ephemerides iuris canonici 1950, S. 579.

jahung zunichte gemacht. Hier gilt die in der 34. Regula iuris enthaltene Rechtsweisheit: Generi per speciem derogatur.

Freilich kann man auch dies ein Prävalieren der Intention nennen: Die spezielle Negierung prävaliert der nur implicite gegebenen Bejahung. Falls man die Prävalenz so versteht, kann man ihr unbedenklich zustimmen. Nur sieht man dann nicht, was mit der Methode des prävalierenden Willens gewonnen ist, weil in dem hier entwickelten Sinne jeder ernst gefaßte Vorbehalt gegen ein Wesensstück der Ehe als spezieller und explicite gesetzter Wille stets vor einem bloßen implicite-Willen prävaliert.

Anders liegt es, wo man den prävalierenden Willen, wie es wohl das eigentliche Anliegen der These ist, als conditio interpretativa meint. Danach müßte der Vorbehalt gegen die Unauflösbarkeit so entschieden und unabdingbar vorliegen, daß der Eheschließende auch, wenn er zu einer klaren Wahl gezwungen würde, unter keinen Umständen auf den Vorbehalt verzichten, sondern ihn zur conditio sine qua non erheben würde. Demgegenüber kann man nur der Stellungnahme Mörsdorfs beipflichten, der dazu schreibt: „Der Vorbehalt gegen ein Wesensstück der Ehe macht die Eheschließung ... ungültig, wenn die Willenshaltung des Simulanten ... klar erkennen läßt, daß es ihm mit der Setzung des Vorbehaltes so ernst war, daß er die Ehe nur mit der gleichzeitigen Anbringung des Vorbehaltes wollte. Dies ist der richtige Sinn der Lehre von dem Überwiegen der stärkeren Intention. Sobald nämlich feststeht, daß ein Wesensstück des Vertragswillens fehlt, kommt kein gültiger Ehevertrag zustande, *mag auch der Wille zur Ehe noch so stark sein.*"[20] Was der Mann getan hätte, wenn er zu einer eindeutigen Wahl gedrängt worden wäre, ist belanglos. Ausschlaggebend kann allein sein, was er wirklich gewollt hat. De facto aber hat er seine Ehe nur als eine auflösbare bejaht und gewollt.

Man hält dem entgegen, daß nach der stärkeren Intention üblicherweise doch auch der Fall entschieden werde, daß ein Nichtkatholik zwar eine gültige Ehe eingehen will, zugleich jedoch den ausdrücklichen Willen hat, hiermit kein Sakrament zu empfangen. Die Sache liegt da aber wesentlich anders, insofern die Sakramentalität nur ein Accessorium des Ehevertrages ist, während der Ausschluß der Unauflöslichkeit ein Wesensstück aus dem Ehevertragswillen herausbricht.

3. Berechtigung der These

Obgleich die vorstehenden Darlegungen die These vom prävalierenden Willen weithin zurückweisen, soll ihr jedoch nicht jegliche Berechtigung abgesprochen werden. In einem gewissen, abgegrenzten Umfang kann sie der Urteilsfindung Hilfe leisten.

---

[20] *Eichmann-Mörsdorf*, Lehrbuch, Bd. 2, 7. Aufl., S. 222. Hervorhebung von mir.

Bislang hatten wir darauf abgestellt, daß der Vorbehalt die Unauflöslichkeit betrifft, also jenes Stück des Konsenses, das frei ist von der belastenden Unterscheidung zwischen ius und usus iuris und das stets nur als ius ipsum verstanden sein kann. Wo der ernste Vorbehalt ein wesensnotwendiges ius ipsum matrimonii negiert, da hat die Frage nach dem prävalierenden Willen im Sinne einer conditio interpretativa nichts mehr zu suchen. Da steht es sowieso schon fest, daß ein Wesensstück des Ehewillens fehlt und somit die Ehe nichtig ist. Das gilt übrigens in gleicher Weise bei einem Vorbehalt gegen das ius ad actus coniugales, *sofern* es zweifelsfrei erwiesen ist, daß dieser Vorbehalt als ein Ausschluß des ius in corpus *qua ius* gemeint ist.

Die Sache liegt aber merklich anders, wenn zwar ein Vorbehalt gegen die proles oder auch gegen die eheliche Treue gesetzt ist, es jedoch vorerst noch nicht feststeht, ob er wirklich das betreffende ius matrimoniale ausdrücklich qua ius ausschließen wollte. Hier muß zunächst noch die Untersuchung einsetzen, ob der Limitierende bloß nicht erfüllen wollte oder ob seine Ablehnung so entschieden war, daß er sich auf das debitum coniugale nicht einmal verpflichten wollte. Um *das* zu klären, vermag dann in der Tat die Frage nach der prävalierenden Intention eine gewisse Hilfestellung zu bieten. Ergibt sich nämlich, daß die Ablehnung des Kindersegens ein derartiges Übergewicht vor dem Willen zu einer wahren Ehe besaß, daß man lieber auf eine gültige Eheschließung als auf den Vorbehalt verzichtet hätte, so ist hier nach allgemein menschlicher Erfahrung Nichtverpflichtungswille anzunehmen, weil ein Mensch mit so hartnäckiger Ablehnung sich in der Regel überhaupt nicht verpflichten will. Bis zu einem gewissen Grade wird man auch umgekehrt folgern können, daß bei prävalierendem Ehewillen die kinderfeindliche Intention nicht so entschieden gemeint war, daß sie sogar die Verpflichtung ausschließen sollte.

Nur in diesem eingeschränkten Sinne kann man die These vom prävalierenden Willen gelten lassen. Wo es bereits eindeutig feststeht, daß ein Vorbehalt ein ius matrimoniale zweifelsfrei qua ius ausschließt, da kann man nicht noch zusätzlich mit der Forderung des prävalierenden Willens nach Art einer conditio interpretativa kommen. Also auch dann nicht, wenn die Eheschließenden eine bindende Vereinbarung über Empfängnisverhütung getroffen haben, weil nach dem oben Gesagten hier ein Ausschluß des ius ipsum zwangsläufig vorliegt. Nur wo ein einfacher Vorbehalt gegen den Kindersegen existiert, der es vorerst noch nicht erkennen läßt, ob damit ein Nichtverpflichtungswille oder aber ein bloßer Nichterfüllungswille gesetzt ist, hat das Forschen nach der prävalierenden Intention seine Berechtigung. Und zwar dient dabei die Prävalenz des Willens als Erkenntnismittel, um festzustellen, ob bei dem Vorbehalt jene pertinacia und tenacitas propositi vorgelegen hat, bei der man in aller Regel annehmen muß, daß dann das ius in corpus qua ius ausgeschlossen ist. Die Prüfung der Prävalenz hat zum unmittelbaren Ziel also nicht die Feststellung, ob der Ausschluß eines ius ipsum so stark war, daß er den allgemeinen Ehewillen zunichte gemacht hat; wo ein ius ipsum qua ius ernstlich negiert wird, ist dies von selbst stets der Fall. Vielmehr hat die Untersuchung der Prävalenz nur dort eine Aufgabe, wo der Vorbehalt in seiner Charakterisierung als Ausschluß des usus iuris oder aber als Ausschluß des ius ipsum noch nicht klar erkannt ist. Und hier entscheidet dann die Prävalenz. Prävalierte der Vorbehaltswille so stark, daß man eher die Eheschließung als den Vorbehalt preisgegeben hätte, so läßt das eine so entschlossene Vorbehaltsintention erkennen, daß sie einem Nichtverpflichtungswillen gleichkommt.

Die Frage nach der prävalierenden Intention hat also in den Exklusionsprozessen immerhin eine gewisse Berechtigung, und zwar als Hilfsmittel, um zu erkennen, ob der Ausschluß von solcher tenacitas propositi war, daß man um dieser Absolutheit des Entschlusses willen annehmen muß, daß hier eine exclusio iuris qua iuris vorlag. Freilich muß man auch da noch die Einschränkung anfügen: Man kann nicht unter allen Umständen und in jedem Fall die Stärke einer conditio interpretativa verlangen. Hat der Richter bereits auf anderem Wege volle moralische Gewißheit, daß jemand von vornherein zur Verhütung von Kindersegen mit solcher Hartnäckigkeit und Unerbittlichkeit entschlossen war, daß er sich zu einer naturgetreuen Erfüllung des vom Partner geforderten debitum coniugale nicht einmal verpflichten wollte, so muß er auf Nichtigkeit der Ehe erkennen. Er darf dann gar nicht darüber hinaus noch die Intensität einer conditio interpretativa fordern. Weil der Eheschließende in dem angenommenen Fall das ius in corpus qua ius ausgeschlossen hat, ist seine Ehe ungültig. Und das gilt selbst dann, wenn er rein interpretativ lieber eine wirklich gültige Ehe als den Vorbehalt gewählt hätte, falls man ihn zu der Entscheidung gezwungen hätte, er habe nur die Wahl zwischen dem Entweder − oder: Entweder Vorbehalt, dann keine wahre Ehe. − Oder wahre Ehe, dann Verzicht auf den Vorbehalt.

Führt man die These vom prävalierenden Willen, wie es hier versucht wurde, auf ihre begrenzte Berechtigung zurück, so kommt man mit der Prävalenz nicht wesentlich über das hinaus, was auch bisher schon immer mit der tenacitas propositi gefordert wurde. Darin wird man noch bestärkt, wenn man die Frage stellt, auf welchem Wege denn jene Willensintensität, welche man als conditio interpretativa bezeichnet, überhaupt zu beweisen sei, was ja wegen des nur interpretativen Charakters nicht leicht ist. Staffa[21] selbst gibt zur Antwort, sie lasse sich daran aufzeigen, daß der Limitierende während seiner Ehe hartnäckig und unnachgiebig den naturgetreuen Verkehr verweigere, vorausgesetzt, daß dieses sein Verhalten nicht erst durch

---

[21] Ephemerides iuris canonici 1950, S. 580; 1951, S. 376.

nachträgliche Gründe verursacht ist, sondern die konsequente Auswirkung des bei der Eheschließung gefaßten unbedingten Vorbehaltes darstellt. So aufgefaßt läuft aber die Prävalenz des Willens im Grunde auf dasselbe hinaus, was die Rechtsprechung schon bisher mit der pertinacia und der absoluta firmitas des Exklusionswillens verlangte.

III. Das Beweisverfahren

Nachdem die bisherigen Erörterungen das thema probationis, das Beweisziel der Exklusionsprozesse geklärt haben, läßt sich nunmehr aufzeigen, auf welchem *Wege* das gesteckte Beweisziel zu erreichen ist. Konsensmangel des c. 1086 § 2 kann nach der Rechtsprechung der Rota bewiesen werden
1. durch direkten Beweis oder
2. durch indirekten Beweis oder
3. durch Verbindung des direkten und des indirekten Beweises.[22]

1. Der direkte Beweis

Der direkte Beweis liegt vor, wenn aufgezeigt werden kann, daß jemand bereits *vor* oder *bei* der Trauung ausdrücklich und glaubhaft erklärt hat, er schließe seine Ehe mit dem positiven Vorbehalt gegen die Unauflöslichkeit oder gegen das ius in corpus.[23] Hier geht es also nicht um seine nachträglichen Äußerungen, sondern um das, was er von vornherein als seinen wirklichen Willen bei der Eheschließung bekundet hat. Seine damaligen Aussagen vermögen am unmittelbarsten aufzuhellen, was er tatsächlich bei der Trauung gewollt hat.

Bei dem direkten Beweis ist mithin vorausgesetzt, daß der Nupturient seinen Vorbehaltswillen bereits vorher irgendwie nach außen kundgetan hat und zum zweiten, daß sich das jetzt noch eindeutig nachweisen läßt. Der Beweis kann unter Umständen in einem Dokument bestehen. So z. B. wenn jemand vor der Trauung schriftlich niedergelegt hat, er behalte sich die Möglichkeit einer Scheidung vor; oder wenn Brautleute schriftlich vereinbart haben, daß sie ihre Ehe auf jeden Fall kinderlos halten werden. Die Echtheit des Dokumentes müßte natürlich einwandfrei feststehen. Zumeist aber werden Zeugen den direkten Beweis zu erbringen haben, denen der Vorbehaltswille bereits vor der Eheschließung mitgeteilt wurde. Nach c. 1791 § 2 gilt eine Tatsache im allgemeinen als bewiesen, wenn zwei oder drei einwandfreie Personen fest und übereinstimmend aus eigenem Wissen

---

[22] Vgl. SRR 20, 1928 dec. 37, n. 3, S. 343.
[23] Vgl. Franz *Triebs*, Praktisches Handbuch des geltenden kanonischen Eherechts, Breslau 1927 ff., S. 497.

die Tatsache eidlich bezeugen. Die gerichtlichen Aussagen der Eheleute selbst bilden, da es sich um Parteiaussagen handelt, gemäß EPO Art. 117 keinen hinreichenden Beweis gegen die Gültigkeit der Ehe, können aber wohl als Beweisstütze dienen.

Wenn der direkte Beweis im wesentlichen auch auf Äußerungen aus der Zeit vor der Eheschließung fußt, so kann man zur Ergänzung außerdem heranziehen, was der Betreffende hernach, jedoch zu unverdächtiger Zeit über die Einschränkung seines Ehewillens berichtet hat. Der Begriff „tempore non suspecto" bedarf einer Klärung. Tempus non suspectum liegt solange vor, als keine Gefahr besteht, daß jemand ein Interesse daran hat, seine Aussage in diesem oder jenem Sinne zu verfälschen. Wie weit dieser Zeitraum reicht, läßt sich nicht allgemein bestimmen, sondern variiert je nach der Situation des Einzelfalles wie auch nach dem Inhalt der jeweiligen Aussage. Daß die Zeit vor der Eheschließung und in der Regel auch die Zeitspanne des noch harmonischen ehelichen Zusammenlebens dazu gehören, steht außer Frage. Doch reicht das tempus non suspectum unter Umständen noch weiter, freilich mitunter recht unterschiedlich je nach dem Inhalt der betreffenden Aussage. Wenn jemand nach eingetretenem Zerwürfnis seiner Frau erklärt: „Ich lasse mich scheiden", so besagt das so gut wie nichts für eine schon bei der Eheschließung vorhandene Scheidungsabsicht. Wenn er in dem Zerwürfnis dagegen seiner Frau vorhält: „Ich habe dir doch bereits vor unserer Hochzeit angedroht, daß ich mich, wenn wir nicht zusammen auskommen sollten, sofort scheiden ließe" und sie das widerspruchslos hinnimmt, so kann man das nicht ohne weiteres mit dem Einwand „tempore suspecto" abtun, wenigstens dann nicht, wenn die beiden, wie es ja bei Laien meist der Fall ist, zur Zeit des Ausspruchs keinerlei Kenntnis besaßen, daß es für den kirchlichen Eheprozeß gerade den Ausschlag gibt, ob die Scheidungsabsicht bereits vor und bei der Eheschließung bestand. Der zuletzt genannten Äußerung käme also immerhin einiges Gewicht zu, ohne daß sie freilich allein einen direkten Beweis schaffen könnte. Denn dieser fordert ja, daß durch Dokumente oder Zeugen eindeutig feststeht, daß der Konsensmangel schon vorher ausdrücklich erklärt wurde.

Man hat gelegentlich eingewandt, man dürfe diesen Beweis nicht direkten Beweis nennen, weil ein Konsensmangel als etwas rein Innerliches niemals direkt, auch nicht durch vorherige oder gleichzeitige Bekundungen des Vorbehalts bewiesen werden könne. Richtig ist natürlich, daß man Willenskundgabe und Willensakt auseinanderhalten muß. Gleichwohl benutzt die Kanonistik hier geläufig den Terminus des direkten Beweises; und das nicht ohne Grund. Bezeichnet er doch den Nachweis des Willensmangels durch unmittelbares Geständnis des Vorbehalts in Worten schon vor der Heirat im Unterschied von einem Beweis, der den Willen des Menschen erst aus seinem gesamten Gebaren, aus den sogenannten Indizien, erschließen kann.

Weil innerhalb der menschlichen Gemeinschaft der Wille sich in der Regel am unmittelbarsten durch die Sprache kundgibt und erst mittelbar durch sonstige Anzeichen, spricht man im ersten Fall mit einem gewissen Recht von einem direkten Beweis, ohne daß es deshalb einem Kanonisten einfiele, hiermit Willensäußerung und Willen selbst zu verwechseln. Solange solcher Verwechslung vorgebeugt ist, mag man ruhig den gebräuchlichen Terminus beibehalten.

In vielen Fällen wird man den direkten Beweis mit dem indirekten koppeln müssen, wenn nämlich der direkte für sich allein keine hinreichende Gewißheit schafft. Doch erbringt hin und wieder auch schon der direkte Beweis allein volle Sicherheit über den Konsensmangel. Es kann im konkreten Fall vor der Eheschließung der Vorbehalt so eindeutig bekundet sein, daß es damit schon mit moralischer Gewißheit feststeht, daß der Konsens auch bei der Trauung nur in dieser eingeschränkten Weise geleistet wurde. Wenn jedoch vor der Eheschließung zwar ein Vorbehalt geäußert wurde, es aber zweifelhaft erscheint, ob die Äußerung wirklich in voller Ernsthaftigkeit gemeint war oder ob der wirklich ernsthaft vorhandene Vorbehalt auch noch bis zur Trauung angehalten hat, so kommt man mit dem direkten Beweis allein nicht zurecht. Wohl steht, wenn die Äußerung eines Vorbehalts vor der Ehe bewiesen ist, zunächst die Präsumtion dafür, daß die Aussage ernst gemeint war und der Vorbehaltswille angedauert hat. Hierauf kann sich ein hinreichender direkter Beweis stützen, sofern nicht positive Bedenken gegen die Ernsthaftigkeit der Äußerung oder gegen das Andauern des Vorbehaltswillens bestehen. Sobald aber solche positive Bedenken auftauchen, was oft vorkommen wird, so findet man mit dem direkten Beweis allein nicht zum Ziel. Denn dieser vermag ja nur die *Tatsache* der vorehelichen Vorbehaltsäußerung zu belegen. Nunmehr muß aber um der positiven Bedenken willen zusätzlich noch die Ernsthaftigkeit der Äußerung sowie das wenigstens virtuelle Vorliegen bei der Konsensabgabe nachgewiesen werden. Das fordert aber regelmäßig ein Zurückgreifen auf Indizien oder auch auf das angebliche Motiv des Vorbehalts, also auf Elemente des indirekten Beweises.

2. Der indirekte Beweis

Der indirekte Beweis ist gegeben, wenn sich zwar nicht aufzeigen läßt, daß schon vor der Hochzeit ausdrücklich der Vorbehalt bekundet wurde, wenn aber wohl die gesamten Indizien zu der Schlußfolgerung zwingen, daß der Nupturient bei der Trauung die Unauflöslichkeit oder das ius in corpus ausgeschlossen hat. Die Spruchpraxis der kirchlichen Gerichte sieht den indirekten Beweis als erbracht an, wenn die folgenden drei Beweisargumente übereinstimmend für Mangel des Ehewillens sprechen:

1. confessio simulantis iurata,
2. causa simulationis adaequata,
3. circumstantiae matrimonium antecedentes, concomitantes et subsequentes.

Diese Gesichtspunkte vermögen gute Dienste zu leisten, vorausgesetzt, daß man sich nicht rein schematisch an sie klammert, sondern sie auf die besondere Lage des jeweiligen Einzelfalles abzustellen weiß.

Die *confessio* simulantis meint das vor dem kirchlichen Ehegericht abgelegte und eidlich bekräftigte Geständnis dessen, der den Vorbehalt gemacht haben soll. Vielfach ziehen Urteile in Eheprozessen hierin zugleich seine früheren Erklärungen über den Vorbehaltswillen, zumal aus der Zeit vor der Eheschließung. Gegen solche Zusammenziehung ist nichts einzuwenden, sofern man sich nur darüber im klaren ist, daß solche Äußerungen schon zum direkten Beweis hinüberführen. Die confessio des indirekten Beweises hingegen besteht unmittelbar in dem nachträglichen Geständnis vor Gericht. Der Wert eines solchen Geständnisses hängt von der Glaubwürdigkeit der Person ab.

Unter der *causa* simulationis ist das Motiv zu verstehen, um dessentwillen der betreffende Ehepartner seinen Konsens nur in der eingeschränkten Form abgeben wollte. Wo sich ein solches Motiv von hinreichender Stärke aufzeigen läßt, wird es psychologisch verständlich, daß tatsächlich der Konsens eingeschränkt wurde. Darin liegt eine von der kirchlich Rechtsprechung besonders hoch gewertete Beweisstütze für den behaupteten Konsensmangel, während es ohne klar erkennbares Motiv nur in seltenen Fällen zur moralischen Gewißheit langt, daß doch ein Wesensstück des Konsenses ausgeschlossen wurde.

Von der causa simulationis, von dem Exklusions- oder Vorbehaltsmotiv, ist wohl zu unterscheiden das Heiratsmotiv. Meist werden beide sogar gegensätzlicher Natur sein. So in folgendem Fall: Jemand heiratet eine ihm unsympathische Person, um aus wirtschaftlichen Schwierigkeiten herauszukommen, plant aber bereits bei der Eheschließung eine baldige Scheidung. Die wirtschaftliche Versorgung ist hier das Heiratsmotiv, während das Vorbehaltsmotiv in der persönlichen Abneigung zu suchen ist. Bei dem indirekten Beweis des Eheprozesses kommt es auf das Vorbehaltsmotiv an, weil ja nur dieses Motiv, keineswegs aber das Heiratsmotiv es begreiflich machen kann, daß dem Ehekonsens ein Vorbehalt beigefügt wurde.

Grundsätzlich wird eine causa *adaequata*, eine causa gravis, eine causa apta et proportionata gefordert, d. h. ein Motiv von entsprechendem Gewicht. Der Begriff der Adäquatheit ist jedoch hier, wie die Rota klar zu verstehen gibt, psychologisch gemeint. Nicht darum geht es, einen Grund aufzuzeigen, der es rechtfertigen könne, die Unauflöslichkeit der Ehe oder das ius in corpus auszuschließen. Einen derartigen Grund kann es ja objektiv überhaupt nicht geben. Vielmehr ist danach zu fragen, ob ein Motiv vorliegt, das den exkludierenden Ehepartner so beeindruckt hat, daß er um dessentwillen eine Scheidung beabsichtigt hat oder Nachkommenschaft verweigern wollte. Da es also um das Faktum der inneren Motivierung bei dem exkludierenden Eheteil geht, darum muß die Individualität dieser Person in Rechnung gestellt werden. Die Adäquatheit des Motivs ist in erster Linie subjektiv zu bewerten, dahin nämlich, ob das betreffende Motiv gerade auf diesen Kontrahenten mit seiner persönlichen Eigenart und in seiner individuellen Situation einen solchen Einfluß auszuüben vermochte, daß er sich dadurch zu einem ehevernichtenden Vorbehalt verleiten ließ. Daraus folgert die Rota konsequent, daß bei unsittlicher Lebensführung oder unchristlicher Eheauffassung des exkludierenden Nupturienten um so eher auf das Vorliegen eines solchen Vorbehalts zu schließen sei.[24]

Wenn auch in erster Linie das subjektive Element zu berücksichtigen ist, so gibt es andererseits doch Motive, welche schon objektiv ein so starkes Gewicht besitzen, daß sie ohne weiteres bei sehr vielen Menschen, zumal bei solchen von wenig gefestigter sittlicher Haltung, einen der genannten Vorbehalte gegen den vollen Ehekonsens verständlich machen.

So vielgestaltig wie das Leben ist, so verschiedenartige Motive tauchen auch für den Konsensvorbehalt auf. Immerhin kehren gewisse Motive mit einer ständigen Regelmäßigkeit wieder. Beim Ausschluß der Unauflöslichkeit handelt es sich meist um eines dieser drei Motive: Abneigung gegen den Partner, erst recht, wenn noch ein Verhältnis mit einer anderen Person hineinspielt; Furcht vor Disharmonie und Zerwürfnis in der Ehe; ungeklärte Bedenken, etwa über die Herkunft einer Schwangerschaft, um derentwillen zur Heirat gedrängt wird.

Beim Ausschluß des Kindersegens kommt dem Gewicht des Exklusionsmotivs erhöhte Bedeutung zu, weil hier noch die zusätzliche Aufgabe zufällt, aus der Stärke und dem Einfluß des Motivs auf die Absolutheit des Vorbehaltswillens und damit auf den Ausschluß des ius in corpus qua ius zu schließen. In der Gerichtspraxis der Rota erscheinen immer wieder ganz bestimmte Gründe, welche erfahrungsgemäß als Motive grundsätzlicher Art gewertet werden und aus denen man deshalb den Schluß ableitet, daß um ihretwillen die Ablehnung von Nachkommenschaft unabdingbar und somit als Nichtverpflichtungswille gemeint sei. Als solche Gründe finden sich in neueren Rota-Entscheidungen: Furcht vor krankem, vor allem vor erbkrankem Nachwuchs; ernste Lebensgefahr für die Frau im Falle einer Schwangerschaft; heftige Abneigung gegen den Ehepartner; Absicht einer eventuellen Wiederauflösung der Ehe; in Mischehen das Widerstreben, Kinder dem

---

[24] Vgl. SRR 28, 1936 dec. 60, n. 13, S. 579.

fremden Bekenntnis zuzuführen; ferner auch ausgesprochene Abneigung gegen Kinder.

Der indirekte Beweis benutzt neben confessio simulantis und causa simulationis als drittes Argument die sogenannten *circumstantiae*. Die gesamten Begleitumstände vor, bei und nach der Eheschließung, so die gegenseitige Einstellung zur Zeit der Bekanntschaft, Stimmung und Äußerungen am Hochzeitstag, das Verhalten im ehelichen Zusammenleben, sollen Indizien liefern, welche den behaupteten Konsensmangel erhärten. Hier gilt es erst recht, auf die Besonderheit des jeweiligen Falles abzustellen. Bald werden die einen, bald die anderen Begleitumstände im Vordergrund stehen. Von der klugen Umsicht des Defensor vinculi, der seine Interrogatorien auf die jeweilige konkrete Situation zuzuschneiden hat, wie auch von der psychologischen Gewandtheit des vernehmenden Untersuchungsrichters wird es weithin abhängen, ob die maßgeblichen Indizien ans Licht treten.

Die Rota selbst warnt davor, sich allzu sklavisch an das Schema confessio, causa und circumstantiae zu binden.[25] Zwar wird man in der Regel an ihm einen guten Wegweiser haben. Aber diese drei Punkte können, wie das Rota-Urteil betont, nicht so unbedingt gefordert werden, daß nicht der eine oder andere von ihnen ausfallen dürfte und doch noch ein zwingender Beweis zustande kommen könnte. So ist unter Umständen noch ein Beweis möglich, wenn die confessio simulantis ausfällt oder sogar gegen die Klage spricht.[26] Desgleichen kann es in einem besonders gelagerten Fall auch einmal an einer eigenen causa simulationis fehlen und diese causa, wie die Rota sagt, in nichts anderem bestehen als allein in der perversa voluntas simulantis, ohne daß deshalb der Beweis unter allen Umständen hinfällig wäre, obschon in der Regel gerade von einem klar erkennbaren Vorbehaltsmotiv sehr viel abhängt. Oder circumstantiae der einen Art, etwa die subsequentes, können stellvertretend und ausgleichend eintreten für vielleicht unsichere circumstantiae antecedentes, ohne daß dies dem Beweis Abbruch tun müßte. Entscheidend ist eben nicht, ob das dreifache Beweisschema in allen Punkten erfüllt ist. So wertvoll dieses Schema auch ist, es darf nicht zur Schablone werden. Worauf es vielmehr ankommt, ist das eine: Die vielen Einzelargumente müssen in ihrer Gesamtheit gesehen und gewürdigt werden. Mag auch das eine oder andere Einzelargument für sich allein genommen nicht durchschlagend sein, kommt aber der Richter in einer objektiven Gesamtwürdigung aller Argumente zusammen genommen zu der sicheren Überzeugung des fehlenden Ehekonsens, so ist der Beweis erbracht.

---

[25] SRR 32, 1940 dec. 21, n. 2, S. 217 f.
[26] In diesem Sinne auch SRR 24, 1932 dec. 6, n. 3, S. 49. Ebenso *Triebs*, Eherecht, S. 498.

3. Die Disposition des Gerichtsurteils

Zum Abschluß soll ein Vorschlag für eine zweckmäßige Disposition des richterlichen Urteils in den hier erörterten Eheprozessen unterbreitet werden. Er gilt vornehmlich für den Fall, daß gemeinsam Argumente des direkten wie auch des indirekten Beweises nebeneinander auftauchen, wie es in den meisten Prozessen geschieht. Es ist dann nicht vorteilhaft, den direkten und den indirekten Beweis getrennt voneinander zu behandeln und etwa danach das Urteil zu gliedern. Müßte man doch sonst die Aussagen dessen, der den Vorbehalt gesetzt haben soll, auseinanderreißen nach der Aufteilung, ob sie erst jetzt im Laufe des Prozesses oder schon vor der Heirat gefallen sind. Wenn man sich auch die Verschiedenheit des direkten und des indirekten Beweises stets vor Augen halten soll, so wird man im Aufbau des Urteils die beiden Arten doch zweckmäßig ineinander verzahnen, etwa mit folgender Disposition.

Die allgemein übliche Hauptgliederung in „Species facti", „In iure", „In facto" und „Sententia" ist sinnvoll und darum beizubehalten. Die „Species facti" will genau herausstellen, worum es in dem Prozeß geht, muß also den Streitgegenstand, die Prozeßfrage, genau fixieren. Der Abschnitt „In iure" hat die Rechtslage darzustellen, die rechtlichen Normen zu entwickeln, nach denen der vorliegende Streitfall zu entscheiden ist. In dem dritten Teil „In facto" geht es um die Sachlage des jeweiligen Falles; hier sind die in der Rechtslage bereitgestellten Rechtsnormen auf die konkrete Situation des zur Entscheidung anstehenden Prozesses anzuwenden. Der letzte Abschnitt „Sententia" bietet den Tenor des Urteils.

Für den in der Regel ausführlichsten Teil „In facto" empfiehlt sich dann in Verbindung des direkten mit dem indirekten Beweise die weitere Untergliederung:

1. Äußerungen über den Vorbehalt.
2. Motiv des Vorbehalts.
3. Indizien aus den Begleitumständen.

Der 2. und 3. Punkt entsprechen genau der causa simulationis und den circumstantiae des indirekten Beweises. Im ersten Punkt sollen alle Aussagen des Nupturienten über seinen Vorbehaltswillen samt dem, was sich durch Zeugen oder sonstige Beweismittel dazu belegen läßt, untersucht werden. Da treffen der direkte Beweis und die confessio simulantis des indirekten Beweises zusammen. Eine solche Zusammenfassung ist zweckmäßig, weil es hier gemeinsam darauf ankommt, was der Kontrahent über seinen Willen, sich die Möglichkeit einer Scheidung vorzubehalten oder den Kindersegen auszuschalten, geäußert hat. Dabei mag er diese Äußerung jetzt bei Gelegenheit seiner gerichtlichen Vernehmung im Eheprozeß getan haben (confessio simulantis des indirekten Beweises); oder es mag sich um Aussprüche handeln, in welchen er, worauf es im direkten Beweis ankommt, bereits vor der Eheschließung oder auch zu sonst unverdächtiger Zeit seinen Vorbehaltswillen bekundet hat.

Niemals darf sich das Urteil in dem Abschnitt „In facto" damit begnügen, aus den Partei- und Zeugenaussagen Zitat an Zitat aneinanderzureihen. Gewiß sollen die vernommenen Personen möglichst mit ihren eigenen Worten zur Sprache kommen. Aber danach muß dann das Urteil, ehe es seinen Tenor formuliert, in eine abschließende Würdigung des gesamten zusammengetragenen Beweismaterials eintreten. Hier hat man eine eingehende und begründete Stellungnahme zu erwarten, ob und warum das Gericht im vorliegenden Fall über die Prozeßfrage zur moralischen Gewißheit gelangt ist oder nicht.

Zum Inhalt des Ehekonsenses

Anstoß zu den folgenden Überlegungen gab ein Eheprozeß, in welchem der Ehemann auf Nichtigkeitserklärung seiner Ehe klagte, weil es ihm selbst am hinreichenden Ehekonsens gefehlt habe. Er sei bei seiner Heirat dem kirchlichen Leben völlig entfremdet gewesen und habe deshalb auch eine kirchliche Trauung auf das entschiedenste abgelehnt. So habe er seine Ehe mit einem evangelischen Mädchen unter allen Umständen nur standesamtlich eingehen wollen. Doch von Hause aus habe man ihn immer wieder zur kirchlichen Eheschließung gedrängt, bis er endlich den Eltern zuliebe nachgegeben habe. Jedoch habe er die kirchliche Trauung nur äußerlich über sich ergehen lassen, während er in seinem Innern die Ablehnung dieses Eheschließungsaktes vor dem Pfarrer bewußt beibehalten habe.

Von allen prozessualrechtlichen Fragen, ob etwa der Ehemann mit seinem Verhalten des Klagerechtes verlustig gegangen ist oder ob er für seine Behauptungen einen genügenden Beweis hat erbringen können, soll hier abgesehen werden. Nur das materialrechtliche Problem stehe zur Erörterung, ob und inwieweit der angeführte Tatbestand einen Konsensmangel darstellt. Eine Lösung wird nur zu finden sein, wenn man das Wesen des Ehekonsenses genau bestimmt.

*I. Die These: Zum Ehekonsens gehört der Wille,
mit der Konsenserklärung die Ehe zu begründen*

Der Ehekonsens, den man nur annäherungsweise als Einwilligung in die Ehe wiedergeben kann, umfaßt zunächst ein Doppeltes: den Willensentschluß zu der Ehe und die entsprechende Willenserklärung. Erst beide zusammen, der innere Willensakt (consensus internus) und die äußere Kundgabe des Willens (consensus externus), machen die Konsensleistung aus. Wie die äußere Willenserklärung ohne innere Willenszustimmung zu dem Inhalt des Erklärten keine gültige Ehe bewirkt, so genügt es auf der anderen Seite ebensowenig, daß bloß der innere Willensakt gesetzt wird, ohne daß die äußere Kundgabe des Konsenses hinzutritt. Beide zusammen sind unerläßlich. In welcher Weise dabei der innere Willensentschluß und die äußere Willenserklärung miteinander verbunden sein müssen, läßt sich erst scharf abgrenzen, nachdem zuvor das Wesen des consensus internus genau fixiert ist.

Wollte man den consensus internus definieren als den Willensakt, diese Ehe zu schließen, so wäre das mißverständlich und könnte leicht zu Trugschlüssen führen. Die Sacra Romana Rota hat in einer Causa Argentinen. am 18. November 1918[1], ähnlich wie in einigen anderen analogen Fällen, ein Urteil über die Gültigkeit einer Ziviltrauung gefällt, aus dem sich bedeutsame Konsequenzen für den Begriff der Konsensleistung ergeben. Ein Paar gemischter Konfession, das nach dem damaligen Recht des Eheschließungsortes nicht an die kanonische Eheschließungsform gebunden war, hatte standesamtlich geheiratet; die katholische Braut war dabei willens, der Ziviltrauung die kirchliche Eheschließung folgen zu lassen. Aber an dem nachträglichen Widerstand des Mannes scheiterte ihr Plan, und es unterblieb die kirchliche Trauung. Die Rota erkannte auf Nichtigkeit der Ehe. Nicht etwa wegen des Fehlens der kirchlichen Eheschließungsform, weil das Paar an diese Form eben nicht gebunden war. Vielmehr wegen Konsensmangels auf seiten der Frau. Dabei war es unbestritten, daß die Frau und ebenso der Mann wirklich den Willen hatten, einander zu heiraten. Schon daraus ergibt sich, daß der Ehekonsens mit der Begriffsbestimmung „Wille zur Eheschließung" nicht präzis genug erfaßt ist.

Wie die Rota aus dem Beweismaterial erarbeitete, hatte die Frau persönlich die Überzeugung, daß sie eine wirkliche Ehe nur mit der kirchlichen Trauung eingehen könne. Mit der kirchlichen Trauung, die dann allerdings unterblieb, hatte sie ihre Ehe begründen wollen. Hingegen sah sie die Ziviltrauung als bloße zivile Zeremonie an, mit der nicht eine wirkliche Ehe geschlossen werden könne, und in dieser nachweislichen Absicht, mit der standesamtlichen Trauung nur eine äußere Zeremonie ohne wahrhaft ehebegründenden Charakter zu vollziehen, unterzog sie sich der zivilen Eheschließung. Drei Punkte sind hinsichtlich einer Schlußfolgerung für den Konsensbegriff bedeutsam. Einmal ist der consensus externus eindeutig geleistet, da beide vor dem Standesbeamten erklären, einander zur Ehe zu nehmen. Sodann besteht bei beiden wirklich Ehewille, der Wille, einander zu heiraten. Gleichwohl stellt die Rota drittens fest: Es fehlt der Ehekonsens (consensus internus) auf seiten der Frau, und zwar insofern, als sie trotz des unwiderrufen vorhandenen Ehewillens nicht *mit* der standesamtlichen Trauung ihre Ehe schließen will; sie will erst durch die kirchliche Trauung eine wahre Ehe eingehen.

Trotz des allgemeinen Ehewillens fehlt hier der Ehekonsens. Für die

---
[1] AAS 1919, S. 358—363.

Begriffsbestimmung des Ehekonsenses folgt aus dem Urteil: Der Ehekonsens (consensus internus) liegt nicht schon vor in dem Willen zu heiraten, sondern erst in dem Willensakt, *hiermit* zu heiraten, *hierdurch* die Ehe zu begründen. Beachtlich ist in diesem Zusammenhang auch die sorgfältige Formulierung, welche c. 1081 § 2 für die Bestimmung des Ehekonsenses verwendet. Dort heißt es nicht: actus voluntatis tradendi et acceptandi ius in corpus ..., worunter man allenfalls einen allgemeinen Ehewillen verstehen könnte, ohne daß dieser Wille ausdrücklich auf die Schließung der Ehe gerade im Augenblick der Konsensleistung gerichtet sein müßte. Vielmehr sagt der Kodex: actus voluntatis, *quo* utraque pars *tradit et acceptat* ius in corpus ... *In und mit* der Konsensleistung muß der Kontrahent das *ius in corpus* zu übertragen und entgegenzunehmen beabsichtigen. Es genügt für den Ehekonsens nicht der Wille zur Ehe, ohne daß mit diesem Willensakt selbst schon die Ehe begründet werden soll, sondern Ehekonsens liegt erst dort vor, wo das Ja zu der Ehe in der Intention gesetzt wird, *hiermit* sich ehelich zu binden, *hiermit* die Ehe zu begründen.

Eine solche Intention fehlt aber, wo die Ziviltrauung mit jener Willenshaltung vollzogen wird, welche die katholische Kirche für die Vornahme dieses Aktes verlangt, nämlich mit der Absicht, in diesem Vorgang nur eine äußere Zeremonie, nicht aber einen ehebegründenden Akt zu setzen. Ob allerdings der jeweilige Nupturient der Weisung der Kirche folgend in der standesamtlichen Trauung nur einen zeremoniellen Akt bürgerlicher Wirkung ohne wahre Konsensleistung zu vollziehen gewillt war oder ob er in Wirklichkeit doch mit diesem Akt seine Ehe zu begründen beabsichtigte, also wahren Ehekonsens beibrachte, ist reine Tatsachenfrage. Letztere Möglichkeit eines wahren Ehekonsenses bei der Zivileheschließung besteht durchaus und ist bei Nichtkatholiken sogar als Normalfall anzusehen. Aber die wiederholt und nachdrücklich erhobene Forderung der Kirche geht dahin, bei der standesamtlichen Eheschließung keinen wahren Ehekonsens zu leisten, sondern trotz der äußeren Konsensabgabe innerlich zu simulieren. Benedikt XIV. hat in seiner Epistula *Redditae sunt* vom 17. September 1746[2] verlangt, Katholiken dürften sich der standesamtlichen Eheschließung nur mit der Intention unterziehen, hiermit einen actus mere civilis (§ 3), eine civilis ac mere politica caeremonia (§ 4) zu setzen; dabei habe tunlichst die kirchliche Trauung als die wahre Eheschließung voranzugehen und der bürgerliche Akt der standesamtlichen Trauung erst nachzufolgen, soweit nach den bestehenden Verhältnissen dazu eine Handhabe gegeben sei (§ 4). Nach der Einführung der Zivilehe in Italien hat die Sacra Poenitentiaria in einer Instruktion vom 15. Januar 1866[3] dasselbe nochmals eingeschärft: Die

---

[2] Codicis Iuris Canonici Fontes 2, S. 41–43.
[3] Codicis Iuris Canonici Fontes 8, S. 456–458.

Katholiken dürften, wo die Staatsgesetze dazu zwängen, sich der zivilen Trauung unterziehen, ea tamen intentione, ut sistendo se Gubernii officiali nil aliud faciant, quam ut civilem caeremoniam exequantur (nr. 5); auch hier wird wiederum gewünscht, daß die kirchliche Trauung vorangehen möge.

Wer in dieser von der Kirche gewünschten Intention den Akt der standesamtlichen Trauung vollzieht, leistet unbeschadet seiner an sich bestehenden Absicht, mit dem Partner eine Ehe einzugehen, im Augenblick der standesamtlichen Eheschließung doch keinen Ehekonsens. Zwar gibt er mit dem Jawort vor dem Standesbeamten einen *consensus externus,* aber es fehlt der *consensus internus.* Si contrahens... non vult reapse nisi aut meram caeremoniam civilem peragere..., tunc consensus matrimonialis vere deficit.[4] Und zwar fehlt hier der Ehekonsens, weil der Nupturient, mag es auch sein fester Wille sein, an der geplanten Heirat mit dem Partner festzuhalten, doch nicht den Akt der standesamtlichen Trauung als eheschließenden Akt setzen will. Nullum *tunc* matrimonium peragere volunt.[5] Es gehört zum unverzichtbaren Wesen der Konsensleistung der Wille, *hiermit,* d. h. mit dieser Konsensabgabe das ius matrimoniale in corpus zu übertragen und zu empfangen, *hiermit* die Ehe zu begründen.

Nunmehr läßt sich die Verbindung von *consensus internus* und *consensus externus,* die Art und Weise, in der beide miteinander gekoppelt sein müssen, genauer bestimmen. Es genügt nicht, daß beide zwar geleistet werden, aber beziehungslos nebeneinanderstehen. Sie müssen zu einer moralischen Einheit verschmolzen sein. Wenn der innere Ehekonsens zu bestimmen ist als Willensakt, *hiermit* die Ehe zu schließen, so besagt das „hiermit", daß der Wille darauf gerichtet sein muß, in und mit der Vollendung der Konsensleistung das ius in corpus zu übertragen; vollendet wird die Konsensleistung aber erst, wenn zu dem consensus internus noch der consensus externus hinzutritt. Würde der Kontrahent in einem Zeitpunkt A innerlich den Willen setzen: „Hiermit, nämlich jetzt mit diesem inneren Willensakt übertrage ich dir das ius in corpus" und zu einem späteren Zeitpunkt B eine nur äußerliche Erklärung abgeben: „Hierdurch nehme ich dich zu meiner Ehefrau", ohne daß er aber innerlich diesen äußeren Akt als ehebegründend intendiert, so liegt Konsensmangel vor. Hier müßte vielmehr der innere Willensakt darauf gerichtet sein, mit der Konsenskundgabe auch wirklich die Ehe zu begründen. Zwar kann der Entschluß zu dem consensus internus schon in dem Zeitpunkt A gefaßt werden, jedoch muß er dann inhaltlich intendieren, nicht jetzt in dem Zeitpunkt A der inneren Willensbildung, sondern mit der Konsenserklärung in dem wenn auch vielleicht noch unbestimmten Zeitpunkt B die Ehe zu begründen. Der in A aktuell gesetzte

---
[4] *Wernz-Vidal,* Ius canonicum 5, Rom 1925, S. 579.
[5] *Rosset,* De sacramento matrimonii, n. 2317, zitiert bei *Wernz-Vidal,* a. a. O., S. 691.

Wille muß wenigstens virtuell in B, also gleichzeitig mit der äußeren Konsenserklärung existieren. Aus seiner Wirkkraft heraus muß die Manifestation nach außen erfolgen. Andernfalls, wenn in diesem späteren Zeitpunkt der Kundgabe nicht wenigstens virtuell innerlich der Wille bestände, hic et nunc die Ehe zu begründen, wäre die äußere Erklärung, hiermit die Ehe zu schließen, bloße Simulation und nicht die Bekundung des innerlichen Willens. Wirklicher Ehekonsens liegt hier also nur vor, wenn der Wille aktuell oder wenigstens virtuell darauf gerichtet ist, in und mit dieser Konsenserklärung das ius in corpus zu übertragen und so die Ehe einzugehen.

Nicht gefordert ist hiernach, daß der innere Konsentschluß und die äußere Konsenskundgabe im *selben* Augenblick *aktuell* gesetzt werden *(simultaneitas positionis)*. Vielmehr genügt die simultaneitas coexistentiae, bei welcher der consensus internus zwar zuvor aktuell gesetzt ist, aber bei der Leistung des consensus externus virtuell noch fortdauert. Doch *inhaltlich* muß sich der vorher gesetzte consensus internus auf die später folgende Konsensmanifestation beziehen, auch wenn deren Zeitpunkt vielleicht noch unbestimmt sein sollte. Es mag sein, daß z. B. eine Braut bereits acht Tage vor der angesetzten Trauung den inneren Konsens leistet: Ich will den Bräutigam heiraten, und daß sie dann in der folgenden Woche wie auch bei der Trauung selbst aktuell diesen Willen nicht mehr erneuert. Gleichwohl ist ihre Trauung gültig, allerdings unter einer Voraussetzung: Sie muß bei der aktuellen Setzung des consensus internus in der vorhergehenden Woche intendiert haben: Ich will meinen Bräutigam in und mit der bevorstehenden Trauung heiraten. Nur dann wäre nämlich ein consensus *de praesenti* gegeben, durch den allein eine Ehe zustande kommen kann. Andernfalls läge bloß ein consensus de futuro vor, der naturgemäß zum Eheabschluß nicht ausreicht.

Nach dem Vorstehenden bewirkt die rechtmäßig abgegebene Konsensmanifestation nur dann eine gültige Ehe, wenn gleichzeitig die wenigstens virtuelle Intention besteht, hiermit, d. h. durch diese Konsensleistung die Ehe zu begründen. Sonst liegt kein wahrer Ehekonsens vor. Bloße Manifestation eines Konsenses ohne den inneren Willen, hic et nunc mit dieser Konsenserklärung die Ehe zu begründen, bedeutet Konsensmangel.

II. Die nähere Begründung

Man wird allerdings zu prüfen haben, ob die aufgestellte These in ihrer allgemeinen Fassung richtig ist. Bestreiten kann man sie unter keinen Umständen für den oben aus der Rota-Entscheidung erläuterten Fall, daß jemand die standesamtliche Eheschließung in der Absicht einer rein äußeren Zeremonie vornimmt und dann hernach die bewußt als wahre Eheschließung intendierte kirchliche Trauung unterbleibt. Hier war der Kontrahent wohl gewillt, später in der kirchlichen Trauung das ius in corpus zu übertragen, aber er hatte nicht den Willen, mit dieser standesamtlichen Trauung schon das ius in corpus zu übergeben, und somit war diese Eheschließung vor dem Standesbeamten wegen Konsensmangels nichtig. Wie aber steht es, so wird man einwenden, wenn einem derartigen Akt, in dem zwar äußerlich formgerecht, aber ohne ehebegründende Intention eine Konsenserklärung erfolgt, ein anderer Akt bereits vorangegangen ist, welcher mit dem klaren Willen, hiermit die Ehe einzugehen, also mit consensus naturaliter sufficiens gesetzt wurde, mag diesem ersten Akt auch wegen Formfehlers keine Rechtsgeltung zukommen? Genügt es in so gelagertem Falle nicht, daß zu dem ursprünglich geleisteten und inzwischen nicht widerrufenen consensus naturaliter sufficiens nachträglich nur noch der äußere Akt einer formgerechten Konsenserklärung ohne neuen consensus internus hinzutritt, um eine wahre Konsensleistung im Augenblick des zweiten Aktes zu bewirken?

Ein paar Beispiele können das Problem verdeutlichen: Zwei Protestanten haben während des Krieges in der sogenannten Ferntrauung geheiratet mit der Intention, hiermit tatsächlich ihre Ehe zu begründen; da die positivrechtlichen Gültigkeitsvorschriften der cc. 1088 und 1089 auch für Protestanten bindend sind[6], ist ihre Ferntrauung ungültig; ohne hierum zu wissen, haben sie nach der Heimkehr des Mannes noch die evangelisch-kirchliche Trauung vorgenommen, jedoch nur mit der Absicht einer äußeren Zeremonie ohne jede ehebegründende Intention. Ein anderes Beispiel: Ein ungetauftes Paar, das wie alle Ungetauften der Ehejurisdiktion des Staates untersteht und daher an dessen Formvorschrift gebunden ist, daß eine Ehe gültig nur vor dem Standesbeamten zu schließen ist, tauscht ohne standesamtliche Trauung in rein privater Weise wirklichen Ehekonsens aus; nach geraumer Zeit verstehen sie sich zur standesamtlichen Trauung, um polizeilichen Schwierigkeiten zu entgehen; jedoch haben sie dabei keineswegs die Intention, mit diesem Schritt ihre Ehe zu schließen, da sie sich als seit langem wirklich verheiratet betrachten. Ein drittes Beispiel: Ein dem religiösen Leben völlig fremd und feindlich gegenüberstehender Katholik schließt standesamtlich eine Ehe und hat dabei die Intention, hiermit wirklich seine Ehe zu begründen; auf Drängen der Eltern läßt er sich, wenn auch widerstrebend, schließlich noch zur kirchlichen Trauung herbei, sieht diese jedoch als hohle und zu nichts verpflichtende Zeremonie an, durch die er nicht erst seine Ehe zu begründen beabsichtigt.

Gemeinsam ist allen diesen Beispielen folgender Typus. Zweimal wird der Konsens erklärt. Bei dem ersten Akt liegt consensus naturaliter sufficiens

---

[6] Vgl. S. Officium 30. Juni 1949, AAS 1949, S. 427.

vor, der jedoch wegen Nichtbeachtung positiv-rechtlicher Vorschriften der juridischen Wirkung entbehrt. Der Ehewille dauert unwiderrufen fort. In dem zweiten Akt wird nochmals nach außen hin, und zwar jetzt in der formgerechten Weise Konsens erklärt; doch wird dabei ein innerer Willensakt, mit der neuen Erklärung tatsächlich das ius in corpus zu übertragen und so die Ehe wirklich zu begründen, unterlassen oder sogar positiv abgelehnt.

Die entscheidende Frage lautet nun, ob mit dem zweiten Akt der äußeren Konsenserklärung eine wirkliche Konsensleistung erbracht wird. Man könnte etwa dafür geltend zu machen versuchen, daß der einmal geleistete Konsens als Willenshaltung andauere[7] und dieser fortbestehenden Konsenshaltung auch eine rechtliche Bedeutung zukomme, wie das Vorgehen der Kirche bei der sanatio in radice zeige. Das lege es nahe, daß auch in den oben beschriebenen Fällen hinsichtlich des consensus internus der früher einmal geleistete Konsens und sein Fortbestehen ausreiche und daß dann das bloß additive Hinzukommen einer äußeren Konsensmanifestation genüge, um im Verein mit dem nicht widerrufenen früheren consensus internus jetzt im Augenblick des zweiten Aktes eine wahrhafte Konsensleistung zu schaffen. Dennoch muß man eine solche Folgerung ablehnen. In dem zweiten Akt, wie er oben umschrieben ist, wird kein wirklicher Konsensakt gesetzt.

Zunächst kann man sich dafür auf eine Entscheidung der eherechtlichen Literatur in einem völlig analogen Fall berufen. Martin Leitner[8] berichtet von einer in der Erzdiözese Olmütz vorgenommenen Trauung, zu der eine Weisung der S. C. Conc. vom 7. Januar 1899 ergangen ist. Der Geistliche hatte am Bett eines Sterbenskranken eine Trauung vorgenommen, ohne daß eine standesamtliche Eheschließung vorausgegangen wäre. Als der Kranke wieder gesund wurde, verlangte der Staat die zivile Trauung, die eigenartigerweise wiederum vor dem Pfarrer vorgenommen werden sollte, der an dem Ort als Standesbeamter fungierte. Die Forderung wurde erfüllt; das Paar heiratete nochmals vor dem Pfarrer als Standesbeamten, jedoch nach der ausdrücklichen Weisung der S. C. Conc. in der bewußten Absicht, hiermit nicht die Ehe zu begründen, sondern tantum externam caeremoniam zu setzen. Nach den angegebenen Fakten war die erste Eheschließung, die mit wahrem Ehekonsens am Krankenbett vorgenommene kirchliche Trauung, gültig. Insoweit ist der Fall für unsere Frage ohne Belang.

Nun erweitert Leitner aber den Tatbestand und setzt den Fall, bei der ersten Eheschließung habe unbekannterweise ein trennendes Ehehindernis vorgelegen, das erst vor der zweiten, standesamtlichen Trauung weggefallen sei. Mit einer solchen Wendung spielt die Frage in unser Problem hinein.

---

[7] Vgl. c. 1093: consensus praestitus praesumitur perseverare.
[8] Lehrbuch des katholischen Eherechts, Paderborn 1902, S. 123.

Bei der ersten Konsenserklärung wurde consensus naturaliter sufficiens geleistet, der aber wegen des impedimentum dirimens unwirksam blieb; unter Fortbestehen des Ehewillens wurde dann in einer standesamtlichen Trauung nochmals eine äußere Konsensmanifestation gegeben, ohne daß der Wille gesetzt wurde, mit dieser neuen Konsenserklärung die Ehe zu begründen, ja mit bewußter Negierung einer solchen Intention. Leitner entscheidet dahin, daß auch die zweite Eheschließung ungültig ist. Nicht etwa wegen Formmangels, was schon um dessentwillen ausscheidet, weil die zweite, standesamtliche Konsenserklärung ebenfalls vor dem Pfarrer erfolgte und die Formvorschrift erfüllte.[9] Ungültigkeit liegt vielmehr wegen Konsensmangels vor. Unbeschadet des nicht widerrufenen Ehewillens haben die Kontrahenten im Augenblick der standesamtlichen Trauung vor dem Pfarrer keinen Ehekonsens geleistet, weil sie in diesem Akt nicht die Ehe begründen, sondern nur eine äußerliche zivile Zeremonie vornehmen wollten. Es gehört demnach zum wesentlichen Erfordernis einer Konsensleistung, daß der Wille darauf gerichtet ist, *hiermit die Ehe einzugehen*. Auch wenn vorher bereits ein innerlich ausreichender und nur aus äußeren Gründen wegen eines Ehehindernisses oder eines Formfehlers rechtsungültiger Konsens gesetzt worden ist, schafft das bloße Nachbringen einer nunmehr formgerechten, aber nur äußerlich bleibenden Konsensmanifestation ohne neue Ehebegründungsintention keine wirkliche Konsensleistung. Dazu wäre ein neuer Willensakt erforderlich, hiermit, nämlich mit dieser nochmaligen Konsenserklärung wirklich das ius in corpus zu übergeben.

Was im Vorstehenden aus der angeführten Entscheidung der Literatur entwickelt wurde, ergibt sich zwingend auch aus den Bestimmungen des Kodex über die Konvalidation einer ungültigen Ehe. Bei der Erörterung dazu bietet sich Gelegenheit, auf den oben angedeuteten Einwurf einer anderen Regelung bei der sanatio in radice einzugehen.

Hat ein Katholik seine Eheschließung auf die standesamtliche Trauung beschränkt, diese aber mit wahrem Ehekonsens vollzogen, so ist seine Ehe ungültig wegen Formmangels. Dabei ist es gleichgültig, wie lange Zeit zwischen dieser nichtigen standesamtlichen Eheschließung und einer späteren kirchlichen Trauung liegt. Auf jeden Fall ist nach der zunächst nur standesamtlich erfolgten Eheschließung die Ehe wegen Formmangels nichtig, auch wenn eine kirchliche Trauung bereits vorgesehen ist und in Kürze folgt.

Die kirchliche Ordnung einer solchen Ehe setzt voraus, daß die kanonischen Bestimmungen über die Konvalidation einer wegen Formmangels nichtigen Ehe eingehalten werden. Dabei kann die Konvalidation einmal erfolgen durch eine *sanatio in radice;* bei dieser würde die Kirche von sich

---

[9] Falls das Paar überhaupt formpflichtig war, was sich aus den Angaben bei *Leitner* nicht ersehen läßt.

aus durch einen kirchlichen Hoheitsakt die bislang nichtige Ehe nunmehr gültig machen, ohne daß die Eheleute den Konsens zu erneuern hätten. Die zweite, und zwar die regelmäßige Form der Konvalidation ist die convalidatio simplex, die sich vor allem dadurch von der sanatio in radice unterscheidet, daß bei ihr stets eine Konsenserneuerung notwendig ist.

Näherhin ist für die wegen Formmangels nichtige Ehe in c. 1137 bestimmt: Matrimonium nullum ob defectum formae, ut validum fiat, contrahi denuo debet legitima forma. Der Eheschließungsakt muß demnach in seiner Gesamtheit neu gesetzt werden, und zwar diesmal in der vorgeschriebenen kanonischen Form. Vor dem Pfarrer und zwei Zeugen müssen die Eheleute ihren Konsens von neuem leisten.[10] Der ganze Kontrakt muß neu gesetzt werden (contrahi denuo debet). Zur neuen Leistung des Kontraktes gehört aber notwendig das neue Beibringen von consensus internus und consensus externus. Nicht wäre der gesamte Eheschließungsakt, wie es der Kodex fordert, schon neu gesetzt, wenn nur die äußere Form nachgeholt würde, ohne daß aber ein neuer innerer Konsensakt geleistet würde.

Daß bei der convalidatio simplex die Konsenserneuerung in einem eigenen neuen Willensakt zu bestehen hat, fordert ausdrücklich c. 1134. Er lautet: Renovatio consensus debet esse novus voluntatis actus in matrimonium quod constet ab initio nullum fuisse. Ein Doppeltes ist hier also vorgeschrieben: Einmal muß der Konsens in einem neuen Willensakt geleistet werden. Sodann hat die Konsenserneuerung zu geschehen im Bewußtsein der bisherigen Nichtigkeit der Ehe. Von diesen beiden Forderungen interessiert in unserem Zusammenhang nur die erste.

Bevor aber inhaltlich auf sie eingegangen wird, ist darauf zu verweisen, daß c. 1134 für jedwede convalidatio simplex gilt, mag nun die bisherige Ehenichtigkeit auf trennendem Ehehindernis oder auf Konsensdefekt oder auf Formmangel beruhen. Der Kanon ist nicht auf die wegen trennenden Ehehindernisses nichtige Ehe beschränkt, obschon er äußerlich eingebettet ist in die Kanones über die Konvalidation des matrimonium irritum ob impedimentum dirimens (cc. 1133—1135). Letzteres erklärt sich aber aus dem gesamten Aufbau der Konvalidationskanones im Kodex. Der Kodex behandelt nämlich die Konvalidation in der Weise, daß er die einzelnen Nichtigkeitsgründe nacheinander bespricht, zuerst die Konvalidation bei trennendem Ehehindernis (cc. 1133—1135), dann bei Konsensdefekt (c. 1136) und schließlich bei Formmangel (c. 1137). Nachdem in c. 1133 zunächst festgestellt ist, daß bei trennendem Ehehindernis der Konsens zu erneuern ist, wird dann in c. 1134 sofort anschließend erörtert, worin die Konsenserneuerung zu bestehen hat. Wo also zum erstenmal der Begriff der

---

[10] Vgl. Heribert *Jone*, Konvalidation einer ungültigen Ehe, in: Theol.-prakt. Quartalschrift 83, Linz 1930, S. 792.

Konsenserneuerung auftaucht, wird unmittelbar anschließend der Inhalt einer solchen Konsenserneuerung erörtert. Diese inhaltliche Bestimmung gilt aber nicht nur für die Konvalidation bei trennendem Ehehindernis, sondern ganz allgemein für jede convalidatio simplex. Für die wegen Konsensdefektes und für die aus Formmangel nichtige Ehe setzen c. 1136 bzw. c. 1137 fest, daß ein neuer Konsens zu leisten ist. Was unter dieser neuen Konsensleistung zu verstehen ist, ergibt sich durch Rückgriff auf c. 1134, der zwar innerhalb der Kanones über Konvalidation des matrimonium irritum ob impedimentum dirimens steht, aber ohne jede Einschränkung allgemein den Inhalt der renovatio consensus umschreibt.

Daß c. 1134, wie hier dargelegt, für jedwede convalidatio simplex gilt unabhängig von dem Nichtigkeitsgrund, ist die allgemein herrschende Lehre der kanonistischen Doktrin und Rechtsprechung. So baut Mörsdorf[11] die Behandlung der einfachen Konvalidation in klarer Systematik in der Weise auf, daß er zunächst bestimmt, was überhaupt zu einer convalidatio simplex gehört: Konsenserneuerung, und zwar nach der Vorschrift des c. 1134, und daß er dann erst die einzelnen Arten je nach dem Nichtigkeitsgrund erörtert; c. 1134 gilt hiernach für jedwede convalidatio simplex. Im gleichen Sinne äußert sich Müssener[12]: „Über die Art und Weise der Konsenserneuerung, die in allen (!) Fällen der einfachen Konvalidation erfolgen muß, hat das neue Recht folgende klare und bestimmte Grundsätze aufgestellt: a) Die Erneuerung des Konsenses muß ein neuer Willensakt sein, und derjenige, der diesen Willensakt setzt, muß Kenntnis von der Nichtigkeit der bisherigen Ehe haben (can. 1134) . . ." Und vor einiger Zeit hat Gerhard Oesterle[13] noch einmal aufgezeigt, daß c. 1134 nicht nur für die wegen trennenden Ehehindernisses ungültigen Ehen gilt, sondern für alle nichtigen Ehen ohne Rücksicht auf den Nichtigkeitsgrund. Auch Jone[14] wendet ausdrücklich die Vorschrift des c. 1134 auf eine wegen Formmangels nichtige Ehe an.

Diese allgemein herrschende Lehre findet einen ebenso klaren Widerhall in der Rechtsprechung der Rota. So verlangt SRR 32, 1940, dec. 39 n. 7 S. 431 f. gerade auch für die wegen Formmangels nichtige Ehe zur Konvalidation einmal einen novus voluntatis actus und sodann die Kenntnis der bisherigen Ehenichtigkeit. Es werden also eben die beiden Forderungen des c. 1134 über das matrimonium irritum ob impedimentum dirimens hinaus auch auf andere Nichtigkeitsgründe angewandt. In ähnlicher Weise setzt

---

[11] *Eichmann-Mörsdorf,* Lehrbuch des Kirchenrechts, Bd. 2, Paderborn 1953⁷, S. 283.
[12] Hermann *Müssener,* Das katholische Eherecht in der Seelsorgepraxis, Düsseldorf 1950³, S. 182.
[13] Gerhard *Oesterle,* Ferntrauung und Konsenserneuerung, in: Theologie und Glaube 41, Paderborn 1951, S. 330–338, bes. S. 335 Anm. 4.
[14] In: Theol.-prakt. Quartalschrift 83, Linz 1930, S. 792.

SRR 28, 1936 dec. 75 n. 9 S. 717 voraus, daß eine wegen Konsensmangels ungültige Ehe in einfacher Konvalidation nur geordnet werden kann, wenn der betreffende Kontrahent um die Nichtigkeit seiner Ehe weiß; letzteres ist aber wieder eine Forderung des c. 1134, die somit hier ebenfalls auf die Ehe mit Konsensdefekt übertragen wird. In gleichem Sinne SRR 27, 1935 S. 711. Somit kann als die übereinstimmende Lehre von Doktrin und Rechtsprechung festgestellt werden: C. 1134 gilt für *jede* convalidatio simplex, auch für die Gültigmachung einer wegen Formmangels nichtigen Ehe.

C. 1134 erhebt nun inhaltlich die Forderung, daß die Konsenserneuerung in einem novus voluntatis actus erfolgen muß. Da ein novus voluntatis actus verlangt ist, muß auch der innerliche Konsens völlig neu geleistet werden. Die notwendige Konsenserneuerung läge also nicht schon vor, wenn ein früher geleisteter Konsens noch fortdauert und nur äußerlich ein Konsens erklärt wird, ohne daß auch eine innere Neusetzung des Konsenses erfolgte. Ja, es genügt nicht einmal eine bloße Bestätigung des früheren Konsenses. Knecht[15] schreibt: „Seiner (sc. des c. 1134) Forderung genügt nicht eine durch Worte oder Zeichen vorgenommene *Bestätigung* oder *Bekräftigung* der früheren Ehewillenserklärung, sondern nur eine *neue wirkliche* gegenseitige Abgabe des Ehekonsenses. Sie muß auch eine formelle sein, d. h. betätigt im *Bewußtsein der Nichtigkeit der Ehe*, in dem *Willen*, letztere zu beheben, und in der Absicht, die Ehe zu einer gültigen umzugestalten." Bei Linneborn[16] heißt es: „Der zur Konvalidation eines matrimonium contractum vorgeschriebene Konsens muß dieselben Eigenschaften haben wie der ad matrimonium contrahendum." Jone[17] sagt von der Konvalidation einer wegen Formmangels nichtigen Ehe: „Da also ein ‚neuer' Willensakt verlangt wird, genügt es nicht, nur den früheren Willensakt zu bekräftigen; die jetzige eheliche Willenserklärung muß vielmehr vollständig unabhängig von der ersten erfolgen."[18]

Die wegen bloß standesamtlicher Trauung ungültige Ehe wird also durch die nachfolgende formgerechte kirchliche Trauung vor dem Pfarrer nur dann gültig, wenn bei dieser zweiten Trauung ein voller und neuer Konsens geleistet wird. Der Kontrahent muß für diese kirchliche Trauung neu den Willen setzen, die Ehe zu begründen: novus voluntatis actus. Nicht ausreichend wäre die bloße äußere Konsensmanifestation, vielmehr hat der Kontrahent notwendigerweise auch innerlich einen neuen Willensakt zu setzen, mit dieser jetzigen Konsensleistung vor dem Pfarrer wirklich das ius matri-

---

[15] August *Knecht*, Handbuch des katholischen Eherechts, Freiburg i. Br. 1928, S. 740.
[16] Johannes *Linneborn*, Grundriß des Eherechts, Paderborn 1933⁴⁺⁵, S. 434.
[17] In: Theol.-prakt. Quartalschrift 83, Linz 1930, S. 792.
[18] Vgl. auch Felix M. *Cappello*, De matrimonio, Turin 1947⁵, n. 844, S. 845. Petrus *Gasparri*, Tractatus canonicus de matrimonio 2, Rom 1932², S. 254. Franz *Triebs*, Praktisches Handbuch des geltenden kanonischen Eherechts, Breslau 1927 ff., S. 753 f.

moniale zu übertragen und hiermit die Ehe einzugehen. Mag der bei der standesamtlichen Trauung geleistete Ehekonsens auch unwiderrufen fortbestehen, so genügt diese perseverierende Ehewillenshaltung keineswegs für die Konvalidation bei der kirchlichen Trauung, da sie keinen novus voluntatis actus darstellt.

Hier ist der Einwand zu besprechen, daß bei einer sanatio in radice von seiten des Kontrahenten doch auch nichts weiter verlangt wird als das unwiderrufene Fortbestehen seines einmal aktuell geleisteten Ehekonsenses. Das zeige deutlich, daß zur Gültigmachung einer Ehe ein noch fortbestehender früherer Konsens ausreiche und daß es dazu nicht eines neuen Konsensaktes bedürfe.

Richtig ist an dem Einwurf, daß auch dem fortbestehenden Konsens als solchem eine rechtserhebliche Bedeutung zukommen kann, wie unzweifelbar die Tatsache zeigt, daß die Kirche ungültige Ehen unter Umständen in der Form einer sanatio in radice gültig macht. Hier genügt die fortbestehende Ehewillenshaltung, eine Konsens*haltung*, ohne daß der Kontrahent eine neue Konsens*leistung* beibringen müßte. Die Gültigmachung kann also auch erfolgen, wenn von seiten des Nupturienten nur ein früher geleisteter und inzwischen nicht zurückgezogener Konsens vorliegt.

Falsch aber wäre es, wollte man hieraus die Konsequenz ziehen, für die Gültigmachung einer standesamtlich geschlossenen Ehe in einer nachfolgenden kirchlichen Trauung bedürfe es nicht eines neu geleisteten inneren Konsenses, sondern es genüge die äußere Konsensmanifestation in formgerechter Weise. Grundsätzlich kennt das kirchliche Recht zwei und nur zwei Möglichkeiten, eine nichtige Ehe zu konvalidieren. Das eine ist der Weg der sogenannten convalidatio simplex, welche eine Konsenserneuerung in einem novus voluntatis actus zur unbedingten Voraussetzung hat. Die zweite Möglichkeit besteht in der sogenannten sanatio in radice, bei der es keiner neuen Konsensleistung bedarf, sondern der früher geleistete und nicht widerrufene Konsens die ausreichende Basis bietet, daß die Kirche von sich aus durch „kirchlichen Hoheitsakt"[19] die bislang nichtige Ehe gültig macht unter Befreiung von der sonst erforderlichen Konsenserneuerung.

Zwei wichtige Konsequenzen ergeben sich aus dem Vorgehen der Kirche zur Konvalidation einer Ehe. Einmal, daß hinsichtlich des erforderlichen Konsenses naturrechtlich für die Gültigmachung eine bloße Konsens*haltung* (consensus semel praestitus nec postea revocatus) ausreicht; die Forderung der Konsenserneuerung, eines neuen Konsens*aktes*, für die convalidatio simplex beruht auf bloß positivrechtlicher Festsetzung des kirchlichen Gesetzgebers, worauf c. 1133 § 2 eigens verweist. Nur so ist das Vorgehen bei der sanatio in radice zu begreifen. Wäre für die Gültigmachung einer Ehe

---

[19] *Eichmann-Mörsdorf,* Kirchenrecht, Bd. 2, S. 285.

vom Naturrecht her unter allen Umständen ein neuer Konsensakt notwendig, so könnte auch die Kirche hiervon nicht entbinden, was sie aber in der sanatio in radice tut. Naturrechtlich ist also nicht für jede Gültigmachung ein neuer Konsensakt gefordert.

Auf der anderen Seite aber — und damit entfällt der aus der sanatio in radice erhobene Einwurf — ist zu beachten, daß die Ehe nur dann ohne Konsenserneuerung gültig wird, wenn die Kirche ausdrücklich den Hoheitsakt einer sanatio in radice setzt. Hiermit verzichtet der oberste Jurisdiktionsträger der Kirche positiv auf den sonst notwendigen neuen Konsensakt und macht den früher geleisteten consensus naturaliter sufficiens, sed iuridice inefficax, sofern er noch fortbesteht, nunmehr auch rechtsgültig. Wo immer aber dieser Hoheitsakt einer sanatio in radice nicht gesetzt wird, da kann die Ehe nur in der Form einer convalidatio simplex gültig gemacht werden, und dazu ist nach der positiven Vorschrift des Kodex stets ein neuer Konsensakt erforderlich. Soll eine nur standesamtlich eingegangene Ehe gültig gemacht werden, so *kann* die Kirche dabei, falls die Partner wahren Ehekonsens ausgetauscht hatten und diesen nicht inzwischen widerrufen haben, die Heilung in Form einer sanatio in radice vornehmen. Sie muß hierzu aber eigens diesen Hoheitsakt setzen. Wo sie das nicht tut, sondern die Gültigmachung dadurch erfolgen soll, daß die Eheleute hernach vor dem Pfarrer in der legitimen Form die kirchliche Trauung nachholen, bleibt ihnen nach der positiven Vorschrift des Gesetzes nichts anderes übrig, als daß sie dabei einen völlig neuen Konsensakt leisten. Ein bloßes Fortbestehen eines früheren Konsenses reicht, da positivrechtlich ein novus voluntatis actus gefordert ist, dann nicht aus. Der Kontrahent muß vielmehr zu der kirchlichen Trauung positiv den Willensakt setzen, hiermit das ius matrimoniale in corpus auszutauschen, hiermit die Ehe zu begründen. Wo hingegen ein solch neuer Willensakt fehlt, da bleibt trotz des unbestreitbar fortdauernden Ehewillens und trotz des äußerlich korrekten Vollzugs der kirchlichen Trauung die Ehe wegen Konsensmangels weiterhin ungültig.

III. Die Folgerung: die möglichen Formen der Totalsimulation

Nachdem im Vorstehenden das Wesen der Konsensleistung besprochen wurde, kann nunmehr abgegrenzt werden, in welchen Fällen eine Eheschließung wegen Totalsimulation nichtig ist. C. 1086 § 2 bestimmt: Wenn einer der Nupturienten bei der Eheschließung in einem positiven Willensakt die Ehe selbst oder das ganze Recht auf den ehelichen Verkehr oder eine der beiden Wesenseigenschaften Einheit und Unauflöslichkeit der Ehe ausschließt, so heiratet er ungültig. Während man den Ausschluß des Rechtes auf den ehelichen Verkehr oder der Einheit oder der Unauflöslichkeit vielfach, wenn auch nicht gerade glücklich[20], als Partialsimulation bezeichnet, versteht man unter Totalsimulation den Ausschluß der Ehe selbst. Unter Berücksichtigung der oben entwickelten Gedankengänge kann es fünf Formen der Totalsimulation geben.

1. Positive Ablehnung des Ehe*vertrags,* also der Ehe überhaupt

In diesem Fall läßt der Simulant zwar äußerlich zum Schein die Trauung über sich ergehen, innerlich aber lehnt er bewußt eine Ehe mit der ihm zum Schein angetrauten Frau ab. Hier haben wir es mit dem Heiratsschwindler, dem Hochstapler zu tun, der unter dem Deckmantel einer Ehe zu Vermögen oder Position zu kommen sucht. Sorgfältig davon zu scheiden ist natürlich der Tatbestand, daß jemand eine Ehe ebenfalls aus dem Motiv eingeht, zu wirtschaftlichen oder sozialen Vorteilen zu gelangen, dabei jedoch in Wahrheit, wenn auch aus wenig edlen Motiven, in die Ehe einwilligt. In letzterem Falle bliebe doch die Ehe Objekt der Einwilligung, wenn auch als Mittel zu anderen Zwecken. Bei der Totalsimulation in der Form der direkten Ablehnung dieser Ehe ist dagegen trotz des äußerlichen und geheuchelten Ja die Ehe selbst gar nicht Objekt des consensus internus. Der Simulant lehnt in seinem Innern positiv diese Ehe ab und heiratet nur zum Schein. Hierin gehört es auch, wenn ein Paar sich der Eheschließung unterzieht, um der Frau eine bestimmte Staatsbürgerschaft und damit eine Einwanderungserlaubnis zu verschaffen, sie in Wirklichkeit aber gar keine Ehe miteinander eingehen wollen.

2. Positive Ablehnung des Ehe*schließungsaktes*

Die unter 1. genannte Form der direkten Ablehnung der Ehe überhaupt ist die nächstliegende Art der Totalsimulation, und sie beherrscht die Darstellung der kanonistischen Lehrbücher so stark, daß man fast den Eindruck erhalten könnte, mit ihr seien die möglichen Formen der Totalsimulation erschöpft.[21] Nachdem wir oben aber darüber Klarheit gewonnen haben, daß zum Ehekonsens nicht schon der Wille zu der Ehe ausreicht, sondern daß von wahrem Konsens bei der Trauung erst dort die Rede sein kann, wo der Wille darauf gerichtet ist, *hiermit das ius in corpus zu übertragen, hierdurch die Ehe zu begründen,* folgt als logische Konsequenz noch eine weitere Form der Totalsimulation.

Sie liegt vor, wenn A zwar keineswegs die Ehe mit der B zurückweist, es jedoch bewußt ablehnt, diese Ehe in dem hic et nunc vorgenommenen Akt zu schließen. Der Wille zu der Ehe A—B ist vorhanden, aber es fehlt der

---
[20] Vgl. H. *Flatten,* Ehenichtigkeit bei Vorbehalt gegen die Unauflöslichkeit der Ehe oder gegen den Kindersegen, in: Österr. Archiv für Kirchenrecht 6, Wien 1955, S. 14 Anm. 2.
[21] Vgl. z. B. *Triebs,* Eherecht, S. 488.

Wille, diese an sich gewünschte und bejahte Ehe *hiermit* einzugehen, und darum liegt Konsensmangel vor.

Um solche Totalsimulation handelt es sich, wenn ein gläubiger Katholik vor seiner kirchlichen Trauung die standesamtliche Eheschließung vornimmt und dabei getreu den Weisungen der Kirche die ausdrückliche Absicht hegt, den Akt vor dem Standesbeamten als bloße Zeremonie zu setzen, ohne damit seine Ehe begründen zu wollen. Trotz des äußeren Konsensaustausches verweigert er innerlich den Ehekonsens, nicht weil er diese Ehe ablehnte, sondern weil er diesen Akt als Eheschließungsakt ablehnt, weil er nicht mit diesem Akt in Wahrheit das eheliche Recht übertragen will.

Mit zwingender Konsequenz muß, wie wir oben sahen, solche Totalsimulation auch dort angenommen werden, wo der Nupturient mit standesamtlicher und kirchlicher Trauung gerade die umgekehrte Intention verbindet, d. h. die zivile Trauung als wahren ehebegründenden Akt intendiert und die nachfolgende kirchliche Trauung bewußt nur als unverbindliche Zeremonie mitmacht, für die er jeden ehebegründenden Willen positiv ausschließt. Ein solcher sieht mit der standesamtlichen Trauung seine Ehe als voll und ganz geschlossen an; er macht die kirchliche Trauung nur noch zum äußeren Schein mit, lehnt es aber ab, in und mit diesem Akt seine Ehe zu schließen, da er sich als schon vorher vollgültig verheiratet betrachtet. Auch der wahre Ehekonsens, den er bei der standesamtlichen Trauung beigebracht hat und der als Ehewille andauert, ändert nichts daran, daß er bei der kirchlichen Trauung keinen Konsens leistet, insofern dazu ein novus voluntatis actus erforderlich wäre, er es aber bewußt ablehnt, in und mit der kirchlichen Trauung das tradere et acceptare ius in corpus vorzunehmen. Trotz des Ehewillens fehlt der Ehekonsens.

Um einem etwaigen Mißverständnis vorzubeugen, sei angemerkt, daß man unter Ablehnung des Eheschließungsaktes natürlich nicht die bloße Ablehnung der rituellen Feierlichkeiten zu verstehen hat. Mag jemand die zeremoniellen Riten, mit denen die Liturgie den Trauungsakt umkleidet, aus irgendwelchen Gründen verwerfen, so tut das seinem Ehekonsens keinen Abbruch, wofern er nur mit diesem Akt seine Ehe schließen will.

Ja selbst die Überzeugung, nicht nur die rituellen Feierlichkeiten, sondern auch schon die kirchliche Eheschließungsform als solche, also die Verpflichtung zum Konsensaustausch vor dem Pfarrer und zwei Zeugen, sei eine höchst unnütze und überflüssige Formalität, braucht nicht zwangsläufig einen wahren Ehekonsens bei der kirchlichen Trauung auszuschließen. Richtig sagt SRR 33, 1941 dec. 58 n. 5 S. 621: Generatim quae ad parendum formae fiunt, vera et valida sunt, etsi eorum necessitas vel utilitas haud agnoscatur. Jemand mag die kirchliche Eheschließungsform für lästig und unnötig halten, gleichwohl kann er, wenn er sich schließlich der kirchlichen

Formvorschrift beugt, eine gültige Ehe mit wahrem Konsens schließen, dann nämlich, wenn er tatsächlich den Willen aufbringt, bei dem ihm zwar unerwünschten kirchlichen Trauungsakt dennoch in Wahrheit seine Ehe zu begründen. Anders aber wäre zu urteilen, falls er sich zwar auch schließlich zur Erfüllung der kirchlichen Formvorschrift bequemt, jedoch mit aller Entschiedenheit daran festhält, daß er einzig und allein schon in der standesamtlichen Trauung das eheliche Recht übertragen und die Ehe begründet habe, und somit es bewußt ablehnt, in und mit der kirchlichen Trauung seine Ehe einzugehen. Hier klaffen bei der kirchlichen Trauung äußeres Konsenswort und innerer Konsenswille in totaler Simulation auseinander. Hier sagt zwar sein Mund, er sei gekommen, mit dieser seiner Braut die Ehe einzugehen, er sei gewillt, ihr jetzt alle ehelichen Rechte zu übertragen und sie zu seiner Ehefrau zu machen. Aber sein innerer Wille lehnt dies bewußt ab; er lehnt es ab, mit seiner Braut nunmehr die Ehe einzugehen, weil er dies einzig und allein schon mit der standesamtlichen Trauung hat tun wollen; er lehnt es ab, ihr bei diesem kirchlichen Akt die ehelichen Rechte zu übertragen, weil er ihr diese Rechte schon zuvor hat übertragen wollen und sie bereits als seine rechtmäßige Gattin betrachtet. Er lehnt es ab, mit der kirchlichen Trauung das tradere et acceptare ius in corpus zu vollziehen und so seine Ehe zu begründen. Wer in *diesem* Sinne die kirchliche Trauung nur pro forma mitmacht, heiratet ungültig, denn es fehlt die notwendige Konsensleistung.

Nicht leicht wird man in einem konkreten Fall eine solche Totalsimulation in der Form der Ablehnung des Eheschließungsaktes annehmen können. Gilt schon immer die Grundregel, daß die Präsumtion für die Übereinstimmung des inneren Willens mit der im Trauungsakt ausgesprochenen Erklärung steht (c. 1086 § 1), so wird man sie hier um so mehr zu beachten haben, als bei diesem Typ der Totalsimulation der grundsätzliche Wille zu der fraglichen Ehe gar nicht in Abrede zu stellen ist. Gleichwohl muß man mit der Möglichkeit derartiger Simulation rechnen. Sie kann vornehmlich dort auftreten, wo eine tiefgreifende Entfremdung vom kirchlichen Leben zu einem heftigen Widerstreben oder gar zu einem Haß gegen jedwede Bindung durch einen kirchlichen Akt geführt hat und der Nupturient bei einer ihm aufgezwungenen kirchlichen Trauung aus seiner radikal ungläubigen Haltung heraus innerlich ein striktes Nein sagt zu irgendeiner Bindung und Verpflichtung aus dem kirchlichen Eheschließungsakt.

3. Positive Ablehnung des Ehe*sakramentes*

Da das Ehesakrament nur bei Vorliegen eines gültigen Ehevertrages zustande kommt, umgekehrt aber auch ein gültiger Ehevertrag unter Christen nur bestehen kann, wenn gleichzeitig das Ehesakrament gespendet und empfangen wird, so kann die Nichtigkeit einer Ehe auch in dem Ausschluß des Sakramentes der Ehe ihre Ursache haben. Würde durch mangelnde Intention der Empfang des Ehesakramentes verhindert, so wäre damit zugleich das Zustandekommen eines gültigen Ehevertrages vereitelt.

Allerdings wird auf diesem Wege nur in den allerseltensten Fällen die Nichtigkeit der Ehe verursacht, weil nach der einmütigen Lehre der Dogmatik und der Kanonistik für den Empfang des Sakramentes der Ehe nur ein sehr geringes Erfordernis an die Intention hinsichtlich des sakramentalen Charakters zu stellen ist. „Die Kontrahenten müssen die Intention haben zu tun, was die Kirche tut ... Die Brautleute brauchen aber nicht die Absicht zu haben, durch die Eheschließung ein Sakrament zu empfangen, ja sie brauchen nicht einmal an die Sakramentalität der Ehe zu glauben ... Ihr Wille, die Ehe zu schließen, enthält stets die Intention, das Ehesakrament zu spenden und zu empfangen, in sich, solange sie nicht ausdrücklich verneint wird."[22] Erst wenn einer der Nupturienten in einem eigenen Willensakt den Entschluß faßte, mit seiner Eheschließung unter keinen Umständen ein Sakrament der Ehe empfangen zu wollen, und nur dann, wenn diese Absicht so intensiv wäre, daß er lieber auf eine gültige Ehe verzichten möchte, als das Sakrament der Ehe zuzulassen, wäre das Sakrament der Ehe und damit auch ein gültiger Ehevertrag unterbunden. „Wenn die Brautleute bloß einen Ehevertrag eingehen wollen und den Empfang des Sakramentes ausdrücklich ausschließen, so wird man unterscheiden müssen. Ist ihre Abneigung gegen das Sakrament so groß, daß sie lieber ohne Ehe in illegitimer Verbindung leben, als das Sakrament empfangen wollen, so kommt das Sakrament wegen des Fehlens der Intention nicht zustande, und die Ehe ist ungültig, weil es unter Christen keine Ehe geben kann, die nicht Sakrament ist. Wenn aber der ernste Wille, eine wirklich gültige Ehe zu schließen, der vorherrschende ist, so daß der Ausschluß des Sakramentes daneben wie ein begleitender Irrtum erscheint, als ob Ehe und Sakrament trennbar wären, so ist es eine gültige sakramentale Ehe."[23]

Ob man diese Form des Konsensmangels durch Ausschluß des sakramentalen Charakters der Ehe unter die Totalsimulation oder unter die sogenannte Partialsimulation einreihen will, ist mehr ein Streit um Worte, der in der praktischen Auswirkung auf das gleiche Ergebnis hinausläuft. Sie wurde hier der Totalsimulation beigezählt um der realen Identität von Ehevertrag und Ehesakrament willen.

---

[22] Franz *Diekamp*, Katholische Dogmatik nach den Grundsätzen des heiligen Thomas, Bd. 3, Münster 1942^{9+10}, S. 389.

[23] *Diekamp*, a. a. O., S. 389 f.

4. Negatives Fehlen des Willens zum Ehevertrag

Die drei bisher behandelten Formen der Totalsimulation zeigen eine charakteristische Gemeinsamkeit. Bei ihnen gründet der Konsensmangel in einer positiven Ablehnung, in einem Ausschluß durch positiven Willensakt. Der Wille tritt positiv in die Aktion der Ablehnung; positivo voluntatis actu, wie c. 1086 § 2 sagt, wird die Ehe abgelehnt, sei es nun der Ehevertrag überhaupt oder dieser betreffende Eheschließungsakt oder das Ehesakrament.

Obschon c. 1086 § 2 keine andere Möglichkeit der Simulation außer der durch positive Ablehnung zu kennen scheint, muß man zugeben, daß auch bereits bei rein negativem Verhalten des Willens Konsensmangel vorliegen kann. Zum Zustandekommen der Ehe ist positiver Wille gefordert, nämlich der positive Willensakt, die Ehe zu schließen (c. 1081). Wo es an dieser positiven Leistung des Willens fehlt, und sei es auch nur dadurch, daß der Wille rein in seiner Passivität verharrt, ist kein Konsens beigebracht und daher die Ehe nichtig. Daß der Mangel positivo voluntatis actu erfolgt sein müsse, ist sinnvoll nur für die sogenannte Partialsimulation.[24] Die Unauflöslichkeit der Ehe z. B. braucht nicht positiv intendiert zu sein, damit ein gültiger Ehekonsens entsteht. Daher genügt es umgekehrt für die Ungültigkeit des Konsenses keineswegs, wenn der Wille zur Unauflöslichkeit der Ehe rein negativ fehlt; es müßte vielmehr die Unauflöslichkeit positiv ausgeschlossen sein. Anders liegt die Sache bei der Totalsimulation. Die Ehe als solche muß positiv gewollt sein, sonst liegt kein Ehekonsens vor. Auch wenn das Fehlen jeglichen Willens zu der Ehe rein negativen Charakter trüge, ohne daß der Wille die Passivität überschritte und positiv in einem kontradiktorischen Willensentschluß die Ehe eigens ausschlösse, handelte es sich um eine wirkliche Totalsimulation.

Gesetzestechnisch hat diese negative Form der Totalsimulation allerdings ihren Sitz nicht in c. 1086 § 2, da diese Gesetzesbestimmung nur auf die positive Form abgestellt ist. Die Ungültigkeit einer Ehe wegen negativer Totalsimulation hätte man unter Bezug auf c. 1081 festzustellen, der bestimmt, daß eine Ehe nur durch Leistung des Konsenses zustande kommt.

---

[24] Vgl. Rudolf *Haeger,* Willensmängel bei Eheabschluß nach kanonischem und staatlichem Recht unter Berücksichtigung der neuesten Rechtsprechung der S. Romana Rota, Jur. Diss. Marburg 1941, S. 91: „Obgleich in can. 1086 § 2 diese Bestimmung (sc. positivo voluntatis actu) auch für das völlige Fehlen des Willens zur Ehe vorgeschrieben ist, kann er (muß heißen: sie) begrifflich nur für die übrigen aufgezählten Fälle in Frage kommen. Wer vor dem Traualtar ,Ja' sagt, in Wahrheit aber ,Nein' meint, dem fehlt jeder Wille, die Ehe einzugehen. Wenn der Wille zum Abschluß eines Vertrages fehlt, so braucht noch nicht ein positivus actus voluntatis vorliegen, der ausdrücklich das Gegenteil will. Es genügt, wenn allgemein der Wille, das Erklärte auch zu wollen, fehlt. Für die übrigen Fälle ist aber der actus positivus zu erfordern."

Die negative Totalsimulation kann sodann verschiedene Formen annehmen, analog den verschiedenen Formen der positiven Totalsimulation. Zunächst kann negativ fehlen der Wille zum Ehe*vertrag;* das ergibt in unserer Gesamtzählung die vierte Art der Totalsimulation. Hier fehlt bei dem A überhaupt der Wille, mit der B eine Ehe einzugehen. Das hat die Nichtigkeit der Eheschließung zur Folge, auch wenn der Mangel in rein passivem Verhalten des Willens bestand, ohne daß positiv die Ehe verneint worden wäre.

Diese Art des Konsensmangels wird z. B. regelmäßig vorliegen, wenn in einem Theaterstück eine Trauungsszene gespielt wird. Hier fehlt, auch wenn der Spieler nicht ausdrücklich den entgegengesetzten Entschluß faßt, die Ehe in Wahrheit doch nicht zu wollen, gleichwohl wenigstens negativ der Ehewille.

Wo allerdings der Konsensaustausch nach außen nicht als Scherz zu erkennen ist, sondern von den Umstehenden nur als ernst verstanden werden kann, dürfte die negative Form der Totalsimulation nur äußerst selten vorliegen und erst recht noch seltener zu beweisen sein. Den Heiratsschwindler, der sich einem äußerlich ernst erscheinenden Konsensaustausch unterzieht, drängt die ganze Situation einer solchen Trauung aus einer bloßen Neutralität heraus und zu einer positiven Stellungnahme in der geheimen, aber direkten Ablehnung seiner zum Schein eingegangenen Ehe. Psychologisch wird es kaum bei dem bloß negativen Fehlen des Ehewillens bleiben, sondern eine positive Ablehnung der Ehe eintreten. Das ändert jedoch nichts an der Feststellung, daß grundsätzlich die, wenn auch mehr theoretische als praktische, Möglichkeit besteht, daß die Ehe auch durch das bloß negative Fehlen des Ehewillens nichtig wird.

5. Negatives Fehlen des Willens zum Ehe*schließungsakt*

Der volle Konsensmangel kann fünftens in der Weise vorliegen, daß bei einem Nupturienten A, der an sich durchaus die Ehe mit B bejaht, der Wille fehlt, den scheinbaren Konsensaustausch als Eheschließungsakt zu setzen, in und mit der scheinbaren Konsenserklärung seine Ehe zu begründen. Es gehört zum Wesen des wahren Ehekonsenses der Wille, *hiermit* die Ehe zu schließen. Da ein solcher Wille positiv gesetzt werden muß, würde bereits das negative Fehlen dieses Willens vollen Konsensmangel bewirken.

Ein Beispiel, in welchem diese Situation ohne weiteres klar ist: Im Brautunterricht bespricht ein Pfarrer den Trauungsritus und läßt zur Übung von den Brautleuten die Worte des Konsensaustausches sagen. Trotz des vorhandenen Ehewillens und trotz der ausgesprochenen Konsensworte handelt es sich um keine Konsensleistung, insofern bei den Brautleuten der Wille fehlt, *hiermit* die Ehe einzugehen. Das rein negative Fehlen eines solchen Willens genügt für den Konsensmangel; es ist also nicht nötig, daß das Brautpaar positiv den Willen setzt, mit dem Üben des Trauungsritus noch nicht die Ehe zu schließen.

Analog liegt der Fall des überzeugten Katholiken bei der standesamtlichen Trauung. Getreu seiner religiösen Überzeugung hat dieser keineswegs die Absicht, mit der zivilen Trauung seine Ehe zu begründen; und dieses Vakuum allein schon bedeutet Konsensmangel, auch wenn er nicht über das Negative hinaus eigens den Entschluß faßt, den Akt als bloße Zeremonie ohne ehebegründenden Charakter vorzunehmen. Zweifellos liegt bei der standesamtlichen Trauung mancher Katholiken die Totalsimulation nur in dieser negativen Form vor und bedeutet doch echten Konsensmangel.

Man beugt sich nur der immanenten Konsequenz der Logik, wenn man ein gleiches auch für die kirchliche Trauung anerkennt. Fehlt einem Nupturienten bei der kirchlichen Trauung in Wahrheit der aktuelle oder wenigstens virtuelle Wille, in und mit diesem Konsensaustausch seine Ehe zu begründen, so kommt das ebenfalls einer Totalsimulation gleich. Man kann wohl einwenden, daß unter solchen Umständen der Konsensmangel nur äußerst schwer, wenn überhaupt zu beweisen sei. Das Fehlen eines solchen Willens lasse sich kaum aufzeigen, wenn der Nupturient es nicht ausdrücklich abgelehnt habe, durch diese Trauung wirklich seine Ehe zu schließen, wenn also die Totalsimulation nicht doch positiven Charakter angenommen habe. Doch berührt das nur die Frage der faktischen Feststellung, beeinflußt aber nicht die grundsätzliche Erkenntnis, daß schon das negative Fehlen des Willens, hiermit die Ehe zu begründen, eine echte Form der Totalsimulation darstellt.

Mit den vorstehend behandelten Formen sind alle Möglichkeiten der Totalsimulation erschöpft. Man könnte versucht sein, in Parallele zur positiven Ablehnung des Ehe*sakramentes* eine entsprechende Abart der negativen Totalsimulation anzufügen. Doch führte das in die Irre. Das negative Fehlen des Willens, das Sakrament der Ehe zu empfangen, macht den Ehekonsens nicht zunichte. Denn zum Ehekonsens selbst ist nicht positiv der Wille gefordert, mit der Eheschließung zugleich das Sakrament zu empfangen. Es reicht, wie oben dargelegt wurde, für den Ehekonsens aus, wenn der Wille zu dem Sakrament nicht positiv, und zwar in so intensiver Weise ausgeschlossen wurde, daß man lieber auf eine gültige Ehe verzichten als das Sakrament der Ehe empfangen will. Somit sind in den fünf angeführten Formen alle Möglichkeiten der Totalsimulation vollzählig erfaßt.

Kehren wir zum Abschluß noch einmal zu dem eingangs angeführten Eheprozeß zurück. Für den dort erwähnten Fall scheiden die erste und die vierte Form der Totalsimulation, die positive Ablehnung oder das negative Fehlen des Willens zu dem Ehevertrag, aus. Denn es ist unbestritten, daß die Parteien einander zur Ehe haben wollten. Nur eine der anderen Möglichkeiten könnte zu einem Nichtigkeitsurteil führen.

Daher wäre zu untersuchen: War die Abneigung des Klägers gegen das kirchlich-religiöse Leben so heftig, daß er unter keinen Umständen ein Sakrament der Ehe empfangen wollte und daß diese seine Ablehnung in ihrer Entschiedenheit so weit ging, daß er lieber auf eine gültige Ehe überhaupt verzichtet hätte?

Sodann: Lag auf seiten des Klägers eine positive Ablehnung oder wenigstens negativ das Fehlen des Willens vor, mit dem Akt der kirchlichen Trauung seine Ehe zu begründen? Es trifft das Problem genau, wenn in dem genannten Verfahren der Ehebandverteidiger schrieb: „Darum ist die entscheidende Frage des Prozesses diese: Wollten die Parteien durch ihr Ja-Wort vor dem Traualtar die eheliche Gemeinschaft begründen, oder wollten sie diese bereits und nur durch das standesamtliche Ja-Wort begründen, während sie das kirchliche Ja-Wort nur widerwillig und ohne jede eherechtliche Bedeutung und Sinngebung austauschten?" Hat der Ehemann zwar bei der standesamtlichen Trauung seine Ehe begründen wollen, aber dann für die kirchliche Trauung nicht in einem novus voluntatis actus neu den Willen gesetzt, nunmehr seine Ehe zu schließen? War sein Ja-Wort bei der kirchlichen Trauung eine nur äußerlich bleibende Konsensmanifestation ohne neue Ehebegründungsintention, so daß die zur Konvalidation erforderliche Leistung eines auch innerlich neu gesetzten Konsenses fehlte? Hat man diese Fragen zu bejahen, so ist die angefochtene Ehe wegen Konsensmangels nichtig. Denn zum Ehekonsens gehört notwendig die Intention, in und mit der legitimen Konsenskundgabe die Ehe zu begründen.

Das Verhältnis von Vorbehalt und Bedingung
Versuch einer Abgrenzung zwischen c. 1086 und c. 1092

Der Codex Juris Canonici bestimmt in c. 1092:
1. Die condicio de futuro necessaria oder impossibilis oder turpis, sed non contra matrimonii substantiam gilt als nicht beigefügt.
2. Die condicio de futuro contra matrimonii substantiam macht die Ehe ungültig.
3. Die condicio de futuro licita läßt die Gültigkeit der Ehe in der Schwebe.
4. Bei der condicio de praeterito vel de praesenti hängt die Gültigkeit der Ehe von dem tatsächlichen Vorliegen des ausbedungenen Umstandes im Augenblick der Eheschließung ab.

Auf der anderen Seite heißt es in c. 1086 § 2: Die Ehe ist nichtig, wenn einer der Brautleute auch nur durch positiven Willensakt die Ehe oder das volle Recht auf den ehelichen Verkehr oder eine Wesenseigenschaft der Ehe ausschließt.

Hiermit stellt sich die Frage, wie positivus voluntatis actus des c. 1086 § 2 und condicio des c. 1092, wie Vorbehalt und Bedingung zueinanderstehen, wie c. 1086 und c. 1092 gegeneinander abzugrenzen sind.

Das Problem ergibt sich auf den ersten Blick nur für die zweite Nummer des c. 1092, also für die condicio contra matrimonii substantiam. Falls jemand z. B. die Auflösbarkeit zur Bedingung seiner Ehe erhoben hat, so drängt sich ja sofort die Überlegung auf, welchen Unterschied es ausmache, wenn er den Ausschluß der Unauflöslichkeit zwar nicht zur ausdrücklichen Bedingung gestellt, sie aber wohl positiv gewollt hätte. Das Problem der Abgrenzung zwischen c. 1092 und c. 1086 § 2 taucht jedoch, wie wir sehen werden, ebenfalls für sonstige Bedingungen des c. 1092 auf, wenn bei ihnen auch unter anderem Gesichtspunkt.

Erschienen in: Vitae et veritati. Festgabe f. Karl Adam, Düsseldorf (Patmos) 1956, 165–186.

I. Das Verhältnis von Vorbehalt und Bedingung bei der condicio contra matrimonii substantiam

1. Der Stand der Frage

Wenn man sich in der Literatur nach einer Antwort zu unserer Frage umsieht, so stellt man eine große Unsicherheit fest. Recht unterschiedlich ist, was die Autoren zu dem Problem beisteuern, falls sie es nicht sogar vorziehen, sich zu der Sache auszuschweigen und die Abgrenzung zwischen c. 1086 § 2 und c. 1092 n. 2 auf sich beruhen zu lassen. Der Praktiker mag immerhin für solche Resignation geltend machen, es laufe im Endeffekt ja auf dasselbe hinaus, ob jemand den Ausschluß des ius matrimoniale oder der Unauflöslichkeit der Ehe als bloßen Vorbehalt oder aber als condicio gesetzt habe; in beiden Fällen sei die Ehe in gleicher Weise nichtig. Aber wissenschaftlich befriedigt ein solches Ausweichen keineswegs. Und auch der Praktiker des kirchlichen Gerichts dürfte eine Antwort auf die Frage begrüßen. Denn bei der Aufnahme eines Klagebegehrens oder bei der genauen Streitumschreibung in der Litiscontestatio steht er nicht selten vor der Schwierigkeit, bei welchem Klagegrund er den jeweiligen Fall einzuordnen hat, ob bei c. 1086 oder bei c. 1092; ob er in der einen Sache gehalten ist, auf c. 1086 abzustellen, während er einen anderen Fall unter c. 1092 zu führen hätte, oder ob es seinem Belieben völlig freigestellt ist, bald nach c. 1086, bald nach c. 1092 vorzugehen oder vielleicht auch kumulativ beide Kanones zusammen als Klagegrund heranzuziehen.

Prüfen wir zunächst einige typische Ansichten der Autoren.

a) Klare, aber verfehlte Grenzziehungen

Bei einigen Kanonisten findet man zwar eine scharfe Grenze gezogen zwischen Vorbehalt und Bedingung, zwischen c. 1086 und c. 1092, aber mit dem Verlauf der Grenze, wie sie dort gezogen wird, kann man sich nicht einverstanden erklären.

Hierhin ist Franz Triebs zu rechnen, wenn er schreibt: „Die Bedingung bei der Ehe ist scharf zu scheiden von dem Vorbehalt bei der Ehe. Die Bedingung, welche dem Ehekonsens zugesetzt wird, ist stets *zweiseitig*, d. h. *beide* Parteien müssen die Bedingung als einen wesentlichen Bestandteil in ihren ehelichen Konsens aufnehmen, so daß nach ihrem Willen mit dem Ausfall der Bedingung auch ihr ehelicher Konsens keine Geltung haben soll. Das Setzen der Bedingung geschieht in der Regel so, daß der A die Bedingung aufstellt und die B die Bedingung annimmt oder umgekehrt. Widerspricht die B, so ist von Bedingung keine Rede ... Im Gegensatz zur Bedingung ist der Vorbehalt stets *einseitig*, d. h. nur *eine* Partei bindet ihren ehelichen Konsens an den Eintritt des Umstandes. Die andere Partei braucht von diesem Vorbehalt gar nichts zu wissen ... Der Bedingung wie dem Vorbehalt ist gemeinsam, daß der betreffende Umstand als condicio sine qua non des ehelichen Konsenses gesetzt wird. Bedingung und Vorbehalt unterscheiden sich aber ... dadurch, daß die Bedingung auf Vereinbarung der Parteien beruht, der Vorbehalt einseitig ist ... Manche Kommentatoren des CIC (scheiden) Bedingung und Vorbehalt nicht mit genügender Schärfe voneinander, während doch c. 1092 und c. 1086 § 2 deutlich den Unterschied aufweisen."[1] „Fast alle Kanonisten, auch die geistlichen Gerichte, sind nun dem Irrtum verfallen, diese (sc. die einseitige) Bedingung unter c. 1092 zu ziehen, während sie begrifflich als einseitiger, bewußter und gewollter Zwiespalt zwischen Wille und Erklärung unter c. 1086 § 2 gehört. Durch diesen Irrtum ist viel Verwirrung angerichtet worden."[2]

An Deutlichkeit und Schärfe der Grenzziehung zwischen c. 1086 § 2 und c. 1092 n. 2 läßt diese Stellungnahme von Triebs nichts zu wünschen übrig. Danach wäre unter c. 1086 § 2 die einseitig gesetzte Bedingung erfaßt, mit c. 1092 n. 2 dagegen die zweiseitige, unter den Parteien vereinbarte Bedingung gemeint. So glatt hiermit die Bereiche der beiden Kanones in sauberer Abgrenzung aufgeteilt zu sein scheinen, in Wirklichkeit wird jedoch dieser Lösungsvorschlag nicht dem tatsächlichen Sinn des c. 1092 gerecht, der nicht auf die zweiseitige Bedingung beschränkt sein kann.

Es sei allerdings nicht verschwiegen, daß hin und wieder auch die Rota noch in späterer Zeit dazu neigt, die Bedingung des c. 1092 mit der zweiseitigen Bedingung zu identifizieren. So heißt es in einer Rotaentscheidung des Jahres 1937: „Vitia autem consensus matrimonialis inveniri possunt vel in solo positivo voluntatis actu alterutrius vel utriusque contrahentis (can. 1086 § 2), vel ab uno alteri parti imponi possunt sub forma conditionis sine qua non (can. 1092 n. 2)."[3] Man kann diesen Satz schwerlich anders verstehen, als daß damit gesagt sein soll, eine Bedingung im Sinne des c. 1092 liege nur vor, wenn der eine Partner seine Forderung dem anderen förmlich mitgeteilt und dieser sie wenigstens stillschweigend akzeptiert habe.

Von dieser Auffassung rückt die Rota aber an anderer Stelle sehr entschieden ab, wenn sie sagt: „Ut conditio habeatur, non est necesse ut alteri parti contrahenti communicetur; nam potest quis etiam per actum in mente retentum conditionem apponere."[4] Wissenschaftlich ist es in der Tat unhaltbar, die condicio des c. 1092 auf die zweiseitige Bedingung einzuschränken, wie sich aus folgender Überlegung ergibt. Geht man einmal von n. 3 oder n.

---

[1] Franz *Triebs*, Praktisches Handbuch des geltenden kanonischen Eherechts, Breslau 1927 ff., S. 519 f.
[2] *Triebs*, Eherecht, S. 495.
[3] Sacrae Romanae Rotae Decisiones (im folgenden zitiert mit der Abkürzung SRR) 29, 1937, dec. 48, n. 2, S. 486.
[4] SRR 26, 1934, dec. 73, n. 6, S. 616.

4 des c. 1092 aus, also von einer condicio de futuro licita oder von einer condicio de praeterito vel de praesenti, so sieht man rasch, daß hier die einseitige Bedingung ebenfalls mit erfaßt sein muß. Jemand heiratet unter der Bedingung, daß sein Ehepartner frei ist von ansteckenden Krankheiten. Falls diese Bedingung nun in Wirklichkeit nicht erfüllt ist, so ist die Eheschließung ungültig, wobei es keinen Unterschied macht, ob er die Bedingung mit dem Partner vereinbart oder sie nur für sich allein gesetzt hat. Denn auch in letzterem Falle hat er ja die rechtliche Existenz seines Ehekonsenses von dem Vorliegen des ausbedungenen Umstandes abhängig gemacht, so daß bei Nichterfüllung der Bedingung überhaupt kein rechtswirksamer Ehekonsens vorhanden ist. Dieser fehlende Ehekonsens kann aber durch nichts ersetzt werden[5], und in solchem Falle ist mithin die Ehe nichtig auch bei nur einseitiger Bedingung. Diese Nichtigkeit wäre aber kodifikatorisch nicht erfaßt, wollte man c. 1092 auf die zweiseitige Bedingung einschränken. Daher umgreift condicio in c. 1092, wie sich aus n. 3 und n. 4 dieses Kanons ergibt, sowohl die zweiseitige als auch die einseitige Bedingung. Wo dies sicher für n. 3 und n. 4 gilt, geht es nicht an, nun innerhalb desselben Kanons den Terminus condicio verschieden zu deuten und ihn für n. 2 einzuengen auf die zweiseitige Bedingung. Das ist um so weniger möglich, als c. 1092 mit seinen sämtlichen vier Nummern grammatikalisch einen einzigen Satz bildet mit dem nur einmal gesetzten und vorangestellten Subjekt condicio, das daher auch für den ganzen Satz nur in ein und demselben Sinne verstanden werden kann. Da condicio aber in n. 3 und n. 4 die einseitige Bedingung mit erfassen muß, hat man dem Begriff condicio den gleichen Umfang im ganzen Kanon zu belassen.

Die Deutung von Triebs ergäbe zwar eine sehr gradlinige und leicht überschaubare Grenze zwischen c. 1086 und c. 1092, sie wird aber dem wirklichen Sinn des Gesetzestextes nicht gerecht und ist bei den Kanonisten allgemein auf Ablehnung gestoßen.[6] Man kann also nicht zuordnen: c. 1086 einseitiger Vorbehalt; c. 1092 zweiseitige Bedingung.

Ebensowenig kann man den Unterschied zwischen Vorbehalt und Bedingung dahin charakterisieren, daß ersterer stets *geheim* sei, während die Bedingung *nach außen kundgetan* sein müsse. Zu dieser Abgrenzung: actus pure internus voluntatis (c. 1086 § 2) – condicio externe manifestata (c. 1092 n. 2) neigen nicht wenige Rota-Entscheidungen, wenn hin und wieder auch in etwas verschleierter Form.[7] Wiederum muß man sagen: Die Grenze wäre so

---

[5] Vgl. c. 1081 § 1.
[6] Vgl. Eduard *Eichmann* und Klaus *Mörsdorf,* Lehrbuch des Kirchenrechts auf Grund des Codex Juris Canonici, Bd. 2, Paderborn 1953[7], S. 229, A. 1. Heribert *Jone,* Gesetzbuch der lateinischen Kirche, Bd. 2, Paderborn 1952[2], S. 344, A. 102.
[7] Vgl. SRR 26, 1934, dec. 34, n. 2, S. 303 f. SRR 26, 1934, dec. 60, n. 2, S. 518. SRR 28, 1936, dec. 5, n. 2, S. 48. SRR 29, 1937, dec. 26, n. 2, S. 281 f. SRR 30, 1938, dec. 6, n. 3, S. 63. SRR

zwar sehr klar gezogen, aber sie ist nicht richtig. Aus den gleichen Gründen, wie sie im vorstehenden entwickelt wurden, kann die Bedingung des c. 1092 auch rein geheim beigefügt sein, und sie würde auch so gegebenenfalls die Nichtigkeit der Ehe nach c. 1092 auslösen. Und umgekehrt kann der Vorbehalt des c. 1086 § 2 gleichwohl dem Partner oder einem Dritten mitgeteilt sein, und er bliebe doch, sofern er nicht in der Form einer Bedingung gestellt wird, trotz der Kundgabe ein bloßer Vorbehalt nach c. 1086 § 2.[8]

b) Grenzverwischungen

Während die vorgenannten Auffassungen immerhin eine scharfe Abgrenzung zwischen Vorbehalt und Bedingung, zwischen c. 1086 und c. 1092 versuchen, neigen andere Autoren dazu, den Unterschied mehr oder weniger aufzulösen und die Grenze zu verwischen.

Hier ist Dino Staffa zu zitieren, der sich in einem von ihm ponierten Rota-Urteil vom 31. Oktober 1952[9] über den actus positivus voluntatis des c. 1086 § 2 verbreitet und von diesem Vorbehalt schreibt: „Et ipse naturam induit conditionis". Vorbehalt und Bedingung sind danach im Grunde gar nicht mehr voneinander verschieden. Der Vorbehalt „trage die Natur einer Bedingung"; der Vorbehalt des c. 1086 § 2 sei im Wesen selbst eine Bedingung contra matrimonii substantiam.

Näher geht Staffa auf diese Frage in seiner Schrift „De conditione contra matrimonii substantiam"[10] ein. Er nennt den Vorbehalt des c. 1086 § 2 eine unentwickelte oder stillschweigende Bedingung.[11] Zu einer förmlichen Bedingung sei es hier nur deshalb nicht gekommen, weil der Kontrahent keinerlei Zweifel gehegt habe, daß er die Ehe im Sinne seines Vorbehaltes führen könne und werde. Wäre ihm hieran ein Zweifel aufgestiegen, so hätte er auch förmlich eine Bedingung gesetzt.[12] Staffa spricht ausdrücklich von der substantiellen Identität von Vorbehalt und Bedingung.[13] Einen gewissen psychologischen Unterschied gibt er zwar zu.[14] Aber wie sehr er im Grunde die beiden rechtlich in eins setzt, ergibt sich am besten aus seinem Satz: „Sicut conditio contra matrimonii substantiam semper ac necessario consensum limitat ab intrinseco, ita consensus matrimonialis limitari ab intrinseco non potest, nisi conditione contra matrimonii substantiam."[15] Eine

---

30, 1938, dec. 66, n. 2, S. 592. SRR 31, 1939, dec. 42, nn. 6–7, S. 419'f. SRR 31, 1939, dec. 55, n. 2, S. 552 f. SRR 34, 1942, dec. 74, n. 2, S. 783.
[8] Vgl. *Eichmann-Mörsdorf*, Lehrbuch 2, S. 231.
[9] Mitgeteilt in Ephemerides Iuris Canonici 1953, S. 134.
[10] Rom 1955².
[11] *Staffa*, De conditione, S. 32, A. 56: conditio haud evoluta vel mente retenta.
[12] *Staffa*, De conditione, S. 32.
[13] *Staffa*, De conditione, S. 27: De substantiali identitate inter actum positivum voluntatis et conditionem.
[14] *Staffa*, De conditione, S. 31–33.
[15] *Staffa*, De conditione, S. 11 f.

innere Aushöhlung des Ehekonsenses kennt er nur in der Weise einer Bedingung. Auch der Vorbehalt des c. 1086 § 2 ist für ihn im wesentlichen nichts anderes als ebenfalls eine Bedingung, wenn auch eine unentwickelte und stillschweigende.

Noch entschiedener setzt sich Ermanno Graziani[16] für die Identität von Vorbehalt und Bedingung ein. Er schreibt: „E qui giova accennare ad una distinzione che suol dirsi sottile e che oseremo invece chiamare inconsistente: alla distinzione cioè tra intentio e conditio contra matrimonii substantiam, o più semplicemente tra intentio e conditio."[17] In Wirklichkeit entbehre die Unterscheidung jeder realen Existenz, ja die Identität von Vorbehalt und Bedingung erscheine evident. Seinen Ehewillen mit einem Vorbehalt des c. 1086 § 2 begrenzen, das heiße doch seinen Konsens bedingt setzen. Und umgekehrt: die Ehe wollen unter der Bedingung, daß sie eine ihr wesentliche Eigenschaft nicht habe, das besage doch ein konstitutives Element der Ehe positiv ausschließen, wie es in c. 1086 § 2 gemeint ist.[18] Vorbehalt und Bedingung könnten also nicht als zwei verschiedene Rechtsfiguren aufgefaßt werden.[19]

Allenfalls liege, so führt Graziani aus, ein Unterschied in der grammatikalischen Formulierung vor, aus der man dann folgern könne auf Kraft und Tragweite der voluntas contra matrimonii substantiam. Der Autor will damit wohl sagen, daß durch die Einkleidung in die grammatikalische Form einer Bedingung stärker als bei einem Vorbehalt des bloßen actus positivus voluntatis die Entschiedenheit der ehefeindlichen Willenshaltung zum Ausdruck komme. Aber begrifflich, in ihrem Wesen unterschieden sich Vorbehalt und Bedingung nicht.[20]

Daraus resultiert ein Angriff Grazianis gegen c. 1092, den er für recht problematisch hält. Er wendet sich hierbei nicht bloß gegen die zweite Nummer des Kanons (condicio contra matrimonii substantiam), vielmehr scheinen ihm bis auf einen Punkt sämtliche Aufstellungen des c. 1092 verfehlt. Die in n. 1 verfügte Ignorierung der condicio necessaria vel impossibilis vel turpis, sed non contra matrimonii substantiam (pro non adiecta habeatur) sei im Ernstfalle ja doch nicht aufrechtzuerhalten. Wenn jemand wirklich ernsthaft von einer solchen condicio turpis seinen Ehewillen abhängig gemacht hat, so zieht tatsächlich die Nichterfüllung dieser Bedingung die Nichtigkeit der betreffenden Ehe nach sich; daran ändert das „pro non adiecta habeatur" nichts. Sodann sei n. 2 des c. 1092 über die condicio

---

[16] Contributo allo studio della condizione nel diritto matrimoniale canonico, in: Ephemerides Iuris Canonici 1947, S. 457–504 und S. 642–678.
[17] Ephemerides Iuris Canonici 1947, S. 671.
[18] Ephemerides Iuris Canonici 1947, S. 672.
[19] Ephemerides Iuris Canonici 1947, S. 673.
[20] Ephemerides Iuris Canonici 1947, S. 673.

contra matrimonii substantiam völlig überflüssig, weil hier nur nochmals geregelt werde, was in c. 1086 § 2 schon geregelt sei. Ebenso sei n. 4 des c. 1092 über die condicio de praeterito vel de praesenti unnütze Verdopplung, weil die Norm bereits enthalten sei in c. 104: „Error actum irritum reddit, si recidat in conditionem sine qua non." Von dem ganzen c. 1092 bleibe also als sinnvoll einzig und allein die Nummer 3 übrig: Die condicio de futuro licita läßt die Gültigkeit der Ehe in der Schwebe.[21]

Zweifellos ist an dem Angriff Grazianis gegen c. 1092 manches richtig gesehen. Auch kann man nicht verkennen, daß zwischen dem Vorbehalt des c. 1086 § 2 und der Bedingung des c. 1092 n. 2 engste Verwandtschaft besteht. Aber die Grenze zwischen ihnen völlig verwischen und beide für identisch erklären, das dürfte dem Sinn des Gesetzes nicht gerecht werden. Um dies aufzuzeigen, soll sich die Überlegung nunmehr einem eigenen Lösungsvorschlag zuwenden.

2. Lösungsversuch

Die folgenden Darlegungen, welche sich um eine genaue Grenzziehung zwischen Vorbehalt und Bedingung bemühen, wollen dabei nicht mehr als ein Versuch sein. Die Schwierigkeit des Gegenstandes, wie sie sich in dem Schwanken der kanonistischen Literatur zur Genüge zeigt, macht diese Einschränkung wohl verständlich.

Auszugehen hat man dabei von einer psychologischen Analyse der Willenshaltungen beim Vorbehalt und bei der Bedingung. Was will der Kontrahent, wenn er seine Ehe schließt mit einem der in c. 1086 § 2 erwähnten Vorbehalte? Und was will er, wenn er die Ehe eingeht unter einer condicio contra matrimonii substantiam? Erst wenn da Klarheit geschaffen ist, läßt sich erhoffen, aus einem Vergleich des so Gewonnenen auch zu erheben, ob ein Unterschied zwischen den beiden Rechtsfiguren und gegebenenfalls welcher Unterschied zwischen ihnen obwaltet.

Wenden wir uns zunächst dem *Vorbehalt* zu. Was will der Kontrahent in Wirklichkeit, wenn er bei seiner Eheschließung einen Vorbehalt des c. 1086 § 2, etwa einen Vorbehalt gegen die Unauflöslichkeit der Ehe setzt? „Ich heirate Dich, aber ich binde mich nicht fürs ganze Leben." Ein doppelter Willensakt ist hierin enthalten. Der eine Entschluß zielt darauf, den Partner zu heiraten, mit ihm wirklich eine Ehe einzugehen. Ein zweiter Willensakt steht daneben; er setzt den Vorbehalt: „Ich verpflichte mich nicht für mein Leben lang; ich halte mir aus, bei auftauchenden Schwierigkeiten oder auch nach Gutdünken wieder frei davongehen zu können."

Man hat gelegentlich eingewandt, der genannte doppelte Willensakt sei psychologisch unmöglich; wer mit dem Vorbehalt heirate, setze nur einen

---

[21] Ephemerides Iuris Canonici 1947, S. 677 f.

einzigen Entschluß: „Ich will eine auflösbare Ehe eingehen."[22] Dazu ist zu sagen: Es mag durchaus sein, daß in manchen Fällen realiter, dem konkreten Vorgang nach, nur dieser eine Akt gesetzt wird. Aber auch dann steckt in ihm, wie man abstrahierend feststellen kann, der genannte doppelte Inhalt. Und zum zweiten wird es in vielen Fällen so sein, daß auch im realen psychologischen Vorgang die beiden Akte eigens gesetzt werden: „Ich will Dich heiraten" und davon getrennt, vielleicht auch zeitlich getrennt: „Ich binde mich nicht fürs ganze Leben." Psychologisch realisierbar ist das ohne weiteres. Unmöglich wäre es nur, explicite zu bejahen: „Ich schließe eine absolut unauflösliche Ehe" und gleichzeitig zu wollen: „Ich binde mich nicht für immer." Das wäre psychologisch unvollziehbar. Aber das ist mit dem doppelten Willensakt ja auch nicht gemeint. Der erste Willensakt sagt nicht explicite: „Ich schließe eine absolut unauflösliche Ehe", sondern bejaht nur generell: „Ich will eine Ehe eingehen."

Als faktischer psychologischer Vorgang ist das Nebeneinander der beiden Entschlüsse „Ich schließe eine Ehe" und „Ich behalte mir den Ausweg einer Scheidung vor" durchaus möglich und wird auch in der Wirklichkeit gar nicht einmal so selten vorkommen. Aber ihrem objektiven Gehalt nach stehen die beiden Willensakte in Widerspruch miteinander. Der erste offenbart zwar allgemein die Intention, eine Ehe einzugehen. Der zweite aber gibt dazu eine spezifische Einengung, indem er aus der Ehe die Verpflichtung zur lebenslänglichen Bindung ausklammern will. Wenn der Nupturient auch allgemein den Willen hat, eine Ehe zu schließen, so zeigt der speziellere zweite Willensakt, was er persönlich mit dem Wort „Ehe" meint und will, daß er sie nämlich nur als eine auflösbare, nicht unbedingt lebenslängliche Bindung versteht und intendiert. Damit bricht jedoch der zweite speziellere Willensakt, der Vorbehaltswille, aus dem ersten allgemeineren Willensakt, dem Heiratswillen, ein Wesensstück heraus, ohne welches ein wahrer, gültiger Ehekonsens undenkbar ist. Mag der Betreffende subjektiv auch meinen, wirklich eine Ehe zu wollen, was er in Wahrheit jedoch will, ist, wie sich aus dem Vorbehalt ergibt, objektiv überhaupt keine Ehe mehr, da diese nur als unauflösbare Bindung bestehen kann. Sein vermeintlicher Ehewille verfehlt also das allein mögliche Objekt eines gültigen Ehevertrages. Die objektive Relation zwischen den beiden Entschlüssen charakterisiert sich mithin so, daß der speziellere Vorbehaltswille den allgemeineren Heiratswillen in seiner Rechtswirksamkeit zunichte macht und damit einen gültigen Eheabschluß verhindert.[23]

---

[22] So z. B. *Graziani*, in: Ephemerides Iuris Canonici 1947, S. 672.
[23] Vgl. SRR 29, 1937, dec. 26, n. 2, S. 281: Si praeter hanc generalem intentionem matrimonium contrahendi, altera habeatur intentio, positivo voluntatis actu elicita, qua unum ex bonis matrimonii excluditur, iam duplex habebitur actus voluntatis, generalis matrimonium contrahendi et specificus elementum essentiale e consensu excludendi, qui illum generalem

Stellen wir dem Vorbehalt nunmehr die *Bedingung* gegenüber. Wie ist die psychologische Situation dessen, der eine Ehe eingeht mit einer condicio contra matrimonii substantiam? Also z. B. mit dem präzisen Entschluß: „Ich schließe die Ehe unter der Bedingung, daß Du Dich mit einer eventuellen späteren Scheidung einverstanden erklärst" oder: „Ich heirate unter der Bedingung, daß die Ehe unter allen Umständen kinderlos bleibt." Wie beim Vorbehalt, so lassen sich auch hier die zwei Willensakte feststellen. Einmal ist der Wille dieses Nupturienten auf das Eingehen einer Ehe gerichtet. Er will wirklich die Ehe schließen; freilich nur bedingt, nämlich geknüpft an die in der condicio zum Ausdruck kommende Voraussetzung.

In der condicio steckt der zweite Willensakt dieses Nupturienten. Er faßt den festen Entschluß, sich die Möglichkeit einer Scheidung offenzuhalten, und setzt dies zur Bedingung seines Ehewillens; oder er hat die klare Absicht, seine Ehe kinderlos zu halten, und macht davon seinen Willen zu dieser Ehe abhängig. In und mit der condicio contra matrimonii substantiam ist ein positiver Willensakt gesetzt, eines der Wesenselemente der wahren Ehe auszuschließen. Wer bei der Heirat seine Ehe an die Bedingung knüpft, daß er unter Umständen wieder das Recht zu einer Scheidung habe, negiert damit für sich die lebenslängliche Bindung und schließt die Unauflöslichkeit der Ehe positiv aus. Wenn er bei der Eheschließung, und sei es auch nur für sich und geheim, die Bedingung setzt, Kindersegen in seiner Ehe zu verhindern, so verweigert er die Verpflichtung zu naturgetreuem ehelichem Verkehr und schließt mit klarer Absicht das matrimoniale ius ad corpus aus. Damit aber offenbart sich die engste Verwandtschaft zwischen c. 1086 § 2 und c. 1092 n. 2, zwischen Vorbehalt und Bedingung contra matrimonii substantiam, ja mehr als bloße Verwandtschaft. Denn in jeder condicio contra matrimonii substantiam ist mit logischer Notwendigkeit ein Vorbehalt des c. 1086 § 2 mit enthalten. Es gibt keine condicio contra matrimonii substantiam, ohne daß in und mit ihr eines der Wesenselemente der Ehe mit positivem Willen ausgeschlossen würde.[24] In der condicio ist der Vorbehalt mit gesetzt.[25] Die Form der Bedingung bringt nur noch klarer als

---

necessario destruit, cum generi per speciem derogetur. Im gleichen Sinne SRR 18, 1926, dec. 24, n. 2, S. 191. SRR 18, 1926, dec. 50, n. 2, S. 417.

[24] Vgl. Matth. Conte a *Coronata*, De sacramentis, Bd. 3, Turin 1948², S. 697, n. 511: Tam in appositione conditionis contra matrimonii substantiam quam in actu positivo voluntatis contra eandem substantiam excluditur aliquod ex bonis matrimonii essentialibus.

[25] Mörsdorf will den Unterschied zwischen c. 1086 § 2 und c. 1092 n. 2 darin sehen, daß „der Vorbehalt ein Wesensstück der Ehe in *unmittelbarer* Weise ausschließt, die Bedingung dagegen in *mittelbarer* Weise, indem sie die Eheschließung von einem künftigen Verhalten abhängig macht (z. B. ständige Anwendung antikonzeptioneller Mittel, Hingabe an andere zum Gelderwerb, Einwilligung in die Scheidung für den Fall der Unfruchtbarkeit oder des unglücklichen Verlaufes der Ehe), das sich nicht mit dem Wesensinhalt der Ehe vereinbaren läßt" (*Eichmann-Mörsdorf*, Lehrbuch 2, S. 230 f.). Diese Auffassung ist wohl durch die gewählten speziellen Beispiele veranlaßt. Nimmt man ein anderes Beispiel einer condicio

der bloße Vorbehalt die absolute Entschiedenheit und Unabänderlichkeit zum Ausdruck, mit der hier dieses oder jenes bonum matrimonii essentiale ausgeschlossen ist.

Auch in der bedingten Eheschließung ist mithin ein doppelter Wille enthalten, einmal der Heiratswille und sodann der Vorbehaltswille. Der Heiratswille allerdings nicht absolut, sondern geknüpft an den in der Bedingung stipulierten Umstand. Die beiden Willensakte sind also in Verknüpfung gestellt, und zwar dergestalt, daß der Heiratswille nur dann gelten, nur dann rechtswirksam existieren soll, wenn die ausbedungene Voraussetzung gegeben ist. Hierin besteht ja das Wesen der bedingten Eheschließung wie des bedingten Rechtsgeschäftes überhaupt. Wer mit einer condicio contra matrimonii substantiam heiratet, hat zwar neben dem in der Bedingung enthaltenen Vorbehaltswillen auch einen Heiratswillen. Aber dem Bedingungswillen, dem Vorbehaltswillen gibt er eindeutig den Vorrang. Auf ihn ist in erster Linie sein Wille gerichtet, und seine Intention geht dahin, daß sein Ehewille von diesem Vorbehaltswillen abhängig gemacht wird, ihm untergeordnet sein soll. Zwischen Heiratswillen und Bedingungswillen stellt also der Nupturient bewußt und mit Absicht eine Verknüpfung her, und zwar dahin, daß er den Ehewillen dem Vorbehaltswillen subordiniert.

Die mit einer condicio contra matrimonii substantiam geschlossene Ehe ist nichtig. Dafür sind die gleichen Gründe zwingend, welche oben beim Vorbehalt aufgezeigt wurden. In der Bedingung schließt der Nupturient ein Wesenselement der Ehe aus und bricht somit aus seinem Heiratswillen eines jener Stücke heraus, ohne die es keinen wahren Ehekonsens geben kann. Sein so eingeschränkter vermeintlicher Ehewille zielt also gar nicht mehr auf jenen Vertragsinhalt, der allein nach Gottes Willen Gegenstand eines gültigen Eheabschlusses sein kann. In diesem Fehlen eines wahren Ehekonsenses ist die Nichtigkeit einer solchen Ehe begründet.[26]

Nachdem im vorstehenden der Vorbehalt und die Bedingung je für sich analysiert sind, kann nun das Fazit eines *Vergleichs* gezogen werden. Übereinstimmendes, aber auch Differierendes wird sich dabei ergeben.

Weithin stimmen Vorbehalt und Bedingung *überein*. Bei beiden liegen die zwei Willensakte vor: ein Heiratswille und ein Wille, der ein Wesenselement der Ehe positiv ausschließt. Ja, in jeder condicio contra matrimonii

---

contra matrimonii substantiam (etwa die einseitige und geheime Bedingung „wenn ich mich wieder scheiden lassen kann"), so sieht man, daß hier ebenso unmittelbar wie bei einem Vorbehalt die Unauflöslichkeit ausgeschlossen wird.

[26] *Coronata*, De sacramentis 3, S. 697, n. 511, schreibt: Consensus subordinate ad conditionem (sc. contra matrimonii substantiam) positus deficit ob defectum verificatae conditionis. Er begründet also die Nichtigkeit der Ehe mit der Nichterfüllung der Bedingung. Wenn jedoch jemand die Bedingung setzt: „Wenn Du Dich einverstanden erklärst mit einer Scheidung bei Unfruchtbarkeit der Ehe", so kann der Partner tatsächlich ein solches Einverständnis geben; die Bedingung wäre also erfüllt und trotzdem die Ehe nichtig.

substantiam steckt selbst ein Vorbehalt des c. 1086 § 2. In gleicher Weise und aus den gleichen Gründen zieht daher diese condicio ebenso wie der Vorbehalt die Entleerung des Ehekonsenses und somit die Nichtigkeit der Ehe nach sich.

Dennoch sind Vorbehalt und Bedingung *nicht identisch*. Sie stehen vielmehr zueinander wie genus und species, wie Gattung und Art. Worin liegt nun das *Differenzierende*, die differentia specifica, welche einen Vorbehalt zu einer condicio contra matrimonii substantiam macht? Man hat das Differenzierende darin zu suchen, daß bei der condicio der Nupturient die beiden Willensakte, den Ehewillen und den Vorbehaltswillen, bewußt und willentlich *in eine bestimmte Relation zueinander setzt*. Nicht geht es hier um die *objektive* Relation, in welcher Ehewille und Vorbehaltswille zueinander stehen. Denn ob mit oder ohne Bedingung, die objektive Relation ist die gleiche, nämlich die des Widerspruchs und der Unvereinbarkeit von Ehewillen und Vorbehaltswillen. Gemeint ist vielmehr die *subjektive* Relation, die Relation, welche bei der Bedingung subjektiv der Nupturient in seiner Intention zwischen Ehewillen und Vorbehaltswillen selbst herstellt. Ehewille und Vorbehaltswille stehen bei einer bedingten Eheschließung nach der Absicht des Heiratenden nicht für sich, nicht getrennt, nicht unabhängig nebeneinander. Er setzt sie bewußt — und das ist das Charakteristikum des bedingten Rechtsgeschäfts, und hierin kann allein das unterscheidende Merkmal der Bedingung vom bloßen Vorbehalt gefunden werden — in Relation zueinander, und zwar in die Beziehung der *Subordination*. Er ordnet seinen Ehewillen in klarer Intention dem Vorbehaltswillen unter. Der Ehewille soll nach seiner Absicht nur dann gelten und wirksam werden, wenn der Inhalt des Vorbehaltswillens erfüllt ist. Ob der Nupturient sich dabei bewußt ist, daß die Beifügung einer solchen Bedingung überhaupt den Ehewillen zunichte macht, ist belanglos; oft genug wird diese Einsicht sogar fehlen.[27] Wohl aber geht, sonst läge gar keine bedingte Eheschließung vor, seine Intention darauf, die Ehe von der Erfüllung der Bedingung abhängig zu machen, den Ehewillen also dem Vorbehaltswillen unterzuordnen. Diese subjektiv intendierte Unterordnung des Ehewillens unter den Vorbehalts-

---

[27] Nur mit Einschränkung kann man daher dem zustimmen, was A. C. *Jemolo*, Il matrimonio nel diritto canonico, Mailand 1941, n. 134, S. 254, schreibt: „Possiamo dire che l'*intentio* è assai più facilmente ipotizzabile della *conditio;* che mentre questa ultima presuppone una conoscenza positiva dei *bona* che costituiscono gli estremi del matrimonio, l'*intentio* può conciliarsi come conoscenza vaga ed incerta; che l'*intentio* è la caratteristica, non rara ai nostri giorni, di chi, pure sposando secondo riti e le forme della Chiesa, pure non volendo essere socialmente un ribello, lo è in realtà, in quanto pretende sovrapporre un ordine, un concetto suo all'ordine ed al concetto della Chiesa; che la *conditio* presupporrebbe quasi una volutà di peccare e di porsi in contrasto con un ordine che al tempo stesso si accetta, che è assai meno facile riscontrarsi." Gewiß wird ein Vorbehalt des c. 1086 § 2 häufiger anzutreffen sein als eine condicio contra matrimonii substantiam. Aber auch bei letzterer ist nicht unbedingt erforderlich das Wissen um den Gegensatz zur objektiven Ordnung.

willen ist das Charakteristikum der so bedingten Eheschließung, und hierin hebt sich die condicio des c. 1092 n. 2 von dem bloßen Vorbehalt des c. 1086 § 2 ab.[28]

Auch bei dem einfachen Vorbehalt liegen Ehewille und Vorbehaltswille gemeinsam vor, aber der Nupturient braucht sie nicht wie bei der condicio bewußt in Unterordnung zueinander zu bringen. Hier genügt vielmehr, daß die beiden Willensakte *nebeneinander* gestellt sind. Zwar wird der so Heiratende sich manchmal eines gewissen Gegensatzes der beiden Entschlüsse bewußt sein, wie es dann in der adversativen Partikel „aber" zum Ausdruck kommt: „Ich heirate, *aber* ich will keine Kinder." Doch braucht er nicht subjektiv jene Relation der beiden Akte zu intendieren, daß mit der Existenz des Vorbehalts der Ehewille stehen und fallen soll. Als Minimum genügt hier schon die bloße *Juxtaposition* von Ehewillen und Vorbehaltswillen. Nebeneinander gestellt werden der Wille: „Wir wollen heiraten" und zugleich etwa der Vorbehalt: „Und wenn wir nicht mehr miteinander auskommen, dann lassen wir uns wieder scheiden." Diese Juxtaposition ist determinierender, spezifizierender Art. Der allgemeinere Wille: „Wir wollen eine Ehe schließen" wird durch den Vorbehalt in dem Sinne spezifiziert und determiniert: „Wir wollen eine auflösliche Ehe." Dabei ist es jedoch nicht einmal unbedingt erforderlich, daß der Nupturient sich dieses spezifizierenden Charakters des beigefügten Ausschlusses der Unauflöslichkeit bewußt wird. So etwa wenn ein Protestant in liberaler Umwelt aufgewachsen überhaupt keine andere Eheauffassung kennt als die, daß eine Scheidung ohne weiteres möglich sei. Falls dieser nun, vielleicht durch heftige Zerwürfnisse während der Zeit der Bekanntschaft veranlaßt, seiner Braut den festen Entschluß bekanntgibt, er werde, wenn solches sich in der Ehe wiederhole, beim erstenmal gleich die Scheidungsklage einreichen, so hat er damit positiv die Unauflöslichkeit der Ehe ausgeschlossen, ohne daß er das Bewußtsein hätte, er habe hierdurch seinen Heiratswillen einengend spezifiziert. Er kennt ja nur diese eine Eheauffassung, so daß er gar nicht auf den Gedanken kommen kann, seine Zusatzerklärung determiniere seinen Heiratswillen. Ehewille und Vorbehaltswille stehen für ihn nach seiner subjektiven Intention in bloßer Juxtaposition.

Es läßt sich zusammenfassen: In jeder condicio contra matrimonii substantiam steckt ein Vorbehalt des c. 1086 § 2, da beide wie genus und species

---

[28] Aus der direkt intendierten Subordination folgt von selbst, daß bei condicio ohne weiteres die *Prävalenz* des Vorbehaltswillens vor dem Ehewillen erkennbar ist. In dieser Erkennbarkeit der Prävalenz will Heribert *Jone,* Gesetzbuch 2, S. 350, den Unterschied zwischen Bedingung und Vorbehalt sehen. Diese Beobachtung ist richtig. Nur wird man nicht der Konsequenz zustimmen können, die Jone hieraus für den Vorbehalt zieht. Vgl. dazu die Ausführung über Prävalenz des Willens bei H. *Flatten,* Ehenichtigkeit bei Vorbehalt gegen die Unauflöslichkeit der Ehe oder gegen den Kindersegen (Österreichisches Archiv für Kirchenrecht 1955, S. 25 ff.).

zueinander stehen. Die Besonderheit der Bedingung gegenüber dem Vorbehalt liegt darin, daß bei der Bedingung der Nupturient Ehewillen und Vorbehaltswillen bewußt in Relation zueinander stellt, und zwar in das Verhältnis der *Subordination,* daß der Ehewille in seiner rechtswirksamen Existenz abhängen solle von der Erfüllung des Vorbehalts. Beim einfachen Vorbehalt des c. 1086 § 2 dagegen genügt es[29], wenn der Heiratende Ehewillen und Vorbehaltswillen in bloßer *Juxtaposition* nebeneinander setzt.

Pio Fedele, der Herausgeber der Ephemerides Iuris Canonici, kommt in etwa zu einem ähnlichen Ergebnis, wenn er das Unterscheidungskriterium in folgendem sieht: Beim Vorbehalt ständen Ehewille und Vorbehaltswille im Verhältnis des Ausschlusses (in rapporto di esclusione), bei der Bedingung hingegen im Verhältnis der Unterordnung (in rapporto di subordinazione).[30] Hinsichtlich der Bedingung deckt sich das völlig mit den obigen Ausführungen. Für den einfachen Vorbehalt hingegen wird man eine kleine Korrektur anbringen müssen. Denn hier wird unter der Hand der Maßstab gewechselt. Wenn es nämlich von der Bedingung heißt, daß hier die Beziehung der Subordination bestehe, so ist da die *subjektiv intendierte* Relation gemeint; der Nupturient intendiert direkt, seinen Ehewillen dem Bedingungsvorbehalt unterzuordnen. Wenn aber auf der anderen Seite für den einfachen Vorbehalt vom Verhältnis der Exklusion die Rede ist, so kann das nur als *objektiv gegebene* Relation verstanden werden. Objektiv liegt das Verhältnis der beiden Willensakte so, daß der Vorbehaltswille den Ehewillen exkludiert, zunichte macht. Keineswegs jedoch braucht subjektiv die Intention des Nupturienten darauf gerichtet zu sein, mit seinem Vorbehalt den Ehewillen auszuschließen; ja in der Mehrzahl der Fälle wird der so Heiratende gar nicht die Einsicht haben, daß er mit dem Vorbehalt objektiv den Ehewillen zunichte macht. Die objektive Relation des Ausschlusses liegt bei dem einfachen Vorbehalt vor; sie liegt objektiv aber ebenso vor bei der condicio contra matrimonii substantiam und kann somit nicht als Unterscheidungskriterium dienen.

3. *Folgerung für die Gerichtspraxis der Eheprozesse*

a) Macht der Kläger geltend, er habe seine Ehe unter einer condicio contra matrimonii substantiam geschlossen, so hat man an sich zunächst freie Wahl, ob man den Prozeß nach c. 1092 n. 2 (condicio) oder aber nach c. 1086 § 2 (Vorbehalt) führen will. Denn in der behaupteten Bedingung

---

[29] Mit Absicht ist formuliert: es genügt. Die Intention des Nupturienten kann auch auf mehr zielen. Doch ist dieses Mehr zur Rechtsfigur des Vorbehalts nach c. 1086 § 2 nicht unbedingt erforderlich.

[30] P. *Fedele,* Intentio e conditio contra matrimonii substantiam, in: Rivista di diritto privato 1936 I, S. 41.

muß ja der Vorbehalt gegen ein Wesenselement der Ehe mit enthalten sein, da nach dem Gesagten die condicio contra matrimonii substantiam nur eine besondere Spezies des Vorbehalts von c. 1086 § 2 darstellt.

b) Welchen der beiden zur Verfügung stehenden Wege man tatsächlich einschlägt, wird man rein nach Zweckmäßigkeitserwägungen entscheiden. Und da empfiehlt es sich, ausnahmslos den Eheprozeß auf c. 1086 § 2 (Vorbehalt) und nicht auf c. 1092 n. 2 (Bedingung) abzustellen und dementsprechend die Streitfrage in der Litiscontestatio zu formulieren. Also z. B.: „Steht es fest, daß die Ehe N. N. nichtig ist wegen Ausschlusses der Unauflöslichkeit der Ehe?", nicht aber: „Steht es fest, daß die Ehe N. N. nichtig ist wegen einer beigefügten Bedingung gegen die Unauflöslichkeit der Ehe?" Für ein Verfahren nach c. 1086 § 2 ist nämlich weniger an Beweis gefordert als für einen Prozeß nach c. 1092 n. 2. In einem Verfahren nach c. 1092 n. 2 müßte zunächst nachgewiesen werden, daß der Nupturient positiv die Unauflöslichkeit oder ein sonstiges Wesenselement der Ehe ausgeschlossen hat, mithin genau das gleiche, was auch bei einem Prozeß nach c. 1086 § 2 nachzuweisen ist, was dort aber allein schon für ein Nichtigkeitsurteil ausreicht. Beim Bedingungsprozeß müßte darüber hinaus noch ein zweites zusätzlich bewiesen sein: daß der Ausschluß der Unauflöslichkeit in einer ganz besonderen Weise intendiert wurde, nämlich als Bedingung, d. h. daß die Absicht des Eheschließenden explicite darauf gerichtet gewesen sei, der Ehewille solle nur für den Fall rechtswirksam sein, daß das Ausbedungene vorliege. Diesen zusätzlichen Beweis kann man sich sparen, wenn man von vornherein den Prozeß auf das Geleise des c. 1086 § 2 leitet. Das ist auch schon deshalb ratsam, weil die Erfahrung der Ehegerichte immer wieder zeigt, wie schwierig sich oft der Beweis dafür gestaltet, ob etwas wirklich als Bedingung intendiert war.

Bezeichnenderweise hat auch die Rota, nachdem die Neufassung des Kodex sich durch einige Jahre eingespielt und so nach und nach ebenfalls den feineren Nuancen zum Durchbruch verholfen hatte, dem Verfahren nach c. 1086 § 2 deutlich den Vorzug gegeben. Im Band 19 der Rota-Entscheidungen aus dem Jahre 1927 war im Sachregister (S. 579) noch unterschieden, ob ein Vorbehalt per modum conditionis oder per modum positivi voluntatis actus gesetzt war. Vom Band 20 an aus dem Jahre 1928 wird dagegen in der Tabula rerum die condicio contra matrimonii substantiam überhaupt nicht mehr geführt, sondern stets unter exclusio mit erfaßt. Freilich findet sich diese seitdem ausnahmslos durchgeführte Abstellung auf die exclusio, also auf den Vorbehalt des c. 1086 § 2 nur im Sachregister der Rota-Bände, während im Text der Urteile selbst bald auf c. 1086 § 2, bald auf c. 1092 n. 2, nicht selten ohne klare Abgrenzung, rekurriert wird.

Für die Eheprozesse ist nach dem Gesagten c. 1092 n. 2 durchaus entbehrlich, da schon durch c. 1086 § 2 hinreichend und umfassend vorgesorgt ist.

Welchen Sinn hat dann überhaupt noch die Formulierung des c. 1092 n. 2? Es soll nicht dem harten Verdikt Grazianis[31] beigepflichtet werden, nach dessen Urteil c. 1092 n. 2 völlig überflüssig sei, entsprungen nur einem skrupulös überspitzten Streben nach Klarheit des Textes. Gewiß, sachlich bringt c. 1092 n. 2 über c. 1086 § 2 hinaus nichts Neues. Aber nachdem c. 1092 im einzelnen die Bestimmungen über die bedingte Eheschließung regelt und in n. 1 die Norm aufstellt, eine condicio turpis, sed non contra matrimonii substantiam gelte als nicht beigefügt, erwartet man im systematischen Fortschreiten des Gedankenganges anschließend eine Antwort, was dann hinsichtlich der condicio contra matrimonii substantiam rechtens sei. Man kann nicht einwenden, darauf dürfe der Gesetzgeber aus Gründen der Ökonomie keine ausdrückliche Antwort geben, weil das ja schon in c. 1086 § 2 geregelt sei und der aufmerksame Leser daraus selbst die Folgerung für die condicio contra matrimonii substantiam ziehen könne. Das hieße die Gesetzesökonomie überspitzen zum Schaden der Klarheit.

c) Ein Urteil kann nicht entscheiden, die Nichtigkeit der Ehe stehe wegen condicio contra matrimonii substantiam fest, und zugleich die Feststellung treffen, ein Vorbehalt nach c. 1086 § 2 sei nicht erwiesen. Hierin steckt ein logischer Fehler. Wohl kann es umgekehrt sein, daß ein Vorbehalt des c. 1086 § 2, nicht aber eine condicio contra matrimonii substantiam erwiesen ist. Ist jedoch der Beweis für condicio contra matrimonii substantiam erbracht, dann ist a fortiori der Beweis für den entsprechenden Vorbehalt des c. 1086 § 2 gegeben.

d) Eheleute können zu einer neuen Eheschließung erst zugelassen werden, wenn wenigstens ein doppeltes Nichtigkeitsurteil über ein und denselben Nichtigkeitsgrund vorliegt (c. 1987). Wie steht es nun, wenn eine erste Instanz die Nichtigkeit der Ehe ausspricht wegen Bedingung gegen die Unauflöslichkeit der Ehe und die Oberinstanz zwar gleichfalls auf Nichtigkeit erkennt, aber ausdrücklich erklärt, eine Bedingung gegen die Unauflöslichkeit sei nicht erwiesen, doch stehe die Nichtigkeit fest wegen Ausschlusses der Unauflöslichkeit durch Vorbehalt des c. 1086 § 2? Man würde einem Buchstabenformalismus huldigen, wollte man hier nicht ein übereinstimmendes Urteil aus dem gleichen Nichtigkeitsgrund anerkennen, mag auch das eine Urteil auf c. 1092 n. 2, das andere auf c. 1086 § 2 abstellen. Denn das erste Urteil enthält implicite ebenfalls die Anerkennung, daß die Ehe durch einen positiven Ausschluß der Unauflöslichkeit ungültig ist, was das zweite Urteil bestätigt. Doch ist solchen formalistischen Einwänden von vornherein ein Riegel vorgeschoben, wenn man den obigen Rat befolgt, derartige Prozesse ausnahmslos nach c. 1086 § 2 und nie nach c. 1092 n. 2 zu führen.

---

[31] Ephemerides Iuris Canonici 1947, S. 674.

II. Das Verhältnis von Vorbehalt und Bedingung bei den übrigen Bedingungen des c. 1092

Die bisherigen Ausführungen haben das Problem „Vorbehalt und Bedingung" nur für die condicio contra matrimonii substantiam, also nur für die zweite Nummer des c. 1092 behandelt. Man könnte meinen, hiermit sei das Verhältnis von Vorbehalt und Bedingung auch erschöpfend besprochen, wie sich ebenfalls die Literatur, wo sie zu der Frage Stellung nimmt, auf diesen Punkt beschränkt. Doch bei genauerem Zusehen entdeckt man, daß die sonstigen Bedingungen, welche der Kanon 1092 regelt, gleichfalls gegenüber einem Vorbehalt des c. 1086 § 2 abgegrenzt werden müssen, worauf im folgenden noch einzugehen ist.

Das etwas versteckt liegende Problem wird an einem Beispiel deutlich. Jemand erklärt seiner Bekannten, die ihn wegen einer Schwangerschaft zur Heirat drängt: „Ich heirate Dich aber nur unter der Bedingung, daß das Kind tatsächlich, wie Du behauptest, von mir stammt. Sollte sich jedoch später herausstellen, daß ein anderer der Vater des Kindes ist, dann gehe ich sofort von Dir." Hier liegt eine condicio de praeterito vel de praesenti (c. 1092 n. 4) vor. Hat man es aber nicht zugleich mit einem Vorbehalt des c. 1086 § 2 zu tun, nämlich mit dem Ausschluß der Unauflöslichkeit der Ehe, da er ja gegebenenfalls sich wieder scheiden lassen will?

Falls nun in Wirklichkeit die gestellte Bedingung nicht erfüllt ist, falls also in unserem Beispiel eine fremde Vaterschaft vorliegt, so möchte sich auf den ersten Blick folgende Lösung aufdrängen. Einmal ist die Ehe nichtig wegen nicht erfüllter Bedingung des c. 1092 n. 4. Sodann stehe aber noch ein zweiter Weg einer Nichtigerklärung der Ehe offen. Mit solcher Bedingung sei ja verknüpft der Wille, für den ausgemachten Eventualfall die Ehe sofort zu scheiden. Eine derartige Absicht, sich auch nur für einen bestimmten Fall die Möglichkeit einer Scheidung auszubehalten, stelle aber, wie allgemein zugegeben werde, bereits einen Ausschluß der Unauflöslichkeit dar. Mithin könne die Ehe auch noch wegen dieses Vorbehaltes nach c. 1086 § 2 für nichtig erklärt werden.

So gangbar diese Lösung zunächst erscheinen möchte, in Wirklichkeit führt sie in eine Sackgasse. Man kann nicht die dreigliedrige Gleichung aufstellen: der Wille „Ich heirate unter einer Bedingung, z. B. daß Du erbgesund bist" sei gleich dem Entschluß „Ich lasse mich scheiden, wenn Du erbkrank bist", und dieser Wille wiederum sei gleich einem Ausschluß der Unauflöslichkeit. Vielfach setzt man zwar das erste gleich dem zweiten und das zweite gleich dem dritten. Aber wenn man dann die Konsequenz daraus ziehen wollte, daß nun auch das erste (bedingter Ehewille) gleich dem dritten (Ausschluß der Unauflöslichkeit) sei, so merkt man, daß da etwas nicht stimmt. Denn bei dem dritten (Ausschluß der Unauflöslichkeit) ist die Ehe auf *jeden* Fall nichtig, auch wenn die gewünschte Erbgesundheit tatsächlich vorhanden wäre. Beim ersten (bedingte Eheschließung) hingegen kann die Ehe unter Umständen gültig sein, falls nämlich die geforderte Gesundheit vorliegt. Das erste kann also gar nicht gleich dem dritten sein. Wo steckt da der Fehler?

1. Was die Gleichsetzung des ersten mit dem zweiten, der bedingten Eheschließung mit dem Entschluß, andernfalls die Ehe wieder zu lösen, angeht, so ist nach der faktischen Seite des psychologischen Vorgangs festzustellen: mit der Beifügung einer condicio de praeterito vel de praesenti (c. 1092 n. 4) oder auch einer condicio de futuro licita (c. 1092 n. 3) ist nicht unbedingt zwangsläufig gegeben, daß der Nupturient aktuell gleichfalls den Willen setzt, sich sonst wieder von seiner Frau zu trennen. Vielfach wird er einen solchen Entschluß noch hinzufügen, vielleicht sogar in der Regel. Aber unerläßlich ist das nicht. Wohl muß er – dies ergibt sich aus der Natur der bedingten Eheschließung – das Bewußtsein haben, daß er sich für den Fall der Nichterfüllung nicht binden will. Hieraus folgt zwar *logisch* ohne weiteres, daß für *den* Fall die Bindung auch nicht besteht, die Ehe nichtig ist. Und dies wiederum legt nahe, auch eigens zum Ausdruck zu bringen, daß er bei Nichterfüllung die Ehegemeinschaft aufheben wird. Aber das ist nur naheliegend, nicht zwingend. Muß er sich auch darüber im klaren sein, daß er sich nur für den bestimmten Fall verpflichten will, so braucht ihm nicht unter allen Umständen zu Bewußtsein zu kommen die logische Konsequenz, daß dann seine Ehe trotz kirchlicher Trauung bei Fehlen der ausbedungenen Eigenschaft in Wahrheit ungültig ist. Und erst recht braucht er nicht eigens aktuell noch den Entschluß hinzuzusetzen, er werde sich bei Nichterfüllung wieder trennen.[32] Zumeist wird er das allerdings noch ausdrücklich anfügen. Aber nicht immer, nicht unerläßlich ist mit dem ersten, mit der Beisetzung einer Bedingung auch schon gekoppelt das zweite, der aktuelle Entschluß, sich andernfalls wieder scheiden zu lassen.

2. Setzen wir aber den Fall, daß jemand mit der Beifügung der Bedingung zusätzlich noch den Entschluß gefaßt hat: „Sonst werde ich die Ehe wieder lösen." Wie ist dieser Entschluß rechtlich zu werten? Liegt in ihm ein Ausschluß der Unauflöslichkeit nach c. 1086 § 2?

Man möchte zunächst geneigt sein, die Frage zu bejahen. Anerkanntermaßen schließt ja nicht erst der Wille, sich auf *alle* Fälle später wieder scheiden zu lassen, eine exclusio indissolubilitatis nach c. 1086 § 2 ein. Auch wenn man sich nur für einen Eventualfall das Recht auf Scheidung vorbe-

---

[32] Zutreffend schreibt *Graziani* in Ephemerides Iuris Canonici 1947, S. 670: Nelle condizioni improprie non è necessario che vi sia la volontà di risoluzione nel caso di mancata verificazione, e neppure la consapevolezza della nullità, ma è soltanto logicamente necessario che vi sia la consapevolezza dei limiti dell'obbligazione assunta.

hält, ist bereits die Unauflöslichkeit der Bindung ausgeschlossen. Und das scheint doch auf unser Beispiel zuzutreffen.

Aber der Schein trügt. Der bei einer bedingten Eheschließung gesetzte Wille „Sonst löse ich die Verbindung wieder" stellt in Wahrheit gar keinen Ausschluß der Unauflöslichkeit, keinen Vorbehalt des c. 1086 § 2 dar. Vielmehr kommt hierin nur der Wille zum Ausdruck, aus der Nichterfüllung der Bedingung die legitime Konsequenz zu ziehen, nicht jedoch widerrechtlich aus dem Ehewillen ein Wesensstück herauszubrechen. Das sei näher erläutert.

Beim Ausschluß der Unauflöslichkeit bricht die Intention des Nupturienten aus dem Objekt des Ehevertrages ein Wesensstück heraus; sein Wille ist dann auf eine auflösbare Ehe gerichtet, mithin auf ein Objekt, das mit dem Objekt des Ehevertrages überhaupt nicht mehr identisch ist, so daß keine gültige Ehe zustande kommt. Anders hingegen bei einer Eheschließung unter condicio de praesenti mit dem dabei bekundeten Entschluß: „Sonst trenne ich mich wieder." Hier ist das Objekt des Ehevertrages unberührt gelassen. Der Wille ist gerichtet auf das, was wirklich eine Ehe ausmacht, auf eine unlösbare Ehegemeinschaft. Nur ist dieser wahre Ehewille bedingt gesetzt, und das besagt, daß er rechtsgültig erst und nur sein soll, wenn der ausbedungene Umstand vorliegt. Seine *rechtswirksame Existenz* wird von der Bedingung abhängig gemacht. Das ändert aber nichts daran, daß das *Objekt* des so bedingten Ehewillens nach wie vor eine wahre, unauflösliche Ehe ist. Ist die Bedingung tatsächlich erfüllt, so ist eine wahre, unauflösbare Ehe gewollt und sofort mit Vorliegen des ausbedungenen Umstandes auch die Ehe gültig zustande gekommen. Ist dagegen die Bedingung in Wahrheit nicht erfüllt, so ist überhaupt keine Ehe gewollt, weder eine wahre, unauflösbare, noch auch eine scheinbare, auflösliche. Dann existiert auch von Anfang an keine gültige Ehe. Die Erklärung „Sonst lasse ich mich scheiden" zieht aus diesem Tatbestand nur die allein rechtmäßige Konsequenz, nämlich eine etwa aufgenommene Ehegemeinschaft sofort abzubrechen. In den Worten liegt hier also gar nicht, daß man die Unauflöslichkeit der Ehe ausschließen möchte. Gemeint ist vielmehr, daß für den Fall der Nichterfüllung eben keine Ehe gewollt ist und daß man daher, wenn nun dieser Fall eingetreten und eine Ehe infolgedessen auch nicht vorhanden ist, das tatsächliche Zusammenleben auflöst.

Um Mißverständnissen vorzubeugen, sei eigens angemerkt: Erklärungen wie die: „Unter Umständen lasse ich mich wieder scheiden", etwa „wenn die Ehe nicht harmonisch verläuft" oder „wenn die Ehe kinderlos bleibt" oder „wenn die Frau mir untreu wird", solche Erklärungen sind regelmäßig als Ausschluß der Unauflöslichkeit anzusehen. Von dieser Regel gibt es nur eine Ausnahme, dann nämlich, wenn die Ehe wirklich unter einer Bedingung geschlossen und die Scheidung gerade und ausschließlich für das Fehlen eben dieses ausbedungenen Umstandes intendiert wurde.

3. Aus dem Gesagten ergibt sich eine wichtige *Folgerung für die Gerichtspraxis* der Eheprozesse. Wenn ein Kläger mit dem Vorbringen erscheint, er habe seine Ehe unter einer condicio de praeterito vel de praesenti (analog ist es bei der condicio de futuro licita) geschlossen und auch eigens zum Ausdruck gebracht, sonst werde er sich wieder scheiden lassen, so herrscht vielfach die Ansicht, in solchen Fällen habe das Gericht die freie Wahl, den Prozeß entweder wegen nichterfüllter Bedingung nach c. 1092 n. 4 oder wegen Ausschlusses der Unauflöslichkeit nach c. 1086 § 2 zu führen. Und dem Weg des geringeren Widerstandes folgend neigt man dann dazu, dem Prozeß des c. 1086 § 2 den Vorzug zu geben, weil bekanntlich die Beweislage für beigefügte Bedingung recht schwierig wird.

Ein solches Vorgehen kann nicht gebilligt werden. Ob ein Bedingungsprozeß oder aber ein Vorbehaltsprozeß einzuschlagen ist, bleibt nicht in das Belieben des Klägers oder des Gerichtes gestellt, sondern entscheidet sich einzig nach dem, was der Nupturient bei der Konsensleistung tatsächlich gewollt hat. Hat er wirklich seinen Ehekonsens bedingt gesetzt, so kann die Nichtigkeit der Ehe nur aus c. 1092 n. 4 begründet werden, nicht aber aus c. 1086 § 2 trotz des Zusatzes „Sonst werde ich mich scheiden lassen". Man hat daher bei der Aufnahme des Klagebegehrens und vor allem bei der Litiscontestatio zu prüfen, was genau intendiert war. Ging etwa bei der Forderung einer Konversion der Wille dahin, daß zwar jetzt schon die Trauung vorgenommen wird, die Rechtswirksamkeit dieser Eheschließung aber vorerst in der Schwebe bleiben soll, bis die Konversion des Partners tatsächlich erfolgt, so handelt es sich um eine bedingte Eheschließung. Die Nichtigerklärung einer solchen Ehe kann geschehen erstens nur bei Nichterfüllung der Bedingung und zweitens auch nur auf Grund von c. 1092. Die Wendung „Sonst lasse ich mich scheiden" enthält dann keinen Ausschluß der Unauflöslichkeit nach c. 1086 § 2.

Die Absicht des Eheschließenden kann aber auch ganz anders gewesen sein: Er fordert ebenfalls die Konversion, und zwar wiederum so entschieden, daß er eigens hinzufügt: „Sonst lasse ich mich hernach wieder scheiden." Aber er setzt seine Forderung nicht als eine eigentliche Bedingung seines Ehekonsenses; seine Intention geht nicht darauf, die geschlossene Ehe vorerst in der Schwebe zu belassen und erst mit der Konversion rechtsgültig werden zu lassen. Er will vielmehr, daß seine Ehe sofort mit der Trauung rechtens sein soll, allerdings mit der resolutiven Absicht, daß er, falls die Konversion dann nicht erfolge, die Ehe wieder löse. Hier hat der Zusatz „Sonst lasse ich mich scheiden" einen anderen Sinn als vorhin; hier ist damit tatsächlich die Unauflöslichkeit ausgeschlossen. Die Nichtigkeit der Ehe liegt auch in diesem Falle vor, jedoch mit einem doppelten Unterschied: Hier ist erstens die Ehe auf *jeden* Fall nichtig, gleichgültig ob die Konversion erfolgt oder nicht; und zweitens kann die Nichtigerklärung nur mit c. 1086 § 2, nicht mit c. 1092 n. 3 oder n. 4 begründet werden.

Man hat daher nach Möglichkeit schon bei der Aufnahme einer Klage zu prüfen, welcher der beiden Tatbestände in Wirklichkeit vorgelegen hat. Je nach dem Ergebnis hat sich dann das Verfahren zu richten. Oft wird es allerdings in den kurzen Vorbesprechungen noch ungeklärt bleiben, was der Nupturient bei der Eheschließung genau gewollt hatte, ob die Beifügung einer Bedingung oder aber den Ausschluß der Unauflöslichkeit. In solchen Zweifelsfällen wird man gut daran tun, beide Wege offenzuhalten und in der Litiscontestatio eine doppelte Prozeßfrage zu formulieren: 1. Steht es fest, daß die Ehe N.N. nichtig ist wegen nicht erfüllter Bedingung? 2. Steht es fest, daß die genannte Ehe nichtig ist wegen Ausschlusses der Unauflöslichkeit der Ehe?

Im Urteil jedoch kann nur eine der beiden Fragen positiv beantwortet werden.[33] War eine wirkliche Bedingung gesetzt, so war nicht die Unauflöslichkeit ausgeschlossen. Wollte der Nupturient hingegen sich die Auflösbarkeit der Ehe vorbehalten, so lag keine bedingte Eheschließung vor. Es existiert also entweder das eine oder das andere, aber nicht beides zugleich.

Hier offenbart sich ein bedeutsamer Unterschied zur condicio contra matrimonii substantiam. Für diese sahen wir oben: ist die condicio contra matrimonii substantiam bewiesen, dann ist a fortiori der Vorbehalt des c. 1086 § 2 bewiesen. Hier aber gilt: ist bewiesen, daß eine condicio de praeterito vel de praesenti oder eine condicio de futuro licita beigesetzt war, so ist damit keineswegs a fortiori ein Vorbehalt gegen die Unauflöslichkeit bewiesen; vielmehr steht im Gegenteil damit sogar fest, daß hinsichtlich des ausbedungenen Umstandes die Unauflöslichkeit gar nicht ausgeschlossen wurde.

Eine gewisse Schwierigkeit erwächst, wenn sich auch im Laufe der Beweiserhebungen nicht eindeutig klären läßt, ob der Nupturient die Beifügung einer Bedingung oder aber den Ausschluß der Unauflöslichkeit intendiert hatte. In einem Prozeß wollte ein Kläger die Nichtigkeit der Ehe damit begründen, daß er seiner Bekannten erklärt habe: „Ich heirate Dich nur unter der Bedingung, daß das Kind von mir stammt. Wenn das nicht wahr ist, lasse ich mich wieder scheiden." Unterstellen wir einmal als Beweisergebnis: es kann nicht eindeutig belegt werden, daß der Mann dem Konsens tatsächlich die behauptete Bedingung beigefügt hat; wohl steht es nach den

---

[33] Diese Feststellung beschränkt sich selbstverständlich auf den Fall, daß die Aufhebung der Ehe gerade und nur für die Nichterfüllung des ausbedungenen Umstandes intendiert war. Wenn jemand sich auch noch für andere Fälle die Aufhebung der Ehe vorbehalten hätte, so läge hierin ein Ausschluß der Unauflöslichkeit, und die Ehe könnte gegebenenfalls aus beiden Klagegründen für nichtig erklärt werden.

Zeugenaussagen zweifelsfrei fest, daß er erklärt hat: „Wenn das Kind nicht von mir ist, lasse ich mich scheiden." Und es ist erwiesen, daß das Kind einen anderen Vater hat. Wie hat man hier im Urteil zu entscheiden? Man kann nicht entscheiden: „Die Nichtigkeit der Ehe steht fest wegen nichterfüllter Bedingung." Denn die Beifügung einer Bedingung blieb ja nach dem Beweisergebnis zweifelhaft. Man kann aber auch nicht urteilen: „Die Nichtigkeit der Ehe steht fest wegen Ausschlusses der Unauflöslichkeit der Ehe." Denn wenn der Mann in Wirklichkeit seinen Ehewillen doch bedingt gemeint hatte, was ja zweifelhaft bleibt, so enthält die Absicht „Sonst lasse ich mich scheiden" überhaupt keinen echten Ausschluß der Unauflöslichkeit. Obschon man also weder das eine noch das andere sagen kann, so steht dennoch die Nichtigkeit der Ehe eindeutig fest. Denn entweder hat der Mann seinen Ehekonsens doch bedingt gesetzt, so ist die Ehe nichtig zwar nicht wegen Ausschlusses der Unauflöslichkeit, wohl aber wegen nicht erfüllter Bedingung. Oder der Mann hat wirklich keine Bedingung dem Konsens beigesetzt, dann enthält die Absicht „Sonst lasse ich mich scheiden" in der Tat einen Ausschluß der Unauflöslichkeit, und die Ehe ist aus diesem Grunde nichtig. Die *Tatsache* der Ehenichtigkeit steht also in jedem Falle eindeutig fest; in der Schwebe bleibt nur die genauere Spezifizierung des Nichtigkeits*grundes*. Da jedenfalls die Tatsache der Ehenichtigkeit erwiesen ist, muß das Urteil auf Nichtigkeit der Ehe erkennen. Nur hätte dann der Urteilstenor die nähere Präzisierung des Nichtigkeitsgrundes disjunktiv zu formulieren, etwa in der Fassung: „Es steht fest, daß die Ehe N.N. nichtig ist wegen mangelnden Ehewillens auf seiten des Mannes entweder infolge beigesetzter, aber nicht erfüllter Bedingung oder wegen Ausschlusses der Unauflöslichkeit der Ehe." Wie diese disjunktive Fassung zu verstehen ist, wäre im Text der Urteilsbegründung zu erläutern.

Das Ergebnis unserer Überlegungen über das Verhältnis von Vorbehalt und Bedingung läßt sich in folgenden Sätzen zusammenfassen:

Einmal für die condicio contra matrimonii substantiam:

1. In der condicio contra matrimonii substantiam steckt ein Vorbehalt des c. 1086 § 2 wie das genus in der species.

2. Das Unterscheidende liegt darin, daß bei der Bedingung der Ehewille bewußt in Subordination unter den Vorbehaltswillen gesetzt wird, während bei dem einfachen Vorbehalt die bloße Juxtaposition von Ehewillen und Vorbehaltswillen genügt.

3. Auch wenn als Klagegrund condicio contra matrimonii substantiam vorgebracht wird, empfiehlt es sich, den Prozeß nach c. 1086 § 2, nicht nach c. 1092 n. 2 zu führen.

Sodann für die condicio de futuro licita und für die condicio de praeterito vel de praesenti:

1. Der bei einer bedingten Eheschließung gesetzte Wille „Sonst löse ich die Verbindung wieder" enthält keinen Ausschluß der Unauflöslichkeit. Ein Vorbehalt gegen die Unauflöslichkeit der Ehe wäre in der geäußerten Absicht nur zu sehen, wenn der Ehekonsens in Wirklichkeit nicht bedingt gesetzt wurde.

2. Der einzuschlagende Weg des Eheprozesses hat sich ausschließlich nach der tatsächlichen Intention des Nupturienten bei der Heirat zu richten.

3. Es ist nicht möglich, daß die Ehe wegen nicht erfüllter Bedingung nach c. 1092 n. 3 oder n. 4 und zugleich im Hinblick auf die Absicht, sich sonst scheiden zu lassen, auch noch wegen Ausschlusses der Unauflöslichkeit nach c. 1086 § 2 für ungültig erklärt wird. Es kann nur das eine *oder* das andere vorliegen.

Irrtum und Täuschung bei der Eheschließung nach kanonischem Recht

Einleitung

Vor kurzem berichtete die Presse, wie ein schauriges Verbrechen seine späte Sühne gefunden hat. Fast zehn Jahre liegt es zurück, da war ein westfälischer Großbauer auf seinem Anwesen heimtückisch mit einer Hacke erschlagen worden. Alle Bemühungen, den Täter ausfindig zu machen, führten damals zu keinem Ergebnis. So geschickt hatte der Mörder es verstanden, alle Spuren eines Verdachtes von sich abzulenken, daß man schon damit rechnen mußte, die Tat werde die Zahl der nie geklärten und für immer ungesühnten Verbrechen vermehren. Doch nach mehr als neun Jahren griff die rächende Hand der Nemesis noch zu. In zunächst unscheinbaren Indizien verfing sich jetzt der Täter. Als Mörder wurde der damalige Gutsverwalter des Großbauern entlarvt und nun zu lebenslänglichem Zuchthaus verurteilt.

Als sich hinter ihm das Tor des Zuchthauses für immer schloß, war das strafrechtliche Verfahren beendet. Nicht beendet war jedoch die Tragödie seiner Ehe, die auf unselige Weise mit seiner Tat verknüpft war. Die Gerichtsverhandlung hatte es ans Licht gebracht, daß die Habgier ihn getrieben hatte: Den Hofherrn wollte er beseitigen, um dann dessen Tochter, die Hoferbin, zu gewinnen und so in den Besitz des bedeutenden Anwesens zu gelangen. Sein Spiel glückte ihm; noch ehe das Trauerjahr vorüber war, heiratete er die Tochter, die er gleichfalls mit List und Trug über seine Untat hinwegtäuschte. Neun Jahre hat die Frau ahnungslos in der Ehe gelebt, ohne zu wissen, daß sie an der Seite dessen ging, der ihren eigenen Vater meuchlings ermordet hatte.

Ist eine solche Frau, so stellt sich uns die Frage, an eine derartige Ehe gebunden, obschon diese doch nur durch List und Trug des Mannes erschlichen war und die Frau sich niemals zu der Heirat verstanden hätte, wenn sie um die Meintat des Mannes gewußt hätte? Nach weltlichem Recht bereitet

---

Tübinger Antrittsvorlesung, gehalten am 6. 6. 1956 im Rahmen der Tübinger Aula-Vorträge. Ein Anhang stellt zum Vergleich mit dem kanonischen Recht — die entsprechenden Texte aus dem Eherecht der europäischen Staaten zusammen. — Erschienen als Monographie: Paderborn 1957.

die Lösung einer solchen Ehe keine sonderliche Schwierigkeit. Wie aber steht es nach dem kanonischen Recht der katholischen Kirche? Wir fordern um so dringlicher Antwort, da das Eherecht der Kirche sogar den Anspruch erhebt, den Menschen vor Gott und in seinem Gewissen zu binden. Ist eine Ehe gültig, obschon sie in Irrtum und arglistiger Täuschung eingegangen wurde?

I. Irrtum und Täuschung nach dem geltenden Eherecht des CIC

Prüfen wir zunächst, wie der kirchliche Gesetzgeber in seinem *geltenden* Recht des Codex Iuris Canonici Irrtum und arglistige Täuschung behandelt hat. Jedes Recht muß irgendwie daran interessiert sein, den, welcher in gutem Glauben handelt, vor den Folgen eines schwerwiegenden Irrtums[1] und erst recht vor den verhängnisvollen Auswirkungen einer arglistigen Täuschung[2] zu bewahren. Freilich kann dies um der Rechtssicherheit willen

---

[1] Mit dem Irrtum ist die Unkenntnis auf gleiche Stufe zu stellen. Zwar sind beide nicht identisch. „Error generatim est apprehensio rei falsa sive aestimatio unius pro alio, in qua non habetur conformitas intellectus cum re. Hinc dum ignorantia est mera carentia sive negatio scientiae, error est iudicium positivum, sed falsum de obiecto, quo voluntas movetur" (Franc. Xav. *Wernz* — Petr. *Vidal,* Ius canonicum, Bd. 5, Rom 1946³, S. 596 n. 464). Wer seine Verlobte eigens für gesund hält, während sie in Wahrheit krank ist, befindet sich im Irrtum. Wer dagegen wohl gleichfalls von der Krankheit der Verlobten nichts weiß, aber sich kein positives Urteil über ihren Gesundheitszustand bildet, lebt in bloßer Unkenntnis. In den rechtlichen Auswirkungen werden Irrtum und Unkenntnis jedoch vom kanonischen Recht gleich behandelt. Vgl. Gommarus *Michiels,* Normae generales iuris canonici, Paris-Tournai-Rom 1949², Bd. 1, S. 442. Eduard *Eichmann* — Klaus *Mörsdorf,* Lehrbuch des Kirchenrechts auf Grund des Codex Iuris Canonici, Paderborn 1953—1954⁷, Bd. 1, S. 234. Der innere Grund für die rechtliche Gleichbewertung ist darin zu suchen, daß auch beim Irrtum das juristisch Relevante nicht in dem positiven Moment des falsch Gewußten, sondern in dem negativen Moment des Nichtwissens des Richtigen liegt. Vgl. Albert *Biermann,* Der Irrtum im kanonischen Eherecht, insbesondere der error de qualitate in personam redundans, Jur. Diss. Erlangen 1928, S. 20.

[2] „Unter *Täuschung* ist jedes Verhalten zu verstehen, durch das vorsätzlich in einem anderen eine irrige Vorstellung hervorgerufen, bestärkt oder erhalten wird ... Eine *Arglist* liegt immer schon darin, daß man das Mittel der Täuschung in dem Bewußtsein gebraucht, daß jemand dadurch zu einer Willenserklärung bestimmt wird, die er ohne die Täuschung nicht abgegeben hätte" (Ludwig *Enneccerus* — Hans Carl *Nipperdey,* Allgemeiner Teil des Bürgerlichen Rechts, 2. Halbband, Tübingen 1955¹¹, S. 741 f.). Arglistige Täuschung kann mithin auch in der negativen Form erfolgen, daß jemand nicht erst einen anderen in Irrtum führt, sondern den bei ihm schon vorhandenen Irrtum durch Verschweigen ausnutzt, um den Partner zu einem bestimmten Handeln zu veranlassen. „In dem (bewußten) Verschweigen oder entsprechend schlüssigen Verhalten für sich allein kann aber nur dann eine Täuschung gefunden werden, wenn entweder eine spezielle Pflicht zur Mitteilung bestand oder wenn nach Treu und Glauben und den im Verkehr herrschenden Anschauungen die Mitteilung erfolgen mußte" (*Enneccerus-Nipperdey,* a. a. O., S. 741). Wieweit das Maß der Offenbarungspflicht dabei geht, ist für die einzelnen Rechtsgeschäfte sehr unterschiedlich zu bewerten. Doch ist es unzweifelhaft, daß gerade bei der Eheschließung, da sie eine Bindung auf

Irrtum und Täuschung bei der Eheschließung nach kanonischem Recht 125

nicht in unbeschränktem Umfang geschehen, und vor allem werden wir sehen, daß die allgemeinen Bestimmungen des Codex Iuris Canonici nicht ohne weiteres auch für das Eherecht gelten.

In seiner generellen Regelung bietet das kirchliche Gesetzbuch an sich einen relativ weiten Rechtsschutz bei Irrtum und arglistiger Täuschung. So

---

Lebenszeit begründet, der Partner ein besonders weitgehendes Recht auf die volle Wahrheit besitzt.

Der Terminus technicus für arglistige Täuschung im Codex Iuris Canonici lautet *dolus*. Doch ist zu beachten, daß dolus im kirchlichen Gesetzbuch in wechselndem Sinne gebraucht ist. So unterscheidet Ch. *Lefebvre* (Dol en droit canonique actuel, Dict. de droit canonique 4, Paris 1949, Sp. 1347 ff.) vier Bedeutungen von dolus, von denen nur die erste sich mit der hier gemeinten arglistigen Täuschung deckt: le dol vice du consentement, le dol fraude, le dol fraude à la loi, le dol criminel. „Tantôt il s'agit du dol vice de consentement, et c'est l'emploi intentionnel de moyens frauduleux dans le but d'amener le consentement d'autrui; nous le voyons avec ce sens dans les can. 103 § 2 . . . — tantôt le dol ne vise pas à influer sur le consentement d'autrui, mais tend à nuire à ce dernier, ainsi dans les can. 48 § 2 . . . — tantôt l'usage volontaire de moyens frauduleux concerne *surtout* une violation de la loi, et c'est le cas des can. 52 . . . — enfin, c'est de dol délictuel (ou mieux pénal ou criminel), qui désigne exclusivement l'intention d'agir contrairement à la loi, sans qu'il y ait de soi manoeuvres frauduleuses, ainsi dans les can. 2199 . . . Les trois premiers sens ont ceci de commun que dans ces cas il y a emploi de moyens frauduleux, quoique dans les buts différents d'influencer le consentement, de nuire ou simplement de violer la loi" (*Lefebvre* in Dict. de droit canonique 4, Sp. 1347). Zu der verschiedenen Bedeutung von dolus im kanonischen Recht vgl. auch Gérard *Fransen*, Le dol dans la conclusion des actes juridiques, Évolution des doctrines et système du Code Canonique, Gembloux 1946, und die Stellungnahme zu diesem Werk bei Ch. *Lefebvre*, Le dol en droit canonique, Ephemerides iuris canonici 3, Rom 1947, S. 505 ff.

Der Gesetzgeber, der auf Schutzmaßnahmen gegen arglistige Täuschung sinnt, sieht sich vor allem drei Fragen gegenüber. Zunächst hat er sich zu entscheiden, ob er beim dolus in erster Linie die Unrechtstat des Betrügers sieht oder aber den Willensmangel, die Willensbeeinträchtigung des Getäuschten. In der Tat hat hier das kanonische Recht eine bedeutsame Entwicklung durchgemacht. Lange Zeit wertete man den dolus vornehmlich als Rechtsverletzung des Betrügers; der Schutz, welchen dann das Recht dem Getäuschten gewährte, bestand konsequenterweise darin, daß dieser gegen den Betrüger den Rechtsanspruch auf Wiedergutmachung des Schadens geltend machen konnte. Erst relativ spät hat die juristische Betrachtungsweise den Akzent von dem Betrüger auf den Getäuschten verlagert. Man kehrt damit die subjektive Seite des Problems hervor: Inwieweit ist in einer unter arglistiger Täuschung getätigten Rechtshandlung überhaupt noch die für ein Rechtsgeschäft erforderliche Willenszustimmung enthalten? Mit dieser veränderten Blickrichtung wandelt sich auch der Rechtsschutz, der dem Getäuschten zu Gebote steht. Er braucht jetzt nicht mehr gegen die Person des Betrügers auf Wiedergutmachung zu klagen. Vielmehr kann er in mehr oder weniger weiten Grenzen unmittelbar die Geltung seiner Rechtshandlung selbst angreifen, weil er unter dem Einfluß der Täuschung seine Willenserklärung nicht mit der notwendigen vollen Zustimmung gegeben habe. Zu dieser historischen Entwicklung vgl. Max. *Lemosse*, Dolus (Évolution historique de la théorie du dolus), Dict. de droit canonique 4, Sp. 1357 ff. Zum zweiten muß der Gesetzgeber sich darüber klar werden, ob er den Schutz gegen arglistige Täuschung unter die Sicherungsmaßnahmen gegen Irrtum subsumieren oder aber den dolus als selbständigen Tatbestand werten und bei ihm ausgedehnteren Schutz als bei error gewähren will. Wer die angedeutete subjektive Entwicklungslinie folgerichtig zu Ende denken wollte, könnte geneigt sein, es bei Irrtumsbestimmungen bewenden zu lassen. Denn wenn man schon in der arglistigen Täuschung eine Willensbeeinträchtigung zu sehen

macht nach c. 104³ jeder error substantialis ein abgeschlossenes Rechtsgeschäft ohne weiteres zunichte⁴; und bei einem error non-substantialis wäre

berechtigt ist, so liegt ja die Beeinträchtigung in dem Irrtumsmoment, nicht jedoch in der Tatsache, daß der Irrtum durch arglistige Täuschung herbeigeführt wurde. Man könnte sich also damit begnügen, auch bei der arglistigen Täuschung ein Rechtsgeschäft nur insofern und insoweit anfechten zu lassen, als es wegen Irrtums anfechtbar ist. Gleichwohl hat es der Gesetzgeber positiv in der Hand, den Schutz gegen arglistige Täuschung weiter auszudehnen, und es hat einen guten Sinn, wenn er von dieser Möglichkeit Gebrauch macht. Denn bei sonstigem Irrtum, der nicht durch arglistige Täuschung herbeigeführt oder ausgenutzt ist, hat der Handelnde selbst seinen Irrtum rechtlich zu vertreten, und es ist daher verständlich, wenn ihm nicht das gleiche Maß von Schutz gewährt wird wie bei dolus, bei dem ein anderer schuldhaft getäuscht hat. Bei den zweiseitigen Rechtsgeschäften, zu denen um ihrer Vertragsnatur willen auch die Ehe gehört, erhebt sich noch die dritte Frage, ob ein Rechtsschutz gegen arglistige Täuschung nur gelten soll, wenn die Täuschung von dem Vertragspartner selbst ausging oder er zum mindesten um die Täuschung gewußt hat. Sofern man nur auf die Willensbeeinträchtigung abstellen wollte, müßte man den Schutz auch bei arglistiger Täuschung seitens eines Dritten gelten lassen. Doch andererseits legt der Gedanke der Rechtssicherheit hier eine engere Fassung nahe. Der schuldlose Vertragspartner hat ein verständliches und berechtigtes Interesse daran, daß an der Fortgeltung des Vertrages nicht gerüttelt wird.

³ C. 104: „Error actum irritum reddit, si versetur circa id quod constituit substantiam actus vel recidat in conditionem sine qua non; secus actus valet, nisi aliud iure caveatur; sed in contractibus error locum dare potest actioni rescissoriae ad normam iuris."

⁴ Dabei hängt natürlich alles davon ab, was unter dem error substantialis zu verstehen ist. Nicht ohne Grund hat man es beklagt, daß der Gesetzgeber sich mit der allgemeinen Wendung „si versetur circa id quod constituit substantiam actus" begnügt, ohne einen näheren Anhalt zu geben, nach welcher Richtung die abstrakte Norm mit konkretem Inhalt zu füllen ist. Vgl. Maximilian Konrad *Ronke*, Die rechtliche Bedeutung des Irrtums im Codex Iuris Canonici, Jur. Diss. Greifswald 1931, S. 20. Versuche, den rechtserheblichen Irrtum systematisch zu gliedern, wollen nicht restlos befriedigen. Das im gemeinen Recht gebräuchliche Schema error in negotio (Irrtum über die Geschäftsart), error in persona (Irrtum über den Geschäftspartner), error in obiecto (Irrtum über den Geschäftsgegenstand) bietet zwar eine gute Handhabe der Einordnung, reicht jedoch für eine inhaltliche Bestimmung des error substantialis keineswegs aus. Denn nicht etwa jede der genannten Irrtumsarten, z. B. jeder error in persona, stellt bereits ohne weiteres einen error substantialis dar; wenn der Personenirrtum auch eine Eheschließung ungültig macht, so würde das gleiche nicht bei einem anderen Rechtsgeschäft wie dem Kauf gelten. Die im deutschen bürgerlichen Recht ausgebildete Unterscheidung 1. Irrtum in der Erklärungshandlung, 2. Irrtum über den Erklärungsinhalt (auch Inhalts- oder Geschäftsirrtum genannt), 3. Irrtum über wesentliche Eigenschaften ist gleichfalls mit mancherlei Schwierigkeiten behaftet. So bleibt es z. B. umstritten, wie das Verhältnis des zuletzt genannten Eigenschaftsirrtums (§ 119 Abs. 2 BGB) zu dem Inhaltsirrtum des § 119 Abs. 1 BGB zu bestimmen ist. Vgl. *Enneccerus-Nipperdey*, Allgemeiner Teil 2, S. 719.

Die Bemühungen der Kanonisten, den error substantialis des c. 104 näher zu erfassen, kranken vielfach daran, daß man ausschließlich auf den Sonderfall der Eheschließung abstellt, hiermit jedoch eine zutreffende allgemeine Bestimmung des error substantialis verfehlt. So schreibt R. *Naz*, Traité de droit canonique 1, Paris 1948, S. 253, zur Erläuterung des c. 104 schlechthin, ein error substantialis liege vor bei einem Irrtum in der Person oder in einer individualisierenden Eigenschaft, was gewiß für die Eheschließung stimmt, aber dem umfassenden Sinn des error substantialis in c. 104 nicht gerecht wird. Man müßte schon allgemeiner bestimmen: ein Irrtum, der sich auf etwas bezieht, was „nach allgemeiner Verkehrssitte Bestandteil des Rechtsgeschäftes" ist (so *Eichmann-Mörsdorf*, Lehrbuch 1,

die Rechtshandlung zwar gültig, sie könnte aber, falls aus einem Vertrag ein erheblicher Schaden erwachsen wäre, angefochten und durch richterliches Urteil aufgehoben werden.[5] Noch großzügiger scheint die Sicherung gegen arglistige Täuschung: C. 103 § 2 sieht als Regel vor, daß eine arglistig erschlichene Rechtshandlung in jedem Fall, also nicht nur bei erheblichem Schaden, ebenso mit der Aufhebungsklage (actio rescissoria) angegriffen und durch gerichtliches Urteil nachträglich vernichtet werden kann.[6] Die Rechts-

---

S. 234). Was dazu gehört, wäre bei den einzelnen Rechtshandlungen je nach ihrer Natur sehr unterschiedlich zu bemessen. Ein Umstand, der für das eine Rechtsgeschäft Wesensvoraussetzung ist, braucht es nicht auch für ein anderes zu sein. Maßgebend ist, ob nach objektiver Ansicht, d. h. nach der allgemeinen Verkehrsanschauung die irrtumsfreie Kenntnis eines bestimmten Umstandes ein unumgängliches Erfordernis des jeweiligen Rechtsaktes darstellt. Zu der Abgrenzung des error substantialis in c. 104 vgl. Rudolf *Wahl*, Die Bedeutung des Irrtums für die kirchlichen Rechtshandlungen nach den Vorschriften des Codex Iuris Canonici, Theol. Diss. Freiburg i. Br. 1931, S. 28—33.

Nicht beipflichten kann man, wenn Johannes Baptist *Sägmüller*, Lehrbuch des katholischen Kirchenrechts, Bd. 1, 3. Teil, Freiburg i. Br. 1930[4], S. 314, den error non-substantialis mit dem error dans causam contractui gleichsetzt. Dadurch werden zwei verschiedene Einteilungsprinzipien miteinander vermischt, nämlich das nach der Rechtserheblichkeit des Irrtumsobjekts (error substantialis und error non-substantialis) sowie das nach der Kausalität zwischen Irrtum und Rechtsgeschäft (error dans causam contractui und error concomitans).

Auch nach dem kanonischen Recht kann unter Umständen der Irrtum über eine Eigenschaft als error substantialis anzusehen sein. Vgl. *Wernz-Vidal*, Ius canonicum, Bd. 2, Rom 1943[3], S. 49 f. Es muß sich dann um solche Eigenschaften handeln, die im Verkehr regelmäßig als wesentlich gelten. „Error substantialis intelligendus est, si erratum sit in his qualitatibus, quae ex rerum usu et modo loquendi pene recidunt in substantiam" (Mich. *Lega* — Vict. *Bartoccetti*, Commentarius in iudicia ecclesiastica iuxta Codicem Iuris Canonici, Rom 1950, 1, S. 420). Daß die kanonistische Rechtsprechung dabei nicht engherzig verfährt, zeigt sich, wenn die Sacra Romana Rota zu dem Satz steht: „Adest error substantialis si quis vult emere vinum Mosellanum et venditur illi vinum Rhenanum" und aus solchem Irrtum die Nichtigkeit des Kaufgeschäfts folgert (S. R. Rotae decisiones 33, 1941 dec. 48 n. 4, S. 531). Um so beachtlicher ist, wenn das kanonische Recht dagegen für den Akt der Eheschließung dem error in qualitate, wie wir hernach sehen werden, mit größter Zurückhaltung gegenübersteht.

[5] Darauf verweist c. 104, wenn er von dem error accidentalis sagt: „In contractibus error locum dare potest actioni rescissoriae ad normam iuris." Die Rechtsnorm, die dabei ins Auge gefaßt ist, findet sich in c. 1684 § 2: „Eadem actione intra biennium uti potest, qui gravem ex contractu laesionem ultra dimidium ex errore passus est." Hier wirkt aus dem römischen Recht die Schutzvorschrift der sogenannten laesio enormis nach. Sie gab dem Verkäufer, wenn er unter dem halben Wert verkauft hatte, die Möglichkeit, den Kaufvertrag aufzulösen, falls der Käufer nicht den vollen Wert nachzahlen wollte. Vgl. Rudolph *Sohm* — Ludwig *Mitteis* — Leopold *Wenger*, Institutionen; Geschichte und System des römischen Privatrechts, München-Leipzig 1923[17], S. 421. C. 1684 § 2 des CIC geht dabei über die Sicherung des römischen Rechts noch hinaus, insofern der Kodex auch den Käufer im gleichen Maß wie den Verkäufer schützt und obendrein die Bestimmung für jeden Vertrag, nicht nur für den Kaufvertrag gelten läßt. Bei einem Vertrag über immaterielle Güter ergibt sich freilich die nicht geringe Schwierigkeit, wann ein ideeller Schaden als laesio ultra dimidium zu werten ist. Vgl. *Ronke*, Die rechtliche Bedeutung des Irrtums, S. 32 f.

[6] C. 103 § 2: „Actus positi ex metu gravi et iniuste incusso vel ex dolo, valent, nisi aliud iure caveatur; sed possunt ad normam can. 1684—1689 per iudicis sententiam rescindi, sive ad petitionem partis laesae sive ex officio."

figur der Aufhebungsklage ist im kanonischen Recht so konstruiert, daß die Rechtshandlung an sich zunächst wirksam ist, dann aber hernach wegen bestimmter Mängel auf Antrag hin durch konstitutiven Akt des Richters aufgehoben, vernichtet wird.[7] So scheint im Kodex hinreichend Vorsorge getroffen gegen unerwünschte Auswirkungen des error und des dolus, des Irrtums und der arglistigen Täuschung. Bei error substantialis ist das Rechtsgeschäft überhaupt nichtig; und bei error non-substantialis ist es unter gewissen Voraussetzungen und bei dolus sogar regelmäßig immerhin nachträglich vernichtbar. So die allgemeine Regelung des kirchlichen Gesetzgebers.

Wer nun glauben wollte, daß damit auch die Eingehung einer Ehe in gleichem Umfang gegen error und dolus geschützt sei, ginge völlig in die Irre. Denn die soeben dargelegte Regelung gilt für die Ehe gerade nicht und kann für sie zum Teil gar nicht gelten. Wenn an sich der Kodex bei arglistiger Täuschung eine nachträgliche Aufhebung des Rechtsgeschäfts vorsieht, so ist das ein Ausweg, der grundsätzlich nach der katholischen Eheauffassung für die Ehe ungangbar ist. Denn eine Aufhebung in dem geschilderten Sinne setzt ja voraus, daß der Rechtsakt zunächst gültig und rechtswirksam zustande gekommen ist und erst hernach durch positiven Eingriff wieder rückgängig gemacht wird. Das aber ist bei der Ehe unmöglich wegen ihrer prinzipiellen Unauflöslichkeit, wie die Kirche sie besonders nachdrücklich auf dem Trienter Konzil definiert hat.[8] Die einmal gültig geschlossene und

---

[7] Zur actio rescissoria im kanonischen Recht vgl. Franc. *Roberti,* De processibus 1, Rom 1941, S. 687 ff. und *Lega-Bartoccetti,* Commentarius 1, S. 417 ff. Von dieser actio rescissoria ist die Anfechtbarkeit in den §§ 119 und 123 BGB wesentlich verschieden. Im deutschen bürgerlichen Recht bedarf es keiner Klage; vielmehr tritt die Nichtigkeit des angefochtenen Rechtsgeschäfts von selbst ein, sobald der Anfechtungsberechtigte eine entsprechende Willenserklärung abgibt.
Ob bei der actio rescissoria des kanonischen Rechts dem Aufhebungsurteil rückwirkende Kraft zukommt, ist strittig. Bejaht wird es z. B. von *Eichmann-Mörsdorf,* Lehrbuch 3, S. 109, verneint z. B. von Gommarus *Michiels,* Principia generalia de personis in Ecclesia, Paris-Tournai-Rom 1955², S. 602.

[8] Das Konzil von Trient hat die Lehre von der Ehe wenige Wochen vor seiner Auflösung in der bedeutsamen 24. Sitzung vom 11. November 1563 behandelt und dabei u. a. verkündet: „Matrimonii perpetuum indissolubilemque nexum primus humani generis parens divini Spiritus instinctu pronuntiavit, cum dixit: ‚Hoc nunc os ex ossibus meis et caro de carne mea. Quamobrem relinquet homo patrem suum et matrem et adhaerebit uxori suae et erunt duo in carne una.' Hoc autem vinculo duos tantummodo copulari et coniungi, Christus Dominus apertius docuit, cum postrema illa verba, tanquam a Deo prolata, referens dixit: ‚Itaque iam non sunt duo, sed una caro', statimque eiusdem nexus firmitatem, ab Adamo tanto ante pronuntiatam, his verbis confirmavit: ‚Quod ergo Deus coniunxit, homo non separet'." (Henr. *Denzinger* – Car. *Rahner,* Enchiridion symbolorum, Freiburg i. Br. 1957³¹, n. 969). Dem schließt das Tridentinum die Anathematisierung an: „Si quis dixerit, propter haeresim aut molestam cohabitationem aut affectatam absentiam a coniuge dissolvi posse matrimonii vinculum: anathema sit" (Denz. n. 975). „Si quis dixerit, Ecclesiam errare, cum docuit et docet, iuxta evangelicam et apostolicam doctrinam, propter adulterium alterius

vollzogene Ehe unter Christen ist absolut unauflöslich, bis der Tod selbst sie scheidet.[9] Eine solche Ehe ist jedwedem Zugriff menschlicher Instanzen und selbst dem der höchsten Gewalt in der Kirche ein für allemal entzogen. Was die Kirche tun könnte, ist nur das eine: prüfen, ob die Ehe gültig zustande gekommen ist, und gegebenenfalls deklarativ feststellen, daß der Eheabschluß gar nicht gültig erfolgte und somit eine gültige Ehe überhaupt nicht existiert. Nie und nimmer aber stände es in ihrer Macht, in eine wirklich gültig geschlossene und vollzogene Ehe von Christen rechtsgestaltend einzugreifen und sie durch ein konstitutives Urteil nachträglich zu annullieren.[10]

---

coniugum matrimonii vinculum non posse dissolvi, et utrumque, vel etiam innocentem, qui causam adulterio non dedit, non posse, altero coniuge vivente, aliud matrimonium contrahere, moecharique eum, qui dimissa adultera aliam duxerit, et eam, quae dimisso adultero alii nupserit: anathema sit" (Denz. n. 977). *Pius XI.* hat gerade diese Worte des Tridentinums in der Enzyklika „Casti connubii" vom 31. Dezember 1930 aufgegriffen und aus ihnen die Folgerung gezogen: „Quod si non erravit neque errat Ecclesia, cum haec docuit et docet, ideoque certum omnino est matrimonii vinculum ne ob adulterium quidem dissolvi posse, in comperto est reliquas tanto debiliores, quae aferri solent, divortiorum causas multo minus valere nihilique prorsus esse faciendas" (AAS 22, 1930, S. 574).

Über die schwierigen Konzilsverhandlungen, die der endgültigen Formulierung auf dem Tridentinum vorausgingen, vgl. G. H. *Joyce,* Die christliche Ehe, Leipzig 1934, S. 350 ff.

[9] So sagt der CIC in c. 1118: „Matrimonium validum ratum et consummatum nulla humana potestate nullaque causa, praeterquam morte, dissolvi potest." Die Terminologie ist nach der Legaldefinition des c. 1015 § 1 zu verstehen: „Matrimonium baptizatorum validum dicitur *ratum,* si nondum consummatione completum est; *ratum et consummatum,* si inter coniuges locum habuerit coniugalis actus, ad quem natura sua ordinatur contractus matrimonialis et quo coniuges fiunt una caro."

[10] Das Ausgeführte betrifft die gültige Ehe, die zwischen zwei Getauften geschlossen wurde und zum ehelichen Vollzug gelangt ist. Nur eine solche Ehe besitzt die absolute Unauflöslichkeit. Der Ehe eines Ungetauften hingegen kommt, da ihr der sakramentale Charakter fehlt, nicht der gleiche Festigkeitsgrad zu; sie könnte auf Grund des sogenannten privilegium fidei, das an den Entscheid des Apostels Paulus in 1 Kor. 7, 12—15 anknüpft, unter gewissen Voraussetzungen gelöst werden (cc. 1120—1127). Nach der herrschenden Meinung hat auch die halbchristliche Ehe, d. h. die Ehe zwischen einem Getauften und einem Ungetauften als nicht-sakramental zu gelten. Vgl. Felix M. *Cappello,* Tractatus canonico-moralis de sacramentis, Bd. 5: De matrimonio, Turin 1950[6], n. 36, S. 32 f. Absolute Unauflöslichkeit besitzt ebenfalls noch nicht die nichtvollzogene Ehe, mag es sich auch um eine Verbindung unter Getauften handeln. Alexander III. (1159—1181) hatte in dem Streit zwischen den Kanonistenschulen von Paris und Bologna zugunsten der erstgenannten entschieden, daß das konstitutive Element der Eheschließung im consensus, nicht in der copula zu suchen sei. Schon mit dem Konsensaustausch ist eine wahrhaft gültige und sakramentale Ehe gegeben. Doch ist auch die eheliche Vereinigung der Gatten, wie Alexander III. anerkennt, nicht ohne Bedeutung für den Bestand der Ehe. Denn erst mit ihr erhält die zwar schon gültig geschlossene Ehe ihre letzte Vollendung, während in der Spanne zwischen Abschluß der Ehe und ihrem ersten Vollzug das Band der Ehe noch getrennt werden kann; zwar nicht willkürlich von den Ehegatten, wohl aber durch feierliche Ordensprofeß oder durch päpstliche Dispens. C. 1119: „Matrimonium non consummatum inter baptizatos vel inter partem baptizatam et partem non baptizatam, dissolvitur tum ipso iure per sollemnem professionem religiosam, tum per dispensationem a Sede Apostolica ex iusta causa concessam, utraque parte rogante vel alterutra, etsi altera sit invita."

Das ist der Kirche und ihrem Eherecht dogmatisch vorgegeben. Damit aber scheidet für die Ehe aus und muß ausscheiden, was der Kodex bei sonstigen Rechtsgeschäften nach dem Gesagten als Schutz gegen arglistige Täuschung bietet, nämlich die Aufhebungsklage. Es könnte jemand sich mit diesem Ergebnis vielleicht rasch abfinden in dem Gedanken: Wenn auch die für dolus vorgesehene Aufhebungsklage entfallen müsse, so sei das nicht gefährlich; es bleibe ja der Ausweg, den das Recht für den error substantialis schaffe; hier statuiere der Gesetzgeber von vornherein Nichtigkeit des Rechtsaktes, und somit wären dort die aus der grundsätzlichen Unauflöslichkeit der gültigen Ehe entstandenen Schwierigkeiten gar nicht gegeben.

Letzteres stimmt allerdings. Hat ein error substantialis den gültigen Abschluß einer Ehe verhindert, so liegt trotz äußerlich korrekter Trauung gar keine gültige Ehe vor, und die Kirche hat es durchaus in ihrer Hand, diesen Tatbestand zur Kenntnis zu nehmen und in einem richterlichen Urteil deklarativ die Nichtigkeit dieser Ehe zu bestätigen.

Doch würde man sich sehr täuschen, wollte man annehmen, mit solcher Überlegung etwas Wesentliches gewonnen zu haben. Das wird sofort klar, wenn man sich die Frage beantwortet, was nun das kanonische Recht als einen error substantialis beim Eheabschluß wertet. Es sind hier nur Fälle gemeint, wie sie praktisch kaum einmal beim Eheabschluß unterlaufen werden; vor allem ist das gerade nicht erfaßt, was man in der Regel intendiert, wenn man davon spricht, die Eheschließung müsse gegen arglistige Täuschung gesichert werden.

Einen error substantialis, der die Nichtigkeit der Ehe nach sich zieht, erkennt das kanonische Recht nämlich bloß für drei eng umrissene Tatbestände an:

Erstens für den Irrtum über das Wesen der Ehe (sogenannter Bedeutungsirrtum): Jemand schließt eine Ehe, ohne überhaupt zu wissen, was Ehe bedeutet.[11] Doch muß hier vor einem Mißverständnis gewarnt werden. Keineswegs ist gefordert, daß der Eheschließende sich im einzelnen darüber im klaren ist, mit welcher Tragweite die eheliche Bindung einmal in sein Leben eingreifen werde. Wohl muß er wissen, was Ehe ist. Aber dafür genügt es schon, wenn er wenigstens darum weiß, daß Ehe eine Verbindung von Mann und Frau ist, die irgendwie Dauercharakter trägt und der Erzeugung von Nachkommenschaft dient.[12] Dies allerdings muß er unbedingt wissen, wenn er überhaupt eine gültige Ehe schließen will. Befände er sich darüber

---

[11] Diesem error in natura negotii wäre gleichzuwerten der error in negotio: Der Eheschließende weiß zwar um das Wesen der Ehe, er verkennt jedoch den hier stattfindenden Akt als Eheschließungsakt, da er etwa des irrigen Glaubens ist, es handle sich um ein Verlöbnis, nicht um die Trauung.

[12] C. 1082 § 1: „Ut matrimonialis consensus haberi possit, necesse est ut contrahentes saltem non ignorent matrimonium esse societatem permanentem inter virum et mulierem ad filios procreandos."

in einem Irrtum, etwa da er annimmt, Ehe sei bloß ein lebenslängliches Freundschaftsverhältnis, so würde ein solcher error in natura negotii einen gültigen Eheabschluß gar nicht zustande kommen lassen. Genauere Kenntnis des Wesens der Ehe ist jedoch nicht unerläßlich gefordert[13], der Gesetzgeber vermerkt eigens, daß so z. B. ein Irrtum über die wesentlichen Eigenschaften der Ehe, wie etwa der Irrtum über die Unauflöslichkeit der Ehe, eine gültige Eheschließung nicht verhindert (c. 1084).[14] Wenn also jemand heiratet in der irrigen Annahme, er sei damit ja nicht unbedingt fürs ganze

---

[13] Ein Problem für sich ist, inwieweit über das rein begriffliche Erfassen auch ein Verständnis für die Tragweite des Eheabschlusses zum gültigen Ehekonsens gehört. Unter den Rota-Entscheidungen findet sich dazu zum erstenmal eine eingehende und abgewogene Erörterung in der Decisio coram Wynen vom 25. Februar 1941 (SRR 33, 1941 dec. 15, S. 144 ff.). Zwar braucht der Eheschließende, wie diese Entscheidung ausführt, nicht reflex zu überlegen, welche Rechte und Pflichten er mit der Ehe übernimmt und welche Konsequenzen sich daraus für sein künftiges Leben ergeben. Aber es genüge auch nicht, daß er nur ein begriffliches Wissen von der Ehe hat; er müsse auch Einsicht in Bedeutung und Tragweite des Ehevertrages besitzen. Erst wenn zur cognitio repraesentativa seu conceptualis die cognitio ponderativa seu aestimativa hinzukomme, liege jene Erkenntnis vor, ohne die ein gültiger Ehekonsens nicht möglich ist. Gerade bei Entschlüssen des Menschen sei die Werterfassung, das Wertverständnis unerläßlich. Freilich dürfe man die Werterfassung (appretiatio valoris) nicht mit der Werterfahrung (experientia valoris) verwechseln; auf letztere komme es nicht an. Aber ohne Werterfassung, ohne das Verständnis für die Bedeutung könne es keinen hinreichenden Vertragswillen geben. Ein echter actus humanus setze voraus, daß der Mensch sich frei entscheide auf Grund dieser doppelten Erkenntnis, sowohl der rein begrifflichen als auch der wertenden. „Cognitio mere conceptualis effert *quid sit* obiectum cognitionis, cognitio aestimativa, quanti momenti vel valoris illud sit seu *quid valeat* ... Experientia teste, prius et multo facilius efformatur iudicium mere conceptuale; posterius et difficilius acquiritur cognitio aestimativa. Insuper notandum est usum rationis, qui ad omnem actum humanum requiritur, spectare tum cognitionem conceptualem tum cognitionem aestimativam, atque exigere capacitatem tum exercitii rationis tum dominii rationis seu capacitatem hominis disponendi de seipso et de sua actione secundum duplicem illam obiecti cognitionem" (SRR 33, 1941 dec. 15 n. 8, S. 149). Wie ernst es der Rota mit diesen Ausführungen ist, zeigt sich an den Konsequenzen, die sie zieht. Wo es an der cognitio aestimativa fehlt, ist der Rechtsakt nichtig. Ein Kind mag z. B. begrifflich genau wissen, wieviel ein bestimmter Geldbetrag ist, es mag begrifflich auch wissen, was unter diesem Gegenstand, den es dafür kaufen will, zu verstehen ist; gleichwohl ist das so getätigte Kaufgeschäft ungültig, und zwar, wie die Rota anmerkt, bereits „etiam spectato solo iure naturae", weil dem Jungen noch die geistige Reife abgeht, auch abwägen und werten zu können, welche Tragweite ein solches Kaufgeschäft umschließt. Ohne cognitio aestimativa reicht die bloße cognitio conceptualis nicht für einen Vertragswillen aus (SRR 33, 1941 dec. 15 n. 9, S. 150). Für den Eheabschluß gilt mithin: Es genügt nicht, daß man nur begrifflich weiß, daß die Ehe eine Dauergemeinschaft von Mann und Frau ist und daß diese Verbindung der Erzeugung von Kindern dient. Unerläßlich ist darüber hinaus die wertende Einsicht in die Tragweite eines solchen Eheabschlusses. Sie ist nur möglich, wo jenes erhöhte Maß von discretio et maturitas iudicii vorliegt, wie es dem Ehevertrag mit dem Gewicht lebenslänglicher Bindung proportioniert ist (SRR 33, 1941 dec. 15 n. 11, S. 151).

[14] C. 1084: „Simplex error circa matrimonii unitatem vel indissolubilitatem aut sacramentalem dignitatem, etsi det causam contractui, non vitiat consensum matrimonialem." Dabei hat man wohl zu beachten, daß c. 1013 § 2 unitas und indissolubilitas ausdrücklich als essentiales matrimonii proprietates bezeichnet. Doch selbst einen Irrtum in diesen substantiellen Eigenschaften der Ehe wertet das Recht nicht als error substantialis.

Leben gebunden, sondern könne sich unter Umständen wieder scheiden lassen, wenn seine Ehe einen unglücklichen Verlauf nehme, hat trotzdem hinreichenden Ehewillen; seine Ehe ist gültig. Und das hat selbst für den Fall zu gelten, daß er diese Frau sicher nicht geheiratet hätte, wenn er die richtige Kenntnis besessen hätte, daß er sich damit für immer, fürs ganze Leben an sie gebunden hat.[15]

Neben dem Rechtsirrtum über das Wesen der Ehe erkennt der Kodex

---

[15] Wenn c. 1084 betont das Wort simplex error an den Anfang stellt, so ist damit die Frage nach dem Unterschied zwischen error simplex und error qualificatus aufgeworfen. Das rührt an das wohl schwierigste Problem der kanonistischen Ehekonsenslehre, das seiner vollen Lösung erst noch harrt. Soviel auch die Kommentatoren dazu äußern, so täuscht das doch nicht darüber hinweg, daß ihre Darlegungen das Problem mehr umschreiben als wirklich lösen. Ein simplex error liegt nach der durchgängigen kanonistischen Lehre dann vor, wenn er im Bereich des Erkenntnismäßigen verbleibt und nicht in die Willenssphäre hinübergreift. „El simple error, come acto intelectivo que es, no trasciende del entendimiento, es decir, empieza y termina en éste" (Jaime M. *Mans Puigarnau,* El consentimiento matrimonial; Defecto y vicios del mismo como causas de nulidad de las nupcias, Barcelona 1956, S. 117 A. 3). Damit soll der Unterschied gekennzeichnet sein gegenüber dem error qualificatus des c. 1086 § 2, bei dem die irrige Auffassung in einem positivus voluntatis actus eigens bejaht wird und somit in den Konsenswillen selbst eingegangen ist. Auch wenn man die Frage beiseite läßt, wie die Regelung des c. 1084 mit dem Axiom „Nihil volitum nisi praecognitum" in Einklang zu bringen sei, so bleibt die große Schwierigkeit, wo man genau die Grenze zwischen den beiden Irrtumsarten zu ziehen hat. Für die extremen Fälle nach beiden Richtungen ist es klar. So ist es unbestritten, daß ein bloßer error simplex vorliegt, wenn jemand rein in abstracto über die Ehe eine irrige Auffassung hegt, ohne daß er jedoch hernach, als er persönlich zu einer Heirat schreitet, zu dieser irrigen Meinung eine positive Stellungnahme fällt. Und umgekehrt gehört es eindeutig zum error qualificatus, wenn jemand bei seiner Trauung in einem eigenen positiven Entschluß sich dahin entscheidet, er wolle seine Ehe nur als eine auflösbare Bindung eingehen. Wie aber ist zu urteilen, wenn einer nicht nur in abstracto die Ehe für auflösbar hält, sondern diese seine Meinung auch in concreto im Hinblick auf seine eigene unmittelbar bevorstehende Eheschließung festhält, freilich ohne daß er einen ausdrücklichen aktuellen Willensentschluß setzt, er schließe für seine Ehe die Unauflöslichkeit aus? Kann man für einen solchen Fall noch im Ernst behaupten, der Irrtum sei nur in der Verstandessphäre geblieben? Oder liegt hier nicht vielmehr doch bereits der „influxus positivus in voluntatem" vor, der nach *Cappello* (De matrimonio, n. 588, S. 559) den error qualificatus vom error simplex abhebt? Diese Problematik hat neuerdings in verdienstlicher Weise Audomar *Scheuermann,* München, auf der Tagung der deutschen Offizialate 1956 zu Bonn wiederum aufgerollt. Man wird mit ihm fragen müssen, ob der Irrtum über die Auflösbarkeit der Ehe, wenn er nicht nur die Ehe in abstracto, sondern in concreto die eigene, jetzt abzuschließende Ehe ins Auge faßt, nicht mehr im rein Verstandesmäßigen verbleibt, vielmehr bereits in die Willenssphäre hinübergreift und auch den Willen auf eine nur lösbare Ehe einengt. Kann man noch als error simplex charakterisieren, was nicht als nur theoretischer Verstandesirrtum existiert, sondern aus intentionaler Lebenshaltung entspringt? Mit Recht sagt die Sacra Romana Rota in einer Entscheidung coram Felici vom 28. Februar 1950: „Si vero huiusmodi sententiae (sc. sententiae erroneae v. g. de indissolubilitate matrimonii) in animo contrahentis tam profunde insideant ut veluti in naturam verterint neque appareat ratio ob quam ab his sententiis nupturiens in matrimoniali foedere ineundo abscedere debuerit, gravis profecto exurgit praesumptio has sententias ipsam turpiter infecisse *voluntatem:* quae praesumptio, si accedat tenax turpisque nuptiarum abusus aliaque probentur quae congruant adiuncta, vix non attingit moralem certitudinem" (Ephemerides iuris canonici 6, Rom 1950, S. 581).

zweitens den Personenirrtum, error circa personam, als ehevernichtenden error substantialis an (c. 1083 § 1).¹⁶ Gemeint ist die Personenverwechslung, der Identitätsirrtum: Jemand will die Person A heiraten, wird aber, ohne daß er die Personenverwechslung merkt, der Person B angetraut. Hier ist die Ehe nichtig, weil ein innerer Ehewille, die B zu heiraten, gar nicht vorhanden ist. Zum Personenirrtum hat man im Grunde ebenfalls zu rechnen, was der Kodex als error qualitatis redundans in errorem personae bezeichnet (c. 1083 § 2 n. 1).¹⁷ Hier werden gleichfalls zwei verschiedene Personen miteinander verwechselt, wenn auch auf dem Umweg über die Kennzeichnung durch eine Eigenschaft, und zwar durch eine sogenannte individualisierende Eigenschaft.¹⁸ In Wahrheit ist damit nur eine indirekte Form des Personenirrtums gegeben.

Drittens ist ehevernichtend nur ein einziger Fall des Eigenschaftsirrtums, nämlich der error circa condicionem servilem, der Irrtum über den Sklavenstand des Ehepartners. C. 1083 § 2 n. 2¹⁹ bestimmt: Wenn eine freie Person jemanden heiratet, den sie irrtümlich für frei hält, der aber in Wirklichkeit dem Sklavenstand angehört, so läßt ein solcher Irrtum über den Personenstand einen gültigen Eheabschluß nicht zustande kommen. Ein merkwürdiges Relikt vergangener Rechtsverhältnisse in einem Gesetzbuch des 20. Jahrhunderts.²⁰ Jeder sonstige Eigenschaftsirrtum läßt dagegen die Gültigkeit der Ehe unangetastet.

---

¹⁶ C. 1083 § 1: „Error circa personam invalidum reddit matrimonium."
¹⁷ C. 1083 § 2: „Error circa qualitatem personae, etsi det causam contractui, matrimonium irritat tantum:
1° si error qualitatis redundet in errorem personae;
2° si persona libera matrimonium contrahat cum persona quam liberam putat, cum contra sit serva, servitute proprie dicta."
¹⁸ Es darf also kein bloßer Irrtum in einer Arteigenschaft wie reich, gesund, vornehm oder dergleichen sein. Vielmehr ist gefordert, daß es sich „um eine individuelle Eigenschaft oder eine Summe von Merkmalen handelt, die ausschließlich einer bestimmten Person zukommen und sie von jeder anderen Person unterscheiden (z. B. die älteste Tochter eines bestimmten Mannes)" (Honorius *Hanstein*, Kanonisches Eherecht, Paderborn 1953³, S. 152). Dabei wird, wie die kanonistische Lehre allgemein vertritt, obendrein noch vorausgesetzt, daß die durch die individualisierende Eigenschaft gekennzeichnete Person bis zur Hochzeit dem Partner persönlich unbekannt geblieben ist. Wenn aber jemand die Bekanntschaft einer Person macht, die sich betrügerisch als die älteste Tochter eines bestimmten Mannes ausgibt, so liegt kein error qualitatis redundans in errorem personae vor, selbst wenn die Angabe das ausschlaggebende Motiv für die Heirat gebildet hätte. Hier ist keine Personenverwechslung unterlaufen, vielmehr nur ein simplex error qualitatis dans causam contractui (SRR 24, 1932 dec. 25 n. 2, S. 232). Hieraus ersieht man schon, daß praktisch kaum einmal der Fall eines error qualitatis redundans in errorem personae vorkommen wird.
¹⁹ S. o. A. 17.
²⁰ Die Norm des c. 1083 § 2 n. 2 gewinnt Verständnis nur auf dem Hintergrund der geschichtlichen Entwicklung. Nach dem *römischen* Recht war der Sklave rechtsunfähig und konnte keine Ehe (connubium) eingehen. Die Geschlechtsverbindung unter Sklaven oder zwischen Freien und Sklaven war nur ein rein faktisches Verhältnis (contubernium), rechtlich aber keine Ehe (Paul *Jörs* – Wolfgang *Kunkel*, Römisches Privatrecht, Berlin-Göttingen-Heidel-

Mit den genannten drei Arten des Irrtums, also mit Irrtum über das Wesen der Ehe, Personenverwechslung und Irrtum über den Sklavenstand sind alle Fälle erschöpft, in denen das kanonische Recht Nichtigkeit einer so geschlossenen Ehe anerkennt. Es springt ohne weiteres in die Augen, wie selten einer der erwähnten Tatbestände einmal verwirklicht ist und wie daher den zitierten Bestimmungen des Kodex mehr theoretische als praktische Bedeutung zukommt.

Besonders folgenschwer wirkt es sich aus, daß der kirchliche Gesetzgeber dem Eigenschaftsirrtum, der naturgemäß viel häufiger eintreten kann und auf den wir deshalb auch bei unseren Überlegungen vornehmlich abstellen, keinerlei Einfluß auf die Gültigkeit der Ehe einräumt, wenn man von dem fast belanglosen Irrtum über den Sklavenstand absieht. Mag der Eheschließende sich bei der Heirat noch so sehr in seinem Partner, seinen

berg 1949³, S. 272. Max *Kaser*, Das römische Privatrecht 1, München 1955, S. 245 f.). Besonders weittragenden Folgen war die Geschlechtsgemeinschaft einer Freien mit einem Sklaven ausgesetzt. Hat die freie Frau um die Unfreiheit des Mannes gewußt, so werden die Kinder aus dieser Verbindung als Sklaven geboren. Und wenn sie wider den Willen des Herrn das Verhältnis mit seinem Sklaven fortsetzt, so verfällt auch sie der Sklaverei. *Jörs-Kunkel*, a. a. O., S. 67 f. *Kaser*, a. a. O., S. 249 f.

In den *germanischen* Rechten wandte man sich noch schärfer gegen die Verbindung zwischen Sklaven und Freien. Man verbot generell solche Ehen. Wenn dagegen verstoßen wurde, so drohte dem unfreien Teil der Tod, während der freie Teil von selbst die Freiheit verlor. Hermann *Conrad*, Deutsche Rechtsgeschichte 1, Karlsruhe 1954, S. 160 und 211.

Nur nach und nach konnte die *Kirche* ihre christlichen Grundsätze durchsetzen. Schon Papst Kallistus I. (217–222) erklärte in schroffem Gegensatz zum weltlichen Recht die Sklavenehen für wirkliche und rechtmäßige Ehen. Auf der anderen Seite aber mußte die Kirche den tatsächlichen Gegebenheiten Rechnung tragen, und so drängte sie darauf, daß Sklavenehen nur mit Einwilligung der Herren geschlossen wurden, weil sie in dieser Zustimmung eine Garantie sah, daß die Ehen hernach nicht willkürlich von den Herren getrennt wurden. Seit dem 10. Jahrhundert verfocht sie, daß eine Heirat des Sklaven auch ohne die Zustimmung seines Herrn rechtmäßig sei. Ebenso erkannte sie die Gemeinschaft zwischen Unfreien und Freien als legitime Verbindung an. Zwar hatte die Kirche zeitweilig solchen Heiraten wegen der mit dem Standesunterschied verknüpften sozialen Schwierigkeiten mit Reserve gegenübergestanden, aber schließlich ihre Anerkennung erteilt. Doch tauchte nun die Frage auf, wie es mit der Bindung eines Freien stehe, der eine unfreie Person geheiratet hat, ohne um deren Stand zu wissen. Das Problem wurde bei den Kanonisten des frühen Mittelalters wiederholt erörtert, und man suchte ihm mit verschiedenen Lösungsvorschlägen beizukommen. Gratian sprach sich für die Nichtigkeit solcher Ehen wegen des error condicionis aus. „Si quis ingenuus homo ancillam uxorem alterius acceperit et existimat, quod ingenua sit, si ipsa femina fuerit postea in servitute detecta, si eam a servitute redimere potest, faciat; si non potest, si voluerit, aliam accipiat. Si autem ancillam eam scierit et collaudaverat, post ut legitimam habeat. Similiter et mulier ingenua de servo alterius facere debet" (c. 4 C. 29 q. 2; *Friedberg*, Corpus Iuris Canonici, Neudruck Graz 1955). Mit der Legalisierung dieser Norm durch Alexander III., Urban III. und Innozenz III. sowie mit der Aufnahme ihrer drei Dekretalen in die Sammlung Gregors IX. (cc. 2–4 X 4, 9) fand die Entwicklung ihren Abschluß. Unverändert findet sich die gleiche Regelung in c. 1083 § 2 n. 2 des heutigen Kodex. Vgl. Joseph *Freisen*, Geschichte des kanonischen Eherechts bis zum Verfall der Glossenliteratur, Paderborn 1893², S. 279 ff. R. *Naz*, Esclave, in: Dict. de droit canonique 5, Sp. 448 ff.

Eigenschaften und seinen persönlichen Verhältnissen getäuscht haben, mag er mit ganz irrigen Vorstellungen über seine Herkunft und seinen Stand, über sein Vorleben und seine Unbescholtenheit, über seinen Charakter, seine religiöse Haltung, seine Gesundheit in die Ehe gegangen sein, das alles ändert nichts daran, daß die Eheschließung trotz seines Irrtums gültig ist und nicht mehr rückgängig gemacht werden kann.

Auf das eingangs erwähnte Beispiel angewandt heißt das: Jene Frau, die da ahnungslos dem Mörder ihres eigenen Vaters die Hand gereicht hat in dem guten Glauben, in ihm einen Ehrenmann zum Gatten zu erhalten, kann sich auf diesen ihren verhängnisvollen Irrtum nicht berufen. Sie ist und bleibt zeitlebens als Ehefrau an den Mann gebunden. Ein Ergebnis, das sicher zu der Frage drängt, ob man nicht um der Billigkeit willen eine andere rechtliche Regelung wünschen möchte.

Die ganze Härte des kanonischen Rechts wird in jenen Fällen sichtbar, in denen der Irrtum überhaupt erst das ausschlaggebende Motiv zu der Heirat gebildet hat, wo also der Ehepartner ohne diese seine irrige Vorstellung gar nicht zu der Eheschließung bereit gewesen wäre. Zu denken ist hier etwa an die Situation eines jungen Mannes, der von seiner Bekannten zur Heirat gedrängt wird mit dem Vorgeben, sie erwarte von ihm ein Kind. Dabei mag es durchaus so liegen, daß der Mann bei dem Verhältnis nie an eine Eheschließung gedacht hat und einer Heirat mit dieser Bekannten wegen ihres Charakters oder aus sonstigen Gründen widerstrebt und sich jetzt zu der Eheschließung einzig und allein bereit findet, weil er sich tatsächlich für den Vater des Kindes hält. Stellt sich hernach diese Annahme als irrig heraus, so ist an der Gültigkeit der Ehe doch nicht zu zweifeln. Auch der Einwurf des Mannes, er habe ja nur geheiratet, weil er sich für den Vater gehalten habe, und er hätte nie in die Ehe eingewilligt, wenn ihm die wahren Zusammenhänge bekannt gewesen wären, hilft ihm da nicht. Der error in qualitate hat, so sagt c. 1083, etsi det causam contractui, auch wenn er das entscheidende Motiv zu diesem Eheabschluß war, nicht die Ungültigkeit der Ehe zur Folge.

Das hat selbst dann zu gelten, wenn der Irrtum in dem Eheschließenden hinterhältig herbeigeführt wurde, wenn der andere arglistig getäuscht hat, gerade um die Heirat zu erreichen. In dem soeben beigezogenen Beispiel kann es so liegen, daß die Frau selber des ehrlichen Glaubens war, den wirklichen Vater um die Ehe angesprochen zu haben. Häufiger aber mag es sein, daß die Frau ihrerseits über den Urheber der Schwangerschaft genau im Bilde ist und nun bewußt, da der wirkliche Vater sie hat sitzen lassen, einen anderen Dritten zur Heirat drängt mit der arglistigen Täuschung, er sei der Vater. Vor einiger Zeit hatten sich mehrere kirchliche Ehegerichte in Deutschland mit einem solchen Fall zu befassen, der mit besonderer Hinterhältigkeit eingefädelt war. Hier war der Mann stutzig, als mit dem Hinweis auf eine Schwangerschaft die Heirat gefordert wurde; er wollte nicht an seine Vaterschaft glauben. Deshalb verlangte er von der Frau, sie müsse ihm eine ärztliche Bescheinigung beibringen, im wievielten Monat die Schwangerschaft bestehe. Kannte er doch die Person erst vier Monate und hoffte, mit der ärztlichen Bescheinigung unter Umständen nachweisen zu können, daß er gar nicht als Vater in Frage kommen könne, wenn nämlich die Schwangerschaft schon länger bestand. Nach ein paar Tagen bringt ihm die Frau den Schein eines Arztes, und zu seiner Bestürzung muß er lesen, daß dort eine Schwangerschaft im 4. Monat bestätigt wird. In dem Glauben, daß es dann doch mit seiner Vaterschaft stimmen werde, willigt er in die Heirat ein. Als aber wenige Wochen nach der Hochzeit schon, nach seiner Berechnung viel zu früh, das Kind zur Welt kommt, muß er erfahren, daß er das Opfer eines gemeinen Betruges geworden ist. Der Arzt hatte der Frau zwar einen Schein über ihre Schwangerschaft ausgestellt, aber wahrheitsgemäß geschrieben, daß die Schwangerschaft im 7. Monat vorliege. Wenn der Mann das gelesen hätte, so wäre es ihm sofort klar gewesen, daß er nicht als Vater in Frage kommen konnte, weil er vor sieben Monaten die Frau noch gar nicht kannte. Ehe die Person ihm aber den Schein vorgelegt hatte, war sie hingegangen und hatte die 7 in eine 4 umgefälscht. Doch selbst ein solch raffinierter Betrug ändert nichts daran, daß nach dem kanonischen Recht ein derartiger Eigenschaftsirrtum nicht die Gültigkeit der Ehe berührt.

Unverkennbar ist die Härte, welche so den Betrogenen trifft. Daher ist es auch verständlich, daß man immer wieder versucht hat, ob nicht im Rahmen des geltenden kanonischen Rechts doch auf einen anderen Titel hin die Nichtigkeit einer solchen Ehe zu begründen sei. Die Kanones über den Eigenschaftsirrtum reichen dafür nicht hin. Aber ist in solchem Falle, so könnte man fragen, überhaupt ein hinreichender Ehewille vorhanden? Wenn schon der Irrtum für sich, also der Mangel auf der Erkenntnisseite, nicht zur Nichtigkeit der Ehe geführt hat, ist dann nicht doch die Nichtigkeit bedingt in einem echten Willensmangel, in einem Mangel auf der Willensseite? Insofern nämlich, als der Wille des Mannes darauf gerichtet war, die Mutter seines vermeintlichen Kindes zu heiraten? Ziel seines Ehewillens sei ja nicht in erster Linie die Person X gewesen, die neben ihm am Traualtar kniete, sondern die Mutter eines von ihm erzeugten Kindes.[21]

---

[21] Dieser Versuch ist nahegelegt durch eine viel umstrittene Stelle bei *Alphonsus de Ligorio*, Theologia moralis, lib. 5 tract. 6 cap. 3, Ausgabe Paris 1875, 3, S. 778 f.: „1013. Communiter tamen et recte docent doctores quod error circa qualitatem personae bene irritaret matrimonium, si qualitas redundaret in substantiam. Sed magna difficultas est ad dignoscendum, quandonam error qualitatis redundet in substantiam sive in personam. Tres attende regulas. 1014. Prima regula: tunc qualitas redundat in substantiam, cum quis actualiter intendit contrahere sub conditione talis qualitatis: tunc enim verificatur quod, deficiente conditione, omnino deficit consensus . . . 1015. Secunda regula est: quando qualitas non est communis aliis, sed propria et individualis alicuius determinatae personae, puta si quis crederet contra-

Veranlaßt durch einen Ehenichtigkeitsprozeß, der in den jüngsten Jahren in drei Instanzen deutsche Ehegerichte beschäftigt hat und in dem es ebenfalls um die arglistige Täuschung über eine Schwangerschaft ging, hat man das Problem erneut zum Gegenstand wissenschaftlicher Erörterung gemacht. Der Paderborner Kanonist Laurentius Köster O.F.M. hat auf der Tagung der deutschen Offizialate 1956 einen interessanten Beitrag dazu geliefert. Das Ergebnis seiner Untersuchungen geht dahin: Grundsätzlich sei es zwar richtig, daß eine Ehe wegen mangelnden Ehewillens nichtig sei, wenn dieser Wille sich direkt und in erster Linie auf eine bestimmte vermeintliche Eigenschaft richte und erst sekundär auf die betreffende Person des Ehepartners (si consensus fertur directe et principaliter in qualitatem et minus principaliter in personam).[22] Aber der so gemeinte Tatbestand sei kaum

---

here cum primogenita regis Hispaniae, tunc qualitas redundat in personam ... 1016. Tertia regula igitur ... est, quod si consensus fertur directe et principaliter in qualitatem et minus principaliter in personam, tunc error in qualitate redundat in substantiam; secus si consensus principaliter fertur in personam et secundario in qualitatem; v. g. si quis dixerit ‚Volo ducere Titiam, quam puto esse nobilem', tunc error non redundat in substantiam, et ideo non invalidat matrimonium. Secus si dixerit ‚Volo ducere nobilem, qualem puto esse Titiam'; tunc enim error redundat in substantiam, quia directe et principaliter intenditur qualitas et minus principaliter persona ... Cum quidam adolescens petierit in coniugem filiam cuiusdam secundogenitam valde pulchram, pater negavit illam et obtulit primogenitam iuveni ignotam, quam hic postulavit prius ostendi cuidam suo amico; pater isti amico pro primogenita, quae turpis erat, ostendit secundogenitam, quam cum audisset iuvenis etiam esse pulchram, contraxit, sed visa deinde illius deformitate, contendebat matrimonium esse nullum." Alphonsus berichtet, daß die Kanonisten die Gültigkeit dieser Ehe unterschiedlich beurteilen; er selbst spricht sich für die Nichtigkeit aus: „Ratio, quia verius est eo casu qualitatem pulchritudinis fuisse ... principalius intentam quam personam, cum ideo iuvenis petierit ostendi amico, item quia voluntas eius revera non fuit determinata ad accipiendam oblatam a patre, sed ostensam amico."

[22] Inhaltlich wird damit auch die dritte Regel des Alphonsus, wie sie in der vorigen Anmerkung mitgeteilt wurde, voll und ganz gebilligt, was nicht von allen Kanonisten geschieht. Aber auch solche Kirchenrechtler, welche inhaltlich mit den drei Regeln des Alphonsus einig gehen, beanstanden seine Begründung, nämlich die Zurückführung auf den error qualitatis redundans in errorem personae. Mit besonderem Nachdruck verficht diese Kritik an der juristischen Einordnung unter gleichzeitiger Bejahung des Norminhalts der Herausgeber der Ephemerides iuris canonici, Pio *Fedele* (Ephemerides iuris canonici 6, 1950, S. 149—155; 10, 1954, S. 304—312). Er argumentiert etwa so: Unter den drei Regeln handelt es sich einzig bei der zweiten um einen wirklichen error qualitatis redundans in errorem personae, während die beiden anderen nur zu Unrecht mit einem solchen error begründet werden. Bei der ersten und dritten Regel kann man in Wahrheit nicht einen error, ein Erkenntnismoment, sondern ausschließlich einen volitiven Defekt für die Nichtigkeit der Ehe verantwortlich machen. Im ersten Fall insofern, als der Kontrahent die Ehe bedingt geschlossen hat, d. h. die Existenz seines Ehewillens an das Vorhandensein einer bestimmten Qualität bei seinem Partner geknüpft hat. Wenn hier die Ehe nichtig ist, so nicht deshalb, weil er sich geirrt hat, sondern weil es an dem Willen zu der Ehe fehlt, da mit dem Nichtvorhandensein des ausbedungenen Umstandes zugleich die Existenz des Ehewillens hinfällig geworden ist. Ebenso ist bei der dritten Regel die Ehenichtigkeit, für die Fedele sich entschieden ausspricht, nach ihm nicht mit einem error zu begründen, sondern mit dem Fehlen des Ehewillens. Da der Ehewille principaliter auf die Qualität, nicht auf die Person gerichtet

einmal verwirklicht. Setzte er doch voraus, daß die von dem Eheschließenden gewünschte Eigenschaft des Partners am Anbeginn der ganzen Heiratsüberlegungen gestanden hätte und erst von diesem Wunschbild aus eine bestimmte Person nun für die Eheschließung ins Auge gefaßt worden wäre. So etwa, wenn jemand unter allen Umständen als Lebensgefährtin für sich ein unbescholtenes, unberührtes Mädchen wünscht und er dann von dieser Grundvoraussetzung aus an die Auswahl seiner Gefährtin herangeht. Nicht aber genügte es schon, wenn zunächst eine bestimmte Person in den Kreis seiner Heiratspläne eintritt und er dann schließlich seine Einwilligung gibt, weil er glaubt, daß sie seinen Wunsch der Unberührtheit erfülle. Hier wäre nicht mehr principaliter et directe die betreffende Eigenschaft intendiert, sondern principaliter die Person selbst, wenn auch in der irrigen Annahme, daß sie die Eigenschaft aufzuweisen habe. Das sei nicht mehr der Fall der primären Intention der Eigenschaft, und deshalb könne hier auch keine Ehenichtigkeit behauptet werden. Es sei damit nur ein zwar kausativer Eigenschaftsirrtum gegeben, der aber nach den Normen des kanonischen Rechts die Gültigkeit der Ehe unangetastet läßt.

Auch solche Versuche, auf einem Umweg doch noch eine gewisse Sicherung gegen Eigenschaftsirrtum und arglistige Täuschung zu erzielen, sind mithin, selbst wenn man ihre theoretische Problematik außer acht lassen könnte, in ihrem praktischen Ergebnis so gut wie illusorisch. Die Tatbestandsaufnahme muß sich mit der Feststellung begnügen, daß das geltende kanonische Recht für die Eheschließung keinen wirksamen direkten Schutz gegen Eigenschaftsirrtum und arglistige Täuschung gewährt. Soweit de lege lata.

Ohne Zweifel wird dieses Resultat immer wieder zum Widerspruch herausfordern. Und das, wie man zugeben muß, nicht ohne Grund. Die verhängnisvollen Folgen, wie sie in den angeführten Beispielen sichtbar wurden, die sich vielfältig vermehren ließen, sind zu hart, als daß man sich damit zufrieden geben wollte. Und so taucht ganz von selbst die Frage auf:

---

wurde, sei ein hinreichender Wille, diese Person zu heiraten, überhaupt nicht vorhanden gewesen. Nicht wegen Irrtums, sondern wegen Fehlens eines auf Eheabschluß mit dieser Person gerichteten Willens sei die Ehe ungültig.

Freilich kann nicht verschwiegen werden, daß die Mehrzahl der Kanonisten die dritte Regel des Alphonsus nicht übernimmt (vgl. neuerdings die Kritik von *Mans'Puigarnau*, El consentimiento matrimonial, S. 98—100, zu der Rota-Entscheidung coram Heard vom 21. Juni 1941: SRR 33, 1941 dec. 48, S. 528 ff.), und es ist in der Tat nicht zu verkennen, daß sie auch inhaltlich, nicht nur in der Begründung, größte Schwierigkeiten in sich birgt, auf die hier nicht im einzelnen eingegangen werden kann. Es wäre wohl zu erwägen, ob die dritte Regel einen wahren Kern nur bei Beschränkung auf die condicio implicita besitzt, Ehenichtigkeit mithin bloß dann anzunehmen ist, wenn die intendierte Qualität zu einer condicio implicita des Ehekonsenses erhoben wurde, wobei condicio implicita nicht mit condicio interpretativa verwechselt werden dürfte. Allerdings würde damit die dritte Regel mehr oder weniger auf die erste zurückgeworfen.

Muß das so sein? Wenn schon im geltenden Recht an den schwerwiegenden Konsequenzen nicht vorbeizukommen ist, könnte dann der kirchliche Gesetzgeber nicht wenigstens de lege ferenda eine Änderung und Milderung herbeiführen und so für die Zukunft einen Ausweg öffnen? Widmen wir uns diesem Problem in einem zweiten Teil unserer Überlegungen!

II. Die Frage einer künftigen Änderung des kanonischen Eherechts

Zuvor gilt es, die Grenzen der Zuständigkeit abzustecken. Ob das kanonische Eherecht in einem Punkt abgeändert wird, bildet nicht eine Frage der Rechtswissenschaft, der Kanonistik, sondern der Rechtspolitik. Maßgeblich ist hier allein der Wille des kirchlichen Gesetzgebers, und zwar nur der höchsten kirchlichen Instanz. Wie es einzig beim Römischen Stuhl liegt, Ehehindernisse zu statuieren[23], so hat er allein darüber zu befinden, ob er für die Zukunft eine Abweichung von den bisherigen Irrtumsbestimmungen des Kodex erlassen will. Dem Rechtswissenschaftler bleibt dabei nur eine untergeordnete, vorbereitende Aufgabe. Er kann eine planende, wegbereitende Vorarbeit leisten, Möglichkeiten aufzeigen, Schwierigkeiten prüfen, Vorschläge unterbreiten. Die Entscheidung aber liegt nicht in seiner Hand.

1. Grundsätzliche Möglichkeit einer Änderung

Bei der Vorarbeit hat man zuallererst zu erörtern, ob eine Änderung über die rechtliche Irrelevanz des Eigenschaftsirrtums und der arglistigen Täuschung dem kanonischen Recht überhaupt grundsätzlich möglich ist oder ob vielmehr hier dem Gesetzgeber aus dogmatischen Vorgegebenheiten für immer die Hände gebunden sind. Gedacht ist dabei an die prinzipielle Unauflöslichkeit der Ehe, welche ja nach dem Glauben der Kirche iure divino existiert und damit jedwedem Eingriff menschlicher Instanz, auch der Kirche, entrückt ist. In der Tat ist es ein beliebter Einwand, um der Unauflöslichkeit der Ehe willen müsse ein noch so gemeiner Betrug bei der Eheschließung unberücksichtigt bleiben.

Der Einwand schillert in seiner Argumentation. Zweifellos hat er darin recht, daß die dogmatische Unauflöslichkeit der Ehe gewisse Rechtsmöglichkeiten, die sonst gegeben wären, für die Ehe ausklammert. So kann die Kirche, wie wir bereits gesehen haben, für die Ehe nicht den Weg einschlagen, den sie sonst bei arglistig erschlichenen Rechtsakten vorsieht. Dort

---

[23] C. 1038 § 2: „Eidem supremae auctoritati privative ius est alia impedimenta matrimonium impedientia vel dirimentia pro baptizatis constituendi per modum legis sive universalis sive particularis."

kommt das Rechtsgeschäft unbeschadet des dolus vorerst rechtswirksam zustande, bleibt jedoch vernichtbar, so daß es nach einer Spanne gültiger Existenz auf eine Aufhebungsklage hin vom Richter nachträglich annulliert werden kann (c. 103 § 2). Das aber scheidet bei der Ehe aus. Hat die Ehe einmal gültige Existenz gewonnen, kann kein Richter sie mehr annullieren.

Gleichwohl schneidet das nicht jede Änderungsmöglichkeit ab. Freilich darf dann die Gesetzesänderung nicht erst dort einsetzen, wo die Ehe bereits gültig existiert, sondern müßte im Entstehungsakt selbst zugreifen und da schon das Gültigwerden einer arglistig erschlichenen Ehe verhindern, so daß bei solcher Täuschung trotz des äußeren Trauungsaktes eine gültige Ehe gar nicht zustande käme. Mit anderen Worten: Die Kirche müßte eine Ungültigkeitsklausel[24] aufstellen, nach der bei arglistiger Täuschung, vielleicht darüber hinaus bei schwerem Eigenschaftsirrtum generell, eine Ehe überhaupt nicht gültig wird. Eine solche Ehe wäre dann von vornherein ungültig, von Anfang an nichtig, nicht erst nachträglich vernichtbar.[25] Dem Ein-

---

[24] In der Terminologie des kanonischen Rechts spricht man von einer lex irritans, einer Irritationsklausel. Herrn Landgerichtsdirektor a. D. Dr. Conrad *Heimberger,* Tübingen, wird der Hinweis verdankt, daß innerhalb des hier behandelten Themas der Ausdruck Irritationsklausel zweckmäßig vermieden wird, weil bei dem etymologisch nicht Bewanderten der Gedanke auftauchen könne, es handle sich bei einer Irritationsklausel um eine Irrtumsklausel, da ja die Klausel für den Fall gelten soll, daß jemand sich in einer wesentlichen Eigenschaft des Partners irre. Das Wort Irritationsklausel hat natürlich nichts mit errare zu tun, sondern leitet sich ab von irritare. Dieses Verbum kommt im Lateinischen in doppelter Bedeutung vor: 1. irritare = erregen; 2. irritare = ungültig machen (vgl. K. E. *Georges,* Ausführliches lateinisch-deutsches Handwörterbuch, 3. Halbband, Hannover-Leipzig 1916, Sp. 454). In der zweiten Bedeutung wird es hier verwandt. Es sei verwiesen auf die bereits im römischen Recht geläufigen Ausdrücke ratum = gültig und irritum = ungültig. Vgl. *Heumann-Seckel,* Handlexikon zu den Quellen des römischen Rechts, Jena 1907[9], S. 289 und 491 f. Im kanonischen Recht sind irritare (c. 1073), irritatio (c. 1058 § 2), lex irritans (c. 11), clausula irritans (c. 1039 § 2) zu termini technici geworden. Irritationsklausel meint die mit einem Rechtssatz verknüpfte Verungültigungsklausel, welche für Nichtbeachten eines bestimmten Rechtserfordernisses die Nichtigkeit des betreffenden Rechtsaktes festsetzt.

[25] Die verungültigenden Gesetze des CIC sind entweder leges irritantes oder leges inhabilitantes (c. 11). Die lex irritans bestimmt, daß eine Rechts*handlung* bei Fehlen einer genau bezeichneten Voraussetzung nicht gültig gesetzt wird; die lex inhabilitans legt fest, daß eine *Person* bei Fehlen einer bestimmten Voraussetzung unfähig ist, eine gewisse Rechtshandlung rechtswirksam zu setzen. In der Wirkung stimmen beide Gesetze überein: Die trotzdem vollzogene Rechtshandlung ist nichtig.

Der hier gemachte Vorschlag hätte zum Inhalt eine lex irritans: Das Freisein von arglistiger Täuschung oder auch von schwerem Eigenschaftsirrtum wäre die Voraussetzung für die Gültigkeit einer Eheschließung. Bei Fehlen dieser Voraussetzung wäre dann kraft positiven Rechts wegen der lex irritans die Eheschließung in sich hinfällig.

Das entscheidende Charakteristikum der leges irritantes und inhabilitantes liegt darin, daß die Nichtigkeitswirkung von selbst eintritt, ohne daß es dazu eines Eingreifens des Handelnden oder auch des Richters bedürfte. Die so gesetzte Handlung ist von vornherein und ohne weiteres in sich nichtig. Hierin unterscheiden sich die leges irritantes und inhabilitantes wesentlich von den leges rescindentes. Letztere lassen, wie etwa c. 103 § 2 für metus und dolus, das Rechtsgeschäft zunächst rechtswirksam zustande kommen und gewähren nur die

wurf aus der Unauflöslichkeit der Ehe wäre damit begegnet. Machte jemand dann geltend, er sei zu seiner Heirat nur durch arglistige Täuschung veranlaßt worden, so genügte es, diesen Tatbestand zu prüfen; bestätigt er sich, so braucht nur festgestellt zu werden, daß hier um des dolus willen eine gültige Ehe nicht existiert und nie existiert hat; von einer Auflösung einer bestehenden gültigen Ehe ist also nicht die Rede. Der Grundsatz der Unauflöslichkeit der Ehe bliebe mit einer solchen Ungültigkeitsklausel unangetastet.

Daß die Möglichkeit besteht, den Eheabschluß bestimmten Ungültigkeitsklauseln zu unterwerfen, mithin nicht nur die Erlaubtheit, sondern tief einschneidend sogar die Gültigkeit der Eheschließung von der Erfüllung oder dem Vorliegen bestimmter positiver Forderungen abhängig zu machen, ist letzten Endes in der Vertragsnatur des Eheabschlusses begründet.[26] Ehe ist nach katholischer Auffassung in gleicher Weise Sakrament und Vertrag; sie kommt in dem beiderseitigen Konsensaustausch der Partner, also in ihrer willentlichen Einigung und damit in einem echten Vertrag zustande. Als Vertrag untersteht der Abschluß aber auch rechtlichen Normen und kann selbst in seiner Gültigkeit an bestimmte Rechtsvoraussetzungen gebunden werden. Das Sakrament der Ehe ist nach Christi Willen geknüpft an den gültigen Ehevertrag. Dieser aber ist als Rechtsakt in seiner Gültigkeit den vom Recht zu statuierenden Erfordernissen unterstellt. Als es auf dem

---

Möglichkeit einer nachträglichen Aufhebbarkeit durch richterlichen Spruch mit Hilfe einer actio rescissoria.

Ob im kanonischen Recht zwischen nullitas und rescindibilitas als mittlere Lösung noch eine weitere Form, nämlich eine sogenannte annullabilitas möglich sei, wird umstritten. Vgl. *Michiels,* Normae generales 1, S. 328–332. Hinsichtlich der Rechtswirkung, so wird man sagen müssen, kennt das kanonische Recht nur die zwei Möglichkeiten: Nichtigkeit (nullitas) und Aufhebbarkeit (rescindibilitas). Wenn man gelegentlich von einer irritatio ferendae sententiae spricht, bei der die Nichtigkeit nicht von selbst eintritt, sondern erst auf Grund eines Richterspruchs herbeigeführt werden muß, so hat man es nicht mehr mit einer lex irritans im eigentlichen Sinne zu tun, sondern mit einer lex rescindens. Vgl. Matth. Conte a *Coronata,* Institutiones iuris canonici, Bd. 1, Turin 1947³, n. 21, S. 34. Man mag dann noch unterscheiden wollen, ob die Nichtigkeit, wie bei der rescindibilitas, nur ausgesprochen werden *könne* oder aber, wie bei der annullabilitas oder der sogenannten irritatio ferendae sententiae, ausgesprochen werden *müsse* (vgl. *Michiels,* Normae generales 1, S. 332); hinsichtlich der Rechtswirksamkeit besteht jedoch kein Unterschied, da in beiden Fällen die Handlung zunächst gültig existiert und erst hernach durch richterlichen Spruch aufgehoben wird.

Im Zusammenhang unserer Frage muß die Anwendung einer bloßen „irritatio ferendae sententiae" sowieso ausscheiden, da bei der Eheschließung eine wirksame Klausel eben nur gefunden werden kann, wenn die Nichtigkeit *von vornherein* ausgelöst wird.

[26] Daß die Kirche überhaupt die Macht besitzt, bei Rechtshandlungen über das naturrechtlich Geforderte hinaus noch bestimmte äußere Gültigkeitsvoraussetzungen des Aktes zu statuieren, mit anderen Worten leges irritantes zu erlassen, ist für reine Rechtsakte unbestritten. Vgl. *Michiels,* Normae generales 1, S. 319. Bei der Ehe aber liegt die Sache verwickelter, da es sich um ein Sakrament, nicht um einen reinen Rechtsakt handelt. Daraus ergibt sich die Schwierigkeit, wie die Kirche über das hinaus, was Christus für die Gültigkeit dieses Sakramentes verlangt, von sich aus noch weitere Forderungen aufstellen kann, und zwar für die Gültigkeit, nicht bloß für die Erlaubtheit des Sakramentsvollzugs.

142 Irrtum und Täuschung bei der Eheschließung nach kanonischem Recht

Trienter Konzil bei der Einführung der kanonischen Eheschließungsform darum ging, daß fortan nur noch die kirchlich geschlossene Ehe gültig sein solle, hat die Vollmacht der Kirche zur Aufstellung solcher Ungültigkeitsklauseln im Mittelpunkt interessanter Erörterungen gestanden.[27]

---

[27] Schon in den ersten Jahren des Trienter Konzils (1545—1563) wurde lebhaft die Frage besprochen, ob eine Möglichkeit bestehe, die heimlich geschlossenen Ehen für nichtig zu erklären. Als dann in der Schlußphase des Konzils 1563 für die 24. Sitzung das Sakrament der Ehe zur Behandlung stand, entbrannte um dieses Problem ein heftiger Streit. Man war sich allseits darüber einig, daß die klandestinen Ehen ein Krebsübel darstellten und aufs schwerste zu verbieten seien. Aber die Ansichten der Konzilsväter liefen völlig auseinander, als man debattierte, ob die Kirche noch einen Schritt weiter tun und die ohne die erforderlichen Zeugen geschlossenen Ehen für ungültig erklären könne. Dem Konzil wurde am 20. Juli 1563 ein „decretum de clandestinis matrimoniis" zur Entscheidung vorgelegt, das für die Zukunft bestimmen wollte: „Sancta synodus ... statuit et decernit, ea matrimonia quae (in posterum) clam, non adhibitis tribus testibus, contrahentur, irrita fore ac nulla, prout praesenti decreto irritat et annullat" (Concilium Tridentinum. Diariorum, actorum, epistularum, tractatuum nova collectio. Edidit Societas Goerresiana. Bd. 9, Freiburg i. Br. 1924, S. 640). Eine nicht geringe Minderheit wandte sich dagegen, so sehr man auch anerkannte, daß eine Ungültigkeitserklärung an sich wünschenswert sei; aber man sehe keine Möglichkeit, einer derartigen Nichtigkeitsklausel die Zustimmung zu erteilen. Die einen lehnten das Dekret aus Opportunitätsgründen ab, weil man damit den Religionsneuerern nur billigen Stoff zu dem Vorwurf liefere, in der katholischen Kirche sei morgen nicht mehr Sakrament, was bis heute als Sakrament gegolten habe. Andere trugen Bedenken, eine Neuerung einzuführen, die in der Kirche über 15 Jahrhunderte unbekannt gewesen sei und deren Berechtigung von namhaften Theologen bestritten werde (vgl. das ausführliche Gutachten des Erzbischofs von Rossano; Conc. Trid. 9, S. 646 ff.). Wieder andere begründeten ihre Ablehnung mit der grundsätzlichen Erwägung, ein solches Gesetz überschreite die Kompetenz der Kirche; bei den Sakramenten seien die Bedingungen für die Gültigkeit von Christus selbst festgelegt, und es stehe nicht in der Macht der Kirche, sie zu ändern; mit dem freien Konsensaustausch zwischen zwei ehefähigen Personen sei alles erfüllt, was gemäß der göttlichen Einsetzung zum Sakrament der Ehe erforderlich sei; wie könne da die Kirche die Gültigkeit des Eheabschlusses abhängig machen von einem solch äußerlichen Umstand, wie ihn die Anwesenheit von Zeugen darstelle.

Gleichwohl setzte sich die Mehrzahl der Konzilsteilnehmer für die Nichtigkeitsklausel der Formpflicht ein, wenn man in der Begründung auch keineswegs einig ging. Teils machte man geltend, daß es sich hier um die gleiche Gewalt handle, welche die Kirche schon immer unbeanstandet ausgeübt habe, wenn sie mit der Aufstellung von Ehehindernissen z. B. einen Mann für unfähig erklärt habe, verwandte Personen zu heiraten. Teils argumentierte man sehr global: „Expedit irritari matrimonia clandestina: et id potest Ecclesia quia Deus dedit ei auctoritatem in omnibus quae expediunt: alioquin non bene providisset suae Ecclesiae" (Conc. Trid. 9, S. 674). Die überzeugendste Begründung trugen jene vor, welche sich darauf beriefen, man müsse bei der Ehe Sakrament und Vertrag begrifflich scheiden. Wenn auch diese Unterscheidung auf dem Tridentinum noch nicht zu völliger Klärung gelangte, so war damit doch der Ansatzpunkt gefunden, von dem aus die Nichtigkeitsklausel innerlich zu rechtfertigen ist.

Der Verlauf der 24. Sitzung des Trienter Konzils zeigt, wie heftig die Meinungen gegeneinanderstanden. Über Monate erstreckten sich die Verhandlungen; zu wiederholten Malen mußte die Formulierung des vorgeschlagenen Entwurfs geändert werden, bis schließlich am 11. November 1563 die Formpflicht mit Nichtigkeitsklausel mit einem Stimmenverhältnis von 133 zu 55 angenommen wurde (Conc. Trid. 9, S. 971—977). Zu den Verhandlungen auf dem Tridentinum vgl. Theodor *Gottlob*, Die Einführung der Formpflicht bei der Ehe-

Dieses Recht, die Gültigkeit des Eheabschlusses an bestimmte positive Voraussetzungen zu knüpfen, handhabt die Kirche in der heutigen Gesetzgebung ganz eindeutig. Sie tut es z. B., wenn sie von sich aus gewisse trennende Ehehindernisse aufstellt. Dabei beschränkt sie sich keineswegs darauf, nur solche Ehehindernisse zu übernehmen, die sowieso schon iure divino existieren, wie etwa das der Impotenz; sie statuiert vielmehr auch rein positive Ehehindernisse bloß kirchlichen Rechts, so das der Schwägerschaft. In den letzteren Fällen resultiert die Ungültigkeit der Ehe allein aus positiver Satzung der Kirche. Ähnlich war es bei der Einführung der kanonischen Eheschließungsform auf dem Tridentinum. Durch volle 15 Jahrhunderte war die ohne kirchliche Trauung geschlossene Ehe gültig; mit dem Trienter Dekret „Tametsi"[28] waren künftig die klandestin eingegangenen Ehen ungültig. Wiederum nur durch positive Satzung des kirchlichen Gesetzgebers. Und genauso könnte das kanonische Recht auch dem Irrtum oder der arglistigen Täuschung gegenüber verfahren, indem es ein Gesetz erließe, daß solche Mängel einen gültigen Abschluß der Ehe verhinderten. Das Freisein von schwerem Eigenschaftsirrtum oder wenigstens von betrügerischer Manipulation wäre dann, wiederum aus positiver Satzung, die unerläßliche Voraussetzung für die Gültigkeit des Konsensaustausches.

Freilich könnte der Gesetzgeber, wenn er sich zu einer derartigen Änderung des Eherechts entschließen wollte, seiner Neuordnung *keine rückwirkende Kraft* beilegen. Insoweit ist er in der Tat durch die Unauflöslichkeit der Ehe gebunden. Rückwirkende Kraft würde ja besagen, daß dann auch die bereits vorher geschlossenen Ehen um des error qualitatis oder um des dolus willen nichtig sein sollten. Da diese Ehen aber unter dem bisher geltenden Eherecht eingegangen und somit gültig zustande gekommen sind, weil das jetzige Recht diese Ungültigkeitsklausel noch nicht aufweist, so hieße das nichts anderes als gültig existierende Ehen nachträglich annullieren. Für das kanonische Recht bedeutet das eine prinzipielle Unmöglichkeit. Rückwirkende Kraft müßte also auf jeden Fall ausscheiden. Die in Frage stehende Gesetzesänderung könnte nur in die Zukunft sprechen. Ausnahmslos jene Ehen, die *nach* Inkrafttreten einer solchen Änderung abgeschlossen werden, könnten sich auf die Sicherung dieser Ungültigkeitsklausel berufen und gegebenenfalls für nichtig erklärt werden.

Daß die Unauflöslichkeit der Ehe keine unübersteigliche Schranke für eine Gesetzesänderung zum error qualitatis darstellt, dafür liefert übrigens

---

schließung durch das Dekret Tametsi des Konzils von Trient, in: Theologische Quartalschrift 136, Tübingen 1956, S. 54 ff. *Joyce,* Ehe, S. 117 ff.

[28] Der entscheidende Satz des Dekrets Tametsi lautet: „Qui aliter quam praesente parocho, vel alio sacerdote de ipsius parochi seu Ordinarii licentia, et duobus vel tribus testibus matrimonium contrahere attentabunt, eos sancta synodus ad sic contrahendum omnino inhabiles reddit, et huiusmodi contractus irritos et nullos esse decernit, prout eos praesenti decreto irritos facit et annullat" (Conc. Trid. 9, S. 968 f.).

der Kodex selbst den überzeugendsten Beweis. Man braucht hierzu nur auf das zu verweisen, was oben schon aus c. 1083 § 2 n. 2 zum Irrtum über den Sklavenstand zitiert wurde: Wenn eine freie Person einen Sklaven heiratet in dem irrigen Glauben, daß er ebenfalls frei sei, so ist die Ehe nichtig. Sachlich ist die Bestimmung völlig veraltet, so daß man bei ihrer Lektüre nach dem Wort eines französischen Kanonisten[29] eine „saveur archaïque" auf der Zunge zu spüren vermeint. Doch erkenntnismethodisch liefert sie uns noch einen wertvollen Dienst. Widerlegt sie ja aus dem tatsächlichen Verfahren der Kirche selbst den Einwand, daß das Recht um der Unauflöslichkeit der Ehe willen überhaupt nicht an einen Eigenschaftsirrtum eine Nichtigkeitsklausel anfügen könne. Hier handelt es sich eben um einen echten error qualitatis, und die Kirche nahm und nimmt keinen Anstoß, für diesen einen Fall die Nichtigkeit der Ehe zu statuieren. Mag dieser eine Tatbestand auch noch so ausgefallen sein, an der prinzipiellen Feststellung ändert das nichts.

Man beachte auch wohl, daß die kanonische Bestimmung über den error condicionis servilis ausdrücklich auf den Irrtum abgestellt ist. Nicht der Sklavenstand als solcher, sondern nur der Irrtum über den Sklavenstand löst die Nichtigkeit der Ehe aus. Man ginge also fehl, wollte man dem Gesetzgeber folgende Überlegung unterstellen: Zur Eheschließung ist es notwendig, daß man über sich und seinen Leib verfügen kann, soll doch im Ehekonsens das ius in corpus übertragen werden. Ein Sklave hat aber keinerlei Verfügungsrecht über sich. Folglich kann er auch keine gültige Ehe schließen. Wäre das der Gedankengang des Gesetzgebers gewesen, so hätte er eine ganz andere Konsequenz ziehen müssen, nämlich die, daß ein Sklave überhaupt keine gültige Ehe eingehen könne.[30] Das aber hat das kanonische

---

[29] É. *Jombart*, Erreur, in: Dict. de droit canonique 5, Sp. 436.
[30] Mit Recht hat daher Vincenzo *Del Giudice*, Nozioni di diritto canonico, Mailand 1953[10], S. 193 A. 116, die Begründung beanstandet, welche das Supplementum zur Summa theologica des Thomas von Aquin bringt. Dort heißt es: „Unde oportet quod error qui matrimonium impedit, sit alicuius eorum quae sunt de essentia matrimonii. Duo autem includit ipsum matrimonium, scilicet personas duas quae coniunguntur, et mutuam potestatem in invicem, in qua matrimonium consistit. Primum autem tollitur per errorem personae; secundum per errorem conditionis, quia servus non potest potestatem sui corporis libere alteri tradere sine consensu sui domini. Et propter hoc hi duo errores matrimonium impediunt, et non alii" (III q. 51 a. 2). „In matrimonii contractu obligatur unus coniugum alteri ad debitum reddendum. Et ideo si ille qui se obligat, est impotens ad solvendum, ignorantia huiusmodi impotentiae in eo cui fit obligatio, tollit contractum. Sicut autem per impotentiam coeundi efficitur aliquis impotens ad solvendum debitum, ut omnino non possit solvere; ita per servitutem, ut libere debitum reddere non possit. Et ideo sicut impotentia coeundi ignorata impedit matrimonium, non autem si sciatur, ita conditio servitutis ignorata impedit matrimonium, non autem servitus scita" (III q. 52 a. 1). Der hier gebrauchte Vergleich mit der Impotenz zeigt am deutlichsten, wie die Begründung in die Irre geht. Denn bei der Impotenz kommt es nicht auf Kenntnis oder Unkenntnis des Partners an, sondern einzig auf das objektive Vorliegen des Umstandes. Ist objektiv die Impotenz vorhanden, so

Recht keineswegs getan. Es ist dafür eingetreten, daß die Ehen der Sklaven untereinander und sogar die Ehen zwischen Sklaven und Freien gültig sind, wenn die Durchsetzung dieses Grundsatzes der Kirche auch erst nach und nach gelungen ist.[31] Nicht der Sklavenstand als solcher, nur der Irrtum, der Partner sei frei, während er in Wirklichkeit Sklave ist, zieht die Nichtigkeit der Ehe nach sich. Warum? Weil der Gesetzgeber das positiv so statuiert hat[32], um den verhängnisvollen Folgen eines solchen Irrtums vorzubeugen. In diesem einen Fall gewährt also das kanonische Recht vollen Schutz gegen Eigenschaftsirrtum bei der Eheschließung.[33]

Grundsätzlich besteht mithin keine Schwierigkeit, daß die Kirche diesen Schutz künftig ausbauen und auf jeden schwerwiegenden Eigenschaftsirrtum und vor allem auf arglistige Täuschung ausdehnen kann.[34] Von der

---

wird dadurch die Eheschließung ungültig, mag auch der andere um den Fehler wissen und sich damit abzufinden bereit sein. Wollte man analog die condicio servilis als eine Art juristischer Impotenz auffassen und in den Auswirkungen auf eine Stufe mit der physischen Impotenz stellen, so müßte man folgerichtig in dem Sklavenstand eine incapacitas zum gültigen Eheabschluß, ein trennendes Ehehindernis sehen; dann aber wäre jeder Eheabschluß eines Sklaven nichtig, ohne Rücksicht auf Wissen oder Irrtum des Partners. Das jedoch ist nicht der Sinn der kanonischen Bestimmung über den error condicionis servilis, derzufolge die Nichtigkeit der Ehe allein von dem Irrtum abhängt.

[31] Vgl. o. S. 133 f., A. 20.

[32] Kanonistische Rechtsprechung und Doktrin betonen übereinstimmend, daß in vorliegendem Fall die Nichtigkeit der Ehe allein aus positiver Satzung der Kirche resultiert. So fährt SRR 19, 1927 dec. 58 n. 2, S. 527, nachdem die Nichtigkeit bei error personae mit göttlichem Recht begründet ist, für den error condicionis servilis fort: „Haec conditio ex sola constitutione Ecclesiae invalidat matrimonium: Ecclesia enim noluit ut pars libera ignoranter subiret tale coniugium, in quo reperitur tanta partium inaequalitas, tantumque incommodum, tantaque in exercitio iurium matrimonialium difficultas." Für die Doktrin vgl. z. B. im gleichen Sinn *Mans Puigarnau*, El consentimiento matrimonial, S. 101.

[33] Die Bestimmung des Kodex, daß der error condicionis servilis die Ehe zunichte macht, ist so singulär und fällt aus der sonst konsequent durchgeführten Regel, dem error qualitatis beim Eheabschluß keine rechtliche Bedeutung beizumessen, derart heraus, daß sie immer wieder zum Widerspruch reizt. So versteht sich auch der eigenwillige Versuch, den neuerdings Orio *Giacchi*, Il consenso nel matrimonio canonico, Mailand 1950, S. 53—56, unternimmt, um den Stein des Anstoßes aus dem Wege zu räumen, indem er kurzerhand erklärt, der error condicionis servilis sei überhaupt kein error qualitatis, sondern ein Identitätsirrtum, ein Personenirrtum, ähnlich dem error qualitatis redundans in errorem personae. Sein Gedankengang zielt dahin: Der Sklave hat nach weltlichem Recht nur eine faktische Existenz, er existiert aber nicht rechtlich als „persona". Mithin fehle ihm die Rechtsexistenz, die Rechtspersonalität. Wer um diesen Sklavenstand des Partners nicht wisse, befinde sich daher in einem „errore sulla identità della persona". Man kann dem nur entgegenhalten, was man früher schon gegen einen ähnlichen Versuch eingewandt hat, daß dem nämlich „ein willkürlicher und unhaltbarer Begriff von Identität zugrunde liegt" (vgl. *Freisen*, Geschichte des kanonischen Eherechts, S. 305 A. 96). Gewiß ist Sklaverei ein äußerst gewichtiger Umstand beim Abschluß einer Ehe. Aber es bleibt unverständlich, wie Giacchi von ihr schreiben kann: „Ma è una qualità di tale gravità, nel fatto, nell'ordinamento laico nel quale devono vivere la loro vita temporale i contraenti, che si risolve in *una qualità atta a identificare il soggetto*" (a. a. O., S. 55). Wie soll Sklavenstand eine identifizierende, individualisierende Eigenschaft sein?

[34] Vgl. Petr. *Gasparri*, Tractatus canonicus de matrimonio, Bd. 2, Rom 1932², S. 26 n. 803:

Unauflöslichkeit der Ehe her kann man das jedenfalls nicht als unmöglich bezeichnen. Es mag sein, daß der Gesetzgeber eine derartige Änderung nicht wünscht. Was immer man an Gründen für eine Ablehnung vorbringen will, ausscheiden müßte aber aus der Diskussion der Vorwand: Die Unauflöslichkeit der Ehe mache es dogmatisch unmöglich, Eigenschaftsirrtum oder arglistige Täuschung bei der Eheschließung zu berücksichtigen. Dieses Argument sticht nicht.

2. Angemessenheit einer Änderung

Wo dem kirchlichen Gesetzgeber mithin prinzipiell durchaus der Weg zu einer Abänderung seiner Bestimmungen offensteht, erhebt sich die zweite Frage, ob er einen solchen Schritt nicht in der Tat tun sollte. Gewiß wird er das nur sehr behutsam verwirklichen dürfen, damit sich aus der Neuregelung, wenn auch die grundsätzliche Unauflöslichkeit der Ehe unangetastet bleibt, nicht doch indirekt im Bewußtsein der Öffentlichkeit eine bedrohliche Lockerung der Eheauffassung anbahnt. Denn es soll keineswegs verkannt werden, was man an Argumenten für die bisherige ablehnende Haltung der Kirche vorbringt, und das Gewicht dieser Gründe soll nicht vermindert werden. Gering allerdings mag man es veranschlagen, wenn man vielfach die Beweisschwierigkeiten ins Feld führt; die Kirche habe beim dolus anders als beim metus keine Nichtigkeitsklausel aufgestellt, weil der Zwang leichter zu beweisen sei als eine arglistige Täuschung.[35] Ob bei arglistiger Täuschung die Beweisfrage tatsächlich soviel ungünstiger liegt, kann dahingestellt bleiben. Auf jeden Fall ist durch die Vorschrift der kanonischen Eheprozeßordnung, daß dem Kläger, der die Ehe anficht, die ganze Beweislast obliegt und daß bei nicht voll erbrachtem Beweis die Klage abgewiesen werden muß[36], hinreichend Vorsorge getroffen, daß nicht voreilig eine Ehe für nichtig erklärt wird. Schwerer wiegt da schon die Befürchtung, die gedachte Neuerung werde eine bedenkliche Rechtsunsicherheit heraufbeschwören, insofern nun manche Ehe in ihrer Gültigkeit zweifelhaft erscheinen und angefochten werden könne, sehr zum Schaden der einzel-

---

„Scilicet supra diximus errorem qualitatis ... in genere nuptias nec iure naturali, nec iure positivo irritare. At Ecclesiam posse, iusta de causa, statuere, ut error alicuius qualitatis, seu aliqualis consensus defectus, reddat nullum matrimonium, quod ex iure naturae valeret, indubium est."

[35] So argumentiert z. B. Anacletus *Reiffenstuel,* Ius canonicum universum, Ingolstadt 1738, lib. 4 tit. 1 n. 350: „Metus facilius probatur quam error aut dolus: consequenter tantae difficultates et pericula non causantur, etsi ex metu matrimonia inita nulla sint."
[36] EPO Art. 94 und 197, AAS 1936, S. 333 und 350 f.

nen Familien wie der gesamten menschlichen Gesellschaft.[37] Es wäre in der Tat „um den Rechtsbestand der Ehe geschehen, wenn sie jedesmal gelöst werden könnte, sooft sich ein Gatte in seinen Hoffnungen betrogen fühlt"[38]. Daran ist in unseren Erwägungen aber auch gar nicht gedacht, daß eine Ehe ungültig sein solle, wenn ein Gatte sich für die *Zukunft* in seinen Erwartungen einmal enttäuscht sieht. Vielmehr geht es nur um den Fall, daß ein schwerwiegender Irrtum über einen im Augenblick der Eheschließung bereits *gegenwärtigen* Umstand vorliegt, zumal wenn arglistige Täuschung ihn hervorgerufen hat. Immerhin mahnt der Einwand, wie sorgsam eine Nichtigkeitsklausel zu formulieren wäre. Auch des weiteren Arguments sei gedacht, daß eine Änderung der kirchlichen Bestimmung den Leichtsinn bei der Wahl des Lebensgefährten nur fördern werde. Das jetzige Recht sei da ein heilsamer Ansporn; das Bewußtsein, daß es auch bei dem schwerwiegendsten Irrtum kein Zurück mehr gebe, zwinge von selbst dazu, den geplanten Schritt vor der Hochzeit reiflich zu überlegen sowie Person und Verhältnisse des ausersehenen Partners eingehend zu prüfen.[39] Gleichwohl fügt Triebs, sicherlich aus seiner reichen Erfahrung am kirchlichen Ehegericht, die Einschränkung an: „Allerdings kann es Fälle geben, wo der Betrug gelingt, trotz der größten Vorsicht seitens des betrogenen Teils... Es wäre wirklich zu prüfen, ob es nicht angemessen sei, in einem solchen Falle, wo auf seiten des Betrogenen nicht das geringste konkurrierende Verschulden vorliegt, dem dolus ehevernichtende Kraft zu geben. Der Betrüger soll niemals aus seinem Betruge einen Vorteil für sich ziehen dürfen, am allerwenigsten in einem solchen Falle."[40] Für die ärgsten Fälle möchte man in der Tat wünschen, daß die Kirche dem schwer Enttäuschten und Betrogenen einen Rechtsschutz böte.

Der Gedanke der *Billigkeit* dürfte dies dringend befürworten. Man kann dem nicht entgegenhalten, für das kanonische Recht habe nach der gesamten katholischen Auffassung von der Ehe einfach die Erwägung auszuscheiden, daß dem betrogenen Teil vom Partner ein Unrecht zugefügt wurde und

---

[37] So *Cappello*, De matrimonio, S. 555 n. 585: „Licet Ecclesia potuisset constituere ut, huiusmodi errore interveniente, matrimonium non consisteret, tamen hoc facere noluit, ne innumera oriantur dubia et quaestiones circa validitatem matrimoniorum, cum publico et gravi animarum damno." Das ist die stereotyp wiederkehrende Begründung in der eherechtlichen Literatur. Vgl. *Reiffenstuel*, Ius canonicum lib. 4 tit. 1 n. 345. *Gasparri*, De matrimonio 2, S. 21 n. 794. *Wernz-Vidal*, Ius canonicum 5, S. 601 n. 469. Matthaeus Conte a *Coronata*, De sacramentis, Bd. 3: De matrimonio, Turin 1948², S. 608 n. 452. Johannes *Linneborn*, Grundriß des Eherechts nach dem Codex Iuris Canonici, Paderborn 1940⁶, S. 311. Heribert *Jone*, Gesetzbuch der lateinischen Kirche, 3 Bde., Paderborn 1950–1953², 2 S. 323. *Mans Puigarnau*, El consentimiento matrimonial, S. 83 f.
[38] August *Knecht*, Handbuch des katholischen Eherechts, Freiburg i. Br. 1928, S. 555.
[39] Vgl. *Knecht*, Eherecht, S. 555. Franz *Triebs*, Praktisches Handbuch des geltenden kanonischen Eherechts, Breslau 1927 ff., S. 475.
[40] *Triebs*, Eherecht, S. 475.

daß es Aufgabe des Rechtes sei, den einzelnen gegen ein Unrecht zu schützen.[41] Die Eheschließung trage öffentlich-rechtlichen Charakter, um dessentwillen das private Interesse der Parteien vollständig in den Hintergrund zu treten habe.[42] Gewiß ist die Ehe eine „öffentliche und geheiligte Institution"[43], die nicht der rein willkürlichen Gestaltung des Parteiwillens überlassen bleiben kann und vor der die privaten Interessen zurückstehen müssen. Aber daß das Interesse der Parteien keinerlei Rolle spiele, das kann man nicht einmal für das geltende kanonische Recht behaupten. Dafür braucht man nur auf die dem Kodex eigene Einrichtung einer Eheschließung unter Bedingung zu verweisen, bei der ja dem Parteiwillen ein ungewöhnlich weiter Spielraum belassen wird. Oder man sehe, wie der Kodex den Irrtum über den Sklavenstand behandelt. Hier hat er tatsächlich für diesen einen Fall die Nichtigkeit der Ehe statuiert; doch aus keinem anderen Grund als dem, den Irrenden vor den verhängnisvollen Folgen seines Irrtums zu bewahren, ihn und sein Privatinteresse zu schützen.

Warum aber, so wird man zu fragen einfach gedrängt, sollte die Kirche nicht die gleiche Weite und Großherzigkeit auch in den anderen Fällen anwenden, in denen nur ein tragischer Irrtum über den Partner, über seinen Charakter, seine Gesundheit usw. überhaupt erst zur Ehe geführt hat? Und erst recht hat das dort zu gelten, wo der andere das Jawort so nur mit List und Tücke erschwindelt hat. Wer in der Arbeit der kirchlichen Ehegerichte steht, weiß, daß hier ein echtes Anliegen an den Gesetzgeber vorgetragen wird. Wie oft wird da die Klage ausgestoßen: „Ich habe das doch gar nicht gewußt. Wäre mir auch nur das geringste davon bekannt gewesen, ich hätte ihn nie und nimmer geheiratet!" So kam eine junge Frau schon zwei Monate nach der Hochzeit in voller Verzweiflung. Als Mädchen war sie in einem Elternhaus echt christlichen Geistes aufgewachsen und auch selbst bewußt darauf bedacht, einmal eine Familie mit christlich-religiöser Atmosphäre zu gründen und aufzubauen. Der junge Mann, den sie lieben lernte, kannte ihre Einstellung und wußte sich raffiniert in den Monaten der Bekanntschaft zu tarnen, um die Einheirat sicherzustellen. Er scheute nicht davor zurück, mit Kirchenbesuch und selbst mit geheucheltem Sakramentenempfang seine wahre Haltung zu verheimlichen und seine Braut zu täuschen. Auch Erkundigungen der Eltern förderten nichts Nachteiliges zutage, zumal es sich um einen Zugezogenen handelte. So erschlich sich der Mann die Heirat, um dann gleich auf der Hochzeitsreise die Maske fallen zu lassen. Die junge Frau wollte es nicht begreifen, daß man ihr nicht helfen kann; sie sei doch betrogen worden! Oder denken wir an den schon berichteten Fall,

---

[41] So will *Hobza*, Betrug bei der Eheschließung, in: Archiv für katholisches Kirchenrecht 88, 1908, S. 234, die Regelung des kanonischen Rechts begründen.
[42] *Hobza*, a. a. O., S. 79.
[43] *Hobza*, a. a. O., S. 85.

in dem eine Person die ärztliche Bescheinigung über ihre Schwangerschaft fälscht und nur dadurch den Mann zu der Heirat bringt. Desgleichen an die eingangs erwähnte Frau, die ahnungslos den Mörder ihres Vaters geheiratet hat. Der Beispiele ließen sich manche anführen. Und die so Getäuschten sind nun für immer, zeitlebens gebunden!

Die Kirche hätte es in der Hand, hier wenigstens für die Zukunft eine Änderung zu schaffen. Sollte sie diesen Schritt nicht um der aequitas canonica willen tun? Als im Jahre 1952 der Internationale Juristenkongreß versammelt war, um die Achtjahrhundertfeier des Decretum Gratians zu begehen, richtete Papst Pius XII. an die Teilnehmer eine Ansprache, die sich ebenso durch juristischen Scharfsinn wie in der Eleganz ihrer Sprache auszeichnet. Pius XII. hat es dort als einen Wesenszug des kanonischen Rechts aufgezeigt, daß im kirchlichen Recht der rigor iuris gemildert und geläutert werde durch die Rücksicht auf die Billigkeit. Das Gesetz Christi sei ein Gesetz der Liebe, und darum dürfe auch allem Recht der Kirche die materna benignitas, die mütterliche Güte nicht fehlen. Dem kanonischen Recht müsse wie ein Siegel eingeprägt sein die aequitas christiana, die aequitas canonica.[44]

Man darf wohl die Bitte vortragen, diesen Grundsatz der Billigkeit noch stärker auch dort anzuwenden, wo sich die Bestimmungen des kanonischen Rechts nicht selten so hart und tragisch auswirken. Wenn die Kirche die Ehe gegen den error condicionis servilis abriegelt, warum sollte sie dann ihre hilfreiche Hand nicht auch anderswo leihen? Gibt es doch, worauf die Literatur wiederholt hinweist[45], Eigenschaften und Verhältnisse noch schlimmerer Art, welche die Gemeinschaft des ehelichen Lebens weit mehr berühren können als die Unfreiheit des einen Teils. Erst recht gilt das, wenn solch ein Irrtum durch arglistige Täuschung ausgelöst wurde. Nur schwer erträgt man, daß ausgerechnet bei der Eheschließung, also bei einer Bindung für die ganze Zeit des Lebens, Schutz gegen List und Trug keine Berücksich-

---

[44] „Numquid Christi lex, caritatis lex, poterat carere lineamentis, quae eam reddunt amabilem? Poterat eius Ecclesiae legi materna benignitas abesse? Minime gentium ... Recentiora studia, quae in Gratiani opere versantur, demonstrarunt canonicis legibus singularem notam et laudem inesse humanitatem, illum nempe christianae doctrinae et conscientiae sensum et afflatum, qui ad ‚investigabiles divitias Christi' (Eph. 3, 8) hominis animum admovet et qui illam ita extollit, ut haud infitiendam Romani iuris celsitatem prorsus transvehat. In Gratiani Decreto, ob ipsa varia, quae ibidem proferuntur, auctorum documenta, perquam solido inveniuntur consociata foedere theologia et ius canonicum: hoc nempe illic in profundum christianae revelationis agit radices, inde almos haurientes latices, qui sunt *temperantia, humanitas, asperitatis remissio, caritas*. Quibus virtutibus et temperamentis iam ab initio iuri canonico proprius inductus est color et, quasi sigillum cera impressum, applicata est *aequitas christiana*, quae brevi in *aequitatis canonicae* formam transvehit" (AAS 1952, S. 375 f.). Einen Bericht über den Kongreß brachte das Archiv für katholisches Kirchenrecht 125, 1951 bis 1952, S. 340 ff. Eine deutsche Übersetzung der päpstlichen Allokution findet man im Österreichischen Archiv für Kirchenrecht 3, 1952, S. 161 ff.

[45] Vgl. *Freisen*, Geschichte des kanonischen Eherechts, S. 306. *Knecht*, Eherecht, S. 560 A.7.

tigung finden sollte. Schon vor Jahrzehnten klagte ein Kanonist: „Das Konzil von Trient erklärte am Schlusse der 24. Sitzung de reformatione matrimonii: matrimonium est sancte tractandum. Es kann aber kaum eine größere Ironie auf diesen Ausspruch geben, als daß die Ehe dem Betruge gegenüber schlechter traktiert wird als jedes Handelsgeschäft."[46]

Dem grundlegenden Argument aus der kanonischen Billigkeit treten noch einige Nebengründe zur Seite, welche es gleichfalls als wünschenswert erscheinen lassen, zum wenigsten der arglistig erschlichenen Eheschließung die Gültigkeit zu versagen. So sei darauf aufmerksam gemacht, daß der Kodex in einem *analogen* Fall, nämlich für das *Klostergelübde*, den hier geforderten Schutz gegen den dolus tatsächlich vorsieht. Die Analogie zur Ehe liegt ohne weiteres offen; wird doch in dem ewigen Gelübde des Ordensmannes, der Ordensfrau ebenfalls ein Lebensstand begründet und eine Bindung bis zum Tode eingegangen. Für das Klostergelübde verfügt aber der Kodex in c. 572 § 1 n. 4[47], daß das Gelübde einfach ungültig ist, wenn es unter der Einwirkung von schwerer Furcht oder von arglistiger Täuschung[48]

---

[46] Friedrich *Thaner*, Die Persönlichkeit in der Eheschließung, Graz 1900, S. 50 A. 16. Damit kann natürlich nicht gesagt werden, das Tridentinum habe mit diesem Wort die arglistige Täuschung von der Ehe fernhalten wollen. Wenn *Hobza* (Betrug bei der Eheschließung, S. 236; vgl. auch *Wahl*, Bedeutung des Irrtums, S. 77 A. 56) deshalb gegen Thaner polemisiert, so hat er historisch recht. Das Tridentinum mahnt an der betreffenden Stelle zu einer maßvollen und ehrbaren Gestaltung der äußeren Hochzeitsfeierlichkeiten mit der Begründung: „Sancta enim res est matrimonium et sancte tractandum." Sachlich aber ist es durchaus berechtigt, wenn Thaner einer arglistig erschlichenen Heirat das gleiche Wort entgegenhält. Übrigens schlägt auch *Hobza*, a. a. O., S. 270, eine entsprechende Änderung des kanonischen Rechts vor: „Was speziell das Hindernis des Betruges anbelangt, so kann ihm die Berechtigung in der weltlichen Gesetzgebung nicht abgesprochen werden. Ja selbst für das Kirchenrecht würde sich seine Einführung empfehlen, denn die Herauslockung der Zustimmung durch groben Betrug ist in dem Maße unmoralisch, daß einem Vertrage von dieser Art keine Gesetzgebung rechtliche Wirkungen zuerkennen sollte."

[47] C. 572 § 1: „Ad validitatem cuiusvis religiosae professionis requiritur ut: ... 4° Professio sine vi aut metu gravi aut dolo emittatur; ..."

[48] Beachtlich ist dabei nur eine solche Täuschung, welche auf die Abgabe des Gelübdes entscheidenden Einfluß geübt hat, so daß ohne den Betrug der Ordensmann das Gelübde nicht geleistet hätte; ein sogenannter dolus principalis oder dolus determinans seu antecedens seu causam dans. Ohne rechtliche Auswirkung wäre es dagegen, wenn ein bloßer dolus incidens seu concomitans vorläge; bei ihm ist der Handelnde zwar auch getäuscht, aber doch nicht erst durch den Trug zu dem Rechtsakt, im gegebenen Fall zur Leistung der Ordensprofeß, bewogen worden; vielmehr wäre er hier selbst ohne die arglistige Täuschung, wenn auch vielleicht weniger bereitwillig, zum Ordensgelübde entschlossen gewesen. Das Recht sieht den besonderen Schutz gegen dolus nur vor, wenn ein Kausalzusammenhang zwischen Täuschung und Rechtsakt besteht. Das vertreten überwiegend die Kanonisten auch bei der Auslegung des c. 103 § 2. Zutreffend verweisen sie dabei auf den inneren Grund, der den Gesetzgeber veranlaßt hat, eine Schutzwehr gegen dolus aufzurichten. Das Gesetz will damit ja nicht eine Strafsanktion gegen den Täuschenden aussprechen, sondern einen Rechtsschutz für den Getäuschten schaffen. Der Getäuschte soll gegen den Schaden gesichert werden, den er in seiner freien Entscheidung erlitten hat, wenn er unter dem Einfluß einer arglistigen Täuschung gehandelt hat. Falls er jedoch sowieso schon zu dem Rechtsakt bereit

abgelegt wird.⁴⁹ Hier ist die Regelung also anders als im Eherecht. Für die Ehe erkennt der Kodex die Nichtigkeit wohl bei schwerer Furcht (metus gravis) an⁵⁰, verweigert sie aber bei der arglistigen Täuschung (dolus). Daß

> war (dolus incidens seu concomitans), kann man dem dolus keine Verantwortung für die Rechtshandlung und dem Handelnden dann auch keinen Schutzanspruch zuerkennen. Vgl. *Michiels*, De personis, S. 666—668.
> Während demnach ein dolus causam dans vorgelegen haben muß, braucht es andrerseits nur ein dolus accidentalis, nicht ein dolus substantialis zu sein. Auch wenn die Täuschung nicht die wesentlichen Verpflichtungen des Ordensstandes betrifft, führt sie dennoch zur Nichtigkeit des Gelübdes, sofern sie nur für die Ablegung der Ordensprofeß kausal geworden ist. Die gegenteilige Ansicht von *Fransen*, Le dol, S. 397—401, vermag nicht zu überzeugen, weil sie ohne zwingenden Grund den Begriff des dolus in c. 572 § 1 n. 4 restringiert und damit die ganze Bestimmung, die dann ja schon in c. 104 (error substantialis) enthalten wäre, für überflüssig erklären muß. Sie hat auch sonst Widerspruch hervorgerufen. Vgl. Ch. *Lefebvre*, Dol en droit canonique actuel, in: Dict. de droit canonique 4, Sp. 1350 f. Ebenso hat *Michiels*, De personis, S. 669 f., gegen Fransen daran festgehalten, daß c. 572 § 1 n. 4 den dolus accidentalis mit erfaßt. Übrigens würde selbst die Auffassung von Fransen nicht die Tatsache beseitigen, daß das kanonische Recht den dolus bei Ordensprofeß und bei Eheabschluß sehr unterschiedlich behandelt. Denn auch für Fransen ist es selbstverständlich, daß die arglistige Täuschung, die ewige Profeß bedeute keine lebenslängliche Bindung, einen dolus substantialis darstellt (vgl. S. 257), während ein entsprechender Irrtum bei der Eheschließung nach c. 1084 nur als error accidentalis gewertet würde.

⁴⁹ Das frühere kanonische Recht kannte nicht diese Ungültigkeit einer durch arglistige Täuschung erschlichenen Profeß. Befremdlich wirkt, wie mittelalterliche Kanonisten diese Rechtsunerheblichkeit des dolus begründen wollten. Dem Betrogenen sei Rechtsschutz nur soweit zu gewähren, als er Schaden erlitten habe. Dabei müsse man zwischen Temporalien und Spiritualien unterscheiden. Nur bei einem dolus in temporalibus sei der Getäuschte wirklich geschädigt und müsse darum Schadensersatz erhalten. Ganz anders aber liege die Sache beim dolus in spiritualibus, so z. B. bei der Ordensprofeß. Wer unter arglistiger Täuschung zum Ordenseintritt verleitet worden sei, könne die Profeß nicht anfechten, weil er ja den objektiv höherwertigen Ordensstand erlangt habe und somit in Wahrheit gar nicht geschädigt sei. „Non videntur decepti, qui meliorem vitam elegerunt." Vgl. die Belege bei *Hobza*, Betrug bei der Eheschließung, S. 76—80. Man begreift schwerlich, wie noch in unserem Jahrhundert *Hobza*, a. a. O., S. 80, diese Begründung verteidigt mit den Worten: „Widerspricht dies etwa den leitenden Grundsätzen des Kirchenrechts oder der katholischen Religion? Keineswegs! Unseres Erachtens entspricht dieser Standpunkt vollkommen der katholischen Lehre über den Wert menschlicher Handlungen und Güter. In unserem Falle handelt es sich doch um Rechtsinstitutionen, welche den Bedürfnissen der Religion zu dienen haben! Wenn wir den Charakter der Spiritualien und insbesondere deren grundsätzliche Verschiedenheit von privatrechtlichen Verträgen im Auge behalten, dann vermögen wir nicht die von Freisen zum Ausdruck gebrachte Verwunderung über die angeführte Ansicht der Kanonisten voll zu teilen; denn nur die Formulierung derselben ist auffallend, in der Sache selbst jedoch ist diese Ansicht begreiflich." Mit Recht hatte hingegen *Freisen*, Geschichte des kanonischen Eherechts, S. 300, die Begründung der mittelalterlichen Glossatoren abgelehnt und dazu bemerkt: „Mit dem erwähnten Grunde hört natürlich alle Jurisprudenz auf und beginnt die Phantasterei." Schon *Sanchez* († 1610) und *Suarez* († 1617) waren von der mittelalterlichen Auffassung entschieden abgerückt; es komme hier nicht darauf an, daß die Täuschung zu einem objektiv höheren Wert geführt habe, vielmehr müsse dieser Wert auch subjektiv in voller Freiheit gewollt und bejaht sein. Vgl. zu der historischen Entwicklung *Fransen*, Le dol, S. 191 f.

⁵⁰ C. 1087 § 1: „Invalidum quoque est matrimonium initum ob vim vel metum gravem ab extrinseco et iniuste incussum, a quo ut quis se liberet, eligere cogatur matrimonium."

die erzwungene Eheschließung und die arglistig erschlichene Heirat so unterschiedlich behandelt werden, ist schwer zu begründen. Nötigung und arglistige Täuschung sind ja in ihrem Einfluß aufs engste miteinander verwandt; beide laufen darauf hinaus, durch psychische Einwirkung die Abgabe einer bestimmten Willenserklärung zu erreichen.[51] Warum werden sie dann nicht auch in ihren rechtlichen Folgen für die Ehe gleich behandelt? Schon im 18. Jahrhundert gesteht ein so angesehener Kanonist wie der Jesuit Fr. X. Schmalzgrueber, daß hierin in der Tat eine große Schwierigkeit (maior difficultas) liege; denn man wende ein, der dolus beeinträchtige den freien, unabhängigen Ehekonsens nicht weniger als der metus.[52] Zwar hält Schmalzgrueber dem entgegen: „Metus minuit voluntarium circa substantiam personae, non etiam dolus et error circa eiusmodi qualitates eveniens."[53] Aber an anderer Stelle schreibt er bei Behandlung der Ordensprofeß sogar: „De fraude et dolo patet, quia, ubi hic causam dat contractui, consensus deest."[54]

Man stößt sich an der jetzigen Regelung um so mehr, als der Kodex für das Ordensgelübde dem Anliegen völlig Rechnung trägt. Bei der Klosterprofeß löst arglistige Täuschung in gleicher Weise wie Drohung ohne weiteres die Nichtigkeit des Gelübdes aus. Warum verfährt der Gesetzgeber nicht ebenso bei der Eheschließung? Dabei wäre eine Nichtigkeitsklausel für die Ehe viel vordringlicher als für das Ordensgelübde. Denn selbst wenn es den c. 572 § 1 n. 4, daß arglistige Täuschung die Profeß ungültig macht, gar nicht gäbe, wäre für das Klostergelübde im schlimmsten Fall auch auf anderem Wege immer noch eine Lösung möglich, nämlich durch kirchliche Dispens.[55] Klosterprofeß, auch wo sie auf Lebenszeit erfolgt, hat also nicht die absolute, unabänderliche Bindung zur Folge wie der Eheabschluß. Die einmal gültig geschlossene und vollzogene Ehe von Christen kennt aber überhaupt keine Lösung mehr. Soll die Eheschließung gegen arglistige Täuschung gesichert werden, so bleibt als Weg dazu einzig und allein der, daß der Gesetzgeber eine Ungültigkeitsklausel aufstellt. Warum sollte die Kirche, was sie für die Klosterprofeß getan hat, nicht erst recht für die Ehe tun?

Ein solcher Schritt würde zudem, wenn auch nur auf einem eng umgrenzten Teilgebiet, den verhängnisvollen Zwiespalt zwischen *kanonischem* und *weltlichem* Eherecht überbrücken helfen. Nicht als ob die Kirche ihr Ehe-

---

[51] *Eichmann-Mörsdorf*, Lehrbuch 1, S. 233.
[52] Franc. *Schmalzgrueber*, Ius ecclesiasticum universum, Dillingen 1726, lib. 4 tit. 1 n. 446: „Metus non magis obstat voluntario et libero consensui quam error et dolus."
[53] *Schmalzgrueber*, a. a. O., lib. 4 tit. 1 n. 449.
[54] *Schmalzgrueber*, a. a. O., lib. 3 tit. 31 n. 165.
[55] Es handelt sich um das sogenannte Säkularisationsindult des c. 638. Freilich hat ein solches Ersuchen der Ordensperson verständlicherweise nur bei schwerwiegenden Gründen Aussicht auf Erfolg. Wo das Indult gewährt wird, ist damit ohne weiteres die Entbindung von den Ordensgelübden verknüpft (c. 640).

recht nach dem des Staates auszurichten hätte. Das widerspräche ihrer grundsätzlichen Forderung, über die Ehen der Getauften die eigenständige und ausschließliche Jurisdiktion zu besitzen in den Grenzen des c. 1016.[56] Doch sie muß mit den tatsächlichen Gegebenheiten rechnen. Faktum ist nun einmal, daß neben dem kanonischen Eherecht ein weltliches gehandhabt wird. Und als Faktum hat man zu verzeichnen, daß diese Doppelgleisigkeit verheerende Folgen zeitigt. Löst doch der Zwiespalt der beiden Rechte im Öffentlichkeitsbewußtsein eine wachsende Unsicherheit aus über die geltenden Bindungen der Ehe. Um dieser Zersetzung einer einheitlichen Eheauffassung wenigstens in etwa entgegenzuarbeiten, wird die Kirche vor der Erwägung stehen, ob sie nicht in solchen Punkten, in denen sie nicht dogmatisch gehindert ist, auch ihrerseits ihren Anteil beisteuern soll, um die Kluft zum weltlichen Eherecht zu schließen. Ein solcher Punkt wäre zweifellos die Behandlung der arglistigen Täuschung bei der Eheschließung.

Daß der Ehegatte gebunden bleiben soll, obschon er nur durch Betrug zur Heirat verleitet wurde, stößt bei den weltlichen Ehegesetzen weithin auf schroffe Ablehnung.[57] Wenn man die Regelung in den europäischen Staaten rechtsvergleichend überschaut, so erscheint das irische Recht besonders charakteristisch. Irland hat sein Eherecht ganz auffallend der kirchlichen Eheauffassung angeglichen. Seit der Verfassung von 1937 ist dort jede Ehescheidung ausgeschlossen. Aber in einem Punkt bricht selbst das Eherecht Irlands aus dem Gehege des kanonischen Eherechts aus, nämlich hinsichtlich der arglistigen Täuschung beim Eheabschluß. Für Betrug läßt Irland in gleicher Weise wie für Zwang die Anfechtung offen.[58] Wenn ein Land, das so deutlich die kirchliche Eheauffassung respektiert, dennoch an dieser einen Stelle abweicht, so ist damit an den kirchlichen Gesetzgeber die Frage gerichtet, ob er nicht de lege ferenda diesen vordringlichen Punkt einer Überprüfung unterziehen will.

3. Abgrenzung einer Änderung

Solange freilich die Kirche den Willen zu einer derartigen Änderung noch nicht zu erkennen gibt, hat es wenig Wert zu erörtern, wie die Umgestaltung im einzelnen abzugrenzen wäre. Immerhin sei auf zwei Dinge hingewiesen, die man dann vorab klären müßte. Das eine wäre die Stellungnahme, ob die Ungültigkeitsklausel auf den *Irrtum* oder aber auf die *arglistige Täuschung* abstellen soll. Also ob die Ehe ungültig sein soll, wenn nur ein schwerwie-

---

[56] C. 1016: „Baptizatorum matrimonium regitur iure non solum divino, sed etiam canonico, salva competentia civilis potestatis circa mere civiles eiusdem matrimonii effectus."
[57] Siehe dazu die Zusammenstellung im Anhang.
[58] Alexander *Bergmann*, Internationales Ehe- und Kindschaftsrecht, Frankfurt a. M. 1955³ ff., 1 Irland S. 15; s. u. S. 168.

gender Eigenschaftsirrtum vorliegt, ganz unabhängig, auf welche Weise dieser Irrtum ausgelöst ist, oder ob vielmehr Ehenichtigkeit bloß dann eintreten soll, wenn betrügerische Machenschaften im Spiel sind.[59] Beides

---

[59] Es sei beispielsweise auf das deutsche Ehegesetz vom 20. Februar 1946 verwiesen, das zwar nicht für die Ehenichtigkeit, wohl aber für die sogenannte Aufhebung der Ehe beide Gesichtspunkte verwendet und in einem gemischten System vereinigt. So verfügt dort über den Irrtum § 32: „(1) Ein Ehegatte kann Aufhebung der Ehe begehren, wenn er sich bei der Eheschließung über solche persönlichen Eigenschaften des anderen Ehegatten geirrt hat, die ihn bei Kenntnis der Sachlage und bei verständiger Würdigung des Wesens der Ehe von der Eingehung der Ehe abgehalten haben würden. (2) Die Aufhebung ist ausgeschlossen, wenn der Ehegatte nach der Entdeckung des Irrtums zu erkennen gegeben hat, daß er die Ehe fortsetzen will, oder wenn sein Verlangen nach Aufhebung der Ehe mit Rücksicht auf die bisherige Gestaltung des ehelichen Lebens als sittlich nicht gerechtfertigt erscheint." Im gleichen Ehegesetz heißt es über die arglistige Täuschung in § 33: „(1) Ein Ehegatte kann Aufhebung der Ehe begehren, wenn er zur Eingehung der Ehe durch arglistige Täuschung über solche Umstände bestimmt worden ist, die ihn bei Kenntnis der Sachlage und bei richtiger Würdigung des Wesens der Ehe von der Eingehung der Ehe abgehalten hätten. (2) Die Aufhebung ist ausgeschlossen, wenn die Täuschung von einem Dritten ohne Wissen des anderen Ehegatten verübt worden ist, oder wenn der Ehegatte nach Entdeckung der Täuschung zu erkennen gegeben hat, daß er die Ehe fortsetzen will. (3) Auf Grund einer Täuschung über Vermögensverhältnisse kann die Aufhebung der Ehe nicht begehrt werden."

In der Gegenüberstellung „Irrtum über persönliche Eigenschaften" und „arglistige Täuschung über Umstände" heben sich § 32 und § 33 voneinander ab. In subjektiver Hinsicht geht § 32 weiter, insofern er den Irrtum überhaupt schützt, auch wenn dieser nicht wie in § 33 auf arglistiger Täuschung beruht. Nach der gegenständlichen Seite ist hingegen § 32 enger als § 33 gefaßt, da er nicht den Irrtum über Umstände insgesamt, sondern nur den Irrtum über persönliche Eigenschaften berücksichtigt. Der Irrtum über persönliche Eigenschaften deckt sich keineswegs mit dem error qualitatis des kanonischen Rechts. In der kanonistischen Fachsprache meint error qualitatis in bloßer Unterscheidung vom error personae jedweden Irrtum, der sich auf den Partner bezieht, ohne daß er Personenirrtum wäre; mithin jeden Irrtum über persönliche Eigenschaften, aber auch über die Verhältnisse und die gesamten Lebensumstände des Partners. Viel enger umgrenzt ist der Begriff des Irrtums über persönliche Eigenschaften in § 32. Edgar *Hoffmann* und Walter *Stephan*, Ehegesetz, München-Berlin 1950, S. 114, schreiben dazu unter Verwertung mehrerer Reichsgerichtsentscheidungen: „Persönliche Eigenschaften sind solche, die einer Person nicht bloß als ein außer ihr Liegendes, mehr oder weniger Vorübergehendes und Zufälliges, sondern dergestalt wesentlich zukommen, daß sie als Ausfluß und Betätigung ihres eigentlichen Wesens, als ein integrierender Bestandteil ihrer Individualität erscheinen. Beispiele für persönliche Eigenschaften sind Alter, körperliche und geistige Gesundheit, Charakteranlagen. Von den persönlichen Eigenschaften sind die persönlichen Verhältnisse zu unterscheiden. Diese werden aber den persönlichen Eigenschaften gleichgestellt, wenn sie gerade in der Persönlichkeit wurzeln, ihren Ausfluß bilden und so eng mit ihr verknüpft sind, daß sie nach allgemeiner Lebensanschauung persönlichen Eigenschaften gleicherachtet und gleichbehandelt werden. Derartige persönliche Verhältnisse sind z. B. uneheliche Mutterschaft, wenn das Kind lebt, oder Schwangerschaft von einem anderen Mann. Dagegen scheiden solche persönlichen Verhältnisse als Irrtumsgrundlage für die Aufhebung aus, die in einem rein äußerlichen Zusammenhang mit einer Person stehen, die Persönlichkeit als solche nicht berühren, z. B. Beruf, gesellschaftliche Stellung, adlige Geburt, Einkommens- und Vermögensverhältnisse."

Auch die Religionszugehörigkeit fällt unter die persönlichen Eigenschaften des § 32. So Reinhard *von Godin* und Hans *von Godin*, Ehegesetz, Berlin 1950², S. 80. Anderer Meinung

hat sein Für und Wider. Da die Kirche jedoch vermutlich nur zögernd zu der Änderung bereit ist, wäre schon viel erreicht, wenn sie wenigstens die arglistige Täuschung für ehevernichtend erklärte, unter Umständen auch nur für den Fall, daß die Täuschung von dem Ehepartner selbst oder doch mit seinem Wissen ausgeübt wurde. Damit wäre ja das dringendste Anliegen erfüllt, daß jemand nicht an einen Ehegatten gebunden ist, der ihn mit wissentlichem Trug in die Ehe verlockt hat.

Zum anderen wäre zu überlegen, wie die Ungültigkeitsklausel juristisch zu fixieren ist. Es empfiehlt sich nicht, im Gesetz aneinanderreihend die einzelnen Eigenschaften und Umstände aufzuzählen, für welche eine arglistige Täuschung die Nichtigkeit der Ehe herbeiführen soll; so etwa bei Täuschung über schwerwiegende Krankheiten des Partners wie Geschlechtskrankheit, Erbkrankheit, Geisteskrankheit, über Unfruchtbarkeit oder Zeugungsunfähigkeit, über bedenkliche Charaktermängel, unsittliches Vorleben, strafbare Handlungen, Verletzung der Verlöbnistreue oder auch Täuschung über Religionszugehörigkeit und religiöse Haltung. Statt der Einzelaufzählung wird man generell bestimmen: jede schwerwiegende Täuschung, die für den Eheabschluß kausal gewesen ist; in der Sprache des Kodex: jeder dolus dans causam contractui.[60] Man könnte auch an die Formulierung des deutschen Ehegesetzes denken, das in § 33 Abs. 1 dem Ehegatten die Aufhebung der Ehe ermöglicht, wenn „er zur Eingehung der Ehe durch arglistige Täuschung über solche Umstände bestimmt worden ist, die ihn bei Kenntnis der Sachlage und bei richtiger Würdigung des Wesens der Ehe von der Eingehung der Ehe abgehalten hätten". Ob man dabei die arglistige Täuschung über Vermögensverhältnisse ausklammern soll, wie es § 33 Abs. 3 des deutschen Ehegesetzes tut, hätte der Gesetzgeber zu entscheiden.

Desgleichen hätte die gesetzliche Formulierung dazu Stellung zu nehmen, inwieweit die Täuschung seitens eines Dritten ebenfalls in die Nichtigkeitsklausel einzubeziehen wäre. Sicher möchte man das für den Fall befürworten, daß der Ehepartner um die arglistige Täuschung des Dritten gewußt

---

Otto *Palandt*, Bürgerliches Gesetzbuch, München-Berlin 1957[16], S. 1911. *Hoffmann-Stephan*, Ehegesetz, S. 126, schreiben mit Recht: „Die Frage der Zugehörigkeit zu einer bestimmten Religionsgemeinschaft kann je nach der Einstellung (z. B. Strenggläubigkeit) eines Ehegatten u. U. einen so erheblichen Einfluß auf die Gestaltung des ehelichen Lebens ausüben, daß ein Irrtum hierüber im Einzelfall als beachtlich anzusehen sein wird. — Irrtum über die Fähigkeit des anderen Gatten zur Eingehung einer kirchlichen Ehe nach katholischem Kirchenrecht kann ein Aufhebungsbegehren rechtfertigen."

[60] Zu dem Terminus „dolus dans causam contractui" vgl. Ch. *Lefebvre*, Dol en droit canonique actuel, in: Dict. de droit canonique 4, Sp. 1348: „Le dol accidental peut cependant être *principal* (ou *dans causam*) ou *incident*. Au premier cas, le dol est déterminant de l'acte juridique ou, est-il admis communément, tel que la partie n'aurait pas contracté si elle avait été au courant de la réalité. Le dol est seulement incident si le contractant aurait accompli l'acte, quoique à des conditions plus avantageuses pour lui: le consentement aurait été donné sans les manoeuvres."

hat, da er sich dann wenigstens durch Unterlassen der Aufklärung mitschuldig gemacht hat.[61]

III. Subjektive Sicherungsmöglichkeit im geltenden Recht: die Eheschließung unter Bedingung

So notwendig nach dem Gesagten eine Nichtigkeitsklausel gegen arglistige Täuschung erscheint, so muß man sich doch klar vor Augen halten, daß dies einstweilen nur Wunschbild für die Zukunft bleibt. Vorläufig ist es noch völlig undurchschaubar, wann und ob überhaupt der kirchliche Gesetzgeber den vorgetragenen Abänderungsvorschlägen einmal Rechnung tragen wird. Das zwingt uns nochmals auf die Ausgangsbasis, auf das geltende Recht zurück, um in einem dritten, abschließenden Abschnitt zu prüfen: Wenn schon der Codex Iuris Canonici direkt keinen hinreichenden Schutz gegen Betrug bei der Eheschließung gewährt, bietet er dann nicht doch auch bereits in seiner jetzigen Gestalt wenigstens indirekt einen Ausweg, der sich in etwa als Sicherung gegen die arglistige Täuschung verwenden oder ausbauen ließe?

Solch eine mittelbare Notlösung enthält das geltende Recht des Kodex in der Tat, und zwar in dem Eheabschluß unter einer Bedingung. Das weltliche Recht des deutschen Ehegesetzes schneidet jede Möglichkeit ab, die Eheschließung an eine Bedingung zu knüpfen; das eheliche Jawort kann vor dem Standesbeamten nach § 13 Abs. 2 des Ehegesetzes[62] nur ohne Bedin-

---

[61] Falls dagegen die Täuschung ohne Wissen des Ehegatten geschah, hat man es mit einer echten Interessenkollision zu tun, für die der Gesetzgeber bei Aufstellung einer Nichtigkeitsklausel eine klare Dezision zu geben hätte. Auf der einen Seite ist der Getäuschte in seiner freien und unabhängigen Entscheidung genauso behindert, wenn die Täuschung von einem Dritten ausging, ohne daß der Partner irgendwelche Kenntnis davon hatte. Andrerseits kann dieser Partner ein berechtigtes und gleichfalls schutzwürdiges Interesse daran geltend machen, daß seine Ehe nicht unversehens für nichtig erklärt wird, ohne daß ihn die geringste Schuld träfe. Doch ist zu letzterem zu beachten, daß es bei der Ehenichtigkeit wegen schwerer Drohung gemäß c. 1087 § 1 auch nur auf das objektive Vorliegen der erzwungenen Eheschließung ankommt, so daß eine solche Ehe nichtig ist, selbst wenn der Partner an der Bedrohung keinen Anteil hatte, ja nicht einmal Kenntnis von dem Zwang besaß.

[62] „Die Erklärungen können nicht unter einer Bedingung oder einer Zeitbestimmung abgegeben werden." Vgl. *Godin*, Ehegesetz, S. 33: „Der angesichts des Wortlauts des Abs. 2 nicht ausgeschlossene Zweifel, ob nur die beigefügte Bestimmung (soll heißen: Bedingung) oder Zeitbestimmung hinfällig und unbeachtlich oder die Ehe infolge ihrer Beifügung vernichtbar oder endlich überhaupt nicht zustande gekommen ist, ist in letzterem Sinne zu entscheiden (Ausnahme § 19). Wenn freilich die Bedingung oder Zeitbestimmung oder Einschränkung nicht vor dem Standesbeamten erklärt, sondern nur von den Verlobten untereinander vereinbart wird, so kommt trotz ihrer eine vollgültige Ehe zustande..., welche trotz des vereinbarten Vorbehalts die vollen ehelichen Pflichten gegenseitig ohne die vorbehaltene Einschränkung begründet." Die zitierte Ausnahme des § 19 betrifft die Namensehe.

gung erklärt werden.[63] Dagegen sieht der Codex Iuris Canonici in c. 1092 vor, daß die Eheleute ihren Ehekonsens unter einer Bedingung abgeben können.[64] In diesem Punkt läßt das kirchliche Recht einen erstaunlichen Spielraum dem gestaltenden Willen der Parteien.

Einen Rechtsakt unter einer Bedingung vornehmen bedeutet, den rechtsgeschäftlichen Willen in der Weise einschränken, daß er nur für den Fall gelten soll, daß ein ungewisser Umstand eintritt oder vorliegt. Dann hat der Akt Rechtsgültigkeit nur mit dem Eintreten oder Vorliegen des so ausbedungenen Umstandes. Die echte Bedingung meint einen Umstand, der ungewiß in der Zukunft liegt (condicio de futuro). Daneben kennt der Kodex, was für unseren Zusammenhang von besonderem Gewicht ist, die unechte Bedingung der condicio de praeterito vel de praesenti. Hier wird der Rechtsakt in seiner Gültigkeit abhängig gemacht von einem Umstand, der sich bereits ereignet hat oder im Augenblick des Vertragsabschlusses gegenwärtig ist. In letzterem Fall ist objektiv bereits im Zeitpunkt des Vertrages entschieden, ob er gültig ist oder nicht: Hat der ausbedungene Umstand in diesem Augenblick tatsächlich vorgelegen, so ist der Abschluß gültig; hat der Umstand objektiv nicht vorgelegen, so ist der Rechtsakt nichtig. Ungewißheit kann hier allenfalls in subjektiver Hinsicht bestehen. Während objektiv über Gültigkeit oder Nichtigkeit schon entschieden ist, mag der Vertragschließende persönlich noch in Unkenntnis sein, ob die Bedingung erfüllt ist oder nicht.

---

[63] *Österreich* hat in seinem Ehegesetz (von 1938 mit den Änderungen vom 26. Juni 1945) in § 17 den gleichen Wortlaut wie § 13 des deutschen Ehegesetzes. *Italiens* Codice civile von 1942 verfügt in Art. 108: „(1) Die Erklärung der Verlobten, einander zum Mann und zur Frau nehmen zu wollen, kann nicht von einer Zeitbestimmung oder einer Bedingung abhängig gemacht werden. (2) Fügen die Parteien eine Zeitbestimmung oder eine Bedingung bei, so darf der Standesbeamte die Ehe nicht schließen. Ist die Ehe gleichwohl geschlossen worden, so gelten die Zeitbestimmung und die Bedingung als nicht gesetzt" (*Bergmann*, Internationales Ehe- und Kindschaftsrecht 1, Italien S. 16). In einem völlig anderen Sinne spricht *Spaniens* Codigo civil von einem matrimonio condicional, wenn es dort in Art. 93 heißt: „(1) Unbeschadet der vorstehenden Bestimmungen kann der Stadtrichter die Eheschließung einer Person zulassen, welche sich in unmittelbarer Lebensgefahr befindet, mag sie an dem Orte wohnhaft oder auf der Durchreise sein. (2) Diese Ehe bleibt in der Schwebe (condicional), solange nicht gesetzmäßig nachgewiesen ist, daß beide Beteiligten ledig waren" (*Bergmann*, Internationales Ehe- und Kindschaftsrecht 1, Spanien S. 17). Hier handelt es sich nicht um eine in freier Entscheidung der Parteien beigefügte Bedingung, sondern um eine condicio iuris für die Noteheschließung in Lebensgefahr. Vgl. Mario *Ferraboschi*, Il matrimonio sotto condizione, Padua 1937, S. 141.

[64] C. 1092: „Conditio semel apposita et non revocata:
1° Si sit de futuro necessaria vel impossibilis vel turpis, sed non contra matrimonii substantiam, pro non adiecta habeatur;
2° Si de futuro contra matrimonii substantiam, illud reddit invalidum;
3° Si de futuro licita, valorem matrimonii suspendit;
4° Si de praeterito vel de praesenti, matrimonium erit validum vel non, prout id quod conditioni subest, exsistit vel non."

Ein Beispiel verdeutlicht das Gesagte. Ein Mann wollte seine Schwägerin, die Witwe seines im Krieg gefallenen Bruders, heiraten. Als letzter Sproß eines angesehenen, jahrhundertealten Geschlechts legte er größten Wert darauf, aus seiner künftigen Ehe Nachkommenschaft zu erhalten. Doch war er in Sorge, ob sich sein Wunsch erfüllen werde, weil die Ehe seines Bruders mit dieser Frau trotz jahrelangen Zusammenlebens ohne Kindersegen geblieben war. Die Frau stellte sich auf seinen Wunsch hin bereitwillig einer ärztlichen Untersuchung, die durchaus positiv verlief; es liege nicht der geringste Anhaltspunkt vor, daß die Frau nicht Kindern das Leben schenken könne. Um völlig sicher zu gehen, später nicht an eine kinderlose Frau gebunden zu sein, hat der Mann bei der Heirat noch ausdrücklich erklärt: „Ich heirate nur unter der Bedingung, daß meine Frau empfängnisfähig ist." Jahrelang warteten die Gatten auch in dieser zweiten Ehe vergebens auf Kindersegen. Als sich dann die Frau einer Operation unterzog, ergab sich, daß ihre inneren Organe von einer schweren Krankheit befallen waren, welche eine Mutterschaft für immer ausschloß. Wie sich mit moralischer Gewißheit nachweisen ließ, hatte dieser Zustand bereits beim Eheabschluß vorgelegen. Der ausbedungene Umstand, von dem die Gültigkeit der Ehe abhängen sollte, nämlich die Empfängnisfähigkeit der Frau, hatte also in Wirklichkeit im Augenblick der Heirat nicht bestanden, so daß die Ehe überhaupt nicht gültig war. Die beiden Personen waren mithin auch nicht ehelich aneinander gebunden.[65]

Wie dieses Beispiel zeigt, hat man es bereits nach dem geltenden kanonischen Recht wenigstens indirekt auf dem Weg über die bedingte Eheschließung in der Hand, sich gegen arglistige Täuschung, ja gegen jeden

---

[65] Vgl. SRR 38, 1946 dec. 11 nn. 4–5 S. 122: „Laudabiliter agit ille nupturiens, qui finem primarium matrimonii seu procreationem filiorum non tantum acceptat uti rem inevitabilem, sed omnibus mediis licitis assequi satagit. Intelligitur proinde virum, qui sacrum foedus iuxta legem divinam et naturae inire desiderat, certiorem fieri velle de sponsae habilitate procreandi filios. Immo aliquando — vel potius rarissime — accidere potest ut vir, qui de hac habilitate positive dubitat, eius exsistentiam suo consensui matrimoniali apponat ut conditionem sine qua non, ut sc. dicat sponsae: ‚Contraham tecum, dummodo habilis sis ad generandum.' Quamvis ipsa *appositio* talis conditionis, si fit sine permissione auctoritatis ecclesiasticae, sit illicita; et quamvis deinceps vir post nuptias copulam coniugalem perficiat antequam omnino certus factus sit de exsistentia obiecti conditionis appositae (id quod saltem obiective illicitum est); tamen eiusmodi conditio, quae de praesenti vocatur, *in se* est honesta et licita. Ideo matrimonium sub hac conditione contractum est validum, si sponsa revera obiective sit habilis ad generandum, est e contra nullum, si sponsa reapse sit incapax procreandi filios (cfr. can. 1092 n. 4). — Aliter vero iudicandum est de conditione, cuius obiectum est effectiva procreatio filiorum; si nempe vir dicat sponsae: ‚Contraham tecum, dummodo mihi filios parias.' Eiusmodi enim conditio, quae vocatur de futuro, sive consideretur ut conditio suspensiva sive ut conditio resolutiva, ex natura sua semper est *turpis*. Profecto, purificatio huius conditionis fieri prorsus nequit nisi per annos perficiendo copulam coniugalem illicitam; quare talis conditio necessario apponentem impellit ad exercendam copulam, ideoque turpis est et ‚pro non adiecta habeatur' (cfr. can. 1092 n. 1)."

Eigenschaftsirrtum bei der Heirat zu sichern. Man muß dazu nur die Eigenschaft, welche man unter allen Umständen bei seinem Ehepartner haben möchte, zur Bedingung des Eheabschlusses erheben. Stellt sich dann hernach heraus, daß der ausbedungene Umstand im Augenblick der Trauung in Wirklichkeit doch nicht vorhanden war, so ist die Ehe nichtig.[66] Angewandt auf den vorhin besprochenen Fall, in dem das Mädchen die ärztliche Bescheinigung über die Schwangerschaft gefälscht hat, besagt dies: Hätte sich der Mann mit dem Attest nicht zufrieden gegeben, sondern bei der Eheschließung ausdrücklich erklärt: „Ich heirate aber unter der Bedingung, daß das Kind tatsächlich von mir stammt", so wäre die Ehe, da die Bedingung in Wahrheit nicht erfüllt war, von vornherein nichtig gewesen und hätte nach einem entsprechenden Verfahren vor dem kirchlichen Ehegericht auch für nichtig erklärt werden können.[67]

---

[66] Die bedingte Eheschließung hätte diese Rechtswirkung, selbst wenn nur ein Partner ohne Wissen des anderen die Bedingung beigefügt hätte. Von der Frage, wann die Beifügung einer Bedingung für die Gültigkeit der Ehe rechtserheblich wird, ist jedoch die andere wohl zu scheiden, wann der bedingte Abschluß einer Ehe *erlaubt* ist. Die kanonistische Doktrin bindet die Erlaubnis zu einer bedingten Eheschließung durchweg an folgende Voraussetzungen: 1. sittlich einwandfreier Inhalt der beigefügten Bedingung; 2. Mitteilung an den Partner; 3. ausdrückliche Genehmigung der kirchlichen Behörde. Vgl. dazu *Coronata*, De matrimonio, S. 679 f. n. 501. *Cappello*, De matrimonio, S. 605 f. n. 626. Über die erforderliche bischöfliche Genehmigung heißt es in der Instructio der Sakramentenkongregation vom 29. Juni 1941: „Si uterque vel alteruter nupturiens aliquam conditionem licitam et honestam de praesenti, de praeterito aut de futuro, ineundo coniugio declaraverit se apposuisse aut apponere velle ex qua pendeat matrimonii valor, exquirat parochus prudenterque interroget quomodo de adimpleta conditione ista se certiorem facere intendat: et, si id consequi se velle fateatur ratione, quae inhonesta sit, ab eadem adiicienda eum absterreat vel ad adiectam revocandum inducat; secus a matrimonio celebrando eum prohibeat. Si vero de conditionis implemento certiorem se facere intendat ratione morum honestati consentanea et parochus ipsius conditionis aequitatem agnoverit, ipse Ordinarium consulat eiusque pareat mandatis" (AAS 1941, S. 312 f.). Bevor ein Pfarrer einer Eheschließung assistiert, die unter Beifügung einer zulässigen Bedingung eingegangen werden soll, hat er daher die oberhirtliche Genehmigung einzuholen. Vgl. Kölner Diözesan-Synode 1954, Köln 1954, Dekr. 748 § 2 f.).

Bei einer bedingt geschlossenen Ehe dürfen die Partner die eheliche Gemeinschaft erst aufnehmen, wenn sie hinreichende Gewißheit erlangt haben, daß die Bedingung erfüllt und somit die Ehe gültig ist. Eine solche Gewähr wäre in dem oben erwähnten Beispiel etwa mit dem ärztlichen Attest gegeben, daß auf Grund eingehender Untersuchung kein Bedenken gegen die Empfängnisfähigkeit der Frau bestehe. Sollte sich hernach das ärztliche Urteil doch als irrig herausstellen, so bliebe trotz aufgenommener Ehegemeinschaft die Ehe ungültig.

[67] Ein verwandtes Problem erörtert H. *Flatten*, Absoluter Ehekonsens trotz bedingtem Heiratsentschluß? (Österr. Archiv für Kirchenrecht 4, 1953, S. 269 ff.). Dort geht es um den Tatbestand, daß jemand an seiner Vaterschaft zweifelt und darum seinen Entschluß, demnächst diese Mutter seines vermeintlichen Kindes zu heiraten, ausdrücklich an die Bedingung knüpft, daß das Kind von ihm stamme, dann aber durch die ärztliche Untersuchung völlig beruhigt wird und nun bedenkenlos die Ehe schließt, ohne nochmals die erwähnte Bedingung zum Ausdruck zu bringen. Die genannte Abhandlung kommt zu dem Ergebnis, daß es sich auch in solchem Fall um eine nur bedingt geschlossene Ehe handelt, daß man also in der Beruhigung des Mannes nicht eine Zurücknahme seiner Bedingung sehen kann,

Daß das kirchliche Recht die Möglichkeit einer bedingten Eheschließung vorsieht, ist vielen unbekannt. Es wäre aus seelsorglichen Gründen zu erwägen, ob man in der pfarramtlichen Vorbereitung auf die Trauung nicht auf diesen Weg hinweisen sollte, um die Ehe vor unliebsamen Enttäuschungen zu bewahren. Wenigstens gilt dies solange, als der Gesetzgeber sich noch nicht dazu entschließt, die Ehe in der vorgeschlagenen Weise grundsätzlich gegen arglistige Täuschung zu schützen.

Dabei soll keineswegs verkannt werden, daß eine bedingte Eheschließung auch bedenkliche Schattenseiten aufzuweisen hat und daß zudem ein Hinweis auf die bedingte Eheschließung erst in der unmittelbaren Vorbereitung auf die Heirat mit erheblichen psychologischen Schwierigkeiten belastet ist. Aber die bedingte Eheschließung ist nach dem heutigen kanonischen Recht nun einmal das einzige Mittel, um sich vor bösen Täuschungen bei der Heirat zu bewahren, die sonst trotz noch so guter Vorsicht und Erkundigung nicht immer vermieden werden können. Und die Kirche hat die Möglichkeit einer bedingten Eheschließung nicht zuletzt doch gerade deshalb geschaffen, um dem Menschen bei diesem Schritt von einzigartiger Tragweite, bei dem er sich mit seinem Ja fürs ganze Leben und unwiderruflich bindet, wenigstens in etwa einen Schutz gegen arglistige Täuschung an die Hand zu geben.[68] Wo die Kirche somit einen Weg öffnet, wäre es ein Unrecht, die Wegweiser zu ihm hin nur versteckt in kanonistischen Lehrbüchern aufzustellen, so daß bloß Kundige ihn finden, während die übrigen ahnungslos vorüberlaufen. Der Gläubige hat einen wohlbegründeten An-

---

die vielmehr virtuell weiterbestanden hat. Zu den dort angeführten Argumenten kann man noch verweisen auf AAS 1911, S. 497–513 und auf SRR 26, 1934 dec. 22 n. 3, S. 216 f. An der letztgenannten Stelle heißt es: „Attamen conditio, quae certo demonstretur apposita, non revocatur si succedat subiectiva certitudo eaque erronca. Enimvero si nupturiens ad dubium repellendum quaedam agit, ex quibus certitudinem erroneam adipiscatur circa exsistentiam conditionis, in errore ipso perseverat conditio."

[68] Joh. Bapt. *Sägmüller*, Lehrbuch des katholischen Kirchenrechts, Freiburg i. Br. 1909², S. 587: „An sich soll die Ehe unbedingt eingegangen werden. Um aber der persönlichen Freiheit bei diesem wichtigen Akt möglichsten Spielraum zu lassen, um bei Abschluß dieses für das ganze Leben entscheidenden Kontraktes vor Betrug und Irrtum über persönliche Eigenschaften größte Sicherheit zu gewähren, ward es seit Ende des 12. Jahrhunderts zunächst durch die Doktrin und hernach auch durch die kirchliche Gesetzgebung gestattet, die Ehe unter einer Bedingung abzuschließen." *Ferraboschi*, Il matrimonio sotto condizione, S. 16: „Sinteticamente si può dire, che la condizione nel matrimonio è un mezzo per cautelarsi dall'errore e, in certo senso, un corrispettivo dell'indissolubilità... Ora perchè si dovrebbe considerare indegno di tutela l'interesse di chi ha voluto contrarre matrimonio, ma soltanto, ad esempio, purchè l'altro sia fornito di determinati requisiti fisici, morali, sociali, quando tale riserva è la migliore garanzia della armonia della costituenda famiglia? Piuttosto che si crei una unione infelice, fonte di infiniti discordie, è meglio che il matrimonio non s'abbia da concludere." Gegen Bestrebungen, die bedingte Eheschließung abzuschaffen, wendet sich mit durchschlagenden Argumenten Dinus *Staffa*, De conditione e qua pendet matrimonialis contractus. Questioni attuali di diritto canonico, Analecta Gregoriana Bd. 69, Rom 1955, S. 237–242.

spruch, daß er über die Möglichkeiten unterrichtet wird. Die Folgen einer solchen Unkenntnis hätte unter Umständen er allein ja zu tragen mit dem bitteren Preis eines für immer verpfuschten Lebens.

Der Ausweg der bedingten Eheschließung könnte den Einwand auslösen, ob damit nicht die vorgeschlagene Abänderung des jetzigen Eherechts überflüssig sei. Das geltende Recht biete ja schon eine Sicherung. Dem ist zu antworten: Die Möglichkeit der bedingten Eheschließung gewährt zwar einen gewissen Schutz, aber dieser Schutz ist ungenügend. Warum? Weil er nicht automatisch wirkt. Er tritt ja nur dann in Kraft, wenn er ausdrücklich von dem Heiratenden in Gang gesetzt ist, wenn dieser die Bedingung eigens beigefügt hat. Das wird aber nur relativ selten geschehen. Setzt es ja psychologisch voraus, daß der Heiratende bereits irgendwie in Zweifel geraten ist, in der Besorgnis lebt, ob dieses oder jenes mit dem Partner auch stimme. Das erst treibt ihn dann dazu, daß er seinen Ehekonsens an die gewünschte Bedingung knüpft. Bei einem völlig Ahnungslosen wird es dagegen hierzu gar nicht kommen. Weil er nicht im entferntesten daran denkt, daß er über das sittliche Vorleben des Partners, über seine Gesundheit, über eine Schwangerschaft usw. getäuscht werden könne, verfällt er gar nicht auf den Ausweg, sein eheliches Jawort unter einer Bedingung abzugeben. Ihm ist also nicht geholfen.

Schluß

Zusammenfassend überschauen wir den Gang unserer Überlegungen. Auf der Suche nach einer Sicherung des Eheabschlusses gegen Trug und Täuschung sahen wir: 1. Das geltende Recht des Codex Iuris Canonici gewährt von sich aus keinen genügenden Schutz gegen Eigenschaftsirrtum und arglistige Täuschung. 2. Eine künftige Abänderung in der Richtung auf einen stärkeren Schutz wäre dogmatisch möglich und in der Tat in behutsamen Grenzen wünschenswert. 3. Solange diese Neugestaltung des Eherechts noch auf sich warten läßt, bietet schon das geltende Recht die Notlösung, daß der einzelne selbst durch bedingten Eheabschluß eine Sicherung einbaut.

Aber — so möchte wohl manch einer zu bedenken geben — ist dieses Ziel, solche Sicherungen für den Eheabschluß zu schaffen, überhaupt des Bemühens wert? Heißt das nicht, dem bedrohlichen Hang unserer Zeit, bei allem und jedem zuerst nach Garantie und Sicherung zu rufen, nun auch noch das Tor der Ehe öffnen? Muß dem nicht wehren, wer hochgemut von der Ehe denkt, menschlich groß und übernatürlich sakral? Menschlich groß, weil man von der Ehe das Wagnis nicht trennen kann, daß zwei Menschen in Liebe sich finden und dann eben das Wagnis wagen, den Sprung tun müssen, sich aneinander für immer zu binden. Und übernatürlich sakral, insofern man mit dem katholischen Glauben an das Sakrament der Ehe Ernst macht und vertraut auf das waltende Wirken der Gottesgnade, die im sakramentalen Geschehen der Ehe machtvoll einströme und Kraft genug verleihe, selbst enttäuschte Ehen durchzustehen.

Der Einwand ehrt den edlen Sinn dessen, der ihn erhebt. Und dennoch! Die Sicherung, wie sie hier vorgeschlagen wurde, hebt nicht das Wagnis der Ehe auf und läßt übergenug Raum für das wirkmächtige Walten der Gotteskraft. Gilt es doch, auch in einer Ehe, die frei von jedem Trug geschlossen wurde, die ungeahnten Fährnisse zu bestehen, die in jeder Ehe hereinbrechen können. Aber der *Anbeginn* einer Ehe sollte mit unerbittlichem Griff vor Lug und Trug abgeschirmt werden. Dann wäre erst die natürliche Basis gelegt, auf der man menschlicherweise die Erfüllung einer lebenslänglichen Ehe erwarten kann. Der Ehegatte sollte die Gewähr haben, daß er nicht gebunden ist, wenn man ihn nur mit trügerischer Machenschaft zur Ehe verlockt hat. Wenn er davor gesichert ist, wird er um so williger sein Ohr öffnen für jenes Wort, das so verantwortungsschwer jedesmal erklingt, wenn zwei Menschen vor dem Traualtar zukunftsfroh ihren Lebensbund begründen, für das Wort des Herrn: „Was aber Gott verbunden hat, das soll der Mensch nicht trennen!" (Mt. 19, 6).

Anhang
Irrtum und Täuschung im Eherecht der europäischen Staaten

Im folgenden soll, um eine rechtsvergleichende Schau gegenüber dem kanonischen Recht zu ermöglichen, eine Zusammenstellung geboten werden, inwieweit das heutige Eherecht der europäischen Staaten dem error qualitatis, mag er nun durch arglistige Täuschung hervorgerufen sein oder ohne Betrug vorliegen, einen Einfluß auf den Bestand der Ehe einräumt. Die Texte sind entnommen aus Alexander *Bergmann*, Internationales Ehe- und Kindschaftsrecht, Bd. 1, Frankfurt a. M. 1955³ ff.; nach dem Stand vom 30. November 1956. Ein „Vacat" soll jeweils anzeigen, wenn ein Eherecht keine Bestimmung zu der gestellten Frage bringt.

Allerdings würde man in die Irre gehen, wenn man aus dem Fehlen einer unmittelbaren Regelung schon auf Übereinstimmung mit dem kanonischen Recht schließen wollte. Auch das römische Recht kannte keinen besonderen Schutz gegen Irrtum oder arglistige Täuschung bei der Eheschließung. Aber im alten Rom war eben die Ehe einseitig lösbar, und somit bestand dort überhaupt kein Bedürfnis, noch eine Sonderregelung für Irrtum oder Täuschung einzuführen, weil die Scheidung ohne weiteres möglich war. Die Tragweite einer fehlenden Bestimmung zum error qualitatis kann man daher nur dann richtig abschätzen, wenn man zugleich die Scheidungsmöglichkeit des jeweiligen Eherechts berücksichtigt. So bietet der Code civil Napoleons keine eigene Norm für den error qualitatis. Aber in vielen Gebieten Europas, in denen dieses Gesetzbuch zur Herrschaft gelangt ist, gibt es mittelbar auf dem Umweg über die Ehescheidung doch einen weitreichenden Schutz gegen Irrtum und arglistige Täuschung. Ein volles Vacat bleibt nur in Italien und Spanien.

Albanien

Gesetz über die Ehe Nr. 601 vom 18. Mai 1948.
Art. 15. Die Ehe ist ungültig, wenn die freie Zustimmung des Mannes oder der Frau fehlt oder die Zustimmung erzwungen wurde oder auf Irrtum beruht.
Art. 45. Null und nichtig ist die Ehe, die im Irrtum über die Person des anderen Teiles geschlossen ist.
Dieser Irrtum besteht dann, wenn der eine Ehegatte die Ehe mit dem anderen im fälschlichen Glauben einging, daß es derjenige sei, mit dem er die Ehe schließen wollte, oder wenn er die Ehe eingeht mit einer bestimmten Person, die aber nicht diejenige ist, für welche sie sich ausgab.
Ebenso ist null und nichtig die Ehe, die jemand im Irrtum über wesentliche Eigenschaften des andern Ehegatten eingegangen ist, deren Kenntnis ihn veranlaßt hätte, auf die Ehe zu verzichten, und die das eheliche Leben unerträglich machen.
Unter anderem werden als wesentliche Eigenschaften solche angesehen, die auch die Nichtigerklärung der Ehe ermöglichen: folgenschwere, gefährliche Krankheit, widernatürliche Gewohnheiten, geschlechtliche Impotenz, vorausgegangene Verurteilung wegen entehrender Taten oder die Schwängerung der Frau durch eine andere Person oder der entehrende Erwerb der Frau.
Art. 48. Die Nichtigerklärung einer unter Drohung geschlossenen oder einer im

Irrtum vollzogenen Ehe kann nur der Ehegatte beantragen, der bedroht wurde oder die Ehe im Irrtum geschlossen hat.

Die Nichtigerklärung einer Ehe kann nicht beantragt werden, wenn ein Jahr seit dem Tage verstrichen ist, an dem die Drohung geschah oder der Irrtum entdeckt wurde, und wenn die Ehegatten seitdem die Ehe und das gemeinsame Leben fortgesetzt haben.

Belgien

Code Napoléon mit späteren Ergänzungen.
Vacat.
Art. 180 Abs. 2. Hat ein Irrtum in der Person vorgelegen, so kann nur derjenige Ehegatte die Ehe anfechten, welcher zu dem Irrtum verleitet wurde.
(Scheidungsgründe:) Art. 229. Der Mann kann wegen Ehebruchs der Frau Scheidung verlangen.
Art. 230. Die Frau kann wegen Ehebruchs des Mannes Scheidung verlangen, wenn er seine Konkubine in die gemeinsame Wohnung aufgenommen hat.
Art. 231. Jeder Ehegatte kann wegen Mißhandlungen, Ausschreitungen oder schwerer Beleidigungen seitens des anderen Scheidung verlangen.
Art. 233. Die gegenseitige und ernsthafte Einwilligung der Ehegatten, welche in der vom Gesetz vorgeschriebenen Form erklärt wird und welche unter den von ihm bestimmten Bedingungen und Nachprüfungen erfolgt, beweist hinreichend, daß das gemeinsame Leben ihnen unerträglich ist und daß für sie ein vollgültiger Scheidungsgrund besteht.

Bulgarien

Gesetz über die Personen und die Familie vom 5. August 1949 in der Fassung vom 2. November 1953.
Vacat.
Art. 22. Keine Ehe kann eingehen:
a) ...
b) wer an einer Geisteskrankheit oder an einer körperlichen Krankheit leidet, die ihm nicht erlaubt, eine gültige Zustimmung zur Eingehung der Ehe abzugeben, oder welche die Gesundheit des anderen Ehegatten oder der Abkömmlinge einer ernsten Schädigung aussetzen könnte.
Art. 39. Die Nichtigerklärung einer Ehe in den Fällen des Art. 22 lit. b. kann nicht mehr erfolgen, wenn der kranke Ehegatte gesund geworden ist.
Art. 44. Die Ehescheidung ist bei Vorliegen eines ernstlichen und unerschütterlichen Einverständnisses der Ehegatten zulässig.
Art. 47. Beide Ehegatten können wegen Ehebruchs, ansteckender oder vererblicher Krankheit, längerer Abwesenheit, körperlicher oder geistiger Grausamkeit oder anderer ernster subjektiver oder objektiver Ursachen die Scheidung verlangen. Ist die Ehe so tief zerrüttet, daß nach Ansicht der Ehegatten die Kinder und die Gesellschaft darunter leiden, so kann die Fortsetzung der Ehe nicht verlangt werden. Dem Klageantrag wird nicht stattgegeben, wenn die Zerrüttung der Ehe ausschließlich durch die klagende Partei verschuldet ist und der andere Ehegatte auf Aufrechterhaltung der Ehe besteht.

In Ausnahmefällen kann die Scheidung der Ehe auch ohne Zustimmung des Beklagten bewilligt werden, wenn besondere Umstände geltend gemacht werden.

Dänemark

Gesetz über die Eingehung und Auflösung der Ehe vom 30. Juni 1922 in der Fassung der Novellen vom 13. April 1938 und vom 15. März 1939.

§ 11. Wer an einer Geschlechtskrankheit leidet, die noch die Gefahr der Ansteckung oder der Übertragung auf Nachkommen enthält, kann eine Ehe nur eingehen, wenn der andere Teil mit der Krankheit bekannt gemacht ist und beide Parteien von einem Arzt eine mündliche Belehrung über deren Gefahren erhalten haben.

§ 43 Abs. 2 Hat jemand, der geisteskrank, geistesschwach, Psychopath in höherem Grade, chronischer Alkoholiker oder Epileptiker mit häufigeren Anfällen oder ausgesprochenen psychischen Veränderungen ist, die Ehe ohne die Genehmigung gemäß § 10 geschlossen, so kann der andere Ehegatte, der bei der Eheschließung die Krankheit nicht kannte, die Klage auf Nichtigerklärung der Ehe erheben, es sei denn, daß sechs Monate verstrichen sind, seit er Kenntnis davon erlangt hat, oder daß das Leiden später geheilt ist. Die Klage muß in jedem Fall spätestens drei Jahre nach der Eheschließung erhoben werden.

§ 44. Eine Ehe ist ferner auf Antrag eines Ehegatten für nichtig zu erklären:
1. ...
2. wenn er aus Irrtum sich mit einem anderen als seinem Verlobten hat trauen lassen oder eine Ehe nicht eingehen wollte;
3. wenn ohne seine Kenntnis der andere Ehegatte bei der Eheschließung an einer Geschlechtskrankheit in ansteckendem Stadium, an Epilepsie ... oder an Aussatz oder an einem unheilbaren körperlichen Mangel leidet, der zur Ehe untauglich macht;
4. wenn er zur Eheschließung dadurch veranlaßt worden ist, daß er von dem anderen Ehegatten durch falsche Erklärungen oder durch betrügerisches Verschweigen der Wahrheit über die Person des anderen oder über solche Umstände seines früheren Lebens getäuscht worden ist, welche mit vollem Recht den Kläger von der Eingehung der Ehe abgehalten hätten und welchen noch für das Verhältnis der Ehegatten eine solche Bedeutung zukommt, daß die Ehe billigerweise nicht aufrechterhalten werden kann;
5. wenn er zur Eingehung der Ehe gezwungen worden ist.

Die Ehenichtigkeitsklage kann nicht erhoben werden, wenn sechs Monate verstrichen sind ..., seitdem der klageberechtigte Ehegatte in den Fällen 2—4 den Nichtigkeitsgrund erfahren hat. ... Die Klage muß in jedem Fall spätestens drei Jahre nach der Eheschließung erhoben werden. Die Nichtigkeitsklage kann auch nicht angestrengt werden a) auf Grund einer Geschlechtskrankheit, wenn der Ehegatte nicht angesteckt ist und die Krankheit nicht mehr in ansteckendem Stadium ist, oder b) auf Grund einer anderen Krankheit, wenn sie geheilt ist.

In den §§ 52—75 ist u. a. die Möglichkeit einer einverständlichen Scheidung vorgesehen.

Deutschland

Ehegesetz vom 20. Februar 1946.

§ 31. Ein Ehegatte kann Aufhebung der Ehe begehren, wenn er bei der Eheschließung nicht gewußt hat, daß es sich um eine Eheschließung handelt, oder wenn er dies zwar gewußt hat, aber eine Erklärung, die Ehe eingehen zu wollen, nicht hat abgeben wollen. Das gleiche gilt, wenn der Ehegatte sich in der Person des anderen Ehegatten geirrt hat.

Die Aufhebung ist ausgeschlossen, wenn der Ehegatte nach Entdeckung des Irrtums zu erkennen gegeben hat, daß er die Ehe fortsetzen will.

§ 32. Ein Ehegatte kann Aufhebung der Ehe begehren, wenn er sich bei der Eheschließung über solche persönlichen Eigenschaften des anderen Ehegatten geirrt hat, die ihn bei Kenntnis der Sachlage und bei verständiger Würdigung des Wesens der Ehe von der Eingehung der Ehe abgehalten haben würden.

Die Aufhebung ist ausgeschlossen, wenn der Ehegatte nach Entdeckung des Irrtums zu erkennen gegeben hat, daß er die Ehe fortsetzen will, oder wenn sein Verlangen nach Aufhebung der Ehe mit Rücksicht auf die bisherige Gestaltung des ehelichen Lebens als sittlich nicht gerechtfertigt erscheint.

§ 33. Ein Ehegatte kann Aufhebung der Ehe begehren, wenn er zur Eingehung der Ehe durch arglistige Täuschung über solche Umstände bestimmt worden ist, die ihn bei Kenntnis der Sachlage und bei richtiger Würdigung des Wesens der Ehe von der Eingehung der Ehe abgehalten hätten.

Die Aufhebung ist ausgeschlossen, wenn die Täuschung von einem Dritten ohne Wissen des anderen Ehegatten verübt worden ist, oder wenn der Ehegatte nach Entdeckung der Täuschung zu erkennen gegeben hat, daß er die Ehe fortsetzen will.

Auf Grund einer Täuschung über Vermögensverhältnisse kann die Aufhebung der Ehe nicht begehrt werden.[1]

Finnland

Ehegesetz vom 13. Juni 1929 in der Fassung vom 22. Dezember 1949.

§ 68. Ein Ehegatte kann die Nichtigerklärung der Ehe verlangen:

1. wenn er sich bei Eingehung der Ehe in einer vorübergehenden Geistesstörung oder einem andern dem vergleichbaren Zustand befand,

2. wenn er dadurch zur Ehe verleitet worden ist, daß der andere Ehegatte es unterließ, schwere Krankheit oder einen andern seine Person betreffenden, beson-

---

[1] Die vorstehende Regelung gilt für die Bundesrepublik Deutschland. Für die *Deutsche Demokratische Republik* ergibt sich dagegen folgendes Bild:
Verordnung über Eheschließung und Eheauflösung vom 24. November 1955 (Gesetzblatt der Deutschen Demokratischen Republik, I 1955, S. 849—851).
Vacat.
§ 8. Scheidung der Ehe. (1) Eine Ehe kann nur geschieden werden, wenn ernstliche Gründe hierfür vorliegen und wenn das Gericht durch eine eingehende Untersuchung festgestellt hat, daß die Ehe ihren Sinn für die Eheleute, für die Kinder und für die Gesellschaft verloren hat. Dabei hat das Gericht insbesondere zu prüfen, ob die Folgen der Scheidung für den anderen Teil eine unzumutbare Härte bedeuten und ob das Wohl der minderjährigen Kinder einer Scheidung entgegensteht.
(2) Die eine Scheidung rechtfertigenden Umstände können auch vor der Eheschließung eingetreten sein.

ders wichtigen Umstand zu offenbaren, der den ersteren von Eingehung der Ehe hätte abhalten sollen, oder daß er falsche Angaben hierüber gemacht hat, oder wenn der Ehegatte sich sonst ohne eigenes Verschulden bezüglich eines solchen Umstandes geirrt hat, oder

3. wenn er zur Ehe gezwungen worden ist.

Frankreich

Code Napoléon mit späteren Ergänzungen.
Vacat.
Art. 180 Abs. 2. Hat ein Irrtum in der Person vorgelegen, so kann die Ehe nur von demjenigen Ehepartner angefochten werden, bei welchem der Irrtum erregt worden ist.

(Scheidungsgründe:) Art. 229. Der Mann kann wegen Ehebruchs seiner Frau auf Ehescheidung klagen.

Art. 230. Die Frau kann wegen Ehebruchs ihres Mannes auf Ehescheidung klagen.

Art. 231. Die Verurteilung eines Ehegatten zu einer körperlichen und entehrenden Strafe gibt dem anderen einen Scheidungsgrund.

Art. 232. Abgesehen von den Fällen der Art. 229, 230 und 231 können die Richter eine Scheidung auf Klage eines Ehegatten hin nur wegen Ausschreitungen, grober Mißhandlungen oder Beleidigungen des einen gegen den andern aussprechen, wenn diese Handlungen eine schwere oder wiederholte Verletzung der aus der Ehe sich ergebenden Pflichten und Verbindlichkeiten darstellen und die Aufrechterhaltung des ehelichen Bandes unerträglich machen.

Griechenland

Bürgerliches Gesetzbuch vom 15. März 1940.
Art. 1374. Die Anfechtung einer geschlossenen Ehe ist zulässig wegen Irrtums in bezug auf die Person des anderen Ehegatten.

Art. 1446. Jeder Ehegatte kann die Scheidung wegen Unfähigkeit des anderen zum Geschlechtsverkehr verlangen, wenn sie bei der Eheschließung bestanden hat, dem Antragsteller unbekannt war und bei Klageerhebung fortbesteht.

Art. 1442. Jeder Ehegatte kann die Scheidung verlangen, wenn durch Verschulden des andern Ehegatten im ehelichen Verhältnis eine so starke Zerrüttung eingetreten ist, daß nach den Umständen die Fortsetzung der ehelichen Lebensgemeinschaft für den die Scheidung beantragenden Ehegatten unerträglich wird. Ein Scheidungsrecht besteht zugunsten des Antragstellers nicht, wenn dieses Verschulden beiden Ehegatten zur Last fällt, die Zerrüttung des ehelichen Verhältnisses aber hauptsächlich der Antragsteller verschuldet hat.

Großbritannien

Zu den Rechtsquellen vgl. *Bergmann* 1 Großbritannien S. 8.
Ebenda S. 22:
Anfechtungsgründe sind:
a) Impotenz.
b) Gewalt, Zwang und Betrug; das Anfechtungsrecht erlischt, wenn die eheliche Gemeinschaft nach Aufhören der Gewaltanwendung bzw. des Zwanges oder nach

Kenntnis des Betrugs fortgesetzt wird. Täuschung hinsichtlich der Keuschheit, körperlicher Gebrechen und der Vermögensverhältnisse bilden keinen Anfechtungsgrund.

c) Nichtvollziehung der Ehe durch geschlechtliche Vereinigung auf Grund vorsätzlicher Weigerung des Anfechtungsgegners.

d) Geisteskrankheit oder Geistesschwäche eines Ehegatten zur Zeit der Eheschließung im Sinne der Mental Deficiency Acts, 1913—1938, oder Neigung zu sich wiederholenden Anfällen von Geistesstörungen oder Epilepsie.

e) Ansteckende Geschlechtskrankheit des Antragsgegners zur Zeit der Eheschließung.

f) Wenn die Anfechtungsgegnerin zur Zeit der Eheschließung von einem anderen als dem Anfechtenden schwanger war.

In den Fällen d), e), f) soll dem Antrag nur dann stattgegeben werden, wenn hinreichend dargelegt ist, daß der Antragsteller zur Zeit der Eheschließung keine Kenntnis von den vorgebrachten Tatsachen hatte, daß das Verfahren binnen einem Jahr nach der Eheschließung eingeleitet ist und daß ein ehelicher Verkehr mit Einwilligung des Antragstellers nicht mehr erfolgt ist, nachdem er den Anfechtungsgrund kennengelernt hat.

Irland

Zu den Rechtsquellen vgl. *Bergmann* 1 Irland S. 10.
Ebenda S. 15:
Folgende Abweichungen (sc. von dem Eherecht Großbritanniens) sind hervorzuheben:

aa) Nichtigkeit und Anfechtung der Ehe. Die in der englischen Matrimonial Causes Act, 1937, enthaltenen neuen Anfechtungsgründe sind in Irland nicht eingeführt worden. Die Anfechtung der Ehe ist daher nur wegen Impotenz und wegen Gewalt, Zwang oder Betrug zulässig. Die weiter unter c—f bei Großbritannien ... aufgeführten Anfechtungsgründe gelten für Irland nicht.

bb) Ehescheidung und Trennung. Eine gerichtliche Ehescheidung ist nicht zugelassen. Früher war eine solche durch das Parlament vermittels eines Scheidungsgesetzes für den einzelnen Fall zulässig. Diese Möglichkeit ist durch die Verfassung von 1937 ausgeschlossen, welche in Art. 41, Sektion 3, bestimmt:

1. Der Staat verpflichtet sich selbst, mit besonderer Sorgfalt über die Einrichtung der Ehe zu wachen, auf welche die Familie sich gründet, und sie gegen jeden Angriff zu verteidigen.

2. Es darf kein Gesetz erlassen werden, welches die Auflösung einer Ehe bewilligt.

3. Niemand, dessen Ehe auf Grund des bürgerlichen Rechts eines anderen Staates geschieden ist, die jedoch eine zurecht bestehende Ehe auf Grund des Gesetzes ist, das derzeit in der durch diese Verfassung verordneten Gerichtsbarkeit der Regierung und des Parlamentes in Kraft ist, kann eine gültige Ehe innerhalb dieser Gerichtsbarkeit schließen, solange der andere Ehegatte der geschiedenen Ehe lebt.

Island

Gesetz über Eheschließung und Ehescheidung vom 27. Juni 1921.
§ 42. War der eine Ehegatte bei der Eheschließung geisteskrank oder geistes-

schwach, so kann er die Nichtigerklärung bei dem Gericht beantragen. Die Klage kann aber nicht mehr erhoben werden, wenn sechs Monate verstrichen sind, seitdem die Geisteskrankheit geheilt ist.

Kannte der andere Ehegatte die Geisteskrankheit oder Geistesschwäche bei der Eheschließung nicht, so kann er gleichfalls die Nichtigkeitsklage erheben, es sei denn, daß sechs Monate verstrichen sind, seitdem er sie erfahren hat oder seitdem der andere geheilt ist. Jedoch ist in jedem Fall die Klage binnen drei Jahren nach der Eheschließung zu erheben.

§ 43. Ein Ehegatte kann die Nichtigerklärung seiner Ehe verlangen:
1. wenn er ohne Bewußtsein oder in einem ähnlichen Zustand war, als die Ehe geschlossen wurde, so daß er nicht in der Lage war, eine gesetzmäßige Ehe einzugehen;
2. wenn er sich irrtümlich mit einem andern hat trauen lassen, als mit demjenigen, den er heiraten wollte, oder wenn er getraut wurde, ohne daß er sich dessen bewußt war;
3. wenn sein Ehegatte bei der Eheschließung ohne sein Wissen ansteckend geschlechtskrank war, an Epilepsie mit häufigen Anfällen oder an Lepra litt oder unfähig zum ehelichen Verkehr war;
4. wenn sein Ehegatte die Eheschließung dadurch herbeigeführt hatte, daß er bewußt einen Irrtum über seine Person erregte oder eine Tatsache aus seinem Leben verheimlichte, die ihn von der Eingehung der Ehe abgehalten hätte, wenn er es gewußt hätte;
5. wenn er zur Ehe gezwungen worden ist.

Die Ehenichtigkeitsklage kann nicht mehr erhoben werden, wenn sechs Monate verstrichen sind, seitdem der in Ziffer 1 bezeichnete Zustand aufgehört hat, und seitdem der Kläger von den Nichtigkeitsgründen nach Ziffer 2–4 Kenntnis erhalten hat, oder seitdem der in Ziffer 5 bezeichnete Zwang aufgehört hat. In keinem Fall kann die Nichtigkeitsklage noch erhoben werden, wenn drei Jahre seit der Eheschließung verstrichen sind. Ist die Nichtigkeitsklage wegen Geschlechtskrankheit erhoben worden und wird bewiesen, daß der Kläger nicht von dem andern Ehegatten angesteckt worden ist und daß die Krankheit nicht mehr ansteckend ist, so wird die Ehe nicht für nichtig erklärt. Das gleiche gilt von anderen Krankheiten, welche einen Nichtigkeitsgrund bilden, wenn sie geheilt sind.

Italien

Codice civile vom 16. März 1942.
Vacat.
Art. 122. Die Ehe kann von demjenigen Ehegatten angefochten werden, dessen Zustimmung durch Gewalt erzwungen oder durch Irrtum bestimmt war.

Der Irrtum über eine Eigenschaft des anderen Ehegatten ist kein Grund für die Nichtigkeit der Ehe, wenn er nicht in einem Irrtum über die Identität besteht.

Art. 149. Die Ehe wird nur durch den Tod eines Ehegatten aufgelöst.[2]

---
[2] Vgl. das Konkordat mit Italien vom 11. Februar 1929, Art. 34 (Angelo Mercati, Raccolta di Concordati su materie ecclesiastiche tra la Santa Sede e le Autorità Civili, Bd. 2, Rom 1954, S. 100 f.):
Lo Stato italian, volendo ridonare all'istituto del matrimonio, che è base della famiglia,

Jugoslawien

Ehegrundgesetz vom 3. April 1946.

Art. 17. Es gibt keine vollgültige Ehe, wenn kein freies Einverständnis des Bräutigams und der Braut vorhanden ist, sondern dies durch Gewalt erzwungen oder im Irrtum abgegeben wurde.

Art. 45. Nichtig ist die Ehe, die im Irrtum mit Bezug auf die Persönlichkeit des Ehepartners geschlossen ist, wenn man glaubte, daß man mit einer Person die Ehe geschlossen hat, in Wirklichkeit aber mit einer anderen die Ehe eingegangen ist, oder wenn die Ehe mit einer bestimmten Person geschlossen wurde, die aber nicht die Person ist, für welche sie sich ausgegeben hat.

Nichtig ist die Ehe, die im Irrtum bezüglich der wesentlichen Eigenschaften des Ehepartners geschlossen wurde, die den anderen Ehepartner von der Eheschließung abgehalten hätten, wenn er sie gekannt hätte, und die ein gemeinsames Leben unerträglich machen.

Eine dauernde Gefahr oder eine schwere Krankheit, naturwidrige Gewohnheiten, Impotenz, frühere Aburteilung wegen einer entehrenden Tat, die Schwangerschaft der Frau von einer anderen Person, ehrlose Beschäftigung — sind einige Beispiele der wesentlichen Eigenschaften und ziehen die Nichtigkeit der Ehe nach sich, wenn der andere Ehepartner diesbezüglich im Irrtum war.

Art. 48. Die Annullierung einer unter Zwang oder im Irrtum eingegangenen Ehe kann nur der Ehepartner verlangen, der unter Zwang oder im Irrtum seine Einwilligung zur Eheschließung gegeben hat.

Die Annullierung kann nicht begehrt werden nach Ablauf eines Jahres seit dem Tage, an dem der Zwang aufhörte oder seit dem der Irrtum wahrgenommen wurde, wenn die Ehegatten während dieser Zeit in Ehegemeinschaft lebten.

---

dignità conforme alle tradizioni cattoliche del suo popolo, riconosce al sacramento del matrimonio, disciplinato dal diritto canonico, gli effetti civili.
Le pubblicazioni del matrimonio come sopra saranno effettuate, oltre che nella chiesa parrocchiale, anche nella casa comunale.
Subito dopo la celebrazione il parroco spiegherà ai coniugi gli effetti civili del matrimonio, dando lettura degli articoli del codice civile riguardanti i diritti ed i doveri dei coniugi, e redigerà l'atto di matrimonio, del quale entro cinque giorni trasmette la copia integrale al Comune, affinchè venga trascritto nei registri dello stato civile.
Le cause concernenti la nullità del matrimonio e la dispensa dal matrimonio rato e non consumato sono riservate alla competenza dei tribunali e dei dicasteri ecclesiastici.
I provvedimenti e le sentenze relative, quando siano divenute definitive, saranno portate al Supremo Tribunale della Segnatura, il quale controllerà se siano state rispettate le norme del diritto canonico relative alla competenza del giudice, alla citazione ed alla legittima rappresentanza o contumacia delle parti.
I detti provvedimenti e sentenze definitive coi relativi decreti del Supremo Tribunale della Segnatura saranno trasmessi alla Corto di Appello dello Stato competente per territorio, la quale, con ordinanze emesse in Camera di Consiglio, li renderà esecutivi agli effetti civili ed ordinerà che siano annotati nei registri dello stato civile a margine dell'atto di matrimono.
Quanto alle cause di separazione personale, la Santa Sede consente che siano giudicate dall'autorità giudiziaria civile.

Liechtenstein

Das Allgemeine Bürgerliche Gesetzbuch.

§ 57. Ein Irrtum macht die Einwilligung in die Ehe nur dann ungültig, wenn er in der Person des künftigen Ehegatten vorgegangen war.

§ 58. Wenn ein Ehemann seine Gattin nach der Ehelichung bereits von einem andern geschwängert findet, so kann er, außer dem im § 121 bestimmten Falle, fordern, daß die Ehe als ungültig erklärt werde.

§ 59. Alle übrigen Irrtümer der Ehegatten sowie auch ihre getäuschten Erwartungen der vorausgesetzten oder auch verabredeten Bedingungen stehen der Gültigkeit des Ehevertrages nicht entgegen.

§ 96. Überhaupt hat nur der Schuldlose das Recht zu verlangen, daß der Ehevertrag ungültig erklärt werde; er verliert aber dieses Recht, wenn er nach erlangter Kenntnis des Hindernisses die Ehe fortgesetzt hat. ...

§ 121. Die Übertretung dieses Gesetzes (sc. der in § 120 aufgestellten Forderung, daß eine Frau nach Auflösung ihrer ersten Ehe erst nach Ablauf einer bestimmten Frist eine neue Ehe eingehen darf) zieht zwar nicht die Ungültigkeit der Ehe nach sich; allein die Frau verliert die ihr von dem vorigen Manne durch Ehepakten, Erbvertrag, letzten Willen oder durch das Übereinkommen bei der Trennung zugewendeten Vorteile; der Mann aber, mit dem sie die zweite Ehe schließt, verliert das ihm außer diesem Fall durch den § 58 zukommende Recht, die Ehe für ungültig erklären zu lassen. ...

Luxemburg

Code Napoléon mit späteren Abänderungen.
Vacat.

Art. 180 Abs. 2. Hat ein Irrtum in der Person stattgefunden, so soll nur derjenige Ehegatte die Ehe angreifen können, welcher zu dem Irrtum verleitet wurde.

(Scheidungsgründe:) Art. 229. Der Mann kann wegen Ehebruchs der Frau Scheidung verlangen.

Art. 230. Die Frau kann wegen Ehebruchs des Mannes Scheidung verlangen, wenn er seine Konkubine in die gemeinsame Wohnung aufgenommen hat.

Art. 231. Jeder der Ehegatten kann wegen harter und grober Mißhandlungen oder schwerer Beleidigungen seitens des anderen Ehescheidung verlangen.

Art. 232. Die Verurteilung des einen Ehegatten zu einer entehrenden Strafe bildet für den anderen einen Scheidungsgrund.

Art. 233. Die gegenseitige und ernsthafte Einwilligung der Ehegatten, welche in der gesetzlich bestimmten Form und unter den Voraussetzungen und nach der vorgeschriebenen Prüfung erklärt wird, bildet einen Beweis dafür, daß das gemeinschaftliche Leben ihnen unerträglich ist und daß für sie ein vollgültiger Ehescheidungsgrund besteht.

Niederlande

Bürgerliches Gesetzbuch vom 10. April 1838 mit späteren Abänderungen.
Vacat.

Art. 142 Abs. 2. Ist ein Ehegatte im Irrtum über die Person gewesen, mit der er die

Ehe eingegangen ist, so kann die Gültigkeit der Ehe nur von dem Ehegatten angefochten werden, der sich im Irrtum befunden hat.

Art. 263. Ehescheidung durch gegenseitige Übereinkunft ist unzulässig.

Art. 264. Die einzigen Gründe für eine Ehescheidung sind folgende:
1. Ehebruch;
2. böswillige Verlassung;
3. Verurteilung wegen einer ungesetzlichen Handlung zu einer Freiheitsstrafe von vier Jahren oder darüber, die nach der Eheschließung ausgesprochen ist;
4. schwere Verwundungen oder Mißhandlungen des einen Ehegatten durch den anderen, durch den dessen Leben in Gefahr gebracht oder ihm gefährliche Verwundungen zugefügt werden.

Art. 255. Wenn Ehegatten von Tisch und Bett getrennt sind ... und die Trennung fünf volle Jahre ohne Versöhnung der Parteien bestanden hat, kann jeder Ehegatte den andern vor Gericht laden mit dem Antrag, die Ehe aufzulösen.

Norwegen

Gesetz über die Eingehung und Auflösung der Ehe vom 31. Mai 1918 in der Fassung vom 28. Juli 1949.

§ 35. Ein Ehegatte kann die Aufhebung der Ehe durch Urteil verlangen:
1. wenn er bei der Trauung bewußtlos war oder sich in einem ähnlichen vorübergehenden Zustand befand, welcher die rechtliche Handlungsfähigkeit ausschließt;
2. wenn er sich aus einem Irrtum einem anderen als seinem Verlobten hat antrauen lassen oder wenn er eine Ehe nicht eingehen wollte;
3. wenn der andere Ehegatte ohne sein Wissen an einer Geisteskrankheit vor der Trauung gelitten hatte oder bei der Eheschließung an einer Geschlechtskrankheit in ansteckendem Stadium, an Epilepsie oder Aussatz oder an einem unheilbaren Körperfehler litt, welcher eine Beiwohnung ausschließt;
4. wenn der andere Ehegatte ohne sein Wissen bei Eingehung der Ehe ein Kind außerhalb einer Ehe hatte oder von einem andern als dem Ehegatten schwanger war oder eine andere als die Ehefrau geschwängert hatte mit dem Erfolg, daß das Kind später geboren wurde;
5. wenn er zur Eheschließung dadurch gebracht worden ist, daß er von dem andern Ehegatten durch falsche Erklärungen oder durch betrügerisches Verschweigen der Wahrheit getäuscht worden ist über die Person des anderen oder über solche Umstände aus seinem früheren Leben, welche verständigerweise den Kläger von der Eingehung der Ehe hätten abhalten müssen;
6. wenn er zur Eheschließung durch rechtswidriges Verhalten gezwungen ist, welches geeignet war, ernstlich Furcht zu erregen.

Der Anspruch auf Aufhebung der Ehe fällt fort, wenn der Ehegatte die Sache nicht in dem unter Nr. 1 erwähnten Fall innerhalb von sechs Monaten nach Aufhören des Zustandes, in den unter Nr. 2, 3, 4 und 5 erwähnten Fällen nicht innerhalb von sechs Monaten, nachdem er von dem Umstand Kenntnis erhalten hat, und in dem unter Nr. 6 erwähnten Fall nicht innerhalb sechs Monaten, nachdem der Zwang aufgehört hat, anhängig gemacht hat.

In den unter 1, 2, 3, 5 und 6 erwähnten Fällen kann die Sache in jedem Fall nicht später als drei Jahre nach Eheschließung anhängig gemacht werden. Auf Grund von

Epilepsie oder Aussatz kann die Sache nicht anhängig gemacht werden, nachdem die Krankheit geheilt ist.

In dem unter 4 erwähnten Fall kann die Sache nicht anhängig gemacht werden, wenn das betreffende Kind tot ist.

Österreich

Ehegesetz vom 6. Juli 1938 mit den Änderungen des Gesetzes vom 26. Juni 1945.

§ 36. (1) Ein Ehegatte kann Aufhebung der Ehe begehren, wenn er bei der Eheschließung nicht gewußt hat, daß es sich um eine Eheschließung handelt, oder wenn er dies zwar gewußt hat, aber eine Erklärung, die Ehe eingehen zu wollen, nicht hat abgeben wollen. Das gleiche gilt, wenn der Ehegatte sich in der Person des anderen Ehegatten geirrt hat.

(2) Die Aufhebung ist ausgeschlossen, wenn der Ehegatte nach Entdeckung des Irrtums zu erkennen gegeben hat, daß er die Ehe fortsetzen will.

§ 37. (1) Ein Ehegatte kann Aufhebung der Ehe begehren, wenn er sich bei der Eheschließung über solche die Person des andern Ehegatten betreffende Umstände geirrt hat, die ihn bei Kenntnis der Sachlage und bei richtiger Würdigung des Wesens der Ehe von der Eingehung der Ehe abgehalten hätten.

(2) Die Aufhebung ist ausgeschlossen, wenn der Ehegatte nach Entdeckung des Irrtums zu erkennen gegeben hat, daß er die Ehe fortsetzen will, oder wenn sein Verlangen nach Aufhebung der Ehe mit Rücksicht auf die bisherige Gestaltung des ehelichen Lebens der Ehegatten sittlich nicht gerechtfertigt ist.

§ 38. (1) Ein Ehegatte kann Aufhebung der Ehe begehren, wenn er zur Eingehung der Ehe durch arglistige Täuschung über solche Umstände bestimmt worden ist, die ihn bei Kenntnis der Sachlage und bei richtiger Würdigung des Wesens der Ehe von der Eingehung der Ehe abgehalten hätten.

(2) Die Aufhebung ist ausgeschlossen, wenn die Täuschung von einem Dritten ohne Wissen des andern Ehegatten verübt worden ist oder wenn der Ehegatte nach Entdeckung der Täuschung zu erkennen gegeben hat, daß er die Ehe fortsetzen will.

(3) Auf Grund einer Täuschung über Vermögensverhältnisse kann die Aufhebung der Ehe nicht begehrt werden.[3]

---

[3] Vgl. das Konkordat mit Österreich vom 5. Juni 1933, das nach der Annexion Österreichs 1938 übergangen wurde und dessen Neugestaltung nach 1945 noch immer aussteht (zum Problem der Weitergeltung s. Dorothea Mayer-Maly, Zur Frage der Gültigkeit des Konkordats vom 5. Juni 1933, Österreichisches Archiv für Kirchenrecht 7, 1956 S. 198—211; Willibald M. Plöchl, Abschluß und Auflösung von Konkordaten, Die Rechtslage beim österreichischen Konkordat, Österreichisches Archiv für Kirchenrecht 8, 1957 S. 3—24). Mercati 2 S. 166 f.: Art. VII:
§ 1. Die Republik Österreich erkennt den gemäß dem kanonischen Recht geschlossenen Ehen die bürgerlichen Rechtswirkungen zu.
§ 2. Das Aufgebot dieser Eheschließungen erfolgt nach dem kanonischen Rechte. Die Republik Österreich behält sich vor, auch ein staatliches Aufgebot anzuordnen.
§ 3. Die Republik Österreich anerkennt die Zuständigkeit der kirchlichen Gerichte und Behörden zum Verfahren bezüglich der Ungültigkeit der Ehe und der Dispens von einer geschlossenen, aber nicht vollzogenen Ehe.
§ 4. Die hierauf bezüglichen Verfügungen und Urteile werden, nachdem sie rechtskräftig geworden sind, dem Obersten Gerichtshof der Signatura Apostolica vorgelegt. Dieser prüft, ob die Vorschriften des kanonischen Rechtes über die Zuständigkeit des Richters, die

Polen

Familienrechtsgesetz vom 27. Juni 1950.
Vacat.
Art. 29 § 1. Ist zwischen den Ehegatten aus wichtigen Gründen eine vollkommene und dauernde Veruneinigung eingetreten, so kann jeder Ehegatte verlangen, daß das Gericht die Ehe scheidet.
§ 3. Die Ehescheidung ist nicht zulässig, wenn sie für die minderjährigen Kinder nachteilig sein würde.
Art. 30 § 1. Auf Scheidung der Ehe kann nicht erkannt werden, wenn die Scheidung von demjenigen Ehegatten begehrt wird, der ausschließlich an der Veruneinigung schuldig ist, es sei denn, daß der andere Ehegatte in die Scheidung einwilligt.
§ 2. In Ausnahmefällen kann das Gericht jedoch auch beim Fehlen einer solchen Einwilligung und unter Berücksichtigung der sozialen Interessen auf Scheidung erkennen, wenn die Ehegatten lange Zeit getrennt gelebt haben.

Portugal

Gesetzdekret über die Zivilehe vom 25. Dezember 1910.
Art. 18. Eine Ehe kann auch für nichtig erklärt werden, wenn die erforderliche Einwilligung erweisbar aus Irrtum oder unter Zwang gegeben wurde.
Art. 19. Die Anfechtung wegen Irrtums oder Zwanges kann nur durch den genötigten oder getäuschten Ehegatten erfolgen.
Art. 20. Der Art. 18 findet nur Anwendung, wenn der Irrtum auf die Person Bezug hat, mit der die Ehe eingegangen ist; dieser Irrtum kann nur aus einem oder mehreren der folgenden Umstände hergeleitet werden:
1. Unkenntnis des Zivilstandes;
2. Unkenntnis eines nicht verjährten Verbrechens, das vor der Eheschließung begangen wurde und wofür keine Bürgschaft zulässig ist;
3. Unkenntnis eines vor der Ehe bestehenden unheilbaren Korpergebrechens, wie Impotenz, und irgendeiner unheilbaren und durch Ansteckung oder Vererbung übertragbaren Krankheit.
Art. 22. Das Recht zur Anfechtung der Ehe auf Grund eines Irrtums verjährt binnen einem Jahre von dem Tage, an dem der Getäuschte von dem Irrtum Kenntnis erhielt, ...
Nach dem Konkordat mit Portugal vom 7. Mai 1940[4] wurde das Gesetzdekret über die kanonische Eheschließung vom 25. Juli 1940 erlassen, das u. a. bestimmt:

Vorladung, die gesetzmäßige Vertretung und das ungesetzmäßige Nichterscheinen der Parteien befolgt worden sind. Die genannten endgültigen Verfügungen und Urteile werden mit den diesbezüglichen Verfügungen des Obersten Gerichtshofes der Signatura Apostolica dem österreichischen Obersten Gerichtshofe übersendet. Die bürgerlichen Rechtswirkungen treten mit der vom österreichischen Obersten Gerichtshofe in nichtöffentlicher Sitzung ausgesprochenen Vollstreckbarkeitserklärung ein.
§ 5. Die kirchlichen und staatlichen Gerichte haben einander im Rahmen ihrer Zuständigkeit Rechtshilfe zu leisten.

[4] Im Konkordat mit Portugal heißt es (Mercati 2 S. 240 f.):
Art. XXII. Lo Stato portoghese riconosce gli effetti civili ai matrimoni celebrati in conformità con le leggi canoniche, a condizione che l'atto di matrimonio sia trascritto nei competenti uffici dello stato civile.

Art. 1. Die Ehe kann vor dem Zivilstandesbeamten nach den im Bürgerlichen Gesetzbuch enthaltenen Vorschriften oder vor dem Geistlichen der katholischen Kirche geschlossen werden.

Art. 24. Die Entscheidung über die Gründe der Nichtigkeit einer katholischen Ehe und der Dispens von einer geschlossenen, aber nicht vollzogenen Ehe ist den zuständigen Gerichten und Dienststellen der Kirche vorbehalten.

Rumänien

Familiengesetz vom 21. Dezember 1953.

Art. 21. Eine Ehe kann von einem Ehegatten angefochten werden, dessen Einwilligung durch einen Irrtum über die physische Identität des andern Ehegatten oder durch Betrug oder Gewalt erwirkt worden ist.

Die Anfechtung der Ehe aus diesem Grunde kann von demjenigen, dessen Einwilligung fälschlich erlangt wurde, binnen sechs Monaten nach Aufhören der Gewalt oder Entdeckung des Betruges oder des Irrtums erfolgen.

Art. 38. Auf den Scheidungsantrag eines Ehegatten kann die Ehe durch das Gericht aufgelöst werden, wenn aus triftigen Gründen die Weiterführung der Ehe für denjenigen, der ihre Auflösung verlangt, nicht mehr möglich ist.

Bei Beurteilung der Triftigkeit der Gründe sind auch die Interessen der Kinder zu berücksichtigen, soweit diese minderjährig sind.

Le pubblicazioni del matrimonio saranno fatte non soltanto nelle rispettive chiese parrocchiali, ma anche nei competenti uffici del registro civile.

I matrimoni *in articulo mortis*, in imminenza di parto, o la cui immediata celebrazione sia espressamente autorizzata dall'Ordinario proprio per un grave motivo di ordine morale, potranno essere contratti indipendentemente dal processo preliminare delle pubblicazioni.

Il parroco trasmetterà entro tre giorni copia integrale dell'atto di matrimonio al compentente ufficio del registro civile affinchè vi venga trascritto; la trascrizione deve essere eseguita entro due giorni e comunicata dal funzionario rispettivo al parroco entro il giorno immediatamente seguente a quello in cui fu effettuata, con l'indicazione della data.

Il parroco che, senza gravi motivi, tralasciasse di inviare la copia dell'atto entro il tempo dovuto incorre nelle pene di disubbidienza qualificata, e il funzionario del registro civile che non ne facesse la trascrizione nel tempo dovuto incorrerà nelle pene comminate dalla legge organica del servizio.

Art. XXIII. Il matrimonio produce tutti gli effetti civili dalla data della celebrazione, se la trascrizione sarà fatta nello spazio di sette giorni. Se non lo sarà, produrrà effetti relativamente ai terzi solo a cominciare dalla data della trascrizione.

Non osta alla trascrizione la morte di uno o di ambedue i coniugi.

Art. XXIV. In armonia con le proprietà essenziali del matrimonio cattolico, si intende che per il fatto stesso della celebrazione del matrimonio canonico, i coniugi rinunzieranno alla facoltà civile di chiedere il divorzio, che perciò non potrà essere applicato dai tribunali civili ai matrimoni cattolici.

Art. XXV. La cognizione delle cause riguardanti la nullità del matrimonio cattolico e la dispensa del matrimonio rato e non consumato è riservata ai tribunali e dicasteri ecclesiastici competenti.

Le decisioni e le sentenze di questi dicasteri e tribunali, quando siano divenute definitive, saranno portate al Supremo Tribunale della Segnatura Apostolica per il relativo controllo, e saranno, poi, con i rispettivi decreti del Supremo Tribunale della Segnatura, trasmesse per via diplomatica al Tribunale d'Appello dello Stato territorialmente competente, il quale le renderà esecutive e ordinerà che siano annotate nei registri dello stato civile, a margine dell'atto di matrimonio.

Schweden

Ehegesetz vom 11. Juni 1920 mit Nachträgen.
10. Kapitel. Die Ehenichtigkeit.

§ 2. War ein Ehegatte geisteskrank oder geistesschwach, so ist die Ehe auf seine Klage für nichtig zu erklären, sofern er nicht gemäß Kapitel 2 § 5 die Genehmigung erhalten hat, trotz des Hindernisses der Geisteskrankheit oder Geistesschwäche die Ehe einzugehen. Hat er nicht binnen sechs Monaten nach Heilung der Krankheit die Nichtigerklärung beantragt, so hat er sein Klagerecht verloren.

Kannte der andere Ehegatte bei der Eheschließung die Geisteskrankheit oder Geistesschwäche nicht, so kann er gleichfalls die Nichtigerklärung erreichen, wenn er die Klage binnen sechs Monaten nach Erlangung der Kenntnis und spätestens binnen drei Jahren nach der Eheschließung erhebt; eine Klage auf Nichtigerklärung wegen Geisteskrankheit kann jedoch nicht mehr erhoben werden, nachdem die Krankheit geheilt ist.

§ 3. Eine Ehe ist ferner auf Antrag eines Ehegatten für nichtig zu erklären:

1. wenn er bei der Eheschließung an einer vorübergehenden Sinnesverwirrung litt oder sich in einem anderen Zustand befand, der seine rechtliche Handlungsfähigkeit ausschloß;

2. wenn er sich aus Irrtum einem andern als dem Verlobten hat antrauen lassen oder eine Ehe überhaupt nicht eingehen wollte;

3. wenn ohne sein Wissen der andere Ehegatte zur Zeit der Trauung an Fallsucht litt, die auf überwiegend inneren Ursachen beruhte, an Geschlechtskrankheit in ansteckendem Stadium oder an Aussatz oder wenn er unheilbar untauglich für die Ehe war;

4. wenn er betrüglich dadurch zur Eheschließung bestimmt worden ist, daß der andere Ehegatte ihn durch falsche Angaben oder hinterhältiges Verschweigen über seine Identität oder über solche Umstände aus seinem Vorleben irregeführt hat, die den Betrogenen verständigerweise von der Eingehung der Ehe abgehalten hätten;

5. wenn er zur Eheschließung gezwungen worden ist.

Die Nichtigerklärung findet nicht statt, wenn der Ehegatte seine Klage nicht binnen sechs Monaten erhebt, nachdem der in Ziffer 1 erwähnte Zustand aufgehört hat oder nachdem er von dem in Ziffer 2, 3 oder 4 angegebenen Nichtigkeitsgrund Kenntnis erhalten hat oder nachdem er von dem in Ziffer 5 bezeichneten Zwang befreit worden ist; eine Nichtigkeitsklage kann in keinem Fall mehr erhoben werden, nachdem drei Jahre seit der Eheschließung vergangen sind.

Eine Nichtigkeitsklage kann wegen einer Geschlechtskrankheit nicht mehr erhoben werden, wenn der Ehegatte nicht angesteckt und die Krankheit nicht länger ansteckend ist, und auch nicht wegen einer anderen Krankheit, wenn sie geheilt ist.

Schweiz

Zivilgesetzbuch vom 10. Dezember 1907.
Art. 124. Ein Ehegatte kann die Ehe anfechten:

1. wenn er aus Irrtum sich hat trauen lassen, sei es, daß er die Trauhandlung selbst oder daß er die Trauung mit der angetrauten Person nicht gewollt hat;

2. wenn er zur Eheschließung bestimmt worden ist durch einen Irrtum über

Eigenschaften des anderen Ehegatten, die von solcher Bedeutung sind, daß ihm ohne ihr Vorhandensein die eheliche Gemeinschaft nicht zugemutet werden darf.

Art. 125. Ein Ehegatte kann die Ehe anfechten:

1. wenn er durch den andern oder mit dessen Vorwissen durch einen Dritten arglistig über die Ehrenhaftigkeit des andern Ehegatten getäuscht und dadurch zur Eheschließung bestimmt worden ist;

2. wenn ihm eine Krankheit verheimlicht worden ist, die die Gesundheit des Klägers oder der Nachkommen in hohem Maße gefährdet.

Art. 127. Die Anfechtungsklage verjährt mit Ablauf von sechs Monaten, nachdem der Anfechtungsgrund entdeckt worden ist oder der Einfluß der Drohung aufgehört hat, und in jedem Falle mit Ablauf von fünf Jahren seit der Eheschließung.

Spanien

Bürgerliches Gesetzbuch vom 24. Juli 1889 mit späteren Abänderungen.
Vacat.
Art. 42. Das Gesetz kennt zwei Formen der Eheschließung:
die kanonische, die alle Personen schließen müssen, welche die katholische Religion bekennen, und
die Zivilehe, die in der Art geschlossen wird, wie sie dieses Gesetzbuch festlegt.

Art. 80. Über die Klagen auf Nichtigkeit oder Trennung kirchlicher Ehen haben die kirchlichen Gerichte zu erkennen.

(Für die Zivilehe gilt:)

Art. 101. Nichtig ist:

1. ...

2. eine Ehe, bei deren Abschluß die freie Willensbestimmung des einen der Ehegatten durch Irrtum über die Person des andern Ehegatten, durch Nötigung oder schwere Furchterregung aufgehoben war;

3. ...[5]

---

[5] Vgl. das Konkordat mit Spanien vom 27. August 1953 (Mercati 2 S. 284 f.):
Art. XXIII. Lo Stato spagnuolo riconosce pieni effetti civili al matrimonio celebrato secondo le norme del Diritto Canonico.
Art. XXIV. 1. Lo Stato spagnuolo riconosce la competenza esclusiva dei Tribunali e Dicasteri ecclesiastici nelle cause riguardanti la nullità del matrimonio canonico e la separazione dei coniugi, nella dispensa del matrimonio rato e non consumato e nella procedura relativa al Privilegio Paolino.
2. Interposta ed ammessa dinanzi al Tribunale ecclesiastico una domanda di separazione o di nullità, spetta al Tribunale civile dettare, ad istanza della parte interessata, le norme e i provvedimenti cautelari che regolano gli effetti civili connessi col procedimento in pendenza.
3. Le sentenze e le risoluzioni di cui trattasi, quando siano divenute definitive ed esecutive, saranno dal Tribunale ecclesiastico comunicate al Tribunale civile competente, il quale emanerà i decreti relativi alla loro esecuzione quanto agli effetti civili ed ordinerà — quando si tratti di nullità, di dispensa „super rato" o di applicazione del Privilegio Paolino — che siano annotate nei registri dello Stato Civile, a margine dell'atto di matrimonio.
4. In generale tutte le sentenze, decisioni in via amministrativa e decreti emanati dalle Autorità ecclesiastiche in qualsiasi materia nell'ambito della loro competenza, avranno effetto anche nell'ordine civile quando siano stati comunicati alle competenti Autorità dello Stato, le quali, inoltre, daranno l'appoggio necessario per la loro esecuzione.

Tschechoslowakei

Gesetz über das Familienrecht vom 7. Dezember 1949 mit späteren Abänderungen.
Vacat.
§ 30. (1) Wenn aus wichtigen Gründen zwischen den Ehegatten eine tiefe und dauernde Zerrüttung eingetreten ist, so kann ein Ehegatte verlangen, daß das Gericht die Ehe durch Ehescheidung auflöst.
(2) Wenn die Ehegatten minderjährige Kinder haben, so kann die Scheidung nicht ausgesprochen werden, wenn sie dem Interesse der Kinder entgegen ist.
(3) Der Ehegatte, der ausschließlich an der Zerrüttung schuld ist, kann die Scheidung nicht verlangen, sofern der andere Ehegatte nicht damit einverstanden ist.
(4) Das Gericht kann jedoch die Scheidung auch in diesen Ausnahmefällen aussprechen, selbst wenn der andere Ehegatte nicht damit einverstanden ist, indem es auf das soziale Interesse Rücksicht nimmt, und unter der Bedingung, daß die Ehegatten bereits seit langem nicht mehr zusammen leben.

Türkei

Bürgerliches Gesetzbuch vom 17. Februar 1926.
Art. 116. Die Ehe kann von einem Ehegatten angefochten werden:
1. wenn der Kläger sich bei seiner Einwilligung zur Eheschließung im Irrtum befunden hat, sei es, daß er sich nicht verheiraten wollte, sei es, daß er die Person nicht heiraten wollte, die sein Ehegatte geworden ist;
2. wenn er bei der Eheschließung in einem Irrtum über die Eigenschaften seines Ehegatten befangen war, die so wesentlich sind, daß ihr Fehlen das Zusammenleben unerträglich macht.
Art. 117. Die Ehe kann von einem Ehegatten angefochten werden:
1. wenn der Kläger geflissentlich zu einem Irrtum hinsichtlich der Ehrenhaftigkeit seines Ehegatten verleitet worden ist; sei es durch den letzteren, sei es mit seinem Einverständnis durch einen Dritten;
2. wenn ihm eine Krankheit verhehlt worden ist, die eine schwere Gefahr für die Gesundheit des Klägers oder seiner Abkömmlinge bildet.
Art. 119. Die Klage verjährt nach sechs Monaten, gerechnet von dem Tage an, an dem der zur Klage Berechtigte die Nichtigkeitsursache entdeckt hat oder aufgehört hat unter dem Zwang der Drohung zu stehen, und für alle Fälle nach fünf Jahren nach der Eheschließung.

UdSSR

Gesetzbuch über Ehe, Familie und Vormundschaft vom 19. November 1925 mit späteren Abänderungen.

Schlußprotokoll: zu Art. XXIII C) (Mercati 2 S. 293): In materia di riconoscimento di matrimonio misto tra persone cattoliche ed acattoliche, lo Stato armonizzerà la propria legislazione con il Diritto Canonico.
Vgl. Raymundus Bidagor, Das Konkordat zwischen dem Heiligen Stuhl und Spanien, Österreichisches Archiv für Kirchenrecht 6, 1955 S. 178—183.

Vacat.
Art. 18. Bei Lebzeiten der Ehegatten kann die Ehe nur im Wege der Scheidung durch das Gericht auf Antrag eines oder beider Ehegatten aufgelöst werden. Das Scheidungsverfahren ist öffentlich. Auf Antrag der Ehegatten kann das Gericht erforderlichenfalls die Verhandlung der Scheidung in nichtöffentlicher Sitzung beschließen.
Art. 19. Für die Anhängigmachung eines gerichtlichen Verfahrens auf Scheidung einer Ehe ist die Einhaltung folgender Bestimmungen zwingend vorgeschrieben:
a) Einreichung des Scheidungsbegehrens bei dem Volksgericht unter Angabe der Scheidungsgründe, des Familiennamens und des Vor- und Vaternamens, des Geburtsjahres und Wohnorts des anderen Ehegatten; bei Einreichung des Scheidungsbegehrens wird eine Gebühr von 100 Rubeln erhoben;
b) gerichtliche Vorladung des Ehegatten zur Bekanntgabe des Scheidungsbegehrens des anderen Ehegatten gegen ihn sowie zur Erörterung der Scheidungsgründe und zur Bestimmung der zum gerichtlichen Verfahren vorzuladenden Zeugen;
c) öffentliche Bekanntmachung über die Anhängigmachung eines gerichtlichen Verfahrens auf Ehescheidung in einer Lokalzeitung unter Angabe des Wertes des Gegenstandes auf Kosten des die Scheidung betreibenden Ehegatten.
Art. 20. Das Volksgericht ist gehalten, die Gründe des Scheidungsbegehrens festzustellen und Maßnahmen zur Aussöhnung der Ehegatten zu treffen, zu welchem Zwecke beide Scheidungspartner und erforderlichenfalls auch Zeugen vorzuladen sind.
Kommt eine Aussöhnung der Ehegatten vor dem Volksgericht nicht zustande, so ist der Kläger berechtigt, sich mit seinem Scheidungsbegehren an das übergeordnete Gericht zu wenden.

Ungarn

Gesetz über die Ehe, die Familie und die Vormundschaft. Nr. IV/1952.
Vacat.
§ 18. (1) Die Ehe ist auf die Klage eines der beiden Eheleute bei Vorliegen eines ernsten und berechtigten Grundes nach vorgängigem Verfahren und Abschluß des Prozesses durch Ehescheidung aufzulösen.
(2) Bei Prüfung der Frage, ob ernsthafte und berechtigte Gründe für die Auflösung der Ehe vorliegen, ist das Interesse minderjähriger gemeinsamer Kinder zu berücksichtigen.

Die Mischehenkautionen bei physischer Unmöglichkeit künftiger Nachkommenschaft

Die Kautionen, welche bei der Eheschließung eines Katholiken mit einem getauften oder ungetauften Nichtkatholiken nach c. 1061 und c. 1071 zu leisten sind, umfassen eine doppelte Zusicherung. Erstens hat der nichtkatholische Teil zu versprechen, alles zu vermeiden, wodurch der katholische Teil im Glauben gefährdet werden könnte. Zweitens müssen beide Partner versprechen, daß sämtliche aus der Ehe zu erhoffenden Kinder nur katholisch getauft und erzogen werden.

Die Kaution bezüglich der Kindererziehung betrifft nur die leiblichen Kinder, nicht auch Adoptivkinder. Davon bleibt unberührt die moralische Verpflichtung der Eltern, bei Adoptivkindern gleichfalls nach Kräften für katholische Erziehung zu sorgen. Aber diese Pflicht ist nicht Gegenstand der ausdrücklichen Kautionen. So urteilt mit gutem Grund die kanonistische Literatur, soweit sie überhaupt auf die Frage eingeht.[1] Wo immer im Kodex das Wort „proles" auftaucht, ist damit gerade die leibliche Nachkommenschaft gemeint[2]; an keiner einzigen Stelle ist auch nur irgendwie angedeutet, es sollten die Adoptivkinder miterfaßt sein. Zudem fügen die Quinquennalfakultäten für die sanatio in radice einer Mischehe[3] ausdrücklich zu „proles" noch den Zusatz „nascitura" hinzu, womit eindeutig wird, daß nur die leiblichen Kinder in Frage stehen. Man geht nicht fehl, den Text der Quinquennalfakultäten wie eine offizielle Interpretation des Wortes „proles" in c. 1061 § 1 n. 2 zu werten. Außerdem wäre bereits gemäß c. 19 hier die interpretatio stricta anzuwenden, also die proles nur im Sinne der leiblichen Kinder zu verstehen.

Wohl wird man dem Ortsordinarius das Recht nicht absprechen können, daß er über die Forderung des Kodex hinausgehend auch noch Kautionen für die katholische Erziehung etwaiger Adoptivkinder einführt. Das würde

---

Erschienen in: ThQ 137 (1957) 257–288.

[1] Vgl. David J. *Boyle,* The juridic effects of moral certitude on pre-nuptial guarantees, in: Canon Law Studies 150, Washington 1942, S. 136.
[2] Man vergleiche etwa c. 232 § 2 n. 2.
[3] Vgl. A. *Vermeersch* – J. *Creusen,* Epitome iuris canonici, Bd. 1, Mecheln-Rom 1949⁷, S. 674.

dann aber nur kraft des Partikularrechts gelten. Der Kodex selbst verlangt die Kautionen bloß für die leiblichen Kinder, die aus der Ehe zu erhoffen sind.

Die Erwartung künftigen Kindersegens ist nun unter Umständen bei einer Heirat ausgeschlossen, zumal aus folgendem Grund. Während der Mann, wenn auch in abnehmendem Maß, bis ins hohe Alter zur Samenbildung und damit zur Zeugung fähig bleiben kann, sind hier auf seiten der Frau Grenzen gesetzt. Mit dem Abschluß der Wechseljahre hört bei der Frau die Ovulation auf, so daß von da an eine Empfängnis überhaupt nicht mehr möglich ist. In unseren Breitengraden fällt dieses Klimakterium in der Regel zwischen das 45. und 50. Lebensjahr, wenn auch in Einzelfällen die obere Grenze ein wenig höher liegen kann. Jenseits des Klimakteriums aber ist jede Schwangerschaft physisch ausgeschlossen. Ähnlich verhält es sich bei der mulier excisa, der durch operativen Eingriff, etwa bei Krebserkrankung, die Eierstöcke, die Eileiter oder die Gebärmutter oder auch alle diese Organe entfernt sind. Zwar macht eine derartige Operation die Frau an sich nicht impotent, da zu dem kanonistischen Begriff der Potenz nur die potentia coeundi, nicht auch die potentia generandi gehört.[4] Aber eine Empfängnis kann gar nicht mehr eintreten.

Damit erhebt sich die Frage: Müssen die oben erwähnten Kautionen in jenen Fällen noch verlangt werden, in denen infolge des Alters oder infolge einer Operation der Frau oder aus sonstigem Grund künftige Nachkommenschaft physisch unmöglich ist? Die Frage gilt allerdings nur für den zweiten Teil der Kautionen, der sich auf die zu erhoffenden Kinder bezieht. Der erste Teil, nämlich das Versprechen des nichtkatholischen Teils, seinen Partner in der katholischen Glaubensüberzeugung nicht gefährden zu wollen, bleibt unberührt. Dagegen ist zu untersuchen, wie es in den erwähnten Fällen mit dem Versprechen hinsichtlich der katholischen Taufe und Erziehung der zu erwartenden Nachkommenschaft steht, da eine solche Zusage hier gegenstandslos geworden ist. Muß trotzdem, um dem Buchstaben des Gesetzes Genüge zu leisten, das in der Auswirkung inhaltsleere Versprechen gefordert werden?

I. Der Stand der Frage

1. Eine Umschau, wie die kanonistische Wissenschaft bisher zu dem Problem Stellung genommen hat, bringt ein erstaunliches Ergebnis: Die allermeisten Autoren schweigen sich zu der Frage aus. Selbst in umfangrei-

---

[4] Zu der Frage der Ehefähigkeit nach solchen Operationen vgl. Albert *Niedermeyer*, Handbuch der speziellen Pastoralmedizin, Bd. 2, Wien 1950, S. 289–352, bes. S. 339 f.

chen Handbüchern des Eherechts und sogar in einer Monographie zu den Mischehenkautionen sucht man vergeblich nach einer Antwort, ja überhaupt nach dem Problem.

Das nimmt um so mehr wunder, als der vorgelegte Tatbestand gar nicht so selten vorkommt. Man denke an so manche Mischehe, die nicht kirchlich geschlossen wurde und erst im vorgerückten Alter der Eheleute konvalidiert werden soll.

In etwa mag das Schweigen vieler Kanonisten damit zusammenhängen, daß sich erst vor 15 Jahren die Praxis der Kirche in der Dispens für Mischehen geändert hat. Früher konnte das Problem bei weitem nicht so oft oder wenigstens nicht so deutlich akut werden. Denn erst in einem Dekret vom 16. Januar 1942[5] entschied das Sanctum Officium, daß das Versprechen der katholischen Kindererziehung sich nur auf die proles nascitura, nicht auch auf die proles iam nata erstrecken müsse. Unangetastet blieb davon die nach wie vor bestehende moralische Verpflichtung, für die katholische Erziehung auch der etwa schon vorhandenen Kinder zu sorgen. Die Neuerung lag vielmehr nur darin, daß die ausdrückliche Zusicherung der Kautionen sich auf die künftig zu erwartenden Kinder beschränkt. Früher hatte das Kautionsversprechen der katholischen Kindererziehung auch die schon vorhandenen Kinder mit umfassen müssen. Sollte eine Mischehe im vorgerückten Alter konvalidiert werden, so blieb nach dem damaligen Recht die Kaution im Hinblick auf bereits vorhandene Kinder sinnvoll. Das uns hier beschäftigende Problem bestand im Grund naturgemäß auch damals, trat aber nicht so klar zutage und konnte daher leichter übersehen werden.

2. Nur einige, wenige Kanonisten nehmen zu unserer Frage Stellung. Dabei ist es bemerkenswert, daß sie übereinstimmend dahin entscheiden, auch für unseren Sonderfall müsse die Kaution der katholischen Kindererziehung geleistet werden. So schreibt Müssener: „Die Kautionen sind in ihrem ganzen Umfange nach unerläßlich, auch wenn die Brautleute wegen hohen Alters oder aus anderen Gründen kein eignes Kind mehr erwarten können."[6] Im gleichen Sinne äußern sich Hanstein[7] und Sipos-Gálos.[8] Eine eingehendere Begründung vermißt man allerdings bei den Autoren. Sie verweisen nur auf c. 21 sowie auf die Tatsache, daß die Kirche die Kautionen selbst in Todesgefahr verlangt.

3. Prüft man die angeführten Gründe, so muß man zunächst sagen, daß der Hinweis auf das Vorgehen der Kirche in Todesgefahr die Frage nicht entscheidet. Gewiß hat das Sanctum Officium in einem Dekret vom

---
[5] AAS 34, 1942, S. 22.
[6] Hermann *Müssener*, Das katholische Eherecht in der Seelsorgepraxis, Düsseldorf 1950[3], S. 102.
[7] Honorius *Hanstein*, Kanonisches Eherecht, Paderborn 1953[3], S. 91.
[8] Stephanus *Sipos* – Ladislaus *Gálos*, Enchiridion iuris canonici, Rom 1954[6], S. 457.

13. Januar 1932[9] nachdrücklich eingeschärft, daß trotz des periculum mortis der Ordinarius oder der Pfarrer von der Dispensvollmacht der cc. 1043 und 1044 nur Gebrauch machen könne, wenn zuvor die Kautionen in solcher Weise geleistet seien, daß ihre treue Erfüllung nicht verhindert werden könne, auch nicht mit Hilfe staatlicher Gesetze. Bei der Auswertung dieses Dekrets ist zu beachten, daß es hier um eine andere Fragestellung geht, als sie unserem Problem zugrunde liegt. Das Dekret geht von dem Tatbestand aus, daß hin und wieder beim Eheabschluß zwar die Kautionen geleistet werden, aber in einer Art und Weise, daß ihre Ausführung hernach mit Hinweis auf entgegenstehende staatliche Gesetze hintertrieben werden kann. Hierzu fällt das Sanctum Officium die Entscheidung: Es müssen die Kautionen immer, selbst in Todesgefahr, in einer Form geleistet werden, daß staatliche Gesetze ihre spätere Erfüllung nicht verhindern können; sonst ist die erteilte Dispens ungültig.[10] Man würde dem Sinn Gewalt antun, wollte man aus dem Dekret etwas zu der Frage herauslesen, ob man die Kautionen auch dann noch fordern müsse, wenn künftige Nachkommenschaft physisch unmöglich ist. Um diese Frage geht es dem Dekret gar nicht.

Generell ist auch in Todesgefahr die Zusicherung der katholischen Kindererziehung nötig. Damit ist aber die Frage, wie man bei physischer Unmöglichkeit künftiger Nachkommenschaft zu verfahren habe, keineswegs erledigt, sondern noch völlig offen und eigentlich erst recht aufgeworfen. Periculum mortis deckt sich ja nicht mit der genannten physischen Unmöglichkeit. In sehr vielen Fällen der Todesgefahr besteht durchaus die Möglichkeit, daß hernach noch Kinder zur Welt kommen. Die Todesgefahr kann vorübergehen; oder der Mann stirbt wohl, aber die Frau bringt etwa ein bereits empfangenes Kind später zur Welt; oder es läßt sich im Augenblick des periculum mortis gar keine volle Gewißheit über den Ausgang gewinnen, so daß es irgendwie offenbleibt, ob aus dieser Ehe nicht doch ein Kind hervorgehen kann. Gerade letztere Ungewißheit wird sehr oft, wenn nicht gar zumeist bei einem periculum mortis vorliegen. Wo künftiger Kindersegen aber auch nur *möglich* ist, da müssen selbstverständlich die Kautionen geleistet werden. In unserem Problem liegt die Situation aber ganz anders. Hier ist durch Alter oder Operation der Frau Kindersegen einfach physisch ausgeschlossen, hier bleibt überhaupt keine Möglichkeit mehr offen, hier besteht eindeutige Gewißheit. Aus der Tatsache, daß selbst bei periculum mortis die Kirche die Kautionen verlangt, kann man daher für unsere Frage schlüssig nichts entnehmen.

---

[9] AAS 24, 1932, S. 25.
[10] Übrigens vertreten anerkannte Autoren wie Cappello auch noch nach dem Dekret des Sanctum Officium von 1932 die Ansicht, daß die Ordinarien in ganz besonderen Situationen in periculo mortis ohne Kautionen gültig dispensieren. Felix M. *Cappello*, Tractatus canonico-moralis de sacramentis, Bd. 5, Turin 1950[6], S. 320 n. 312.

Schwerer wiegt das andere Argument, das oben vorgebracht wurde, nämlich der Hinweis auf c. 21. Dieser Kanon besagt: „Leges latae ad praecavendum periculum generale, urgent, etiamsi in casu peculiari periculum non adsit." Es geht um die in unserem Zusammenhang ausschlaggebende Frage, wieweit ein Gesetz auch nach Wegfall seines Zweckes noch verpflichtet. Das erfordert eine grundsätzliche Erörterung.

II. Die Grundsätze über die Gesetzesverpflichtung bei Wegfall des Gesetzeszwecks

Die Frage, wieweit der Wegfall des Gesetzeszwecks auch von der Verpflichtung, das Gesetz zu erfüllen, entbindet, hat in der kanonistischen Prinzipienlehre eingehende Behandlung gefunden. Zumal der große Gesetzestheoretiker der katholischen Theologiegeschichte, der spanische Jesuit Franciscus Suarez († 1617), hat hierzu in seinem Werk De legibus (vor allem in lib. 6 c. 7) die grundlegenden rechtsphilosophischen Gedanken entwickelt, auf die heute noch im wesentlichen die großen Kommentare zu den Normae generales des Kodex zurückgreifen.

1. Unterschied zwischen negativem und konträrem Wegfall des Gesetzeszwecks

Auszugehen hat die Erörterung von der Tatsache, daß der Gesetzeszweck in einem doppelten Sinn entfallen kann, entweder rein negativ oder aber positiv, konträr. Dabei geht es beide Male nur darum, daß ein Gesetz in einem konkreten *Einzel*fall den mit dem Gesetz unmittelbar intendierten Zweck nicht mehr erfüllt, während es im übrigen für die Gesamtheit durchaus seinem Zweck gerecht wird. Nur die cessatio in casu *particulari* steht zur Debatte.[11]

Negativ entfällt der Gesetzeszweck, wenn eine Gesetzesbeobachtung zu dem Zweck, den der Gesetzgeber mit dem Gesetz unmittelbar und formell intendiert, nichts mehr beiträgt, ohne daß jedoch die Gesetzeserfüllung irgendwie schädlich würde. Das Beobachten des Gesetzes brächte in solchem Fall keinen besonderen Nachteil mit sich, liefe aber wohl an dem unmittelbar beabsichtigten Zweck des Gesetzes vorbei. Beim Abstinenzgebot z. B., das den Menschen durch Abtötung und Verzicht formen soll, träfe das etwa dann zu, wenn jemand einen persönlichen Widerwillen gegen Fleischspeisen hegt, so daß die Enthaltung für ihn gar nicht Verzicht und Abtötung bedeutet. Oder jemand steht im Glauben so fest, daß die Lektüre eines indizierten Buches für ihn keinerlei Gefahr bringt. Oder die Ehepro-

---

[11] Die weitergehende Frage, wie es sich mit der Gesetzesverpflichtung verhält, wenn das Gesetz sich insgesamt überlebt hat und seinen Zweck *generell* nicht mehr zu erfüllen in der Lage ist, hat in unserem Zusammenhang außer Betracht zu bleiben. Vgl. zu diesem Problem *Suarez*, De legibus, lib. 6 c. 9.

klamation kann in einem konkreten Fall, in dem es sowieso schon sicher ist, daß kein Ehehindernis vorliegt, ihren unmittelbaren Zweck nicht mehr erfüllen, der ja darauf gerichtet ist, etwaige Ehehindernisse aufzudecken. In allen diesen Beispielen liegt das negative Zessieren des Gesetzeszweckes vor: Der Zweck, um dessentwillen das Gesetz erlassen wurde, wird mit der Gesetzesbeobachtung nicht mehr erreicht. Die Gesetzeserfüllung ist dann im Hinblick auf den unmittelbaren Gesetzeszweck inutilis, zwecklos geworden.

Ein solches rein negatives Entfallen des Gesetzeszwecks kann es auch bei den Kautionen einer Mischehe geben. Man denke etwa an den wenn auch vielleicht sehr seltenen Fall, daß die Überzeugungstreue und Charakterfestigkeit des katholischen Teils sowie das wiederholt bekundete Wohlwollen des anderen gegen die katholische Religion von vornherein jede Gefährdung des Glaubens für alle Zukunft ausschließen. Weil in der konkreten Situation des Falles, wie wir einmal voraussetzen, bereits volle Gewißheit für den katholischen Glauben des Partners und der Kinder vorliegt, wäre der Zweck des Gesetzes auch schon ohne Kautionen erreicht.[12]

Im Unterschied zu diesem rein negativen Zessieren kann der Gesetzeszweck auch *positiv* oder *konträr* entfallen. Das trifft dann zu, wenn die Befolgung des Gesetzes nicht bloß für die Erreichung des Gesetzeszwecks überflüssig ist, sondern geradezu schädlich wäre und somit, wenn auch vielleicht nicht dem unmittelbaren Zweck dieses einzelnen Gesetzes, so doch der höheren ratio legis im allgemeinen direkt zuwiderliefe. Ein solch positives Zessieren ist näherhin dort gegeben, wo die Erfüllung eines Gesetzes im konkreten Fall einmal zu Unrecht oder zu Schaden oder zu Absurdität führt.

Zu *Unrecht*, zu unsittlichem Handeln kann eine an sich gute Vorschrift durch die Besonderheit der jeweiligen Umstände führen. So wäre die Befolgung des Fastengebotes für einen Schwerkranken unsittlich, insofern sie den Pflichten widerspäche, die er gegenüber seiner Gesundheit zu erfüllen hat. Hier würde der Gesetzeszweck eindeutig in konträrem Sinne entfallen, weil da die höhere ratio legis verletzt würde.[13]

Das konträre Zessieren umfaßt auch jenen Tatbestand, in dem die Beobachtung eines Gesetzes im konkreten Fall zwar nicht unsittlich, wohl aber *schädlich* wäre. Gerade Suarez hat gegenüber Cajetan überzeugend dargelegt, daß das konträre Zessieren nicht auf jenen Fall beschränkt sei, in dem die

---

[12] A. *van Hove*, De legibus ecclesiasticis, Mecheln-Rom 1930, S. 341, spricht von einem negativen Wegfall des Gesetzeszwecks dann, „si haec dispositio fiat inutilis relate ad eundem finem, aut finis legis iam complete sit obtentus vel iam obtineri nequeat".

[13] Vgl. Gommarus *Michiels*, Normae generales iuris canonici, Paris-Tournai-Rom 1949², 1 S. 437; A. *van Hove*, De legibus ecclesiasticis, S. 340 f.; Haml. Joannes *Cicognani* – Dinus *Staffa*, Commentarium ad librum primum Codicis Iuris Canonici 1, Rom 1939, S. 342. R. *Naz*, Excuse, in: Dict. de droit canonique 5, Sp. 630.

Beobachtung eines Gesetzes durch die besonderen Umstände sündhaft werde. Wo die Befolgung des Gesetzes auch nur zu Schaden führt, ist der Gesetzeszweck konträr entfallen.[14] Ubi legis observatio evaserit noxia, eius finis cessat contrarie. Das ist seit Suarez allgemeine Lehre der Moraltheologen und der Kanonisten.[15] Der hier gemeinte Schaden kann ein Nachteil sein, welcher der Gesamtheit erwüchse; es genügt aber schon, wenn die Befolgung zu schwerem Schaden für den einzelnen ausschlüge. Der Gesetzeszweck ist bereits konträr entfallen, wo das Befolgen des Gesetzes ist „moraliter saltem impossibile, quia nimis grave et difficile"[16].

Zum konträren Zessieren des Gesetzeszwecks zählt es sodann, wenn die Beobachtung einer Vorschrift im Einzelfall ins *Absurde* führen würde. Finis cessat contrarie, si lex evaserit irrationabilis.[17] Das gleiche besagt die Feststellung des Suarez, daß der Gesetzeszweck, wo die Erfüllung zu quidpiam inhumanum führe, damit konträr, nicht bloß negativ entfalle.[18] Die Anwendung eines Gesetzes dürfe, so legt Suarez dar, niemals ins Absurde hinauslaufen; dann müsse eben das Gesetz anders verstanden werden, weil der Sinn eines Gesetzes nie etwas Absurdes umfassen könne.[19]

Diese Erwägung leitet bereits zu der Frage hinüber, wie sich der Wegfall des Gesetzeszwecks auf die Verpflichtung zur weiteren Gesetzeserfüllung auswirkt. Hebt das Zessieren des Gesetzeszwecks im konkreten Einzelfall die Pflicht auf, das Gesetz beochachten zu müssen? Zwei unterschiedliche Prinzipien gelten hier, je nachdem ob die causa legis nur negativ oder aber konträr entfallen ist.

2. Lex obligat eius causa in casu particulari negative cessante

Mag auch der Gesetzeszweck durch Beobachten der Vorschrift nicht mehr zu erreichen sein, so entbindet das doch nicht von der Gesetzeserfüllung, solange es sich nur um ein negatives Zessieren der causa legis handelt, die Befolgung des Gesetzes also nicht zu direktem Schaden ausschlüge. Für die oben beigezogenen Beispiele bedeutet das: Die Eheproklamationen hat man auch dann in der üblichen Weise abzuhalten, wenn es sicher wäre, daß das Brautpaar sich an dem betreffenden Ort kein Ehehindernis zugezogen

---

[14] *Suarez*, De legibus, lib. 6 c. 7 nn. 8—10.
[15] Statt vieler seien nur zitiert *Alphonsus de Ligorio*, Theologia moralis, lib. 1 n. 199, und *Vermeersch-Creusen*, Epitome 1, S. 131.
[16] *Michiels*, Normae generales 1, S. 437.
[17] So *Vermeersch-Creusen*, Epitome 1, S. 131. *Cicognani-Staffa*, Commentarium 1, S. 350.
[18] *Suarez*, De legibus, lib. 6 c. 7 n. 4.
[19] *Suarez*, De legibus, lib. 6 c. 5 n. 3: „Restrictio legis fieri potest ac debet ad vitandam iniustitiam seu iniquitatem vel aliam absurditatem in ipsa lege. . . . Ita debet lex intelligi ut sit iusta et honesta, et praesumi debet ex mente facta, quae nullam absurditatem complectatur; ergo quantum fieri possit, ita restringenda est ad vitanda similia incommoda, quando ad eum finem restrictio necessaria fuerit."

hat. Von der Lektüre eines indizierten Buches hat sich gleichfalls jener zu enthalten, dem es persönlich keine Glaubensgefährdung brächte. Auch wer für sich den Verzicht auf Fleischspeisen nicht als Opfer und Abtötung empfindet, bleibt gleichwohl an die Beobachtung des Abstinenzgebotes gebunden; er mag sich selbst, um dem Sinn des Abstinenzgebotes gerecht zu werden, zusätzlich noch andere, ihm persönlich spürbare Opfer wie das Freitagsopfer des Verzichts auf Alkohol oder Nikotin auferlegen; die Tatsache, daß er mit solchem Opfer dem Sinn des Gesetzes besser nachkommt und daß die Enthaltung von Fleischspeisen für ihn höchstens eine angenehme Abwechslung, aber nicht ein Opfer bedeutet und somit dem unmittelbaren Gesetzeszweck nicht mehr dient, enthebt ihn jedoch nicht der Pflicht, das Abstinenzgebot auch dem Buchstaben nach zu erfüllen. Die Befolgung des Gesetzes drängt, solange der Gesetzeszweck nur negativ entfallen ist.

Hierüber gibt es in der heutigen Kanonistik keinerlei Diskussion.[20] Suarez hat zu dem Grundsatz die innere Begründung aufgezeigt. Wohl gilt, wie er darlegt: „Ratio legis est anima legis."[21] Aber die Gesetzesverpflichtung lebt nicht aus dem Zweck des Gesetzes, sondern aus dem Willen des Gesetzgebers. Das bloß negative Wegfallen des unmittelbaren Gesetzeszwecks im Einzelfall hebt deshalb die Verpflichtung zur Erfüllung der Vorschrift nicht auf. „Cessante ratione illo modo potest manere iusta voluntas obligandi."[22] Zudem hat es noch einen guten Sinn, in solchem Fall das Gesetz weiter zu beobachten. Der nächstliegende, vom Gesetzgeber unmittelbar intendierte Zweck mag zwar nicht mehr erreicht werden. Gleichwohl wird mit der Befolgung des Gesetzes auch in solcher Lage noch eine universelle ratio legis erfüllt, nämlich die Sicherung der Rechtsbeständigkeit durch das gleichmäßige Handeln aller vor dem Gesetz. Die uniformitas partium cum toto[23], die conformitas ad legem et ad totum corpus[24] stellen für die beständige Durchsetzung einer Vorschrift eine wesentliche Hilfe dar. Und im Hinblick darauf ist die Befolgung eines Gesetzes auch dann noch sinn- und wertvoll, wo sein unmittelbarer Sinn und Zweck nicht mehr erreicht wird.[25]

---

[20] Vgl. A. *van Hove*, De legibus ecclesiasticis, S. 341: „Jam vero est principium generale, legem esse urgendam si in casu particulari finis eius cessat negative tantum."
[21] *Suarez*, De legibus, lib. 6 c. 7 n. 2.
[22] *Suarez*, De legibus, lib. 6 c. 7 n. 4.
[23] *Suarez*, De legibus, lib. 6 c. 7 n. 5.
[24] *Suarez*, De legibus, lib. 6 c. 9 n. 16.
[25] *Suarez*, De legibus, lib. 6 c. 7 n. 5: „Licet ratio legis in particulari cesset negative, semper manet aliqua universalior ratio ob quam expedit etiam tunc servari legem, tum quia esset valde contrarium bono communi, si propter illam solam causam possent leges non servari, tum etiam quia per se est honesta ratio servandi legem uniformitas partium cum toto, ubi sine incommodo servari potest."

3. Lex non obligat eius causa in casu particulari contrarie cessante

Das bisher Entwickelte gilt für den Fall, daß der Gesetzeszweck bloß negativ zessiert. Anders liegt die Sache, wo er positiv oder konträr entfallen ist. Dort erlischt dann für den konkreten Fall auch die Gesetzesverpflichtung. Wo das Befolgen des Gesetzes aus der besonderen Situation heraus einmal absurd oder schädlich oder gar unsittlich würde, hat das Gesetz für diese Situation seine verpflichtende Kraft verloren. So bindet z. B. das Gebot der Sonntagsruhe nicht, falls seine Beobachtung eine notwendige Rettungsaktion unmöglich machte. Das Fastengebot verpflichtet nicht, wo es der pflichtmäßigen Sorge für die Erhaltung der Gesundheit zuwiderliefe. Lex non obligat eius fine contrarie cessante: Das ist unbestrittener Grundsatz der kanonistischen Prinzipienlehre.[26]

Der innere Grund für diese Schranke der gesetzlichen Pflicht ist darin zu suchen, daß die Macht des Gesetzgebers nicht ins Uferlose und Unbegrenzte geht. Ein Halt ist ihm zunächst dort geboten, wo die Befolgung eines Gesetzes ins Unsittliche umschlagen würde. Darüber hinaus aber, wie Suarez mit Nachdruck hervorhebt, überall da, wo er mit seiner Forderung über das notwendige Maß hinausginge und die buchstabengetreue Erfüllung zu absurden oder schädlichen Konsequenzen führte. „In utroque enim casu peccaret lex praecipiendo iniuste, vel quia malum praeciperet, vel quia immoderate et ultra potestatem legislatoris."[27] Hier hat die Macht des Gesetzgebers ein Ende. Und ein Gesetz, das zwar insgesamt gut und sinnvoll ist, aber in der konkreten Anwendung eines Einzelfalls schädlich würde, besitzt generell seine Geltung, verliert jedoch seine verpflichtende Kraft für die betreffende individuelle Situation. Auch diesen Einzelfall noch in die Verpflichtung einzubeziehen, überstiege die Macht des Gesetzgebers. Das konträre Zessieren des Gesetzeszwecks hebt die Verpflichtung auf.[28]

4. Das Verhältnis des c. 21 zu den genannten Grundsätzen

Man könnte einwenden, die hier entwickelten Grundsätze ließen sich nicht vereinbaren mit c. 21. Wie wir gerade gesehen haben, soll die Gesetzesverpflichtung entfallen, wenn der Gesetzeszweck einmal konträr zessiert.

---

[26] Vgl. A. *van Hove*, De legibus ecclesiasticis, S. 296.
[27] *Suarez*, De legibus, lib. 6 c. 7 n. 11.
[28] Vgl. *Suarez*, De legibus, lib. 6 c. 7 n. 10: „Quapropter mihi certum videtur ad virtutem et prudentiam pertinere, non solum discernere quando observatio praecepti quoad verba mala sit, sed etiam iudicare quando non obliget, etiamsi absque peccato ad litteram servari possit. ... Non solum (est) alienum a prudenti legislatore iniqua praecipere, sed etiam inhumana et graviora quam humana conditio patiatur vel quam ratio communis boni postulet. ... Ergo non solum peccaret lex praecipiendo quod non debet, id est, iniquum, sed etiam praecipiendo quando vel quomodo non debet, id est, obligando cum maiori rigore quam par sit."

C. 21 bestimmt aber: Ein Gesetz, das zur Abwendung einer allgemeinen Gefahr erlassen ist, verpflichtet auch dann, wenn in einem Einzelfall die Gefahr nicht besteht. Diese Schwierigkeit bedarf gerade in unserem Zusammenhang einer Aufhellung, weil die Vorschrift der Mischehenkautionen zweifellos unter c. 21 fällt; sie ist eine lex lata ad praecavendum periculum generale, da sie insgesamt der Gefahr nichtkatholischer Kindererziehung vorbeugen will.

Gleichwohl liegt nur scheinbar ein Widerspruch zu den oben erwähnten Grundsätzen vor. In Wirklichkeit bietet c. 21 bloß die folgerichtige Anwendung des ersten der beiden Prinzipien: Lex obligat eius fine in casu particulari negative cessante. C. 21 enthält gar keine Ausnahme- und Sonderbestimmung für eine gewisse Gruppe von Gesetzen, sondern wendet das allgemeine Prinzip, das generell für die Gesetze gilt, noch einmal ausdrücklich auf die leges latae ad praecavendum periculum generale an. Das geschieht aus rein praktischen Erwägungen: Bei diesen Vorschriften wie z. B. beim Indexverbot könnte sich allzu leicht jemand, der für sich persönlich die Gefahr gebannt weiß, sich auch von der Verpflichtung entbunden glauben. Und um das zu verhindern, spricht der Kodex in c. 21 noch einmal eigens aus, was ohnehin schon für alle Gesetze gilt.

C. 21 hat aber nur den Fall im Auge, daß der Gesetzeszweck bloß negativ entfällt. Für das konträre Zessieren sagt er hingegen gar nichts aus. Kurz nach Erscheinen des Kodex wurde zwar in einem Kommentar die Ansicht vorgebracht, daß c. 21 das Weiterbestehen der Gesetzesverpflichtung auch für den konträren Wegfall der ratio legis verfüge.[29] Diese Stimme ist aber völlig vereinzelt geblieben und allgemein abgelehnt worden.[30] Der Wortlaut des c. 21 „etiamsi in casu peculiari periculum non adsit" spricht ja auch nur von dem schlichten Nichtmehrvorhandensein der Gefahr, also von dem rein negativen Entfallen des Gesetzeszwecks. Die Besonderheit des konträren Zessierens, daß die Befolgung des Gesetzes nicht bloß nicht mehr zieldienlich, sondern direkt schädlich würde, ist hier gar nicht erfaßt. Darüber schweigt c. 21 völlig, und hier gilt der Grundsatz, wie allgemein anerkannt wird, genau so wie bei sonstigen Gesetzen: Bei konträrem Wegfall des Gesetzeszwecks setzt die Verpflichtung zur Beobachtung im konkreten Fall aus. So ist z. B. ein Angeklagter an das Bücherverbot nicht gebunden, wenn er sonst gehindert wäre, seine Verteidigung in gehöriger Form vorzubereiten.[31]

Für die leges latae ad praecavendum periculum generale gilt also kein Sonderrecht; sie unterstehen ebenso wie die übrigen Gesetze den beiden

---

[29] A. *Toso,* Ad CIC Commentaria Minora comparativa methodo digesta, Rom 1921 ff., 1, S. 66.
[30] Vgl. z. B. *Michiels,* Normae generales 1, S. 440 f.
[31] So Ed. *Eichmann* — Kl. *Mörsdorf,* Lehrbuch des Kirchenrechts, Bd. 1, Paderborn 1953⁷, S. 114.

Prinzipien: Legis fine negative cessante lex obligat. Legis fine contrarie cessante lex non obligat. Das erste und nur das erste ist in c. 21 noch eigens wiederholt. Den zweiten Grundsatz erwähnt c. 21 nicht, setzt ihn für die leges latae ad praecavendum generale aber auch nicht außer Kraft.

III. Die Anwendung auf die Mischehenkautionen

Die grundsätzliche Erörterung, wie sie im vorstehenden entwickelt wurde, schafft die Basis, von der man die Frage beantworten kann, ob die Mischehenkaution bezüglich der Kindererziehung noch Pflicht bleibt, wo künftiger Kindersegen einmal physisch ausgeschlossen ist.

1. Die Überlegung spitzt sich darauf zu, ob in solchem Fall die ratio legis der vorgeschriebenen Kautionen nur negativ oder vielmehr konträr zessiert. Folgende Gedanken zeigen, daß hier ein *konträrer* Wegfall gegeben ist.

a) Wollte man in solcher Lage die Kautionen hinsichtlich der Kindererziehung verlangen, so ergäbe sich diese Situation: Das Paar weiß auf der einen Seite ganz genau, daß Kindersegen etwa wegen des vorgerückten Alters der Frau aus der Ehe überhaupt unmöglich ist. Dennoch ließe man die beiden das feierliche Versprechen ablegen, die Kinder, die sie in der Ehe zu erhoffen haben, katholisch zu erziehen. Sie müssen also eine bestimmte Leistung zusichern für den Fall künftiger Nachkommenschaft, wissen aber zugleich, daß dieser Fall überhaupt nie realisierbar ist. Man würde ein Versprechen von ihnen abfordern, das zwangsläufig gegenstandslos wird, weil die Voraussetzung, auf die das Versprechen abgestellt ist, niemals eintritt und niemals eintreten kann. Hier noch das Versprechen abnehmen wollen, obschon alle Beteiligten klar wissen, daß seine Erfüllung notwendigerweise niemals eingelöst werden kann, wäre ein Verlangen, das der unvoreingenommene Beurteiler als *irrationabile*, als *absurd* bezeichnen muß. Ein Versprechen ablegen, das zwangsläufig ins Leere geht und niemals zu einer Realisierung führt, ja zu einer Realisierung überhaupt nicht führen *kann*, wäre widersinnig. Hier darf man sich auf das treffliche Wort berufen, das Suarez geprägt hat von dem „ius quod habet homo, ut non tam serviliter (ut sic dicam) obligetur"[32].

Daß in der Tat in vorliegendem Fall der Gesetzeszweck konträr, nicht bloß negativ entfällt, wird deutlicher, wenn man zum Vergleich ein Beispiel heranzieht, in dem nur ein negatives Zessieren gegeben ist. Beim bloß negativen Zessieren ist das Befolgen des Gesetzes zwar im Hinblick auf den unmittelbaren Gesetzeszweck nicht mehr sinnerfüllend und zweckdienlich,

---

[32] *Suarez*, De legibus, lib. 6 c. 7 n. 9.

aber deshalb die Handlung in sich noch nicht widersinnig. So etwa, wenn jemand, für den die Lektüre eines indizierten Buches seiner ganzen Haltung nach sicher keinerlei Gefahr für das Glaubensleben mit sich brächte, doch pflichtgemäß auf die Lektüre verzichtet. Das Nichtlesen des Buches würde dann wohl dem unmittelbaren Sinn des Bücherverbots nicht mehr dienen, und insofern könnte man das Nichtlesen als zwecklos bezeichnen, aber eben nur in dem rein negativen Sinn, daß es zu dem unmittelbar intendierten Zweck des Verbots nichts mehr beiträgt. Nicht aber wäre das Verhalten positiv widersinnig. Denn das Unterlassen der Lektüre für sich genommen stellt etwas rein Indifferentes dar; daß man ein bestimmtes Buch nicht liest, ist nicht bereits in sich etwas Widersprüchliches.

Oder man nehme ein Beispiel, das nicht auf ein Unterlassen, sondern auf ein positives Tun abstellt und das deshalb noch besser zum Vergleich mit der Mischehenkaution paßt. Vor der Eheschließung ist das Taufzeugnis anzufordern, sind die Eheproklamationen vorzunehmen, auch wenn es bereits einwandfrei feststeht, daß die Partner getauft sind und durch Taufzeugnis oder Proklamation kein Ehehindernis mehr entdeckt wird. Das Einholen des Taufzeugnisses und die Eheproklamationen wären in dem konkreten Fall dann wohl in dem Sinne ohne Zweck, daß sie dem unmittelbaren Zweck der Vorschriften nicht mehr dienen können. Aber in sich selbst wären diese Handlungen der Ausstellung des Taufzeugnisses und der Kanzelverkündigungen doch nicht widersprüchlich; sie wären in sich genommen völlig indifferent, trügen nur nichts mehr zu ihrem ursprünglichen Zwecke bei. Das wäre der Tatbestand des rein negativen Zessierens.

Ganz anders aber liegt die Sache in unserer Situation der Mischehenkaution. Wollte man, obschon Kindersegen in einem bestimmten Fall ausgeschlossen ist, auch dann noch die Kaution bezüglich der Kindererziehung fordern, so wäre das in sich ein irgendwie absurdes Verlangen. Beim negativen Zessieren ist es so, daß die geforderte Handlung A zwar nichts mehr zu dem an sich intendierten Zweck B beiträgt, aber die Handlung A, also z. B. die Ausstellung des Taufzeugnisses, die Vornahme der Eheproklamationen oder das Unterlassen einer Lektüre, wäre rein für sich genommen doch ein völlig glattes Verhalten, das in sich keinen Widerspruch, keinen Anstoß birgt. Letzteres aber träfe für die hier zu erörternde Mischehenkaution zu. Denn da wäre die geforderte Handlung A, nämlich das Versprechen der katholischen Kindererziehung, ganz abgesehen davon, daß sie den unmittelbaren Gesetzeszweck B in keiner Weise mehr erfüllen kann, darüber hinaus auch in sich selbst widersinnig. Es widerspricht ja jeder gesunden Überlegung, ein Versprechen für einen bestimmten Fall und nur für diesen Fall leisten zu lassen, wenn es allen Beteiligten von vornherein feststeht, daß dieser Fall niemals eintreten kann. Das wäre, wenn auch nur indirekt, ein völlig gegenstandsloses Versprechen. Ein solches zu verlangen, wäre nicht nur negativ ohne Sinn, sondern positiv widersinnig. Die ratio legis wäre darum hier konträr nicht nur negativ zessiert.[33]

Das vorgetragene Bedenken verstärkt sich für alle jene Diözesen, in denen gemäß partikularrechtlicher Vorschrift die Kautionen unter einem Eid zu leisten sind. Eindringlich verwirft die katholische Sittenlehre das iuramentum vanum. Es wäre ernstlich zu erwägen, ob es sittlich überhaupt tragbar ist, einen Versprechenseid abzulegen, dessen Inhalt notwendig gegenstandslos wird.

b) Finis legis, so sahen wir ferner, contrarie cessat, si lex evaserit noxia. In der Tat läßt sich nicht verkennen, daß auch eine Gefahr heraufbeschworen wird, wollte man die Kaution bezüglich der Kindererziehung unterschiedslos selbst für unseren Ausnahmefall fordern. Es kann kaum ausbleiben, daß für viele dann die Ernsthaftigkeit der Kautionen insgesamt ins Wanken gerät. Psychologisch liegt jedenfalls eine derartige Gefahr sehr nahe. Manch einer würde irre, wenn die Kaution ohne Rücksicht auf die Besonderheit der betreffenden Situation gefordert würde, obschon Kindersegen gänzlich ausgeschlossen wäre; ein Versprechen, das gegenstandslos wird. Es drängt sich dann ja allzuleicht der Gedanke auf, die Kirche sehe bei den Kautionen eben nur auf die buchstabenmäßige Befolgung einer Vorschrift, es gehe ihr nur um eine äußerliche Erklärung, um den Inhalt der Erklärung aber kümmere sie sich nicht. Sachlich trifft das gewiß nicht zu, aber psychologisch müßte sich ein Verfahren, das bei den Kautionen so wenig situationsgerecht vorginge, leicht in dieser Richtung auswirken. Zumal ein Nichtkatholik, dem man trotz physischer Unmöglichkeit des Kindersegens das unsinnige Versprechen katholischer Kindererziehung abverlangte, würde wohl den ganzen Vorgang der Kautionsleistung nicht mehr recht ernst nehmen. Wenn schon der zweite Teil der Kautionen, nämlich das Versprechen bezüglich der Kindererziehung, gar nicht ernst zu nehmen ist, nur pro forma erfolgt, dann hat wohl, so wird er sich leicht sagen, der erste Teil der Kautionen, also die Zusicherung, den katholischen Partner in seinem Glauben nicht zu gefährden, ebenfalls nicht viel Gewicht. Gerade wenn man der Kautionsleistung bei einer Mischehe auch psychologisch zu ihrer wahren Bedeutung verhelfen will, muß man die jeweilige Situation berücksichtigen und darf etwa bei einem Ehepaar in vorgerücktem Alter nicht ein Versprechen abfordern, das in sich unsinnig wird. Sonst könnte das, was der Gesetzgeber zu Schutz und Sicherung des Glaubens vorgeschrieben hat, geradezu in einen Schaden für den Glauben umschlagen.

---

[33] Man vergleiche, was R. *Naz* in etwas anderem Zusammenhang schreibt: „La loi cesse d'obliger ... quand elle est sans objet" (R. *Naz*, Lois ecclésiastiques, in: Dict. de droit canonique 6, Sp. 659). Hans *Eppler,* Quelle und Fassung katholischen Kirchenrechts, Zürich-Leipzig 1928, S. 141 f.: „Als übergeordnete allgemeine Richtlinie aber gilt ... die Regel, daß ein Rechtssatz dann wegfällt ..., wenn sicher vorausgesagt werden kann, der von ihm erfaßte Tatbestand werde sich überhaupt nicht mehr verwirklichen."

c) Schließlich darf man darauf hinweisen, daß es für den Pfarrer unzumutbar erscheint, müßte er in solcher Lage noch das Versprechen über die Kindererziehung verlangen. Peinliche Verlegenheit würde er schaffen, wollte er ein derartiges Ansinnen an ein 60jähriges Ehepaar richten. Selbst bei den Wohlmeinenden muß er damit auf Kopfschütteln und Nichtbegreifen stoßen, während es weniger Gutgesinnte dabei wohl nicht bewenden ließen. Für die Autorität des Pfarrers und der Kirche wäre das Verlangen gewiß alles andere als förderlich.

2. Die *Konsequenz*, welche sich aus dem Gesagten ergibt, liegt nach den oben ausgeführten grundsätzlichen Erörterungen auf der Hand. Irrationabilis, nociva, nimis difficilis sind Charakteristika, welche anzeigen, daß der Gesetzeszweck konträr, nicht bloß negativ entfallen ist. Dann aber ist hier tatsächlich der Gesetzeszweck konträr zessiert. Fine legis contrarie cessante lex non obligat. Wo es physisch unmöglich ist, daß ein Ehepaar noch Kinder erhält, hört die Verpflichtung auf, eigens eine Kaution bezüglich der Kindererziehung zu leisten. Dieser Fall ist nach dem Willen des Gesetzgebers in seiner Forderung der Kaution gar nicht mitgemeint und miterfaßt.[34]

Dabei spielt es keine Rolle, auf welche Ursache die physische Unmöglichkeit von Nachkommenschaft zurückgeht. Sie kann beruhen auf dem vorgeschrittenen Alter der Frau, sie kann aber auch verursacht sein durch eine krankhafte Verwachsung der Organe oder durch einen operativen Eingriff. Für die rechtliche Beurteilung unserer Frage machte das keinen Unterschied. Das hätte selbst dann zu gelten, wenn einmal in einem konkreten Fall der operative Eingriff gegen das Sittengesetz verstoßen hätte und unerlaubterweise vorgenommen worden wäre. Der Wegfall der Kautionsleistung ist ja, wie wir sahen, begründet in dem konträren Zessieren des Gesetzeszwecks. Diese cessatio finis ist aber dort und überall dort gegeben, wo es physisch unmöglich ist, daß aus einer Ehe noch Nachkommenschaft hervorgeht. Auf das reine Faktum dieser Unmöglichkeit kommt es daher allein an, nicht auf die Ursache der Unmöglichkeit.

Die Pflicht zur Kautionsleistung bezüglich der Kindererziehung entfällt nur dort, wo volle *Gewißheit* besteht, daß aus einer Ehe keine Kinder mehr entspringen können. Bloße Vermutung, ja auch eine hohe Wahrscheinlichkeit genügen nicht. Hier würde ja der Gesetzeszweck gar nicht zessieren, nicht einmal negativ, geschweige denn konträr. Solange der Pfarrer über den Tatbestand irgendwie im Zweifel ist, muß er die Kautionen im vollen Umfang verlangen.

Der Wegfall der Verpflichtung bezieht sich, wie eingangs bereits angedeutet wurde, nur auf jenen Teil der Kautionen, der sich mit der Kindererzie-

---

[34] *Wernz-Vidal*, Ius canonicum, Bd. 1, Rom 1938, S. 250 A. 235, schreibt allgemein vom konträren Zessieren des Gesetzeszwecks: „Quo in casu excusationis lex proprie non cessat, sed potius huiusmodi casus in lege ecclesiastica non est comprehensus."

hung befaßt. Völlig unberührt bleibt naturgemäß der andere Teil, in welchem der nichtkatholische Partner verspricht, seinem Ehegatten in der Ausübung seines katholischen Glaubens keinerlei Schwierigkeiten zu bereiten. Diese Zusicherung besteht ja ganz unabhängig von der Frage künftigen Kindersegens, und sie muß daher in der üblichen Weise auch dort geleistet werden, wo das Versprechen katholischer Kindererziehung aus dem dargelegten Grunde entfällt.

IV. Die Auswirkung für die sanatio in radice

Das hier erörterte Problem erfährt seine besondere Zuspitzung, wenn man die in den Quinquennalfakultäten den deutschen Bischöfen erteilte Vollmacht heranzieht, unter gewissen Voraussetzungen für ungültig geschlossene Mischehen die sanatio in radice zu gewähren. Diese Vollmacht ist nämlich an ganz bestimmte Bedingungen hinsichtlich der Kautionen geknüpft. Und damit stößt man auf die Frage, ob den Bischöfen die Vollmacht nur zusteht, wenn unter allen Umständen eine Kaution bezüglich der Kindererziehung ausdrücklich vorliegt, ohne Rücksicht darauf, daß in einem konkreten Fall künftiger Kindersegen überhaupt physisch unmöglich ist. Um die Frage beantworten zu können, hat man zunächst den Wortlaut der Vollmacht heranzuziehen.

1. Der Wortlaut der Quinquennalfakultäten

Das Formular, mit dem den deutschen Bischöfen in den Quinquennalfakultäten die Vollmacht übertragen ist, Mischehen in radice zu sanieren, hat seit Inkrafttreten des Codex Iuris Canonici[35] eine Wandlung durchgemacht, und zwar in drei Stufen.

a) Die erste Fassung der Quinquennalfakultäten nach dem Kodex, wie sie *1923* den Bischöfen gewährt wurde, sah folgendes vor.[36] Der Bischof kann Mischehen, d. h. Ehen mit dem Ehehindernis der mixta religio oder der cultus disparitas, welche nur vor dem Standesbeamten oder vor dem nichtkatholischen Religionsdiener geschlossen waren und daher wegen Formmangels nichtig sind, in radice sanieren, falls der nichtkatholische Teil von der kirchlichen Nichtigkeit der Ehe nicht in Kenntnis gesetzt werden kann ohne die Gefahr schweren Schadens für den katholischen Teil oder falls der nichtkatholische Teil nicht dazu gebracht werden kann, den Konsens vor

---

[35] Es werden hier nur die Quinquennalfakultäten aus der nachkodikarischen Zeit behandelt. Für die frühere Zeit wäre vor allem das Dekret des Sanctum Officium vom 22. Dezember 1916 (AAS 1917, S. 13 f.) heranzuziehen.
[36] Vgl. Archiv für katholisches Kirchenrecht 104, 1924, S. 290 f. Nic. *Hilling,* Codicis Iuris Canonici Supplementum, Freiburg i. Br. 1925, S. 42 f.

der Kirche zu erneuern oder die in c. 1061 § 2 vorgeschriebenen Kautionen zu leisten. Einzige Bedingung für den Gebrauch dieser Vollmacht war nach der ersten Fassung allein, daß nicht noch ein anderes trennendes Ehehindernis vorlag, für das der Bischof keine Fakultät zur Dispens oder zur sanatio in radice besaß. Dagegen wurde die Leistung der Kautionen, etwa auch nur von seiten des katholischen Teils, nicht zur unerläßlichen Voraussetzung der sanatio in radice erhoben. Wohl hatte der Bischof bei Anwendung der Vollmacht den katholischen Teil ernst an seine Pflicht zu mahnen, für die katholische Taufe und Erziehung aller Kinder, der vielleicht schon vorhandenen sowie der noch zu erwartenden, nach Kräften zu sorgen und klug auch auf die Konversion des nichtkatholischen Gatten hinzuwirken. Die damaligen Quinquennalfakultäten forderten also nicht einmal von dem katholischen Partner eine ausdrückliche Leistung der Kautionen[37]; erst recht machten sie in dieser ursprünglichen Fassung die Existenz der Sanationsvollmacht nicht von der Gewähr für tatsächliche katholische Erziehung abhängig.

b) Eine merkliche Einschränkung erlitt die Vollmacht *1933*, als in dem sonst gleichbleibenden Wortlaut der Einschub auftauchte: „exceptis casibus: 1. in quo pars acatholica adversatur baptismo vel catholicae educationi prolis utriusque sexus natae vel nasciturae; 2. in quo ante attentatum matrimonium, sive privatim sive per publicum actum, partes se obstrinxerunt educationi non catholicae prolis uti supra."[38] Damit war gegenüber der weitgehenden Fakultät von 1923 die Sanationsvollmacht der Bischöfe ganz beträchtlich vermindert. Waren doch nunmehr ausgeklammert die beiden nicht seltenen Fälle, daß der nichtkatholische Partner der katholischen Erziehung der Kinder, und sei es auch nur der schon vorhandenen Kinder, feindlich gegenüberstand, und daß die beiden Partner früher vor der ungültigen Eheschließung sich auf eine nichtkatholische Kindererziehung irgendwie verpflichtet hatten. Für diese beiden Fälle mußte eine sanatio in radice allenfalls beim Apostolischen Stuhl erbeten werden, der Bischof konnte sie nicht aussprechen. Gerade durch die erste der beiden Einschränkungen hatte die Sanationsvollmacht viel an praktischer Bedeutung eingebüßt, weil sie eben nur angewandt werden konnte, wenn der nichtkatholische Teil der katholischen Erziehung der Kinder, auch der schon vorhandenen, keine Schwierigkeiten in den Weg legte.

---

[37] Irrig die Darstellung bei Franz *Triebs,* Praktisches Handbuch des geltenden kanonischen Eherechts, Breslau 1927 ff., S. 255 f.
[38] Vgl. Archiv für katholisches Kirchenrecht 113, 1933, S. 662 f. Theol.-prakt. Quartalschrift 87, Linz 1934, S. 390 f. Anton *Retzbach,* Das Recht der katholischen Kirche nach dem Codex Iuris Canonici, Freiburg i. Br. 1947³, S. 563. Die Fassung von 1933 brachte auch noch den einengenden Beisatz: „Mens autem est S. Officii ut Episcopus hanc facultatem per se ipse personaliter exerceat, scilicet nemini subdeleget."

c) *1948* hat das Sanctum Officium die Quinquennalfakultät über die sanatio in radice von Mischehen wiederum neugefaßt und dabei die Einschränkungen von 1933 zum Teil gelockert, ohne aber auf die volle Ausdehnung der Fakultäten von 1923 zurückzugreifen.[39] In der neuen Formulierung, die gegenwärtig noch gilt, ist die Sanationsvollmacht der deutschen Bischöfe im einzelnen an sechs genau umrissene Bedingungen geknüpft:

1. Es muß moralisch sicher sein, daß der nichtkatholische Teil die Taufe und die katholische Erziehung aller noch zu erwartenden Kinder (proles nascitura) nicht hindern wird.

2. Der katholische Teil muß ausdrücklich versprechen, daß er für Taufe und katholische Erziehung aller zu erwartenden Kinder sowie gegebenenfalls für Konversion, Taufe und katholische Erziehung der schon vorhandenen Kinder nach Kräften (pro posse) sorgen werde.

3. Die beiden Parteien dürfen sich vor der versuchten Eheschließung

---

[39] Die Vollmacht ist jetzt mit folgendem Wortlaut erteilt: „Sanandi in radice matrimonia attentata coram officiali civili vel ministro acatholico a suis subditis etiam extra territorium, aut non subditis, intra limites proprii territorii, cum impedimento mixtae religionis aut disparitatis cultus, dummodo consensus in utroque coniuge perseveret, isque legitime renovari non possit, sive quia pars acatholica de invaliditate matrimonii moneri nequeat sine periculo gravis damni aut incommodi a catholico coniuge subeundi; sive quia pars acatholica ad renovandum coram Ecclesia matrimonialem consensum, aut ad cautiones praestandas, ad praescriptum CIC can. 1061 § 2, ullo modo induci nequeat; dummodo:

1° moraliter certum sit partem acatholicam non esse impedituram baptismum et catholicam educationem universae prolis forte nasciturae;

2° pars catholica explicite promittat se, pro posse, curaturam esse baptismum et catholicam educationem universae prolis forte nasciturae, et (si casus ferat) etiam conversionem, baptismum, catholicam educationem prolis iam natae;

3° partes, ante attentatum matrimonium, sive privatim sive per publicum actum se non obstrinxerint ad educationem acatholicam prolis;

4° neutra pars sit actu demens;

5° pars saltem catholica sit sanationis conscia eamque petat;

6° nullum aliud obstet canonicum impedimentum dirimens, super quo ipse Ordinarius dispensandi aut sanandi facultate non polleat.

Ipse autem Excmus P. D. Episcopus serio moneat partem catholicam de gravissimo patrato scelere, salutares ei poenitentias imponat et, si casus ferat, eam ab excommunicatione absolvat iuxta CIC can. 2319 § 1 n. 1 simulque declaret ob sanationis gratiam a se acceptam, matrimonium effectum esse validum, legitimum et indissolubile iure divino, et prolem forte susceptam vel suscipiendam legitimam esse, eique insuper in mentem revocet obligationem qua tenetur prudenter curandi conversionem coniugis ad fidem catholicam.

Cum autem de matrimonii validitate et prolis legitimatione in foro externo constare debeat, Excmus P. D. Episcopus mandet ut singulis vicibus documentum sanationis cum attestatione peractae executionis diligenter custodiatur in Curia locali, nec non curet, nisi pro sua prudentia aliter iudicaverit, ut in libro baptizatorum paroeciae, ubi pars catholica baptismum recepit, transcribatur notitia sanationis matrimonii, de quo actum est, cum adnotatione diei et anni.

Mens autem S. Officii est ut Episcopus hanc facultatem sanandi matrimonia in radice per se ipse personaliter exerceat, scilicet nemini subdeleget."

Vgl. *Vermeersch-Creusen*, Epitome 1, S. 674 f. Archiv für katholisches Kirchenrecht 126, 1953–1954, S. 180–182.

weder privat noch öffentlich auf nichtkatholische Kindererziehung verpflichtet haben.

4. Beide Parteien müssen im Besitz ihrer geistigen Fähigkeiten sein.

5. Wenigstens der katholische Teil muß um die Heilung der Ehe wissen und die sanatio erbitten.

6. Es darf kein anderes trennendes Ehehindernis vorliegen, für das der Bischof keine Dispens- oder Sanationsvollmacht besitzt.

Von diesen sechs Punkten hatte die Vollmacht von 1923 nur den letztgenannten aufgeführt, also hinsichtlich der Kautionen keinerlei Forderung aufgestellt. Andrerseits bringt die neue Fassung eine Milderung gegenüber den beiden Ausnahmen des Jahres 1933. Denn von diesen beiden Ausnahmen ist wohl die zweite in vollem Umfang aufrecht erhalten, daß nämlich keine Sanationsvollmacht erteilt ist, wenn vor der ungültigen Eheschließung eine Abmachung über nichtkatholische Kindererziehung erfolgt war. Dagegen hat man die erste Ausnahme jetzt erheblich abgeschwächt, insofern nur noch feststehen muß, daß der nichtkatholische Teil die katholische Erziehung der proles nascitura nicht hindern wird, während das vorher gleichfalls für die proles iam nata galt. Diese Änderung hatte offensichtlich ihren Grund darin, daß das Sanctum Officium 1942 entschieden hatte, die Kautionen des c. 1061 bezögen sich nur auf die proles nascitura.

2. Die Sanationsvollmacht bei physischer Unmöglichkeit künftiger Nachkommenschaft

Die Sanationsvollmacht der Bischöfe ist nach dem Wortlaut der Quinquennalfakultäten in den Bedingungen 1—3 an ganz bestimmte Voraussetzungen hinsichtlich der Sicherung der katholischen Kindererziehung gebunden. Es stellt sich die Frage, wieweit und in welcher Weise diese Sicherungen auch erfüllt sein müssen, falls es im konkreten Fall physisch ausgeschlossen ist, daß aus der Ehe überhaupt noch Nachwuchs hervorgeht.

Zunächst hat man zu beachten, daß die in den Quinquennalfakultäten aufgezählten sechs Bedingungen echte Gültigkeitsvoraussetzungen darstellen. Wo sie nicht erfüllt sind, da hat der Bischof gar keine Vollmacht zur sanatio in radice, und eine gleichwohl ausgesprochene Sanation wäre dann ungültig. Denn die Bedingungen sind im Text der Quinquennalfakultäten eingeleitet mit dem Wort „dummodo". Und diese Konjunktion hat in der kanonistischen Fachsprache die Aufgabe, für eine Klausel die poena nullitatis anzuzeigen.[40]

Darum kann der Bischof, wenn die beiden Partner sich vor ihrer früheren ungültigen Eheschließung auf nichtkatholische Kindererziehung verpflich-

---

[40] Vgl. *Michiels*, Normae generales 2, S. 343—352.

tet hatten, gar keine sanatio in radice vornehmen. Es spielt dabei keine Rolle, ob die beiden inzwischen ihre Einstellung völlig geändert haben und nunmehr der katholischen Erziehung keine Schwierigkeiten mehr bereiten werden oder auch die glaubensfeindliche Haltung ihrer früheren Vereinbarung deshalb nicht mehr wirksam werden kann, weil aus physischen Gründen für die Zukunft dieser Familie Kindersegen versagt bleibt. Die Sanationsvollmacht ist dem Bischof gemäß der Bedingung Nr. 3 eben nur erteilt für den Fall, daß eine derartige Vereinbarung früher nicht erfolgt war. Andernfalls besitzt er keine Sanationsfakultät. Das hat in vollem Umfang auch zu gelten, wenn weitere Nachkommenschaft sicher physisch ausgeschlossen ist.

In welcher Weise müssen nun für diesen Fall, daß Kindersegen nicht mehr möglich ist, die in Bedingung Nr. 1 und Nr. 2 genannten Sicherungen für die katholische Kindererziehung erfüllt sein, damit überhaupt Sanationsvollmacht des Bischofs besteht?

a) Die Kautionsleistung des katholischen Teils

Von dem katholischen Partner und nur von ihm verlangen die Quinquennalfakultäten eine ausdrückliche Kautionsleistung in der Bedingung Nr. 2. Und zwar hat er ein doppeltes Versprechen abzulegen, daß er nämlich nach Kräften sorgen werde einmal für die katholische Erziehung der noch zu erwartenden Kinder und zum anderen, falls Kinder schon vorhanden sind, auch für deren Konversion und katholische Erziehung.

Der zweite Teil dieses Versprechens kann aus unserer Erörterung ausscheiden. Denn es ist selbstverständlich, daß dort, wo Nachkommenschaft schon vorhanden ist, der Katholik das ehrliche Bemühen um ihre Konversion versprechen muß, gleichgültig ob weiterer Kindersegen noch erhofft werden kann oder nicht. Das fordert eindeutig der Wortlaut der Quinquennalfakultäten, und darin geht ihre Forderung eben über die Vorschrift des c. 1061 hinaus, der nach der Entscheidung des Sanctum Officium nur von der proles nascitura zu verstehen ist. Freilich beschränkt sich bei der sanatio in radice das Versprechen darauf, *nach Kräften* (pro posse) für die katholische Erziehung der schon vorhandenen Kinder zu sorgen. Gewähr, daß die bereits lebenden Kinder nun auch tatsächlich katholisch werden, ist nicht unerläßliche Bedingung der Sanationsvollmacht. Wofern der katholische Ehepartner nur sein ehrliches Bemühen verspricht, besitzt der Bischof die Vollmacht zur sanatio in radice, auch wenn er voraussieht, daß das Bemühen ohne Erfolg bleiben wird. Wohl müßte man dann in kluger Weise vorbeugen, daß aus der Anwendung der Vollmacht kein Ärgernis entsteht.

In unserem Zusammenhang rückt in den Vordergrund der erste Teil des von dem katholischen Partner abzuverlangenden Versprechens, daß er nämlich nach Kräften für die katholische Erziehung der noch zu erhoffenden Kinder sorgen werde. Muß dieses Versprechen auch abgenommen werden, wenn im konkreten Fall es völlig ausgeschlossen ist, daß aus der Ehe künftig überhaupt noch Kindersegen hervorgehen kann? Die vorhin bereits eingehend behandelte Frage stellt sich damit von neuem, diesmal aber auf einer anderen Ebene. In der früheren Erörterung ging es darum, ob eine solche Forderung aus dem Kautionskanon des Kodex (c. 1061) abzuleiten sei. Und das ist, wie wir sahen, mit gutem Grund zu verneinen. Hier aber bleibt zu überlegen, ob nicht, selbst wenn die Verpflichtung aus c. 1061 zessiere, dann doch aus dem Wortlaut der Quinquennalfakultäten bei einer sanatio in radice zusätzlich die Forderung des Versprechens in jedem Fall bestehen bleibe, weil der Text der Fakultäten etwa das Vorhandensein der Sanationsvollmacht absolut an die ausdrückliche Kautionsleistung binden wolle. Zudem gewinnt hier die Frage in den Konsequenzen ein erheblich höheres Gewicht. Denn vorhin, wo es nur um die Frage der Dispens ging, wäre, selbst wenn man zu einem anderen Ergebnis hätte kommen müssen, die Gültigkeit der Ehe nur in den relativ seltenen Fällen des trennenden Ehehindernisses der cultus disparitas berührt worden, während in den viel zahlreicheren Fällen der mixta religio, da sie nur ein impedimentum impediens ist, die Gültigkeit der Ehe stets gesichert gewesen wäre. Jetzt aber geht es in sämtlichen Fällen um die Gültigkeit der Ehe, weil auch bei mixta religio die sanatio in radice in ihrer Gültigkeit davon abhängt, ob der Bischof tatsächlich im Rahmen seiner Sanationsvollmacht gehandelt hat.

Zur Antwort hat man folgendes zu berücksichtigen. Dieser erste Teil des Versprechens deckt sich inhaltlich völlig mit der Kaution, welche c. 1061 von dem katholischen Partner fordert. Es ist daher anzunehmen, daß auch der Verpflichtungsumfang in beiden Fällen gleich weit geht und die gleichen Grenzen besitzt. Der Text der Quinquennalfakultäten läßt in keiner Weise erkennen, daß die Zusage der katholischen Erziehung künftiger Kinder bei der sanatio in radice in weiterem Umfang gefordert werden müßte, als dies bei der Dispens gemäß c. 1061 zu geschehen hätte. Die Quinquennalfakultäten haben in dem Punkt keine weitergehende Verpflichtung aufgestellt. Sie haben hierin nur die Verpflichtung des Katholiken aus c. 1061 auch für die sanatio in radice aufrechterhalten wollen.

Was nun vorhin dafür angeführt wurde, daß die Kautionsleistung aus c. 1061 nicht erforderlich sei, wenn für die Zukunft Nachwuchs mit voller Sicherheit physisch ausgeschlossen ist, da hier die ratio legis konträr zessiert ist, das gilt mit gleichem Recht für die Anwendung der Sanationsvollmacht. Auch hier wäre es genauso irrationabile, nocivum, nimis difficile, wollte man in solcher Ausnahmesituation noch das gegenstandslose Versprechen verlangen. Man kann nicht gut annehmen, daß die Quinquennalfakultäten die Existenz der Sanationsvollmacht über die Forderung des c. 1061 hinaus noch von der widersinnigen Abnahme eines Versprechens abhängig machen wollten, das zwangsläufig gegenstandslos werden muß.

Sollte jemand der Ansicht sein, dem Gedankengang fehle die volle zwingende Schlüssigkeit, so müßte er zum mindesten zugeben, daß hier ein dubium positivum et probabile obwaltet. Das allein aber würde bereits ausreichen, indem man auf c. 209 zurückgreift: „In errore communi aut in dubio positivo et probabili sive iuris sive facti iurisdictionem supplet Ecclesia pro foro tum externo tum interno." Eine in Wirklichkeit etwa fehlende Jurisdiktion zum Sanieren einer Ehe würde bei einem dubium positivum et probabile von der Kirche suppliert, so daß die ausgesprochene sanatio in radice auf jeden Fall gültig wäre. In unserer Streitfrage liegt, wenn nicht moralische Gewißheit, so zum allerwenigsten ein dubium positivum et probabile vor. Mit den dargelegten Gründen kann man es zum mindesten positiv und probabel vertreten, daß die Kirche nicht ein ausdrückliches Versprechen über die Erziehung der noch zu erwartenden Kinder verlangt, wenn künftiger Kindersegen überhaupt ausgeschlossen ist. Auch ohne eine solche Kautionsleistung besitzt dann der Bischof auf jeden Fall die Sanationsvollmacht, entweder direkt aus den Quinquennalfakultäten oder zum mindesten indirekt auf dem Umweg über das „Supplet Ecclesia" des c. 209.

Man kann auch nicht entgegenhalten, die so vollzogene sanatio in radice sei zwar gültig, aber erlaubterweise dürfe der Bischof eine supplierte Jurisdiktion nur im Notfall anwenden. Letzteres ist richtig nur für jene supplierte Jurisdiktion, welche wegen eines error communis aufgefüllt wird; deren erlaubter Gebrauch setzt in der Tat eine gravis necessitas voraus. Anders verhält es sich hingegen, wo die Supplierung auf einem dubium positivum et probabile fußt. Hier ist, wie die kanonistische Doktrin immer wieder betont[41], die Anwendung auch ohne besondere Notlage erlaubt, nicht nur gültig. In diesem zweiten Fall hat die Supplierung gerade den Zweck, dem Jurisdiktionsträger, der in einer Unklarheit über Existenz oder Umfang seiner Vollmacht steht, zu helfen und ihm ein rechtmäßiges Vorgehen zu ermöglichen.

b) Das Verhalten des nichtkatholischen Teils

Während die Sanationsvollmacht der Quinquennalfakultäten von dem katholischen Partner in dem gerade besprochenen Umfang eine ausdrückliche Kautionsleistung fordert, sieht sie davon für den nichtkatholischen Eheteil ab. Freilich muß auch auf seiner Seite eine gewisse Voraussetzung erfüllt sein. Es muß, wie die Bedingung Nr. 1 der Quinquennalfakultäten verfügt, moralisch sicher sein, daß der nichtkatholische Teil die Taufe und

---

[41] Vgl. z. B. *Vermeersch-Creusen*, Epitome 1, S. 280 n. 322.

katholische Erziehung aller noch zu erwartenden Kinder nicht hindern wird, wenn er hierüber auch keine ausdrückliche Erklärung abzugeben hat.

Für unseren besonderen Fall, daß aus der Ehe Kindersegen für die Zukunft physisch unmöglich ist, stellt sich da die weitere Frage: Kann hier der Bischof die sanatio in radice auch gewähren, wenn der nichtkatholische Teil seiner ganzen Einstellung nach Gegner der katholischen Kindererziehung ist, sich diese Gegnerschaft aber praktisch nicht auswirken kann, weil keine Kinder mehr kommen können?

Auszugehen hat man von dem Wortlaut der Vollmacht: „dummodo moraliter certum sit partem acatholicam non esse impedituram baptismum et catholicam educationem universae prolis forte nasciturae." Rein von der sprachlichen Fassung her beurteilt kann das ein Doppeltes bedeuten. Einmal: Es muß sicher sein, daß der Nichtkatholik bei keinem kommenden Kind die katholische Erziehung verhindert. Hier wäre rein auf das Faktische abgestellt; die Gefahr, daß in der Zukunft noch ein Kind aus der Ehe nichtkatholisch erzogen wird, muß tatsächlich ausgeschaltet sein. Dabei wäre es dann gleichgültig, worauf der Ausschluß der Gefahr beruhte, ob auf der inneren, nicht glaubensfeindlichen Haltung des Nichtkatholiken oder aber auf der äußeren Zwangsläufigkeit, daß aus physischen Gründen kein Kind mehr zur Welt kommen kann. Das ist die eine Deutung; sie ist zudem wohl die näherliegende nach den Worten „non impedituram esse" „daß er nicht hindern wird". Aber grammatisch ließen sich die Worte, wenn auch weniger wahrscheinlich, noch anders verstehen, nämlich unter Einbeziehen des irrealen Falles: Es muß sicher sein, daß der Nichtkatholik die katholische Erziehung nicht hindern würde, wenn noch ein Kind käme; selbst wenn es, wie hier vorausgesetzt, schon sicher ist, daß dieser Fall rein irreal bleibt und tatsächlich gar kein Kind mehr zur Welt kommen kann. Nach dieser zweiten Auslegung hätte der Bischof keine Sanationsvollmacht, wenn der Nichtkatholik grundsätzlich der katholischen Kindererziehung feindlich gegenübersteht und seine Einstellung nur deshalb keine Folgen zeitigt, weil zwangsläufig der Nachwuchs ausbleibt.

Beide Deutungen sind an sich mit dem Wortlaut der Quinquennalfakultäten vereinbar, wenn die zweite auch weniger Wahrscheinlichkeit beanspruchen kann. Die erstgenannte Auslegung wäre die interpretatio lata, die zweite die interpretatio stricta. Weder die eine noch die andere Deutung wäre eine interpretatio extensiva oder eine interpretatio restrictiva, weil beide sich innerhalb des Rahmens des Wortsinnes halten.

Für die Quinquennalfakultäten ist nun in Zweifelsfällen ausdrücklich die interpretatio lata als maßgeblich vorgeschrieben. Bei ihnen handelt es sich ja um potestas iurisdictionis ad universitatem negotiorum delegata. Während eine nur für den Einzelfall übertragene Vollmacht eng zu interpretieren wäre, sagt c. 200 § 1 für die generelle Delegation, wie sie in den Quinquennalfakultäten vorliegt: „Potestas iurisdictionis ordinaria et ad universitatem negotiorum delegata, late interpretanda est."[42] Mithin ist auch in unserer Frage im Sinne der interpretatio lata zu entscheiden: Der Bischof besitzt Sanationsvollmacht, wenn die Sicherheit, daß kein künftiges Kind nichtkatholisch erzogen wird, auch nur deshalb besteht, weil aus dieser Ehe keine Nachkommenschaft mehr hervorgehen kann.

Soll eine ungültige Mischehe, aus der bereits nichtkatholische Kinder hervorgegangen sind, aber künftiger Kindersegen physisch unmöglich ist, in radice saniert werden, so ergeben sich nach dem Gesagten folgende Minimalforderungen hinsichtlich der Kindererziehung: 1. Die beiden Partner dürfen vor der ungültigen Eheschließung sich nicht auf nichtkatholische Kindererziehung verpflichtet haben. 2. Der katholische Teil muß versprechen, daß er nach Kräften für Konversion und katholische Erziehung der schon vorhandenen Kinder sorgen werde. 3. Die physische Unmöglichkeit künftiger Nachkommenschaft muß sicher sein. Das würde als Minimum genügen. Auch wenn die tatsächliche Konversion der Kinder nicht gelänge oder nicht einmal zu erhoffen wäre, auch wenn der nichtkatholische Partner an seiner Gegnerschaft gegen katholische Kindererziehung für alle Zukunft festzuhalten entschlossen wäre, so höbe das die Sanationsvollmacht nicht auf. Auf einem anderen Blatt freilich stände, mit welchen Mitteln man dem Ärgernis entgegenwirken müßte, das in einer derartigen Lage aus der Sanierung der Ehe entstehen könnte. Aber an der Sanationsvollmacht als solcher fehlte es nicht.

Ergebnis

Das Ergebnis der Untersuchung läßt sich in folgenden Punkten zusammenfassen.

1. Bei physischer Unmöglichkeit künftiger Nachkommenschaft entfällt die in c. 1061 vorgeschriebene Kaution bezüglich der proles nascitura.

2. Ob die genannte physische Unmöglichkeit auf Alter oder Krankheit oder Operation beruht, ist hier rechtlich belanglos. Nur muß sie mit Gewißheit feststehen.

3. Der Wegfall der Kaution über die proles nascitura gilt in gleicher Lage ebenfalls bei der sanatio in radice, die dem Bischof auf Grund der Quinquennalfakultäten zusteht.

4. Der Bischof kann die sanatio in radice auch gewähren, wenn der nichtkatholische Partner an der Gegnerschaft zur katholischen Kindererziehung festhält, sich diese Einstellung aber für proles nascitura nur deshalb nicht mehr auswirken kann, weil in dieser Ehe Kindersegen für die Zukunft physisch ausgeschlossen ist.

---

[42] Zur interpretatio lata der Quinquennalfakultäten vgl. *Michiels,* Normae generales 2, S. 662 f.; A. *van Hove,* De privilegiis, de dispensationibus, Mecheln-Rom 1939, S. 147–162.

Der Ehekonsens als consensus de praesenti

In den jüngsten Jahren ist bei Kanonisten und kirchlichen Ehegerichten Deutschlands ein lebhafter Streit darum entbrannt, in welcher Intention der Ehekonsens geleistet sein muß. Das Problem wird am leichtesten sichtbar, wenn noch einmal kurz der Tatbestand jenes Eheprozesses dargelegt wird, an dem sich die Diskussion entzündet hat.

Ein Katholik, der als fanatischer Nationalsozialist und SS-Mann mit dem kirchlichen Leben völlig gebrochen hatte, wollte die geplante Heirat mit seiner evangelischen Braut nur standesamtlich eingehen. Trotzdem kam es auch zu einer katholischen Trauung, aber erst nach heftigem Sträuben und nur deshalb, weil seine streng katholischen Eltern darauf bestanden. Innerlich hielt jedoch der Mann bei der Eheschließung an der Intention fest, ausschließlich mit der standesamtlichen Trauung seine Ehe zu begründen und die kirchliche Trauung nur als eine unverbindliche Formsache über sich ergehen zu lassen in der ausdrücklichen Absicht, mit dem Jawort in der Kirche keinerlei ehebegründenden Akt zu setzen. Nach wenigen Jahren ließ er sich scheiden und stellte, als er nach dem Zusammenbruch des Nationalsozialismus wieder zum kirchlichen Glauben zurückgekehrt war, beim Offizialat den Klageantrag, seine Ehe für nichtig zu erklären. Als einzigen triftigen Klagegrund konnte er geltend machen, daß er es bei der kirchlichen Trauung bewußt abgelehnt habe, hiermit einen für seine Eheschließung irgendwie verbindlichen Akt zu setzen, da er seine Ehe einzig mit der standesamtlichen Trauung zu schließen intendiert habe.

Hier liegt die entscheidende Frage offen zutage: Ist es für die Konsensleistung bei der kirchlichen Trauung erforderlich, daß der Wille darauf gerichtet ist, nunmehr mit dem Jawort vor dem Pfarrer und zwei Zeugen die Ehe gültig zu machen, hiermit die Ehe wirklich zu schließen? Oder genügt es vielmehr, daß rein äußerlich das kirchliche Jawort abgegeben wird ohne irgendwelche Intention, hiermit die Ehe zu begründen, sofern nur der bei der standesamtlichen Trauung vorhandene Eheschließungswille nicht inzwischen widerrufen ist?

Die beiden deutschen Instanzen, vor denen der erwähnte Prozeß lief, entschieden die Kernfrage im Sinne der ersten Alternative und kamen daher übereinstimmend zu dem Urteil: Constat de nullitate matrimonii. Der

Erschienen in: TThZ 67 (1958) 274–300.

Verfasser dieser Zeilen hat die rechtlichen Überlegungen, die dem Urteil der zweiten Instanz zugrunde lagen, vor zwei Jahren in einer Abhandlung in dieser Zeitschrift veröffentlicht.[1] Nachdem noch zwei andere deutsche Offizialate in einem ähnlich gelagerten Fall den gleichen Standpunkt vertreten und ebenfalls auf Nichtigkeit der Ehe erkannt hatten, meldete sich Widerspruch: Max Mitterer wandte sich mit Entschiedenheit gegen die vier Nichtigkeitsurteile[2]; wenn jemand bei der standesamtlichen Trauung echten Ehewillen geleistet habe, so genüge es, daß er bei der nachfolgenden kirchlichen Trauung rein äußerlich das Jawort erkläre ohne die Intention, hiermit nun seine Ehe in Wahrheit zu schließen, sofern nur sein Ehewille nicht widerrufen sei. Schon bald fanden diese Ausführungen Mitterers eine Entgegnung durch Justin Möhler[3]; zum inneren Ehewillen gehöre naturnotwendig ein Doppeltes: einmal der Entschluß, mit diesem Partner eine wahre Ehe einzugehen (von Möhler „Heiratswille" genannt), und zum anderen der Entschluß, die Ehe durch diese Bekundung des Heiratswillens zu begründen (von Möhler „Verbindlichkeitswille" genannt).[4] Im entscheidenden Punkt deckt sich das mit der hier vorgetragenen Auffassung.

Inzwischen ist nun in dem eingangs erwähnten Eheprozeß das mit Spannung erwartete endgültige Urteil der römischen Rota ergangen. Der Ehebandverteidiger der zweiten deutschen Instanz hatte gemäß EPO Art. 221 § 1 in Verbindung mit Art. 12 das Sanctum Officium als dritte Instanz angerufen, das dann die Sache zur Entscheidung an die Rota überwies. Am 14. Juni 1957 fällte der Rota-Turnus unter dem Vorsitz des Auditor Filipiak gleichfalls ein Nichtigkeitsurteil und bestätigte somit die von den Vorinstanzen vertretene Entscheidung. Das Urteil ist mittlerweile vollstreckt worden.

Dem sorgsam abgewogenen Urteil der Rota wird in unserer Streitfrage, die ja alles andere als eine rein theoretische Angelegenheit ist, erhebliche Bedeutung zukommen. Zwar steht einem Rota-Urteil nicht ohne weiteres Verbindlichkeit für ähnliche Fälle nachgeordneter Gerichte zu. Aber das sachliche Argument des Urteils ist so durchschlagend, daß man sich seinem Gewicht nicht wird entziehen können.

Mit dem Urteil der Rota ist inhaltlich der Standpunkt Mitterers abgewiesen. Gleichwohl wollen sich die nachfolgenden Darlegungen nicht darauf beschränken, nur positiv die Auffassung des Rota-Urteils vorzutragen. Vielmehr sollen dabei auch die Einwände Mitterers ihre gebührende Berücksichtigung finden, wie es ja allein einer wissenschaftlichen Behandlung der Frage entspricht. Man muß ihm sogar Dank dafür wissen, daß er gerade

---

[1] Heinrich *Flatten*, Zum Inhalt des Ehekonsenses, in: TThZ 65 (1956), S. 3—23.
[2] Max *Mitterer*, Ehewille und Eheschließungsform, in: TThZ 66 (1957), S. 94—107.
[3] Justin *Möhler*, Eheschließung und Verbindlichkeitswille, in: Theologie und Glaube 47 (1957), S. 251—265.
[4] *Möhler*, a. a. O., S. 252 f.

mit seinen Einwürfen die Gelegenheit schafft, eine These im Hin und Her der Argumente und Gegenargumente zu erproben, sie gegen Mißverständnisse abzugrenzen und so dem einzigen Ziel jeder echten Diskussion, nämlich der Wahrheit, näherzukommen.

I. Die Natur des Ehekonsensaktes

Zu einer richtigen Lösung des Problems kann man nur dann gelangen, wenn man sich klar vor Augen hält, daß der Ehekonsensakt ein consensus *de praesenti* sein muß. Und zwar hat er dies seinem ganzen Umfang nach zu sein, sowohl als consensus externus als auch als consensus internus. Der consensus externus, der Ausspruch des ehelichen Jaworts, erklärt, nunmehr, hic et nunc die Ehe zu schließen. Dahinter muß aber in gleicher Weise der consensus internus als ein consensus de praesenti stehen: Das Jawort muß in der Intention gesagt sein, nunmehr mit dieser Kundgabe auch wirklich die Ehe schließen zu wollen.

1. Das folgt in erster Linie und ausschlaggebend aus dem Vertragscharakter des Eheabschlusses und der damit gegebenen Notwendigkeit, daß der Konsensakt eine *verbindliche Rechtshandlung* sein muß. Ein verbindlicher Rechtsakt aber fordert ein Doppeltes: Man muß eine äußere Erklärung abgeben, und man muß dabei den Willen haben, diese äußere Kundgabe als rechtsverbindliche Handlung zu setzen. Ohne diese Intention wäre es nur eine Scheinerklärung, kein Rechtsakt.

Auf den Eheabschluß angewandt besagt das: Das Jawort bei der Trauung ist bloß dann eine hinreichende Konsensleistung, wenn es als Eheschließungsakt intendiert wird. Die Ehekonsensleistung liegt somit erst dort vor, wo das Ja zu der Ehe in der Intention erklärt wird, hiermit sich ehelich zu binden, hiermit die Ehe zu begründen. Fehlt es an dieser Intention, so mangelt ein wesentliches und unerläßliches Stück des Konsensaktes. Mit Recht schreibt daher Leitner in seinem Eherecht[5]: „Der mangelnde Konsens im engeren Sinne ist gegeben bei jenem äußerlichen eine Eheschließung darstellenden Akte, welcher von jedem oder wenigstens von einem der beiden Ehekontrahenten nicht als eheschließender Akt gewollt wird."

Man sollte es vermeiden, den Ehekonsens als die Verbindung von äußerem Ehejawort und innerem Ehewillen zu umschreiben, weil das nur allzu leicht dazu verführt, die saubere Grenzziehung kanonistischer Begriffe zu verwischen. Die genannte Umschreibung kann richtig, sie kann aber auch falsch verstanden werden. Das Wort „Ehewille" schillert eben in verschiede-

---

[5] Martin *Leitner*, Lehrbuch des katholischen Eherechts, Paderborn 1920³, S. 86.

nen Bedeutungen und läßt als solches nicht erkennen, daß zum Ehekonsensakt der Ehewille in dem spezifischen Sinn des consensus de praesenti vorhanden sein muß.

Das eine oder andere Beispiel, das auch schon in der bisherigen Diskussion verwertet wurde, sei zur Verdeutlichung herangezogen. Zunächst zwei Beispiele, in denen offenkundig kein Konsensakt vorliegt, die aber doch geeignet sind, das Wesen des Konsensaktes aufzuhellen.

Zwei Schauspieler, die seit langem miteinander verlobt sind und in Kürze heiraten wollen, spielen im Rahmen eines Theaterstücks eine Trauungsszene. Als Verlobte haben sie irgendwie echten Ehewillen, nämlich die Absicht, demnächst zu heiraten; auch tauschen sie auf der Bühne das Jawort aus. Gleichwohl liegt hier selbstverständlich kein wirklicher Ehekonsensakt vor.

Ähnlich verhält es sich, wenn der Pfarrer am Ende des Brautunterrichts den Trauungsritus erläutert und zur bloßen Probe den Austausch der Konsensworte mit dem Brautpaar übt. Auch hier besteht bei den Brautleuten unzweifelhaft ein Ehewille, auch hier wird das eheliche Jawort gesprochen, und doch ist es ebenso sicher, daß hier kein Konsensakt vorgenommen wurde.

Man sagt nur eine Binsenwahrheit, wenn man feststellt, daß in beiden Fällen offenkundig keine Eheschließung erfolgt, sondern das eine Mal nur ein Theaterspiel und im anderen Fall bloß eine Vorübung für den Trauungsritus. Und gleichfalls steht es außer Diskussion, daß es hier gar nicht erst eines rechtlichen Verfahrens bedarf, um das Nichtvorliegen einer Ehe zu konstatieren. Aber damit ist man nicht der wissenschaftlichen Mühe enthoben, einmal das, was die Brautleute dort erklären, mit einem wirklichen Ehekonsensakt zu vergleichen und im besonderen zu prüfen, warum denn, aus welchen inneren Gründen das da gesprochene Jawort keine echte Konsensleistung darstellt, und hieraus die entsprechenden Schlüsse für das Wesen des Konsensaktes zu ziehen.

Warum kommt in dem Theaterstück das Jawort nicht einer Konsensleistung gleich? Nicht etwa, weil es auf einer Bühne oder in Kostümen gesprochen wird, letzten Endes auch nicht deswegen, weil es von allen Anwesenden als bloßes Spiel verstanden wird, sondern entscheidend deshalb, weil die beiden Spieler selbst das Jawort als bloßes Spiel intendiert haben. Oder negativ formuliert: weil sie trotz ihres an sich bestehenden Ehewillens und trotz des äußeren Jawortes nicht die Absicht hatten, dies als ihren eheschließenden Akt zu vollziehen. Es fehlt an dem unerläßlichen Willen, in und mit diesem Jawort in Wahrheit die Ehe zu schließen.

Das gleiche gilt von dem Vorgang bei dem geschilderten Brautunterricht. Es wird dabei von seiten des Brautpaares, obschon ihre Eheabsicht unbezweifelt andauert und obschon sie die Konsensworte aussprechen, in Wahrheit doch kein Konsensakt geleistet: „nicht weil das Jawort außerhalb der Kirche gesprochen wird oder weil der Priester keine liturgische Kleidung trägt, sondern wiederum einzig und allein deshalb, weil die Absicht fehlt, durch ein so gesprochenes Jawort die Ehe zu schließen"[6]. *Konsenserklärung ist nur dann ein echter Konsensakt, wenn diese Manifestation von dem Erklärenden als eheschließender Akt gewollt wird.*

Auf die Intention des Erklärenden selbst kommt es dabei an, nicht auf die Auffassung der sonstigen Anwesenden. Die Meinung der Umstehenden mag von großer Bedeutung für die Beweisfrage sein, ob man hernach Ernsthaftigkeit oder Nichternsthaftigkeit des Jaworts feststellen kann, hat aber keinerlei Einfluß auf das, was die Erklärenden tatsächlich gewollt haben. Selbst wenn ein Vorgang für alle Zuschauer als Theater oder Scherz erscheinen müßte, so hindert das nicht unbedingt, daß die Erklärenden ihrerseits ihr Wort doch als wirklichen Eheschließungsakt intendieren könnten. Wenn in dem Beispiel des Theaterstücks die beiden Schauspieler auf den der Würde des Eheabschlusses gewiß höchst unangemessenen Gedanken verfielen, mit dem Jawort auf der Bühne in Wahrheit ihre Ehe zu schließen, so läge, soweit es auf sie selbst ankommt, ein tatsächlicher Konsensakt vor; und wenn es sich um zwei getaufte Nichtkatholiken handelt, wäre damit die Ehe gültig geschlossen. Umgekehrt gilt aber ebenso: Die Meinung aller Umstehenden, es gehe bei einem Vorgang um einen echten Eheschließungsakt, kann nicht den Mangel ersetzen, daß der Erklärende seinerseits sein Wort nicht als eheschließenden Akt intendiert. So etwa, wenn jemand in fremdem Land und der dortigen Sprache unkundig bei einer Trauungszeremonie der irrigen Ansicht ist, es gehe nur um eine Verlobung, und in dieser Absicht sein Jawort gibt.

2. Von der grundlegenden Erkenntnis aus, daß es trotz äußerlichen Jaworts immer dort an wirklichem Konsensakt fehlt, wo sein Ausspruch von dem Erklärenden nicht als eheschließender Akt intendiert wird, findet man nun den rechten Zugang, wie man die Konsensleistung bei der standesamtlichen und bei der kirchlichen Trauung zu beurteilen hat und wie vor allem das Zueinander von standesamtlichem und kirchlichem Jawort zu bewerten ist.

Ob bei der *standesamtlichen* Trauung von den Nupturienten ein wirklicher Konsensakt geleistet ist, hängt von ihrer eigenen Intention ab, eben davon, ob sie das Jawort vor dem Standesbeamten in der Absicht erklären, hiermit ihre Ehe zu schließen. Letzteres wird für sehr viele Nichtkatholiken zu

---

[6] *Möhler*, a. a. O., S. 252. Das ist der Mangel auf seiten des Brautpaares. Dazu kommt noch der Mangel auf seiten des Pfarrers, daß er ebenfalls seine Worte nicht als Konsenserfragung intendiert hat.

bejahen sein. Sie sehen und intendieren zum großen Teil in der standesamtlichen Trauung ihre tatsächliche Eheschließung, oft genug auch dann, wenn sie sich zusätzlich noch einer kirchlichen Trauung ihres Glaubensbekenntnisses unterziehen. Mit dem Akt vor dem Standesbeamten wollen sie ihre Ehe begründen, während sie in der kirchlichen Zeremonie nur noch einen christlichen Segen zu ihrer mit dem Zivilakt schon voll bestehenden Ehe erbitten. Selbstverständlich kann im Einzelfall der Nichtkatholik auch eine andere Intention mit den beiden Akten verbinden. Aber die geschilderte Intention wird bei Nichtkatholiken unserer Zeit und unseres Lebensraumes oft zutreffen oder sogar den Regelfall bilden, und wo sie vorliegt, da ist in der Tat mit dem Jawort vor dem Standesbeamten ein echter Konsensakt gesetzt, weil es in der Absicht gesprochen ist, hiermit die Ehe zu begründen, und da ist mit dem Jawort vor dem Religionsdiener kein wirklicher Konsensakt geleistet, weil dieser Vorgang nicht als eheschließender Akt gewollt ist.

Katholiken sollen freilich nach den Weisungen, welche die katholische Kirche wiederholt nach Einführung der Zivilehe erlassen hat, den standesamtlichen Akt nicht mit der vorgenannten Absicht vollziehen. Vielmehr wünscht die Kirche, daß sie vor dem Standesbeamten nicht einen inneren Konsensakt erbringen, nicht den Willen haben, mit diesem zivilen Jawort in Wahrheit ihre Ehe zu schließen; sie sollen die standesamtliche Eheschließung nur mit der Intention vornehmen, hiermit einen actus mere civilis, eine civilis ac mere politica caeremonia zu vollziehen.[7] Wahren Ehekonsens soll der Katholik nach der Forderung der Kirche nur bei der kirchlichen Trauung beibringen, weil nur diese eine wirkliche Eheschließung für ihn ist und er daher auch nur diese Trauung als den eheschließenden Akt intendieren darf. Nach dem Wunsch der Kirche soll dabei die kirchliche Trauung dem standesamtlichen Akt voraufgehen, wo immer die staatlichen Gesetze dazu eine Handhabe bieten, was allerdings in der Regel nicht der Fall ist.

Es mag sein, daß tatsächlich hin und wieder Katholiken, etwa weil sie die volle Verbindung mit dem Leben der Kirche gelockert haben, sich an die Weisung der Kirche nicht stören und vor dem Standesbeamten doch einen inneren Konsensakt setzen. Wenn der Katholik aber dem Verlangen der Kirche folgt, leistet er mit dem Jawort auf dem Standesamt in Wahrheit keinen Konsensakt, und zwar deshalb nicht, weil er sein Jawort nicht als den eheschließenden Akt intendiert, weil er hiermit seine Ehe nicht eingehen will.

Daß in solcher Intention echter Konsensmangel steckt, hat die Rota zu wiederholten Malen anerkannt. So z. B. in dem Urteil vom 23. Februar

---

[7] Vgl. *Benedikt XIV.*, „Redditae sunt", 17. September 1746, Codicis Iuris Canonici Fontes 2, S. 41—43. Instructio der Sacra Poenitentiaria 15. Januar 1866, Codicis Iuris Canonici Fontes 8, S. 456—458.

1912.[8] In diesem Fall hatten ein nichtkatholischer Mann und eine katholische Frau, die nach dem damaligen Recht ihres Eheschließungsortes Straßburg nicht der kanonischen Eheschließungsform unterlagen, nur standesamtlich geheiratet. Die Frau hatte es allerdings in der Absicht getan, der zivilen Eheschließung die kirchliche Trauung folgen zu lassen, wie es der Mann ihr auch versprochen hatte. Nach dem standesamtlichen Akt aber weigerte sich der Mann, seine Zusage zu erfüllen, und so unterblieb die katholische Trauung. Die Rota entschied auf Nichtigkeit der Ehe.[9] Und zwar nicht wegen Fehlens der kirchlichen Eheschließungsform, an die das Paar nicht gebunden war, sondern einzig und allein wegen Konsensmangels auf seiten der Frau. Trotz ihrer unbestreitbaren Absicht, den Mann wirklich zu heiraten, habe sie bei der standesamtlichen Trauung, bei der sie an sich eine gültige Ehe hätten schließen können, keinen Konsens geleistet, weil sie nicht den Willen hatte, mit diesem Akt ihre Ehe zu begründen. Das wollte sie vielmehr nur mit der kirchlichen Trauung tun. Das Jawort vor dem Standesbeamten wäre aber nur dann ein echter Konsensakt gewesen, wenn sie es in der Intention gesprochen hätte, mit diesem Akt ihre Ehe zu schließen: intentio maritalis seu intentio contrahendi per actum civilem matrimonium verum.[10] Da die Rota es jedoch als erwiesen ansah „dictam mulierem non habuisse intentionem contrahendi verum matrimonium per actum illum civilem"[11], mußte sie auf Ungültigkeit der Ehe erkennen. Auch sei die Ehe mit Aufnahme des ehelichen Lebens nicht „per copulam maritali affectu habitam"[12] konvalidiert worden, weil ein solcher maritalis affectus bei der Frau nicht vorgelegen habe, insofern sie nur in und mit der kirchlichen Trauung ihre Ehe begründen wollte.

Das Rota-Urteil zu diesem Straßburger Fall deckt sich aufs beste mit unserer These: Eine Konsenskundgabe ist nur dann eine wirkliche Konsensleistung, wenn der Erklärende diese Manifestation als eheschließenden Akt intendiert, wenn er in und mit dieser Erklärung in Wahrheit seine Ehe schließen will.

3. Das Nacheinander von standesamtlicher und kirchlicher Trauung zwingt allerdings zu der Überlegung, ob die zeitliche Reihenfolge der beiden Akte nicht von Bedeutung für die Frage der wahren Konsensleistung wird. In dem gerade besprochenen Fall war es so, daß zuerst jener Akt kam, der von dem Nupturienten nicht als eheschließender Akt gewollt war, und dann hernach erst der andere Akt folgen sollte, mit dem er in Wahrheit seine Ehe

---

[8] AAS 1912, S. 377–392.
[9] Ähnlich in dem Urteil der Rota vom 18. November 1918, AAS 1919, S. 358–363.
[10] AAS 1912, S. 385.
[11] AAS 1912, S. 389.
[12] AAS 1912, S. 392.

begründen wollte. Hier ist es klar, daß mit der ersten Erklärung kein wahrer Konsens geleistet wurde, weil er bei der standesamtlichen Trauung noch gar nicht seine Ehe beginnen lassen wollte, sondern diese erst mit der nachfolgenden kirchlichen Trauung eingehen wollte. Beim ersten Akt bestand also noch nicht der consensus de praesenti.

Wie aber liegt die Sache, wenn die beiden Konsenserklärungen in umgekehrter Reihenfolge stehen? Wenn zuerst eine Konsenskundgabe mit echtem Eheschließungswillen abgegeben wird, die nur aus äußeren positivrechtlichen Gründen nicht zum gültigen Eheschluß führt (consensus naturaliter sufficiens, sed iuridice inefficax), und wenn dann an zweiter Stelle in formgerechter Weise noch einmal der Konsens äußerlich erklärt wird, diesmal aber ohne ehebegründende Intention? Beispiel: Ein Protestant schließt eine Mischehe; das Jawort vor dem Standesbeamten gibt er mit der bewußten Intention, hiermit allein seine Ehe zu schließen; zur kirchlichen Trauung läßt er sich zwar auch noch bewegen, aber er setzt dabei ausdrücklich den Willen, mit dem Jawort vor dem Pfarrer, mag er durchaus auch an seiner Ehe festzuhalten bereit sein, nur eine leere Zeremonie zu vollziehen und nichts damit für die Begründung oder Gültigmachung der Ehe zu tun.

Ist mit dieser zweiten äußeren Konsenserklärung nicht doch ein wahrer Konsensakt geleistet? Aus dem wirklichen Konsensakt bei der standesamtlichen Trauung dauert ja unbestritten die Willenshaltung an, die Ehe fortzuführen, und genügt es dann nicht, wenn bei der kirchlichen Trauung nur äußerlich das Jawort gesprochen wird, um aus beidem vereint doch einen wahren Konsensakt im Augenblick der kirchlichen Trauung erwachsen zu lassen? An dieser entscheidenden Frage hakt Mitterer ein: Es „kann ein Kontrahent, der sich seiner persönlichen Überzeugung nach bereits durch das entscheidende Jawort gebunden hat, nachher, etwa bei der kirchlichen Trauung, nicht mehr sagen, daß er die Ehe nicht wolle ... Er mag immerhin der Überzeugung sein, daß er damit lediglich eine Formalität vollziehe; er erklärt doch seinen in Wirklichkeit auch vorhandenen Ehewillen, und zwar in der Form, die das kirchliche Recht für die Gültigkeit der Eheschließung fordert, und so ist an der Gültigkeit einer solchen Ehe nicht zu zweifeln"[13].

Auf den ersten Blick mag diese Argumentation bestechen. Aber bei näherem Zusehen entdeckt man, daß die Beweisführung einem äquivoken Begriff zum Opfer gefallen ist. In der Deduktion des Einwurfs spielt eine ausschlaggebende Rolle die Behauptung, daß der Kontrahent doch „die Ehe wolle", daß doch „Ehewille" in Wahrheit vorhanden sei und daß daher das äußere Jawort sich mit dem inneren Willen decke. Solche Worte wie „die Ehe wollen" oder „Vorhandensein des Ehewillens" sind aber höchst zwielichtig, da „Ehewille" in ganz verschiedener Bedeutung gemeint sein kann.

---

[13] *Mitterer*, a. a. O., S. 97 f.

In welchem Sinn muß Ehewille bei der Trauung vorhanden sein? Die Trauung ist ein Ehe*schließungs*akt. Es geht dabei um die Rechtshandlung, in welcher die Ehe *geschlossen* wird. Und *darauf* muß der Konsensakt gerichtet sein, sowohl in der äußeren Erklärung wie im inneren Wollen. Der Nupturient hat die Erklärung abzugeben, nunmehr die Ehe einzugehen, mit diesem Konsensaustausch seine Ehe zu beschließen, hic et nunc seine Ehe zu begründen. Das hic et nunc meint dabei die Konsenserklärung, näherhin die Vollendung des Austausches der beiderseitigen Konsenserklärungen.[14] Auch wo die Worte „nunmehr", „mit diesem Konsensaustausch", „hic et nunc" nicht eigens gebraucht werden, muß inhaltlich das der Sinn der Konsenskundgabe sein. Darum allein geht es bei dieser Rechtshandlung: hier die Ehe zu schließen. Das wird erklärt; genau das gleiche muß aber auch innerlich gewollt sein, wenigstens virtuell gewollt sein. Erklärung und inneres Wollen müssen sich decken; nur dann kommt die in Worten ausgesprochene Rechtshandlung wirklich zustande. Mithin muß hinter den Worten auch innerlich der Wille stehen, hier wirklich die Ehe zu *schließen,* nunmehr die Ehe zu *begründen,* hic et nunc die Ehe *einzugehen,* den Trauungsvorgang als *eheschließenden* Akt zu setzen. Nicht irgendwelcher „Ehewille" reicht daher beim Austausch des Jawortes aus, vielmehr hat es wesensnotwendig ein Ehewille im Sinne von Ehe*schließungs*willen zu sein. Eheschließungswille meint hier wie im folgenden, auch wenn es nicht jeweils eigens hinzugefügt wird, den präsentischen Eheschließungswillen, d. h. den aktuellen oder wenigstens virtuellen Willen, *nunmehr* die Ehe zu *schließen.* Wo das mit dem Konsensaustausch nicht innerlich gewollt ist, liegt kein echter Konsensakt vor. Erklärtes und Gewolltes stimmen dann nicht überein. Man beugt sich nur einer zwingend aus der Natur der Sache folgenden Konsequenz, wenn man anerkennt, daß bei solchem Auseinanderklaffen von Erklärtem und Gewolltem die Rechtshandlung gültig nicht zustande kommt. Erst der Ehewille im Sinne des Eheschließungswillens macht das Jawort zum wirklichen Konsensakt. Konsenserklärung dagegen ohne Eheschließungswillen bedeutet in Wahrheit Konsensmangel.

Oft ist von Ehewillen die Rede, wo aber keineswegs dieser spezifische Eheschließungswille vorliegt. Und gerade diese Mehrdeutigkeit des Wortes „Ehewille" führt zu verhängnisvollen Fehlschlüssen. Gewiß kann man mit gutem Recht auch von einem Brautpaar sagen, daß es bei der Verlobung „Ehewillen" hat. Aber ohne weiteres wird klar, daß hiermit etwas ganz

---

[14] Bei einer Eheschließung durch Stellvertreter ginge das hic et nunc also nicht eigentlich auf den Augenblick, da der Heiratswillige die Vertretungsvollmacht ausstellt, sondern auf den Augenblick, da das Ganze des Erklärungsaustausches nach c. 1089 vollendet wird. Selbstverständlich braucht das nicht reflex im Bewußtsein des Nupturienten zu stehen. Es genügt, wenn er die Intention hat, mit seiner Handlung insgesamt zu heiraten; nur dürfte der entscheidende Akt, nämlich die Vollendung des beiderseitigen Konsensaustausches, nicht etwa positiv aus seinem Eheschließungswillen ausgeklammert sein.

anderes gemeint ist als der oben umschriebene Eheschließungswille, wie er beim Trauungsakt vorhanden sein muß. Mögen die Brautleute auch noch so fest entschlossen sein, bei ihrer Absicht, demnächst zu heiraten, unter allen Umständen zu bleiben, es ist das nicht der Wille, hic et nunc die Ehe einzugehen. Statt von Eheschließungswillen spricht man da richtiger von Ehe*planungs*willen. Man hat da einen consensus de futuro, nicht aber einen consensus de praesenti, der allein das Jawort zum Konsensakt macht.

Ebensowenig reicht jener sogenannte „Ehewille" aus, den in unserem zur Debatte stehenden Fall der Nupturient bei dem kirchlichen Jawort besaß. Mit der standesamtlichen Trauung und mit dieser allein wollte er seine Ehe schließen; dort besaß er wirklichen Eheschließungswillen und leistete da einen echten Konsensakt. Aber seiner Intention nach sollte mit dem zivilen Vorgang sein Eheschließungsakt vollkommen abgeschlossen und vollendet sein. Was er hernach noch mit der kirchlichen Trauung vollzog, sollte seiner Absicht nach für seinen Eheschließungsakt keinerlei Bedeutung mehr haben, so unbestreitbar es ist, daß er von seiner Ehe keineswegs zurücktreten wollte, sondern an ihr weiter festhielt. In einem gewissen Sinn kann man natürlich auch jetzt noch von einem „Ehewillen" sprechen; es ist richtig, daß der Mann auch weiterhin „die Ehe will", daß „Ehewille" bei ihm auch im Augenblick der kirchlichen Trauung noch vorhanden ist. Aber man muß sich dann sehr genau vor Augen halten, daß mit dem Wort „Ehewille" nun etwas völlig anderes gemeint ist, als oben für den Akt der Eheschließung gefordert wurde. Die Trauung verlangt Eheschließungswillen. Was der Mann an „Ehewillen" bei der kirchlichen Trauung besaß, war in Wahrheit jedoch kein Eheschließungswille, sondern — so könnte man es etwa ausdrücken — Ehe*festhaltungs*wille. Der Mann wollte an der Ehe weiter festhalten, wollte da aber nicht die Ehe erst schließen.[15] Die kirchliche Trauung hat zu ihrem wesentlichen und naturnotwendigen Inhalt den Ehevertragsabschluß. Hier soll die Ehe geschlossen werden. Das muß erklärt und das muß gewollt werden. Mit bloßem Ehefesthaltungswillen kann daher bei der kirchlichen Trauung keine Ehe zustande kommen.[16]

Es sei auf ein treffendes Beispiel verwiesen, das Möhler anführt[17]: „Bei der Konvalidation einer nichtkatholisch geschlossenen Mischehe fragt der

---

[15] Dabei sei ganz abgesehen davon, daß er nicht einmal seinen Ehefesthaltungswillen mit dem kirchlichen Jawort zu bekunden intendierte.

[16] Mit Bedacht sind hier die Worte „bei der kirchlichen Trauung" eingefügt. Mit bloßem Ehefesthaltungswillen kann sehr wohl eine bisher ungültige Ehe zu einer gültigen werden, aber nur dann, wenn zu dieser Konvalidierung keine neue Konsensleistung erforderlich wird. Vornehmlich gilt das für die sanatio in radice. Weiter unten ist darauf noch einzugehen. Wo jedoch eine neue Konsensleistung verlangt ist, wie dies ja ausnahmslos bei der kirchlichen Trauung zutrifft, da muß mit der Konsenskundgabe Eheschließungswille verknüpft sein.

[17] *Möhler*, a. a. O., S. 261 A. 22.

Seelsorger nach der Rekonziliation des Katholiken die Partner in der Pfarrkanzlei vor zwei Zeugen, ob sie auch weiterhin als Mann und Frau miteinander leben wollten. Beide bejahen; der Nichtkatholik, der durch diese Frageweise geschont werden soll, weiß nicht, daß sein Jawort eine verbindliche Erklärung des Heiratswillens sein soll, sondern meint, das gehöre mit zur Versöhnung seines Gatten mit dessen Kirche, und zwar zur Versöhnung als solcher." Das hier geschilderte Bemühen des Pfarrers bleibt vergeblich; trotz des Jaworts wird die Ehe nicht gültig, und zwar einzig deshalb nicht, weil der Nichtkatholik das Ja nicht mit dem Willen spricht, damit seine Ehe zu begründen; er hat wohl Ehefesthaltungswillen, nicht aber Eheschließungswillen.

Man kann dazu auch nicht einwenden, in diesem Beispiel bleibe die Ehe ungültig nur wegen des Irrtums des Nichtkatholiken, nicht wegen eines Konsensmangels auf seiner Seite. Ungültig bleibt sie, weil er bei dem Vorgang nicht den notwendigen Konsensakt geleistet hat. Das war freilich veranlaßt dadurch, daß er den Sinn verkannte, den der Pfarrer mit der Frage verband. Von dieser irrigen Auffassung aus hat er dann sein Jawort nicht als eheschließenden Akt intendiert. Und dieser echte Konsensmangel ist der eigentliche Grund für das weitere Ungültigbleiben der Ehe.

Der gleiche Konsensmangel liegt vor, wenn das Nichtsetzen des Eheschließungswillens nicht durch einen Irrtum des Kontrahenten, sondern von ihm aus bewußter Absicht geschah. So in unserem Eheprozeß: Der Mann erkannte sehr wohl, daß die kirchliche Trauung von den Umstehenden als Eheschließung verstanden wurde und daß man sie in diesem Sinne von ihm verlangte. Doch es kommt nicht darauf an, wie die übrigen Beteiligten den Akt gemeint und intendiert hatten; ebensowenig darauf, daß der Nupturient durchaus im Bilde war, daß man den Vorgang von ihm als Eheschließungsakt erwartete und daß sein Jawort nach außen als wirkliche Konsensleistung erscheinen mußte. Entscheidend bleibt vielmehr, wie es um seinen eigenen Willen beim kirchlichen Jawort stand. Der aber ging unzweifelhaft darauf, mit dem kirchlichen Jawort, nachdem er seinen Eheabschluß allein mit der standesamtlichen Trauung intendiert hatte, nur eine inhaltsleere Zeremonie zu vollziehen, der er keinerlei Rechtswirksamkeit für seinen Ehevertragsabschluß beilegen wollte. Unbeschadet seines unbestritten fortbestehenden Ehefesthaltungswillens war das Jawort vor dem Altar nur eine äußere Konsensmanifestation ohne Eheschließungswillen, und darum kam es hier nicht zu einem echten Konsensakt.

4. Oben floß beiläufig ein, daß es genüge, wenn der Eheschließungswille im Augenblick des Trauungsaktes nur virtuell besteht. Das aber könnte leicht zu einem Einwurf verleiten, dem noch beggenet werden soll. Der Tatbestand des virtuellen Eheschließungswillens sähe etwa so aus: Bei der kirchlichen Trauung sind die Brautleute von der Aufregung und der Feier-

lichkeit der Handlung so benommen, daß sie das Jawort sprechen, ohne dabei aktuell den Gedanken zu fassen: „Jetzt will ich meine Ehe schließen." Aber einige Zeit zuvor hatten sie diesen Eheschließungswillen aktuell einmal gesetzt, vielleicht als sie vor Wochen Pläne für ihre Heirat schmiedeten und schließlich den Termin der kirchlichen Trauung festlegten: „Dann heiraten wir." Das war ihr aktueller Eheschließungswille, der bei der kirchlichen Trauung virtuell fortbestand und aus dessen Kraft sie das Jawort sprachen, wenn es ihnen im Augenblick auch gar nicht zu Bewußtsein kam, daß sie nunmehr ihre Ehe eingingen. Hier ist, so könnte man einwenden, der Eheschließungswille zuvor gesetzt und hernach beim Trauungsakt nur noch äußerlich das Jawort gesprochen. Trifft das gleiche aber nicht ebenfalls in unserem Eheprozeß zu? Da hat der Mann zuvor, etwa bei dem standesamtlichen Akt, ja auch einen wirklichen Eheschließungswillen geleistet, und anschließend hat er bei der kirchlichen Trauung ebenso das Jawort gesprochen. Warum sollte dieser Vorgang anders bewertet werden als die kirchliche Trauung mit virtuellem Eheschließungswillen?

Deshalb, so hat man zu antworten, weil hier zwei völlig verschiedene Willensentschlüsse vorliegen. Im ersten Fall ging der vorher gefaßte Eheschließungswille inhaltlich auf die in Aussicht genommene kirchliche Trauung. Mit dieser kirchlichen Trauung wollten sie heiraten. Darauf ging, wenigstens implicite, ihr Entschluß, als sie ihren Heiratstermin festlegten. Ja, selbst wenn es zunächst noch unbestimmt bliebe, wann und wo und mit welchen äußeren Feierlichkeiten die Trauung vor sich gehen soll, so könnte doch schon der Eheschließungswille aktuell gefaßt sein. Nur müßte der in den Einzelheiten noch unbestimmte Konsensaustausch der kirchlichen Trauung als Eheschließungsakt schon intendiert werden; selbstverständlich nicht unbedingt reflex, wohl aber zum mindesten implicite. Der Wille muß bestehen, mit der demnächstigen kirchlichen Trauung die Ehe zu schließen. Das dann hernach bei der kirchlichen Trauung gesprochene Jawort wird, auch wenn die Brautleute im Augenblick zu einem aktuellen Eheschließungswillen nicht kämen, noch getragen von der Kraft des zuvor gesetzten Willensentschlusses und so virtuell doch noch als eheschließender Akt intendiert.

Ganz anders liegt die Sache bei jener bewußten Ablehnung, die kirchliche Zeremonie als Eheschließungsakt vorzunehmen. Hier hat der Mann wohl zuvor ebenfalls einen aktuellen Eheschließungswillen gefaßt, von dem aber keinerlei Brücke zu dem kirchlichen Jawort hinüberführt. Sein Eheschließungswille zielte allein und ausschließlich auf den zivilen Akt vor dem Standesbeamten, bewußt klammerte er von seinem Eheschließungswillen das ihm aufgenötigte Jawort vor dem Pfarrer aus. Letzteres ist daher nicht, auch nicht virtuell, als Eheschließungsakt intendiert und kann daher nicht als echter Konsensakt gewertet werden.

Das Ergebnis unserer bisherigen Überlegungen sei noch einmal hervorgehoben: Die Tatsache, daß zuvor, etwa bei einer standesamtlichen Trauung, ein echter Konsensakt (consensus naturaliter sufficiens) geleistet wurde, enthebt nicht von der Notwendigkeit, für die nachfolgende kirchliche Trauung einen wirklichen Eheschließungswillen beizubringen. Das Jawort vor dem Pfarrer ist nur dann ein hinreichender Konsensakt, wenn es von dem Erklärenden als eheschließender Akt gewollt wird.

II. Rechtsbestimmungen der Kirche

Was im Vorstehenden begrifflich aus dem Charakter der Eheschließung als Rechtshandlung entwickelt wurde und daher mit naturrechtlicher Notwendigkeit gilt, deckt sich aufs beste mit positiven Bestimmungen der Kirche über den Trauungsakt.

1. Zunächst sei verwiesen auf die abgewogenen Worte, in denen der Codex Iuris Canonici den Konsensakt definiert. Der Gesetzgeber verlangt für den Trauungsvorgang eine präsentische Konsensleistung, soll doch der Pfarrer bei der Handlung den Konsens der Brautleute erfragen und entgegennehmen.[18] Worin diese Leistung des Ehekonsenses aber innerlich zu bestehen hat, sagt der Kodex sehr genau in c. 1081 § 2: Consensus matrimonialis est actus voluntatis quo utraque pars tradit et acceptat ius in corpus, perpetuum et exclusivum, in ordine ad actus per se aptos ad prolis generationem. *Tradere* et *acceptare* ius in corpus, das muß bei der Trauung inhaltlich erklärt und das muß dabei innerlich gewollt sein, wenigstens virtuell gewollt sein. Der Wille muß also darauf gerichtet sein: „Nunmehr *übertrage* ich, *übernehme* ich das eheliche Recht; hiermit *heirate* ich; jetzt *schließe* ich die Ehe." Nur dann liegt ein tradere et acceptare ius in corpus vor, wie es die Kirche für die Trauung fordert. Nicht irgendein beliebiges Ja zur Ehe, nicht irgendwelcher „Ehewille" genügt hiernach zum Konsensakt, sondern eben einzig jener Ehe*schließungs*wille, wie er oben näher dargelegt wurde. Wer seine Ehe ausschließlich mit dem standesamtlichen Akt schließen wollte und hiermit seinen Eheabschluß schon als absolut vollendet betrachtet, der ist ja gar nicht gewillt, bei der kirchlichen Trauung noch ein tradere et acceptare ius in corpus vorzunehmen. Sein sogenannter „Ehewille" in diesem Augenblick der kirchlichen Trauung ist ein Ehefesthaltungswille, geht auf ein habere et retinere ius in corpus. Das aber ist etwas völlig anderes als ein tradere et acceptare ius in corpus, mit dem allein ein wirklicher Konsensakt gesetzt wäre. Die ehelichen Rechte betrachtet er als längst miteinander ausgetauscht, und daher hat er unbeschadet seiner Absicht,

---

[18] Vgl. c. 1095 § 1 n. 3: requirere ac excipere contrahentium consensum.

seine Ehe keineswegs zu widerrufen, bei der kirchlichen Trauung nicht den Willen, die Ehe noch erst zu begründen, die ehelichen Rechte noch erst auszutauschen. Was er da bei dem kirchlichen Akt tun will, ist kein tradere et acceptare ius in corpus, und daher mangelt es in diesem Augenblick an der echten Konsensleistung.

2. Daß die Kirche bei der kirchlichen Trauung auf den präsentischen Eheschließungswillen abstellt, zeigt sich ebenso an der Formulierung, welche sie in ihren offiziellen *Ritualien* für den Konsensaustausch vorschreibt. Nach dem Rituale Romanum hat die Konsenserfragung mit den Worten zu geschehen: „N., vis accipere N. hic praesentem in tuam legitimam uxorem ...?" Antwort: „Volo. Volo *accipere* in coniugem", das muß der Wille im Augenblick der kirchlichen Trauung sein. Es wird also ausdrücklich vom Nupturienten gefordert, daß er hier den Willen hat, die andere Person zur Ehefrau zu *nehmen*. Dieser vom Rituale verlangte Wille ist aber nicht vorhanden, wenn jemand seine Ehe als mit dem standesamtlichen Akt vollkommen begründet und existent betrachtet und er daher bei der kirchlichen Trauung bewußt den Willen verweigert, hier noch erst seine Gattin zur Ehefrau zu nehmen, hic et nunc mit dem Jawort vor dem Altar noch erst seine Ehe zu begründen. Wohl will er seine Frau weiterhin als seine Ehefrau behalten, aber er will sie nicht hier bei dieser kirchlichen Trauung zu seiner Ehefrau *nehmen*. Letzteres aber fordert das Rituale Romanum.

Genauso steht es mit der deutschen Collectio Rituum, welche der Apostolische Stuhl für alle Diözesen Deutschlands verbindlich gemacht hat.[19] Dort heißt es im Konsensgespräch: „N., ich frage dich: ... Bist du frei und ungezwungen hierher gekommen, mit dieser deiner Braut die Ehe einzugehen? Ja. ... Vor Gottes Angesicht nehme ich dich, N., zu meiner Ehefrau." Entscheidend wird also hier gleichfalls verlangt der Wille, die Ehe *einzugehen*, zur Ehefrau zu *nehmen*. Eheschließungswille muß hier vorhanden sein, nicht bloß Ehefesthaltungswille.

Dabei wird der Konsens in der erwähnten Form nicht nur vom Katholiken gefordert; in der gleichen Weise hat der Nichtkatholik seinen Konsens zu leisten, wenn die kirchliche Trauung seiner Mischehe erfolgt. Bei einer Mischehe ist der Konsens nicht anders zu erfragen und auszutauschen als bei einer rein katholischen Ehe.[20] Auch der Nichtkatholik muß also für den Akt der kirchlichen Trauung den Willen aufbringen, nunmehr seine Partnerin zur Ehefrau zu nehmen, hic et nunc mit dieser Konsenskundgabe seine Ehe zu begründen, in und mit der kirchlichen Trauung die Ehe wirklich

---

[19] S. C. Rituum 21. März 1950.
[20] Darüber hinaus wird in Deutschland gewohnheitsrechtlich sogar der *ganze* Trauungsritus auch bei Mischehen angewandt, nur mit Ausschluß der Brautmesse und des Brautsegens.

gültig zu machen und zu schließen. Wenn hier gesagt ist „in und mit der kirchlichen Trauung", so geht das selbstverständlich nur auf das Wesensstück des Trauungsaktes, nämlich auf den Konsensaustausch, nicht aber auf das Beiwerk der Riten und Zeremonien. Der Nichtkatholik mag ruhig die Mitwirkung des Pfarrers, den kirchlichen Raum, die priesterlichen Segenshandlungen und Gebete und Zeremonien innerlich ablehnen, aber seinen Konsensaustausch innerhalb der kirchlichen Trauung muß er als eheschließenden Akt intendieren. Auch vom Nichtkatholiken fordert die von der Kirche vorgeschriebene Konsenserfragung den Willen, nunmehr bei der kirchlichen Trauung die Partnerin zur Ehefrau zu nehmen (accipere in coniugem), also mit dem kirchlichen Konsensaustausch die Ehe wirklich zu begründen. Wie man behaupten kann, die Kirche verlange vom Andersgläubigen nie, daß er den Willen habe, mit der kirchlichen Trauung seine Ehe einzugehen[21], ist angesichts der klaren Sprache im amtlichen, auch beim Konsensaustausch der Mischehe verwandten Trauungsrituale schwer begreiflich.

3. Eine weitere positive Stütze im Gesetzestext des Kodex findet man für unsere These in den Bestimmungen über die Konsenserneuerung bei einer Konvalidation. C. 1134 fordert dafür zweierlei: Der zur Konsenserneuerung Verpflichtete muß erstens darum wissen, daß seine Ehe bislang ungültig ist, und zweitens muß er einen wirklichen neuen Konsens erbringen mit einem neuen Willensakt.

Mitterer wendet nun freilich ein, die Kanones über die Konvalidation könnten gar nicht zur Anwendung kommen, wenn eine bisher nur standesamtlich geschlossene Ehe kirchlich gültig gemacht werden solle; die bloße Zivilehe sei für die Kirche nicht ein matrimonium convalidandum, sondern einfach ein matrimonium non exsistens, und daher träfen die Bestimmungen über die Konvalidation auf sie nicht zu.[22] Eine solche Auffassung aber bleibt höchst anfechtbar. Denn die Kirche gewährt unbestritten auch für bloße Zivilehen die sanatio in radice, und diesen Vorgang der sanatio in radice bezeichnet der Kodex selbst als „matrimonii convalidatio"[23]. Die beiden von Mitterer angeführten Erklärungen der Interpretationskommission zur Zivilehe vom 12. März 1929 und vom 26. Januar 1949 sprechen nicht im mindesten dagegen, wie jüngst noch der römische Kanonist Bender betont hat.[24] Bender stellt dort fest, daß auch für die Gültigmachung einer bloßen Zivilehe die Kanones über die Konvalidation (cc. 1133 ff.) maßgebend sind.

---

[21] *Mitterer*, a. a. O., S. 100.
[22] *Mitterer*, a. a. O., S. 105.
[23] Vgl. die Überschrift zu Caput XI vor c. 1133.
[24] Ludovicus *Bender*, Sanatio matrimonii invalidi ob impedimentum iuris divini, in: Ephemerides iuris canonici 13, 1957, S. 19 f. n. 5.

Aber selbst wenn man einmal den Standpunkt Mitterers unterstellen wollte, daß eine Zivilehe als matrimonium non exsistens nicht nach den Konvalidationsbestimmungen des Kodex gültig zu machen sei — dato, non concesso —, so würde das die Beweiskraft aus c. 1134 im Grunde nicht aufheben. Denn was dort von dem Konsensakt der Konvalidation gefordert ist, muß analog a fortiori von einem Ersteheschließungsakt gelten. Denn wenn schon jemand, der seinen ersten ungültigen Eheschließungsakt in einer convalidatio simplex nunmehr gültig macht, dazu um die bisherige Nichtigkeit seiner Ehe wissen und einen völlig neuen Konsensakt leisten muß, so gilt das analog erst recht von einem Akt, den man nicht als Konvalidation, sondern als Ersteheschließung bezeichnen möchte. Wer seine bisher nur in Zivilehe geschlossene Verbindung nunmehr der kirchlichen Trauung unterwirft, der muß dabei darum wissen, daß seine Verbindung bislang keine gültige Ehe vor der Kirche ist, und muß für die kirchliche Trauung einen völlig neuen Konsensakt leisten. Der kann sich, wenn die Zivilehe nur ein matrimonium non exsistens, nicht einmal ein matrimonium convalidandum sein soll, erst recht nicht darauf berufen, es genüge der bei der standesamtlichen Trauung geleistete consensus naturaliter sufficiens; für die kirchliche Trauung brauche er nicht einen neuen Eheschließungswillen zu setzen, sofern er dort nur äußerlich das Jawort sage und den Konsens des Zivilaktes nicht inzwischen widerrufe.

4. Im Zusammenhang der Konvalidation ist ein Gegenargument zu besprechen, das man aus der sanatio in radice zu gewinnen sucht. Bei der sanatio in radice reiche doch der consensus perseverans aus, ohne daß es eines neuen Eheschließungsaktes der Partner bedürfe. Hier werde ja eine Ehe gültig ohne einen neuen Willen, hiermit die Ehe einzugehen.[25]

Wenn man aber glaubt, damit die vorgetragene These treffen zu können, so verkennt man den Kern der Frage. Es geht nicht darum, ob nicht unter Umständen eine ungültige Ehe auch einmal ohne neuen Konsensakt gültig gemacht werden kann, was natürlich nie bestritten wurde. Die Frage, die allein zur Diskussion stand und steht, ist vielmehr die: *Was* muß, *wenn* bei der Schließung oder Gültigmachung der Ehe ein neuer Konsens*akt* gefordert ist, an innerem Willen beigebracht werden, damit eine echte Konsensleistung anerkannt werden kann?

Selbstverständlich reicht ein consensus naturaliter sufficiens, sed iuridice inefficax an sich aus, um aus dem consensus perseverans hernach unter Umständen eine gültige Ehe erwachsen zu lassen. Zwei Partner hatten bei ihrer Hochzeit ehrlichen Eheschließungswillen, doch kam es nicht zur gültigen Ehe, weil ein trennendes Ehehindernis entgegenstand; hier kann

---

[25] *Mitterer*, a. a. O., S. 98.

hernach die Ehe ohne Dazutun, ja ohne Wissen der Eheleute gültig gemacht werden, wenn die Kirche die sanatio in radice gewährt. Oder ein anderes Beispiel: Bei einer Trauung hatte die Frau wahren Ehekonsens, während das Jawort des Mannes durch einen geheimen Vorbehalt gegen die Unauflöslichkeit der Ehe ungültig war; hier braucht bei der späteren Konvalidation der Ehe, die dadurch zu geschehen hat, daß der Mann privat und geheim den Konsens erneuert, die Frau ihrerseits keinen neuen Willen zu setzen; da wird die Ehe gültig, ohne daß die Frau die Intention fassen müßte, hiermit nun ihre Ehe gültig zu machen.[26] Das alles hat jedoch mit unserem Problem überhaupt nichts zu tun. Denn in diesen Fällen ist ja eben auf einen neuen Konsensakt verzichtet. Unser Problem aber lautet: Was hat, wenn zur Gültigmachung ein neuer Konsensakt verlangt wird, dieser Akt an innerem Wollen zu enthalten?

Zum Gültigwerden der Ehe ist ein neuer Konsensakt gefordert teils naturrechtlich, teils positivrechtlich. Naturrechtlich: immer ad matrimonium contrahendum, ferner ad matrimonium convalidandum in den Fällen, in denen die Heirat wegen Konsensmangels nichtig war. Positivrechtlich: wo die Kirche darüber hinaus zur Konvalidation eine neue Konsensleistung eines oder beider Kontrahenten verlangt.[27]

Wo immer nun zum Gültigwerden der Ehe eine neue Konsensleistung erforderlich ist, da muß sie der betreffende Nupturient mit der positiven Intention setzen, hiermit sich ehelich zu binden, hiermit seine Ehe gültig zu machen. Er muß ja einen vollen Konsensakt leisten. Dazu genügt aber nicht das nur äußerliche Sprechen des Jawortes. Die Konsenserklärung ist nur dann ein wirklicher Konsensakt, wenn die Bekundung von dem Erklärenden als eheschließender Akt intendiert ist. Andernfalls wäre das Ja in Wahrheit eine Simulation.

Wer zwar vorher bei dem standesamtlichen Akt echten Eheschließungswillen hatte, dann aber hernach bei der kirchlichen Trauung nur äußerlich zustimmt und sich dabei nicht mehr ehelich binden will, weil er sich durch den zivilen Akt als bereits endgültig verheiratet betrachtet, simuliert bei dem Jawort vor dem Altar. Mitterer bestreitet dies zu Unrecht, wenn er schreibt: „Nur der Ehe*wille* kann allenfalls simuliert werden, weil das Wollen ein rein innerer, seelischer Vorgang ist ... Die *Form* der Eheschließung dagegen ist etwas Äußeres, ein äußerer Akt, der entweder gesetzt wird oder nicht gesetzt wird, aber nicht simuliert werden kann."[28] Natürlich kann es eine Simulation nur bei einer Willenserklärung geben, ist doch Simulation das Auseinanderklaffen von Erklärtem und Gewolltem. Aber das gerade liegt auch in unserem Fall vor. Der Mann erklärt mit dem Mund: „Ich *nehme* dich hiermit

---

[26] Vgl. c. 1135. *Mitterer*, a. a. O., S. 99.
[27] Vgl. cc. 1133 ff.
[28] *Mitterer*, a. a. O., S. 103.

zur Ehefrau." Sein Wille jedoch sagt: „Ich *nehme* dich hiermit *nicht* zur Ehefrau; denn wir sind schon verheiratet, und ich lehne es ab, hiermit etwas zur Gültigmachung der Ehe beizutragen." Was er innerlich will, ist das Gegenteil von dem, was er erklärt. Und das eben ist Simulation.[29]

III. Die Rechtsprechung der Sacra Romana Rota

Wie schon eingangs erwähnt wurde, hat die Sacra Romana Rota den hier zur Erörterung stehenden Eheprozeß endgültig in dritter Instanz entschieden, dabei ebenfalls ein Constat-Urteil gefällt und somit die hier vorgetragene Auffassung gebilligt. Bevor dieses Urteil in seinen wesentlichen Gründen dargelegt wird, sei eine andere Rota-Entscheidung herangezogen, in welcher Mitterer glaubt seine Ansicht bestätigt zu finden.

1. Der Rota-Sentenz vom 16. Oktober 1945[30] lag folgender Tatbestand zugrunde. Ein dem kirchlichen Leben völlig entfremdeter Katholik heiratete 1939 in Rom. Seiner Einstellung nach hätte er die Ehe am liebsten ganz formlos oder höchstens mit einer standesamtlichen Trauung geschlossen. Doch stieß er mit diesem Plan bei den Angehörigen der Braut auf entschiedenen Widerstand, und so bequemte er sich, wenn auch widerstrebend, zu einer kirchlichen Trauung. Er betrachtete aber die religiöse Zeremonie als leere Formalität, der er sich ohne innere Überzeugung (senza convinzione) unterzog, und gab seinem Widerwillen auch in seinem Gebaren Ausdruck,

---

[29] Nur am Rande sei kurz berührt, was *Mitterer*, a. a. O., S. 103 f., zur sogenannten negativen Totalsimulation vorbringt. Mit diesem Ausdruck war in der ersten Abhandlung (Trierer Theologische Zeitschrift 1956, S. 20 ff.) jener Tatbestand bezeichnet, bei dem jemand die Eheschließung zwar nicht positiv ablehnt, sie aber auch nicht positiv will. Mitterer verwirft diesen Begriff völlig. *Möhler*, a. a. O., S. 260 f., hingegen erkennt ihn der Sache nach an, wählt nur dafür einen anderen Terminus: „ungewollter Mangel". Auf die Bezeichnung „negative Totalsimulation" kommt es gewiß nicht an. Aber was der Sache nach gemeint ist, das sollte man nicht in Abrede stellen. Die Ehe kommt nun einmal nur zustande, wenn positiv die Eheschließung gewollt ist. Daraus folgt mit zwingender Logik, daß keine Ehe vorliegt, wo der Wille zur Eheschließung auch nur negativ gefehlt hat. Eine begrifflich saubere Aufzählung der logisch möglichen Formen der Totalsimulation kommt an dieser negativen Art nicht vorbei. Etwas anderes ist natürlich die Frage, ob diese logische Möglichkeit auch einmal psychologisch realisierbar ist. Das wird für den Regelfall nicht zutreffen. Nur sollte man sich vor der vorschnellen Verallgemeinerung hüten, daß es den Fall in Wirklichkeit nie gebe. Man erinnere sich nur an das oben angeführte Beispiel der Konvalidation einer Mischehe, bei der der Pfarrer den Protestanten so eigenartig nach dem Konsens fragte, daß dieser zwar das Jawort sprach, aber nicht erkannte, daß damit seine Ehe gültig gemacht werden sollte. Hier hat es an dem Eheschließungswillen des Mannes nur in der negativen Form gefehlt.

[30] Sacrae Romanae Rotae Decisiones seu Sententiae 37, 1945 dec. 62, S. 552—564.

indem er zu der kirchlichen Feier in einer schmutzigen faschistischen Uniform und in abgetragenen Schuhen erschien. Gleichwohl kam die Rota zu dem Urteil: Non constat de nullitate matrimonii mit der Begründung: Der Mann wollte in Wahrheit seine Braut heiraten; er hat vor dem Traualtar das entsprechende Jawort tatsächlich abgegeben; infolgedessen ist zu präsumieren, daß er da auch wirklich seine Ehe geschlossen hat.[31]

Man möchte auf den ersten Blick geneigt sein, in diesem Urteil der Rota, wie dies Mitterer behauptet, eine Bestätigung seiner Ansicht zu unserer Streitfrage anzuerkennen. Man würde damit jedoch übersehen, daß hier der Tatbestand in einem Punkt wesentlich anders liegt als in unserem Problem. Bei unserer Streitfrage geht es maßgeblich darum, daß der Nupturient zwei Eheschließungsakte nacheinander vornimmt, den standesamtlichen und den kirchlichen, und daß er seine Ehe ausschließlich mit dem standesamtlichen Akt begründen will, während er sich dem kirchlichen Akt ohne Eheschließungswillen unterzieht. In dem angeführten Rota-Urteil ist aber von einem doppelten Eheschließungsakt überhaupt nicht die Rede. Man beachte, wann und wo die Ehe eingegangen wurde: 1939 in Rom, also unter dem Konkordatseherecht der Lateranverträge. Nach dem italienischen Konkordatseherecht gibt es nur noch eine fakultative Zivilehe. Wer sich dagegen für die kirchliche Trauung entscheidet, heiratet nebenher nicht auch noch standesamtlich. Für die bürgerlichen Wirkungen genügt es, wenn die kirchliche Trauung hernach vom Pfarrer dem Standesamt gemeldet und in die standesamtlichen Register eingetragen wird.[32]

Wenn aber in dem angezogenen Fall tatsächlich nur ein einziger Eheschließungsakt vorgenommen wurde, nämlich die kirchliche Trauung[33], dann konnte bei der Sachlage des Falles das Ergebnis naturgemäß nur lauten: Non constat de nullitate matrimonii; auch vom Standpunkt unserer

---

[31] SRR 37, 1945 dec. 62 n. 9, S. 557 f.
[32] Vgl. italienisches Konkordat vom 11. Februar 1929, Art. 34, und Gesetz vom 27. Mai 1929 n. 847, Art. 5.
[33] *Mitterer*, a. a. O., S. 102, behauptet zwar, es sei der kirchlichen Trauung die standesamtliche Eheschließung vorausgegangen. Davon steht aber im ganzen Urteil kein Wort. Aus dem Geständnis des Mannes „Tentai di celebrare le nozze solo col rito civile; ma incontrando opposizione da parte della famiglia della sposa, mi adattai anche alla ceremonia religiosa come a una formalità qualunque" (SRR 37, 1945 dec. 62 n. 8, S. 557) läßt sich keine standesamtliche Trauung erschließen, auch nicht aus dem Wort „anche". Der Mann hatte an sich nur standesamtlich heiraten *wollen*, aber schließlich doch auch der kirchlichen Trauung auf Drängen der Familie zugestimmt; das aber bedeutete unter dem italienischen Konkordatseherecht: unter Wegfall eines eigenen standesamtlichen Eheschließungsaktes. Wäre eine standesamtliche Trauung vorausgegangen, so müßte man auch in der Urteilsbegründung eine andere Argumentation erwarten, und zwar in der Richtung, daß ein etwaiger Wille des Mannes, mit dem standesamtlichen Akt allein seine Ehe zu begründen und seine Ehe damit als bereits endgültig bestehend zu betrachten, einem wahren Konsensakt bei der kirchlichen Trauung keinen Abbruch tue. Aber dieses Problem, auf das es entscheidend in unserer Streitfrage ankommt, wird in dem Rota-Urteil gar nicht behandelt.

These aus. Es stand nach dem Beweisergebnis fest, daß der Mann seine Braut wirklich heiraten wollte. Nun trat aber nur ein einziger Vorgang in die Erscheinung, der als Eheschließungsakt intendiert sein konnte: die kirchliche Trauung. Folglich ist zu präsumieren — die Rota selbst formuliert vorsichtig: praesumendum est —, daß er da auch wirklich die Ehe eingehen wollte. Mochte er auch die religiösen Zeremonien des Aktes ablehnen und verächtlich machen, so bleibt doch die Präsumtion, daß er, da er ja wahrhaft heiraten wollte, die Intention hatte, mit diesem Jawort seine Ehe zu begründen. Von einer Behauptung, geschweige denn von einem Beweis, daß er seinen Eheschließungswillen mit einem anderen Akt verknüpft habe, ist in dem Prozeß gar nicht die Rede.

Somit spricht die angeführte Rota-Entscheidung bei genauerem Zuschauen keineswegs gegen unsere These. Andere Rota-Äußerungen, die erheblich schlechter zu seiner Auffassung passen, erwähnt Mitterer nicht.[34] Freilich sind diese unserer These günstigen Äußerungen der Rota aus zurückliegenden Jahren nicht völlig schlüssig, da bislang unser Problem noch nie klar und isoliert für sich in einem Rota-Prozeß behandelt wurde. Das ist erstmals in dem eingangs erwähnten Urteil vom 14. Juni 1957 coram Filipiak geschehen, dem deshalb eine wegweisende Bedeutung zukommt.

2. Das Rota-Urteil vom 14. Juni 1957 bildet die drittinstanzliche und endgültige Entscheidung unseres Ehefalles. Als einziger Klagegrund konnte hier geltend gemacht werden, daß der Ehemann seine Ehe allein mit der standesamtlichen Trauung hatte schließen wollen und daß er bei der nachfolgenden kirchlichen Trauung, obschon er an seiner Ehe durchaus festzuhalten bereit war, es bewußt ablehnte, hiermit seine Ehe erst zu schließen. Gerade daß hier keine Überschneidungen mit anderen Klagegründen vorliegen und somit das Problem in voller Klarheit zutage tritt, macht die Entscheidung der Rota so wertvoll.

Die Rota erklärt auf den einen Grund allein hin die Ehe für nichtig und bestätigt die beiden vorinstanzlichen Urteile. Gleichzeitig liegt darin einbeschlossen die oberstrichterliche Billigung der hier vorgetragenen These über den Inhalt des Ehekonsenses, den jemand nach der standesamtlichen Trauung noch bei dem kirchlichen Trauungsakt zu leisten hat. Denn die Rota führt zur Begründung ihres Nichtigkeitsurteils aus: Als sich der Kläger zur kanonischen Trauung entschloß, wollte er diesen Ritus nur als leere Formalität setzen: ritum huiusmodi ut rem vacuam ponere vult. Er lehnte es ab, dabei einen Vertragsabschluß zu tätigen. Denn er hielt daran fest, daß er bereits durch den Akt auf dem Standesamt ehelich gebunden sei: Unde, non modo sacramentum reiecit actor, sed et contractum. Tenuit nempe, se

---

[34] Vgl. solche Stellungnahmen der Rota bei *Möhler*, a. a. O., S. 258 f.

ligatum caeremonia coram Officio status civilis peracta, ante caeremoniam canonicam. Er hielt also seinen Ehevertrag mit dem standesamtlichen Ritus für vollständig abgeschlossen und beendet, so daß ihm zur Gültigkeit nichts mehr hinzuzufügen wäre. Zwangsläufig fehlte dann bei dem Mann, als er zum Traualtar schritt, der Wille, einen Vertragsabschluß zu vollziehen; denn er glaubte ja, den Vertrag bereits vollständig abgeschlossen zu haben: Cum ergo matrimonialem contractum plenissime absolutum et completum, per civilem ritum, tenuisset, cui nihil prorsus ad validitatem addendum erat, consequenter defuit in illo, dum ad altare accessit, nedum voluntas faciendi sacramentum, sed et voluntas contrahendi, nam opinabatur se iam perfecte contraxisse. Was er dort vor dem Altar tat, war mithin gar nicht ein tradere et acceptare ius in corpus, vielmehr bequemte er sich nur, einen rein äußerlichen Ritus zu setzen, um den Schwierigkeiten seitens seines Elternhauses zu entgehen: Nihil ergo tradidit, ante altare, nihilque ex parte mulieris acceptavit, sed ad nudum externum ritum sacrum ponendum se aptavit, obtorto collo, ne mala et incommoda obiret, quae reformidabat. Äußerlich sprach er zwar vor dem Altar das eheliche Jawort, aber nicht, um damit den Ehevertrag einzugehen; infolgedessen entsprach das äußerlich hergesagte Jawort nicht einem inneren Willen, nunmehr den Ehevertrag zu schließen. Daher liegt hier eine echte Simulation vor, ja, wie der Rota-Turnus feststellt, geradezu eine klassische Form der Totalsimulation: Patres dixerunt, agi heic de classica simulatione matrimonii ipsius, nempe de verbis et signis sacramentalibus externe adhibitis, non autem ad sacramentum conficiendum, nec ad contractum ineundum, ... quae proinde, interno sacramentali seu contractuali consensui nequaquam conformia dicenda sunt.

Man braucht nur diese Darlegungen der Rota mit dem oben Ausgeführten zu vergleichen, und man sieht sofort, wie unsere These hier ihre Bestätigung durch das oberste kirchliche Ehegericht erhält. Wer seine Ehe allein mit der standesamtlichen Trauung hat schließen wollen, hiermit seinen Ehevertrag als abgeschlossen betrachtet und den kirchlichen Trauungsakt rein äußerlich anhängt, ohne damit etwas für die Gültigmachung seiner Ehe hinzufügen zu wollen, hat keinen hinreichenden Ehekonsens bei dem kirchlichen Akt. Das äußere Jawort vor dem Traualtar genügt nicht, auch wenn bei der standesamtlichen Trauung ein echter Eheschließungswille vorhanden war und dieser bislang keineswegs widerrufen ist. Vielmehr muß das kirchliche Jawort eigens mit der Intention gesetzt werden: ad contractum ineundum. Der Nupturient muß bei der kirchlichen Trauung den Willen haben, nunmehr seine Ehe einzugehen, hier mit dem Jawort vor dem Priester sich ehelich zu binden, mit diesem Konsensaustausch seine Ehe zu begründen oder gültig zu machen. Das Jawort vor dem Altar muß als echter consensus de praesenti geleistet werden, verbunden also mit einem präsentischen Eheschließungswillen. Es muß von dem Erklärenden als eheschließender Akt intendiert sein. Andernfalls läge wahrhaftig Simulation, Konsensmangel vor.³⁵

Was die Rota in ihrem Urteil zur Begründung ausführt, deckt sich aufs beste mit dem, was seinerzeit zur Rechtfertigung des zweitinstanzlichen Urteils des gleichen Prozesses geschrieben wurde: „Totalsimulation (muß) auch dort angenommen werden, wo der Nupturient ... die zivile Trauung als wahren ehebegründenden Akt intendiert und die nachfolgende kirchliche Trauung bewußt nur als unverbindliche Zeremonie mitmacht, für die er jeden ehebegründenden Willen positiv ausschließt. Ein solcher sieht mit der standesamtlichen Trauung seine Ehe als voll und ganz geschlossen an; er macht die kirchliche Trauung nur noch zum äußeren Schein mit, lehnt es aber ab, in und mit diesem Akt seine Ehe zu schließen, da er sich als schon vorher gültig verheiratet betrachtet. Auch der wahre Ehekonsens, den er bei der standesamtlichen Trauung beigebracht hat und der als Ehewille andauert, ändert nichts daran, daß er bei der kirchlichen Trauung keinen Konsens leistet, insofern ... er es ... bewußt ablehnt, in und mit der kirchlichen Trauung das tradere et acceptare ius in corpus vorzunehmen. ... Hier klaffen bei der kirchlichen Trauung äußeres Konsenswort und innerer Konsenswille in totaler Simulation auseinander. Hier sagt zwar sein Mund, er sei gekommen, mit dieser seiner Braut die Ehe einzugehen, er sei gewillt, ihr jetzt alle ehelichen Rechte zu übertragen und sie zu seiner Ehefrau zu machen. Aber sein innerer Wille lehnt dies bewußt ab; er lehnt es ab, mit seiner Braut nunmehr die Ehe einzugehen, weil er dies einzig und allein schon mit der standesamtlichen Trauung hat tun wollen; er lehnt es ab, ihr bei diesem kirchlichen Akt die ehelichen Rechte zu übertragen, weil er ihr diese Rechte schon zuvor hat übertragen wollen und sie bereits als seine rechtmäßige Gattin betrachtet. Er lehnt es ab, mit der kirchlichen Trauung das tradere et acceptare ius in corpus zu vollziehen und so seine Ehe zu begründen. Wer in *diesem* Sinne die kirchliche Trauung nur pro forma mitmacht, heiratet ungültig, denn es fehlt die notwendige Konsensleistung."³⁶ Eine bessere Bestätigung dieser Sätze kann man sich wohl nicht

---

³⁵ In einer seltsamen Inkonsequenz läßt *Mitterer* gegen Schluß seines Aufsatzes (S. 107) hinsichtlich der Konvalidation einer formlos geschlossenen Ehe die Bemerkung einfließen: „Dazu ist auch eine wirkliche Konsensleistung notwendig, die die bisher ungültige Ehe nunmehr gültig machen *will*" (Hervorhebung von Mitterer!). Im Grunde wirft er damit seine eigene These wieder um. Denn hiermit ist doch zugegeben: Es genügt eben nicht, daß jemand nur seinen früheren Eheschließungswillen nicht widerrufen hat und jetzt bloß noch äußerlich das Jawort bei der kirchlichen Trauung spricht. Vielmehr ist für diesen kirchlichen Eheschließungsakt ein neuer Willensakt erforderlich, nämlich der Wille, nunmehr die Ehe gültig zu machen, hier mit diesem kirchlichen Jawort die Ehe in Wahrheit zu begründen. Das und gerade das ist aber unsere These, die Mitterer in seinem Aufsatz bekämpft und zu der er sich in dem zitierten Satz indirekt doch bekennt.
³⁶ TThZ 65 (1956), S. 17 f.

wünschen als das Urteil der Rota mit der abschließenden Feststellung, daß bei solchem Tatbestand der klassische Fall der Totalsimulation gegeben ist.

IV. Folgerungen

1. Für die kirchlichen Ehegerichte:
Mit dem soeben besprochenen Urteil der Rota besitzen nunmehr die nachgeordneten kirchlichen Ehegerichte in einer ebenso schwierigen wie weittragenden Frage zum erstenmal eine klare oberstrichterliche Entscheidung, die Richtschnur für ähnlich gelagerte Fälle zu sein vermag. Mancher Eherichter mochte vielleicht bisher noch Bedenken tragen, auf die inneren Gründe allein hin in dem geschilderten Tatbestand auf Nichtigkeit der Ehe zu erkennen. Jetzt hat die Rota selbst sich eindeutig dafür ausgesprochen, daß hier tatsächlich Totalsimulation vorliegt. Dankbar wird man dieses wegweisende Urteil der Rota entgegennehmen.

Freilich darf man die Bedeutung einer Rota-Entscheidung auch nicht überspitzen. Selbst wo sich in einer Frage eine ständige Spruchpraxis der Rota herausgebildet hat, besitzt sie, wie der Wiener Kanonist Arnold soeben in einer Kritik an Holböck hervorhebt[37], keine verpflichtende Kraft für andere Gerichte, welche dazu zwänge, in ähnlichen Fällen die gleiche Entscheidung zu treffen. Wohl hat man an ihr eine sichere Wegweisung für das eigene Urteil, die man nicht leichtfertig außer acht lassen wird. Verpflichtende Kraft jedoch hat das Urteil der Rota nur für den vorliegenden, von ihm entschiedenen Fall. Für den gleichen Tatbestand in einem anderen Verfahren kann es nur soweit binden, als neben der äußeren Autorität des obersten Gerichts die Kraft der inneren Argumente überzeugt.

In dem nunmehr vorliegenden Urteil zu unserer Streitfrage paart sich beides miteinander: die Autorität, welche in der Rechtserfahrung der Sacra Romana Rota ruht, und die Überzeugungskraft der inneren Gründe, mit denen sie ihre Entscheidung fest unterbaut. In dem Urteil ist unseren Gerichten eine klare Richtschnur geschenkt.

2. Für die seelsorgliche Vorbereitung der Eheschließung:
Noch wichtiger ist die Tragweite unserer Erkenntnis für die seelsorgliche Vorbereitung einer Eheschließung. Diese Vorbereitung hat ja die wesentliche Aufgabe, den gültigen Abschluß der Ehe zu sichern. Sie muß daher auch darauf achten, daß die Nupturienten bei ihrem Jawort tatsächlich das leisten, was zu einem gültigen Konsensakt erforderlich ist. Dazu gehört aber nach dem Ergebnis der Darlegungen der präsentische, wenn auch nur

---
[37] Österreichisches Archiv für Kirchenrecht 9 (1958), S. 70 f.

virtuelle Eheschließungswille, der Wille, mit dem Jawort in der katholischen Trauung die Ehe zu begründen. Zumal das Nebeneinander von standesamtlicher und kirchlicher Trauung zwingt zur Vorsicht, nicht zuletzt hinsichtlich der Intention, mit der ein Nichtkatholik die katholische Trauung seiner *Mischehe* vollziehen muß.

Für den Eheschließungswillen des Nupturienten bei der standesamtlichen und der kirchlichen Trauung wird man etwa folgende vier Fälle unterscheiden können. Prüfen wir, wo dabei noch ein hinreichender Konsens geleistet wird.

a) Jemand hat bei dem standesamtlichen Akt den Willen, hiermit nur eine äußere Zeremonie zu vollziehen, die für die Begründung seiner Ehe keinerlei Bedeutung haben soll; bei dem Jawort vor dem Pfarrer hingegen hat er den Willen, hic et nunc seine Ehe einzugehen. Es ist selbstverständlich, daß man es hier bei der kirchlichen Trauung mit einem vollgültigen Konsens zu tun hat. So wünscht ja gerade die Kirche die Verteilung der Intention auf den standesamtlichen und den kirchlichen Akt.

b) Allerdings werden tatsächlich nicht einmal alle überzeugten Katholiken bewußt diese Scheidung der Intentionen durchführen. Manch einer mag die zivile und die kirchliche Trauung mehr global als Einheit sehen. Seine Intention geht darauf, damit insgesamt seine Ehe zu begründen, ohne daß er sich klar wird, daß im Grunde allein der kirchliche Vorgang der Eheschließungsakt ist. Bei solcher Einstellung ist aber auch noch die kirchliche Trauung von dem Willen mit erfaßt, nunmehr die Ehe einzugehen. Und das genügt für die Gültigkeit des Konsensaktes.

c) Ein Nichtkatholik wird vielfach die standesamtliche Trauung als die eigentliche Ehebegründung betrachten, während er in der kirchlichen nur eine leere Formsache sieht. Doch läßt er sich auf Drängen seiner katholischen Braut oder ihrer Familie sowie belehrt, daß für einen Katholiken die Ehe gültig nur in der kirchlichen Form geschlossen werden kann, zu einer katholischen Trauung bewegen. Er unterzieht sich diesem kirchlichen Akt in der Absicht, hiermit seine Verbindung auch für seine Braut und deren Kirche zu einer gültigen Ehe zu machen. Aus welchem Motiv diese Intention in ihm entstanden ist, bleibt dabei gleichgültig. Er kann es tun etwa aus Liebe zu seiner Braut oder auch nur aus familiären Rücksichten auf die katholischen Angehörigen. Das tut der Intention inhaltlich keinen Abbruch. Ebensowenig, daß er vielleicht den ganzen Ritus samt den priesterlichen Zeremonien und Segnungen nach wie vor aus seiner andersgläubigen Haltung heraus ablehnt. Entscheidend ist nur, daß er wenigstens den Willen hat, mit dem Jawort vor dem Pfarrer seine Ehe auch kirchlich gültig zu machen. Dann ist ja mit dem kirchlichen Akt immer noch eine Eheschließungsintention verknüpft. Als Minimum ist das hinreichend. Mehr wird in der Regel von einem Nichtkatholiken auch nicht zu erwarten sein.

Für die Sicherung dieses Minimums aber wird der Seelsorger vor dem Abschluß einer Mischehe Sorge tragen müssen.

d) Unzulänglich dagegen ist es, wenn jemand den Willen hat, mit der standesamtlichen Trauung und nur mit ihr seine Ehe zu begründen. Er lehnt es, obschon er an der Ehe durchaus festhält, innerlich entschieden ab, mit der kirchlichen Trauung seine Ehe irgendwie zu begründen, sie kirchlich gültig zu machen. Er sagt nur äußerlich das Ja vor dem Altar, innerlich jedoch hat er die Intention, damit zu seiner für ihn schon gültigen Ehe keinerlei Gültigmachung hinzuzufügen. Hier mangelt es an dem erforderlichen Konsens, weil da der Ausspruch des Jaworts in der Kirche von ihm nicht als eheschließender Akt gewollt wird. Wer nur mit solcher Einstellung zur kirchlichen Trauung bereit wäre, müßte zurückgewiesen werden, da ein gültiger Eheabschluß wegen Konsensmangels doch nicht zustande käme.

Wie für den Abschluß einer Mischehe, so haben unsere Feststellungen eine praktische Konsequenz auch für die *Konvalidation* einer Ehe. Für jede convalidatio simplex fordert die Kirche eine neue Konsensleistung, entweder von beiden Ehepartnern oder wenigstens von einem (cc. 1133–1137). Wer nun einen neuen Konsens leisten muß, hat dies mit präsentischem Eheschließungswillen zu tun. Im Bewußtsein, daß seine Ehe bisher vor der Kirche ungültig ist, muß er in der Konsenserneuerung den Willen setzen, nunmehr mit diesem neu beigebrachten Konsens seine Ehe gültig zu machen. Ein bloßer Ehefesthaltungswille oder eine bloße Bestätigung eines früher einmal geleisteten Eheschließungswillens reicht nicht aus, da dies kein Konsensakt im Sinne des consensus de praesenti ist. Der Seelsorger, der sich um die Konvalidation einer Ehe müht, hat dies sorgsam zu beachten. Ein echter Konsensakt ist, wie abschließend noch einmal hervorgehoben werden soll, eben nur dort gegeben, wo der Konsens in der Intention geleistet wird, damit einen eheschließenden Akt zu vollziehen.

ANHANG
Das Urteil der Sacra Romana Rota vom 14. Juni 1957 coram R. P. D. Boleslao Filipiak[38]

Species facti

Hamburgi, Theodorus X., miles aëriae classi addictus, primis diebus m. septembris 1942, Elisabeth Carolinam Y., filiam mercatoris, obviam habuit. Iuvenes, mutuo iuvenili amore incensi, mox fidem sponsalitiam sibi dederunt, et post paucos menses, die 21 augusti 1943, in ecclesia paroeciali B. M. V. in Caelum Assumptae... in loco natali viri, matrimonium celebraverunt. Elisabeth, acatholica, iuxta legem cautiones subscripsit et acceptavit.

Brevi post, mense augusto 1944 vita coniugalis soluta est. M. ianuario 1945 Theodorus divortium petivit et obtinuit, a tribunali regionali Hamburgensi, die 2 maii 1945, ob culpam mulieris.

Die 19 iulii 1948, Theodorus apud Tribunal Monasteriense matrimonium nullitatis accusavit, duplici ex capite, quia matrimonium ipsum simulavisset, et quia mulier bonum sacramenti exclusisset.

Tribunal Monasteriense, die 20 januarii 1951, edixit constare de nullitate matrimonii, propter simulationem viri, non autem propter exclusionem boni sacramenti ex parte mulieris. Ex appellatione Defensoris Vinculi causa ad Tribunal Coloniense pervenit, quod, post renuntiationem viri quoad caput exclusionis boni sacramenti, caput simulationis matrimonii ipsius, in secunda instantia, tractavit atque sententiam Monasteriensem confirmavit. Tunc Defensor Vinculi, pro conscientia sua, ad Supr. Tribunal S. Officii appellavit, quod rem N. S. T. iudicandam commisit. Actis causae in linguam latinam traductis, atque defensionibus Patroni et Defensoris Vinculi expletis, hodie dubio concordato respondemus: „An constet de nullitate matrimonii, in casu?"

In Iure

Sufficit nota atque in nostro foro trita referre principia iuris circa simulationem consensus, propter quam irritum reddit matrimonium qui positivo voluntatis actu excludit matrimonium ipsum, aut omne ius ad coniugalem actum, vel essentialem aliquam matrimonii proprietatem (can. 1086 § 2 CIC).

Oportet tamen, ut simulatio gravibus probetur argumentis. Cfr. sententias Rotales coram me Ponente in una S. Andreae et Edimburgen. diei 25 julii 1951, in una Parisien, diei 18 ianuarii 1952, in una Mutinen. diei 19 novembris 1954 et in una Davenporten. diei 18 februarii 1955. Christus Dominus ipsum naturalem matrimonialem contractum ad dignitatem sacramenti elevavit, ita ut, inter christianos, contractus dari non possit quin eo ipso conficiatur sacramentum: sacramentum — et hoc notari oportet, quod non a fide contrahentium pendet, nec ab eorum voluntate, sed a voluntate Christi.

---

[38] Die Sacra Romana Rota gestattete in entgegenkommender Weise die Veröffentlichung dieser Entscheidung. Dem Ponens sei aufrichtiger Dank gesagt, daß so das bedeutsame Urteil den kirchlichen Ehegerichten und der kanonistischen Wissenschaft zugänglich wird. Die Wiedergabe des Textes fußt auf einer beglaubigten Abschrift des Urteils.

Unde, et ab acatholicis baptizatis, qui rationem sacramenti, in matrimonio, penitus respuerunt, et a catholicis, qui fidem penitus abiecerunt nedum quoad sacramenta, sed quoad ipsam Christi divinitatem, semper praesumitur validus contractus iniri, et, consequenter, validum sacramentum. Dummodo constet, quod ceterum praesumitur, contrahentes voluisse contrahere, sicuti omnes contrahunt, nihil in concreto expresse acceptantes vel expresse reicientes.

Quod si contrarium sufficienter probatur, matrimonii nullitas est edicenda.

In Facto

Actor ex actis apparet homo vehemens et concitatus; perturbatione incitatus motus animi non habet domitos — intemperantia, studium flagrans et temeritas, ecce notae eius indolis, — tempore contractus.

Filius ludimagistri catholici, statim cultum religionis dimisit; ipse in iudicio de se dicit „quod ab Ecclesia alienatus sum, iam coepit in superioribus classibus gymnasii". Actor a. 1920 natus, crevit in illa infelicis memoriae Germania Hitleriana. Studia in gymnasio peragens, inquinato illo aëre afflari consuevit, ubi religio a rei publicae institutis reiecta fuit. Deum esse negare, iuvenes illius temporis a teneris annis in scholis discebant. Examine maturitatis vix superato, ad arma vocatus, Hamburgi, aëriae classi addictus, morum temporumque vitia, corruptelas, iuvenis, ut erat indomitus, persequi perrexit. Malo fato in puellam eiusdem furfuris incidit, quae, iuxta inhonesta et funesta principia regiminis, in eodem vexillo versabatur. Iuvenes amoribus indulgere coeperunt, neque venerem rapere haesitaverunt. Mox, non obstante iuvenili aetate, eosdem numerabant annos, nuptias praemature celebrare statuerunt. Puella, acatholica, „confessionem suam non magni aestimabat", secundum verba actoris. Re quidem deponit mulier: „cogitabamus evangelice copulationem celebrare, saltem civiliter, non catholice."

Stat factum, ex actis comprobatum, in familia actoris maximam exarsisse contentionem. Parentes eius principia catholica acriter defendere non omiserunt, auxilium parochi invocantes, qui in iudicio refert „colloquio quod, voto parentum obsequens, cum eo habui, mihi persuadere coactus sum, ipsum fidem catholicam abiecisse".

Profecto actor nuptias in Ecclesia celebrare reiecit, atque in aestu irae, relationes cum parentibus rupit.

Deinde, post aliquos menses, celebrationem canonicam acceptavit, ita ut parochus nuptias more solito benedicere non dubitaverit. Hodie actor obicit, se ficte et simulate egisse, nonnisi (iuxta eius depositionem) „quod parentum me miserebat et pacis in gente sustinendae causa".

Assumptum viri actoris confirmat mulier conventa. Ne dicatur conventa studio succurrendi actori deponere, eo vel magis quod initio excussionis iudici instructori dixerit „in tantum mea interest (scilicet exitus processus) cupientis virum meum pristinum matrimonium futurum contrahere posse, secundum praecepta fidei suae". Etenim idem iudex instructor de conventa declaravit: „omnino verum dicere videtur."

Deinde pariter genitores mulieris attestantur, iuxta veritatem, nuptias in forma catholica locum habuisse, nonnisi ex forti et strenua genitorum viri voluntate. Prout conventa subiunxit, actor noluit iram parentum ultra excitare, „exemplum sororis ei ob oculos versabatur, quae permultos annos domum paternam intrare prohibebatur, quia mere civiliter matrimonium contraxerat".

Denique actor, a matre plus aliis filiis dilectus, tandem cessit et formam catholicam nuptiarum acceptavit.

Discutitur tamen, num ficte et simulate tantum, prout ipse asserit.

Patres dixerunt conclusiones sententiarum Monasterien. et Colonien. conformes et affirmativas esse admittendas.

Agebatur, sane, de viro actore, in iuvenili passione indomita, cultui religionis adverso, imo Deum neganti, qui „copulationem ecclesiasticam ut rem insanam detrectabat", secundum depositionem parochi.

Vir actor ritui celebrationis consensit, sed simulato animo; ita in iudicio actor deponit: „adversus parentes fucum in hac re retinui, sed fratrem meum Hubertum ... et sororem meam verbis et scriptis certiores feci, quid de hac re sentirem."

Frater Hubertus confirmat animum actoris, religioni infensum „quia nullo iam vinculo aut officio a parte Ecclesiae obstrictum se sentiebat"; soror vero, maius reddit testimonium dicendo: „orator ante matrimonium per litteras mecum communicavit, se copulationem ecclesiasticam concessisse, ut spectacula deformia a parte parentum vitaret. ... Orator postea (post matrimonium) mihi scripsit, se id omne per speciem tantum fecisse." Probatio per testes maiorem vim assumit ex vehementi praesumptione virum tempore contractus fuisse atheismi asseclam. Hodie vero, ad meliorem frugem reversus, fidem mereri videtur circa ea, quae de sua indole praenuptiali declarat.

E tabulis luculenter patet adolescentem istum, catholice baptizatum et educatum, fidem penitus amisisse tempore illo, quo protestanticam puellam cognovit, quam et ad aras ducere voluit.

Fidem amiserat nedum in sacramenta, sed et in Christi divinitatem. Quod et genitores et parochus plene confirmant. Haec repellens, positivo voluntatis actu, coram genitoribus et parocho sine ambagibus manifestato, etiam expresse et positive reiecit sacramentalem matrimonii ritum, quam rem sine sensu aestimavit.

Sed firmissimam maledictionem parentum obivit: matrem quasi sensibus destitutam coram his propositionibus vidit, et patrem auscultavit simpliciter declarantem ianuam paternae domus ipsi clausam permanere, semel pro semper.

Iterum ad militaria munera gerenda abivit, sed recogitare coepit, quam grave et quam durum esset dilectionem parentum amittere, eorum protectionem, eorum domum.

Exinde propositum celebrandi canonicum ritum nuptialem, non autem sicuti ceteri omnes, sed sicut homo qui ritum huiusmodi ut rem vacuam ponere vult, ad satisfaciendum parentibus.

Unde, non modo sacramentum reiecit actor, sed et contractum. Tenuit nempe, se ligatum caeremonia coram Officio status civilis peracta, ante caeremoniam canonicam. Confessionem sacramentalem, quam genitoribus occultare poterat, de condicto omisit; ad sacram Mensam accessit humano respectu. Quae omnia et singula indubie resultant nedum ex affirmatione viri, sed et ex affirmatione mulieris, quae nullum interesse in causa habet.

Cum ergo matrimonialem contractum plenissime absolutum et completum, per civilem ritum, tenuisset, cui nihil prorsus ad validitatem addendum erat, consequenter defuit in illo, dum ad altare accessit, nedum voluntas faciendi sacramentum, sed et voluntas contrahendi, nam opinabatur se iam perfecte contraxisse.

Nihil ergo tradidit, ante altare, nihilque ex parte mulieris acceptavit, sed ad nudum externum ritum sacrum ponendum se aptavit, obtorto collo, ne mala et incommoda obiret, quae reformidabat.

Patres dixerunt, agi heic de classica simulatione matrimonii ipsius, nempe de verbis et signis sacramentalibus externe adhibitis, non autem ad sacramentum conficiendum, nec ad contractum ineundum, sed solummodo ad certum finem, sacramento et contractui extraneum, et ad illum tantummodo consequendum; quae proinde, interno sacramentali seu contractuali consensui nequaquam conformia dicenda sunt.

Quibus omnibus, tam in iure quam in facto, rite perpensis atque consideratis, Nos infrascripti Patres, Auditores de Turno, pro Tribunali sedentes et solum Deum prae oculis habentes, Christi Nomine invocato, decernimus, declaramus et definitive sententiamus:

Constare de nullitate matrimonii, in casu; seu ad dubium propositum respondemus: Affirmative. . . .

Romae, in Sede Tribunalis S. R. Rotae, die 14 iunii 1957.

Boleslaus Filipiak, Ponens.
Guillelmus Doheny.
Petrus Mattioli.

Sententia facta est exsecutiva.

Die freie Beweiswürdigung
im kanonischen Prozeß

Jedes Gerichtsverfahren eilt seinem Höhepunkt zu, wenn das Beweismaterial abgeschlossen vorliegt und nun der Richter aus den beigebrachten Beweisen das Urteil gewinnen soll. Er muß dazu den zusammengetragenen Beweisstoff auf seine Tragkraft und Schlüssigkeit prüfen. Wie soll er diese Beweiswürdigung vornehmen: frei oder gebunden?

Das Prinzip der *freien* Beweiswürdigung des Richters besagt, daß der Richter in der Auswertung des Beweismaterials einzig an die freie Entscheidung seines Gewissens verwiesen ist und dabei keinerlei Bindung von außen unterliegt. In freiem, aber gewissenhaftem Ermessen hat er zu entscheiden, ob er aus den vorgelegten Beweisen sich moralische Gewißheit über die Prozeßfrage bilden kann, und dementsprechend das Urteil zu fällen. Die Freiheit, welche ihm das prozessualrechtliche Prinzip der freien Beweiswürdigung zuspricht, meint im eigentlichen Sinne nicht, daß er bei seiner Urteilstätigkeit unabhängig von konkreten Anweisungen anderer Personen, auch von denen seiner Dienstvorgesetzten sein muß. Für eine solche Unabhängigkeit des Richters bliebe selbst noch unter dem Prinzip der gebundenen Beweiswürdigung genügender Raum. Gemeint ist vielmehr, daß der Richter in der Beweiswürdigung darüber hinaus auch nicht von Gesetzes wegen eingeengt ist, daß also keine gesetzlichen Beweisregeln bestimmen, wieviel Beweiskraft diesem oder jenem Beweismittel bei der Urteilsfindung beizumessen ist.

Ein Prozeßrechtssystem mit *gebundener* Beweiswürdigung überläßt hingegen die Auswertung der Beweise nicht der alleinigen Entscheidung des freien richterlichen Gewissens, sondern bindet den Richter dabei an gesetzliche Beweisregeln. So könnte z. B. ein Gesetz festlegen, welche Zahl und welche Qualität von Zeugen erforderlich wäre, um einen für die Urteilsfällung hinreichenden Beweis zu erbringen. Hier dürfte der Richter nicht frei allein danach entscheiden, ob er persönlich aus dem Beweismaterial unzweifelhafte Gewißheit über den Klageanspruch gewonnen hat; vielmehr wäre er für die Urteilsfindung an die Beachtung der gesetzlichen Beweisregel gebunden und müßte also unter Umständen den Klageantrag abweisen, obschon er auf Grund der vorgebrachten Beweise persönlich von der Rechtmäßigkeit des Antrags überzeugt wäre.

Der Grundsatz der freien Beweiswürdigung gilt als ein Eckpfeiler des modernen Prozeßrechts. Wie steht das kanonische Recht dazu?

I. Die historische Entwicklung

Das *römische* Recht der klassischen Zeit beließ dem Richter volle Freiheit in der Beweiswürdigung.[1] Im Corpus Iuris Civilis findet das Prinzip der freien Beweiswürdigung seinen treffendsten Ausdruck an einer Stelle der 533 von Kaiser Justinian publizierten und mit Gesetzeskraft ausgestatteten Digesten: Dig. 22, 5, 3 § 2. Auf welche Weise, so heißt es dort, die einzelnen Beweismittel für den Beweis ausreichen, läßt sich nicht allgemein fest bestimmen. Mal sind Urkunden erforderlich, mal reichen sonstige Argumente, vor allem Zeugenaussagen, aus. Und bei letzteren kommt es hier vielleicht auf die Zahl, dort auf Stellung und Rang der Zeugen an; hin und wieder mag die allgemeine Offenkundigkeit den Ausschlag geben. Als generelle Regel läßt sich nur aufstellen: Der Richter darf seine Entscheidung keineswegs auf ein einziges Beweismittel festlegen, sondern muß sich insgesamt in einer Würdigung seines Gewissens ein Urteil darüber bilden, wieweit er sich überzeugt weiß und wieweit er den Beweis nicht für erbracht erachtet.[2] Dieses „ex sententia animi tui te aestimare oportere", das man als die klassische Formulierung des Prinzips der freien Beweiswürdigung bezeichnen könnte, zeigt ganz klar, daß im römischen Recht Beweiswert und Beweiskraft der einzelnen Argumente nicht gesetzlich vorgeschrieben waren, vielmehr der Richter ihre Entscheidungskraft in freier Würdigung seines Gewissens abzuwägen hatte. Erst in der späteren Kaiserzeit bahnten sich auch im römischen Recht für einige, wenige Punkte gesetzliche Maßstäbe der Beweisbewertung an; doch selbst da blieb als Grundzug noch die freie Beweiswürdigung.

Im *germanischen* Recht trug das Rechtsverfahren einen völlig anderen Charakter, der dem heutigen Rechtsdenken nur schwer verständlich ist. Sein

---

[1] Vgl. M. A. *von Bethmann-Hollweg,* Der Zivilprozeß des gemeinen Rechts in geschichtlicher Entwicklung, 6 Bde. Bonn 1864–1874. 1 S. 182; 2 S. 607 f. Paul *Jörs* und Leopold *Wenger,* Römisches Recht, Berlin 1927, S. 270 und 277.

[2] Dig. 22, 5, 3 § 2: Quae argumenta ad quem modum probandae cuique rei sufficiant, nullo certo modo satis definiri potest. Sicut non semper, ita saepe sine publicis monumentis cuiusque rei veritas deprehenditur. Alias numerus testium, alias dignitas et auctoritas, alias veluti consentiens fama confirmat rei de qua quaeritur fidem. Hoc ergo solum tibi rescribere possum summatim non utique ad unam probationis speciem cognitionem statim alligari debere, sed ex sententia animi tui te aestimare oportere, quid aut credas aut parum probatum tibi opinaris.

unmittelbares Ziel ist dort nicht die Aufhellung eines Sachverhalts, nicht die Feststellung der materiellen Wahrheit, wie ein Vorgang tatsächlich verlaufen ist. Vielmehr geht es hier in erster Linie um die Konstatierung eines formellen Rechts; das Verfahren soll feststellen, auf welcher Seite der beiden Parteien das Recht liegt.

Dem formalen Ziel entspricht die formale Beweisführung, die eine materielle Würdigung von Beweisen in unserem Sinne gar nicht kennt.[3] Die maßgeblichen Beweismittel des germanischen Rechtsverfahrens sind Eid und Gottesurteil. Dagegen treten Zeugen, das wichtigste Beweismittel des modernen Prozesses, auffallend in den Hintergrund. Ja, Erfahrungszeugen, d. h. die Aussage von dritten Personen, die bei einem Vorgang nur zufällig anwesend waren und daher als völlig unparteiische Beobachter nach heutiger Anschauung am zuverlässigsten berichten könnten, wie der Vorfall sich tatsächlich abgespielt hat, kannte man im alten germanischen Rechtsverfahren überhaupt nicht. Dritte Personen wurden vornehmlich als Eideshelfer herangezogen. Diese hatten aber mit ihrem Eid nicht zu bezeugen, was geschehen war, sondern ohne unmittelbare Bezugnahme auf diese materielle Wahrheit erhärteten sie mit ihrem Eid nur formell die Glaubwürdigkeit ihrer Partei. Selbst ohne von dem Prozeßgegenstand eine eigene Kenntnis zu besitzen, konnten sie doch Eideshilfe leisten; sie beschworen damit ja einzig und allein ihre Überzeugung, daß ihr Parteimann in seiner eidlichen Aussage keines Meineides fähig sei.

Der Rechtsgang des germanischen Rechts vollzog sich in der Form eines Kampfes zwischen den beiden Parteien. Die Klage kam einem Vorwurf gegen den Beklagten gleich, gegen den dieser sich mit den Prozeßwaffen des Eids und des Gottesurteils zur Wehr setzen durfte und mußte. Zunächst hatte er zum Mittel des Eides zu greifen; er leistete den Eid, daß der Vorwurf der Klage zu Unrecht bestehe (Reinigungseid). Seinen eigenen Schwur mußte er dann mit dem Eid seiner Eideshelfer stützen, die meist aus seiner Sippe genommen wurden. Wieviel Eideshelfer beizuziehen waren, richtete sich nach dem Gewicht des Streitfalles; beliebt war die Siebenzahl[4], bei besonders bedeutsamen Verfahren war aber eine erheblich höhere Zahl gefordert. Der Kläger mußte nun seinerseits zu einem neuen Vorstoß ausholen. Er konnte dies damit tun, daß er gleichfalls zum Eid schritt und seinen Schwur von Eideshelfern seiner Sippe erhärten ließ. Wenn die Eide auf beiden Seiten sich die Waage hielten oder wenn der Kläger durch das Angebot eines Zweikampfes (Kampfklage) von vornherein dem Beklagten den

---
[3] Vgl. hierzu Hermann *Conrad*, Deutsche Rechtsgeschichte, Bd. 1, Frühzeit und Mittelalter, Karlsruhe 1954 S. 45.
[4] Eine Nachwirkung findet sich noch im heutigen kanonischen Recht im testimonium septimae manus des Inkonsummationsprozesses (c. 1975), das ebenso wie die altgermanische Eideshilfe unmittelbar nicht Tatsachenaussage, sondern Glaubwürdigkeitsbezeugung darstellt.

Weg des Reinigungseides versperrt hatte, mußte der Kampf im Gottesurteil fortgesetzt werden; meist nahm man dazu den Zweikampf zwischen den beiden Parteien. Der Ausgang dieses Gottesurteils entschied dann nach damaliger Anschauung, auf welcher Seite das Recht lag.

Ein derartiges Beweisverfahren machte zwangsläufig gesetzliche Beweisregeln notwendig. Für eine freie Würdigung eines materiellen Beweisergebnisses bleibt hier überhaupt kein Raum mehr. Wohl aber mußte das Recht sehr genaue Vorschriften über das Verfahren und die Beweiskraft der einzelnen Beweismittel entwickeln. So zum Reinigungseid, wann der Beklagte einen Anspruch auf dieses Freischwören habe und unter welchen Voraussetzungen der Kläger ihm den Eid verlegen könne. Oder wann die Reinigung als erbracht anzusehen sei; wieviel Eideshelfer hierzu nötig seien; aus welchem Kreis man diese nehmen müsse und wem ihre Auswahl zustehe. Und erst recht waren präzise Bestimmungen erforderlich, wann zum Zweikampf oder zu einem sonstigen Gottesurteil geschritten werden müsse, unter welchen Umständen sie zu vollziehen seien und wie ihr Ausgang zu bewerten sei. Eine freie Beweiswürdigung des Richters kann hier gar nicht einsetzen.

Das Beweisverfahren des *kanonischen* Rechts hielt dagegen eine gewisse Mitte ein. Es betrachtete die rein äußerliche, formelle Erhärtung der Parteienaussage, wie sie im germanischen Recht üblich gewesen war, in der Regel nicht mehr für hinreichend, sondern forderte einen Beweis, der sich auf einen inneren Zusammenhang zwischen Beweisthema und Beweismittel gründet. Größere Freiheit im Heranziehen von Erfahrungszeugen war die Folge.

Aber hinsichtlich der Beweiswürdigung stand das kanonische Recht zum Teil auf dem Boden des gebundenen Systems. Das zeigt sich in der gesetzlichen Bewertung der Zeugenaussagen. Dafür wurde im Anschluß an das Herrenwort Mt 18, 16 und Jo 8, 17[5] die bindende Norm vorgeschrieben, daß ein voller Beweis nur in der übereinstimmenden und allen rechtlichen Erfordernissen entsprechenden Aussage von zwei oder drei völlig einwandfreien Zeugen gegeben sei.[6] Daß die Bekundung eines einzigen Zeugen, mochte er in seiner Wahrhaftigkeit noch so glaubwürdig sein und mochte seine Aussage noch so überzeugend wirken, für sich allein keinen vollen Beweis zu erbringen vermochte, war eine strikte, den Richter absolut bindende Beweisregel des kanonischen Rechts.[7] Nicht mit gleicher Bestimmt-

---

[5] Vgl. Dt 17, 6 und 19, 15.

[6] Vgl. z. B. c. 23 X 2, 20: ... In qualibet causa ... non minus quam duorum vel trium virorum, qui sint probatae vitae et fidelis conversationis, testimonium admittatis. ... Nulla est ... causa, quae unius tantum testimonio, quamvis legitimo, rationabiliter terminetur.

[7] Vgl. Carl *Groß*, Die Beweistheorie im canonischen Proceß mit besonderer Berücksichtigung auf die Fortentwicklung derselben im gemeinen deutschen Civilproceß, 2 Bde. Wien 1867 und Innsbruck 1880, 2 S. 292 f.

heit, aber doch mit Bindung für den Richter gab das kanonische Recht noch für weitere Beweismittel gewisse Bewertungsmaßstäbe. So für den bei unvollständigem Beweis einer der beiden Parteien aufzuerlegenden Ergänzungseid[8], für die Beweiskraft von Urkunden[9], für die Abwägung von Indizien.[10] „Das kanonische Recht hat zwar kein vollständiges System genau präzisierter Beweisregeln, welche das Gewicht der einzelnen Beweisgründe gewissermaßen skalamäßig bestimmen würden, aber es stellt bereits feste Normen teils mehr allgemeiner, teils ganz spezieller Natur auf, an welche das arbitrium iudicis bei der Würdigung der Beweise gebunden ist."[11]

Immerhin blieb innerhalb dieser Beweisregeln noch ein gewisser Raum ausgespart, in dem der Richter nach seinem gewissenhaften Ermessen das Beweismaterial zu prüfen und zu bewerten hatte. Selbst bei Zeugenaussagen, für die ja die präziseste Beweisregel vorlag, war seine persönliche Würdigung nicht völlig ausgeschaltet. Er mußte noch entscheiden, ob die beiden auftretenden Zeugen allen Anforderungen eines einwandfreien Zeugen entsprachen. Seine gewissenhafte Prüfung mußte klären, wieweit auch der Aussage eines nicht völlig einwandfreien Zeugen Gewicht beizulegen sei und ob unter Umständen die mangelnde Qualität durch eine größere Zahl solcher Zeugen ausgeglichen werden könne. Er hatte festzustellen, ob die Aussage zweier an sich einwandfreier Zeugen nicht durch irgendwelche Gegenargumente erschüttert wurde und damit den Charakter des voll erbrachten Beweises verlor. Ganz ausgeschaltet war also eine freie Beweiswürdigung des Richters nicht. Bezeichnend dafür ist, daß aus dem römischen Recht die oben zitierte Digestenstelle fast wörtlich ins Dekret Gratians übernommen ist.[12]

Gleichwohl bestand eine Bindung des Richters an Beweisregeln. Und die Entwicklung drängte auf ihre weitere Ausgestaltung, sowohl im kanonischen Recht als auch in dem von ihm stark abhängigen weltlichen Prozeßrecht. Dies geschah zwar nicht durch neue gesetzliche Beweisregeln, vielmehr auf dem Weg über die juristische Doktrin, welche die Voraussetzungen für einen vollen Beweis immer eingehender ausbaute und auf die gerichtliche Praxis maßgeblichen Einfluß damit gewann.[13] Nach und nach kam es so zu

---

[8] C. 36 X 2, 24.
[9] C. 1 ff X 2, 22.
[10] C. 14 X 2, 23.
[11] *Groß*, Beweistheorie 1 S. 127. Vgl. Jos. *Meile*, Die Beweislehre des kanonischen Prozesses in ihren Grundzügen unter Berücksichtigung der modernen Prozeßrechtswissenschaft, Paderborn 1925, S. 13–20.
[12] C. 3 § 28 C. 4 q. 2 et 3. So heißt es auch in dem zwischen 1198 und 1200 verfaßten Ordo „Invocato Christi nomine": Si autem (sc. testes) contrarii reperiantur, iudex ex motu animi sui scire poterit, quibus potius fides adhibenda sit (Ludwig *Wahrmund*, Quellen zur Geschichte des römisch-kanonischen Prozesses im Mittelalter, Bd. 5, Heft 1, Heidelberg 1931, S. 114 f).
[13] Vgl. *Groß*, Beweistheorie 2 S. 297–304.

einer Arithmetisierung der Beweiswürdigung. Ausgehend von der gesetzlichen Norm, daß erst zwei klassische Zeugen einen vollen Beweis schaffen, ließ sich die Doktrin zu der Folgerung verlocken, daß dann die Beweiskraft eines einzigen klassischen Zeugen genau der Hälfte des Beweises entspreche. Wenn er aber eine probatio semiplena herbeiführte, dann sprach man der Aussage eines nicht völlig einwandfreien Zeugen immerhin noch den Wert einer probatio minus quam semiplena zu, dann berechnete man die Koppelung eines klassischen und eines nichtklassischen Zeugen zwar nicht als vollen Beweis, aber doch als probatio plus quam semiplena. Selbst ein Kanonist wie Reiffenstuel († 1703), der dem Richter noch mit Nachdruck eine Eigenständigkeit in der Bewertung des Beweismaterials zuerkannte[14], gab ihm auf der anderen Seite recht detaillierte Weisungen, wie er die Zusammensetzung verschiedener Beweisbruchteile zu bemessen habe, in welchen Fällen z. B. die Addition eines iuramentum suppletorium und einer probatio semiplena einen vollen Beweis erbringe und unter welchen Voraussetzungen hingegen das iuramentum suppletorium nur in Verknüpfung mit einer probatio plus quam semiplena ausreiche.[15] Gewiß, eine freie Beweiswürdigung war nach den gesetzlichen Bestimmungen nicht völlig ausgeklammert, aber die Praxis beschwor doch die Gefahr herauf, daß die Beweiswürdigung allzu schematisch als Addition von Bruchteilen zum vollen Ganzen des Beweises gehandhabt wurde und darüber die individuelle Abwägung der Besonderheiten eines konkreten Falles zu kurz kam.

Das weltliche Recht, das mindestens im gleichen Maße von dieser Gefahr bedroht war, brachte in den großen Kodifikationen des 19. Jahrhunderts die entschiedene Rückkehr zum Prinzip der freien Beweiswürdigung des Richters. So in den beiden deutschen Prozeßordnungen von 1877, in der Zivilprozeßordnung und in der Strafprozeßordnung. Gerade die Frage der freien oder der gebundenen Beweiswürdigung war einer der wichtigsten Gesichtspunkte dieser Reichsjustizgesetze.[16] Im amtlichen Kommissionsbericht vom 19. Oktober 1876 an den Reichstag hieß es u. a.: „Es gibt keine Beschränkung des Beweises, auch nicht des Zeugenbeweises, und die Beweiswürdigung ist bis auf wenige, namentlich durch die Heiligkeit des Eides und die Notwendigkeit der Sicherung des Urkundenbeweises gebotene Ausnahmen frei von gesetzlichen Beweisregeln."[17] Dementsprechend wurde die freie

---

[14] Anacletus *Reiffenstuel*, Ius canonicum universum (1700 u. ö.) lib. 2 tit. 19 n. 60.
[15] *Reiffenstuel*, Ius canonicum universum, lib. 2 tit. 24 n. 177 und 188.
[16] Vgl. August *Hellweg*, Geschichtlicher Rückblick über die Entstehung der deutschen Civilprozeß-Ordnung, in: Archiv für die civilistische Praxis 61, Tübingen und Leipzig 1878, S. 78–140. A. *Heusler*, Die Grundlagen des Beweisrechtes, in: Archiv für die civilistische Praxis 62, 1879, S. 209–319, bes. S. 233 ff. Otto *Wendt*, Beweis und Beweismittel, in: Archiv für die civilistische Praxis 63, 1880, S. 254–318, bes. S. 287 ff.
[17] *Hellweg*, a. a. O., S. 132.

Beweiswürdigung für das weltliche Prozeßrecht gesetzlich verankert.[18] Seitdem gilt der Grundsatz, wenn auch nicht völlig unangefochten[19], als Errungenschaft des modernen Prozeßrechts.

II. Der heutige kanonische Prozeß

Auf dem gezeichneten historischen Hintergrund erhebt sich nun die Frage, wie der kirchliche Gesetzgeber bei der Kodifikation des Codex Iuris Canonici 1917 zum Problem der freien Beweiswürdigung Stellung genommen hat. Die Antwort findet man in c. 1869 § 3[20]: in der Regel freie Beweiswürdigung; gebundene Beweiswürdigung nur soweit, als gesetzliche Beweisregeln sie in bestimmten Fällen vorschreiben.

1. Als Norm die freie Beweiswürdigung

C. 1869 handelt in klarem logischen Aufbau von der richterlichen Beweiswürdigung. In § 1 wird das *Ziel* der Beweiswürdigung herausgestellt: die moralische Gewißheit. Diese steht, wie Pius XII. in einer viel beachteten Ansprache am 1. Oktober 1942 vor dem Kollegium der Sacra Romana Rota ausführte[21], in der Mitte zwischen der absoluten Gewißheit und der bloßen Wahrscheinlichkeit. Bei der absoluten Gewißheit ist die Möglichkeit des Gegenteils völlig ausgeschlossen; bei der Wahrscheinlichkeit spricht noch ein begründeter Zweifel für das Gegenteil. Die moralische Gewißheit ist positiv dadurch charakterisiert, daß bei ihr im Unterschied von der bloßen Wahrscheinlichkeit jeder begründete oder vernünftige Zweifel ausgeschlossen ist, und negativ dadurch, daß sie im Gegensatz zur absoluten Gewißheit

---

[18] § 286 ZPO: „Das Gericht hat unter Berücksichtigung des gesamten Inhalts der Verhandlungen und des Ergebnisses einer etwaigen Beweisaufnahme nach freier Überzeugung zu entscheiden, ob eine tatsächliche Behauptung für wahr oder für nicht wahr zu erachten sei. In dem Urteil sind die Gründe anzugeben, die für die richterliche Überzeugung leitend gewesen sind. An gesetzliche Beweisregeln ist das Gericht nur in den durch dieses Gesetz bezeichneten Fällen gebunden." § 261 StPO: „Über das Ergebnis der Beweisaufnahme entscheidet das Gericht nach seiner freien, aus dem Inbegriff der Verhandlung geschöpften Überzeugung."

[19] Vgl. Johannes *Meißner*, Zum Prinzip der freien Beweiswürdigung, Festschrift Franz von Liszt, Berlin 1911, S. 168–187. Ludwig *Bendix,* Die freie Beweiswürdigung des Strafrichters, in: Goltdammers Archiv für Strafrecht und Strafprozeß 63, Berlin 1917, S. 31–45.

[20] C. 1869 § 1. Ad pronuntiationem cuiuslibet sententiae requiritur in iudicis animo moralis certitudo circa rem sententia definiendam. § 2. Hanc certitudinem iudex haurire debet ex actis et probatis. § 3. Probationes autem aestimare iudex debet ex sua conscientia, nisi lex aliquid expresse statuat de efficacia alicuius probationis. § 4. Iudex qui eam certitudinem efformare sibi non potuit, pronuntiet non constare de iure actoris et reum dimittat, nisi agatur de causa favorabili, quo in casu pro ipsa pronuntiandum est, et salvo praescripto can. 1697 § 2.

[21] AAS 1942, S. 338–343.

die absolute Möglichkeit des Gegenteils noch bestehen läßt.²² Kann der Richter bei der Beweiswürdigung die Stufe der moralischen Gewißheit nicht erreichen, so muß er die Klage abweisen (c. 1869 § 4). Umgekehrt ist er aber auch verpflichtet, ein positives Urteil zu fällen, sofern er nur die moralische Gewißheit gewonnen hat.

Freilich läßt die moralische Gewißheit ihrerseits wieder verschiedene Grade der Sicherheit zu. Zwar muß in jedem Falle der moralischen Gewißheit, da dies zu ihrem Wesen gehört, der Richter so fest überzeugt sein, daß er begründetermaßen nicht mit einem Irrtum rechnen kann. Aber das Maß, in dem der Irrtum ausgeschlossen ist, kann sich von der Mindestgrenze in mannigfachen Stufen hinaufsteigern bis heran an die absolute Gewißheit, bei der die Möglichkeit des Irrtums überhaupt ausgeschlossen ist. Welcher dieser Grade innerhalb der moralischen Gewißheit ist für die Urteilsfällung des Richters erforderlich? Dazu heißt es in der Allokutio Pius' XII.²³: Wo das Gesetz es ausdrücklich vorschreibe, oder in Fällen mit ganz besonders schwierigem Prozeßgegenstand könne es geboten sein, daß der Richter sich nicht mit dem untersten Grad innerhalb der moralischen Gewißheit zufrieden gebe. Sonst aber genügt „die schlichte moralische Gewißheit, d. h. der Richter muß von der Wahrheit und Gerechtigkeit seiner Entscheidung so überzeugt sein, daß dagegen kein Einwand erhoben werden kann, den ein Mann mit gesunder Urteilskraft als begründet und vernünftig anzusehen vermöchte"²⁴. Über diese ausreichende Gewißheit hinaus zum Nachteil einer Partei einen noch höheren Grad der Gewißheit zu verlangen, wäre Unrecht.

Quelle der Beweiswürdigung ist nach c. 1869 § 2 ausschließlich das in den Akten niedergelegte Beweismaterial. Was nicht im Verlauf des Prozesses verhandelt und in die Akten aufgenommen ist, darf nicht zur tragenden Grundlage des Urteils gemacht werden. In diesem Sinne (und nur in diesem!) gilt das alte Axiom: Quod non est in actis, non est in mundo, das die Freiheitsrechte der Parteien schützt. Würde der Richter irgendwelche Kenntnisse, die er privat außerhalb des Prozeßverlaufes gewonnen hat, bei der Urteilsfindung verwerten, so wären die Parteien in ihren Verteidigungsrechten unzulässig verkürzt; ein so ergehendes Urteil wäre nichtig.²⁵

Das private Wissen des Richters hat bei der Beweiswürdigung auszuscheiden. Daraus kann sich der Konflikt ergeben, daß der Richter auf Grund

---

[22] *Pius XII.:* Essa, nel lato positivo, è caratterizzata da ciò, che esclude ogni fondato o ragionevole dubbio e, così considerata, si distingue essenzialmente dalla menzionata quasi-certezza; dal lato poi negativo, lascia sussistere la possibilità assoluta del contrario, e con ciò si differenzia dall'assoluta certezza (AAS 1942, S. 339 f.).
[23] AAS 1942, S. 342.
[24] Eduard *Eichmann* – Klaus *Mörsdorf,* Lehrbuch des Kirchenrechts auf Grund des Codex Iuris Canonici, Bd. 3, Paderborn 1954⁸, S. 174 f.
[25] Vgl. c. 1861 § 2.

seiner privaten Kenntnis zu einer anderen Entscheidung käme als an Hand des Aktenmaterials. In solchem Falle müßte der Richter zunächst versuchen, den gerichtlichen Beweis auf seine Lückenhaftigkeit zu prüfen und ihn nach Möglichkeit zu ergänzen. Bliebe dies erfolglos, so könnte er trotz seiner entgegenstehenden privaten Überzeugung das Urteil gemäß dem Befund des Prozeßmaterials fällen, sofern damit für die Partei oder die Parteien keine Benachteiligung verbunden ist; so könnte er in einem Strafprozeß einen Angeklagten freisprechen, den er nach einer privaten Information schuldig weiß. Für den umgekehrten Fall hingegen, daß das Aktenmaterial, wenn auch irrig, auf schuldig und die sichere private Kenntnis auf unschuldig lautet, dürfte der Richter nicht zur Verurteilung schreiten, sondern müßte vom Richteramt in diesem Prozeß wegen Befangenheit zurücktreten und sich durch einen anderen Richter ersetzen lassen.[26]

Zur *Methode* der Beweiswürdigung bestimmt c. 1869 § 3: Grundsätzlich gilt das Prinzip der freien Beweiswürdigung; ausgenommen davon ist nur der Fall, daß gesetzliche Beweisregeln ausdrücklich etwas über die Kraft eines Beweismittels festlegen. Im wesentlichen stimmt hierin das kanonische Recht mit den modernen Prozeßordnungen des weltlichen Rechts überein, wenn auch nicht zu verkennen ist, daß es in etwas weiterem Umfang als z. B. die deutsche ZPO oder StPO von der Möglichkeit gesetzlicher Beweisregeln Gebrauch macht.

Hiermit bekennt sich der CIC zu einem Beweissystem, das der freien Beweiswürdigung den Vorrang zubilligt und den gesetzlichen Beweisregeln nur eine sekundäre Hilfsstellung einräumt.[27] Beweisregeln sind, wie gleichfalls in der Rechtsprechung der Sacra Romana Rota zum Ausdruck kommt, bloße Ausnahmen und müssen daher auch eng interpretiert werden, um der freien Beweiswürdigung des Richters den weitestmöglichen Spielraum zu belassen.[28] Mit der ihm so gewährten Freiheit kann der Richter in gewissenhafter Abwägung der Tragkraft der beigebrachten Beweise den individuellen Besonderheiten und mannigfachen Sonderumständen des konkreten Einzelfalles besser gerecht werden, als dies ein ausschließliches System gesetzlicher Beweisregeln vermöchte. Beweisregeln sind eben ihrer Natur nach abstrakt und starr und können, wenn sie vornehmlich oder gar allein zu bestimmen hätten, gar nicht alle vielfältigen Abstufungen in den Beweismitteln der einzelnen Prozesse sachgerecht erfassen.

---

[26] Vgl. *Reiffenstuel,* Ius canonicum universum, lib. 1 tit. 32 nn. 32—50. Franz *Triebs,* Lose Blätter zum kanonischen Prozeß, in: Theologisch-praktische Quartalschrift 89 Linz 1936, S. 700 f. Friedrich *Stein,* Das private Wissen des Richters 1893, S. 54 ff.

[27] Vgl. *Meile,* Beweislehre S. 125—134.

[28] SRR 41, 1949 dec. 43 n. 2 S. 259: Relate ad hoc principium (sc. liberae probationum appretiationis) probationes legales . . ., quibus libertas iudicis quodammodo coarctatur, tamquam exceptiones sunt aestimandae . . . ideoque ita stricte interpretandae (can. 19) ut maxima relinquatur iudici libertas.

Bei dem hohen Wert, welcher der freien Beweiswürdigung für eine wirklichkeitsgetreue Urteilsfindung zukommt, darf man andrerseits nicht die Gefahr verkennen, der sie ausgesetzt sein kann, nämlich die Gefahr der richterlichen Willkür. Pius XII. betont in der erwähnten Allokutio, in der er sich eigens zu dem Prinzip des „libero apprezzamento delle prove" auch für das kanonische Recht bekennt, ebenso nachdrücklich, daß die in freier Beweiswürdigung gewonnene Überzeugung nicht mit rein subjektivem Meinen und Fürwahrhalten verwechselt werden darf. Es muß vielmehr eine objektive Gewißheit sein, d. h. sie muß sich auf objektive Gründe stützen.[29] Der Gesetzgeber ist unbeschadet der freien Beweiswürdigung bemüht, die Objektivität ihres Ergebnisses sicherzustellen. Zu diesem Zweck appelliert er einmal an das Gewissen des Richters; dieser soll zwar die Auswertung der Beweismittel eigenständig vornehmen, nicht aber launenhaft und willkürlich, sondern „ex sua conscientia" (c. 1869 § 3), also im sorgfältigen Abwägen seines Gewissens. Sodann dient dem gleichen Ziel die Vorschrift, daß der Richter sich nicht mit der persönlichen Entscheidung begnügen kann, sondern in der Urteilsausfertigung eine Urteilsbegründung in rechtlicher wie in tatsächlicher Hinsicht geben muß, widrigenfalls das Urteil nichtig wäre (c. 1873 § 1 n. 3; c. 1894 n. 2). Die Objektivität seiner Beweiswürdigung kann so an Hand der Urteilsbegründung kontrolliert und notfalls mit einer Berufung durch das Obergericht einer Nachprüfung unterzogen werden. Zum dritten wird die Objektivität geschützt, indem das Gesetz in ganz bestimmten Punkten die freie Beweiswürdigung einschränkt und durch Beweisregeln ersetzt. In engen Grenzen gehalten vermögen diese dem Richter die Weisheit einer jahrhundertealten Gerichtserfahrung weiterzugeben und wollen die Wahrheitsfindung gegen Willkür abschirmen. Die wenigen Beweisregeln des heutigen Rechts legen sich meist schon aus der Natur der Sache nahe; durch ihren Gesetzescharakter erhalten sie freilich verpflichtende Kraft, die den Richter bindet und den Raum seiner freien Beweiswürdigung begrenzt.

Die wenn auch behutsame Aufstellung von Beweisregeln birgt zwangsläufig die Möglichkeit eines Konfliktes in sich, auf die die Allokutio Pius' XII. eingehend zu sprechen kommt.[30] Es kann sein, daß der Richter bei freier Beweiswürdigung des Aktenmaterials mit moralischer Gewißheit den Beweis für erbracht hielte, daß aber eine gesetzliche Beweisregel ihm verbietet, in diesem Sinne zu entscheiden. Oft wird das Auseinanderklaffen nur scheinbar oder vorläufig sein, und dem Richter obliegt dann die sittliche Pflicht, mit weiteren und genaueren Nachforschungen eine Lösung anzustreben.

---

[29] AAS 1942 S. 340 f.
[30] AAS 1942 S. 341 f. Vgl. den Kommentar, den P. *Hürth* zu der Allokutio in Periodica de re canonica, morali, liturgica 31 Rom 1942 S. 359–365 veröffentlicht hat; enthalten auch in Joannes *Torre,* Processus matrimonialis, Neapel 1956³, S. 338–343.

Der Widerspruch mag daran gelegen haben, daß man die formalrechtlichen Beweisnormen überspitzt interpretiert hat; oder noch häufiger kann der Fehler daraus entsprungen sein, daß man die einzelnen Beweisargumente allzu isoliert für sich betrachtet, ohne zu bedenken, daß das Gewicht ihrer Gesamtheit größer sein kann als die Summe der Beweiskraft, die sie einzeln aufzubringen vermögen. Gerade die Bedeutung, die bei der Beweiswürdigung der rechten Gesamtschau aller Einzelargumente zufällt, betont die Allokutio mit besonderem Nachdruck. „Wenn also der Richter bei der Begründung seiner Entscheidung erklärt, daß die beigebrachten Beweise, jeder für sich getrennt betrachtet, nicht als hinreichend bezeichnet werden können, daß sie aber, als Einheit genommen und gleichsam mit einem einzigen Blick umfaßt, die notwendigen Elemente liefern, um zu einem sicheren endgültigen Entscheid zu gelangen, so muß man anerkennen, daß eine solche Argumentation grundsätzlich gerecht und gesetzmäßig ist."[31] In den meisten Fällen wird sich so der scheinbare Widerspruch auflösen. Aber ein Rest von Konfliktsmöglichkeit ist nicht aus der Welt zu schaffen. Der Richter wäre dann nach der positiven Vorschrift des c. 1869 § 3 an die Beweisregel gebunden, dürfte also nicht seiner persönlichen Beweiswürdigung folgen. Ergäbe sich daraus eine Ungerechtigkeit oder Unbilligkeit, so stünde notfalls noch, worauf die Allokutio verweist[32], der Rekurs an den Gesetzgeber offen.

2. Im Ausnahmefall gesetzliche Beweisregeln

Die Formulierung des c. 1869 § 3 kennzeichnet die freie Beweiswürdigung als die Regel und die Bindung an Beweisregeln als die Ausnahme. Nur wo das Gesetz ausdrücklich etwas über die Beweiskraft einzelner Argumente festlegt, ist dem Richter der Weg zur freien Beweiswürdigung verwehrt. In allen anderen Fällen hingegen ist er zur freien Beweiswürdigung nicht nur ermächtigt, sondern nach c. 1869 § 3 positiv verpflichtet. Er darf dann der eigenständigen Entscheidung seines gewissenhaften Ermessens nicht ausweichen.

Wegen ihres Ausnahmecharakters müssen die Beweisregeln im Gesetz erschöpfend aufgeführt sein. Dabei hat allerdings der Gesetzgeber darauf verzichtet, sie im CIC katalogmäßig aufzuzählen. Sie finden sich vielmehr verstreut im Gesetzbuch, auch außerhalb des eigentlichen Prozeßrechts.

Beweisregeln bestimmen teils positiv, teils negativ. Positiv, wem sie den Richter anweisen, bei Vorliegen dieser oder jener Beweisbegründung den Beweis als erbracht anzusehen. Negativ, wo das Gesetz verfügt, daß ein

---

[31] AAS 1942 S. 340.
[32] AAS 1942 S. 341.

bestimmtes Beweismittel nicht als hinreichender Beweis gewertet werden kann.

Der kirchenrechtliche Gesetzgeber hat im CIC von der Möglichkeit der Beweisregeln durchweg einen recht sparsamen Gebrauch gemacht. Zu den Beweisregeln des CIC gehören folgende Bestimmungen:

Nach c. 1751 macht in rein privaten Rechtsstreitigkeiten, mithin wegen des öffentlichen Interesses nicht z. B. in Eheprozessen, das gerichtliche Geständnis einer Partei einen weiteren Beweis überflüssig. Das außergerichtliche Geständnis wird hingegen ausdrücklich der freien Beweiswürdigung unterstellt (c. 1753).[33]

C. 1816: Öffentliche Urkunden schaffen für das, was sie unmittelbar und hauptsächlich bekunden, vollen Beweis. Freilich wäre hier wie überhaupt bei allen Beweisregeln die Möglichkeit eines Gegenbeweises offengelassen; in vorliegendem Falle also der Nachweis, daß bei Abfassung der öffentlichen Urkunde ein wesentlicher Irrtum unterlaufen ist. Über die Argumente eines derartigen Gegenbeweises hätte der Richter in freier Beweiswürdigung zu entscheiden, soweit nicht für ein bestimmtes Argument wiederum Beweisregeln einträten.

C. 1593: Die vom Gerichtsboten oder Gerichtsvollzieher ausgefertigten Akten besitzen volle Beweiskraft. Das gleiche bestimmt c. 373 § 1 für die vom Notar ausgefertigten Urkunden.

C. 1800 § 4: Verweigerung einer Schriftprobe gilt als Geständnis der Autorschaft eines belastenden Schriftstückes.

In diesem Zusammenhang muß allgemein auf die Rechtsvermutungen verwiesen werden. Sie sind zwar nicht im eigentlichen Sinne Beweisregeln.[34] Aber wegen ihrer Beweisersatzfunktion entheben sie den Richter jeder weiteren Beweiserhebung und haben in dieser Hinsicht die Wirkung einer positiven Beweisregel.

Die Leistung des Schiedseides (iuramentum decisorium) hat den Wert eines Beweises (c. 1836 § 2). Die grundlose Verweigerung des Schiedseides (c. 1836 § 3)[35] oder des zurückgeschobenen Schiedseides (c. 1836 § 4) kommt dem Versagen des Beweises gleich.

---

[33] C. 1753 (außergerichtliches Geständnis) wie auch c. 1743 § 2 (Aussageverweigerung einer Partei), c. 1804 (Sachverständigengutachten), c. 1817 (private Urkunden), c. 1818 (versehrte Urkunden), c. 1824 § 2 (Verweigerung einer Urkundenvorlage) werden gelegentlich als Beweisregeln angesprochen. Aber zu Unrecht. Denn in ihnen wird das Maß der Beweiskraft nicht vom Gesetz festgesetzt, sondern gerade der freien Beweiswürdigung des Richters anheimgegeben.

[34] Zu der schwierigen Abgrenzung zwischen Rechtspräsumtionen und Beweisregeln vgl. Rudolf *Motzenbäcker*, Die Rechtsvermutung im kanonischen Recht (Münchener Theologische Studien 3. Abt. 10. Bd.), München 1958, S. 386 f.

[35] C. 1836 § 3 ist der Sache nach genau so gut eine Beweisregel wie c. 1836 § 4, wenn dies in der sprachlichen Formulierung auch nicht ebenso deutlich in die Augen springt.

Am umfangreichsten ist mit Beweisregeln ausgestattet das Beweismittel der Zeugenaussagen. Für den Siebenhändereid bestimmt c. 1975 § 2, daß er für sich allein keinen vollen Beweis ergibt.

In Selig- und Heiligsprechungsprozessen werden an Qualität und Zahl der Zeugen besondere Anforderungen gestellt (c. 2020). So haben dort testes ex auditu auditus höchstens den Wert einer Beweisstütze, nicht eines eigenen Beweises (c. 2020 § 5). Grabreden und Nekrologe sowie bestimmte Gruppen von schriftlichen Aufzeichnungen haben in derartigen Prozessen nach c. 2033 keinerlei Beweiskraft.

Allgemein gilt, daß gerichtliche Aussagen ungeeigneter oder verdächtiger Zeugen, sofern sie überhaupt vernommen werden, gemäß c. 1758 nur den Wert eines Anhaltspunktes und einer Beweisstütze haben.[36]

Die einschneidendste Beweisregel findet man in der Bestimmung des c. 1791 über den Wert völlig einwandfreier Zeugen.[37] In § 1 steht die negative Beweisregel, daß ein einziger Zeuge für sich allein, von gewissen Ausnahmen abgesehen, keinen vollen Beweis schafft. Ausgenommen ist davon nach c. 1791 § 1 der testis qualificatus: Der Träger eines öffentlichen Amtes erbringt, wenn er über eine seiner Amtshandlungen aussagt, vollwertigen Beweis. So z. B. das Zeugnis des Pfarrers über eine vor ihm geschlossene Ehe. Übrigens ist der testis qualificatus nicht, wie man nach c. 1791 § 1 annehmen sollte, die einzige Ausnahme von der Beweisregel, daß ein einziger Zeuge keinen hinreichenden Beweis schafft. Den Vorrang eines vollständigen Beweises besitzt auch das Zeugnis eines Kardinals über eine in seiner Gegenwart geäußerte mündliche Entscheidung des Papstes (c. 239 § 1 n. 17). Ebenso genügt zum Beweis, daß jemand getauft ist, schon ein einziger einwandfreier Zeuge oder sogar (bei der Erwachsenentaufe) die eigene eidliche Versicherung des Getauften, sofern nur daraus für niemanden ein Nachteil erwächst (c. 779).[38] C. 800 trifft die gleiche Regelung für den Nachweis der Firmung. Ähnlich bestimmt die Beweisregel des c. 1159 § 1, daß die Konsekration oder Benediktion eines Ortes hinlänglich schon durch einen einzigen einwandfreien Zeugen nachgewiesen wird.

Von diesen Ausnahmen abgesehen gilt aber der Grundsatz, daß ein einziger Zeuge keinen vollen Beweis erbringt. Zwar wurde unter dem frühe-

---

[36] Vgl. *Eichmann-Mörsdorf*, Lehrbuch 3, S. 138 A. 1.
[37] C. 1791 § 1. Unius testis depositio plenam fidem non facit, nisi sit testis qualificatus qui deponat de rebus ex officio gestis. § 2. Si sub iuramenti fide duae vel tres personae, omni exceptione maiores, sibi firmiter cohaerentes, de aliqua re vel facto in iudicio testificentur de scientia propria, sufficiens probatio habetur; nisi in aliqua causa iudex ob maximam negotii gravitatem, vel ob indicia quae aliquod dubium de veritate rei assertae ingerunt, necessariam censeat pleniorem probationem.
[38] Daß vor *Gericht* ein solcher Beweis nicht genüge (Heribert *Jone*, Gesetzbuch der lateinischen Kirche, Bd. 2, Paderborn 1952², S. 45), ist bei dem uneingeschränkten Wortlaut des c. 779 abwegig. Falls nur die Bedingung „si nemini fiat praeiudicium" erfüllt ist, würde auch ein Gericht einen derartigen Beweis als vollwertig ansehen müssen.

ren Recht eingehend die Frage erörtert, ob das Prinzip nicht in weiterem Maße durchbrochen werden könne[39], und man kam zu der Antwort, daß allgemein in Angelegenheiten geringeren Gewichts der Richter an die Beweisregel nicht gebunden sei. Läßt sich das aber noch unter dem Recht des CIC vertreten?[40] Man wird solchen Behauptungen gegenüber Zurückhaltung üben müssen. Denn wenn die Schöpfer des CIC, denen ja die Stellungnahme früherer Kanonisten eindeutig bekannt war, die Formulierung des c. 1791 § 1 wählten und für einige wenige Sonderfälle, wie oben erwähnt, eigens eine Ausnahme statuierten, dann legt dies den Schluß nahe, daß der Gesetzgeber damit den Kreis der Ausnahmefälle erschöpfend umgrenzen wollte.[41]

So sehr damit die Bindung der Beweisregel des c. 1791 § 1 betont ist, ebenso deutlich muß man ihre Grenze klar ins Auge fassen. Weniger von der kanonistischen Doktrin als von der gerichtlichen Praxis wird hin und wieder ihre Tragweite ungebührlich übersteigert. Die Behauptung, der Beweis sei gescheitert, wenn im Prozeß nur ein Zeuge auftrete, ist mehrdeutig und führt daher leicht in die Irre. Zu Recht besteht sie nur in dem Sinne, daß sich das gesamte Beweismaterial mit dem einen Zeugen erschöpft. Wenn aber neben dem einen Zeugen zwar keine weiteren Zeugen, wohl aber sonstige Beweismittel in die Waagschale fallen, dann scheidet die Beweisregel des c. 1791 § 1 überhaupt aus. In der kanonistischen Rechtslehre ist das unbestritten.[42] Auch die Sacra Romana Rota verweist wiederholt darauf.[43]

---

[39] Vgl. *Reiffenstuel*, Ius canonicum universum, lib. 2 tit. 20 nn. 253—281.
[40] Vgl. Michael *Lega* — Victorius *Bartoccetti*, Commentarius in iudicia ecclesiastica iuxta Codicem Iuris Canonici, Bd. 2, Rom 1950, S. 742 f. Franciscus Xav. *Wernz* — Petrus *Vidal*, Ius canonicum, Bd. 6, Rom 1949², S. 440.
[41] Auch was die Autoren, z. B. *Lega-Bartoccetti* a. a. O. und *Wernz-Vidal* a. a. O., gelegentlich an weiteren Fällen für das Ausreichen eines einzigen Zeugen anführen, vermag wenig zu überzeugen. So ist für den Nachweis der empfangenen Ordination, obschon cc. 1010 f. doch in deutlicher Parallele zu cc. 779 und 800 stehen, von der für Taufe und Firmung gewährten Beweiserleichterung nicht die Rede, was man bei der Parallelität der Bestimmungen als bewußte Abweichung verstehen muß. Daß schon die Aussage eines einzigen Zeugen, ein Sterbender habe Zeichen der Reue gegeben, hinreichend ist, hat mit der Frage des vollen Beweises seiner Umkehr nichts zu tun. Denn die Verweigerung des kirchlichen Begräbnisses kann um ihres Strafcharakters willen nur bei vollem Beweis für die Unwürdigkeit eintreten, der aber bei einem einzigen Gegenzeugen schon nicht mehr gegeben wäre, ohne daß nun das Gegenteil voll erwiesen sein müßte. Oder wenn die Autoren in Prozessen um eine geringere Wertsumme einen einzigen Zeugen für hinreichend erachten, dabei jedoch die Ergänzung machen, man müsse bei dieser Beweiswürdigung die gesamten Begleitumstände mit in Rechnung stellen, so ist damit der Boden der Streitfrage verlassen. Denn ob die Aussage eines einzigen Zeugen in Verbindung mit sonstigen Indizien einen vollen Beweis schaffen kann, steht auf einem anderen Blatt; hier aber geht es darum, ob ein einziger Zeuge ohne sonstige Beweisergänzungen ausreichen kann.
[42] Vgl. z. B. *Wernz-Vidal*, Ius canonicum 6, S. 440: Regula tamen intelligenda est de depositione unius testis, praescincendo ab aliis adminiculis et indiciis, quae utique in particulari casu talia esse possunt ut simul sumpta cum talis testis depositione veritas facti certo moraliter evincatur.

Die Rechtsprechung der nachgeordneten kirchlichen Gerichte müßte dies sorgsam beachten. Wo immer zu dem einen Zeugen noch irgendwelche Beweisergänzungen hinzutreten, entfällt die Beweisregel vom Nichtgenügen des einzigen Zeugen. Der Richter ist dann nach c. 1869 § 3 ausdrücklich zur freien Beweiswürdigung verpflichtet. Denn c. 1791 § 1 erfaßt eben nur den Fall, daß außer der einen Zeugenaussage gar nichts mehr an Beweismaterial vorliegt. Weitere Beweisargumente, die zur Zeugenaussage hinzutreten, können sich finden in Schriftstücken, in der Glaubwürdigkeitsbekundung des Siebenhändereides, vor allem in Indizien der gesamten Begleitumstände. Selbst die Aussage der Parteien ist hierhin zu rechnen. Wenn ihr abgesehen von der Ausnahme des c. 1751 auch keine volle Beweiskraft zukommt, so kann sie doch einen gewissen Wert als Beweisergänzung und Beweisstütze besitzen. Selbst in solchem Falle stände also die Aussage nur eines Zeugen nicht mehr völlig isoliert für sich, so daß die Beweisregel des c. 1791 § 1 gar nicht angewandt werden darf. Gewiß, oft genug wird der Richter bei solcher Prozeßlage dennoch die Klage abweisen müssen. Nicht aber geht es an, daß er dies dann mit der Begründung tut, der Beweis sei nach c. 1791 § 1 nicht erbracht, weil nur ein einziger Zeuge vorhanden sei. Diese Beweisregel trifft auf den Fall gar nicht zu. Vielmehr müßte der Richter, da zu der Zeugenaussage noch eine weitere Beweisstütze, wenn auch nur die der Parteienbekundung vorliegt, in die freie Beweiswürdigung eintreten und dann gegebenenfalls in der Urteilsbegründung darlegen, warum er bei diesem Beweismaterial nicht zu einer einwandfreien moralischen Gewißheit gelangen konnte.

Der negativen Beweisregel des c. 1791 § 1, daß im allgemeinen ein einziger Zeuge nicht genügt, steht die positive des c. 1791 § 2 gegenüber: Zwei oder drei Zeugen erbringen in der Regel vollen Beweis. Näherhin macht der Gesetzgeber für diese Beweisnorm vier Voraussetzungen: Die Zeugen müssen vereidigt sein; sie müssen ihre Aussagen in fester Übereinstimmung machen; sie müssen aus eigener Kenntnis berichten können; sie müssen über jeden Einwand erhaben sein. Letztere Forderung (omni exceptione maiores) trifft zu, wenn sich weder gegen ihre Person[44] noch gegen ihre Aussagen[45] irgendein begründeter Verdacht vorbringen läßt. Dies, aber auch nur dies entspricht der Wendung „omni exceptione maiores". Darüber hinaus zu verlangen, daß nur ganz besonders qualifizierte Zeugen für c. 1791 § 2 hinreichend seien[46], deckt sich nicht mit dem Gesetzestext.[47]

---

[44] Reprobatio personae testis; c. 1764.
[45] Reprobatio testimonii; c. 1783 n. 2.
[46] Vgl. Matthaeus Conte a *Coronata*, Institutiones iuris canonici, Bd. 3, Turin 1948³, S. 189 und 228.
[47] Das gilt auch gegenüber SRR 23, 1931 dec. 51 n. 13 S. 441, wo es heißt: ... videlicet testes qui, non modo sunt simpliciter idonei et a iure non repellibiles, sed, qui quoad personam et scientiam qualitatibus sunt praediti gravioribus quam quas homines generaliter dicendo

Unjuristisch ist die schwankende Zahlenangabe „duae vel tres personae". In der Formulierung bekundet sich die ehrfürchtige Anlehnung an das Wort der Heiligen Schrift.[48] Aber in der kanonistischen Lehre geht man darin einig, daß schon bei zwei klassischen Zeugen die Beweisregel des c. 1791 § 2 Platz greift.[49]

Ob für die zwei Zeugen die vier Voraussetzungen des klassischen Zeugen erfüllt sind, unterliegt der freien Beweiswürdigung des Richters.[50] Wenn dieser hierin zu einer positiven Antwort kommt, dann ist er normalerweise durch die Beweisregel des c. 1791 § 2 aber auch gehalten, den Beweis für erbracht anzusehen. Er darf dann keine höheren Beweisanforderungen stellen.

Freilich gilt das nur für den Normalfall. Denn c. 1791 § 2 gibt selbst Ausnahmen an, wodurch der Charakter einer starren und unbedingt verbindlichen Beweisregel in erheblichem Maße gelockert wird. Danach kann der Richter, obschon zwei klassische Zeugen vorhanden sind, unter Umständen doch einen vollständigeren Beweis verlangen. Allerdings nicht willkürlich, sondern nur in den beiden Fällen, die der Gesetzgeber ausdrücklich angibt: Einmal bei einer ungewöhnlich hohen Wichtigkeit des Streitgegenstandes; sodann bei begründetem Zweifel an der Wahrheit der Zeugenaussage.

Den zuletzt genannten Fall kann man im Grunde gar nicht einmal als Ausnahme ansprechen. Richtiger müßte man feststellen, daß es dort überhaupt an einer wesentlichen Voraussetzung mangelt, an die der Gesetzgeber erst die Beweisregel geknüpft hat. Denn wenn irgendwelche Indizien wie z. B. die Aussagen eines Gegenzeugen einen triftigen Zweifel wecken, ob die Bekundung der beiden Zeugen der Wahrheit entspricht, so ist schon um dessentwillen das Erfordernis des „omni exceptione maiores" nicht erfüllt, womit die Beweisregel von selbst hinfällig wird.

Eine echte Ausnahme von der Beweisregel des c. 1791 § 2 enthält hingegen der andere Tatbestand: „Ob maximam negotii gravitatem" braucht sich der Richter mit dem Beweisargument zweier Zeugen nicht zufrieden zu geben, sondern kann einen volleren Beweis für nötig erachten. Hier ist er also auf die freie Beweiswürdigung verwiesen, wieweit er in solchem Falle zwei einwandfreien Zeugen Beweiskraft zuerkennen will oder in welchem

---

praebent, ut exprimitur gradu comparativo: maiores omni exceptione. Dies aus dem Komparativ folgern zu wollen, ist sprachlich nicht möglich.
[48] S. o. S. 432.
[49] Vgl. *Lega-Bartoccetti*, Commentarius 2, S. 743. *Wernz-Vidal*, Ius canonicum 6, S. 441.
[50] So versteht sich das Urteil von *Meile*, Beweislehre S. 133: „Das gegenwärtige Recht knüpft aber an die Regel (sc. des Beweises durch zwei Zeugen) so viele Bedingungen und Erfordernisse und Einschränkungen, daß sie mehr den Eindruck einer Anleitung für die freie Beweiswürdigung als einer zwingenden Norm macht. Vgl. Ch. *Lefebvre*, Théorie des preuves et équité canonique, in: Ephemerides Iuris Canonici 2, Rom 1946, S. 297.

Maße er darüber hinaus weitere Beweisargumente verlangt. Darin liegt eine wirkliche Durchbrechung der Beweisregel. Sie ist jedoch nur bei äußerster Wichtigkeit der Streitsache erlaubt. Wann die maxima negotii gravitas vorliegt, läßt sich schwerlich genau abgrenzen. Unter dem früheren Recht waren die Kanonisten bemüht, die Prozeßsachen aufzuzählen, welche eine höhere Zahl als zwei Zeugen erforderten.[51] Dahin rechnete man z. B. den Strafprozeß gegen eine hochgestellte untadelige Persönlichkeit. Zweifellos würde in solchem Falle auch nach dem heutigen Recht des c. 1791 § 2 der Richter einen vollständigeren Beweis für nötig erachten können. Wo aber die untere Grenze der maxima negotii gravitas verläuft, die allein dem Richter ein Recht gibt, in seinen Beweisanforderungen über die zwei klassischen Zeugen hinauszugehen, kann kaum generell bestimmt werden. Von besonderer praktischer Bedeutung ist es, ob auch etwa alle Ehenichtigkeitsprozesse hier noch einzubeziehen sind. Bei dem zahlenmäßigen Übergewicht, das den Eheprozessen in der kirchlichen Rechtsprechung zukommt, so wie im Hinblick auf die Besonderheiten der Eheprozeßordnung dürfte es zweckmäßig sein, die freie Beweiswürdigung des Richters im Eheprozeß eigens zu untersuchen.

III. Der Eheprozeß im besonderen

1. Die Frage der erhöhten Beweisanforderungen

Mit dem favor matrimonii (c. 1014) hat der kirchliche Gesetzgeber dem Bestand des Ehebandes einen verstärkten Schutz verliehen. Der favor iuris stellt die Rechtsvermutung auf, daß im Zweifelsfall die Gültigkeit der Ehe als sicher anzusehen ist. Gewiß läßt diese Rechtsvermutung wie jede praesumptio iuris die Möglichkeit eines Gegenbeweises offen. Aber ist der Bestand der Ehe für den prozeßrechtlichen Kampf einer Ehenichtigkeitsklage durch die genannte Präsumtion nicht in eine solch umsichere Ausgangsposition versetzt, daß zur Verdrängung und Widerlegung nicht schon jeder normale Beweis, sondern nur eine probatio plenior ausreichen würde? Und muß das nicht erst recht gelten für die zahlreichen Ehenichtigkeitsverfahren aus dem Klagegrund der Simulation nach c. 1086 § 2? In c. 1086 § 1 findet sich ja noch die weitere Präsumtion, daß der innere Ehewille als konform mit dem äußerlich erklärten ehelichen Jawort anzunehmen ist. Für die Gültigkeit der Ehe stehen somit zwei Rechtsvermutungen ein, die allgemeine des favor matrimonii und noch die besondere des c. 1086 § 1. Wenn aber das Bestehen der Ehe gar von zwei Präsumtionen abgeschirmt ist, kann der Richter sich dann für den Gegenbeweis mit dem gewöhnlichen Maß eines Beweises

---

[51] Vgl. *Reiffenstuel,* Ius canonicum universum, lib. 2 tit. 20 nn. 241–246.

begnügen? Muß man nicht vielmehr an den Beweis für die Ehenichtigkeit erhöhte Anforderungen stellen?

In der Tat hat man die Ansicht vertreten, daß bei gewissen Rechtsvermutungen nur ein verstärkter Gegenbeweis ausreiche.[52] Man spricht dann von praesumptiones violentae, gegen die nur manifestissimae probationes etwas ausrichten könnten.[53] Nahegelegt wird dies zudem durch Formulierungen des CIC, der bei einzelnen Rechtsvermutungen evidente Beweise zur Widerlegung fordert. So in c. 1115 § 1 und in c. 1814. Muß man in diesen Kreis nicht vorab den favor matrimonii einbeziehen, den man als die Königin aller Präsumtionen bezeichnet hat, die um ihres Vorranges willen nur concludentissimis argumentis verdrängt werden könne?[54] Die Sacra Romana Rota wird nicht müde, in ihren Urteilen immer wieder zu betonen: Non admittitur matrimonii nullitas, nisi evidentibus probationibus ostendatur, oder: nisi contrarium in casu particulari concludentissime probetur.[55]

Gleichwohl ist es verfehlt, Ehenichtigkeitsurteile von einer probatio plenior abhängig zu machen. Wie Motzenbäcker überzeugend aus Rechtssprache und Rechtsquellen dargetan hat[56], kennt der CIC keine Rechtspräsumtionen, deren Widerlegung erhöhte Beweisanforderungen stellte. Schon der Begriff der praesumptio iuris violenta ist anfechtbar. Denn die Einteilung in praesumptio levis, probabilis und violenta hat ihren berechtigten Platz bloß innerhalb der praesumptiones hominis, insofern das Indiz je nachdem mit geringer oder beachtlicher oder höchster Wahrscheinlichkeit den Schluß auf das Vermutungsobjekt gestattet.[57] Auf die praesumptiones iuris kann man diese Einteilung sinnvoll nicht übertragen. Wendungen wie „evidentibus argumentis probare" oder „nisi concludentissimis argumentis contrarium probetur" enthalten sodann keine Beschränkung in der Auswahl bestimmter Argumente und keine Forderung nach erhöhtem Beweis über das normale Maß der moralischen Gewißheit hinaus. Sie wollen nur sagen, daß zum Erweis des Gegenteils, wie das für jeden gerichtlichen Beweis ohne Ausnahme nötig ist, schlüssige Argumente erforderlich sind, die beim

---

[52] Die Tatsache, daß die praesumptiones iuris et de iure nur einen indirekten Gegenbeweis zulassen, hat mit dem hier aufgeworfenen Problem nichts zu tun. Es dreht sich vielmehr ausschließlich um praesumptiones iuris tantum. Die Frage geht dahin, ob bestimmten praesumtiones iuris tantum ein solches Gewicht zukommt, daß sie zwar direkt, aber nur mit erhöhten Beweismitteln zu widerlegen sind.
[53] Vgl. die bei *Motzenbäcker,* Rechtsvermutung S. 315 A. 13, angeführten Autoren.
[54] Carolus *Holböck,* Tractatus de iurisprudentia Sacrae Romanae Rotae, Graz-Wien-Köln 1957, S. 43: Haec praesumptio regina est aliarum praesumptionum, nullaque ratio habenda est de oppositis exceptionibus, quando illae non sunt adeo perstringentes et efficaces, ut concludentissime evincant praetensam matrimonii nullitatem.
[55] SRR 21, 1929 dec. 61 n. 3 S. 509; 34, 1942 dec. 22 n. 2 S. 226. Die Belege ließen sich zahlreich vermehren.
[56] *Motzenbäcker,* Rechtsvermutung S. 314–318.
[57] Vgl. *Reiffenstuel,* Ius canonicum universum, lib. 2 tit. 23 nn. 28–30.

Richter jeden begründeten Zweifel beheben und ihm die moralische Gewißheit schenken. Es soll damit also nur ein unklarer und unzureichender Beweis ausgeschlossen, nicht aber ein Beweis von erhöhter Qualität verlangt werden.[58] „Es ist abwegig, die Anweisung des c. 1869 § 4 so zu verstehen, als ob zum Entscheid der vom Recht begünstigten Streitsachen ein höherer Grad der moralischen Gewißheit erforderlich wäre; wenngleich diese Meinung weit verbreitet ist, entbehrt sie jeder gesetzlichen Grundlage. Es genügt hier wie auch sonst die schlichte moralische Gewißheit."[59]

Man könnte allerdings versucht sein, von einer anderen Bestimmung des CIC her doch noch erhöhte Anforderungen an den Beweis in Ehenichtigkeitsprozessen zu erheben. C. 1791 § 2 stellt, wie oben erörtert wurde, den Grundsatz auf, daß in der Regel zwei klassische Zeugen vollen Beweis erbringen, fügt aber die Einschränkung bei: falls nicht der Richter ob maximam negotii gravitatem einen vollständigeren Beweis für nötig erachtet. Ist aber letztere Voraussetzung nicht in allen Ehenichtigkeitsverfahren, in denen es ja um Bestand oder Nichtbestand einer Ehe geht, ohne weiteres erfüllt, so daß es in solchen Prozessen von vornherein in der Hand des Richters läge, über den Zwei-Zeugen-Beweis hinaus erhöhte Anforderungen an den Beweis zu stellen? Tatsächlich hat gelegentlich die Sacra Romana Rota mit solchem Gedankengang für Ehenichtigkeitsprozesse eine plenissima probatio gefordert.[60]

Zweifellos steht in jedem Ehenichtigkeitsprozeß ein höchst wichtiges Gut auf dem Spiel: Gültigkeit oder Nichtigkeit einer Ehe. Dennoch ist damit nicht ohne weiteres der Tatbestand gegeben, den c. 1791 § 2 mit maxima negotii gravitas meint und der allein zu der erhöhten Beweisanforderung berechtigte. Das läßt sich sogar aus einem so offiziellen Dokument wie der kirchlichen Eheprozeßordnung ableiten, welche die Sakramentenkongregation 1936 ausschließlich für Ehenichtigkeitsprozesse erlassen hat. Art. 136 § 1 EPO übernimmt für die Beweiswürdigung von Zeugenaussagen u. a.

---

[58] *Motzenbäcker*, Rechtsvermutung S. 317 f.
[59] *Eichmann-Mörsdorf*, Lehrbuch 3, S. 176 A. 4.
[60] SRR 41, 1949 dec. 43 n. 3 S. 259 f.: Erutiur ex can. 1791 § 2 maximam certitudinem in iudice requiri, pro maxima negotii gravitate: negotia autem maximae gravitatis sunt causae de validitate vinculi matrimonialis, quibus maximum bonum publicum et privatum, spirituale et temporale, in discrimen adducitur. Merito proinde in ipsis plenissima probatio exigitur, quam certo quis assequi nequit multitudine testium, qui non veritati sed parti favendi studio moventur. Daß noch so viele irgendwie verdächtige Zeugen, wie in diesem Schlußsatz bemerkt ist, keinen hinreichenden Beweis erbringen, lenkt von dem Problem überhaupt ab. Es geht vielmehr darum, ob ein Beweis mit zwei testes omni exceptione maiores auch in Ehenichtigkeitsprozessen genügt oder aber ob dort eine weitergehende plenissima probatio gefordert ist. In Wirklichkeit gelangt das Urteil, dem das Zitat entnommen ist, zu seiner negativen Entscheidung gar nicht deshalb, weil nur zwei Zeugen vorhanden wären und diese für eine Ehenichtigkeitserklärung nicht ausreichen, sondern weil sich Widersprüche in den Zeugenaussagen finden.

ohne jede Veränderung c. 1791, also auch die Bestimmung, daß in der Regel zwei oder drei klassische Zeugen vollen Beweis erbringen, falls nicht der Richter wegen der äußersten Wichtigkeit einer Streitsache einen vollständigeren Beweis für nötig hält. Aus der Tatsache, daß dies in einer Prozeßordnung gefordert ist, die ausschließlich für Ehenichtigkeitsprozesse gilt, ergibt sich eine bedeutsame Folgerung. Hätte der Gesetzgeber für Ehenichtigkeitsverfahren generell eine plenior probatio vorsehen wollen, so hätte er für diese Prozesse nicht die Weisung geben können, daß in der Regel der Zwei-Zeugen-Beweis ausreicht und nur im Falle der maxima negotii gravitas das Tor zu einer höheren Beweisanforderung offensteht. Als normaler Fall ist somit festgelegt, daß auch in Ehenichtigkeitsverfahren zwei klassische Zeugen für den Beweis ausreichen. Wohl kann sich in derartigen Prozessen ob maximam negotii gravitatem gleichfalls einmal ein vollständigerer Beweis als notwendig ergeben. Aber die besondere Schwierigkeit eines Falles, die dazu berechtigt, kann dann niemals in dem Umstand gefunden werden, daß es sich um die Gültigkeit einer Ehe dreht, weil die ja in jedem dieser Prozesse auf dem Spiel steht und der Gesetzgeber trotzdem auch hier an dem Zwei-Zeugen-Beweis als Norm festhält. Die maxima negotii gravitas müßte dann in einem anderen, außerhalb des Ehenichtigkeitscharakters liegenden Umstand gegeben sein. Dahin könnte man etwa den Fall rechnen, daß einmal von der Gültigkeit oder Nichtigkeit einer Ehe zugleich die Entscheidung über eine äußerst wertvolle Erbschaft abhinge. Für den Ehenichtigkeitsprozeß als solchen fordert hingegen der Gesetzgeber nicht einen erhöhten Beweis.

Auch hier ergibt sich somit wieder, daß in Ehenichtigkeitssachen gleichfalls die schlichte moralische Gewißheit genügt. Diese muß selbstverständlich eindeutig und ohne jeden Abstrich vorhanden sein. Wo der Richter an den Aussagen zweier oder sogar mehrerer Zeugen beachtliche Zweifel hegt, kann und muß er weitere Beweise fordern, da hier gar nicht der Fall der klassischen Zeugen gegeben ist. Wenn aber einwandfrei zwei testes omni exceptione maiores die Nichtigkeit der Ehe belegen, dann hat der Richter nicht das Recht, darüber hinaus noch mit der Begründung, es gehe um das wertvolle Gut der Ehe, eine plenior probatio zu verlangen.

2. Die Bewertung der Parteiaussagen

In den meisten Eheprozessen wird die Gültigkeit der Ehe angefochten mit einem Mangel des inneren Ehewillens, also mit einem Defekt, der naturgemäß meist im Verborgenen liegt und unmittelbar nur der einen Partei oder beiden Parteien bekannt ist. Von der Sache her wären also die Parteien gerade die besten Bekunder des wahren Tatbestandes; aber von dem persönlichen Interesse am Ausgang des Verfahrens her sind sie am stärksten in der objektiven Wiedergabe gefährdet. Der sachgerechten Würdigung der Parteiaussagen kommt daher gerade im Eheprozeß ein besonderes Gewicht zu.

Es ist darum verständlich, daß der Gesetzgeber in Art. 117 EPO eine ebenso klare wie einschneidende Beweisregel für die Wertung der Parteiaussagen erlassen hat: Depositio iudicialis coniugum non est apta ad probationem contra valorem matrimonii constituendam. Die gerichtlichen Bekundungen der Parteien reichen für sich allein unter keinen Umständen zu einer Ehenichtkeitserklärung aus. Mögen die Parteien ihre Aussagen auch beeiden, mögen die Angaben der klagenden und der beklagten Partei sich noch so gut decken, mag ihnen auch die vollste Glaubwürdigkeit zuzuerkennen sein, der Richter kann auf ihre Aussagen allein hin nicht zu einem Nichtigkeitsurteil kommen. Daran hindert ihn die zwingende Beweisregel des Art. 117 EPO. Selbst wenn er in einem außergewöhnlichen Falle ganz besonderer Glaubwürdigkeit der Parteien auf deren Aussage hin persönlich von der Nichtigkeit der Ehe überzeugt wäre, so müßte er dennoch, falls keinerlei sonstiges Beweismaterial zu finden wäre, entgegen seiner persönlichen Überzeugung und in Bindung an Art. 117 EPO die Entscheidung treffen: Non constare de nullitate matrimonii. Die Beweisregel setzt hier der freien Beweiswürdigung des Richters eine Schranke.

So sehr damit die Grenze der Parteiaussagen betont ist, so darf ihnen andrerseits nicht jeglicher Beweiswert abgesprochen werden. Art. 117 EPO will nämlich „keineswegs besagen, daß die (eidlichen) Aussagen der betreffenden Eheleute überhaupt wertlos sind, sondern nur, daß jene *für sich* keinen vollen Beweis da ergeben, wo die Ungültigkeit der Ehe ausgesprochen werden soll."[61] Sie können den Wert eines adminiculum probationis, einer Beweisstütze oder Beweisergänzung besitzen. Der Begriff der Beweisstütze setzt voraus, daß schon anderes gewichtiges Beweismaterial vorliegt, das bereits erheblich, wenn auch nicht voll überzeugend für die Nichtigkeit der Ehe spricht und das nun durch die Beweisstütze zum vollen Beweis abgerundet wird. In welchem Umfang die Parteiaussage den Beweis aufzufüllen vermag, wird je nach Lage des Falles verschieden sein, wobei vor allem die persönliche Glaubwürdigkeit der Parteien und die sachliche Glaubhaftigkeit ihrer Bekundungen eine Rolle spielen. Hier entscheidet die freie Beweiswürdigung des Richters, der bei seiner Bewertung allerdings sorgsam die Beweisregel zu beachten hat, daß die Parteienaussage nur als Beweisergänzung, nicht für sich als voller Beweis dienen kann.

Vom probationis adminiculum, das der Bekundung der Partei zukommt, ist ausdrücklich in Art. 116 EPO die Rede.[62] Freilich legt die Fassung des Art.

---

[61] A. M. *Koeniger*, Die Eheprozeßordnung für die Diözesangerichte (Kanonistische Studien und Texte, Bd. 11), Bonn 1937, S. 170.

[62] Art. 116 EPO: Confessio extraiudicialis coniugis, quae adversus matrimonii valorem pugnet, prolata ante matrimonium contractum, vel post matrimonium, sed tempore non suspecto, probationis adminiculum constituit a iudice recte aestimandum.

116, da er nur von der außergerichtlichen Aussage der Eheleute aus unverdächtiger Zeit spricht, gleich einen Einwand nahe. Ist damit nicht, zumal bei einem Vergleich von Art. 116 und Art. 117, den späteren Äußerungen der Ehegatten und vorab ihren gerichtlichen Aussagen jeglicher Beweiswert, auch der einer Beweisstütze aberkannt?

Die Frage ist zu verneinen. Nach dem bloßen Wortlaut der EPO möchte man vielleicht noch schwanken. Zwar ist diese Antwort auch vom Gesetzestext her nicht versperrt. Denn Art. 116 besagt, daß Aussagen aus unverdächtiger Zeit als Beweisstütze dienen können, und Art. 117 legt fest, daß die gerichtlichen Aussagen keinen vollen Beweis schaffen. Daß das gerichtliche Geständnis nicht einmal den Wert einer Beweisstütze habe, ist also zum mindesten nicht direkt ausgesprochen. Aber immerhin bliebe von der bloßen Formulierung der EPO her Raum für Zweifel. Diese werden aber restlos zerstreut von der klaren und beständigen Praxis der römischen Rechtsprechung. Consuetudo est optima legum interpres (c. 29). Danach ist es eindeutig, daß die gerichtlichen Aussagen der Parteien ebenfalls als Beweisergänzung dienen können. Bekanntlich gelingt in den zahlreichen Ehenichtigkeitsprozessen gemäß c. 1086 § 2 oft genug nicht der direkte Beweis. Dann läßt die unbestrittene Spruchpraxis der Sacra Romana Rota als vollwertig auch einen indirekten Beweis zu, der sich zusammensetzt aus confessio simulantis, causa simulationis und circumstantiae antecedentes, concomitantes, subsequentes. Die hier genannte confessio simulantis meint aber gerade das gerichtliche Geständnis der Partei.[63] Der Parteiaussage vor Gericht kann also solches Gewicht zukommen, daß der Richter aus ihr in Verbindung mit der causa simulationis und den circumstantiae gegebenenfalls hinreichende moralische Gewißheit zu schöpfen vermag, um ein Nichtigkeitsurteil zu fällen.

Ein in seiner Tragweite bislang nicht genug gewürdigtes Dokument des Apostolischen Stuhles läßt weiteres Licht auf die Bewertung von Parteiaussagen in Eheprozessen fallen. Das Sanctum Officium hatte mit Dekret vom 12. November 1947 dem Apostolischen Vikariat Schweden für die Durchführung bestimmter Eheprozesse ganz erhebliche Erleichterungen gegenüber der EPO gewährt. Diese „Regulae servandae a Vicariatu Apostolico Sueciae in pertractandis causis super nullitate matrimoniorum acatholicorum"[64] galten allerdings nur für Ehenichtigkeitsverfahren von Nichtkatholiken, deren Ehe wegen Ausschlusses der Unauflöslichkeit angefochten wurde, und waren obendrein vorerst auf fünf Jahre beschränkt. Nach Ablauf

---

[63] Dreht es sich dagegen um eine Aussage, welche die Partei bereits vor der Eheschließung etwa gegen die Unauflöslichkeit ihrer Ehe getan hat und die sich durch Zeugen belegen läßt, so hat man es mit dem direkten Beweis zu tun. Hier läge übrigens, wie *Torre*, Processus matrimonialis, S. 270, treffend bemerkt, nicht ein bloßes adminiculum probationis vor.
[64] Ausgabe Vatikanstadt 1951.

dieser Frist hat man von schwedischer Seite aus äußeren Gründen keine Verlängerung oder Erneuerung beantragt, da die Anwendung der Regulae an Voraussetzungen geknüpft war, die ihren praktischen Wert für die dortigen Verhältnisse recht problematisch machten; so war vorausgesetzt, daß wenigstens einer der beiden nichtkatholischen Ehepartner konvertierte und daß hernach die ganzen Akten ins Lateinische übersetzt und zur Bestätigung des Urteils an das Sanctum Officium geschickt wurden. Somit sind die Regulae nicht mehr in Kraft, so daß man von ihren Sonderbestimmungen gegenüber der EPO nicht mehr Gebrauch machen darf.

Gleichwohl verdienen sie bei allen Ehegerichten auch heute noch ein sorgfältiges Studium. Kann man doch aus dieser amtlichen Stellungnahme der höchsten Kardinalskongregation ersehen, welches Gewicht nach der Ansicht der römischen Kurie unter Umständen den Parteiaussagen beizumessen ist. Auf letzteren Punkt bezieht sich nämlich die wohl überraschendste Bestimmung der Regulae. Es heißt dort: Cum agatur de actu interne elicito, qui potest delitescere in solo cordis scrinio, absque ideo externa manifestatione, in foro iudiciali allegatae nullitatis difficilior fit probatio. Quam tamen prorsus impossibilem ne dicas ex his, quae supra relata sunt nn. 4—8. Alia media aptiora ad veritatem detegendam suppetere possunt: praesumptio hominis (can. 1828); iuramentum suppletorium ad normam iuris (can. 1829—1831), quando cetera adminicula desint; accuratior partis actricis credibilitatis sinceritatisque eius conversionis investigatio. Inspecto enim uno naturae iure *vera atque plena moralis certitudo* de nullitate matrimonii haberi potest *a sola partium aut earum alterutrius emissa declaratione,* dummodo earum credibilitas ac veracitas aestimari possit omni exceptione maior, talis nempe quae omne prudens contrarii dubium excludat: cui comparandae probe inservire possunt testes iurati ac fidedigni.[65]

Drei Wahrheiten hat man zu diesem Text zu beachten. Einmal stellt das Sanctum Officium mit aller nur wünschenswerten Deutlichkeit fest, daß an sich allein schon die Aussagen der beiden Parteien, ja auch nur einer einzigen Partei unter Umständen ausreichen können, um volle moralische Gewißheit über die Nichtigkeit der Ehe zu erlangen. Voraussetzung dafür bleibt naturgemäß, daß auf der Glaubhaftigkeit der Partei oder der Parteien nicht der geringste Schatten eines Zweifels liegt. Letzteres mag vielleicht nur höchst selten zutreffen. Wo es aber erfüllt ist, spricht das Sanctum Officium ohne jede Einschränkung von einer vera atque plena moralis certitudo.

Zum zweiten erweist sich damit die Bestimmung des Art. 117 EPO, daß Parteiaussagen für sich allein keinen vollen Beweis für eine Ehenichtigkeit erbringen, als eine Satzung des rein positiven Rechts. Hiermit soll der Charakter dieser Norm klargestellt, keineswegs aber ihre Verbindlichkeit

---

[65] Regulae n. 11 S. 8 f. Kursivdruck vom Verfasser hinzugefügt.

angetastet werden. Wo immer der Richter nicht durch eine Sonderermächtigung von der Weisung der EPO freigestellt ist, bleibt er unbedingt an die Beweisregel des Art. 117 gebunden. Falls also außer der Parteiaussage keinerlei Beweismaterial aufzutreiben ist, muß der Richter die klagende Partei abweisen, mag er persönlich auf ihr Geständnis hin noch so sehr von der Nichtigkeit der Ehe überzeugt sein.

Drittens: Wenn zu der Parteiaussage irgendwelches weitere Beweismaterial hinzutritt, ist der Richter zur freien Beweiswürdigung verpflichtet und hat dabei in gebührender Weise auch die Bekundungen der Parteien mitzubewerten. Die Parteiaussage darf er nicht überschätzen, aber ebensowenig auch ihren Wert von vornherein abtun. Vor letzterem sollte ihn das oben angeführte Zitat aus den Regulae des Sanctum Officium bewahren. Damit soll gewiß nicht einem vorschnellen Urteil und einer sorglosen und wirklichkeitsfremden Leichtgläubigkeit das Wort geredet sein. Der Richter muß gerade gegenüber den Angaben der am Ausgang des Verfahrens aufs lebhafteste interessierten Partei eine wache Kritik walten lassen und sorgfältig prüfen, ob die Partei ihre Aussagen mit dem ehrlichsten Willen zur unbedingten Wahrhaftigkeit macht und ob sich in ihrer Darstellung auch nicht eine ungewollte Verschiebung und Verfälschung des Sachverhaltes einschleicht. Wo aber bei behutsamster Abwägung nicht für den geringsten Zweifel mehr Raum bleibt, da wird man mit vollem Recht auch dem Geständnis einer Partei ein beachtliches Gewicht beilegen dürfen und müssen. Bei solch glücklicher Konstellation wird es dann gegebenenfalls zu einem Nichtigkeitsurteil kommen können, obschon neben der Parteiaussage etwa nur ein einziger Zeuge zur Verfügung steht. Solche Feststellung deckt sich mit der Ansicht, die aus dem Dekret des Sanctum Officium spricht. Dort war sogar die Möglichkeit festgelegt, daß aus der Parteiaussage allein unter Umständen schon eine vera atque plena certitudo entspringen könne. Um so mehr wird man diese da behaupten dürfen, wo sich der absolut glaubwürdigen Partei noch ein ebenso einwandfreier Zeuge zugesellt.

Die freie Beweiswürdigung gibt dem Richteramt Auszeichnung und Bürde zugleich. Hinter dem Schutzwall gesetzlicher Beweisregeln läßt es sich bequem entscheiden, zum positiven wie zum negativen. Die drückende Last seiner Verantwortung aber gewahrt der Richter, wenn er, auf die selbständige Beweiswürdigung verwiesen, im Gehorsam gegen sein Gewissen den Mut zur eigenen Entscheidung aufzubringen hat.

Die Koppelung der Klagegründe metus und simulatio im Ehenichtigkeitsurteil

I. Das Problem

Hin und wieder kommt es vor, daß in einem Ehenichtigkeitsprozeß jemand die Gültigkeit seiner Ehe mit zwei oder noch mehr Klagegründen zugleich anficht. So etwa, wenn er geltend macht, seine Ehe sei nichtig, weil das trennende Ehehindernis der Schwägerschaft vorgelegen, seine Frau die Unauflöslichkeit der Ehe ausgeschlossen und dem trauenden Priester die Assistenzvollmacht gefehlt habe. Kann das Gericht, wenn es sämtliche behaupteten Tatbestände als erwiesen erkennt, die Nichtigkeit der Ehe aus allen Klagegründen zugleich aussprechen? Ja, soweit nicht die Klagegründe einander widersprechen.

C. 1669 § 1 CIC bestimmt nämlich zu dem sogenannten cumulus actionum[1]: Man kann in einer Klagenhäufung gleichzeitig mehrere Klagen gegen ein und denselben Beklagten vorbringen, wenn das Gericht Zuständigkeit für jede der Klagen besitzt und die miteinander verknüpften Klagen sich nicht widersprechen. Um solch eine Klagenhäufung dreht es sich, wenn die Nichtigkeit einer Ehe aus mehreren Gründen erklärt werden soll. Dann liegt nicht eine einzige Klage vor, sondern soviel Klagen wie Klagegründe.[2] Auch bei der Koppelung mehrerer Klagegründe für die Ehenichtigkeit muß daher die in c. 1669 § 1 aufgestellte Voraussetzung erfüllt sein, daß sich die vorgebrachten Klagegründe nicht widersprechen: „quae tamen secum ipsae non confligant".

Erschienen in: ÖAKR 10 (1959) 235—248.

[1] Vgl. R. *Naz,* Cumul d'actions, Dictionnaire de droit canonique 4, Sp. 883—886. Dort findet allerdings das hier zu erörternde Problem keine eigene Erwähnung.
[2] Vgl. P. E. *Suarez,* De pluralitate capitum nullitatis matrimonii, in: Ephemerides iuris canonici 2, 1946, S. 84—88. Weil das Gericht gehalten ist, jede der vorgelegten Klagen zu entscheiden, muß im Urteil, wie *Suarez* mit Recht betont, über jeden einzelnen Klagegrund entschieden werden. Es wäre zu wünschen, daß überall die gerichtliche Praxis durchgeführt würde, in der Litiscontestatio die einzelnen Klagegründe für die Ehenichtigkeit in getrennten Punkten aufzuführen und dementsprechend auch im Urteilstenor für jeden Klagegrund getrennt zu entscheiden. Die Stellungnahme zu den einzelnen Nichtigkeitsgründen sollte aus dem Urteilstenor, nicht nur aus der Urteilsbegründung ersichtlich sein.

Die Koppelung der Klagegründe metus und simulatio   257

Gegen eine bestimmte Klagenhäufung wird nun in der Tat der Einwand erhoben, daß sie wegen Unverträglichkeit der beiden Klagegründe zu beanstanden sei; nämlich gegen die Verbindung der Klagegründe *metus* und *simulatio*. Auch die Sacra Romana Rota hat sich zumal in neueren Entscheidungen wiederholt gegen diese Verknüpfung gewandt.[3]

[3] In folgenden Urteilen hat die Sacra Romana Rota die Koppelung der Nichtigkeitsgründe metus und simulatio abgelehnt, wenn auch nicht immer mit voller Deutlichkeit:
16, 1924 dec. 8 n. 2 und 7 S. 68 und 73 coram Jullien.
16, 1924 dec. 43 n. 2 und 10 S. 383 f. und 388 f. coram Jullien.
17, 1925 dec. 9 n. 2 S. 68 f. coram Jullien.
19, 1927 dec. 37 n. 3 S. 316 f. coram Jullien.
23, 1931 dec. 16 n. 2 S. 124 coram Jullien.
23, 1931 dec. 27 n. 5 S. 226 coram Wynen.
23, 1931 dec. 44 n. 12 S. 385 f. coram Morano.
26, 1934 dec. 20 n. 4 S. 194 f. coram Jullien.
26, 1934 dec. 28 n. 22 S. 267 coram Grazioli.
27, 1935 dec. 11 n. 2 und 6 S. 92 und 94 coram Mannucci.
27, 1935 dec. 40 n. 5 S. 335 coram Grazioli.
27, 1935 dec. 74 n. 9 S. 624 coram Grazioli.
28, 1936 dec. 59 n. 2 S. 557 coram Grazioli.
29, 1937 dec. 74 n. 3 S. 735 coram Jullien.
30, 1938 dec. 4 n. 3 S. 39 f. coram Jullien.
30, 1938 dec. 41 n. 18 S. 381 coram Grazioli.
30, 1938 dec. 71 n. 3 S. 648 coram Pecorari.
32, 1940 dec. 57 n. 3 S. 629 coram Jullien.
33, 1941 dec. 36 n. 2, 3, 4 und 12 S. 408 f. und 413 coram Jullien.
33, 1941 dec. 47 n. 7 S. 519 coram Janasik.
33, 1941 dec. 49 n. 2 S. 535 coram Wynen.
33, 1941 dec. 82 n. 4 S. 887 coram Janasik.
34, 1942 dec. 21 n. 4 und 21 S. 209 und 224 coram Grazioli.
34, 1942 dec. 47 n. 12 und 19 S. 506 und 514 f. coram Wynen.
34, 1942 dec. 70 n. 2 S. 751 f. coram Wynen.
35, 1943 dec. 37 n. 17 S. 354 f. coram Canestri.
35, 1943 dec. 40 n. 2 S. 386 coram Jullien.
35, 1943 dec. 47 n. 2 S. 469 coram Heard.
35, 1943 dec. 59 n. 3 S. 625 coram Wynen.
35, 1943 dec. 85 n. 6 S. 937 coram Canestri.
36, 1944 dec. 1 n. 6 S. 4 coram Canestri.
36, 1944 dec. 6 n. 2 S. 57 f. coram Wynen.
36, 1944 dec. 36 n. 1 S. 404 coram Canestri.
38, 1946 dec. 12 n. 2 S. 130 f. coram Wynen.
38, 1946 dec. 15 n. 5 S. 163 coram Canestri.
38, 1946 dec. 59 n. 2 S. 592 f. coram Jullien.
39, 1947 dec. 71 n. 3 S. 584 coram Staffa.
41, 1949 dec. 72 n. 2 S. 441 f. coram Wynen.
16. Juni 1952 coram Wynen; zit. bei Joannes *Torre,* Processus matrimonialis, Neapel 1956[3], S. 683.
8. Juli 1953 coram Mattioli; zit. in: Ephemerides iuris canonici 13, 1957, S. 282.
30. Dezember 1954 coram Heard; zit. bei *Torre,* a. a. O., S. 681.
Zu beachten wären auch die nachstehenden Rota-Entscheidungen, in denen aus ähnlicher Erwägung die Verbindung des Nichtigkeitsgrundes metus mit bestimmten anderen Nichtigkeitsgründen verworfen wird:

II. Der Einwand gegen die Koppelung von metus und simulatio

Aus folgender Überlegung rügt man die Verknüpfung von metus und simulatio im Ehenichtigkeitsurteil. Der moralische Zwang kann auf die Eheschließung auf zwei völlig verschiedene Arten einwirken. Einmal kann er den unter Druck Gesetzten veranlassen, schließlich doch in die wenn auch unerwünschte Heirat einzuwilligen, weil kein anderer Ausweg bleibt, um dem drohenden Übel zu entrinnen. Hier wird also ein wenn auch unter Zwang geleisteter Ehekonsens gesetzt. Voluntas coacta est semper voluntas. Nicht selten aber wird der Gezwungene anders verfahren. Er wird zwar den Eheabschluß äußerlich vollziehen, dabei jedoch keinen inneren Ehekonsens setzen, sondern den Ehewillen simulieren. In diesem Fall bildet der Zwang die causa simulationis oder, wie man richtiger sagen müßte, das Motiv für den äußerlichen Eheabschluß, während das Motiv für die Verweigerung des inneren Ehewillens in der Abneigung zu sehen ist.[4] Ein innerer Ehekonsens ist hier nicht geleistet, nicht einmal ein erzwungener. Beide Male hat man es mit einer nichtigen Ehe zu tun; eine Verschiedenheit liegt nur im Grund der Ehenichtigkeit.

Bei dem erstgenannten Tatbestand ist die Ungültigkeit der Ehe ausschließlich in dem Zwang begründet. Sie kann daher nur nach c. 1087 § 1 für nichtig erklärt werden. Es ist selbstverständlich, daß sie nicht auch noch nach c. 1086 § 2 für ungültig erklärt werden kann, weil hier eine Simulation gar nicht vorgelegen hat. Im zweiten Falle hingegen ist die Ehe sicher nach c. 1086 § 2 nichtig, da der Konsens simuliert wurde. Aber kann man in dieser Lage obendrein die Ehe auch noch wegen des Zwanges nach c. 1087 § 1 für nichtig erklären?

Eine Ehe, so sagen manche Rota-Entscheidungen, könne nicht zugleich wegen Simulation und wegen Zwang und Furcht nichtig sein. Bei Simulation liege überhaupt kein innerer Ehewille vor. Der Tatbestand der erzwungenen Eheschließung des c. 1087 § 1 setze dagegen gerade voraus, daß ein consensus ontologice verus geleistet werde, dem wegen des erlittenen Zwan-

---

22, 1930 dec. 59 n. 16 S. 661 f. coram Quattrocolo: metus und vis physica.
24, 1932 dec. 59 n. 4 S. 559 f. coram Jullien: metus und amentia.
27, 1935 dec. 74 n. 9 S. 624 coram Grazioli: metus oder simulatio und amentia.
29, 1937 dec. 74 n. 3 S. 735 coram Jullien: metus oder simulatio und ebrietas.
35, 1943 dec. 23 n. 9 S. 226 coram Quattrocolo: metus und condicio. (Vgl. dagegen das Urteil 40, 1948 dec. 51 S. 308—315 coram Fidecicchi, das eine Ehe ex capite metus und ex capite condicionis für nichtig erklärt.).
40, 1948 dec. 2 n. 9 und 18 S. 8 f. und 16 coram Wynen: metus und raptus.
Vgl. Damianus *Lazzarato*, Iurisprudentia pontificia de metu, Vatikanstadt 1956, S. 1300. Carolus *Holböck*, Tractatus de iurisprudentia Sacrae Romanae Rotae, Graz-Wien-Köln 1957, S. 154 f.
[4] Vgl. SRR 36, 1944 dec. 6 n. 2 S. 57 f.

ges nur die juridische Wirksamkeit fehle.⁵ Statt consensus ontologice verus sagt man besser wohl consensus intentionaliter verus. Denn wer sich in der bekannten Streitfrage für die naturrechtliche Ungültigkeit eines erzwungenen Konsenses entscheiden wollte, könnte ihn nicht mehr consensus ontologice verus nennen. Eine Ehe zugleich wegen simulatio und wegen metus für nichtig erklären, hieße, gleichzeitig das Nichtvorhandensein und das Vorhandensein des Konsenses behaupten wollen.⁶ Ein Ehenichtigkeitsurteil kann nach dieser Ansicht der Rota nur entweder auf Nichtigkeit wegen Simulation oder auf Nichtigkeit wegen Zwanges lauten.

Während somit im Urteil eine Koppelung beider Klagegründe verworfen wird, sei die Verbindung der beiden capita nullitatis in der Klageerhebung wie in der Litiscontestatio zulässig, weil es aus den vorläufigen Angaben der klagenden Partei oft genug zu diesem Zeitpunkt des Prozesses noch nicht ersichtlich sei, ob das eine oder das andere vorliege, und deshalb beide Fragen dem Gericht zur Entscheidung vorgelegt würden.⁷ Freilich könnten die beiden Klagegründe auch schon bei der Litiscontestatio nicht gleichrangig nebeneinander gestellt, sondern nur subordinate miteinander erhoben werden. Primär sei die Klage auf Nichtigkeit wegen Simulation zu stellen und nur subsidiär die auf Nichtigkeit wegen Zwanges.⁸ In der Klage wird auf diese Weise das Fehlen des Konsenses behauptet und für den Notfall, daß das Gericht die Simulation für nicht bewiesen erachte, die Klage erhoben, daß dann der vom Gericht angenommene, vom Kläger aber nicht zugestandene Konsens nach c. 1087 § 1 wegen Zwanges hinfällig sei.⁹ Bleibt die Simulation zweifelhaft, so kann das Gericht doch, falls ein Zwang mit allen Eigenschaften des c. 1087 § 1 nachgewiesen ist, die Nichtigkeit der Ehe aussprechen, und zwar ex capite metus.¹⁰

---

⁵ So SRR 27, 1935 dec. 11 n. 2, S. 92.
⁶ Gemeint ist natürlich nur der Tatbestand, bei dem Simulation und Zwang ein und dieselbe Person betreffen sollen. Ohne weiteres ist es hingegen möglich, daß eine Ehe zugleich nichtig ist wegen Simulation des einen Partners und wegen Zwang und Furcht auf seiten des anderen. Vgl. SRR 41, 1949 dec. 14, S. 70—75.
⁷ So SRR 33, 1941 dec. 49 n. 2, S. 535; 41, 1949 dec. 72 n. 2, S. 441 f.
⁸ SRR 30. Dezember 1954; zitiert bei *Torre*, a. a. O., S. 681 f. SRR 33, 1941 dec. 36 n. 2, S. 408 läßt auffallenderweise auch die umgekehrte Reihenfolge zu, während das Urteil vom 30. Dezember 1954 dies ausdrücklich ablehnt.
⁹ Gelegentlich wird in der Literatur sogar die Ansicht vertreten, daß nicht einmal in der Klageerhebung die beiden Klagegründe zusammen zuzulassen seien, wenn der Gezwungene die Klage erhebe; er könne ehrlicherweise nicht von sich zugleich das Nichtvorhandensein des Konsenses (Simulation) und das Vorhandensein eines wenn auch erzwungenen Konsenses behaupten. Die Koppelung sei höchstens möglich, wenn die Gegenpartei klage, da diese unter Umständen nicht genau wisse, ob der andere Teil simuliert oder aber einen erzwungenen Konsens geleistet habe. So Franciscus *Roberti*, De processibus, Bd. 1, Rom 1941², S. 645. In diese Richtung weisen auch SRR 35, 1943 dec. 37 n. 17, S. 354 f.; 38, 1946 dec. 15 n. 5, S. 163. Durchweg läßt jedoch die Rota für die Litiscontestatio die subsidiäre Verknüpfung der beiden Klagegründe zu.
¹⁰ Daß dann die Nichtigkeit ex capite metus vorliegt, sagt ausdrücklich SRR 33, 1941 dec. 36 n.

Zweifellos besitzen die zahlreichen Urteile der Sacra Romana Rota, welche es als unmöglich bezeichnen, daß eine Ehe zugleich wegen Simulation und wegen Zwanges für nichtig erklärt werde, ein hohes autoritatives Gewicht. Aber ein genaueres Zusehen zeigt, daß auch innerhalb der Rota nicht volle Übereinstimmung herrscht. So vertritt eine Rota-Entscheidung[11] die Ansicht, daß zwar Totalsimulation und Zwang nicht gleichzeitig als Nichtigkeitsgründe bestehen könnten, daß aber wohl eine Ehe zugleich aus sogenannter Partialsimulation und aus Zwang ungültig sein könne.[12] Auch wird die Forderung, daß bei Nichtvorliegen des Konsenses infolge Simulation die Ehe nur nach c. 1086 § 2, nicht aber nach c. 1087 § 1 für nichtig erklärt werden könne, von der Rota selbst nicht immer befolgt. In dem Prozeß SRR 17, 1925 dec. 31 wurde die Ehe ausschließlich ex capite metus[13] angefochten und daraufhin für nichtig erklärt, obgleich die Urteilsbegründung ausdrücklich feststellte, daß die Klägerin den Konsens völlig simuliert hatte.

Erst recht wird man stutzig, wenn man die Rota-Entscheidung SRR 40, 1948 dec. 2 S. 5—16 liest, die nachdrücklich die Unvereinbarkeit von metus und simulatio im Ehenichtigkeitsurteil vertritt und dann eine geradezu überraschende Ausweitung anfügt. Dem Urteil lag folgender Tatbestand zugrunde. Ein Mann hatte seine frühere Verlobte, die sich von ihm losgesagt hatte, nachts mit mehreren Komplizen überfallen und verschleppt, sie wochenlang in Gewahrsam gehalten und ihr solange zugesetzt, bis sie schließlich in die Ehe einwilligte. Hernach focht sie die Gültigkeit dieser Ehe an, dabei berief sie sich sowohl auf das Ehehindernis des raptus (c. 1074) als auch auf das Erpressen der Eheeinwilligung (c. 1087 § 1). Die Rota hatte sich in zwei Instanzen mit der Angelegenheit zu befassen. Das erste Mal[14] erkannte sie auf Nichtigkeit der Ehe, und zwar ex capite raptus und ex capite metus. Auf die Appellation des Ehebandverteidigers kam ein anderer

---

12, S. 413. Man erliegt also nicht etwa der Schlußfolgerung: Die Nichtigkeit ex capite metus setze unbedingt einen consensus intentionaliter verus voraus; bei zweifelhafter Simulation sei aber das Vorhandensein eines solchen Konsenses ungewiß; folglich könne die Nichtigkeit der Ehe auch nicht ex capite metus erklärt werden; wohl könne die Nichtigkeit der Ehe ausgesprochen werden, aber nur disjunktiv unter Offenlassen, welcher der beiden Nichtigkeitsgründe in Wahrheit vorliege: „aut ex capite simulationis aut ex capite metus".

[11] SRR 34, 1942 dec. 47 n. 12, S. 506.
[12] Freilich wird man das nicht als konsequent bezeichnen können. Denn wenn Totalsimulation und Zwang unvereinbare Nichtigkeitsgründe sein sollen, dann muß man das folgerichtig ebenso für Partialsimulation und Zwang gelten lassen. Denn auch bei der Partialsimulation liegt kein consensus vere datus vor. Vgl. dazu SRR 38, 1946 dec. 59 n. 2, S. 592 f.; 39, 1947 dec. 71 n. 3, S. 584; 30. Dezember 1954 (zitiert bei *Torre*, a. a. O., S. 681). Ferner Pio *Fedele*, in: Ephemerides iuris canonici 10, 1954, S. 64 f. und S. 71—74 sowie die dort angeführten Rota-Urteile.
[13] Wie sich aus n. 2, S. 252, ergibt.
[14] SRR 38, 1946 dec. 46, S. 451—459.

Turnus der Rota[15] gleichfalls zu einem Nichtigkeitsurteil, aber nur ex capite raptus. Wenn eine Ehe wegen raptus ungültig sei, dann sei es logisch gar nicht möglich, sie daneben auch noch ex capite metus für nichtig zu erklären. Denn der Tatbestand der erzwungenen Eheschließung des c. 1087 § 1 setze einen verus consensus matrimonialis voraus. Den aber könne eine persona rapta nicht beibringen, weil das Ehehindernis des raptus sie ja zur Leistung eines verus consensus rechtlich inhabil mache und ein etwa doch gesetzter Konsens für das Recht daher als nichtexistent zu betrachten sei! Wollte man dies konsequent zu Ende denken, so müßte man sagen, daß auch bei keinem anderen trennenden Ehehindernis zusätzlich noch eine Nichtigkeit der Ehe ex capite metus vorliegen könne; denn rechtlich inhabil macht ja jedes trennende Hindernis.

Es soll nun keineswegs behauptet werden, daß die Ausweitung, welche die erwähnte Rota-Entscheidung bringt, zwangsläufig aus der Begründung folgt, mit der man die Verknüpfung von metus und simulatio ablehnt. Man wird vielmehr mit gutem Grund annehmen dürfen, daß jenes Rota-Urteil singulär bleibt und die übrigen Gegner der Koppelung von metus und simulatio diesen Schritt nicht mitmachen. Aber wenn die zugrunde liegende These vom notwendigen consensus verus bei der erzwungenen Eheschließung auch nur in jener Rota-Entscheidung zu einer so weitreichenden Schlußfolgerung geführt hat, so mag das Anlaß genug sein, diese These selbst nochmals auf ihre Stichhaltigkeit zu untersuchen. Es wird sich dann zeigen müssen, wieweit überhaupt ein Hindernis besteht, simulatio und metus in einem Ehenichtigkeitsurteil gleichzeitig als Nichtigkeitsgründe miteinander zu verbinden.

III. Prüfung des Einwandes

Man muß zugeben, daß die Ablehnung einer Verknüpfung von simulatio und metus im Ehenichtigkeitsurteil dann schlüssig ist, wenn c. 1087 § 1 als notwendigen Tatbestand einen consensus intentionaliter verus voraussetzt. Dann wäre es in der Tat unmöglich gemacht, bei einem unter Zwang simulierten Ehekonsens neben einer Nichtigkeit aus c. 1086 § 2 auch noch eine Nichtigkeit aus c. 1087 § 1 festzustellen. Aber enthält c. 1087 § 1 in Wirklichkeit als unerläßliches Tatbestandsmerkmal die wenn auch erzwungene innere Einwilligung in die Ehe?

Zunächst sei auf die nicht wenigen Autoren verwiesen, die in c. 1087 § 1 auch die vis physica einbezogen sehen.[16] Während bei der vis moralis der

---

[15] SRR 40, 1948 dec. 2, S. 5—16.
[16] So z. B. Honorius *Hanstein* und Laurentius *Köster*, Kanonisches Eherecht, Paderborn 1958⁵, S. 166. Franz *Triebs*, Praktisches Handbuch des geltenden kanonischen Eherechts in Vergleichung mit dem deutschen staatlichen Eherecht, Breslau 1927 ff., S. 503. Heribert *Jone*, Gesetzbuch der lateinischen Kirche, Bd. 2, Paderborn 1952², S. 333. Charles de *Clercq*,

Zwang indirekt, nämlich auf dem Umweg über den Willen, der sich unter dem Druck doch zu der Heirat entschließt, die Eheschließung herbeiführt, liegt es im Wesen der vis physica, daß sie unmittelbar einen Akt ausführt, der nach außen als Konsensmanifestation erscheinen könnte, ohne daß irgendeine willentliche Zustimmung erfolgt. So, wenn jemand auf die Konsensfrage dem Widerstrebenden gewaltsam den Kopf zu einem zustimmenden Kopfnicken heruntergedrückte.[17] Wieweit der Tatbestand der vis physica bei einer Eheschließung überhaupt einmal verwirklicht sein kann[18], mag hier beiseite bleiben. Jedenfalls findet sich für einen consensus intentionaliter verus bei der vis physica gar kein Raum. Wenn nun die eben erwähnten Kanonisten die Nichtigkeit der unter vis physica geschlossenen Ehe gesetzestechnisch nicht nur in c. 103 § 1 und in c. 1081 § 1 verankert, sondern auch in c. 1087 § 1 mit erfaßt sehen, dann ergibt sich daraus zwingend, daß für diese Autoren zum Tatbestand des c. 1087 § 1 nicht notwendig eine innere Willenszustimmung zu der Ehe gehört. Gewiß, eine Reihe von Kanonisten[19] beschränken umgekehrt c. 1087 § 1 auf die vis moralis. Aber die Tatsache, daß die Auslegung umstritten ist, sollte allein schon zu einer gewissen Vorsicht mahnen, ob wirklich der Tatbestand des c. 1087 § 1 nur erfüllt ist, wenn der Wille innerlich, wenn auch widerstrebend, der Ehe zustimmt.

Doch selbst, wenn man sich auf den Standpunkt stellt, c. 1087 § 1 meine nur die vis moralis, so ist damit noch keineswegs entschieden, daß eine Ehenichtigkeit aus c. 1087 § 1 nur bei einem consensus intentionaliter verus vorliege. Man kann dem nicht entgegenhalten, letzteres ergebe sich dann doch zwangsläufig aus dem Begriff der durch vis moralis erzwungenen Handlung. Bei der vis moralis komme es zu der Handlung eben nur dadurch, daß der unter Druck gestellte Wille schließlich von sich aus die Handlung setzt. Ein unter metus vollzogener Akt setze somit notwendig einen Willensentschluß voraus. Diese Argumentation ist nur bis zu einem gewissen Grade schlüssig. Sicherlich ist die durch Drohung erpreßte Heirat nur möglich, wenn der Bedrohte sich zu einem Willensakt aufrafft. Das folgt begrifflich aus dem Unterschied der vis moralis von der vis physica. *Ein Willensakt muß also vorliegen. Nicht jedoch ist damit schon gesagt, daß der Wille zum Objekt den Ehekonsens haben müsse und daß es nicht genüge, wenn der Wille auf eine nur äußere Konserserklärung ohne inneren Ehewillen, also auf Simulation gerichtet ist. Erpreßt ist die Heirat doch auch, wenn der Wille unter dem*

Des sacrements, Traité de droit canonique, Bd. 2, Paris 1948, S. 360. Matthaeus Conte a *Coronata*, De sacramentis, Bd. 3, Turin—Rom 1948², S. 628, läßt ausdrücklich die Frage offen, ob c. 1087 § 1 nur die vis moralis oder auch die vis physica erfaßt.

[17] Vgl. Orio *Giacchi*, Il consenso nel matrimonio canonico, Mailand 1950, S. 44—47.
[18] Vgl. SRR 22, 1930 dec. 59, S. 652—662; 27, 1935 dec. 35, S. 299—306.
[19] So z. B. Felix M. *Cappello*, Tractatus canonico-moralis de sacramentis, Bd. 5, Turin 1947⁵, S. 589.

Zwang sich zu einem äußerlichen Ja entschließt, ohne sich damit aber innerlich binden zu wollen. Aus dem Begriff der durch Drohung erzwungenen Eheschließung folgt somit nicht, daß zu ihrem Tatbestand notwendig der innere Ehewille gehöre.

Es bleibt zu prüfen, ob der consensus intentionaliter verus, wenn schon nicht aus dem Begriff der erzwungenen Eheschließung, so doch vielleicht positivrechtlich aus der Formulierung des c. 1087 § 1 zum Tatbestand dieses Kanons erforderlich ist. C. 1087 § 1 lautet: „Invalidum quoque est matrimonium initum ob vim vel metum gravem ab extrinseco et iniuste incussum, a quo ut quis se liberet, eligere cogatur matrimonium." Der Kanon stellt fest, daß ein metus eine Eheschließung dann ungültig macht, wenn er folgende Merkmale aufzuweisen hat: gravis, extrinsecus, iniustus, inevitabilis, causalis.[20] Alle diese Kennzeichen können aber genau so gut zutreffen bei einem unter Zwang auf eine wirkliche Ehe gerichteten Konsens wie bei einem unter dem Druck nur den äußeren Eheabschluß bejahenden, simulierenden Willen. Ohne einen Unterschied zwischen den beiden Tatbeständen zu machen, erklärt c. 1087 § 1 einfach, daß ein Zwang von der umschriebenen Art trotz äußeren Eheabschlusses eine gültige Ehe nicht zustande kommen läßt. Wo der genannte Zwang vorliegt, da ist die Ehe nichtig, und zwar gemäß c. 1087 § 1 nichtig, gleichgültig ob der Heiratsakt simuliert wurde und so zusätzlich noch nach c. 1086 § 2 nichtig ist oder ob er mit wahrem Ehewillen vollzogen wurde und dann ausschließlich nach c. 1087 § 1 ungültig ist. C. 1087 § 1 stellt eben nur fest, daß bei einem metus der genannten Art der Eheabschluß nichtig ist, ohne irgendwie zum Ausdruck zu bringen, daß diese seine Regelung nur für eine mit wirklichem Ehewillen geschlossene Zwangsehe gelten solle, während bei Fehlen eines solchen Willens die Nichtigkeit nur aus einem anderen Rechtsgrund abgeleitet werden könne.

Immerhin könnte man versuchen, ob nicht wenigstens indirekt doch aus dem Wortlaut des c. 1087 § 1 die Beschränkung auf erzwungene Ehen mit einem consensus intentionaliter verus zu folgern sei, nämlich aus dem in seinem Text zweimal verwandten Wort „matrimonium". Der Kanon spreche die Nichtigkeit nur aus für ein matrimonium initum ob metum; von einem matrimonium aber könne man nur reden, wo alle Voraussetzungen einer *wahren* Ehe gegeben seien, also auch ein wirklicher Ehewille. Tatsächlich kann aber matrimonium hier nicht im Sinne einer gültigen Ehe, sondern nur als eine nach außen gültig erscheinende Ehe verstanden sein; denn c. 1087 § 1 bringt gerade ihre Nichtigkeit zum Ausdruck. Auch sonst ist im Kodex wiederholt matrimonium für die nach außen gültig erscheinende, in Wahrheit aber nicht gültige Ehe gebraucht. Man beachte z. B., daß in c. 1070 § 1 von matrimonium contractum, nicht von matrimonium attentatum die Rede ist.

---

[20] Letzteres folgt aus dem „initum *ob* metum".

Doch ließe sich der Einwand noch weiter vortragen. Das „matrimonium initum" möge immerhin eine objektiv ungültige Ehe meinen, folgt dann nicht trotzdem die Notwendigkeit der subjektiven Intention einer wahren Ehe aus dem „eligere cogatur matrimonium"? Die erzwungene Ehe ist ja nur dann nichtig, wenn der Bedrohte keinen anderen Ausweg mehr sieht, als die Ehe zu wählen. Von einem „eligere matrimonium" könne aber wohl nur die Rede sein, wenn die Intention auf eine wirkliche Ehe gerichtet ist. Das Argument scheint zu überzeugen, und auf den ersten Blick möchte man glauben, daß es sich schwerlich entkräften lasse.

Gleichwohl kann in Wahrheit das „matrimonium eligere" hier gar nicht auf den Fall eingeschränkt werden, daß der Gezwungene einen consensus intentionaliter verus setzt. Vielmehr muß die Wendung in dem Sinne verstanden werden, daß sich der Bedrohte dem Eheabschluß unterzieht, gleichgültig ob dies mit wahrem oder mit simuliertem Konsens geschieht. Das ergibt sich aus folgender Überlegung. Mit den Worten „a quo ... eligere cogatur matrimonium" soll sichergestellt sein, daß die Ehe nur nichtig ist, wenn kein Ausweg zwischen dem drohenden Übel auf der einen und der unerwünschten Heirat auf der anderen Seite mehr bestanden hat. Hätte noch eine dritte Möglichkeit offengestanden, z. B. die Anrufung eines zur Hilfe bereiten Verwandten, so hätte der Zwang die Gültigkeit der Ehe nicht angetastet. Wollte man nun das „eligere matrimonium" auf die Heirat mit wahrem Konsens beschränken, so käme man zu einer absonderlichen Folgerung. Dann ständen nämlich dem Bedrohten ohne weiteres drei Möglichkeiten zur Wahl: erstens das Hinnehmen des drohenden Übels, zweitens der Eheabschluß mit wirklichem Konsens (worauf nach der hier einmal unterstellten Interpretation ja das „eligere matrimonium" beschränkt wäre), drittens aber noch die Heirat mit simuliertem Konsens (was nach dieser Interpretation nicht unter das „eligere matrimonium" fiele). Diese dritte Möglichkeit wäre jedenfalls objektiv immer gegeben; subjektiv dann, wenn der Bedrohte um diese Möglichkeit gewußt hätte. Setzen wir nun einmal den Fall, daß jemand tatsächlich in seiner Zwangslage um die Möglichkeit einer ungültigen Eheschließung durch Simulation gewußt, aber doch auf Simulation verzichtet und gezwungen einen consensus intentionaliter verus geleistet hätte. Dann ergäbe sich nach der angenommenen Auslegung des „eligere matrimonium" der völlig abwegige Schluß, daß die Ehe überhaupt nicht für ungültig erklärt werden könnte. Aus c. 1086 § 2 nicht, weil eine Simulation nicht vorlag; aber auch aus c. 1087 § 1 nicht, weil der Bedrohte von der dritten Möglichkeit der Simulation keinen Gebrauch gemacht hätte. Diese Konsequenz ist dermaßen absurd, daß sie die Interpretation des „eligere matrimonium" als unmöglich erweist. Wo hätte ein Gericht bei der Prüfung der Ausweglosigkeit der Zwangslage jemals noch eine Untersuchung angestellt, ob der Bedrohte auch nicht um die Möglichkeit einer

Simulation gewußt habe, und bejahendenfalls entschieden, wenn er dann nicht diesen Ausweg der Simulation beschritten habe, so sei die Ehe gar nicht ungültig. Die Rota selbst vertritt gerade im Gegenteil, daß bei zweifelhafter Simulation um des sicheren metus willen die Ehe auf jeden Fall für nichtig erklärt werden kann. Die Wendung „eligere matrimonium" *kann daher nur so verstanden werden, daß sie den Vollzug des Eheabschlusses meint ohne Rücksicht auf den dabei geleisteten Konsens.*

Als Ergebnis schält sich somit heraus, daß c. 1087 § 1 kein Hindernis in den Weg legt, eine unter Zwang mit simuliertem Konsens geschlossene Ehe zugleich nach c. 1086 § 2 und nach c. 1087 § 1 für nichtig zu erklären. Man sage nicht, es widerstreite der Ökonomie der Gesetzgebung, wenn im Gesetz eine Nichtigkeit unnötigerweise auf doppeltem Wege ausgesprochen werde. Solch einem überspitzten ökonomischen Denken folgt der Gesetzgeber in Wirklichkeit gar nicht. So stellt c. 1086 § 2 noch einmal eigens die Nichtigkeit der totalsimulierten Eheschließung fest, obschon ihre Ungültigkeit eindeutig bereits in c. 1081 § 1 verankert ist; und ebensowenig wäre es nötig, in c. 1092 n. 2 die Nichtigkeit einer Ehe mit condicio contra matrimonii substantiam auszudrücken, da das schon in c. 1086 § 2 enthalten ist.

Wenn hier c. 1087 § 1 für jeden erzwungenen Eheabschluß, auch für den mit simuliertem Konsens in Anspruch genommen wird, so stellt das selbstverständlich nicht in Abrede, daß c. 1087 § 1 vornehmlich und in erster Linie gerade für die Zwangsheirat mit consensus intentionaliter verus gelten soll. Einer Klage gegen die letztgenannte Ehe ist eben nur mit c. 1087 § 1 zu helfen, während im anderen Falle immer noch die Sicherung des c. 1086 § 2 ausreichen würde. *Aber ausgeschlossen aus c. 1087 § 1 ist die unter Zwang fingierte Eheschließung nicht.* Denn c. 1087 § 1 stellt ganz allgemein fest, daß jede Ehe nichtig ist, welche unter metus gravis, extrinsecus, iniustus, inevitabilis, causalis geschlossen wurde, ohne einen Unterschied zu machen, ob der Bedrohte dabei eine wirkliche Ehe intendierte oder vielmehr unter dem Zwang seinen Konsens simulierte.

Wenn also jemand unter dem ausgeübten Zwang den Eheabschluß nur zum Schein mitmacht, so ist seine Ehe unbeschadet der Nichtigkeit wegen Simulation auch noch aus c. 1087 § 1 ungültig. Es steht nichts im Wege, ja es ist bei entsprechendem Klageantrag sogar geboten, dies ebenfalls im Urteil zum Ausdruck zu bringen und die Ehe sowohl ex capite simulationis als auch ex capite metus für nichtig zu erklären.

IV. Praktische Auswirkung

Die hier angestellte Untersuchung scheint rein theoretischen Charakter zu haben. Ausschlaggebend sei, so wird man vielleicht entgegenhalten, eben nur, daß die Ehe für nichtig erklärt werden könne; auf welchen Grund hin dies geschehe, ob nur aus Simulation oder aber aus Simulation und Zwang zugleich, spiele keinerlei Rolle.

Wissenschaftliches Denken fragt nicht nach dem praktischen Gewinn. Ihm ist das Erkennen aus Gründen um seiner selbst willen Ziel des Forschens, auch wenn es keinen unmittelbaren Nutzen für die Praxis abwirft.

Im vorliegenden Falle freilich bringt das Ergebnis unserer Überlegungen obendrein doch einen spürbaren Vorteil für die Rechtsprechung der kirchlichen Ehegerichte. Denn wenn die Nichtigkeit einer Ehe zugleich aus Simulation und aus Furcht festgestellt werden darf, so entgeht man damit einer lästigen Unzuträglichkeit, die sich aus der gegenteiligen Auffassung zuweilen einstellen würde.

C. 1987 sowie Art. 220 der Eheprozeßordnung enthalten nämlich die Bestimmung: *Jemand, dessen Ehe für ungültig erklärt wurde, kann eine neue Ehe nicht eingehen, bevor ein zweites Urteil einer weiteren Instanz das frühere Urteil über die Nichtigkeit der Ehe bestätigt hat. Eine Bestätigung im Sinne dieser Vorschrift liegt aber nicht schon jedesmal vor, wenn beide Instanzen auf Nichtigkeit der Ehe erkennen; erforderlich ist vielmehr, daß die Nichtigkeit auch aus dem gleichen Nichtigkeitsgrund festgestellt wird.*[21]

Wollte man nun die gleichzeitige Nichtigkeit einer Ehe aus Simulation und aus Zwang für unmöglich erachten, so könnte das zu folgender Schwierigkeit führen. Die erste Instanz würde etwa zu dem Ergebnis gelangen, die behauptete Simulation sei nicht voll erwiesen, doch sei die Ehe eindeutig wegen des erlittenen Zwanges ungültig. Die zweite Instanz würde zwar auch die Feststellung treffen, daß an dem ausgeübten Zwang nicht zu rütteln sei, doch halte man es für moralisch sicher, daß der Kläger unter dem Druck den Ehewillen vorgetäuscht habe, und daher könne die Ehe nur wegen Simulation für nichtig erklärt werden. Das erste Nichtigkeitsurteil erfolgt ex capite metus, das zweite ex capite simulationis. Liegen hier, obschon auch die zweite Instanz an der Tatsache des metus keinen Zweifel läßt, keine zwei gleichlautenden Urteile vor, so daß auf jeden Fall eine dritte Instanz nochmals ein Nichtigkeitsurteil fällen müßte?

Diese Konsequenz, die sich aus der formaljuristischen Einengung des c. 1087 § 1 auf erzwungene Ehen mit consensus intentionaliter verus ergibt, muß man als höchst unerwünscht, ja als Unrecht gegen die Parteien empfinden. Man hat daher der Schwierigkeit mit verschiedenen Mitteln, wie etwa mit besonderer Formulierung im Urteil, zu entrinnen versucht, die aber wenig befriedigen können. So hat ein Diözesangericht in solch einem Prozeß im Urteilstenor die Nichtigkeit sowohl aus Simulation als auch aus Zwang ausgesprochen, in der Urteilsbegründung jedoch dazu erläutert, die Verknüpfung sei in dem Sinne zu verstehen, daß die Ehe in Wirklichkeit

---

[21] Vgl. Art. 218 § 2 EPO: Praefata dispositio ita intelligatur, ut locum habeat si agatur revera de *eadem causa,* hoc est, *propter idem matrimonium* et *ob idem nullitatis caput.*

ausschließlich wegen der Simulation ungültig ist und sie nur dann wegen des Zwanges nichtig wäre, wenn die Simulation nicht bewiesen wäre. Ein recht zweifelhafter Ausweg; denn die Urteilsbegründung negiert damit zum Teil den Urteilstenor, und der Urteilstenor spricht die Nichtigkeit ex capite metus aus, die nach der Auffassung des Gerichts in Wahrheit aber gar nicht zutrifft. Es hilft auch nicht weiter, wenn der Urteilstenor selbst nach der Feststellung der Nichtigkeit ex capite simulationis noch die Wendung enthielte, die Ehe wäre, falls keine Simulation vorgelegen hätte, ex capite metus ungültig; oder: die Ehe könne mit Rücksicht auf die erwiesene Simulation nicht zugleich noch wegen Furcht für nichtig erklärt werden, obschon die kanonischen Erfordernisse des c. 1087 § 1 bewiesen seien. Bestätigt wird damit das erstinstanzliche Urteil hinsichtlich des Nichtigkeitsgrundes doch nicht. In den Rota-Veröffentlichungen findet sich zwar ein Urteil, zu dem sich in einer Anmerkung der Defensor vinculi äußert, er betrachte, da auch das zweite Urteil den Zwang als erwiesen ansehe, die conformitas sententiarum für gegeben und verzichte somit auf eine nochmalige Appellation.[22] In Wahrheit hatte die zweite Instanz in bewußter Abkehr von der ersten eben aus der eigenartigen Interpretation des c. 1087 § 1 die Ehe nur ex capite simulationis, nicht wie die Vorinstanz ex capite metus für ungültig erklärt. Geht es dann an, daß der Ehebandverteidiger darin doch eine Nichtigerklärung „ob idem nullitatis caput" sehen will? Ein anderes Mal hat daher die Rota in einem gleichgelagerten Fall sich nicht anders zu helfen gewußt, als ad cautelam eine päpstliche Dispens von der Pflicht zur nochmaligen Appellation einzuholen.[23] Aber ist ein Kläger, nachdem er in zwei Instanzen das Vorliegen einer schweren Furcht hat belegen können, noch erst auf die Gnade einer Dispens angewiesen?

Die Schwierigkeit entfällt jedoch ohne weiteres, wenn ein Urteil die Nichtigkeit der Ehe zugleich aus c. 1086 § 2 und aus c. 1087 § 1 feststellen kann. Hatte dann die erste Instanz auf Ungültigkeit nur wegen des Zwanges und die zweite Instanz auf Ungültigkeit wegen der Simulation und wegen des Zwanges erkannt, so liegen hinsichtlich des Klagegrundes metus auf jeden Fall zwei gleichlautende Urteile vor; die Berufung an eine dritte Instanz oder eine entsprechende Dispens ist unnötig.

Dieser Vorteil kann selbstverständlich auf die Stellungnahme zu der hier behandelten Streitfrage keinen Einfluß ausüben. Aber nachdem sich uns aus völlig anderen Überlegungen die Möglichkeit erschloß, eine Ehe zugleich wegen der Simulation und wegen des Zwanges für ungültig zu erklären, wird man mit Genugtuung den Gewinn verbuchen, der damit für die Gleichförmigkeit zweier Urteile abfällt.

---
[22] SRR 38, 1946 dec. 59, S. 598.
[23] SRR 16, 1924 dec. 8, S. 73.

Der error qualitatis dolose causatus als Ergänzung zu c. 1083 § 2 CIC

I. Der ungenügende Rechtsschutz des CIC gegen arglistige Täuschung bei der Eheschließung

„Hätte ich das gewußt, nie und nimmer hätte ich ihn geheiratet. Er hat mir das doch absichtlich vor der Hochzeit verheimlicht, hat mich betrogen, und trotzdem soll ich für immer an ihn gebunden sein?" Welcher kirchliche Eherichter hätte es nicht so oder ähnlich schon aus dem Munde einer verzweifelten jungen Frau oder eines entsetzten jungen Mannes gehört? Bilder an Bilder, angefüllt mit schwerstem Menschenschicksal, steigen aus seiner Erfahrung auf. Um anschaulich zu zeigen, um welch dringendes Problem es hier geht, seien aus der Überfülle von Tatbeständen wenigstens ein paar mit kurzen Strichen skizziert.

Ein erster Fall: Ein evangelischer Mann merkt, daß er ein überzeugungstreues katholisches Mädchen nur gewinnen kann, wenn er ihm in der religiösen Frage entgegenkommt. So heuchelt er Zuneigung zur katholischen Kirche, besucht mit ihr sonntags die Messe, unterschreibt anstandslos die Mischehenkautionen, ja meldet sich kurz vor der Heirat zum Konvertitenunterricht an. Aber gleich nach der Hochzeit läßt er die Maske fallen und erklärt brutal, er habe nie im Ernst gedacht, katholisch zu werden oder auch nur die Kautionen einzuhalten.

Ein zweiter Fall: Fünf Wochen nach der Hochzeit sitzt das junge Paar abends beisammen, als plötzlich die Frau hinfällt und in Krämpfen um sich schlägt. Schwere Epilepsie. Daran litt die Frau schon seit dem 16. Lebensjahr. Aber sie und ihre Familie haben das sorgsam vor dem Bräutigam geheimgehalten, weil sie nur zu genau wußten, daß sonst das Verlöbnis zu Ende wäre.

Ein dritter Fall: Es schellt an der Wohnungstür. Als die junge Frau — seit einem halben Jahr verheiratet — die Tür öffnet, stehen da drei Polizisten. Sie dringen sofort durch den Flur ins Zimmer ein. Ehe ihr Mann aufspringen kann, schnappen schon die Handschellen zu. Ein Jahr vor der Heirat war ein Sparkassenbote überfallen und niedergestochen worden. Erst jetzt konnte man den Täter ausfindig machen. Die Frau war völlig ahnungslos gewesen.

Ein vierter Fall: Ein Hochstapler hatte sich die Mitgliedschaft in einer Studentenkorporation erschwindelt und auf diesem Umweg Eingang bei den angesehensten Familien einer Kleinstadt gefunden. Dort machte er die Bekanntschaft eines jungen

Mädchens. Doch die Familie wollte von einer Heirat nur etwas wissen, wenn er zuvor eine entsprechende Position errungen habe. So zog sich das Verlöbnis sehr in die Länge. Inzwischen feierte er in großem Stil sein angebliches Referendarexamen; nach drei Jahren machte er es ebenso mit dem Assessorexamen. Und dann fand die Hochzeit statt. Erst hernach wurde er entlarvt. Er hatte weder Assessorexamen noch Referendarexamen, ja nicht einmal ein Abiturzeugnis aufzuweisen.

Ein fünfter Fall: Auf einem Kirmesabend hatte sich ein Student auf dem Nachhauseweg mit einem Mädchen vergangen. Fünf Wochen später erscheint sie mit ihrer Mutter im Elternhaus des jungen Mannes; das Zusammensein sei nicht ohne Folgen geblieben, er müsse sie jetzt heiraten. Nach langem Sträuben gibt er nach. Er muß das Studium abbrechen und eine Stelle antreten, um Geld für die junge Familie zu verdienen. Und dann stellt sich drei Monate nach der Hochzeit, als das Kind — nach der Erwartung des Mannes viel zu früh — zur Welt kommt, der Schwindel heraus: Das Kind stammt von einem anderen Mann. Der Betrogene beantragt sofort beim weltlichen Gericht die Aufhebung der Ehe. Aber wie er dann auch vor der Kirche frei werden will für eine neue Ehe, kann er es nicht fassen, daß er zur Antwort erhält: Gewiß arglistig getäuscht und doch für immer gebunden!

Der CIC bietet in der Tat nicht im entferntesten einen ausreichenden Rechtsschutz gegen arglistige Täuschung bei der Eheschließung. Zwar setzt c. 1083 § 2[1] fest, daß eine Eheschließung von vornherein nichtig ist, wenn bei ihr bestimmte Formen des Eigenschaftsirrtums unterlaufen sind. Doch gilt das einzig und allein für zwei genau bezeichnete Tatbestände des Eigenschaftsirrtums, für zwei Tatbestände, die so ausgefallen sind, daß sie nur mit äußerster Seltenheit anzutreffen sind. Erstens handelt es sich um den error qualitatis redundans in errorem personae; im Grunde liegt hier gar kein bloßer Eigenschaftsirrtum vor, sondern ein Personenirrtum, eine Personenverwechslung, wenn diese Personenverwechslung auch auf dem Umweg über den Irrtum in einer identifizierenden, individualisierenden Eigenschaft zustande kommt. So z. B., wenn jemand für eine Eheschließung durch Stellvertreter den Auftrag gäbe, die älteste Tochter des N. N. zu ehelichen, in Wirklichkeit dabei aber die jüngere Tochter angetraut würde. Zweitens ist die Ehe nichtig bei dem error condicionis servilis: Eine freie Person heiratet jemanden, den sie irrtümlich für frei hält, der aber in Wahrheit dem Sklavenstand angehört. Auch dies ist naturgemäß ein Tatbestand, dem heutzutage kaum mehr praktische Bedeutung beizumessen ist. Für das brennende Problem der arglistigen Täuschung bietet c. 1083 daher keinen wirklich ins Gewicht fallenden Rechtsschutz. Mit Nachdruck betont c. 1083 ja: irritat *tantum; nur* in den beiden genannten Fällen macht der Eigenschaftsirrtum die Eheschließung zunichte. In allen anderen Fällen hingegen berührt der Irrtum in einer Eigenschaft des Partners nicht die Gültigkeit der Ehe, mag

---

[1] C. 1083 § 2: „Error circa qualitatem personae, etsi det causam contractui, matrimonium irritat tantum: 1° Si error qualitatis redundet in errorem personae; 2° Si persona libera matrimonium contrahat cum persona quam liberam putat, cum contra sit serva, servitute proprie dicta."

der Irrtum noch so verhängnisvoll sein. Das hat selbst dann zu gelten, wenn der Irrtum das ausschlaggebende oder sogar das einzige Motiv zur Heirat abgegeben hätte; „etsi det causam contractui" wie c. 1083 sagt. Es hilft nichts, wenn es noch so sicher ist, daß der Irrende bei wahrer Kenntnis der Sachlage sich nie und nimmer zu der Eheschließung bereitgefunden hätte. Nicht einmal der Umstand, daß ein Irrtum nur auf Arglist und Betrug des Partners zurückzuführen ist, läßt nach dem geltenden Recht des CIC eine Ausnahme zu.

II. Die Dringlichkeit einer Ergänzung des CIC

Angesichts des unermeßlichen Leids, das erheuchelte Heiraten meist nach sich ziehen, und angesichts des völlig ungenügenden Rechtsschutzes im geltenden kanonischen Recht drängt sich die Frage auf, ob hier der Gesetzgeber nicht durch eine Ergänzung des Kodex auf Abhilfe sinnen sollte.[2]

Der Änderung des kanonischen Eherechts sind naturgemäß aus der Unauflöslichkeit der Ehe ganz bestimmte *Grenzen* gesteckt. So könnte auch die oberste Gewalt der Kirche nicht eine einmal gültig geschlossene und vollzogene Ehe von Getauften nachträglich auflösen, weil sich hernach herausstellt, daß einer der Ehepartner bei der Heirat betrogen wurde. Nur der Tod könnte eine solche Ehe lösen (c. 1118).

Wenn die Kirche einen Rechtsschutz gegen arglistige Täuschung gewähren wollte, so müßte sie schon einen anderen Weg dazu einschlagen; eben den, der bereits in c. 1083 § 2 vorgezeichnet ist. Sie müßte eine *Nichtigkeitsklausel* erlassen, daß bei arglistiger Täuschung eine gültige Ehe *gar nicht zustande kommt*.

Daß der kirchliche Gesetzgeber *prinzipiell die Macht besitzt*, derartige Nichtigkeitsklauseln aufzustellen, wird schlagend mit dem Hinweis auf c. 1083 § 2 n. 2 belegt. Kraft positiven Rechts der Kirche macht danach der error condicionis servilis eine Eheschließung nichtig. Was die Kirche dort für den error condicionis servilis festgelegt hat, könnte sie ebensogut für den error dolose causatus bestimmen. Dann würde kraft eines solchen positiven Gesetzes der Kirche die arglistige Täuschung das gültige Zustandekommen der Ehe verhindern.

Rückwirkende Kraft würde einem derartigen Gesetz freilich *nicht* zukommen und auch gar nicht beigelegt werden können, weil eben die schon gültig zustande gekommene Ehe nicht hernach nichtig gemacht werden kann. Die Nichtigkeitsklausel hätte ihre Wirkung allein für jene Ehen, die erst nach Erlaß der Klausel geschlossen werden. Für die früher liegenden

---

[2] Vgl. Heinrich *Flatten*, Irrtum und Täuschung bei der Eheschließung nach kanonischem Recht, Paderborn 1957.

Eheschließungen ist eine Hilfe grundsätzlich versperrt. Aber für die Zukunft wäre damit ein Rechtsschutz gegen arglistige Täuschung gesichert.

Man möchte in der Tat wünschen, daß die Kirche bei der Überarbeitung des Kodex diesem Anliegen ihr Augenmerk zuwenden und c. 1083 § 2 entsprechend ergänzen wollte. In c. 1083 § 2 n. 2 hat sie dem Irrtum über den Sklavenstand ehevernichtende Wirkung beigelegt, weil sie um die verhängnisvollen Folgen wußte, die ein solcher Irrtum für eine Ehe haben würde. Sollte sie da nicht auch in sonstigen Fällen eines besonders schwerwiegenden error qualitatis die gleiche Nichtigkeitsklausel aufstellen? Es gibt, worauf die Literatur wiederholt hinweist,[3] Eigenschaften und Verhältnisse noch schlimmerer Art, welche die Gemeinschaft des ehelichen Lebens weit tiefer treffen und ruinieren als die Unfreiheit des einen Teils. Ganz besonders möchte man solchen Rechtsschutz für jene Fälle erbitten, wo der Irrtum durch groben Betrug herbeigeführt wurde. Sicherlich wird man von dem Eheschließenden erwarten müssen, daß er auch seinerseits mit großem Ernst bei der Wahl des Partners zu Werke geht und sorgfältig prüft, ob der Ausersehene die gewünschten Eigenschaften mitbringt. Aber noch so behutsame Vorsicht feit nicht immer gegen Täuschung. Es kann, so schreibt Triebs – und dabei führt ihm gewiß seine reiche Erfahrung am kirchlichen Ehegericht die Feder –, es kann „Fälle geben, wo der Betrug gelingt, trotz der größten Vorsicht seitens des betrogenen Teils. ... Es wäre wirklich zu prüfen, ob es nicht angemessen sei, in einem solchen Falle ... dem dolus ehevernichtende Kraft zu geben. Der Betrüger soll niemals aus seinem Betruge einen Vorteil für sich ziehen dürfen, am allerwenigsten in einem solchen Falle"[4].

Allzu gut begreift man die Empörung der Getäuschten, daß sie trotz des Betruges an die Ehe gebunden sein sollen. Für alle anderen Rechtsgeschäfte sieht das Gesetz, auch das Gesetz des Kodex in c. 103 § 2, einen wirksamen Schutz gegen arglistige Täuschung vor; nur für die Eheschließung gilt diese Bestimmung nicht. Wo aber wäre ein Rechtsschutz dringlicher als gerade bei der Ehe, bei der es nicht bloß um diese oder jene Verpflichtung geht, sondern die tiefgreifendste Bindung fürs ganze Leben auf dem Spiele steht? Schon vor Jahrzehnten klagte ein Kanonist: „Das Konzil von Trient erklärte am Schlusse der 24. Sitzung de reformatione matrimonii: matrimonium est sancte tractandum. Es kann aber kaum eine größere Ironie auf diesen Ausspruch geben, als daß die Ehe dem Betruge gegenüber schlechter traktiert wird als jedes Handelsgeschäft."[5]

---

[3] Vgl. Joseph *Freisen*, Geschichte des kanonischen Eherechts bis zum Verfall der Glossenliteratur, Paderborn 1893², S. 306. August *Knecht*, Handbuch des katholischen Eherechts, Freiburg i. Br. 1928, S. 560 A. 7.

[4] Franz *Triebs*, Praktisches Handbuch des geltenden kanonischen Eherechts, Breslau 1927 ff., S. 475.

[5] Friedrich *Thaner*, Die Persönlichkeit in der Eheschließung, Graz 1900, S. 50 A. 16.

Sicherlich wird es sehr sorgsamer und umsichtiger Überlegung bedürfen, um die rechte Abgrenzung und Formulierung für eine Ergänzung des c. 1083 § 2 zu finden, worauf hernach näher einzugehen ist. Aber darüber dürfte es keinen Zweifel geben, daß der kirchliche Gesetzgeber mit allen Mitteln irgendwie eine gangbare Lösung anstreben sollte, um der arglistig erschlichenen Eheschließung zumal bei Fällen gröbsten Betruges die Gültigkeit zu versagen. Ohne Übertreibung kann man wohl behaupten: Unter all den vielen Kanones des CIC ruft *kein einziger so dringlich* nach Änderung oder Ergänzung wie c. 1083 § 2. Denn daß eine Heirat trotz arglistiger Täuschung über wichtigste Umstände gültig sein soll, löst auch in Kreisen glaubenstreuester Katholiken Unverständnis, ja Entrüstung aus. Die Bonner Tagung der Offizialate in der Osterwoche 1960 bezeichnete mit besonderem Nachdruck eine gesetzgeberische Hilfe in diesem Punkt als äußerst vordringlich.

III. Stellungnahme zu Bedenken

Bei behutsamer und engbegrenzter Neufassung dürfte auch den Bedenken hinreichend Rechnung getragen sein, die man gegen eine Abänderung des c. 1083 § 2 ins Feld führen könnte. Solche Einwände sollen hier in ihrem vollen Gewicht ernstgenommen werden. Nur wer sich klar vor Augen hält, daß ein Eingriff in das geltende Eherecht weittragende Folgen nach sich zieht, und wer diese Auswirkungen in aller Ehrlichkeit und Gewissenhaftigkeit überprüft, kann der schweren Verantwortung begegnen, die mit dem Vorschlag einer Änderung gegeben ist. Die Bedenken laufen im wesentlichen auf zwei Befürchtungen hinaus; man sieht die Gefahr der Rechtsunsicherheit und die Gefahr der Leichtfertigkeit.

1. Das Bedenken der Rechtsunsicherheit

Wolle man, so wird eingewandt, die Gültigkeit der Ehe vom error qualitatis abhängig machen, so ziehe damit die Gefahr der Rechtsunsicherheit herauf. Wie viele Ehen würden dann nicht in ihrer Gültigkeit angezweifelt, wenn schon jedweder Eigenschaftsirrtum als Klagegrund ausreichte! Würde damit letzten Endes nicht die Unauflöslichkeit der Ehe, wenn auch nicht theoretisch, wohl aber praktisch in Frage gestellt?

Das Bedenken soll gewiß nicht verharmlost werden. Aber muß ein nüchternes Abwägen nicht ehrlich zugeben, daß der Einwand doch weit über das Ziel hinausschießt und auf eine Abänderung von den engen Grenzen, die der hier unterbreitete Vorschlag absteckt, im Grunde gar nicht zutrifft?

Man müßte wohl die Befürchtungen des Einwandes teilen, wenn schon um jedes Eigenschaftsirrtums willen die Ehe nichtig sein sollte. Das würde in der Tat zu einer bedrohlichen Rechtsunsicherheit führen. Solch eine weite, ja allzu weite Fassung der Nichtigkeitsklausel ist aber keineswegs beabsichtigt. Nur für die groben Fälle der arglistigen Täuschung bei der Eheschließung soll eine Nichtigkeitsklausel erstrebt werden. Arglistige Täuschung jedoch ist ein sehr präziser, juristisch klar abgrenzbarer Tatbestand; nicht weniger präzis, nicht weniger scharf zu erfassen als etwa der metus gravis des c. 1087. Von einer echten und ernstzunehmenden Gefahr der Rechtsunsicherheit kann daher, sofern nur die notwendige Beschränkung in der Neufassung des c. 1083 eingehalten wird, wirklich nicht die Rede sein.

Gewiß mag dann hin und wieder mal jemand zu Unrecht den error dolose causatus für sich in Anspruch nehmen *wollen*, um eine Nichtigkeitserklärung seiner Ehe durchzudrücken. Aber vor solch mißbräuchlichem·Versuch ist auch kein anderer Klagegrund des kanonischen Eherechts gesichert. Immerhin ist durch die prozessuale Vorschrift, daß der Kläger, der die Ehe anficht, die ganze Beweislast zu tragen hat und daß bei nicht voll erbrachtem Beweis die Klage abgewiesen werden muß, zur Genüge vorgebeugt, daß voreilig eine Ehe für nichtig erklärt würde. Vor allem jedoch sollte die Tatsache, daß die Möglichkeit eines mißbräuchlichen Versuchs wie ja bei jedem Gesetz nicht völlig ausgeschaltet ist, nicht dazu führen, nun auch dem wirklich Getäuschten und Betrogenen den allzu berechtigten Schutz zu versagen.

2. *Das Bedenken der Leichtfertigkeit*

Zum zweiten befürchtet man, eine Änderung des c. 1083 werde die Gefahr der Leichtfertigkeit bei der Wahl des Lebensgefährten heraufbeschwören. Nichts zwingt ja, wie man mit Recht sagen muß, den jungen Menschen vor der Heirat so zur Vorsicht, so zur reiflichen Überlegung, ob der auserwählte Partner auch der richtige Gefährte fürs Leben ist, wie der Gedanke: Mit dem Jawort bist du für immer gebunden; und magst du dich im anderen noch so sehr geirrt haben, es gibt dann kein Zurück mehr. Wie liegt darin ein heilsamer Zwang zu sorgfältiger Prüfung.

Niemand wird das mehr anerkennen als der kirchliche Eherichter, der immer wieder die Erfahrung macht, daß an der Zerrüttung der Ehen nichts soviel Schuld trägt wie der eilfertige Leichtsinn, mit dem junge Leute in die Ehe stürzen, ohne sich hinreichend geprüft zu haben. Wie wird er deshalb alles fördern und begrüßen, was die Brautleute zur reiflichen Überlegung anhält; wie wird er allem wehren, was sie in sorglosem Leichtsinn bestärken könnte.

Muß man aber aus diesem Grunde die Ergänzung des c. 1083 ablehnen? Auch hier ist wieder zu beachten, daß der Vorschlag nur die arglistige Täuschung, nicht schon jeden Eigenschaftsirrtum ins Auge faßt. Wenn man aber die etwaige Nichtigkeitsklausel so eng begrenzt, dann haben die Brautleute noch immer allen Grund, sich vor der Hochzeit aufs gewissenhafteste über Person und Verhältnisse des ausersehenen Partners zu erkundigen. Denn der in Aussicht genommene Rechtsschutz der Ehenichtigkeit würde ja nur eintreten, wenn der Irrtum durch arglistige Täuschung herbeigeführt wäre. In allen anderen Fällen eines Eigenschaftsirrtums hingegen, wo es ohne Betrug zu dem Irrtum gekommen ist, bliebe die Verantwortung einzig bei dem Eheschließenden. Und der Möglichkeiten auch zu solchem Irrtum ohne Betrug gibt es übergenug. Unbeschadet der befürworteten Ergänzung des c. 1083 muß sich der junge Mensch also vor der Heirat sagen, daß er von sich aus die Augen zu genauester Prüfung offenhalten muß, will er hernach vor böser Überraschung sicher sein, an der er dann sein ganzes Leben zu tragen hätte.

Immerhin könnte man einwenden, der Schritt an den Traualtar verliere doch etwas von dem schweren Wagnis absoluter Bindung, wenn die Ehe bei arglistiger Täuschung nichtig sein solle, und dadurch büße der moralische Druck zur reiflichen Überlegung an Gewicht ein. Der Gesetzgeber hätte zu erwägen, ob er in dieser Veränderung der psychologischen Situation vor der Heirat eine Gefährdung der ernsten Ehevorbereitung sehen müßte. Wenn er das bejahen sollte, so könnte mit einer entsprechenden Formulierung der Nichtigkeitsklausel vorgebeugt werden. Die Kirche hätte es ja in der Hand, die Nichtigkeit der Ehe nur für den Fall zu statuieren, daß auf seiten des Irrenden keinerlei Mitverschulden an dem Irrtum und wenn auch nur durch Fahrlässigkeit vorliegt. Es wäre in die Nichtigkeitsklausel dann etwa die Wendung aufzunehmen: „wenn jemand trotz zumutbarer Sorgfalt getäuscht worden ist", „diligentia qua par est non neglecta".

IV. *Formulierungsvorschlag für eine Ergänzung des c. 1083 § 2*

Die bisherigen Ausführungen haben wiederholt gezeigt, wie entscheidend es auf eine sorgsame und wohlabgewogene Formulierung einer etwaigen Neufassung und Ergänzung des c. 1083 § 2 ankommt. So sei hier ein konkreter Vorschlag für einen derartigen Gesetzestext unterbreitet. Der Vorschlag kann und will dabei nicht mehr als ein Versuch sein, dem noch Unzulänglichkeiten anhaften mögen und der für jede Verbesserung offenbleibt.

Es dreht sich maßgeblich darum, präzis und klar den Tatbestand abzugrenzen, wann ein Irrtum die Nichtigkeit der Ehe nach sich ziehen soll. Der Tatbestand müßte wohl folgende *vier Merkmale* aufweisen; bei Fehlen auch nur eines einzigen dieser Merkmale bliebe die Gültigkeit der Ehe unangetastet.

1. Erstes Merkmal: *error qualitatis,* nicht bloß falsa spes

Das Tatbestandsmerkmal error qualitatis meint, daß der Irrtum sich bezieht auf eine *Qualität des Partners beim Eheabschluß.* Qualität ist dabei wie im Sprachgebrauch des Kodex weitgefaßt: persönliche Eigenschaften wie auch Umstände und Verhältnisse. Auch in c. 1083 § 2 bezieht der Terminus error qualitatis über die persönlichen Eigenschaften hinaus noch die Umstände und Verhältnisse der Person mit ein, wie sich aus c. 1083 § 2 n. 2 ergibt, da dort die condicio servilis, obschon sie keine persönliche Eigenschaft im strengen Sinne ist, als qualitas gezählt wird. Freilich können Umstände und Verhältnisse in den error qualitatis nur soweit einbezogen werden, als sie mit der Person des Ehepartners verbunden sind.

Entscheidend ist zumal, daß der error qualitatis nur dann Berücksichtigung finden kann, wenn er im Augenblick des Eheabschlusses vorliegt. Der Irrtum muß sich also auf eine Eigenschaft oder einen Umstand beziehen, die *im Zeitpunkt der Heirat* beim Partner vorliegen oder nicht vorliegen. Mit dieser Einschränkung scheiden aus der Ehenichtigkeitsklausel von vornherein viele Fälle aus, nämlich alle jene, bei denen der vorgebliche Irrtum nur darin besteht, daß jemand hernach sich enttäuscht sieht in den Hoffnungen und Erwartungen, die er für die Zukunft der Ehe sich gemacht hatte; etwa in den Erwartungen für ein harmonisches Zusammenleben, für wirtschaftlichen und beruflichen Aufstieg des Mannes, für eine frohe und gesunde Kinderschar. Das wäre kein error qualitatis, sondern eine spes falsa, für die selbstverständlich in der Nichtigkeitsklausel kein Platz sein darf. Der error qualitatis meint nicht eine Enttäuschung in den Erwartungen für die *Zukunft* der Ehe, vielmehr einen Irrtum über einen beim Eheabschluß bereits *gegenwärtigen* Umstand beim Partner.

2. Zweites Merkmal: *schwerwiegender Irrtum*

Begreiflicherweise kann nicht schon jeder geringfügige Irrtum, sondern nur ein solcher schweren Grades rechtliche Beachtung gewinnen. Genausogut berührt ja auch ein metus levis nicht die Gültigkeit der Ehe.

a) Schwerwiegend müßte der Irrtum in doppelter Hinsicht sein, im Gegenstand wie im Ausmaß des Irrtums.

aa) Der *Gegenstand,* die qualitas, auf die sich der Irrtum erstreckt, muß von erheblicher Bedeutung sein, muß vor allem das eheliche Leben normalerweise stark beeinflussen. Nur dann ist der Rechtsschutz einer Ehenichtigkeit angebracht. Es wäre töricht, wollte man die Nichtigkeit sogar dort statuieren, wo der Bräutigam z. B. nur über die Haarfarbe seiner Braut oder über sonstige Dinge getäuscht wurde, die man vernünftigerweise bloß als nebensächlich bezeichnen kann. Das hat selbst dann zu gelten, wenn der Eheschließende von sich aus subjektiv den allergrößten Wert auf solch einen Umstand legen würde und bei wahrer Kenntnis des Sachverhalts lieber auf die Heirat verzichtet hätte.

Mit dieser Einschränkung ist ein Filter *objektiver* Art eingebaut. Maßgeblich darf nicht allein sein, welche Bedeutung der Getäuschte selbst dem betreffenden Umstand, über den er sich geirrt hat, beimessen würde. Rechtliche Berücksichtigung kann der Irrtum nur beanspruchen, wenn der jeweilige Umstand auch nach allgemeinmenschlicher objektiver Abwägung stärksten Einfluß auf eine Ehe zu nehmen vermag.

bb) Gleichzeitig müßte der Irrtum in seinem *Ausmaß*, nicht nur in seinem Gegenstand schwerwiegend sein. Beides braucht ja nicht zusammenzutreffen. So wenn jemand weiß, daß seine Braut an ansteckender Tuberkulose leidet, und er sich nur in der Art ihrer Tuberkulose irrt. Hier betrifft der Irrtum zwar eine bedrohliche Krankheit, also einen Umstand, der dem Gegenstand nach schwerwiegend ist. Aber es fehlt hier am schweren Ausmaß des Irrtums. Gegenüber der Tatsache, daß er um die gefährliche Erkrankung seiner Braut wohl wußte, kann seine Unkenntnis über die genauere Art der Erkrankung nur als unerheblich angesehen und daher rechtlich auch nicht beachtet werden.

b) Sorgfältig hat man für dieses Merkmal der Gewichtigkeit des Irrtums die rechte gesetzestechnische *Formulierung* zu suchen. Wie soll man das kodifizieren? Zwei Wege bieten sich dafür an: das Verfahren katalogmäßiger Aufzählung der rechtserheblichen Eigenschaftsirrtümer oder die Prägung einer Generalklausel. Beide haben ihr Für und Wider.

aa) Der Gesetzgeber kann einmal all die Eigenschaften und Umstände *katalogisieren,* mit denen allein er im Falle einer Täuschung die Nichtigkeit der Ehe verknüpft wissen will. Wie alle Kasuistik weist solch aneinanderreihende Aufzählung naturgemäß den Nachteil einer gewissen Zufälligkeit und damit die Möglichkeit der Unvollständigkeit auf. Dafür eignet ihr jedoch der Vorzug der größeren Präzision in der Festlegung der anerkannten Tatbestände.

bb) Der andere Weg einer *Generalklausel* entspräche mehr der gesetzgeberischen Vorliebe zur abstrahierenden Fassung eines Tatbestandes. Wollte man sich dafür entscheiden, so wäre wohl kurz zu formulieren: *error gravis de qualitate magni momenti*. Damit wäre ja die Gewichtigkeit des Irrtums nach den beiden Seiten, nach dem Gegenstand wie nach dem Grad, klar zum Ausdruck gebracht. Zweifellos böte dieser Wortlaut den Vorteil der *all*umfassenden Abgrenzung, die jeder möglichen Situation, auch einer ganz ausgefallenen gerecht würde. Es bliebe zu prüfen, ob hiermit auch *scharf* genug der Tatbestand abgesteckt ist. Sicher kann man das nicht von vornherein verneinen. Man braucht nur auf die Art zu verweisen, wie der Kodex in c. 1087 die Schwere eines Zwanges bestimmt, welcher die Eheschließung nichtig macht. Dort begnügt er sich gleichfalls mit der sehr allgemeinen Formulierung „metus gravis". Damit gibt der Gesetzgeber einen Maßstab, der auch nicht mit Zentimetern ablesen läßt, wann nun die erforderliche Schwere des Zwanges vorliege. Und doch wird niemand einwenden, es bleibe zu unscharf bestimmt, welches Maß von Druck gemeint sei. Eben ein Druck von dem Ausmaß, daß er normalerweise einen Menschen von gleicher Art und in gleicher Situation niederzwingen würde. Jeder Eherichter wäre froh, wenn ihm in den Ehenichtigkeitsprozessen keine verwickelteren Probleme begegneten als die Frage, wann die erforderliche Schwere der Furcht erreicht sei. Analog hätte man die Gewichtigkeit des Eigenschaftsirrtums zu bemessen. Ein error gravis de qualitate magni momenti wäre gegeben, wenn der Irrtum von der Art ist, daß bei wahrer Kenntnis der Sachlage jeder vernünftigerweise vom Eingehen der Ehe abgehalten würde. *Error quo detecto homo prudens a matrimonio contrahendo prohiberetur.* In solcher Bestimmung läge wohl kaum mehr Rechtsunsicherheit als im Abmessen des metus gravis.

Immerhin haben beide Wege, der des Katalogs wie der der abstrakten Klausel, ihren Vorzug und ihren Nachteil. Die Bonner Tagung der Offizialate 1960 hat sich sehr eingehend gerade mit dieser Frage beschäftigt; nach gründlicher Diskussion sprach sich die Versammlung nachdrücklich *zugunsten der Generalklausel* aus. Weniger ließ sie sich dabei von dem Gedanken leiten, daß ein Katalog aller rechtserheblichen Umstände recht umfangreich ausfiele und daher für eine Kodifikation viel zu schwerfällig würde. Ausschlaggebend war vielmehr die Gefahr der Zufälligkeit und Unvollständigkeit, der ein Katalog zwangsläufig ausgesetzt ist. Wie leicht ein Katalog zu eng sein kann, wurde an einem Beispiel sichtbar. Einverständnis bestand darüber, daß die Ehenichtigkeit auch den Fall umfassen solle, in dem jemand über schon vorhandene voreheliche Nachkommenschaft des Partners getäuscht wurde. Es würde sich die Formulierung nahelegen: error de prole illegitima. Aber diese Fassung wäre zu eng. Denn die Täuschung über schon vorhandene Nachkommenschaft aus einer früheren Ehe dürfte nicht ausgeklammert sein, so daß man richtiger sagen müßte: error de prole iam suscepta vel nata. Wie das Beispiel zeigt, würde es außerordentlich schwierig sein, den Katalog weitschauend so zu formulieren, daß er allen berechtigten Anforderungen gerecht würde. Wegen dieser Gefahr entschied sich die genannte Bonner Tagung eindeutig für die abstrakte Fassung: error gravis de qualitate magni momenti.

Welcher der beiden Formulierungswege eingeschlagen wird, liegt selbstverständlich in der Hand des kirchlichen Gesetzgebers. Daher hat die Bonner Versammlung der Offizialate auch die Möglichkeit ins Auge gefaßt, daß der Gesetzgeber den anderen Weg, den des Katalogs, bevorzugen sollte. Sie hat sich für diesen Fall die Frage vorgelegt, welche Tatbestände dann in

den Katalog aufzunehmen wären. Sie glaubte, daß folgende Eigenschaftsirrtümer *auf jeden Fall* in die Nichtigkeitsklausel einbezogen werden sollten:
Error de alterius partis fide catholica;
de sinceritate cautionum in matrimonio mixto praestitarum;
de delicto gravi patrato;
de prole iam suscepta vel nata;
de statu sociali[6];
de morbo gravi;
de sterilitate;
de graviditate;
de prolis susceptae vel natae patre.

Ob in die Liste noch weitere Eigenschaftsirrtümer einzubeziehen wären, wurde von der Versammlung ausdrücklich offengelassen.

3. Drittes Merkmal: *Kausalität des Irrtums für den Eheabschluß*, wenigstens in der Form einer negativen Kausalität

Ein Irrtum bedarf nur insoweit eines Rechtsschutzes, als die irrige Annahme auch tatsächlich von Einfluß auf den Eheabschluß gewesen ist. Die Kausalverknüpfung von Irrtum und Heirat kann sich in positiver oder in negativer Weise äußern. In dem Beispiel von der vorgeschwindelten Vaterschaft lag eine positive Kausalität vor: Erst die irrige Annahme des jungen Mannes, er sei der Vater des zu erwartenden Kindes, hat den Heiratsentschluß positiv herbeigeführt. Anders stand es in den übrigen Beispielen, die eingangs erwähnt wurden. Etwa die Unkenntnis von der Epilepsie der Frau hat nicht positiv den Eheabschluß ausgelöst. Der Mann hat sie aus irgendeinem anderen Motiv geheiratet, etwa weil er sie liebgewonnen hatte oder weil er sich von ihr eine gute Mutter seiner Kinder versprach. Wohl aber bestand zwischen seinem Irrtum und der Heirat eine Kausalität negativer Art: Er hätte sie *nicht* geheiratet, wenn er um die Wahrheit ihrer Erkrankung gewußt hätte.

Wenigstens in dieser negativen Form muß eine Kausalität zwischen Irrtum und Eheabschluß vorliegen, wenn die Ehe nichtig sein soll. Ähnlich ist es ja für die erzwungene Ehe geregelt: Der Zwang macht nur dann die Ehe nichtig, wenn es ohne den Druck nicht zu der Heirat gekommen wäre. Ebenso kann man für den Eigenschaftsirrtum argumentieren: Die Nichtigkeitsklausel soll nur gelten, wenn jemand unter dem Irrtum eine Ehe eingeht, die er bei wahrer Kenntnis des Sachverhalts nicht schließen würde: *matrimonium quod re vere cognita non contraheret.* Oder: error quo detecto matrimonium non iniret. Anders dagegen in folgendem Fall: Der Ehe-

---

[6] Die Aufnahme dieses Umstandes wurde im Hinblick auf Heiratsschwindler für unerläßlich gehalten.

schließende irrt sich zwar — er weiß z. B. nicht, daß seine Frau an einer Krankheit leidet, die jeden Kindersegen ausschließt —, er ist jedoch so eingestellt, daß er, selbst wenn er über das Leiden der Frau genau unterrichtet wäre, gleichwohl nicht von seiner Heirat abstände. Hier wäre der Irrtum für den Eheabschluß nicht kausal, auch nicht im negativen Sinne. Hier wünschte der Irrende selbst nicht einmal, daß um des Irrtums willen die Heirat nichtig würde. Der Gesetzgeber hat daher keinen Anlaß, die Nichtigkeitsklausel auf solche Fälle auszudehnen.

Dieses dritte Merkmal der Kausalität des Irrtums ist, worauf man zu achten hat, von dem zweiten Merkmal der Gewichtigkeit des Irrtums zu unterscheiden, obgleich beide Punkte eng zusammenhängen. Bei dem zweiten Merkmal, daß nur ein schwerwiegender Irrtum in Frage kommt, geht es um ein *objektives* Element: Der Irrtum muß nach allgemeinmenschlicher Ansicht von erheblichem Gewicht sein, muß objektiv so bedeutsam sein, daß bei wahrer Kenntnis der Sachlage vernünftigerweise jeder vom Eingehen dieser Ehe abgehalten würde. Beim dritten Merkmal der Kausalität kommt es hingegen auf das *subjektive* Moment an, gerade auf die individuelle Einstellung des Irrenden selbst. Dieser muß auch persönlich gegenüber dem irrtümlich fehlenden Umstand so eingestellt sein, daß er die Ehe nicht einginge, wenn er um den Sachverhalt wüßte.

Maßgeblich ist dabei der *Zeitpunkt der Heirat*. Es kommt darauf an, wie der Irrende im Augenblick der Eheschließung urteilen würde; ob die wahre Kenntnis ihn in *dem* Augenblick von der Heirat abhalten würde. Nicht geht es darum, welche Tragweite er später einmal dem Irrtum beimessen würde. Es mag sein, daß der Mann, welcher von der Sterilität seiner Frau nichts wußte, nach Jahren, als er inzwischen die Leere einer kinderlosen Ehe kennen gelernt hatte, nicht wieder diese Ehe eingehen würde, daß er aber im Zeitpunkt seiner Eheschließung so eingestellt war, daß er damals auch bei Kenntnis des Sachverhalts nicht von dieser Heirat Abstand genommen hätte. Für diesen Fall soll die Nichtigkeitsklausel nicht gelten, weil hier der Irrtum für die Eheschließung nicht kausal war, auch nicht im negativen Sinne kausal. Bis zum Erweis des Gegenteils steht freilich die Präsumtion dafür, daß die Kenntnis eines Umstandes, der normalerweise von der Eingehung der Ehe abschreckt, auch das Individuum des konkreten Falles von der Heirat abgehalten hätte.

4. Viertes Merkmal: Irrtum durch *arglistige Täuschung*

Eine besonders weitgehende Einengung erfährt der Tatbestand durch dieses vierte Merkmal: Irrtum soll nur dann die Nichtigkeit der Ehe nach sich ziehen, wenn er durch arglistige Täuschung verursacht wurde. Gewiß hätte es einen guten Sinn, wollte man schon jedem schwerwiegenden und kausalen Eigenschaftsirrtum den Rechtsschutz der Ehenichtigkeit gewähren ohne Rücksicht darauf, auf welche Weise der Irrtum ausgelöst wurde. Auch ohne Betrug kann der Eigenschaftsirrtum ja oft recht folgenschwer für die Ehe werden. Man denke etwa an den Fall, daß sich erst hernach herausstellt, daß der Mann schon bei der Heirat an einer schweren und unheilbaren Krankheit litt, von der er selbst keine Ahnung hatte. Obschon hier keine arglistige Täuschung unterlief, ist die Gefahr für die Frau und die Kinder sowie für das gesamte eheliche Leben nicht weniger groß. Auch die Bestimmung des c. 1083 § 2 n. 2 über die Ehenichtigkeit bei error condicionis servilis stellt allein auf den Irrtum ab, gleichgültig ob dabei eine arglistige Täuschung mit im Spiel war oder nicht.

Trotzdem sprechen erhebliche Gründe dafür, bei einer Ergänzung des c. 1083 § 2 die Nichtigkeit auf den Irrtum durch arglistige Täuschung einzuschränken. Wollte man darüber hinaus den sonstigen Irrtum einbeziehen, so wäre die Gefahr einer allzu großen Ausweitung und einer Rechtsunsicherheit nicht von der Hand zu weisen, wovon oben bereits die Rede war.

Zudem ist es aus der Sache heraus vollauf gerechtfertigt, gegen arglistige Täuschung einen stärkeren Rechtsschutz aufzubauen als gegen sonstigen Irrtum. In beiden Fällen ist psychologisch die Lage des Betroffenen völlig anders. Ist er einem Irrtum erlegen, ohne daß ein Betrug daran schuld war, etwa über die Gesundheit des Partners, so wird man viel eher von ihm erwarten können, daß er sich mit der Bindung an die Ehe abfindet; sein Schicksal ist dann ähnlich dem, der von einer erst während der Ehe auftretenden schweren Erkrankung des Gatten überrascht wird und ja auch gebunden ist. Ganz anders liegt es bei dem, der beim Eheabschluß über den Gesundheitszustand arglistig getäuscht wurde. Für ihn tritt das Erschwerende hinzu, daß er nicht nur an einen schwerkranken Gatten gebunden wäre, daß vielmehr die Bindung ihn obendrein gerade an den fesseln sollte, der ihn erst durch abgefeimten Schwindel in die Ehe verlockt hat.

Der dolus, die arglistige Täuschung, umfaßt zwei Elemente: die Täuschung und die Arglist. *Täuschung* meint jedes Verhalten, das absichtlich in einem anderen einen Irrtum hervorruft oder erhält. Täuschung kann mithin auch in der rein negativen Form des Verschweigens geschehen; der Irrtum hat dann zwar schon vorher bestanden, wird jedoch durch das Verschweigen absichtlich erhalten und ausgenutzt. Freilich kann das Verschweigen nur dort Täuschung sein, wo eine Pflicht zur Offenbarung besteht. Bei der Eheschließung würde, da sie eine Bindung engster Art auf Lebenszeit begründet, diese Pflicht zur Mitteilung recht weit gehen. In allen schwerwiegenden Umständen hätte der Partner hier einen Anspruch auf offene Auskunft.

Zur Täuschung muß die *Arglist* hinzukommen. Sie liegt dort vor, wo die Täuschung zu dem *Zweck* geschieht, den anderen zu einem bestimmten Handeln zu bewegen, das er ohne die Täuschung wohl unterließe. Arglist ist also immer mit der Überzeugung oder wenigstens mit der Befürchtung verknüpft, der andere werde, wenn er um den wahren Sachverhalt wüßte, von der geplanten Heirat womöglich abspringen.

5. Prüfung weiterer Merkmale

Es bleibt zu untersuchen, ob mit den vier bisher genannten Merkmalen der Tatbestand hinreichend abgegrenzt ist oder ob er noch durch weitere Merkmale eingeengt werden sollte.

a) Es ist hier eine Frage aufzugreifen, die oben (III 2) bereits angeschnitten wurde. Soll die Ehenichtigkeit bei arglistiger Täuschung nur für den Fall gelten, daß der Irrtum *trotz zumutbarer Sorgfalt* des Irrenden eintritt?

Die Bonner Tagung der Offizialate 1960 glaubte, von dieser zusätzlichen Bestimmung *abraten* zu sollen. Man war der Ansicht, daß mit einer derartigen Einschränkung die Beweislage in einem künftigen Eheprozeß außerordentlich kompliziert würde. Dem Anliegen, daß das Bewußtsein der endgültigen Bindung den jungen Menschen psychologisch zur reiflichen Überlegung vor der Heirat anhalten sollte, sah man insofern hinreichend Rechnung getragen, als die vorgeschlagene Ehenichtigkeitsklausel sich auf arglistige Täuschung beschränkt und somit die Furcht vor sonstigem Irrtum noch genügend zur sorgfältigen Prüfung drängt.

b) Weiter ist zu erwägen, ob die Nichtigkeit der Ehe wegen arglistiger Täuschung auf den Fall einzuengen ist, daß die Täuschung *von seiten des Partners oder wenigstens mit Wissen des Partners* erfolgt. Vordringlich ist ja das Anliegen, daß jemand nicht an einen Ehepartner gebunden sein soll, der am arglistigen Zustandekommen der Ehe selbst schuld ist.

Auch in diesem Punkt sprach sich die Bonner Tagung der Offizialate *gegen* die Aufnahme eines solchen Zusatzes in die Nichtigkeitsklausel aus. Wie der Kodex in seiner allgemeinen Bestimmung zur arglistigen Täuschung (c. 103 § 2) nicht darauf abstellt, von wem die Täuschung ausgegangen ist, so solle man auch aus einer entsprechenden Ehenichtigkeitsklausel die Frage nach dem Schuldigen ausgeklammert lassen. Zudem wird es praktisch nur in den allerwenigsten Fällen einen Unterschied ausmachen, ob man diesen Punkt in die Bestimmung einbaut oder nicht. Müßte es doch schon außerordentlich seltsam liegen, wenn jemand über eine Eigenschaft des Partners getäuscht würde, ohne daß dieser nicht mit schuldig wäre. Zumeist, ja fast immer ist eine solche Täuschung nur möglich, wenn der Partner bei ihr mitwirkt oder zum mindesten schuldhaft dazu schweigt.

6. Formulierung eines Gesetzestextes

Aus den entwickelten Gedanken bleibt noch ein Vorschlag für einen Gesetzestext zu formulieren. Dabei soll in den jetzigen Wortlaut des CIC so wenig wie möglich eingegriffen werden. Daher sei die Frage beiseitegestellt, ob der Gesetzgeber bei der Überarbeitung des CIC nicht überhaupt den c. 1083 § 2 völlig umgestalten wird. Möglich ist dies zweifellos. Denn die Bestimmung über den error qualitatis redundans in errorem personae (c. 1083 § 2 n. 1) ist im Grunde überflüssig, da sie einschlußweise schon in c. 1083 § 1 enthalten ist. Und ob der Regelung über den error condicionis servilis (c. 1083 § 2 n. 2) noch praktische Bedeutung zukäme, wäre aus der Sicht der Missionsländer zu überprüfen.

Vorerst aber sei hier unterstellt, daß c. 1083 § 2 bestehen bleibt. Seine beiden bisherigen Punkte wären dann nur um einen dritten Punkt zu ergänzen. C. 1083 § 2 könnte dabei folgende Fassung erhalten:

Error circa qualitatem personae, etsi det causam contractui, matrimonium irritat tantum:

1° Si error qualitatis redundet in errorem personae;

2° Si persona libera matrimonium contrahat cum persona quam liberam putat, cum contra sit serva, servitute proprie dicta;

3° *Si quis graviter ac dolose de alterius partis qualitate magni momenti deceptus matrimonium ineat, quod re vere cognita non contraheret.*

Ein Vorschlag ist damit unterbreitet. Seine konkrete Fassung stellt bloß einen Versuch dar, dem jede weitere Verbesserung nur erwünscht sein kann. In irgendeiner Weise sollte man jedoch das Problem unbedingt einer Lösung zuführen. Dazu drängt das eingangs in mehreren Bildern angedeutete harte Schicksal des arglistig Getäuschten. Aber ebenso dient das dem wohlverstandenen bonum commune der Kirche.

Quomodo matrimonium contrahentes iure canonico contra dolum tutandi sint

I. *Quam parum sufficienter nupturiens, dolose deceptus, Codice Iuris Canonici protegatur*

„Si id novissem, numquam, prorsus numquam ei nupsissem. Id namque ante nuptias consulto me celavit; me decepit. Ego autem, nihilominus, semper ei ligata ero?" Qui iudex ecclesiasticus huiusmodi non iam audivit dicentem, sive recenter nuptam desperatione confectam, sive perterrefactum iuvenem? Ex iudicis experientia permultae emergunt scenae, gravissimo repletae hominum dolore. Iam, ut vivide commonstremus quam urgens agatur problema, ecce e factorum abundantia pauca quaedam summatim delineata.

En casum: Vir quidam acatholicus eâ sola ratione expugnaturum se scit puellae catholicae consensum, quod morem ei gerat in re religiosa. Sicque affectum erga Ecclesiam Catholicam simulat, cum puella Missae adsistit Dominicali, cautiones pro matrimonio mixto statutas scripto praestare haud dubitat, imo brevi ante nuptias institutionibus illis nomen dat quibus ii instruuntur qui Ecclesiam Catholicam desiderant ingredi. Ast, vix expleto confarreationis ritu, fraudem, larvâ detractâ, aperit. Dure ac praefracte negat, se unquam serio mente volvisse, catholicum se fieri vel saltem cautionibus stare.

Alter quidam eventus: Quinque post nuptias elapsis hebdomadibus, vir eiusque uxor ad vesperum placide conversantur, quum haec derepente in terram lapsa, convulsionibus vexata, aërem percutit. Epilepsia est, eaque gravis! Qua uxor inde a sextodecimo aetatis anno laboravit. Sponsa vero eiusque familiares sponsum id celaverant sedulo, probe scientes hunc, si nosset, a promissione recessurum.

Tertio: Novensilis uxor, a dimidio anno matrimonio iuncta, portae domûs suae campanulam tinnientem audit. Portam aperit; sed ecce tres custodes publici, qui statim domum ingrediuntur. Antequam vero maritus exsiliat, manus eius, per custodes, iam stringuntur vinculis. Nam, uno ante nuptias anno, cursor quidam mensae argentariae pugionibus interfectus erat. Verus facinoris auctor, diu ignotus, nunc demum agnitus est. Sponsa autem nil omnino noverat.

Quarta porro factispecies: Iuvenis quidam vulgo „truffatore" seu „cavaliere d'industria", qui non unâ fraude aes sibi coacervat, coetui cuidam adolescentium studiis incumbentium nomine dato, dolosa hac ratione ingressum sibi aperuit in maxime

---

Erschienen als Monographie: Köln 1961.

honestas loci familias. Ibi amicitiam iniit adolescentulae; huius autem familiares nuptias aspernantur, nisi tamen sponso locus obtigerit in societate honestior. Quare tempus sponsalium non parum teritur. Interea vero vir ille, nulli parcens fastui, examen sollemnizat quod pro obtinendo Auditoratu in Tribunali se subiisse falso asseruit; eâdem ratione, tribus annis post, festive celebrat periculum quod, ut inter Adsessores iudices cooptaretur, mentitus est se superasse. Demum nuptiarum peraguntur sollemnia. Quibus celebratis, neque antea, consilia mendacia patefiunt. Ille etenim neque Auditoris neque Adsessoris subierat examina, imo „maturitatis" quam vocant documento carebat.

Quintus denique casus: Adolescens studiis deditus, dum noctu a plebeia revertitur festivitate, cum puella rem habuit impuram. Quinque hebdomadibus post, puella haec, a matre associata, in domo paterna illius iuvenis comparet aitque, rem non caruisse consectariis, ideoque ipsum ducere se debere. Diu reluctatus, adolescens cedit; studiis relictis, professionem capessit unde novensilem alat familiam. At tribus post confarreationem elapsis mensibus fraus detegitur: nam infans, prius quam adolescens exspectarat natus, alius viri esse cognoscitur. Deceptus Tribunali civili statim libellum porrigit pro solvendo vinculo. Cum autem coram Ecclesia quoque libertatem recuperare velit, ut ad nova convolet vota, maxima cum sua admiratione responsum accipit, callidissime quidem se esse deceptum atque nihilosetius ligari pro semper.

Ac reapse Codice Iuris Canonici ne minime quidem nupturiens defenditur, eâ saltem quae sufficeret vi et efficacia, a subdola in contractu deceptione. Sane nuptias ab exordio inanes esse, si quaedam occurrerint species erroris circa qualitatem — ita nempe canone 1083 § 2[1] statuitur — haud ignoramus. Ita tamen non statuitur nisi de binis, strictim circumscriptis factispeciebus erroris circa qualitatem iisque huiusmodi ut eveniant perquam raro. Ac primum quidem error qualitatis agitur in errorem personae redundans; quod si funditus intueamur, non merum qualitatis errorem agi cernemus, sed errorem personae, quatenus altera persona habetur pro altera, quamvis huiusmodi substitutio eveniat per tramitem erroris circa qualitatem qua identificetur persona seu individualizetur. Fac casum, quempiam procuratori mandatum dare ut suo nomine cum filia maiore Titii contrahat, dein autem ut sponsam adduci minorem. Item ob errorem condicionis servilis connubium irritum est: quando siquidem persona libera personam ducit quam, reapse ad coetum servorum pertinentem, erronee existimat liberam. Haec quoque factispecies, suapte natura, diebus nostris pro praxi fere caret momento. Ergo, quod urgens attinet problema dolosae deceptionis, canon 1083 ius non ita tuetur ut revera quid efficiatur. Sane idem canon nervose statuit: „irritat *tantum*": *tantum* in utraque, modo recensita, hypothesi, error

---

[1] C. 1083 § 2: „Error circa qualitatem personae, etsi det causam contractui, matrimonium irritat tantum: 1⁰ Si error qualitatis redundet in errorem personae; 2⁰ Si persona libera matrimonium contrahat cum persona quam liberam putat, cum contra sit serva, servitute proprie dicta."

circa qualitatem nuptias nullas reddit. In omnibus autem aliis casibus error in qualitate alterius contrahentis valorem connubii non tangit, quantumvis funestus sit error. Id tunc quoque dicendum quum error motivum sit decisivum vel adeo unicum nuptiarum; „etsi det causam contractui", ut canone 1083 docemur. Nec iuvat quod quammaxime certum est, errantem, si facta probe novisset, nunquam, prorsus nunquam dispositum fuisse ad hoc matrimonium ineundum. Neque, vigente Codicis Iuris Canonici norma, rigor idcirco emollitur quod in astutia et fraude alterius contrahentis reponendus sit error.

II. Quam necessario urgeat ut in hac re Codex Iuris Canonici compleatur

Immensos considerantibus animi dolores qui nuptias fraude effectas sequi adsolent, et tutelam iuridicam, hodierno quoque iure canonico, plane insufficientem, non potest non exsurgere quaestio: Nonne deberet Legislator, Codicis legem complendo, afferre remedium?[2]

Sane canonico matrimoniali iuri novando certos et fixos *poni* constat *limites* per coniugii indissolubilitatem. Sic neque Suprema Ecclesiae Auctoritas connubium semel inter baptizatos valide initum et consummatum solvere posset eo quod post nuptias innotuerit alterutrum sponsum in contrahendo deceptum fuisse. Sola mors huiusmodi coniugium solvere potest (c. 1118).

Ecclesia, si tutelam iuridicam adversus dolosam deceptionem praebere vellet, aliam omnino ingredi deberet viam: eam inquam, quae canone 1083 § 2 iam delineatur. *Clausulam* statuere deberet *irritantem,* iuxta quam in hypothesi deceptionis dolosae matrimonium validum ne *oritur quidem.*

Legislatorem Ecclesiae, quod veritatem *fundamentalem* spectat, *potestate pollere,* id genus statuendi clausulas irritantes, collato canone 1083 § 2 n. 2 decisive commonstratur. Iuxta quem, vi iuris positivi Ecclesiae, error condicionis servilis nuptias irritas reddit. Iamvero, id quod ibi Ecclesia circa errorem condicionis servilis determinavit, idem non minus circa errorem dolose causatum statuere possit. Tunc, virtute positivae legis ecclesiasticae, deceptio dolosa impediret quominus validum oreretur connubium.

Vis equidem *retroactiva* huic legi *non* competeret, neque ita fieri posset, quandoquidem matrimonium valide ortum postmodum annullari nequit. Clausula irritans vim suam circa ea dumtaxat exsereret coniugia quae post eam promulgatam contrahentur. Pro nuptiis antea celebratis, ob iuris principia, via qua remedium afferatur, occluditur. Pro futuro autem tempore tuitio iuridica contra deceptionem dolosam, ita certa redderetur.

---

[2] Cfr. Heinrich *Flatten,* Irrtum und Täuschung bei der Eheschließung nach kanonischem Recht, Paderbornae 1957.

Optare profecto fas est ut Ecclesia, Codicem emendando, gravi huic attendat quaestioni atque, prout aequum est, canonem 1083 § 2 compleat. Quo in canone Ecclesia errori circa condicionem servilem eapropter adnectere voluit effectum irritandi quod, quam funesta oriantur incommoda connubio ex eodem errore, non ignorabat. Quae cum ita sint, cur non pro aliis quoque casibus erroris circa qualitatem peculiariter gravis eandem statuat clausulam irritantem? Ab iis qui de matrimonio disserunt, non raro docemur[3], qualitates dari et rerum adiuncta peiora quibusque communio vitae matrimonialis multo profundius tangitur et pessumdatur quam statu servili alterius partis. Iuris autem tutelam exorare in votis est pro iis imprimis casibus in quibus error praefractâ causetur astutiâ. Dubio procul a nupturiente exigendum ut ipse quoque, maximâ usus serietate in eligenda comparte, diligenter examinet an haec optatas secumferat qualitates. At prudentia quantumvis circumspecta e fraude immunes haud semper reddit. Cl.mus Triebs scribit, idque certe e copiosa quam in Tribunali matrimoniali ecclesiastico hauserat experientia, „eventûs occurrere posse in quibus fraus fortunâ iuvatur, quamvis deceptus summâ utatur prudentiâ ... Disquirendum profecto, nonne in huiusmodi casu ... dolo efficaciam conveniat tribuere matrimonium irritandi. Nunquam licere deberet deceptori, e deceptione sua emolumentum capere, eo vel minus in hac re."[4]

Fraudem passorum optime intellegitur indignatio quod, fraudem passi, coniugio alligati esse debeant. Omnibus aliis iuridicis negotiis lex, ea quoque quae canone 103 Codicis Iuris Canonici continetur, efficaci providet tuitione adversus astutam deceptionem; quae lex matrimonio, eique soli, non applicatur. Ast ubinam iuris tutela magis urgeat quam in matrimonio, in quo non qualiscumque obligatio agitur, sed ligamen quo nullum magis pro tota vita constringitur? Iam paucis abhinc decenniis iuris canonici peritus quidam conquestus est: „Tridentina Synodus ad finem 24. sessionis de reformatione matrimonii declaravit: matrimonium est sancte tractandum. Sed verba haec nulla re magis ironiae exponuntur quam eo quod matrimonium, fraudem quod attinet, in condicione ponitur peiore quam quodvis mercatorum negotium."[5]

Etiam in novissimis disquisitionibus illa quaestio denuo excutitur. Cl.mus J. Bánk, professor iuris canonici in facultate theologica Budapest, in eximio opere de iure matrimoniali haec scribit: „Si tamen ad deceptiones huiusmodi in dies crebriores atque divortia ex hoc praecise capite obtenta

---

[3] Cfr. Joseph *Freisen*, Geschichte des kanonischen Eherechts bis zum Verfall der Glossenliteratur, Paderbornae 1893², p. 306. August *Knecht*, Handbuch des katholischen Eherechts, Friburgi Brisg. 1928, p. 560 nt. 7.
[4] Franz *Triebs*, Praktisches Handbuch des geltenden kanonischen Eherechts, Wratislaviae 1927 ss., p. 475.
[5] Friedrich *Thaner*, Die Persönlichkeit in der Eheschließung, Graetiae 1900, p. 50 nt. 16.

animadvertamus, optandum esse dicendum est, ut lege ecclesiastica statuatur in casibus praetaxatis (ex. gr. mores corrupti alterutrius, pragnantia sponsae ab alio et s. p.), dummodo hae circumstantiae alteri parti in contrahendo matrimonio ignotae fuerint, matrimonia huiusmodi, non quidem ex capite impedimenti erroris iuris naturalis, sed ob legem ecclesiasticam positivam irritari."[6] Et apud cl.mum A. Szentirmai legitur: „De lege ferenda optandum esse videtur, ut a suprema Auctoritate ecclesiastica ‚impedimentum deceptionis' constituatur, dummodo Ipsa censeat bono privato succurri posse, quin ... bono communi noceatur"[7], etsi hic auctor immutationem legis arctiorem quam infra propositam desiderat.

Sane diligentissimâ atque providâ opus erit ponderatione quo recti ponantur limites formulae qua canonem 1083 § 2 apte compleat; qua de re sermo mox fiet per partes. Legislator tamen Ecclesiae negari nequit quin omnia conferre debeat studia ut aequâ et aptâ seu practicâ ratione nuptiis astute extortis seu carptis, praesertim si crassus subsit dolus, adimatur valor. Sine periculo exaggerandi dicere fas erit: Inter tot Codicis Iuris Canonici canones nullus, ut novetur vel compleatur, tam fortiter clamat quam canon 1083 § 2. Quod namque nuptiae validae sunto ac firmae, quin quicquam officiat dolosa circa adiuncta summi momenti deceptio, id inter catholicos Fidei deditissimos admirationem ciet, imo indignationem. Coetus Tribunalium ecclesiasticorum in urbem Bonnam, inter octavam Paschatis a. 1960, coactus, forti accentu urgentissimum esse pronuntiavit quod hac in re Legislator in auxilium occurrat.

III. Dubiis respondemus

Si novus textus caute arctisque positis limitibus condatur, dubiorum quae contra novationem in can. 1083 § 2 moveri possint, satis ratio habita erit. Quae dubia, quin eorum attenuemus pondus, serio nunc considerare iuvat. Is solus etenim qui, e paullulum mutato matrimoniali iure maxima quaeque consequi posse haud obliviscatur, haecque sincerae mentis ponderet integritate, gravi obviare potest responsabilitati, quae optatae novationi adnexa est. Dubia, si a minoribus abstrahamus, ad binos reducuntur timores: periculum cernunt dubii iuris seu legis incertae, atque levitatis, in applicanda lege, periculum.[8]

---

[6] Joseph *Bánk*, Connubia canonica, Romae — Friburgi Brisg. — Barcinone 1959, p. 359 s.
[7] Alexander *Szentirmai*, De constituendo vel non „impedimento deceptionis" in iure matrimoniali canonico: Revista Española de derecho canonico 16, 1961, p. 99.
[8] Heic et sequentibus paginis etiam nonnullae difficultates discutiuntur, quas cl.mus A. *Szentirmai*, loc. cit. p. 98 ss., ingenio acutissimo affert.

1. De timore, ne lex incerta evadat

Subordinato valore coniugii — obiiciunt — errori qualitatis, ecce periculum legis incertae seu vagae! Sane — inquiunt — de tot connubiorum validitate dubitaretur, si quivis error circa qualitatem ceu caput accusationis sufficeret! Nonne ita, ultimatim, ipsa indissolubilitas matrimonii, licet non theoretice, tamen practice in dubium vocatur?

Dubium istud nimis spernendum non est. Sin sobrie rem miremur, candide fatendum, hanc obiectionem nimia dicere ac reapse haud tangere novationem eam quam, strictis circumdatam limitibus, heic proponimus.

Approbandi forent huius obiectionis timores, si ob quemlibet qualitatis errorem, invaliditatem suaderemus seu suggereremus matrimonii. Tunc profecto periculosa adduceretur legis incertitudo seu infirmitas. Haudquaquam autem adeo ampla, imo nimis ampla formulae irritantis verba in votis sunt. Irritantem clausulam obtinere non satagimus nisi pro casibus crassioribus dolosae in contrahendo fraudis. Iamvero deceptio dolosa, factispecies est definita expolitaque quaeque per verba iuris clare delimitari potest; non minus clare, non minus praecise quam v. g. metus gravis de quo c. 1087. Quapropter de vero discrimine quodque reapse timendum foret dubii iuris, dummodo tamen in noviter condendo c. 1083 necessarii serventur limites, sermo fieri profecto nequit.

Certe non deerit qui errorem dolose causatum illegitime sibi vindicare *velit* quo per fas et nefas obtineat ut coniugium suum declaretur nullum. At ab huiusmodi tentamine et abusu ne alia quidem accusationis capita iuris matrimonialis canonici in tuto collocata sunt. Utcumque, lege processuali qua actori matrimonium accusanti universum sustinendum est onus probandi atque, non plene effecta probatione, accusatio reiicienda, satis cavetur ne praecipitanter nullum declaretur connubium. Imprimis vero eo quod haud omnis tollitur copia abusivi conaminis, id quod circa quamlibet legem accidere potest, non eo adducendi sumus ut defensionem iustissimam iis quoque negemus qui vere decepti fraudatique sunt.

Ne dicas dolum in matrimonio contrahendo *rarissime* occurrere neque Legislatoris esse casibus rarissimis providere. Cui obiectioni responderi libet: 1° Si deceptio contractum matrimonialem revera rarissime attingit, tanto melius; tunc periculum, ne tot matrimonia propter dolum nulla declarentur, ad minimum recidit. 2° Num reapse deceptio in matrimonio ineundo rarissime obveniat, heic praetermittatur. Quae autem quaestio numero sententiarum parvo persolvi nequit, quibus matrimonia coram tribunalibus *civilibus* ob deceptionem dirimuntur. Nam ibi alia actionis capita praeferuntur, quae facilius probantur, eaque — proh dolor! — multis locis iam ad divortium civile obtinendum sufficiunt. 3° Leges regulariter pro communiter contingentibus, non pro rarissimis casibus ferri certo concedendum est. Tamen haec regula non absolute valet, quod ratione illius perspecta facile intelligatur. Casus rarissimi lege non indigent, dummodo Auctoritas casui individuo postea, si opus sit, decreto consulere possit. Quae decreti autem via in re matrimoniali occlusa est, quippe cum connubium valide initum postea non iam rescindi possit. Dolose decepto heic nullo modo remedium afferri potest nisi lege irritante praevia.

2. De timore, ne levius res agantur

Item timent ne, mutato c. 1083, periculum surgat nimiae levitatis in eligendo vitae consorte. Nam nihil — id optimo iure dicitur — sponsum, ut prudenter agat examinetque mature, num sponsa electa apta sit consors totius vitae, adeo impellit et obligat quam ista cogitatio: Semel expresso consensu tuo semper ligatus eris; ac quantumvis erraveris circa compartem, retrocedere non iam licebit. Unde necessitas oritur salutaris rem diligenter examinandi.

Id autem nemo magis ratum habebit quam iudex tribunalis ecclesiastici, quippe qui experitur iterum iterumque, ad dissociandam coniugum vitam nil adeo conferre quam levitatem celeritatemque qua adolescentes, quin satis se probaverint, in matrimonium praecipites ruunt. Quantum ergo omnia ea laetus recipiet et fovebit quibus sponsi, ut mature perpendant, momentur! Quantum ea omnia impediet quibus in levitate et negligentia possint firmari!

At idcirco negandumne est, canonem 1083 egere completione? Ea quae proponimus circa solam dolosam versari deceptionem, minime quemlibet in qualitate errorem, heic quoque attendendum. Porro si clausula irritans, quam optamus, ita arcte circumscribatur, grave manebit sponsis motivum, ante nuptias quam accuratissimas de persona et adiunctis compartis electae notitias colligendi. Tutela namque iuridica, quam speramus, tunc tantum coniugium irritet quando error dolosa causatus est deceptione. In omnibus aliis erroris in qualitate casibus, ubi scilicet absque fraude erratum, in caput unius contrahentis, ut hucusque rei consilium recidet. Possibiles vero satis superque sunt huiusmodi quoque errores, e quibus nempe deceptio exsulat. Non obstante ergo complemento cui suffragamur, canonis 1083, adolescens antequam contrahat, suis sibi utendum oculis esse probe sciat, quo sollertissime inquirat, si quidem cavere velit ne nimis tarde intellegat sibi, imagine vana decepto, per totam vitam acerbe esse dolendum.

Utcumque obiici possit, gressum ad confarreatoriam aram aliquatenus minui in ratione gravis illius ausûs ligaminis absoluti, si matrimonium deceptione dolosa irritaretur; sicque pondere minui motivum ethicum ad mature res ponderandum. Sed Legislatoris erit perpendere an, mutatâ ita, ante nuptias, mentium veluti dispositione necessario periclitetur seria coniugii praeparatio. Et quatenus affirmative, huic incommodo obviari possit verbis clausulae irritantis apte conceptis. Penes Ecclesiam siquidem foret, invaliditatem connubii pro eo dumtaxat statuere eventu quo e parte errantis nulliusmodi habeatur conculpa, ne levissima quidem, erroris. Tunc formulâ irritante haec fere verba comprehendenda forent: „diligentia qua par est non neglecta."

Exceptionem opponas novationem legis propositam *etiam deceptori utilitati* esse. Nam si ob dolum connubium nullum sit, et deceptor dolosus et deceptus inculpabilis aequaliter ligamine soluti sunt, quia matrimonium non claudicat. Merito autem exposcitur, ne cui sua culpa prosit. Hoc postulatum certe optimo iure nititur. Sed propterea Legislator obligatione providendi non liberatus est, ut deceptum summa iniuria affectum efficaciter adiuvet, quod nonnisi lege irritante fieri potest. Deceptori autem, ne e dolo suo fructum capiat, ius matrimonium accusandi acriter denegetur. Quod si insufficiens videatur, deliberandum est, num ei vetitum imponatur, ne ad novum matrimonium admittatur.

IV. Verba proponuntur quibus canon 1083 § 2 compleatur

Hucusque disputatis non semel monstravimus, omnia dependere a „formulatione" i. e. vocum selectu, seu diligenter, apte, ponderate facienda illa, quae in optatis est, novatione et completione canonis 1083 § 2. Quapropter heic definite, seu in concreto, quae eligenda videantur verba legis, proponimus. Hoc autem tentando proponimus — neque aliter fieri possit — ergo imperfecte forsan et ita ut cuicumque aditus pateat emendationi. Id igitur agi constat ut accurate et perspicue delimitetur factispecies erroris qui nullitatem secumferat matrimonii. Quae factispecies *quatuor* quae sequuntur *notis* ornanda esse videtur; deficiente vel unâ earum valor connubii persisteret integer.

1. Nota prima: *error qualitatis,* non falsa dumtaxat spes

Notâ factispeciei „error qualitatis" ille significatur error qui in *qualitatem* dirigitur, quae *momento nuptiarum in altero* exsistit *contrahente.* Porro „qualitas" heic late sumitur, prout in Codice Iuris Canonici adsolet: ita nempe ut tum qualitates personae complectantur tum adiuncta et relationes. In eodem can. 1083 § 2, termino „error circa qualitatem", praeter personarum qualitates, earundem adiuncta quoque et relationes iam comprehenduntur, id quod ex eiusdem paragraphi n. 2 colligitur; nam ibi „condicio servilis", quin qualitas sit personalis sensu stricto, inter qualitates connumeratur. Liquet vero, adiuncta et relationes errore qualitatis eatenus tantum comprehendi posse, quatenus personae alterius contrahentis nectuntur.

Id autem caput est, seu: rem, praeprimis, decídit, erroris qualitatis rationem non esse habendam, nisi in ipso exsistat nuptiarum momento. Error igitur in qualitatem vel adiunctum referatur oportet quod *ipso nuptiarum momento* in comparte sive exsistat sive non exsistat. Limes iste si ponatur, clausulâ matrimonium irritante in antecessum multi seponuntur casus, quotiescumque videlicet error qui asseritur exstitisse, ad id reducitur quod post nuptias deceptum se quis considerat in iis quae pro futuro matrimonio speraverat; v. g. quae circa convictum harmonicum sibi gratulatus erat, vel augmentum oeconomicum vel professionale mariti, vel liberorum seriem laetabundam et sanam. Id error qualitatis non foret, sed spes quae fefellit; huic, ut patet, clausulâ irritante nullus conceditur locus. Errore qualitatis non illa intellegitur deceptio qua quempiam spes circa connubium *futurum* fefellit, sed error qui in adiunctum dirigitur quod in altera parte *momento contractûs matrimonialis* iam *exsistit*.

Tales quidem tribunal ecclesiasticum adibunt, quales solummodo spes futuri convictus coniugalis fefellerit, sicuti tales iam nunc actionem iudicialem instituere conantur. Sed propositum etiam posthac minime consequentur. Nam hac nota prima diligenter praecavetur, ne tales casus cum errore de qualitate praesenti confundantur.

2. Nota altera: *error gravis*

Pronum est non quemlibet errorem seu qui nihili sit faciundus, sed illum dumtaxat a iure attendendum esse qui vere gravis sit. Quemadmodum nempe metus levis valori coniugii haud officit.

a) Porro binâ ratione gravem oporteret esse errorem, scilicet tum quoad obiectum tum quoad extensionem.

aa) *Obiectum,* qualitatem inquam cui error dirigitur, notabilis oportet esse momenti et, imprimis, grandem, iuxta communiter contingentia, in vitam coniugalem exserere influxum. Tunc tantum iuridicae, per nullitatem matrimonii, tutelae seu protectioni locum esse convenit. Stultum foret invaliditatem tunc quoque statuere, ubi sponsus v. g. de solo colore capillorum sponsae deceptus fuerit vel aliis id genus quae ratio sana ceu secundaria habet. Id etiam in casu tenendum quo contrahens ipse, subiective, summum tribueret pondus huiusmodi secundario adiuncto et, si rem probe novisset, nuptiis his maluisset valedicere.

Limite isto, cribrum quoddam *obiectivum* textui inseritur seu incorporatur. Non solum etenim momentum quod ipse deceptus adiuncto circa quod erravit, attribuat, rem dirimere debet. Sed tunc tantum error adiutorium iuris sibi vindicare potest, si circumstantia de qua agitur, iuxta communem quoque hominum et obiectivam considerationem, maximum nata est exercere in matrimonium influxum.

bb) Simul error quoad *extensionem,* non solum quoad obiectum, gravis sit oportet. Nam haec duo non semper simul inveniuntur. Fac quempiam non ignorare, sponsam suam contagiosâ laborare tuberculorum phthisi, errare tamen eundem de phthiseos specie. Heic error equidem in periculosum terminatur morbum, in adiunctum igitur quod, obiectum quod spectat, grave est. Sed gravis extensio erroris, in casu, deficit. Ignorantia huius sponsi circa speciem inferiorem infirmitatis, si cum scientia comparetur quam habuit periculosi morbi sponsae suae, nonnisi insignificans consideranda est neque, quae a iure attendatur, meretur.

b) Huic notae, scilicet gravitatis erroris, apta iuridica verba seu *formula* quae rectam iuvet legis applicationem, sedulo conquirenda sunt. Ea porro quae exposuimus, quomodo in legis formam redigi possint? Bina, in hac re, suppetit via: aut catalogi instar, illi qualitatis errores qui iuris attentionem merentur, enumerabuntur, aut generalis formabitur clausula. Utraque via seu ratio neque utilitate caret neque incommodo.

aa) Legislator igitur omnes illas qualitates et circumstantias in *elenchum* reducere potest quibus solis, si fraus adfuerit, nullitatem connubii vult esse adnexam. Sed huiusmodi enumeratio eventuum in seriem redactorum, suapte natura, prout quaevis „casuistica", id incommodi habet quod quadamtenus accidentalis esse videtur ideoque fortassis incompleta. Aliunde huic methodo utilitas propria haud deest seu praestantia: sane accuratius facta a lege agnita enumerantur et determinantur.

bb) Altera via, *clausulae* scilicet *generalis,* dilectioni magis consonat qua Legislator abstractis, i. e. quae a rerum concretione discedant, verbis facta concipere mavult. Si haec methodus praeferatur, formula ita presse enuntianda videtur: *„error gravis de qualitate magni momenti."* Nam ita gravitas erroris sub utraque ratione, tum obiecti tum gradûs, clare exprimeretur. Proculdubio hic tenor utilitatem praestat limitum positorum quibus omnes includuntur casûs, sicque cuilibet sufficeret adiunctorum concursui, etiam maxime miro. Disquirendum maneret, an sic etiam satis praecise factispecies delimitetur. Id certo non in antecessum infitiandum est. Meminisse satis sit, qua ratione Codex Iuris Canonici canone 1087 gravitatem circumscribat constrictionis qua nullum redditur matrimonium. Nam ibi quoque formulâ latissimâ „metus gravis" contentus, veluti mensuram praescribit seu indicat, quin tamen haec per digitos vel centimetros determinare permittat quandonam requisita gravitas vis et metus suum attingat gradum. Aliunde nemo obiiciet, parum definite, heic determinari, qualis significetur gradus pressionis. Intellegenda namque pressio tanta, quanta in communibus adiunctis hominem eiusdem indolis atque in eodem positum rerum concursu profligaret. Iudex quicumque sibi gratularetur, si in processibus super nullitate coniugiorum problemata magis intricata non offenderet quam quaestionem, quandonam vis et metus gravitatem quae lege requiritur attingat. Haud absimili ratione gravitas erroris circa qualitatem metienda foret. Error gravis de qualitate magni momenti tunc haberetur, si error eiusmodi est ut, factis probe ac prudenter cognitis, unusquisque a celebrando connubio deterritus fuisset. „Error quo detecto homo prudens a matrimonio contrahendo prohiberetur." In hoc autem determinando errore vix magis cernere licet legis incertitudinem quam in metiendo metu gravi.

Utcumque, utrique viae, methodo tum elenchi, tum clausulae universalis methodo, neque utilitas deest neque incommodum. Conventus Bonnae a Tribunalibus ecclesiasticis anno 1960 coactus in hanc ipsam quaestionem penitus incubuit; gravem prudentemque post disputationem, Coetus hic *clausulam generalem* indubitanter praetulit. Qua in re non tam eo ducebatur cogitatu, catalogum omnium eventuum qui ad iuris usum peculiariter faciunt, utpote nimis longum, nimis moleste codificari. Sed id quod rem potius diremit, periculum fuit accidentalitatis, i. e. lacunarum legis cui necesse est catalogum exponi. Quam facile vero catalogus quivis nimis arctus sit, exemplo demonstratum est. Nam qui Bonnae convenerant, in eo concordes erant, nullitate matrimonii eum quoque casum complectendum fore quo quis circa praematrimonialem prolem a comparte iam natam deceptus sit. Propterea obvia haec formula esset: error de prole illegitima. At voces ita conceptae nimis arctae essent. Nam deceptio circa prolem e priore matrimonio natam excipienda non esset, quare aptius diceretur: error de prole iam suscepta vel nata. Quo exemplo admodum difficile esse commonstratur elenchum, fere a longe eventûs prospiciendo qui occurrere queant, in tenorem redigere qui omnibus iustis sufficiat exigentiis seu votis. Ob hoc periculum Conventus Bonnensis de quo supra, una fere voce satius esse pronuntiavit quod universalis seu abstractus formetur legis tenor: „error gravis de qualitate magni momenti".

Utra autem via de facto praeferatur, penes Legislatorem Ecclesiae esse constat. Propterea Bonnensis Tribunalium Conventus iuris Legislatoris rationem habuit, alteram quoque viam, methodum catalogi inquam, eligendi. Porro pro casu hoc, quaestionem sibi posuit, quaenam factispecies in elenchum recipiendae sint. Atque eos *saltem* qui sequuntur errores circa qualitatem clausulâ irritante complectendos esse putavit:

Error de alterius partis fide catholica;
de sinceritate cautionum in matrimonio mixto praestitarum[9];
de delicto gravi patrato;
de prole iam suscepta vel nata;

---

[9] Nemo negare velit multo melius suadendum esse, ut catholicus legi ecclesiasticae tam prudentissimae oboediens a matrimonio cum parte acatholica contrahendo abstineat. Ex quo autem concludi nequit catholicum, qui matrimonium mixtum inierit, tutelam contra cautiones dolose fictas non mereri, praesertim cum aeterna prolis salus agatur.

de statu sociali[10];
de morbo gravi;
de sterilitate[11];
de graviditate[12];
de prolis susceptae vel natae patre.

An in elenchum recipiendi sint alii, praeter recensitos, in qualitate errores, hanc quaestionem agere Coetus ille expresse noluit.

De illo et illo huius catalogi capite alii aliter sentiant. Omnia autem adiuncta proposita in consultam deliberationem cadunt, quia vitae coniugali vim valde fatalem afficere solent.

3. Nota tertia: *error causam det oportet contractui matrimoniali,* causalitate saltem negativa

Error eatenus tantum legis indiget protectione quatenus suppositio erronea in contrahendum matrimonium revera influit. Porro causale ligamen errorem inter et nuptias, tum positivum, tum negativum esse potest. In exemplo paternitatis dolo adsertae positiva vigebat causalitas: Sola erronea adolescentis illius suppositio, se patrem esse nascituri, positive induxit ad decidendum se ad nuptias. Aliter res se habet in ceteris, quae initio proposuimus, exemplis. Ignorata v. g. epilepsia mulieris non positive causa fuit contractûs matrimonialis. Vir ob aliud quoddam motivum uxorem eam duxit, v. g. quia eam adamaverat vel eam futuram esse sperarat bonam matrem filiorum. Nihilominus inter eius errorem ac nuptias causalitas exstitit negativa: *Non* eam duxisset, si de eius morbi veritate edoctus fuisset.

Saltem sub hac ratione negativa causalitas inter errorem et confarreationem haberi debet, ut matrimonium nullum sit. Siquidem modo analogo circa nuptias vi extortas lege disponitur: Pressione inane redditur matrimonium eâ dumtaxat sine qua ad nuptias deventum non esset. Simili ratione circa errorem in qualitate argumentari licet: Clausula irritans tunc tantum valida esto, quum quis sub errore matrimonium init quod, si rem vere

---

[10] Qui convenerant, fieri non posse rati sunt quin hoc quoque adiunctum in elenchum recipiatur, idque propter illos qui ementitâ personâ vel statu fraudulenter nuptias machinantur secum ineundas. Atque bene observetur errorem de fortunis non iam semper errori de statu sociali aequiparari.

[11] Saepe quidem sterilitas ante nuptias utrique parti ignota est. Qua de causa autem remedium legis ne etiam iis in casibus denegetur, in quibus alterutra pars de isto defectu revera decipiatur.

[12] Sapienter perpendere poteris, num hic error condicioni subiiciendus sit: dummodo inter partes ipsas ante nuptias nulla fornicatio evenerit. Cuius condicionis adiectio dissuadenda videtur. Potissimum ad hunc arbitrium impelleris, non quia deceptio de graviditate, etsi sponsi inter se commercium carnale habuerint, vera ac summa iniuria maneat, sed quia verificatio huius condicionis etiam a parte inculpabili difficillime, imo vix unquam probari possit.

cognosceret, non iniret: matrimonium quod re vere cognita non contraheret. Vel: errore quo detecto matrimonium non iniret. Sed aliter in casu de quo statim: Contrahens equidem errat — nescit v. g. mulierem infirmitate laborare qua quaelibet proles excluditur — ita tamen ipse mente disponitur ut, etiamsi exacte certior esset de morbo mulieris, nihilominus a connubio celebrando non resiliret. Heic error matrimonio causam non daret, ne negative quidem; heic errans ne desideraret quidem ut ob errorem irritae redderentur nuptiae. Legislatori ergo causa non est cur formulam irritantem ad huiusmodi extendat casûs.

Nota haec tertia, causalitas inquam erroris — id sedulo attendendum — a secunda nota, scilicet gravitate erroris distinguenda est, quamquam ambae arcte cohaereant. In secunda nota, scilicet ad rem non facere errorem nisi gravem, elementum agitur *obiectivum:* Error, iuxta commune hominum iudicium, notabilis oportet quod sit ponderis, seu obiective adeo gravis ut, re probe cognita, rationabiliter quivis ab ineundo hoc matrimonio averteretur. In tertia vero nota, videlicet causalitatis, momentum *subiectivum* agitur, nempe personalis ipsius errantis mens seu intentio. Oportet hunc personaliter quoque circa adiunctum de quo errat, ita disponi ut nuptias non celebraret, si facta cognosceret.

Qua in re maximopere refert *tempus* celebrati *matrimonii.* Id agitur quomodo errans momento nuptiarum iudicaret; an recta cognitio factorum in *hoc* momento a connubio eum arceret. Non id agitur quem influxum posteriore tempore errori attribueret. Casus fuerit viri qui de sterilitate uxoris nil sciebat, annis autem aliquot elapsis persentiens morositatem coniugii prole carentis, nunc hocce matrimonium denuo haud contraheret; tempore autem nuptiarum mente ita disponebatur ut tunc, etiamsi rem rite novisset, minime refugisset ab hisce nuptiis. Pro hoc casu clausula invalidans ne valeat; heic etenim error causam non dedit celebrando connubio, ne negative quidem. Nihilosetius, usquedum contrarium probetur, Titius casûs concreti, a connubio futurum fuisse ut deterreretur praesumitur, si adiunctum cognovisset quo regulariter homines ab ineundo deterrentur matrimonio.

Duas difficultates disputando adiungamus, quarum altera ad ius materiale, altera ad ius formale pertinet. Prima *voluntatem interpretativam* respicit. Profecto heic desideratur, ut lege novellata intentioni decepti interpretativae (si scivisset, non contraxisset) effectus matrimonium irritandi attribuatur. Quomodo autem, interrogant, voluntas interpretativa, quippe quae voluntas realis non sit, effectum iuridicum sortiri queat. Quibus respondendum: Ubicumque lege divina seu naturali positivus voluntatis actus requiritur, sicuti in matrimonio contrahendo consensus verus, qui nulla humana potestate suppleri valet, intentio mere interpretativa nil efficit neque lege ecclesiastica effectus substitui potest. Sed in omnibus aliis casibus Auctoritas ecclesiastica, quoad rei naturam, facultatem habet etiam voluntati interpretativae quosdam effectus lege positiva attribuendi; praecipue effectus negativae essentiae sicuti in lege irritante. Quare norma iuris, qua iam voluntati interpretativae nullitas matrimonii dolose causati connecteretur, minime secum pugnaret.

Quoadque ius formale, obiiciatur hanc tertiam notam, scilicet errorem dedisse causam contractui, fere nunquam *probari* posse. Quae exceptio satis temperanda est. Nam causalitas inter dolum et connubium persaepe non minus dilucide cognoscitur quam in causis canonis 1087 aversio, qua matrimonium e metu initum esse demonstratur. Quanti enim quandam qualitatem aestimet, ut eo deficiente connubium non contraheret, nupturiens non raro apertis colloquiis manifestat, quin eius intentio solis ex indiciis concludi possit.[13]

4. Quarta nota: Error *deceptione dolosa* causatus

Factispecies, quartâ hac notâ, limitibus circumscribitur admodum strictis: Error nullitatem connubii tunc tantum secum ferat, quando deceptione causatus est dolosa. Certe sensu atque utilitate non careret res, si tutela clausulae matrimonium irritantis cuilibet concederetur errori circa qualitatem, gravi et causali, modo postposito quo causatur. Nam etiam ubi deceptio abest, error in qualitate maximos saepe exserit in connubium effectûs. Casum cogitemus quo postmodum demum noscitur vir iam in ipsis nuptiis morbo laborasse gravi et incurabili, qui ipsum quoque latebat. Quamquam heic deceptio et fraus afuere, periculum pro muliere, liberis, universa coniugali vita, inferius non est. Canon quoque 1083 § 2 n. 2 de nullitate matrimonii ob errorem condicionis servilis, in unum errorem dirigitur, sive affuerit sive defuerit dolosa deceptio.

Nihilominus, si canon 1083 § 2 complebitur, rationes validae suadent ut errori deceptione dolosa causato circumscribatur nullitas. Nam si, insuper, alius error complectatur, res in discrimen ducetur ob nimis extensam seu amplam legem ideoque incertum ius; qua de re iam supra sermo factus.

Deinde quod contra fraudem astutiamque fortius exstruatur iuris munimen quam adversus aliusmodi errorem, re ipsa plene suadetur. In utroque casu status psychologicus illius qui damnum subit, plane variatur. Ab eo namque qui errori succubuerit quin in causa fuerit deceptio, v. g. de sanitate compartis, facilius exspectabis ut obligationem qua matrimonio adstringitur pacate ferat; sors eius sorti illius similis est qui, orto nonnisi durante connubio gravi coniugis morbo, a ligamine non solvitur, ut omnes norunt. At

---

[13] Iudicibus ecclesiasticis optimo iure confidendum est eos in munere exercendo, solum leges ac conscientiam sequentes, religiose dimetiri, quandonam certitudo moralis acquisita sit. Qui suspicionem se in sententia efformanda respectu pastorali magis quam rationibus iuridicis adduci, merito repugnabunt. Si enim haec diffidentia veritate inniteretur, melius tribunalia ecclesiastica dissolverentur.

prorsus differt casus illius qui in contrahendo matrimonio iam, circa sanitatem, dolose decipiatur. Ipsi res inde quoque gravior redditur quod non tantum coniugi graviter infirmo alligatur, sed potius illi alligari debet qui ipsum, per summam fraudem, in connubium illexit.

Dolus, seu astuta deceptio, bina complectitur elementa: deceptionem dico, et astutiam seu dolum. *Deceptione* ille modus agendi significatur quo in altero error consulto causatur vel fovetur. Deceptio ergo mere negativâ quoque formâ haberi potest, tacendo inquam; id est, ex errore qui, in casu, iam adfuit, silentio de industria servato, utilitas capitur. Quamquam silentium deceptionem constituere tunc tantum potest, si ad manifestandum obligaris. In contrahendo autem matrimonio, quippe quo ligamen nascitur arctissimum atque pro tota vita, huiusmodi manifestandi obligatio valde ampla videtur; et de omnibus gravis ponderis adiunctis comparti ius esto ut candide edoceatur.

Deceptioni jungatur necesse est astutia seu *dolus.* Qui tunc adest, si deceptio eo tendit ut alter ad ita determinate agendum moveatur qualiter absque deceptione probabiliter non ageret. Dolus ergo persuasioni semper iungitur vel certe timori ne alter, si vera facta cognosceret, a nuptiis quas in votis habet forsitan resiliat.

5. Aliae discutiuntur notae

Inquirendum superest, utrum quatuor notis modo recensitis factispecies circumscribatur satis, an aliis insuper notis videatur coarctanda.

a) Quaestio quaedam heic resumenda est de qua supra (III 2) dici iam coeptum. Num nullitas matrimonii ob astutam deceptionem pro eo tantum eventu statuenda est quo *non obstante,* a parte errante, *diligentia debita,* error habetur?

Consessus Bonnensis Tribunalium ecclesiasticorum anni 1960 hanc phrasin additionalem *dissuadendam* ratus, huiusmodi limitatione haud communes creatum iri difficultates aestimandis in processu matrimoniali probationibus putavit. Desiderio ut adolescens, eo quod definitive ligari se scit, ad mature ponderandum ante nuptias psychologice moveatur, eatenus putabant sufficienter satisfactum esse quatenus ea quae proponitur clausula matrimonium irritans, in deceptione dolosa sistit, quare timor alíus erroris iam satis urget ad diligens examen.

b) Ponderandum praeterea est, num nullitas connubii ob deceptionem dolosam ei circumscribenda sit casui quo haec deceptio *a comparte vel saltem ea sciente* exercetur. Nam id praeprimis intendimus, ne quis comparti alligetur quae ipsa, ut per dolum nuberetur, causa fuit.

Sed et in hac re Coetus Bonnensis Tribunalium satius fore rebatur, si huiusmodi dictio in nullitatis clausulam *non* recipiatur. Nam prout Codex

Iuris Canonici generali sua circa dolosam deceptionem lege (c. 103 § 2) non attendit a quo profecta sit deceptio, ita in analogam quoque clausulam matrimonium irritantem quaestio, quis fraudis auctor fuerit, ne introeat. Praeterea, sive hoc punctum legi incorporetur sive non, practice in paucissimis casibus exinde discrimen habebitur. Nam eventus extraordinarie mirus foret in quo quis de qualitate compartis decipiatur, quin haec quoque culpabilis sit. Plerumque huiusmodi fraus exerceri non potest, nisi compars quoque in eam cooperetur vel saltem culpabiliter taceat.

6. Quibus verbis tenor legis redigi posse videatur

Post ea quae disputavimus, superest ut tenorem legis proponamus. Qua in re verba Codicis Iuris Canonici prout hodie sonant, quam minime mutentur. Propterea seponatur heic quaestio, an Legislator, Codicem Iuris Canonici emendando, canonem 1083 § 2 funditus reformaturus sit. Id absque dubio fieri poterit. Nam ea quae circa errorem qualitatis redundantem in errorem personae (c. 1083 § 2 n. 1) statuuntur, si penitius explicentur, superflua sunt, utpote in ipsa prima paragrapho eiusdem canonis implicite dicta. An vero lex de errore condicionis servilis (c. 1083 § 2 n. 2) ad usum vitae adhuc conferat, ex iis quae in exteris regionibus Evangelii praecones experti sunt, dimetiendum foret.

Pro nunc tamen heic supponimus, canonem 1083 § 2 conservatum iri. In hac hypothesi, duo quae hucusque fuere puncta, per tertium nonnisi complenda forent. Et canoni 1083 § 2 is qui sequitur tenor dari potest:

„Error circa qualitatem personae, etsi det causam contractui, matrimonium irritat tantum:

1° Si error qualitatis redundet in errorem personae;

2° si persona libera matrimonium contrahat cum persona quam liberam putat, cum contra sit serva, servitute proprie dicta;

3° *si quis graviter ac dolose de alterius partis qualitate magni momenti deceptus matrimonium ineat, quod re vere cognita non contraheret.*"

Sic igitur proposuimus. Tenor definite expressus nonnisi tentamen constituit, cuius omnis correctio ulterior gaudenter recipietur.[14] At urgendum est ut problema quadam ratione tandem solvatur. Ad id sorte dura fraudulenter deceptorum, in exordio libelli pluribus illustrata exemplis, impellimur scientes, ita nos communi quoque Ecclesiae bono, recte intellecto, operam navare.

---

[14] Iam litteris a cl.mo canonista die 16 ianuarii 1961 datis alia formula deliberationi traditur: „Invalidum est matrimonium etiam ob dolum negativum ab alterutra parte ad id commissum, ut alteram partem, quantum in se est, in errorem seu ignorantiam dantem causam contractui inducat." Quod propositum sane omni disquisitione dignum est, etsi haec verba quibusdam notis caute coercentibus, quae supra expositae, indigere videntur.

Zur Problematik der bedingten Eheschließung im kanonischen Recht

Wie wir aus einer Bemerkung Gasparris[1] wissen, hat es bei der Redaktion des Codex Iuris Canonici um die bedingte Eheschließung eine überraschende Wendung gegeben. Als man in die Beratung eintrat, war man sich darüber einig, auch das kanonische Recht solle in Übereinstimmung mit den modernen weltlichen Rechtsordnungen jedwede bedingte Eheschließung unmöglich machen. Der Jesuitenkanonist Wernz wurde beauftragt, einen entsprechenden Kanon zu formulieren; seinem Entwurf haben dann alle Mitglieder der Redaktionskommission ausnahmslos ihre Zustimmung erteilt. Die endgültige Fassung jedoch, die man hernach in c. 1092 des Codex Iuris Canonici vorfand, sah völlig anders aus. Entgegen dem einhellig gefaßten Kommissionsbeschluß hat hier das heute geltende Recht der lateinischen Kirche doch wieder die Möglichkeit einer bedingten Eheschließung zugelassen.

Wie ist es zu dieser Kehrtwendung gekommen? Wer hat den Anstoß gegeben, den bereits gebilligten Entwurf aufzuheben, ja ihn ins Gegenteil zu verkehren? Wie sind die Verhandlungen darüber verlaufen? Welche Gründe haben den Ausschlag gegeben, eine Eheschließung unter Bedingung doch zuzugestehen? Leider tappen wir darüber völlig im dunkeln. Von den Beratungen hierzu ist nichts an die Öffentlichkeit gelangt. Gasparri[2] bemerkt, daß sich nicht einmal in den Akten eine Aufzeichnung darüber findet.

Aber wenn wir auch über den historischen Vorgang im einzelnen nicht unterrichtet sind, so ist die Tatsache des auffallenden Wechsels allein schon aufschlußreich genug. Läßt sie uns doch ahnen, daß sich hinter der anscheinend so klaren Systematik des c. 1092 eine tiefere Problematik versteckt, die das Interesse des Kanonisten wecken müßte.

Diese Vermutung verstärkt sich, wenn wir einen Seitenblick auf das Eherecht für die Ostkirche werfen, das Pius XII. 1949 erlassen hat.[3] Dort hat man, von geringfügigen redaktionellen Änderungen abgesehen, zumeist den

---

Erschienen in: ÖAKR 12 (1961) 280–305.

[1] Petrus *Gasparri*, Tractatus canonicus de matrimonio, Bd. 2, Rom 1932², S. 73 A. 2.
[2] A. a. O.
[3] AAS 1949, S. 89–119.

Text des Codex Iuris Canonici wörtlich übernommen. In einem Punkt[4] jedoch gibt es einen grundlegenden Unterschied, nämlich für die bedingte Eheschließung. Hierzu verfügt c. 83 des ostkirchlichen Eherechts: „Matrimonium sub condicione contrahi nequit." Man hat sich also von der Linie des lateinischen Kodex eindeutig abgewandt. Wie ist das zu verstehen? Besagt das nur die Feststellung der historisch anders verlaufenen Entwicklung der Ostkirche? Die orientalische Kirche hat in ihrer Geschichte nie die bedingte Eheschließung gekannt und sah daher kein Bedürfnis, ein so umstrittenes Institut neu einzuführen. Oder verbirgt sich hinter dem ostkirchlichen c. 83 doch mehr? Wird hier eine Tendenz sichtbar, die über den Rahmen der Ostkirche hinausgeht? Kündigt sich hier eine Entwicklung an, die bei der in Aussicht gestellten Überarbeitung des lateinischen Kodex gleichfalls zu einer Abschaffung der bedingten Eheschließung führen könnte?

Immerhin sollte das erneut Anlaß geben, der Problematik der bedingten Eheschließung einmal erhöhte Aufmerksamkeit zu schenken. Wer das tut, wird rasch feststellen, daß er sich über Mangel an Fragen nicht zu beklagen braucht, ja daß die Fragen in solcher Fülle herandrängen, daß sie sich sämtlich gar nicht in einer kurzen Abhandlung erörtern lassen. Unter Verzicht auf mancherlei Nebenfragen soll hier daher die Problematik der bedingten Eheschließung nur in den entscheidenden Grundlinien aufgezeigt werden. Es geht dabei um ein Dreifaches: um ein rechtstheoretisches, um ein rechtsdogmatisches und um ein rechtspolitisches Problem.

I. Das rechtstheoretische Problem

Zunächst und vordringlich stellt sich die rechtstheoretische Frage, wie die Möglichkeit einer bedingten Eheschließung überhaupt begrifflich zu rechtfertigen ist. Man hat ja mit Entschiedenheit geltend gemacht, daß die Ehe ein bedingungsfeindliches Rechtsgeschäft sei. Bedingen heißt die Rechtswirkung von einem ungewissen Ereignis, bei einer echten Bedingung sogar von einem ungewissen zukünftigen Ereignis abhängig machen. So aber die Ehe eingehen wollen, sei ein Widerspruch in sich. Bedingte Ehe sei eine contradictio in adiecto.[5] Mit einer echten Bedingung sind begriffsnotwendig gekoppelt das Moment des Futurischen und das Moment des Unbestimmten. Beides aber sei mit einer Eheschließung unvereinbar. Näherhin zielt der Einwand in eine dreifache Richtung.

---

[4] Als weiterer Unterscheidungspunkt von größerer Bedeutung wäre c. 85 des ostkirchlichen Eherechts zu nennen. Danach ist der Segen des trauenden Priesters in der Ostkirche für die Gültigkeit der Trauung erforderlich.
[5] Vgl. Mario *Ferraboschi*, Il matrimonio sotto condizione, Padua 1937, S. 24–36.

1. Einmal geht man in der Argumentation von dem *futurischen* Charakter der eigentlichen Bedingung aus. Mit ihr werde das Rechtsgeschäft erst für die Zukunft gewollt. Eheschließung sei hingegen notwendig etwas Präsentisches; bei ihr sei ja der consensus de praesenti unerläßlich. Wenn jemand seinen Ehewillen aber von einem künftigen ungewissen Ereignis abhängig mache, so wolle er seine Ehe allenfalls erst für die Zukunft, nämlich für den Zeitpunkt, da der ausbedungene Umstand eintrete. Es liege also nur ein consensus de futuro vor, der naturgemäß zum Abschluß der Ehe nicht ausreiche. Im Grunde sei daher eine bedingte Eheschließung nichts anderes als sponsalia de futuro, als ein bloßes Verlöbnis. Ohne im einzelnen darauf einzugehen, wie historisch die Auseinandersetzung mit diesem Einwand verlaufen ist, sei nur vermerkt, daß auch Thomas von Aquin im Banne des vorgebrachten Arguments stand. Eine Eheschließung mit einer condicio de praesenti hält er für möglich, da hier präsentisch die Ehe zustande kommt oder nicht zustande kommt. Dagegen könne die Ehe nicht mit einer condicio de futuro contingenti eingegangen werden, weil es dabei an dem präsentischen Ehewillen fehle; eine so geschlossene Ehe stellt er daher auf eine Stufe mit dem Eheversprechen.[6]

Es hat einer langen Entwicklung bedurft[7], ehe die kanonistische Wissenschaft zur Lösung der Schwierigkeit gelangte. Man hat sie zu finden in der Differenz von consensus condicionatus und consensus de futuro. Es ist falsch, wenn auch scheinbar so naheliegend, den bedingten Konsens und den futurischen Konsens zu identifizieren. In Wirklichkeit ist der bedingte Konsens, auch der mit einer condicio de futuro, bereits ein präsentischer Konsens und kein consensus de futuro. Worum geht es bei dem consensus de futuro, der beim Verlöbnis vorliegt? Objekt dieses futurischen Konsenses ist im strengen Sinne nicht die Eheschließung selbst, sondern die künftige Leistung eines neuen Willensaktes, mit dem dann die Ehe geschlossen werden soll. Der Verlobte bekundet im Verlöbnis nur den Willen, demnächst mit einem neuen Willensakt die Ehe zu schließen. Mit einem ganz anderen Tatbestand aber hat man es beim bedingten Ehewillen zu tun. Hier geht die Intention nicht dahin, demnächst den Willen zur Eheschließung zu setzen, vielmehr wird da bereits der Wille aktualisiert, hiermit die Ehe einzugehen, freilich mit der Einschränkung, daß dieser Wille rechtswirksam erst mit dem Eintritt der Bedingung werden soll. Der Unterschied zum consensus de futuro zeigt sich deutlich, wenn man sich vergegenwärtigt, in welchem Augenblick die bedingte Eheschließung und in welchem Augenblick das Verlöbnis zur wirklichen Ehe wird. Das Verlöbnis erst, wenn der

---

[6] *Thomas von Aquin*, In Sent. 1. 4 d. 29 a. 3 q. 3; Summa theol. Suppl. q. 47 a. 5. Vgl. Astorre *Oddi-Baglioni*, Il matrimonio condizionato, Padua 1938, S. 130. Sebastianus *Fraghi*, De condicionibus matrimonio appositis, Rom 1941, S. 23.

[7] Zum historischen Verlauf vgl. vor allem das zitierte Werk von *Oddi-Baglioni*.

neue Ehekonsens, diesmal als consensus de praesenti geleistet wird; die bedingte Eheschließung dagegen automatisch mit Eintritt der Bedingung, ohne daß es noch eines neuen Konsensaktes bedürfte.

Unbestreitbar liegt in der bedingten Eheschließung mit einer condicio de futuro etwas Futurisches. Aber dieses Futurische ist etwas ganz anderes als das Futurische des Verlöbniswillens. Letzterer ist nur deshalb für einen gültigen Eheabschluß ungeeignet, weil sein Objekt noch gar nicht die Eheschließung, sondern erst die künftige Leistung des Eheabschlusses ist. Futurisch in diesem Sinne ist aber der bedingte Ehekonsens keineswegs, vielmehr hat er bereits unmittelbar die Eheschließung zum Objekt.

2. Neben dem Zukünftigen liegt in der Bedingung das Moment des *Unbestimmten*. Daraus entnimmt man den zweiten Einwand gegen die Möglichkeit einer bedingten Eheschließung.

Ein gewisser Kreis von Rechtshandlungen lasse um seines Inhaltes willen nur einen endgültigen, absoluten Vollzug zu, weil mit ihnen ein Schwebezustand, ein Zustand der Ungewißheit und Unsicherheit innerlich unvereinbar sei. Schon das römische Recht habe die Gruppe der actus legitimi, der feierlichen Rechtsgeschäfte, ausgesondert, die keine Bedingung und keine Befristung zuließen: „Actus legitimi ... in totum vitiantur per temporis vel condicionis adiectionem."[8] Zu den bedingungsfeindlichen Rechtsgeschäften müsse man aber vorab alle Rechtsakte rechnen, die einen Status begründen, ganz besonders den Trauungsakt, mit dem der Eintritt in den Ehestand vollzogen wird. Man vergleiche andere statusbegründende Akte: etwa die Annahme an Kindesstatt, den Erwerb der Staatsangehörigkeit, die Aufnahme in den Beamtenstand. Das öffentliche Interesse verlange gebieterisch, daß solche Akte von allen Unklarheiten und Ungewißheiten, mit denen ein bedingter Rechtsakt zwangsläufig behaftet ist, freigehalten würden. Erst recht dulde die Ehe nicht die Unbestimmtheit eines bedingten Abschlusses; über Existenz oder Nichtexistenz einer Ehe müsse von vornherein eindeutige Klarheit bestehen. Aus diesem Grunde habe das Trienter Konzil eine bestimmte Eheschließungsform vorgeschrieben, um der Rechtsunsicherheit der klandestinen Ehen einen Riegel vorzuschieben. Nicht weniger aber verbiete sich um der Rechtssicherheit willen der bedingte Abschluß der Ehe, der naturgemäß die Existenz der Ehe vorerst im unklaren beläßt.

Der vorgetragene Einwand deckt zweifellos ein bedenkliches Übel an der bedingten Eheschließung auf. Wenn man jedoch die Tragkraft des Arguments richtig beurteilen will, hat man sorgsam zwischen „untunlich" und „unmöglich" zu unterscheiden. Daß eine bedingte Heirat in mancherlei

---

[8] Dig. 50, 17, 77.

Hinsicht unangemessen sein kann, wird niemand bestreiten. Es bleibt ungewiß, ob eine Ehe besteht oder nicht; die Gefahr wird heraufbeschworen, daß das eheliche Leben aufgenommen wird, ehe noch die Bedingung erfüllt und damit die Ehe erst rechtsgültig geworden ist. Es mag daher unangemessen, untunlich sein, die Ehe unter einer Bedingung einzugehen. Aber ist deshalb der bedingte Abschluß der Ehe auch schon begrifflich unmöglich?

Konstitutiv für das Zustandekommen der Ehe ist der von beiden Seiten erklärte Ehewille. Eine Willenserklärung kann nun aber grundsätzlich, wenn man von etwaigen Anordnungen des positiven Rechts absieht und nur auf die naturrechtlichen Erfordernisse abstellt, unter einer Bedingung abgegeben werden. Und zwar hat das von jeder Willenserklärung zu gelten ohne Rücksicht auf ihren Inhalt. Wohl mag es sein, daß bei bestimmtem Inhalt es wenig angemessen wäre, die Erklärung an eine Bedingung zu knüpfen. Das ändert jedoch nichts daran, daß im Prinzip auch hier eine bedingte Abgabe der Willenserklärung möglich ist.

Die Bedenken gegen die bedingte Eheschließung können nun so schwerwiegend sein, daß sich der Gesetzgeber unter Umständen entschließt, ihr die Gültigkeit zu versagen, wie das ja weithin im weltlichen Recht und auch im Eherecht der Ostkirche der Fall ist. Der Grund für die Nichtigkeit der bedingten Eheschließung liegt dann aber nicht darin, daß eine bedingte Eheschließung begrifflich unmöglich wäre, sondern einzig in der positiven Anordnung des Gesetzgebers.

3. Ein drittes Argument für die Unvereinbarkeit von Ehe und Bedingung stützt sich auf den *sakramentalen* Charakter der christlichen Eheschließung.

Die Spendung der sakramentalen Gnade sei nach dem Willen Christi an den Vollzug des äußeren Zeichens geknüpft. In dem Augenblick, da das sakramentale Zeichen, also z. B. bei der Taufe das Ausgießen des Wassers mit dem Aussprechen der Taufworte, gesetzt werde, vollziehe sich zugleich innerlich die Mitteilung der Gnade. Es sei unmöglich, beides zeitlich auseinanderzureißen, also jetzt das äußere Zeichen zu setzen und die innere Wirksamkeit erst in die Zukunft projizieren zu wollen. Das aber werde bei einer bedingten Eheschließung unterstellt.

Man kann dem Einwand nicht mit dem Hinweis begegnen, die bedingte Spendung eines Sakramentes sei doch auch sonst in der Kirche unter gewissen Umständen anerkannt. Wo die Kirche das tut, dreht es sich um einen ganz anderen Sachverhalt. Man denke etwa an einen schweren Verkehrsunfall; der Verunglückte gibt kein Lebenszeichen mehr von sich, doch weiß man nicht sicher, ob er schon tot ist; da erteilt man ihm die Letzte Ölung unter der Bedingung „si vivis". In derartigen Fällen geht es nicht wie bei der bedingten Eheschließung um gewillkürte Parteibedingungen, sondern um

Rechtsbedingungen; bei solcher Sakramentenspendung unter Bedingung wird zur Bedingung immer nur ein Umstand erhoben, der in sich schon eine Voraussetzung für den gültigen Sakramentsvollzug darstellt. Das gilt, wenn man vom Ehesakrament absieht, von sämtlichen bedingten Sakramentenspendungen. Die Bedingungen sind da ausnahmslos von der Art wie: „si capax es", „si materia valida est" oder z. B. bei der Wiederholung einer zweifelhaften Taufe „si non es baptizatus".

Vor allem tragen diese Bedingungen stets präsentischen Charakter. Der Einwand gegen die bedingte Eheschließung nimmt jedoch sein entscheidendes Argument aus der condicio de futuro: Es sei unmöglich, hier und jetzt das sakramentale Zeichen zu vollziehen und davon zeitlich die innere Wirkung trennen zu wollen, die Gnadenspendung erst in der Zukunft bei Erfüllung der ausgemachten Bedingung eintreten zu lassen. Das geht in der Tat nicht, wie man leicht erkennt, wenn man eine derartige Bedingung z. B. auf die Taufe anwenden wollte. Nehmen wir an, daß ein Kind nichtkatholischer Eltern zur Taufe gebracht wird und nun der Priester die Taufe unter der Bedingung, nicht bloß mit der Auflage, spenden wollte, daß das Kind dereinst katholisch erzogen wird. Das ist einfach nicht realisierbar, daß der Taufakt jetzt vollzogen wird, die Wirksamkeit der Taufe aber erst in der Zukunft eintreten soll, nämlich dann erst, wenn tatsächlich die katholische Erziehung des Kindes einsetzt. Das geht deshalb nicht, weil nach der Anordnung Christi das Sakrament nur in dem Augenblick zustande kommen kann, da das äußere Zeichen vollzogen wird. Eine Taufe der geschilderten Art wäre daher ungültig.

Der Einwand gegen die bedingte Eheschließung geht also in der Tat von einer richtigen These aus: Der Vollzug des äußeren Zeichens und das gültige Zustandekommen des Sakraments müssen zeitlich zusammenfallen. Davon kann auch das Ehesakrament keine Ausnahme machen. Aber muß man deshalb schon der Konsequenz des Einwandes folgen, daß somit eine Eheschließung unter condicio de futuro einen Widerspruch enthält?

Will man zu einer Lösung vordringen, so muß man sich klarmachen, worin das äußere Zeichen des Ehesakraments besteht. Es könnte in die Irre führen, wollte man das äußere Zeichen in dem beiderseitigen ehelichen Jawort der Brautleute sehen. Richtiger ist zu sagen: Der eheliche Vertrag selbst ist das äußere Zeichen des Ehesakramentes. Sorgfältig formuliert c. 1012 § 1: „Christus Dominus ad sacramenti dignitatem evexit ipsum contractum matrimonialem inter baptizatos." In dem Augenblick, da der Ehevertrag zustande kommt, ist damit das äußere Zeichen gesetzt, das zugleich das Ehesakrament bewirkt.

Wie verhält es sich nun damit bei der Eheschließung, die an eine condicio de futuro geknüpft ist? Ist hier nicht das äußere Zeichen mit der Konsensabgabe gesetzt, dem dann die Sakramentswirksamkeit erst später bei Eintritt der Bedingung folgen soll? Keineswegs. Das äußere Zeichen liegt nicht schon in der bedingten Abgabe des ehelichen Jawortes, sondern im Ehevertrag, naturgemäß im rechtsgültigen Ehevertrag. Ein rechtswirksamer Ehevertrag kommt bei der bedingten Eheschließung aber noch nicht in dem Augenblick zustande, da die Trauung vollzogen wird, sondern erst mit der Erfüllung der ausgemachten Bedingung. Erst in diesem Zeitpunkt liegt ein wirksamer Ehevertrag vor; erst in diesem Augenblick ist dann auch das äußere Zeichen vollendet, das nun zugleich das Zustandekommen des Sakraments auslöst. Der durchaus berechtigte Grundsatz, daß das äußere Zeichen nur präsentisch das Sakrament herbeiführt, ist demnach auch bei der bedingten Eheschließung vollauf gewahrt.

Die rechtstheoretische Erwägung kommt also zu dem Ergebnis: Mag die bedingte Eheschließung immerhin mit mancherlei Bedenken behaftet sein, innerlich unmöglich ist sie jedoch nicht.

II. Das rechtsdogmatische Problem

Da somit vom Grundsätzlichen her kein absolutes Veto vorliegt, steht an sich für den Gesetzgeber der Weg offen, die bedingte Eheschließung zuzulassen, wie es der Kodex tatsächlich in c. 1092 getan hat. Doch nun erhebt sich das zweite, das rechtsdogmatische Problem, ob dieser Kanon wirklich in allem genau und einwandfrei die bedingte Eheschließung regelt.

C. 1092 stellt vier Normen auf: 1. Die condicio de futuro necessaria oder impossibilis oder turpis, sed non contra matrimonii substantiam gilt als nicht beigefügt. 2. Die condicio de futuro contra matrimonii substantiam macht die Ehe nichtig. 3. Die condicio de futuro licita läßt die Gültigkeit der Ehe in der Schwebe. 4. Bei der condicio de praeterito vel de praesenti ist die Ehe gültig oder ungültig, je nachdem ob der ausbedungene Umstand im Augenblick der Eheschließung tatsächlich vorliegt oder nicht.

Hiermit ist, wie man auf den ersten Blick feststellen möchte, ebenso klar wie umfassend die bedingte Eheschließung geregelt. Der Kanon läßt ja keine auch nur denkbare Bedingung aus. Die condicio de praeterito vel de praesenti ist ebenso berücksichtigt wie die condicio de futuro; und jede Art der condicio de futuro ist behandelt: die condicio impossibilis und die condicio possibilis, die condicio licita und die condicio turpis, und bei letzterer wird wieder unterschieden, ob sie sich contra matrimonii substantiam richtet oder nicht. Und für jede Gruppe der Bedingung wird genau vermerkt, wie sich ihre Beifügung auf die Gültigkeit der Ehe auswirkt. Wo sollte da noch Raum für Unklarheit und Problematik bleiben?

Dennoch gibt der Text des c. 1092 seine Fragen auf. Ja, keine einzige der vier Nummern des c. 1092 ist problemfrei. Gehen wir sie im einzelnen durch.

1. Fragwürdig in hohem Maß ist gleich schon die erste Nummer des c. 1092, wonach die notwendige, die unmögliche und die unsittliche Bedingung, soweit sie nicht gegen das Wesen der Ehe gerichtet ist, als nicht beigefügt betrachtet wird. Das Gesetz sieht hier die Ehe als gültig an, so, als ob der Eheschließung die Bedingung gar nicht beigesetzt wäre.

Pro non adiecta habeatur. Diese Regel stellt der Interpretation ein schwieriges Rätsel. Logisch stehen nur zwei Auslegungen zur Verfügung.[9] Aber mit keiner von beiden kommt man wirklich zurecht. Die eine Deutung verwikkelt sich in Widersprüche, und die andere Auslegung macht den c. 1092 n. 1 sinnlos.

Beschränken wir uns darauf, dies für die condicio turpis aufzuzeigen. Jemand heiratet seine Braut, die bei seiner vorgesetzten Dienstbehörde als Sekretärin beschäftigt ist, unter der Bedingung, daß sie nach der Hochzeit bei der Dienststelle ein ihn schwer belastendes Dokument beseitigt. Unstreitig liegt hier eine condicio de futuro turpis vor, für die c. 1092 n. 1 verfügt: pro non adiecta habeatur. Wie ist diese Weisung zu verstehen? Die eine Auslegung will in ihr eine qualifizierte Rechtsvermutung oder sogar eine Rechtsfiktion sehen, die unter allen Umständen durchgreife, ohne Rücksicht darauf, in welcher Intention der Mann in Wirklichkeit seinen Ehekonsens gesetzt habe; eine solche Bedingung werde in jedem Falle von der Kirche als nicht beigefügt betrachtet und somit die Ehe unter allen Umständen als gültig angesehen. Die andere Deutung spricht der Regel des c. 1092 n. 1 dagegen bloß den Charakter einer praesumptio iuris tantum zu; zunächst stehe einmal die Vermutung dafür, daß jemand einem so gewichtigen Rechtsakt wie der Eheschließung eine sittenwidrige Bedingung im Ernst gar nicht habe beifügen wollen; für diesen Normalfall gelte dann das „pro non adiecta habeatur". Doch lasse das den Weg des Gegenbeweises offen; wenn sich dabei zeige, daß der Mann tatsächlich allen Ernstes seinen Konsens von der unsittlichen Bedingung abhängig gemacht habe, so komme c. 1092 n. 1 nicht zum Zuge und man habe allein nach dem wirklichen Willen des Mannes zu entscheiden; die Ehe sei dann ungültig, solange die Bedingung nicht erfüllt sei.

Die erste Deutung führt in die Irre, weil sie sich in Widerspruch setzt zu dem fundamentalen Grundgesetz des kanonischen Eherechts: Consensus nulla humana potestate suppleri valet (c. 1081 § 1). Wenn der Mann in Wahrheit seinen Ehewillen an die Bedingung gebunden hat, daß seine Braut demnächst das Dokument unterschlägt, so besitzt er, falls seine Bedingung hernach unerfüllt bleibt, keinen Ehekonsens. Die Ehe ist dann ungültig. Daran kann auch das „pro non adiecta habeatur" des c. 1092 n. 1 nichts ändern.

---
[9] Vgl. G. *Oesterle,* Praesumptio iuris aut fictio iuris?, in: Ephemerides iuris canonici 2, 1946, S. 92—103.

Auch der Versuch, mit dem kürzlich der italienische Kanonist Orio Giacchi in seiner anregenden Studie „Il consenso nel matrimonio canonico"[10] nochmals für die absolute Geltung des „pro non adiecta habeatur" ohne Rücksicht auf die Ernsthaftigkeit oder Nichternsthaftigkeit der Bedingung eingetreten ist und dem sich jüngst der spanische Kanonist Jaime M. Mans Puigarnau[11] weithin angeschlossen hat, kommt in Wirklichkeit an der genannten Klippe nicht vorbei. Gewiß wird man beiden beipflichten, daß eine wahre Rechtsordnung nicht einer rechtswidrigen Bedingung zu Wirksamkeit verhelfen soll. Aber wenn in Wahrheit jemand von der Erfüllung einer unsittlichen Bedingung seinen Ehewillen abhängig macht, so ist bei Ausbleiben dieser Bedingung der Ehewille tatsächlich nicht vorhanden. Dann trotzdem die Ehe für gültig ansehen, das hieße, was auch durch die Argumentation der beiden Forscher nicht weggedeutet werden kann, den fehlenden Ehewillen durch positive Gesetzesanordnung substituieren. Das aber geht nicht.

So kommt man zwangsläufig zu dem Ergebnis, daß c. 1092 n. 1 nicht angewandt werden kann, wenn jemand die unsittliche Bedingung allen Ernstes beigefügt hat. Die heute herrschende Meinung sieht daher in c. 1092 n. 1 bloß eine praesumptio iuris tantum. Nur hüte man sich vor dem Glauben, hiermit eine sinnvolle Interpretation gefunden zu haben. Denn diese Schlußfolgerung ist alles andere als eine Interpretation. Mit ihr wird c. 1092 n. 1 nicht ausgelegt, sondern kurzerhand aufgehoben, in Wahrheit jeden Sinnes entleert.

Dann kann nämlich c. 1092 n. 1 niemals, auch nicht ein einziges Mal zum Zuge kommen. Denn zum Tatbestand des ganzen c. 1092 gehört es unbestreitbar, daß die Bedingung ernstlich, nicht nur zum Schein beigefügt ist, wie man leicht an den anderen Nummern des Kanons ersieht. Etwa die Weisung, daß eine condicio contra matrimonii substantiam die Eheschließung nichtig macht, gilt naturgemäß nur, wenn die Bedingung ernstlich gemeint war. Aber damit verliert c. 1092 n. 1 jedwede Möglichkeit einer Anwendung. War die condicio turpis nicht ernsthaft gemeint, so kann die Bestimmung nicht herangezogen werden, weil es dann an der Grundvoraussetzung des c. 1092, nämlich an einer condicio semel apposita et non revocata in Wirklichkeit gefehlt hat. Wollte aber der Eheschließende im Ernst seinen Konsens von der condicio turpis abhängig machen, so scheidet c. 1092 n. 1 gleichfalls aus, diesmal deshalb, weil sich ein tatsächlich fehlender Ehewille niemals substituieren läßt. In jedem Fall, ob so oder so, ist c. 1092 n. 1 gegenstandslos.

---

[10] Mailand 1950, S. 140—147.
[11] Jaime M. *Mans Puigarnau*, Derecho matrimonial canónico, Bd. 1, Barcelona 1959, S. 465—469.

2. Für die zweite Nummer des c. 1092, daß die condicio contra matrimonii substantiam einen gültigen Eheabschluß verhindert, ergibt sich folgendes Problem. Muß man nicht sagen, daß sie völlig *überflüssig* erscheint, weil sie inhaltlich bereits *in c. 1086 § 2 mit enthalten* ist? An der letztgenannten Stelle erklärt der Kodex, daß ein positivus voluntatis actus, der das ius ad coniugalem actum oder eine der beiden Wesenseigenschaften der Ehe ausschließt, die Ehe zunichte macht. Liegt aber ein derartiger Vorbehalt nicht jedesmal schon vor, wenn die Ehe unter einer condicio contra matrimonii substantiam geschlossen wird? Die Ehe wäre demnach gemäß c. 1086 § 2 bereits nichtig, ohne daß es noch der Norm des c. 1092 n. 2 bedürfte. Erweist sich die Nummer 2 des c. 1092 damit nicht als höchst unnötige Wiederholung, da sich in der Sache nicht das mindeste ändern würde, wenn ihr Text im Kodex fehlte?

Gewiß hat es etwas Mißliches an sich, wenn eine Interpretation eine Gesetzesstelle jeder eigenständigen normierenden Kraft entkleidet. Ein Gesetzbuch ist eben kein Lehrbuch, dem Wiederholungen aus systematischen oder didaktischen Gründen anstehen mögen. So wird es verständlich, daß neuerlich wieder ein Versuch unternommen wurde, die intentio contra matrimonii substantiam des c. 1086 § 2 und die condicio contra matrimonii substantiam des c. 1092 n. 2 inhaltlich voneinander zu unterscheiden[12], um dem c. 1092 n. 2 doch einen Eigenwert zu retten. Man argumentiert dabei in folgender Weise.

Bei der sogenannten partialen Simulation des c. 1086 § 2 wisse der Eheschließende, wenn auch vielleicht mehr oder weniger konfus, daß das ius in corpus sowie die Einheit oder Unauflöslichkeit zur Ehe, so wie sie die Kirche sieht, notwendig gehören. Wenn er dann positiv eines der drei bona matrimonialia ausschließe, tue er das mit dem Bewußtsein, von der kirchlichen Eheauffassung abzurücken. Ein solches Bewußtsein sei hingegen bei einer condicio contra matrimonii substantiam nicht erforderlich. Außerdem müsse man bei c. 1086 § 2 unterscheiden zwischen ius ipsum und exercitium iuris; nur der Ausschluß des ius ipsum, der Nichtverpflichtungswille, nicht jedoch schon der Ausschluß des exercitium iuris, der Nichterfüllungswille, mache nach c. 1086 § 2 die Ehe nichtig. Dagegen entfalle eine derartige Unterscheidung bei der bedingten Eheschließung; wenn auch nur die Nichterfüllung einer der mit der Ehe verknüpften Pflichten zur Bedingung erhoben werde, treffe c. 1092 n. 2 zu; die Ehe sei dann schon nichtig.

Der hier vorgetragene Gedankengang dürfte nicht überzeugen. Warum soll mit dem positiven Willensakt des c. 1086 § 2 das Bewußtsein verbunden sein müssen, daß man mit dem Vorbehalt der kirchlichen Eheauffassung widerspricht? Der Text des c. 1086 § 2 fordert das in keiner Weise.

---

[12] *Giacchi,* Il consenso, S. 175–183.

Verleitet wird man vermutlich dazu, weil man im Zusammenhang des c. 1086 § 2 herkömmlich von Simulation redet. In einem eigentlichen Sinne simulieren kann aber nur jemand, dem das Auseinanderklaffen von äußerer Erklärung und innerem Wollen zu Bewußtsein kommt. Doch nicht die übliche abkürzende Bezeichnung „Simulation", sondern nur der Gesetzestext selbst kann über den Sinn des c. 1086 § 2 entscheiden. Dort ist aber nur von einem positiven Ausschluß eines der ehelichen Rechte die Rede, ohne irgendwie darauf abzustellen, ob dabei der Gegensatz zum kirchlichen Ehebegriff zu Bewußtsein kommt oder nicht. Man findet also keine Handhabe zu der einengenden Interpretation.

Noch weniger vermag man dem anderen Argument beizupflichten, die condicio contra matrimonii substantiam habe auch inhaltlich einen größeren Begriffsumfang als der bloße Vorbehalt gegen ein Wesenselement der Ehe nach c. 1086 § 2; c. 1092 n. 2 mache die Ehe schon nichtig, wenn auch nur die Nichterfüllung einer ehelichen Pflicht zur Bedingung erhoben sei, während aus c. 1086 § 2 die Ungültigkeit der Ehe erst bei einem Nichtverpflichtungswillen vorliege. Beide gesetzliche Bestimmungen sind im Grunde nur der Ausdruck ein und desselben naturrechtlichen Sachverhalts: Eine gültige Ehe kann nicht zustande kommen, wenn ein ehewidriger Wille, ein Wille, der ein Wesensstück der Ehe herausbricht, vorliegt und somit den Ehekonsens aufhebt. Was aber solch ein ehewidriger Wille ist, kann nicht in dem einen Fall des Vorbehalts so und in dem zweiten Fall der condicio anders bestimmt werden. Was contra matrimonii substantiam ist, bleibt für das eine wie für das andere gleich. Inhaltlich heben sich Vorbehalt und Bedingung gegen das Wesen der Ehe nicht voneinander ab. Der Unterschied liegt nicht im Inhalt, sondern einzig in der Art und Weise, wie der vermeintliche Ehekonsens und der tatsächlich ehewidrige Wille zueinander in Beziehung gesetzt sind: beim Vorbehalt in bloßer Juxtaposition, dagegen bei der Bedingung in ausdrücklicher Subordination des Ehewillens unter die ehefeindliche Bedingung.[13]

Im Rahmen dieser Abhandlung kann nicht die schwierige Streitfrage erörtert werden, ob man zu Recht zwischen Nichtverpflichtungswillen und Nichterfüllungswillen zu unterscheiden hat. Aber wenn man den Unterschied schon einmal macht, so hat man logisch keine andere Wahl, als ihn für c. 1092 n. 2 ebenso anzuerkennen wie für c. 1086 § 2. Sofern etwa in einem konkreten Fall der Ablehnung des Kindersegens tatsächlich nur ein Wille zur Nichterfüllung, nicht aber zur Nichtverpflichtung vorgelegen hätte, so wäre das nach der hier einmal als richtig unterstellten Unterscheidung von intentio non se obligandi und intentio non adimplendi nicht

---

[13] Vgl. Heinrich *Flatten,* Das Verhältnis von Vorbehalt und Bedingung. Versuch einer Abgrenzung zwischen c. 1086 und c. 1092, in: Vitae et veritati. Festgabe für Karl Adam, Düsseldorf 1956, S. 165–186.

contra matrimonii substantiam. Ob dann ein solcher Wille als Vorbehalt oder hingegen als Bedingung gesetzt wird, kann *konstitutiv* keinen Unterschied ausmachen. Wohl wäre der Bedingung in gewissem Umfang eine besondere *kognitive* Bedeutung zuzugestehen. Wenn es zunächst zweifelhaft bliebe, ob eine Absicht gegen Kindersegen als Nichtverpflichtungswille oder als Nichterfüllungswille gemeint war, so mag die Tatsache, daß eine solche Absicht in die Form einer Bedingung gekleidet wurde, einen Hinweis geben, was wirklich intendiert war. Denn die Bedingung zeigt mehr als der bloße Vorbehalt die absolute Entschiedenheit der kinderfeindlichen Absicht, von der bewußt die Gültigkeit der Ehe abhängig gemacht werden soll; in solcher Intensität der Kinderablehnung darf man ein Indiz dafür sehen, daß der Betreffende nicht nur eine übernommene Pflicht nicht erfüllen wollte, sondern daß er sich auf den naturgetreuen ehelichen Verkehr nicht einmal verpflichten wollte und somit ein Wille contra matrimonii substantiam vorlag. Wo aber tatsächlich bloß ein Nichterfüllungswille bestand, wird daraus nicht schon deshalb ein Wille contra matrimonii substantiam, weil er in der Form der Bedingung erscheint. Inhaltlich müssen sich vielmehr c. 1092 n. 2 und c. 1086 § 2 decken; eine Bedingung ist nur dann contra matrimonii substantiam gerichtet, wenn sie einen der Vorbehalte des c. 1086 § 2 zum Gegenstand hat.

Freilich müssen wir damit die Fragwürdigkeit des c. 1092 n. 2 eingestehen. Die Norm ist sachlich überflüssig, weil sie schon in c. 1086 § 2 mit enthalten ist. Allerdings ist es verständlich, daß der Kodex, nachdem er in c. 1092 n. 1 die Wirkung einer condicio turpis, sed non contra matrimonii substantiam angegeben hat, nun in n. 2 noch eigens feststellt, wie sich eine condicio contra matrimonii substantiam auf die Eheschließung auswirkt. Sachlich Neues ist damit aber nicht gesagt.

3. Ein Problem ganz anderer, rein spekulativer Art, das hier wenigstens als Frage aufgeworfen sei, versteckt sich hinter der dritten Nummer des c. 1092: Die condicio de futuro licita läßt die Gültigkeit der Ehe in der Schwebe, schiebt ihr Gültigwerden solange auf, bis die Bedingung erfüllt ist.

Zwar möchte man zunächst meinen, daß bei dieser klaren Bestimmung gar kein Raum für weitere Zweifel bleibe. Jemand geht eine Ehe ein unter der Bedingung, daß sein Vater wieder gesund wird, oder unter der Bedingung, daß der Partner eine bestimmte Amtsstellung erhält, oder unter der Bedingung, daß er den Krieg ohne schwere Verstümmelung übersteht. Hier ist der Eheschließungsakt zwar schon gesetzt, aber nur bedingt. Die Ehe selbst ist damit noch nicht zustande gekommen; vorerst sind die beiden noch nicht Eheleute. Erst die Erfüllung der Bedingung, also die Gesundung des Vaters oder die Ernennung auf das Amt oder die heile Rückkehr aus dem Krieg, bewirkt, daß nunmehr die Ehe eintritt, und zwar von selbst, ohne daß es einer neuen Konsenserklärung bedürfte. Nur dieser Zeitpunkt, da sich die Bedingung erfüllt, ist daher der maßgebliche Augenblick. Hätte jemand zur Zeit der bedingten Konsenserklärung noch nicht das erforderliche Ehealter des c. 1067 besessen, es aber wohl in der Zwischenzeit bis zum Eintritt der Bedingung erreicht, so steht dem Gültigwerden der Ehe nichts entgegen.[14] Und umgekehrt: Wenn erst in der Zwischenzeit zwischen bedingter Konsensabgabe und Erfüllung der Bedingung nachträglich ein trennendes Ehehindernis, z. B. Impotenz durch eine Kriegsverletzung, entstände, käme die Ehe nicht zustande.[15] Denn erst in dem Augenblick, da die Bedingung erfüllt ist, entsteht die Ehe; in diesem Zeitpunkt müssen daher die zu einer gültigen Heirat erforderlichen Voraussetzungen gegeben sein.

Das alles erscheint von zwingender logischer Konsequenz. Und es ist sicher, daß c. 1092 n. 3 auch keine andere Lösung offenläßt. Dennoch verbirgt sich hier ein Problem, das allerdings in der kanonistischen Literatur kaum Beachtung gefunden hat.[16] Bei tieferem Eindringen steht man nämlich auf einmal vor der Frage, ob der Gesetzgeber eine andere Regelung als die in n. 3 erlassene gar nicht hätte treffen *können*.

So, wie der Kodex tatsächlich die condicio de futuro licita regelt, hat man es mit einer Verquickung von Bedingung und Terminsetzung zu tun. Der Wille „unter der Bedingung, daß" wird hier identifiziert mit dem Willen „von dem Augenblick an, da". Aber muß das mit innerer Notwendigkeit so sein?

Kann es nicht auch eine reine Bedingung ohne Terminsetzung geben? Gewiß wird oft die condicio de futuro so gemeint sein, daß die Ehe erst künftig mit dem Eintritt der Bedingung entstehen soll. Aber es geht nicht um die Frage, ob die Bedingung manchmal oder meist diesen zeitlichen Sinn enthält, sondern darum, ob sie immer und unter allen Umständen nur so verstanden sein kann. Wäre denkbar nicht auch folgender Wille bei einer bedingten Eheschließung? Die Ehe soll gültig werden nicht erst in dem

---

[14] Selbstverständlich ist dabei vorausgesetzt, daß er bei Abgabe der bedingten Erklärung schon in einem Alter stand, daß er die Tragweite des Jawortes erfassen konnte.

[15] Vgl. Franz *Triebs*, Praktisches Handbuch des geltenden kanonischen Eherechts in Vergleichung mit dem deutschen staatlichen Eherecht, Breslau 1927 ff., S. 542. *Ferraboschi*, Il matrimonio sotto condizione, S. 130 A. 127, ist dagegen der Meinung, daß es auf das Freisein von Ehehindernissen im Augenblick der bedingten Konsensabgabe ankomme. — Schwieriger wäre zu entscheiden, ob die bedingt geschlossene Ehe gültig werden könnte, wenn einer der Partner vor Eintritt der Bedingung in Geisteskrankheit fällt. Das Problem hängt eng mit der viel umstrittenen Frage zusammen, ob bei nachträglicher Geisteskrankheit eine sanatio in radice möglich ist. Vgl. Felix M. *Cappello*, Tractatus canonico-moralis de sacramentis, Bd. 5, Turin 1947[5], S. 858 f.

[16] *Ferraboschi*, Il matrimonio sotto condizione, S. 122—131, hat das Verdienst, das Problem gesehen zu haben, wenn man auch seinen Folgerungen nicht in allem zustimmen kann. Was *Fraghi*, De condicionibus, S. 30 f., hierzu gegen Ferraboschi schreibt, trifft den Kern des Problems überhaupt nicht.

Zeitpunkt, da die Bedingung eintritt. Sondern schon jetzt bei der Konsensabgabe soll die Ehe gültig zustande kommen, freilich in Abhängigkeit von der Bedingung. Diese Abhängigkeit dürfte natürlich nicht so gemeint sein, daß die Ehe zwar jetzt ins Dasein treten und dann demnächst, wenn die Bedingung nicht erfüllt wäre, zu existieren aufhören solle. Eine derartige condicio resolutoria widerspräche ja dem Wesen der unauflöslichen Ehe. Vielmehr wäre an folgende Intention gedacht: Die Ehe soll schon jetzt gültig beginnen und zeitlebens fortdauern, falls die Bedingung eintritt, wobei das „falls" einen streng kondizionalen und nicht einen temporalen Sinn hat. Und die Ehe soll schon jetzt ungültig sein und niemals existieren, falls die Bedingung nicht erfüllt wird. Leibniz hat einmal sehr schön gesagt, die Gültigkeit des Rechtsaktes werde bei einer derartigen Bedingung abhängig gemacht nicht „a condicionis tempore", sondern „a condicionis veritate"[17]. Nach dieser Auffassung wäre, ähnlich wie bei der condicio de praesenti, die Ehe bereits im Augenblick der bedingten Konsensabgabe entweder gültig oder nichtig; nur daß bis zum künftigen Eintritt oder Nichteintritt der Bedingung keine Kenntnis über Bestehen oder Nichtbestehen der Ehe vorliegen könnte. Zwar dürften auch hier die Nupturienten in der Zwischenzeit noch nicht das eheliche Leben aufnehmen, aber nicht deshalb, weil sie keine Eheleute wären, sondern deshalb, weil sie nicht wüßten, ob sie Eheleute sind. Der Zeitpunkt, da die Bedingung eintritt, würde dann einen völlig anderen Charakter erhalten. Nicht mehr würde er das Dasein der Ehe *er*zeugen, sondern nur noch das schon vorher bestehende Dasein der Ehe *be*zeugen.[18]

Unsere Überlegung kann freilich nur spekulative Bedeutung beanspruchen. Denn es ist klar, daß der Kodex bloß die andere Regelung zuläßt, bei der erst im Zeitpunkt der erfüllten Bedingung die Ehe zustande kommt. Und man darf zugeben, daß diese Regelung aus praktikablen Gründen auch den Vorzug verdient. Doch das entbindet eine wissenschaftliche Erörterung nicht von der Aufgabe, dem grundsätzlichen Problem nachzuspüren, zumal das einen tieferen Einblick in die Eigenart des bedingten Rechtsgeschäftes vermittelt.

---

[17] Gottfried Wilhelm *Leibniz*, Doctrina condicionum, cap. 10, in: Opera omnia, Bd. 4, Genf 1768, 3. Teil, S. 149: „Fingo igitur esse in Republica prophetam probatum, praedictionibus suis nunquam fallentem ..., fingo igitur, declarationis causa, ut retrotractionis natura appareat, talem prophetam auctoritatis probatae praedicere navem venturam et quia huius dicta pro facto sunt, iam tum dabitur mihi actio. Et hoc est retrotrahi conditionem, id est conditionatum a conditionis non tempore sed veritate pendere." Vgl. *Ferraboschi*, Il matrimonio sotto condizione, S. 130.
[18] Vgl. Hermann *Fitting*, Über den Begriff der Rückziehung, Erlangen 1856, S. 119: „Es ist in allen Fällen der Rückziehung der entscheidende Umstand juristisch nicht das Erzeugende, dessen Erzeugnis gleichsam durch Zauberkraft sein Dasein bereits in die Vergangenheit erstreckte, sondern nur das Bezeugende, das uns über die wahre Natur eines früheren Zustandes Aufschluß gibt." Vgl. *Ferraboschi*, Il matrimonio sotto condizione, S. 127 A. 119.

Ein Zwitterding aber wäre es, wollte man die *Ehe* im Zeitpunkt der erfüllten Bedingung, hingegen die *Wirkungen* der Ehe kraft einer Rechtsfiktion schon mit der Abgabe des bedingten Konsenses eintreten lassen.[19] Gewiß könnte die Kirche eine solche Rückwirkung der effectus matrimoniales per fictionem iuris statuieren, wie sie es tatsächlich für die sanatio in radice getan hat. Nur müßte dann das Recht eine derartige Norm für die bedingte Eheschließung erlassen haben, wofür sich aber im Gesetzestext kein Anhalt findet.

Wenigstens ein kurzer Hinweis sei dem recht problematischen Verfahren geschenkt, mit dem die kirchliche Gerichtspraxis bei den sogenannten *Potestativbedingungen* vorgeht. Es handelt sich dabei um Bedingungen, deren Erfüllung vom menschlichen Willen, in der Regel vom Willen des Ehepartners abhängt; z. B. „Ich heirate dich unter der Bedingung, daß du katholisch wirst." Die kirchliche Rechtsprechung unterstellt dann regelmäßig, daß hier eine condicio de praesenti, nicht eine condicio de futuro vorliege; Gegenstand der Bedingung sei nämlich nicht der künftige tatsächliche Vollzug der Konversion, vielmehr nur der Umstand, daß der Partner jetzt im Augenblick der Eheschließung den ehrlichen Willen hat, demnächst in die katholische Kirche überzutreten. Lag diese ernste Absicht wirklich vor, so ist die Ehe sofort gültig, auch wenn hernach aus irgendwelchen Gründen die Ausführung der Konversion unterbleiben sollte. Man kommt zu dieser Umdeutung der condicio de futuro in eine condicio de praesenti, weil sonst das eheliche Leben noch nicht hätte aufgenommen werden dürfen. Sicherlich wird man gerne zugestehen, daß es sehr sinnvoll wäre, wenn der Eheschließende seine Bedingung in der geschilderten Weise nur auf das ehrliche Versprechen im Zeitpunkt der Trauung abgestellt hätte. Aber für die gerichtliche Beurteilung kann nicht den Ausschlag geben, wie er sinnvollerweise und aus moralischen Gründen seinen bedingten Konsens hätte intendieren sollen, sondern allein, wie er ihn tatsächlich gemeint hat. Und da kommt man nicht an der Feststellung vorbei, daß er seine Ehe in solchem Fall, zumal wenn die Potestativbedingung wie im Beispiel der Konversion eine einmalige, nicht eine immer wiederkehrende Leistung fordert, doch oft genug wohl von der wirklichen Erfüllung, nicht bloß vom ehrlichen Versprechen abhängig machen wollte.

4. Die größte praktische Bedeutung besitzt die vierte Nummer des c. 1092, wonach bei einer condicio de praeterito vel de praesenti die Ehe sofort gültig oder sofort nichtig ist, je nachdem ob der ausbedungene Um-

---

[19] So *Gasparri*, De matrimonio 2, S. 93; *Cappello*, De sacramentis 5, S. 618. Unverständlich bleibt, wie *Triebs*, Eherecht, S. 541, behaupten kann: „Während also die Wirkungen der Ehe erst mit der Bedingung eintreten, also ex nunc, datiert die Ehe schon vom Austausch des bedingten Konsenses ab, also ex tunc."

stand vorliegt oder nicht. Hier tritt objektiv keinerlei Schwebezustand ein; nur sind die beiden Partner oder wenigstens einer von ihnen vorerst noch in Unkenntnis, insofern sie nicht wissen, ob die Bedingung erfüllt ist oder nicht.

Das Problem, das mit der vierten Nummer verknüpft ist, liegt weniger im Text des Kodex, der klar und eindeutig entscheidet, als vielmehr in der Anwendung in manchen Urteilen der kirchlichen Ehegerichte. Dort taucht allerdings eine Frage auf, die in ihren Konsequenzen sich folgenschwer auswirkt. Vor etlichen Jahren ist eine Abhandlung im Österreichischen Archiv für Kirchenrecht dieser Sache einmal nachgegangen.[20] Hier müssen wir uns darauf beschränken, die Schwierigkeiten mit einigen Strichen zu skizzieren.

Worum es geht, läßt sich an einem Beispiel verdeutlichen. Ein Mädchen hat einen jungen Mann lieben gelernt, wird aber vor einer Verbindung mit ihm gewarnt, weil sich in seiner Familie eine starke erbliche Belastung zeige. Als er auf eine Heirat drängt, erklärt sie ihm: „Ich heirate dich aber nur, wenn du gesund bist." Um ihre Bedenken zu zerstreuen, erbietet er sich, ein ärztliches Attest beizubringen. Nach einer Woche legt er ihr eine Bescheinigung vor, in welcher der Arzt ihm eine einwandfreie Gesundheit bestätigt; freilich ahnt das Mädchen nicht, daß der Mann dieses Attest gefälscht hat. Da aber durch den Schein alle ihre Befürchtungen behoben sind, geht sie nun die Ehe ein, ohne überhaupt an die Möglichkeit zu denken, der Mann könne doch krank sein.

Haben wir es hier mit einer bedingten oder mit einer absoluten Eheschließung zu tun? Ist deshalb, weil das Mädchen ja zunächst seinen Entschluß an die Bedingung knüpfte: „Ich heirate dich aber nur, wenn du gesund bist", auch schon der Ehekonsens bedingt gesetzt, unbeschadet dessen, daß die Zweifel inzwischen behoben wurden und das Mädchen bei der Trauung überhaupt nicht mehr an die Notwendigkeit einer Bedingung dachte? Oder gilt umgekehrt, daß das Mädchen zwar seinen Entschluß, ob es ihn heiraten werde oder nicht, von der Gesundheit des Mannes abhängig machen wollte, daß aber dieser Entschluß nicht mit dem Ehekonsens identisch und somit der Konsens bei der Trauung auch nicht bedingt gesetzt sei?

Die kirchliche Gerichtspraxis neigt vielfach zu der zweiten Ansicht, und sie argumentiert dafür meist so: Mit den Worten „Ich heirate dich aber nur, wenn du gesund bist" habe die Nupturientin „wohl zum Ausdruck gebracht, von der Gesundheit des Mannes hinge es ab, ob sie mit ihm überhaupt an den Traualtar trete, um das Jawort abzugeben; sie habe aber damit nicht

---

[20] Heinrich *Flatten*, Absoluter Ehekonsens trotz bedingtem Heiratsentschluß?, in: Österreichisches Archiv für Kirchenrecht 4, 1953, S. 269—288 (oben 22—40).

zum Ausdruck bringen wollen, wenn sie trotzdem mit einem solchen Manne an den Altar trete, dann solle das Jawort nichts gelten"[21].

Muß man hinter diesen Gedankengang nicht doch ein Fragezeichen setzen? Sicherlich könnte von einer bedingten Eheschließung nicht die Rede sein, wenn der Tatbestand ein wenig anders lagerte, wenn nämlich die Frau auf den Antrag des Mannes wegen ihrer Bedenken vorerst überhaupt keine Entscheidung getroffen hätte; sie hätte zunächst nicht einmal den bedingten Entschluß gefaßt: Ich heirate ihn, aber nur, wenn er gesund ist. Vielmehr hätte sie vorläufig jede Entscheidung ausgesetzt, um sich zuvor Gewißheit über den Gesundheitszustand des Mannes zu verschaffen. Und erst als das Ergebnis zu ihrer Zufriedenheit ausfiel, faßte sie den Entschluß zur Heirat, und zwar bedingungslos, weil sie ja keine Zweifel mehr hegte. Weder propositum nubendi noch consensus matrimonalis können hier bedingt sein.

In unserer Frage aber geht es um eine ganz andere Situation. Die Frau hatte ihre Entscheidung nicht hinausgeschoben, sondern sofort schon einen Entschluß gefaßt, wenn auch einen bedingten: Ich heirate dich, aber nur, wenn du gesund bist. Daß hier das propositum nubendi bedingt ist, steht außer Zweifel. Ist dann nicht zugleich auch der spätere Ehekonsens unter diese Bedingung gestellt?

Der Umstand, daß die Frau in der Zwischenzeit das ärztliche Attest erhielt und somit bei der Trauung ihre Besorgnisse nicht mehr bestanden, würde für sich allein noch nicht zur Verneinung zwingen. Denn wie eine viel zitierte Entscheidung einer Spezialkommission von fünf Kardinälen aus dem Jahre 1918[22] aufzeigte, bleibt ein einmal bedingt gefaßter Ehewille weiterhin an die Bedingung geknüpft, obschon noch vor der Hochzeit die Befürchtungen zerstreut wurden und der Eheschließende sich daher im Augenblick der Hochzeit seiner Sache völlig sicher glaubte.

Immerhin ließe sich einwenden, dies könne nur dort gelten, wo die Bedingung bewußt schon auf den künftigen Konsens bei der Trauung und nicht bloß auf den gegenwärtigen Heiratsentschluß bezogen werde. Aber besteht das zurecht?

Was wird bei einem bedingten Heiratsentschluß von der Bedingung abhängig gemacht? In dem propositum nubendi steckt der Entschluß: Ich will diese Ehe eingehen. Freilich ist das nicht identisch mit dem Ehekonsens. Bei diesem muß ja noch die Besonderheit des Präsentischen hinzukommen: Ich will nunmehr, hic et nunc, diese Ehe eingehen. Aber das Wesentliche des Heiratsentschlusses, nämlich der Wille zu dieser Ehe, ist im Ehekonsens gleichfalls enthalten. Dieses Moment, also der Wille zu dieser

---

[21] Heribert *Jone*, Gesetzbuch der lateinischen Kirche, Bd. 2, Paderborn 1952, S. 344.
[22] AAS 1918, S. 388–390.

Ehe wird nun im bedingten Heiratsentschluß der Bedingung unterstellt. Da die Kondizionierung jedoch, wie die Kardinalskommission dargelegt hat, nicht durch eine nachträgliche Zerstreuung der Bedenken beseitigt wird, bleibt der Wille zu der Ehe nach wie vor nur als ein bedingter Wille bestehen, wenn wir von dem Fall des ausdrücklichen Widerrufs der Bedingung absehen. Muß man dann nicht die Schlußfolgerung ziehen: Weil infolge des bloß bedingt gefaßten Heiratsentschlusses der Wille zu dieser Ehe ein für allemal nur als ein bedingter Wille existiert, bleibt auch der im Ehekonsens steckende Wille zu dieser Ehe an die Bedingung gebunden?[23]

Als Frage sei es wenigstens aufgeworfen. Und in unserem Zusammenhang, dem es vornehmlich auf den Aufweis der Problematik ankommt, mag es genügen, die Frage gestellt zu haben.

III. Das rechtspolitische Problem

Auf nicht wenige und nicht geringe Schwierigkeiten stößt somit, wie wir bei unserem nicht einmal vollständigen Überblick feststellen müssen, das Institut der bedingten Eheschließung im kanonischen Recht. Von selbst drängt sich da das dritte, das rechtspolitische Problem auf: *Soll man nicht die Gesetzesbestimmung zur bedingten Eheschließung völlig ändern?* Kann man nicht die Norm des orientalischen Eherechts „Matrimonium sub condicione contrahi nequit" kurzerhand übernehmen und so zugleich eine Annäherung an die meisten weltlichen Ehegesetze schaffen, welche die bedingte Eheschließung nicht kennen? Und bietet nicht die von Papst Johannes XXIII. in Aussicht gestellte Überarbeitung des Codex Iuris Canonici die günstige Gelegenheit, die Umgestaltung durchzuführen?

Vorab seien zwei Nebenbemerkungen gestattet. Einmal sollte man, wenn man die Regelung des Ostkirchenrechts auf die lateinische Kirche übertragen wollte, doch nicht die gleiche Formulierung wählen, weil diese nicht ganz klar ist. Zwar spricht die Wahrscheinlichkeit dafür, daß mit c. 83

---

[23] Allerdings hat die Sacra Romana Rota noch kürzlich eine derartige Ansicht abgelehnt. SRR in causa Monasterien., 4. Nov. 1957, coram Bejan (zit. in: Ephemerides iuris canonici 15, 1959, S. 246): „Distinctio inter conditionem quae afficit contrahentis voluntatem ex qua pendet validitas contractus et conditionem quae tangit tantummodo propositum contrahendi, constanter revocatur et urgetur in iurisprudentia N.S.F. Propositum enim contrahendi cum tantum promissionem consensus matrimonialis afficiat, essentiam contractus non ingreditur et ideo non secumfert conditionem a qua pendet valor consensus; agitur enim de actu qui extraneus prorsus est ab attingendo consensum, qui nondum ortum habuit. Admitti non potest ea quae leguntur in appellata sententia: ‚Propositum nubendi conditionatum implicite continet consensum conditionatum ... Consensus absolutus impossibilis est, si propositum nubendi conditionatum est, nisi conditio apposita revocata est.'" Man wird es nur bedauern, daß die Sacra Romana Rota sich hier damit begnügt, ihre These zu fixieren, ohne auf die Argumentation der gegenteiligen Ansicht einzugehen.

„Matrimonium sub condicione contrahi nequit" nicht bloß ein Verbot, sondern auch die Nichtigkeit der bedingten Eheschließung gemeint ist.[24] Aber es fehlt an der völligen Eindeutigkeit, weil der Sinn des Wortes „nequit" in der Rechtssprache des Kodex schillert.[25] Um jeden Zweifel auszuschließen, sollte man dann formulieren: „Matrimonium sub condicione contractum invalidum est."

Zum anderen darf man sich nicht der trügerischen Hoffnung hingeben, mit einer derartigen Bestimmung sei eine Gleichheit mit dem weltlichen Eherecht erreicht. Zwar besteht äußerlich eine große Ähnlichkeit, wenn c. 83 des ostkirchlichen Eherechts verfügt: „Matrimonium sub condicione contrahi nequit" und wenn § 13 Abs. 2 des deutschen und § 17 Abs. 2 des österreichischen Ehegesetzes bestimmen: „Die Erklärungen können nicht unter einer Bedingung oder einer Zeitbestimmung abgegeben werden." Aber im Grunde steckt dahinter eine Identität bloß in den Worten, nicht in der Sache. Denn nach weltlichem Recht wäre die Ehe nur dann nichtig, wenn die Bedingung vor dem Standesbeamten ausdrücklich erklärt würde, während eine geheime Bedingung die Gültigkeit der Ehe nicht berührte. Die kirchliche Bestimmung würde hingegen die Ungültigkeit der Ehe auch bei einer geheimen Bedingung herbeiführen.

Nun zur sachlichen Prüfung, ob und wie man das kanonische Recht zur bedingten Eheschließung ändern sollte.

Ausscheiden müßte zunächst schon einmal der Vorschlag, *jede beigefügte Bedingung als unbeachtlich zu bewerten* und eine so geschlossene Ehe stets für gültig zu erklären. Das ist zwar weiterhin, nämlich für alle geheimen Bedingungen, der Standpunkt des weltlichen Rechts. Das kanonische Recht kann das aber grundsätzlich nicht übernehmen. Hieße das doch, das „pro non adiecta habeatur" des c. 1092 n. 1 mit all seiner Problematik ausnahmslos auf alle bedingten Eheschließungen anwenden. Hier schiebt die Grundnorm, daß der mangelnde Ehekonsens durch keine menschliche Macht ersetzt werden kann, einen Riegel vor. Hat jemand seinen Ehewillen, wenn vielleicht auch nur insgeheim, an eine Bedingung geknüpft, so liegt bei Nichterfüllung der Bedingung eben kein hinreichender Konsens vor, und an der Ungültigkeit der Ehe ist dann nicht vorbeizukommen.

Aber könnte man nicht den anderen Ausweg versuchen, daß man gegen eine bedingt geschlossene Ehe jedwede *Klagemöglichkeit verwehrte*? Man würde also die ganze Angelegenheit vom Materialrechtlichen ins Prozes-

---

[24] Vgl. Italo *Galassi*, Il matrimonio condizionato nel diritto canonico orientale secondo la nuova disciplina, Ephemerides iuris canonici 1950, S. 231 ff. Anderer Ansicht Hermannus *Graziani*, Matrimonium sub condicione contrahi nequit, Ephemerides iuris canonici 1950, S. 221 ff.; Aemilius *Herman*, De interpretatione can. 83 MP „Crebrae allatae sunt", in: Monitor ecclesiasticus 1951, S. 505 ff.

[25] Vgl. Klaus *Mörsdorf,* Die Rechtssprache des Codex Iuris Canonici, Paderborn 1937, S. 96.

suale verlagern. Ob die Ehe objektiv gültig oder nichtig wäre, würde man einfach nicht entscheiden, indem man verfügte: Wie immer es mit der objektiven Gültigkeit einer bedingt eingegangenen Ehe stehen mag, nie wird die Klage gegen eine solche Ehe angenommen, weil wir den bedingten Abschluß einer Ehe als rechtswidrig nicht dulden. Doch öffnet sich damit ein gangbarer Weg?

Sicherlich würde man mit einem solchen Vorschlag der Schwierigkeit entrinnen, eine objektiv nichtige Ehe für gültig zu erklären, wie das durch das „pro non adiecta habeatur" geschähe. Aber hat die Kirche ein Recht, einer Verbindung, deren Nichtigkeit wegen nichterfüllter Bedingung erweislich wäre, die Feststellung der Ungültigkeit zu verweigern? Gewiß nicht gegenüber dem unschuldigen Teil, der keine Ahnung hatte, daß der Partner seinen Konsens einer Bedingung unterworfen hatte. Wer ohne seine Schuld in eine nichtige Verbindung hineingeraten ist, besitzt einen strengen Rechtsanspruch darauf, daß die Kirche seinen Ledigenstand feststellt und ihm den Zugang zu einer anderen Eheschließung freigibt. Diesen im Naturrecht gründenden Anspruch könnte ihm die Kirche nicht durch ein generelles Klageverbot gegen bedingte Eheschließungen versagen.

Wohl verweigert die Kirche mit Grund dem schuldigen Teil, der durch Beifügung einer Bedingung schuldhaft die Nichtigkeit seiner Ehe herbeigeführt hat, das Klagerecht. Aber sie beläßt ihm nach heutigem Recht wenigstens die Möglichkeit, die Nichtigkeit seiner Ehe zur Anzeige zu bringen, und gibt es dann dem Promotor iustitiae unter bestimmten Voraussetzungen in die Hand, gegen die Ehe Klage zu erheben. Könnte die Kirche auch das noch streichen und somit die bedingte Ehe selbst für den Promotor iustitiae unanfechtbar machen? Erhebliche Bedenken hat man mit Recht dagegen angemeldet.[26] Zweifellos obliegt der Kirche die Pflicht, um des bonum commune willen die Eheschließung vor schuldhafter Nichtigmachung zu schützen. Aber sie darf darüber nicht vergessen, daß die salus animarum die maßgebliche Richtschnur ihrer Gesetze bilden muß. Denken wir an einen Fall, da der junge Mann seine Ehe nichtig geschlossen hat, weil er eine condicio contra matrimonii substantiam, etwa gegen die eheliche Treuepflicht, beigefügt hatte. Als die Frau davon erfuhr, weigerte sie sich, — was ihr gutes Recht ist — die Verbindung fortzusetzen, obschon der Mann nunmehr zur Konvalidation bereit war. Sie trennte sich von ihm, ohne jedoch Klage auf Nichtigkeit der Ehe zu erheben. Kann man dem Mann, wenn die Pflicht zu lebenslänglicher Ehelosigkeit für ihn hohe seelische Gefährdung heraufbeschwören würde, den Zugang zu einer Ehe versperren, obwohl doch vom ius divinum her kein Hindernis bestände? Strafe hat er

---

[26] Dinus *Staffa*, De condicione e qua pendet matrimonialis contractus (Analecta Gregoriana, Bd. 69), Rom 1955, S. 237–242.

unstreitig verdient; aber die Strafe sollte man nicht darin finden, daß man die Feststellung einer objektiv nichtigen Ehe verweigert, falls dadurch die salus animarum bedroht würde.

Die Ignorierung einer beigefügten Bedingung ist, wie wir sahen, kanonistisch nicht tragbar, und der absolute Entzug jeder Klagemöglichkeit stößt gleichfalls auf Bedenken. Wir müssen uns daher dem entgegengesetzten Vorschlag zuwenden, man solle die bedingte Eheschließung in der Weise abschaffen, daß *jede Beifügung einer Bedingung die Ehe nichtig mache*. Gleich um welche Bedingung es sich handle, ob um eine condicio de futuro oder de praesenti, ob um eine condicio turpis oder honesta, ob um eine ausdrücklich erklärte oder eine geheime, die Ehe solle immer ungültig sein, wenn sie bedingt eingegangen werde.

Obschon die ostkirchliche Regelung in diese Richtung weist, hat neuerdings ein so erfahrener Kanonist wie Dino Staffa vor einer solchen generellen Abschaffung der bedingten Eheschließung gewarnt.[27] Zwar besäße an sich die Kirche die Vollmacht, den bedingten Abschluß der Ehe einer Nichtigkeitsklausel zu unterwerfen; ähnlich wie seit dem Tridentinum klandestine Eheschließungen formpflichtiger Personen mit Nichtigkeit belegt sind.[28] Eine Maßnahme des positiven Rechts wäre das. Aber damit würde eine Möglichkeit beschnitten, die das Naturrecht noch offenließe; vom Naturrechtlichen her kann wie jeder Vertragswille so auch der Ehewille an eine Bedingung geknüpft werden. Solch einen Eingriff in die naturrechtlichen Möglichkeiten solle die Kirche jedoch nur vornehmen, wenn das Gemeinwohl es unerläßlich erfordere.

Besteht nun ein dringliches Bedürfnis, die bedingte Eheschließung abzuschaffen? Um das gerecht zu beurteilen, hat man Gefahren und Wert, Bedenken und Vorteil der bedingten Eheschließung gegeneinander abzuwägen.

Die *Einwände,* welche man gegen die bedingte Eheschließung vorbringt, lassen sich in drei Punkten zusammenfassen. Einmal zieht eine Heirat unter Bedingung eine *Rechtsunsicherheit,* eine Unklarheit über den Personenstand nach sich. Zweifellos ein bedauerlicher Nachteil. Nur darf man nicht in die Illusion verfallen, mit der Nichtigmachung jeder bedingten Eheschließung sei dem Übel zu steuern. Es mag die Bedingung ja bloß geheim beigesetzt sein, aber auch der geheimen Bedingung kann vom Konsensprinzip des kanonischen Eherechts her die Wirkung nicht genommen werden. Ja, es steht zu befürchten, daß mit einer generellen Irritationsklausel die Ehenichtigkeitsklagen eher noch ansteigen; während nach dem heutigen Recht die

---

[27] *Staffa,* a. a. O., Analecta Gregoriana 69, S. 235–237.
[28] Irrig ist *Grazianis* Argument (a. a. O., Ephemerides iuris canonici 1950, S. 224 f.): Wie die Kirche fehlenden Ehekonsens nicht substituieren könne, ebensowenig könne sie den (bei erfüllter Bedingung) vorhandenen Ehekonsens entkräften.

Ehe nur bei *Nichterfüllung* der Bedingung ungültig wäre, würde dann schon jede *Beifügung* einer Bedingung, gleichgültig ob sie erfüllt wird oder nicht, die Ehe nichtig machen. Zum zweiten beklagt man an der schwebend bedingten Ehe den *Zwitterzustand:* Der Akt der Eheschließung ist erfolgt, und doch besteht noch keine Ehe. Jeder der beiden Partner kann in der Schwebezeit, also solange die Bedingung noch nicht erfüllt ist, seinen Ehewillen, wenn auch meist widerrechtlich, so doch auf jeden Fall rechtswirksam widerrufen und so trotz der Trauung das Zustandekommen der Ehe willkürlich verhindern. Als drittes tritt das *moralische Bedenken* hinzu: Eine bedingte Eheschließung löst leicht die Gefahr aus, daß die Partner, nachdem sie einmal getraut sind, gar nicht erst abwarten, bis die Bedingung erfüllt ist, sondern sofort schon das eheliche Leben aufnehmen, obschon sie in Wahrheit noch keine Eheleute sind. Unstreitig hat man es hier mit Einwänden zu tun, die ihr volles Gewicht beanspruchen können.

Was läßt sich auf der anderen Seite für die bedingte Eheschließung anführen? Im Grunde nur ein einziges Moment: der *Schutz des Nupturienten*. In der bedingten Eheschließung besitzt er wenigstens in etwa ein Mittel, sich gegen Irrtum und Täuschung bei der Heirat zu sichern. Denken wir an das nicht ganz seltene Vorkommnis, daß ein Mädchen den Mann zur Heirat drängt, weil sie ein Kind von ihm erwarte. Er ist bereit, für die Folgen seines Tuns einzustehen, zweifelt aber an der Richtigkeit ihrer Angaben. Schließlich läßt er sich zur Hochzeit bestimmen, fügt jedoch hinzu: „Aber unter der Bedingung, daß das Kind wirklich von mir stammt."[29] In einem anderen Fall wünschte sich der Mann, der letzte Sproß eines angesehenen Geschlechts, aus seiner künftigen Ehe unter allen Umständen Kindersegen. Aber da seine Braut, eine Witwe, aus ihrer ersten Ehe kinderlos geblieben war, hatte er Besorgnis und knüpfte seinen Ehewillen an die Bedingung, daß sie empfängnisfähig sei. Oder ein weiteres Beispiel: Ein junger Arzt war dem Morphium verfallen. Seine Braut hielt ihm die Treue, und als er aus der Entziehungskur entlassen wurde, war sie zur Hochzeit bereit, aber: „unter der Bedingung, daß du völlig geheilt bist."[30]

Gerade weil die Kirche mit der lebenslänglichen, unauflöslichen Bindung der Ehe vollen Ernst macht, sollte man auf der anderen Seite nicht verkennen, welche segensreiche Möglichkeit da unter Umständen eine bedingte Eheschließung eröffnet. Man kann hier nicht mit den Maßstäben des weltlichen Rechts kommen, weil dort die absolute Unauflöslichkeit der Ehe

---

[29] Sicher ist zu verlangen, daß der Mann alles versucht, um noch vor der Hochzeit zu moralischer Gewißheit zu gelangen: Er sollte Nachforschungen nach sonstigen Beziehungen des Mädchens anstellen; er sollte diesem ernstlich die Konsequenzen eines etwaigen Betruges klarmachen. Aber kann man, wenn er seinerseits alles Zweckdienliche getan hat, es ihm verwehren, daß er seine Eheschließung an die genannte Bedingung knüpft?

[30] Auch in den beiden letzten Fällen muß man selbstverständlich fordern, noch vor der Heirat durch ärztliche Untersuchung Klarheit zu schaffen, ob die Bedingung erfüllt ist.

an so und so vielen Stellen durchlöchert ist. Wenn man aber keinerlei Abstrich an dem lebenslänglichen Band der Ehe duldet, gewinnt das Institut der bedingten Eheschließung einen echten Wert. Der Mann, der in dem angeführten Beispiel als Urheber einer Schwangerschaft in Anspruch genommen wird, findet sich zur Ehe bereit, spricht ein volles Ja auch zur lebenslänglichen Bindung, aber nur, wenn er tatsächlich der Vater ist. In solchen und ähnlichen Fällen mag da die Beifügung einer Bedingung die einzige Möglichkeit bieten, um verhängnisvollem Irrtum und boshaftem Betrug vorzubeugen. Das fällt um so stärker in die Waagschale, als das heutige kanonische Recht so gut wie keinen Schutz gegen Irrtum und arglistige Täuschung bei der Eheschließung gewährt.[31]

Pro und contra streiten so um die bedingte Eheschließung. Wenn man die Gründe gegeneinander abwägt, entdeckt man, daß es einen erheblichen Unterschied ausmacht, ob es sich um eine condicio de futuro oder aber um eine condicio de praeterito vel de praesenti handelt. Vielleicht ergibt sich daraus ein Fingerzeig, wie man künftig die bedingte Eheschließung regeln sollte.

Die oben erhobenen Einwände gegen die bedingte Eheschließung gelten in vollem Umfang nur für die condicio de futuro. Diese bringt tatsächlich die Versuchung mit sich, daß die Partner das Eheleben aufnehmen, ohne den künftigen Eintritt der Bedingung abzuwarten. Und bei ihr kann nachträglich die Eheschließung illusorisch gemacht werden, indem einer der beiden willkürlich den Ehekonsens vor der Erfüllung der Bedingung widerruft. Man sieht auch schwerlich, welcher wirklich durchschlagende Wert einer derartigen bedingten Eheschließung zukommen könnte. Wenn jemand seine Heirat von einem ungewissen zukünftigen Umstand abhängig machen will, dann soll er die Hochzeit bis zu dem Zeitpunkt verschieben und sich vorerst mit einem Verlöbnis begnügen. Mit einer bedingten Eheschließung wäre hier doch keine unwiderrufliche Bindung zu erzielen. Es wäre daher nichts einzuwenden, wenn der Gesetzgeber generell verfügen wollte: „Quaelibet condicio de futuro matrimonium irritat."

Anders liegt es für die condicio de praeterito vel de praesenti. Hier kommt der praktische Wert einer bedingten Eheschließung voll zum Zuge, während zugleich die Bedenken erheblich zurücktreten. Gewiß dürfte jemand, der z. B. seine Ehe von der Gesundung des Partners abhängig machen will, das eheliche Leben erst aufnehmen, wenn es sicher feststeht, daß diese Bedingung erfüllt ist. Aber sobald diese Gewißheit, etwa durch ein ärztliches Attest, geschaffen ist, kann sofort mit der Trauung auch das eheliche Leben beginnen, weil im Augenblick der Trauung objektiv schon über die Gültig-

---

[31] Vgl. Heinrich *Flatten*, Irrtum und Täuschung bei der Eheschließung nach kanonischem Recht, Paderborn 1957. *Ders.*, Der error qualitatis dolose causatus als Ergänzung zu c. 1083 § 2 CIC, in: Österreichisches Archiv für Kirchenrecht 11, 1960, S. 249–264.

keit der Ehe entschieden ist und nicht erst ein künftiges Ereignis abzuwarten bleibt. Ebenso scheidet hier die Gefahr aus, daß ein nachträglicher Widerruf des Konsenses die Eheschließung zunichte machte. Es besteht daher kein ernstlicher Grund, den an sich schon geringen Schutz, den die vierte Nummer des c. 1092 gegen Irrtum und Täuschung bei der Eheschließung in etwa bietet, auch noch zu beseitigen.

Es wäre somit zu erwägen, ob man für die Neufassung des c. 1092 nicht folgenden Text nehmen sollte: „Condicio semel apposita et non revocata: 1° Si sit de futuro, matrimonium irritum est; 2° Si de praeterito vel de praesenti, matrimonium est validum vel non, prout id quod condicioni subest, exsistit vel non."

Bei der Überarbeitung des Codex Iuris Canonici stehen sicher genug Reformvorschläge an, die eine größere Dringlichkeit beanspruchen als die bedingte Eheschließung. Die kanonistische Wissenschaft jedoch sollte jene Fragen nicht übersehen, die nicht im Blickpunkt der Tagesaktualität liegen. Sie hat allen Anlaß, auch die Problematik der bedingten Eheschließung neu zu überdenken.

Der Streit um „ius" oder „exercitium iuris" in der jüngsten eherechtlichen Diskussion

Nach c. 1086 § 2 ist eine Ehe nichtig, wenn einer der beiden Gatten beim Eheabschluß in einem positiven Willensakt die Ehe selbst oder das Recht auf den ehelichen Verkehr oder eine der beiden Wesenseigenschaften der Ehe (Einheit und Unauflöslichkeit) ausgeschlossen hat. Von den hier aufgezählten vier Möglichkeiten bereiten der Ausschluß des matrimonium ipsum und der Ausschluß des bonum sacramenti (= indissolubilitas) kanonistisch keine besondere Schwierigkeit. Anders liegt es beim Ausschluß des bonum prolis und beim Ausschluß des bonum fidei.

Für die beiden zuletzt genannten Fälle müsse man, so fordern herkömmlich kanonistische Doktrin und kirchliche Rechtsprechung, zwischen dem ius ipsum und dem exercitium iuris unterscheiden. Ungültig sei die Ehe nur, wenn das Recht auf den naturgetreuen ehelichen Verkehr oder das Recht auf die eheliche Treue *qua ius* ausgeschlossen werde, mit anderen Worten, wenn jemand nicht einmal die *Verpflichtung* zur Gewährung des naturgetreuen ehelichen Verkehrs oder zur ehelichen Treue übernehmen wolle. Falls dagegen nur das *exercitium iuris* negiert werde, bleibe die Gültigkeit der Ehe unberührt; hier übernehme der Nupturient ja die Verpflichtung als solche, er habe nur den Willen, entgegen der eingegangenen Bindung die Verpflichtung nicht zu *erfüllen*, d. h. trotz des übertragenen ius ad actum coniugalem Nachkommenschaft zu verweigern oder trotz der grundsätzlich bejahten Pflicht zur ehelichen Treue tatsächlich doch die Treue zu brechen. Zur Gültigkeit des Vertrages gehöre nur die Übertragung des ius ipsum.

Um diese ebenso schwierige wie folgenschwere Unterscheidung zwischen ius und usus iuris ist es in der jüngsten Zeit zu einer lebhaften, teils sogar heftigen Diskussion gekommen. Welchen Gang diese wissenschaftliche Auseinandersetzung genommen hat, sei hier in den wesentlichen Zügen dargestellt.[1]

Erschienen in: ThQ 142 (1962) 340–354.

[1] Eine *inhaltliche* Erörterung des Problems erscheint in Kürze im Österreichischen Archiv für Kirchenrecht unter dem Titel: „Gilt bei c. 1086 § 2 heute noch die Unterscheidung von Nichtverpflichtungswillen und Nichterfüllungswillen?" (unten 334–355).

1. Der Anstoß zur Diskussion

Den Anlaß zur wissenschaftlichen Auseinandersetzung um unser Problem gab vor allem ein von Gerhard *Oesterle* redigiertes Urteil des Tribunals beim römischen Stadtvikariat vom 9. 2. 1949.² Es ist zweifellos das Verdienst Oesterles, die erstarrte Problematik der Unterscheidung von ius und usus iuris wieder in Bewegung gebracht zu haben. Und das wird ihm auch der danken, der vielleicht seine Auffassung nicht teilen kann. Das Urteil lehnt für das Eherecht die Unterscheidung von ius und exercitium iuris entschieden ab. Ein Ehemann, der vor der Heirat ernstlich die Absicht fasse, in seiner Ehe Nachkommenschaft durch Onanismus zu verhindern, raube seiner Gattin nicht nur den usus iuris, sondern das ius ipsum. Denn in der Ehe bestehe das ius seiner Natur nach in dem Recht auf den usus iuris. Die intentio prolis sei nach Thomas von Aquin wesensnotwendigstes Element der Ehe. Wer also vor der Heirat in seiner Intention Nachkommenschaft ausklammere, schließe damit das Wesen der Ehe aus. Die Urteilsbegründung gipfelt in der Feststellung: „In re matrimoniali ‚ius' coniugale essentialiter in se continet usum iuris: nam uxor, quae excludit usum iuris pro marito, excludit ius coniugale."³

Durch Appellation gelangte das Urteil vor die Sacra Romana *Rota* und wurde hier in einem Urteil coram Dino *Staffa* vom 23. 2. 1951 aufgehoben. Es unterstreicht die grundsätzliche Bedeutung, die man der Rota-Entscheidung beimaß, daß das Urteil ausnahmsweise in den Acta Apostolicae Sedis veröffentlicht wurde.⁴ Ungewöhnlich erscheint auch die Schärfe, mit der hier die Rechtsansicht der Vorinstanz abgelehnt, ja zurechtgewiesen wird: Die Unterscheidung von ius und usus iuris hinsichtlich der Ehe ergebe sich „naturali ipso rationis lumine et communi constantique sententia Doctorum"; man könne daher nur mit Verwunderung sehen, wie kirchliche Richter einem Irrtum folgten, der dem Naturrecht Gewalt antue, ein Fundament der kirchlichen Ehegerichtsbarkeit erschüttere und Normen umstürze, mit deren Beseitigung das Eheband in sehr vielen Fällen in Gefahr gerate.⁵ Es sei zwar richtig, daß das eheliche Recht seiner Natur nach auf die ehelichen Akte hingeordnet sei; falsch aber sei die Behauptung der Vorinstanz, das ius coniugale enthalte wesensmäßig den usus iuris in sich.⁶ Das Rota-Urteil coram Staffa hält so mit aller Entschiedenheit an dem realen Unterschied von ius ipsum und exercitium iuris fest: Die Ehe ist gültig geschlos-

---

² Il diritto ecclesiastico 60, 1949, S. 159—169; mit einem Kommentar von Ermanno *Graziani*.
³ Il diritto ecclesiastico 60, 1949, S. 169.
⁴ AAS 43, 1951, S. 872—877. SRR (= Sacrae Romanae Rotae Decisiones) 43, 1951 dec. 17, S. 131—138. Ebenfalls in Il diritto ecclesiastico 62, 1951, S. 549—561 mit einer kritischen Besprechung von Ermanno Graziani.
⁵ AAS 43, 1951, S. 873.
⁶ AAS 43, 1951, S. 874.

sen, sofern nur das ius ipsum ad actus coniugales übertragen ist, also der animus se obligandi vorliegt; wenn zugleich noch der Wille besteht, die so übernommene Verpflichtung nicht in allem zu erfüllen, so tut das der Gültigkeit der Ehe keinen Abbruch.

Freilich hatte die Sentenz coram Staffa keinen Bestand. Auf erneute Berufung hin hatte sich *nochmals ein Turnus der Rota* mit der Sache zu befassen, und nunmehr wurde *1953* das Urteil coram Staffa aufgehoben und in Übereinstimmung mit der Sentenz des römischen Stadtvikariats coram Oesterle die Nichtigkeit der Ehe festgestellt.[7] Doch ist der volle Urteilstext mit der Begründung noch nicht publiziert. Aus der Entscheidung „Constat de nullitate" allein läßt sich aber noch keineswegs entnehmen, daß der neue Turnus sich hinsichtlich des Problems „ius — exercitium iuris" gegen Staffa und für Oesterle entschieden habe. Ebenso gut ist denkbar, daß die letzte Rota-Instanz nur in der Tatsachenbeurteilung, nicht aber in der Rechtsansicht vom ersten Rota-Turnus abweicht, daß sie also in Übereinstimmung mit Staffa am Unterschied von ius und usus iuris festhält und nur darin von Staffa abweicht, daß sie tatsächlich den Ausschluß des ius ipsum im vorliegenden Fall für erwiesen ansieht.

2. Der Verlauf der Auseinandersetzung

Bevor noch das zweite Rota-Urteil coram Teodori ergangen war, hatte sich an dem strittigen Prozeß die wissenschaftliche Diskussion entzündet. Zunächst griff Franz *Große-Wietfeld*[8] die Gedanken Oesterles auf und stimmte ihnen mit Nachdruck zu. Der sogenannte Nichterfüllungswille könne nicht beim Eheabschluß zusammen mit einem Verpflichtungswillen bestehen, er hebe vielmehr zwangsläufig den Verpflichtungswillen und damit den notwendigen Ehekonsens auf. Wer mit der Absicht, Nachkommenschaft zu verweigern, die Ehe schließe, erkläre zwar durch das Jawort, daß er die Verpflichtung auf den naturgetreuen ehelichen Verkehr übernehme, mache aber den mentalen Vorbehalt, daß er ihn nicht leisten wolle. Stelle man den erklärten Willen dem tatsächlichen Willen gegenüber, so ergebe sich nicht die Deutung: Verpflichtungswille und gleichzeitiger Nichterfüllungswille, sondern die Deutung: Leistungswille und gleichzeitiger Nichtleistungswille. Der betreffende Ehepartner verspreche im Vertrag, zu leisten, behalte sich aber gleichzeitig vor, nicht zu leisten. Dieser innere Widerspruch mache den ganzen Vertrag zunichte.[9]

---

[7] SRR, Urteil coram Teodori vom 26. Januar 1953. AAS 46, 1954, S. 256 n. XVI.
[8] Franz *Große-Wietfeld*, Verpflichtungs- und Erfüllungswille beim Ehevertrag, in: Theologie und Glaube 40, 1950, S. 358–362. Franz *Große-Wietfeld*, Zum Verpflichtungs- und Erfüllungswillen beim Ehevertrag, in: Theologie und Glaube 40, 1950, S. 443–447.
[9] Theologie und Glaube 40, 1950, S. 360.

Das Rota-Urteil coram Staffa von 1951 löste eine literarische *Kontroverse zwischen Oesterle und Staffa* 1951 in der Zeitschrift „Il diritto ecclesiastico" aus.[10] Wesentlich Neues trat dabei nicht zutage; die Fronten standen schroff gegeneinander. Oesterle hat in der Folgezeit in einer Reihe von Zeitschriftenartikeln seine Ansicht weiter verfochten.[11]

Die Auseinandersetzung erfuhr eine überraschende Zuspitzung, als im gleichen Jahr 1951 Papst *Pius XII.* in einer italienischen Ansprache am 29. Oktober 1951 vor einem Kongreß der Hebammen ebenfalls die Frage in wenigen, aber sehr präzisen Sätzen berührte. Wenn der Papst sich dazu veranlaßt sah, mag das allein schon Hinweis genug sein, daß es sich hier keineswegs um einen bloßen Gelehrtenstreit, sondern um ein Problem mit weitreichenden Folgen handelt. Der Papst erörtert, wie es mit einer Ehe stehe, in der die Eheleute den geschlechtlichen Verkehr auf die Tage der Unfruchtbarkeit begrenzen. Seine Ausführungen dazu lauten in deutscher Übersetzung: „Wenn schon beim Abschluß der Ehe wenigstens einer der Gatten die Intention gehabt hätte, auf die Zeiten der Unfruchtbarkeit das eheliche *Recht* selbst und nicht nur seinen *Gebrauch* zu beschränken, in der Weise, daß an den übrigen Tagen der andere Gatte nicht einmal das Recht hätte, den Verkehr zu verlangen, so enthielte das einen wesentlichen Defekt des Ehekonsenses, der die Nichtigkeit der Ehe selbst mit sich brächte. Denn das Recht aus dem Ehevertrag ist ein permanentes, ununterbrochenes und nicht intermittierendes Recht eines jeden Gatten gegenüber dem anderen. Wenn hingegen jene Begrenzung des ehelichen Aktes auf die Tage natürlicher Unfruchtbarkeit sich nicht auf das Recht selbst, sondern nur auf den Gebrauch des Rechts bezieht, bleibt die Gültigkeit der Ehe außer Diskussion."[12] Zwei eherechtliche Probleme finden hier eine klare Antwort. Ein-

---

[10] Gerardo *Oesterle,* Animadversiones in sententiam S. R. R. diei 23 februarii 1951 coram Staffa, in: Il diritto ecclesiastico 62, 1951, S. 730—750. Dinus *Staffa,* De iure et eius exercitio relate ad bonum prolis, in: Il diritto ecclesiastico 62, 1951, S. 1059 f.; ebenfalls in: Ephemerides iuris canonici 7, 1951, S. 288 f.

[11] G. *Oesterle,* De distinctione inter voluntatem sese obligandi et inter voluntatem obligationes susceptas non adimplendi, in: Il diritto ecclesiastico 66, 1955, S. 291—294. G. *Oesterle,* Ius et usus iuris in re matrimoniali iuxta Benedictum XIV, in: Il diritto ecclesiastico 68, 1957, S. 80—88. Gerardus *Oesterle,* Voluntas se obligandi et voluntas non adimplendi ad tempus vel in perpetuum in ordine ad prolis generationem, in: Perfice munus 35, 1960, S. 49—51. Gerard *Oesterle,* Verpflichtungswille und Erfüllungswille im Eherecht (Ius et usus iuris), in: Theologie und Glaube 50, 1960, S. 455—462.

[12] AAS 43, 1951, S. 845: „Se già nella conclusione del matrimonio almeno uno dei coniugi avesse avuto l'intenzione di restringere ai tempi di sterilità lo stesso *diritto* matrimoniale, e non soltanto il suo *uso,* in modo che negli altri giorni l'altro coniuge non avrebbe neppure il diritto di richiedere l'atto, ciò implicherebbe un difetto essenziale del consenso matrimoniale, che porterebbe con sè la invalidità del matrimonio stesso, perché il diritto derivante dal contratto matrimoniale è un diritto permanente, ininterrotto, e non intermittente, di ciascuno dei coniugi di fronte all'altro. Se invece quella limitazione dell'atto ai giorni di naturale sterilità si riferisce non al diritto stesso, ma solo all'uso del diritto, la validità del matrimonio resta fuori di discussione."

mal: Der Ausschluß des ehelichen Rechts hat, sofern wirklich ein Ausschluß des ius ipsum vorliegt, die Nichtigkeit der Ehe auch dann schon zur Folge, wenn der Ausschluß nur für gewisse Zeit, nicht für immer geschieht. Sodann, und dies betrifft unseren Punkt: Der Papst bejaht die traditionelle Unterscheidung von ius und usus iuris; nur der Ausschluß des ius ipsum macht die Ehe nichtig; dagegen kommt eine gültige Ehe zustande, wenn jemand nur den usus iuris ausschließen will.

Mit der päpstlichen Ansprache lag eine Erklärung von hohem autoritativen Rang vor. Gleichwohl sind die Gegner der Unterscheidung von ius und usus iuris nicht verstummt. Neben Oesterle ist hier in erster Linie Pio *Fedele,* der Herausgeber der „Ephemerides iuris canonici", zu nennen. Wiederholt hat er die übliche Unterscheidung heftig angegriffen[13], vor allem in seiner Artikelserie L'„ordinatio ad prolem" nel matrimonio in diritto canonico[14], die mit ihren rund 300 Seiten einer Monographie zu c. 1086 gleichkommt. Neben anderen Problemen unterwirft er dort auch das Begriffspaar von ius und exercitium iuris einer scharfen Kritik. Bei dem matrimonium in facto esse, bei der bestehenden Ehe, sei die Unterscheidung zwar sinnvoll; dort gebe es das aus dem Eheband erfließende Recht auf den actus coniugalis und davon durchaus verschieden die tatsächliche Ausübung oder Nichtausübung dieses Rechts. Völlig anders aber liege es bei dem matrimonium in fieri, bei dem Eheabschluß. Es sei begrifflich gar nicht vollziehbar, es sei logisch absurd, daß jemand im Augenblick der Trauung eine mit der Ehe verknüpfte Verpflichtung nicht zu erfüllen beabsichtige und trotzdem die Verpflichtung als solche übernehmen wolle. Wer das exercitium iuris ausschließe, der schließe zwangsläufig auch das ius aus, da es logisch unmöglich sei, die Erfüllung einer Verpflichtung, d. h. die Leistung auszuschließen, ohne gleichzeitig auch die Verpflichtung selbst auszuschließen. Die gedankliche Konstruktion einer voluntas non assumendi obligationem adimplendi, die toto coelo verschieden sein solle von der voluntas non adimplendi obligationem, sei eine intellektuelle Akrobatik, welche alle Logik sprenge.[15]

Eigenartigerweise haben im Verlauf der weiteren Diskussion *zwei Rota-Urteile,* die ausgerechnet wieder Dino *Staffa* zum Ponens hatten, eine besondere Rolle gespielt: eine Sentenz vom 9. 4. *1954*[16] und ein Urteil vom 18. 7. *1958*[17]. Eigenartig insofern, als gerade die Gegner der Unterscheidung

---

[13] Vgl. Pio *Fedele,* Sulla distinzione tra exclusio iuris ed exclusio exercitii iuris, in: Ephemerides iuris canonici 10, 1954, S. 272—279.
[14] Ephemerides iuris canonici 13, 1957, S. 135—207 und 14, 1958, S. 9—48 und S. 139—311.
[15] Vgl. besonders Ephemerides iuris canonici 14, 1958, S. 213—215.
[16] Ephemerides iuris canonici 10, 1954, S. 273—279. In der amtlichen Reihe der SRR noch nicht erschienen.
[17] Monitor ecclesiasticus 84, 1959, S. 47—51. Ebenfalls in der amtlichen Reihe der SRR noch nicht publiziert.

von ius und usus iuris diese beiden Urteile für sich reklamieren und in ihnen eine Kehrtwendung Staffas sehen wollen. Oesterle behauptet wörtlich, daß Staffa nunmehr „genau die Ansicht von P. Oesterle" vertrete.[18] Und Fedele äußerte sich, daß in Zukunft, wenn die Rota sich an dem Staffa-Urteil von 1954 orientiere, die berüchtigte und spitzfindige Unterscheidung ausgedient habe und nur noch ein Erinnerungsstück bleibe.[19] Oesterle schließt seine letzte Veröffentlichung zu unserer Frage mit den Worten, die er als Ausspruch eines anderen Auditors der S.R.Rota, Pericles *Felici* ausgibt: „Wo es sich um Ausschluß jener Güter handelt, in denen unterschieden wird zwischen ‚ius' und ‚usus iuris', besteht die Jurisprudenz der Rota, namentlich die neuere, nicht mehr auf dieser Unterscheidung."[20]

Nach solch einer Äußerung sollte man annehmen, daß in unserer Streitfrage überhaupt nichts mehr zu entscheiden sei, weil die Angelegenheit längst ausgetragen sei und auch die bisherigen Verfechter der Unterscheidung ihre Ansicht als widerspruchsvoll aufgegeben hätten und zur Gegenseite übergegangen wären. Wenn man dann aber der Sache näher nachgeht, entdeckt man mit Verwunderung, daß es sich erheblich anders verhält.

Wie steht es mit den beiden neueren Urteilen coram Staffa von 1954 und 1958, die Fedele und Oesterle für ihre These in Anspruch nehmen? Beim ersten Augenschein möchte man in der Tat zu der Ansicht verleitet werden, daß Staffa hier die Unterscheidung von ius und usus iuris preisgebe. Die Argumentation beider Urteile, die im wesentlichen übereinstimmt, wählt in der Sentenz von 1954 folgende Überlegung: „Wenn die Nichtigkeit einer Ehe wegen Ausschlusses des bonum prolis zur Erörterung steht, pflegt man zu unterscheiden, ob nur der Gebrauch oder das Recht selbst auf die zur Erzeugung von Nachkommenschaft an sich geeigneten Akte verweigert wurde. Diese Unterscheidung zwischen ius und usus, die nach der logischen Ordnung das matrimonium in facto esse betrifft, ist objektiv real, aber sie wird von den meisten Eheschließenden nicht beachtet. Zu Unrecht sagt man daher, in diesen Fällen, wo es die Intention des Kontrahenten aufzuspüren gilt, müsse man fragen, ob er das Recht oder bloß den Gebrauch ausschließen wollte. Was nämlich nicht im Verstande gedacht wird, kann auch vom Willen nicht abgelehnt werden. Wenn daher Rechtsunkundige auf die Frage, ob sie dem Partner die ehelichen Rechte hätten übertragen wollen, eine negative Antwort geben, und erst recht, wenn sie darüber hinaus behaupten, sie hätten (sc. die ehelichen Rechte) verweigert, so hegen wir mit Recht Verdacht, ob sie ihre Antwort und Aussageform von einem Rechtsgelehrten gelernt haben. Sollten sie dagegen versichern, sie hätten die Rechte und Pflichten übernommen, so muß man zweifeln, ob sie die Frage

---

[18] Theologie und Glaube 50, 1960, S. 461.
[19] Ephemerides iuris canonici 10, 1954, S. 275 f.
[20] Theologie und Glaube 50, 1960, S. 462.

richtig verstanden haben, da sie häufig nicht wissen, daß der Vertrag durch Einschränkung des Konsenses ungültig wird. Wo nun an die Nupturienten nicht die Frage nach dem Ausschluß des ius ipsum gerichtet wird, da fragt man nach den Regeln der Logik und Psychologie richtiger und sinnvoller, ob der Kontrahent den Ehekonsens einschränken wollte, d. h. ob er die Ehe nur mit der offenen oder geheimen Bedingung eingehen wollte, Nachkommenschaft auszuschließen. Diese Beschränkung des Konsenses kann aber dem Urheber nicht verborgen bleiben. Der Konsens wird positiv beschränkt, sooft der Kontrahent zwei Objekte vor Augen hat, nämlich eine wahre oder in ihrem Wesen vollständige Ehe und eine in ihrem Wesen fehlerhafte Ehe, und nun das erste absolut verwirft, so daß statt dessen das zweite prävaliert."[21] Im übrigen verweist das Urteil selbst auf die weiteren Ausführungen, die sich hierzu in *Staffas Schrift*, *‚De conditione contra matrimonii substantiam'* finden.

Im Lichte dieser Schrift, die kurz nach dem Urteil von 1954 im Jahre 1955 in zweiter Auflage erschienen ist[22], ergibt sich erst recht, daß Staffa keineswegs die Unterscheidung von ius ipsum und usus iuris für den Ehekonsens hat fallen lassen. Auch in dem Urteilstext ist, wie man wohl zu beachten hat, gar nicht gesagt, es sei nicht möglich, daß jemand bei der Heirat die Erfüllung der ehelichen Pflicht ausschließe, ohne damit zugleich auch immer die Übernahme der Verpflichtung selbst auszuklammern. Der Standpunkt Staffas läßt sich vielmehr nach wie vor so umschreiben:

1. Es ist in der Regel sinnlos, *an Parteien oder Zeugen die Frage zu richten*, ob der Kontrahent das ius ipsum oder nur den usus iuris ausgeschlossen hat. Die Frage ist aber nicht deshalb zu unterlassen, weil es den Unterschied in der Sache nicht gebe, sondern weil die Befragten, soweit sie rechtsunkundig sind, den Unterschied nicht kennen und ihre Antwort daher normalerweise den Sinn der Frage verfehlen würde.

2. Wohl gibt Staffa zu, daß *unter Umständen* der Ausschluß des usus iuris bereits den Ausschluß des ius ipsum in sich enthält. Das gilt aber, wie er mit Nachdruck betont, nur für den Fall, daß der Ausschluß des exercitium iuris, z. B. die bei der Heirat gesetzte Intention, Nachkommenschaft durch Onanismus zu verhindern, die Kraft einer wirklichen Bedingung *(condicio)* hatte.[23] Doch ist es nicht so, als ob Staffa zu dieser Auffassung erst mit einer großen Kehrtwendung in den späteren Urteilen gekommen wäre. Vielmehr

---

[21] Ephemerides iuris canonici 10, 1954, S. 273—279 (lateinisch).
[22] Dinus *Staffa*, De conditione contra matrimonii substantiam, Rom 1955².
[23] Auf die condicio stellt besonders das Urteil vom 18. Juli 1958 ab; vgl. Monitor ecclesiasticus 84, 1959, S. 48. In einer anderen Sentenz coram Staffa vom 20. April 1951 heißt es: „Voluntas ergo excludendi prolem tunc tantum matrimonium irritat, cum vim conditionis habet." (SRR 43, 1951 dec. 40 n. 2, S. 305).

hat er den gleichen Standpunkt schon längst vorher, auch schon vor seiner Kontroverse mit Oesterle, in aller Deutlichkeit verfochten.[24]

3. *Wo* aber der Vorbehalt *nicht* in der Weise einer echten *Bedingung* geschehe, *da* könnten *animus se obligandi und animus non adimplendi* durchaus *nebeneinander bestehen.* Hier laufe etwa die Absicht der Kinderverweigerung nur nach Art einer *Auflage* nebenher, ohne die Übernahme der Verpflichtung als solche und damit den wahren Ehekonsens auszulöschen. „Nihil impedit quominus momento praestationis consensus eidem adiiciatur modus qui exercitium iuris excludat aut limitet, quique consensum et ius praesupponit ac eadem non afficit."[25] In dem entscheidenden Punkt vertritt mithin Staffa, ebenso wie früher, die These: Es ist möglich, daß jemand bei der Hochzeit die Intention setzt, die ehelichen Verpflichtungen nicht einzuhalten, Nachkommenschaft durch Mißbrauch der Ehe zu verhüten, die eheliche Treue zu brechen, und daß er doch zugleich den Willen hat, die Verpflichtungen als solche zu übernehmen, und so mit hinreichendem Konsens eine gültige Ehe eingeht. Es kann also nicht die Rede davon sein, Staffa habe sich zur Ansicht Oesterles bekehrt.

3. Der heutige Stand der Frage

Welchen Schluß haben Rechtsprechung und kanonistische Wissenschaft aus dem Streit um unser Problem gezogen? Überblickt man die Urteile der Rota und die Publikationen der letzten Jahre, so muß man feststellen, daß nach wie vor an der Unterscheidung von ius und usus iuris festgehalten wird. Für die Rechtsprechung der Sacra Romana Rota gilt das ohne Einschränkung. In der kanonistischen Wissenschaft zeigt sich nicht die gleiche Einmütigkeit. Dennoch spricht sich die Mehrheit für die traditionelle Unterscheidung von ius und exercitium iuris aus.

Aus den wissenschaftlichen Publikationen der letzten Jahre seien neben dem schon angeführten Fedele erwähnt:

Das Lehrbuch von *Eichmann-Mörsdorf*, das in früheren Auflagen der herkömmlichen Ansicht gefolgt war, hat inzwischen die Unterscheidung von Nichtverpflichtungswillen und Nichterfüllungswillen abgelehnt. Dort heißt es jetzt: „Es läßt sich für den Zeitpunkt der Eheschließung in dieser

---

[24] Besonders eingehend in dem Urteil coram Staffa vom 5. August 1949, SRR 41, 1949 dec. 75, S. 461–467.

[25] *Staffa,* De conditione, S. 48 Anm. 96. Petrus *Rossi,* De historica evolutione doctrinae distinctionis inter ius et usum iuris in contractu matrimoniali, Rom 1959, S. 121 Anm. 4, bemerkt, daß *Fedele* in Ephemerides iuris canonici 10, 1954, S. 277 das Zitat aus Staffa gerade dort abbricht, wo die oben angeführten ausschlaggebenden Worte beginnen.

Pflichtbeziehung nicht unterscheiden zwischen dem Willen, sich nicht zu verpflichten, und dem Willen, nicht zu erfüllen."[26]

Aber nicht wenige Stimmen sprechen anders. Raymundus *Bidagor* schreibt 1958: „Qui excludit nempe exercitium iuris ad corpus, intendens in matrimonio usu corporis abuti aut obligationem quam traditio corporis comportat non adimplere, ille non necessario ius ad corpus exclusivum tangit ... Unum stare potest sine alio."[27]

In dem gründlichen neuen Eherecht von *Bánk* 1959 wägt der Verfasser Argumente und Gegenargumente der beiden Parteien gegeneinander ab. Er spricht der Ansicht Oesterles theoretisch nicht jedes Fundament ab, neigt aber im praktischen Endergebnis der traditionellen Unterscheidung zu.[28]

Bei *Regatillo* liest man 1960: „Quoad prolem et fidem ... distingui debet exclusio iuris a voluntate non servandi obligationes. Quae voluntas non irritat matrimonium."[29]

Ähnlich heißt es in dem Enchiridion von *Sipos-Gálos,* ebenfalls 1960: „Possibile est, ut contrahens habeat animum contrahendi et sese obligandi, sed non habeat *animum implendi* ... In tali casu matrimonium validum est, si animus non implendi dirigatur contra bonum fidei et prolis."[30]

Und soeben 1962 hat der Kanonist der Universität Barcelona, Jaime M. *Mans,* unserem Problem eine Studie gewidmet und sich dabei, wie schon in seinen großen Werken zum kanonischen Eherecht 1959 und zur Ehekonsenslehre 1956, wiederum für die Unterscheidung von ius und exercitium iuris ausgesprochen.[31]

Noch eindeutiger lauten die jüngsten Urteile der obersten kirchlichen *Rechtsprechung.* Die nach der Sentenz coram Staffa von 1954 ergangenen Urteile der S. R. Rota liegen zwar in der amtlichen Publikationsreihe der Decisiones S. R. Rotae noch nicht vor. Aber wiederholt sind doch schon Teile ihrer Rechtsbegründungen in Zeitschriften veröffentlicht worden, so daß ein gewisser Einblick bereits offensteht. Dabei fällt auf, wie häufig, ja wie konstant die Rota auch nach der Kontroverse Oesterle—Staffa an der traditionellen Unterscheidung von ius und usus iuris festhält. In diesem Sinne äußern sich z. B. die Urteile:

---

[26] Eduard *Eichmann* — Klaus *Mörsdorf,* Lehrbuch des Kirchenrechts auf Grund des Codex Iuris Canonici, Bd. 2, München-Paderborn-Wien 1958⁹, S. 223.
[27] In: Periodica de re morali, canonica, liturgica 47, 1958, S. 31 f.
[28] Joseph *Bánk,* Connubia canonica, Rom-Freiburg-Barcelona 1959, S. 375.
[29] Eduardus F. *Regatillo,* Ius sacramentarium, Santander 1960³, S. 783 f.
[30] Stephanus *Sipos* — Ladislaus *Gálos,* Enchiridion iuris canonici, Rom-Freiburg-Barcelona 1960⁷, S. 501.
[31] Jaime M. *Mans,* La distinción entre el derecho y su ejercicio en las causas de nulidad de matrimonio por exclusión de la prole y de la fidelidad, in: Festschrift für José M. Pi y Suner, Barcelona 1962, S. 597—620. Vgl. Jaime M. *Mans Puigarnau,* El consentimiento matrimonial, Barcelona 1956, S. 141—168. Jaime M. *Mans Puigarnau,* Derecho matrimonial canónico, Bd. 1, Barcelona 1959, S. 380—398.

19. 10. 1955   coram Lefebvre[32]
17. 12. 1955   coram Pinna[33]
 9. 2. 1957   coram Mattioli[34]
 5. 11. 1957   coram Lefebvre[35]
 5. 12. 1957   coram Lefebvre[36]
26. 4. 1958   coram Lefebvre[37]
23. 1. 1959   coram Sabattani[38]
12. 11. 1959   coram Lefebvre[39]
13. 11. 1959   coram Sabattani[40].

Die zuletzt erwähnte Rota-Sentenz ist besonders lehrreich, weil sie sich ausdrücklich mit den Ansichten von Oesterle und Mörsdorf auseinandersetzt. Dort heißt es u. a.:

„a) *Conclusiones auctorum*, quas patronus allegat, quaeque constanti iurisprudentiae ecclesiasticae et praesertim N. S. O. apprime adversantur, ex eo provenire videntur, quod haud clare antea posita fuerint principia.

Nam verba cl. *Moersdorf:* ‚obiectum contractus matrimonialis est *cooperatio ad actum coniugalem, i. e. ad se praestandum in persona alteri coniugi*' haud apparent vera. Sane obiectum contractus matrimonialis est *mutua traditio iuris* perpetui et *exclusivi ad actus* per se aptos ad prolis generationem (can. 1081 § 2).

Reapse si matrimonium consisteret in practica praestatione actus coniugalis, illud absurdum dimanaret, quod, usu copulae impedito, aut suspenso aut renuntiato, contractus corrueret (cfr. *Graziani,* Ius et exercitium iuris, in Il Dir. Eccl. 1951 p. 551).

Qui ita videntur tenere, seu omnia sub practica ratione absolvi, logice pro suo systemate non admittunt distinctionem inter voluntatem sese obligandi et voluntatem obligationem non implendi. At quia obiectum consensus est tantum traditio iuris et obligationis, quae, de facto, exsequi et servari possunt vel minus, necessaria et realis est distinctio inter ius et exercitium iuris, inter obligationem et adimpletionem obligationis, necnon alia, quae sequitur, inter intentionem sese obligandi et intentionem obligationem non implendi.

b) *Nulla ideo impossibilitas logica, nulla contradictio per se* extat inter utramque intentionem. Contradictio sane haberetur, ut notat *Bender* (Ephemeri-

---
[32] Ephemerides iuris canonici 13, 1957, S. 108—112.
[33] Ephemerides iuris canonici 13, 1957, S. 283 f.
[34] Ephemerides iuris canonici 15, 1959, S. 244 f.
[35] Ephemerides iuris canonici 14, 1958, S. 105—108.
[36] Ephemerides iuris canonici 15, 1959, S. 212—215.
[37] Ephemerides iuris canonici 14, 1958, S. 350—355.
[38] Ephemerides iuris canonici 16, 1960, S. 205 f.
[39] Ephemerides iuris canonici 15, 1959, S. 227—234.
[40] Il diritto ecclesiastico 71 II, 1960, S. 72—75.

des Iuris Canonici, 1953, p. 45—46), si admitteretur possibilitas coexistentiae intentionis assumendi obligationem et intentionis non assumendi obligationem adimplendi, quae se ipsas invicem elidunt. Sed, quia voluntas assumendi obligationem habet idem obiectum ac consensus matrimonialis, dum voluntas obligationem non adimplendi habet obiectum diversum, seu ‚actus futuros post consensum datum peragendos', cum obiecta sint diversa et distincta, ‚homo absque contrarietate potest unum velle et aliud nolle'."[41]

Bei diesen Äußerungen der kanonistischen Wissenschaft und vor allem der jüngsten Rechtsprechung der Rota fragt man sich mit Erstaunen, wie da der Ausspruch des Rota-Auditors *Felici* zu verstehen ist, den Oesterle mit den Worten wiedergibt: „Wo es sich um Ausschluß jener Güter handelt, in denen unterschieden wird zwischen ‚ius' und ‚usus iuris', besteht die Jurisprudenz der Rota, namentlich die neuere, nicht mehr auf dieser Unterscheidung."[42] Das Rätsel löst sich rasch, wenn man nicht Oesterles Übersetzung, sondern den lateinischen Ausspruch Felicis selbst zur Hand nimmt. In einer sehr lesenswerten Studie zur psychologischen Methode in kirchlichen Prozessen in Apollinaris 1959 schreibt Felici: „Ubi autem agitur de exclusis illis bonis, in quibus admittitur distinctio inter ius et usum iuris, iurisprudentia Rotalis, praesertim recentior, non tam insistit in praetendenda a partibus cognitione illius distinctionis (quae plerumque, in sua praecisa notione, ignota est), quam potius in perpendendo quaenam contrahentium fuerit voluntas praevalens."[43] Davon, daß die Rota nicht mehr auf der Unterscheidung bestehe, ist gar nicht die Rede. Vielmehr heißt es für jene bona prolis ac fidei nach wie vor: „admittitur distinctio inter ius et usum iuris". Und für die Anwendung in der Rechtsprechung sagt Felici nur: Die Jurisprudenz der Rota, zumal die neuere, beharre nicht so sehr darauf, daß von den Parteien eine Kenntnis (!) jener Unterscheidung vorgewiesen werden müsse, als vielmehr darauf, abzuwägen, welches die prävalierende Intention der Kontrahenten war. In der Sache wird also gar nicht an der Unterscheidung von ius und usus iuris gerüttelt. Es geht nur um die rein methodische Frage, wie man am besten feststellen kann, ob tatsächlich das ius ipsum verneint wurde. Und hierzu wird psychologisch richtig der Weg gewiesen: Wenig kommt man weiter, wenn man verlangen wollte, daß der Kontrahent eine Kenntnis von der Unterscheidung hatte, die ja in aller Regel fehlen wird. Eher gelangt man zum Ziel, wenn man nach dem prävalierenden Willen des Kontrahenten forscht. Hatte der Wille, Nachkommenschaft zu verhüten, die Prävalenz vor dem Willen, eine wahre Ehe einzugehen, so war das ius ipsum ausgeschlossen und somit die Ehe ungültig.

---

[41] SRR 13. November 1959 coram Sabattani, in: Il diritto ecclesiastico 71 II, 1960, S. 73.
[42] Vgl. oben Anm. 20.
[43] Pericles *Felici*, De investigatione psychologica in causis ecclesiasticis definiendis, in: Apollinaris 32, 1959, S. 210.

Gilt bei c. 1086 § 2 heute noch die Unterscheidung von Nichtverpflichtungswillen und Nichterfüllungswillen?

In den Eheprozessen des c. 1086 § 2 wegen Ausschlusses des bonum prolis oder des bonum fidei bereitet die herkömmliche Unterscheidung zwischen exclusio ipsius iuris und exclusio exercitii iuris, zwischen Nichtverpflichtungswillen und Nichterfüllungswillen nicht wenig Verdruß. Manch einer, der mit dieser Begründung seine Klage abgewiesen sieht, entrüstet sich, das sei doch spitzfindige Haarspalterei, ja direkte Rechtsverdrehung.

Seit dem bekannten Oesterle-Urteil des römischen Stadtvikariats von 1949[1] ist um die Unterscheidung auch wissenschaftlich ein heftiger Streit entbrannt. Wie die Diskussion im einzelnen verlaufen ist, wurde andernorts dargestellt.[2] Hier sei ausschließlich die sachliche Seite des Problems erörtert.

Unverkennbar hat die Kontroverse bei kirchlichen Gerichten eine gewisse Unsicherheit ausgelöst. Mit Recht fragt man daher: Gilt heute noch die Unterscheidung von Nichtverpflichtungswillen und Nichterfüllungswillen? Es sei versucht, in drei Thesen eine Antwort zu geben.

1. These: Das ius coniugale umschließt notwendig und untrennbar das ius utendi coniugio

Mit dieser ersten Feststellung wird der Unterschied von ius radicale und ius utile für das Eherecht als widersinnig abgewiesen. Das Begriffspaar ius radicale und ius utile hat in dem ganzen Fragenkomplex eine verhängnisvolle Rolle gespielt. Es führte zu einer Begriffsverwirrung, insofern nicht selten der Gegensatz ius radicale — ius utile dem Gegensatz ius — usus iuris gleichgesetzt wurde.[3] Beide Begriffspaare hat man, so eng sie auch beieinan-

Erschienen in: ÖAKR 13 (1962) 257—280.

---

[1] Das von Gerhard *Oesterle* redigierte Urteil des Tribunals beim römischen Stadtvikariat vom 9. 2. 1949 findet man in: Il diritto ecclesiastico 60, 1949, S. 159—169.
[2] Vgl. Heinrich *Flatten*, Der Streit um „ius" oder „exercitium iuris" in der jüngsten eherechtlichen Diskussion, in: Tübinger Theologische Quartalschrift 142, 1962, S. 340—354 (oben 323—333).
[3] Noch die Dissertation von Petrus *Rossi*, De historica evolutione doctrinae distinctionis inter ius et usum iuris in contractu matrimoniali, Rom 1959, leidet unter dieser Verwechslung. So

derstehen, sorgsam auseinanderzuhalten. Die Distinktion ius radicale – ius utile, deren Anwendung auf den Ehevertrag tatsächlich unhaltbar ist, hat die Distinktion ius und usus iuris nicht wenig in Mißkredit gebracht. Und umgekehrt hat man gelegentlich die Unterscheidung von ius ipsum und exercitium iuris schon deshalb für widerlegt angesehen, weil man den inneren Widerspruch der Unterscheidung von ius radicale und ius utile aufgezeigt hatte. In Wirklichkeit hingegen stellt letztere Distinktion eine Überspitzung, und zwar eine logisch nicht vertretbare Überspitzung dar, die aber mit der Unterscheidung von ius ipsum und usus iuris, wenn man sie sinnvoll versteht, nicht verknüpft zu sein braucht.

Was meint die Unterscheidung von ius radicale und ius utile hinsichtlich des Ehevertrages? Nach ihren Verfechtern soll das beim Eheabschluß übertragene ius in corpus alterius coniugis ad actus per se aptos ad prolis generationem nur ein keimhaftes, wurzelhaftes, gebundenes Recht auf den Leib des Gatten (ius radicale) enthalten, das noch keineswegs das Recht auf den Gebrauch zum ehelichen Verkehr (ius utile; ius utendi corpore ad actus coniugales) umschließe. Zum Wesen des Ehevertrages gehöre allein die Übertragung des ius radicale; der Ausschluß des ius utile mache hingegen die Ehe noch nicht ungültig.

Im Grunde ist eine derartige Unterscheidung nur daraus zu verstehen, daß man hier, wie Mörsdorf treffend bemerkt[4], auf das eheliche Recht die Kategorien des Eigentumsbegriffs oder eines eigentumsähnlichen Rechts überträgt. Beim Eigentum läßt sich in der Tat sinnvoll zwischen dem Eigentumsrecht als solchem (ius radicale) und dem Gebrauchsrecht (ius utile) unterscheiden. Dort kann beides real voneinander getrennt sein. Der Eigentümer eines Hauses kann das Nutzungsrecht völlig an einen anderen abtreten und zugleich doch das Eigentumsrecht als solches uneingeschränkt behalten. Und umgekehrt kann er das Eigentum an dem Haus einem anderen übertragen und gleichzeitig das Nutzungsrecht, den Gebrauch des Hauses, sich selbst vorbehalten. Das ius dominii und das ius utendi sind hier zwei zwar aufeinander hingeordnete, aber real trennbare Größen.

Man gerät aber unweigerlich in die Irre, wenn man das eheliche Recht

---

rechnet er z. B. S. 117 E. *Regatillo* nur deshalb, weil dieser das ius coniugale mit dem ius utendi corpore identifiziert, also ein ius radicale ablehnt, fälschlich zu den Gegnern der Unterscheidung von ius und usus iuris. In Wirklichkeit aber schreibt Regatillo: „Quoad prolem et fidem ... distingui debet exclusio iuris a voluntate non servandi obligationes. Quae voluntas non irritat matrimonium" (Eduardus F. *Regatillo*, Ius sacramentarium, Santander 1960³, S. 783 f.). Das zeigt eindeutig, daß Regatillo sich für die Unterscheidung von ius und usus iuris einsetzt. Zudem bleibt *Rossi* bei seinen Einstufungen wenig konsequent. Sonst müßte er *Staffa*, der sich scharf gegen die Unterscheidung ius radicale – ius utile wendet (vgl. u. Anm. 6), gleichfalls zu den Gegnern des Begriffspaars ius und usus iuris zählen, während er ihn richtig bei den Befürwortern einordnet (S. 115).

[4] Eduard *Eichmann* – Klaus *Mörsdorf*, Lehrbuch des Kirchenrechts auf Grund des Codex Iuris Canonici, Bd. 2, München-Paderborn-Wien 1958⁹, S. 223.

nach Art eines Eigentums auffassen wollte. Hier kann man nicht in ius radicale und ius utile aufspalten. Denn durch den Ehevertrag wird nicht ein Eigentum an dem Leib des Gatten übertragen; vielmehr das Recht auf den Leib des Gatten zu den ehelichen Akten, d. h. das Recht, den Leib des Gatten zu den ehelichen Akten zu gebrauchen. Das ius coniugale ist also unabdingbar ein Gebrauchsrecht, ein ius utile, ein ius utendi coniugio, ein ius utendi corpore alterius coniugis ad actus vere coniugales. Wollte der Nupturient dem Partner beim Eheabschluß das eheliche Recht übertragen und doch zugleich das Recht auf den ehelichen Verkehr verweigern, so wäre das ein Widerspruch in sich. Hieße das doch, daß er ein Recht auf die eheliche Akte ohne ein Recht auf den ehelichen Verkehr übertragen wollte, was baren Unsinn ergäbe. Im ehelichen Recht läßt sich kein ius in corpus denken, das nicht zugleich und gerade das ius ad usum corporis, das ius utendi corpore ad actus coniugales wäre. Würde im Ehekonsens das ius utile, das ius utendi matrimonio, ausgeklammert, so bliebe überhaupt kein ius matrimoniale übrig; die Ehe wäre nichtig. Bei der Ehe gibt es kein ius radicale, das von dem ius utile losgelöst sein könnte.

Besonnene Vertreter der Unterscheidung von ius ipsum und usus iuris haben sich daher schon lange von dem Begriff des ius radicale im Eherecht distanziert. So geschah es bereits in einer Rota-Entscheidung vom 14. 3. 1924 coram Chimenti.[5] Besonders nachdrücklich hat Staffa auf den logischen Widerspruch hingewiesen, im Ehevertrag zwischen ius radicale und ius utile unterscheiden zu wollen.[6] Und zwar hat er dies von Anfang an[7], nicht erst im späteren Verlauf der Kontroverse getan. Die weitere Diskussion hat noch deutlicher erkennen lassen, daß in diesem einen Punkte beide Parteien einig gehen: Auf ein ius radicale kann man sich im Eherecht nicht zurückziehen; das ius matrimoniale ist wesensnotwendig ein ius utendi matrimonio; wo das ius ad usum ausgeschlossen wird, ist auch das ius ipsum verneint. Den Terminus ius radicale sollte man daher aus der weiteren Erörterung um unser Problem als erledigt ausscheiden.[8]

---

[5] SRR (= Sacrae Romanae Rotae decisiones seu sententiae) 16, 1924 dec. 14, n. 2, S. 108.
[6] Dinus *Staffa*, De conditione contra matrimonii substantiam, 2. Aufl., Rom 1955, S. 37 f.: „Contractu matrimoniali non traditur ius in re seu in corpus, id est dominium corporis sic et simpliciter, sed traditur ius ad usum corporis et quidem ad usum determinatum, i. e. in ordine ad actus vere coniugales; sicut ergo dari non potest ius ad usum rei absque iure utendi ea re, ita tradi non potest ius ad usum corporis in ordine ad actus coniugales, absque iure utendi corpore ipso in ordine ad eosdem actus ... Quia ius quod matrimonio traditur et acceptatur est ius ad usum, et quidem determinatum, ideoque concipi nequit absque iure utendi, distinctio inter ius radicale et ius utile seu expeditum in re matrimoniali contradictorium involvit."
[7] Vgl. das Rota-Urteil coram Staffa vom 23. 2. 1951, SRR 43, 1951 dec. 17, n. 5, S. 136.
[8] Gelegentlich hat zwar auch noch in jüngster Zeit das ius radicale einen Verfechter gefunden: *Rossi*, De historica evolutione, S. 133: „Aliqui auctores obiiciunt: ,Matrimonii substantiae non repugnat matrimonio non uti, sed uti non posse'. Hi auctores supponunt dari non posse

2. *These: Logisch besteht die Unterscheidung von exclusio iuris und exclusio exercitii iuris zu Recht. Daß im Nupturienten neben dem animus non adimplendi zugleich ein animus se obligandi vorliegen kann, ist begrifflich nicht unmöglich*

Mit der Verwerfung des ius radicale ist unser Problem ius ipsum — usus iuris keineswegs aus der Welt geschafft, wie die Gegner der Unterscheidung hin und wieder etwas voreilig anzunehmen scheinen. Überhaupt kann man sich insgesamt beim Verlauf der Kontroverse nicht ganz des Eindrucks erwehren, daß die logische Position der Gegenseite zuweilen unterschätzt wird und man bereits mit allzu billigen Argumenten den Gegenspieler glaubt überwunden zu haben.

Das gilt übrigens für beide Seiten. So für die Gegner der Distinktion ius ipsum und usus iuris, wenn sie völlig zu Recht die Sinnwidrigkeit des ius radicale in Abtrennung von einem ius utile aufzeigen und damit zugleich bereits die Unterscheidung von ius ipsum und usus iuris als erledigt betrachten wollen. Schon allein die Tatsache, daß ausgerechnet Staffa, der nachdrückliche Anwalt der Unterscheidung von ius und exercitium iuris, das ius radicale entschieden verwirft, hätte sie vor diesem Kurzschluß bewahren sollen.

Aber die Gegenseite macht es sich ebenfalls gelegentlich mit ihren Argumenten ein wenig zu leicht. So bringt man immer wieder zur Begründung vor: „Esse rei non dependet ab usu suo"[9], woraus zu folgern sei, daß auch bei der Ehe das eheliche Recht als solches in seiner Existenz und die spätere Ausübung dieses Rechtes zwei verschiedene Dinge sind. Als Ausgangsbasis weiteren Argumentierens besitzt eine solche Feststellung natürlich ihren Wert und ihre Berechtigung. Aber mit ihr allein ist unser Problem überhaupt noch nicht getroffen. Man sollte Oesterle doch nicht die naive Ansicht unterstellen, daß das im Augenblick der Eheschließung erworbene eheliche Recht als Recht auf der einen Seite und die Ausübung dieses Rechtes im faktischen Verlauf der Ehe auf der anderen Seite in Wirklichkeit ein und dasselbe wären. Er hat zwar in dem Urteil von 1949 den Satz geprägt: „Ius coniugale essentialiter in se continet usum iuris"[10]; eine nicht ganz glückliche Überspitzung in der Formulierung. Aber aus der Fragestellung des Prozesses ergibt sich, was er damit meinte. Selbstverständlich bestreitet er nicht, daß das eheliche Recht durchaus existieren kann, auch wenn später

---

ius in corpus in ordine ad prolis generationem, sine iure ad exercitium ipsius iuris. At hoc falsum est; nam relate ad bonum prolis distinctio admitti debet inter ius in corpus et exercitium ipsius iuris; ius enim in corpus statim acquiritur ac consensus manifestus fuerit, exercitium vero iuris et ius ipsum postea habetur, et potest etiam non haberi aut illicitium fieri, salvo semper iure radicali." Diese Argumentation verstrickt sich heillos in Widersprüche, weil sie „*ius* ad exercitium ipsius iuris" und „*exercitium* ipsius iuris" durcheinanderwirft. Auf diesen Unterschied kommt es jedoch entscheidend an.

[9] *Thomas von Aquin,* Summa theologica Suppl. q. 49 a. 3.
[10] Il diritto ecclesiastico 60, 1949, S. 169.

dieses Recht verletzt wird. Nicht um das faktische spätere Verhalten geht es, vielmehr um den Willen bei der Eheschließung hinsichtlich des späteren Verhaltens. Und hier will Oesterle nur sagen: Die Bejahung des ehelichen Rechts in der Eheschließung muß zugleich den Willen umfassen, dem Partner später auch die Ausübung des ehelichen Rechts zu gewähren; wer letzteres ausschließt, verneint auch das ius ipsum.[11]

Eine weitere Argumentation versucht gleichfalls allzu billig, den Unterschied von ius und usus iuris zu verteidigen. Daß im Eheschließungswillen schon der usus iuris negiert und doch zugleich das ius ipsum gewollt sein könne, wird gelegentlich mit folgendem begründet: „Nemo tenetur iure suo uti."[12] Wer bei der Heirat das eheliche Recht erhalten habe, sei deshalb nicht verpflichtet, von diesem Recht auch Gebrauch zu machen. Ja, er könne bereits bei der Hochzeit den Willen haben, sein eheliches Recht niemals anzuwenden, ohne daß ein solcher Wille das eheliche Recht als solches und damit die Gültigkeit der Ehe vernichte. Niemand wird bestreiten, daß diese Sätze wahr sind; aber sie beweisen nichts für unser Problem, weil sie an dem Fragepunkt einfach vorbeizielen. Nicht geht es darum, ob der Gatte auf die Ausübung seines eigenen Rechts verzichten kann, sondern darum, ob er die Erfüllung der Verpflichtung, die für ihn aus dem seinem Gatten übertragenen Recht entspringt, ausschließen kann, ohne damit zugleich den Ehekonsens zu zerstören.

Will man zu einer wissenschaftlich sauberen Stellungnahme vordringen, so muß man den Streitpunkt ganz klar ins Auge fassen. Am besten geschieht dies nicht mit den Termini ius und usus iuris, weil es nicht so sehr auf das Recht, sondern auf die Pflicht des Gatten ankommt. Dagegen läßt sich mit den Begriffen animus se obligandi und animus adimplendi oder richtiger noch mit dem negativen Begriffspaar Nichtverpflichtungswille und Nichterfüllungswille das entscheidende Problem scharf umreißen.

Die erste Ansicht behauptet: Nur der Nichtverpflichtungswille (animus non se obligandi) mache die Ehe nichtig. Ein bloßer Nichterfüllungswille (animus non adimplendi) lasse die Gültigkeit der Ehe unberührt. Und es sei möglich, daß jemand bei der Heirat die eheliche Verpflichtung als solche übernehmen und doch gleichzeitig die übernommene Verpflichtung nicht erfüllen wolle.

Die zweite Ansicht vertritt hingegen: Auch schon der Nichterfüllungswille lasse keine gültige Ehe zustande kommen. Denn in ihm sei zwangsläufig und begriffsnotwendig bereits der Nichtverpflichtungswille enthalten.

---

[11] Vgl. die Kritik von Ermanno *Graziani* an dem Urteil der Rota vom 23. 2. 1951 in: Il diritto ecclesiastico 62, 1951, S. 549—552.
[12] Vgl. Carolus *Holböck,* Tractatus de iurisprudentia Sacrae Romanae Rotae, Graz-Wien-Köln 1957, S. 142.

Wer von vornherein nicht leisten wolle, der wolle sich auch nicht verpflichten.

Die Kernfrage lautet also: Ist beim Eheabschluß das gleichzeitige Zusammenbestehen von Verpflichtungswillen (animus se obligandi) und Nichterfüllungswillen (animus non adimplendi) begrifflich möglich? Dabei zielt die Frage, wie wohl zu beachten ist, hier zunächst ganz ausschließlich auf die begriffliche Möglichkeit. Auszuscheiden hat vorerst die Überlegung, ob psychologisch ein Parallellaufen der beiden Willensentschlüsse schwerlich oder kaum einmal wird anzutreffen sein. Mit dieser psychologischen Seite des Problems werden wir uns noch hernach zu befassen haben. Im Augenblick aber soll es allein darum gehen, ob das Zusammensein von Verpflichtungswillen und Nichterfüllungswillen logisch, begrifflich denkbar ist oder nicht.

Verpflichtungswille und Nichterfüllungswille könnten dann und nur dann begrifflich nicht zusammen existieren, wenn ihr Objekt identisch wäre. Dann würde ja der eine Wille bejahen, was gleichzeitig der andere verneinte, was logisch einen Widerspruch ergäbe. Worin besteht nun das Objekt des einen und das des anderen Entschlusses?

Im Verpflichtungswillen ist Objekt die Übertragung des ehelichen Rechts an den Partner und die Übernahme der entsprechenden Verpflichtung. Die Verpflichtung als solche wird gewollt. Die Verpflichtung bezieht sich naturgemäß darauf, dem Partner die eingegangene Bindung zu erfüllen, ihm also auf sein Verlangen den ehelichen Verkehr zu gewähren und die eheliche Treue zu wahren. Aber diese Akte selbst sind nicht unmittelbar der Gegenstand des Verpflichtungswillens. Direkter Gegenstand ist vielmehr die Verpflichtung zu diesen Akten, die Übernahme der Bindung. Verpflichtungswille meint die voluntas assumendi obligationem.[13] Spezifisches Objekt ist die obligatio adimplendi, nicht das adimplere selbst.

Der Nichterfüllungswille hingegen hat zum unmittelbaren Gegenstand die künftigen Akte selbst, mit denen die übernommene Verpflichtung erfüllt werden soll. Unbeschadet der im Ehevertrag bejahten Verpflichtung und Bindung als solcher wird hier die Absicht gefaßt, die übernommenen Pflichten nicht einzuhalten. Spezifisches Objekt ist hier nicht die obligatio, sondern das adimplere obligationem.

Beide Objekte sind selbstverständlich aufs engste aufeinander hingeordnet, jedoch identisch sind sie nicht. Und daher ist es begrifflich nicht unmöglich, daß Verpflichtungswille und Nichterfüllungswille zusammen vorliegen können. Logisch widerspruchsvoll wäre es nur, wenn gleichzeitig nebeneinander bestehen sollten eine voluntas assumendi obligationem und eine voluntas non assumendi obligationem adimplendi. Denn hier würde

---

[13] Vgl. Ludovicus *Bender,* Ius et usus iuris, in: Ephemerides iuris canonici 9, 1953, S. 39—47.

das gleiche Objekt, nämlich die Übernahme der Verpflichtung zugleich akzeptiert und verworfen, was schlechterdings nicht geht. Aber Bender bemerkt hierzu scharfsinnig: „Voluntas *non adimplendi* est aliquid omnino aliud ac voluntas *non assumendi obligationem adimplendi.*"[14] Im Verpflichtungswillen wird bejaht die „obligatio"; im Nichterfüllungswillen wird verneint der „actus, quo obligatio adimpletur"[15]. Da diese beiden Objekte trotz enger Verwandtschaft nicht identisch sind, ist das Zusammenbestehen von Verpflichtungswillen und Nichterfüllungswillen begrifflich nicht unmöglich.

Man hat dagegen eingewandt: „Jeder Gatte muß auf Verlangen des anderen die eheliche Pflicht leisten; wer diese Pflicht nicht übernehmen will, hat keinen Ehewillen, und es läßt sich für den Zeitpunkt der Eheschließung in dieser Pflichtbeziehung nicht unterscheiden zwischen dem Willen, sich nicht zu verpflichten, und dem Willen, nicht zu erfüllen. Inhalt der ehelichen Pflicht ist nämlich die Mitwirkung zum ehelichen Akt, d. h. das Erbringen höchstpersönlicher Leistungen. Es ist nicht nur psychologisch schwierig, sondern logisch unmöglich, daß der innere Ehewille zugleich darauf gerichtet sein könne, zu leisten und nicht zu leisten."[16] Zweifellos hat der Einwand insofern Recht, daß, wer die eheliche Verpflichtung nicht übernehmen will, auch keinen Ehewillen besitzt; ebenso, daß der Wille nicht gleichzeitig darauf gerichtet sein kann, zu leisten und nicht zu leisten. Aber in der zur Erörterung stehenden Situation wird auch gar nicht behauptet, daß der Wille zugleich beabsichtigt, zu leisten und nicht zu leisten. Vielmehr geht es darum, daß der Wille gleichzeitig dahin zielt, sich auf eine Leistung zu verpflichten und doch die Leistung nicht zu erbringen. Einen logischen Widerspruch enthält das nicht. Denn in dem einen Fall hat der Wille zum Gegenstand die obligatio adimplendi, in dem anderen hingegen das adimplere obligationem. Selbstverständlich *sollte* mit der voluntas se obligandi die voluntas adimplendi obligationem parallel gehen. Aber auch wo das nicht zutrifft oder gar positiv eine voluntas non adimplendi obligationem gesetzt ist, wird damit nicht zwangsläufig die voluntas se obligandi zerstört. Weil beide ein verschiedenes Objekt haben, ist ihr Zusammenbestehen vom rein Begrifflichen her gesehen nicht unmöglich.

Das gleiche Problem, wie es hier für den Ehekonsens auftauchte, stellt sich übrigens in analoger Weise für das *Gelübde*. Aus dem, was Thomas von

---

[14] Ephemerides iuris canonici 9, 1953, S. 46. Die logische Schlüssigkeit in den Ausführungen *Benders* wird auch durch die Kritik *Fedeles* (Ephemerides iuris canonici 14, 1958, S. 215) und *Grazianis* (Ermanno *Graziani*, Volontà attuale e volontà precettiva nel negozio matrimoniale canonico, Mailand 1956, S. 84 f.) nicht erschüttert, sofern man sich nur vor Augen hält, daß es hier einzig um die begriffliche Möglichkeit, nicht um die psychologische Tatsächlichkeit geht.

[15] *Bender* in: Ephemerides iuris canonici 9, 1953, S. 46, A. 1.

[16] *Eichmann-Mörsdorf*, Lehrbuch 2, S. 223.

Aquin zum Begriff des Gelübdes schreibt, könnte man jedoch wiederum einen Einwand gegen die Unterscheidung von Verpflichtungswillen und Erfüllungswillen vorbringen wollen. In seiner Summa theologica heißt es: „Ad veram et perfectam voti rationem tria ista concurrere debent: deliberatio, propositum voluntatis atque promissio. Respondeo dicendum quod votum quandam obligationem importat ad aliquid faciendum vel dimittendum. Obligat autem homo se ... ad aliquid per modum promissionis. ... Promissio autem procedit ex proposito faciendi. Propositum autem aliquam deliberationem praeexigit, cum sit actus voluntatis deliberatae. Sic ergo ad votum tria ex necessitate requiruntur: primo quidem deliberatio; secundo propositum voluntatis; tertio promissio, in qua perficitur ratio voti"[17].

Die promissio meint das Versprechen, sich auf eine Leistung einem anderen gegenüber zu verpflichten; in ihr liegt der Verpflichtungswille. Ein solches Geloben aber geht, wie Thomas darlegt, aus dem propositum faciendi hervor; der Gelobende muß zuvor und zugleich den Vorsatz haben, etwas zu tun oder zu unterlassen, also den Willen, auch tatsächlich das Versprochene zu leisten: Leistungs- oder Erfüllungswillen. Zum wahren und vollkommenen Begriff des Gelübdes gehören somit nach Thomas promissio *und* propositum, Verpflichtungswille *und* Leistungswille.

Wie steht es dann jedoch, falls jemand beim Gelübde zwar das Versprechen abgibt und dabei auch den Willen aufbringt, sich auf die versprochene Leistung zu verpflichten, aber zugleich die Absicht hegt, das Versprochene tatsächlich nicht zu leisten? Liegt in solchem Falle, da zum votum nach dem Gesagten auch das propositum faciendi gehört, überhaupt noch ein wirkliches Gelübde vor?

Mit dieser Schwierigkeit hat sich Kardinal Cajetan (1469–1534) eingehend befaßt und in seinem Kommentar zur Summa theologica folgende Antwort entwickelt. Er unterscheidet die plena voti ratio, die diminuta seu monstruosa ratio voti und die fictio voti. Bei der vollkommenen Form des Gelübdes muß mit dem Versprechen zugleich der echte Leistungswille gekoppelt sein. Man beachte, daß in der oben zitierten Thomasstelle das propositum faciendi ebenfalls gefordert ist ad veram et perfectam (!) voti rationem. Daneben gibt es noch eine verkürzte oder entstellte Form des Gelübdes: Jemand will sich mit dem Versprechen verpflichten, verbindet damit aber die Absicht, das Versprochene nicht einzuhalten: Verpflichtungswille ohne Leistungswillen. So mangelhaft und tadelnswert ein solches Verhalten ist, so hat man es dabei, wie Cajetan mit Betonung hervorhebt, doch mit einem wirklichen Gelübde zu tun. Anders liegt es bei der dritten Form, der fictio voti. Hier fehlt es nicht nur an dem propositum faciendi, sondern zugleich an dem animus promittendi; die Worte des Gelübdes werden nur äußerlich gesprochen, aber ohne Versprechens- oder Verpflich-

---
[17] *Thomas von Aquin*, Summa theologica 2, 2 q. 88 a. 1 corp.

tungswillen. Das ist nichts anderes als eine Lüge; ein Gelübde kommt hier überhaupt nicht zustande.[18]

In unserem Zusammenhang kommt es auf die zweite Form des Gelübdes an. Aus der Wendung „diminuta seu monstruosa ratio voti" darf man nicht den Schluß ziehen, hier seien die notwendigen Elemente eines Gelübdes so verkürzt und entstellt, daß ein solches Gelübde nichtig sei. Das Gegenteil unterstreicht Cajetan mit Nachdruck: Zum unerläßlichen Wesen des Gelübdes gehört nur die vera intentio promittendi; wo diese gegeben ist, da liegt, unbeschadet eines gewiß verwerflichen animus non servandi promissum, ein wirkliches Gelübde mit voller Verbindlichkeit vor. Cajetan erläutert dies mit einem Vergleich: Ein Mann ohne Hand oder Fuß ist trotz seiner Verstümmelung ein wirklicher Mensch. Ebenso bleibt ein Gelübde trotz mangelnden Leistungswillens immer noch, sofern der Verpflichtungswille besteht, ein echtes und gültiges, wenn auch fehlerhaftes Gelübde.[19]

Für das Gelübde können wir mithin die gleiche Feststellung treffen, wie sie oben für den Ehevertrag entwickelt wurde: Zum Zustandekommen ist unerläßlich nur der Verpflichtungswille. Daß zugleich der Wille nebenherlaufen kann, die eingegangene Verpflichtung nicht einzuhalten, ist rein

---

[18] Commentaria Cardinalis *Caietani*, in: Sancti Thomae Aquinatis opera omnia, Bd. 9, Rom 1897, S. 237:
„In primo modo promittendi, scilicet animo promittendi et servandi promissum, plena voti ratio invenitur: et omnes tres actus, scilicet deliberare, proponere et promittere, super materiam voti cadunt, ut patet.
In secundo vero modo, scilicet animo promittendi sed non animo servandi promissum, diminuta seu monstruosa ratio voti invenitur. Est tamen ibi vere ratio essentialis voti et illius vinculum, cum peccato mortali tunc et quandiu in tali voluntate non servandi promissum perseverat. Patet enim ibi salvari voti essentiam ex eo quod vere intendit profiteri seu promittere ...
In tertio autem modo voti, scilicet cum quis profitetur aut vovet sola voce sine animo promittendi, ratio aut vinculum voti non invenitur secundum veritatem: unde non est ibi votum, sed voti fictio."

[19] Commentaria Cardinalis *Caietani*, a. a. O., S. 238: „Assignantur autem huiusmodi tres conditiones necessariae ad votum perfectum, non ad votum diminutum. Sicut, si diceretur quod partes necessariae ad personam humanam sunt manus, pedes, cor etc., verum diceretur de persona humana perfecta intelligendo: cum quo tamen stat quod humana persona posset inveniri sine manibus et pedibus. Ex hoc modo votum invenitur cum sola promissione cadente super materiam voti, absque reliquis conditionibus seu actibus cadentibus super eandem. Distinctio igitur voti in votum perfectum et monstruosum quaestionem solvit."
Die katholische Moraltheologie der Gegenwart lehrt in gleicher Weise, daß die Absicht, das Gelobte nicht erfüllen zu wollen, die Gültigkeit des Gelübdes nicht verhindert, falls nur der Wille vorliegt, sich mit dem Gelübde zu binden. Vgl. z. B. H. *Noldin* — A. *Schmitt* — G. *Heinzel*, Summa theologiae moralis, Bd. 2, Innsbruck 1955[31], S. 186: „Votum fictum seu emissum sine voluntate promittendi aut se obligandi nullum est; votum autem cum animo se obligandi, sed non implendi validum est, sed graviter vel leviter illicitum pro ratione materiae." Im selben Sinne Otto *Schilling*, Handbuch der Moraltheologie, Bd. 2, Stuttgart 1954[2], S. 162; Ludovicus J. *Fanfani*, Manuale theorico-practicum theologiae moralis, Bd. 3, Rom 1950, S. 79; Benedictus Henricus *Merkelbach*, Summa theologiae moralis, Bd. 2, Brügge 1949[8], S. 728.

begrifflich nicht unmöglich; das Fehlen des Leistungswillens allein würde den Akt aber nicht ungültig machen.

3. These: Psychologisch schließt der Nichterfüllungswille oft den Verpflichtungswillen aus

Die bisherigen Überlegungen bewegten sich bewußt in der Sphäre des Logischen, sie beschränkten sich auf die Frage, ob allein nach den Denkgesetzen ein Verpflichtungswille mit einem Nichterfüllungswillen vereinbar ist oder nicht. Das Ergebnis lautete, daß ein logischer Widerspruch nicht besteht.

Bei diesen Erwägungen wurde vorerst die psychologische Seite ausgeklammert. Das Psychologische darf aber keineswegs übergangen bleiben. Ja, das Psychologische hat, wie man sich deutlich zu Bewußtsein bringen muß, für die richterliche Entscheidung das ausschlaggebende Übergewicht. Denn das Urteil über die Gültigkeit einer Ehe hängt nicht davon ab, ob das Nebeneinanderexistieren von Verpflichtungswillen und Nichterfüllungswillen grundsätzlich logisch möglich ist, sondern ausschließlich davon, ob neben dem Nichterfüllungswillen psychologisch ein Verpflichtungswille noch faktisch vorgelegen hat.

Nach der logischen Seite wurde oben nachdrücklich betont, daß es nicht undenkbar ist, daß mit dem Nichterfüllungswillen zugleich noch ein Verpflichtungswille besteht. Aber nicht minder entschieden muß man hervorheben, daß die Sache psychologisch in der Regel anders liegt. Psychologisch wird die Verbindung der beiden Willensentschlüsse oft sehr schwierig sein und tatsächlich in vielen Fällen nicht zutreffen. *Sehr häufig* wird es so sein: *Wer nicht erfüllen will, will sich auch nicht verpflichten.*

Wann aber liegt das vor? Und wie ist das zu erkennen? Die gerichtliche Praxis stellt mit Recht die Forderung, ob es nicht ein *Kriterium* gebe, mit dem man erkennen könne, wann der animus non adimplendi zum animus non se obligandi wird und so die Nichtigkeit der Ehe herbeiführt. Die Literatur der vergangenen Jahre hat diesem für die Rechtsprechung eminent wichtigen Anliegen wiederholt ihr Augenmerk geschenkt.

Giacchi[20] glaubt, das Kriterium im folgenden gefunden zu haben. Der Wille, Nachkommenschaft zu verhüten oder die eheliche Treue zu brechen, komme dann einem Nichtverpflichtungswillen gleich, wenn der Entschluß aus einer eigenen Eheauffassung fließe, nämlich aus der Auffassung von der Ehe als einer Verbindung ohne Pflicht zum debitum coniugale oder ohne Pflicht zur Treue, und diese eigene Eheauffassung bewußt der vielleicht

---

[20] Orio *Giacchi*, Il consenso nel matrimonio canonico, Mailand 1950, S. 76 f.

auch nur konfus gekannten Eheauffassung der Kirche gegenübergestellt werde.²¹

Der Spanier Mans hat in seiner jüngsten Studie zu unserem Problem gleichfalls ein Kriterium für Nichtverpflichtungswillen herausgearbeitet. In Abweichung von Giacchi fordert er: Der Nupturient müsse bei seiner Absicht, die eheliche Treue zu brechen oder den naturgetreuen ehelichen Verkehr zu verweigern, zugleich das Bewußtsein haben, mit einer solchen Intention die Rechte des Partners zu verletzen, oder, wo es sich um eine Absprache beider Teile handelt, das Bewußtsein, hiermit gegen das objektive Recht des Ehegesetzes zu verstoßen. Bei einer derartigen Bewußtseinslage dürfe man folgern, daß er auch das ius ipsum ausschließen wollte.²²

Zweifellos wird man Mans insoweit zustimmen dürfen, daß in dem von ihm gezeichneten Tatbestand wirklich ein Nichtverpflichtungswille und somit die Ungültigkeit der Ehe zu vermuten ist. Aber fraglich erscheint, ob das angegebene Kriterium umfassend genug ist, um alle Fälle des animus non se obligandi zu treffen. Das wird man verneinen müssen. Denn, wie hernach noch näher zu zeigen bleibt, liegt überall dort, wo über die Nichterfüllung ehelicher Pflichten zwischen den Gatten eine bindende Absprache vereinbart war, sicher Nichtverpflichtungswille vor; und zwar gilt das unter allen Umständen, unabhängig davon, ob ihnen dabei zu Bewußtsein kommt, daß eine solche Vereinbarung eine objektive Rechtsverletzung darstellt. Auch wo letzteres nicht zuträfe, wo also das von Mans geforderte Kriterium nicht gegeben wäre, hätte man es doch mit einer ungültigen Ehe zu tun.

Wo aber hat man das richtige Kriterium zu suchen, das dem Richter die Entscheidung ermöglicht, ob mit einem Nichterfüllungswillen zugleich ein Nichtverpflichtungswille gekoppelt ist? Zwei Regeln seien hierfür an die Hand gegeben, die eine als Grundregel, die andere aushilfsweise als eine Ausweichregel.

---

[21] *Giacchi*, Il consenso, S. 76: „Se il soggetto intende violare l'obbligo in conseguenza d'una sua costruzione intellettuale del matrimonio, di un suo ‚pensiero', o ‚modo di pensare', si ha vera e propria ‚intentio non se obligandi'; se invece tale elemento intellettuale è assente si ha soltanto ‚intentio non adimplendi'." S. 77: „Il nubente, sostituendo la propria concezione a quella della Chiesa, positivamente esclude quella o quelle proprietà dell'istituto matrimoniale che con quella concezione contrastano."

[22] Jaime M. *Mans*, La distinción entre el derecho y su ejercicio en las causas de nulidad de matrimonio por exclusión de la prole y de la fidelidad, in: Festschrift für José M. Pi y Suner, Barcelona 1962, S. 607: „En suma, para que el acto positivo de la voluntad por el cual se excluya alguno de los bienes del matrimonio pueda reputarse que afecta al derecho en sus principios, precisa la presencia en el ánimo del contrayente de la consideración de que para que prospere su interés, que estriba en tal exclusión, ha de ser *en detrimento de los derechos subjetivos* de la otra parte, y en el caso de acuerdo con ella, *con infracción del derecho objetivo* establecido en la ley."

Grundregel: Bei Nichterfüllungswillen steht, sofern es sich wirklich um einen echten Entschluß handelt, die Präsumtion zugleich für Nichtverpflichtungswillen.

Dazu vier Bemerkungen:

a) Um zu einer sachgerechten Regel zu gelangen, wird man sich die *psychologische Situation* dessen vergegenwärtigen müssen, der eine Bindung eingeht, aber von vornherein die daraus erwachsenden Pflichten nicht oder nicht in allem einhalten will. Wie stellt sich nach den normalen Sachverhalten des Lebens die Intention eines solchen Menschen dar? Wie ist tatsächlich sein Wille in dieser Lage gemeint? Nach allgemein menschlicher Erfahrung wird man sagen müssen: *Wer nicht erfüllen will, will sich in aller Regel auch nicht verpflichten.*

Man nehme ein Beispiel: Ein Ordensmann steht vor der Leistung der ewigen Gelübde. Innerlich hat er bereits mit dem Klosterleben gebrochen. Aber da er daheim seine Mutter schwer erkrankt liegen weiß und befürchtet, sein Klosteraustritt werde ihr den letzten Stoß geben, bleibt er vorerst; er macht die Profeß mit, doch in dem festen Entschluß, nach dem bald zu erwartenden Tod der Mutter sich über die Gelübde hinwegzusetzen und das Kloster zu verlassen. Wie ist psychologisch die Intention des Mannes gemeint? Es ist klar, daß er nicht erfüllen will. Doch alles spricht dafür, daß es nicht ein bloßer Nichterfüllungswille war, sondern daß er mit der Profeß nicht einmal die Bindung und Verpflichtung als solche anerkennen und übernehmen wollte, daß er vielmehr simulieren wollte. Wer von vornherein die Leistung zu verweigern unbedingt entschlossen ist, von dem wird man normalerweise annehmen müssen, daß er damit eo ipso auch die Verpflichtung zur Leistung negieren will. Gewiß, rein begrifflich wäre die andere Haltung noch denkbar: „Erfüllen werde ich nicht, aber die Verpflichtung als solche will ich übernehmen." Aber was wäre psychologisch als Voraussetzung erforderlich, daß er tatsächlich seine Intention so faßte? Hier müßte er ein ganz bestimmtes Bewußtsein mit seinem Entschluß verbinden. Er müßte das Nein zu der Erfüllung und das Ja zu der Verpflichtung als zwei getrennte Dinge vor sich sehen; der Unterschied zwischen beidem müßte in die Bewußtheit hinaufgehoben und von ihm irgendwie erkannt sein. Dann wäre es psychologisch vollziehbar, daß er die Verpflichtung bejaht, obschon er die Erfüllung verneint. Freilich wird eine solche Bewußtseinslage höchst selten nur in Grenzsituationen verwirklicht sein. Wo aber jemand jenen Unterschied gar nicht ins Bewußtsein bekommen hat, erst recht, wo er von der logischen Möglichkeit des genannten Unterschiedes überhaupt keine Kenntnis besitzt, da bleibt es psychologisch unverständlich, wie er, der die Erfüllung verweigern will, doch noch ein Ja zu der Verpflichtung soll gesetzt haben. Von dieser psychologischen Erwägung aus kommt man zu dem

Schluß: Wer nicht erfüllen will, der will sich normalerweise auch nicht verpflichten.

Immerhin könnte jemand vielleicht den Einwand vorbringen: Die vorhin genannte Regel treffe wohl zu, wenn einer die Leistungen eines Vertrages nie und in keiner Weise zu erfüllen gewillt sei. Anders aber müsse man urteilen, wenn jemand *nur einen Teil* der Leistungen oder *nur auf Zeit* nicht zu erfüllen beabsichtige. Bei ihm sei doch wohl folgende Intention anzunehmen: „Ich werde zwar ein Nebenverhältnis noch eine Weile nach der Heirat fortsetzen oder in den ersten fünf Jahren der Ehe die Erzeugung von Nachkommenschaft verhindern; aber im übrigen binde ich mich." Hiermit sei doch der Bindewille, der Verpflichtungswille gegeben. Ist das psychologisch richtig gesehen? Was bedeutet das „im übrigen" des Satzes „Im übrigen binde ich mich"? Schwerlich ist damit gemeint, daß er die Bindung insgesamt anerkenne, daß er die Verpflichtung als solche auch für das volle Einhalten der ehelichen Treue und für das sofortige Gewähren des naturgetreuen Eheverkehrs übernehmen wolle und nur der eingegangenen Verpflichtung zuwider zu handeln beabsichtige. So könnte man das „im übrigen" nur deuten, wenn er bewußt zwischen Verpflichtung und Erfüllung unterscheidet, was aber nur selten vorliegen dürfte. Wo jedoch diese Unterscheidung nicht ins Bewußtsein getreten ist, da soll das „im übrigen" nur sagen: „Alles andere an Pflichten akzeptiere ich, nur das eine (ehebrecherisches Nebenverhältnis, Mißbrauch der Ehe in den ersten Jahren) klammere ich aus." Für diesen Teilpunkt wird die Verpflichtung ausgeschlossen, was allein schon trotz des *sonstigen* Verpflichtungswillens die Nichtigkeit der Ehe herbeiführt. Im Ergebnis deckt sich dies, wenn auch mit anderer Begründung, im wesentlichen mit dem, was Mörsdorf zu dem Problem äußert: Wer die ehelichen Pflichten auch *nur zum Teil* nicht erfüllen wolle, etwa solange eine wirtschaftliche Notlage andauere, mache damit seine Eheschließung ungültig, falls die Ehe nur mit diesem Vorbehalt gewollt sei.[23] Mörsdorf sieht darin allerdings eine absolute Feststellung, da er ein Zusammenbestehen von Nichterfüllungswillen und Verpflichtungswillen als logisch unvereinbar betrachtet. Nach der hier entwickelten zurückhaltenderen Auffassung kann man dagegen nur von einer Präsumtion, immerhin von einer wohl begründeten Präsumtion reden: Wenn auch das Gegenteil begrifflich nicht völlig undenkbar ist, so spricht doch die allgemeine Erfahrung zunächst einmal für die psychologische Regel: Wer die Leistung nicht erfüllen will, will normalerweise auch die Verpflichtung zu dieser Leistung nicht übernehmen.

b) Unerläßliche *Voraussetzung* für die hier dargelegte Präsumtion muß freilich sein, daß ein Nichterfüllungswille eindeutig vorliegt. Im Grunde ist

---

[23] *Eichmann-Mörsdorf,* Lehrbuch 2, S. 223 f.

damit nur eine Selbstverständlichkeit gesagt. Man kann nicht von A auf B schließen, wenn A selbst noch umstritten ist; man kann nicht aus einem Nichterfüllungswillen einen Nichtverpflichtungswillen präsumieren, solange der Wille, nicht zu erfüllen, noch irgendwie zweifelhaft bleibt. Und doch dürfte es nicht unnütz sein, auch diese Selbstverständlichkeit nachdrücklich in Erinnerung zu rufen, um einer leichtfertigen Anwendung der Präsumtion vorzubeugen.

Der animus non adimplendi muß in einem wirklichen Entschluß, in einem positivus voluntatis actus gegeben sein. In manchen Eheprozessen kann davon aber in Wahrheit keine Rede sein, mag auch von den Parteien vorgebracht werden, man habe einen Vorbehalt gegen die Erzeugung von Nachkommenschaft oder gegen die eheliche Treue gesetzt.

Da trägt z. B. eine Klägerin vor, ihr Mann habe über die Heirat hinaus ein anderes Liebesverhältnis fortgeführt; wie sich aus den Zeugenaussagen ergibt, hat der Mann tatsächlich schon vor der Hochzeit mit dem Gedanken gespielt, das Verhältnis trotz der Eheschließung nicht abzubrechen. Solch ein Spielen mit dem Gedanken, solch ein Erwägen und In-Betracht-Ziehen ist jedoch noch kein positiver Entschluß, bei dem man erst von einem wirklichen Nichterfüllungswillen sprechen könnte.

In einem anderen Beispiel geht es um die Beschränkung der Kinderzahl. Auf seiten der Braut bestand der Wunsch, daß aus der Ehe nicht mehr als zwei Kinder hervorgehen sollten. Doch solch ein Wünschen und Tendieren ist, auch wenn man nachweisen könnte, daß man eine derartige Überlegung ins Auge gefaßt und ventiliert hat, noch nicht ein wirklicher Entschluß. Wer zu etwas gewillt oder geneigt ist, hat damit noch nicht positiv den entsprechenden Willensakt gesetzt.

Aber erst ein positiver Willensentschluß, die ehelichen Verpflichtungen nicht einzuhalten, gibt das Recht, einen Nichtverpflichtungswillen zu präsumieren. Daher wurde in die oben genannte Grundregel die Einschränkung eingebaut: sofern es sich bei dem Nichterfüllungswillen wirklich um einen echten Entschluß handelt.

c) Mit der Grundregel ist eine *Präsumtion* und eben auch *nur* eine Präsumtion aufgestellt. Das besagt: Die allgemein menschliche, psychologische Erfahrung lehrt, daß normalerweise keiner sich auf eine Leistung verpflichten will, der von vornherein entschlossen ist, diese Leistung nicht zu erfüllen. Wo ein derartiger Nichterfüllungswille eindeutig vorliegt, darf man daher für den Normalfall mit Recht annehmen, daß auch die Verpflichtung ausgeschlossen wurde. Freilich nur für den Normalfall. Denn dies liegt im Wesen der richterlichen Vermutung, daß in der konkreten Einzelsituation der Tatbestand einmal von dem Regelfall abweicht und somit ein *Gegenbeweis* offenbleibt.

Auch dafür sei ein Beispiel angefügt, das naturgemäß etwas ausgefallen erscheinen mag, da ein solcher Tatbestand eben nur als Abweichung von den normalen Erfahrungen des Lebens möglich ist. Ein Mann heiratet mit der unumstößlichen Absicht, seine Ehe kinderlos zu halten, weil in seiner Familie eine erbliche Geisteskrankheit vorliegt. Auf der anderen Seite möchte er unter allen Umständen eine gültige Ehe schließen. Nun erfährt er vor der Hochzeit bei der Belehrung über das Ehesakrament, daß zum rechten Ehewillen auch die Bereitschaft gehöre, dem Partner das Recht auf den naturgetreuen ehelichen Verkehr zuzugestehen. Wo dies verweigert werde, sei die Ehe trotz kirchlicher Trauung nichtig. Freilich liege die Ungültigkeit der Ehe nur vor, wo das Recht auf den ehelichen Verkehr als solches ausgeschlossen werde; wenn hingegen der Nupturient die Verpflichtung, dem Partner das debitum coniugale zu gewähren, als Verpflichtung akzeptiere und nur den Willen setze, seine übernommene Verpflichtung nicht einzuhalten, so sei das zwar ebenso moralisch zu verwerfen, doch sei dann die Eheschließung gültig. Unter dem Eindruck dieser Belehrung faßt der Mann seinen Entschluß in folgender Weise: „Ich bin bereit, meiner Frau das Recht auf den ordentlichen ehelichen Verkehr zu übertragen; doch werde ich mich tatsächlich über meine daraus erwachsende Pflicht hinwegsetzen und den Verkehr nur mit empfängnisverhütenden Mitteln ausführen."[24]

In solchem Falle muß vor dem erbrachten Gegenbeweis die Präsumtion unserer Grundregel selbstverständlich zurückstehen. Hier ist tatsächlich einmal trotz des Nichterfüllungswillens doch bewußt ein Verpflichtungswille gesetzt worden. Psychologische Voraussetzung dafür ist, daß der Nupturient den Unterschied von ius ipsum und usus iuris bewußt in den Blick genommen hat.

Wo dies aber nicht der Fall ist — und man wird feststellen müssen, daß eine derartige Bewußtseinslage nur in einer Ausnahmesituation anzutreffen ist —, da darf der Richter sich bei seiner Entscheidung an die Regel des normalen Lebens halten, daß bei Nichterfüllungswillen zugleich ein Nichtverpflichtungswille zu präsumieren ist. Hat er die Überzeugung gewonnen, daß diese Regel allein der wirklichen Intention der Nupturienten im Nor-

---

[24] Vgl. das Rota-Urteil coram Wynen vom 6. 5. 1941, das allerdings von einer etwas anders gelagerten Voraussetzung aus dazu schreibt (SRR 33, 1941 dec. 33 n. 7, S. 363): „Qui enim contrahit solummodo sub conditione evitandae prolis, alias non contracturus, is comparti explicite *denegat* ius ad actus per se aptos ad prolis generationem ... Quae legitima praesumptio, ex ipsa natura rei evidenter effluens, tantum in casu rarissimo ex specialibus circumstantiis destrui potest. Ita aliquis iuris peritus, non obstante conditione evitandae prolis a se apposita, posset declarare: ‚Quamvis frustrationem copulae postulo sub forma conditionis, tamen paratus sum tibi tradere ipsum ius ad copulam coniugalem.' Sed praeter hunc casum artificialiter excogitatum, contrahentes qui hanc distinctionem inter ius et abusum iuris nesciunt — et tales sunt generatim *omnes* contrahentes — invalide contrahere praesumendi et dicendi sunt."

Die Unterscheidung von Nichtverpflichtungswillen und Nichterfüllungswillen 349

malfall gerecht wird, so ist er im Gewissen gehalten, auch seine richterliche Entscheidung hiernach zu treffen.

Wie lange kann der Richter der hier aufgestellten Präsumtionsregel folgen? Handelte es sich um eine praesumptio iuris, so könnte er sich an sie halten, bis das Gegenteil *bewiesen* wäre, also bis nachgewiesen wäre, daß der Nupturient tatsächlich doch einen Verpflichtungswillen gesetzt hatte. In Wirklichkeit aber haben wir es hier nicht mit einer praesumptio iuris, einer vom Gesetz aufgestellten Rechtsvermutung, sondern mit einer aus der Erfahrung des Lebens geschöpften praesumptio hominis zu tun, näherhin mit einer richterlichen Vermutung (praesumptio iudicialis). Solch eine Präsumtion muß schon früher weichen, zumal im Hinblick auf den favor matrimonii des c. 1014. Sie dürfte nicht mehr zur Anwendung kommen, sobald auch nur ein *begründeter Verdacht* auftaucht, der Nupturient könne bewußt zwischen ius und usus iuris unterschieden haben. Solange aber hierfür nicht positive Anzeichen vorliegen, kann man der angegebenen Präsumtion folgen.[25]

d) In *einem* Fall ergibt sich die Gewißheit für Nichtverpflichtungswillen sogar nicht kraft einer bloßen Präsumtion, sondern mit zwingender logischer Schlüssigkeit, nämlich bei einem *pactum*, bei einer Vereinbarung der beiden Ehepartner über die Nichterfüllung einer ehelichen Verpflichtung. Daß diese bindende Absprache nicht nur eine Präsumtion für Nichtverpflichtungswillen an die Hand gibt, sondern schon nach den Gesetzen der Logik einen Verpflichtungswillen absolut unmöglich macht, ist in der Rechtsprechung der Rota wie in der kanonistischen Literatur noch nicht hinreichend herausgestellt.

Auch hier sei wieder auf die notwendige Voraussetzung hingewiesen. Es genügt nicht, daß die beiden Gatten vor der Eheschließung jeder für sich den Wunsch nach einer kinderlosen Ehe hatten; auch nicht, daß sie gelegentlich vor der Hochzeit im Gespräch in Erwägung gezogen hatten, ob sie ihre Ehe überhaupt oder doch für die ersten Jahre kinderlos halten sollten. Gemeint ist vielmehr nur der Tatbestand, daß es hierüber zwischen den

---

[25] Der favor matrimonii des c. 1014 (in dubio standum est pro valore matrimonii) schließt nicht schon grundsätzlich die Anwendung einer praesumptio iudicialis aus. Die von der Rota in vielen Urteilen verfochtene Ansicht, daß bei der exclusio prolis *absoluta ac perpetua* eine exclusio ipsius iuris anzunehmen sei, beruht ebenfalls auf nichts anderem als auf einer praesumptio iudicialis. Gleichwohl trägt die Rota keine Bedenken, bei solcher Sachlage trotz c. 1014 auf Nichtigkeit der Ehe zu erkennen. Sie tut das aus der richtigen Einsicht heraus, daß auch die aus der allgemein menschlichen Erfahrung gewonnene praesumptio iudicialis unter Umständen eine hinreichende moralische Gewißheit schafft, die für einen stichhaltigen Zweifel keinen Raum mehr läßt. Der favor matrimonii kann aber nur dort zum Zuge kommen, wo noch ein dubium offengeblieben ist.

beiden zu einer echten Vereinbarung gekommen ist, mit der sie sich gegenseitig oder wenigstens ein Partner den anderen binden wollte.

Mit solch einer bindenden Absprache, die Ehe kinderlos zu halten, ist ein ausreichender Ehekonsens logisch nicht mehr vereinbar. Zum Wesen des Ehevertrages gehört unabdingbar, daß der Nupturient das ius utendi erhält. Auf dieses ius utendi kann er gar nicht in einer Vereinbarung verzichten, ohne daß damit der Ehekonsens zunichte wird. Wohl kann er in dem Sinne auf das Recht verzichten, daß er hernach von seinem ehelichen Recht de facto keinen Gebrauch macht; ja, er kann einen solchen Verzichtswillen auch schon von vornherein vor der Hochzeit setzen, sogar ihn bereits äußern. Aber er kann hierüber vor oder bei der Heirat dem Partner nicht eine bindende Verzichtserklärung abgeben, er kann sich nicht auf den Verzicht verpflichten. Wo er es dennoch in einer echten Vereinbarung tut, ist kein wahrer Ehevertrag möglich. Im Ehevertrag muß er ja das ius utendi erhalten; er wird berechtigt, den ehelichen Verkehr zu fordern. Aus der genannten Vereinbarung jedoch soll ihm die obligatio non utendi (oder non naturali modo utendi) auferlegt sein; er wird verpflichtet, den ehelichen Verkehr nicht oder nicht in der naturgetreuen Weise zu fordern. Das ist ein logischer Widerspruch. Es ist schon rein begrifflich nicht möglich, daß jemand gleichzeitig das ius utendi erhält und die obligatio non utendi übernimmt. Er wäre dann zugleich berechtigt und nicht berechtigt, den ehelichen Verkehr zu fordern. Man kann nicht ein Recht zugleich haben und nicht haben. Mit einer bindenden Verabredung der Partner gegen Nachkommenschaft ist also stets und zwingend eine exclusio iuris gesetzt.

Das gilt auch schon, wenn die Vereinbarung sich darauf beschränkte, die Erzeugung von Kindern *auf Zeit* auszuschließen, etwa in den ersten Jahren der Ehe oder nach der Geburt des zweiten Kindes. Eine solche Absprache hat, sofern sie wirklich als verbindliche Vereinbarung intendiert war, mit unausweichlicher Zwangsläufigkeit die Nichtigkeit der Ehe zur Folge. Wo jemand sich bindend verpflichtet, für eine gewisse Zeit die Kindererzeugung zu verhüten, so daß er für die vereinbarte Zeit keinen naturgetreuen Eheverkehr fordern dürfe, da ist naturnotwendig das ius ipsum betroffen. Und wenn auch nur ein Teil des ius coniugale als ius ipsum ausgeschlossen wird, ist die Ehe ungültig.

Einem Einwand freilich muß unsere Überlegung noch begegnen. Man könnte nämlich einwerfen: Die Brautleute intendierten ausdrücklich eine gültige Ehe. Zu diesem in sich unangetasteten Ehevertrag solle ihre Vereinbarung über Kinderverhütung nur noch zusätzlich hinzutreten, ohne aber den Ehevertrag selbst dadurch irgendwie in seiner Gültigkeit berühren zu wollen; gleichermaßen wie eine bloße *Auflage*. Wie ein Vertrag durch eine bloße Auflage, anders als bei einer Bedingung, in seiner Gültigkeit nicht beeinflußt werde, so lasse hier die Nebenabsprache der Kinderverhütung nach der bewußten Intention der Partner den Kernvertrag, die Eheschließung, unangefochten bestehen.[26]

So zu argumentieren, geht nicht an. Gewiß hat eine vereinbarte Auflage an sich keinen Einfluß auf die Gültigkeit des Vertrages. Das setzt jedoch voraus, daß die Auflage zum Objekt einen *vertragsfremden* Umstand hat; z. B. bei der Eheschließung die Auflage, daß die Mutter der Braut mit in den Haushalt aufgenommen wird. Anders liegt es, wo die Nebenabsprache etwas negiert, was zum notwendigen Inhalt des Ehevertrages selbst gehört. Hier kann von einer bloßen Auflage, die den Hauptvertrag unberührt lasse, gar nicht die Rede sein. Sofern die Nebenvereinbarung über die Kinderverhütung nur ernstlich gemeint ist, hebt sie einen unerläßlichen Teil des Ehekonsenses selbst auf und zerstört damit den Ehevertrag.

Hilfsregel: Zum mindesten ist der Nichterfüllungswille dann als Nichtverpflichtungswille anzusehen, wenn der Nichterfüllungswille dem Heiratswillen prävaliert.

Bei den bisherigen Erwägungen ergab sich als Kriterium für einen animus non se obligandi auf Grund des normalen psychologischen Sachverhalts die Grundregel: Bei Nichterfüllungswillen steht, sofern es sich wirklich um einen echten Entschluß handelt, die Präsumtion für Nichtverpflichtungswillen.

Freilich muß in aller Ehrlichkeit zugestanden werden: Bisher hat sich diese Regel noch nicht in der Rechtsprechung der Sacra Romana Rota durchsetzen können. Gleichwohl dürfte die Regel völlig zu Recht bestehen. Sie erkennt zwar die prinzipielle Möglichkeit der Unterscheidung von Nichterfüllungs- und Nichtverpflichtungswillen an. Aber sie weiß, daß man das konkrete menschliche Wollen nicht nach dem, was an sich logisch möglich ist, sondern nach dem zu bemessen hat, was de facto in der realen Wirklichkeit gemeint, gewollt, intendiert war; und daß hier nach der realen Erfahrung normalerweise sich nicht verpflichten will, wer von vornherein die Erfüllung zu verweigern beabsichtigt.

Immerhin könnte jemand mit dem Blick auf die Rechtsprechung der Rota, die hier vorerst noch etwas zögert, ein gewisses Bedenken hegen, die Regel schon bei der Urteilsfindung anzuwenden. Ihm sei, gewissermaßen zum Ausweichen auf eine absolut sichere Auffangstellung, ein zweites Kriterium als Hilfsregel aufgezeigt, ohne damit aber die Richtigkeit der Grundregel in Zweifel ziehen zu wollen. Die Hilfsregel könnte man so formulieren: Zum mindesten ist der animus non adimplendi dann als animus non se obligandi anzusehen, wenn der Nichterfüllungswille dem Heiratswillen prävaliert.

Auch hierzu vier Bemerkungen:

---

[26] Vgl. SRR 41, 1949 dec. 75, n. 5, S. 463.

a) Diese Regel spricht von dem *Prävalieren* eines Willens. Sie geht von der Feststellung aus, daß bei einem Vorbehalt des c. 1086 § 2 zwei Willensentschlüsse miteinander in Konkurrenz liegen. Das eine ist der Wille, eine richtige Ehe einzugehen. Das andere ist der Nichterfüllungswille, der Vorbehalt, die ehelichen Verpflichtungen nicht oder nicht in allem zu erfüllen, also z. B. die Erzeugung von Nachkommenschaft durch Mißbrauch der Ehe zu verhindern oder es mit der ehelichen Treue nicht genau zu nehmen. Die Regel fordert nun, daß man die beiden Entschlüsse gegeneinander abwägt und konstatiert, bei welchem das Übergewicht liegt. Ist der Vorbehalt so stark, daß der Nupturient lieber auf die Ehe verzichten würde, als den Vorbehalt fallen zu lassen, so ist ohne weiteres anzunehmen, daß er sich auf einen naturgetreuen Eheverkehr oder auf die eheliche Treue nicht einmal verpflichten wollte, daß er also das ius ipsum ausgeschlossen hatte.

Die These von dem prävalierenden Willen meint nicht, daß der Nupturient selber schon bewußt das Abwägen vorgenommen hätte. Gemeint ist vielmehr: Er muß seinen Vorbehalt mit solcher Intensität gefaßt haben, daß er, *wenn* er vor die Wahl „Entweder Ehe oder Vorbehalt" gestellt worden *wäre,* sich eindeutig für den Vorbehalt entschieden hätte, also lieber die Ehe hätte fahren lassen. Der Vorbehalt müßte, wie Staffa einmal in einer Rota-Sentenz diesen Sachverhalt wiedergibt, die Kraft einer *condicio interpretativa* besitzen.[27]

Daß in solchem Falle vernünftigerweise ein Nichtverpflichtungswille anzunehmen ist, wird man ohne Einschränkung bejahen. In unserer Grundregel wurde sogar behauptet, daß bereits jeder echte Nichterfüllungswille die Vermutung auf Nichtverpflichtungswillen rechtfertige. A fortiori gilt eine solche Präsumtion, wo der Vorbehalt obendrein die Prävalenz vor dem Heiratswillen hat.

b) Wer dem Kriterium des prävalierenden Willens folgt, kann sich dabei auf die Rechtsprechung der *Rota* berufen. Gerade die neuere Judikatur der Rota hat diesen Gesichtspunkt der intentio praevalens stark in den Vordergrund gerückt. Am eingehendsten ist die These von Dino Staffa dargelegt, einmal in der scharfsinnigen Rechtsbegründung zum Urteil vom 5. 8. 1949[28], sodann in seiner Schrift De conditione contra matrimonii substantiam.[29] Auf der gleichen Linie bewegen sich eine Reihe von Rota-Entscheidungen aus den letzten Jahren. Erwähnt seien die Urteile:

9. 2. 1957 coram Mattioli[30],

---

[27] Urteil vom 5. 8. 1949, in: Ephemerides iuris canonici 6, 1950, S. 579. Merkwürdigerweise fehlt dieser Satz in der offiziellen Publikation der Rota-Entscheidungen: SRR 41, 1949 dec. 75, n. 7, S. 464.
[28] SRR 41, 1949 dec. 75, nn. 2–11, S. 462–466.
[29] S. 51–53.
[30] Ephemerides iuris canonici 15, 1959, S. 244 f.

5. 12. 1957 coram Lefebvre[31],
26. 4. 1958 coram Lefebvre[32],
23. 1. 1959 coram Sabattani[33],
13. 11. 1959 coram Sabattani[34].

Ein charakteristisches Beispiel bieten die Sätze in dem angeführten Urteil coram Mattioli: „Distinctio, quoad huiusmodi bona (sc. prolis et fidei), ius inter et exercitium iuris, in recta doctrina canonica et in constanti N. S.O. iurisprudentia fundata, omnino servanda est. Agnosci tamen debet contrahentes, qui, ut plurimum, iuris expertes sunt, talem distinctionem generatim ignorare. Quapropter, cum similia bona detrectata asseruntur, praecipue inquirendum erit, ut de valore consensus rectum iudicium ferri possit, num asserta exclusio praevalens habenda sit, idest num praecipue, et fortius quam voluntas ad normam contrahendi, a contrahente decernatur: ita ut conditionem mentalem, seu mente retentam, coaequare dicenda sit. Quod non difficile diiudicari potest, maxime si firmitati propositi attendatur, pariterque motivis seu causis, quae praetensae exclusioni locum fecerunt, ita ut apprime pateat quanti nupturiens exclusionem aestimaverit, et quanti matrimonium normale; quidve, in alternativa positus, libere elegisset."[35]

Der Rota-Auditor Felici trifft in seiner Studie über die psychologische Methode in kirchlichen Prozessen die allgemeine Feststellung: Die neuere Rechtsprechung der Rota entscheidet in Eheprozessen propter exclusum bonum prolis vel fidei in erster Linie nach der voluntas praevalens.[36]

c) Freilich muß man vor einer Übersteigerung dieses Kriteriums des prävalierenden Willens warnen. Man hat sich nämlich vor Augen zu halten, daß man auf diese Weise auch *nicht mehr als eine Präsumtion* besitzt. Diese Grenze ist nicht immer klar erkannt. Staffa behauptet, daß überall dort, wo der Vorsatz, Kinder für immer oder auch nur für eine gewisse Zeit auszuschließen, so stark war, daß er zur eigentlichen *Bedingung* der Eheschließung erhoben wurde, zwingend Nichtverpflichtungswille vorliege, und zwar nicht kraft einer aus der Erfahrung geschöpften Präsumtion, sondern kraft logischer Schlüssigkeit.[37]

Dem kann man nicht zustimmen. Man nehme folgenden, gewiß eher konstruierten als wirklichen Fall: Jemand, der um den Unterschied von ius

---

[31] Ephemerides iuris canonici 15, 1959, S. 213.
[32] Ephemerides iuris canonici 16, 1960, S. 206 f.
[33] Ephemerides iuris canonici 16, 1960, S. 205 f.
[34] Ephemerides iuris canonici 16, 1960, S. 205.
[35] Ephemerides iuris canonici 15, 1959, S. 244 f.
[36] Pericles *Felici,* De investigatione psychologica in causis ecclesiasticis definiendis, in: Apollinaris 32, 1959, S. 210.
[37] SRR 41, 1949 dec. 75, n. 3, S. 462: „*Conditio,* proprie dicta, cum ex ea contractus pendeat, non praesumptionem tantum, sed causam omnio certam constituit, ex qua nullitas matrimonii sequitur tamquam necessarius et inevitabilis effectus."

und usus iuris weiß, will bewußt eine gültige Ehe schließen, obschon er auf der anderen Seite absolut entschlossen ist, die Ehe für die fünf ersten Jahre kinderlos zu halten. Er setzt seine Intention in der Weise: „Ich übertrage meiner Frau das ius in corpus. Aber gleichzeitig will ich unter allen Umständen von meiner Ehe in den ersten fünf Jahren durch Empfängnisverhütung Kinder fernhalten. Und zwar ist letztere Absicht so entschieden, daß ich sie zur Bedingung meines Ehewillens mache. Sonst würde ich überhaupt die Ehe nicht eingehen." Hiermit ist aber in dieser Grenzsituation keineswegs der Verpflichtungswille negiert. Denn der Ehekonsens wird nur an die Bedingung geknüpft, daß er den Vorsatz habe, den naturgetreuen Eheverkehr in den ersten Jahren nicht zu erfüllen; nicht etwa an die Bedingung, daß er den ehelichen Verkehr in den ersten Jahren nicht zu erfüllen *brauche*, nicht zu erfüllen *verpflichtet* sei, was wohl zu unterscheiden ist. Mit der von ihm gesetzten Bedingung wird daher das ius ipsum nicht eingeschränkt.

Mit dem Vorsatz der Kinderverhütung ist, auch wo er als eigentliche Bedingung gefaßt ist, noch nicht mit logischer Zwangsläufigkeit der Verpflichtungswille negiert. Und in der eben konstruierten Situation bleibt der Verpflichtungswille sogar de facto unberührt. Auch die These des prävalierenden Willens führt nicht über eine Präsumtion hinaus.[38]

d) Noch in einer zweiten Hinsicht wird man gegen die Forderung der voluntas praevalens ein Bedenken anmelden müssen. Es geht nicht an, die intentio praevalens als *unerläßliche* Voraussetzung der Ehenichtigkeit anzusehen. Unter Umständen kann eine Ehe auch schon ungültig sein, wenn der Vorbehalt gegen Nachkommenschaft oder gegen eheliche Treue nicht prävalierte. Wenigstens für *einen* Punkt läßt sich das in logischer Deduktion zwingend aufweisen. Gemeint ist wieder der Fall einer Vereinbarung zwischen den Brautleuten. Die beiden haben miteinander bindend ausgemacht, daß sie nach der Geburt des zweiten Kindes weiteren Kindersegen verhüten werden. Diese Ehe ist unter allen Umständen nichtig, weil eine solche Absprache begrifflich gar nicht anders als im Sinne einer exclusio iuris verstanden werden kann. Und das gilt selbst dann, wenn der Vorbehalt gar nicht die voluntas praevalens gewesen wäre; wenn nämlich die beiden rein interpretativ lieber eine wirklich gültige Ehe als den Vorbehalt gewählt hätten, falls man sie vor die Entscheidung gestellt hätte, es bliebe ihnen nur die Wahl zwischen dem Entweder — Oder: Entweder Vorbehalt, dann keine wahre Ehe. Oder wahre Ehe, dann Verzicht auf den Vorbehalt.

Trotz dieser prinzipiellen Einschränkungen gegen die These von der

---

[38] Antonio *Gregnanin,* Voluntas se obligandi et voluntas non adimplendi sub forma condicionis sine qua non vel in pactum deducta in ordine ad prolis generationem, in: Perfice munus 35, Turin 1960, S. 216—221, hat das richtig gesehen (S. 221). Nur spricht er von einer presunzione di diritto. In Wirklichkeit hat man es mit einer praesumptio hominis seu iudicis zu tun, nicht mit einer praesumptio iuris.

intentio praevalens kann das Kriterium des prävalierenden Willens doch weithin einen guten Dienst in Eheprozessen leisten. Sicher wird man überall dort, wo sich ein prävalierender Wille für den Vorbehalt nachweisen läßt, mit dieser Hilfsregel zu einer sachgerechten Entscheidung gelangen.

Überblicken wir abschließend noch einmal unseren Gedankengang zu der Frage, ob auch heute noch die Unterscheidung von ius und exercitium iuris gilt. Mancher Richter an kirchlichen Ehegerichten hätte vielleicht lieber als Antwort ein glattes Nein gehört, weil ihm das viel Ärger und Verdruß in Eheprozessen ersparen würde. Aber die wissenschaftliche Ehrlichkeit zwingt zu der Feststellung: Das Zusammenbestehen von Verpflichtungswillen und Nichterfüllungswillen ist logisch nicht unmöglich. Doch kann und muß dem ein sehr gewichtiges Aber sofort hinzugefügt werden: Mag auch die Unterscheidung logisch möglich sein, so liegt die reale Wirklichkeit, das tatsächlich Gewollte oft ganz anders als die begriffliche Möglichkeit. Das Psychologische hat, wo es darum geht, was einer wirklich gewollt hat, unstreitig den Vorrang. Und hier lehrt uns die Erfahrung des tatsächlichen Lebens: Wer nicht erfüllen will, der will sich normalerweise auch nicht verpflichten; erst recht gilt das, wo der Vorbehaltswille die Prävalenz vor dem Heiratswillen hat.

Wenn man nach diesen Regeln in Eheprozessen urteilt, darf man hoffen, eine Entscheidung zu fällen, welche die Wirklichkeit des Sachverhaltes trifft. Und auch die Parteien können dann das Bewußtsein haben, daß ihre Intention bei der Heirat nicht in juristischer Rabulistik nach vorgefaßten begrifflichen Kategorien umgedeutet und verdreht wird, sondern daß sie sachgemäß nach dem beurteilt werden, was sie tatsächlich gemeint, gewollt und intendiert haben.

Um eine sogenannte Josephsehe

1. Tatbestand

Nach mehrjähriger Bekanntschaft drängte der Mann auf Heirat, stieß aber mit diesem Wunsch unerwartet auf den Widerstand seiner Bekannten. Sie hatte als Kind an Scharlach gelitten und davon einen Herzschaden zurückbehalten. Auf Grund ärztlicher Aussagen war sie überzeugt, daß eine Schwangerschaft eine erhebliche Gefahr für sie mit sich bringe. Daher hatte sie Bedenken, überhaupt zu heiraten; auf keinen Fall wollte sie ein Kind. Der Gedanke, auf unerlaubte Weise Kindersegen zu verhüten, schied für sie aus Gewissensgründen aus.

Als sie ihre Befürchtungen dem Mann offenbarte, erklärte dieser sich spontan bereit, eine Josephsehe zu führen. Trotz wiederholter Einwendungen von seiten der Frau wie auch von seiten der Verwandtschaft, er werde das nicht durchhalten können, blieb er bei seiner Zusage und erneuerte nochmals das Versprechen, daß er von seinem ehelichen Recht keinen Gebrauch machen werde.

Über ihre innere Einstellung vor der Hochzeit sagt die Frau allerdings: „Wenn mein Mann nach der Heirat die körperliche Vereinigung verlangt hätte, hätte ich mich nicht geweigert." Des weiteren: „Wenn (er) vor der Heirat freiwillig bereit war, von seinem ehelichen Recht keinen Gebrauch zu machen, dann kann er nicht sagen, ich hätte ihm das eheliche Recht nicht zugestanden. Ich habe ihm dieses Recht nicht verweigert. Wir hatten beide das Recht auf den vollen ehelichen Verkehr, doch wollten wir dieses Recht nicht ausüben."

Auf der anderen Seite gibt sie an, was durch Zeugenaussagen bestätigt wird: „Wenn er vor der Heirat erklärt hätte, daß er nicht auf den ehelichen Verkehr verzichten wolle, hätte ich ihn nicht geheiratet."

Gestützt auf die Zusicherung des Mannes war die Frau zur Heirat bereit. Doch hatte die Ehe, die nach den übereinstimmenden Angaben der Parteien niemals vollzogen wurde, nur kurzen Bestand. Der Mann erhob vor dem kirchlichen Gericht Klage auf Nichtigerklärung der Ehe, weil seine Frau das volle Recht auf den naturgetreuen Ehevollzug ausgeschlossen habe.

Erschienen in: TThZ 71 (1962) 369–379.

2. Beurteilung in der 1. Instanz

In der Entscheidung der 1. Instanz heißt es: „Wenn der Verzicht auf den Ehevollzug als Bedingung dem Konsens beigefügt wird, wird damit das volle Recht auf den naturgetreuen Ehevollzug ausgeschlossen; eine solche Ehe ist ... nichtig." Zur Abgrenzung von der Josephsehe fährt das Urteil fort: „Von einer Josephsehe spricht man, wenn beide Gatten freiwillig aus übernatürlichen Motiven nach dem Vorbild Marias und Josephs stets Enthaltsamkeit üben. Recht und Pflicht der Ehe bleiben bestehen und werden anerkannt. Es ist eine Verschleierung des Tatbestandes, von Josephsehe zu sprechen, wenn Ausschluß des Kindersegens beabsichtigt ist und dieser durch geschlechtliche Enthaltsamkeit angestrebt wird. Was in diesem Falle gewollt wird, widerspricht dem Wesen der Ehe."

Das Urteil fußt entscheidend auf der Feststellung: „(Die Frau hat) die Ehe geschlossen mit der Absicht, sie wegen ihrer schwachen Gesundheit kinderlos zu halten. Das sollte durch Verzicht auf den ehelichen Verkehr erreicht werden. Zu diesem Verzicht habe sich (der Mann) bereit erklärt, und wenn er nicht dazu bereit gewesen wäre, hätte sie nicht geheiratet." Dieser Tatbestand sei in sich eindeutig; daran ändere sich auch nichts, weil die Frau „die Kinderlosigkeit durch geschlechtliche Enthaltsamkeit erreichen wollte und das irrtümlich für eine Josephsehe hält".

Die 1. Instanz kommt zu dem Ergebnis: Eine Josephsehe lag nicht vor, wenn die Frau auch irrtümlich dieser Meinung war. Vielmehr hat sie den Verzicht auf den ehelichen Verkehr zur Bedingung ihres Konsenses gemacht und so das ius in corpus ausgeschlossen. Das Urteil lautet daher: *Constat* de nullitate matrimonii.

3. Beurteilung in der 2. Instanz

Die 2. Instanz geht mit der Vorinstanz darin einig, daß die beiden Partner vor der Heirat vereinbart haben, ihre Ehe kinderlos zu halten und zu diesem Zweck auf den Geschlechtsverkehr zu verzichten. Dennoch kommt sie zu einer anderen Entscheidung.

Zunächst beanstandet die 2. Instanz, was das erste Urteil zum Begriff der Josephsehe ausgeführt hatte: Es sei keine Josephsehe mehr, wenn Ausschluß des Kindersegens beabsichtigt sei und dieser Ausschluß durch geschlechtliche Enthaltsamkeit angestrebt werde; was in diesem Falle gewollt werde, widerspreche dem Wesen der Ehe. Diesem letzten Satz, so entgegnet die 2. Instanz, könne man nicht zustimmen. Auf die Ausübung eines Rechtes, so auch des ehelichen Rechtes, könne man verzichten; denn niemand brauche sein Recht auszuüben. Daher könne es nicht dem Wesen der Ehe widersprechen, wenn die beiden Partner für eine bestimmte Zeit oder auch für immer in beiderseitigem Einverständnis auf die Ausübung ihres Rechtes verzichten, d. h. wenn sie geschlechtliche Enthaltsamkeit üben wollen, selbst wenn dies geschehe, um Nachkommenschaft zu verhindern. Freilich dürfe mit dem Verzicht auf die Ausübung des ehelichen Rechtes nicht auch die Verpflichtung, dem anderen Partner auf Verlangen das *debitum* zu leisten, aus dem Ehevertrag ausgeklammert werden; hiermit wäre das *Recht* auf den Geschlechtsverkehr verweigert, wodurch es an dem hinreichenden Ehekonsens fehlen würde.

Von dieser Überlegung aus sieht die 2. Instanz die entscheidende Frage des Prozesses in folgendem: Hat die Frau, um ihre Ehe kinderlos zu halten, dem Mann bei der Eheschließung das Recht auf den Geschlechtsverkehr verweigert und ihre Verpflichtung ihm auf sein Verlangen das *debitum* zu leisten, aus dem Ehevertrag ausgeklammert? Dann wäre die Ehe nichtig. Oder hat es sich vielmehr bei der Absicht, den Kindersegen zu verhindern, um einen beiderseitigen freiwilligen Vorsatz bzw. um eine beiderseitig anerkannte Bedingung ehrbarer Enthaltsamkeit gehandelt, wobei Recht und Pflicht der Ehe bestehen geblieben und anerkannt worden sind? Dann wäre die Ehe gültig.

In der Urteilsbegründung wird nun sehr stark herausgestellt, daß die Absprache vor der Heirat in völlig freiwilligem beiderseitigen Einverständnis erfolgt sei und daß die Frau bestreite, dem Mann das eheliche Recht nicht zugestanden zu haben. Eine maßgebliche Rolle spielen dabei die Aussagen der Frau: „Ich habe von (ihm) keine bestimmten Zusicherungen verlangt, um die Kinderlosigkeit der Ehe sicherzustellen. Ich hielt das nicht für notwendig; denn er gab mir ausdrücklich das Versprechen, daß er von seinem ehelichen Recht keinen Gebrauch machen würde." „Mein Mann war voll und ganz damit einverstanden." „Wenn (er) vor der Heirat freiwillig bereit war, von seinem ehelichen Recht keinen Gebrauch zu machen, dann kann er nicht sagen, ich hätte ihm das eheliche Recht nicht zugestanden. Ich habe ihm dieses Recht nicht verweigert. Wir hatten beide das Recht auf den vollen ehelichen Verkehr, doch wollten wir dieses Recht nicht ausüben, um es nicht zu einer Empfängnis kommen zu lassen, nicht aber (handelte es sich) um einen positiven Willensakt, uns gegenseitig das eheliche Recht zu verweigern." Aus diesen Worten folgert das Gericht der 2. Instanz, es fehle an der sogenannten *confessio simulantis*, weil die Frau hier ausdrücklich erkläre, das eheliche Recht nicht ausgeschlossen zu haben.

Sodann befaßt sich die 2. Instanz noch mit dem Einwand, die Frau habe doch die Zusicherung steter Enthaltsamkeit zur Bedingung der Heirat gemacht; mit solch einer Bedingung werde aber das Recht auf die Ausübung des ehelichen Verkehrs ausgeschlossen. Dem hält das Gericht entgegen: Man müsse dabei unterscheiden zwischen ius utile und ius radicale. Ausgeschlossen werde mit der Bedingung nur das ius utile, das Recht auf die *Ausübung* des ehelichen Verkehrs. Es bleibe jedoch, wenigstens nach der

Ansicht einiger Kanonisten, noch ein ius in corpus *radicale;* und wenn dieses allein unangetastet übertragen werde, komme noch eine gültige Ehe zustande. Selbst wenn der volle Verzicht auf die Ausübung des ehelichen Verkehrs aus einem ehrbaren Motiv als unerläßliche Bedingung des Ehewillens gefordert werde, so bedeutet das noch nicht ohne weiteres, daß omne ius in corpus verweigert sei, insofern im vorliegenden Fall nur das Recht auf den *usus iuris* ausgeschlossen sei, dagegen das ius radicale bleibe.

Von zwei Gründen her sieht daher die 2. Instanz triftige Zweifel an der Nichtigkeit der Ehe. Einmal sei es, zumal da die Ehefrau das bestreite, nicht erwiesen, daß sie überhaupt das *Recht* auf die Ausübung des ehelichen Verkehrs verweigern wollte. Doch selbst wenn man dies einmal annehme, sei es noch immer umstritten, ob nicht wenigstens das ius *radicale* unberührt belassen und deshalb allein schon die Ehe gültig sei. Somit fällt das Gericht der 2. Instanz das Urteil: *Non constat* de nullitate matrimonii.

4. Stellungnahme

a) Zu Recht besteht die Kritik, welche die 2. Instanz an den Ausführungen der Vorinstanz zum Begriff der Josephsehe übt.

Daß die Absicht, in der Ehe *enthaltsam zu leben, um dadurch den Kindersegen zu vermeiden,* dem Wesen der Ehe widerspreche, wie dies das erste Urteil ohne Einschränkung behauptet, daß somit eine derartige Absicht unter allen Umständen eine gültige Ehe verhindere, kann in dieser allgemeinen Fassung nicht aufrechterhalten werden. Niemand ist verpflichtet, von dem Recht, das er mit der Heirat erlangt hat, durch Ausübung *Gebrauch zu machen.* Ja, er kann den Vorsatz, sein eheliches Recht niemals auszuüben, bereits *von vornherein* bei der Hochzeit fassen, ohne daß deshalb die Eheschließung ungültig würde; freilich müßte sich die Absicht darauf beschränken, von dem eigenen Recht keinen Gebrauch zu machen; es dürfte die Intention nicht dahin gehen, auch dem Partner kein Recht auf den ehelichen Verkehr zu übertragen oder mit anderen Worten die Verpflichtung zu negieren, dem Partner auf dessen Verlangen den ehelichen Verkehr zu gewähren. Die Absicht der steten Enthaltsamkeit in dem hier umschriebenen Sinne könnte sogar bei *beiden* Partnern zugleich vorliegen, ohne daß dies die Gültigkeit der Eheschließung berührt.

Aus welchem Motiv ein derartiger Vorsatz gefaßt wird, ob aus übernatürlichen Beweggründen oder aus rein natürlichen Erwägungen, etwa weil wegen schwerer Krankheit Kinder untragbar sind, ist für die Gültigkeit der Ehe ohne jeden Belang. Die 1. Instanz will den Begriff der Josephsehe auf den Fall beschränkt wissen, daß die Enthaltsamkeit aus übernatürlichen Motiven geübt wird; von Josephsehe könne man dagegen nicht mehr sprechen, wenn die Enthaltsamkeit beabsichtigt werde, weil man Kindersegen verhindern will. Das ist jedoch eine reine Frage der Terminologie, die hier beiseitebleiben kann, weil sie für die Gültigkeit oder die Nichtigkeit der Ehe keinerlei Bedeutung hat.

b) Die 2. Instanz verkennt, daß in der Absprache der beiden Partner vor der Heirat tatsächlich das *Recht* auf den ehelichen Verkehr ausgeschlossen wurde.

Für die rechtliche Beurteilung kann von dem sicheren Fundament ausgegangen werden, daß die Frau nicht zur Heirat bereit gewesen wäre, wenn der Mann nicht das Versprechen steter Enthaltsamkeit gegeben hätte. Zwar setzt die 2. Instanz auch an diesem Punkt gelegentlich noch ein Fragezeichen, weil einen derartigen Ausspruch außer der Ehefrau selbst direkt nur eine einzige Zeugin belege. Doch kann vernünftigerweise an dieser Einstellung der Frau nicht gezweifelt werden, weil neben ihrem eigenen Geständnis und der Bestätigung seitens der Mutter die gesamten Begleitumstände der vorehelichen Verhandlungen eine andere Deutung überhaupt nicht zulassen.

Wenn nun die Frau ihre Heirat davon abhängig gemacht hat, daß der Mann die Zusicherung der ständigen Enthaltsamkeit gab, so läßt sich daraus folgendes für ihren Ehekonsens erschließen. Der Mann mußte ihr zuvor erklären, daß er niemals den ehelichen Verkehr fordern werde. Diese Erklärung war als Versprechen, als bindende Zusicherung gemeint und verstanden, wie das Beweismaterial eindeutig aufzeigt. Gerade der Charakter der *verbindlichen Zusage* ergibt zwingend, daß das ius ipsum ausgeschlossen wurde. Hier liegt mehr vor als ein bloßer Vorsatz steter Enthaltsamkeit, mit dem noch keine Verpflichtung gegenüber dem Partner eingegangen wäre und der deshalb das ius in corpus als solches noch unangetastet lassen könnte. Das verpflichtende Versprechen sagt dagegen, daß der Mann gegenüber der Frau die *Bindung* eingeht, keinen ehelichen Verkehr zu fordern. Weil er sich darauf mit dem Versprechen verbindlich festgelegt hat, ist er dadurch zur Nichtausübung des ehelichen Verkehrs verpflichtet. Da aber verpflichtet, hat er nicht mehr das *Recht,* den ehelichen Verkehr fordern zu dürfen.

Nur auf dieser Basis war die Frau zu einem „Ehekonsens" bereit. Ihr Jawort galt also nur einer Ehe, für die zuvor durch das Versprechen des Mannes festgelegt war, daß dieser nicht das Recht haben sollte, in der Ehe den Geschlechtsverkehr auszuüben. Mit dieser Intention ist aber gegeben, daß die Frau bei der Eheschließung ihrem Mann nicht das Recht auf den ehelichen Verkehr übertragen wollte; daß sie das ius in corpus ausgeklammert hat. Eine solche Absicht bricht ein wesensnotwendiges Stück aus dem Ehekonsens heraus und läßt daher keine gültige Ehe zustande kommen.

Allgemein ergibt sich daraus für die Josephsehe: Wenn die Einhaltung steter Enthaltsamkeit vor der Heirat zwischen den Partnern *bindend aus-*

gemacht ist, wird das ius in corpus negiert; die Ehe ist dann zwangsläufig nichtig. Das gilt selbst dann, wenn die Absprache aus edlen oder gar übernatürlichen Motiven erfolgt. Anders steht es, falls nur ein *Vorsatz* steter Enthaltsamkeit vorliegt, sogar, wenn jeder der beiden Partner den Vorsatz faßt, solange es darüber nicht zu einer Verpflichtung gegenüber dem anderen kommt. Im Falle des bloßen Vorsatzes geht der Wille des einen oder auch beider Partner dahin, das eigene Recht künftig nicht auszuüben, ohne daß man sich jedoch dem anderen gegenüber auf diesen Verzicht verpflichtet. Insofern braucht hier das ius in corpus nicht qua ius berührt zu sein. Das ändert sich aber entscheidend, sobald eine verbindliche Zusage erfolgt. Dabei macht es keinen Unterschied, ob sich beide Partner gegenseitig das Versprechen geben oder ob nur eine Seite auf die Zusicherung festgelegt wird. Mit der Absprache steter Enthaltsamkeit wird, wenigstens für eine Seite, die Verpflichtung zur Nichtausübung des ehelichen Verkehrs statuiert und somit das Recht auf die Ausübung des ehelichen Verkehrs ausgeschlossen.

Für diese rechtliche Beurteilung bleibt es ohne Belang, ob die Zusage der steten Enthaltsamkeit völlig freiwillig gegeben wird, wie dies im vorliegenden Fall zutrifft. Dadurch, daß sich der Mann auf den Verzicht des ehelichen Verkehrs in seinem Versprechen verpflichtet hat, ist eben das ius in corpus negiert. Daß er dies aus freien Stücken getan hat, wie die Frau betont und auch die Urteilsbegründung der 2. Instanz nachdrücklich herausstellt und wie ohne weiteres zuzugeben ist, ändert für die Frage der Gültigkeit oder Nichtigkeit der Ehe nicht das mindeste.

Die Äußerung der Frau: „Ich habe von (ihm) keine bestimmten Zusicherungen verlangt, um die Kinderlosigkeit der Ehe sicherzustellen", darf nicht zu dem Mißverständnis verleiten, daß sie auf eine bindende Zusage des Mannes gar keinen Wert gelegt hätte und auch ohne eine solche zur Heirat bereit gewesen wäre. Warum sie keine Zusicherung verlangt hat, wird aus der Fortsetzung ihrer Worte klar: „Ich hielt das nicht für notwendig; denn er gab mir ausdrücklich das Versprechen, daß er von seinem ehelichen Recht keinen Gebrauch machen würde." Ihre Aussage kann also nur dahin verstanden werden, daß die Abmachung nicht auf ihr Betreiben zurückzuführen ist, daß vielmehr der Mann, nachdem er von ihren Bedenken wegen der Herzerkrankung erfahren hatte, aus eigener Initiative den Vorschlag einer Josephsehe unterbreitete und das Versprechen der steten Enthaltsamkeit machte. Aber erst auf der Basis dieser bindenden Zusicherung war sie, wie aus ihren sonstigen Aussagen hervorgeht, überhaupt zur Eheschließung bereit.

Daß sie trotz ihres guten Glaubens dem Manne bei der Heirat nicht das Recht auf den ehelichen Verkehr übertragen wollte, kann daher nicht bezweifelt werden.

c) Verfehlt ist auch der Versuch der 2. Instanz, auf ein *ius radicale* auszuweichen: Mit der Absprache sei nur das Recht auf die Ausübung des ehelichen Verkehrs, das ius utile, das unmittelbar aktivierbare Recht, den Geschlechtsverkehr fordern zu dürfen, abgelehnt worden; dagegen sei das ius radicale, das eheliche Recht als solches, unangetastet geblieben.

Die Unterscheidung von ius utile und ius radicale, die wohl für das Eigentumsrecht einen guten Sinn hat, läßt sich nicht auf das eheliche Recht anwenden. Zwar hat eine Minderheit der Kanonisten, wie der 2. Instanz zuzugestehen ist, tatsächlich das ius radicale auf das Eherecht übertragen; zu ihnen zählt sogar Kardinal Gasparri.[1] Aber sachlich läßt sich das nicht halten. Das hat die kanonistische Wissenschaft wie auch die jüngste Rechtsprechung der Sacra Romana Rota mittlerweile eindeutig klargestellt.

Bei dem Eigentum etwa an einem Haus kann man sinnvoll das Eigentumsrecht an dem Haus (ius radicale) und das Recht auf den Gebrauch des Hauses (ius utile) real unterscheiden; man kann das Eigentumsrecht übertragen und das Gebrauchsrecht zurückbehalten wie auch umgekehrt. Dagegen läßt sich im Ehevertrag nicht ein ius radicale unter Ausschluß des ius utile übertragen. Denn das Recht, das im Ehevertrag ausgetauscht wird, ist nicht ein Eigentumsrecht an dem Leib des Partners; es besteht vielmehr spezifisch in dem ius ad usum corporis, in dem ius utendi corpore ad actus coniugales. Ohne das ius utendi existiert überhaupt kein eheliches Recht. Wo also das Recht auf die Ausübung des ehelichen Verkehrs verweigert ist, da kann man nicht sagen, es sei nur das ius utile, das ius utendi, ausgeklammert, aber das ius radicale belassen. Ein ius coniugale radicale ohne das ius utile wäre ein Widerspruch in sich.

Überzeugend hat das der hervorragende römische Kanonist Dino Staffa nachgewiesen.[2] Mit seiner Argumentation hat sich inzwischen auch die Rota

---

[1] Petrus *Gasparri*, Tractatus canonicus de matrimonio, Bd. 2, Rom 1932², n. 903 S. 84.
[2] Dinus *Staffa*, De conditione contra matrimonii substantiam, Rom 1955², S. 37 f.: *Obiicitur*: quia ius distinguitur ab usu, distinguendum est inter ius ad rem (e. g. ad domum) et ius ad usum rei (e. g. ad usum domus), sicut contractus venditionis distinguitur a contractu locationis; in iure ergo reali distinguendum est ius seu dominium *radicale* a iure *utili* seu *expedito*; propterea conditione excludi potest ius ad usum seu utile, dum integre traditur ius radicale seu ius ad rem (potest nempe quis vendere domum et excludere usumfructum, et e converso); item in contractu matrimoniali tradi et acceptari potest ius in corpus, sub conditione excludendi eius usum ad actus coniugales. Haec difficultas ita solvitur: contractu matrimoniali non traditur ius in re seu ius in corpus, id est dominium corporis sic et simpliciter, sed traditur ius ad usum corporis et quidem ad usum determinatum, i. e. in ordine ad actus vere coniugales; sicut ergo dari non potest ius ad usum rei absque iure utendi ea re, ita tradi non potest ius ad usum corporis in ordine ad actus coniugales, absque iure utendi corpore ipso in ordine ad eosdem actus; conditione vero excludendi hos actus seu usum iuris ad hos actus, tollitur consensus ideoque ius ad hos actus; consequenter qui matrimonium contrahit sub conditione excludendi usum iuris ad actus coniugales, tradit ius ad usum absque iure utendi, id est ius absque iure ad idem, quod contradictorium est. Quia ius quod matrimonio traditur et acceptatur est ius ad usum, et quidem determinatum, ideoque concipi nequit absque iure

von dem ius radicale entschieden distanziert.³ Nach Staffas zwingenden Schlußfolgerungen sollte das Phantom eines ius radicale ein für allemal aus dem Eherecht verbannt sein.

Einem Einwand gilt es hier noch zu begegnen. Immerhin haben ja einige wenige Kanonisten das ius radicale vertreten. Wenn dies nun unter Kanonisten strittig ist, muß man dann nicht wegen des favor matrimonii im Eheprozeß auf jeden Fall für die Gültigkeit der Ehe entscheiden? In der Tat argumentiert die 2. Instanz so, und sie kann sich dafür auf Hansteins Eherecht berufen.⁴

Dem kann man nicht zustimmen. Daß es im Eherecht kein ius radicale gibt, hat Staffa mit solcher Schlüssigkeit aufgezeigt, daß darüber ein wissenschaftlicher Streit gar nicht mehr möglich ist. Dieser zwingenden Einsicht zu folgen, ist der kirchliche Richter berechtigt, aber auch verpflichtet. Er kann sich dieser Pflicht um so weniger entziehen, nachdem die Sacra Romana Rota in ihrer Rechtsprechung ebenfalls das ius radicale abgelehnt hat.

Mit der Verweigerung des ius utendi hat die Frau das ius coniugale ipsum ausgeschlossen.

d) Die *Unkenntnis der Frau über die Rechtslage* ändert an dem Ergebnis nichts.

Zwei Äußerungen der Frau scheinen, wenn man sie nur oberflächlich betrachtet, gegen die Klagebehauptung zu sprechen, daß sie bei der Eheschließung das ius in corpus ausgeschlossen habe. In Wirklichkeit aber enthalten die beiden Bekundungen nicht eine schlichte und unmittelbare Wiedergabe dessen, was sie tatsächlich im Augenblick der Heirat gewollt hat. Vielmehr fließen hier bereits nachträgliche Reflexionen ein, zumal über

---

utendi, distinctio inter ius radicale et ius utile seu expeditum in re matrimoniali contradictionem involvit.

Aliud argumentum in contrarium adducitur: etiamsi matrimonium contrahatur cum conditione excludendi actus coniugales, plures alii ex eodem oriuntur effectus, nam: 1) conditio praedicta post nuptias revocari potest, et si coniux qui eamdem apposuit matrimonio utatur, non est fornicarius; 2) copula cum tertia persona est adulterium et violatio fidei coniugalis; 3) si alteruter contrahens alium vi metuve cogat ad copulam, non committit fornicationem; 4) adest verum matrimonium ratum verumque sacramentum, et inde impedimentum ligaminis et bonum mutui adiutorii. Haec omnia profluunt ex iure radicali, quod est proinde distinguendum a iure utili seu expeditio. Respondemus argumentationem hanc nonnisi petitione principii fulciri: effectus enim quos adversarii dicunt ex iure radicali profluere, haberi nequeunt nisi ex matrimonio valido; nos autem negamus valere contractum matrimonialem initum cum praedicta conditione, quae consensum vitiat."

³ So in dem 1961 erschienenen Band 43 der Rota-Entscheidungen aus dem Jahre 1951: Tribunal Apostolicum Sacrae Romanae Rotae, Decisiones seu sententiae, Bd. 43, 1951, dec. 17 n. 5 S. 136.

⁴ Honorius *Hanstein*, Kanonisches Eherecht, Paderborn 1958⁵, S. 159. Dort heißt es im Hinblick auf das von einigen Autoren angenommene ius radicale: „Praktisch dürfen Ehen mit solchen Bedingungen und Abmachungen nicht geschlossen werden; nach Eheabschluß ist aber für die Gültigkeit der Ehe einzustehen."

die rechtliche Tragweite ihres Entschlusses. In diesen Erwägungen über die rechtlichen Folgen ihrer Absicht, die Ehe kinderlos zu halten, irrt die Frau. Das kann aber nicht die Tatsache umstoßen, daß sie das ius in corpus verneint hat.

Die erste Aussage lautet: „Wenn (mein Mann) vor der Heirat freiwillig bereit war, von seinem ehelichen Recht keinen Gebrauch zu machen, dann kann er nicht sagen, ich hätte ihm das eheliche Recht nicht zugestanden. Ich habe ihm dieses Recht nicht verweigert. Wir hatten beide das Recht auf den vollen ehelichen Verkehr, doch wollten wir dieses Recht nicht ausüben, um es nicht zu einer Empfängnis kommen zu lassen, nicht aber (handelte es sich) um einen positiven Willensakt, uns gegenseitig das eheliche Recht zu verweigern."

Aus diesen Worten folgt als Ansicht der Frau zunächst, daß der Mann völlig freiwillig den Verzicht auf den ehelichen Verkehr zugestanden hat. Das jedoch ist, wie oben schon gezeigt wurde, für die Prozeßfrage ohne jeden Belang. Sodann ergibt sich aus der Äußerung, daß die Frau der Meinung ist, mit der Absicht der kinderlosen Ehe dem Mann kein eheliches Recht verweigert zu haben, vielmehr unbeschadet des gemeinsamen Vorsatzes einen einwandfreien Ehekonsens geleistet und somit eine gültige Ehe geschlossen zu haben. Diese ihre bona fides soll und kann in keiner Weise bestritten werden. Aber es kommt nicht darauf an, ob sie ihren Ehekonsens für einwandfrei *gehalten* hat, sondern allein darauf, ob er einwandfrei gewesen *ist*. Da sie ihr Jawort nur für eine Ehe zu geben bereit war, für die vorher durch das Versprechen des Mannes verbindlich festgelegt wurde, daß er auf den ehelichen Verkehr verzichte, sollte der Mann, da er eben durch das Versprechen auf den Verzicht verpflichtet wurde, den ehelichen Verkehr *nicht* ausüben *dürfen*, also kein Recht auf die Ausübung des ehelichen Verkehrs erhalten. In der Intention der Frau war daher einschlußweise, aber absolut zwingend mit enthalten, daß sie ihrem Mann das Recht auf den ehelichen Verkehr nicht übertragen wollte, mag ihr das so auch nicht zu Bewußtsein gekommen sein. Bei ihrer Sicht, daß der Mann doch spontan verzichtet und sie ihm daher gar kein Recht vorenthalten habe, ist es verständlich, wenn ihr das Verständnis dafür verbaut ist, wie ihre Intention, in kanonistischen Kategorien ausgedrückt, nichts anderes war als eine exclusio ipsius iuris coniugalis. Daß die Frau den Mangel an ihrem Ehekonsens nicht gesehen hat oder jetzt noch nicht sieht, ändert nichts an dem tatsächlichen Mangel.

In der zweiten Äußerung sagt die Frau: „Ich wußte, daß zum Ehevollzug die körperliche Vereinigung der Ehegatten erforderlich ist. Wenn mein Mann sie nach der Heirat verlangt hätte, hätte ich mich nicht geweigert." Um keiner Schwierigkeit des Prozesses auszuweichen, sei ruhig einmal unterstellt, daß die Frau mit den Worten ihre wahre Einstellung richtig wiedergegeben hat, obgleich hiergegen nicht geringe Bedenken bestehen, da es hernach in der Ehe, als der Mann sich nicht mehr an sein Versprechen halten wollte, doch nicht zum ehelichen Verkehr gekommen sein soll.

Im Grunde taucht hier dasselbe Problem wie vorhin auf, insofern die Frau sich wiederum über die rechtliche Tragweite ihres Verhaltens irrt. Da das Mangelhafte ihres Ehekonsenses ihr verborgen geblieben ist, hat sie ihre Eheschließung für gültig gehalten, was in keiner Weise zu bestreiten ist. Diese ihre irrige Meinung ersetzt aber nicht den fehlenden Konsens. Ebensowenig ist es psychologisch notwendig, daß jemand nur dann einen ehevernichtenden Vorbehalt gesetzt haben könne, wenn er um die rechtliche Folge, d. h. um die Nichtigkeit der Eheschließung, wisse. Die Rechtsprechung der Sacra Romana Rota hat das zu wiederholten Malen festgestellt.[5] Der Ausspruch der Frau besagt nur: Sie hat die Ehe für gültig gehalten; sie hat darum gewußt, daß in der gültigen Ehe der eine Gatte auf Verlangen des anderen den ehelichen Verkehr gewähren muß; sie wäre, wenn in ihrer Ehe der Mann den Vollzug verlangt hätte, dazu auch bereit gewesen.

Selbst die letztgenannte Angabe widerstreitet nicht der Klagebehauptung. Denn darin liegt nur, daß sie, weil sie ihre Ehe für gültig ansah, sich auch gegebenenfalls zur Leistung des ehelichen Verkehrs verpflichtet glaubte und daß sie, da sie gewissenhaft die sittlichen Pflichten einzuhalten bereit war, dann auch auf Verlangen des Gatten den ehelichen Verkehr nicht verweigert hätte.

Hiermit ist aber keineswegs ausgeschlossen, daß sie bei der Heirat, soweit es auf ihre Intention ankam, den ehelichen Verkehr ausklammern wollte und dem Mann ein Recht auf den ehelichen Verkehr zu übertragen gar nicht willens war. Daß darauf wirklich ihre Absicht hinauslief, steht erwiesenermaßen fest. Das folgt zwingend sogar aus ihren eigenen Worten: „Er gab mir ausdrücklich das Versprechen, daß er von seinem ehelichen Recht keinen Gebrauch machen würde ... Wenn er vor der Heirat erklärt hätte, daß er nicht verzichten wolle, hätte ich ihn nicht geheiratet." Darin ist zwangsläufig eingeschlossen, daß sie ihrem Mann bei der Heirat das Recht auf den ehelichen Verkehr nicht zugestehen wollte, mag ihr diese rechtliche Konsequenz wie überhaupt das Sittenwidrige der Intention auch gar nicht zu Bewußtsein gekommen sein.

Auf Grund dieser Erwägungen in rechtlicher wie tatsächlicher Hinsicht ergibt sich volle Sicherheit, daß die zur Erörterung stehende Ehe nichtig ist.

---

[5] Vgl. *Staffa*, De conditione, S. 30 Anm. 50.

De sententia nullitatis matrimonii, tum e capite metus tum e capite simulationis ferenda[1]

I. Qua de re agatur

Haud semel contingit, quempiam coram iudice ecclesiastico connubii sui valorem impetere simul e duobus, imo pluribus, accusationis capitibus. Fac quemdam coniugii sui nullitatem probare contendere, eo quod et affuerit dirimens affinitas et uxor indissolubilitatem excluserit et sacerdos caruerit auctoritate assistendi. Postestne tribunal, si omnia haec asserta agnoverit esse comprobata, pronuntiare, matrimonium ex omnibus accusationis capitibus simul invalidum esse? Potest, dummodo capita accusationis secum ne confligant.

Sane canon 1669 § 1 CIC de „cumulo actionum" qui vocatur ita decernit: „Actor pluribus simul actionibus, quae tamen secum ipsae non confligant, sive de eadem re, sive de diversis, reum convenire potest, si aditi tribunalis competentiam non egrediantur."[2] De huiusmodi cumulo actionum agitur, quum matrimonium nullum esse e pluribus rationibus declarandum sit. Tunc non una actio habetur, verum tot actiones quot accusationis capita.[3] Ergo etiam, quando plura copulantur capita accusationis, quo connubii commonstretur nullitas, condicio canone 1669 § 1 statuta impleta sit oportet, scil.: „quae tamen secum ipsae non confligant."

Iamvero certus quidam actionum cumulus, ob incompatibilitatem binae

---

[1] Rationes heic propositae, primum in ephemeridibus quae vocantur „Österreichisches Archiv für Kirchenrecht", anno 10, Vindobonae 1959, fasc. 4, pag. 235—248 a nobis disputatae, nunc lingua latina, amplius explicatae, publici iuris fiunt.

[2] Cfr. R. *Naz*, Cumul d'actions: Dictionnaire de droit canonique 4, col. 883—886. Quamquam illic dubium de quo impraesentiarum agemus peculiariter non tangitur.

[3] Cfr. P. E. *Suarez*, De pluralitate capitum nullitatis matrimonii: Ephemerides iuris canonici 2, 1946, p. 84—88. Tribunal, quia de omnibus propositis actionibus dirimere obligatur, in sententia, ut Suarez recte insistit, de singulis accusationis capitibus dirimere debet. Desiderandum foret, ubique diffundi praxin iudiciariam qua in litis contestatione, singula quibus coniugii nullitas demonstretur capita singulis seu distinctis recenseantur punctis atque, ratione analoga, in ipso sententiae tenore distincta detur circa singula capita pronuntiatio. Quid tribunal de singulis nullitatis capitibus sentiat, ex ipso sententiae tenore, non tantum e rationibus in iure et facto colligi posse deberet.

actionis, reprehensionem mereri obiicitur; copulatio, inquam, actionis e *metu* et actionis e *simulatione*. Sacra quoque Romana Rota identidem, recentioribus praesertim in decisionibus, cumulum hunc impugnavit.[4]

---

[4] In sententiis quae sequuntur, Sacra Romana Rota cumulum capitum nullitatis e metu et e simulatione repudiavit, licet non semper satis perspicue:
16, 1924 dec. 8 n. 2 et 7, p. 68 et 73 coram Jullien.
16, 1924 dec. 43 n. 2 et 10, p. 383 s. et 388 s. coram Jullien.
17, 1925 dec. 9 n. 2, p. 68 s. coram Jullien.
19, 1927 dec. 37 n. 3, p. 316 s. coram Jullien.
23, 1931 dec. 16 n. 2, p. 124 coram Jullien.
23, 1931 dec. 27 n. 5, p. 226 coram Wynen.
23, 1931 dec. 44 n. 12, p. 385 s. coram Morano.
26, 1934 dec. 20 n. 4, p. 194 s. coram Jullien.
26, 1934 dec. 28 n. 22, p. 267 coram Grazioli.
27, 1935 dec. 11 n. 2 et 6, p. 92 et 94 coram Mannucci.
27, 1935 dec. 40 n. 5, p. 335 coram Grazioli.
27, 1935 dec. 74 n. 9, p. 624 coram Grazioli.
28, 1936 dec. 59 n. 2, p. 557 coram Grazioli.
29, 1937 dec. 61 n. 3, 13 et 21, p. 602 s., 610 et 615 s. coram Wynen.
29, 1937 dec. 74 n. 3, p. 735 coram Jullien.
30, 1938 dec. 4 n. 3, p. 39 s. coram Jullien.
30, 1938 dec. 41 n. 18, p. 381 coram Grazioli.
30, 1938 dec. 71 n. 3, p. 648 coram Pecorari.
32, 1940 dec. 57 n. 3, p. 629 coram Jullien.
33, 1941 dec. 36 n. 2, 3, 4 et 12, p. 408 s. et 413 coram Jullien.
33, 1941 dec. 47 n. 7, p. 519 coram Janasik.
33, 1941 dec. 49 n. 2, p. 535 coram Wynen.
33, 1941 dec. 82 n. 4, p. 887 coram Janasik.
34, 1942 dec. 21 n. 4 et 21, p. 209 et 224 coram Grazioli.
34, 1942 dec. 47 n. 12 et 19, p. 506 et 514 s. coram Wynen.
34, 1942 dec. 70 n. 2, p. 751 s. coram Wynen.
35, 1943 dec. 37 n. 17, p. 354 s. coram Canestri.
35, 1943 dec. 40 n. 2, p. 386 coram Jullien.
35, 1943 dec. 47 n. 2, p. 469 coram Heard.
35, 1943 dec. 59 n. 3, p. 625 coram Wynen.
35, 1943 dec. 85 n. 6, p. 937 coram Canestri.
36, 1944 dec. 1 n. 6, p. 4 coram Canestri.
36, 1944 dec. 6 n. 2, p. 57 s. coram Wynen.
36, 1944 dec. 36 n. 1, p. 404 coram Canestri.
38, 1946 dec. 12 n. 2, p. 130 s. coram Wynen.
38, 1946 dec. 15 n. 5, p. 163 coram Canestri.
38, 1946 dec. 59 n. 2, p. 592 s. coram Jullien.
39, 1947 dec. 71 n. 3, p. 584 coram Staffa.
41, 1949 dec. 72 n. 2, p. 441 s. coram Wynen.
42, 1950 dec. 39 n. 2, p. 245 coram Heard.
43, 1951 dec. 43 n. 2, p. 320 coram Mattioli.
43, 1951 dec. 54 n. 4, p. 394 s. coram Pasquazi.
43, 1951 dec. 86 n. 7, p. 600 coram Pasquazi.
16. iunii 1952 coram Wynen; citatur ab I. *Torre*, Processus matrimonialis, Neapoli 1956³, p. 683.
8. iulii 1953 coram Mattioli; citatur in Eph. iuris canonici 13, 1957, p. 282.
30. decembris 1954 coram Heard; citatur a Torre, 1. c., p. 681.

II. Quid contra cumulum metus et simulationis obiiciatur

Cumulo, in sententia nullitatis matrimonii ferenda, metus et simulationis, ob eam de qua statim rationem crimen inuritur. Vis moralis, ita dicunt, duabus rationibus omnino diversis ad ineundas nuptias movere potest. Aut eum qui pressionem patitur adigit, ut tandem in coniugium, utut iniucundum, consentiat, quia aliud non manet effugium quo malum imminens evitetur. Heic igitur coactus praestatur consensus matrimonialis, tamen praestatur. Voluntas coacta est semper voluntas. Haud raro autem coactus aliter aget. Externam quidem perficiet matrimonii celebrationem, quin tamen internum ponat matrimonialem consensum; hunc simulabit. Porro, hocce in casu coactio causa est simulationis vel — nam rectius ita dicendum foret: — motivum externae coniugii celebrationis; motivum namque cur internus negetur matrimonialis consensus, in aversione reponendum est.[5] Nullus heic internus praestatur matrimonialis consensus, ne coactus quidem. In utroque ergo casu matrimonium nullum; ita dumtaxat ut aliud sit et aliud fundamentum nullitatis.

In facti specie de qua prius, nullitas connubii non fundatur nisi in metu. Proinde matrimonium nullum declarari nequit nisi vi canonis 1087 § 1. Nec potest, ut patet, insuper nullum pronuntiari vi canonis 1086 § 2; nam in casu, simulatio nullatenus adfuit. In altero tamen casu coniugium certe vi canonis 1086 § 2 nullum est, etenim consensus simulatus erat. Potestne autem, in ista rerum condicione, matrimonium insuper nullum declarari e capite vis et metus, vi canonis 1087 § 1?

S. R. Rotae haud paucae decisiones negant matrimonium invalidum esse posse *tum* ob simulationem *tum* ob vim et metum. In simulatione internum matrimonialem consensum prorsus non haberi. Econtra nuptias extortas de quibus in canone 1087 § 1 supponere, consensum praestari ontologice verum, iuridice tamen, ob vim et metum, inefficacem.[6] Quamquam loco

---

Sequentes quoque S. R. Rotae decisiones dignae videntur ad quas attendatur. In iis, ob analogam rationem, cumulus nullitatis e metu cum quibusdam aliis nullitatis capitibus reiicitur:

22, 1930 dec. 59 n. 16, p. 661 s. coram Quattrocolo: metus et vis physica.
24, 1932 dec. 59 n. 4, p. 559 s. coram Jullien: metus et amentia.
27, 1935 dec. 74 n. 9, p. 624 coram Grazioli: metus aut simulatio et amentia.
29, 1937 dec. 74 n. 3, p. 735 coram Jullien: metus aut simulatio et ebrietas.
35, 1943 dec. 23 n. 9, p. 226 coram Quattrocolo: metus et condicio (Cfr. vicissim sententiam 40, 1948 dec. 51, p. 308—315 coram Fidecicchi, qua matrimonium quoddam nullum declaratur tum ex capite metus tum ex capite condicionis).
40, 1948 dec. 2 n. 9 et 18, p. 8 s. et 16 coram Wynen: metus et raptus.

Cfr. D. *Lazzarato,* Iurisprudentia Pontificia de metu, Romae 1956, p. 1300. C. Holböck, Tractatus de iurisprudentia Sacrae Romanae Rotae, Graetiae-Vindobonae-Coloniae 1957, p. 154 s.

[5] Cfr. SRR 36, 1944 dec. 6 n. 2, p. 57 s.
[6] Ita SRR 27, 1935 dec. 11 n. 2, p. 92.

„consensus ontologice verus" aptius dixeris „consensus intentionaliter verus". Nam qui, in nota illa controversia, sententiam amplectatur iuxta quam consensus coactus iure naturae invalidus est, hunc „ontologice verum" appellare non iam possit. Nullum declarare matrimonium simul ob simulationem et metum, idem foret atque simul affirmare velle, tum consensum exsistere, tum non exsistere.[7] Ad mentem ergo decisionum S. R. Rotae supra citatarum *aut* propter simulationem *aut* propter vim et metum (non utrumque simul) sententia iudicialis nullitatem pronuntiare debet.

Dum vero haec utriusque capitis accusationis coniunctio, quominus in ipsa sententia fiat, reiicitur, in libello et litis contestatione, iuxta S. R. Rotam, admittitur; nam in hoc processus stadio e praeliminaribus actoris indicationibus saepissime erui nondum posse, utrum de simulatione an de metu agatur; quapropter utramque quaestionem tribunali proponi dirimendam.[8] Quamquam in ipsa quoque litis contestatione utramque actionem, eodem ordine seu dignitate, iuxtaponi haud posse, verum simul proponi non debere nisi alteram alteri subordinatam. Principaliter nullitatem e simulatione accusandam esse, subsidiarie e metu.[9] Sic ergo in libello defuisse asseritur consensus matrimonialis; sin casus emergat quod tribunal simulationem pro non comprobata habuerit, accusatione id effertur: quem consensum adfuisse tribunal praesumit, negat actor, hunc caducum esse ob metum vi canonis 1087 § 1.[10] Si simulatio dubia manserit, tribunal nihilominus, dummodo metus demonstretur cunctis indutus qualitatibus de quibus canon 1087 § 1, nullitatem coniugii pronuntiare potest, idque e capite metus.[11]

---

[7] Palam est, sermonem heic non institui nisi de casu quo simulatio et metus in eadem inveniuntur persona. Vicissim prorsus possibile est, connubium nullum esse simul ob simulationem unius et metum quem altera pars subierit. Cfr. SRR 41, 1949 dec. 14, p. 70—75; 43, 1951 dec. 95, p. 649—656.

[8] Ita SRR 33, 1941 dec. 49 n. 2, p. 535; 41, 1949 dec. 72 n. 2, p. 441 s.

[9] SRR 42, 1950 dec. 39 n. 2, p. 245. Itidem SRR 30. decembris 1954; citatur penes *Torre*, l. c., p. 681 s. Mirum est a S. R. Rota 33, 1941 dec. 36 n. 2, p. 408, inversum quoque admitti ordinem; quem sententia 30. decembris 1954 expresse repudiavit.

[10] Imo penes quosdam opinionem invenire est scriptam, ne in ipso quidem libello utramque iunctim actionem admittendam esse, si coactus accuset; hunc sincere asserere simul non posse, se simulasse, i. e. non consensisse, atque sese, quamvis coacte, consensisse. Actionum cumulum in eo casu, ad summum, possibilem esse quo altera pars matrimonium accuset; hanc enim forsan exacte non nosse, utrum coniux simulaverit an coactum dederit consensum. Ita Franciscus *Roberti*, De processibus, vol. 1, Romae 1941², p. 645. Eadem indigitatur via a SRR 35, 1943 dec. 37 n. 17, p. 354 s.; 38, 1946 dec. 15 n. 5, p. 163. Passim tamen S. R. Rota pro litis contestatione subsidiarium utriusque actionis cumulum admittit.

[11] Nullitas, in casu, SRR 33, 1941 dec. 36 n. 12, p. 413 explicite edicitur e capite metus oriri. Cfr. etiam SRR 42, 1950 dec. 39 n. 2, p. 245. Nullatenus ergo conclusioni succumbitur isti: In nullitate e capite metus necessario supponi consensionem intentionaliter veram; in dubia autem simulatione dubie exsistere huiusmodi consensum; ergo neque e capite metus declarari posse matrimonii nullitatem; utique hanc pronuntiari posse, at disiunctive

Tot S. R. Rotae decisiones quae nullum declarare matrimonium una ob simulationem et metum impossibile ducunt, grandis, dubio procul, ponderis sunt et auctoritatis. Sin vero penitius rem spectemus, in ipsa S. R. Rota perfecta non viget sentiendi concordia. Sic decisio quaedam S. R. Rotae[12] opinionem tuetur istam: Tum e totali quidem simulatione tum e metu matrimonium non posse invalidari, posse autem nullum esse coniugium tum e simulatione quam partialem nuncupant tum e metu.[13] Neque ipsa S. R. Rota semper illi adhaeret postulato seu normae, posse nullum declarari matrimonium, si ob metum consensus fuerit simulatus, e solo canone 1086 § 2, non vero e canone 1087 § 1. Sane in processu SRR 17, 1925 dec. 31 matrimonium unice e capite metus[14] impugnatum et exinde nullum declaratum fuit, utut rationes in facto diserte statuerint, actricem totaliter simulasse consensum.

A fortiori stupore movemur S. R. Rotae 40, 1948 decisione 2, p. 5—16, quae incompatibilitati, vindicatae et inculcatae, metus simulationisque in sententia nullitatis, extensionem seu ampliationem subiungit vere miram. Sententiae huic ea de qua statim facti species suberat. Vir quidam sponsam antea suam, quae ipsi valedixerat, noctu compluribus adiutus complicibus, vi abduxerat atque per hebdomadas non paucas in custodia positam suasionibus ita vexaverat ut ea tandem in coniugium consentiret. Sed postea ipsa validitatem huius connubii impugnavit provocando tum ad impedimentum raptus (can. 1074), tum ad extortum consensum matrimonialem (can. 1087 § 1). Quae causa in prima et in altera instantia S. R. Rotae tractanda erat, quae in prima instantia[15] matrimonium nullum esse declaravit, idque et ex capite raptus et ex capite metus. Appellatione per defensorem vinculi interposita, alter S. R. Rotae turnus[16] item ad sententiam nullitatis devenit, at nonnisi e capite raptus: Nam si matrimonium ratione raptus invalidum sit, logice impossibile esse, eiusdem invaliditatem e capite quoque metus pronuntiare. Etenim in facti specie nuptiarum extortarum de quibus can. 1087 § 1 verum supponi consensum matrimonialem. Hunc autem a persona rapta apportari non posse; nam impedimentum raptus iuridice inhabiles reddere quominus verus consensus praestetur, atque consensus qui nihilominus

---

dumtaxat, quin scilicet dirimatur, utrum caput nullitatis reapse exsistat: „aut ex capite simulationis aut ex capite metus".

[12] SRR 34, 1942 dec. 47 n. 12, p. 506.
[13] Sane id cohaerenter dici negandum est. Nam si simulatio totalis et metus causae habentur nullitatis quae altera alteram excludant, consequenter idem dicendum foret etiam pro partiali simulatione et metu. Nam in partiali quoque simulatione consensus vere datus non habetur. Cfr. SRR 38, 1946 dec. 59 n. 2, p. 592 s.; 39, 1947 dec. 71 n. 3, p. 584; 30. decembris 1954 (cit. a Torre, 1. c., p. 681). Cfr. praeterea Pio *Fedele* in Eph. iuris canonici 10, 1954, p. 64 s. et 71—74, atque sententias S. R. Rotae quae ibi citantur.
[14] Id quod e n. 2, p. 252 eruitur.
[15] SRR 38, 1946 dec. 46, p. 451—459.
[16] SRR 40, 1948 dec. 2, p. 5—16.

praestetur, pro iure inexsistentem esse considerandum! Sed hoc ratiocinium, si logice prorsus perpendas, ad eam perducit conclusionem, neque in casu ullius alius impedimenti dirimentis haberi insuper posse nullitatem coniugii e capite metus; nam quodlibet impedimentum dirimens iure inhabiles reddit.

Haudquaquam vero asserere intendimus, ampliationem quae illa decisione S. R. Rotae datur, necessario ex ea ratione sequi ob quam cumulus metus et simulationis reiicitur. Recte potius praesumere licebit, illam S. R. Rotae decisionem prorsus singularem esse, atque ceteros qui huic cumulo adversantur, haec vestigia non premere. Quod vero thesis quae ibi latet, necessario scilicet haberi consensum verum in nuptiis coactis, in illa decisione S. R. Rotae, utut una dumtaxat, adeo amplae ansam dedit conclusioni, id satis esse videtur cur ipsam thesin, num inoppugnabilis sit, denuo examinemus. Tunc certe apparebit, quousque prohibeamur, in eadem sententia simulationem et metum ceu causas nullitatis cumulare.

III. Obiectio examinatur

Ad reiiciendum cumulum, in sententia de connubii nullitate, simulationis et metus rite recteque concludi fatendum est, si canone 1087 § 1 consensus intentionaliter verus, tanquam necessaria facti species, adesse supponatur. Tunc revera impossibile foret, in hypothesi consensus matrimonialis ob vim simulati, praeter nullitatem e canone 1086 § 2 eam quoque constatare seu efferre quae e canone 1087 § 1 derivetur. At contineturne reapse isto canone interna in coniugium consensio, licet extorta, ceu indispensabilis nota facti speciei?

Ac primum, ad illos non paucos remittimus scriptores qui canone 1087 § 1 physicam quoque vim comprehendunt.[17] Dum vis moralis indirecte causa est nuptiarum, mediante videlicet voluntate quae, quamvis pressa, tamen ad coniugium se resolvit, vis physica suapte natura immediate actum quendam causat qui extrinsecus manifestare apparet consensum, quin ullo modo voluntas annuat. Fac casum cuipiam, dum consensus eius exquiritur, reluctanti violenter caput inclinari, ut huius motione consensionem significet.[18] An et quibusnam in adiunctis, in matrimonii celebratione factispeciem

---

[17] Ita v. g. Honorius *Hanstein* et Laurentius *Köster,* Kanonisches Eherecht, Paderborn 1958[5], p. 166. Franz *Triebs,* Praktisches Handbuch des geltenden kanonischen Eherechts in Vergleichung mit dem deutschen staatlichen Eherecht, Wratislaviae 1927 ss., p. 503. Heribert *Jone,* Gesetzbuch der lateinischen Kirche, vol. 2, Paderbornae 1952[2], p. 333. Charles *de Clercq,* Des Sacrements. Traité de droit canonique, vol. 2, Lutetiae Parisiorum 1948, p. 360. Matthaeus Conte a *Coronata,* De sacramentis, vol. 3, Taurini-Romae 1948[2], p. 628, quaestionem, utrum canone 1087 § 1 vis moralis dumtaxat, an etiam vis physica comprehendatur, se dirimere velle expresse negat.
[18] Cfr. Orio *Giacchi,* Il consenso nel matrimonio canonico, Mediolani 1950, p. 44–47.

vis physicae possibile demum sit verificari[19], id heic non agimus. Sed consensui intentionaliter vero, in hypothesi vis physicae, nullum constat patere locum. Iamvero si canonistae, de quibus modo, nullitatis matrimonii vi physica extorti radices legales non tantum in canonibus 103 § 1 et 1081 § 1 cernunt, verum etiam canone 1087 § 1 eandem nullitatem comprehendi putant, inde ineluctabiliter colligitur, his scriptoribus necessarium non esse internum in coniugium consensum ut factispecies canonis 1087 § 1 verificetur. Quamquam non pauci iuris periti[20], vicissim, canonem 1087 § 1 vi morali circumscribunt. Sed ipsum factum interpretationis controversae, quandam suadere nobis deberet prudentiam in diiudicando, an revera factispecies canonis 1087 § 1 tum tantum habeatur quando voluntas interne, licet reluctans, matrimonio consentit.

Sed etiamsi canone 1087 § 1 non intendi supponatur nisi vis moralis, ita nequaquam deciditur nullitatem matrimonii quae canoni 1087 § 1 debetur, non haberi nisi consensus adsit intentionaliter verus. Neque opponere iuvat, id strictim colligi e conceptu actionis vi morali extortae. In casu siquidem vis moralis, dicunt, ita demum ad actionem deveniri quod voluntas sub pressione posita tandem e sese actionem ponat. Actione ergo sub metu posita, necessario subintellegi decisionem voluntatis. Sed argumentatio ista omnibus numeris absoluta non est. Esto: nuptias minis extortas non consistere constat, nisi minas passus ad actum voluntatis se determinet. Id e diversis conceptibus vis moralis et physicae vis eruitur. *Oportet ergo haberi actum voluntatis. Minime tamen exinde iam probatum est, voluntatis obiectum necessario esse consensum matrimonialem, neque sufficere quod ipsa in declarationem dirigatur externam consensionis quin interius habeatur circa connubium volitio, aliis verbis: quod in simulationem dirigatur. Nam tunc quoque nuptiae extorquentur, quum voluntas, sub pressione, ad externum „Utique" se determinat quin interius ligare se velit. Ergo e conceptu matrimonii minis extorti haud sequitur, ad eiusdem factispeciem necessario pertinere internum matrimonialem consensum.*[21]

---

[19] Cfr. SRR 22, 1930 dec. 59, p. 652—662; 27, 1935 dec. 35, p. 299—306.
[20] Ita v. g. Felix M. *Cappello*, Tractatus canonico-moralis de sacramentis, vol. 5, Taurini 1947[5], p. 589.
[21] Juan José Garcia *Faílde*, ubi in Revista Española de Derecho Canónico, anno 15, Salmanticae 1960, p. 506—508, ea recenset quae in articulo, de quo in nota 1), in Österreichisches Archiv für Kirchenrecht publicato disseruimus, cogitata nostra haud semper satis exacte, proh dolor, reddit. Nam ita me supponit existimare: „En la coacción moral — como en la simulación — falta el consentimiento intencionalmente... verdadero" (p. 506). „El concepto de coacción moral nos obliga, sí, a admitir la existencia de un acto de voluntad... pero de un acto de voluntad de simular, de aparentar querer el matrimonio que interiormente no se quiere" (p. 506 s.). „Ambas (sc. coactio moralis et simulatio) excluyen el consentimiento" (p. 507). At re quidem vera non asserui, in casu coactionis moralis consensum intentionaliter verum abesse, sed eum abesse posse dixi. E conceptu coactionis moralis exsistentiam consensus simulati colligi minime asserui, sed conceptu vis moralis *possibilitatem* haud tangi dixi consensus simulati. Coactione morali non minus quam simulatione consensum excludi non

Quae modo exposuimus, insuper adversus obiectionem quandam protegenda sunt quam, collatis canonibus 1087 § 1 et 103 § 2, movere queas. Canon 1087 § 1, quo coniugium sub pressione morali initum nullum declaratur, exceptionis instar universali derogat regulae canone 103 § 2 statutae: Actus iuridicus qui sub vi morali perficiatur, nisi aliter statuatur, valet; decisione tamen iudicis rescindi potest. Factispeciem nuptiarum de quibus c. 1087 § 1, sc. minis extortarum, semper haberi, dummodo coactio habeatur moralis, supra diximus, idque sive sub pressione consensus interne praestetur, sive sub eadem pressione mere simuletur. Nonne ita ad conclusionem — quae sustineri evidenter nequit — deveniendum, normam canonis 103 § 2, iuxta quam actus iuridicus vi extortus ordinarie valet, tunc quoque applicandam esse quando consensio nonnisi simuletur?[22]

Neque tamen conclusio haec legitima est, quippe quae canonem 1087 § 1 negative statuere (invalidum est matrimonium) obliviscitur, positive autem canonem 103 § 2 (actus valent). Axioma illud scholasticorum „Bonum ex integra causa, malum ex quovis defectu"[23] analogica quadam ratione applicandum heic foret. Positivam normam canonis 103 § 2 tunc tantum valere e rei natura patet, quum *solus* exsistit defectus e metu oriundus. Negativa autem canonis 1087 § 1 norma, etiamsi alii habentur defectus nullitatis causae, velut simulatio, raptus aliave id genus, vim suam exserit. Ubicumque extortarum adsit defectus nuptiarum, hae — ita canon 1087 § 1 — ob ipsam hanc coactionem inanes sunt, sive, in casu, consensus insuper simulatur sive non. Nam actui e metu gravi positio nota inuritur deficientiae eo quod liberum limitatur arbitrium, seu eo quod habetur „involuntarium secundum quid". Quamquam coactio moralis spatium quoddam linquit propriae hominis decisioni: Si quid intendatur, etsi sub pressione, „simpliciter voluntarium" est, utut „secundum quid involuntarium". Sed quod obiectum huiusmodi actus „simpliciter voluntarius" intendat, pro nostra quaestione levis momenti est. Sive haec facultas „simpliciter voluntarii" verae inserviat, licet extortae, consensioni (tunc solus metus habetur), sive actui voluntatis simulantis (tunc et metus et simulatio habentur), in utraque hypothesi actus secundum quid involuntarius est. *Atque solo huiusmodi „secundum quid involuntario" essentialiter constituitur defectus actus sub pressione morali positi. Ad rationem seu essentiam metus gravis nullatenus pertinet, consensum intentionaliter verum, quamvis extortum, praestari.* Conceptui nuptiarum extortarum canonis 1087 § 1 non substernitur nisi vis adhibita, non insuper consensus intentionaliter verus.

Regula positiva canonis 103 § 2 (actus valent) tantum pro casibus exerceri

---

sustinui, at coactione morali consensum intentionaliter verum *non necessario includi* affirmavi.

[22] Sic Juan José García *Faílde* obiecit in Revista Española de Derecho Canónico 1960, p. 507.

[23] Cfr. S. *Thomas Aquinas*, Summa theologica I II ae q. 18 a. 4 ad 3.

potest, in quibus solus defectus coactionis adest; et quivis alius defectus accedens, v. g. simulatio, e natura rei, quia est norma de re positiva, quae quolibet defectu destituitur, prohibet, quominus regula applicetur. Norma autem canonis 1087 § 1, quia negativa est (invalidum est matrimonium), semper est adhibenda, ubi celebratio matrimonii vi morali extorquetur, etiamsi alia nullitatis capita adiungantur.

Disquirendum manet, an consensus intentionaliter verus ad factispeciem canonis 1087 § 1 requiratur, si minus e solo conceptu nuptiarum extortarum, saltem, fortassis, iure positivo, nempe ex ipsis eiusdem canonis verbis. Qui canon, § 1, ita: „Invalidum quoque est" — ait — „matrimonium initum ob vim vel metum gravem ab extrinseco et iniuste incussum, a quo ut quis se liberet, eligere cogatur matrimonium." Hic igitur canon statuit, nuptias nullas reddi eo metu qui his induatur notis seu qualitatibus: si gravis sit, extrinsecus, iniustus, inevitabilis, causalis.[24] Sed hae qualitates verificari possunt in consensu qui, sub pressione, in verum dirigitur matrimonium, aeque atque in voluntate quae, sub eadem pressione, simulet, id est non velit nisi celebrationem externam. Canon 1087 § 1, quin binas dispescat factispecies, simpliciter affirmat metum ut supra, utut externus celebretur ritus, validum non permittere oriri connubium. Si metus ille habeatur, matrimonium nullum est, et quidem ob canonem 1087 § 1, ad quem non refert, utrum actus nubendi, quia simulatus, etiam e canone 1086 § 2 nullus sit, an, utpote cum vera circa matrimonium voluntate positus, ex uno canone 1087 § 1 sit invalidus. Nam canon 1087 § 1 non statuit nisi hoc: In casu coactionis prout supra, matrimonium invalidum est; quin normam se constituere asserat tantum pro matrimonio extorto quod cum vera ineatur matrimoniali voluntate, dum, si huiusmodi desit voluntas, nullitas derivari nequeat nisi ex alia causa iuridica.[25]

Nihilominus quispiam saltem indirecte e verbis canonis 1087 § 1 extundere forsan tentabit, eundem canonem circumscribi coniugiis extortis sed cum consensu intentionaliter vero celebratis; scilicet e voce „matrimonii" quae in eius tenore bis occurrit. Canonem (ita dicat quis) nullitatem non statuere nisi pro matrimonio ob metum inito; iamvero de matrimonio sermonem fieri non posse, nisi cuncta *veri* matrimonii elementa adsint, igitur vera quoque matrimonialis voluntas. At revera „matrimonium" heic supponi nequit pro coniugio valido, sed pro illo dumtaxat quod tale extrin-

---

[24] Hoc ultimum e verbis „initum ob metum" colligitur.
[25] Juan José García *Faílde*, Revista Española de Derecho Canónico 1960, p. 507 s., e verbis „Invalidum *quoque* ...", quibus exordium canonis 1087 § 1 canoni 1086 § 2 nectitur, obiectionem extundere tentat. Sane per vocem „quoque" novum inducitur nullitatis caput (metus), a simulatione distinctum. Neque tamen inde colligitur, connubii nullitatem ex utroque simul capite declarari non posse. Nec magis vox „item" qua canon 1073 (vota sollemnia) canoni 1072 (ordo sacer) iungitur, obstat quominus idem matrimonium tum ob vota sollemnia tum ob ordinem sacrum invalidum sit.

secus appareat; nam ipse canon 1087 § 1 nullitatem statuit affirmatque. Etiam aliis in Codicis locis „matrimonium" pro connubio supponitur quod forinsecus validum videtur, reapse validum haud est. Observes v. g. in canone 1070 § 1 matrimonii „contracti", non „attentati" vocem adhiberi.

Tamen obiectio magis urgeri possit. Etiamsi „matrimonium initum" pro connubio obiective nullo supponatur, nonne nihilominus, e verbis „eligere cogatur matrimonium" eruendum est, veri requiri matrimonii subiectivam intentionem? Extortum quippe matrimonium tunc tantum nullum est, si minas passus aliud effugium, quam coniugii optionem, non iam cernat. Porro — ita dicunt — tunc tantum de „eligendo matrimonio" agi posse videtur, si intentio in verum dirigatur matrimonium. Hoc argumentum persuasivum videtur, nam, primo intuitu, illud infirmare difficile putes.

De facto tamen, verba „matrimonium eligere" heic nequaquam ei circumscribere licet casui quo vim passus consensum ponat intentionaliter verum. Econtra phrasis ita interpretanda est: Minas passus matrimoniali se submittit celebrationi, sive vero id faciat consensu sive simulato. Id e ratiocinio quod statim sequitur, concludimus. Sane verbis „a quo ... eligere cogatur matrimonium", legislator id in securo ponit, coniugium tunc tantum invalidum esse, si nullum iam apparuerit effugium inter malum hinc eminens et, illinc, nuptias iniucundas. Si tertiam vidisset viam, implorando v. g. auxilium consanguinei qui auxiliari voluisset, metus valorem matrimonii non tetigisset. Iamvero si verba „eligere matrimonium" nuptiis circumscribas cum vero consensu celebratis, ad miram pervenies conclusionem. In hac etenim hypothesi, minas passo triplex, absque dubio, pateret via: quandoquidem aut (1) malum impendens obibit, aut (2) veri nominis cum consensu matrimonium contrahet (cui casui — si illam supponamus, pro momento, interpretationem — verba „eligere matrimonium" circumscribenda foret), aut (3) cum consensu simulato nuptias celebrabit (qui casus, iuxta interpretationem illam, verbis „eligere matrimonium" non comprehenderetur). Tertia haec possibilitas, obiective saltem, semper patet; subiective quoque, si minas passus eam noverit. Fingamus nunc casum, quempiam revera, dum vim patitur, possibilitatem novisse, ope simulationis invalide contrahendi, sed simulationi renuntiasse atque coacte praestitisse consensum intentionaliter verum. Tunc, si illa utamur interpretatione verborum „eligere matrimonium"[26], insulsa emergit conclusio, nempe, coniugium

---

[26] Interpretationem quam quis semel praetulerit verborum „eligere matrimonium", invariate constanterque applicandam esse patet. Fas non est, id quod Juan José García *Faílde*, Revista Espanola de Derecho Canónico 1960, p. 508 facere studet, partim verba „eligere matrimonium" illi connubio circumscribere quod cum consensu interno ineatur (ita ut simulatae excludantur nuptiae), et partim eodem affirmare veluti halitu, simulatam matrimonii celebrationem effugium esse haud diversum ab eo quod verbis „eligere matrimonium" significetur.

istud nullo pacto declarari posse invalidum. Non vi canonis 1086 § 2, nam simulatio defuit; neque vi canonis 1087 § 1, nam minas passus tertia possibilitate, simulandi inquam, usus non est. Quae conclusio adeo est absurda, ut interpretationem illam verborum „eligere matrimonium" excludendam seponendamque esse commonstret. Ubi terrarum tribunal, examinata carentia effugiorum e minis, insuper inquisivit, an minas passus ne possibilitatem quidem noverit simulandi, et, quatenus affirmative, pronuntiavit: Connubium istius, quippe qui usus non fuerit hoc simulationis effugio, invalidum haudquaquam esse? Ipsa S. R. Rota potius contrarium sustinet, scilicet, ubi simulatio incerta sit, matrimonium ob metum certum certe nullum declarari posse. Phrasis ergo „eligere matrimonium" *sic dumtaxat intellegi potest: celebrationem matrimonii externam significat, nulla ratione habita, utrum consensus intentionaliter verus inter ritum praestetur necne.*

Id ergo e disputatis concluditur, canone 1087 § 1 nos non impediri, quominus nullum declaremus tum vi canonis 1086 § 2, tum vi canonis 1087 § 1, matrimonium sub metu cum consensu simulato celebratum. Neve oeconomiae legum officere dicatur, quod in eis nullitas bino, ergo supervacaneo pronuntietur tramite. Exaggeratam namque huiusmodi methodum oeconomicam minime suam facit legislator. Qui v. g. canone 1086 § 2 iterum inane esse peculiariter statuit connubium totaliter simulatum, quamvis invaliditas celebrationis huiusmodi iam canone 1081 § 1 haud aequivoce, imo firmiter stabilita sit; neque magis necesse foret, canone 1092 n. 2 nullitatem exprimere coniugii sub condicione contra matrimonii substantiam celebrati; nam nullitas haec iam canone 1086 § 2 significatur.

Quodsi heic canonem 1087 § 1 pro qualibet vindicamus coacta matrimonii celebratione, etiam pro ea quae cum consensu simulato peracta sit, idcirco haud negamus, canonem 1087 § 1 praecipue et principaliter matrimonio destinari extorto quod cum consensu intentionaliter vero fuerit contractum. Siquidem si istiusmodi matrimonium accusetur, iuvamen non habebitur nisi in canone 1087 § 1, dum in altero casu semper sufficeret tutamen canone 1086 § 2 contentum. *At ex ambitu canonis 1087 § 1 excludere celebrationem matrimonii, quae ob pressionem simuletur, non licet.* Nam canone 1087 § 1 generali prorsus ratione statuitur, quodvis connubium nullum esse, quod sub metu gravi, extrinseco, iniusto, inevitabili, causali initum sit, quin distinguatur utrum metum passus verum intenderit matrimonium an, sub pressione, consensum simulaverit.

Si igitur quispiam sub pressione in eum exercita simulando tantum matrimonium contraxerit, coniugium eius — salva nullitate ob simulationem — etiam e canone 1087 § 1 invalidum erit. Nil obstat — imo, si in libello desideretur, oportet — quominus in ipsa sententia id exprimatur atque matrimonium tum e capite simulationis tum e capite metus inane esse declaretur.

IV. Quae e modo disputatis pro praxi consequantur

Inquisitio nostra mere theorica esse videtur. Id unum agi, forsitan dixeris, idemque rem dirimere, utrumnecne matrimonium declarari possit nullum; quo e capite haec declaratio fiat, utrum ex una simulatione, an coniunctim e simulatione et metu, flocci esse faciundum.

At scientifica ratio res considerandi, de lucro practico non sollicita, cognitionem e causis, ob huius intrinsecum valorem, ceu metam prosequitur, etsi immediata inde non colligatur pro vitae usu utilitas.

Nihilominus, conclusio ex iis quae de problemato nostro disputavimus, iuri in tribunalibus matrimonialibus ecclesiasticis dicundo haud parum profutura videtur. Nam si nullitatem connubii simul e simulatione et metu statuere licet, molestum quoddam evitatur incommodum quod ex opposita opinione interdum oreretur.

Canone namque 1087 atque articulo 220 Instructionis a S. C. de disciplina Sacramentorum die 15. augusti 1936 editae id edicitur: Is cuius matrimonium declaratum sit nullum, ad novas nuptias convolare nequit, nisi altera sententia, i. e. alterius instantiae, anteriorem nullitatis sententiam confirmaverit. Confirmatio autem, ad mentem huius legis, non eo ipso habetur quod utraque instantia nullitatem pronuntiaverit matrimonii; sed requiritur quod *ex eodem nullitatis capite* coniugium inane esse iudicetur.[27]

Porro, si idem matrimonium negaveris tum e simulatione tum e metu invalidari posse, ecce quae inde oriri possit difficultas. Fac casum, priorem instantiam conclusisse, assertam simulationem plene non esse probatam, connubium tamen univoce nullum esse ob metum. Supponatur dein alteram instantiam item iudicare, vim exercitam infitiari non licere, sed moraliter certum esse, actorem sub vi simulasse voluntatem matrimonialem ideoque hoc coniugium declarari non posse invalidum nisi e simulatione. In casu, prior nullitatis sententia e capite metus datur, e capite simulationis altera. Habenturne heic, quamvis neque altera instantia de metu incusso dubitet, binae non eiusdem, tenoris sententiae, ita ut, in omni casu, tertia requiratur instantia quae denuo nullitatem pronuntiet?

Conclusio haec quae logice consequitur, si canon 1087 § 1 tantum matrimoniis extortis sed cum consensu intentionaliter vero celebratis circumscribatur, iniucunda admodum censenda est, imo iuris partium offensiva. Quapropter difficultatem illam variis mediis, — v. g. selectis consulto sententiae verbis —, quae tamen parum satisfaciunt, eludere conati sunt. Ita tribunal quoddam dioecesanum, in processu huius generis, in tenore sententiae nullitatem tum propter simulationem tum propter metum pronuntiavit, sed

---

[27] Cfr. eiusdem Instructionis art. 218 § 2: „Praefata dispositio ita intelligatur, ut locum habeat si agatur revera *de eadem causa*, hoc est, *propter idem matrimonium et ob idem nullitatis caput.*"

in rationibus sententiae claritatis causa addidit, cumulum hunc intellegendum esse ita: connubium reapse ob unam simulationem inane esse atque tunc tantum fore ut ob metum invalidum esset, si simulatio demonstrata non esset. Effugium sane sat dubium! Nam ita rationes sententiae, sententiae tenorem partim negant; et iste nullitatem e capite metus pronuntiat, quam tribunal iudicat revera non consistere. Ne iuvat, si tenor ipsius sententiae, etiam post statutam e capite simulationis nullitatem, phrasin contineat: coniugium hoc futurum esse ut e capite metus invalidum esset, si simulatio non adfuisset; vel ita: matrimonium, quia simulatio commonstrata est, haud simul ob metum declarari posse nullum, licet ea demonstrata sint quae canone 1087 § 1 exiguntur. Hac ratione sententia prioris instantiae, quod caput nullitatis spectat, non confirmatur. Utique in publicationibus S. R. Rotae sententia quaedam invenitur ad quam in nota quadam defensor vinculi advertit, quum altera quoque instantia metum ut commonstratum habeat, conformitatem exsistere sententiarum se putare ideoque se renuntiare ulteriori appellationi.[28] Reapse tamen altera instantia, consulto a priore recedens idque ob angustam canonis 1087 § 1 interpretationem, connubium unice e capite simulationis, non, prout instantia prior, e capite metus, invalidum declararat. Licetne defensori vinculi, in huiusmodi sententia nullitatem „ob idem nullitatis caput" declaratam cernere? Sicque in casu analogo, S. R. Rota nil aliud invenit remedii nisi ad dispensationem recurrere Pontificiam, ad cautelam, ab onere ulterioris appellationis.[29] At actor qui in utraque instantia exsistentiam probaverit coactionis gravis, obligaturne ad gratiam confugere dispensationis?

Sed difficultas facili evanescit negotio, si in sententia nullitatem tum e canone 1086 § 2 tum e canone 1087 § 1 statuere licet. Tunc etenim, si prior instantia nullitatem ob metum solum pronuntiaverat, altera ob simulationem *et* metum invalidum declarat coniugium, ecce certissimo conformem, quod caput metus attinet, utramque sententiam! Quare ad tertiam appellare instantiam vel dispensationem rogare quae ad rem faciat, supervacaneum foret.

Lucrum hoc palam est non decidere controversiam de qua disputavimus. Sed postquam rationibus, quae practicam transcendunt utilitatem, fas esse commonstravimus matrimonium nullum declarare e capite simulationis et, cumulatim, e capite metus, non ingrate iuvamen percipietur inde derivandum quod binas sententias explicavimus vere esse conformes.

---

[28] SRR 38, 1946 dec. 59, p. 598.
[29] SRR 16, 1924 dec. 8, p. 73.

Das Ärgernis der kirchlichen Eheprozesse

Einleitung

Daß in der katholischen Kirche eine eigene Ehegerichtsbarkeit besteht, daß vor ihrem kirchlichen Gericht eine Ehe, obschon sie in katholischer Trauung geschlossen wurde, unter Umständen doch wieder für nichtig erklärt werden kann und so den beiden Partnern der Zugang zu einer anderen Heirat gewährt wird, ist im Bewußtsein weiter Kreise kaum bekannt. Nur gelegentlich dringt davon etwas an die breitere Öffentlichkeit, wenn die beteiligten Personen zur hohen Aristokratie, zur politischen Prominenz oder zur Hochfinanz zählen und ihr Fall darum von den Scheinwerfern der Presse und des Funks im vollen Rampenlicht ausgeleuchtet wird. Nur zu verständlich erscheint dann die Reaktion: verwundertes Kopfschütteln, wie so etwas möglich sei; bitterer Vorwurf, daß es dann auch in der katholischen Kirche mit dem Grundsatz der Unauflöslichkeit der Ehe nicht mehr weit her sein könne; und selbst den kirchlich Gläubigen wird ein solcher Vorgang leicht zum Stein des Anstoßes, zum Ärgernis.

So hat es nicht wenig Staub aufgewirbelt, als im März 1964 die Presse von einem Verfahren vor dem obersten kirchlichen Ehegericht an der römischen Kurie, vor der Sacra Romana Rota, berichtete, das wegen der Verwandtschaft der Klägerin Aufsehen erregte.[1] Es handelte sich um die Fürstin Radziwill, eine Schwester der Mrs. Jacqueline Kennedy. Diese Schwägerin des ermordeten amerikanischen Präsidenten hatte 1953 erst zwanzigjährig vor dem Altar einen Diplomaten geheiratet; doch gestaltete sich das Zusammenleben von Anfang an so unerfreulich, daß sie sich alsbald von ihm trennte und bereits ein Jahr später die Scheidung erreichte. Sie hat dann 1959 den Fürsten Radziwill geheiratet, jedoch nur in standesamtlicher Eheschließung; die kirchliche Trauung blieb ihr versagt, da ihre erste Ehe von der Kirche unbeschadet der weltlichen Ehescheidung, als noch zu Recht bestehend angesehen wurde. Ihr Bestreben ging dahin, ihre neue Verbindung auch vor der

---

Antrittsvorlesung im SS 1964 anläßlich der Berufung auf den ordentlichen Lehrstuhl für Kirchenrecht in der Katholisch-Theologischen Fakultät Bonn. — Erschienen als Monographie: Paderborn 1965.

---

[1] Vgl. z. B. „Christ und Welt", Stuttgart, Nr. vom 20. März 1964.

Kirche zu ordnen, und so focht sie vor dem kirchlichen Gericht ihre erste Ehe als nichtig an. Doch erst nach fast vier Jahren konnte sie vor der Rota in Rom das letztinstanzliche Urteil entgegennehmen, das tatsächlich ihre frühere Ehe für ungültig erklärte. Darauf erfolgte in den ersten Monaten des Jahres 1964 in London die kirchliche Trauung des Fürstenpaares.

Welchen Grund die Fürstin Radziwill für die von ihr behauptete Nichtigkeit der ersten Ehe vorgebracht hat und wie der Beweis dafür geführt wurde, läßt sich vorerst nicht sagen. Man wird abwarten müssen, bis die Sentenz der Rota mit der bei diesem Gerichtshof gewohnten eingehenden Urteilsbegründung gedruckt vorliegt.[2]

Von der Besonderheit des angeführten Tatbestandes sei daher hier abgesehen, wohl aber die allgemeine Problematik behandelt, die der konkrete Einzelfall wieder nachdrücklich in den Blick der Öffentlichkeit gerückt hat. Beiseitelassen können wir auch den vordergründigen Verdacht, als ob die Prominenz der beteiligten Personen die Chancen der Entscheidung beeinflussen könne oder nur einem gefüllten Beutel ein so langwieriges Verfahren offenstehe. Wer unmittelbaren Einblick in die Arbeit der kirchlichen Ehegerichte besitzt, weiß zu bezeugen, daß dort dem Vorbringen des kleinen Mannes mit gleicher Gewissenhaftigkeit begegnet wird und daß für Unbemittelte das ganze Verfahren gebührenfrei verläuft.[3] Auch soll hier außer Betracht bleiben, ob nicht an der Art und Weise, wie die kirchlichen Eheprozesse geführt werden, manches zum Widerspruch reizt. Sicherlich wird man das zugeben müssen. So ist vor allem die oft unerträglich lange Dauer dieser Prozesse für die Betroffenen schlechterdings unzumutbar.[4] Ferner

---

[2] Für die Publikation im Druck sieht die Rota allerdings nach ihrem Herkommen in der Regel eine Frist von rund zehn Jahren vor. Obendrein ist die Veröffentlichung ungewiß geworden. Denn vor einigen Jahren hat die Rota den Brauch aufgegeben, sämtliche Urteile zu publizieren. Seit dem im Jahre 1959 veröffentlichten Band 41 der Rota-Entscheidungen (Tribunal Apostolicum Sacrae Romanae Rotae, Decisiones seu sententiae selectae inter eas quae anno 1949 prodierunt cura eiusdem Apostolici Tribunalis editae, Volumen XLI, Civitate Vaticana 1959) wird zwar noch die Mehrzahl, aber nicht mehr ausnahmslos die Gesamtheit der Urteile gedruckt. Man möchte freilich wünschen, daß nicht gerade ein so vielbeachtetes Urteil ausgelassen wird; das würde nur unliebsamen Gerüchten Vorschub leisten.

[3] Über die Kosten eines kirchlichen Eheprozesses herrschen vielfach völlig irreführende Vorstellungen. Beim Kölner Offizialat betragen die Gerichtsgebühren in der ersten Instanz 50 DM, in der zweiten 25 DM. Es bedarf keiner Erläuterung, daß mit einem solch niedrigen Satz die Personal- und Sachkosten eines Verfahrens bei weitem nicht gedeckt werden. Wohl hat der Antragsteller noch die tatsächlich anfallenden Auslagen für Unkosten der Zeugen oder für etwa erforderliche ärztliche Gutachten zu ersetzen. Einen Anwalt braucht er sich nicht zu nehmen, da bei den kirchlichen Ehegerichten außer der Rota kein Anwaltszwang besteht. Bei Bedürftigkeit wird das Verfahren zudem unentgeltlich durchgeführt; die Gerichtsgebühren entfallen dann, und die Kirche übernimmt die Kosten für die Zeugen und die Gutachter; die Rota stellt in solchem Fall von sich aus einen Anwalt. An der finanziellen Frage braucht also kein einziger Eheprozeß zu scheitern.

[4] Hier auf wirksame Abhilfe zu sinnen, müßte ein vordringliches Anliegen der Reform des CIC sein. Zwar mahnt bereits c. 1620, daß das Verfahren in der Regel in der ersten Instanz

erscheint dem modernen Menschen, der vom weltlichen Prozeß herkommt, vieles an den Verfahrensmaximen des kanonischen Prozesses antiquiert und lebensfremd.⁵ Doch alle Wünsche zu den Modalitäten des kirchlichen

spätestens in zwei Jahren und in der zweiten Instanz in einem Jahr abgeschlossen sein soll; schon solche Fristen bedeuten für die Parteien eine harte Belastung, weil sie für diese Dauer an einer Eheschließung gehindert sind. Aber die Wirklichkeit sieht oft genug noch viel trüber aus, werden doch nicht selten die genannten Fristen erheblich überschritten. Wenn die Kirche die Rechtsprechung über die Ehe beansprucht, so muß sie auch die geordnete Durchführung in tragbarer Dauer garantieren. Die kirchlichen Ehegerichte ziehen vielfach nebenamtlich Geistliche heran, die schon anderweitig stark belastet sind, so daß sich lange Verzögerungen kaum vermeiden lassen. Es wäre allen Ernstes zu erwägen, ob man nicht entsprechend geschulte und geeignete Juristen aus dem Laienstand hauptamtlich einsetzen sollte; es sind Möglichkeiten denkbar, wie dies auch ohne Verletzung des c. 118 geschehen kann. Jedenfalls muß etwas Einschneidendes zur Kürzung des Verfahrens geschehen. Daß sich Eheprozesse nicht selten über viele Jahre hinschleppen, stellt, wie man ehrlich eingestehen muß, ein echtes und höchst bedenkliches Ärgernis dar.

⁵ Stichwortartig seien einige Anliegen angeführt, ohne damit für jeden einzelnen Punkt schon anzuerkennen, daß die kanonische Verfahrensvorschrift wirklich unterlegen ist. Aber bei der Revision des CIC sollte man die Dinge neu überdenken. So z. B. das Prinzip der Schriftlichkeit, das zwar oft, doch nicht einmal immer zur größeren Genauigkeit führt, aber als Kaufpreis nicht geringe Umständlichkeit fordert. — Die Heimlichkeit des Verfahrens, insbesondere die regelmäßige Nichtzulassung der Parteien zur Zeugenvernehmung. — Das Übergewicht des Defensor vinculi gegenüber dem Kläger. — Die zweischneidige Vorschrift, das verschlossene Interrogatorium des Defensor vinculi erst bei der Vernehmung zu öffnen (c. 1968 n. 1; Art. 70 § 1 n. 1 EPO). — Die Tatsache, daß Parteien und Zeugen bei ihrer Vernehmung oft in Unkenntnis belassen werden, worauf es entscheidend ankommt; das fördert gewiß die Unbefangenheit der Aussage, beschwört andrerseits die Gefahr herauf, daß man aneinander vorbeiredet. — Die Problematik kommissarischer Vernehmung durch den Pfarrer. — Urteilsfällung durch Richter, die den Sachverhalt nur aus den Akten, nicht aus mündlicher Gerichtsverhandlung kennen. — Erschwerung durch gesetzliche Beweisregeln. Zu letzterem Punkt muß freilich angemerkt werden, daß der Vorwurf weithin weniger dem Gesetzgeber als einer irrigen Gesetzesauslegung zu machen ist. So beruht z. B. die vielfach tradierte Beweisregel, das kanonische Recht fordere für den Beweis auf jeden Fall, abgesehen vom testis qualificatus, wenigstens zwei Zeugen, auf einem Mißverständnis, das durch c. 1791 keineswegs gedeckt wird. Mit Recht warnt die Rota: „Quod ad alteram paragraphum (sc. c. 1791 § 2), non ita ea interpretanda est ut, nisi duo numero testes de scientia directa habeantur, nullis aliis possit assertum demonstrari argumentis: si ita esset, nimio formalismo, contra Codicis mentem, coarctaretur potestas illa Iudicis circa probationes suo arbitrio aestimandas" (SRR 44, 1952 dec. 67 n. 2 S. 447). Vgl. Paul *Wirth*, Der Zeugenbeweis im kanonischen Recht unter besonderer Berücksichtigung der Rechtsprechung der Römischen Rota, Paderborn 1961, S. 262–274. Heinrich *Flatten*, Die freie Beweiswürdigung im kanonischen Prozeß, in: Tübinger Theologische Quartalschrift 139, 1959, S. 445–447. Hingegen wären die gesetzlichen Beweisregeln über die Bewertung der Parteienaussagen im Eheprozeß (Art. 116 f. EPO) in der Tat einer Revision zu unterziehen. Zumal das generelle Verbot des Art. 117, die gerichtlichen Parteiaussagen für sich allein als hinreichenden Beweis gelten zu lassen, erscheint in seiner Absolutheit doch fragwürdig, so berechtigt es gewiß ist, vor einer wirklichkeitsfremden Vertrauensseligkeit gegenüber dem Vorbringen der Parteien zu warnen. In deutlichem Abrücken von Art. 117 EPO hat das Sanctum Officium in einem Dekret vom 12. November 1947 für kirchliche Eheprozesse in Schweden festgestellt: „Inspecto enim uno naturae iure vera atque plena moralis certitudo de nullitate matrimonii haberi potest a sola partium aut earum alterutrius emissa declaratione, dummodo earum credibilitas ac veracitas aestimari possit omni exceptione maior" (Regulae servandae a

Verfahrens seien hier beiseitegestellt. Unsere Aufmerksamkeit gelte vielmehr ausschließlich der prinzipiellen Seite der Angelegenheit, dem *Faktum* der kirchlichen Eheprozesse. Daß es überhaupt in der Kirche Eheprozesse gibt, wird für viele schon zum Stein des Anstoßes, ja zum Ärgernis, dem wir nicht ausweichen können.

Das Ärgernis offenbart sich in drei Fragen.

I. Verkappte Ehescheidung?

Hat sich mit den Eheprozessen nicht auch in der Kirche, wenngleich getarnt und unter anderem Namen, die Ehescheidung eingeschlichen? Klafft nicht ein Widerspruch zwischen dem programmatischen Bekenntnis der Kirche zur Unauflöslichkeit der Ehe und dem faktischen Handeln hinter den verschlossenen Türen ihrer Ehegerichte? Mit Emphase verkündet sie in Enzykliken und Hirtenbriefen, daß die Ehe unter Christen die Kraft und Würde eines Sakraments besitzt und daß um dieser sakramentalen Kraft willen in der einmal gültig geschlossenen und vollzogenen Ehe das Band zwischen Mann und Frau zu solcher Festigkeit erstarkt, daß allein der Tod es zu zerreißen vermag. Beim liturgischen Akt der Trauung pflegt die Kirche, unmittelbar nachdem die Brautleute den Ring der Treue getauscht und einander das Jawort der unverbrüchlichen Hingabe geschenkt haben, über die Jungvermählten den Segen des dreifaltigen Gottes herabzuflehen und ihnen das Mahnwort mit auf den Weg zu geben: „Was aber Gott verbunden hat, das darf der Mensch nicht trennen!"[6] Hernach mag dann das gleiche Paar kommen, vielleicht nachdem es jahrelang ehelich zusammengelebt hat und Kinder aus seiner Verbindung entsprossen sind, und will nicht mehr wahrhaben, was es vorher versprochen hat. Und dann kann es unter Umständen geschehen, daß ein kirchliches Gericht es wagt, unter Anrufung des gleichen dreifaltigen Gottes zu erklären, daß ihre Ehe in der Tat keine Geltung hat.

Wer wollte es verargen, daß sich viele daran stoßen, nicht zuletzt die Außenstehenden. Der evangelische Oberkirchenrat Erwin Wilkens hat in einer Studie „Die römisch-katholische Praxis der unauflöslichen Ehe"[7] an dieses Problem gerührt und dort das harte Wort niedergeschrieben: „Man wird nicht milder urteilen können, als daß dieses Prinzip (sc. der Unauflös-

---

Vicariatu Apostolico Sueciae in pertractandis causis super nullitate matrimoniorum acatholicorum, Ausgabe Vatikanstadt 1951 n. 11). Vgl. Heinrich *Flatten*, Die freie Beweiswürdigung, S. 454—460.

[6] Mk 10, 9. Vgl. Collectio Rituum ad instar appendicis Ritualis Romani pro omnibus Germaniae dioecesibus a Sancta Sede approbata, Regensburg o. J. (1950), S. 91.

[7] In: Die Mitarbeit, Evangelische Monatshefte zur Gesellschaftspolitik 12 (1963) S. 158—174.

lichkeit der Ehe) längst auch für die römisch-katholische Kirche zu einer Fiktion geworden ist."[8]

Trifft das zu? Hat die katholische Kirche auf dem Umweg über die Ehenichtigkeitsprozesse in Wahrheit doch der Ehescheidung Einlaß gewährt?

Ohne jeden Abstrich hält die Kirche nach wie vor an dem Grundsatz fest: Die einmal gültig geschlossene und vollzogene Ehe unter Christen ist absolut unauflöslich, bis der Tod selbst sie scheidet.[9] Das katholische Glaubensverständnis sieht darin nicht eine menschliche, auch nicht eine kirchliche Satzung, sondern eine Weisung Gottes, von der keine menschliche Macht, kein Staat und keine kirchliche Instanz, nicht einmal der Papst, entbinden kann.[10] Eine solche Ehe zu lösen liegt allein in der Hand Gottes, wenn er einen der beiden Gatten im Tode abberuft.

Das alles gilt naturgemäß nur, wenn die Ehe gültig geschlossen wurde; sonst existiert überhaupt keine Ehe. Es mag, wenn auch selten, vorkommen, daß eine Verbindung zweier Menschen in der Öffentlichkeit allgemein als Ehe angesehen wird, daß sie den Schein einer gültigen Ehe für sich hat, daß aber in Wirklichkeit der Eheschließungsakt ungültig war und somit gar keine Ehe zustande gekommen ist. Trotz des äußeren Scheins besteht da in Wahrheit keine Ehe. Hier nun setzt der Sinn der kirchlichen Ehenichtigkeitserklärung ein: Sie deckt den wahren Sachverhalt des ungültigen Eheabschlusses auf, zerstört damit den Rechtsschein einer gültigen Ehe und stellt fest, daß keine Ehe bestanden hat und daher die vermeintlichen Gatten auch nicht durch eine Ehe gebunden sind.

Woran kann der gültige Abschluß einer Ehe gescheitert sein? Drei Voraussetzungen gehören zur gültigen Eheschließung:

1. die beiderseitige Ehefähigkeit, d. h. das Freisein von trennenden Ehehindernissen, zu denen u. a. Impotenz, ein schon bestehendes Eheband, Blutsverwandtschaft und Schwägerschaft zählen;
2. der beiderseitige Ehewille;
3. die vorgeschriebene Eheschließungsform, welche besagt, daß ein Katholik seine Ehe gültig in der Regel nur vor dem Pfarrer und zwei Zeugen eingehen kann.

Fehlt es auch nur an einem der drei genannten Stücke, so kommt keine gültige Ehe zustande, mag das nun sofort offenkundig sein oder erst später entdeckt werden oder auch nie ans Tageslicht gelangen. Würde sich also ein Katholik mit der standesamtlichen Eheschließung begnügen, so wäre er vor

---

[8] A. a. O. S. 173. Zur evangelischen Auffassung von der Unauflöslichkeit der Ehe vgl. Georg *May*, Die Stellung des deutschen Protestantismus zu Ehescheidung, Wiederverheiratung und kirchlicher Trauung Geschiedener, Paderborn 1965, S. 68–73.
[9] C. 1118: Matrimonium validum ratum et consummatum nulla humana potestate nullaque causa, praeterquam morte, dissolvi potest.
[10] Vgl. *Pius XI.* in der Enzyklika „Casti connubii" vom 31. Dezember 1930, Denz. 2234–2236; 2250.

Gott und der Kirche in Wahrheit nicht verheiratet; seine Ehe ist ungültig wegen des Mangels der vorgeschriebenen Eheschließungsform. Aber selbst die korrekte Vornahme der kirchlichen Trauung schafft noch nicht die absolute Garantie, daß nicht doch in Ausnahmefällen der Eheschließungsakt ungültig bleibt, dann nämlich, wenn eines der beiden anderen Erfordernisse fehlt, das Freisein von trennenden Ehehindernissen oder der hinreichende Ehewille. Ein Beispiel für den mangelnden Ehekonsens: Ein Mädchen offenbart sich seinen Angehörigen, daß es ein Kind erwartet. Die Eltern und Geschwister sind entsetzt, fürchten die Schande einer unehelichen Mutterschaft. Sie verlangen von der Tochter die sofortige Heirat, obschon sie sich sträubt, weil sich ihre anfängliche Zuneigung in Widerwillen, ja Haß gewandelt hat. Aber die Eltern lassen nicht locker und setzen ihr mit ernsten Drohungen zu; und nur unter diesem Zwang kommt es zur Heirat. Trotz kirchlicher Trauung ist die Eheschließung in Wahrheit ungültig, weil es am freien Ehewillen der Braut gefehlt hat. Oder der Tatbestand eines trennenden Ehehindernisses: Ein Geschiedener, dessen erste rechtmäßige Gattin noch lebt, weiß geschickt seine Vorgeschichte zu verbergen, gibt sich als ledig aus und erschwindelt mit gefälschten Papieren eine kirchliche Trauung. Mit diesem kirchlichen Trauungsakt entsteht zwar nach außen der Schein, als ob hier eine gültige Ehe geschlossen wäre; in Wirklichkeit jedoch kam diese neue Ehe gar nicht zustande, weil das noch bestehende Eheband, das ihn an seine erste Gattin knüpft, ihn einfach unfähig macht zum gültigen Abschluß einer anderen Ehe.

Aus dem bisher Entwickelten erhellt ohne weiteres, wie die kirchliche Ehenichtigkeitserklärung etwas völlig anderes ist als eine Ehescheidung. Dem ungeschärften Blick mag der Unterschied entgehen, weil beide Akte in ihren Wirkungen auf das gleiche hinauslaufen: Die staatliche Ehescheidung gibt den Weg frei für eine neue standesamtliche Eheschließung, und die kirchliche Nichtigkeitserklärung gewährt den Zugang zu einer neuen kirchlichen Trauung. Aber in ihrer inneren Struktur sind sie fundamental verschieden, und zwar in einer doppelten Hinsicht.

Die kirchliche Nullitätserklärung beschränkt sich darauf und muß sich darauf beschränken, rein deklaratorisch ein Feststellungsurteil zu sein. Die staatliche Ehescheidung will dagegen konstitutiv sein, beansprucht rechtsgestaltende Kraft. Das Scheidungsurteil setzt gerade eine gültig bestehende Ehe voraus und will nun in diese bis jetzt rechtmäßig existierende Ehe rechtsgestaltend eingreifen und sie mit Wirkung dieses Urteils auflösen.[11] Im Gegensatz dazu kann der kirchliche Eherichter die bestehenden Rechtsverhältnisse nicht konstitutiv umgestalten, sondern nur deklarativ feststellen, was er als faktischen Tatbestand erhoben hat: daß diese bestimmte Verbin-

---

[11] Vgl. Edgar *Hoffmann* — Walter *Stephan*, Ehegesetz, München-Berlin 1950, S. 170.

dung, mochte sie auch den Schein der Ehe für sich haben, in Wirklichkeit aus diesem oder jenem Mangel beim Eheschließungsakt als gültige Ehe nie zustande gekommen ist und daß diese Tatsache nunmehr festgestellt wird.

Daraus erfließt der andere gewichtige Unterschied: Die staatliche Ehescheidung gründet immer und notwendig in Vorkommnissen und Tatbeständen, die erst *nach* der Heirat liegen.[12] Eine Ehe wird z. B. geschieden, weil einer der beiden nachträglich die Ehe gebrochen hat oder sonstwie ein ehewidriges Verhalten zeigt oder weil der andere in Geisteskrankheit oder in eine schwere ansteckende Krankheit verfällt oder weil beide sich in Zerwürfnissen völlig auseinandergelebt haben. Ganz anders steht es beim kirchlichen Nichtigkeitsurteil. Hier geht es ja allein um die Frage, ob damals bei der Trauung die Ehe gültig geschlossen wurde; nur wenn einer der oben aufgeführten drei Mängel in jenem Zeitpunkt bereits vorlag, kann die Ehe nichtig sein. Was sich hernach erst zugetragen hat, und wäre es für das weitere Zusammenbleiben der Gatten noch so hart und belastend, kann keinen Einfluß mehr auf Gültigkeit oder Nichtigkeit jenes Eheschließungsaktes ausüben.

Nur in den allerseltensten Fällen wird daher für eine geschiedene Ehe zusätzlich auch eine kirchliche Nichtigkeitserklärung zu erwarten sein. Ein kurzer Zahlenvergleich mag das beleuchten. In Deutschland (mit Einschluß der mitteldeutschen Gebiete) wurden im Jahre 1962 von den kirchlichen Diözesangerichten letztinstanzlich insgesamt 214 Ehen für nichtig erklärt.[13] Demgegenüber wurden im Zeitraum desselben Jahres allein in der Bundesrepublik Deutschland (also ohne die mitteldeutschen Gebiete) 49 521 Ehen geschieden.[14]

Kirchliche Ehenichtigkeitserklärung ist etwas völlig anderes als eine Ehescheidung. Gewiß ist nicht zu verkennen, daß manch einer, der geschieden ist, alles daransetzt, seine Ehe auch von der Kirche für nichtig erklären

---

[12] Vgl. *Hoffmann-Stephan*, Ehegesetz, S. 104.
[13] Die Zahl wurde aus den statistischen Angaben errechnet, welche sämtliche deutschen Offizialate dem Verfasser dankenswerterweise zur Verfügung gestellt haben. Sie müßte allerdings noch um jene Fälle erhöht werden, die endgültig nicht von einem deutschen Offizialat, sondern von der Sacra Romana Rota für nichtig erklärt wurden. Doch verschiebt sich damit die Relation nur geringfügig, da in Deutschland nach einer Angabe von Audomar *Scheuermann* (Archiv für katholisches Kirchenrecht 133, 1964, S. 278) über 95% aller Prozesse letztinstanzlich von einem deutschen Offizialat entschieden werden; kraft einer Ermächtigung des Apostolischen Stuhles besteht für Deutschland weithin das Vorrecht, daß ein deutsches Diözesangericht als dritte Instanz fungieren kann, so daß die Rota nur verhältnismäßig selten in deutschen Eheprozessen tätig wird. Von den genannten 214 Ehenichtigkeitserklärungen der deutschen Offizialate wurden 165 im ordentlichen Eheprozeß und 49 im summarischen Prozeß nach c. 1990 ausgesprochen.
[14] Statistisches Jahrbuch für die Bundesrepublik Deutschland, Stuttgart-Mainz 1964, S. 65 f. Dort auch eine statistische Aufgliederung nach den einzelnen Ländern der Bundesrepublik und nach den verschiedenen Ehescheidungsgründen.

zu lassen. Seine Ehe ist etwa wegen Ehebruchs der Frau geschieden worden. Da er nun erfährt, daß um eines solchen Grundes willen niemals seine Ehe ungültig sein kann, fahndet er vielleicht nach einem auch kirchlich anerkannten Nullitätsgrund; falls er jedoch keinen findet, mag die Verlockung aufsteigen, daß er sich einen derartigen Nichtigkeitsgrund konstruiert und manipuliert. Ein solcher Versuch ist zweifellos möglich. Aber es wird bei dem Versuch bleiben. In dem engmaschigen Netz des kirchlichen Eheprozesses sind alle auch nur menschenmöglichen Sicherungen eingebaut, daß betrügerische Machenschaften sich auf der Strecke verfangen. Der Kläger muß den vollen und eindeutigen Beweis für seine Behauptung erbringen. In allen Stadien des Verfahrens hat der Defensor vinculi mitzuwirken; von Amts wegen obliegt ihm die Aufgabe, für die Gültigkeit des angegriffenen Ehebandes einzutreten und die vom Kläger vorgelegten Beweise kritisch unter die Lupe zu nehmen. Der Gerichtshof muß im ordentlichen Verfahren mit drei Richtern besetzt sein, um nicht einem allein die Entscheidung anheimzugeben. Zwingend schreibt die Eheprozeßordnung vor, daß nur bei voller Gewißheit auf Nichtigkeit der Ehe erkannt werden darf; spräche aus dem vorgelegten Beweismaterial sogar eine hohe Wahrscheinlichkeit, daß die Ehe tatsächlich nicht gültig zustande kam, bliebe aber doch ein begründeter Zweifel daran, so reichte das nicht hin, und die Klage müßte abgewiesen werden. Wo aber der Beweis voll erbracht wird und das Gericht dementsprechend ein Nichtigkeitsurteil fällt, ist das Verfahren noch keineswegs abgeschlossen. Zwangsläufig muß dann der Prozeß an das Obergericht gehen und dort in zweiter Instanz nochmals vor einem Dreiergericht abgewickelt werden. Erst wenn das Obergericht zur selben Erkenntnis gelangt und die Ehe aus dem gleichen Grund wie die Vorinstanz für nichtig erklärt, stände den Parteien der Weg zu einer neuen Eheschließung offen, falls nicht auch hier noch der Defensor vinculi Einspruch erhebt. Denn ihm ist es freigestellt, wenn er trotz des doppelten gleichlautenden Urteils noch Bedenken gegen die Entscheidung hegt, auch an eine dritte Instanz zu appellieren. Damit sind, wie man gewiß zugeben wird, alle Vorsichtsmaßnahmen ergriffen, um einem irrigen Urteil vorzubeugen, soweit das überhaupt im Bereich des Menschenmöglichen liegt.

Auf die erste Frage, ob mit den kirchlichen Eheprozessen nicht auch in die katholische Kirche die Ehescheidung Eingang gefunden hat, darf man zusammenfassend antworten: Die kirchliche Ehenichtigkeitserklärung ist ihrem inneren Wesen nach etwas völlig anderes als eine Ehescheidung, weil sie nur feststellt, daß eine gültige Ehe nicht besteht und nicht bestanden hat, weil sie aber nie eine wirklich gültige Ehe auflöst. Wer sich das nüchtern vor Augen hält, für den entfällt der schlimmste Anstoß, den die kirchlichen Eheprozesse auf den ersten Blick auslösen können. Gleichwohl bleibt noch ein gut Teil von Bedenken, die sich in die zweite Frage zuspitzen:

II. Ehenichtigkeit auch bei Konsensmangel?

Hierin erst liegt das Bedrohliche. Daß eine Ehe vor der Kirche nichtig ist, wenn ein Katholik sie ohne kirchliche Trauung eingegangen ist, wird man noch hinnehmen. Ebenso, falls bei der Trauung ein trennendes Ehehindernis entgegenstand. Der letztgenannte Fall macht zudem nur einen verschwindenden Prozentsatz aller Ehenichtigkeitsprozesse aus. Bedenklich aber erscheint es, wenn die Ehe nichtig sein soll, weil der eine oder beide Gatten es bei der Trauung an dem erforderlichen Ehewillen hätten fehlen lassen. Und gerade mit diesem Vorbringen wird der weitaus größte Teil der Eheprozesse geführt.

Hiermit ist die Möglichkeit eines verwerflichen Mißbrauchs angedeutet, den die Kirche natürlich mit allen Mitteln zu verhindern sucht. Zu diesem Zweck hat die Sakramentenkongregation am 29. Juni 1941 eine Instruktion[15] erlassen, welche den Pfarrer anweist, bei dem seelsorglichen Gespräch mit dem Brautpaar zur Vorbereitung der Trauung mit allem Nachdruck auf den gültigen Abschluß der Ehe hinzuwirken und zu verhüten, daß einer der Brautleute durch einen positiven Vorbehalt gegen ein Wesensstück der Ehe wie z. B. gegen die Unauflöslichkeit der Ehe die Ungültigkeit seiner Trauung verursacht. Die Brautleute müssen dabei im sogenannten Brautexamensprotokoll schriftlich versichern, daß sie über das Wesen der christlichen Ehe und ihre Rechte und Pflichten belehrt sind, daß sie eine Ehe in diesem Sinne einzugehen beabsichtigen und daß sie keinen Vorbehalt machen, der gegen das Wesen der Ehe gerichtet wäre. Eine gewisse Absicherung für den gültigen Abschluß der Ehe hat man damit in der Hand; gleichwohl keine absolute Garantie. Es bleibt ja die Möglichkeit, daß jemand trotz seiner Unterschrift unter dem Brautexamensprotokoll bei der Trauung in Wahrheit doch einen Vorbehalt gegen das Wesen der Ehe wie z. B. gegen die lebenslängliche Bindung macht. Dann ist zwar durch seine gegenteilige schriftliche Versicherung für einen späteren Eheprozeß der Beweis für seinen in Wahrheit fehlenden Ehekonsens erschwert; doch völlig ausgeschlossen ist auch dann noch nicht die Möglichkeit eines eindeutigen Beweises. Aber selbst wenn der Beweis nicht zu führen wäre, so änderte das ja nichts an dem objektiven Tatbestand, daß eine solche Ehe wegen des Konsensmangels in Wahrheit ungültig ist, mag ihre Nichtigkeit prozessual auch nicht zu beweisen sein.

Kein Wunder, daß man innerhalb der Kirche wiederholt nach einer Abhilfe dieses Mißstandes gesucht hat. Gerade in den letzten Jahren sind unter den Kanonisten zwei Vorstöße in dieser Richtung zu verzeichnen. Der eine versucht es materialrechtlich, indem er die kanonistischen Anfor-

---

[15] AAS 33, 1941, S. 297–318.

derungen, die an den Ehekonsens zu stellen wären, grundlegend umstülpt. Der zweite greift zu einem formalrechtlichen Mittel; wenn schon nicht die objektive Ungültigkeit der Ehe bei Konsensmangel zu verhindern sei, so solle wenigstens prozessual der Eröffnung eines Verfahrens ein Riegel vorgeschoben werden. Beide Versuche sind auf ihre Tragkraft zu prüfen.

1. Materialrechtlicher Versuch:
Abbau des herkömmlich geforderten Ehekonsenses

Am radikalsten geht der erstgenannte Vorstoß vor, weil er letzten Endes auf eine Revolutionierung der herkömmlichen Ehekonsensauffassung hinausläuft, wie sein Verfechter Alexander *Szentirmai* offen zugibt. Die Ehekonsenslehre des Kodex gründet auf dem Fundamentalsatz: Consensus facit nuptias. Im Trauungsakt ist der beiderseitige Ehewille der Brautleute das ehebegründende Element, das die Ehe zustande bringt. Der beiderseitige Ehewille ist so unerläßlich, daß ohne ihn trotz äußerlich vollzogener Trauung keine gültige Ehe entsteht; so unabdingbar, daß keine menschliche Macht ihn zu ersetzen vermöchte.[16] Der Ehewille aber müsse, so wird allgemein gefordert, auf das gerichtet sein, was Ehe ihrer von Gott gesetzten Sinnbestimmung nach umschließe: ius in corpus (eheliche Leibes- und Lebensgemeinschaft) als ius perpetuum (lebenslängliche Bindung) und als ius exclusivum (Bindung zwischen *einem* Mann und *einer* Frau). Zum mindesten dürfe keines dieser Wesensmomente durch einen positiven Vorbehalt ausgeschlossen werden; sonst sei der Eheschließungsakt ungültig, wie dies c. 1086 § 2[17] feststellt. Und zwar folge das mit innerer Notwendigkeit, weil es dann eben an dem unerläßlichen Konsens fehle, ohne den keine Ehe zustande käme.

Hiergegen wendet sich Szentirmai mit aller Schärfe. Er hat das in den letzten Jahren mehrfach in Fachzeitschriften Italiens, Deutschlands und Österreichs getan.[18] Die Bestimmung des c. 1086 § 2, daß bei einem Vorbehalt gegen ein Wesensstück der Ehe keine gültige Ehe entstehe, erfließe nicht aus innerer Notwendigkeit, sondern beruhe allein auf positiver Sat-

---

[16] C. 1081 § 1: Matrimonium facit partium consensus inter personas iure habiles legitime manifestatus; qui nulla humana potestate suppleri valet.
[17] C. 1086 § 2: At si alterutra vel utraque pars positivo voluntatis actu excludat matrimonium ipsum, aut omne ius ad coniugalem actum, vel essentialem aliquam matrimonii proprietatem, invalide contrahit.
[18] Alexander *Szentirmai*, Quaestiones de simulatione matrimonii partiali in iure canonico, in: Il diritto ecclesiastico 73, 1962, S. 43—60. Ders., Ist die Eheschließung ein Vertrag?, in: Trierer Theologische Zeitschrift 71, 1962, S. 302—315. Ders., Der Ehebegriff des Kirchenrechts im Lichte der ethnologischen Forschung, in: Tübinger Theologische Quartalschrift 143, 1963, S. 22—38. Ders., Unauflöslichkeit und Ungültigkeit der Ehe, in: Österreichisches Archiv für Kirchenrecht 14, 1963, S. 290—302.

zung des Kirchenrechts.[19] Die Kirche brauche nur diese Bestimmung zu ändern, und schon wäre dem Übel der wegen Konsensmangels ungültigen Ehen gesteuert. Dann wäre eben eine Ehe gültig, selbst wenn z. B. ein positiver Vorbehalt gegen ihre Unauflöslichkeit gesetzt worden wäre. Wahrhaftig eine These, welche die kanonistische Konsenslehre völlig auf den Kopf stellt.

Was führt Szentirmai an Argumenten für seine revolutionierende Theorie an? Zum ersten: Es sei verfehlt, den Eheschließungsakt als Vertrag zu werten, wodurch die Bedeutung des Konsenses irrigerweise hochgespielt worden sei.[20] Sodann könne man das Objekt des Konsenses nicht mit ius in corpus perpetuum et exclusivum umschreiben, woraus man dann fälschlich bei einem Vorbehalt gegen eines dieser drei Stücke auf Ungültigkeit der Ehe schließe.[21] Endlich zeigten einzelne Bestimmungen des Kodex wie vor allem die cc. 1138 ff. über die sanatio in radice, daß zum mindesten in gewissen Grenzsituationen die Ehe auch nach dem Kodex nicht durch den Konsens zustande komme.[22]

Das erste Argument Szentirmais greift die in den letzten Jahrzehnten vornehmlich unter französischen und spanischen Theologen geführte Diskussion auf, wie man das Wesen des Eheschließungsaktes zu bestimmen habe, ob als Vertrag oder aber als Eintritt in einen Stand, in eine Institution.[23] Die herkömmliche und fast einmütige Vertragsauffassung sieht in dem Eheschließungsakt einen Vertrag; allerdings einen Vertrag sui generis: Die beiden Partner besitzen wohl die Vertrags*schließungs*freiheit (es steht ganz bei ihnen, ob sie heiraten wollen oder nicht), nicht jedoch die Vertrags*gestaltungs*freiheit (wenn sie heiraten wollen, können sie eine gültige Ehe nur in dem Sinne eingehen, wie Gott die Ehe versteht, also z. B. nicht als eine Ehe zur Probe auf Zeit); und erst recht haben sie nicht die Vertrags*aufhebungs*freiheit (den einmal rechtmäßig eingegangenen Ehevertrag können sie auch bei beiderseitigem Einverständnis nicht mehr aufheben). Was die Ehe schafft, ist die Willenseinigung der beiden Brautleute im Austausch des Jaworts, womit sie einander die ehelichen Rechte übertragen, also ein

---

[19] *Szentirmai*, a. a. O. in: Il diritto ecclesiastico 73, 1962, S. 60: „At sententia nostra, secundum quam can. 1086 § 2 dispositionem nullam nisi iuris positivi contineat, . . ."
[20] Vgl. besonders Trierer Theologische Zeitschrift 71, 1962, S. 302–315.
[21] Vgl. vor allem Il diritto ecclesiastico 73, 1962, S. 50–56.
[22] Vgl. zumal Il diritto ecclesiastico 73, 1962, S. 46–48.
[23] Es mag hinreichen, je einen Vertreter der beiden Auffassungen zu nennen. *Gegen* den Vertragscharakter der Eheschließung wendet sich Tomás *García Barberena*, Sobre la idea contractual del matrimonio canónico, in: Miscelanea Comillas 16, 1951, S. 155–179. *Für* die Kontrakttheorie argumentiert Olisius *Robleda*, Matrimonium est contractus, in: Periodica de re morali canonica liturgica 53, 1964, S. 374–408. Weitere Literaturhinweise finden sich in den erwähnten Abhandlungen *Szentirmais* und bei Gommaire *Michiels*, Mariage-contrat ou Mariage-institution?, in: Miscellanea in memoriam Petri Card. Gasparri, Rom 1960, S. 103–117.

Akt, der sich juristisch als ein Vertrag versteht. Der beiderseitige Ehekonsens ist hiernach für das Entstehen der Ehe konstitutiv; er ruft die Ehe ins Dasein. Die Eheleute selbst stiften so ihre Ehe, und wenn sie getauft sind, spenden sie damit einander selbst das Sakrament der Ehe. In einer anderen Terminologie ausgedrückt heißt das: Der beiderseitige Ehekonsens ist nach der Vertragsauffassung die causa efficiens matrimonii.[24]

Anders wertet die Institutionstheorie die Tragweite des Konsenses. Zwar bestreitet auch sie nicht die Notwendigkeit des Konsenses. Aber der Ehekonsens sei nicht die causa efficiens der Ehe, sondern nur ihre condicio sine qua non. Sobald von den Brautleuten diese condicio gesetzt sei, werde gleichsam von oben her ihre Ehe gestiftet; sie würden damit in den Stand, in die Institution Ehe eingegliedert. Nicht sie selbst übertrügen sich in einem Vertrag die ehelichen Rechte, vielmehr würden ihnen, freilich unter Voraussetzung ihrer Zustimmung, von oben her, von Gott die ehelichen Rechte gegeben und die ehelichen Pflichten auferlegt.

Es ist hier nicht der Ort, um in aller Breite der Diskussion um Vertragscharakter oder Institutionscharakter der Eheschließung nachzugehen. Im Rahmen unseres Themas mögen zwei Gedanken genügen. Einmal ist der Vertragscharakter der Ehe in bindenden Lehrentscheidungen der Kirche verankert, also nicht bloß in der kanonistischen und theologischen Doktrin. Szentirmai[25] bestreitet das zwar, setzt sich aber nur mit einer These Benedikts XII.[26] von 1341 auseinander, die allerdings nicht gegen Szentirmai angeführt werden kann. Jedoch vermißt man eine Stellungnahme zu der Erklärung des Konzils von Florenz im Decretum pro Armenis 1439, wo es ausdrücklich heißt, daß die causa efficiens matrimonii im gegenseitigen Ehekonsens besteht.[27] Zum anderen sieht man nicht ein, inwiefern die Institutionstheorie, selbst wenn man sie einmal als richtig unterstellen wollte, dem Ziel Szentirmais dienen könnte, die Anforderungen an den Ehekonsens herabzuschrauben. Denn auch die Institutionstheorie verlangt den Konsens, einen Konsens im vollen Umfang; zwar nicht als causa effi-

---

[24] Die Kontrakttheorie will damit keineswegs in Abrede stellen, daß die Eheschließung *auch* Eintritt in einen Stand, in eine Institution ist. Ausschlaggebend aber bleibt, daß der Eintritt in den Stand der Ehe nach dieser Auffassung nicht anders als eben durch den rechtswirksamen Konsensaustausch, durch den gültigen Vertragsabschluß bewirkt wird.
[25] Trierer Theologische Zeitschrift 71, 1962, S. 303.
[26] Nicht *Benedikt XIII.*, wie es a. a. O., offensichtlich durch einen Druckfehler, heißt.
[27] Denz. 702: „*Causa efficiens* matrimonii regulariter est mutuus consensus per verba de praesenti expressus." Dabei mag man die Interpretation des „regulariter" hier auf sich beruhen lassen; ob es gemeint ist als Norm, die keine Ausnahme duldet, oder aber, wie das deutsche „in der Regel", als Richtschnur, die zwar in den allermeisten Fällen, doch nicht ausnahmslos gilt, oder ob sich diese Ausnahme nur darauf bezieht, daß der Konsens nicht unbedingt per verba ausgedrückt sein muß. Denn wie immer man das Wort zu verstehen hat, sicher ist jedenfalls, daß die Institutionstheorie mit der Florentiner Erklärung unvereinbar ist. Sagt doch die Institutionstheorie, daß der Konsens *niemals* die causa efficiens, sondern *immer* nur die condicio sine qua non der Ehe sei.

ciens, wohl aber als condicio sine qua non des gültigen Eheabschlusses. An den Anforderungen an den Ehekonsens würde sich damit also nicht das geringste ändern.

Erst recht überzeugt nicht Szentirmais zweites Argument, der Ehekonsens habe nicht notwendig das ius in corpus perpetuum et exclusivum zum Objekt und daher könne der kirchliche Gesetzgeber den c. 1086 § 2, weil dieser nur positivrechtlicher Natur sei, aus rechtspolitischen Erwägungen abändern, um Ehenichtigkeit wegen Konsensmangels zu verhindern. Aus inneren Gründen läßt sich das nicht vollziehen. Denn zur Ehe, wie sie nach katholischem Glaubensverständnis von Gott her intendiert und dem Menschen als unabänderliche Institution vorgegeben ist, gehören nun einmal unabdingbar die drei Elemente: ius in corpus (Bindung auf die eheliche Leibes- und Lebensgemeinschaft), ius perpetuum (Lebenslänglichkeit der Bindung), ius exclusivum (Einpaarigkeit von einem Mann und einer Frau). Gewiß soll nicht behauptet werden, die Brautleute müßten bei ihrem Jawort vor dem Traualtar diese drei Elemente eigens in ihr Bewußtsein heben und einzeln positiv bejahen. Wohl aber gilt umgekehrt: Sie dürfen nicht eines dieser drei Wesensstücke ausdrücklich negieren. Wo das doch geschähe, da wäre der Eheabschluß ungültig. Ein solcher vermeintlicher Konsens verfehlte zwangsläufig das Objekt Ehe, so wie es von Gott gewollt und bestimmt ist. Wer z. B. ausdrücklich die Unauflöslichkeit der Ehe ausschließt und nur eine sogenannte Ehe auf Zeit eingehen will, bricht aus der Ehe ein unumgängliches Stück heraus. Das, was er intendiert, ist etwas völlig anderes, als Ehe in der Ordnung Gottes ist. Und darum schließt er mit innerer Notwendigkeit keine gültige Ehe, weil sein Konsens gar nicht das Objekt Ehe trifft. Die Bestimmung des c. 1086 § 2, daß, wer eines dieser drei Wesensstücke der Ehe in einem positiven Willensakt ausklammert, ungültig heiratet, ist daher nur die Wiedergabe eines innerlich zwingenden Sachverhalts, nicht eine Norm, die erst der positiven Rechtssatzung entspringt. Es ist also nicht so, als ob der kirchliche Gesetzgeber mit c. 1086 § 2 nach Belieben oder wenigstens in gewissen Grenzen manipulieren könnte.

Szentirmais drittes Argument, der Hinweis auf die sanatio in radice, scheint auf einem Mißverstehen dieses kirchlichen Rechtsinstituts zu fußen. Denn die sanatio in radice, die Gültigmachung einer nichtigen Ehe auf dem Wege eines kirchlichen Hoheitsaktes, setzt unter allen Umständen das Fortbestehen eines hinreichenden Ehekonsenses voraus: „dummodo consensus perseveret."[28] Wenn Szentirmai behauptet[29], die Kirche gewähre unter

---

[28] C. 1139 § 1.
[29] Il diritto ecclesiastico 73, 1962, S. 47: „Consensus idcirco de quo can. 1085 non iuridice sed psychologice tantum concipi potest. Qui tamen haud quidem iuridice, sed utique psychologice retractari valet. At haec consensus retractatio non obstat quominus matrimonium de quo sermo in radice sanetur."

Umständen sogar eine sanatio, wenn der frühere Konsens widerrufen sei, in Wahrheit mithin kein Konsens mehr vorliege, so handelt es sich in dem von ihm gemeinten Fall überhaupt nicht um eine echte sanatio; vielmehr hat man es hier nur mit dem Auseinanderklaffen von forum externum und forum internum zu tun. Er beruft sich auf c. 1093, wonach ein einmal geleisteter Ehekonsens als fortdauernd präsumiert wird, bis sein Widerruf sicher feststeht. Er denkt also an folgenden Fall: Ein Katholik heiratete nur standesamtlich und darum ungültig; er hatte bei der standesamtlichen Eheschließung wirklichen Ehekonsens; diesen Konsens hat er einige Zeit später widerrufen, ohne daß der Widerruf jedoch erweislich ist. Hier kann es vorkommen, daß die Kirche, weil sie den Widerruf des Konsenses nicht erkennen kann und darum den Konsens als fortbestehend präsumiert, eine sanatio in radice vornimmt. In Wahrheit ist damit jedoch die Ehe nicht gültig geworden. Ausgesprochen wird zwar eine sanatio; nach außen erscheint nun die Ehe als gültig. Aber die ausgesprochene sanatio kann innerlich gar nicht rechtswirksam werden; in foro interno bleibt die Ehe weiter ungültig. Die sanatio in radice setzt zu ihrer Wirksamkeit immer den Konsens voraus.

Ebensowenig hebt die Rechtsfigur der sanatio in radice die Wirkursächlichkeit des Ehekonsenses auf. Auch für die Ehe, welche auf dem Weg einer sanatio gültig wird, gilt: consensus facit nuptias. Als was ist dann der hoheitliche Akt der Kirche zu verstehen, mit dem sie die sanatio ausspricht? Er beseitigt nur das Hemmnis, das bisher das Wirksamwerden des vorhandenen Konsenses blockierte, und gibt damit die Wirkursächlichkeit des Konsenses frei.[30] An sich würde bei einer nur standesamtlichen Eheschließung der beiderseitige Konsens imstande sein, eine gültige Ehe zu stiften, wenn nicht für einen Katholiken die blockierende Vorschrift entgegenstände, daß er nur in kanonischer Form heiraten kann. Was geschieht nun, wenn die Kirche für eine solche nur standesamtlich geschlossene Ehe die sanatio in radice gewährt? Sie dispensiert hiermit von dem an sich erforderlichen Konsensaustausch in kanonischer Form, hebt somit das Hemmnis auf, das hier allein dem Gültigwerden der Ehe entgegenstand; nunmehr kann der ja noch vorhandene Konsens seine Wirkkraft entfalten und die Ehe schaffen. Auch hier gilt: consensus facit nuptias.

Die innere Struktur beim Vorgang der sanatio in radice kann man sich in etwa mit einem Vergleich veranschaulichen. Wer erzeugt den elektrischen

---

[30] Vgl. *Robleda*, a. a. O. in: Periodica 53, 1964, S. 387 A. 25: „... non possumus non sustinere – cum haec appareat ut unica vera theoria iuris in casu – quod sanatio matrimonii in radice consistat ex parte Ecclesiae in aliquo non positivo sed negativo, scilicet, in sublatione impedimentorum (sume verbum sensu generali communi)." Vgl. ferner Rodolfo *Quezada Toruño*, La perseverancia del consentimiento matrimonial en la „sanatio in radice", Analecta Gregoriana Vol. 127, Rom 1962, S. 114–126.

Strom im Kraftwerk eines Stausees? Nicht etwa der Griff des Technikers zum Schalthebel, mit dem er den Schieber hochzieht und so den angestauten Wassermassen den Weg zu den Turbinen freigibt. Dieser Griff ist freilich unerläßlich; er ist aber nur die Voraussetzung, insofern er die Sperre beseitigt, die bislang das Wirksamwerden der Wasserkraft aufhielt. Erzeugt wird der Strom jedoch allein von der Energie der aufgestauten Wassermenge, die nunmehr mit dem Hochziehen des Schiebers ihre Wirkkraft entfalten kann.

Der erste Versuch, die Ehenichtigkeit auf materialrechtlichem Wege einzudämmen, nämlich durch mindere Anforderungen an den Ehekonsens, scheitert an grundsätzlichen rechtstheoretischen Erwägungen: Ohne vollen Ehekonsens kann keine gültige Ehe zustande kommen.

2. Prozeßrechtlicher Versuch: Verweigerung des Klagerechts

Von ganz anderer Ebene versucht der zweite Vorstoß, die Eheprozesse wegen Konsensmangels zu stoppen, nämlich mit einer formalrechtlichen Sperrvorschrift. Er entgeht damit der vorhin erörterten Schwierigkeit, daß materialrechtlich eine Ehe, wenn sie ohne hinreichenden Konsens geschlossen wurde, einfach nicht gültig ist. Aber man sollte dann, so lautet die Forderung, dem Übel prozessual beikommen: Mag die Ehe wegen Konsensmangels auch ungültig sein, man sollte auf solchen Klagegrund hin (c. 1086 § 2 oder c. 1092 n. 2) auf keinen Fall einen Ehenichtigkeitsprozeß zulassen. Das Paar möge dann sorgen, daß seine Ehe nachträglich gültig gemacht wird, indem es eben jetzt anstelle seines fehlerhaften Ehewillens einen hinreichenden Konsens beibringt. Nicht aber solle ihm die Möglichkeit offenstehen, einen kirchlichen Eheprozeß anzustrengen. Wenn schon nicht die Ungültigkeit der Eheschließung verhindert werden konnte, so solle sich die Kirche erst recht nicht dazu hergeben, nun diese Ungültigkeit auch noch durch ihr Gericht festzustellen und damit den Weg zu einer anderen Heirat freizugeben.

So verficht es mit leidenschaftlicher Anteilnahme der Sekretär der Signatura Apostolica, Vittorio Bartoccetti, in seinem Beitrag zur Festschrift für Kardinal Jullien.[31] Er kann sich für seinen Versuch auf keinen geringeren als Papst Pius XI. berufen. Wie erst jüngst durch Bartoccettis Abhandlung der Öffentlichkeit bekannt wurde, hat Pius XI., aufs höchste besorgt um das Ansteigen der kirchlichen Ehenichtigkeitsprozesse, am 25. Oktober 1938 wenige Monate vor seinem Ableben den Präfekten der Sakramentenkongregation, Kardinal Jorio, beauftragt, unverzüglich einschneidende Maßnah-

---

[31] Victorius *Bartoccetti*, Codicis J. C. emendatio a S. P. Pio XI circa leges et causas matrimoniales disposita anno 1938, in: Mélanges en l'honneur de Son Éminence le Cardinal André Jullien, ancien Doyen du Tribunal de la Rote, Straßburg 1961 (= Revue de droit canonique 1960, Nr. 3—4 und 1961, Nr. 1), S. 9—23.

men vorzubereiten, um dem Übelstand zu steuern. Temperamentvoll habe der Papst ausgerufen: „Kodex hin, Kodex her; damit wird Schluß gemacht!"[32] Eine Kommission wurde eingesetzt[33] und nahm tatkräftig die Beratungen auf. Da starb Pius XI. am 10. Februar 1939. Doch konnte die Kommission mit Billigung seines Nachfolgers Pius' XII. im gleichen Auftrag weiterarbeiten. Im Mai 1939 legte sie einen fertigen Gesetzesentwurf vor, der in der Forderung gipfelte: Auf den Klagegrund Konsensmangel durch Vorbehalt (c. 1086 § 2) oder durch beigefügte Bedingung (c. 1092) werden keine Eheprozesse mehr geführt.[34] Doch Gesetzeskraft hat der Entwurf nie erlangt, weil Pius XII. seine Zustimmung versagte. Er sicherte zwar zu, er werde die Sache sorgfältig prüfen; aber dabei blieb es. Wenn Bartoccetti anmerkt, Pius XII. habe vielleicht wegen seiner angegriffenen Gesundheit keine Zeit mehr dafür gefunden[35], so wird ihm der Leser das schwerlich abnehmen.[36]

Bartoccettis Vorschläge werden vermutlich demnächst bei der Reform des kirchlichen Gesetzbuches[37] wieder ins Gespräch kommen, da er als Konsul-

---

[32] „Ma che Codice e non Codice è ora di finirla di passare per divorzisti." Zitiert von *Bartoccetti*, a. a. O., S. 11, der noch zwei weitere Aussprüche *Pius' XI.* anführt: „Questo matrimonio è diventato un mercimonio!" „Voglio fare un nuovo ‚Ne Temere'."

[33] Unter Vorsitz des Kardinals *Jorio* gehörten ihr an: *Bracci* (Sekretär der Sakramentenkongregation), *Grazioli* (Dekan der Rota), *Jullien* (Subdekan der Rota), zwei weitere Kanonisten (der eine aus dem Predigerorden, der andere aus dem Jesuitenorden); als Sekretär waltete *Bartoccetti* (Promotor iustitiae der Rota). Vgl. *Bartoccetti*, a. a. O., S. 12. Gerhard *Oesterle*, Reform der Ehegerichte?, in: Theologie und Glaube 51, 1961, S. 372.

[34] Dies ist der erste und wichtigste Punkt des Dekretsentwurfs, dessen Tenor insgesamt lautete (*Bartoccetti*, a. a. O., S. 17 f.):
„I. Matrimonium, forma iure statuta initum, ita praesumitur absolute ac rite celebratum, ut ex capite conditionis appositae vel simulati consensus accusari nequeat.
II. Matrimonium irritum ob defectum consensus, quocumque ex capite, sive ex conditione vel simulatione sive errore vel alia qualibet causa, praesumptione iuris et de iure habendum est uti validum seu legitime convalidatum, licet defectus fuerit externus et publicus, si partes affectu maritali cohabitaverint per sex menses.
III. Hoc praescriptum valet etiam de matrimonio invalide contracto propter vim et metum gravem, de quo in can. 1087, si coniuges metu purgato, per semestre pacifice simul cohabitaverint. Metus praesumitur purgatus post annum a cohabitatione.
IV. In causis de nullitate matrimonii patrocinium coniugum exercebitur ab advocatis a tribunali ex officio singulis vicibus designandis et remunerandis, qui plenam iudicibus securitatem offerant, se non de exitu causae sed unice de veritate factorum sincere illustranda, sollicitos fore."

[35] *Bartoccetti*, a. a. O., S. 12.

[36] Man beachte ja: Es handelt sich um das Jahr 1939, nicht um die letzten Lebensmonate *Pius' XII.* Daß man in der Nichtbestätigung des Entwurfs vielmehr eine direkte Stellungnahme des Papstes zu sehen hat, legt auch sein Verhalten in dem wenig später ausgebrochenen Kompetenzkonflikt zwischen Sakramentenkongregation und Rota nahe. *Pius XII.* billigte ausdrücklich den Entscheid, mit dem die Interpretationskommission am 8. Juli 1940 den Versuch der Sakramentenkongregation abwies, die Ehegerichtsbarkeit der kirchlichen Gerichte zu beschneiden. Vgl. AAS 32, 1940, S. 317 f.

[37] In seiner berühmten Ansprache vom 25. Januar 1959 in der Abtei San Paolo fuori le mura hat *Johannes XXIII.* neben einer römischen Diözesansynode (abgehalten 24.–31. Januar

tor der Kommission für die Revision des Kodex sicherlich seinen weitreichenden Einfluß in dieser Richtung einsetzen wird. Sie sind ohne Zweifel von hohem Ethos diktiert, aus der echten Besorgnis, die Eheprozesse könnten noch weiter anschwellen oder gar ausufern.[38] Aber schießt der Vorstoß nicht doch übers Ziel hinaus?

Schon vor zwanzig Jahren machte Hans Barion gelegentlich einer Rezension in analogem Zusammenhang die Bemerkung: Wenn man ohne Rücksicht darauf, ob eine Ehe kirchenrechtlich gültig oder ungültig ist, kurzerhand das Klagerecht beschneide, so werfe das ein etwas zwiespältiges Licht auf die Güte einer Rechtsordnung, die man solchergestalt vor ihrer Erprobung glaube bewahren zu müssen.[39] Gewiß entgeht der prozessualrechtliche Vorschlag jener inneren Widersprüchlichkeit, welche den materialrechtlichen Versuch, wie eben aufgewiesen wurde, zwangsläufig zum Scheitern verurteilte, weil es keine gültige Ehe ohne vollen Konsens geben kann. Was Bartoccetti will, enthält keinen logischen Widerspruch: Daß nämlich eine Ehe wegen Konsensmangels tatsächlich ungültig ist, daß aber die Kirche es verweigert, diesen Tatbestand in einem Prozeß festzustellen; der Zugang zu einer anderen Heirat wäre damit gesperrt. Rechtstheoretisch ist dieser Weg durchaus möglich; nur erhebt sich die Frage, ob er auch rechtspolitisch tunlich ist.

Die Konsequenzen seien an einem konkreten Fall aufgewiesen. Ein Heiratsschwindler hatte es zu wiederholten Malen verstanden, seine Bräute finanziell zu schädigen, um dann, noch ehe es zur Heirat kam, auf Nimmer-

---

1960) und einem Ökumenischen Konzil (eröffnet am 11. Oktober 1962) als dritten Programmpunkt seines Pontifikats den „aggiornamento del Codice di Diritto Canonico" genannt (AAS 51, 1959, S. 68). Zur Verwirklichung dieses dritten Zieles errichtete er am 28. März 1963 die Pontificia Commissione per la revisione del Codice di Diritto Canonico (amtliche lateinische Bezeichnung: Pontificia Commissio Codici Iuris Canonici recognoscendo), welche zugleich die bisherige Interpretationskommission ablöste (Annuario Pontificio 1965, S. 1400). Zu Mitgliedern der Kommission wurden 42 Kardinäle ernannt, unter ihnen die deutschen Kardinäle *Frings, Döpfner* und *Bea;* das Präsidium liegt bei Kardinal *Ciriaci,* dem Präfekten der Konzilskongregation; zum Sekretär wurde G. *Violardo* bestellt (AAS 55, 1963, S. 363 f. und 1056). *Paul VI.* berief am 17. April 1964 Bischöfe und Kanonisten aus der ganzen Welt zu Konsultoren der Kommission, unter ihnen aus Deutschland Erzbischof *Schneider* von Bamberg und Bischof *Janssen* von Hildesheim sowie zwei Kanonisten (AAS 56, 1964, S. 473 f.). Die Aufgabe des Sekretärs ist inzwischen an R. *Bidagor* übergegangen (AAS 57, 1965, S. 268). Die Kodexkommission kann einstweilen nur vorbereitende Arbeit leisten; ihre eigentliche Aufgabe setzt erst ein, wenn das 2. Vatikanische Konzil zum Abschluß gekommen ist und von ihm die grundlegenden Richtlinien gewiesen sind, nach denen die Reform des CIC durchzuführen ist.

[38] Der Sarkasmus, mit dem Ermanno *Graziani,* Codicis emendatio o codificatio mendorum?, in: Il diritto ecclesiastico 72, 1961, S. 57—61, auf *Bartoccettis* Aufsatz geantwortet hat, legt treffsicher die Schwächen in der gegnerischen Argumentation bloß, verdeckt jedoch zugleich das ernste Anliegen, das man in *Bartoccettis* Aufruf nicht übersehen sollte.

[39] Zeitschrift der Savigny-Stiftung für Rechtsgeschichte 63, Kanonistische Abteilung 32, 1943, S. 532.

wiedersehen zu verschwinden. Nur mit einer wollte ihm das nicht gelingen; er kam an ihr ansehnliches Vermögen nicht heran. Wenngleich widerstrebend, entschloß er sich, hier auch noch die Komödie einer Trauung zu spielen; er hoffte, wenn er einmal mit ihr verheiratet sei, werde er schon einige Vermögensstücke beiseiteschaffen können, um dann heimlich abzuspringen. Mit allem Zeremoniell wurde Hochzeit gehalten, doch er machte das nur zum Schein mit. Das ließ sich hernach eindeutig belegen, weil er im engsten Freundeskreis ohne Hemmung geplaudert hatte. Fast ein Jahr lebte er mit seiner ahnungslosen Frau zusammen. Inzwischen glückte es ihm, auf den Grundbesitz seiner Frau hohe Hypotheken aufzunehmen; das Geld verschob er ins Ausland; und eines Tages war er spurlos verschwunden.

Ohne Zweifel war diese Heirat nichtig. Er hatte das Jawort am Traualtar nur zum Schein gegeben. Die Ehe war also ungültig wegen des Konsensmangels von seiten des Mannes. Wollte man nun Bartoccettis Vorschlag folgen, daß es keinen Eheprozeß wegen Simulation mehr geben dürfe, so hieße das die Frau doppelt benachteiligen. Zu dem finanziellen Schaden hinzu wäre es ihr dann verwehrt, ihre Ehe vor der Kirche für nichtig erklären zu lassen. Sie bliebe damit praktisch auf Lebenszeit an den Mann gebunden, obschon doch in Wahrheit gar keine gültige Ehe zustande gekommen ist, die Frau mithin vor Gott auch gar nicht ehelich gebunden ist. Woher nähme die Kirche das Recht, der Frau allein mit einer Sperrklausel des positiven Rechts den Weg zu einer neuen Ehe zu verlegen, der ihr vom ius divinum her durchaus offenstände? Müßte es nicht vielmehr Aufgabe der Kirche sein, hier der unschuldigen Frau in einem Eheprozeß zu helfen?

Man wird sicher zugestehen, daß es in solchen und ähnlichen Fällen nur zu berechtigt ist, wenn ein Ehenichtigkeitsurteil gefällt wird. Eheprozesse wegen Konsensmangels generell zu beschneiden, geht nicht an.[40]

Gleichwohl sind hiermit nicht alle Bedenken ausgeräumt. Sie melden sich in einer dritten und letzten Frage zu Wort:

III. Eheprozesse sogar bei selbstverschuldeter Nichtigkeit der Ehe?

Wer wollte es nicht in dem eben geschilderten Beispiel befürworten, daß dort der Frau geholfen wird. Sie ist ja an der Nichtigkeit ihrer Eheschließung völlig unschuldig gewesen. Anders aber wird man urteilen, wenn man auf

---

[40] Vgl. Hans *Heimerl*, Ehewille — Eheschließungsform — Ehegültigkeit, in: Theologisch-praktische Quartalschrift 113, Linz 1965, S. 152: „Ist keine Hoffnung mehr auf Konvalidierung vorhanden, so muß wenigstens der unschuldige Teil die Möglichkeit haben, zu einer Nichtigkeitserklärung zu gelangen. Nimmt man ihm dieses Recht, so würde vielleicht die Überzeugung von der Unauflöslichkeit der Ehe gestärkt, zugleich aber würden auch Zweifel an der Gerechtigkeit der Kirche genährt."

die Gegenseite schaut. Wer wie dieser Heiratsschwindler durch sein eigenes Verhalten die Ungültigkeit der Ehe heraufbeschworen hat, dürfte nicht von der Kirche auch noch einen Eheprozeß begehren. Müßte es nicht Ärgernis erregen, wenn jemand seinen Ehekonsens nur heuchelt, indem er etwa schon zum Traualtar mit der Absicht herantritt, sich doch wieder scheiden zu lassen, und er dann hernach wegen dieses Konsensmangels einen kirchlichen Eheprozeß verlangen könnte und so wieder für eine andere Heirat frei würde? Hieße das nicht, auf den Frevel noch eine Prämie setzen? Ne cui sua culpa prosit! Niemand soll aus seiner Bosheit auch noch einen Gewinn schlagen!

Nur zu berechtigt erscheint daher die Forderung, daß hier ein Riegel vorgeschoben wird. Zwar läßt sich die Tatsache nicht leugnen, daß die Eheschließung des Simulanten wirklich ungültig ist. Aber wegen des eigenen Verschuldens sollte die Kirche seine Klage auf einen Eheprozeß überhaupt nicht annehmen. So schreibt es in der Tat das kanonische Recht vor: Wer selbst die Nichtigkeit seiner Ehe direkt und vorsätzlich verschuldet hat, verliert damit das Klagerecht.[41] Die Klage eines Gatten auf Nichtigerklärung seiner Ehe kann also gar nicht zur Verhandlung angenommen werden, wenn er „sive impedimenti sive nullitatis matrimonii causa fuit et directa et dolosa"[42].

---

[41] Über den Entzug des Klagerechts und seine genaue Abgrenzung hat es seit dem CIC eine längere Entwicklung gegeben, die in vier Stufen verlief:
a) Ausgangspunkt war c. 1971 § 1 n. 1: „Habiles ad accusandum sunt coniuges, in omnibus causis separationis et nullitatis, nisi ipsi fuerint *impedimenti causa.*" Da diese Bestimmung zweifellos zu den „leges quae liberum iurium exercitium coarctant" gehört, unterliegt ihre Auslegung nach c. 19 der interpretatio stricta. Das führte dazu, daß man „impedimenti causa" hätte beschränken müssen auf die Ehehindernisse im eigentlichen Sinne, also auf die impedimenta dirimentia der cc. 1067—1080, während die schuldhafte Verursachung der Ehenichtigkeit durch vorsätzlichen Konsensmangel nicht den Verlust des Klagerechts nach sich gezogen hätte, was kaum der Intention des Gesetzgebers entsprochen hätte.
b) So erließ die Interpretationskommission (PCI) am 12. März 1929 die Entscheidung, daß der Terminus impedimentum in c. 1971 § 1 n. 1 zu verstehen sei „etiam de *impedimentis improprie dictis* matrimonium dirimentibus (cann. 1081—1103)" (AAS 21, 1929, S. 170 f.). War hier in Richtung auf den objektiven Tatbestand der Entzug des Klagerechts weit gefaßt, so ergingen hernach noch zwei authentische Auslegungen, welche nach der Seite der subjektiven Schuldhaftigkeit den Entzug des Klagerechts einschränkten:
c) Das Klagerecht verliert nur, „qui fuerit *causa culpabilis* sive impedimenti sive nullitatis matrimonii" (PCI 17. Juli 1933, AAS 25, 1933, S. 345).
d) Das Klagerecht verliert nur, „qui sive impedimenti sive nullitatis matrimonii *causa* fuit *et directa et dolosa*" (PCI 27. Juli 1942, AAS 34, 1942, S. 241).
[42] Wann der Tatbestand der „causa et directa et dolosa" erfüllt ist, läßt sich nach einer eingehenden Diskussion in der kanonistischen Fachliteratur nunmehr dahin bestimmen: „Die Verursachung ist *unmittelbar* (causa directa), wenn sie auf einem Verhalten beruht, das für sich allein und seiner Natur nach (d. h. ohne Zwischenursache) ein trennendes Ehehindernis oder die Nichtigkeit der Ehe zur Folge hat. Es kommt hier *nur ein Tun* (z. B. Entführung, qualifizierter Ehebruch, Nötigung zur Eheschließung, Setzen eines Vorbehaltes oder einer Bedingung gegen das Wesen der Ehe), *nicht ein bloßes Unterlassen* in Betracht; denn das

Aber hält die Kirche diesen Grundsatz auch konsequent durch? Es wird bei nicht wenigen Befremden erregen, wenn sie erfahren: Klagerecht hat der Schuldige zwar nicht; doch unter gewissen Voraussetzungen läßt die Kirche in solchen Fällen an seiner Stelle durch ihren Promotor iustitiae Klage auf Nichtigerklärung der Ehe erheben.[43] Im Endergebnis kommt der Schuldige also doch zu seinem Erfolg. In der ersten Reaktion möchte man dagegen protestieren. Bei genauerem Zusehen aber stellt sich die Frage, ob die Kirche, falls sie ihrer Sendung und ihrem Heilsauftrag nicht untreu werden will, überhaupt anders handeln kann. Ein Beispiel mag das erläutern.

In einer Bekanntschaft kam es trotz starker erotischer Bindungen immer wieder zu den heftigsten Auseinandersetzungen und Streitigkeiten. Der Mann suchte deshalb einen Ausweg, das Verlöbnis aufzuheben, fand jedoch nicht den Mut dazu, als die Braut auf der Hochzeit bestand. Er sah dabei klar voraus, daß die Ehe zu einer Katastrophe führen werde. Darum war er schon bei der Trauung fest entschlossen, sich nicht für immer an seine Frau zu binden. Er faßte da bereits den Plan, bei der ersten günstigen Gelegenheit die Scheidung zu beantragen. Das eheliche Zusammenleben bestätigte hernach seine Befürchtungen: Es wurde eine Kette unerträglicher Zerwürfnisse. Bevor noch ein halbes Jahr vergangen war, liefen beide zum Rechtsanwalt; die staatliche Scheidung wurde ausgesprochen. Der Mann hat hernach standesamtlich eine neue Ehe geschlossen, aus der mittlerweile drei Kinder hervorgegangen sind. Die zweite Frau trägt schwer daran, daß sie in einer kirchlich ungeordneten Verbindung lebt. Ist hier eine Hilfe möglich?

Verschweigen eines Nichtigkeitsgrundes (z. B. eines trennenden Ehehindernisses, einer Nötigung zur Ehe, eines Vorbehaltes oder einer Bedingung gegen das Wesen der Ehe) ist nicht unmittelbare Verursachung, sondern nur begleitender Umstand der Nichtigkeit.... Die Verursachung ist *vorsätzlich* (causa dolosa), wenn der die Nichtigkeit der Ehe begründende Umstand *trotz besseren Wissens gewollt* wird. Es ist dabei nicht erforderlich zu wissen, daß ein vorliegendes Ehehindernis oder ein beabsichtigter Mangel im Ehewillen oder in der Eheschließungsform die Nichtigkeit der Ehe zur Folge hat noch daß infolge dieses rechtswidrigen Verhaltens der Entzug des Klagerechtes eintritt (vgl. c. 16 § 1), wohl aber dies, daß eine Eheschließung in Kenntnis eines solchen Umstandes ein *vom Recht mißbilligtes Verhalten* darstellt" (Eduard *Eichmann* – Klaus *Mörsdorf,* Lehrbuch des Kirchenrechts auf Grund des Codex Iuris Canonici, Bd. 3, Paderborn 1960[9], S. 230 f.). Vgl. Arthur J. *Nace,* The Right to Accuse a Marriage of Invalidity (Canon Law Studies 418), Washington 1961, S. 128–181.

[43] Der Promotor iustitiae hat freilich, wenn ihm von einem Ehegatten, der als causa et directa et dolosa kein Klagerecht besitzt, die Nichtigkeit der Ehe angezeigt wird, nicht unbeschränkt die Möglichkeit, den Ehenichtigkeitsprozeß in Gang zu bringen. Er ist an einen vorhergehenden Entscheid des Ortsordinarius gebunden, daß die Klageerhebung in vorliegendem Falle dem bonum publicum diene. Im einzelnen ist dazu erforderlich, daß eine Konvalidation der Ehe nicht zu erreichen ist, daß die behauptete Ehenichtigkeit tatsächlich öffentlich bekannt ist und wirklich Ärgernis hervorruft und daß auf Grund des angebotenen Beweismaterials an der Nichtigkeit der Ehe nicht ernstlich gezweifelt werden kann. Bei einem von dem anzeigenden Gatten selbstverschuldeten Konsensmangel durch Vorbehalt oder Bedingung gegen das Wesen der Ehe (c. 1086 § 2 und c. 1092 n. 2) wäre außerdem noch gefordert, daß er nach dem Urteil des Ortsordinarius wahre Reue über sein Verhalten zeigt. Vgl. Art. 38 f. EPO.

Zunächst ist mit aller Deutlichkeit festzuhalten: Das Verfahren des Mannes verdient scharfe Verurteilung. Hat er ja den sakramentalen Akt der Trauung zu einer Farce herabgewürdigt und mit seiner ehewidrigen Intention die Ungültigkeit der Eheschließung herbeigeführt. Das harte Verdikt über den Mann ändert aber nichts an der Tatsache, daß seine erste Ehe nicht gültig zustande gekommen ist. Allerdings besitzt er, insofern er die causa et directa et dolosa nullitatis matrimonii war, zur Strafe für sein Verschulden kein Klagerecht; er kann also keinen Ehenichtigkeitsprozeß anstrengen. Wohl könnte das seine erste Frau tun, da nicht sie, sondern der Mann die Ungültigkeit der Ehe verursacht hat. Man hatte der Frau einen solchen Schritt auch nahegelegt. Doch lehnte sie das mit Entrüstung ab; nicht etwa, weil sie die Rückkehr des Mannes wünschte; auch sie hatte sich von ihm endgültig abgewandt; vielmehr weil sie ihm nicht den Weg zu einer neuen kirchlichen Trauung öffnen wollte.

Hier wird sichtbar, wie die Verweigerung des Klagerechts für die Kirche zu einem ernsten seelsorglichen Problem werden kann. Allein der Entzug des Klagerechts verhindert in vorliegendem Fall eine kirchliche Ordnung der neuen standesamtlichen Verbindung. Anders wäre es, wenn die erste Ehe gültig wäre. Dann freilich könnte die Kirche die zweite Verbindung gar nicht anerkennen, weil ihr hier das ius divinum die unübersteigliche Schranke zöge, daß eine gültige Ehe einzig durch den Tod gelöst werden kann. In dem geschilderten Fall jedoch liegt der Tatbestand umgekehrt: Hier existiert in Wahrheit vor Gott die erste Ehe nicht, weil sie ungültig ist. Vom ius divinum her wäre es daher nicht unmöglich, daß die zweite Verbindung in einer kirchlichen Trauung geschlossen werden könnte und so zu einer wirklichen Ehe würde. Darf die Kirche, wo Gott keine Sperre legt, allein zur Strafe den Weg zur Trauung verhindern? Trägt sie dann nicht Mitverantwortung, wenn der Mann und seine zweite Frau jahrelang, voraussichtlich für ihr ganzes Leben in einer Verbindung stehen, die nach der Lehre der Kirche schwer sündhaft ist?

Salus animarum suprema lex. Aus der Sorge um das sonst gefährdete Heil der Seelen stellt die Kirche in solchem Fall ihre gewiß ernsten Bedenken zurück und gibt trotz der schuldhaften Verursachung der Ehenichtigkeit doch den Weg zu einem Eheprozeß frei, indem sie unter Umständen durch den Promotor iustitiae Klage erheben läßt.

Freilich darf das nicht unbesehen und leichthin geschehen. Denn jene erste Trauung, die nun für nichtig erklärt werden soll, war zwar kein rechtsgültiger Eheschließungsakt; sie ist darum aber noch lange kein völliges Nichts, aus dem keinerlei Bindungen und Verpflichtungen erwachsen wären. Moralische Pflichten gewichtiger Art können sehr wohl daraus entsprungen sein. Und die sollte man auch bei Einleitung eines Eheprozesses sehr ernst nehmen. Das kanonische Gesetzbuch[44] schreibt in diesem Sinne ausdrücklich vor, daß zunächst mit aller Umsicht versucht wird, die erste Ehe zu konvalidieren, statt sie für nichtig zu erklären. Die Forderung des c. 1965 erfaßt freilich nicht unmittelbar die nur standesamtlich geschlossene Ehe eines Katholiken, weil diese nach der Terminologie der Kanonistik nicht als ungültige Ehe (matrimonium invalidum), sondern als Nichtehe (matrimonium non existens) bezeichnet wird.[45] Aber in der kirchenrechtlichen Doktrin tritt mit vollem Recht immer stärker die Weisung in den Vordergrund, daß in solchem Fall nicht minder als bei einer aus anderen Gründen ungültigen Ehe primär die Pflicht obwaltet, die bestehende Verbindung zu einer gültigen Ehe zu konvalidieren.[46] Es ist nicht ohne weiteres ins freie Ermessen gestellt, die Ehe für nichtig erklären zu lassen. In erster Linie muß das Bemühen darauf gerichtet sein, die Ehe gültig zu machen.

Allerdings wird der Versuch oft genug scheitern; ja unter Umständen wäre eine solche Forderung nicht einmal sittlich vertretbar, wenn man nämlich dann mit einer zerrütteten Ehe rechnen müßte. Zum mindesten jedoch sollte man bei Eröffnung eines kirchlichen Eheprozesses sorgsam darauf bestehen, daß der schuldige Teil seinen sonstigen Bindungen aus der ungültigen Ehe nachkommt; man denke z. B. an Unterhaltsbeiträge für die geschiedene Frau oder für gemeinsame Kinder.

Hierauf müßte man auch von seiten des Kirchenrechts mehr noch als bisher Bedacht nehmen. Jüngst hat ein Kanonist den Vorschlag unterbreitet,

---

[44] C. 1965: Si matrimonium accusatur ex defectu consensus, curet ante omnia iudex ut monitionibus opportunis partem, cuius consensus deesse affirmatur, ad consensum renovandum inducat; si ex defectu formae substantialis vel ex impedimento dirimenti quod dispensari potest et solet, partes inducere studeat ad consensum in forma legitima renovandum vel ad dispensationem petendam.

[45] Zur Unterscheidung von Nichtehe und ungültiger Ehe im kanonischen Recht vgl. Enrique *Lalaguna*, El matrimonio civil ante el derecho canonico, in: Ius canonicum 2, 1962, S. 273—288. Bruno *Primetshofer*, Die Stellung der Zivilehe im kanonischen Eherecht, in: Willibald M. *Plöchl* — Inge *Gampl*, Im Dienste des Rechtes in Kirche und Staat, Festschrift für Franz *Arnold*, Kirche und Recht, Bd. 4, Wien 1963, S. 302—313.

[46] Wilhelmus *Bertrams*, De influxu Ecclesiae in iura baptizatorum, in: Periodica de re morali canonica liturgica 49, 1960, S. 448 f.: „In tali casu remedium non habetur simpliciter eo, quod partes ab invicem discedunt et forte aliud matrimonium contrahunt; aliqua obligatio convalidandi ‚matrimonium civile' per formam canonicam ex natura rei — ligatio personalis partium, constitutio personalis iurium et officiorum matrimonialium — habetur, saltem si una pars in tali convalidatione insistit. Ita explicatur praxis Ecclesiae, quae in pluribus regionibus habetur, non admittendi ad matrimonium in forma canonica contrahendum partes, quarum una aut utraque alio matrimonio civiliter contracto tenetur, etsi hoc ‚matrimonium civile' in foro canonico convalidatum non fuit. Qui igitur ‚matrimonium civile' per consensum naturaliter sufficientem contraxit, aliquam obligationem ethicam habet hoc matrimonium in foro canonico convalidandi; ut tale matrimonium totaliter relinquat obtinendo divortium civile, rationem proportionate gravem habere debet, nisi partes communi consilio consensum praestitum revocent." Vgl. Wilhelmus *Bertrams*, De indole personali et sociali consensus matrimonialis, in: Periodica de re morali canonica liturgica 53, 1964, S. 440—443.

ob man nicht die Zulassung zu einer neuen kirchlichen Trauung von der Erlaubnis des Ordinarius abhängig machen solle, „die nur dann zu erteilen ist, wenn der Ehewerber nachweist, daß eine Wiederaufnahme der ehelichen Gemeinschaft mit kirchlicher Konvalidation unmöglich ist und daß vor allem für den früheren Ehepartner und die gemeinsamen Kinder nicht bloß formellrechtlich, sondern tatsächlich gesorgt ist. ... (Sonst) müßte diese Erlaubnis verweigert und als einzige Möglichkeit die Konvalidation offengelassen werden"[47]. Es wäre bei der Reform des CIC ernstlich zu überlegen, ob man nicht in das kanonische Eherecht eine derartige Bestimmung einbauen sollte. Manchem Ärgernis aus kirchlichen Eheprozessen wäre damit tatkräftig begegnet; wirksamer jedenfalls als mit der Forderung, der *causa et directa et dolosa nullitatis matrimonii* unter keinen Umständen eine neue Heirat zu ermöglichen.

Gläubige Katholiken verlangen hin und wieder, wenn jemand die Nichtigkeit seiner Ehe verschuldet habe, solle die Kirche hart bleiben und ohne die geringste Nachgiebigkeit den Zugang zu einer neuen Ehe verweigern. So kann die Kirche nicht handeln, wenn sie nicht dem Auftrag ihres Herrn untreu werden wollte, der ihr die Sorge um den Menschen und um sein ewiges Heil aufgebunden hat. Daran Ärgernis nehmen wäre ein *scandalum pharisaeorum*, die sich ebenfalls daran stießen, als Christus mit den Sündern zu Tische saß oder als er im Gleichnis den Hirten zeichnete, der dem *einen* entlaufenen und verirrten Tier in die Wüste nacheilt und darüber die neunundneunzig anderen in der Steppe sich selbst überläßt (Lk 15, 1 ff.).

Schluß

Wenn die Weltpresse wie bei dem eingangs geschilderten Eheprozeß einen prominenten Fall der Rota in alle Länder trägt, regt sich vielerorts Erstaunen und Verwunderung oder auch Unwille und Entrüstung. In drei Fragen äußerte sich uns das Ärgernis:
1. Verkappte Ehescheidung?
2. Ehenichtigkeit auch bei Konsensmangel?
3. Eheprozesse sogar bei selbstverschuldeter Nichtigkeit der Ehe?

Wir fanden im Grunde zwei Antworten, die dem Ärgernis seinen Stachel nehmen. Zunächst die Einsicht: Eine kirchliche Ehenichtigkeitserklärung ist etwas wesentlich anderes als eine Scheidung. Sie löst nicht eine wirkliche Ehe auf, sondern setzt eine in Wahrheit ungültige Ehe voraus; sie deckt nur auf, daß der Eheschließungsakt ungültig war und daher keine Ehe bestanden hat und besteht. Zum zweiten lebt und wirkt auch im Ehegericht der Kirche

---

[47] Hans *Heimerl,* Ehewille — Eheschließungsform — Ehegültigkeit, S. 161.

der Heilsauftrag ihres Stifters. Eine Kirche, die sich seinem Geist verpflichtet.weiß, kann gar nicht anders, als dem Menschen in der Sorge um sein ewiges Heil nachzugehen. Vorausgesetzt nur, daß keine gültige Ehe existiert und somit kein Band geknüpft ist, das Gott allein zu lösen vermöchte, wird die Kirche die Hilfe ihrer Ehegerichtsbarkeit dem Menschen, selbst dem schuldigen, leihen, wo immer es die salus animarum verlangt.

Wer wollte sich daran ärgern? Auch in ihren Eheprozessen steht die Kirche unter der Weisung ihres Herrn, unter jenem Wort Christi, das Papst *Johannes XXIII.,* als er das Kollegium der Rota zum letztenmal zu einer Audienz um sich versammelt hatte, zum Grundgedanken seiner Ansprache machte[48]: „Gott hat seinen Sohn nicht dazu in die Welt gesandt, daß er die Welt verurteile, vielmehr damit die Welt durch ihn gerettet werde" (Jo 3, 17).

---

[48] Allocutio vom 13. Dezember 1961, AAS 53, 1961, S. 820.

Zur Urteilsnichtigkeit im kirchlichen Eheprozeß wegen Verkürzung des Verteidigungsrechtes

Das kirchliche Eheprozeßrecht weist, wie Audomar Scheuermann in einer abgewogenen Studie über Reformvorschläge zur kanonischen Eheprozeßordnung feststellt[1], gerade hinsichtlich der Urteilsnichtigkeit und der gegen sie gerichteten Nichtigkeitsbeschwerde mancherlei Unklarheit auf. Mit Recht fragt er: „Welche Möglichkeiten bestehen z. B., daß im Eheprozeß eine Rechtshandlung und daraus folgend etwa auch weitere Prozeßakte nichtig sind deswegen, weil ein wesentlicher Mangel besteht, wie er in c. 1680 genannt ist? Ist es z. B. ein wesentlicher Mangel, wenn bezüglich eines Klagegrundes keine Klageschrift vorliegt? Oder die Klageannahme nicht kollegial beschlossen wurde? Oder das Verteidigungsrecht einer Partei wesentlich beeinträchtigt wurde? Oder Animadversiones des Bandverteidigers nicht zugestellt wurden, weil sie als gerichtsinterne Auseinandersetzungen betrachtet werden? Und wenn dann solche Mängel bestehen: begründen sie eine heilbare oder eine unheilbare Nichtigkeit? Ist darüber hinaus die Regelung von EPO Art. 211 § 3 tragbar, daß eine heilbare Nichtigkeit ausheilt, wenn sie innerhalb von drei Monaten nicht geltend gemacht worden ist? Sie wird ja meistens aus Rechtsunkenntnis nicht geltend gemacht." Abschließend bemerkt Scheuermann: „Es bleibt eine beträchtliche Reihe von Fragen."

Es mag daher ein angemessener Beitrag zu seiner Festschrift sein, wenn eine der von ihm selbst aufgeworfenen Fragen hier ein wenig näher durchleuchtet wird. Wieweit es zur Nichtigkeit eines Urteils führt, weil einer Partei ihr Recht auf ungekürzte Verteidigungsmöglichkeit beschnitten worden sei, und bis zu welcher Grenze deshalb das Rechtsmittel der Nichtigkeitsbeschwerde offensteht, soll im folgenden zwar nicht nach allen Seiten umfassend beantwortet werden, aber an Hand eines konkreten Prozeßfalles doch in einigen wichtigen Punkten Klärung finden.

Erschienen in: Ecclesia et ius. Festgabe f. Audomar Scheuermann z. 60. Geburtstag, hrsg. v. Karl Siepen, Joseph Weitzel u. Paul Wirth, München – Paderborn – Wien 1968, 645–657.

[1] A. *Scheuermann*, Vorschläge zum kirchlichen Eheprozeßrecht: AfkKR 136 (1967) 3–45; hier 37.

I. Die Problemstellung

Das Problem wird ohne weiteres an einem Eheprozeß deutlich, der vor kurzem an deutschen Offizialaten zur Verhandlung stand.

Eine 1947 geschlossene Ehe wurde auf Klage der Ehefrau durch ein erstinstanzliches Urteil vom 16. 12. 1964 wegen Ausschlusses der Nachkommenschaft auf seiten des Mannes für nichtig erklärt. Gegen das Urteil legte neben dem Ehebandverteidiger auch der beklagte Ehemann am 9. 1. 1965 Berufung beim Obergericht ein. Während des Verfahrens vor der zweiten Instanz stellte der Mann nachträglich, und zwar erst am 21. 1. 1967, noch zusätzlich den Antrag, das Berufungsgericht möge vor Durchführung der Berufung vorerst prüfen, ob das Urteil der ersten Instanz überhaupt gültig sei. Zur Begründung wurde von ihm bzw. von seinem Anwalt angeführt, der Beklagte habe in der ersten Instanz keine Gelegenheit bekommen, zu zwei Schriftsätzen der Klägerin v. 28. 6. 1964 und v. 20. 7. 1964 Stellung zu nehmen.

Das Argument dieser Nichtigkeitsbeschwerde fußt auf folgendem Vorgang im Verfahren der ersten Instanz. Das Gericht hatte am 8. 5. 1964 die Offenlegung der Akten (publicatio processus) verfügt, womit beiden Parteien das Recht gewährt wurde, in die Akten Einsicht zu nehmen. Beide nahmen diese Möglichkeit wahr. Auf Grund der Akteneinsicht reichten sie dem Gericht schriftliche Erläuterungen ein; die Klägerin in einem Schriftsatz v. 28. 6. 1964; der Beklagte am 25. 6. 1964. Darauf wurde am 2. 7. 1964 der Aktenschluß (conclusio in causa) verfügt. Der Ehebandverteidiger legte am 8. 7. 1964 seine Animadversiones vor, die den Parteien in Abschrift zugingen. Beide Parteien nahmen zu ihnen schriftlich Stellung, die Klägerin am 20. 7. 1964, der Beklagte am 21. 7. 1964. Nachdem der Ehebandverteidiger auf weitere Erörterungen verzichtet hatte, gingen die Akten an die Richter zur Fertigung ihrer Voten. Während mithin die Animadversiones des Ehebandverteidigers den Parteien zugestellt wurden, sind die Schriftsätze der Klägerin v. 28. 6. 1964 und v. 20. 7. 1964 dem Beklagten nicht vorgelegt worden, wie auch umgekehrt die Schreiben des Beklagten v. 25. 6. 1964 und v. 21. 7. 1964 nicht zur Kenntnis der Klägerin gelangten.

Der Beklagte wendet ein, weil ihm die beiden Schreiben der Klägerin vorenthalten worden seien, sei er in seiner Verteidigungsmöglichkeit entscheidend beschränkt gewesen und daher sei das Urteil der ersten Instanz v. 16. 12. 1964 nichtig. Die Nichtigkeit des Urteils machte er zwar nicht schon zusammen mit seiner Berufung v. 9. 1. 1965 geltend; das ist um so auffallender, als er bereits aus dem ihm am 2. 1. 1965 übermittelten Urteilstext Kenntnis von dém ihm bis dahin unbekannten Schreiben der Klägerin vom 28. 6. 1964 erhalten hatte, da das Urteil dieses Schreiben ausdrücklich erwähnt und einen längeren Abschnitt daraus zitiert. Vielmehr focht der

Beklagte die Gültigkeit des Urteils erst am 21. 1. 1967 an, nachdem er bei Aufräumungsarbeiten den Entwurf jenes Schreibens der Klägerin gefunden und von seinem Anwalt erfahren hatte, das Urteil könne um dessentwillen nichtig sein. Das Gericht der zweiten Instanz verhandelte antragsgemäß über die Nichtigkeitsbeschwerde, kam jedoch in dem Beschluß vom 1. 7. 1967 zu der Entscheidung, daß die Nichtigkeitsbeschwerde abzuweisen sei.

Der ablehnende Beschluß stützt sich entscheidend auf folgendes Argument: Ein Urteil sei gemäß c. 1861 § 2 nichtig, wenn der Gegenseite ein Teil des zusammengetragenen Beweismaterials vorenthalten werde; das gelte aber eben nur für Beweismaterial ("probationes"); die Verteidigungsschriftsätze der Parteien zählten nicht zum Beweismaterial; das wirkliche Beweismaterial sei im vorliegenden Fall den Parteien ausnahmslos in der Offenlegung der Akten zugänglich gemacht worden, so daß von einer Nichtigkeit des Urteils aus diesem Grunde keine Rede sein könne. Aushilfsweise führt der Beschluß noch einen zweiten Grund für die Ablehnung der Beschwerde an: Selbst wenn man einmal die Nichtigkeit des Urteils wegen Verkürzung des Verteidigungsrechtes unterstellen wolle, so sei eine solche Nichtigkeit inzwischen jedenfalls geheilt und damit das Urteil nachträglich gültig geworden, weil die Nichtigkeitsbeschwerde nicht fristgerecht eingebracht sei; bei dem angeführten Nichtigkeitsgrund handle es sich ja um eine heilbare Nichtigkeit; diese werde von selbst geheilt, wenn die Frist für die Einlegung der Nichtigkeitsbeschwerde überschritten werde; die Frist betrage nach c. 1895 zehn Tage, falls die Beschwerde in Verbindung mit einer Berufung eingelegt werde, bzw. drei Monate, wenn sie für sich vorgebracht werde, gerechnet jeweils von der Urteilsverkündung an.

Wie ist das hier auf Grund eines konkreten Eheprozesses entwickelte Problem einer Urteilsnichtigkeit wegen Verkürzung des Verteidigungsrechtes nach dem geltenden kanonischen Recht zu beurteilen?

II. Die formale Grenze einer Frist für die Nichtigkeitsbeschwerde

Zunächst ist zu prüfen, ob die Nichtigkeitsbeschwerde schon wegen Fristüberschreitung überhaupt nicht mehr eingelegt werden konnte.

1. Heilbare oder unheilbare Nichtigkeit?

Die Frage einer etwaigen *Fristüberschreitung* kann nur dann eine richtige Antwort finden, wenn zuvor geklärt ist, ob die rechtswidrige Beschränkung der Verteidigungsmöglichkeit eine unheilbare oder aber bloß eine heilbare Nichtigkeit des Urteils nach sich zieht. Das wird sofort verständlich, wenn man auf den wesentlichen Unterschied zwischen heilbarer und unheilbarer Nichtigkeit des Urteils blickt. Denn das unheilbar nichtige Urteil bleibt ein für allemal ungültig; ein solches Urteil kann niemals zu einem gültigen werden, mag auch niemand etwas gegen das Urteil unternehmen und mag inzwischen noch soviel Zeit verstrichen sein. Im charakteristischen Unterschied dazu kann bei einer heilbaren Nichtigkeit das zunächst ungültige Urteil von selbst zu einem gültigen Urteil ausheilen. Hier ist die Nichtigkeit nur vorläufig. Sie müßte innerhalb einer bestimmten Frist geltend gemacht werden. Wenn das nicht geschieht, wird das zunächst nichtige Urteil mit Ablauf der Frist automatisch gültig.

Es kommt daher entscheidend darauf an, ob die durch Verkürzung des Verteidigungsrechtes hervorgerufene Urteilsnichtigkeit zur Gruppe der heilbaren oder zur Gruppe der unheilbaren Nichtigkeit zu zählen ist. Leider kann man die Antwort darauf nicht unmittelbar aus dem Gesetzestext ablesen. Wohl ist dem c. 1861 § 2 eindeutig zu entnehmen, daß das *Vorenthalten von Beweismaterial* zur Nichtigkeit des weiteren Verfahrens führt. Aber ob das eine heilbare oder eine unheilbare Nichtigkeit ausmacht, sagt der Gesetzeswortlaut nicht. Zweifellos stellt das eine bedenkliche Lücke im kanonischen Prozeßrecht dar. Die anstehende Reform des kirchlichen Gesetzbuches müßte neben dem Desiderat einer erschöpfenden Aufzählung aller Nichtigkeitsgründe auch für jeden einzelnen Fall eindeutig vermerken, welche Art von Urteilsnichtigkeit gemeint ist.

Trotz des Schweigens des CIC und der EPO läßt sich gleichwohl für unseren Nichtigkeitsgrund der Beeinträchtigung der Verteidigungsmöglichkeit mit einer *rechtsvergleichenden Überlegung* hinreichend klären, ob man es hier mit einer heilbaren oder mit einer unheilbaren Nichtigkeit zu tun hat. Die Brücke hierzu schlägt c. 1894. Dort sind vier Nichtigkeitsgründe genau katalogisiert; von ihnen wird ausdrücklich erklärt, daß sie eine heilbare Nichtigkeit des Urteils zur Folge haben. Die unter nn. 2—4 aufgezählten Nichtigkeitsgründe müssen allerdings außer Betracht bleiben, weil sie rein formale Urteilsfehler enthalten und keine Parallele zu dem Nichtigkeitsgrund der Verkürzung des Verteidigungsrechtes aufweisen. Anders steht es dagegen mit dem unter n. 1 genannten Nichtigkeitsgrund, der einen echten Prozeßfehler darstellt: das *Fehlen der rechtmäßigen Ladung* einer Partei („... quando legitima defuit citatio ...").

Zuvor muß freilich noch ein Mißverständnis ausgeräumt werden. A. Crnica behauptet, der defectus legitimae citationis müsse der Sache nach zur unheilbaren Nichtigkeit des Urteils führen und sei nur fälschlich bei der nullitas sanabilis des c. 1894 eingereiht.[2] Die historische Frage, ob nach

---

[2] A. *Crnica,* Defectus Codicis I. C. in designandis normis pro querela nullitatis: Ius Pont 15 (1935) 149.

früherem Recht das Fehlen einer rechtmäßigen Ladung tatsächlich die unheilbare Nichtigkeit des Urteils auslöste, kann hier ausgeklammert werden. De lege lata kann jedenfalls Crnicas Argument bei dem eindeutigen Text des c. 1894 nicht durchschlagen. Nach dem Wortlaut des c. 1894 ist es unbestreitbar, daß der Gesetzgeber nach dem heutigen Recht hier nur eine heilbare Nichtigkeit gelten lassen will.

Die Tatsache, daß die fehlende Ladung bei der heilbaren Nichtigkeit einzureihen ist, gibt nun einen deutlichen Hinweis für die Beschneidung des Verteidigungsrechtes. Denn zwischen beiden Nichtigkeitsgründen besteht eine sachliche Parallelität, die sich allerdings erst enthüllt, wenn man c. 1894 n. 1 ein wenig näher durchleuchtet. Der Tatbestand der fehlenden Ladung ist nämlich nicht, wie man bei einer oberflächlichen Betrachtung des c. 1894 n. 1 annehmen könnte, schon dann gegeben, wenn es nur an der Formalität einer legitimen Ladung der Partei gemangelt hat. Vielmehr ist dieser Defekt so gemeint, daß es nicht nur bei dem rein formalen Fehler geblieben ist, sondern dieser zunächst nur formale Mangel auch eine sachliche Auswirkung für den Prozeßgang hat, insofern nunmehr die nicht geladene Partei tatsächlich an dem Verfahren nicht beteiligt wird und keine Möglichkeit hat, ihre Rechte vor dem Gericht wahrzunehmen. Hätte dagegen die Partei, obschon formell nicht geladen, in Wirklichkeit doch an dem Verfahren teilgenommen und ihre Ansicht ungehindert vorbringen können, so läge der Nichtigkeitsgrund der fehlenden Ladung gar nicht vor. So bestimmten bereits die Regulae servandae in iudiciis apud Supremum Signaturae Apostolicae Tribunal in Art. 5: „Non admittitur recursus ob defectum citationis qua causa introducitur quando pars non citata in iudicium venit suasque rationes aut defensiones de merito causae adduxit, neque tamen actus nullitatem allegavit."[3] Im gleichen Sinne interpretiert die kanonistische Wissenschaft einhellig c. 1894 n. 1.[4] Der defectus citationis des c. 1894 n. 1 meint also nicht eigentlich, daß es nur formell an der Ladung fehlt. Der Tatbestand ist vielmehr erst verwirklicht, wenn die Partei infolge der unterlassenen Ladung auch tatsächlich von dem weiteren Verlauf des Verfahrens ausgeschlossen bleibt und somit vor allem keine Möglichkeit hat, sich und ihre Position vor Gericht zu verteidigen.

Hiermit wird die Parallele zwischen dem defectus citationis in c. 1894 n. 1 und unserem Nichtigkeitsgrund einer Verkürzung der Verteidigungsrechte ohne weiteres sichtbar. Letzterer Nichtigkeitsgrund ist gegeben, wenn einer Partei die Verteidigungsmöglichkeit zwar nicht völlig genommen, aber doch

---

[3] AAS 4 (1912) 189.
[4] Vgl. etwa F. *Wernz* – P. *Vidal* – F. *Cappello,* Ius canonicum VI, Rom 1949², 593: „At si in hoc casu pars non citata compareat et ante sententiam sese defendat, defectu citationis non allegato, illa comparescentia defectum citationis sanat nec deinde erit admittendus ad querelam nullitatis contra sententiam." Vgl. auch c. 1711 § 2.

rechtswidrig beschnitten wird. Der defectus citationis des c. 1894 n. 1 meint den Fall, daß eine Partei, weil nicht geladen, unter Umständen gänzlich aus dem Verfahren ausgeschaltet bleibt und ihr somit jedwede Verteidigungsmöglichkeit entzogen ist. Von hier aus hat man die Basis für ein tragfähiges argumentum a fortiori gewonnen. Wenn schon das Unterbleiben der rechtmäßigen Ladung einer Partei, das dann gegebenenfalls ihre völlige Ausschaltung aus dem Prozeßverlauf zur Folge hat und ihr dadurch überhaupt keine Einwirkung und Verteidigung mehr beläßt, nur eine heilbare Nichtigkeit des Urteils nach sich zieht (c. 1894 n. 1), so kann erst recht die bloße Einschränkung der Verteidigungsmöglichkeit nur zu einer *heilbaren,* nicht aber zu der erheblich gewichtigeren unheilbaren *Nichtigkeit* des Urteils führen.

Wie oben dargelegt wurde, liegt das Wesentliche der heilbaren Nichtigkeit darin, daß hier das nichtige Urteil nachträglich gültig werden kann, so z. B. von selbst, wenn die durch das Urteil beschwerte Partei es innerhalb der vom Gesetz vorgesehenen Frist nicht anficht und dadurch stillschweigend seine Gültigkeit anerkennt. Welche *Frist* stellt das Gesetz hierfür auf? Nach c. 1895 beträgt die Frist zur Einreichung der Nichtigkeitsbeschwerde zehn Tage, falls die Nichtigkeitsbeschwerde in Verbindung mit einer Berufung eingelegt, also das Urteil zugleich material (Berufung) und formal (Nichtigkeitsbeschwerde) angefochten wird; dagegen drei Monate, wenn die Beschwerde für sich, d. h. ohne Koppelung mit einer Berufung eingebracht wird. Die Fristen rechnen jeweils von der Urteilsverkündigung, genauer von dem Tag, an dem die betreffende Partei Kenntnis von dem Urteil erhalten hat.[5]

Eine gewisse Schwierigkeit entsteht dadurch, daß c. 1895 diese Fristen ausdrücklich auf die vier Fälle heilbarer Nichtigkeit bezieht, welche in c. 1894 aufgezählt sind. Für die Nichtigkeit wegen fehlender Ladung ist die Rechtslage somit eindeutig. Die in c. 1861 § 2 erwähnte Nichtigkeit wegen Beschneidung der Verteidigungsrechte ist dagegen nicht direkt von c. 1895 erfaßt; auch setzt der Gesetzgeber hierfür nicht an einer anderen Stelle des CIC eine Fristbestimmung fest. Dennoch wird man sagen dürfen, daß die Fristen des c. 1895 in gleicher Weise für *sämtliche Fälle* einer heilbaren Nichtigkeit, auch für die im Katalog des c. 1894 nicht enthaltenen, zu gelten haben. C. 1895 ist hier die lex lata in similibus, die nach c. 20 zur Auffüllung der Gesetzeslücke heranzuziehen ist.[6] Erst recht geht es nicht an, für die Urteilsnichtigkeit bei Beschränkung der Verteidigungsmöglichkeit längere Fristen als die des c. 1895 zu fordern, wenn sogar das Fehlen einer rechtmäßigen Ladung und die damit unter Umständen verknüpfte Unterbindung

---

[5] Vgl. H. *Ewers,* Die Nichtigkeitsbeschwerde in dem kanonischen Prozeßrecht, München 1952, 88 f.
[6] Ähnlich argumentiert für c. 1893 L. *Anné,* De nullitate sententiae insanabili: Periodica 54 (1965) 30.

jedweder Verteidigungsmöglichkeit an die Fristen des c. 1895 gebunden sind.

2. Der Einfluß der Rechtsunkenntnis auf den Fristablauf

Wie ist zu entscheiden, wenn die betroffene Partei erst *nach Ablauf der in c. 1895 vorgesehenen Frist* Kenntnis von der heilbaren Nichtigkeit des Urteils erhalten hat? Einige Autoren[7] sind der Ansicht, daß trotz der bisherigen Unkenntnis der Nichtigkeit mit dem objektiven Ablauf der Frist die Ungültigkeit des Urteils geheilt wird oder wenigstens die Möglichkeit einer Nichtigkeitsbeschwerde abgeschnitten ist. Dieser Auffassung kann nicht beigepflichtet werden, denn die Frist für die Einlegung von Klagen, Berufungen oder Beschwerden ist nach allgemeiner Meinung eine sogenannte Gutfrist oder Nutzfrist (tempus utile).[8] Das gilt speziell auch für die Frist zur Erhebung der Nichtigkeitsbeschwerde.[9] Tempus utile meint die Frist so, daß sie dem Unwissenden oder dem am Handeln Behinderten nicht läuft (c. 35). „Die Hindernisgründe sind einerseits Unkenntnis hinsichtlich eines bestehenden Rechtsanspruches oder eines Rechtsverlustes, anderseits physisches oder moralisches Unvermögen, das Recht geltend zu machen."[10] „Attamen pars ... nec renuntiare censetur nisi nullitatibus sibi cognitis."[11] Was Matthäus Kaiser von der Klageerhebung schreibt, gilt in gleicher Weise von der Einlegung der Nichtigkeitsbeschwerde: „Die Verjährungsfrist beginnt jeweils zu dem Zeitpunkt, an dem erstmals die Klage erhoben werden könnte ... Die Möglichkeit zur Klageerhebung setzt voraus, daß der Klageanspruch entstanden und dem Klageberechtigten bekannt geworden und dieser an der Klageerhebung nicht verhindert ist."[12] Es muß also dem, der rechtswidrig in seiner Verteidigungsmöglichkeit durch Vorenthalten von Schriftstücken benachteiligt wurde, bekannt sein, daß er um dessentwillen das Rechtsmittel der Nichtigkeitsbeschwerde besitzt. Erst von dem Zeitpunkt dieser Kenntnis an beginnt die Frist des c. 1895 zu laufen. Solange der Betroffene diese Rechtskenntnis nicht besitzt, leidet das Urteil der ersten Instanz noch immer an Nichtigkeit, auch wenn auf Berufung hin das Verfahren in der zweiten Instanz längst seinen Fortgang nimmt. Erst wenn die zweite Instanz — vorausgesetzt, daß sich nicht auch bei ihr wieder ein

---

[7] So z. B. H. *Jone*, Gesetzbuch der lateinischen Kirche III, Paderborn 1953², 270; F. *Roberti*, De sententia nullitatis vitiis infecta: Apollinaris 9 (1936) 662—664.
[8] Vgl. etwa K. *Mörsdorf*, Lehrbuch des Kirchenrechts auf Grund des Codex Iuris Canonici I, München — Paderborn — Wien 1964¹¹, 131.
[9] So z. B. *Wernz-Vidal-Cappello*, Ius canonicum VI, 590 u. 592. M. *Lega-V. Bartoccetti*, Commentarius in iudicia ecclesiastica iuxta Codicem Iuris Canonici II, Rom 1950, 1016; F. *Galea*, Nullitas sententiae: Dictionarium morale et canonicum III, Rom 1966, 388.
[10] *Mörsdorf* I, 130.
[11] A. *Hanssen*, De sanctione nullitatis in processu canonico: Apollinaris 11 (1938) 104.
[12] M. *Kaiser*, Der gute Glaube im Codex Iuris Canonici, München 1965, 194.

Nichtigkeitsfehler einschleicht — das Verfahren mit dem Urteil abschließt, ist durch das Urteil der zweiten Instanz zugleich die heilbare Nichtigkeit des erstinstanzlichen Urteils geheilt und dann die Nichtigkeitsbeschwerde nicht mehr möglich.[13]

In dem hier zur Erörterung stehenden Eheprozeß hatte der Beklagte, als ihm am 2. 1. 1965 das Urteil zugestellt wurde, aus dem Urteilstext Kenntnis davon erhalten, daß dort ein ihm bislang nicht vorgelegter Schriftsatz der Klägerin verwertet ist. Der Beschluß vom 1. 7. 1967, mit dem das Gericht der zweiten Instanz die Nichtigkeitsbeschwerde abgelehnt hat, stellt das ausdrücklich fest. Sachlich ist das zutreffend, rechtlich aber ohne Belang. Denn rechtlich kommt es nicht darauf an, daß der Beklagte nunmehr mit dem 2. 1. 1965 erfahren hatte, daß ihm ein Schriftstück der Klägerin nicht vorgelegt wurde. Entscheidend ist vielmehr, ob er zu dem Zeitpunkt die darüber hinausgehende Kenntnis gewann, daß die Tatsache der Vorenthaltung des Schriftstückes ihm die Rechtsmöglichkeit einer Nichtigkeitsbeschwerde eröffne. Es ist ihm ohne weiteres zuzugestehen, daß er, der kein Fachmann des kanonischen Rechts ist, in diesem Punkte in Rechtsunkenntnis verblieb. Glaubhaft macht er sehr viel später, nämlich in einem Brief vom 21. 1. 1967, geltend, daß er bei Umräumungsarbeiten „erst in diesen Tagen" ein Schreiben entdeckt hat, das zu dem fraglichen Schriftsatz der Klägerin vom 28. 6. 1964 den Entwurf bildet. Offensichtlich hat er nach Auffindung des Entwurfs die Angelegenheit mit seinem Anwalt besprochen und von diesem nunmehr erfahren, das Urteil der ersten Instanz könne als nichtig angefochten werden. Denn er fährt in dem Schreiben vom 21. 1. 1967 fort: „Ich bitte Sie daher, daß zunächst überhaupt einmal die Gültigkeit des Urteils der ersten Instanz geprüft wird. Nach Ansicht meines Anwaltes ist nach c. 1861 dieses Urteil ungültig." Der Beklagte hat also, wie ihm nach Lage der Dinge zweifellos abgenommen werden kann, alsbald, nachdem er Kenntnis von der Möglichkeit einer Nichtigkeitsbeschwerde erhalten hatte, diese auch tatsächlich mit dem Schreiben vom 21. 1. 1967 eingelegt. Es kann daher von einer Überschreitung der Frist des c. 1895 keine Rede sein und somit seine Beschwerde auf diesen Grund hin nicht abgewiesen werden.

III. Die materialen Voraussetzungen einer Urteilsnichtigkeit

Nach der Erörterung der formalen Seite ist nunmehr in sachlicher Hinsicht zu prüfen, ob tatsächlich das Urteil der ersten Instanz, weil Schriftsätze der Klägerin dem Beklagten nicht zugestellt worden sind, an Nichtigkeit leidet.

---
[13] Vgl. dazu *Wernz-Vidal-Cappello,* Ius canonicum VI, 593; *Jone* III, 268.

1. Die Vorschrift des Austauschs der Parteienschriftsätze

Wie das allgemeine Prozeßrecht in c. 1863 § 2 vorschreibt, müssen die Verteidigungsschriftsätze der Parteien jeweils der Gegenseite zur Kenntnis gebracht werden. Jede Partei hat das Recht, auf den Schriftsatz der anderen Partei zu antworten (c. 1865 § 1).

Der unmittelbare Adressat jener Vorschrift aus c. 1863 § 2 ist nun allerdings nicht das Gericht selbst, sondern jeweils die Partei, die einen Schriftsatz einreicht. Denn von den Parteien, nicht von dem Gericht heißt es an jener Stelle: „Partes inter se exemplaria commutare debent." Die Parteien tragen selbst die Verantwortung dafür, daß ihre Schriftsätze jeweils der Gegenpartei zugehen. Immerhin obliegt dem Gericht die Obsorge für die Einhaltung der Prozeßordnung. Das umschließt für das Gericht, wenn es schon nicht selbst den Austausch der Parteienschriftsätze vermittelnd in die Hand nehmen will, wenigstens die Notwendigkeit, die Parteien über die Pflicht des Austausches der Schriftsätze zu unterrichten und auf die Einhaltung der Prozeßordnung zu dringen.

Auffallenderweise ist die Vorschrift des allgemeinen Prozeßrechts über den Austausch der Parteienschriftsätze in der speziellen Eheprozeßordnung nicht ausdrücklich enthalten. Man vergleiche dazu Art. 179 f. EPO. Wohl steht nach Art. 180 § 2 EPO den Parteien das Recht zu, auf die Animadversiones des Ehebandverteidigers zu antworten, so daß ihnen der Schriftsatz des Ehebandverteidigers zugeleitet werden muß. Daß aber auch die Schriftsätze der Parteien untereinander ausgetauscht werden müssen, ist *in der Eheprozeßordnung nicht eigens gesagt*. Offensichtlich hat das darin seinen Grund, daß im Eheprozeß die beiden Eheleute zwar nominell die einander entgegenstehenden Parteien sind, daß aber in der Regel der Ehebandverteidiger das wahre Gegenüber des Klägers und nicht selten auch des Beklagten ist. Daher betrachtet die Eheprozeßordnung es als das vordringliche Anliegen, mit Nachdruck darauf hinzuweisen, daß die Stellungnahme des Ehebandverteidigers den Parteien zur Kenntnis gebracht wird, während die Frage, wie es mit den Schriftsätzen der Parteien untereinander zu halten ist, stillschweigend übergangen wird.

Solches Schweigen kann aber nicht zu dem Schluß berechtigen, für den Eheprozeß sei die Vorschrift des c. 1863 § 2 außer Kraft gesetzt. Wohl hätte die Eheprozeßordnung eine derartige Außerkraftsetzung für den Eheprozeß verfügen können. Doch hätte das dann mit ausdrücklichen Worten geschehen müssen; ein bloßes Schweigen reichte dazu nicht hin. Auch in dem Einführungsdekret zur Eheprozeßordnung heißt es, daß „iidem Codicis canones, quibus derogatum non est" zu beachten sind.[14]

---
[14] AAS 28 (1936) 314.

Die Literatur übergeht fast völlig die aufgeworfene Frage.[15] Eine Ausnahme bildet Johann Haring.[16] Er nimmt, obwohl die Eheprozeßordnung keine ausdrückliche Anweisung bringt, mit Recht auch für den Eheprozeß an, daß hier genauso wie im allgemeinen Prozeß gemäß c. 1863 § 2 die *Stellungnahmen der Parteien untereinander ausgetauscht werden müssen.*

Dieser Vorschrift ist im vorliegenden Prozeß in der ersten Instanz nicht Genüge geschehen. Der Beklagte hat vor der Urteilsfällung keinen Einblick in die Schriftsätze der Klägerin v. 28. 6. 1964 und v. 20. 7. 1964 nehmen können, wie auch umgekehrt diese damals keine Kenntnis von den Schreiben des Beklagten v. 25. 6. 1964 und v. 21. 7. 1964 erhielt.

Ein Verstoß gegen die Prozeßordnung liegt somit vor. Ist damit aber zugleich auch die Nichtigkeit des Urteils gegeben?

2. Zur Urteilsnichtigkeit bei nicht ausgetauschten Schriftsätzen

C. 1861 § 2, auf den sich die Nichtigkeitsbeschwerde stützt, verfügt hierzu ähnlich wie Art. 179 § 3 EPO: Wenn nach Aktenschluß noch neues Beweismaterial zugelassen wird, so ist der Gegenpartei Gelegenheit zu geben, die neuen Beweismittel einzusehen und zu ihnen Stellung zu nehmen; andernfalls sind die darauf folgenden Prozeßhandlungen ungültig. Mithin ist dann der gesamte weitere Prozeßgang mit Einschluß des Urteils nichtig.[17] Daß sich die Nichtigkeit nicht auf das Urteil erstrecken solle[18], kann nach dem Wortlaut des c. 1861 § 2 nicht aufrechterhalten werden.[19]

Die Nichtigkeitsdrohung des c. 1861 § 2 meint jedoch nur den Fall, daß *Beweismaterialien* (probationes) der Gegenseite *vorenthalten* werden. Die hier in Frage stehenden Schriftsätze der Klägerin im Prozeßstadium der Erörterung und Verteidigung sind aber an sich nicht Beweismaterial, sondern Stellungnahmen zu dem zusammengetragenen Beweismaterial. Ebenso wie die Entgegnung des Ehebandverteidigers zählen die Schriftsätze der Parteien nicht zum Beweismaterial und können auch nicht im Urteil als Beweis verwandt werden. Die Verteidigungsschriftsätze der Parteien, ihre „allegationes" oder „defensiones" stehen außerhalb der „probationes", zu denen nach

---

[15] Vgl. *Lega-Bartoccetti* III, 196* f.; J. *Torre,* Processus matrimonialis, Neapel 1956³, 318; A. M. *Koeniger,* Die Eheprozeßordnung für die Diözesangerichte, Bonn 1937, 101—103. Vgl. auch P. *Ciprotti,* De communicatione defensionum: Apollinaris 9 (1936) 309 f.

[16] J. *Haring,* Der kirchliche Eheprozeß, Graz 1938, 80.

[17] P. *Ciprotti,* De novis probationibus post conclusionem in causa: Apollinaris 12 (1939) 112: „... totus processus et sententia."

[18] Vgl. dazu *Jone* III, 237 f.; O. *Robleda,* Criteria nullitatis sententiae iudicialis: Periodica 50 (1961) 23.

[19] Vgl. E. *Eichmann* — K. *Mörsdorf,* Lehrbuch des Kirchenrechts auf Grund des Codex Iuris Canonici III, Paderborn 1960⁹, 196 f.; *Hanssen:* Apollinaris 12 (1939) 226: „Quaelibet probatio quocumque modo admissa post conclusionem in causa communicanda est cum adversario; aliter est nulla sententia, quae probationi non communicatae innitatur. Haec nullitas sicuti ista ex attentato est sanabilis, quia in favorem partium est statuta."

der Aufzählung der Kapitelüberschriften in Titulus X „De probationibus" des Prozeßrechtes im CIC (cc. 1747—1836) allein gehören: das Geständnis (cap. 1), die Zeugenaussagen (cap. 2), das Gutachten der Sachverständigen (cap. 3), der richterliche Augenschein (cap. 4), Urkunden (cap. 5), Rechtsvermutungen (cap. 6) und die Parteieneide (cap. 7). Zutreffend hat daher der abweisende Beschluß der zweiten Instanz vom 1. 7. 1967 bereits in diesem Sinne ausgeführt: „Wenn demnach can. 1861 § 2 CIC von den ‚probationes' spricht, sind nur jene darunter zu verstehen, die in Titulus X erwähnt werden. Die Nichtigkeitsklausel des can. 1861 § 2 CIC und des Art. 178 § 3 EPO bezieht sich daher nicht auf die Vorenthaltung von Schriftsätzen der anderen Partei, ... (die) erst nach Abschluß der ‚Beweiserhebungen' dem Gericht übergeben werden. Solche Schriftsätze sind keine ‚probationes', sondern ‚defensiones' oder ‚allegationes' (can. 1862 § 1 CIC und Art. 178 § 1 EPO)." In das gesamte Beweismaterial (probationes) des Prozesses hat der Beklagte bei der Aktenpublikation Einblick nehmen und ausführlich dazu seine Gegenvorstellungen vortragen können, wovon er auch Gebrauch gemacht hat. In seinem Verteidigungsrecht gegenüber dem Beweismaterial war er also nicht beschränkt.

Sinn des *Verteidigungsschriftsatzes* ist es in der Regel nicht, neues Beweismaterial beizubringen, sondern das bereits vollständig gesammelte Beweismaterial zu durchleuchten, in eine Ordnung zu bringen und den Blick des Gerichts darauf zu lenken, wie schon das bisherige Beweismaterial und nicht erst ein mit diesem Schriftsatz noch etwa beizubringender neuer Beweis die Prozeßbehauptung der Partei schlüssig untermauert. Nur ausnahmsweise könnte einmal der Verteidigungsschriftsatz selbst neue Fakten als zusätzliches, bislang nicht erhobenes Beweismaterial beisteuern. Dann freilich müßte, und zwar sub sanctione nullitatis, der Schriftsatz, da er jetzt nicht mehr bloß Verteidigungsschriftsatz sein will, sondern den Charakter eines neuen Beweismittels beansprucht, selbst wieder in die Offenlegung des Prozesses einbezogen und der Gegenseite zugänglich gemacht werden, da diese die Möglichkeit haben muß, zu allem Stellung zu nehmen, was als probatio in dem Prozeß verwandt wird. Der Verteidigungsschriftsatz als solcher hat aber nicht den Charakter eines Beweismittels. Zwar soll in jedem Fall der Verteidigungsschriftsatz gemäß c. 1863 § 2 der Gegenseite bekanntgegeben werden. Doch hätte eine Verletzung dieser Vorschrift, insofern und insoweit der Schriftsatz nicht probatio ist, nicht nach c. 1861 § 2 die Nichtigkeit des Urteils zur Folge.

3. Der Einfluß nicht ausgetauschter Schriftsätze auf das Urteil

Mit der Feststellung allein, daß der Verteidigungsschriftsatz der Partei nicht Beweismittel ist und seine Vorenthaltung somit nicht zur Ungültigkeit des Urteils führen kann, ist die Frage der Nichtigkeitsbeschwerde noch nicht schlüssig beantwortet. Denn die genannte Feststellung hat zwangsläufig ihre Kehrseite: Wenn ein Schriftsatz der Partei dadurch, daß er der Gegenpartei nicht zugeleitet wurde, eindeutig als defensio und nicht als probatio eingestuft wurde, so muß dieser Charakter als Nichtbeweismittel konsequent auch im Urteil durchgehalten werden. Das Urteil darf dann Ausführungen des Schriftsatzes nicht als notwendiges Beweisstück in seiner Urteilsbegründung einbauen. Diese muß vielmehr schlüssig allein schon aus dem sein, was wirkliche probationes des Prozesses sind, unter Absehen von dem, was in dem Verteidigungsschriftsatz steht.

Das verbietet nicht, daß das *Urteil Stellen des Verteidigungsschriftsatzes übernimmt* und sich in der Bewertung des Beweismaterials ganz oder zum Teil mit dem Schriftsatz deckt; wie auch umgekehrt einmal ein Urteil mit dem Schlußwort des Ehebandverteidigers konform gehen kann, das ja seiner Natur nach ebenfalls kein Beweismittel ist. Nur darf die Bezugnahme auf die defensiones der Partei oder auf die animadversiones des Ehebandverteidigers nicht in einer Weise erfolgen, daß erst die zusätzlichen Angaben aus diesen Schriftsätzen den Beweis vollgültig erbringen. Vielmehr muß der Beweis der Urteilsbegründung allein aus den echten und in der publicatio processus den Parteien zugänglich gemachten probationes des Prozesses geführt werden und in sich auch dann schon schlüssig und zwingend sein, wenn man von dem Rückgriff auf die Schriftsätze völlig abstrahiert.

Brächten dagegen erst die zusätzlichen Angaben aus den Schriftsätzen die Urteilsbegründung zur Schlüssigkeit, so wäre in Wahrheit der Schriftsatz nicht mehr als bloße defensio verwandt, sondern tatsächlich als probatio. Dann aber käme c. 1861 § 2 zum Zuge: Die Nichtbekanntgabe einer neuen probatio an die Gegenpartei hätte die Nichtigkeit des Urteils zur Folge.

In der Tat hat das Urteil der ersten Instanz aus dem Schriftsatz der Klägerin vom 28. 6. 1964 einen längeren Abschnitt wörtlich zitiert und diese Ausführungen als „bemerkenswert" bezeichnet. Es bliebe also zu prüfen, ob die Urteilsbegründung in jener Sentenz in sich zwingend ist allein aus dem den Parteien in der Offenlegung der Akten mitgeteilten Beweismaterial, auch wenn man von der Verwertung der nachträglichen Schriftsätze absieht. Doch ist das eine quaestio facti, die hier auszuklammern ist, da innerhalb dieses Aufsatzes nur die quaestio iuris zur Erörterung steht.

Nach der rechtlichen Seite bleibt jedenfalls festzuhalten: Die Vorenthaltung eines Verteidigungsschriftsatzes der Gegenpartei führt an sich nicht zur Nichtigkeit des Urteils, weil solch ein Schriftsatz nur defensio und nicht probatio ist und somit keine Verkürzung des Verteidigungsrechtes gegenüber allen probationes vorliegt. Doch kommt es dabei nicht auf die formale Deklaration als defensio an. Den Ausschlag muß vielmehr geben, daß tatsächlich das *Urteil nicht entscheidend von dem Schriftsatz beeinflußt* ist. Zum mindesten müßte die Urteilsbegründung in sich völlig schlüssig bleiben, auch wenn man alle Bezugnahmen auf den Schriftsatz streichen würde. Wäre das nicht der Fall, so wäre die übergangene Partei allerdings in ihrem Verteidigungsrecht entscheidend beeinträchtigt und dann das Urteil nichtig.

Zur Reform des kirchlichen Eheprozesses
Das Motu Proprio Papst Pauls VI. „Causas matrimoniales"
vom 28. März 1971

„Kirche im Wandel der Zeit", dieses Thema der vorliegenden Festschrift gilt nicht zuletzt von dem Recht, das sich die Kirche im Laufe der Jahrhunderte geschaffen hat. Seit Papst Johannes XXIII. in seiner berühmten Ansprache vom 25. Januar 1959 in der Abtei San Paolo fuori le mura neben einer römischen Diözesansynode[1] und einem Ökumenischen Konzil[2] als dritten Programmpunkt seines Pontifikates den „aggiornamento del Codice di Diritto Canonico" genannt hat[3], ist der Gedanke an Möglichkeit und Notwendigkeit einer immer wieder neu durchgeführten Überprüfung und Umgestaltung des kirchlichen Rechts stärker in den Vordergrund getreten. Erschienen Recht, Kanon und Kodex bis dahin, wenn auch nicht grundsätzlich, so doch tatsächlich vielen als sakrosankte Sphäre, die dem Zugriff der Veränderung entzogen sei, so brach sich nunmehr die Einsicht auch in der Öffentlichkeit Bahn: Unbeschadet der grundlegenden Normen, die Christus selbst seiner Kirche eingestiftet hat und die als ius divinum unveränderlich für alle Zeiten gelten, kann das ius mere ecclesiasticum, jene vielgestaltige Fülle von Regeln und Weisungen und Vorschriften, die sich um jenen göttlichrechtlichen Kern im Laufe der Geschichte im Wachsen und Werden der Kirche aus dem Willen ihrer menschlichen Autoritätsträger angereichert hat, nicht eine Dauer über allen Wechsel der Verhältnisse hinaus beanspruchen. Wie von Menschen unter den Erfordernissen einer konkreten historischen Situation geschaffen, so kann dieses ius mere ecclesiasticum auch wieder von Menschen beseitigt oder umgeformt werden, dann nämlich, wenn es der Aufgabe allen Kirchenrechts, dienende Hilfe für den Heilsauftrag der Kirche zu bieten, in der gewandelten Umwelt der Gegenwart nicht mehr gerecht zu werden vermöchte.

Das päpstliche Wort vom „aggiornamento del Codice di Diritto Canonico" gab den Anstoß zu vielen Reformvorschlägen im kanonischen Recht.

Erschienen in: Die Kirche im Wandel der Zeit. Festgabe f. Joseph Höffner zur Vollendung des 65. Lebensjahres, hrsg. v. Franz Groner, Köln (Bachem) 1971, 609—630.

[1] Die römische Diözesansynode wurde abgehalten 24.—31. Januar 1960.
[2] Das 2. Vatikanische Konzil fand 1962—1965 statt.
[3] AAS 51, 1959, S. 68.

Sie betreffen nicht zuletzt das kirchliche Eherecht. Kein Wunsch wird dabei wohl so häufig und vordringlich vorgetragen wie der nach Beschleunigung der kirchlichen Eheprozesse. Es sei untragbar für die Betroffenen und zugleich eine Belastung für die Glaubwürdigkeit der Kirche, wenn die Eheverfahren vor den kirchlichen Gerichten sich nicht selten über mehrere Jahre hinschleppten. Auch wer nüchtern urteilt, daß die Feststellung der Nichtigkeit einer Ehe in der Regel eine gewisse Zeit beansprucht, kann die Berechtigung des Einwurfs für manche Fälle nicht leugnen. Hier auf wirksame Abhilfe zu sinnen, bleibt ein brennendes Problem.

Papst Paul VI. hat, ohne die geplante Reform des gesamten kanonischen Rechts abzuwarten, das Anliegen einer rascheren Abwicklung der kirchlichen Eheprozesse um seiner Vordringlichkeit willen gesondert aufgegriffen und dazu das Motu proprio „Causas matrimoniales" erlassen.[4] Das päpstliche Schreiben trägt das Datum des 28. März 1971, es wurde am 11. Juni 1971 der Öffentlichkeit bekannt gemacht und tritt am 1. Oktober 1971 in Kraft. Es ändert in einigen Punkten das bisherige Prozeßrecht, sowohl das des Codex Iuris Canonici als auch das der Eheprozeßordnung für die bischöflichen Gerichte.[5] Dabei beansprucht es Geltung für alle kirchlichen Gerichte mit Einschluß der päpstlichen.[6] Um einer schnelleren Durchführung der kirchlichen Eheverfahren zu dienen, bringt es vier konkrete Erleichterungen gegenüber dem bisherigen Recht.

I. Die Zuständigkeit des Gerichts

1. Bei der Prüfung, wieweit das Motu proprio eine Änderung und Erleichterung bietet, wird man jeweils vom Stand des *bisherigen* Rechts auszugehen haben. So auch bei der Frage, welches Gericht für die Behandlung

---

[4] *Pauli VI* Summi Pontificis Litterae Apostolicae Motu proprio datae quibus normae quaedam statuuntur ad processus matrimoniales expeditius absolvendos, Typis Polyglottis Vaticanis 1971. AAS 63, 1971, S. 441–446. Im folgenden kurz mit MP zitiert. Nichtamtliche deutsche Übersetzung: Apostolisches Schreiben Motu proprio Seiner Heiligkeit Papst *Paul VI.* über die rechtlichen Bestimmungen für eine schnellere Abwicklung der Eheprozesse, Typis Polyglottis Vaticanis 1971. Obschon die Übersetzung durch nachträglichen Überdruck als inoffizielle Übersetzung bezeichnet wird, kann es nicht ausbleiben, daß sie, weil in der Vatikanischen Druckerei erschienen, ein besonderes Gewicht erhält. Um so mehr bedauert man, daß die Übersetzung an sprachlicher Glätte wie an kanonistischer Genauigkeit zu wünschen übrigläßt. So wird z. B. in n. VI „viri laici" ungenau mit „Laien" wiedergegeben, in n. IX § 2 „pars" irrig auf den „klagenden Teil" eingeengt. Oder gleich im ersten Satz des Vorworts ist in sprachlicher Hinsicht zu beanstanden, daß „zu eigen", das im Deutschen nur unverändert als Adverb stehen kann, wie ein Adjektiv dekliniert wird.
[5] EPO: Sacra Congregatio de disciplina Sacramentorum, Instructio servanda a tribunalibus dioecesanis in pertractandis causis de nullitate matrimoniorum, 15. August 1936, AAS 28, 1936, S. 313–372.
[6] Letzter Abschnitt des Vorworts.

einer Ehenichtigkeitsklage zuständig ist, was bislang nach cc. 1960—1965 und nach Art. 1—12 EPO zu entscheiden war. Während die cc. 1960—1962 vom Motu proprio im wesentlichen unverändert übernommen werden[7], erfährt die normale Zuständigkeit für Eheprozesse, wie sie in c. 1964 geregelt war, eine Ergänzung. Zuständig für die Durchführung eines Eheprozesses in der 1. Instanz ist nach c. 1964 in der Regel das kirchliche Gericht, in dessen Bereich

    a) die Ehe geschlossen worden war (forum contractus) oder

    b) der beklagte Ehepartner seinen Wohnsitz oder Nebenwohnsitz hat (forum rei) oder

    c) bei religiös gemischter Ehe der katholische Partner seinen Wohnsitz oder Nebenwohnsitz hat (forum partis catholicae).[8]

2. Völlig neu erhält in n. IV § 1 c des Motu proprio Pauls VI. die Zuständigkeit eine Ausdehnung. Den Eheprozeß kann in Zukunft auch jenes kirchliche Gericht abwickeln, in dessen Bereich tatsächlich das meiste *Beweismaterial* zu erheben ist.[9] Man könnte von einem forum probationum

---

[7] Allerdings zeigen sich auch in diesen Punkten einige Wandlungen. C. 1960 lautet: „Causae matrimoniales inter baptizatos iure proprio et exclusivo ad iudicem ecclesiasticum spectant." N. I MP dagegen: „Causae matrimoniales baptizatorum iure proprio ad iudicem ecclesiasticum spectant." Mit der Neufassung „baptizatorum" statt „inter baptizatos" ist eine notwendige Korrektur durchgeführt, weil die Kirche auch bisher schon die Gerichtsbarkeit gleichfalls über eine Ehe beanspruchte, bei der nur ein Partner getauft ist, was in der Formulierung des c. 1960 nicht erfaßt war. Auffallend ist, daß nur noch von einem ius proprium, nicht mehr von einem ius proprium et exclusivum die Rede ist. C. 1961: „Causae de effectibus matrimonii mere civilibus, si principaliter agantur, pertinent ad civilem magistratum ad normam can. 1016; sed si incidenter et accessorie, possunt etiam a iudice ecclesiastico ex propria potestate cognosci ac definiri." N. II MP: „Causae de effectibus matrimonii mere civilibus pertinent ad civilem magistratum, nisi ius particulare statuat easdem causas, si incidenter et accessorie agantur, posse a iudice ecclesiastico cognosci ac definiri." Während bisher Klagen bezüglich der rein bürgerlichen Wirkungen der Ehe in der Form eines Zwischen- oder Nebenverfahrens ohne weiteres innerhalb eines kirchlichen Prozesses mit erledigt werden konnten, soll dies künftig nur noch möglich sein, wo das partikuläre Kirchenrecht dies ausdrücklich zugesteht. Der päpstliche Sondergerichtsstand für Eheprozesse von Staatsoberhäuptern, ihren Kindern oder ihren unmittelbaren Rechtsnachfolgern (c. 1962) ist hingegen ohne sachliche Veränderung in n. III MP beibehalten.

[8] C. 1964: „In aliis causis matrimonialibus iudex competens est iudex loci in quo matrimonium celebratum est aut in quo pars conventa vel, si una sit acatholica, pars catholica domicilium vel quasi-domicilium habet." Ebenso Art. 3 § 1 EPO. Durch das forum partis catholicae wird für Mischehen die Zuständigkeit des forum contractus und des forum rei nicht aufgehoben; sie bleibt vielmehr kumulativ neben dem forum partis catholicae noch bestehen. Für das forum rei folgt das aus Art. 6 § 3 EPO. Vgl. Heribert *Hanstein*, Kanonisches Eherecht, Paderborn 1965[6], S. 251; zum Teil a. M. Eduard *Eichmann* und Klaus *Mörsdorf*, Lehrbuch des Kirchenrechts auf Grund des Codex Iuris Canonici, Bd. 3, Paderborn 1960[9], S. 224.

[9] N. IV § 1 MP: „In ceteris causis nullitatis matrimonii competens est:
    a) Tribunal loci in quo matrimonium celebratum est, vel
    b) Tribunal loci in quo pars conventa commorationem non precariam habeat, quae ex aliquo ecclesiastico documento vel alio legitimo modo probari possit, vel

sprechen. Der Vorteil springt in die Augen, da man nun die Angelegenheit dort verhandeln kann, wo die Mehrzahl der erforderlichen Zeugen an Ort und Stelle zu haben ist und man nicht erst langwierige Vernehmungsersuchen an auswärtige oder gar ausländische Gerichte stellen muß. Wenn z. B. fast alle Zeugen in einer ausländischen Diözese wohnen und um dessentwillen auch dieses Diözesangericht zuständig ist und den ganzen Prozeß in der dortigen Landessprache führen kann, so werden die zeitraubenden Übersetzungen der Vernehmungsprotokolle eingespart, was erheblich zur Verkürzung eines solchen Verfahrens beitragen wird.

Zweifellos birgt die Voraussetzung für das forum probationum einen gewissen Unsicherheitsfaktor. Denn an welchem Ort das meiste Beweismaterial zu finden ist, das läßt sich zumal am Beginn des Verfahrens oft nicht eindeutig entscheiden. Der Kläger könnte dies zum Anlaß nehmen, um mit Manipulation seinen Eheprozeß an ein bestimmes Gericht zu steuern, von dessen Einstellung er sich ein günstiges Urteil erhofft. Die Objektivität des Rechts muß solchem Mißbrauch einen Riegel vorschieben.[10] Darin wird es begründet sein, daß das Motu proprio das forum probationum nicht vorbehaltlos dem forum contractus oder dem forum partis conventae gleichstellt. Vielmehr wird die Kompetenz des forum probationum an eine vorhergehende dreifache Zustimmung gebunden. Ihr Einverständnis müssen zuvor erteilen der Ortsordinarius des Wohnorts (commoratio habitualis) der beklagten Partei, der Ortsordinarius des angegangenen forum probationum und der Vorsitzende (Offizial) dieses Gerichts (n. IV § 1 c MP). Es steht aber nichts im Wege, daß die beiden Ortsordinarien die Vollmacht zu dieser Zustimmungserklärung jeweils an ihren Offizial einzeln oder auch generell delegieren, was das Verfahren beschleunigen würde. Wie man aus dem Wort „dummodo" schließen darf[11], wäre bei Fehlen auch nur einer dieser Zustimmungserklärungen die Zuständigkeit des Gerichts gar nicht gegeben.

Außerdem muß das Gericht des forum probationum, bevor es die Klage zur Verhandlung annimmt, die beklagte Partei befragen, ob sie gegen diesen vorgesehenen Gerichtshof Einwände zu erheben hat (n. IV § 2 MP). Doch kommt der Stellungnahme der beklagten Partei nicht das Gewicht der vorgenannten Zustimmungserklärungen zu. Denn wie immer auch die Befragung ausfällt, die Zuständigkeit des forum probationum hängt davon nicht ab. Wohl könnten die vom Beklagten vorgebrachten Einwände für

---

c) Tribunal loci in quo de facto colligendae sint pleraeque depositiones seu probationes, dummodo accedat consensus tum Ordinarii loci commorationis habitualis partis conventae, tum Ordinarii loci et praesidis Tribunalis aditi."

[10] Vgl. auch die Vorsichtsmaßnahmen in der Instructio der Sakramentenkongregation vom 23. Dezember 1929 (Art. 5 und Appendix II EPO) gegen ein betrügerisches Angehen des forum quasi-domicilii.

[11] Vgl. die analoge Bestimmung in c. 39. Gommarus *Michiels*, Normae generales iuris canonici, Bd. 2, Paris-Tournai-Rom 1949², S. 343–348.

den Gerichtsvorsitzenden der Anlaß sein, seine erforderliche Zustimmung zu verweigern und so die Kompetenz des Gerichts zu Fall zu bringen.

3. Auch für die bisher zuständigen Gerichte bringt das Motu proprio eine leichte Verschiebung. Zwar nicht für das forum contractus. Das Gericht des Eheschließungsortes bleibt in gleicher Weise wie bislang zuständig.

Dagegen wird das *forum partis catholicae* bei einer Mischehe gar nicht mehr erwähnt. Da aber n. IV § 1 MP eine erschöpfende Regelung der Zuständigkeitsordnung bieten will, ist somit dieses Sonderforum für Mischehen *aufgehoben*. Offensichtlich hat man aus ökumenischen Gründen diese prozessuale Privilegierung des katholischen Partners einer Mischehe fallenlassen.

Für das *forum partis conventae* ändert sich ebenfalls die Rechtsbasis. Während bisher auf den Wohnsitz (domicilium) oder den Nebenwohnsitz (quasi-domicilium) der beklagten Partei abgestellt war, richtet sich die Zuständigkeit in Zukunft nach der commoratio non precaria der pars conventa, nach ihrem tatsächlichen ständigen Wohnort. Verlorengegangen ist damit allerdings die klare Präzision, die sich aus der exakten Begriffsbestimmung des Domizils und des Quasi-Domizils in cc. 92—95 ergab. Wann tatsächlich der Tatbestand der commoratio non precaria (n. IV § 1 b MP) oder der wohl identischen commoratio habitualis (n. IV § 1 c MP) erfüllt ist, läßt sich nicht mit gleicher Genauigkeit angeben. Auch ist mit der Umstellung auf die commoratio non precaria der durchaus wünschenswerte Verzicht auf eine Zuständigkeit aus dem Quasi-Domizil[12] keineswegs erreicht, weil unter Umständen ein Quasi-Domizil im Sinne des c. 92 § 2 doch einer commoratio non precaria gleichkommen kann. Einen Vorteil hingegen bietet die Neufassung für die beklagte Ehefrau in einem Eheprozeß. Solange sie nach kanonischem Recht nicht legitim von ihrem Ehemann getrennt war, konnte dieser sie vor das Gericht seines eigenen Wohnsitzes zwingen, da dies zugleich das domicilium partis conventae war, insofern die uxor a viro legitime non separata nach c. 93 § 1 zwangsweise den Wohnsitz ihres Mannes als domicilium legale beibehält. Nunmehr wird die Ehefrau dem Ehemann in der Frage der Gerichtszuständigkeit völlig gleichgestellt. Da die Ehefrau, die sich von ihrem Manne eigenmächtig getrennt hat, faktisch einen von dem des Mannes verschiedenen ständigen Aufenthaltsort haben kann und es auf diesen allein noch ankommt, so ist es dem Manne künftig verwehrt, in solchem Falle die Klage auf Nichtigkeit seiner Ehe vor dem Gericht seines eigenen Domizils anzustrengen, obschon dieses bisher wegen des identischen domicilium legale der beklagten Ehefrau zuständig war.

---

[12] Für diese Tilgung der Zuständigkeit aus dem Nebenwohnsitz plädiert mit Recht Audomar *Scheuermann,* Vorschläge zum kirchlichen Eheprozeßrecht, in: Archiv für katholisches Kirchenrecht 136, 1967, S. 3—45, hier S. 4 f.

4. Bei Zuständigkeit mehrerer Gerichte gilt der Grundsatz, daß der Prozeß bei jenem zu Ende zu führen ist, das den Beklagten als erstes rechtmäßig geladen hat (c. 1568); die Zuständigkeit der übrigen Gerichte ist damit ausgeschaltet. Das Motu proprio gewährt demgegenüber das Recht, noch während des schon anhängigen Verfahrens den Prozeß, solange noch nicht die Beweiserhebung abgeschlossen ist, *an ein anderes, gleichfalls zuständiges Gericht zu überweisen.*[13] Begreiflicherweise kann dies nicht nach Willkür geschehen, sondern nur in solchen Sonderfällen, in denen es wegen wesentlicher Veränderung der örtlichen oder persönlichen Gegebenheiten sachlich berechtigt erscheint, so z. B. wenn sich erst im Verlauf des Verfahrens herausstellt, daß das meiste Beweismaterial in einer anderen Diözese leichter zu erheben ist. Formal ist außerdem gefordert, daß die beiden Parteien sowie die beiden tauschenden Gerichtshöfe ihre Zustimmung erteilen. Sollte der Prozeß an das forum probationum übergehen, müßten ferner dessen Ortsordinarius sowie der Ortsordinarius der commoratio habitualis partis conventae ihr Einverständnis erklären, weil sonst nach dem oben Entwickelten das forum probationum gar keine Kompetenz hätte.

II. Die Zusammensetzung des Gerichts

1. Wegen der hohen Bedeutung, welche von der Natur der Sache her einem Ehenichtigkeitsurteil zukommt, stellt das *bisherige* Recht an die Besetzung des für solche Prozesse zuständigen Gerichts erhebliche Anforderungen. So verlangt c. 1576 § 1 n. 1, daß immer nur ein *Kollegium von drei Richtern* einen Ehenichtigkeitsprozeß führen kann, und zwar gilt das für alle Instanzen unter Verwerfung etwa entgegenstehender Gewohnheiten oder Privilegien. Ein Urteil, das dieser Vorschrift zuwider etwa nur von einem Einzelrichter gefällt wäre, litte an unheilbarer Nichtigkeit (c. 1892 n. 1; Art. 13 § 1 EPO). Allerdings bringt Art. 13 § 2 EPO die Einschränkung, daß in Missionsgebieten Eheprozesse nach besonderen Anweisungen der zuständigen Kardinalskongregation behandelt werden können, womit unter Umständen die Durchführung durch einen einzigen Richter erlaubt wird.[14] Doch kommt diese Erleichterung eben nur in Missionsgebieten zum Zuge und auch dort bloß dann, wenn der Apostolische Stuhl ausdrücklich das Zugeständnis für bestimmte Regionen gewährt.

---

[13] N. IV § 3 MP: „Mutatis substantialiter circumstantiis aut locorum aut personarum de quibus in § 1, instantia ante conclusionem in causa potest transferri in casibus particularibus de uno ad aliud Tribunal aeque competens, si accedat consensus partium et utriusque Tribunalis."

[14] Vgl. Albert M. *Koeniger,* Die Eheprozeßordnung für die Diözesangerichte (Kanonistische Studien und Texte, Bd. 11), Bonn 1937, Nachdruck Amsterdam 1964, S. 154 f. G. *Vromant,* De matrimonio, Brüssel-Paris 1952³, S. 350, 392—397. Victorius *Bartoccetti,* Processus matrimonialis, Rom 1950, S. 50 f.

Des weiteren folgt aus der hierarchischen Struktur der Kirche, daß nur *Geistliche* (Kleriker) kirchliche Jurisdiktion ausüben können.[15] Unzweifelhaft setzt nun das kirchliche Gericht mit seinem Urteil einen Akt der Jurisdiktion. Einzelrichter kann daher stets nur ein Geistlicher sein; bislang nahm man darüber hinaus an, daß auch in einem Kollegialgericht kein einziger Laie als rechtsprechender Richter mitwirken könne.

Wie der Codex Iuris Canonici zusätzlich noch anordnet, kann nur ein *Priester,* nicht ein Kleriker niederen Ranges zum Richter bestellt werden. Das gilt sowohl für den vorsitzenden Richter (Offizial oder Vizeoffizial; c. 1573 § 4) als auch für die beiden erkennenden Beisitzer, die aus dem Kreis der Synodalrichter zu nehmen sind (Art. 14 § 4 EPO in Vbdg. m. c. 1574 § 1).

Der Zwang, das Ehegericht stets mit einem Drei-Richter-Kollegium aus Priestern besetzen zu müssen, kann je nach den örtlichen Verhältnissen in einen Engpaß hineinführen. Wo Priestermangel herrscht und obendrein die wenigen sachkundigen Geistlichen noch überlastet sind, wird dadurch nicht selten der Gang der Eheprozesse erschwert und verzögert.

2. Hier setzt das Motu proprio Pauls VI. an. Allerdings mit einer deutlichen Behutsamkeit, die sich darin zeigt, daß nicht generell die geltenden Vorschriften gelockert werden. Vielmehr knüpft das Motu proprio die beiden Hilfen, die es in Erwägung zieht, an die Voraussetzung, daß die jeweils zuständige Bischofskonferenz zu ihrer Anwendung die Ermächtigung erteilt.

Die erste Möglichkeit, welche das Motu proprio anbietet, besteht in der Zuziehung von *Laien* zum Drei-Richter-Kollegium (n. V § 1 MP). Doch kann die Bischofskonferenz dazu nur die Erlaubnis geben, wenn die Bildung des rechtmäßig vorgeschriebenen Kollegiums aus drei Geistlichen[16] beim Diözesangericht und bei einem etwa bestehenden Regionalgericht undurchführbar wäre. In solchem Fall kann das Richterkollegium aus zwei Geistlichen und einem männlichen Laien gebildet werden. Dieser Laienrichter übt dann vollberechtigt das Amt eines erkennenden Richters aus, dessen Stimme bei der Urteilsfällung gleiches Gewicht wie die eines der beiden Mitrichter besitzt. Er wird regelmäßig in der Funktion eines beisitzenden Richters tätig werden und nicht den Vorsitz des Kollegiums übernehmen können. Denn über den Vorsitz bringt das Motu proprio keine Abänderung des bestehenden Rechts. Da aber der CIC den Vorsitz dem

---

[15] Vgl. c. 118.
[16] Das Motu proprio spricht hier zwar von collegium trium iudicum *clericorum* (nicht sacerdotum, wie im CIC gefordert ist). Doch vermutlich sind hier Geistliche im Sinne von Priestern gemeint. Es kann kaum angenommen werden, daß mit dieser Terminologie ohne ausdrückliche Erklärung auf den vom CIC geforderten Priesterstand der kirchlichen Richter verzichtet und der Kleriker ohne Priesterweihe regelmäßig zum Richteramt zugelassen werden sollte.

Offizial oder dem Vizeoffizial vorbehält (c. 1577 § 2) und für diese Ämter der Priesterstand gefordert ist, gilt hier die salvatorische Klausel am Ende des Vorworts im Motu proprio: „firmis itaque manentibus reliquis normis canonicis circa processus."

Die Bestellung eines Laien zum kirchlichen Richter bedeutet vom hierarchischen Grundsatz aus, daß nur Geistliche kirchliche Jurisdiktion ausüben können, eine tiefgreifende Maßnahme. Daher wohl auch die Einschränkung: höchstens ein einziger Laie innerhalb des Dreierkollegiums und nur ein Mann, keine Frau. Hinter der Begrenzung auf *einen* Laien steckt vermutlich die Erwägung: Auch beim Gerichtsurteil eines Dreierkollegiums aus zwei Geistlichen und einem Laien werde Jurisdiktion nach wie vor nur von einem geistlichen Träger ausgeübt. Denn wer bei der Urteilsfällung eines Kollegiums Jurisdiktion betätige, sei nicht jeder einzelne der drei Richter für sich, sondern nur das Kollegium als solches. Dessen geistlicher Charakter aber sei hinreichend sichergestellt, wenn zwei seiner Mitglieder Kleriker seien. Schwerer verständlich wird der Ausschluß der Frau, an dem nach dem Wortlaut des Motu proprio freilich nicht zu deuten ist. Denn wenn die Mitwirkung eines männlichen Laien dem Grundsatz „Jurisdiktion nur durch Geistliche" keinen Abbruch tut, so steht vom Prinzipiellen her keine Schwierigkeit, statt des Mannes auch eine Frau in das Richterkollegium zu berufen.

Die Zuziehung eines Laienrichters in das Dreierkollegium wird zugestanden für Gerichte der 1. Instanz (Diözesangericht) wie auch der 2. Instanz (Metropolitangericht). Die normale 3. Instanz, die Sacra Romana Rota, bleibt davon unberührt. Nicht selten wird aber statt der Sacra Romana Rota auch ein anderes Gericht, sei es im Einzelfall, sei es für dauernd, durch päpstliches Indult zur 3. Instanz bestimmt; so z. B. das Kölner Metropolitangericht für Freiburger Ehesachen und umgekehrt. Wäre ein solches Gericht gemäß n. V § 1 MP mit einem Kollegium aus zwei Geistlichen und einem Laien besetzt, so kann es wohl in dieser Besetzung auch als Gericht der 3. Instanz tätig werden. Fraglich bleibt allerdings, ob der Apostolische Stuhl einem Gericht, das nicht die an sich vorgesehene Besetzung aufbringen kann, den Charakter einer 3. Instanz zuerkennen wird.

3. Neben der Zuziehung eines Laienrichters innerhalb des Dreierkollegiums sieht das Motu proprio als zweite Möglichkeit vor, daß statt des Dreierkollegiums ein Einzelrichter den Ehenichtigkeitsprozeß führt (n. V § 2 MP). Doch sind diesem Zugeständnis, das wiederum an die Zustimmung der jeweiligen Bischofskonferenz gebunden ist, noch engere Grenzen gezogen. Denn zunächst ist dabei vorausgesetzt, daß nicht einmal die Auffüllung des Dreierkollegiums durch einen Laienrichter zu erreichen ist; die Erledigung eines Eheprozesses durch einen Einzelrichter soll offensichtlich nur

die letzte Notlösung darstellen. Sie kann sodann nur für das Gericht der 1. Instanz in Frage kommen, was aber auch noch zutrifft, wenn ein Metropolitangericht einen Prozeß der eigenen Erzdiözese in 1. Instanz durchführt. Als Einzelrichter kann nur ein Geistlicher amtieren.

Der Einzelrichter soll, wo es möglich ist, für die Durchführung des Prozesses einen Beisitzer (Assessor) und einen Vernehmungsrichter (Auditor) beiziehen. Auch hierin wird sichtbar, wie ungern sich der Gesetzgeber mit dem Einzelrichter allein begnügt. Die Wendung „assessorem et auditorem sibi asciscere" hat man wahrscheinlich dahin zu deuten, daß nach Möglichkeit zwei Personen, ein Beisitzer und ein Vernehmungsrichter, heranzuziehen sind[17]; nicht ein einziger, der zugleich die Funktion des Beisitzes und des Vernehmungsrichters ausübte. Beide Rechtsfiguren sind dem kanonischen Prozeßrecht vertraut. Jeder Einzelrichter kann sich nach c. 1575 zwei beratende Assessoren beigesellen. Deren Aufgabe ist es, dem Einzelrichter beratend zur Seite zu stehen, vor allem im Hinblick auf die Urteilsfällung, unbeschadet der alleinigen Entscheidungsbefugnis des Einzelrichters. Dem Auditor fällt der Auftrag zu, die Beweiserhebung des Prozesses durchzuführen, namentlich die Vernehmungen abzuhalten (c. 1582). Nichts steht im Wege, daß er nicht auf diese Aufgabe beschränkt wird, sondern zugleich als 2. beratender Assessor des Einzelrichters mitwirkt, was der Sache in der Regel nur dienlich sein kann, weil er aus den Vernehmungen mit der Prozeßmaterie aufs beste vertraut ist.

Da schon das Amt eines erkennenden Richters dem Laien, wenn auch nur neben zwei Geistlichen innerhalb des Dreierkollegiums, geöffnet wurde, ist es verständlich, daß andere Aufgaben beim kirchlichen Gericht in breiterem Umfang nunmehr den Laien zugestanden werden (n. VI MP). In das Amt des Beisitzers oder des Vernehmungsrichters kann ohne jede Einschränkung ein Laie berufen werden, und zwar bei Gerichten jedweder Instanz. Freilich wiederum nur ein männlicher Laie; die Ausklammerung der Frau ist hier erst recht nicht aus prinzipiellen Erwägungen zu begründen. Allein für das Amt des Notars wird ausdrücklich erwähnt, daß es in gleicher Weise von Männern oder Frauen wahrgenommen werden kann. Auffallend bleibt, daß das Motu proprio nicht auch das Amt des Defensor vinculi[18] den Laien öffnet, obschon dagegen, da es hier nicht um Jurisdiktionsausübung geht, keine grundsätzlichen Bedenken bestehen.

An die Laien, die in den erwähnten Grenzen in ein Amt beim kirchlichen Gericht berufen werden, stellt das Motu proprio (n. VII MP) eine doppelte Anforderung: Sie müssen moralisch qualifiziert sein durch Glaubenstreue und guten Lebenswandel sowie fachlich ausgewiesen durch Kenntnis des Kirchenrechts. Für die herausgehobene Funktion eines erkennenden Rich-

---

[17] In diesem Sinne auch die allerdings nicht offizielle deutsche Übersetzung.
[18] Vgl. c. 1589 § 1.

ters in einem Dreierkollegium soll der Laie nach Möglichkeit zusätzlich noch Erfahrung im Gerichtswesen mitbringen, die in anderen Positionen des kirchlichen Gerichts, ersatzweise wohl auch im weltlichen Gerichtswesen gewonnen sein kann, sofern es nur an der erforderlichen Fachkenntnis des kanonischen Rechts nicht fehlt. Ohne fachliches Rüstzeug wäre eine Bestellung nicht zu verantworten. Hier müßte an der kanonischen Ausbildung von Laien sicher noch manches geschehen, um erst die Voraussetzung zu schaffen, daß die Anregung des Motu proprio nützlich in die Tat umgesetzt werden kann. Nicht weniger wichtig neben der fachlichen Beschlagenheit ist es natürlich, daß der am kirchlichen Gericht mitwirkende Laie die katholische Ehelehre in seiner Überzeugung voll bejaht; sonst hätte man den Bock zum Gärtner gemacht.

4. Wie bereits erwähnt wurde, sind die Bestellung eines Laienrichters oder die Überweisung eines Eheprozesses an einen geistlichen Einzelrichter an die vorhergehende Ermächtigung seitens der örtlich zuständigen *Bischofskonferenz* geknüpft. Dem eigenmächtigen Vorgehen eines einzelnen Bischofs ist damit ein Riegel vorgeschoben. Auch hat man so eine Handhabe, für den Bereich eines ganzen Landes eine einheitliche Ordnung der Frage anzustreben. Freilich steht es der Bischofskonferenz nur zu, die Bestellung eines Laienrichters oder die Prozeßführung durch einen Einzelrichter als Möglichkeit zu eröffnen; sie kann diese Regelungen nicht für ihren Bereich verbindlich machen. Ob der einzelne Bischof von der seitens der Bischofskonferenz erteilten Ermächtigung Gebrauch macht oder nicht, bleibt allein seinem Ermessen überlassen. Sache des Diözesanbischofs ist es, den Laien zum Richter zu ernennen oder den Einzelrichter für einen Eheprozeß zu bestellen.

Ein Problem steckt noch in der Wendung „singulis in casibus": Wo ein Dreierkollegium nicht einmal mit der Zuziehung eines Laien zu erreichen sei, könne die Bischofskonferenz „singulis in casibus" Ehenichtigkeitsprozesse der 1. Instanz einem geistlichen Einzelrichter übertragen. Nicht kann damit gemeint sein, für jede anstehende Ehesache bedürfe es eines erneuten Beschlusses der Bischofskonferenz. Ein so umständliches Verfahren liefe dem erklärten Ziel des Motu proprio, zur Abkürzung der Eheprozesse beizusteuern, gerade zuwider. Vielmehr besagt die Wendung: Für jede Diözese muß einzeln festgestellt werden, daß die Bildung eines Dreierkollegiums nicht möglich ist und deshalb die Vergünstigung des Einzelrichters gewährt wird. Die Bischofskonferenz soll davon abgehalten werden, voreilig allen erstinstanzlichen Gerichten global den Einzelrichter zuzugestehen.

Über das Beschlußverfahren, das die Bischofskonferenz bei Erteilung ihrer Ermächtigung für Laienrichter und Einzelrichter einschlagen kann, bringt das Motu proprio eine interessante Neuerung: „Conferentia Episcopalis facultates, de quibus supra, concedere valet iuxta propria statuta, vel per membrorum coetum, vel saltem per membrum Conferentiae, quae ad id eligantur" (n. V § 1 MP). Wie eine authentische Interpretation vom 10. Juni 1966[19] klargestellt hat, kann die Bischofskonferenz die Ausübung der ihr zukommenden potestas legislativa nicht an eine Kommission delegieren. Ob man die hier in Frage stehende Ermächtigung gleichfalls der potestas legislativa zuzurechnen hat, mag dahingestellt bleiben. Jedenfalls ist für diese Ermächtigung ein dreifacher Weg des Beschlußverfahrens gestattet. Die Bischofskonferenz kann in ihrer Gesamtheit die Ermächtigung aussprechen, was in der Regel innerhalb einer Vollversammlung geschieht, aber je nach den Statuten der betreffenden Bischofskonferenz auch im schriftlichen Umlaufverfahren möglich sein könnte; oder sie delegiert mit dieser Aufgabe eine Kommission; oder sie kann damit sogar eine Einzelperson beauftragen. Den Beschluß zu dieser Delegation an eine Kommission oder eine Einzelperson müßte freilich immer die Gesamtkonferenz fassen. Auch können nur solche in die Kommission berufen oder als delegierte Einzelperson bestellt werden, welche selbst Mitglieder der Bischofskonferenz sind.

III. Die Vereinfachung des Appellationsverfahrens

1. Die bedeutsamste Maßnahme des Motu proprio zur Abkürzung der Eheprozesse hat man in seinen Bestimmungen zur Appellation zu sehen. Der Codex Iuris Canonici wie auch die Eheprozeßordnung von 1936 haben gerade mit ihren strengen Vorschriften über die Berufungspflicht in Eheprozessen dazu geführt, daß diese Verfahren sich in die Länge zogen, auch dort, wo es von der Sache her nicht erforderlich wäre.

Die fundamentale Bestimmung des *bisherigen* Rechts besagte: Erst wenn zwei positive Urteile vorliegen, die übereinstimmend die Nichtigkeit der angefochtenen Ehe feststellen, und auch nur dann, wenn der Defensor vinculi nicht gegen das zweite Nichtigkeitsurteil erneut Berufung an eine weitere Instanz einlegt, ist das Verfahren abgeschlossen und der Weg zu einer anderweitigen Eheschließung frei (c. 1987; Art. 220 EPO). Darin liegt ein langer Weg des Eheprozesses umschlossen. Wenn das Verfahren erstmalig in einem Urteil zur Nichtigerklärung der Ehe geführt hat — und das braucht nicht immer schon in der 1. Instanz zu sein, sondern unter Umständen bei negativem Ausgang in der 1. oder auch in der 2. Instanz erst in der 2. oder gar in der 3. Instanz, so daß der Prozeß sich also schon über lange Zeit hingequält hat —, so muß der Ehebandverteidiger auf jeden Fall Berufung an die höhere Instanz einlegen (c. 1986; Art. 212 § 2 EPO). Dazu wäre er selbst dann verpflichtet, wenn er persönlich von der Richtigkeit des Nichtigkeits-

---

[19] AAS 60, 1968, S. 361.

urteils überzeugt wäre. Auf seine Appellation muß dann der Prozeß in der weiteren Instanz nochmals mit allen Formalien abrollen, so daß ein kirchlicher Eheprozeß wenigstens durch zwei volle Instanzen zu laufen hat. Obendrein wird nach der Prozeßordnung ein übereinstimmendes, bestätigendes Urteil, das keine weitere Appellation zur Pflicht macht, nur dann als gegeben erachtet, wenn das zweite Urteil die Nichtigkeit der Ehe aus dem gleichen Nichtigkeitsgrund wie das vorhergehende Urteil feststellt. Nicht aber besteht conformitas sententiarum, wenn beide Urteile zwar auf Nichtigkeit der Ehe erkennen, jedoch aus zwei verschiedenen Klagegründen, das eine Mal etwa wegen metus, das andere Mal wegen Ausschlusses der Unauflöslichkeit der Ehe. Hier hätte der Defensor die Pflicht, auch gegen das zweite Nichtigkeitsurteil, weil es kein identisches, bestätigendes Urteil ist, erneut Berufung einzulegen, so daß dann sogar eine dritte Instanz nötig würde. Und selbst wenn zwei übereinstimmende Nichtigkeitsfeststellungen aus dem gleichen Klagegrund vorliegen, ist damit das Verfahren nicht zwangsläufig beendet. Hier hat der Ehebandverteidiger zwar nicht mehr die Pflicht, wohl aber das Recht, nach seinem Gewissensentscheid erneut in die Berufung zu gehen und den Prozeß nochmals in eine weitere Instanz zu bringen (c. 1987; Art. 221 EPO).

Hinter all diesen prozessualen Bestimmungen steht das begreifliche Bestreben, die Heiligkeit der Ehe vor einer irrtümlichen Nichtigerklärung zu schützen. Erkauft war dieses Ziel dann allerdings mit einer oft unerträglichen Dauer der Prozesse. Mochte man dies in zweifelhaften Fällen noch als unabweisbar hinnehmen, so wuchs das Ärgernis, wenn die 1. Instanz in unbestreitbarer Eindeutigkeit die Nichtigkeit der Ehe erbracht hatte und dann gleichwohl wegen der formalen Appellationspflicht der Prozeß durch eine volle 2. Instanz gehen mußte, was nach Lage der Dinge auf reinen Leerlauf hinauskam.

2. Hier setzt die entscheidende Reform des Motu proprio ein, indem es die Appellationspflicht zwar nicht aufhebt, aber das Appellationsverfahren wesentlich erleichtert und verkürzt.

Für das *Berufungsverfahren nach der ersten Nichtigerklärung* einer Ehe — diese erstmalige Nichtigerklärung muß nicht unbedingt mit dem Urteil der 1. Instanz zusammenfallen; es kann sich auch um das Urteil der 2. Instanz handeln, wenn nämlich die 1. Instanz die Klage abschlägig beschieden hatte — wird folgendes angeordnet (n. VIII MP). Übereinstimmend mit dem bisherigen Recht bleibt es bei der *Pflicht* des Defensor vinculi, gegen das erste Nichtigkeitsurteil zu *appellieren*.[20] Bei der Wichtigkeit der Ehenichtig-

---

[20] N. VIII § 1 MP deckt sich fast wörtlich mit c. 1986 und Art. 212 § 2 EPO. Die Berufung ist innerhalb der gesetzlichen Frist durchzuführen; d. h. der Defensor muß innerhalb von zehn Tagen nach der Urteilsverkündigung bzw. der Urteilszustellung (Art. 204 §§ 1, 4 EPO) die

keitsurteile kann man verständlicherweise nicht völlig auf eine Überprüfung verzichten. Das gilt erst recht, nachdem nunmehr die Möglichkeit eröffnet ist, daß in der 1. Instanz unter Umständen ein Einzelrichter das Urteil fällt. Bisher war durch die Pflicht des Dreierkollegiums immer sichergestellt, daß wenigstens die Mehrheit dieses Kollegiums hinter dem Urteilsspruch stand, niemals also die Meinung eines einzigen Richters allein zur Nichtigerklärung der Ehe führen konnte. Aber selbst wenn in der 1. Instanz ein Richterkollegium gesprochen hat, erscheint es nützlich, daß das Urteil in jedem Fall der Kontrolle seitens der unabhängigen Instanz des Obergerichts unterworfen wird, um Fehlentscheidungen im Einzelfall oder, was noch wichtiger sein dürfte, einseitige Rechtsauffassungen eines bestimmten Gerichts korrigieren zu können. Das wird man als berechtigt anerkennen, sofern nur die Durchführung der Appellation zügig vonstatten geht.

Letzteres versucht das Motu proprio mit einer wichtigen Neuerung zu erreichen. Das Obergericht wird von dem Zwang befreit, auf die Appellation hin in der neuen Instanz einen vollen Prozeß, angefangen mit einer erneuten Streitfestsetzung durch alle prozessualen Förmlichkeiten bis hin zu einem neuen Urteilsspruch (sententia), zu führen. Vielmehr kann das Richterkollegium der Oberinstanz auf ein nochmaliges Gerichtsverfahren verzichten und statt dessen kurzerhand durch ein *Dekret* den Urteilsspruch der Vorinstanz *bestätigen* (n. VIII § 3 MP).

Im einzelnen ist dabei das Verfahren in der Oberinstanz so abzuwickeln. Dem Obergericht[21] hat der Defensor vinculi eine Stellungnahme einzureichen, ob er gegen den Urteilsspruch der Vorinstanz Einwände vorzubringen hat oder nicht. Gemeint ist dabei der Defensor des Obergerichts, nicht jener der Vorinstanz, der gegen das Urteil Berufung eingelegt hat. Denn jeder Defensor wird nur für den Bereich seines Gerichts bestellt. Seine Funktion in einem Eheverfahren erlischt in dem Augenblick, da er die Appellation gegen ein Urteil seines Gerichts bei dem Obergericht verfolgt hat. Von da an muß der Defensor des Obergerichts die Aufgabe des Ehebandverteidigers wahrnehmen. Es steht natürlich nichts im Wege, daß der Defensor der Vorinstanz, weil er mit der Materie dieses Prozesses aufs beste vertraut ist, zugleich mit der Verfolgung der Appellation beim Obergericht auch schon

---

Berufung bei dem erkennenden Gericht einlegen und sie innerhalb eines Monats, von der Einlegung der Berufung an gerechnet (c. 1883), bei der Oberinstanz verfolgen (Art. 215 § 1 EPO). Falls er seiner Pflicht nicht nachkäme, müßte der Vorsitzende oder gegebenenfalls der Einzelrichter des erkennenden Gerichts ihn dazu anhalten (n. VIII § 1 MP). Die in Art. 216 § 1 EPO vorgesehene Sprungappellation an die S. R. Rota, bei der der Appellant unter Überspringen der nächsthöheren Instanz unmittelbar an die S. R. Rota Berufung einlegt, ist in dem Motu proprio nicht erwähnt, somit aber gemäß dem Schlußabschnitt des Prooemiums auch nicht abgeschafft.

[21] N. VIII § 2 MP spricht vom Gerichtshof der 2. Instanz, obschon es sich unter Umständen um das Gericht der 3. Instanz handeln kann.

Einwände gegen die Urteilsbegründung vorträgt, sofern der Defensor der Oberinstanz sich diese Stellungnahme zu eigen macht. Das Kollegium des Obergerichts hat außerdem, wenn es dies für tunlich erachtet, die Möglichkeit, nicht jedoch die Pflicht, die Äußerung des Defensor vinculi den beiden Parteien oder ihren Anwälten zur Kenntnis zu bringen; diese können dann ihrerseits dem Gericht eine Entgegnung vorlegen.

Das Obergericht, das auch nach den Erleichterungen des Motu proprio immer mit einem Dreierkollegium besetzt ist, hat dann seine Entscheidung zu treffen, und zwar in der Form eines Dekrets, nicht eines Urteils. Der Beschluß muß collegialiter ergehen, was eine gemeinsame Beratung voraussetzt. Schriftliche Voten der Richter sind dazu nicht vorgeschrieben, aber auch nicht ausgeschlossen; gegebenenfalls wären sie analog nach Art. 198 § 2 EPO geheim aufzubewahren.

Für die Entscheidung steht dem Gericht nur eine Alternative zur Verfügung: Entweder bestätigt das Obergericht das Nichtigkeitsurteil der Vorinstanz; oder es verfügt, daß die Ehesache vor seiner Instanz auf dem ordentlichen Gerichtsweg neu verhandelt wird. Ausgeschlossen bleibt also, daß in dem Dekret inhaltlich das angefochtene Urteil abgeändert oder aufgehoben wird. Erscheint dem Obergericht eine Änderung des Urteils erforderlich, so ist das nur auf dem Weg zu erreichen, daß nunmehr vor dieser Oberinstanz der Prozeß noch einmal voll abrollt.

Für seine Dekretentscheidung hat das Obergericht neben der Stellungnahme des Defensor vinculi sowie gegebenfalls der Parteien oder ihrer Anwälte vor allem das angefochtene Urteil mit seiner Begründung heranzuziehen und zu bewerten. Die Worte „visa sententia" in n. VIII § 3 MP können sicher nicht dahin verstanden werden, daß allein der Urteilstext einzusehen ist. Nach wie vor muß bei der Appellation das gesamte Aktenmaterial der Vorinstanz an das Obergericht gehen[22] und dort bei der neuen Entscheidung mit berücksichtigt werden. Wenn die Begründung in dem Text des Urteils zwar in sich schlüssig erschiene, aber die dort vorgebrachten Beweisgründe gar nicht durch das in den Akten der Vorinstanz enthaltene Beweismaterial gedeckt wären, könnte das Obergericht nicht die Bestätigung des Urteils dekretieren.

Das Urteil der Vorinstanz kann der Gerichtshof der Oberinstanz nur bestätigen, wenn er Gewißheit von der Richtigkeit des Urteils besitzt. Darin liegt ein Dreifaches umschlossen. Das Obergericht muß überzeugt sein, daß die Ehe tatsächlich nichtig ist; daß sie aus dem im Urteil anerkannten Nichtigkeitsgrund nichtig ist; daß die in dem Urteil vorgetragenen Beweisgründe, wenn auch vielleicht nicht in allen Punkten, so doch wenigstens in einem, den Urteilstenor hinreichend tragenden Punkt richtig und schlüssig sind. Käme das Kollegium hingegen zu der Überzeugung, daß die Ehe gewiß

---

[22] C. 1890 mit authentischer Interpretation vom 31. Januar 1942, AAS 34, 1942, S. 50.

nichtig sei, aber aus einem Grund, der sich zwar im erhobenen Beweismaterial befindet, der jedoch in der Urteilsbegründung überhaupt nicht herangezogen wird, so bliebe ihm nichts übrig, als die Sache auf den ordentlichen Prozeßweg einer neuen Instanz zu verweisen. Nicht könnte hier das Obergericht durch Dekret das Urteil bestätigen. Bestätigen könnte es von der Sache her allenfalls die Nichtigkeit der Ehe; nicht aber, wie gefordert ist, das Urteil der Vorinstanz. Erst recht gilt das, wenn das Obergericht die Nichtigkeit der Ehe aus einem völlig anderen Klagegrund als die Vorinstanz für gegeben erachtet. Innerhalb des Dekrets kann das Obergericht an dem angefochtenen Urteil weder hinsichtlich des Klagegrundes noch hinsichtlich der Beweisführung eine Änderung vornehmen. Hier hat es allein darüber zu entscheiden, ob es das Urteil, so wie es vorliegt, bestätigen will. Und das kann es nur, wenn es auch in dem Klagegrund wie in wenigstens einem tragenden Punkt der Beweisführung mit der Vorinstanz übereinstimmt.

Hat die Vorinstanz die Nichtigkeit der Ehe aus *mehreren* Klagegründen festgestellt, glaubt das Obergericht aber, daß nur einer dieser Klagegründe zutrifft, so kann es seine Bestätigung auf diesen einen Punkt beschränken. Auch das käme noch einer Bestätigung des Urteils im Sinne von n. VIII § 3 MP gleich. Für die übrigen, nicht bestätigten Klagegründe entfiele jedoch eine Weiterführung des ordentlichen Prozesses in neuer Instanz.

Der Beschluß zu dem Dekret ergeht, wie bei einem ordentlichen Urteil, mit einfacher Stimmenmehrheit des Dreierkollegiums. Es ist darüber ohne Angabe des Stimmenverhältnisses ein Protokoll anzufertigen, das die Unterschrift der drei Richter und des Notars trägt.

Wenn das Obergericht mit Dekret das Nichtigkeitsurteil der Vorinstanz bestätigt, so kommt das rechtlich einer zweiten Nichtigerklärung gleich. Wie sonst bei der zweiten Nichtigerklärung durch Urteil (c. 1987; Art. 220 EPO) wird auch hier analog bestimmt: Nach Ablauf von zehn Tagen seit Verkündung des Dekrets haben die Parteien, sofern nicht doch noch gegen das Dekret Beschwerde eingelegt wird, das Recht, eine neue, durch kein sonstiges Ehehindernis behinderte Ehe einzugehen (n. VIII § 3 MP).

3. Wie mit diesem Hinweis auf eine mögliche Beschwerde bereits angedeutet ist, gibt es den Fall eines *weiteren Verfahrens nach der zweiten Nichtigerklärung der Ehe* (n. IX MP). Gegen das Dekret des Obergerichts, das das Nichtigkeitsurteil der Vorinstanz bestätigt hat, steht ein weiteres Rechtsmittel zur Verfügung. Weil die Entscheidung in Form eines Dekrets, also eines Verwaltungsakts ergangen ist, nicht in Form eines Urteils, kann man als Rechtsmittel den Rekurs (Beschwerde), nicht eine Appellation (Berufung) einlegen.[23] Doch verbleibt, da der Verwaltungsakt des Dekrets von einem

---

[23] Die deutsche Übersetzung verwendet terminologisch ungenau in n. IX § 1 MP das Wort „appellieren"; anders in n. VIII § 3 MP.

Gericht gesetzt wurde, hier auch der Rekurs innerhalb des Gerichtsinstanzenzuges; nicht an eine Verwaltungsstelle, sondern an das nächst höhere Gericht ist er zu richten.[24] In der Regel wird der Rekurs, da bereits wenigstens zwei Instanzen gesprochen haben, an die Sacra Romana Rota als die 3. Instanz gehen, falls nicht durch päpstliches Indult eine einheimische 3. Instanz gewährt ist.[25]

Das Recht, gegen das bestätigende Dekret der 2. Instanz[26] Beschwerde an die 3. Instanz[27] einzulegen, besitzen sowohl der Defensor als auch die Prozeßpartei, die sich durch das Dekret beschwert glaubt. Für den Defensor besteht jedoch nur ein Beschwerderecht, keine Beschwerdepflicht; es ist seinem Gewissensentscheid überlassen, ob er von der Möglichkeit Gebrauch macht oder nicht. Die Fristen in n. IX § 1 MP sind wohl gemäß den Appellationsfristen zu verstehen: Der Beschwerdeführer muß innerhalb von zehn Tagen seit der Bekanntgabe des Dekrets die Beschwerde bei der 2. Instanz (iudex a quo) einlegen und dann innerhalb eines Monats von diesem Zeitpunkt an gerechnet (ab interpositio recursu) bei der 3. Instanz (iudex ad quem) verfolgen. Eine bedeutsame Bremse gegen Quertreiber liegt in der Vorschrift: Dieser Rekurs nach der zweiten Nichtigerklärung kann nur zum Zuge kommen, wenn der Beschwerdeführer neues und schwerwiegendes Beweismaterial vorbringt und diese Beweise auch unmittelbar zur Hand sind. Spätestens innerhalb der genannten Monatsfrist muß das neue Beweismaterial der 3. Instanz vorgelegt werden. Wann ein Beweis unmittelbar zur Hand ist (praesto), mag nicht immer leicht zu entscheiden sein. Doch dürfte die Bedingung noch erfüllt sein, wenn der Beschwerdeführer geltend macht, der Zeuge A könne diese oder jene konkrete, für den Ausgang des Prozesses maßgebliche Aussage beeiden, auch wenn dessen Vernehmung vorerst nur angeboten, noch nicht durchgeführt ist.

Wie hat dann die mit der Beschwerde angegangene 3. Instanz zu verfahren? N. IX § 2 MP regelt: Wenn der Rekurs von seiten der beklagten Partei eingelegt wurde, so hat der Gerichtshof unter Würdigung der vorgebrachten Argumente in einem kollegialen Akt eine Entscheidung in Form eines Dekrets zu treffen. Das muß innerhalb eines Monats ab interposito recursu

---

[24] Unter Überspringen einer Mittelinstanz unmittelbar das päpstliche Gericht der Rota anzugehen, bleibt auch hier dem Beschwerdeführer unbenommen. Vgl. *Eichmann-Mörsdorf*, Lehrbuch 3, S. 36.
[25] Wenn das Verfahren schon durch mehr als zwei Instanzen gelaufen ist und dann eine 4. oder noch höhere Instanz nötig wird, ist dies bei der S. R. Rota möglich, weil sie mit je einem anderen Turnus über weitere Instanzen verfügt.
[26] Der Einfachheit halber sei gestattet, von der 2. Instanz zu sprechen. Man muß sich jedoch vor Augen halten, daß unter Umständen das Dekret erst in der 3. oder gar in einer noch höheren Instanz ergangen ist; z. B. wenn die 1. Instanz ein negatives Urteil gefällt, die 2. Instanz erstmalig auf Nichtigkeit der Ehe erkannt hat und nunmehr die 3. Instanz das bestätigende Dekret erläßt.
[27] Die vorhergehende Anmerkung gilt hier analog.

geschehen. Doch kann dieses „ab interposito recursu" im Unterschied zu n. IX § 1 MP nicht von dem Zeitpunkt an gerechnet werden, da die Beschwerde erstmalig angemeldet ist. Denn von diesem Zeitpunkt an hat der Beschwerdeführer noch einen vollen Monat Zeit, Beweismaterial hereinzureichen. Wenn er nun erst am letzten Abend dieser Frist neue Beweise beibringt, kann sinnvollerweise doch nicht verlangt sein, daß das Gericht noch am gleichen Abend seine Entscheidung trifft. Das „ab interposito recursu" kann hier nur von dem Zeitpunkt verstanden werden, zu dem der Beschwerdeführer seinen Rekurs bei dem iudex ad quem unter Beibringen neuer Beweise verfolgt hat.

Inhaltlich hat die 3. Instanz bei dem Dekret wiederum nur zwischen der Alternative zu wählen: Entweder wird der Rekurs abgewiesen; oder der Eheprozeß wird zur Verhandlung auf dem ordentlichen Gerichtsweg in der 3. Instanz angenommen. In letzterem Fall muß das Gericht der 3. Instanz selbst den Prozeß führen. Nicht wird die Sache an die 2. Instanz zur prozessualen Behandlung zurückverwiesen, was immerhin nahegelegen hätte, weil die 2. Instanz einen Prozeß ja noch nicht geführt hat.[28]

Befremdlicherweise sagt das Motu proprio nichts von einem entsprechenden Dekret der 3. Instanz, wenn die Beschwerde gegen die bestätigende Entscheidung der 2. Instanz vom Defensor vinculi, nicht von der beklagten Partei eingelegt und weiterbetrieben wird. Der päpstliche Erlaß spricht, was die Beschwerde des Ehebandverteidigers angeht, nur von dem Fall, daß der Defensor der 3. Instanz den laufenden Rekurs aufgibt. Nachdem der Defensor der 2. Instanz den Rekurs eingelegt hat, müßte der Ehebandverteidiger der 3. Instanz, wenn die Sache weitergehen soll, die Beschwerde aufgreifen und seinerseits weiterbetreiben. Wie das Motu proprio ausdrücklich erklärt, hat er jedoch das Recht, von dem Rekurs, nach Anhören des Gerichtsvorsitzenden, zurückzutreten. In diesem Fall hat das Richterkollegium der 3. Instanz in einem Dekret die Streitsache für beendet zu erklären. Zweifellos wird damit dem Defensor eine erhebliche Befugnis zuerkannt. Er entscheidet allein, ob er das Verfahren zum Abschluß bringen will. Wohl muß er den Gerichtsvorsitzenden der 3. Instanz dazu befragen, kann aber auch gegen dessen Votum die Einstellung des Verfahrens erzwingen, weil dann das Richterkollegium die Sache für beendet erklären muß. Das entspricht im wesentlichen übrigens der bisherigen Rechtslage (Art. 221 EPO), nach der der Defensor für den Rücktritt von der zweiten Appellation nicht einmal den Gerichtsvorsitzenden anzuhören brauchte.

Was aber hat zu geschehen, wenn der Defensor der 3. Instanz die von seinem Amtskollegen der 2. Instanz eingelegte Beschwerde gegen das bestätigende Dekret nicht aufgibt, sondern weiter verfolgen will? Hier scheint im

---

[28] Man vergleiche etwa Art. 230 EPO.

Motu proprio eine Lücke zu klaffen. Während für die Beschwerde seitens einer Partei ausdrücklich gesagt wird, daß beim Richterkollegium die Entscheidung liegt, ob dann der Rekurs abgelehnt wird und damit die Sache erledigt ist oder aber in die prozessuale Verhandlung eingetreten wird, fehlt eine analoge Bestimmung für die Beschwerde seitens des Ehebandverteidigers. Man geht jedoch in die Irre, wollte man daraus den Schluß ziehen, das Gericht habe, wenn der Defensor auf dem Rekurs beharre, gar keine Möglichkeit, die Beschwerde mit einem Dekret abzulehnen, sondern müsse dann den Eheprozeß auf dem ordentlichen Gerichtsweg zu Ende führen. Zwar bleibt es bedauerlich, daß das Motu proprio wie beim Rekurs der Partei nicht ebenso auch bei der Beschwerde des Defensors mit ausdrücklichen Worten diese Freiheit des Gerichts ausspricht. Doch im Ernst kann von der Sache her an solcher Befugnis der 3. Instanz nicht gezweifelt werden.[29] Wenn schon die 2. Instanz die Appellation gegen das erste Nichtigkeitsurteil mit einem Dekret abweisen kann, wird man das gleiche Recht um so weniger der 3. Instanz absprechen dürfen, der bereits zwei übereinstimmende Nichtigerklärungen vorliegen. Daß dabei die 3. Instanz nicht nach Willkür, sondern unter sachgerechter Würdigung der vom Defensor vorgebrachten Einwände und neuen Beweise die Beschwerde abweisen kann, bedarf keiner weiteren Erwähnung.

Mit dem ablehnenden Dekret ist das Verfahren endgültig abgeschlossen.[30]

4. Am Ende des Motu proprio finden sich *Übergangsbestimmungen,* die nur für das Appellationsverfahren Bedeutung haben und daher an dieser Stelle zu besprechen sind. Wenn der Eheprozeß, so wird dort verfügt, auf die Appellation gegen ein erstmaliges Nichtigkeitsurteil hin beim Obergericht im Zeitpunkt des Inkrafttretens des Motu proprio (1. Oktober 1971) schon läuft, so soll er vorübergehend eingestellt werden. Dieses Obergericht soll damit Gelegenheit erhalten, in der gleichen Weise, wie sie künftig bei jeder Erstappellation gegen ein Nichtigkeitsurteil offensteht[31], kurzerhand durch Dekret das Urteil der Vorinstanz zu bestätigen. Auch dies dient der Verkürzung der Eheprozesse. Falls das Obergericht die Bestätigung ablehnt, hat es den ordentlichen Prozeß wieder aufzugreifen und bis zur Urteilsfällung zu Ende zu führen.

Die Übergangsbestimmungen enthalten keine Sonderregelung, wie zu verfahren ist, wenn am 1. Oktober 1971 nach bereits zwei Nichtigerklärungen der Eheprozeß nunmehr schon in der 3. Instanz im Gange ist. Das

---

[29] Heranzuziehen wäre auch c. 1903.
[30] Die grundsätzliche Möglichkeit der Wiederaufnahme jedes Eheverfahrens bei neuem und schwerwiegendem Beweismaterial bleibt allerdings weiter in Kraft. Vgl. cc. 1989, 1903; Art. 217 EPO.
[31] Vgl. oben die Erläuterung zu n. VIII §§ 1–3 MP.

Schweigen dazu beruht nicht auf Versehen, sondern ist sachlich berechtigt. Wenn der Prozeß zu dem genannten Zeitpunkt in 3. Instanz läuft, so kann das nicht darauf zurückgehen, daß die 2. Instanz bloß durch Dekret, nicht durch Urteil die Nichtigkeit der Ehe festgestellt hätte und dann die Sache durch Rekurs, nicht durch Appellation an die 3. Instanz gelangt wäre, weil solche Möglichkeit erst mit dem Inkrafttreten des Motu proprio am 1. Oktober 1971 geboten wird. Es fehlt also an der sachlichen Voraussetzung, für solche Fälle übergangsweise n. IX § 2 MP anwenden zu lassen. Vielmehr liegt der geschilderten Situation stets folgende Vorgeschichte zugrunde. Der Prozeß hat schon zwei Instanzen voll durchlaufen; zwei übereinstimmende Nichtigkeitsurteile sind ergangen. Wenn dann trotzdem auf Appellation hin der Prozeß in 3. Instanz begonnen hat, so ist das nur möglich, wenn das Gericht der 3. Instanz zuvor zu der Erkenntnis gekommen ist, es sprächen nova ac gravia argumenta gegen das Nichtigkeitsurteil; sonst hätte es nach c. 1903 das drittinstanzliche Verfahren gar nicht eröffnen können. Ein triftiger Zweifel an der Entscheidung der Vorinstanz ist also vorerst nicht auszuschließen. Bei solcher Sachlage ist es verständlich, daß der Gesetzgeber hier nicht durch eine Übergangsbestimmung den Prozeß stoppen läßt, sondern eine prozessuale Entscheidung in einem drittinstanzlichen Urteil wünscht.

IV. *Kurzverfahren in Sonderfällen*

1. In bestimmten Sonderfällen liegt die Nichtigkeit einer angefochtenen Ehe so offenkundig auf der Hand, daß es reiner Formalismus wäre, gleichwohl dafür den umständlichen Apparat eines vollen gerichtlichen Eheverfahrens in Bewegung zu setzen. Auch das *bisherige Recht* sah daher für genau umrissene Tatbestände bereits ein kürzeres Vorgehen vor, und zwar in zwei Formen unterschiedlicher Abkürzung.

Das eine Kurzverfahren vollzieht sich in dem *summarischen Prozeß* nach cc. 1990 bis 1992 bzw. nach Art. 226—230 EPO, wenn sich die Nichtigkeit der Ehe auf einfache Weise durch Urkunde über ein vorliegendes trennendes Ehehindernis beweisen läßt. Hier handelt es sich zwar immer noch um ein *gerichtliches* Verfahren, das daher auch von der Gerichtsinstanz der Diözese, also nicht vom Generalvikar zu führen ist, aber doch in erheblich *abgekürzter* Prozeßform verläuft. Nur die für ein Prozeßverfahren unerläßlichen Gerichtsformen sind einzuhalten, wie Ladung der beiden Parteien, Beteiligung des Defensor vinculi, Beiziehung eines Notars, Urteilsfällung mit wenigstens kurzer schriftlicher Begründung in rechtlicher wie tatsächlicher Hinsicht. Alle weiteren Förmlichkeiten eines ordentlichen Gerichtsverfahrens können unterbleiben, so die ausdrückliche Streitfestsetzung, die

Offenlegung der Prozeßakten, der Aktenschluß, womit begreiflicherweise schon eine beträchtliche Abkürzung des Verfahrens zu erzielen ist. Hinzu kommt als erhebliche Erleichterung des summarischen Prozesses: Statt eines Kollegiums entscheidet hier immer nur der Einzelrichter, praktisch zumeist der Offizial mit Beauftragung durch den Bischof. Außerdem besteht anders als im gemeingerichtlichen Verfahren für den Defensor vinculi nur eine bedingte Appellationspflicht, nämlich nur dann, wenn er persönlich Zweifel an der Richtigkeit des Urteils hegt.

Dieser summarische Prozeß steht nur zur Verfügung, wenn eines der *in c. 1990 aufgezählten Ehehindernisse* die Nichtigkeit der Ehe verursacht haben soll: Religionsverschiedenheit, höhere Weihe, feierliche Profeß, bestehendes Eheband, Blutsverwandtschaft, Schwägerschaft oder geistliche Verwandtschaft.[32] Voraussetzung für das Kurzverfahren nach c. 1990 ist dabei, daß das Vorliegen des Ehehindernisses durch eine einwandfreie *Urkunde*, z. B. eine Urkunde über eine anderweitige Eheschließung, bewiesen ist und daß mit gleicher Sicherheit die Nichterteilung einer Dispens von diesem Ehehindernis belegt ist, sei es daß eine Dispens wie beim Ehehindernis des Ehebandes gar nicht erfolgen kann, sei es daß tatsächlich wie z. B. bei Schwägerschaft im vorliegenden Fall eine Dispens nicht erteilt wurde.

Neben diesem summarischen Gerichtsverfahren im Falle des c. 1990 kennt auch schon das bisherige Recht eine noch kürzere Feststellung einer Nichtehe, nämlich beim völligen *Fehlen* der vorgeschriebenen kanonischen *Eheschließungsform*. Hier genügt die bloße *Verwaltungsfeststellung* durch den Generalvikar ohne jedes gerichtliche Verfahren (Art. 231 EPO). Dieser Weg einer Verwaltungsfeststellung bei Formmangel kann nur eingeschlagen werden, wenn eindeutige Sicherheit besteht, daß einerseits die in Frage stehende Ehe der kanonischen Eheschließungsformpflicht unterlag und andrerseits in Wirklichkeit keine katholische Eheschließung oder Konvalidation erfolgte und auch keine Dispens von der kanonischen Formpflicht erteilt wurde.[33] Ergeben sich Zweifel an diesen Voraussetzungen, muß das Verfahren auf den ordentlichen Gerichtsweg verwiesen werden. Sonst aber kann hier der Generalvikar durch Verwaltungsakt das Nichtbestehen einer kirchlich gültigen Ehe feststellen. Das ist die kürzeste Form des Verfahrens: Alle prozessualen Förmlichkeiten fallen weg; es gibt keine Mitwirkung des Defensor vinculi; auch kennt dieses Verfahren keine Anrufung einer zweiten Instanz.

---

[32] Nach der authentischen Interpretation vom 6. Dezember 1943 (AAS 36, 1944, S. 94) ist die Aufzählung der Ehehindernisse in c. 1990 erschöpfend, nicht beispielhaft gemeint.
[33] Letzteres hat man vor allem zu beachten, seit mit dem MP „Matrimonia mixta" vom 31. März 1970 (AAS 52, 1970, S. 257–263) für Mischehen in breiterem Maß die Möglichkeit einer Dispens von der katholischen Trauung eröffnet wurde.

2. Von dieser Basis des bisherigen Rechts aus hat man zu beurteilen, was das Motu proprio in nn. X—XIII zu Kurzverfahren in Sonderfällen anordnet. Zwei Fragen stellen sich hier. Zunächst: Meint das Motu proprio nur das summarische Gerichtsverfahren des c. 1990, das es bloß auf einige weitere Fälle ausdehnen will? Oder hat es vielmehr das noch kürzere Verfahren der Verwaltungsfeststellung im Auge? Man wird die Frage im Sinne der ersten Alternative entscheiden müssen, daß nur das abgekürzte *Gerichts*verfahren intendiert ist. Zwar bleibt es bedauerlich, daß das Motu proprio in diesem Punkt die eindeutige Sprache der EPO vermissen läßt. Während nämlich Art. 227 EPO ausdrücklich die Worte „iudicem agens" hinzufügt und hiermit alle Zweifel beseitigt, daß der Ordinarius die Entscheidung nur in seiner Funktion als Richter, also in einem, wenn auch abgekürzten Gerichtsverfahren vornehmen kann, läßt das Motu proprio diese klarstellenden Worte weg. Gleichwohl meint das Motu proprio in nn. X—XIII nur das summarische Gerichtsverfahren mit Urteil zumeist durch den Offizial, nicht die noch kürzere Verwaltungsfeststellung durch den Generalvikar nach Art. 231 EPO. Denn das Verfahren wird genau in der gleichen Weise beschrieben, wie es für das summarische Gerichtsverfahren der cc. 1990—1992 vorgesehen ist: mit Einschaltung des Defensor vinculi und mit dessen Appellationsmöglichkeit an die höhere Instanz. Zumal bleibt zu beachten, daß nach n. XII der Defensor die Anrufung der höheren Instanz ausdrücklich an deren „iudex" zu richten hat. Es wäre aber ein Systembruch, wollte man annehmen, der Ordinarius könne zwar in der 1. Instanz auf dem reinen Verwaltungsweg vorgehen, bei der 2. Instanz jedoch springe das ganze Verfahren vom Verwaltungsweg auf den Gerichtsweg über. Sinnvollerweise muß man daher davon ausgehen, daß das ganze Verfahren, auch bereits in der 1. Instanz auf dem Gerichtsweg abzurollen hat, nämlich in dem summarischen Prozeßverfahren der cc. 1990—1992.

Der Verfahrensablauf bleibt genau so, wie er bisher schon für die Tatbestände des c. 1990 vorgeschrieben war. Allenfalls wäre darauf hinzuweisen, daß bei etwa eingelegter Berufung in der 2. Instanz die Entscheidung, ob das Urteil der Vorinstanz zu bestätigen oder aber die Sache zur Verhandlung auf dem ordentlichen Gerichtsweg an die 1. Instanz zurückzuweisen ist, bei dem „iudex" der 2. Instanz liegt. So formuliert es, wie übrigens auch c. 1992, n. XIII MP. Hingegen spricht Art. 230 EPO in diesem Zusammenhang vom „tribunal secundae instantiae". Aber schon das Wort „tribunal" zwingt nicht dazu, darunter ein Richterkollegium zu verstehen.[34] Erst recht kann nach dem Wortlaut des Motu proprio die zweitinstanzliche Entscheidung gleichfalls in der Hand des Einzelrichters liegen.

Wenn man die Ausführungen des Motu proprio über Kurzverfahren in

---

[34] Vgl. Ioannes *Torre,* Processus matrimonialis, Neapel 1956³, S. 501.

Sonderfällen auf den summarischen Gerichtsweg beschränken muß, so hat das freilich zur Folge, daß die Erleichterungen in diesem Punkt des Motu proprio auf ein Minimum zusammenschrumpfen. Der päpstliche Erlaß zieht nicht in Erwägung, das noch kürzere Verfahren einer bloßen Verwaltungsfeststellung auf weitere Fälle auszudehnen. Die einzige Vergünstigung der nn. X—XIII MP besteht darin, daß das summarische Gerichtsverfahren des c. 1990 auf noch einige andere Tatbestände, als sie bislang in diesem Kanon festgelegt waren, in Zukunft angewandt werden darf.

3. Damit stellt sich die zweite Frage, auf welche Sonderfälle nunmehr der summarische Prozeß ausgedehnt wird. Das Ergebnis ist im praktischen Nutzen etwas dürftig. Nominal erfolgt zwar eine Erweiterung in zwei Richtungen, die jedoch wenig konkrete Hilfe einbringt.

Die erste Ausdehnung betrifft die *Ehehindernisse*. Nicht nur bei den in c. 1990 aufgezählten Hindernissen, sondern bei *sämtlichen* trennenden Ehehindernissen kann nunmehr das summarische Prozeßverfahren zur Anwendung gelangen, freilich unter der stets zu beachtenden generellen Einschränkung: „cum ex certo et authentico *documento,* quod nulli contradictioni vel exceptioni obnoxium sit, constiterit de exsistentia impedimenti dirimentis simulque pari certitudine patuerit dispensationem super his impedimentis datam non esse" (n. X MP). Die bislang in c. 1990 nicht erfaßten Ehehindernisse sind: aetas deficiens, impotentia, raptus, crimen, publica honestas und cognatio legalis.[35] Wie ohne weiteres ersichtlich ist, können nicht alle diese Ehehindernisse urkundlich bewiesen werden[36], so daß von daher die Vergünstigung, welche das Motu proprio gewährt, doch schon erheblich zusammenschrumpft. So bleiben impotentia oder raptus nach wie vor vom Kurzverfahren des c. 1990 ausgeschlossen. In der Regel auch crimen und publica honestas, weil hier schwerlich ein Urkundenbeweis möglich erscheint.[37] Dagegen steht für aetas deficiens und für cognatio legalis nunmehr

---

[35] Die aus der Adoption entspringende gesetzliche Verwandtschaft hat allerdings nur in jenen Regionen den Charakter eines trennenden Ehehindernisses, wo dies auch nach dem weltlichen Recht zutrifft (c. 1080); daher z. B. nicht im Geltungsbereich des deutschen Ehegesetzes. Vgl. § 7 in Vbdg. m. §§ 16—22 EheG und § 1771 BGB.

[36] Für die Existenz des Ehehindernisses muß Gewißheit auf Grund einer einwandfreien Urkunde erbracht werden. Für den Nachweis der Nichterteilung der Dispens hingegen genügt „par certitudo", die auch auf anderem Wege als durch Urkunde erbracht sein kann, sofern nur eindeutige Gewißheit besteht. Vgl. authentische Interpretation vom 16. Juni 1931, AAS 23, 1931, S. 353 f. Zur Kontroverse, ob nicht auch für die Existenz des Ehehindernisses eine par certitudo ausreiche, vgl. *Torre,* Processus matrimonialis, S. 499; Peter *Linden,* in: Theologische Revue 52, 1956, Sp. 205 f. Doch bleibt zu beachten, daß der Gesetzgeber für das Vorliegen des Ehehindernisses mit klaren Worten den Urkundennachweis verlangt.

[37] Allenfalls könnte man anders entscheiden für das crimen in der Form des adulterium in Verbindung mit dem ja urkundlich nachweisbaren matrimonium attentatum. Ebenso bei publica honestas, sofern sie aus einem matrimonium invalidum entspringt.

der summarische Prozeß zur Verfügung. Wenn man freilich das vom kanonischen Recht außerordentlich niedrig angesetzte Ehemündigkeitsalter (16 Jahre für Männer, 14 Jahre für Frauen) und die eingegrenzte Geltung der cognatio legalis berücksichtigt, so muß man zugeben, daß um dieser Ehehindernisse willen höchst selten eine Ehe nichtig sein wird und daher diese Vergünstigung des Motu proprio praktisch kaum Anwendung finden kann.

Zum zweiten dehnt der päpstliche Erlaß den summarischen Prozeß, den es bislang nur bei Ehehindernissen gab, noch auf einige andere Ehenichtigkeitsgründe aus, nämlich auf den *defectus formae canonicae* und den *defectus validi mandati procuratoris* (n. XI MP). Jedoch gilt hier analog die Einschränkung „sub iisdem clausulis", d. h. der Nachweis des Defektes muß gleichfalls mit einer einwandfreien Urkunde erbracht werden.

Der *defectus formae canonicae* meint in diesem Zusammenhang keineswegs das völlige Fehlen der kanonischen Eheschließungsform, sondern einen Formfehler bei der an sich eingehaltenen kanonischen Eheschließung. Hätte ein Paar sich über seine Formpflicht völlig hinweggesetzt und z. B. nur standesamtlich geheiratet[38], so stände nach wie vor das kürzeste Verfahren nach Art. '231 EPO offen: mit bloßem Verwaltungsakt wird hier die Feststellung getroffen, daß keine gültige Ehe vorliegt. Dieser Weg der Verwaltungsfeststellung wird vom päpstlichen Motu proprio überhaupt nicht berührt und daher in seinem Anwendungsbereich unverändert belassen. Ungültigkeit wegen eines defectus formae canonicae im Sinne von n. XI MP und damit die Möglichkeit eines summarischen Prozesses setzen dagegen immer voraus, daß die Eheschließung an sich in der vorgeschriebenen katholischen Form geschah, nur daß dabei ein formeller Fehler unterlief, der zur Ungültigkeit der Trauung führte. Das kann der Fall sein, wenn dem trauenden Geistlichen die erforderliche Trauungsgewalt fehlte oder bei der Trauung nicht die vorgeschriebenen zwei Zeugen anwesend waren. Wie steht es hier mit dem geforderten Urkundennachweis des Defekts? Im Beispiel des fehlenden Zeugen ist ein solcher Beweis zweifellos denkbar, wenn etwa der Pfarrer, der die Trauung vorgenommen hat, urkundlich bescheinigt, daß aus Versehen kein oder nur ein Zeuge beigezogen wurde. Schwieriger liegt die Entscheidung, falls dem trauenden Geistlichen die Trauvollmacht gefehlt haben soll. Zwar mag der Nachweis dafür, daß er keine Delegation zur Trauung erhalten hat, durch eine Urkunde des zuständigen Pfarramtes zu führen sein. Doch läßt sich auf diesem Wege keinesfalls eindeutige Sicherheit gewinnen, ohne welche jedoch das Kurzverfahren des

---

[38] Nach der Terminologie der Kanonistik liegt hier eine Nichtehe (matrimonium non existens), nicht eine ungültige Ehe (matrimonium invalidum) vor. Zu dieser Unterscheidung vgl. Bruno *Primetshofer*, Die Stellung der Zivilehe im kanonischen Recht, in: Willibald M. *Plöchl* — Inge *Gampl*, Im Dienste des Rechtes in Kirche und Staat. Festschrift für Franz Arnold (Kirche und Recht, Bd. 4), Wien 1963, S. 302—313.

summarischen Prozesses versperrt bleibt. Denn es wäre unter allen Umständen noch zu prüfen, ob die tatsächlich fehlende Trauungsdelegation nicht durch Suppletion der Kirche ersetzt wurde.[39] Diese schwierige Frage würde aber in jedem Fall eine Behandlung auf dem ordentlichen Gerichtsweg notwendig machen.

Mit dem *defectus validi mandati procuratoris,* dem das Motu proprio in n. XI gleichfalls das prozessuale Kurzverfahren zugesteht, ist die im kanonischen Recht vorgesehene Möglichkeit angesprochen, daß die Eheschließung mit Hilfe eines Stellvertreters vorgenommen werden kann. Um Mißbrauch auszuschalten, stellt das Recht begreiflicherweise an die Gültigkeit solcher Stellvertretung hohe Anforderungen (c. 1089). Fehlte es an einer dieser Gültigkeitsbedingungen, z. B. an den nötigen Unterschriften im Stellvertretungsmandat, was sich gegebenenfalls leicht urkundlich belegen läßt, so kann die Nichtigkeit der Ehe künftig im summarischen Prozeß festgestellt werden. Bei der äußersten Seltenheit einer Trauung mit Stellvertreter freilich wird man von dieser Erleichterung kaum einmal Gebrauch machen können.

Mit dem Motu proprio sind gewiß noch nicht alle Wünsche an eine Reform des kirchlichen Eheprozesses erfüllt. Es sei etwa an die Beschränkung der freien Beweiswürdigung bei Parteiaussagen (Art. 117 EPO) oder an den generell immer noch nicht aufgehobenen Entzug des Klagerechts erinnert.[40] Doch bedeutet der päpstliche Erlaß einen erfreulichen Vorstoß. Nicht alle seine Bestimmungen werfen in gleichem Umfang praktischen Nutzen ab. Insgesamt aber bietet das Motu proprio, zumal mit seiner Vereinfachung des Appellationsverfahrens, eine konkrete und brauchbare Hilfe, um eine schnellere Abwicklung der kirchlichen Eheprozesse zu erreichen.

---

[39] Vgl. Horst *Herrmann,* Ecclesia supplet (Kanonistische Studien und Texte, Bd. 24), Amsterdam 1968, S. 283–297.
[40] Vgl. *Scheuermann,* a. a. O., in: Archiv für katholisches Kirchenrecht 136, 1967, S. 14–16, 28–30.

Der Eheprozeß im Entwurf zum künftigen Codex Iuris Canonici

Allmählich gewinnt die Reform des vor 60 Jahren zu Pfingsten (27. Mai) 1917 promulgierten und am 19. Mai 1918 in Kraft gesetzten Codex Iuris Canonici an Konturen und konkreter Gestalt. *Papst Johannes XXIII.* hatte in seiner berühmten Ansprache vom 25. Januar 1959 in der Abtei San Paolo fuori le mura neben einer römischen Diözesansynode[1] und einem Ökumenischen Konzil[2] als dritten Programmpunkt seines Pontifikats den „aggiornamento del Codice di Diritto Canonico" genannt.[3] Die wenigsten mochten damals wohl ahnen, wieviel Mühe und Zeit gerade der dritte Reformplan erfordern sollte.

Die gewünschte Erneuerung des kirchlichen Gesetzbuches mußte verständlicherweise zunächst zurückstehen; nicht nur, weil die Arbeit für das große Unternehmen des Konzils alle Kräfte in Anspruch nahm; mehr noch, weil von der Sache her erst das Ende des Zweiten Vatikanischen Konzils abzuwarten war, insofern dort die grundlegenden Richtlinien gewiesen werden sollten, nach denen die Reform des CIC durchzuführen ist. Immerhin wurde schon während des Konzils das Instrumentarium geschaffen, mit dem man hernach ans Werk gehen konnte: Noch Johannes XXIII. hat am 28. März 1963 die Pontificia Commissio Codici Iuris Canonici recognoscendo errichtet.[4] Zu ihren Mitgliedern (Membra) wurden nur Kardinäle ernannt; etwas mehr als vierzig an der Zahl. *Papst Paul VI.* hat alsbald am 17. April 1964 der Kommission noch ein beratendes Gremium von Konsultoren beigegeben[5]; dazu wurden Bischöfe, Kanonisten und Theologen aus der ganzen Welt berufen; zunächst siebzig, die Zahl stieg im Laufe der Jahre beträchtlich über hundert und liegt zur Zeit (Mitte 1977) bei etwa hundert. Als Präsident (Praeses) stand an der Spitze der CIC-Kommission von 1963

Erschienen in: AfkKR 146 (1977) 36—73.

[1] Die römische Diözesansynode fand vom 24. bis 31. Januar 1960 statt.
[2] Der Plan eines Ökumenischen Konzils wurde verwirklicht im Zweiten Vatikanischen Konzil: 11. Oktober 1962 bis 8. Dezember 1965.
[3] AAS 51, 1959, S. 68.
[4] AAS 55, 1963, S. 363; dort allerdings ohne Angabe des Datums, das sich im Annuario Pontificio 1965, S. 1400 findet.
[5] AAS 56, 1964, S. 473 f.

bis 1966 *Kardinal Petrus Ciriaci*. Nach dessen Tod (30. Dezember 1966) ging die Leitung 1967 auf den als Generalsekretär des Konzils bekannt gewordenen Erzbischof *Pericles Felici* über, der im selben Jahr ins Kardinalskollegium berufen wurde[6] und bis heute der Kommission vorsteht. Im Amt des Sekretärs der CIC-Kommission wirkten der jetzige Kardinal *Giacomo Violardo* (1963—1965), *P. Raimundus Bidagor SJ* von der Gregoriana (1965—1975) und Titularbischof *Rosalius Josephus Castillo Lara* aus Venezuela (seit 1975); als Secretarius adiunctus seit 1965 ununterbrochen *Guillelmus Onclin* von der Universität Löwen.

Über Verlauf und Stand der Arbeiten hat jüngst Kardinal Felici vor der Vollversammlung der CIC-Kommission (24. bis 27. Mai 1977) einen aufschlußreichen Bericht erstattet.[7] Danach lag die Last bislang vornehmlich bei der Gruppe der Konsultoren. Die Mitglieder der Kommission, die Kardinäle, sind bisher nur zu wenigen Vollversammlungen zusammengetreten, bei denen allerdings gewichtige Punkte verhandelt wurden. So
am 12. November 1963 zu einer ersten Planung der gestellten Aufgabe;
am 25. November 1965 zum Verhältnis von lateinischem Codex und ostkirchlichem Codex sowie zum Plan einer Lex Ecclesiae Fundamentalis;
am 28. Mai 1968 zur voraussichtlichen Systematik des künftigen Codex sowie wiederum zur Lex Ecclesiae Fundamentalis;
vom 24. bis 27. Mai 1977 zur Klärung einiger grundlegender Streitfragen aus dem Eherecht und dem Strafrecht.[8]
Dagegen sind die Konsultoren regelmäßig zu Beratungen zusammengekommen, ganz selten allerdings in ihrer Gesamtheit, zumeist vielmehr in einzelnen Arbeits- oder Studiengruppen, Coetus studii genannt, je nach dem Aufgabengebiet, das der einzelnen Gruppe zugewiesen wurde. So wurde der gesamte Inhalt des CIC auf die verschiedenen Coetus aufgeteilt mit dem Auftrag, für den zugeordneten Sachbereich einen Entwurf (Schema) zum künftigen Codex zu erstellen. Gliederung und Zusammensetzung der Arbeitsgruppen haben im Lauf der Jahre nach den zutage tretenden Erfordernissen gewisse Veränderungen erfahren. Jede Studiengruppe umfaßt acht bis vierzehn Konsultoren; einige Berater sind mehr als einer Gruppe zugewiesen. Zur Zeit bestehen vierzehn Coetus studii mit folgenden Bereichen:

    1. „De Lege Ecclesiae Fundamentali"[9];

---

[6] AAS 59, 1967, S. 382, 714, 1003.
[7] Communicationes 9, 1977, S. 62—79. Für die folgenden Angaben sei auf diesen Bericht verwiesen.
[8] Die vorgelegten Fragen sind mitgeteilt in Communicationes 9, 1977, S. 79 f.
[9] Die Arbeitsgruppe „De Lege Ecclesiae Fundamentali" nimmt eine Sonderstellung ein. Die CIC-Kommission soll ja nur einen Codex für die lateinische Kirche erstellen. Analog wurde deshalb zur Reform des ostkirchlichen Rechts auch eine Pontificia Commissio Codici Iuris Canonici Orientalis recognoscendo errichtet (10. Juni 1972); in sie wurde die seit *Pius XI.*

2. „Centralis" oder „Coordinationis";
3. „De ordinatione systematica novi Codicis";
4. „De normis generalibus Codicis deque personis physicis et iuridicis";
5. „De Sacra Hierarchia";
6. „De Institutis vitae consecratae per professionem consiliorum evangelicorum";
7. „De fidelium iuribus et Associationibus deque laicis";
8. „De Magisterio ecclesiastico";
9. „De Sacramentis" (matrimonio excepto);
10. „De matrimonio";
11. „De locis et temporibus sacris deque cultu divino";
12. „De iure patrimoniali";
13. „De iure poenali";
14. „De iure processuali".

Nachdem bis zum Mai 1977 die genannten Studiengruppen insgesamt 206 Arbeitswochen in Rom abgehalten haben, kann eine erste Bilanz gezogen werden: *Sämtliche* Schemata sind inzwischen von den Studiengruppen fertiggestellt worden. Nicht als ob damit das Ziel schon erreicht wäre. Handelt es sich doch nur um erste Entwürfe, die der Stellungnahme seitens der Konsultivorgane in der ganzen Welt und anschließend einer weiteren Überarbeitung bedürfen. Als Konsultivorgane werden zur Begutachtung aufgefordert die Bischofskonferenzen, die Behörden der römischen Kurie, die zuständigen kirchlichen Fakultäten und die Vereinigung der Generalobern der Ordensgenossenschaften; außerdem in besonderer Weise die Kardinalsmitglieder der CIC-Kommission.

Einige der erstellten Entwürfe haben die Begutachtung seitens der Konsultivorgane bereits durchlaufen. Es sind dies die Schemata:
„Lex Ecclesiae Fundamentalis" (10. Februar 1971[10]). Ein solches Grundgesetz war vorher lebhaft gefordert worden. Doch hat der Entwurf bei seinem Bekanntwerden in der breiten Öffentlichkeit eine heftige, nicht immer objektiv geführte Diskussion ausgelöst.

---

bestehende Kommission zur Redaktion des ostkirchlichen Rechts übergeleitet (Annuario Pontificio 1973, S. 1417). Die Lex Ecclesiae Fundamentalis soll aber nicht in den Codex integriert werden, weder in den Codex für die lateinische Kirche noch in den für die orientalischen Kirchen. Vielmehr soll sie als ein eigenständiges Verfassungs- oder Grundgesetz vorausgeschickt werden mit Verpflichtung für die gesamte Kirche. Dementsprechend ist diese Arbeitsgruppe als ein Coetus mixtus gebildet; beschickt auch von der Kommission zur Reform des ostkirchlichen Rechts.

[10] Die beigefügten Daten geben jeweils den Tag an, an dem die CIC-Kommission den Entwurf den Konsultivorganen zugeleitet hat.

„De procedura administrativa" (20. April 1972) mit dem interessanten Versuch, auch in der Kirche eine eigenständige Verwaltungsgerichtsbarkeit aufzubauen.

„Disciplina sanctionum seu poenarum" (1. Dezember 1973). Zu diesem Strafrechtsentwurf hat es von kanonistischer Seite in einigen entscheidenden Grundsatzfragen starken Widerstand gegeben. Das gab wohl den Anstoß dazu, daß die CIC-Kommission in der erwähnten Plenarsitzung der Kardinalsmitglieder vom Mai 1977 zwei Probleme fundamentaler Art aus dem Strafrecht erörtert hat.

„De Sacramentis" (2. Februar 1975); mit Einschluß des von einem anderen Coetus erarbeiteten Eherechts. Wie es scheint, hat der Entwurf zum Sakramentenrecht durchweg ein positives Echo gefunden, unbeschadet zahlreicher und wichtiger Änderungs- und Ergänzungsvorschläge. Auch hier hat die Plenarversammlung der Kardinäle zu drei Fragen aus dem Eherecht Stellung genommen.

Inzwischen liegen für die genannten vier Schemata die Antworten der Konsultivorgane vor. Sie wurden der jeweiligen Studiengruppe zugeleitet mit dem Auftrag, alle eingegangenen Anregungen – sie sind sehr zahlreich, nicht selten allerdings auch einander völlig konträr – eingehend zu prüfen und entsprechend das Schema zu überarbeiten. Die Revision dieser Schemata, die nicht ohne einschneidende Eingriffe vonstatten geht, nähert sich dem Abschluß. Freilich stehen dann noch maßgebliche Schritte aus: die Erörterung und Beurteilung in der Plenarversammlung der CIC-Kommission und vor allem der Entscheid des Papstes.

Zwei weitere Schemata liegen zur Zeit bei den Bischofskonferenzen und den übrigen Konsultivorganen zur Begutachtung:

Das Prozeßrecht mit dem Titel „De modo procedendi pro tutela iurium seu de processibus" (3. November 1976; Antwort erbeten bis zum 30. September 1977).

Das Ordensrecht; korrekter unter dem umfassenden Titel „De Institutis vitae consecratae per professionem consiliorum evangelicorum" (2. Februar 1977: Antwort erbeten bis zum 31. Dezember 1977).

Alle übrigen Entwürfe sind gleichfalls von den Studiengruppen bereits fertiggestellt, aber noch nicht an die Konsultivorgane verschickt. Sie liegen dem Papst zur Entscheidung vor, ob sie in der erstellten Fassung in das Begutachtungsverfahren hinausgehen sollen. Es handelt sich um die fünf Schemata:

„De normis generalibus";

„De Populo Dei", ein umfangreiches Schema, das an die Stelle des 2. Buches De personis im jetzigen CIC tritt;

„De Ecclesiae munere docendi";

„*De locis et temporibus sacris deque cultu divino*;
„*De iure patrimoniali Ecclesiae*".

Nach der vorgelegten Übersicht ist ein wichtiger Schritt auf die Neugestaltung des CIC hin vollzogen. Viel bleibt freilich noch zu tun. Nicht zuletzt ist es Aufgabe der kanonistischen Wissenschaft, im Stadium der Konsultation auch ihren Beitrag zu leisten. Dies soll hier für den *Eheprozeß* geschehen, der einen für die Arbeit der kirchlichen Gerichte besonders bedeutsamen Teilbereich aus dem Schema „De modo procedendi pro tutela iurium seu de processibus" ausmacht.

Die folgenden Ausführungen zum Eheprozeß im Entwurf des künftigen CIC verfolgen ein doppeltes Ziel. Sie wollen zunächst *informieren* und dabei vor allem jene Punkte herausstellen, die eine Abweichung vom bisherigen Eheprozeßrecht bringen. Allerdings ist wegen der Stoffülle eine Beschränkung geboten. Nur die wichtigeren Bestimmungen können zur Sprache kommen. Aus einem stillschweigenden Übergehen kann also nicht geschlossen werden, in dem betreffenden Punkt bleibe es völlig beim bisherigen Recht. Zum zweiten wollen die Ausführungen *kritisch beurteilen*. Gerade aus der Erfahrung der kirchlichen Ehegerichte lassen sich Wünsche und Korrekturen vortragen, die noch zur weiteren Verbesserung des Entwurfs beizusteuern vermögen. Man sollte ja alles daransetzen, das Prozeßrecht so vollkommen zu gestalten, daß es dem Rechtsuchenden einen wirksamen Rechtsschutz bietet und zugleich doch in seiner Anwendung brauchbar und praktikabel bleibt. Beide Ziele sind eben nicht leicht in Einklang zu bringen.

Der künftige Eheprozeß folgt im wesentlichen der Ordnung, die aus dem CIC und der Eheprozeßordnung (EPO) der Sakramentenkongregation für die Diözesangerichte vom 15. August 1936[11] vertraut ist, mit Einbau der meisten Reformen, die das Motu Proprio Papst Pauls VI. „Causas matrimoniales" vom 28. März 1971[12] bereits vorweggenommen hatte. Diese dreifache Rechtsquelle von CIC, EPO und MP „Causas matrimoniales" bildet gleichsam die Ausgangsbasis, von der aus sich die Abweichungen und Neuerungen des geplanten Eheprozeßrechts aufzeigen lassen.[13]

---

[11] *Sacra Congregatio de disciplina Sacramentorum*, Instructio servanda a tribunalibus dioecesanis in pertractandis causis de nullitate matrimoniorum, AAS 28, 1936, S. 313–372.
[12] AAS 63, 1971, S. 441–446. Vgl. das analoge Motu Proprio „Cum matrimonialium" vom 8. September 1973, AAS 65, 1973, S. 577–581 für die Eheprozesse in den Ostkirchen.
[13] Die Zitation geschieht hier in folgender Weise:
c. 1 Sch. aus dem Schema „De processibus" vom 3. November 1976;
c. 1 CIC aus dem Codex Iuris Canonici vom 27. Mai 1917;
Art. 1 EPO aus der Eheprozeßordnung vom 15. August 1936;
n. I MP aus dem MP „Causas matrimoniales" vom 28. März 1971.

I. Die Zuständigkeit für Eheprozesse

1. Was die Zuständigkeit für Eheprozesse angeht, stellt das Schema an die Spitze die *Abgrenzung von kirchlicher und staatlicher Kompetenz*. Danach gehören Eheprozesse von Getauften kraft eigenen Rechts (iure proprio) vor das kirchliche Gericht.[14] Ähnlich, wie dies auch c. 1960 CIC und Art. 1 § 1 EPO deklariert hatten. Allerdings mit einem gewichtigen Unterschied: Früher lautete der Text: „iure proprio et exclusivo." Jetzt soll, wie auch schon in n. I MP das „et exclusivo" gestrichen werden. Weniger für die Praxis, wohl aber für die prinzipielle Erörterung über das Verhältnis von Kirche und Staat wird das weitreichende Auswirkungen zeitigen. Vermutlich wird schon bald der Streit darüber einsetzen, wie die Streichung zu verstehen ist; ob als Negierung und Aufhebung des bisherigen Ausschließlichkeitsanspruchs der Kirche oder aber nur als reine Nichtäußerung zu dem fraglichen Punkt an dieser Stelle, ohne jedoch etwas von dem grundsätzlichen Anspruch preisgeben zu wollen.

Ferner findet sich hinsichtlich der Zuständigkeit für Prozesse um die *effectus mere civiles* einer Ehe eine interessante, ebenfalls schon vom MP „Causas matrimoniales" (n. II MP) eingeführte Änderung. Früher konnten solche Klagen, sofern sie akzessorisch in einem Ehenichtigkeits- oder Separationsverfahren auftauchten, ohne weiteres vom kirchlichen Richter mit entschieden werden (c. 1961 CIC; Art. 1 § 2 EPO). Künftig soll hier größere Zurückhaltung geübt werden. Wie das Schema vorschreibt, sind demnächst solche Prozesse ausschließlich vor dem staatlichen Gericht zu erledigen, soweit nicht irgendwo das kirchliche Partikularrecht anders verfügt und die akzessorische Behandlung beim kirchlichen Gericht gestattet.[15] Ein Doppeltes ist dazu zu sagen. Die Verweisung solcher Angelegenheiten an das staatliche Gericht ist durchaus zu begrüßen. Andrerseits macht dann eine weitere Norm im Schema De processibus eine genauere Umschreibung der effectus mere civiles notwendig. Daß zu diesen etwa Fragen wie Namensrecht der Frau und der Kinder oder eheliches Güterrecht oder Erbrecht gehören, läßt sich leicht einordnen. Schwieriger wird es beim elterlichen Sorgerecht oder auch bei der Unterhaltspflicht gegenüber Ehegatten und Kindern. In der kanonistischen Literatur werden zum Teil solche Unterhaltspflichten zu den effectus mere civiles gerechnet.[16] Das aber erscheint problematisch, wenn man eine andere Stelle des neuen Schemas heranzieht.

---

[14] C. 335 Sch.: Causae matrimoniales baptizatorum iure proprio ad iudicem ecclesiasticum spectant.
[15] C. 336 Sch.: Causae de effectibus matrimonii mere civilibus pertinent ad civilem magistratum, nisi ius particulare statuat easdem causas, quando incidenter et accessorie agantur, posse a iudice ecclesiastico cognosci ac definiri.
[16] Vgl. z. B. Heribert *Jone*, Gesetzbuch der lateinischen Kirche, Bd. 3, Paderborn 1953², S. 317.

Dort wird nämlich, zwar nicht im speziellen Eheprozeßrecht, wohl aber im allgemeinen Teil des Prozeßrechts, der jedoch gleichfalls für den Eheprozeß verbindlich ist[17], als völlige Neuerung gegenüber dem Codex die Klage auf Unterhaltsleistung eingeführt (cc. 112—114 Sch.). Wenn hier die Feststellung der Unterhaltspflicht ausdrücklich auch dem kirchlichen Gericht auferlegt wird, so kann man schwerlich in die effectus mere civiles, die ja nach c. 336 Sch. vom kirchlichen Gericht fernzuhalten sind, die Fragen der Unterhaltspflicht einbeziehen. Eine Klärung dieser Unstimmigkeit wäre zu wünschen.

2. *Welches kirchliche Gericht* für die Führung eines Eheprozesses *zuständig* ist, wird fast wortwörtlich nach MP „Causas matrimoniales" geregelt. Es gibt also die dreifache Kompetenz bei Eheprozessen:
   a) forum contractus,
   b) forum commorationis partis conventae,
   c) forum plerarumque probationum.[18]

Letzteres mit der aus MP „Causas matrimoniales"[19] bekannten Einschränkung, daß dazu drei Zustimmungen erforderlich sind, die des Ordinarius der pars conventa, die des Ordinarius des angegangenen Tribunals und die des Offizials des angegangenen Tribunals.

Hier sollte man, um zu vereinfachen und zu beschleunigen, wenigstens auf die zweite Zustimmung verzichten. Denn wenn schon der Offizial des angegangenen Gerichts seine Bereitschaft erklärt hat, so dürfte des Guten genug geschehen sein, ohne daß auch noch der Bischof dieses Offizialats einzuschalten wäre, zumal er in der Praxis doch fast immer auf den Vorschlag des Offizials angewiesen ist.

---

[17] Als Norma generalis für alle Eheprozesse bestimmt c. 355 Sch.: In ceteris quae ad rationem procedendi attinent, applicandi sunt, nisi rei natura obstet, canones de iudiciis in genere et de iudicio contentioso in genere, servatis specialibus normis circa causas de statu personarum et causas ad bonum publicum spectantes.

[18] C. 337 § 1 Sch.: In causis de matrimonii nullitate quae non sint Sedi Apostolicae reservatae competens est:
1) tribunal loci in quo matrimonium celebratum est, vel
2) tribunal loci in quo pars conventa commorationem non precariam habeat, quae ex aliquo publico regesto vel alio legitimo modo probari possit, vel
3) tribunal loci in quo de facto colligendae sint pleraeque depositiones seu probationes, dummodo accedat consensus tum Ordinarii loci commorationis partis conventae, tum Ordinarii loci et praesidis tribunalis aditi.

[19] N. IV § 1 c) MP. Vgl. dazu die authentische Interpretation vom 14. Februar 1977, AAS 69, 1977, S. 296 (abgedruckt in AfkKR 146 [1977], S. 161).

II. Die Gerichtspersonen

3. In den *Bezeichnungen* treten einige Änderungen ein. So erhalten die jetzigen Synodalrichter künftig den Amtstitel „Diözesanrichter" (c. 20 Sch.), was ihrer Aufgabenstellung sehr viel besser gerecht wird. Dankenswerterweise ist in c. 20 Sch. auch die zahlenmäßige Begrenzung der Synodalrichter gefallen, die nach c. 1574 § 1 CIC nicht über zwölf hinausgehen sollen. Dagegen erscheint problematisch die in c. 19 Sch. vorgesehene Umbenennung des Offizials und des Vizeoffizials in „Vicarius Iudicialis" (Richterlicher Vikar) bzw. in „Vicarius Iudicialis Adiunctus" (Beigeordneter Richterlicher Vikar). Man sollte diese Neuerung wieder streichen. Man stelle sich nur vor, wie umständlich und holprig es wirkt, wenn in den Akten statt des knappen „Vizeoffizials" immer wieder der „Beigeordnete Richterliche Vikar" anzuführen ist. „Offizial" ist eine seit Jahrhunderten geläufige, gut eingebürgerte und leicht brauchbare Bezeichnung. Wollte man geltend machen, der Amtstitel solle den Inhalt der Tätigkeit genauer angeben, dann müßte man konsequent den Generalvikar künftig in „Vicarius Administrativus" umbenennen.

4. Eine besondere Rolle spielt im neuen Prozeßrecht die *Zuziehung von Laien zum kirchlichen Gericht*. Vom erkennenden Richter sei erst hernach die Rede; für die *übrigen* Gerichtspersonen stellt das Schema folgende Regelung auf:

Zum Amt des *Notars* können Laien zugelassen werden, ohne daß ein Unterschied zwischen Männern und Frauen gemacht wird. Die Einschränkung des Codex (c. 373 § 3 CIC), daß man Laien nur im Notfall („si clerici desint") heranziehen könne, ist fallengelassen. Wohl sagt das Vorwort zum Schema (S. VI) noch, Laien dürften nicht in Strafsachen von Klerikern als Notare mitwirken. Doch ist diese Bestimmung im Text des Schemas De processibus nicht zu finden; ob sie vielleicht in einem anderen Schema steht, etwa in dem noch nicht weitergegebenen Schema De Populo Dei[20], muß offenbleiben.

Als *Assessoren*, d. h. als Berater, die dem Einzelrichter bei der Urteilsfindung mit beratender, nicht beschließender Stimme beistehen können, dürfen gleichfalls Laien fungieren; jedoch nur Männer, nicht Frauen (c. 23 Sch.[21]). C. 1575 CIC ließ dazu nur Synodalrichter, mithin nur Priester (c. 1574 § 1 CIC), zu.

Als *Auditor*, d. h. als Vernehmungsrichter oder Untersuchungsrichter und

---

[20] Auch im CIC finden sich innerhalb des Liber 2 De personis Vorschriften mit prozeßrechtlicher Auswirkung.
[21] C. 23 Sch.: Unicus iudex in quolibet iudicio duos assessores, clericos vel viros laicos probatae vitae, sibi consulentes adsciscere potest.

in dieser Funktion als Hilfsorgan des Einzelrichters oder auch des Kollegialgerichts, ist ebenfalls der Laie zugelassen; wiederum nur ein Mann, keine Frau (c. 27 § 2 Sch.[22]). Der Codex (c. 1581 CIC) forderte hingegen den Priesterstand. Schon das MP „Causas matrimoniales" (n. VI MP) hatte dem männlichen Laien den Zugang zum Amt des Assessors wie des Auditors geöffnet.

Nicht dagegen ist die Stelle des *Defensor vinculi* generell dem Laien zugänglich. Das Schema[23] schreibt dafür einen Kleriker[24] vor; allerdings mit der Einschränkung, daß der Bischof im Notfall („si necessitas id suadeat") einen männlichen Laien zum Defensor vinculi bestellen kann, jedoch nur für den einzelnen Prozeß, nicht generell. Es soll also auch künftig bei der Regelung bleiben: Wenn der Bischof einen Laien ständig mit dem Amt des Defensor vinculi betrauen will, ist das nur mit päpstlichem Indult möglich.

Genau die gleiche Ordnung wie für den Defensor vinculi ist auch für den *Promotor iustitiae* vorgesehen (c. 35 § 1 Sch.).

Die hier vorgelegte Regelung aus dem Schema vermag nicht in allem zu befriedigen. Die wenig überzeugenden Unterscheidungen, daß der Laie wohl zum Auditor, nicht aber zum Defensor vinculi ernannt werden kann oder daß als Assessor nur ein Mann, nicht eine Frau amtieren soll, sind theologisch, ekklesiologisch nicht zu begründen. Es wären daher *zwei Verbesserungen* zum Schema vorzuschlagen:

a) Einmal sollten sämtliche genannten Ämter (Notar, Assessor, Auditor, Defensor vinculi, Promotor iustitiae) dem Laien ohne die Einschränkung, die das Schema noch für den Defensor und den Promotor vorsieht, offenstehen, sofern er nur zwei Eigenschaften mitbringt:
persönliche und kirchliche Zuverlässigkeit sowie
hinreichende Sachkenntnis, zumal im kanonischen Recht; auf eine dem jeweiligen Amt entsprechende Sachkenntnis, die naturgemäß beim Offizialatsnotar weniger umfassend zu sein braucht als beim Defensor oder Assessor, sollte keinesfalls verzichtet werden.

b) Sodann sollte man die unterschiedliche Zulassung von Mann oder Frau fallenlassen, weil sie bei den genannten Ämtern theologisch nicht gerechtfertigt ist.

---

[22] C. 27 § 2 Sch.: Episcopus potest ad auditoris munus approbare clericos vel viros laicos, qui bonis moribus, prudentia et doctrina fulgeant.
[23] C. 35 § 1 Sch.: Episcopi est promotorem iustitiae et vinculi defensorem nominare, qui sint clerici integrae famae, in iure canonico doctores vel ceteroquin periti, ac prudentia et iustitiae zelo probati. Viri laici autem deputari possunt ad singulas causas si necessitas id suadeat.
[24] Der Codex fordert sogar den Priester (c. 1589 § 1 CIC).

5. Einer näheren Erörterung bedarf es bei der Frage, ob und wieweit ein *Laie* als *erkennender Richter* zugelassen werden kann. Hier stehen nämlich, da es sich um die Ausübung echter geistlicher Gewalt, um Akte kirchlicher Jurisdiktion handelt, schwerwiegende theologische Probleme zur Diskussion. Zunächst sei die Regelung des Schemas dargelegt. Sie ist aus dem MP „Causas matrimoniales" (n. V MP) übernommen:

Für den Ehenichtigkeitsprozeß schreibt das Schema an sich das Kollegialgericht aus drei Richtern vor (c. 24 § 1 n. 1 Sch.[25]), die nach c. 20 § 1 Sch. *in der Regel* Geistliche sein sollen. Doch von dieser Norm gibt es weitreichende Abweichungen.

Eine *erste Abweichung*: Im erstinstanzlichen Ehenichtigkeitsverfahren kann, wenn sich ein Kollegialgericht aus drei Geistlichen nicht konstituieren läßt, die Bischofskonferenz im Einzelfall gestatten, daß der Prozeß von einem Geistlichen als Einzelrichter entschieden wird, der nach Möglichkeit zwei weitere Männer, die auch aus dem Laienstand genommen werden können, als Assessor und Auditor zuziehen soll (c. 24 § 4 Sch.[26]). Insofern die Assessoren und Auditoren nicht als erkennende Richter tätig werden, sondern bei der Urteilsfällung allenfalls mit beratender Stimme mitwirken, steht der Zuziehung von Laien zu dieser Aufgabe kein prinzipielles Bedenken entgegen. Nur sollte eine Korrektur in c. 24 § 4 Sch. angebracht werden: Das „in singulis casibus" ist umzuwandeln in „pro singulis tribunalibus dioecesanis vel regionalibus". Die Bischofskonferenz soll eine derartige Sondervollmacht schwerlich für jeden Einzelfall eines Eheprozesses neu geben müssen; vielmehr für jedes einzelne Diözesangericht, das eine solche Notlösung erfordert, dann aber generell für alle dort anfallenden Prozesse.

Schwieriger liegt es bei der weiteren Norm in c. 20 § 1 Sch.[27] Hiernach sollen die erkennenden Richter des Diözesangerichts an sich Kleriker sein. Notfalls jedoch kann die Bischofskonferenz gestatten, daß innerhalb des Richterkollegiums neben zwei geistlichen Richtern ein erkennender Richter aus dem Laienstand mitwirkt. Diese Regelung gilt, während die vorhin genannte Ermächtigung, das Dreierkollegium durch den Einzelrichter zu

---

[25] C. 24 § 1 n. 1 Sch.: Reprobata contraria consuetudine tribunali collegiali trium iudicum reservantur:
1) causae contentiosae: a) de vinculo sacrae ordinationis et oneribus eidem adnexis; b) de vinculo matrimonii, firmo praescripto can. 351 et 353. Die cann. 351 und 353 Sch. handeln vom summarischen Eheprozeß.

[26] C. 24 § 4 Sch.: In primo iudicii gradu, si forte collegium constitui nequeat, in singulis casibus Conferentia Episcopalis permittere potest ut causa iudici unico clerico committatur, qui, ubi fieri possit, assessorem et auditorem sibi asciscat.

[27] C. 20 § 1 Sch.: In dioecesi constituantur ab Episcopo iudices dioecesani qui sint clerici. Necessitate suadente potest Conferentia Episcopalis permittere ut collegium iudicans constet ex uno viro laico et ceteris clericis.

ersetzen, auf die erste Instanz beschränkt ist, ebenso für die erste als auch für die zweite Instanz.[28]

Gegenüber diesem Einbeziehen eines Laien in das erkennende Gericht ergeben sich jedoch, wie vor allem Winfried *Aymans*[29] geltend gemacht hat, *ernste* theologische *Bedenken*. Der erkennende Richter übt echte geistliche Gewalt aus. Geistliche Gewalt in der Kirche aber ist, wie das Zweite Vatikanische Konzil deutlich gemacht hat, nur in der aus der Weihe erfließenden einheitlichen Kirchengewalt möglich. Im Urteilsakt des erkennenden Richters wird Jurisdiktionsgewalt ausgeübt. Diese ist zwar begrifflich von der Weihegewalt unterscheidbar, von ihr jedoch nicht real trennbar. Es ist das besondere Verdienst des letzten Konzils, diese innerlich notwendige Zusammengehörigkeit und Untrennbarkeit der potestas iurisdictionis und der potestas ordinis klarer herausgestellt zu haben. Leitungsgewalt, Jurisdiktion kann daher nur dem Geweihten, dem Geistlichen übertragen werden. Von daher muß es als höchst problematisch angesehen werden, wenn hier dem Laien die Jurisdiktion zum richterlichen Urteil soll gegeben werden, auch wenn das mit der Einschränkung geschieht, innerhalb des Dreiergerichts dürfe höchstens ein einziger Laie sein. Es handelt sich um ein schwerwiegendes theologisches Bedenken von weitestreichender Folgewirkung.

Eine Entscheidung von derartiger Tragweite sollte nicht ohne vorhergehende allseitige und gründliche *Prüfung der theologischen Grundlagen* erfolgen. Zwar hat auch schon das Motu Proprio „Causas matrimoniales" von 1971 die Möglichkeit eröffnet, Männer aus dem Laienstand in begrenztem Umfang als erkennende Richter zuzulassen. Zweifellos ist damit bereits eine Entscheidung von nicht zu unterschätzendem Gewicht gefallen. Aber das Motu Proprio wollte, wie es im Schlußsatz seines Prooemiums klar ausspricht, insgesamt nur eine vorläufige Regelung aufstellen. Mit dem künftigen neuen Codex Iuris Canonici wird dagegen eine Ordnung auf Dauer festgelegt. Vor einer solch endgültigen Fixierung steht dort auch das Problem des Laienrichters. Das rechtfertigt gewiß die nachdrückliche Bitte an den Apostolischen Stuhl, die schwerwiegende Grundsatzproblematik erneut anzugehen. Vor Inkraftsetzen des vorliegenden Prozeßrechts und der darin vorgesehenen endgültigen Zulassung von Laien zum kirchlichen Richteramt sollte das zugrundeliegende theologische Fundament noch einer umfassenden und eingehenden Klärung unterzogen werden.

Solche Behutsamkeit ist um so mehr angebracht, als eine *andere Lösung* zu

---

[28] Da c. 20 § 1 Sch. vom Diözesangericht ohne jede Einschränkung spricht, wäre vom Gesetzestext her die Einbeziehung eines Laien in das erkennende Kollegialgericht auch nicht ausgeschlossen, wenn das Diözesangericht mit Ermächtigung des Apostolischen Stuhles einen Eheprozeß in dritter oder noch höherer Instanz führte; es sei denn, das Apostolische Indult verfügte ausdrücklich etwas anderes.

[29] Winfried *Aymans*, Laien als kirchliche Richter? Erwägungen über die Vollmacht zu geistlicher Rechtsprechung: AfkKR 144, 1975, S. 3–20.

Gebote steht, die von theologischen Bedenken völlig freibleibt. Wie schon erwähnt, ist es, allerdings bislang nur für die erste Instanz, unter gewissen Voraussetzungen gestattet, den Eheprozeß nicht einem Dreiergericht, sondern einem geistlichen Einzelrichter zu übertragen; dabei soll dieser, wenn eben möglich, zwei Assessoren als beratende, nicht erkennende Beisitzer beiziehen, die aus dem Laienstand genommen sein können. So schon im MP „Causas matrimoniales" und ähnlich im Schema De processibus.[30] Der so gewiesene Weg ließe sich ausbauen. Wenn man sich dazu verstünde, ihn auf die zweite Instanz auszudehnen, könnte zudem eine viel wirksamere Entlastung eintreten, als mit der vorgesehenen Zulassung von Laienrichtern zu erzielen wäre. Es brauchten nicht mehr zwei, sondern nur noch ein einziger erkennender Richter dem geistlichen Stand (Priester oder Diakon) anzugehören. Die beiden anderen Mitwirkenden mit beratender Stimme könnten Laien sein. Einer von ihnen könnte ohne weiteres zugleich als Instruktor (Auditor) des Prozesses fungieren, was zusätzliche Erleichterung mit sich brächte. Und das alles wäre frei von den gravierenden Einwänden theologischer Art.

Gewiß könnte man zu bedenken geben, daß hierbei die Entscheidung im Prozeß allein bei dem geistlichen Einzelrichter liege, der unter Umständen sein Urteil entgegen dem übereinstimmenden Votum der beiden Laienbeisitzer fällen könne, da diesen nur beratende Stimme zukomme. Das trifft in der Tat zu. Doch ließen sich für solchen Fall, daß der geistliche Einzelrichter mit seiner Beurteilung gegen die übereinstimmende Ansicht der beiden Laienassessoren alleinsteht, gewisse Vorsichtsmaßnahmen einbauen. Etwa: Daß dann in dieser Schlußsitzung nicht sofort das Urteil gesprochen werden kann, sondern ein Aufschub von wenigen Tagen anzuordnen ist, um dem Einzelrichter Zeit einzuräumen, die gegensätzlichen Argumente noch einmal abzuwägen. Oder: Daß dem Obergericht für die Appellation mitzuteilen ist, das Urteil sei gegen das übereinstimmende Votum der Beisitzer ergangen. Oder auch mit der Vorschrift, daß bei solchem Auseinanderklaffen des Urteils und beider Voten der Beisitzer die Oberinstanz für das Appellationsverfahren auf jeden Fall mit einem Dreiergericht zu entscheiden hat. Immerhin wären solche Vorschläge ernsthaft zu erörtern; erst recht, solange die grundsätzlichen theologischen, ekklesiologischen Bedenken gegen den echten Laienrichter im kirchlichen Gericht nicht restlos ausgeräumt sind.

---

[30] N. V § 2 MP; c. 24 § 4 Sch.

III. Eröffnung des Eheprozesses

6. Für das *Klagerecht* in Eheprozessen bringt der Entwurf eine erfreulich klare Regelung (c. 338 Sch. i. Vbdg. m. c. 82 Sch.[31]). Alle bisherigen Beschränkungen für das Klagerecht der Ehegatten[32] werden aufgehoben, so daß der *Ehegatte* selbst *in jedem Fall* Klage erheben kann.

Auch der *Nichtkatholik,* ob getauft oder ungetauft, kann von sich aus beim kirchlichen Gericht Klage erheben, seine Ehe für nichtig zu erklären. Das gilt übrigens schon jetzt gemäß der authentischen Interpretation vom 8. Januar 1973.[33] Es geht also nicht mehr an, daß ein Gericht einen Nichtkatholiken, der seine Ehe anfechten möchte, auf die Klageerhebung durch den Promotor verweist.

Wichtiger noch ist die andere Ausweitung des Klagerechts: Auch wenn der klagende Ehegatte selbst die *Schuld an der Nichtigkeit* seiner Ehe trägt, soll er künftig nicht mehr vom Klagerecht ausgeschlossen bleiben. So berechtigt der alte Grundsatz „Ne cui sua culpa prosit" sein mag, weil niemand aus seiner Schuld auch noch Vorteil ziehen soll, so schwierig erwies sich in der Praxis die Grenzziehung, wann jemand causa nullitatis seiner Ehe war und ihm um dessentwillen das Klagerecht verwehrt sein sollte.[34] Mit noch soviel aufgewandtem Scharfsinn war dem nicht restlos beizukommen. Und selbst die authentische Interpretation vom 27. Juli 1942[35], welche das Klagerecht nur bei „causa et directa et dolosa" verweigerte, hat in der Gerichtspraxis, wie hinlänglich bekannt ist, nur zu immer neuen Schwierigkeiten, Unklarheiten und Streitigkeiten geführt. Das neue Prozeßrecht will kurzerhand den gordischen Knoten durchhauen, indem es den Ehegatten ohne jede Beschränkung das Klagerecht gewährt. Um der Klarheit willen wird man das begrüßen; zugleich dient es der Vereinfachung, weil damit der Umweg über die Promotorklage erspart bleibt.

Das Klagerecht des *Promotor iustitiae* wird auch im künftigen Prozeßrecht beibehalten[36]; nur daß davon wegen des erweiterten Klagerechts der Eheleute selbst nicht mehr so oft Gebrauch gemacht werden muß. Vor allem nur dann noch, wenn ein geschiedener Katholik in einer neuen Zivilehe lebt

---

[31] C. 338 Sch.: Habiles sunt ad matrimonium impugnandum:
   1) coniuges;
   2) Promotor iustitiae, in tuitionem publici boni, quando nullitas fundatur in facto de se publico, si matrimonium convalidari nequeat aut non expediat.
   C. 82 Sch.: Quilibet, sive baptizatus sive non baptizatus, potest in iudicio agere; reus autem legitime conventus respondere debet.
[32] Art. 35 EPO.
[33] AAS 65, 1973, S. 59; abgedruckt: AfkKR 142, 1973, S. 119.
[34] Vgl. c. 1971 CIC und Art. 35 EPO.
[35] AAS 34, 1942, S. 241.
[36] C. 338 Sch.; s. o. A. 31. Vgl. Art. 35 § 1 n. 2 EPO.

und er selbst aus religiöser Abständigkeit keine Klage auf Nichtigerklärung seiner ersten Ehe einreicht, wohl aber seine zweite Frau die kirchliche Ordnung ihrer Ehe erbittet. Der Promotor besitzt dann gegebenenfalls Klagerecht. Dieses steht ihm zu „in tuitionem publici boni", zum Schutz des öffentlichen Wohls, sofern die Ehenichtigkeit auf einem seiner Natur nach öffentlichen Grund beruht und eine Konvalidation der früheren Ehe nicht möglich oder nicht angebracht ist.

Das Vorliegen des öffentlichen Interesses muß jedoch, wie bisher schon[37], in jedem Einzelfall vorher durch den Bischof festgestellt sein, ehe der Promotor die Ehenichtigkeitsklage einreichen kann.[38] Danach muß jedesmal der Bischof eingeschaltet werden, was in Eheprozessen wenig sinnvoll erscheint. Bei anderen Klagen hingegen, etwa wenn es um die Frage geht, ob der Promotor gegen einen Priester ein Disziplinarverfahren einleiten soll, hat es seinen guten Grund, daß die Entscheidung, ob das Verfahren eröffnet werden soll, dem Bischof vorbehalten bleibt. Bei Eheprozessen jedoch, die der Promotor betreiben will, sollte man auf die Einschaltung des Bischofs verzichten, die fast immer nur auf eine unnütze Verzögerung des Verfahrens hinausläuft. Mit dem Zusatz in c. 338 n. 2 Sch. „quin opus sit iudicio Ordinarii de quo in can. 30 § 1" könnte man zweckmäßig für die Klageerhebung in Eheprozessen die Prüfung und Entscheidung, ob ein öffentliches Interesse vorliegt, dem Promotor in eigener Verantwortung übertragen.

7. Über *Annahme oder Ablehnung der Klageschrift* soll, anders als im bisherigen Recht (Art. 61 EPO), künftig nicht mehr das Richterkollegium entscheiden, sondern allein der Vorsitzende (c. 141 § 1 Sch.[39]). Das wird zumeist der Beschleunigung dienen. Bei Abweisung der Klageschrift kann sich der Kläger mit dem Rekurs an das Richterkollegium wenden. Lehnt auch das Kollegium ab, steht nochmalige Beschwerde offen; diesmal an die Oberinstanz (c. 141 § 4 Sch.[40]). Leider ist im Schema die klare Aussage von Art. 66

---

[37] Art. 38 f. EPO.
[38] C. 29 Sch.: Constituatur in dioecesi promotor iustitiae ad causas tum contentiosas, in quibus bonum publicum in discrimen vocari potest, tum criminales.

C. 30 § 1 Sch.: In causis contentiosis Ordinarii est iudicare utrum bonum publicum in discrimen vocari possit necne, nisi interventus promotoris iustitiae ex natura rei evidenter necessarius dicendus sit, ut cum agatur de Ecclesiae libertate vel de minorum personarumque iuridicarum iuribus.
[39] C. 141 § 1 Sch.: Iudex unicus vel tribunalis collegialis praeses, postquam viderit et rem esse suae competentiae et actori legitimam personam standi in iudicio non deesse, debet suo decreto quamprimum libellum aut admittere aut reicere.
[40] C. 141 § 4 Sch.: Adversus libelli reiectionem integrum semper est parti intra tempus utile decem dierum recursum interponere vel ad collegium, si libellus reiectus fuerit a praeside, vel, in casu reiectionis a iudice unico aut a collegio, ad tribunal appellationis; a quo, audita parte et promotore iustitiae aut vinculi defensore, quaestio reiectionis expeditissime definienda est.

§ 2 EPO, daß nämlich bei Annahme der Klageschrift durch die Oberinstanz die Causa zur Sachentscheidung an die Unterinstanz zurückzugeben ist, nicht ausdrücklich enthalten. Um Mißverständnissen vorzubeugen, sollte man an den Schluß von c. 141 § 4 Sch. den Text aus EPO noch anfügen: „si tribunal superius libellum admittat, causa remittenda est pro eius definitione ad tribunal a quo." Die Richter der Unterinstanz hatten freilich durch die Ablehnung der Klageschrift eine gewisse Vorentscheidung getroffen, so daß sie dem Kläger leicht als befangen erscheinen könnten. Es legt sich daher die Regelung nahe, die Sachentscheidung in solchem Fall einem anderen Turnus zuzuweisen. Dem sollte man Rechnung tragen, indem man in c. 141 § 4 Sch. noch ergänzt: „Quo in casu definitio causae ne ab eodem iudice vel collegio peragatur, a quo libellus reiectus erat."

Für den Fall, daß das *Gericht säumig* ist und sich auf die Klageschrift hin nicht rührt, sieht das jetzige Recht in c. 1710 CIC und Art. 67 EPO vor: Falls das Gericht einen Monat tatenlos verstreichen läßt, kann die Partei beim Gericht die Entscheidung über Annahme oder Ablehnung der Klage anmahnen; wenn auch dann binnen fünf Tagen nichts geschieht, steht der Partei die Beschwerde an den Bischof offen. Das Schema (c. 142 Sch.) bringt dazu eine interessante Neuerung: Wenn nach der erwähnten Anmahnung die fünf Tage nutzlos verstreichen, braucht die Partei sich nicht erst an den Bischof zu wenden. Vielmehr erklärt der Gesetzgeber für diesen Fall: „Libellus pro admisso habeatur." Die Klageschrift ist dann automatisch angenommen. Ob das viel nützen wird, steht auf einem anderen Blatt. Immerhin kann dann die Verhandlung der Sache nicht mehr abgelehnt werden.

Zu der Frage, ob das Gericht die *Klageschrift ablehnen* kann, wenn *jegliches Beweisangebot fehlt,* scheint in dem Entwurf eine Ergänzung zweckmäßig. Zwar schreibt c. 140 n. 2 Sch. ausdrücklich vor, die Klageschrift müsse irgendwie ein Beweisangebot enthalten: „indicare quibus argumentis et probationibus innitatur actor ad comprobanda ea quae allegantur et asseruntur". Aber der folgende c. 141 § 2 Sch., der erschöpfend die Gründe einer Klageablehnung aufzählt, läßt in dieser Hinsicht eine Klageabweisung nur zu, „si certo pateat ex ipso libello petitionem quolibet carere fundamento, neque fieri posse ut ullum ex processu fundamentum appareat", also nur, wenn schon aus der Klageschrift offensichtlich ist, daß der Antrag jeden Fundaments entbehrt und auch aus dem Prozeß keinerlei nachträgliche Begründung möglich erscheint. Wenn man sich genau an den Wortlaut des c. 141 § 2 Sch. hält, könnte man z. B. keine Klageschrift ablehnen, in der die Nichtigerklärung der Ehe beantragt wird, weil die Frau zur Heirat gezwungen worden sei, aber mit keinem Satz etwas näher dazu ausgeführt wird, worin der Zwang bestanden haben soll und wie der behauptete Sachverhalt in etwa bewiesen werden könne. Sicher braucht das Beweisangebot in der Klageschrift nicht in die Einzelheiten zu gehen. Wenn aber jeglicher Hinweis auf Beweismöglichkeiten darin fehlt, sollte das Gericht nicht zur Annahme der Klageschrift genötigt sein, sondern auf der erforderlichen Ergänzung bestehen können, ehe es die Klageschrift zur Verhandlung annimmt.[41] Solchem Leerlauf des kirchlichen Prozesses müßte man unbedingt vorbeugen. Daher wäre in c. 141 § 2 n. 4 als möglicher Grund für die wenigstens vorläufige Klageabweisung noch zu ergänzen: „aut si omnimodo desit aliqua indicatio, de qua in can. 140 n. 2"; d. h. also, wenn jegliches Beweisangebot fehlt.

8. Nach der Annahme der Klageschrift hat die *Ladung*, vor allem die der Gegenpartei, zu erfolgen. Auch für die Ladung enthält das Schema einige Änderungen.

Einmal wird angeordnet, daß der Gegenpartei *mit der Ladung* zugleich auch die *Klageschrift zuzustellen* ist, sofern nicht der Richter aus schwerwiegenden Gründen vorerst davon abzusehen entscheidet (c. 144 § 2 Sch.[42]). Gerade in Eheprozessen ist das recht problematisch. Vielfach wird durch die Ausführungen in der Klageschrift der Sinn des kirchlichen Ehenichtigkeitsprozesses überhaupt verdeckt und verkannt. Nicht selten wird die Gegenpartei durch Vorwürfe in der Klageschrift abgeschreckt und versagt deshalb ihr Mittun im Prozeß, woran dann unter Umständen das Gelingen des ganzen Verfahrens scheitern kann. Die Klausel, daß der Richter aus schwerwiegenden Gründen die Klageschrift zurückhalten kann, bietet immerhin einen Ausweg; in Eheprozessen wird man davon häufig, wenn nicht sogar fast regelmäßig Gebrauch machen müssen. Besser wäre für solche Verfahren gerade die umgekehrte Vorschrift: Mitgabe der Klageschrift in Eheprozessen nur, wenn der Vorsitzende das ausdrücklich verfügt.

Die öffentliche Ladung *(Ediktalladung)* bei unbekanntem Aufenthalt macht einen übertriebenen Aufwand erforderlich. Nach c. 150 § 2 Sch. werden sowohl Anschlag an der Kirchtür des letzten bekannten Wohnsitzes als auch Anschlag am Gerichtsgebäude als auch Bekanntgabe in einem öffentlichen Blatt vorgeschrieben. Eines der drei Mittel sollte reichen.

Schon mit der Ladung, nicht wie bisher erst mit der Litiscontestatio (c. 1732 CIC), *beginnt das Prozeßverhältnis*, die litis instantia; der Prozeß ist damit eröffnet (c. 158 Sch.).

9. Bedeutsamer greift das Schema in die Bestimmungen zur *Litiscontestatio* ein. Es ist nicht ganz leicht, in dem Schema die Sonderbestimmung über die Streitfestsetzung im Eheprozeß (c. 341 Sch.) mit den allgemeinen Nor-

---

[41] In dieser Hinsicht befriedigt auch die Fassung von Art. 64 EPO nicht ganz.
[42] C. 144 § 2 Sch.: Citationi libellus litis introductorius adiungatur, nisi iudex propter graves causas censeat libellum significandum non esse parti antequam haec deposuerit in iudicium.

men zur Streiteröffnung (cc. 155 f. Sch.) zu harmonisieren.[43] Im Eheprozeß ist in Abweichung vom normalen Prozeßverfahren in der Regel davon abzusehen, die Parteien zur Litiscontestatio beizuziehen. Vielmehr hat der Vorsitzende oder der Ponens des Gerichts innerhalb von zehn Tagen nach der Annahme der Klageschrift *von Amts wegen* durch Dekret den Streitgegenstand unter genauer Bezeichnung des oder der Ehenichtigkeitsgründe festzulegen, sofern nicht eine der Parteien um ausdrückliche Litiscontestatio, d. h. wohl um eine Streitfestsetzung im Beisein der Parteien, bittet. Wenn die Streitfestsetzung von Amts wegen ohne Beteiligung der Parteien erfolgt, was im Eheprozeß als Regel gedacht ist, hat der Richter den formulierten Streitpunkt den Parteien bekanntzugeben. Zehn Tage nach der Bekanntgabe soll er, sofern die Parteien keinen Einwand erhoben haben, durch ein neues Dekret die Instruktion des Verfahrens verfügen und so in die Beweiserhebung eintreten. Was jedoch zu geschehen hat, wenn eine Partei innerhalb der Zehntagefrist Einspruch eingelegt hat, wird nicht ausdrücklich gesagt. Doch kann das schwerlich anders verstanden werden, als daß dann gemäß cc. 155 f. Sch. eine förmliche Litiscontestatio unter Ladung der Parteien anzusetzen ist.

Die Neuerung, im Eheprozeß die Litiscontestatio ohne Ladung der Parteien von Amts wegen vornehmen zu lassen, soll vermutlich der Beschleunigung der Prozedur dienen. Ob das aber wirklich damit erreicht wird, scheint zweifelhaft. Bisher konnte mit der Ladung den Parteien unter Angabe der geplanten Umschreibung des Streitgegenstandes mitgeteilt werden, sie brauchten zum Akt der Litiscontestatio nicht persönlich zu erscheinen, wenn sie dem Gericht die genaue Festlegung anvertrauten. Mit

---

[43] Im *allgemeinen* Teil des Prozeßrechts wird bestimmt:
  C. 155 Sch.: Ad litis contestationem sufficit ut, partibus coram iudice vel eius delegato comparentibus, in actis inserantur partium petitiones responsesque; in causis autem implicatioribus dubium vel dubia concordantur, quibus respondendum est in sententia.
  C. 156 Sch.: § 1. Si dubia sint concordanda et qua pars non comparuerit, dubiorum formula statuatur a iudice, parte, quae praesens fuerit, id postulante. Parti autem absenti statim id notum fiat ex officio ut quas velit exceptiones contra dubiorum formulam possit proponere.
  § 2. Si vero partes dissentiant aut earum conclusiones iudici non probentur, iudex ipse controversiam dirimat decreto.
  § 3. Dubiorum formula semel statuta mutari non potest, nisi novo decreto, ex gravi causa, ad instantiam partis, vel promotoris iustitiae, vel defensoris vinculi, audita utraque vel alterutra parte eiusque rationibus perpensis.
  Für den *Eheprozeß* gilt die Sonderbestimmung:
  C. 341 Sch.: § 1. Libello accepto, praeses vel ponens, nisi alterutra pars expressam litis contestationem petat, intra decem dies formulam dubii vel dubiorum decreto suo statuit ex officio et partibus notificat.
  § 2. Formula dubii non tantum quaerat an constet de nullitate matrimonii in casu, sed determinare debet quo capite vel quibus capitibus validitas impugnetur.
  § 3. Post decem dies a notificatione decreti, si partes nihil opposuerint, praeses vel ponens novo decreto causae instructionem disponit.

Der Eheprozeß im Entwurf zum künftigen Codex Iuris Canonici 457

der dann von Gerichts wegen festgesetzten Streitformulierung war die Litiscontestatio abgeschlossen. Nach dem künftigen Verfahren wird zwar zunächst von Amts wegen der Streitpunkt umschrieben. Aber dagegen können die Parteien Einspruch erheben. Und dann muß doch wieder, nun aber mit Zeitverlust, zu einer regelrechten Litiscontestatio unter Beiziehung der Parteien eingeladen werden.

IV. Durchführung des Eheprozesses

10. Die wohl wichtigste und weitestreichende Neuerung im Eheprozeßrecht liegt in der prozessualen *Parität von Ehebandverteidiger und Parteivertreter*. Bislang hat der Defensor vinculi im Eheprozeß gegenüber den Parteien das eindeutige Übergewicht. Dem Ehebandverteidiger steht es frei, bei allen Vernehmungen zugegen zu sein mit der Sanktion, daß der vorgenommene Akt, wenn er nicht geladen und nicht anwesend war, sogar seine Rechtsgültigkeit verliert (c. 1587 CIC; Art. 15 EPO). Er hat die Fragen für alle Vernehmungen aufzustellen und gewinnt damit maßgeblichen Einfluß auf die Gestaltung des Verfahrens (c. 1968 CIC; Art. 70 EPO). Er kann in jedem Stadium des Verfahrens Einblick in die Akten beanspruchen, auch schon vor der Aktenveröffentlichung (c. 1969 CIC; Art. 71 EPO).

Mit dieser überstarken Position des Ehebandverteidigers gegenüber der schwachen Stellung der Parteien will das künftige Prozeßrecht radikal aufräumen. Einmal geschieht dies dadurch, daß dem Defensor vinculi ein Teil seiner Sonderrechte gestrichen wird. So ist z. B. nicht mehr vorgesehen, daß die Fragen für die Vernehmungen vom Ehebandverteidiger aufgestellt werden.[44] Auch ist nicht mehr davon die Rede, daß er die Vernehmungsprotokolle zusammen mit dem Vernehmungsrichter und dem Notar unterschreibt[45]; in dieser Unterzeichnung dokumentierte sich bislang symbolhaft die Distanz zwischen Defensor vinculi und Partei.

Vor allem aber kommt die Gleichstellung mit den Parteien darin zum Ausdruck, daß alle Rechte, die dem Ehebandverteidiger zustehen, künftig grundsätzlich und im wesentlichen auch der Gegenseite zugestanden werden. Zwar nicht unmittelbar den Parteien selbst, wohl aber ihren Vertretern, den sogenannten patroni partium. Darunter sind gemäß c. 101 Sch. alle Parteivertreter zu verstehen, sowohl die Advokaten (Rechtsbeistände) als auch die Prokuratoren (Prozeßstellvertreter). Die grundsätzliche Parität von Defensor vinculi und Parteivertreter umschreibt der äußerst wichtige c. 342

---

[44] So ist es in c. 1968 CIC vorgeschrieben. Im Schema De processibus fehlt eine analoge Bestimmung.
[45] Vgl. c. 212 § 2 Sch. im Gegensatz zu Art. 104 § 2 EPO.

Sch.[46] in folgender Weise: Ehebandverteidiger und zugleich die Patrone der Parteien haben das Recht: *1. der Vernehmung* der Parteien, der Zeugen und der Sachverständigen *beizuwohnen,* unter Wahrung der Vorschrift des c. 203 Sch.; *2. die Prozeßakten,* auch wenn sie noch nicht offengelegt sind, *einzusehen* und die von den Parteien vorgelegten Dokumente zu prüfen. Hinsichtlich des zweiten Punktes, nämlich des jederzeitigen Einblicks in die Prozeßakten, soll keinerlei Unterschied zwischen Ehebandverteidiger und Parteivertreter gemacht werden. Für die Anwesenheit bei Vernehmungen hingegen wird durch die Verweisung auf c. 203 Sch. doch eine gewisse Differenzierung vorgenommen. Denn diese Norm aus dem allgemeinen Prozeßrecht sieht die Anwesenheit der Parteivertreter bei den Zeugenvernehmungen nur als Regelfall vor und läßt eigens die Ausnahme zu, daß der Verhandlungsleiter sich wegen sachlicher oder persönlicher Umstände für ein geheimes Vorgehen entscheidet. Der Richter hätte also immerhin die Möglichkeit, aus besonderen Gründen die Parteivertreter von der Anwesenheit bei Zeugenvernehmungen auszuschließen. Übrigens gilt dieser Ausschluß nach dem Wortlaut des c. 203 Sch. nur für Zeugenvernehmungen, nicht für Vernehmungen der Parteien und der Sachverständigen. Doch ist das wohl nur ein redaktionelles Versehen, das man im Schema korrigieren müßte.

Wie ist die prozessuale Parität zwischen Ehebandverteidiger und Parteivertretern im künftigen Eheprozeß zu *beurteilen?* Grundsätzlich ist diese Änderung zu begrüßen. Denn die bisherige übermächtige Position des Ehebandverteidigers belastet den Eheprozeß; weniger im objektiven Sinne als psychologisch. Der Ehebandverteidiger und nicht die pars conventa ist ja der eigentliche Gegenspieler des Klägers. Beide aber können bisher den gerichtlichen Kampf keineswegs von gleicher Ausgangsbasis und mit gleichen Hilfsmitteln führen. Besitzt der Ehebandverteidiger schon auf Grund seiner Kenntnis des kanonischen Prozeßrechts einen meist nicht aufholbaren Vorsprung, so wird ihm obendrein noch rechtlich eine privilegierte Sonderstellung eingeräumt, der gegenüber die Partei, vor allem die klagende Partei, sich oft hilflos im Rückstand sieht. Wenn dem prozessualen Geschehen der Gedanke des fairen Kampfes der beiden Streitgegner zugrunde liegt, dann kann man *prinzipiell* die Parität von Ehebandverteidiger und Parteivertretern nur *befürworten.*

Freilich läßt sich nicht verkennen, daß mit der weittragenden Neuerung

---

[46] C. 342 Sch.: Defensori vinculi et insimul patronis partium ius est:
    1) examini partium, testium et peritorum adesse, salvo praescripto can. 203;
    2) acta processus, etsi nondum publicati, invisere et documenta a partibus producta recognoscere.
Der zitierte c. 203 Sch. aus dem allgemeinen Prozeßrecht lautet:
Examini testium partes assistere nequeunt, nisi iudex, praesertim cum res est de bono privato, eas admittendas censuerit. Assistere tamen possunt earum advocati vel procuratores, nisi iudex propter rerum et personarum adiuncta censuerit secreto esse procedendum.

Der Eheprozeß im Entwurf zum künftigen Codex Iuris Canonici   459

auch manche *Schwierigkeit* und *Belastung* auf den Eheprozeß zukommt. Zumal wenn man bedenkt, daß, anders als es in Art. 48 § 4 EPO vorgeschrieben ist, künftig der Prokurator einer Partei nicht mehr der Approbation durch den Bischof bedarf.[47] Das Gericht hat es also nicht mehr in der Hand, wer alles an den Vernehmungen teilnimmt und in die Prozeßakten Einsicht erhält.

Die Erschwernis droht weniger von der Einsichtnahme in die Akten als von der Anwesenheit bei den Vernehmungen. Gewiß kann auch schon das Recht der Patroni beider Parteien, jederzeit, selbst vor der Offenlegung der Akten, in die Unterlagen Einblick zu nehmen, die Tätigkeit der Offizialate empfindlich belasten und den zügigen Arbeitsgang spürbar hemmen. Eine so *gehäufte Einsichtnahme* unter Aufsicht ist kaum durchführbar. Man wird sich vermutlich schon darauf einstellen müssen, oft genug von allen Vernehmungen gleich Fotokopien für die Parteivertreter bereitzuhalten. Doch das ist allenfalls ein technisches Problem.

Bedenklicher wirkt sich die als Regelfall vorgesehene *Zulassung zu allen Vernehmungen* aus. Wer etwas Erfahrung aus der Alltagspraxis der kirchlichen Ehegerichte besitzt, weiß zur Genüge, wie schwer sich zumeist Parteien wie Zeugen bei den Vernehmungen tun. Psychologisch kommt alles darauf an, den betreffenden Menschen zu einem vertrauensvollen Sprechen, Berichten, Erzählen zu bringen. Die völlig ungewohnte Atmosphäre des kirchlichen Gerichts errichtet schon eine nur mühsam zu überwindende Barriere. Je mehr fremde Personen, um so größer die Hemmung. Oft bedeutet neben den nun einmal unerläßlichen beiden Personen Vernehmungsrichter und Aktuar bereits die weitere Anwesenheit des Ehebandverteidigers eine beträchtliche Belastung. Und nun sollen regelmäßig auch noch die Patrone der beiden Parteien Zutritt erhalten. Unschwer läßt sich ausmalen, wie das häufig genug einen ergiebigen Ertrag der Vernehmung in Frage stellen wird. Zumal das offene Gespräch erst recht bedroht ist, weil es im Eheprozeß vielfach um höchst persönliche und intime Vorgänge geht, die man allenfalls in einer Atmosphäre des Vertrauens, aber nur sehr widerstrebend im Beisein der Parteivertreter vorzubringen bereit ist.

Ein gewisser *Ausweg* aus diesem Dilemma ist eröffnet in dem Zusatz „salvo praescripto can. 203" in c. 342 Sch. Danach kann, wie oben dargelegt, der Richter ausnahmsweise einmal Parteivertreter von der Anwesenheit bei Zeugenvernehmungen ausschließen. Aber es bleibt die Frage, ob das genügt. Für den Eheprozeß wäre es im Hinblick auf seine spezifische Eigenart besser, wenn der Gesetzgeber den Regelfall und den Ausnahmefall gerade umgekehrt festsetzen wollte: in der Regel keine Anwesenheit bei den Ver-

---

[47] C. 90 Sch. fordert die bischöfliche Approbation nur für den Advokaten, nicht mehr für den Prokurator. In Abwendung von der EPO wird mithin wieder die Regelung des c. 1658 CIC aufgegriffen.

nehmungen; ausnahmsweise Zulassung mit ausdrücklicher Zustimmung des Richters. Hierzu wären in c. 342 Sch. die Worte „salvo praescripto can. 203" zu ersetzen durch „si praeses id opportunum esse censuerit"[48].

In c. 342 Sch. müßte wohl noch zum Ausdruck gebracht werden, daß auch der *Promotor iustitiae*, falls er am Prozeß beteiligt ist, die gleichen Rechte in Anspruch nehmen kann; und zwar persönlich, da er nicht eines patronus bedarf.

Das Schema bemüht sich darum, die Position des Ehebandverteidigers sachgerechter zu gestalten. Müßte man aber in der eingeschlagenen Richtung nicht folgerichtig noch einen Schritt weiter gehen? Wer ist in Wahrheit beim Ehenichtigkeitsprozeß die „pars conventa"? Nach der bisherigen Konstruktion des Eheprozeßrechts der nichtklagende Ehegatte. Aber entspricht das dem wahren Sachverhalt? Und wie ist es, wenn beide Gatten zugleich auf Nichtigkeit ihrer Ehe klagen? Dieser keineswegs platonische Fall enthüllt, daß im jetzigen Eheprozeßrecht und auch noch im Schema die Rollen von Partei und Gegenpartei nicht sachentsprechend verteilt sind. Angegriffen ist im Ehenichtigkeitsprozeß nicht der andere Ehegatte, sondern in Wahrheit das Eheband selbst, vertreten durch den Ehebandverteidiger. Im künftigen Eheprozeßrecht sollte man das klar herausstellen und als *Gegenpartei* den *Defensor vinculi* bezeichnen. Dieser als Vertreter des Ehebandes ist im echten Sinn die „pars conventa". Für den nichtklagenden Ehegatten sollte man die Bezeichnung „pars conventa" konsequent vermeiden und ihn neutral etwa als „alter coniux" benennen. Alle Bestimmungen des Schemas, die von der „pars conventa" handeln, müßten entsprechend überprüft und gegebenenfalls geändert werden.

11. In der gleichen Linie, die Rechte der Parteien besser zu sichern, liegt es, wenn c. 101 Sch.[49] die Möglichkeit eröffnet, bei jedem Gericht *Offizialanwälte* zu bestellen, deren sich die hilfesuchenden Parteien auf ihren Wunsch hin als Prokuratoren oder als Advokaten bedienen können. Sie werden im Entwurf als „patroni stabiles" bezeichnet. Richtiger wäre der Name „patroni publici", wie es auch im Vorwort des Schemas (S. VII) heißt. Denn sie sollen nach dem Entwurf vom Gericht bereitgestellt werden. Es sind also nicht bloß ständige Anwälte, was ja auch für die ständig zugelassenen, aber in eigener Verantwortung arbeitenden Anwälte zuträfe; vielmehr handelt es

---

[48] Die Beschränkung träfe dann freilich auch den Defensor vinculi in gleichem Maße. Doch wäre damit die Parität von Ehebandverteidiger und Parteivertretern erst voll hergestellt.
[49] C. 101 Sch.: In unoquoque tribunali, quatenus fieri possit, stabiles patroni constituantur, ab ipso tribunali stipendium recipientes, qui munus advocati vel procuratoris in causis praesertim matrimonialibus pro partibus quae eos seligere malint, exerceant, secundum normas lege particulari statuendas.

sich um echte Offizialanwälte, die vom Gericht finanziert und von diesem den Parteien auf Wunsch zur Verfügung gestellt werden.

Freilich ist sich der Entwurf bewußt, daß die Realisierung dieser Institution nicht leicht sein wird. Die Norm fügt daher schon selbst die Einschränkung an: „quatenus fieri possit" und überläßt die Regelung der Einzelheiten dem Partikularrecht. Aber es wäre aller Mühe wert, das Ziel anzustreben.

Solchen Offizialanwälten könnte sinnvoll zugleich die Aufgabe zufallen, die heute meist vom Offizial oder Vizeoffizial nebenbei erledigt werden muß, nämlich die Beratung der Personen, die erstmals das Offizialat aufsuchen, um sich nach einer Regelung ihrer Eheangelegenheit zu erkundigen. Eine höchst wichtige Aufgabe, die ebenso seelsorgliche Verantwortung wie völlige Beherrschung des kanonischen Rechts voraussetzt. Wenn bei solcher Beratung, etwa aus fehlender kanonistischer Schulung, falsche Erwartungen geweckt würden, so wäre mehr verdorben als gewonnen. Der Posten des patronus publicus kann daher keinesfalls als Eingangsstufe und zur Erprobung für künftige andere Verwendung im Offizialat besetzt werden; für ihn ist gründliche Kenntnis der Materie bereits unerläßliche Voraussetzung. Es wäre daher gut, in c. 101 Sch. noch anzufügen: „Nemo patronus publicus constituatur, nisi sit catholicus, integrae famae et in iure canonico vere peritus."

12. Hinsichtlich der Vernehmungen sind außer der Zulassung der Parteivertreter noch einige weitere Änderungen des künftigen Eheprozesses zu erwähnen. Zunächst eine schon längst überfällige Reform: Es wird nicht mehr auf der Doppelung des *Eides* als Voreid und Nacheid bei der Vernehmung bestanden; die eine Eidesleistung genügt.[50] Auch die Möglichkeit, daß der Zeuge den Eid verweigert, ist vorgesehen; er soll dann unvereidigt vernommen werden.[51] Beim Sachverständigen soll es sogar freigestellt sein, ob er einen Eid leisten will; es genügt seine förmliche Erklärung in anderer Weise, daß er seine Aufgabe gewissenhaft erfüllen werde.[52] Großzügig erscheint des weiteren die Regelung für den Fall, daß jemand sich nicht vor dem Kirchengericht vernehmen lassen will. Es soll ihm die Möglichkeit zugestanden werden, auf irgendeine andere rechtmäßige Weise seine Stellungnahme dem Gericht zukommen zu lassen.[53] Notfalls dürfte damit auch eine schriftliche Beantwortung der Fragen nicht ausgeschlossen sein.

In einem anderen Punkt hingegen bringt der Entwurf eine *Verschärfung*, welche die Vernehmung oft ungebührlich erschweren könnte. C. 344 Sch.[54]

---

[50] C. 173 Sch. betr. Parteien; c. 201 § 2 Sch. betr. Zeugen.
[51] C. 201 § 2 Sch.
[52] C. 226 § 1 Sch.
[53] C. 169 Sch.
[54] C. 344 Sch.: Nisi gravis causa aliud suadeat, quoties mulier deponere debeat de impotentia

schreibt vor: Jedesmal, wenn eine Frau über Impotenz oder überhaupt über geschlechtliche Dinge aussagen soll, sind die Fragen, sofern nicht ein gewichtiger Grund dagegen spricht, nicht vom Richter, sondern von einem *Arzt* in Gegenwart des Richters vorzulegen. Das geht weit über das hinaus, was bisher durch Dekret des Sanctum Officium vom 12. Juni 1942[55] angeordnet ist. Danach war die Befragung durch den Arzt in Impotenz- und Inkonsummationsverfahren nur notwendig, sofern die zu vernehmende Frau in der Ehesache Partei war, nicht aber bei der Vernehmung einer Zeugin. Vor allem jedoch war die Vorschrift eng begrenzt auf Impotenz- und Inkonsummationsverfahren. Nunmehr soll ein Arzt zugezogen werden, wo immer bei der Vernehmung einer Frau eine Aussage „de re sexuali" zu machen ist. In wie vielen ehegerichtlichen Vernehmungen der Parteien, aber auch der Zeugen ist es jedoch unausweichlich, daß das intime Eheleben der Parteien irgendwie zur Sprache kommt. Müßte man dann immer einen Arzt zuziehen, so würde das erheblich belasten; eine beträchtliche Verzögerung der Verfahren wäre kaum zu vermeiden. Dabei ist die Ausweitung der Vorschrift, wie die ehegerichtliche Erfahrung gewiß belegen kann, von der Sache her schwerlich zu verstehen. Man sollte es bei der bisherigen Regelung belassen. Dazu wären in c. 344 Sch. *zwei Änderungen* vorzunehmen:

a) Hinter „mulier" wäre zu ergänzen „quae est pars in causa".

b) In der Wendung „de impotentia vel generatim de re sexuali" wären die Worte „vel generatim de re sexuali" zu streichen.

Sollte irgendwo aus örtlichen Gegebenheiten, etwa mit Rücksicht auf Volkssitte oder -mentalität, eine weitere Verschärfung angebracht erscheinen, könnte man das einer partikularrechtlichen Vorschrift durch die jeweilige Bischofskonferenz überlassen. Ähnlich ist auch in c. 345 Sch. für die etwaige corporis inspectio auf die Möglichkeit partikularrechtlicher Normen verwiesen. Das gesamtkirchliche Recht sollte von sich aus hier keine Erschwerung vornehmen.

Das Institut des *Siebenhändereides* (c. 1975 CIC) wird nicht mehr in seiner strengen Form beibehalten. Wohl sollen, wenn nicht sonst schon ein voller Beweis erbracht ist, Zeugen gegebenenfalls nach der Glaubwürdigkeit der Parteien befragt werden (c. 343 Sch.). Das aber ist nicht, wie in c. 1975 CIC, auf Impotenz- und Inkonsummationsverfahren beschränkt. Hernach ist noch näher darauf einzugehen.

---

vel generatim de re sexuali, quaestiones non a iudice ei proponantur sed a medico, adstante semper iudice. — Das Schema gibt übrigens zu Unrecht c. 1976 CIC als Rechtsquelle für c. 344 Sch. aus. C. 1976 CIC handelt von etwas anderem, von der inspectio corporis in Impotenz- und Inkonsummationsverfahren, nicht von Vernehmungen.

[55] AAS 34, 1942, S. 200–202.

13. Eine Kernfrage allen Prozeßrechts bildet das Problem der *Beweiswürdigung*. Erst recht gilt das für den Eheprozeß, der sich vor allem beim Klagegrund des Konsensmangels auf meist versteckte und nur schwer beweisbare Sachverhalte beruft und in dem der Richter immer wieder vor der Frage steht: Auf welches Beweismaterial hin kann das Urteil „Constat de nullitate matrimonii" gerechtfertigt sein? Wieweit kann hierfür zumal das glaubhafte Geständnis einer Partei herangezogen werden?

Das Schema De processibus hat sich um das Problem der Beweiswürdigung offensichtlich intensiv bemüht. In den Grundlinien deckt sich die dort vorgesehene Regelung, wie es aus der Natur der Sache gar nicht anders möglich ist, mit den bisherigen Normen des kanonischen Rechts. Aber in den Einzelbewertungen, nicht zuletzt zur Tragweite von Parteiaussagen, setzt das Schema deutlich neue Akzente und Markierungen, die höchstes Interesse herausfordern müssen, weil sie für die Praxis der Rechtsprechung in Eheprozessen von beträchtlicher Auswirkung sein können.

Ein Vierfaches läßt sich zur Frage der Beweiswürdigung aus dem Schema erheben:

a) Für das Urteil ist *moralische Gewißheit* erforderlich, die auf dem Beweismaterial der Akten gründen muß. So c. 266 §§ 1—2 Sch.[56] in wörtlicher Übereinstimmung mit dem Codex (c. 1869 §§ 1—2 CIC).

b) Es gilt als Regel die *freie* Beweiswürdigung, sofern nicht eine gesetzliche Beweisbewertung vorgeschrieben ist (c. 266 § 3 Sch.[57]). Auch hierin volle Deckung mit dem Codex (c. 1869 § 3 CIC). Für den Eheprozeß erlangen zwei gesetzliche Beweisregeln besondere Bedeutung; eine zur Zeugenaussage, die andere zur Parteiaussage.

c) Die *Zeugen*aussagen in Eheprozessen unterliegen der freien Beweiswürdigung (cc. 219—220 Sch.); mit der einen Einschränkung: „Unius testis depositio plenam fidem non facit ..." (c. 221 Sch.[58]). Freilich, diese Einschränkung gilt nur, wenn zu dem einen Zeugen sonst überhaupt nichts an Beweisergänzungen und Beweisstützen vorzuweisen wäre. Allerdings hat der Codex das in c. 1791 CIC nicht eigens vermerkt. Doch hat eine gesunde Gesetzesinterpretation c. 1791 CIC schon immer so verstanden. Das Schema klärt das jetzt auch ausdrücklich mit dem Zusatz „nisi rerum et personarum adiuncta aliud suadeant".

d) Zur äußerst wichtigen Bewertung der *Parteiaussagen* in Eheprozessen

---

[56] C. 266 Sch.: § 1. Ad pronuntiationem cuiuslibet sententiae requiritur in iudicis animo moralis certitudo circa rem sententia definiendam.
§ 2. Hanc certitudinem iudex haurire debet ex actis et probatis.
[57] C. 266 § 3 Sch.: Probationes autem aestimare iudex debet ex sua conscientia, nisi lex aliquid expresse statuat de efficacia alicuius probationis.
[58] C. 221 Sch.: Unius testis depositio plenam fidem non facit, nisi aliud iure caveatur aut agatur de teste qualificato qui deponat de rebus ex officio gestis, aut rerum et personarum adiuncta aliud suadeant.

trifft das Schema einige Feststellungen, die über das bisherige Recht hinausweisen. Es sei die historische Rechtsentwicklung kurz skizziert. Der Codex hat das Problem nur unscharf beantwortet. In etwa läßt sich aus c. 1751 CIC ableiten, daß die Parteiaussage für sich allein nicht zu einem Ehenichtigkeitsurteil ausreicht. Die EPO von 1936 hingegen sieht die Fragestellung mit aller Schärfe und hat in den viel zitierten Art. 116 f.[59] gegenüber den Parteiaussagen eine unverkennbar restriktive Haltung eingenommen. Besonders deutlich darin, daß zur gerichtlichen Parteiaussage nur die negative Feststellung getroffen wird, sie reiche für einen Beweis nicht aus — ohne überhaupt auf die eigentliche Schwierigkeit einzugehen, ob und wieweit die gerichtliche Parteiaussage, die für sich allein verständlicherweise keinen vollen Beweis schafft, nicht doch zum Beweis beizusteuern vermag. Hier nun versucht das Schema De processibus einen bemerkenswerten neuen Ansatz in c. 178 Sch.[60] aus dem allgemeinen Prozeßrecht und in c. 343 Sch.[61] mit einem ergänzenden Zusatz für den Eheprozeß.[62] Das Schema gibt danach drei Regeln für die Bewertung von Parteiaussagen:

(1) *Alle* Aussagen der Parteien, ob gerichtliche oder außergerichtliche, können *irgendeinen Beweiswert* besitzen (aliquam vim probandi habere possunt), der vom Richter im Gesamtzusammenhang des ganzen Sachverhalts in freier Beweiswürdigung zu bemessen ist (c. 178 § 1 Sch.). Dabei fällt auf, daß der Gesetzestext keinerlei Unterschied macht, ob die Parteiaussage aus verdächtiger oder aus unverdächtiger Zeit stammt. Aber auch ohne daß dies eigens gesagt ist, wird eine sachgerechte freie Beweiswürdigung von sich aus schon nicht davon absehen können, bei der Gewichtung einer Aussage mit einzukalkulieren, ob sie erst hernach zu verdächtiger Zeit gefallen ist.

(2) Für das Wertungsmaß von Parteiaussagen wird jedoch eine Einschränkung in der gesetzlichen Beweisregel festgelegt: Das *gerichtliche Geständnis* der Parteien bringt für sich allein *niemals vollen Beweis* für die Ehenichtigkeit,

---

[59] Art. 116 EPO (betr. außergerichtliche Parteiaussage aus unverdächtiger Zeit): Confessio extraiudicialis coniugis, quae adversus matrimonii valorem pugnet, prolata ante matrimonium contractum, vel post matrimonium, sed tempore non suspecto, probationis adminiculum constituit a iudice recte aestimandum.

Art. 117 EPO (betr. gerichtliche Parteiaussage): Depositio iudicialis coniugum non est apta ad probationem contra valorem matrimonii constituendam.

[60] C. 178 Sch.: § 1. Confessio iudicialis in causis quae respiciunt bonum publicum, confessio extraiudicialis, et partium declarationes quae non sint confessiones aliquam vim probandi habere possunt, a iudice aestimandam una cum ceteris causae adiunctis; item iudicis est aestimare, quid ad factorum probationem erui possit ex recusatione respondendi.

§ 2. At iudiciali confessioni in causis quae respiciunt bonum publicum numquam vis plenae probationis tribui potest, nisi alia accedant elementa quae eam omnino corroborent.

[61] C. 343 Sch.: Nisi probationes aliunde plenae habeantur, iudex, ad partium depositiones ad normam can. 178 aestimandas, testes de ipsarum partium credibilitate, si fieri potest, adhibeat, praeter alia indicia et adminicula.

[62] Vgl. dazu auch den Vortrag von Kard. Pericles *Felici* zum Thema „Formalità giuridiche e valutazione delle prove nel processo canonico": Communicationes 9, 1977, S. 175—184.

es sei denn, daß sonstige Beweiselemente hinzukommen, die zusammen mit dem Geständnis die Vollständigkeit des Beweises ergeben (c. 178 § 2 Sch.). Anders als Art. 117 EPO, begnügt sich das Schema nicht mit der negativen Feststellung, daß das gerichtliche Geständnis der Parteien nicht zum Beweis ausreicht, sondern stößt zu der positiven Aussage durch, daß das allein nicht genügende Geständnis in Verbindung mit sonstigen stützenden und ergänzenden Beweismomenten unter Umständen doch einen vollen Beweis liefern kann. Neu ist diese Einsicht zwar nicht. Hatten doch kanonistische Wissenschaft und kirchliche Rechtsprechung längst erkannt, daß die rein negative Aussage des Art. 117 EPO den Zugang zu solcher Beweisauffüllung gar nicht verbauen kann.[63] Erfreulich bleibt, wenn nunmehr der Gesetzestext selbst die Verdeutlichung aussprechen soll.

(3) Neu dagegen ist, was das Schema in c. 343 Sch. für Eheprozesse als Beweisergänzung zuläßt, die dem Geständnis der Parteien zu einem vollen Beweis verhelfen soll. Bislang verstand man unter diesen Beweisergänzungen die gesamten Indizien, Motivationen und Begleitumstände beim Eheabschluß. Künftig sollen nach c. 343 Sch. bei allen Eheprozessen außer sonstigen Indizien und Beweisstützen (praeter alia indicia et adminicula) gegebenenfalls auch *Glaubwürdigkeitszeugen* als solche Beweisergänzung herangezogen werden können. Sie sollen, selbst wenn sie zur Sache nichts beizusteuern wissen, als testes de credibilitate partis vel partium die Glaubwürdigkeit der Partei bezeugen und indirekt damit deren gerichtliches Geständnis als glaubhaft erhärten.

Hier erlebt das Institut der Siebenhänderzeugen, das im Codex (c. 1975 CIC) auf Impotenz- und Inkonsummationsverfahren beschränkt ist, eine unerwartete *Ausweitung* auf sämtliche Eheprozesse, wenn auch ohne Festlegung auf die Siebenzahl. Die Verfasser des Schemas haben sich von dem berechtigten Anliegen leiten lassen, alle sinnvollen Möglichkeiten einer Beweisauffüllung auszuschöpfen. In der Tat vermag auch die Zuziehung von Glaubwürdigkeitszeugen, sofern sie nur behutsam und mit dem nötigen richterlichen Unterscheidungsvermögen angewandt wird, zur Beweisergänzung beizutragen.

Freilich sollte nüchterner Realitätssinn nicht die Augen davor verschließen, wo hier *Grenzen* zu ziehen sind. Die beigebrachten Glaubwürdigkeitszeugen, meist nahe Verwandte und gute Bekannte, zeichnen allzu leicht, wenn sie nicht nach Tatsachen, sondern nach Wertungen wie hinsichtlich der Glaubwürdigkeit befragt werden, ein recht einseitiges Bild; selbst dort, wo die Gefahr einer reinen Gefälligkeitsaussage gebannt wäre.[64]

---

[63] Vgl. Heinrich *Flatten,* Die freie Beweiswürdigung im kanonischen Prozeß: ThQ 139, 1959, S. 427–460 (oben 232–255).
[64] Die Praxis der Ehegerichte kann vielfältig belegen, was Paul *Wirth,* Der Zeugenbeweis im kanonischen Recht unter besonderer Berücksichtigung der Rechtsprechung der Römischen

Mit diesem Hinweis soll der Glaubwürdigkeitszeuge nicht abgelehnt, wohl aber vor seiner Überschätzung gewarnt werden.

Im Blick auf den angedeuteten Sachverhalt wären zu c. 343 Sch. hinsichtlich der Glaubwürdigkeitszeugen *zwei Textänderungen* oder -ergänzungen vorzuschlagen. Der *erste* Wunsch betrifft die Beseitigung einer gewissen Unklarheit in der Formulierung des c. 343 Sch.: ob nämlich Glaubwürdigkeitszeugen für sich *allein* schon *oder* aber *nur im Verbund* mit anderen Beweisstützen das gerichtliche Geständnis der Parteien unter Umständen zum vollen Beweis auffüllen können. Der Codex entscheidet beim Siebenhänderzeugnis ausdrücklich im zweiten Sinne; es müssen noch sonstige Beweismomente hinzukommen.[65] Die aufgedeckte Problematik der Glaubwürdigkeitszeugen empfiehlt von der Sache her eine solche Lösung. Es ist durchaus möglich, daß c. 343 Sch. mit der Wendung „praeter alia indicia et adminicula" den gleichen Sinn verknüpfen will. Aber das „praeter" ist irgendwie schillernd. Es schließt die Deutung nicht aus, es gebe zwar generell „neben" anderen Beweisergänzungen auch noch die Beweisauffüllung durch Glaubwürdigkeitszeugen, nicht aber sei gefordert, daß im konkreten Prozeß Glaubwürdigkeitszeugen nur „in Verbindung mit" anderen Beweisstützen ausreichen könnten. Bei der Tragweite des Problems für ungezählte Eheprozesse sollte man unbedingt für klare Formulierung sorgen. Das könnte geschehen, indem man in c. 343 Sch. einen ähnlichen Text wie c. 1975 § 2 CIC noch einfügt. Es genügt aber schon, wenn man in c. 343 Sch. das „praeter..." ersetzt durch „una simul cum aliis indiciis et adminiculis"; damit wäre bereits klargestellt, daß Glaubwürdigkeitszeugen nur im Verbund mit anderen Beweisergänzungen die Parteiaussage zu einem vollen Beweis führen können.

Zum *zweiten* wäre gerade an dieser Stelle des Schemas ein nachdrücklicher Hinweis des Gesetzgebers angebracht, wie die Urteilsfindung nur in einem sehr behutsamen Abwägen des gesamten Beweismaterials, in einer Gewichtung seiner einzelnen Beweiselemente wie vor allem in einer wertenden Zusammenschau des Ineinandergreifens aller Einzelstücke geschehen kann.

Rota, Paderborn 1961, S. 279 f. schreibt: „Trotz dieser verhältnismäßig hohen Einschätzung des Siebenhänderzeugenbeweises durch den Gesetzgeber darf aber nicht die Fraglichkeit derartiger Glaubwürdigkeitszeugnisse übersehen werden. Es liegt in der Natur der Sache, daß diese Zeugen fast immer für die Rechtschaffenheit der Parteien einstehen, weil sie ja zu ihnen verwandt oder mindestehs mit ihnen bekannt sind. Zum anderen benennen die Streitparteien nur Personen als Leumundszeugen, die aller Voraussicht nach günstig aussagen werden. So lehrt denn die gerichtliche Praxis, daß nur sehr selten die Glaubwürdigkeit einer Partei nicht bekundet wird. Aus diesen Gründen sind die Darlegungen solcher Zeugen mit erheblichen Vorbehalten anzunehmen. Der Richter muß sich davor hüten, den Siebenhänderzeugenbeweis zu überschätzen."

[65] C. 1975 § 2 CIC: Testimonium septimae manus est argumentum credibilitatis quod robur addit depositionibus coniugum; sed vim plenae probationis non obtinet, nisi aliis adminiculis aut argumentis fulciatur.

Wenn hier der Entwurf mit der Zulassung von Glaubwürdigkeitszeugen eine beträchtliche Lockerung zugesteht, so sollte er um so eindringlicher an die *Notwendigkeit einer* wägenden und wertenden *Gesamtbeurteilung* erinnern. Es muß der Gefahr vorgebeugt werden, daß bereits aus der Addition von Parteiaussage und Glaubwürdigkeitszeugen oder auch anderen Beweisstützen rein schematisch im Urteil auf Nichtigkeit der Ehe erkannt wird. Die Feststellung, daß das Geständnis der Partei unter Umständen durch Glaubwürdigkeitszeugen und anderes zum vollen Beweis „aufgefüllt" werden kann, verleitet leicht zur bloßen Addition. Richterliches Urteilen ist aber alles andere als ein nur additives Verfahren. Vielmehr vollzieht es sich in einem recht komplexen Vorgang einer Gesamtabwägung, in der zwar zunächst jedes einzelne Beweismoment für sich zu gewichten ist, dann aber vor allem zu prüfen bleibt, wie es um das Zueinanderpassen und Ineinandergreifen der einzelnen Stücke in ihrer Gesamtheit und in ihrem Zusammenspiel steht; ob aus dem gesamten Aktenmaterial in einer umfassenden Würdigung, die keineswegs schwache Beweisstellen übersieht, jene moralische Gewißheit erwächst, die an der Nichtigkeit der Ehe keinen vernünftigen Zweifel mehr übrigläßt. Bloße Addition von Parteiaussage und Glaubwürdigkeitszeugen reicht dazu nicht aus. Vielmehr kommt es auf eine wirkliche Stimmigkeit des gesamten Aktenbefundes, nicht zuletzt auch der ganzen Begleitumstände der Eheschließung an, so daß in der Gesamtschau des Beweismaterials trotz Fehlens direkter Sachzeugen jeder begründete Zweifel ausgeschlossen ist. Der Gesetzgeber sollte, gerade weil c. 343 Sch. die Beweismöglichkeiten ausweitet, dort auf diese Grundstruktur der Beweiswürdigung hinweisen und einen § 2 etwa des Inhalts anfügen: Quo in casu iudex serio aestimet, num ex toto actorum complexu de matrimonii nullitate certitudo moralis oriatur, qua omne dubium probabile expungatur.

14. Die Reform des Eheprozesses legt besonderen Wert auf die *Beschleunigung* des Verfahrens. C. 1620 CIC schreibt vor, den Prozeß in erster Instanz in zwei Jahren und in zweiter Instanz binnen eines weiteren Jahres zu beenden. Die Fristen werden im Schema verkürzt: für die erste Instanz auf anderthalb Jahre, für die zweite Instanz auf neun Monate (c. 54 § 1 Sch.). Mit solcher Fristsetzung allein ist, wie jeder Kundige weiß, dem Übel der verschleppten Eheprozesse freilich nicht beizukommen. Daß es sich um ein verhängnisvolles Übel handelt, wird niemand bestreiten. Nur darf man nicht verkennen, daß es zwar nicht ausschließlich, jedoch weithin durch die Überlastung und Unterbesetzung der kirchlichen Gerichte verursacht ist. Um der Fristsetzung wenigstens einen wirksameren Nachdruck zu verleihen, schreibt das Schema vor, daß in jedem Fall die Terminüberschreitung sofort (statim) dem Apostolischen Stuhl zu berichten ist (c. 54 § 1 Sch.). Die Meldepflicht ist nützlich, da sie einen heilsamen Druck ausübt. Nur, das

„statim" schafft neue Belastungen und damit weitere Verzögerungen und sollte durch „in relatione annuali" ersetzt werden. Es genügt, diese Meldung mit dem Jahresbericht an die Signatura Apostolica zu verknüpfen.

Auch für das Erlöschen des Rechtszuges (peremptio instantiae) werden die Fristen erheblich verkürzt, und zwar auf die Hälfte gegenüber c. 1736 CIC. Wenn künftig in einem Prozeß innerhalb eines Jahres in erster Instanz oder innerhalb eines halben Jahres in zweiter Instanz kein prozessualer Akt mehr gesetzt wurde, kann die Sache zur Causa deserta erklärt werden (c. 161 Sch.). Das Verfahren ist damit eingestellt.

V. Appellation und Vollstreckung im Eheprozeß

15. Für die *Appellation* gilt im wesentlichen die Ordnung des MP „Causas matrimoniales" vom 28. März 1971. Folgende Abweichungen und Neuerungen sind zu vermerken.

Die Appellation ist *nur noch beim iudex a quo* einzulegen (c. 287 § 1 Sch.), und zwar mit der etwas verlängerten Frist von 15 Tagen (bisher 10 Tage; c. 1881 CIC). Der Appellant braucht nicht mehr seine Berufung beim iudex ad quem eigens zu verfolgen (bisher c. 1883 CIC). Eine sehr nützliche Reform, weil viele Parteien trotz hinreichender Rechtsbelehrung die Notwendigkeit des doppelten Aktes verkannten. Statt dessen hat demnächst von Amts wegen der iudex a quo die Appellation an die Oberinstanz weiterzuleiten (c. 290 Sch.).

Gegen das erstmalige Ehenichtigkeitsurteil muß, wie bisher (c. 1986 CIC), der Ehebandverteidiger von Amts wegen Berufung einlegen (c. 347 § 1 Sch.). Als Neuerung wird dazu verfügt: Sollte der Defensor vinculi dem pflichtwidrig nicht nachkommen, so tritt die *Appellation automatisch* ein — „tamquam si appellatio a vinculi defensore proposita sit" (c. 347 § 1 Sch.). Eine interessante Rechtsfiktion.

Die Oberinstanz hat, was bereits durch das MP „Causas matrimoniales" (n. VIII MP) eingeführt ist, alsbald in einer *Dekretentscheidung* darüber zu befinden, ob das Ehenichtigkeitsurteil der Vorinstanz kurzerhand zu bestätigen oder ob die Sache bei der zweiten Instanz in ordentlichem Verfahren neu zu verhandeln ist.[66] Für diese Dekretentscheidung soll das Appellationsgericht gemäß c. 347 § 3 Sch. die Animadversiones des Ehebandverteidigers und gegebenenfalls die der appellierenden Partei in Erwägung ziehen. Es ist nicht einzusehen, warum nicht auch etwa vorgetragene Argumente der anderen Partei mit zu berücksichtigen sind, wie diese im MP „Causas matri-

---

[66] C. 347 § 3 Sch.: Perpensis animadversionibus defensoris vinculi, de quibus in § 2, et, si qua sit, partis appellantis, collegium suo decreto vel decisionem impugnatam continenter confirmat vel ad ordinarium examen novi gradus causam admittit.

moniales" (n. VIII § 3 MP) ausdrücklich vorgesehen ist. Danach wären die Worte „et, si qua sit, partis appellantis" zu ersetzen durch „et, si quae datae fuerint, partium".

Wie bisher nach Art. 219 § 2 EPO, soll auch in Zukunft gemäß c. 349 Sch.[67] in der Appellationsinstanz ein *neuer Nullitätsgrund* eingeführt werden können, der dann dort als erstinstanzliches Verfahren mit verhandelt wird. Doch soll das nur möglich sein, wenn von keiner Seite Widerspruch erfolgt („si nemo contradicat"). Das wäre richtiger einzuengen auf: „auditis defensore et partibus." Denn die Entscheidung über die Zulassung des neuen Caput sollte allein beim Gericht liegen und nicht durch den Einspruch eines Quertreibers, etwa der Gegenpartei, schlechthin unmöglich gemacht werden. Zur Verdeutlichung würde des weiteren beitragen, wenn hinter „tribunal" eingefügt würde „quatenus modo ordinarii examinis agat". Die Einführung eines neuen Caput ist ja nicht möglich bei der Dekretentscheidung, sondern nur, wenn das Appellationsgericht die Sache im ordentlichen Verfahren verhandelt.

Die *Überschrift* zum ganzen Abschnitt der Appellationscanones (cc. 346—350 Sch.) bedarf einer Korrektur. Sie lautet jetzt: De sententia et appellatione. Das aber paßt nicht, weil c. 346 Sch. weder vom Urteil noch von der Appellation handelt und weil alle übrigen cc. 347 bis 350 Sch. nur die Appellation regeln. Wenn man, was von der Sache her zuträfe, den c. 346 Sch. in den Abschnitt zum Inkonsummationsverfahren, etwa hinter c. 371 Sch., verschiebt, so läßt sich die Überschrift zu Artikel 5 für die verbleibenden Canones korrekt kürzen in: De appellatione.

16. Zur *Vollstreckung* des Ehenichtigkeitsurteils bringt das Schema eine wichtige Änderung. Zwar bleibt es naturgemäß bei der grundlegenden Aussage: Urteile in Personenstandssachen, zu denen vornehmlich die Eheprozesse zählen, können nie in endgültige Rechtskraft erwachsen, nie zur res iudicata werden.[68] Über den Codex hinaus wird im Schema noch vermerkt, daß dies auch für Separationssachen, nicht nur für Ehenichtigkeitsurteile zu gelten hat.

Nur eine vorläufige Rechtskraft ist möglich. Aber über den *Zeitpunkt,* zu dem diese Vollstreckbarkeit im Sinne der vorläufigen Rechtskraft eintritt

---

[67] C. 349 Sch.: Si in gradu appellationis novum nullitatis matrimonii caput afferatur, tribunal potest, si nemo contradicat, illud admittere; quod si fiat, de eo iudicabit tanquam in prima instantia.

[68] C. 307 Sch.: § 1. Numquam transeunt in rem iudicatam causae de statu personarum, haud exceptis causis de coniugum separatione.

§ 2. Appellatio in his causis nullo termino praefinitur; proposita autem post terminum, de quo in can. 287, exsecutionem sententiae non suspendit, nisi aut lex aliter caveat aut tribunal appellationis ad normam can. 310 § 3 suspensionem iubeat.

Vgl. dazu c. 1903 CIC.

und den Weg zu einer neuen Eheschließung nach doppeltem Nichtigkeitsurteil freigibt, findet man eine Änderung. Bisher ist nach c. 1987 CIC und Art. 220 EPO die Vollstreckbarkeit erst möglich, wenn nach Verkündung des zweiten Urteils die Appellationsfrist von zehn Tagen verstrichen ist, ohne daß von seiten des Ehebandverteidigers oder der Gegenpartei nochmals an eine dritte Instanz Berufung eingelegt würde. Das Schema weicht darin entscheidend ab[69]: Schon gleich mit der Bekanntgabe des zweiten Ehenichtigkeitsurteils an die Parteien („statim ac ... ipsis notificata est") ist die vorläufige Vollstreckbarkeit gegeben, ohne daß noch irgendeine Frist einer etwaigen neuen Appellation abzuwarten wäre. Da auch nach dem neuen Recht der Richter eine Vollstreckbarkeitserklärung aussprechen soll[70], müßte wohl so verfahren werden, daß bereits in dem Bestätigungsdekret oder dem Urteil der zweiten Instanz die Vollstreckbarkeitsklausel formuliert wird, etwa: „Mit der Bekanntgabe dieses Urteils (Dekrets) steht die für nichtig erklärte Ehe nicht mehr einer anderweitigen Eheschließung der Parteien entgegen."

Ob diese sofortige Vollstreckbarkeit, ohne daß die Appellationsfrist abgewartet wird, sinnvoll ist, scheint recht problematisch. Denn in allen Personenstandssachen ist das nochmalige Angehen einer weiteren Instanz auch nach zweimaligem übereinstimmenden Urteil ohne weiteres möglich, sofern neues und gewichtiges Beweismaterial beigebracht werden kann.[71] Gewiß, diese Möglichkeit besteht jederzeit, auch noch nach Ablauf der an sich einzuhaltenden Appellationsfrist. Aber ob es nicht doch gut wäre, wenigstens diese Frist abzuwarten, ehe die Vollstreckbarkeit erklärt wird? Innerhalb dieser Frist wäre viel eher als später mit einer Berufung zu rechnen. Es hätte aber verhängnisvolle Folgen, wenn dann schon mit der gestatteten neuen kirchlichen Trauung Fakten geschaffen wären, die schwerlich rückgängig zu machen sind.

Für die *nochmalige Berufung nach doppeltem übereinstimmenden Ehenichtigkeitsurteil* verwendet das Schema nicht die Bezeichnung „Appellation", sondern *„provocatio ad superius tribunal ad novam causae propositionem obtinendam"*[72]. Gleichwohl sind im wesentlichen die Appellationsbestim-

---

[69] C. 348 Sch.: Postquam sententia, quae matrimonii nullitatem primum declaravit, in gradu appellationis confirmata est vel decreto vel altera sententia, ii, quorum matrimonium declaratum est nullum, possunt novas nuptias contrahere statim ac decretum vel altera sententia ipsis notificata est.

[70] C. 311 Sch.: Non antea exsecutioni locus esse poterit, quam exsecutorium iudicis decretum habeatur, quo edicatur sententiam ipsam exsecutioni mandari debere; quod decretum pro diversa causarum natura vel in ipso sententiae tenore includatur vel separatim edatur.

[71] C. 308 § 1 Sch.; vgl. n. IX § 1 MP.

[72] C. 308 § 2 Sch.: De provocatione ad superius tribunal ad novam causae propositionem obtinendam servanda sunt praescripta cann. 291 § 2, 292, 293 §§ 1–2, 296 de appellatione. Provocatio autem exsecutionem sententiae non suspendit, nisi aut lex aliter caveat aut tribunal appellationis ad normam can. 310 § 3 suspensionem iubeat.

mungen darauf anzuwenden. Solche nochmalige Anrufung des Obergerichts hat jedoch nicht die Wirkung, daß sie die Vollstreckung des angefochtenen Urteils suspendiert, sofern nicht im Gesetz etwas anderes vorgesehen ist oder das angerufene Gericht ausdrücklich die Suspendierung der Vollstreckung anordnet. Die dritte Instanz müßte also gegebenenfalls in einem Dekret verfügen, daß die Vollstreckung des Urteils gehemmt ist und somit der Zugang zu einer anderweitigen Eheschließung vorerst nicht freisteht.

VI. Der summarische Eheprozeß

17. Für den summarischen Eheprozeß, das Verfahren nach c. 1990 CIC, übernimmt das Schema fast ganz die bisherigen Bestimmungen.[73] Es handelt sich um ein vereinfachtes Gerichtsverfahren, wenn die Nichtigkeit der Ehe sich durch Dokumente beweisen läßt.

Eine erfreuliche Änderung dazu: Das Verfahren soll künftig der *Offizial* oder ein von ihm bestellter Richter in eigener Vollmacht durchführen können (c. 351 Sch.). Es bedarf also nicht mehr der einzelnen Beauftragung durch den Bischof.[74]

Bedenklich dagegen erscheint, wie die *Gerichtsbesetzung für die Appellationsinstanz* eines summarischen Eheprozesses geregelt ist. C. 333 § 2 Sch., der generell vom summarischen Streitprozeß, nicht speziell vom summarischen Eheprozeß handelt, schreibt vor, daß im summarischen Streitprozeß, in dem es um das bonum publicum geht, was für einen Eheprozeß immer zutrifft, die Appellationsinstanz ausnahmslos mit *drei* Richtern besetzt sein muß. Es ist zum mindesten fraglich, ob das durch die Wendung „eodem modo de quo in c. 351" in c. 353 Sch. für den summarischen *Ehe*prozeß außer Kraft gesetzt sein soll. Für den hernach zu besprechenden Separationsprozeß träfe, da c. 357 ausdrücklich auf den processus contentiosus summarius verweist, auf jeden Fall die Forderung des c. 333 § 2 Sch. nach dem Kollegialgericht in der Appellationsinstanz zu. Mit Nachdruck muß gefordert werden, daß für den summarischen Eheprozeß und ebenso für Separationsverfahren sowohl in der ersten als auch in der zweiten Instanz stets der Einzelrichter genügt. So gilt es nach dem bisherigen Recht. Es müßte also eine entsprechende Ausnahmeklausel aufgestellt werden, etwa indem am Schluß des c. 333 § 2 Sch. angefügt wird: „exceptis causis processu matrimoniali summario peragendis et causis separationis coniugum". Sonst brächte die Reform des Prozeßrechts statt der erhofften Erleichterung gar noch Erschwernis und Verzögerung.

---

[73] Cc. 1990–1992 CIC; Art. 226–230 EPO; nn. X–XIII MP.
[74] Bisher ist die Sache an den Bischof gebunden; vgl. c. 1990 CIC, Art. 228 EPO, n. X MP.

Die *Appellation* im summarischen Eheprozeß bleibt, wie bislang, in das gewissenhafte Ermessen des Defensors gestellt; im Unterschied zum ordentlichen Eheprozeß braucht er hier nicht in jedem Fall von Amts wegen Berufung einzulegen.[75] Es dient zur Verdeutlichung, wenn nunmehr ausdrücklich gesagt wird, auch den Parteien stehe das Recht zur Appellation zu (c. 352 § 2 Sch.). Eine solche Befugnis konnte sinnvoll schon nach der bisherigen Rechtslage schwerlich bestritten werden. Die ausdrückliche Erwähnung beugt jetzt jedem Zweifel vor.

Der summarische Eheprozeß steht seit dem MP „Causas matrimoniales" (n. XI MP) auch für den *defectus formae* offen. Das wird im Schema (c. 351 Sch.) beibehalten. Gemeint ist damit, was nicht klar zum Ausdruck kommt, allein der Fall, daß die vorgeschriebene kanonische Form der Eheschließung zwar an sich eingehalten, also eine katholische Trauung vorgenommen wurde, aber diese Trauung an einem Formfehler litt, der ihre Ungültigkeit zur Folge hatte; z. B. wenn statt der zwei Trauzeugen nur ein einziger zugegen war. Um diesen Unterschied zwischen absentia formae und defectus in adhibita forma klarer zum Ausdruck zu bringen, wäre es nützlich, in c. 351 n. 1 Sch. die Worte „de defectu formae" zu ersetzen durch „de defectu in adhibita forma".

Wenn nämlich die vorgeschriebene Form überhaupt nicht vorgenommen wurde, bedarf es in der Regel gar nicht eines Eheprozesses, auch nicht in der abgekürzten Weise des summarischen Prozesses. Vielmehr kann dann der status liber ohne gerichtlichen Prozeß auf dem Verwaltungsweg festgestellt werden. In der bisherigen Eheprozeßordnung war das eindeutig ausgesprochen, insofern nach den Art. 226 bis 230 EPO, die vom summarischen Eheprozeß handeln, Art. 231 EPO folgt, der bei völligem Fehlen der vorgeschriebenen Form die Feststellung des status liber im Verwaltungsweg durch den Ordinarius loci regelt. Eine solche Bestimmung fehlt leider im Schema, wohl weil es sich auf prozessuale Vorgänge beschränken will. Zur Vermeidung von Mißverständnissen wäre es angeraten, hinter c. 353 Sch. doch *eine dem Art. 231 EPO analoge Bestimmung* aufzunehmen, etwa: Si quis certo tenebatur ad canonicam formam celebrationis matrimonii et ea omnino neglecta matrimonium alio modo contraxit, eius status liber, quin opus sit via processuali, via administrativa sine interventu defensoris vinculi ab Ordinario loci declarari potest.

---

[75] C. 352 § 1 Sch.; im Text sollten die Worte „de casu speciali" in „de processu summario" geändert werden, weil dies der terminus technicus des Schemas ist.

VII. Der Separationsprozeß

18. Zunächst kann es als Fortschritt gebucht werden, daß für Klagen auf Trennung der Ehegatten unter Fortbestehen des Ehebandes nunmehr eine *eigene Prozeßordnung des Separationsverfahrens* geboten wird (cc. 356—361 Sch.). Der Codex behandelt wohl die materiell-rechtliche Seite der Angelegenheit in cc. 1128—1132 CIC; eine Verfahrensordnung dazu fehlte bislang, war auch in der EPO nicht enthalten. Die Lücke wird jetzt ausgefüllt.

Zwei Änderungen in dem vorgesehenen Verfahren wären wünschenswert. Wie c. 360 Sch. vorschreibt, hat in jedem Separationsprozeß der *Promotor iustitiae* mitzuwirken. Die eigens erwähnte Begründung, es gehe in solchen Prozessen ja stets um das bonum publicum, kann nicht überzeugen. Dann müßte a fortiori in jedem Ehenichtigkeitsprozeß der Promotor iustitiae eingeschaltet werden, woran aber keineswegs gedacht ist. Erst recht sollte man die entsprechende Vorschrift für den Separationsprozeß streichen.

Eine zweite Ungereimtheit: Nach c. 357 Sch. ist, wenn nicht eine Partei oder der Promotor iustitiae das ordentliche Prozeßverfahren verlangen, der Separationsprozeß im *summarischen Verfahren* zu erledigen. Das muß wohl so verstanden werden, daß bei solchem Antrag einer Partei oder des Promotors eine Behandlung in dem verkürzten summarischen Prozeß schlechthin ausgeschlossen wäre. Man sollte besser das summarische Verfahren als Regel festlegen und selbst bei Widerspruch die Entscheidung dem Richter überlassen. C. 357 Sch. wäre dann etwa so zu formulieren: „Nisi parte vel promotore iustitiae petente iudex causam processu ordinario definiendam esse decernat, processus contentiosus summarius adhibeatur."[76]

VIII. Zur Gesetzessystematik des neuen Eheprozeßrechts

19. In der *Gliederung des Schemas* scheint die Einordnung des Eheprozeßrechts nicht gerade geglückt. Der Entwurf De processibus sieht insgesamt fünf Partes vor:

1. De iudiciis in genere;
2. De iudicio contentioso in genere;

---

[76] Das Schema De processibus umfaßt unter der Überschrift De causis matrimonialibus neben dem Ehenichtigkeitsprozeß und dem Separationsprozeß auch noch das Inkonsummationsverfahren (cc. 362—372 Sch.) und die Auflösung nichtsakramentaler Ehen in favorem fidei (cc. 373—376 Sch.). Da in beiden Fällen die Auflösung durch päpstlichen Gnadenakt, nicht durch richterlichen Urteilsspruch erfolgt und somit kein Eheprozeß im eigentlichen Sinne vorliegt, seien diese Verfahren hier übergangen. Beachtliche Anregungen zur besseren Gestaltung dieser beiden Verfahrensregelungen im Schema De processibus hat Dr. Albert *Hopfenbeck*, Eichstätt, in einem Referat auf der Tagung der Offizialate aus dem deutschsprachigen Raum im April 1977 in Freising geboten.

3. De iudiciis specialibus;
4. De iudicio criminali;
5. De processibus administrativis.

Wo bleibt hier der Eheprozeß? Er versteckt sich in der Pars Tertia: De iudiciis specialibus. Doch diese Überschrift führt bereits in die Irre. Enthält die Pars Tertia ja keineswegs alle Sonderprozesse; der Strafprozeß und der Administrativprozeß werden in gesonderten Partes geregelt.

Noch weniger befriedigt, mit welchen anderen prozeßrechtlichen Materien der Eheprozeß in der Pars Tertia gekoppelt ist. Diese Pars gliedert sich in drei Sectiones:

1. De processu contentioso summario;
2. De causis matrimonialibus;
3. De compromisso in arbitros.

Ein seltsames Gemisch völlig disparater Stoffe findet man hier vor. Dabei bedarf es nur geringer Eingriffe, um eine übersichtliche Gliederung zu gewinnen. Die Pars Tertia sollte ausschließlich dem Eheprozeß vorbehalten sein; mit der Überschrift De causis matrimonialibus. Die beiden anderen Sectiones wären aus der Pars Tertia auszuklammern, was leicht möglich ist. Der Abschnitt De processu contentioso summario läßt sich ohne weiteres in der Pars Secunda De iudicio contentioso in genere anfügen. Und der Abschnitt über das Schiedsgericht (De compromisso in arbitros), der erst recht an dieser Stelle wie ein Fremdkörper wirkt, könnte zusammen mit c. 46 Sch. zu einem Kapitel über den Versuch einer Beilegung von Rechtsstreitigkeiten zusammengefaßt werden und wäre sinnvoll im allgemeinen Teil des Prozeßrechts unterzubringen.

Der Eheprozeß nimmt in der Praxis der kirchlichen Gerichtsbarkeit eine schlechthin dominierende Rolle ein. Mit anderen Prozeßarten sind die kirchlichen Gerichte, zum mindesten auf der Diözesanebene, höchst selten einmal befaßt. Ob das mit dem geplanten Ausbau der kirchlichen Verwaltungsgerichtsbarkeit demnächst anders wird, läßt sich noch nicht überblicken. Es entspricht also auch dem tatsächlichen Gewicht des Eheprozesses, wenn diesem innerhalb des kirchlichen Prozeßrechts eine eigene Pars gewidmet wird.

20. Freilich bleibt damit noch immer der Wunsch nach einer *eigenständigen Eheprozeßordnung* offen. Denn wenn der künftige Codex mit dem vorliegenden Entwurf des Prozeßrechts in Kraft tritt, gilt es, wieder Abschied zu nehmen von einer gesonderten Eheprozeßordnung, wie sie seit der EPO von 1936 vorliegt und den Diözesangerichten durch Jahrzehnte nützliche Dienste geleistet hat.

Vielmehr hat man es dann wieder mit einer ähnlichen Systematik wie im CIC zu tun.[77] Das Schema zum künftigen Gesetzbuch behandelt eingehend zunächst das allgemeine Prozeßrecht, ohne auf die Besonderheiten des Eheprozesses einzugehen, und zwar in den umfangreichen beiden Partes De iudiciis in genere (cc. 1–136 Sch.) und De iudicio contentioso in genere (cc. 137–317 Sch.). Erst in der dritten Pars De iudiciis specialibus folgt dann ein Abschnitt De causis matrimonialibus (cc. 335–376 Sch.) mit relativ wenigen, insgesamt nur 42 Canones. Es wird generell auf die große Masse der Normen des allgemeinen Prozeßrechts verwiesen, die auch für den Eheprozeß Verbindlichkeit beanspruchen, sofern nicht für diesen ausdrücklich eine Ausnahme statuiert ist.[78] Gelegentlich begnügt sich der Gesetzestext nicht einmal mit der generellen Verweisung, sondern bringt noch spezielle Verweisungen auf einzelne Normen aus dem allgemeinen Prozeßrecht. Der verhältnismäßig knappe Abschnitt De causis matrimonialibus fügt nur die für den Eheprozeß geltenden Sonderbestimmungen an, während man sich im übrigen auf das allgemeine Prozeßrecht verwiesen sieht.

Künftig hat man also keine zusammenhängende, in sich geschlossene Eheprozeßordnung mehr zur Hand. Man ist vielmehr genötigt, über die Brücke der ständigen Gesetzesverweisungen hinweg die für den Eheprozeß jeweils geltende Norm abzuleiten aus der Verknüpfung von allgemeiner Prozeßnorm und spezifischer, abweichender Eheprozeßnorm. Das erschwert die Übersichtlichkeit in der Gerichtspraxis ganz beträchtlich. Da die Offizialate fast ausschließlich mit Eheprozessen zu tun haben, wäre ihnen mit einer klaren, allein auf dieses Arbeitsgebiet zugeschnittenen Eheprozeßordnung sehr viel besser gedient.

Gesetzessystematisch ist die Anordnung des Schemas, ebenso wie es die des Codex war, durchaus korrekt. Auch die Gesetzesverweisungen, mit denen dabei unaufhörlich gearbeitet werden muß, sind ein völlig legitimes Mittel der Gesetzestechnik. Man kann jedoch nicht verkennen, daß die Übersichtlichkeit und vor allem die praktische Brauchbarkeit für die Alltagsarbeit der Offizialate darunter erheblich leiden. Zumal da hin und wieder sogar mit Doppel- und Mehrfachverweisungen gearbeitet wird, so daß es nicht leicht ist, den intendierten Sinn rasch und unmißverständlich zu erfassen. So wird z. B. in c. 347 § 4 Sch. (Dekretbestätigung in der zweiten Instanz) verwiesen auf c. 308 Sch. (betr. Rechtsmittel gegen die zweitinstanzliche Entscheidung); c. 308 Sch. verweist seinerseits wieder auf c. 310 § 3 Sch. (die vorläufige Rechtskraft ist unter Umständen zu suspendieren); c.

---

[77] Vgl. im CIC Titulus XX De causis matrimonialibus (cc. 1960–1992 CIC) innerhalb des gesamten Liber IV De processibus.

[78] C. 355 Sch.: In ceteris quae ad rationem procedendi attinent, applicandi sunt, nisi rei natura obstet, canones de iudiciis in genere et de iudicio contentioso in genere, servatis specialibus normis circa causas de statu personarum et causas ad bonum publicum spectantes.

310 § 3 Sch. verweist dann nochmals auf andere Bestimmungen. Solche Ineinanderschachtelung erschwert die Übersicht und Klarheit außerordentlich.

Als dringendes Desiderat ist daher der Wunsch anzumelden, alsbald wiederum eine eigene Eheprozeßordnung für die Diözesan- und Regionalgerichte zu schaffen. Innerhalb eines Codex recognitus kann eine derartige EPO verständlicherweise keinen Platz finden. Sie sollte aber hernach ohne Verzögerung geschaffen und schon jetzt ins Auge gefaßt werden.

Eine gesonderte Eheprozeßordnung müßte allerdings, was nicht verschwiegen sei, sich inhaltlich genau an das Prozeßrecht des Codex recognitus halten. Die Einführung einer EPO darf nicht dazu benutzt werden, den Diözesangerichten abweichende Restriktionen aufzuerlegen.

Der Katalog der Vorbehalte, Wünsche und Änderungsvorschläge, der hier zum Entwurf des künftigen Eheprozeßrechts vorgelegt wird, ist recht umfangreich ausgefallen. Es wäre weit gefehlt, wollte man daraus auf eine Ablehnung des Entwurfes De processibus schließen. Ganz im Gegenteil: unbeschadet aller Korrekturen und Verbesserungen, die in Einzelheiten anzumelden sind, stellt das Schema insgesamt ein sehr brauchbares Reformwerk dar.

Die positive Gesamtbeurteilung wird freilich nicht teilen, wer bei der Erneuerung des kirchlichen Gesetzbuches glaubt und erwartet, es müsse nun alles und jedes von Grund auf umgestülpt und umgestürzt werden. Solche Erwartung wäre jedoch Signal unerleuchteten Verstandes und fehlender Sachkenntnis. Wer um die vielfältigen Verästelungen und Überschneidungen weiß, die gerade dem Prozeßrecht zu eigen sind, dem ist ohne weiteres klar, daß eine sinnvolle Reform hier nur mit aller Behutsamkeit vorgehen kann.

Das Schema verdient weithin volle Anerkennung. Die im Vorstehenden eingebrachte Kritik an dieser oder jener Einzelbestimmung stellt das nicht in Abrede. Sie will vielmehr mit den aufgezeigten Verbesserungsmöglichkeiten ihrerseits nur einen kleinen Beitrag dazu leisten, daß das künftige Prozeßrecht für die Arbeit der kirchlichen Gerichte, nicht zuletzt im Bereich des wichtigen Eheprozesses, ein wirklich hilfreiches Instrumentarium an die Hand gibt.

Nichtigerklärung, Auflösung und Trennung der Ehe

I. Die absolute Unauflöslichkeit der gültig geschlossenen und vollzogenen Ehe von zwei Getauften

1. Den cc. 1141—1155 *De separatione coniugum* stellt der CIC in c. 1141, inhaltlich in voller Übereinstimmung mit c. 1118 CIC/1917, die grundsätzliche Aussage voran, *wann eine Ehe überhaupt nicht mehr gelöst werden kann*. Unter Berücksichtigung der Terminologie von c. 1061 § 1 besagt c. 1141: Die gültig geschlossene und vollzogene Ehe von zwei Getauften kann durch keine menschliche Macht und aus keinem Grunde, außer durch den Tod eines Gatten, aufgelöst werden. Auch die Kirche hat keine Vollmacht, eine solche Ehe aufzulösen. Damit eine Ehe in dieser Weise absolut unauflöslich ist, müssen drei Voraussetzungen zusammen gegeben sein:

a) Die Ehe muß *gültig geschlossen* sein, und zwar gültig nach dem Verständnis der katholischen Kirche. Dazu gehört, daß beim Eheabschluß kein kirchenrechtlich trennendes Ehehindernis vorlag; daß beide Partner den rechten Ehewillen hatten; sodann daß bei der Heirat die kanonische Form eingehalten wurde, falls auch nur einer der beiden formpflichtig war.

b) Die Ehe muß *vollzogen* sein. Dies ist dann gegeben, wenn nach dem gültigen Eheabschluß der eheliche Beischlaf gemäß c. 1061 § 1 stattgefunden hat.

c) Es muß sich um die Ehe von *zwei Getauften* handeln. Denn nur diese Ehe ist sakramental. Erst aus der Sakramentalität fließt der Ehe jene Festigkeit zu, die überhaupt keine Auflösung mehr zuläßt.

2. Zur *Verbindlichkeit* der in c. 1141 getroffenen Aussage ist festzustellen: Der Satz geht über eine positivrechtliche Aussage hinaus und berührt unmittelbar die Glaubenslehre. Schon die Kanones des Trienter Konzils zur Unauflöslichkeit der Ehe[1] lassen sich nicht als bloße Disziplinargesetze einstufen; sie wollen vielmehr, was selbst von dem aus historischen Gründen verklausulierten can. 7 gilt, im Kern eine Glaubensaussage machen.[2]

Erschienen in: Handbuch des katholischen Kirchenrechts. Herausgegeben von Joseph *Listl*, Hubert *Müller* und Heribert *Schmitz*, Regensburg 1983, § 88, S. 815—826.

[1] Cann. 5 und 7 der 24. Sitzung 1563, DS 1805 und 1807.
[2] Vgl. B. *Bruns*, Ehescheidung und Wiederheirat im Fall von Ehebruch, Paderborn-München-Wien 1976.

Erst recht kommt solcher Rang der uneingeschränkten Formulierung des c. 1141 zu, in der eine Glaubensaussage des Magisterium ordinarium zum Ausdruck gelangt.

3. In den Jahren seit dem Zweiten Vatikanischen Konzil setzte eine lebhafte *Diskussion* um das Prinzip der absoluten Unauflöslichkeit der Ehe ein.[3]

a) Ein *theologischer* Vorstoß will die Unauflöslichkeit der Ehe wenigstens in ihrer Absolutheit in Frage stellen, ob wirklich die gültige, vollzogene, sakramentale Ehe so unbedingt unauflöslich sei, daß in keinem Fall mehr eine Lösung dieser Ehe mit der Möglichkeit einer anderen Heirat offenbleibe; oder ob nicht doch zum mindesten die Kirche die Vollmacht habe, in dringenden Fällen um des Menschen und seines Heiles willen auch eine derartige Ehe noch zu lösen. Ein solcher Versuch verkennt, daß der Ausspruch des c. 1141, diese Ehe könne durch keine menschliche Macht (nulla humana potestate) mehr gelöst werden, gerade die Grenze auch der kirchlichen Vollmacht im Auge hat. Vor allem aber ist nicht hinreichend berücksichtigt, daß in c. 1141 ein Satz der verbindlichen Glaubenslehre steckt, der nicht mehr zur freien Disposition der Kirche steht.

b) Fruchtbarer ist der *kirchenrechtliche* Gesichtspunkt, unter welchen Voraussetzungen jene gültige, vollzogene, sakramentale Ehe gegeben sei, die keinerlei Möglichkeit einer Auflösung mehr zuläßt. Die verschiedenen Vorschläge erfordern freilich eine differenzierte Beurteilung. Nicht zu überzeugen vermag der Hinweis, Eheschließung sei ein geschichtlicher Prozeß, wenn damit angedeutet sein soll, das Eingehen einer Ehe komme nicht mit der Trauung zu seinem verbindlichen Abschluß, sondern sei der stetigen Entfaltung unterworfen. Gewiß hört das Wachsen und Reifen einer Ehe nie endgültig auf. Gleichwohl ist das Eingehen der Ehe ein einmaliger greifbarer Vorgang; wenn dieser einmal gültig gesetzt ist, so ist der Bund der Ehe geschlossen und fürs ganze Leben bindend, was immer auch hernach in dem geschichtlichen Prozeß dieser Ehe an Veränderungen oder Enttäuschungen eintreten mag. Ebensowenig kann von einer Neudeutung der sakramentalen Ehe her deren Unauflöslichkeit begrenzt werden. Denn sakramental ist nach katholischem Glauben jede gültig geschlossene Ehe von zwei Getauften. Der Versuch, als sakramental und damit als absolut unauflöslich nur jene Ehe von Christen gelten zu lassen, die in religiöser

---

[3] Aus der zahlreichen Literatur sei nur erwähnt: R. *Gall,* Fragwürdige Unauflöslichkeit der Ehe?, Zürich 1970. Die teilweise heftig geführte Auseinandersetzung ist inzwischen größerer Nüchternheit gewichen. Manche der vorgetragenen Thesen halten der kritischen Überprüfung nicht stand. Vgl. auch die eherechtlichen Erörterungen auf dem Kanonistenkongreß der Gregoriana im Februar 1977, in: PerRMCL 67 (1978), S.5–352; ferner O. *Robleda* u. a., Vinculum matrimoniale, Rom 1973.

Aufgeschlossenheit eingegangen wird, übersieht den Unterschied von sacramentum formatum und sacramentum informe. Die Gnadenwirkungen des Sakraments (sacramentum formatum) kann freilich nur empfangen, wer sich dabei Gott in Glauben und Liebe öffnet. Aber das Sakrament ohne die Gnadenwirkungen (sacramentum informe) kommt schon zustande, selbst wenn der Glaube erloschen ist; auch solche Ehe ist sakramental, insofern ihr ebenfalls die wirkkräftige Zusage des Herrn gilt, diesem Bund mit seiner Gegenwart und Hilfe beistehen zu wollen. Sinnvoller erscheint in diesem Zusammenhang die Überlegung, ob es nicht Ehen gibt, die man bisher zwar als gültig und unauflöslich angesehen hat, die aber von einem vertieften Eheverständnis her gar nicht gültig zustande gekommen sind. Vor allem ist dabei an die Möglichkeit der *psychischen Eheunfähigkeit* (incapacitas adimplendi onera matrimonialia) zu erinnern. Mit dem Blick auf die Ehe als personale Liebes- und Lebensgemeinschaft wird deutlich, daß für ihren gültigen Abschluß erhöhte psychische Voraussetzungen gefordert sind. Wer von seiner Konstitution her gar nicht in der Lage ist, personale Ehegemeinschaft in Treue zu leben, ist unfähig, eine Ehe zu schließen. Allerdings trifft dies nur bei schwerer psychischer Anomalie zu, wie etwa bei konstitutioneller Homosexualität oder Nymphomanie. Ein schwer krankhafter Zustand müßte also gegeben sein. Bloße Charakterschwächen hingegen mögen zwar hernach das eheliche Zusammenleben erschweren und belasten, unfähig zur Eheschließung machen sie jedoch nicht.

c) Ein dritter Versuch zielt auf *pastorale* Hilfe ab und fragt: Kann nicht, wenn schon die Ehe unauflöslich ist, den Betroffenen, die nach gescheiterter Ehe eine neue Verbindung standesamtlich eingegangen sind, wenigstens seelsorglich ein Ausweg eröffnet werden? Von vielen Seiten drängt man darauf, die Kirche solle wiederverheirateten Geschiedenen den Zugang zu den Sakramenten gestatten.[4] Auch auf der Gemeinsamen Synode der Bistümer in der Bundesrepublik Deutschland (Würzburg 1971–75) wurde dieses Anliegen lebhaft erörtert. Die Synode stellt dazu zwar fest: „Aus der kirchlichen Ehelehre, in der die Aussage Jesu über die Unauflöslichkeit der Ehe festgehalten wird, folgt, daß eine Wiederheirat zu Lebzeiten des Ehegatten ausgeschlossen ist. Für die Kirche ergibt sich daraus der Ausschluß Geschiedener, die wiederverheiratet sind, von den Sakramenten." Aber die Synode bittet, die Kirche möge das Problem erneut überprüfen.[5]

Die Kirche steht hier vor einer drückenden Verantwortung, zumal bei der hohen Zahl der weltlichen Scheidungen und bei der Leichtigkeit, mit der auch Katholiken standesamtlich eine neue Verbindung schließen. Sie darf solche Gläubigen nicht kurzerhand zurückstoßen und abschreiben, sondern wird im Bewußtsein, wie eng

---

[4] Vgl. R. A. *McCormick*, Scheidung und Wiederverheiratung als pastorales Problem. Ein Literaturüberblick, in: ThGgw 24 (1981), S. 21–32.
[5] Sb Ehe und Familie 3. 5.

hier Schuld und Schicksal verstrickt sein können, ihnen mit verstehender Sorge begegnen, auch wenn sie den eingeschlagenen Weg nicht billigen kann. Aber darf sie diesen Christen, die in der Zweitehe verharren, im Sakrament der Buße die Vergebung ihrer Sünde zusprechen und damit ihr weiteres Verbleiben in dieser Ehe gutheißen und ihnen dann den Zutritt zur Kommunion gestatten, ohne daß sie selbst hiermit dem Auftrag und der Weisung ihres Herrn untreu würde?

Es bindet die Kirche das Herrenwort bei Lk 16, 18: „Wer eine vom Manne Entlassene heiratet, bricht die Ehe." Der Geschiedene, der trotz bestehenden Ehebandes eine neue Ehe schließt, begeht damit Ehebruch. Dabei geht es im Tatbestand jenes Schriftwortes darum, daß eine Frau bereits von ihrem Mann entlassen ist, daß also die Ehe schon zerbrochen ist. Ehebruch ist mithin nicht nur gegeben, wenn eine noch heile Ehe zerbrochen wird. Auch die Wiederheirat, nachdem die Eheleute bereits auseinandergegangen sind, nennt Jesus Ehebruch.

Wer in der im Ehebruch eingegangenen Zweitehe verharrt, handelt weiterhin gegen Gottes Gebot. Ehebruch hört nicht dann auf, Ehebruch zu sein, wenn er lange genug durchgehalten wird. Es gibt keine „Verjährung" des Ehebruchs und der ungültigen Ehe. Außerhalb einer gültigen Ehe ist nach der christlichen Sittenordnung geschlechtliche Gemeinschaft nicht erlaubt. Das Verbleiben in jener ungültigen Zweitehe läuft somit dem Gebot Gottes zuwider, ist Sünde.

Vergebung der Schuld von Gott zu erlangen, ist aber nicht möglich, solange man an der Sünde festhält und von ihr ehrlich abzurücken nicht bereit ist. Wollte die Kirche jemandem ohne solche Bereitschaft im Sakrament der Buße die Vergebung der Schuld zusagen, so würde sie sich und ihn nur täuschen, weil dann das Absolutionswort leerer Schall bliebe, da Vergebung zwangsläufig den Bruch mit der Sünde voraussetzt. Wer dazu auch im Hinblick auf seine Zweitehe nicht bereit ist, wird nicht erst durch ein positives Gebot der Kirche von den Sakramenten ausgeschlossen, vielmehr schließt er sich selbst und mit innerer Notwendigkeit von ihnen aus, weil Gott nur dem verzeiht, der von der Sünde abläßt.

Können aber, so muß man fragen, aus der zwar gegen Gottes Gebot eingegangenen Zweitehe nicht mittlerweile moralische Bindungen erwachsen sein, die ein weiteres Zusammenleben der beiden erlauben oder gar zur Pflicht machen? Christliche Seelsorge aus Glaubensverantwortung kann hier nur mit einer Unterscheidung antworten. Gewiß können auch aus der zweiten Verbindung sittliche Verpflichtungen entsprungen sein. Solche Situationen fordern unter Umständen eine Fortführung der häuslichen Gemeinschaft und die Sorge füreinander, zumal wenn Kinder der gemeinsamen Eltern bedürfen oder der eine auf die Hilfe des anderen angewiesen ist. Nicht jedoch ist damit die Fortführung der *ehelichen* Gemeinschaft gestattet, weil diese Ehebruch wäre, solange einer der beiden Partner durch eine rechtmäßige Ehe gebunden ist.

Hiermit ist auf den Weg verwiesen, der herkömmlich als cohabitatio fraterna, als Zusammenleben wie Bruder und Schwester bezeichnet wird. Ihn hat die römische Glaubenskongregation vor Augen, als sie mit Billigung Papst *Pauls VI.* ihre Litterae circulares vom 11. April 1973[6] an die Bischöfe der ganzen Welt gerichtet hat. Sie fordert diese eindringlich auf, die genuine Lehre der Kirche von der Unauflöslichkeit der Ehe zu wahren, und warnt vor dem Mißbrauch, ungültig Wiederverheiratete

---

[6] Veröffentlicht in: AfkKR 142 (1973), S. 84 f.

entgegen der geltenden Kirchenordnung zu den Sakramenten zuzulassen. Gleichzeitig weist das Schreiben jedoch auf die Hilfe hin, die für die Zulassung zu den Sakramenten aus der probata Ecclesiae praxis in foro interno gefunden werden könne.

Gemäß dieser probata Ecclesiae praxis kann in der Beichte bei der ernsten Bereitschaft zur cohabitatio fraterna, also bei ehrlichem Willen, trotz häuslichen Beieinanderbleibens auf jede eheliche Gemeinschaft zu verzichten, nach gewissenhaftem Abwägen die sakramentale Vergebung der Schuld erteilt und auch die Zulassung zur Kommunion gewährt werden. Drei Voraussetzungen müssen dazu erfüllt sein:

(1) Einer völligen Trennung stehen schwerwiegende Gründe entgegen, etwa die Sorge für die Kinder oder die Hilfsbedürftigkeit der Partner.

(2) Unerläßlich ist der ernstliche Wille, auf eheliche Gemeinschaft miteinander zu verzichten.

(3) Ärgernis bei den Gläubigen muß vermieden werden, wozu unter Umständen der Kommunionempfang nur auswärts gestattet wird, um der Irreführung der Öffentlichkeit vorzubeugen, die Kirche billige die Zweitehe des Geschiedenen.

Dem Wunsch der Würzburger Synode entsprechend hat die Leitung der Weltkirche die Sachfrage nochmals einer Prüfung unterzogen. Nach eingehender Beratung auf der Bischofssynode im Herbst 1980 hat Papst *Johannes Paul II.* in der Adhortatio Apostolica „Familiaris consortio" vom 22. November 1981[7] n. 84 mit allem Nachdruck die dargelegte „auf die Heilige Schrift gestützte Praxis der Kirche" bekräftigt.[8]

Der damit gewiesene Weg verlangt von den Betroffenen unstreitig ein hohes Maß an Opfer und Verzicht. Er ist auch mit mancherlei Schwierigkeiten, zumal psychologischer Art, belastet. Viele schrecken davor zurück. Weithin weist man den geforderten Verzicht als unzumutbar von sich. Für den Christen freilich bemißt sich das, was zumutbar ist, nicht nach den Wünschen des Menschen, sondern allein nach Willen und Gebot Gottes. Allerdings wird die Kirche über niemandem, der die Kraft zu solchem Weg nicht aufbringt, hart den Stab brechen; doch die Forderung Christi kann sie deshalb nicht verschweigen oder umbiegen.

Gleichwohl kann so manch einer, der sich redlich bemüht, echte Hilfe finden, vor allem, wenn man das Maß des Geforderten nicht über Gebühr überspitzt. Unabdingbar, aber auch hinreichend zur sakramentalen Absolution und zum Kommunionempfang wäre die Bereitschaft, freilich die ehrliche, zum Verzicht auf eheliche Gemeinschaft im Miteinandersein. Eine solche ehrliche Bereitschaft ist nicht schon dann unmöglich, wenn man damit rechnen muß, der Betroffene werde nicht allen Versuchungen gewachsen sein. Und selbst wo hernach die Erfahrung zeigt, daß er zu wiederholten Malen versagt hat, nimmt das nicht die Möglichkeit zum erneuten Anlauf eines ehrlichen Vorsatzes. Die begleitende Mitsorge eines ebenso grundsatztreuen wie gütig verstehenden Seelsorgers könnte hier Hilfe und Mut schenken.

Wollte dagegen die Kirche wiederverheirateten Geschiedenen die Zulassung zu den Sakramenten auch ohne diese Forderung gewähren, so hätte das zugleich verhängnisvolle Auswirkungen. Dann bliebe von der Unauflöslichkeit der Ehe allenfalls noch ein vages Wunschbild; die reale Forderung Christi hingegen, die es auch in der rauhen Wirklichkeit des Alltags zu erfüllen gilt, wäre preisgegeben. Ferner wäre

---

[7] AAS 74 (1982), S. 81—191.
[8] Der Versuch von Kl. *Reinhardt* (Kann die Kirche den Empfang der Eucharistie durch wiederverheiratete Geschiedene dulden?, in: TThZ 91 [1982], S. 91—104), die Konsequenz des Papstes zu umgehen, scheitert an logischen Widersprüchen.

unzähligen Eheleuten in den Krisen ihrer Ehe der Durchhaltewille zur Überwindung ihrer Schwierigkeiten gebrochen, weil letzten Endes auch die Kirche hernach den Ausweg einer Zweitehe billigen würde. Doch das kann allenfalls noch zusätzlich als Argument in die Waagschale fallen.

Entscheidend bleibt, daß die Kirche nicht gutheißen kann, was ihr Herr als Ehebruch bezeichnet, und daß sie keine Vergebung Gottes zusprechen kann, solange der Mensch nicht ehrlich von der Sünde abzurücken bereit ist. Die Kirche weiß sich gerade in der schwierigen Frage der Zulassung wiederverheirateter Geschiedener zu den Sakramenten an das Wort Gottes gebunden. Sie kann dieses nur bezeugen und verkünden, vorbehaltlos und ohne Abstrich; „ob gelegen oder ungelegen" (2 Tim 4, 2).

II. Die Nichtigerklärung der Ehe

Da die absolute Unauflöslichkeit der Ehe an die drei Voraussetzungen gebunden ist, daß die Ehe gültig geschlossen, vollzogen und sakramental ist, so ergibt sich: Sofern eine dieser Voraussetzungen fehlt, ist eine Lösung der Ehe nicht völlig ausgeschlossen.[9] Den ersten Rang nimmt dabei die Nichtigerklärung einer Ehe ein.

1. Die *Nichtigerklärung* ist ihrer *rechtlichen Natur* nach nicht die Auflösung einer bestehenden Ehe, sondern die kirchenamtliche Feststellung der Nichtexistenz einer Ehe. Mit ihr wird klargestellt, daß eine Ehe, obschon dem Anschein nach gültig existierend, in Wahrheit bei ihrem vermeintlichen Abschluß gar nicht gültig zustande gekommen ist und daher auch nicht als gültige Ehe existiert.

Die Ehescheidung im weltlichen Recht setzt dagegen eine gültige Ehe voraus und will diese nachträglich auflösen, und zwar aus Gründen, die erst nach der Eheschließung eingetreten sind und zur Zerrüttung der Ehe geführt haben. Anders bei der kirchlichen Ehenichtigkeitserklärung: Hier geht es allein um die Frage, ob seinerzeit im Augenblick der Eheschließung alles, was zur Gültigkeit der Heirat erforderlich ist, vorhanden war oder nicht. Falls aber eine Ehe einmal gültig zustande gekommen ist, so kann eine noch so tiefgreifende Zerrüttung dieser Ehe nichts mehr an dem Faktum der gültigen Eheschließung ändern. Der fundamentale Unterschied zwischen weltlicher Ehescheidung und kirchlicher Ehenichtigkeitserklärung macht es verständlich, daß nur ein verschwindender Bruchteil der geschiedenen Ehen kirchlich für nichtig erklärt werden kann.

---

[9] Von diesen Lösungsmöglichkeiten wird hier unter dem materialrechtlichen Gesichtspunkt gehandelt, wann und unter welchen Bedingungen eine Lösung noch offensteht. An anderer Stelle ist die formalrechtliche Seite erörtert, nach welchem Verfahren jeweils vorzugehen ist. Vgl. hierzu H. *Flatten,* Die Eheverfahren, in: Handbuch des katholischen Kirchenrechts. Hrsg. von J. *Listl,* H. *Müller* und H. *Schmitz,* Regensburg 1983, § 107, S. 984–999 (unten S. 491–508).

2. Aus drei *Gründen* kann eine Eheschließung für nichtig erklärt werden, wenn nämlich bei ihrem Abschluß

a) ein trennendes Ehehindernis vorgelegen hat (impedimentum dirimens) oder

b) der erforderliche Ehewille bei einem oder bei beiden Partnern gefehlt hat (defectus consensus) oder

c) die vorgeschriebene Eheschließungsform nicht eingehalten wurde (defectus formae).

3. Bei der kirchlichen Nichtigerklärung der Ehe spielt eine besondere Rolle die *Rechtsvermutung für die Gültigkeit der Ehe*.

a) Nach c. 1060 kommt der Ehe der *favor iuris* zu. Danach wird im Zweifelsfall die Gültigkeit der betreffenden Ehe von Rechts wegen solange als gegeben angenommen, bis das Gegenteil bewiesen ist.[10] Steht die Tatsache der Eheschließung fest, so ist zunächst von der Gültigkeit der Ehe auszugehen. Wer die Nichtigkeit seiner Ehe behauptet, trägt die Beweislast. Erbringt er den Beweis, kann die Ehe für nichtig erklärt werden (Constat de nullitate matrimonii). Scheitert der Beweis, so muß, selbst wenn einiges für die Ungültigkeit dieser Ehe spräche, aber doch noch vernünftige Zweifel an ihrer Ungültigkeit bestehen blieben, seine Klage abgewiesen werden; das Urteil lautet dann: Non constat de nullitate matrimonii.[11]

b) In der umstrittenen Frage nach der *Begründung* für den favor matrimonii des c. 1060 wird man schwerlich darin eine bloße Norm des positiven Rechts sehen können. Die Rechtsvermutung gründet vielmehr in der Natur der Sache. Auch wer sonst einen Rechtsakt setzt, muß sich dessen Auswirkungen anrechnen lassen, es sei denn die Ungültigkeit jenes Aktes lasse sich erweisen. Ebenso muß jemand, der sich einem Akt unterzogen hat, der von jedermann nicht anders denn als Eheschließung verstanden werden kann, gegen sich die Gültigkeit dieser Ehe solange gelten lassen, bis deren Nichtigkeit bewiesen ist.

c) Das kann freilich *gelegentlich* zu einem *Auseinanderklaffen von forum internum und forum externum* führen. Wenn jemand z. B. völlig geheim bei der Eheschließung einen Vorbehalt gegen die Unauflöslichkeit der Ehe gesetzt hat, aber keinerlei Beweis dafür erbringen kann, so ist diese Ehe wegen Konsensmangels objektiv ungültig, was er selbst auch wissen mag; doch kann das kirchliche Gericht im Hinblick auf den favor matrimonii,

---

[10] Vgl. H. *Socha*, Zur Frage der Beweislast im Ehenichtigkeitsprozeß, in: ThQ 153 (1973), S. 364–379.

[11] Für den Fall, daß jemand hintereinander zwei Ehen geschlossen hat und nunmehr die zweite für ungültig erklärt werden soll, gilt: Die zweite Ehe ist, sofern deren Nichtigkeit von der Gültigkeit der ersten Ehe abhängt, dann für ungültig zu erklären, wenn für die erste Ehe im ordentlichen Gerichtsweg festgestellt wurde, daß deren Ungültigkeit nicht feststeht. So PCI vom 26. 6. 1947, in: AAS 39 (1947), S. 374.

solange der Beweis für die Ungültigkeit nicht erbracht ist, keine Nichtigerklärung der Ehe aussprechen.

Die Konsequenz daraus kann allerdings nicht heißen, die Rechtsvermutung des c. 1060 abzuschaffen. Das würde nur zu einem Auseinanderklaffen im umgekehrten Sinne führen, und zwar vermutlich in viel zahlreicheren Fällen: Ehen würden dann für ungültig erklärt, die in Wirklichkeit gültige Ehen sind. Vielmehr ist Hilfe im Bemühen um prozessuale Objektivität zu suchen. Gerade in Eheprozessen sind Parteiaussagen von überspitzt einengenden Beweisregeln positivrechtlicher Art freizulassen. Parteiaussagen können zwar für sich allein nicht zu einem Constat-Urteil ausreichen. Aber wo sie in ihrer Glaubwürdigkeit noch sinnvoll untermauert und ergänzt werden, wofür die neue Bestimmung des c. 1679 eine weitere Möglichkeit aufzeigt, sind sie der gewissenhaften freien Beweiswürdigung des Richters anheimgegeben. Hiermit ist das Auseinanderfallen von äußerem und innerem Bereich zwar nicht völlig ausgeschlossen, aber auf ein unvermeidliches Mindestmaß von Fällen eingeschränkt.

III. Die Auflösung der nichtvollzogenen Ehe

1. Eine Ehe ist mit der Eheschließung, auch wenn der eheliche Beischlaf noch nicht stattgefunden hat, bereits eine gültig geschlossene Ehe und, sofern die beiden Partner getauft sind, ebenfalls schon eine sakramentale Ehe. Gleichwohl ist, solange der Eheschließung noch nicht die körperliche Einigung der Gatten gefolgt ist, noch eine Auflösung möglich. Jesus bringt sein Wort von der Unauflöslichkeit der Ehe in unmittelbaren Zusammenhang mit dem *„Ein-Fleisch-Werden"* von Mann und Frau. „So sind sie nicht mehr zwei, sondern ein Fleisch. Was nun Gott verbunden hat, soll der Mensch nicht trennen" (Mk 10, 8—9). Die Kirche sieht darin den Hinweis, daß erst dann, wenn der Eheschließung die körperliche Einigung gefolgt ist, die Ehe absolut unauflöslich geworden ist. Die noch nicht vollzogene Ehe (*matrimonium inconsummatum*) hingegen kann noch irgendwie aufgelöst werden.

2. Nach dem *geltenden Recht* (c. 1142) kann die nichtvollzogene Ehe allein durch *päpstlichen Auflösungsbescheid* aufgelöst werden.[12] Der päpstliche Bescheid wird als Dispens bezeichnet (c. 1697), obschon es sich nicht um einen Dispensakt im fachlichen Sinne handelt. Er stellt einen Gnadenakt dar, auf den niemand einen Rechtsanspruch besitzt. Doch darf bei einer nichtvollzogenen Ehe jeder der Gatten, auch gegen den Widerspruch des

---

[12] Nach früherem Recht (c. 1119 CIC/1917) löste auch die feierliche Ordensprofeß von selbst die nichtvollzogene Ehe. Das ist jetzt entfallen. Der CIC hat die Rechtsfigur der feierlichen Ordensprofeß abgeschafft.

anderen, den Papst um die Auflösung bitten. Der Nichtvollzug der Ehe muß sicher feststehen; sie ist vollzogen, wenn nach der Eheschließung auch nur einmal der eheliche Beischlaf humano modo stattgefunden hat (c. 1061 § 1). Der päpstliche Auflösungsbescheid kann nur bei Vorliegen eines triftigen Grundes (z. B. Zerrüttung der Ehe) gewährt werden.

IV. Die Auflösung der Ehe von zwei Ungetauften nach dem Paulinischen Privileg

1. Auch die bloße *Naturehe*, die zwischen zwei Ungetauften oder zwischen einem Getauften und einem Ungetauften geschlossen ist, bindet auf Lebenszeit. Eine solche nichtsakramentale Ehe kann jedoch unter gewissen Voraussetzungen, wenn das Festhalten am Bestand dieser Ehe zur Gefahr für Erlangung oder Bewahrung des wahren Glaubens würde, noch dem Bande nach gelöst werden *(privilegium fidei)*. Eine derartige Auflösung in favorem fidei erfolgt teils nach dem Paulinischen Privileg (nur bei der Ehe von zwei Ungetauften), teils durch päpstlichen Auflösungsbescheid (auch bei der Ehe zwischen einem Getauften und einem Ungetauften).

2. Das Paulinische Privileg fußt auf der Weisung des *Apostels Paulus* 1 Kor 7, 12–15 für die Ehen, die im Unglauben geschlossen wurden. Wenn einer der Ehepartner sich zum Christentum bekehrt und sich taufen läßt, so ist er, falls der andere im Unglauben verharrt und zur Fortsetzung der Ehe nicht bereit ist, nach dem Entscheid des Apostels an diese Ehe nicht gebunden, sondern für eine neue Eheschließung frei.

3. Daran knüpft das kirchliche Recht (cc. 1143–1150) über das Paulinische Privileg an. Zur Anwendung sind *drei Voraussetzungen* erforderlich (c. 1143):

a) Die Ehe muß von *zwei Ungetauften* geschlossen sein.

b) Einer der beiden Ehepartner muß inzwischen die *Taufe* empfangen haben. Nach der herrschenden Meinung genügt dafür jede gültige Taufe; nur in den Sonderfällen der cc. 1148 § 1 und 1149 ist die katholische Taufe gefordert.

c) Der ungetauft bleibende Gatte *verweigert die friedliche Fortsetzung der Ehe*, obschon der gläubig gewordene Partner ihm nach der Taufe dazu keinen Anlaß gegeben hat.

4. Zur Feststellung dieser Weigerung ist die *Befragung des ungetauften Gatten* (sog. Interpellation) durchzuführen (cc. 1144 f.). Der Ungetaufte wird gefragt, ob er selbst ebenfalls die Taufe empfangen will oder ob er wenigstens bereit ist, mit seinem getauften Partner friedlich und ohne Beleidigung des Schöpfers, d. h. unter Wahrung der sittlichen Eheordnung und ohne

Gefahr für den Glauben des Partners, zusammenzuleben. Die Interpellation kann im Ausnahmefall schon vor der Taufe des Gatten erfolgen, notfalls sogar ganz unterbleiben, wenn feststeht, daß ihre Durchführung unmöglich oder nutzlos ist; zu beidem wäre die Zustimmung des Diözesanbischofs nötig. Die Befragung ist in der Regel durch den Oberhirten des getauften Gatten vorzunehmen; wenn der Befragte innerhalb der gesetzten Frist nicht reagiert, wird eine negative Antwort angenommen. Wenn nicht anders möglich, darf der getaufte Gatte die Befragung auch privat durchführen; doch müßte das Ergebnis beweisbar feststehen, etwa durch Zeugen oder Urkunden.

5. Wenn die Befragung ausdrücklich oder stillschweigend eine negative Antwort ergibt oder wenn die Interpellation rechtmäßig unterblieb, hat der getaufte Partner das *Recht, eine neue Ehe* mit einer katholischen Person einzugehen. Dieses Recht besäße er gleichfalls, wenn zwar zunächst nach seiner Taufe die Ehe fortgeführt worden wäre, aber hernach der Ungetaufte die friedliche Fortsetzung der Ehe verweigerte (c. 1146). Aus schwerwiegendem Grund kann der Ortsordinarius die Anwendung des Paulinischen Privilegs auch zur Heirat mit einem Nichtkatholiken gestatten; doch sind dann die Bestimmungen über die Mischehen zu beachten (c. 1147).

6. Beim Paulinischen Privileg wird das Band der Naturehe nicht schon bei Vorliegen der genannten gesetzlichen Voraussetzungen, sondern erst *in dem Augenblick aufgelöst*, in dem der getaufte Partner tatsächlich eine *neue Ehe gültig schließt* (c. 1143 § 1).

7. Drei päpstliche Konstitutionen des 16. Jahrhunderts hatten für Missionsländer eine beträchtliche *Ausweitung des Paulinischen Privilegs* gebracht, um der dortigen Not aus Polygamie und Verschleppung zu steuern. Der CIC/1917 hatte diese Bestimmungen übernommen und auf alle Gebiete ausgedehnt, in denen dieselben Verhältnisse vorlagen. Formal geschah dies in der Weise, daß der CIC/1917 die Tatbestände nicht selbst kodifizierte, sondern in seinem c. 1125 die drei päpstlichen Konstitutionen ausdrücklich rezipierte und sie in seinem Anhang im Wortlaut als integrierenden Bestandteil des CIC/1917 abdruckte.

Jetzt hat der CIC, den Kern der Bestimmungen übernehmend, dazu in den cc. 1148 f. eine geraffte *Kodifizierung* gebracht. Über das Paulinische Privileg hinausgehend, ist hiernach noch in *zwei Fällen* die Auflösung der Ehe von Ungetauften möglich:

a) Bei *Polygamie* (c. 1148) kann der Mann, wenn es ihm hart ist, mit seiner Erstvermählten zusammenzubleiben, eine seiner anderen Frauen zu seiner rechtmäßigen Ehefrau nehmen, wobei für das persönliche Schicksal der entlassenen Frauen Sorge zu tragen ist. Bei Polyandrie gilt die Bestimmung analog.

b) Bei *Gefangenschaft oder Verfolgung* (c. 1149), die ein eheliches Zusammenleben unmöglich machen, kann eine neue Ehe geschlossen werden.

Bei allen Eheauflösungen nach cc. 1148 f. ist genau zu beachten: Die Ehe, die so aufgelöst werden soll, muß von zwei Ungetauften geschlossen worden sein. Der Partner, welcher die Ehe auflösen will, muß die Taufe empfangen haben; nach cc. 1148 f. die katholische Taufe. Die Auflösung der Ehe erfolgt erst im Augenblick der neuen Eheschließung. In diesen drei Punkten zeigt sich die Nähe zum Paulinischen Privileg.

V. Die Auflösung der nichtsakramentalen Ehe durch päpstlichen Auflösungsbescheid

1. In keinem Bereich des kanonischen Eherechts hat sich seit Inkrafttreten des CIC/1917 eine so weitreichende *Entwicklung* vollzogen wie bei der päpstlichen Auflösung nichtsakramentaler Ehen.[13] Daß es neben dem Privilegium Paulinum noch eine andere Möglichkeit zur Auflösung einer Naturehe in favorem fidei gibt, nämlich die durch päpstlichen Auflösungsbescheid, ließ der Text des CIC/1917 direkt überhaupt nicht erkennen. Tatsächlich aber wurden, wie man erst nach und nach erfuhr, solche Auflösungen in steigender Ausweitung vorgenommen. Soweit sich feststellen läßt, verlief der Vorgang in folgenden Schritten:
seit 1924 Auflösung von Ehen zwischen ungetauften und nichtkatholisch getauften Personen;
1. 5. 1934 „Normae pro conficiendo processu in casibus solutionis vinculi matrimonialis in favorem fidei per Supremam Summi Pontificis auctoritatem"[14];
seit 1947 Auflösung von Ehen zwischen einer ungetauften und einer katholisch getauften Person, obschon mit Dispens vom Hindernis der Religionsverschiedenheit geschlossen (vgl. dagegen c. 1120 § 2 CIC/1917);
seit 1957 Auflösung von Ehen zwischen ungetauften Personen, ohne daß einer der beiden Partner sich taufen läßt;
1970 ein retardierender Schritt, wohl unter dem Eindruck lautgewordener Bedenken: anhängige Verfahren wurden von Rom vorläufig sistiert;
6. 12. 1973 „Instructio pro solutione matrimonii in favorem fidei", welche wieder die Fortführung der Auflösungsverfahren in dem entwickelten weiten Umfang gestattete, jedoch einige einschränkende Erfordernisse einbaute.

---

[13] Vgl. A. *Hopfenbeck*, Privilegium Petrinum (= MthStkan 35), St. Ottilien 1976.
[14] Amtlich nicht publiziert, nur den Ortsordinarien zugesandt.

Als Ergebnis läßt sich eine doppelte Ausweitung feststellen. Einmal hinsichtlich der aufzulösenden Ehe: Nicht nur die Ehe von zwei Ungetauften, sondern jede nichtsakramentale Ehe kann, freilich nur bei schwerwiegendem Grund, vom Papst gelöst werden; ausgeschlossen von der Möglichkeit einer päpstlichen Auflösung bleibt allein die vollzogene Ehe zweier Getauften. Zum zweiten hat sich der Begriff des favor fidei ausgedehnt: Nicht mehr ist unbedingt, wie beim Paulinischen Privileg, die Konversion eines der Ehepartner gefordert; das „in favorem fidei" wird mehr oder weniger dem „ob salutem animarum" gleichgesetzt; als genügend für die Eheauflösung wird angesehen, wenn das Seelenheil, auch etwa das eines Dritten, mit dem die neue Ehe beabsichtigt ist, dazu rät.

2. Nach den Arbeiten für die CIC-Reform war fest damit gerechnet worden, daß endlich die Lücke des CIC/1917 ausgefüllt und im CIC eine kodifizierte Basis für die Auflösung nichtsakramentaler Ehen in favorem fidei durch päpstlichen Bescheid eingebaut werde. Noch im Schema novissimum von 1982 fand sich dazu eine knappe, aber ausreichende Normierung, sowohl im materiellen Eherecht als auch im Eheprozeßrecht.[15] Groß war das Erstaunen bei der Publikation des CIC: Diese Normen sind im letzten Augenblick restlos *gestrichen* worden. Wie der CIC/1917 enthält auch der CIC/1983 nichts zur Auflösung von Ehen in favorem fidei durch päpstlichen Bescheid.

3. Wie ist diese Lücke *rechtlich zu deuten?* Vermutlich hat man die Entwicklung für noch nicht ausgereift angesehen, um sie in die festgefügte Kodifikation eines CIC einzubauen. Keineswegs aber ist damit die Vollmacht des Papstes zu solcher Eheauflösung negiert, die zweifelsohne weiterhin, wenn auch ohne Regelung im CIC, zur Anwendung kommen wird. Da die Materie nun nicht im CIC behandelt ist, darf man aus c. 6 § 1 n. 4 folgern: Als rechtliche Grundlage für Anwendung und Verfahren bei solchen Eheauflösungen bleibt vorerst die von der Glaubenskongregation herausgegebene Instructio pro solutione matrimonii in favorem fidei vom 6. 12. 1973 nebst den zugehörigen Normae procedurales[16] bis auf weiteres in Kraft.

---

[15] Cc. 1150 und 1707–1710 Schema CIC 1982. C. 1150 § 1 Schema CIC 1982 brachte die Fundamentalaussage: Matrimonium initum a partibus, quarum una saltem baptizata non fuit, a Romano Pontifice dissolvi potest in favorem fidei, dummodo matrimonium non fuerit consummatum postquam ambo coniuges baptizati sunt. Die cc. 1707–1710 Schema CIC 1982 enthielten prozessuale Normen unter der Überschrift „De processu ad matrimonii solutionem in favorem fidei".
[16] NKD 39, S. 60–77.

4. Für die Auflösung einer Naturehe in favorem fidei durch päpstlichen Bescheid, vielfach auch *Privilegium Petrinum* genannt, stellt sich die *jetzige Rechtslage* entsprechend der Instructio von 1973 so dar. Es müssen folgende Gültigkeitsvoraussetzungen erfüllt sein:

a) Beim Abschluß der aufzulösenden Ehe war *wenigstens einer* der Partner *ungetauft*.

b) *Falls* inzwischen beide getauft sind, darf nach der zweiten Taufe die Ehe *nicht* mehr *vollzogen* sein.

c) *Sofern* eine neue Ehe mit einem Nichtkatholiken beabsichtigt ist, muß dieser, was über die Mischehenbestimmungen hinausgeht, die freie Religionsausübung des katholischen Gatten und die katholische Erziehung der Kinder zusichern.

Neben diesen drei condiciones sine quibus non wird des weiteren u. a. gefordert: Die Zerrüttung der aufzulösenden Ehe ist unheilbar und nicht vom Bittsteller verschuldet. Die Ehe, die mit Dispens vom Hindernis der Religionsverschiedenheit geschlossen wurde, wird nur in besonderen Fällen aufgelöst. Die Auflösung der Ehe darf nicht zu öffentlichem Ärgernis führen. Nach Recht und Billigkeit ist für den verlassenen Ehepartner und für etwaige Kinder zu sorgen. Es muß Gewähr für die religiöse Haltung der neuen Ehe geleistet sein. Die Gunst des privilegium fidei soll nicht zweimal gewährt werden, so daß eine Ehe, die selbst erst über das privilegium fidei zustande kam, nicht ebenso auch wieder aufgelöst wird.

Anders als beim Paulinischen Privileg ist die Auflösung der Ehe durch päpstlichen Bescheid ein Gnadenakt, auf den man keinen Rechtsanspruch hat. Diese Auflösung erfolgt nicht erst mit dem Abschluß der neuen Ehe, sondern mit dem päpstlichen Bescheid, falls nichts anderes bestimmt wird.

VI. Die Trennung der Gatten unter Fortbestand des Ehebandes

1. Die *Separation* meint die bloße „Trennung von Tisch und Bett", die Aufhebung nur der ehelichen Lebensgemeinschaft (cc. 1151—1155).[17] Im Unterschied zur Eheauflösung bleibt bei der Trennung das Eheband als solches bestehen, so daß eine neue Eheschließung nicht möglich ist.

2. Die *dauernde* Trennung kann nur bei *Ehebruch* erfolgen. Trennungsberechtigt ist der verletzte Gatte; jedoch nicht, wenn er dem Ehebruch zugestimmt oder ihn veranlaßt hat, wenn er dem Partner verziehen oder wenn er ebenfalls Ehebruch begangen hat. Der unschuldige Gatte kann die Trennung eigenmächtig durchführen; er muß sich aber, was gegenüber dem

---

[17] Vgl. J. *Pfab*, Aufhebung der ehelichen Lebensgemeinschaft nach göttlichem, kirchlichem und bürgerlichem Recht, Salzburg 1957.

CIC/1917 neu ist, innerhalb von sechs Monaten der kirchlichen Autorität stellen, die einen Versöhnungsversuch anstreben soll.

3. Die *zeitweilige* Trennung, auf bestimmte oder auf unbestimmte Zeit, wird zugestanden, wenn und solange für den Gatten oder für die Kinder aus dem weiteren Zusammenleben *Gefahr* an Leib oder Seele droht. Die zeitweilige Trennung ist in der Regel auf Antrag von Amtswegen durchzuführen; bei Gefahr im Verzuge darf der Bedrohte eigenmächtig handeln.

Die Eheverfahren

I. Der ordentliche Ehenichtigkeitsprozeß

1. Rechtsquellen[1]

Die *einzige Rechtsquelle* bietet jetzt der *CIC*, und zwar in den allgemeinen Prozeßvorschriften (cc. 1400–1655) sowie in den besonderen Normen für Ehenichtigkeitsprozesse (cc. 1671–1691). Erst die Verklammerung beider Normgruppen ergibt die konkrete Prozeßordnung für das Ehenichtigkeitsverfahren.

Eine in sich geschlossene, unmittelbar auf die Ehenichtigkeitsverfahren zugeschnittene Eheprozeßordnung, wie sie früher in der EPO von 1936 vorlag, gibt es jetzt nicht mehr. Sie bleibt ein Desiderat, zumal die Diözesangerichte fast nur mit Eheprozessen zu tun haben. Die EPO von 1936 wie auch MP CausMatr von 1971 sind außer Kraft gesetzt, können aber zur Interpretation des neuen Rechts hilfreich sein (c. 6 § 2).

2. Gerichtszuständigkeit

Welches *Diözesangericht* in der *1. Instanz* für die Führung eines Ehenichtigkeitsprozesses zuständig ist[2], hat c. 1673, das bisherige Recht teils ergänzend oder abändernd, so bestimmt: Zuständig ist das Gericht jener Diözese, in der

a) die Ehe geschlossen wurde (forum *contractus*) oder

b) die nichtklagende Partei Wohnsitz oder Nebenwohnsitz hat (forum *partis conventae*) oder

c) die klagende Partei Wohnsitz hat (forum *partis actricis*)[3] oder

---

Erschienen in: Handbuch des katholischen Kirchenrechts. Herausgegeben von Joseph *Listl*, Hubert *Müller* und Heribert *Schmitz*, Regensburg (Pustet) 1983, § 107, S. 984–999.

[1] Dieser Beitrag bringt die verfahrensrechtliche Ergänzung zu H. *Flatten*, Nichtigerklärung, Auflösung und Trennung der Ehe, in: Handbuch des katholischen Kirchenrechts, § 88, S. 815–826 (oben S. 477–490).

[2] Abgesehen sei hier von den Sonderbestimmungen, daß für Staatsoberhäupter die Zuständigkeit dem Papst reserviert ist (c. 1405 § 1 n. 1) und daß jeder Gläubige schon für die 1. Instanz das päpstliche Gericht angehen kann (c. 1417 § 1).

[3] Völlig neu, aber durch drei Voraussetzungen eingeschränkt: Beide Parteien müssen zum Gebiet der gleichen Bischofskonferenz gehören; die Gegenpartei ist zuvor zu hören; der Offizial des Wohnsitzes der beklagten Partei muß zustimmen.

d) die meisten Beweise für den Prozeß zu erheben sind (forum *probationum*).⁴

Nach dieser Regel können unter Umständen für einen Prozeß mehrere Diözesangerichte zuständig sein. Dann kann der Kläger wählen, welches von ihnen den Prozeß zu führen hat.

Mit Zustimmung des Apostolischen Stuhles können mehrere Diözesanbischöfe statt der einzelnen Diözesangerichte ein gemeinsames *Interdiözesangericht* als 1. Instanz errichten (c. 1423 § 1), auf das die oben dargelegte Gerichtszuständigkeit analog anzuwenden ist.

In der *2. Instanz* ist das *Metropolitangericht* für die Suffraganbistümer zuständig. Hat das Metropolitangericht selbst den Prozeß in 1. Instanz geführt, so geht er in 2. Instanz an jenes Diözesangericht, das der Metropolit mit Billigung des Apostolischen Stuhles ein für allemal als Appellationsinstanz bestimmt hat (c. 1438). Die 2. Instanz für ein Interdiözesangericht regelt sich nach c. 1439 § 1.⁵

In der *3. Instanz* ist an sich die *Römische Rota* zuständig (c. 1444 § 1 n. 2). Doch besitzen kraft päpstlichen Indults die deutschen Diözesen durchweg das Recht, ein jeweils bestimmtes deutsches Diözesangericht als 3. Instanz anzugehen. Für das Erzbistum Köln besteht so z. B. der Instanzenzug: 1. Köln, 2. Münster, 3. Freiburg.

3. Organisation des Ehegerichts

Der ordentliche Ehenichtigkeitsprozeß ist in allen Instanzen in der Regel vor einem *Kollegialgericht aus drei Geistlichen* zu führen.⁶ Der Vorsitz liegt beim Offizial oder Vizeoffizial⁷, der die meisten Prozeßhandlungen außer der kollegial zu fällenden Urteilsentscheidung allein tätigt und vielfach auch als Untersuchungsrichter die Vernehmungen vornimmt. Die beiden beisitzenden Richter werden aus dem Kreis der Diözesanrichter (c. 1421 § 1) genommen, die früher Synodalrichter hießen. Die Bestellung des Dreierkollegiums für den einzelnen Eheprozeß nimmt unter Einhaltung einer Turnusordnung in der Regel der Offizial (c. 1425 § 3), nicht mehr der Bischof vor (c. 1576 § 3 CIC/1917).

Falls die Besetzung mit drei Geistlichen als Richtern nicht zu erreichen ist, sieht der CIC *zwei Ausnahmen* vor:

a) *Einzelrichter* (c. 1425 § 4): Für die 1. Instanz, nicht für die Appellations-

---

⁴ Aber nur, wenn der Offizial des Wohnsitzes der beklagten Partei nach deren Befragung seine Zustimmung erteilt. Also gegenüber n. IV MP CausMatr etwas geändert.
⁵ Auch wo kein Interdiözesangericht der 1. Instanz besteht, kann für die 2. Instanz ein Interdiözesangericht eingerichtet werden (c. 1439 § 2).
⁶ Vgl. cc. 1425 § 1 n. 1, 1420 § 4, 1421 § 1.
⁷ Der Offizial heißt nunmehr (c. 1420) amtlich auch Vicarius iudicialis (Gerichtsvikar), der Vizeoffizial Vicarius iudicialis adiunctus (Beigeordneter Gerichtsvikar).

instanz, kann die Bischofskonferenz, solange sich das vorgeschriebene Dreierkollegium nicht bilden läßt, dem Bischof erlauben, daß er die Prozesse einem Geistlichen als Einzelrichter überträgt. Der Einzelrichter soll nach Möglichkeit einen beratenden Beisitzer (Assessor) und einen Untersuchungsrichter (Auditor) beiziehen. Die Ämter des Assessors oder des Auditors können nach cc. 1424 und 1428 § 2 auch Laien, Männern wie Frauen, übertragen werden.

b) *Dreierkollegium* mit *einem* Laienrichter (c. 1421 § 2): In Abweichung von der Norm, daß die Diözesanrichter Geistliche sein müssen, kann die Bischofskonferenz erlauben, daß auch Laien als Richter bestellt werden, aus denen dann im Fall einer Notlage *einer* zur Bildung des Dreierkollegiums genommen werden kann.

Zu dieser Bestimmung, hinter der die Grundsatzfrage steht, ob kirchliche Leitungsgewalt überhaupt an einen Nichtordinierten übertragen werden kann, wird vermutlich noch heftiger Streit entbrennen. Schon die Entwürfe zum CIC/1983 hatten in diesem Punkt eine lebhafte Diskussion ausgelöst.[8] Dabei waren die Entwürfe wenigstens in sich konsequent bei der Linie verblieben, jede Aussage zu vermeiden, daß nur Kleriker ein Amt erhalten können, zu dessen Ausübung kirchliche Leitungsgewalt erforderlich ist. So noch in dem Schema CIC/1982 an den drei einschlägigen Stellen.[9] Aber die letzte Überarbeitung durch den Papst hat eine fundamentale Änderung gebracht. In den beiden cc. 129 §§ 1 und 2 und 274 § 1, in denen die theologische Grundsatzaussage zu machen war, ist entgegen der Tendenz der Entwürfe nunmehr ganz eindeutig entschieden worden: „Soli clerici obtinere possunt officia ad quorum exercitium requiritur potestas ordinis aut potestas regiminis ecclesiastici" (c. 274 § 1; analog c. 129 §§ 1 und 2). Nur fehlt die Änderung, die dann konsequent auch in c. 1421 § 2 hätte vorgenommen werden müssen; in c. 1421 § 2 blieb stehen, daß notfalls auch ein Laie zum Richter ernannt werden kann. Warum dort die Änderung unterblieb, wird kaum zu klären sein.

Jedenfalls klafft jetzt im CIC selbst zwischen cc. 129 und 274 § 1 auf der einen Seite und c. 1421 § 2 auf der anderen Seite ein unüberbrückbarer Widerspruch. Das Übergewicht liegt zweifellos bei den theologischen Grundsatzaussagen der beiden ersten Stellen. Aber eine letzte Entscheidung wird wohl nur von einer authentischen Interpretation zu erwarten sein. Wenn man die beiden ersten Stellen ernst nimmt, könnte jemand auf den Ausweg verfallen, daß dann der Laienrichter des c. 1421 § 2 nur als Iudex assessor, als bloß beratender Richter zu verstehen sei.[10] Doch gerät man so in die andere Schwierigkeit, wie das Dreierkollegium mit nur zwei beschließenden

---

[8] Vgl. die gegensätzliche Stellungnahme von W. *Aymans,* Laien als kirchliche Richter?, in: AfkKR 144 (1975), S. 3—20; a. M. K. *Lüdicke,* Laien als kirchliche Richter, in: ÖAKR 28 (1977), S. 332—352.

[9] Cc. 129, 273; 1421 § 2 Schema CIC 1982. Die Parallelstellen im CIC/1983 sind: cc. 129 §§ 1 und 2, 274 § 1, 1421 § 2.

[10] Ein römischer Sachkenner, der in die letzte Überarbeitung des CIC Einblick hatte, gab auf Befragen zu verstehen: Eine Umformulierung des c. 1421 § 2 sei überflüssig gewesen; denn aus den jetzigen cc. 129 und 274 folge von selbst schon zwingend, daß c. 1421 § 2 nur einen Laienrichter ohne Jurisdiktion, also einen Iudex assessor mit bloß beratender Stimme meinen könne.

Richtern im Dissens dieser beiden überhaupt zu einer Entscheidung kommen kann. Das Dilemma des c. 1421 § 2 ruft nach einer Klärung von höchster Stelle.

In jedem Ehenichtigkeitsprozeß hat ein *Ehebandverteidiger* (defensor vinculi) mitzuwirken. Er hat die Aufgabe, von Amts wegen sachdienliche Argumente zugunsten des Ehebandes vorzutragen (c. 1432). Zur Beurkundung der Gerichtsakten ist ein kirchlicher *Notar* beizuziehen (c. 1437). Jede Partei kann einen *Prozeßvertreter* (procurator) und einen *Anwalt* (advocatus) für seinen Prozeß bestellen, sofern sie die erforderliche Qualifikation aufweisen. Ein Anwaltszwang besteht jedoch für den Eheprozeß in der Regel nicht. Bei jedem Gericht sollen, soweit sich das ermöglichen läßt, ständige Parteibeistände bestellt werden, die vom Gericht entlohnt werden und auf die eine Partei, wenn sie es will, als Prozeßvertreter oder Anwalt zurückgreifen kann (c. 1490).

4. Klagerecht

a) Klagerecht im Eheprozeß hat nur jeder *Ehegatte* der angeblich nichtigen Ehe; unter bestimmten Voraussetzungen auch der Kirchenanwalt (c. 1674). Nicht dagegen Verwandte und andere Personen; auch nicht ein Dritter, der einen Geschiedenen standesamtlich geheiratet hat und nun dessen erste Ehe für nichtig erklärt haben will, um sein Verhältnis zu ihm kirchlich zu ordnen; er kann allenfalls den Tatbestand dem Kirchenanwalt anzeigen, der unter Umständen seinerseits Klage von Amts wegen erhebt.

b) Das Recht des CIC/1917 hatte das Klagerecht des Ehegatten *zwei Beschränkungen* unterworfen, die jetzt *entfallen* sind. Einmal hatte früher der *Nichtkatholik* kein Klagerecht.[11] Das war schon durch die authentische Interpretation vom 8. Januar 1973 aufgehoben und gilt auch jetzt nicht mehr. Jeder Ehepartner, ob getauft oder ungetauft, hat Klagerecht (c. 1476). Wohl müßte der Nichtkatholik bei Klageerhebung ein begründetes Rechtsschutzinteresse nachweisen, z. B. weil er eine neue Ehe mit einer Katholikin beabsichtigt. Ohne ein besonderes Rechtsschutzinteresse will die Kirche nicht mit einem Eheprozeß über die Ehe von zwei Nichtkatholiken entscheiden. Zum anderen war früher jeder vom Klagerecht ausgeschlossen, der selbst an der Nichtigkeit seiner Ehe *schuld* war (c. 1971 § 1 n. 1 CIC/1917). In langwierigen Interpretationsversuchen wurde dies dahin präzisiert: wer selbst die Nichtigkeit seiner Ehe direkt und vorsätzlich verursacht hat (causa et directa et dolosa; PCI vom 27. Juli 1942). Die Anwendung in der Praxis bereitete gleichwohl große Schwierigkeit; zudem war im Zweifelsfall das Klagerecht nicht zu verweigern und kam andernfalls oft genug doch die Klage über den Kirchenanwalt zum Zuge. Der CIC/1983 hat daher, trotz des nicht geringen Bedenkens, daß niemand aus seiner eigenen Schuld noch Vorteil ziehen soll, auch diese Klagebeschränkung ganz fallen lassen.

c) Der *Kirchenanwalt* (promotor iustitiae) hat Klagerecht, wenn die Nichtigkeit der Ehe bereits öffentlich bekannt geworden ist und eine Konvalida-

---

[11] Vgl. Art. 35 § 3 EPO.

tion der Ehe unmöglich oder untunlich ist (c. 1674 n. 2).[12] Hier liegt die Nichtigerklärung einer solchen Ehe, der gesamten Aufgabenstellung des Kirchenanwalts entsprechend (c. 1430), im öffentlichen Interesse der Kirche.[13]

d) Wenn eine Ehe bereits durch den *Tod* eines Gatten aufgelöst ist, kann in der Regel nicht mehr Klage auf Ehenichtigkeit erhoben werden (c. 1675). Stirbt ein Gatte während eines anhängigen Verfahrens, ist nach c. 1518 vorzugehen.

5. Prozeßverlauf

a) Die *Klageschrift* (c. 1504) ist vom Klageberechtigten, nicht vom Pfarrer, an das zuständige Diözesangericht (Offizialat, nicht Generalvikariat) zu richten und hat zu enthalten: *Klagebegehren:* die Ehe N. N. (Namen der beiden Partner mit Anschrift) für nichtig zu erklären; *Klagegrund:* warum die Ehe nichtig sein soll; es kann nur ein kirchlich anerkannter Nichtigkeitsgrund angeführt werden, z. B. weil der Kläger zur Eheschließung gezwungen wurde; ein wenigstens allgemein gehaltenes *Beweisangebot,* z. B. Benennung von Zeugen mit Anschrift; *Datum und Unterschrift* des Klägers oder seines Prozeßvertreters. Beizufügen sind der Klageschrift Vollmacht für den etwaigen Prozeßvertreter sowie die Trauungsurkunde und das bürgerliche Scheidungsurteil. Bevor das Verfahren in Gang gesetzt wird, soll zunächst noch ein Konvalidationsversuch unternommen werden, sofern ein solcher nicht aussichtslos erscheint (c. 1676).

b) *Annahme der Klage* (cc. 1505 f.): Nach Bestellung des Gerichtskollegiums hat dessen Vorsitzender[14], nicht mehr wie früher (Art. 61 f. EPO) das gesamte Kollegium, darüber zu befinden, ob die Klage zur Verhandlung angenommen wird oder nicht. Abzulehnen ist die Klage, wenn das Gericht nicht zuständig ist, wenn dem Kläger das Klagerecht fehlt, wenn das Libell

---

[12] Früher bestand auch für den Kirchenanwalt eine gewisse Einschränkung des Klagerechts bei Eheprozessen wegen Konsensmangels. Vgl. Art. 38 f. i. V. m. Art. 41 § 3 EPO. Jetzt entfallen.
[13] Ob das öffentliche Interesse zur Führung eines Prozesses vorliegt, mußte nach früherem Recht (c. 1586 CIC/1917) in allen Fällen, auch bei Ehenichtigkeitsprozessen, zuvor der Diözesanbischof entscheiden; erst dann konnte der Kirchenanwalt Klage erheben. Ob jetzt bei der anderen Formulierung des c. 1431 § 1, wonach die Entscheidung des Bischofs nicht erforderlich ist, wenn „interventus promotoris iustitiae a lege praecipiator", der Kirchenanwalt nicht von sich aus schon Klage zu einem Eheprozeß erheben kann, scheint zum mindesten nicht ausgeschlossen. Denn man wird sich fragen müssen, ob c. 1674 dem Kirchenanwalt nur das Klagerecht gibt oder aber für den dort genannten Fall „cum nullitas iam divulgata est" auch die gesetzliche Pflicht zur Klageerhebung auferlegt.
[14] Also nicht ohne weiteres der Offizial, es sei denn, er habe den Vorsitz im bestellten Kollegium. Wohl könnte der Offizial bei Eingang einer unzureichenden Klageschrift den Kläger auf die Mängel hinweisen und ihm die Ergänzung oder auch die Rücknahme der Klage nahelegen.

keine Unterschrift trägt oder wenn die erhobene Klage jedes Fundaments entbehrt, sei es daß kein kanonischer Klagegrund angegeben ist, sei es daß die vorgebrachte Behauptung zwar rechtlich zulässig ist, ihr aber sachlich jede Begründung sicher abgeht, so daß auch im Verlauf des Prozesses eine Begründung nicht zu erwarten ist.

Gegen die *Ablehnung der Klage* durch den Vorsitzenden steht dem Kläger innerhalb von zehn Tagen der Rekurs an das Gerichtskollegium, nicht mehr wie früher an die 2. Instanz, offen. Die Entscheidung des Kollegiums ist endgültig.[15]

Neu ist die in c. 1506 vorgesehene *automatische Annahme* einer Klage. Wenn der Vorsitzende innerhalb eines Monats nach Empfang der Klageschrift nicht das Dekret über Annahme oder Ablehnung der Klage erlassen hat, kann der Kläger ihn mahnen. Falls das nichts nützt, gilt die Klage zehn Tage nach Eingang der Mahnung als zur Verhandlung angenommen.

c) Die *Ladung des Beklagten* (citatio; cc. 1507 f., 1677) meint die mit der Mitteilung über das eröffnete Verfahren verknüpfte Aufforderung, sich dem Gericht zu stellen, sei es daß er schriftlich zu der vorläufig umschriebenen Streitfrage Stellung nimmt, sei es daß er persönlich zur Streitfestsetzung erscheint. Die Ladung soll alsbald ergehen, spätestens am 20. Tag nach der in c. 1506 vorgesehenen Mahnung. Es bleibt dem gewissenhaften Ermessen des Vorsitzenden überlassen, ob er dem Beklagten mit der Ladung auch die Klageschrift übermittelt; in Eheprozessen wird sich das in der Regel verbieten, solange nicht der Beklagte selbst vernommen ist (vgl. c. 1508 § 2). Mit der rechtmäßig übermittelten Ladung ist das Verfahren rechtsanhängig (c. 1512). Das Ladungsdekret mit der vorläufig umschriebenen Streitfrage geht auch an den Kläger.

d) Die *Streitfestsetzung* (litiscontestatio; cc. 1513–1516, 1677) wird unter Berücksichtigung der schriftlichen Eingaben der Parteien vom Vorsitzenden von Amts wegen vorgenommen. Die Parteien brauchen dazu nicht persönlich zu erscheinen, jede von ihnen kann aber innerhalb von fünfzehn Tagen nach der Ladung verlangen, daß dafür eine Sitzung anberaumt wird. Bleibt ein solches Verlangen aus, vollzieht der Vorsitzende selbst die Streitfestsetzung: Es wird der Streitgegenstand des Prozesses genau mit Angabe des Klagegrundes oder auch mehrerer festgelegt (c. 1677 §§ 2 und 3). Wenn es im Verlauf des Prozesses dienlich erscheint, kann der Streitgegenstand nachträglich geändert oder ergänzt werden.

e) Die *Beweiserhebung* erfolgt durch Vernehmung der Parteien und der Zeugen, durch Sachverständigengutachten und durch Dokumente (cc. 1526–1586, 1678–1680). Als *Zeugen* im Eheprozeß kommen auch Ver-

---

[15] Das folgt aus c. 1505 § 4 i. V. m. c. 1629 n. 5.

wandte in Frage, da sie oft am besten um Vorgänge bei der Eheschließung wissen. Wichtig ist, ob Äußerungen der Eheleute, von denen Zeugen berichten, zu unverdächtiger Zeit gefallen sind.

Jeder wird einzeln *vernommen;* in Gegenwart des Vernehmungsrichters und des Aktuars; dem Ehebandverteidiger wie dem etwa beteiligten Kirchenanwalt ist die Anwesenheit freigestellt. Völlig neu ist, daß zwar nicht die Parteien, wohl aber Parteibeistände ebenfalls bei Vernehmungen zugegen sein dürfen; freilich mit der gewichtigen Einschränkung: falls nicht der Richter um der besonderen Umstände willen sie davon ausschließt (c. 1678 § 1 n. 1 i. V. m. c. 1559). Letzteres wird in Eheprozessen sehr oft geboten sein, will man die Hemmung der zu vernehmenden Person überwinden und eine umfassende Darlegung ermöglichen. Der Richter leitet die Vernehmung und stellt die Fragen. Die Aufstellung des Interrogatoriums, die früher Pflicht des Ehebandverteidigers war, obliegt jetzt unter Berücksichtigung der von diesem vorgeschlagenen Fragen (vgl. c. 1533) dem Richter. Je nach dem Gang der Vernehmung kann der Richter Fragen weglassen, ändern oder ergänzen. Der Aktuar führt das Protokoll, das am Schluß von der vernommenen Person, dem Richter und dem Aktuar unterzeichnet wird (c. 1569 § 2). Jeder, auch die Partei, hat die Aussage unter Eid zu machen. Ferner ist ein Glaubwürdigkeitszeugnis beizufügen.

Die eidlichen Aussagen der *Parteien* sind in ihrem Beweiswert vom Richter innerhalb des gesamten Beweismaterials durchaus zu würdigen; jedoch erbringen sie für sich allein niemals bereits vollen Beweis für die Nichtigkeit der Ehe; es müßten schon weitere Beweiselemente hinzukommen, so daß sich insgesamt doch ein voller Beweis ergäbe (c. 1536 § 2).

Als solche Beweisergänzungen kommen u. a. auch *Glaubwürdigkeitszeugen* in Frage. Früher kannte man sie amtlich nur in Impotenz- und Inkonsummationsverfahren als sogenannte „Siebenhänderzeugen" (c. 1975 CIC/ 1917). Wenn die Impotenz oder der Nichtvollzug nicht anderweitig schon feststand, sollten für jede Partei Zeugen, ursprünglich je sieben an der Zahl, ihre Hand zum Eid für die Glaubwürdigkeit der Partei heben. Unter Verzicht auf die Siebenzahl ist das nunmehr in c. 1679 auf alle Ehenichtigkeitsprozesse ausgedehnt. Diese Beweisergänzung kommt nur subsidiär in Frage, wenn anderweitig kein voller Beweis zu erbringen ist. Solche Glaubwürdigkeitszeugen sind nicht Zeugen in der Sache, sondern Zeugen für die Glaubwürdigkeit der Partei; sie bezeugen nur, daß sie die Partei insgesamt und im besonderen in dem, was sie zur Nichtigkeit ihrer Ehe aussagt, für glaubwürdig halten. Das Instrument der Glaubwürdigkeitszeugen kann eine brauchbare Hilfe in Eheprozessen bieten. Allerdings ist seine sachgerechte Bewertung allein bei äußerst kritischer Abwägung des Richters möglich. Glaubwürdigkeitszeugen sind zudem nur Beweisstütze, nicht schon voller Beweis; auch nicht bei Übereinstimmung der Aussagen der Parteien. Aus dem „praeter" in c. 1679 folgt, daß noch Beweisstützen anderer Art hinzukommen müssen.[16]

Bei bestimmten Ehenichtigkeitsgründen kommt das Gericht nicht ohne Zuziehung von *Sachverständigen* aus. So vor allem in der Regel bei Nichtigkeitsklagen wegen Impotenz oder Geisteskrankheit, unter Umständen auch in anderen Fällen (c. 1680). Entgegen dem früheren Verbot (c. 1978 CIC/1917) kann der Richter jetzt auch einen Arzt, der die Partei bereits privat behandelt hat, zum Gutachter bestellen. Der Gutachter braucht auch nicht mehr (vgl. c. 1981 CIC/1917) zusätzlich vernommen zu werden. Es genügt in der Regel sein schriftliches Gutachten (vgl. c. 1578 § 3).

Als *Dokumente* kommen für den Eheprozeß vornehmlich Briefe aus der Zeit kurz vor der Heirat in Frage.

f) Nach Abschluß der Beweiserhebung verfügt der Vorsitzende die *Offenlegung der Prozeßakten* (publicatio processus; c. 1598). Die Parteien können nunmehr die Akten einsehen; die Anwälte auf ihre Kosten in der Regel auch Abschrift von Akten verlangen. Wenn innerhalb einer dafür zu setzenden Frist die Parteien keine weiteren Beweisvorschläge bringen, ergeht der *Aktenschluß* (conclusio in causa; c. 1599).

g) Es folgen die *Schriftsätze* des Ehebandverteidigers und der Parteien (cc. 1601–1606). Der Ehebandverteidiger hat darzulegen, was unter Würdigung des Beweismaterials gegen eine Nichtigerklärung der Ehe spricht. Gegen seine Animadversiones können die Parteien ihre Stellungnahme schriftlich vortragen. Der Ehebandverteidiger hat das Recht der letzten Erwiderung.

h) Das *Urteil* (cc. 1607–1618) wird, nachdem jeder Richter sein Votum erarbeitet hat, in geheimer Sitzung des Kollegiums nach Diskussion durch Mehrheitsbeschluß gefällt und anschließend unter Zuziehung des Notars verkündet. Für die Nichtigkeit der Ehe (Constat de nullitate matrimonii) kann der Richter nur stimmen, wenn er aus den Akten moralische Gewißheit über die Nichtigkeit der Ehe gewonnen hat. Im Zweifel muß das Urteil lauten: Non constat. Die Voten der Richter sind geheimzuhalten; wohl kann ein überstimmter Richter nunmehr (c. 1609 § 4) verlangen, daß im Appellationsfall sein Votum der Oberinstanz übermittelt wird. Das schriftlich ausgefertigte Urteil, das die Entscheidung nach der rechtlichen wie der tatsächlichen Seite zu begründen hat[17] und von den drei Richtern und dem Notar zu unterzeichnen ist, wird den Parteien zugestellt. Eine Rechtsbelehrung über etwaige Appellationsmöglichkeit ist beizufügen (c. 1614).

---

[16] Sachlich steht das in Übereinstimmung mit c. 1975 § 2 CIC/1917.
[17] Das Urteil soll gegebenenfalls auch einen Hinweis bringen, welche moralischen Pflichten gegenüber dem Partner oder den Kindern hinsichtlich Unterhalt und Erziehung bestehen (c. 1689).

6. Appellationsverfahren

a) Das Ehenichtigkeitsurteil der 1. Instanz eröffnet noch nicht den Weg zu einer neuen Eheschließung. Der Zugang dazu ist solange nicht frei, als die Nichtigerklärung der Ehe nicht auch von der Oberinstanz, und zwar aus dem gleichen Ehenichtigkeitsgrund, ausgesprochen ist. Das Verfahren muß also mindestens durch *zwei Instanzen* laufen.

Gegen ein erstmaliges Constat-Urteil ist anstelle der früheren Appellationspflicht des Ehebandverteidigers (c. 1986 CIC/1917) nunmehr eine Art *automatischer Appellation* getreten (c. 1682 § 1): Das Gericht hat von Amts wegen innerhalb von zwanzig Tagen nach der Urteilszustellung das Urteil mit den gesamten Akten und etwa eingegangenen Appellationen an die zuständige Oberinstanz zu senden. Diese hat dann ohne weiteres das Verfahren der 2. Instanz durchzuführen.

Es ist dem Ehebandverteidiger unbenommen, auch seinerseits gegen das Constat-Urteil der 1. Instanz Berufung einzulegen. Gleichfalls können die Parteien gegen ein unerwünschtes Urteil, mag es positiv oder negativ ausgefallen sein, appellieren (c. 1628). Die Appellation ist innerhalb von fünfzehn (früher zehn) Tagen nach Empfang des Urteils beim Gericht der 1. Instanz einzulegen und innerhalb eines weiteren Monats beim Appellationsgericht zu verfolgen (cc. 1630, 1633).

b) Für das Verfahren bei der Appellationsinstanz ist, ähnlich wie schon in MP CausMatr, eine beträchtliche Abkürzung vorgesehen: die Möglichkeit der *Dekretbestätigung* (c. 1682 § 2). Danach hat das Kollegialgericht der 2. Instanz nach Einholung einer Stellungnahme des eigenen Ehebandverteidigers zunächst in einer Sitzung zu entscheiden, ob die Nichtigerklärung der Ehe seitens der Vorinstanz in rechtlicher wie in sachlicher Hinsicht so zutreffend ist, daß sie kurzerhand ohne Beweisergänzung durch Dekret bestätigt werden kann. Eine Dekretbestätigung ist nur bei positivem, nicht bei negativem Urteil der Vorinstanz möglich. Es kann auch nur ein *ersti*nstanzliches Urteil durch Dekret bestätigt werden.[18] Das Bestätigungsdekret ist mit wenigstens kurzer Begründung zu versehen. Es kommt einem zweiten Ehenichtigkeitsurteil gleich. Gegen das Bestätigungsdekret gibt es nicht mehr wie nach n. IX MP CausMatr den Rekurs an die 3. Instanz, sondern

---

[18] Sententia pro matrimonii nullitate prolata in *primo* iudicii gradu (vgl. c. 1682 § 2). Daher kann die 3. Instanz, wenn die 1. Instanz negativ und die 2. Instanz zum gleichen Caput positiv entschieden hat, das Urteil der 2. Instanz *nicht* durch Dekret bestätigen. Wohl kann die 3. Instanz, wenn die 2. Instanz ein neues Caput eingeführt und dazu ein positives Urteil gefällt hat, dieses, weil es eben erstinstanzlich (c. 1683) gefällt wurde, gegebenenfalls durch Dekret bestätigen.

allenfalls, wie auch sonst bei zwei gleichlautenden Urteilen, den Antrag auf Wiederaufnahme des Verfahrens nach c. 1644 § 1 (siehe unten).

c) Hat gegen ein negatives Urteil der 1. Instanz (Non constat) eine Partei appelliert oder hat bei einem Constat-Urteil die 2. Instanz eine Bestätigung durch Dekret abgelehnt, so muß dieses Gericht den Eheprozeß als *ordentliches Verfahren der 2. Instanz* durchführen, angefangen von einer neuen Ladung und Streitfestsetzung bis hin zur Urteilsfällung, analog den für die 1. Instanz geltenden Normen. Beweiserhebungen der 1. Instanz werden übernommen, bedürfen gegebenenfalls aber der Ergänzung.

d) *Rechtsmittel* gegen das Appellationsurteil: Hat dieses entgegen dem Urteil der 1. Instanz entschieden, steht den Beteiligten, ähnlich wie in der 1. Instanz, ohne weiteres Berufung zu, und zwar an das Gericht der 3. Instanz. Ist in dem zweitinstanzlichen Urteil erstmalig auf Ehenichtigkeit erkannt worden oder hat das Urteil die Ehenichtigkeit ausschließlich mit Capita begründet, von denen noch keines im Urteil der 1. Instanz mit Constat beschieden war, kommt ebenfalls die Bestimmung des c. 1682 § 1 über die automatische Appellation zur Anwendung.

Stimmen hingegen die Urteile der 1. und der 2. Instanz überein, so ist in wesentlichem Unterschied zum früheren Recht (c. 1987 CIC/1917) eine eigentliche Appellation nicht mehr möglich. Jedoch erlangen Urteile in Ehenichtigkeitssachen niemals endgültige Rechtskraft (c. 1643), eine Bestimmung von außerordentlicher Tragweite. Auch gegen zwei gleichlautende Urteile, mögen sie nun auf Constat oder auf Non constat entschieden haben, gibt es daher grundsätzlich jederzeit die Möglichkeit einer Wiederaufnahme des Verfahrens (nova causae propositio) nach c. 1644 § 1. Dazu ist an das höhere Gericht der Antrag auf Wiederaufnahme zu stellen; doch ist das nur möglich, wenn neues und schwerwiegendes Beweismaterial vorliegt, das innerhalb von dreißig Tagen nachzuliefern ist. Gibt das Obergericht dem Antrag statt, ist der Ehenichtigkeitsprozeß erneut durchzuführen, nunmehr in 3. oder noch höherer Instanz.

7. Urteilsvollstreckung

Obschon eine Ehenichtigkeitserklärung niemals in endgültige Rechtskraft erwächst, stellt die für nichtig erklärte Ehe nach zwei gleichlautenden Urteilen kein Hindernis mehr für eine andere Eheschließung dar. Und zwar gilt das, ohne daß noch wie früher eine Frist abgewartet werden müßte, ob nicht weitere Appellation eingelegt wird, weil es diese Berufungsmöglichkeit jetzt nicht mehr gibt. Vielmehr kann bei zwei gleichlautenden Ehenichtigkeitsurteilen nunmehr sofort (c. 1684 § 1) das Vollstreckungsdekret (c. 1651) in dem Sinn erlassen werden, daß die für nichtig erklärte Ehe eine andere

Eheschließung nicht mehr behindert.[19] Die Vollstreckungsverfügung kann auch gleich im Urteil am Ende ausgesprochen werden.[20]

II. Der summarische Ehenichtigkeitsprozeß

1. *Rechtsquellen:* cc. 1686—1688. Zum Rechtsvergleich: Art. 226—230 EPO; nn. X—XIII MP CausMatr.

2. *Anwendung* findet das abgekürzte Verfahren des summarischen Prozesses, wenn sich die Nichtigkeit der Ehe im wesentlichen durch *Urkundenbeweis* feststellen läßt. Gemäß c. 1990 CIC/1917 war der summarische Prozeß auf jene Fälle beschränkt, in denen die Ehenichtigkeit durch bestimmte, erschöpfend aufgezählte trennende Ehehindernisse verursacht war. Wie schon durch MP CausMatr ist auch jetzt gemäß c. 1686 die Anwendung auf sämtliche trennenden Ehehindernisse ausgedehnt, die sich durch Urkunden beweisen lassen; ferner auf den Fall, daß zwar die kanonische Formpflicht eingehalten wurde, dabei aber ein Formfehler unterlief, der zur Ungültigkeit der Trauung führte. Am meisten angewandt wird der summarische Prozeß beim Hindernis des Ehebandes.

Eine doppelte Voraussetzung ist gefordert:

a) Das *Vorliegen des Ehehindernisses* muß durch *Urkunde* beweisbar sein.

b) Mit gleicher Eindeutigkeit muß nachgewiesen werden, daß von dem Ehehindernis, sofern es dispensabel ist, *keine Dispens* erteilt wurde.

3. Zur *Eigenart* des summarischen Prozesses: Er ist ein *Gerichts*verfahren, das weithin wie der ordentliche Nichtigkeitsprozeß abläuft, jedoch mit beträchtlichen *Vereinfachungen:*

a) Statt des Dreiergerichts führt ein *Einzelrichter* diesen Prozeß, und zwar der Offizial oder ein von ihm beauftragter Richter. Die frühere Bestellung durch den Bischof ist entfallen.

b) Gewisse *Förmlichkeiten* können *unterbleiben* wie Streitfestsetzung, Offenlegung der Akten, Aktenschluß, Austausch der Schriftsätze. Dagegen sind

---

[19] Auch der Antrag auf Wiederaufnahme des Verfahrens hemmt an sich nicht die Vollstreckung des Urteils (c. 1644 § 2). Wohl könnte das Gericht bei solchem Antrag, wenn er begründet erscheint und aus sofortiger Vollstreckung nicht wiedergutzumachender Schaden befürchtet wird, die Vollstreckung vorläufig aufschieben (c. 1650 § 3). Bei sofortigem Antrag auf Wiederaufnahme des Verfahrens wäre dies gerade bei Ehenichtigkeitsurteilen zu beachten, weil hier aus einer alsbald neu geschlossenen Ehe eine unheilvolle Komplikation entstehen könnte.

[20] Es empfiehlt sich jedoch ein getrenntes Dekret. Dann kann für eine neue Eheschließung allein das Vollstreckungsdekret ohne das gesamte Urteil mit etwa bloßstellenden Einzelheiten vorgelegt werden.

auch im Kurzverfahren unerläßlich Klage, Anhörungsrecht beider Parteien, Beteiligung des Ehebandverteidigers, Zuziehung eines Notars, Urteil mit Begründung.

c) Es besteht *nur bedingte Appellationspflicht*. Während im ordentlichen Prozeß das erste Ehenichtigkeitsurteil auf jeden Fall an die Appellationsinstanz gehen muß, entfällt hier die automatische Appellation; und der Ehebandverteidiger im summarischen Prozeß braucht nur zu appellieren, wenn er Zweifel an der Richtigkeit des Urteils hat.

Wenn keine Berufung eingelegt wird, kann das Verfahren schon in *einer* Instanz abgeschlossen werden. Wird Berufung eingelegt, hat der Richter der 2. Instanz zu entscheiden, ob er das Urteil der Vorinstanz bestätigt oder ob die Sache an den ordentlichen Rechtsweg der 1. Instanz zurückverwiesen wird.

III. Die Ehenichtigkeitserklärung im Verwaltungsverfahren

1. *Rechtsquellen:* zum Vergleich PCI vom 16. 10. 1919 n. 17, in: AAS 11 (1919), S. 479; Art. 231 EPO.

Der CIC bringt keine direkte Parallele zu Art. 231 EPO. Doch wäre der Schluß falsch, mithin sei die in der EPO vorgesehene Verwaltungsfeststellung einer Ehenichtigkeit aufgehoben. Denn ein solches Verfahren war auch im CIC/1917 nicht direkt behandelt, ist aber keineswegs erst durch die EPO von 1936 eingeführt worden, sondern war, wie PCI vom 16. 10. 1919 entschieden hat, unter dem CIC/1917 von Anfang an rechtens. Begründet ist dies in dem Recht der Verwaltungsinstanz, den status liber für eine Eheschließung festzustellen, sofern dafür nicht der prozessuale Weg vorgeschrieben ist. Eine solche Vorschrift besteht aber nicht bei völligem Außerachtlassen der Formpflicht.

2. Dieses kürzeste Verfahren zur Feststellung einer Ehenichtigkeit kommt mithin zur Anwendung bei *formlos geschlossenen Ehen formpflichtiger Personen*. Dieser Tatbestand ist in der Regel gegeben, wenn ein Katholik seine Ehe nur standesamtlich oder in einer nichtkatholischen Trauung geschlossen hat.

3. Zum *Verfahren:* Es handelt sich nicht um ein Gerichtsverfahren; alle gerichtlichen Förmlichkeiten wie auch die Beiziehung des Ehebandverteidigers entfallen. Die Feststellung der Ehenichtigkeit geschieht *auf dem Verwaltungsweg;* meist durch den Generalvikar. Der Pfarrer hat gegebenenfalls erforderliche Ermittlungen anzustellen. Nachzuweisen ist, daß
   a) für die betreffende Eheschließung die kanonische *Formpflicht bestand,*
   b) jedoch die Formpflicht tatsächlich *nicht erfüllt* wurde, also keine katho-

lische Trauung erfolgte und bei einer Mischehe auch keine Dispens von der Formpflicht nach c. 1127 § 2 vorlag,

c) *keine nachträgliche Konvalidation* der Ehe vorgenommen wurde.

Zum Nachweis dienen neue Taufzeugnisse der beiden Partner mit Ledigvermerk; von allen Orten, an denen sie bis zur Trennung gelebt haben, pfarramtliche Bescheinigungen, daß im Traubuch keine Trauung, Dispens oder Konvalidation eingetragen ist; eidliche Versicherung der Beteiligten.

Ergibt sich volle Gewißheit, stellt der Generalvikar die Nichtigkeit der Ehe durch Verwaltungsdekret fest. Bleiben Zweifel offen, ist die Sache auf den ordentlichen Gerichtsweg zu verweisen.

IV. Das Inkonsummationsverfahren

1. *Rechtsquellen:* cc. 1697–1706. Zum Rechtsvergleich *IPO* (Inkonsummationsprozeßordnung von 1923), in: AAS 15 (1923), S. 389–436; vgl. J. *Wenner,* Kirchliche Eheprozeßordnung, Paderborn 1956³, S. 108–171. Ferner *SC Sacr. Instructio* vom 7. 3. 1972, in: AAS 64 (1972), S. 244–252; vgl. NKD 39, S. 78–103.

2. Das *Bittgesuch* um Auflösung der nichtvollzogenen Ehe kann nur von den Ehegatten selbst gestellt werden, von beiden gemeinsam oder von einem allein, auch gegen den Willen des anderen. Es ist an den Papst zu richten, da nur dieser durch Gnadenakt die Auflösung aussprechen kann. Doch ist es in der Regel beim zuständigen Diözesanbischof einzureichen, der dann den Untersuchungsprozeß durchführen läßt und hernach die Sache an den Apostolischen Stuhl weiterleitet.

Zuständig ist, etwas abweichend von n. 8 IPO und n. I der Instructio von 1972, nunmehr der Diözesanbischof, in dessen Bistum der Bittsteller Wohnsitz oder Nebenwohnsitz hat. Lehnt der Bischof das Bittgesuch von vornherein ab, so steht der Rekurs an den Apostolischen Stuhl offen (c. 1699).

3. Der *bischöfliche Untersuchungsprozeß* soll zwei Punkte klären: die Tatsache des Nichtvollzugs der Ehe und das Vorliegen eines triftigen Grundes für die Auflösung der Ehe. Zur Durchführung dieses Verfahrens ist der zuständige Bischof, wie schon seit der Instructio von 1972, ohne weiteres befugt, ohne daß es noch einer römischen Ermächtigung im Einzelfall bedarf. Er delegiert zur Führung des Prozesses einen Einzelrichter. Zu dem Verfahren sind Ehebandverteidiger und Notar beizuziehen. Den Ehegatten steht kein Rechtsbeistand zu, doch kann der Bischof ihnen die Hilfe eines Rechtskundigen gestatten.

Beide Ehegatten sind zu hören. Im Mittelpunkt der Erhebungen, die durchweg wie im Ehenichtigkeitsprozeß vorzunehmen sind, steht die Frage, ob der Nichtvollzug der Ehe sicher feststeht. Beweismittel sind vor allem die körperliche Untersuchung und Zeugenaussagen; auch reine Glaubwürdigkeitszeugen. Dieses Instrument des Siebenhändereids fand gerade im Inkonsummationsprozeß seine ursprüngliche Anwendung, wenn jetzt auch nicht mehr die Siebenzahl von Glaubwürdigkeitszeugen verlangt ist; es kommt mehr auf das Gewicht als auf die Zahl der Zeugen an. Der Bittsteller muß sich bewußt sein, daß die päpstliche Auflösung der Ehe nichtig wäre, wenn sie durch Trug erschlichen und die Ehe in Wahrheit doch vollzogen wäre.

Nach Abschluß der Erhebungen erfolgt keine Offenlegung der Akten, so daß die Parteien in der Regel keinen Einblick in die Akten erhalten. Wohl kann der Richter sie auf Schwierigkeiten der Sachlage hinweisen und ihnen die Möglichkeit weiteren Vorbringens eröffnen. Sonst wird gleich Aktenschluß verfügt. Der Ehebandverteidiger hat schriftlich seine Stellungnahme einzureichen, die aber nicht an die Parteien geht. Charakteristisch für das Verfahren ist es, daß dem Richter nicht eine Urteilsfällung zusteht. Er gibt dem Bischof nur einen abschließenden Bericht. Der Bischof erstellt dann sein Gutachten (votum) über den Nichtvollzug und den Auflösungsgrund. Das bischöfliche Gutachten geht mit allen Akten des Prozesses an die römische Kurie.

4. Die *römische Überprüfung* erfolgt bei der für Inkonsummationsverfahren zuständigen Kongregation für Sakramente und Gottesdienst. Die Kongregation kann gegebenenfalls eine Beweisergänzung veranlassen. Abschließend entscheidet sie dann, ob die Ehe tatsächlich nicht vollzogen ist und ein triftiger Grund zur Auflösung der Ehe besteht. Sie empfiehlt je nachdem dem Papst, die Ehe aufzulösen.

5. Der *päpstliche Auflösungsbescheid* erst löst die Ehe auf. Damit haben beide Partner das Recht, eine neue Ehe einzugehen, sofern das päpstliche Reskript nicht gewisse Einschränkungen auferlegt; etwa wenn der Nichtvollzug vermutlich auf Impotenz beruhte und daher vor einer neuen Ehe eine Klärung erfolgen müßte. Der Auflösungsbescheid ist beiden Partnern zuzustellen. Ein Vermerk wird in den Taufbüchern und im Traubuch eingetragen.

Da es sich um einen Gnadenakt handelt, gibt es gegen die Verweigerung der Eheauflösung kein Rechtsmittel. Wohl kann bei ablehnendem Bescheid der Kongregation der oben genannte Rechtskundige in die Prozeßakten, nicht aber in das Gutachten des Bischofs, bei Gericht Einblick nehmen. Und es könnte, wenn erst nachträglich der Nichtvollzug eindeutig zu beweisen wäre, ein neues Bittgesuch an den Papst gerichtet werden (c. 1705 § 3).

V. Das Verfahren beim Paulinischen Privileg

1. Für die Anwendung des Paulinischen Privilegs besteht keine gesonderte Verfahrensordnung. Doch ist nach cc. 1143–1150 folgendes Verfahren einzuhalten.

2. Erforderlich ist in der Regel die nachstehende *Untersuchung auf dem Verwaltungsweg*, für die der Diözesanbischof des getauften Partners zuständig ist. Es ist nachzuweisen, daß
   a) bei der Eheschließung *beide* Partner *ungetauft* waren;
   b) nur *einer* von ihnen *inzwischen* die *Taufe* empfangen hat[21];
   c) der Vorschrift über die *Interpellation* des ungetauften Gatten[22] Genüge getan ist, indem entweder die Interpellation mit negativem Ausgang *amtlich* vorgenommen wurde oder die Interpellation mit negativem Ausgang ausnahmsweise *privat* durchgeführt wurde, was allerdings durch Zeugen oder Dokumente zu belegen wäre, oder von der Interpellation rechtmäßig durch den Bischof *dispensiert* wurde.

3. Auf Grund der vorgenannten Erhebung wird die *Bescheinigung* ausgestellt, daß alle Voraussetzungen des Paulinischen Privilegs erfüllt sind und somit der getaufte Gatte das Recht hat, eine neue Ehe einzugehen.

4. Erst mit der *neuen Eheschließung* des getauften Gatten, nicht schon mit der Bescheinigung, wird die frühere Ehe kraft des Paulinischen Privilegs aufgelöst. Von dieser Eheschließung ist der andere Gatte zu unterrichten, da mit ihr auch für ihn das Eheband entfällt.

VI. Das Verfahren bei der päpstlichen Auflösung einer nichtsakramentalen Ehe kraft des Glaubensprivilegs

1. *Rechtsquellen: SC Fid, Instructio* pro solutione matrimonii in favorem fidei; sowie: *Normae procedurales* pro conficiendo processu dissolutionis vinculi matrimonialis in favorem fidei; beides vom 6. 12. 1973; vgl. NKD 39, S. 60–65 bzw. S. 66–77. Ferner n. IV § 1 *MP CausMatr;* vgl. NKD 39, S. 36 f. Diese Rechtsquellen sind, da der CIC überraschend überhaupt nichts über päpstliche Eheauflösungen in favorem fidei bringt, vorerst als weitergeltend anzusehen.[23]

---

[21] Für den Fall des c. 1149 (Ausweitung des Privilegium Paulinum auf Unmöglichkeit des Zusammenlebens wegen Gefangenschaft oder Verfolgung) könnten inzwischen auch beide getauft sein, sofern nur nach der zweiten Taufe kein Ehevollzug stattgefunden hat. Desgleichen entfällt hier die Interpellation. Letzteres gilt auch für den Fall des c. 1148.
[22] Zum Inhalt der Interpellation s. *Flatten*, Nichtigerklärung, IV 4 (oben S. 485 f.).
[23] S. hierzu *Flatten*, Nichtigerklärung, V 3 (oben S. 488).

2. Das Verfahren verläuft ähnlich dem bei der Auflösung der nichtvollzogenen Ehe. Das *Bittgesuch* ist von einem der beiden Ehegatten an den Papst zu richten. Es wird beim zuständigen Diözesanbischof eingereicht und nach der erforderlichen Untersuchung an die römische Kurie weitergeleitet.

Welcher Diözesanbischof *zuständig* ist, richtet sich gemäß Art. 1 der genannten Normae procedurales nach der in n. IV § 1 MP CausMatr aufgestellten Ordnung der Zuständigkeit für Ehenichtigkeitsprozesse. Für letztere Prozesse galt diese Zuständigkeitsordnung nur von 1971 bis 1983; sie bleibt aber für das Verfahren des Glaubensprivilegs vorerst weiter zu beachten.[24] Falls hiernach der Bittsteller sein Gesuch nicht beim Diözesanbischof seines eigenen Wohnsitzes einreichen kann, führt dies unter Umständen zu Schwierigkeiten; so z. B., wenn die Ehe im Vorderen Orient geschlossen wurde und der mohammedanische Gatte jetzt in seiner dortigen Heimat wohnt. Allenfalls könnte auf Antrag hin dann vom Apostolischen Stuhl auch für einen hiesigen Diözesanbischof Kompetenz erteilt werden. Gelegentlich gewährt die römische Kurie sogar die weitergehende Vollmacht, auf ein prozessuales Vorgehen zu verzichten und die nötigen Erhebungen auf dem Verwaltungswege durchzuführen.

3. Der *bischöfliche Untersuchungsprozeß* unter Leitung des vom zuständigen Bischof beauftragten Einzelrichters verläuft mit Beiziehung von Ehebandverteidiger und Notar ähnlich wie beim Inkonsummationsverfahren. In dieser Erhebung soll all das festgestellt werden, was zur päpstlichen Auflösung der Ehe kraft des Glaubensprivilegs gefordert ist.[25] Im besonderen ist hier nachzuweisen:

a) daß *einer* der beiden Gatten *nicht getauft* ist oder daß, wenn auch er nachträglich getauft wurde, jedenfalls nach Empfang der Taufe die Ehe nicht mehr vollzogen wurde, sowie

---

[24] Daher ist für das Verfahren des Glaubensprivilegs jener Bischof zuständig, in dessen Diözese
a) die Ehe geschlossen wurde (competentia *contractus*) oder
b) der Ehegatte des Bittstellers tatsächlich seinen ständigen Aufenthalt hat (competentia *commorationis alterius partis*) oder
c) die meisten Beweise zu erheben sind, sofern in letzterem Fall sowohl dieser Diözesanbischof als auch jener, in dessen Bistum der Ehegatte des Bittstellers seinen ständigen Aufenthalt hat, ihre Zustimmung erteilen (competentia *probationum*).
Bei aller Parallelität zur jetzigen Zuständigkeit für Ehenichtigkeitsprozesse (s. o. I 2) sind doch gewisse Unterschiede nicht zu übersehen; teils geringfügiger Art, teils auch einschneidend; so vor allem, daß nicht ohne weiteres der eigene Diözesanbischof des Bittstellers zuständig ist. Noch nach c. 1708 Schema CIC 1982 sollte ebenso wie bei Inkonsummationsverfahren das Bittgesuch bei jenem Bischof eingereicht werden, in dessen Diözese der Bittsteller Wohnsitz oder Nebenwohnsitz hat. Daß nunmehr durch das Weglassen des Privilegium-fidei-Verfahrens aus dem CIC für dieses eine andere, recht komplizierte Regelung gilt, ist zu bedauern; eine Angleichung wäre wünschenswert.
[25] S. hierzu *Flatten*, Nichtigerklärung, V 4 (oben S. 489).

b) daß, falls eine neue Ehe mit einem Nichtkatholiken beabsichtigt ist, dieser die freie Religionsausübung des katholischen Gatten und die katholische Erziehung der Kinder *zusichert*.

Auch hier endet die Untersuchung nicht mit einem Urteil des Richters, sondern mit dem *Votum des Bischofs*, das mit dem gesamten Aktenmaterial an den Apostolischen Stuhl zu senden ist.

4. Die *römische Überprüfung* der bischöflichen Erhebung fällt beim Glaubensprivileg in die Zuständigkeit der *Kongregation für die Glaubenslehre*. Die Kongregation entscheidet, unter Umständen nach Einholen weiterer Beweise, ob die Voraussetzungen für die Auflösung der Ehe gegeben sind. Dementsprechend richtet sie an den Papst die Empfehlung, die Ehe aufzulösen.

5. Im Unterschied zum Paulinischen Privileg löst nicht erst die nachfolgende neue Eheschließung, sondern schon der *päpstliche Auflösungsbescheid* selbst die Ehe auf, falls nichts anderes verfügt wird. Mitteilung an beide Partner sowie die Eintragung des Bescheids erfolgen wie bei Auflösung einer nichtvollzogenen Ehe. Ein Rechtsmittel gegen die Verweigerung der päpstlichen Auflösung steht nicht zu Gebote.

VII. Das Separationsverfahren

1. *Rechtsquelle:* cc. 1692—1696.

2. Die Separation, d. h. die Trennung der Gatten unter Fortbestehen des Ehebandes, kann *legitim* erfolgen:
a) *eigenmächtig* bei Ehebruch des Partners (mit der Auflage, sich innerhalb von sechs Monaten der kirchlichen Autorität zu einem Versöhnungsversuch zu stellen); ferner bei Unerträglichkeit des Zusammenlebens, sofern Gefahr im Verzuge ist;
b) *durch kirchenamtlichen Entscheid* auf Antrag in anderen begründeten Fällen. Wer zur eigenmächtigen Trennung befugt ist, kann zusätzlich auch den kirchenamtlichen Entscheid beantragen.

3. Der *kirchenamtliche Entscheid* kann ergehen
a) auf dem *Verwaltungsweg:* ohne besondere Förmlichkeiten; durch Dekret des Diözesanbischofs; Rechtsmittel gegen das Dekret: Rekurs an den Apostolischen Stuhl; oder
b) auf dem *Gerichtsweg:* nach einem förmlichen Prozeß; durch Urteil der 1. Instanz; Rechtsmittel gegen das Urteil: Appellation an die 2. Instanz.

4. Wird der Gerichtsweg eingeschlagen, gilt für den *Prozeßverlauf:* Die *Zuständigkeit* des Gerichts ist die gleiche wie beim Ehenichtigkeitsprozeß. Im Verfahren ergeben sich einige *Erleichterungen:* Der Separationsprozeß wird vom *Einzelrichter* geführt (auch in 2. Instanz); der Offizial ist von Amts wegen dazu befugt. Ein *Ehebandverteidiger* wirkt *nicht* mit, da das Fortbestehen des Ehebandes außer Frage bleibt. Eigenartigerweise ist nunmehr, was nicht einmal für den Ehenichtigkeitsprozeß vorgesehen ist, für jeden Separationsprozeß die Mitwirkung des *Kirchenanwalts* vorgeschrieben (c. 1696). Der Prozeß wird mit der 1. Instanz abgeschlossen, sofern nicht Berufung eingelegt wird.

VIII. Das Verfahren zur Todeserklärung bei Verschollenheit

1. *Rechtsquelle:* c. 1707. Zum Rechtsvergleich: *SC Off, Instr.* vom 13. 5. 1868, in: AAS 2 (1910), S. 199—203; vgl. *J. Wenner,* Kirchliche Eheprozeßordnung, Paderborn 1956³, S. 182—187.

2. Bevor eine Person, die durch eine Ehe gebunden war, zu einer neuen Eheschließung zugelassen wird, muß der Tod des früheren Gatten sicher feststehen. In der Regel durch eine authentische Sterbeurkunde. Andernfalls müßte beim Diözesanbischof ein Verfahren zur Todeserklärung bei Verschollenheit durchgeführt werden. Es handelt sich um ein Verfahren auf dem *Verwaltungsweg.* Die bloße Unauffindbarkeit einer Person, mag sie auch noch solange abwesend sein, reicht für sich allein zu einer Todeserklärung nicht aus. Vielmehr müßten geeignete Nachforschungen angestellt werden. Erst wenn aus den gesamten Indizien der Tod mit moralischer Gewißheit feststeht, kann der Bischof durch Dekret die Todeserklärung (declaratio de morte praesumpta) aussprechen.

Die Gerichtszuständigkeit bei Wiederaufnahme eines abgebrochenen Eheprozesses

Hin und wieder erlebt man, daß ein kirchlicher Ehenichtigkeitsprozeß vorzeitig eingestellt wird, ehe es auch nur in erster Instanz zu einem Urteil gekommen ist. Mannigfache Gründe spielen dabei eine Rolle: Alles Suchen nach stichhaltigen Beweisen hat sich als erfolglos erwiesen; oder Verärgerung über das langwierige kirchliche Prozeßverfahren läßt die Flinte ins Korn werfen; oder jemand ist, weil er mittlerweile mit der Kirche völlig gebrochen hat, an einer kirchlichen Entscheidung gar nicht mehr interessiert. So kann es zum Abbruch und zur Einstellung eines laufenden Eheprozesses kommen.

Gelegentlich aber ändert sich hernach, vielleicht erst nach langer Zeit, die Situation. Der frühere Kläger hat etwa inzwischen eine neue Partnerin kennengelernt, die auf kirchliche Trauung entscheidenden Wert legt; um dessentwillen möchte er nun seinen zuvor freiwillig aufgegebenen Eheprozeß von neuem aufgreifen und doch zu Ende führen.

Hier stellt sich die Frage: Welches kirchliche Gericht ist für die Wiederaufnahme eines abgebrochenen Eheprozesses zuständig? Muß die wiederaufgegriffene Klage bei demselben Gericht vorgebracht und durchgeführt werden, bei dem der frühere Prozeß verhandelt und eingestellt worden ist? Oder aber kann diese Klage nunmehr bei jedwedem Gericht erhoben werden, das im Zeitpunkt des neuen Vorbringens der Klage an sich für einen solchen Eheprozeß zuständig ist?

I. Vom Wesen eines Prozeßabbruchs

Die Frage läßt sich nur beantworten, wenn man sich vor Augen hält, was das Wesentliche eines Prozeßabbruchs ausmacht. Um das in den Blick zu bekommen, hat man den Unterschied zwischen Prozeßunterbrechung und Prozeßabbruch sorgfältig abzuwägen.

Ein Prozeß kann unter Umständen eine *Unterbrechung* erleiden. In gewissem Umfang ist dies auch bei einem Eheprozeß möglich. Nach dem früheren Recht (c. 1735 CIC/1917) war dies z. B. jedesmal der Fall, wenn der von einer Partei bestellte Prozeßbevollmächtigte (Procurator) aus seinem Amt ausschied. In etwas eingeschränktem Sinn gilt dies auch nach dem neuen CIC noch, dann nämlich, wenn in einem Eheprozeß das Gericht, etwa wegen Unbeholfenheit einer Partei, die Mitwirkung eines Prozeßbevollmächtigten für notwendig erachtet hat und nun dieser Procurator sein Amt niederlegt (c. 1519 § 1 i. V. m. c. 1481 § 1). In solchem Fall ist der Prozeß unterbrochen, bis ein neuer Prozeßbevollmächtigter bestellt ist.[1]

Was aber macht das Wesen einer Prozeßunterbrechung aus? „Instantia interim suspenditur" (c. 1519 § 1). Es ruht inzwischen der Prozeßablauf. Solange die Instanz unterbrochen ist, ist das Verfahren aber keineswegs abgeschnitten und ausgetilgt. Für die Dauer der Unterbrechung bleibt das Verfahren vielmehr in der Schwebe. Das Verfahren als solches existiert also noch und fährt fort zu existieren, wenn auch im Ruhezustand und vorläufig ohne weitere Prozeßhandlungen. Während der Dauer der Unterbrechung behält der Richter seine Jurisdiktion über dieses Verfahren, wenn er sie auch in der Zwischenzeit nicht ausüben und den Prozeß vorerst nicht weiterführen kann. Sobald jedoch das Fundament der Unterbrechung rechtmäßig beseitigt ist, geht sogleich die zeitweilig ruhende Instanz aus dem Stadium der Ruhe wieder in das Stadium des aktiven Prozeßablaufs über. Aber es ist ein und dieselbe Instanz, die vor der Unterbrechung existiert hat und die auch während der Unterbrechung, wenngleich in Ruhe, niemals zu existieren aufgehört hat und die nun nach Ende der Unterbrechung wiederum agierend weiterexistiert. Nach der Unterbrechung ist dies keineswegs eine andere und neue Instanz.

Ein völlig anderer Sachverhalt ergibt sich hingegen beim *Abbruch* eines Prozesses. Das kanonische Recht kennt zwei Formen des Prozeßabbruchs: das Erlöschen der Instanz (peremptio) und den Verzicht auf die Instanz (renuntiatio). Beide sind allerdings eng miteinander verzahnt. Das Erlöschen der Instanz tritt ein, wenn sechs Monate lang von den Parteien, ohne daß sie daran gehindert sind, keine Prozeßhandlung gesetzt wird; ein solches Erlöschen tritt von Rechts wegen ein, muß aber von Amts wegen festgestellt werden (cc. 1520 f.). Die früher längere Frist von zwei Jahren in der ersten Instanz und von einem Jahr in der zweiten Instanz (c. 1736 CIC/1917) ist nunmehr zur Beschleunigung der Verfahren generell auf sechs Monate verkürzt worden, falls nicht partikularrechtlich andere Er-

---

[1] Auf die eigenartige Bestimmung in c. 1675 § 2, wie zu verfahren ist, wenn während des Eheprozesses ein Gatte stirbt, sei hier nicht näher eingegangen. Die frühere Norm von Art. 222 § 1 EPO, daß dann in der Regel der Prozeß eingestellt wird, ist überraschenderweise nicht beibehalten worden.

löschensfristen festgelegt werden (c. 1520). Der Verzicht auf die Instanz, diese andere Form des Prozeßabbruchs, kann vom Kläger ausgesprochen werden; er muß jedoch der Gegenpartei mitgeteilt, von dieser angenommen oder wenigstens nicht angefochten und vom Richter zugelassen werden (c. 1524).

Welche rechtliche Konsequenz folgt nun aus solchem Abbruch für das betroffene Verfahren? Mit dem Abbruch, also sobald die Einstellung des Verfahrens oder der Verzicht auf das Verfahren rechtmäßig nach cc. 1520 f. bzw. nach c. 1524 durchgeführt ist, tritt von selbst das völlige Erlöschen der Instanz ein. Ein derartiger Abbruch setzt der betreffenden konkreten Instanz ein *Ende*. Daß diese konkrete Instanz damit einen endgültigen Abschluß gefunden hat und nun nicht mehr weiter existiert, macht die entscheidende Rechtswirkung eines Prozeßabbruchs aus. Was c. 1732 des früheren Codex von 1917 von dieser prozeßbeendigenden Wirkung von Einstellung oder Prozeßverzicht ausdrücklich sagte, gilt der Natur der Sache nach unverändert auch unter dem Recht des neuen Codex.

Daß hierin sachlich kein Unterschied zwischen früherem und neuem Codex besteht, ergibt sich übrigens aus der völlig identischen Regelung in beiden Gesetzbüchern: „Peremptio exstinguit acta processus, non vero acta causae" (c. 1738 CIC/1917 und c. 1522 CIC/1983). Das Erlöschen einer Instanz läßt die Verfahrensakten, nicht aber die Sachakten unwirksam werden. Etwa die gerichtlichen Vernehmungen, die zu den Sachakten gehören, können auch in einem späteren Prozeß wieder herangezogen werden; sie sind nicht mit dem Prozeßabbruch untergegangen. Dagegen ist jener Rechtsakt, mit dem der betreffende Gerichtshof für dieses konkrete Verfahren bestellt worden ist, da er zu den Prozeßakten gehört, in sich erloschen und unwirksam geworden. Mit dem Augenblick des Prozeßabbruchs hat also dieser Gerichtshof überhaupt keine Jurisdiktion mehr über dieses Verfahren. Die Instanz ist für diesen Prozeß überhaupt nicht mehr existent. Darin liegt eben der wesentliche Unterschied zur bloßen Prozeßunterbrechung. Bei dieser bleibt die Instanz als solche weiter existent, wenn auch eben in der Schwebe und im Ruhezustand. Sobald jedoch der Grund der Unterbrechung beseitigt ist, kann die in sich weiter existierende Instanz nunmehr auch wieder in Aktion treten; es ist aber ein und dieselbe Instanz, die, ohne inzwischen zu existieren aufgehört zu haben, vorher und nachher agiert. Beim Prozeßabbruch hingegen liegt es entscheidend anders. In und mit dem Erlöschen ist die vorherige Bestellung dieses Gerichtshofs für das betreffende Verfahren grundlegend zunichte gemacht. Der Gerichtshof hat überhaupt keine Jurisdiktion mehr für dieses Verfahren; die Instanz ist erloschen; sie hat nach dem rechtmäßigen Prozeßabbruch überhaupt keine Existenz mehr.

II. Die Folgerung für die Gerichtszuständigkeit bei Wiederaufnahme des Prozesses

Mit dem Prozeßabbruch ist zwar die betreffende Instanz völlig erloschen; sie existiert als solche nicht mehr. Gleichwohl hat der Kläger, der mit seinem Begehren in dem bisherigen Verfahren Schiffbruch erlitten hat, insofern er nicht zum ordentlichen Ziel eines gerichtlichen Urteils gelangt ist, sondern vorzeitig das Verfahren aufgegeben wurde, hiermit nicht sein Klagerecht als solches verloren. Die Instanz, die er angestrebt und, wenn auch ohne Urteil, erreicht hatte, ist allerdings endgültig beendet. Aber die actio, das Recht auf Klageerhebung, bleibt ihm auch weiterhin erhalten. Auf dieses Recht gestützt, kann er hernach, etwa weil er inzwischen bessere Beweise zu besitzen glaubt, von neuem seinen Klageantrag vorbringen und einen neuen Prozeß in Gang setzen lassen. Es mag sein, daß er den Antrag auf Nichtigerklärung seiner Ehe mit dem gleichen Klagegrund wie zuvor stellt und daß dies bei dem gleichen Gerichtshof und mit derselben Richterbesetzung wie im vorigen Prozeß verhandelt wird, dennoch ist es nicht ein und dieselbe Instanz wie die, die im vorigen Verfahren tätig war. Denn diese frühere Instanz ist eben mit dem Prozeßabbruch endgültig vergangen und erledigt. In dem neuen Verfahren handelt es sich, auch wenn vielleicht ausnahmslos die gleichen Personen wie zuvor tätig werden, um eine grundlegend andere und neue Instanz.

Da also ein völlig neues Verfahren in Gang gesetzt werden soll, muß das Gericht, das diesen Prozeß nun durchführen soll, in dem Augenblick, da die neue Instanz erbeten wird, auch tatsächlich die rechtmäßige Kompetenz zur Führung eines solchen Eheprozesses besitzen. Welche Gerichtszuständigkeit für Ehenichtigkeitsverfahren besteht, wird erschöpfend in c. 1673 aufgezählt, der bestimmt:

„Für Ehenichtigkeitsprozesse, die dem Apostolischen Stuhl nicht vorbehalten sind, sind zuständig:
1. das Gericht des Eheschließungsortes;
2. das Gericht des Wohnsitzes oder des Nebenwohnsitzes der belangten Partei;
3. das Gericht des Wohnsitzes der klägerischen Partei, vorausgesetzt, beide Parteien wohnen im Gebiet derselben Bischofskonferenz und der für den Wohnsitz der belangten Partei zuständige Gerichtsvikar stimmt nach Anhören dieser Partei zu;
4. das Gericht des Ortes, an dem die meisten Beweise tatsächlich zu erheben sind, vorausgesetzt, der für den Wohnsitz der belangten Partei zuständige Gerichtsvikar stimmt zu; dieser hat vorher die belangte Partei zu befragen, ob sie irgendwelche Einwendungen dagegen erhebt."

Es kommt also darauf an, ob in dem Augenblick, da der neue Prozeß eröffnet werden soll, das betreffende Gericht einen dieser vier Kompetenztitel aufzuweisen hat, wobei faktisch die beiden erstgenannten eine vorrangige Rolle spielen: die competentia loci contractus bzw. die competentia loci partis conventae.

In vielen Fällen kann mithin der gleiche Gerichtshof angegangen werden, der seinerzeit den abgebrochenen Prozeß geführt hatte. Freilich nur, wenn dieser Gerichtshof auch jetzt noch über einen entsprechenden Kompetenztitel verfügt. Bei der competentia loci contractus trifft das regelmäßig zu. Anders kann es bei der competentia loci partis conventae liegen, wenn nämlich die Gegenpartei inzwischen nicht mehr den gleichen Wohnsitz und Nebenwohnsitz wie ehedem innehat. Hier könnte der ehemalige Gerichtshof für den neuen Prozeß gar nicht in Anspruch genommen werden, sofern er eben im jetzigen Augenblick keinen Kompetenztitel aufzuweisen hat.

Aber selbst, wenn der frühere Gerichtshof ebenfalls jetzt noch über einen Kompetenztitel verfügt, zugleich jedoch jetzt auch ein weiterer Gerichtshof eine Zuständigkeit gemäß c. 1673 besitzt, ist der Kläger nicht gezwungen, für das neue Verfahren den ehemaligen Gerichtshof anzugehen. Wie man beim erstmaligen Eröffnen eines Ehenichtigkeitsprozesses die freie Wahl hat, welchen der Gerichtshöfe, falls mehrere nach c. 1673 zuständig sind, man angehen will, so steht diese Freiheit gleichfalls bei der Wiederaufnahme eines abgebrochenen Eheprozesses offen. Gefordert ist nur, daß in dem Augenblick, da der neue Prozeß eröffnet werden soll, der in Aussicht genommene Gerichtshof eine legitime Zuständigkeit besitzt.

Die Tatsache, daß der abgebrochene Prozeß bei einem bestimmten Gerichtshof geführt worden ist, verschafft diesem keine neue Zuständigkeit auch für die Wiederaufnahme des Prozesses. Vielmehr ist die Zuständigkeit für den wiederaufzunehmenden Prozeß, da es sich um eine völlig neue Instanz handelt, allein danach zu beurteilen, ob jetzt bei der Wiederaufnahme ein Gerichtshof über eine der in c. 1673 erschöpfend aufgezählten Zuständigkeiten verfügt.

Dem widerspricht auch nicht die Bestimmung in c. 1512 n. 2. In diesem Kanon werden die Rechtswirkungen der legitimen Prozeßeröffnung aufgeführt. Nach n. 2 gehört dazu ebenfalls: „causa fit propria illius iudicis aut tribunalis ceteroquin competentis, coram quo actio instituta est." Mit der Prozeßeröffnung, näherhin mit der rechtmäßigen Zustellung der Ladung wird dieser Prozeß zur eigenen Sache des an sich zuständigen Richters oder Gerichtshofs, bei dem die Klage erhoben worden ist. Mit dieser Norm „causa fit propria" wird eine doppelte Konsequenz sichergestellt. Einmal wird damit die bestehende Gerichtszuständigkeit so verfestigt, daß sie nunmehr für die Dauer dieses Prozesses zur ausschließlichen wird, so daß ein anderer Gerichtshof, der an sich ebenfalls Zuständigkeit besessen hätte, nicht mehr sich einmischen und diesen Prozeß an sich ziehen darf. Zum zweiten wird die Zuständigkeit des agierenden Gerichts noch in dem anderen Sinne stabilisiert, daß für die Dauer dieses Prozesses die Zuständigkeit nicht mehr verlorengehen kann, selbst wenn das Fundament der Zuständigkeit wie etwa der Kompetenztitel des Domizils der belangten Partei mittlerweile infolge Wohnungswechsels entschwunden sein sollte.

Doch gilt die Norm des c. 1512, was für unsere Frage von entscheidender Bedeutung ist, nur für die Dauer der laufenden Instanz, nicht aber über das Ende der Instanz hinaus. Das ist keineswegs eine willkürliche und eigenmächtige Interpretation, sondern folgt zwingend aus dem Wortlaut des c. 1512. Denn der Text des Kanons leitet die Geltung dieser Wirkung („causa fit propria") aus der rechtmäßigen Zustellung der Prozeßladung ab. Diese aber gehört unstreitig zu den Verfahrensakten (acta processus), die im Unterschied zu den Sachakten (acta causae) mit dem Abbruch eines Prozesses automatisch unwirksam geworden sind (c. 1522). Wenn also eine Instanz durch Erlöschen oder Verzicht zu Ende gegangen ist, hört damit der Prozeßgegenstand auch auf, die „causa propria" dieses Gerichtshofs im Sinne des c. 1512 n. 2 zu sein. Mit dem Abbruch des Prozesses ist die spezifische Verfestigung der Gerichtszuständigkeit, wie sie durch c. 1512 n. 2 verfügt ist, ohne weiteres zunichte gemacht. Der Prozeßgegenstand ist dann nicht mehr die causa propria dieses Gerichtshofs, so daß daraus nicht abgeleitet werden kann, der Gerichtshof behalte auch für ein späteres erneutes Vorbringen der Klage seine ausschließliche Zuständigkeit. Zuständigkeit behält er nur, sofern er im Zeitpunkt der neuen Klageerhebung tatsächlich noch eine der in c. 1673 aufgezählten Kompetenzen besitzt.

Daß die in c. 1512 festgelegten Rechtswirkungen der Prozeßeröffnung nur für die Dauer der laufenden Instanz und keineswegs auch noch über das Ende dieser Instanz gelten, ersieht man ohne weiteres auch aus den sonstigen Nummern dieses Kanons. So wird z. B. in n. 1 bestimmt: „res desinit esse integra." Daß etwa in einer Besitzklage die umstrittene Sache mit der Prozeßeröffnung aufhört, „unangefochten" zu sein, hat Sinn nur, solange der Prozeß noch läuft. Wenn aber der Kläger während des Prozesses auf seine Klage verzichtet und damit die Instanz ihr Ende findet, erlangt hiermit von selbst die Gegenpartei ihren Besitz wieder zu unangefochtenem Besitz zurück. Die Rechtswirkungen des c. 1512 hören mit dem Ende, auch mit dem Abbruch eines Prozesses ohne weiteres auf.

Es bleibt mithin festzustellen: C. 1512 n. 2 schafft für die Wiederaufnahme eines abgebrochenen Prozesses keine neue Zuständigkeit des früheren Gerichtshofs zur Führung auch des wiederaufgenommenen Prozesses und zerstört nicht die Zuständigkeit, die andere Gerichtshöfe aus c. 1673 im Zeitpunkt der Wiederaufnahme für diesen Prozeß geltend machen können. Die Wiederaufnahme braucht also nicht bei dem Gerichtshof des seinerzeit abgebrochenen Prozesses betrieben zu werden; sie kann vielmehr bei jedem Gerichtshof beantragt werden, der im Zeitpunkt der neuen Vorlage rechtliche Zuständigkeit nach c. 1673 besitzt.

III. Stellungnahme zu einigen Einwänden

1. Es sei nicht verschwiegen, daß in einer *Rota-Entscheidung* der gegenteilige Standpunkt zu finden ist. In der Sentenz der Sacra Romana Rota coram Massimi vom 16. März 1920[2] heißt es:

„Notum est ... iudicem inferiorem, functum suo munere, nullam competentiam retinere in causam iudicatam. Sed hoc supponit primam instantiam fuisse per sententiam finitam. Aliud enim est cum instantia perimitur, vel instantiae renunciatur, quibus in casibus, si actio, quae pereunte instantia non perit, velit iterum promoveri, ex novo proponitur, utique apud eiusdem instantiae iudicem."

Dieser Text kann wohl kaum anders verstanden werden, als daß die Wiederaufnahme eines abgebrochenen Eheprozesses ausnahmslos bei dem Gericht zu erfolgen habe, das seinerzeit den abgebrochenen Prozeß geführt hat. Es wird gar nicht geprüft, ob dieser Gerichtshof im Augenblick der Neueröffnung überhaupt noch einen der Kompetenztitel des ehemaligen c. 1964 CIC/1917 besitzt. Offensichtlich wird unterstellt, daß jener Gerichtshof aus dem früheren Prozeß auch über den Abbruch hinaus seine Zuständigkeit behalten hat, und zwar in der verfestigten Form, daß jeder andere Gerichtshof damit von der Wiederaufnahme ausgeschlossen sei.

Nur wird man entgegenhalten müssen, daß dies bloße Behauptung ohne eine Sachbegründung ist. Es könnte zwar durchaus sinnvoll sein, wenn der Gesetzgeber eine derartige Regelung statuiert hätte, daß die Wiederaufnahme allein bei dem früheren Gerichtshof vorzunehmen sei. An einer solchen gesetzlichen Bestimmung aber fehlt es. Ja, der Gesetzgeber hat im Gegenteil auch und gerade für den Abbruch eines Prozesses, also nicht bloß für den mit Urteil rechtmäßig beendeten Prozeß, die Festlegung getroffen, daß mit dem Abbruch die Prozeßakten jeglicher Wirksamkeit beraubt sind (c. 1738 CIC/1917; ebenso c. 1522 CIC/1983). Zu den Prozeßakten gehört aber unstreitig auch die Eröffnung des früheren Prozesses, mit der die Kompetenz des damaligen Gerichtshofs verfestigt und diese Prozeßsache in seine ausschließliche Zuständigkeit („causa fit propria") gegeben wurde. Gerade diese Sonderstellung ist jedoch mit dem Abbruch jener Instanz ohne weiteres unwirksam geworden und erloschen. Es fehlt also an der gesetzlichen Grundlage für die von der Rota-Sentenz behauptete fortdauernde und ausschließliche Zuständigkeit des früheren Gerichtshofs.

Dieser Mangel mag auch Matthaeus Conte a Coronata[3] bewogen haben, inhaltlich von der Rota-Sentenz abzurücken. Bei der Niederschrift hatte er unzweifelhaft jenes Rota-Urteil vor Augen, wie die Verweisung in Anmerkung 5 auf S. 196 beweist; gleichwohl entscheidet er selbst wenige Zeilen später S. 197 im gegenteiligen Sinn:

---

[2] Decisiones S. R. R. vol. 12 p. 65.
[3] M. Conte a *Coronata*, Institutiones iuris canonici, vol. III De Processibus, ed. 4, p. 196 s.

"Renuntiatio instantiae implicat renuntiationem actuali exercitationi iudicii et actionis quae tamen actio iterum proponi poterit vel coram eodem vel coram alio iudice competente."

Coronata spricht sich also ausdrücklich gegen die ausschließliche Zuständigkeit des früheren Gerichtshofs aus.

2. Bei einem Prozeßabbruch vor der Sacra Romana Rota muß allerdings kraft einer *Spezialnorm für die Rota* die Wiederaufnahme des abgebrochenen Verfahrens vor dem gleichen Turnus behandelt werden, dem das voraufgegangene Verfahren zugewiesen war. Denn Art. 85 der Normae Sacrae Romanae Rotae vom 29. Juni 1934 lautet:

"Causa ad Rotam restituta, vel novo libello proposita, penes eum Turnum instauranda est, cuius propria facta fuit ad normam can. 1725; alias penes Turnum quem Decanus designet iuxta art. 15."

Nur ist aus dieser Spezialnorm für die Rota[4] für unsere allgemeine Frage, welche kirchlichen Gerichte, zumal auch welche Diözesangerichte, bei der Wiederaufnahme zuständig sind, nichts zu gewinnen. Zunächst ist schon zu bemerken, daß es bei Art. 85 der Rota-Normae strenggenommen gar nicht um die Frage geht, welches Tribunal für die Wiederaufnahme zuständig ist. Denn in dem Rota-Fall ist es bereits vorweg, noch ehe überhaupt Art. 85 zur Anwendung gelangt, zweifelsfrei sicher, daß kein anderes Tribunal als die Rota zur Verhandlung zuständig ist. Durch die Anwendung von Art. 85 soll dann nur noch entschieden werden, welchem Turnus unter den vielen möglichen Besetzungen der Rota die Sache zugewiesen wird.

Vor allem ist jedoch die Spezialnorm des Art. 85 auf die Rota beschränkt und kann keine Geltung auch für die anderen kirchlichen Gerichte beanspruchen. Man kann eine solche Norm, wie sie hier für die Rota festgelegt ist, daß nämlich der wiederaufgenommene Prozeß vor dem gleichen Richterkollegium wie zuvor behandelt wird, für durchaus sinnvoll halten und sie für jegliche Wiederaufnahme eines abgebrochenen Prozesses für wünschenswert erachten. Nur müßte dies dann eben vom Gesetzgeber festgelegt sein. Hinsichtlich der bei der Rota wiederaufgenommenen Prozesse ist dies durch den zitierten Art. 85 geschehen. Für die Diözesangerichte hingegen fehlt es an einer solchen gesetzlichen Grundlage. Für die Eheprozesse bei den Diözesangerichten gilt die in c. 1512 n. 2 CIC/1983 (bzw. c. 1725 n. 2 CIC/1917) festgelegte Bindung an ein bestimmtes Gericht mit bestimmter Besetzung nur für die Dauer der Fortexistenz dieser Instanz. Da diese Instanz jedoch mit dem legitimen Abbruch des Prozesses zu existieren aufge-

---

[4] Die Normae der Rota sind inzwischen in einer Neufassung vom 16. Januar 1982 (AAS 74, 1982, 490–517) erschienen; doch ist der zitierte Art. 85 vorerst unverändert in Kraft belassen gemäß Art. 65 dieser Normae von 1982 (AAS 74, 1982, 512).

hört hat, entfällt zugleich auch diese Bindung; für die Wiederaufnahme des Verfahrens kann daher jedes Gericht frei gewählt werden, das im Zeitpunkt des neuen Vorbringens für diese Sache legitime Kompetenz besitzt.

3. Freilich ist ernstlich zu fragen, ob mit solch großzügiger Wahlmöglichkeit für die Wiederaufnahme nicht unter Umständen auch *Mißbrauch* getrieben werden kann. Ein Kläger, der aus dem Verlauf seines erstinstanzlichen Verfahrens befürchtet, mit seinem Antrag Schiffbruch zu erleiden, und deshalb noch vor Urteilsfällung auf die Instanz verzichtet, kann nach einiger Zeit sein Klagerecht wiederum aufgreifen und einen neuen Prozeß in Gang setzen wollen. Wenn er nun für das neue Verfahren unter mehreren zuständigen Gerichten wählen kann, wird er, durch Erfahrung gewitzigt, seinen früheren Gerichtshof, dessen Strenge in der Beweiserhebung er erlebt hat, um dessentwillen zu umgehen bemüht sein und sich umhören, ob unter den übrigen für seinen Prozeß an sich zuständigen Gerichten nicht eines sich findet, das mit größerer Milde und Nachsicht zu entscheiden pflegt und von dem er sich daher leichter ein positives Urteil versprechen kann. Die Gefahr einer solchen Manipulation ist gewiß nicht von der Hand zu weisen und auch in der Auswirkung nicht gering zu werten.

Aber zwei Antworten sind dabei zu berücksichtigen. Einmal ist diese bedenkliche Gefahr nicht erst bei der Wiederaufnahme eines abgebrochenen Prozesses gegeben. Kaum geringer besteht dieselbe Befürchtung für jedwedes Ehenichtigkeitsverfahren noch vor dessen erstmaliger Eröffnung. Der Gesetzgeber selbst hat ausdrücklich die Tür geöffnet, zwischen mehreren zuständigen Gerichten frei zu wählen. Hat er doch für den Fall einer mehrfachen Zuständigkeit eigens verfügt: „Optio fori actori conceditur" (c. 1407 § 3 CIC/1983; übrigens in wörtlicher Übereinstimmung mit c. 1559 § 3 CIC/1917). Mithin ist dem Kläger vom Gesetzgeber ein klares Wahlrecht eingeräumt. Niemand kann daher den Kläger tadeln, wenn dieser bei der Auswahl jenes Gericht bevorzugt, von dem er ein nachsichtigeres Verfahren und eine günstigere Entscheidung erhofft. Die geschilderte Gefahr ist unter dem neuen Codex sogar noch ein wenig gestiegen. Denn die Zahl der Zuständigkeitstitel für einen Ehenichtigkeitsprozeß in c. 1673 ist größer als ehedem in c. 1964 CIC/1917. Auch ist die Einflußnahme der Parteibeistände und Advokaten verstärkt worden (vgl. z. B. c. 1678 § 1). Niemand aber wird leugnen, daß erfahrene Beistände und Anwälte, die Einblick in die Praxis verschiedener kirchlicher Gerichte besitzen, ihre Klientel leicht unterrichten können, welches von mehreren Gerichten sie zweckmäßig angehen soll. Doch ist dies keine spezifische Gefahr für die Wiederaufnahme eines abgebrochenen Prozesses; sie besteht in fast gleicher Weise auch schon bei der Ersteröffnung eines Eheprozesses.

Vor allem jedoch ist zu beachten: Wenn wirklich die dem Kläger zustehende Wahlmöglichkeit zwischen mehreren zuständigen Gerichten zu der bedenklichen Entwicklung führen könnte, daß die einheitliche Judikatur gemäß dem Recht der katholischen Kirche unterhöhlt und einer laxeren Rechtsprechung Vorschub geleistet würde, so wäre es ausschließlich Sache des Gesetzgebers und der kirchlichen Gerichtsaufsicht, dem mit entsprechenden Maßnahmen entgegenzuwirken. Nicht aber kann die kirchliche Gerichtspraxis von sich aus dem Kläger die ihm vom Gesetzgeber gewährte Möglichkeit, zwischen mehreren zuständigen Gerichten zu wählen, sei es nun für die Eröffnung eines Prozesses, sei es für die Wiederaufnahme eines abgebrochenen Prozesses, eigenmächtig beschneiden.

Solange der Gesetzgeber keine Gesetzesänderung erläßt, und wäre es auch nur in der Form einer einschränkenden authentischen Interpretation gemäß dem Motu proprio Papst Johannes Pauls II. „Recognito Iuris Canonici Codice" vom 2. Januar 1984 (AAS 76, 1984, 433 f.), bleibt als *Ergebnis* festzuhalten: Ein durch Erlöschen oder Verzicht abgebrochener Ehenichtigkeitsprozeß braucht bei Wiederaufnahme nicht bei dem Gericht vorgebracht zu werden, bei dem er zuvor verhandelt wurde; vielmehr kann er bei jedem Gericht eingeführt werden, das im Zeitpunkt der Wiederaufnahme eine rechtliche Zuständigkeit gemäß c. 1673 besitzt; auch der frühere Gerichtshof käme nur in Frage, wenn er für diesen Zeitpunkt eine Zuständigkeit aus c. 1673 aufweisen könnte.

Bibliographie Heinrich Flatten

I. Monographien

1. Die Philosophie des Wilhelm von Conches, Koblenz 1929, 195 S.
2. Der Häresieverdacht nach katholischem Kirchenrecht, Bonn 1945, 455 Bl. (s. Nr. 6).
3. Irrtum und Täuschung bei der Eheschließung nach kanonischem Recht, Paderborn 1957, 77 S.
4. Mensch und Menschlichkeit im kirchlichen Strafrecht, Akademie der Diözese Rottenburg 1960, 20 S. (Beiträge zur Begegnung von Kirche und Welt 49).
5. Quomodo matrimonium contrahentes iure canonico contra dolum tutandi sint, Coloniae 1961, 18 S.
6. Der Häresieverdacht im Codex Iuris Canonici, Amsterdam 1963, 338 S. (Kanonistische Studien u. Texte 21).
7. Fort mit der Kirchensteuer?, Köln 1964, 59 S.
8. Das Ärgernis der kirchlichen Eheprozesse, Paderborn 1965, 35 S.

II. Beiträge in Sammelwerken und Zeitschriften

9. „Materia primordialis" in der Schule von Chartes: Archiv für Geschichte der Philosophie 40 (1931) 58—65.
10. Von der Feier unserer Taufe. Vortrag gehalten am Mütterabend eines Kindergartens: Kinderheim (München—Kempten) 20 (1937) 3—12.
11. Der Ausschluß der ehelichen Treuepflicht im kanonischen Eheprozeß: TThZ 60 (1951) 333—343.
12. Zur Abgrenzung des forum commorationis in Urbe (CIC c. 1562): AfkKR 125 (1951/52) 319—326.
13. Eintritt der Vakanz bei befristetem Amtsverzicht: ÖAKR 3 (1952) 263—267.
14. Zur exclusio prolis im kanonischen Eheprozeß: ThQ 133 (1953) 68—79.
15. Absoluter Ehekonsens trotz bedingtem Heiratsentschluß?: ÖAKR 4 (1953) 269—288.

16. Die Neubesetzung eines Kirchenamtes nach Versetzung des bisherigen Inhabers: AfkKR 126 (1953/54) 85—113.
17. Das ieiunium eucharisticum bei der Mitternachtsmesse zu Weihnachten und Ostern: TThZ 63 (1954) 142—150.
18. Ehekonsens und Geisteskrankheit: TThZ 63 (1954) 266—279.
19. Ehenichtigkeit bei Vorbehalt gegen die Unauflöslichkeit der Ehe oder gegen den Kindersegen: ÖAKR 6 (1955) 13—39.
20. Die päpstliche Bestätigungsurkunde des Allgemeinen Cäcilien-Vereins in ihrer rechtlichen Tragweite:
    a) Zeitschrift für Kirchenmusik (Köln) 75 (1955) 200—204.
    b) Der Allgemeine Cäcilienverband für die Länder der deutschen Sprache. Gestalt und Aufgabe, hrsg. von Johannes Overath, Köln 1961, 35—44.
21. Zum Inhalt des Ehekonsenses: TThZ 65 (1956) 3—23.
22. Das Verhältnis von Vorbehalt und Bedingung. Versuch einer Abgrenzung zwischen c. 1086 und c. 1092: Vitae et veritati. Festgabe für Karl Adam, Düsseldorf 1956, 165—186.
23. Professor Joseph Löhr zum Gedächtnis. Ein Überblick über sein literarisches Schaffen: ThQ 136 (1956) 393—401.
24. Die Mischehenkautionen bei physischer Unmöglichkeit künftiger Nachkommenschaft: ThQ 137 (1957) 257—288.
25. Missio canonica: Verkündigung und Glaube. Festgabe für Franz Xaver Arnold, hrsg. von Theodor Filthaut und Josef Andreas Jungmann, Freiburg i. Br. 1958, 123—141.
26. Der Ehekonsens als consensus de praesenti: TThZ 67 (1958) 274—300.
27. Die freie Beweiswürdigung im kanonischen Prozeß:
    a) ThQ 139 (1959) 427—460.
    b) Qua libertate iudex ecclesiasticus probationes appretiare possit et debeat: Apollinaris 33 (1960) 185—210.
    c) Theologisches Jahrbuch (1961) 248—270.
28. Die Koppelung der Klagegründe metus und simulatio im Ehenichtigkeitsurteil: ÖAKR 10 (1959) 235—248.
29. Klosterpfarreien im Erzbistum Köln: Die Kirche und ihre Ämter und Stände. Festgabe für Joseph Kardinal Frings, hrsg. von Wilhelm Corsten, August Frotz und Peter Linden, Köln 1960, 140—160.
30. Der error qualitatis dolose causatus als Ergänzung zu c. 1083 § 2 CIC: ÖAKR 11 (1960) 249—264.
31. Zur Problematik der bedingten Eheschließung im kanonischen Recht:
    a) ÖAKR 12 (1961) 280—305.
    b) Theologisches Jahrbuch 7 (1964) 314—336.
32. Die Schweigepflicht im kanonischen Prozeß: ThQ 141 (1961) 319—354.

33. Der Diakon nach dem heutigen Recht der lateinischen Kirche: Diaconia in Christo. Über die Erneuerung des Diakonates, hrsg. von Karl Rahner und Herbert Vorgrimler, Freiburg—Basel—Wien 1962, 129—135 (Quaestiones disputatae 15/16).
34. Was heißt Liturgia sollemnis? Zur Rechtssprache römischer Erlasse: Musica sacra 82 (1962) 213—215.
35. Der Streit um „ius" oder „exercitium iuris" in der jüngsten eherechtlichen Diskussion: ThQ 142 (1962) 340—354.
36. Gilt bei c. 1086 § 2 heute noch die Unterscheidung von Nichtverpflichtungswillen und Nichterfüllungswillen?: ÖAKR 13 (1962) 257—280.
37. Um eine sogenannte Josephsehe: TThZ 71 (1962) 369—379.
38. Das bischöfliche Nihil obstat für Privatdozenten der Theologie nach deutschem Konkordatsrecht: Im Dienste des Rechtes in Kirche und Staat. Festschrift Franz Arnold, hrsg. von Willibald M. Plöchl und Inge Gampl, Wien 1963, 197—218 (Kirche und Recht 4).
39. De sententia nullitatis matrimonii, tum e capite metus tum e capite simulationis ferenda: RDC 13 (1963) 48—64.
40. a) Die päpstliche Gründungsurkunde der Internationalen Gesellschaft für Kirchenmusik: Musicae sacrae ministerium. Dt. Ausg. 1 (1964), Nr. 1, 13—15.
b) The pontificial document establishing the „Consociatio internationalis musicae sacrae" (—, engl.): Musicae sacrae ministerium. Engl. Ed. 1 (1964), Nr. 1, 13—15.
c) Le document pontifical de la fondation de l'Association internationale de Musique sacrée (—, franz.): Musicae sacrae ministerium. Ed. francaise 1 (1964), Nr. 1, 13—15.
d) Il documento Pontificio della fondazione della „Consociatio internationalis musicae sacrae" (—, ital.): Musicae sacrae ministerium. Ed. italiana 1 (1964), Nr. 1, 13—15.
e) El documento pontificio de fundación de la „Consociatio internationalis musicae sacrae" (—, span.): Musicae sacrae ministerium. Ed. en Castellano 1 (1964), Nr. 1, 13—15.
41. Albert Michael Koeniger, 1874—1950: Bonner Gelehrte. Beiträge zur Geschichte der Wissenschaften in Bonn. Katholische Theologie, Bonn 1968, 105—113 (150 Jahre Rheinische Friedrich-Wilhelms-Universität zu Bonn, 1818—1968. 2,2).
42. Zur Urteilsnichtigkeit im kirchlichen Eheprozeß wegen Verkürzung des Verteidigungsrechtes: Ecclesia et ius. Festgabe für Audomar Scheuermann, hrsg. von Karl Siepen, Joseph Weitzel und Paul Wirth, München—Paderborn—Wien 1968, 645—657.
43. „Lex concursus supprimitur." Zum Verhältnis von Pfarrexamen und Pfarrkonkurs: Ius sacrum. Klaus Mörsdorf zum 60. Geburtstag, hrsg.

von Audomar Scheuermann und Georg May, München—Paderborn—Wien 1969, 303—318.
44. Zum Zeugnisverweigerungsrecht der katholischen Militärgeistlichen bei Verfahren von Kriegsdienstverweigerern in der Bundesrepublik Deutschland:
a) ÖAKR 21 (1970) 17—33.
b) Militärseelsorge 13 (1971) 15—31.
45. Kann ein Militärgeistlicher in seiner „Militärkirche" zwei Zivilpersonen gültig trauen?: Militärseelsorge 12 (1979) 207—210.
46. Zur Reform des kirchlichen Eheprozesses. Das Motu proprio Papst Pauls VI. „Causas matrimoniales" vom 28. 3. 1971: Die Kirche im Wandel der Zeit. Festgabe für Joseph Höffner, hrsg. von Franz Groner, Köln 1971, 609—630.
47. Zur Rechtsstellung des Kölner Priesterseminars. Konkordatsrechtliche Erwägungen zur Rechtslage im Land Nordrhein-Westfalen: ÖAKR 22 (1971) 290—299.
48. Zur Rechtslage der Musica Sacra nach dem 2. Vatikanischen Konzil:
a) Jus et salus animarum. Festschrift für Bernhard Panzram, hrsg. von Ulrich Mosiek und Hartmut Zapp, Freiburg 1972, 171—190.
b) Musicae sacrae ministerium, Ed. unica. A. 8 (1971), Nr. 3/4, 9—21.
49. Hans Barion †: AfkKR 142 (1973) 71—79.
50. „Probata Ecclesiae praxis in foro interno":
a) Klerusblatt 54 (1974) 134—135.
b) Kirchliches Amtsblatt der Ordinariate und Bischöflichen Ämter in der Deutschen Demokratischen Republik 24 (1975) 2—3.
51. Hans Barion†: ZRG Kan.Abt. 93 (1976) 544—545.
52. Kirchliche Verwaltungsgerichtsbarkeit: Beschlüsse der Synode im Erzbistum aneignen. Arbeitstagung der Dechanten des Erzbistums Köln vom 2. bis 4. Dezember 1975, hrsg. vom Erzbischöflichen Generalvikariat Köln, Neuss o. J., 15—32.
53. Missio canonica: Wörterbuch zum Religionsunterricht, Freiburg—Basel—Wien 1976, 162—163.
54. Der Eheprozeß im Entwurf zum künftigen Codex Iuris Canonici: AfkKR 146 (1977) 36—73.
55. De matrimonio civili catholicorum: PerRMCL 67 (1978) 211—233.
56. Ist vor der Diakonatsweihe oder vor der Priesterweihe die professio fidei abzulegen?: AfkKR 148 (1979) 457—460.
57. Albert Koeniger: Neue Deutsche Biographie 12 (1980) 352.
58. Nichtigerklärung, Auflösung und Trennung der Ehe: GrNKirchR 603—614.
59. Die Eheverfahren: GrNKirchR 803—815.
60. Würzburg verbindlicher als Rom? Zum Rechtscharakter des Syn-

odendokuments „Der Religionsunterricht in der Schule": Theologisches 152 (1982) 4971—4972.
61. Beginn und Ende der Mitgliedschaft in der Bischofskonferenz: AfkKR 151 (1982) 490—494.
62. Schiefe Rechtsdarstellung Prof. Nastainczyks. Zum Rechtscharakter des Synodendokuments „Der Religionsunterricht in der Schule": Theologisches 155 (1983) 5133—5135.
63. Der Würzburger Synodenbeschluß zum Religionsunterricht besitzt nicht die römische Gutheißung („recognitio"): Theologisches 157 (1983) 5212—5215.
64. On the Legal Situation of Musica Sacra after the Second Vatican Council: Crux et Cithara. Festschrift für Johannes Overath, hrsg. von Robert A. Skeris, Altötting 1983, 108—121. (Musicae Sacrae Meletemata 2).
65. Nichtigerklärung, Auflösung und Trennung der Ehe: HdbKathKR 815—826.
66. Die Eheverfahren: HdbKathKR 984—999.
67. Strafbarkeit der Abtreibung nach dem neuen kirchlichen Gesetzbuch: Katholische Bildung 85 (1984) 206—211.
68. Die Gerichtszuständigkeit bei Wiederaufnahme eines abgebrochenen Eheprozesses: Ministerium iustitiae. Festschrift für Heribert Heinemann, hrsg. von André Gabriels und Heinrich J. F. Reinhardt, Essen 1985, 385—391.

III. Beiträge in Nachschlagewerken

69. Bedingung (kirchenrechtlich): LThK II² 95.
70. Böckenhoff, Karl: LThK II² 551—552.
71. Klerus: Staatslexikon IV⁶ 1083—1090.
72. Gastgemeinde: LThK IV² 528.
73. Gewissenseröffnung: LThK IV² 870.
74. Kanonikat: LThK V² 1287.
75. Kanoniker: LThK V² 1287—1288.
76. Klerikalismus: LThK VI² 336.
77. Klerus: LThK VI² 336—339.
78. Kober, Franz Quirin von: LThK VI² 363.
79. Pastor (Seelsorger): LThK VIII² 154.
80. Pitanz: LThK VIII² 526.
81. Regalien: LThK VIII² 1087—1088.
82. Send: LThK IX² 658—661.
83. Simulation: LThK IX² 778.
84. Superindendent: LThK IX² 1189.

85. Vogt, Joseph: LThK X² 834.
86. Inquisitio iudicialis: Dictionarium morale et canonicum 2, hrsg. von Petrus Palazzini und Ferdinandus Galea, Rom 1965, 734—736.
87. Inquisitor in processu iudiciali: Dictionarium morale et canonicum 2, hrsg. von Petrus Palazzini und Ferdinandus Galea, Rom 1965, 736—737.
88. Dispens: Lexikon der Pastoraltheologie, hrsg. von Ferdinand Klostermann, Karl Rahner und Hansjörg Schild, Freiburg 1972, 96 (Handbuch der Pastoraltheologie 5).

IV. Buchbesprechungen

89. H. Frei, Verschollenheit als Eheauflösungsgrund nach kanonischem und schweizerischem Recht, Bern 1951 (Abhandlungen zum schweizerischen Recht. N. F. 286): ThRv 50 (1954) 164—166.
90. S. Mayer, Neueste Kirchenrechts-Sammlung. Die Gesetze der Päpste, die authentischen Auslegungen der kirchlichen Gesetze und die anderen Erlasse des Heiligen Stuhles seit Erscheinen des Codex iur. can. (1917) gesammelt, nach den Kanones des Cod. iur. can. geordnet u. ins Dt. übers. Bd. 3: 1940—1949, Freiburg 1955: ThQ 136 (1956) 107—111.
91. A. Mayer, Kritisches zur künstlichen heterologen Insemination, Leipzig 1955, 53—84 (Nova Acta Leopoldina. N. F. 17, 116): ThQ 136 (1956) 111.
92. H. Liermann, Kirchen und Staat, Teilbde. 1 und 2, München 1954 bis 1955, (Veröffentlichungen des Instituts für Staatslehre und Politik, Mainz 5): ThQ 136 (1956) 249—250.
93. J. Wenner, Kirchliche Eheprozeßordnung, Paderborn 1956 (Nachtrag: S. 289—312): ThQ 136 (1956) 250.
94. W. Thieme, Reichskonkordat und Länder. Zur Frage der Vertragspartnerschaft von Bund und Ländern hinsichtlich der Schulartikel des Reichskonkordats, Göttingen 1956: ThQ 136 (1956) 371—372.
95. Kirchliches Handbuch. Amtliches statistisches Jahrbuch der katholischen Kirche Deutschlands, hrsg. von Franz Groner, Bd. 24: 1952 bis 1956, Köln 1956: ThQ 136 (1956) 495—497.
96. Th. Grentrup, Die Apostolische Konstitution „Exsul Familia" zur Auswanderer- und Flüchtlingsfrage, München 1955/56: ThQ 136 (1956) 497—498.
97. D. Staffa, De conditione contra matrimonii substantiam, Romae ²1955: ZRG Kan.Abt. 42 (1956) 549.
98. G. Wasse, Die Werke und Einrichtungen der evangelischen Kirche. Ein

Beitrag zum kirchlichen Organisationsrecht, Göttingen 1954 (Göttinger Rechtswissenschaftliche Studien 11): ThQ 137 (1957) 113—114.
99. J. Gaedke, Handbuch des Friedhofs- und Bestattungsrechts, Göttingen 1954: ThQ 137 (1957) 115.
100. W. Hamel, Die Bedeutung der Grundrechte im sozialen Rechtsstaat. Eine Kritik an Gesetzgebung und Rechtssprechung, Berlin-Lichterfelde 1957: ThQ 137 (1957) 233—234.
101. R. Honig, Beiträge zur Entwicklung des Kirchenrechts, Göttingen 1954 (Göttinger Rechtswissenschaftliche Studien 12): ThQ 137 (1959) 234—235.
102. Ph. Hofmeister, Die christlichen Eidesformen. Eine liturgie- und rechtsgeschichtliche Untersuchung, München 1957: ThQ 137 (1957) 364—365.
103. W. Schönfeld, Über die Heiligkeit des Rechts, Göttingen 1957: ThQ 137 (1957) 365—366.
104. H.-J. Becker, Zur Rechtsproblematik des Reichskonkordats, München 1956: ThQ 137 (1957) 495—498.
105. H. Groppe, Das Reichskonkordat vom 20. Juli 1933. Eine Studie zur staats- u. völkerrechtlichen Bedeutung dieses Vertrages für die Bundesrepublik Deutschland, Köln 1956: ThQ 137 (1957) 498—499.
106. E. Deuerlein, Das Reichskonkordat. Beiträge zur Vorgeschichte, Abschluß und Vollzug des Konkordates zwischen dem Heiligen Stuhl und dem Deutschen Reich vom 20. Juli 1933, Düsseldorf 1956: ThQ 137 (1957) 499—502.
107. H. Raab, Die Concordata Nationis Germanicae in der kanonistischen Diskussion des 17. bis 19. Jahrhunderts. Ein Beitrag zur episkopalistischen Theorie in Deutschland, Wiesbaden 1956 (Beiträge zur Geschichte der Reichskirche in der Neuzeit 1): ThQ 137 (1957) 503—504.
108. J. M. Mans Puigarnau, El consentimiento matrimonial. Defecto y vicios del mismo como causas de nulidat de las nupcias, Barcelona 1956: ZRG Kan.Abt. 43 (1957) 531—532.
109. H. Lenz, Die Kirche und das weltliche Recht. Ein Handbuch für Geistliche und Kirchenvorstände, Köln 1956: ThQ 138 (1958) 116—117.
110. W. Schilling, Religion und Recht, Stuttgart 1957: ThQ 138 (1958) 118—119.
111. E. F. Bruck, Kirchenväter und soziales Erbrecht. Wanderungen religiöser Ideen durch die Rechte der östlichen und westlichen Welt, Berlin—Göttingen—Heidelberg 1956: ThQ 138 (1958) 245—247.
112. H. Heckel und P. Seipp, Schulrechtskunde, Berlin—Neuwied—Darmstadt 1957: ThQ 138 (1958) 247—248.

113. J. Funk, Einführung in das Missionsrecht, Kaldenkirchen 1958 (Veröffentlichungen des Missionspriesterseminars St. Augustin bei Siegburg 3): ThQ 138 (1958) 368—369.
114. Familienrechtsreform. Dokumente und Abhandlungen, hrsg. von Hans Adolf Dombois und Friedrich Karl Schumann, Witten 1955 (Glaube und Forschung 8): ThQ 138 (1958) 369—370.
115. J. Pfab, Kurze Rubrizistik, Paderborn 1958: ThQ 138 (1958) 370—372.
116. Heilen statt strafen. Tagungsbericht über die Behandlung und Vorbeugung jugendlicher Kriminalität, hrsg. von Wilhelm Bitter, Göttingen 1957: ThQ 138 (1958) 497—498.
117. H. Straub, Die geistliche Gerichtsbarkeit des Domdekans im alten Bistum Bamberg von den Anfängen bis zum Ende des 16. Jahrhunderts. Eine rechtsgeschichtliche Untersuchung, München 1957 (MthStkan 9): ThQ 138 (1958) 498—499.
118. L. de Echeverria, El matrimonio en el derecho canónico particular posterior al Código, Vitoria 1955 (Victoriensia 3): ZRG Kan.Abt. 44 (1958) 506—510.
119. K. Holböck, Tractatus de iurisprudentia Sacrae Romanae Rotae, Graz—Wien—Köln 1957: ZRG Kan.Abt. 44 (1958) 553—554.
120. H. B. Noser, Pfarrei und Kirchgemeinde. Studie zu ihrem rechtlichen Begriff und grundsätzlichen Verhältnis, Freiburg (Schweiz) 1957 (Freiburger Veröffentlichungen aus dem Gebiete von Kirche und Staat 13): ThRv 55 (1959) 125—128.
121. G. May, Die geistliche Gerichtsbarkeit des Erzbischofs von Mainz im Thüringen des späten Mittelalters. Das Generalgericht zu Erfurt, Leipzig 1956 (Erfurter Theologische Studien 2): ThQ 139 (1959) 106—107.
122. J. F. Sullivan, Die äußeren Formen der katholischen Kirche. Ein Handbuch für jeden Katholiken, Aschaffenburg 1958: ThQ 139 (1959) 243—245.
123. U. Mosiek, Die probati auctores in den Ehenichtigkeitsprozessen der S. R. Rota seit Inkrafttreten des Codex Iuris Canonici, Freiburg 1959 (FreibThSt 74). Freiburg i. Br. 1959: ThQ 139 (1959) 363—364.
124. H. von Campenhausen und H. Bornkamm, Bindung und Freiheit in der Ordnung der Kirche, Tübingen 1959 (Sammlung gemeinverständlicher Vorträge und Schriften aus dem Gebiet der Theologie und Religionsgeschichte 222/223): ThQ 139 (1959) 366—367.
125. E. Eichmann und K. Mörsdorf, Lehrbuch des Kirchenrechts auf Grund des Codex Iuris Canonici, München—Paderborn—Wien ⁹1959: ThQ 139 (1959) 498—499.
126. L. R. Ravasi, De vocatione religiosa et sacerdotali, Mailand—Rom 1957: ThQ 139 (1959) 499—500.

127. O. M. Cloran, Previews and Practical Cases on Marriage 1: Preliminaries and Impediments. Canons 1012—1080, Milwaukee 1960: AfkKR 129 (1959/60) 673—676.
128. E. Eichmann und K. Mörsdorf, Lehrbuch des Kirchenrechts auf Grund des Codex Iuris Canonici 2, München—Paderborn—Wien ⁹1958: ThQ 140 (1960) 114.
129. A. Fehringer, Die Klosterpfarrei. Der Pfarrdienst der Ordensgeistlichen nach geltendem Recht mit einem geschichtlichen Überblick, Paderborn 1958: ThQ 140 (1960) 114—118.
130. L. Bender, De matrimonio, Turin 1958: ThQ 140 (1960) 243—244.
131. J. Bánk, Connubia canonica, Rom—Freiburg i. Br.—Barcelona 1959: ThQ 140 (1960) 244—245.
132. St. Sipos und L. Galos, Enchiridion iuris canonici, Rom—Freiburg i. Br.—Barcelona ⁷1960: ThQ 140 (1960) 366—367.
133. H. Maurer, Die Verwaltungsgerichtsbarkeit der evangelischen Kirche, Göttingen 1958 (Göttinger Rechtswissenschaftliche Studien 25): ThQ 140 (1960) 498—499.
134. J. M. Mans Puigarnau, Derecho matrimonial canónico 1. Principios fundamentales, preparación del matrimonio, impedimentos, consentimiento, Barcelona 1959: ZRG Kan.Abt. 46 (1960) 651—652.
135. H. Armbruster, Der Ehewille evangelischer Christen im Lichte des kanonischen Prinzips der Unauflöslichkeit der Ehe, München 1959 (MthStkan 12): ThQ 141 (1961) 110—113.
136. L. Hofmann, Kleine Ehefibel. 25 Kapitel über die Ehe, Trier 1960: ThQ 141 (1961) 114.
137. L. Bender, Forma iuridica celebrationis matrimonii. Commentarius in canones 1094—1099, Rom—Paris—New York—Tournai 1960: ThQ 141 (1961) 244—246.
138. H. von Rosen — von Hoewel und O. Kühn, Kirchenrecht, Stuttgart—Düsseldorf 1960 (Schaeffers Grundriß des Rechts und der Wirtschaft II, 33): ThQ 141 (1961) 374—376.
139. E. Wolf, Ordnung der Kirche. Lehr- und Handbuch des Kirchenrechts auf ökumenischer Basis, Frankfurt a. M. 1961: ThQ 141 (1961) 492—495.
140. G. Inger, Das kirchliche Visitationsinstitut im mittelalterlichen Schweden, Lund 1961 (Bibliotheca Theologiae Practicae 11): ThQ 141 (1961) 495—496.
141. P. Wirth, Der Zeugenbeweis im kanonischen Recht unter besonderer Berücksichtigung der Rechtsprechung der römischen Rota, Paderborn 1961: ThQ 142 (1962) 114—118.
142. S. Mayer, Neueste Kirchenrechts-Sammlung. Die Gesetze der Päpste, die authentischen Auslegungen der kirchlichen Gesetze und die

anderen Erlasse des Heiligen Stuhles seit Erscheinen des Codex iur. can. (1917) gesammelt, nach den Kanones des Cod. iur. can. geordnet und ins Dt. übers. Bd. 4: 1950—1959, Freiburg—Basel—Wien 1962: ThQ 142 (1962) 228—230.

143. K. Hansch, Die Disziplinargerichtsbarkeit in der evangelischen Kirche, Göttingen 1961 (Göttinger Rechtswissenschaftliche Studien 33): ThQ 142 (1962) 230—231.

144. R. Baumann, Prozeß um den Papst, Tübingen 1958: AfkKR 131 (1962) 313—314.

145. E. Kaufmann, Glaube, Irrtum, Recht. Zum Lehrzuchtverfahren in der evangelischen Kirche unter besonderer Berücksichtigung des Falles Richard Baumann, Stuttgart 1961: AfkKR 131 (1962) 314—318.

146. W. Weber, Die deutschen Konkordate und Kirchenverträge der Gegenwart. Textausgabe mit den amtlichen Begründungen sowie mit Ergänzungsbestimmungen, vergleichenden Übersichten, Schrifttumshinweisen und einem Sachverzeichnis, Göttingen 1962: ThQ 142 (1962) 379.

147. W. Mulder und A. H. Eysink, Parochie en parochiegeestelijkheid, Utrecht—Nijmegen ⁴1961: ThQ 142 (1962) 502—503.

148. O. Friedrich, Einführung in das Kirchenrecht unter besonderer Berücksichtigung des Rechts der Evangelischen Landeskirche in Baden, Göttingen 1961: ThQ 142 (1962) 503—504.

149. Synodalstatuten der Diözese Essen 1961, hrsg. vom Bischöflichen Generalvikariat Essen, Essen 1962: ThQ 143 (1963) 116—119.

150. W. Doskocil, Der Bann in der Urkirche. Eine rechtsgeschichtliche Untersuchung, München 1958 (MthStkan 11): ThQ 143 (1963) 241—242.

151. J. Mandl, Das Elternrecht nach der natürlichen und übernatürlichen Ordnung, Feiburg—Basel—Wien 1960 (FreibThSt 77): ThQ 143 (1963) 242—243.

152. K. Hesse, Der Rechtsschutz durch staatliche Gerichte im kirchlichen Bereich. Zugleich ein Beitrag zur Frage des rechtlichen Verhältnisses von Staat und Kirche in der Gegenwart, Göttingen 1956 (Göttinger Rechtswissenschaftliche Studien 19): ThQ 143 (1963) 244—245.

153. A. von Campenhausen, Staat und Kirche in Frankreich, Göttingen 1962 (Göttinger Rechtswissenschaftliche Studien 41): ThQ 143 (1963) 245—246.

154. G. May, Die kirchliche Ehre als Voraussetzung der Teilnahme an dem eucharistischen Mahle, Leipzig 1960 (EThSt 8): ThQ 143 (1963) 371—372.

155. H. G. Hesse, Evangelisches Ehscheidungsrecht in Deutschland, Bonn

1960 (Schriften zur Rechtslehre und Politik 22): ThQ 143 (1963) 372—375.
156. B. Hegglin, Der benediktinische Abt in rechtsgeschichtlicher Entwicklung und geltendem Kirchenrecht, St. Ottilien 1961 (Kirchengeschichtliche Quellen und Studien 5): ThQ 143 (1963) 500—502.
157. A. Adversi, Il laicato cattolico. Lineamenti storico-canonistici, Roma 1961: ZRG Kan.Abt. 49 (1963) 512—514.
158. H. Schmitz, Die Gesetzessystematik des Codex Iuris Canonici. Liber 1—3, München 1963 (MthStkan 18): AfkKR 133 (1964) 581—583.
159. G. May, Die kanonische Formpflicht beim Abschluß von Mischehen, Paderborn 1963: AfkKR 133 (1964) 587—589.
160. J. Schlafke, De competentia in causis sanctorum decernendi a primis post Christum natum saeculis usque annum 1234, Rom 1961: ZRG Kan.Abt. 50 (1964) 334—337.
161. N. Ruf, Furcht und Zwang im kanonischen Eheprozeß unter besonderer Berücksichtigung der Ehesimulation, Freiburg—Basel—Wien 1963 (FreibThSt 80): ThRv 61 (1965) 180—183.
162. K. Schmidt, Kardinal Pietro Gasparris Einfluß auf die Spruchpraxis der Sacra Romana Rota in Ehesachen, Freiburg—Basel—Wien 1963 (FreibThSt 81): ThRv 61 (1965) 254—256.
163. J. Russel, The „sanatio in radice" before the Council of Trent, Rom 1964 (Analecta Gregoriana 138): ZRG Kan.Abt. 51 (1965) 310—312.
164. R. Quezada Toruno, La perseverancia del consentimiento matrimonial en la „sanatio in radice", Rom 1962 (Analecta Gregoriana 127): ZRG Kan.Abt. 51 (1965) 312—314.
165. U. Mosiek, Kirchliches Eherecht. Unter Berücksichtigung der nachkonziliaren Rechtslage, Freiburg i. Br. 1968: Zeitschrift für das gesamte Familienrecht 16 (1969) 679.
166. R. A. Strigl, Das Funktionsverhältnis zwischen kirchlicher Strafgewalt und Öffentlichkeit. Grundlagen, Wandlungen, Aufgaben, München 1965 (MthStkan 21): AfkKR 138 (1969) 643—644.
167. A. Kofler, Über die Beziehung zwischen Eheunfähigkeit der Personen und dem Ehewillen. Entwicklung des Problems von Sanchez bis in die Gegenwart, Rom 1968 (Analecta Gregoriana 165): ThRv 67 (1971) 87—88.
168. W. Aymans, Das synodale Element in der Kirchenverfassung, München 1970 (MthStkan 30): AfkKR 140 (1971) 297—299.
169. H. Marré und P. Hoffacker, Das Kirchensteuerrecht im Land Nordrhein-Westfalen. Kommentar zum Gesetz über die Erhebung von Kirchensteuern im Land Nordrhein-Westfalen (Kirchensteuergesetz, KiStG) in der Fassung der Bekanntmachung vom 13. November 1968 und zu den Kirchensteuerordnungen der im Lande Nordrhein-West-

falen gelegenen Diözesen. Zugleich ein Beitrag zum allgemeinen Staatskirchenrecht, Münster i. W. 1969 (Aschendorffs Juristische Handbücher 76): AfkKR 140 (1971) 327—328.
170. Wie unauflöslich ist die Ehe? Eine Dokumentation, hrsg. von J. David und F. Schmalz, Aschaffenburg 1969: ThRv 68 (1972) 488—489.
171. A. del Portillo, Gläubige und Laien in der Kirche, Paderborn 1972: ThRv 68 (1972) 489—490.
172. W. Bertrams, Quaestiones fundamentales iuris canonici, Rom 1969: AfkKR 141 (1972) 269—271.
173. H. Zapp, Die Geisteskrankheit in der Ehekonsenslehre Thomas Sanchez', Köln—Wien 1971 (Forschungen zur kirchlichen Rechtsgeschichte und zum Kirchenrecht 11): AfkKR 141 (1972) 276—278.
174. J. Königsmann, Allgemeine Eheheilungen in der Wurzel. Eine Untersuchung zur Problematik der verschiedenen Dokumente und zur Entwicklung der Eheheilung in der Wurzel, St. Augustin 1971 (Veröffentlichungen des Missionspriesterseminars St. Augustin bei Siegburg 23): ZRG Kan. Abt. 89 (1972) 429—431.
175. H. Müller, Zum Verhältnis zwischen Episkopat und Presbyterat im Zweiten Vatikanischen Konzil, Wien 1971 (Wiener Beiträge zur Theologie 35): ThPQ 123 (1972) 273.
176. R. Weth, C. Gestrich, E.-L. Solte, Theologie an staatlichen Universitäten?, Stuttgart—Berlin—Köln—Mainz 1972: ThRv 70 (1974) 237—239.
177. Handbuch des Staatskirchenrechts der Bundesrepublik Deutschland, hrsg. von Ernst Friesenhahn und Ulrich Scheuner i. V. m. Joseph Listl. 2 Bde., Berlin 1974—1975: ThRv 73 (1977) 226—228.

V. Mitherausgeberschaft

178. Theologische Quartalschrift von 135 (1955) bis 143 (1963).

Personenregister

Arnold, Franz 225
Aymans, Winfried 450

Bánk, Joseph 286, 331
Barion, Hans 395
Bartoccetti, Vittorio 393, 396
Bender, Ludovicus 19, 217, 332
Benedikt XII., Papst 390
Benedikt XIV., Papst 82
Bergmann, Alexander 163, 167 f.
Bidagor, Raymundus 331, 441

Cajetan, Thomas 185, 341 f.
Cappello, Felix M. 17
Castillo Lara, Rosalius Josephus 441
Chimenti, Raphael 336
Ciriaci, Petrus 441
Coronata, Matthaeus Conte a 515
Crnica, A. 406 f.

Eichmann, Eduard 21, 330

Fedele, Pio 113, 327 f., 330
Felici, Pericles 328, 333, 353, 441
Fidecicchi, Augustus 5
Filipiak, Boleslaus 204, 222, 228

Gálos, Ladislaus 182, 331
Gasparri, Pietro 24, 46, 299, 362
Giacchi, Orio 307, 343 f.
Graziani, Ermanno 106 f., 115, 332
Große-Wietfeld, Franz 14, 325

Hanstein, Honorius 182, 363
Haring, Johannes 412
Holböck, Carl 225

Johannes XXIII., Papst 316, 402, 416, 440
Johannes Paul II., Papst 481, 518
Jone, Heribert 66, 89 f.
Jorio, Domenico 393
Jullien, André 393
Justinian, Kaiser 233

Kaiser, Matthäus 409
Kennedy, Jacqueline 379
Knecht, August 90
Köster, Laurentius 137

Lefebvre, Carolus 332, 353
Lega, Michaele 24
Lehmkuhl, August 66
Leibnitz, Gottfried Wilhelm 312
Leitner, Martin 86 f.
Linneborn, Johannes 90

Mans Puigarnau, Jaime M. 307, 331, 344
Massimi, Maximus 515
Mattioli, Petrus 67, 332, 352 f.
Mitterer, Max 204, 210, 217–219, 221 f.
Möhler, Justin 204, 212
Mörsdorf, Klaus 21, 62, 66, 69, 89, 330, 332, 335, 346
Motzenbäcker, Rudolf 249
Müssener, Hermann 89, 182

Oesterle, Gerhard 19, 89, 324–328, 330–334, 337 f.
Onclin, Guillelmus 441

Paul VI., Papst 416–418, 422, 440, 444, 480
Paulus, Apostel 485
Pinna, Joannes 332
Pius XI., Papst 393 f.
Pius XII., Papst 61 f., 149, 238 f., 241, 299, 326, 394
Prior, Joannes 42

Radziwill, Fürst 379
Radziwill, Fürstin 379 f.
Regatillo, Eduardus F. 331
Reiffenstuel, Anacletus 237

Sabattani, Aurelius 332, 353
Sanchez, Thomas 42
Scheuermann, Audomar 403
Schmalzgrueber, Franz X. 152

Schönsteiner, Ferdinand 5
Sipos, Stephanus 182, 331
Staffa, Dino 66, 68, 71, 105, 319, 324–331, 336 f., 352 f., 362 f.
Suarez, Franciscus 184–187, 190
Szentirmai, Alexander 287, 388–391

Teodori, Joannes 325

Thomas v. Aquin 14–16, 42, 301, 324, 341
Triebs, Franz 1 f., 46, 102–104, 147

Violardo, Giacomo 441

Wenner, Joseph 21
Wernz, Franz X. 299
Wilkens, Erwin 382

In dieses Register wurden nur die im Text genannten Namen aufgenommen.

Sachwortregister

Absolution, sakramentale 481
Abstinenzgebot 184, 187
actio 512
 s. auch Klage, Klagerecht
- actio rescissoria
 s. Aufhebungsklage
- cumulus actionum 256, 366
actus humanus 45
Administrativprozeß 474
Adoptivkind 180
Advokat 457, 460, 494, 517
aequitas canonica
 s. Billigkeit, kanonische
aetas deficiens 437
Akt
- ehebegründender 82
- ehelicher 1, 327, 340
- eheschließender 83, 208
- standesamtlicher 209, 216, 219
- statusbegründender 302
Akten 239, 243, 458, 463, 504, 511, 514 f.
- Offenlegung 404 f., 435, 459, 498, 504
Aktenbefund 467
Akteneinsicht 404
Aktenmaterial 240
Aktenschluß 412, 435, 498, 504
Aktuar 459, 497
 s. auch Notar
allegatio 412 f.
amentia 41 f., 44
 s. auch Geisteskrankheit
- absoluta 48
- matrimonialis 49
- perfecta 48, 53
- semiplena 53
Ämter, Zulassung 448
Anhörungsrecht der Parteien 502
animadversiones des Ehebandverteidigers 411
animus non adimplendi 2, 61, 337–339, 343, 347, 351
 s. auch Nichterfüllungswille
animus non se obligandi 61, 338, 343, 351
 s. auch Nichtverpflichtungswille
animus se obligandi 2, 337, 339
 s. auch Verpflichtungswille

Anomalie, psychische 479
Anwalt
 s. Advokat
Apostolischer Stuhl 139, 195, 467, 503, 507
Appellation 426, 428, 430, 433 f., 451, 468, 470, 472
 s. auch Berufung
- automatische 468
- im summarischen Eheprozeß 472
Appellationsbestimmungen 471
Appellationsfrist 468, 470
Appellationsgericht 468 f., 499
Appellationsinstanz 469, 471, 492, 499
Appellationsmöglichkeit 436, 498, 500
Appellationspflicht 426 f., 435, 499
- bedingte 502
- päpstliche Dispens 267
Appellationsurteil 500
Appellationsverfahren 426 f., 433, 439, 451, 499
Arglistige Täuschung
 s. Täuschung
Arzt 462, 498
assessor 424, 447–449, 451, 493
 s. auch Beisitzer
auditor
 s. Vernehmungsrichter
Aufhebungsklage 127 f., 130, 140
Auflösung der Ehe 477, 487 f., 503
- bei Nichtvollzug 484
- in favorem fidei 485, 488 f., 505 f.
- päpstliche 488, 504
- Verweigerung 504
Auflösungsbescheid 504
- päpstlicher 485, 487, 504, 507
Auflösungsgrund 504
Auflösungsverfahren 487
Augenschein, richterlicher 413
Autoritätsbeweis 27

Bedingung 22 f., 25, 27–32, 36–38, 40, 64, 101–107, 109–111, 113 f., 116 f., 119, 121, 156 f., 309–314, 316–320, 329 f., 353, 357, 394
 s. auch condicio

– contra matrimonii substantiam 109, 310
– einseitige 103 f.
– nicht erfüllte 28, 119
– Prozeß 114, 119
– unsittliche 307
– zweiseitige 103 f.
Befangenheit 240
Beisitzer 422, 424, 451, 493
    s. auch assessor
Beklagter 411, 460
Benediktion 244
Berufung 404, 408, 426 f., 430, 468, 470, 472, 500
    s. auch Appellation
Beschwerde 430, 432 f., 454
Beschwerdeführer 431
Beschwerderecht 431
Betrug 139, 147, 153, 271, 274
    s. auch deceptio; Täuschung
Beweis 114, 232, 237, 243–245, 386, 412–414, 465 f.
– direkter 72–74
– gerichtlicher 249 f.
– indirekter 74, 77
Beweisangebot 495
Beweisergänzung 252 f., 465 f.
Beweiserhebung 421, 424, 496
Beweisführung, formale 234
Beweisgründe 429
Beweislast 146, 483
Beweismaterial 239, 386, 405 f., 412–414, 418 f., 421, 432, 463, 498
Beweismittel 233–235, 412, 414, 504
Beweisregel 232, 235 f., 240, 242–247, 252
– gesetzliche 232, 237 f., 240–242, 255, 463 f.
Beweisstütze 73, 244, 253, 463, 465, 467
Beweisverfahren 235
Beweiswert 464
Beweiswürdigung 232 f., 235, 237–242, 463, 467
– freie 232 f., 236–238, 241–243, 246 bis 248, 252, 255, 439, 463 f., 484
– gebundene 232, 238
– von Zeugenaussagen 250
Bigamie 1, 6, 8
Billigkeit 147, 149
– kanonische 149 f.
Bindung, lebenslängliche 58, 320 f.
Bischofskonferenz 425 f., 442, 493
Blutsverwandtschaft 435
bona matrimonii
    s. Wesensgüter der Ehe

bonum
– commune 282, 298, 318
– fidei 1, 5–8, 11, 14 f., 323, 333 f.
    s. auch Treue
– prolis 10, 14 f., 56, 61, 323, 328, 333 f., 353
    s. auch Nachkommenschaft
– publicum 453, 471, 473
– sacramenti 56, 323
    s. auch Unauflöslichkeit
Brautexamensprotokoll 387
Bücherverbot 189, 191

causa efficiens matrimonii 390
CIC-Kommission 441–443
circumstantiae 77
citatio
    s. Ladung
Codex Iuris Canonici 156, 441
– Entwurf CIC 440, 443
– Reform 395, 406, 416, 440, 476, 518
cognatio legalis 437 f.
cognitio aestimativa 45
cognitio conceptualis 45
cohabitatio fraterna 480 f.
commoratio habitualis 419 f.
condicio 23, 28, 65 f., 102, 104, 109, 329
    s. auch Bedingung
– contra matrimonii substantiam 109–113, 115, 120 f. 265, 307–310, 318, 329
– de futuro 117, 119–121, 157, 301, 304–306, 311, 313, 319, 321
– de praesenti 118, 301, 312 f., 319
– de praeterito vel de praesenti 116 f., 119–121, 157, 305, 313, 321
– habitualis 32
– honesta 319
– impossibilis 305
– interpretativa 22, 28 f., 38, 68
– licita 117, 119–121, 305, 311
– possibilis 305
– servilis 275, 290
– turpis 305–307, 310, 319
conformitas sententiarum 427
consensus
    s. auch Ehekonsens; Konsens
– condicionatus 301
– de futuro 301
– de praesenti 35 f., 84, 203, 205, 210, 212, 223, 227, 301 f.
– facit nuptias 392
– externus 81, 83 f., 88
– intentionaliter verus 261–266, 371, 377
– internus 81–84, 86, 88, 205

- naturaliter sufficiens 85, 87, 92, 215, 218
- ontologice verus 258, 369
- renovatio 89
- verus 261

convalidatio simplex 88 f., 91 f., 218, 227
  s. auch Konvalidation
Corpus Iuris Civilis 233
crimen 437
cultus disparitas
  s. Religionsverschiedenheit

deceptio 289, 296 f.
  s. auch Betrug; Täuschung
- dolosa 284, 297
- et fraus 296

Decretum pro Armenis 390
defectus validi mandati procuratoris 438 f.
defensor vinculi 77, 386, 424, 426–429, 434–436, 448, 457, 460, 468, 494
  s. auch Ehebandverteidiger
Dekret Gratians 236
Dekretbestätigung 499
Dekretentscheidung 468 f.
dementia 49
Diakon 451
Digesten 233
Diözesanbischof 422 f., 425, 444, 449, 476, 486, 492, 495, 503, 505 f.
Diözesangericht
  s. Gericht, – kirchliches
Diözesanrichter 447, 492
discretio iudicii 47
Dispens 152, 195, 199, 378
- für Mischehen 182

Dispensvollmacht 183
Disziplinarverfahren 453
Dokumente 471, 496, 498
dolus 128, 140 f., 143, 146, 152, 280, 283, 297
  s. auch Täuschung
domicilium 420
dubium iuris seu legis 287

effectus matrimoniales 313
effectus mere civiles 445 f.
Ehe
  s. auch matrimonium
- bedingungsfeindliches Rechtsgeschäft 300
- Bund 478
- Gültigkeit 4, 7, 13, 15, 133, 219, 264, 325, 327
- Institution 389 f.

- katholisches Glaubensverständnis 391
- klandestine 302
- Liebes- und Lebensgemeinschaft 479
- Naturehe 485 f., 489
- nichtsakramentale 485, 488
- nichtvollzogene 484, 497, 503 f.
  s. auch Inkonsummationsverfahren
- Pflicht, eheliche 3 f., 63, 329, 390
- Trennung 477
- unauflösliche 312
- Ungültigkeit 2, 5, 13, 19, 40, 58, 87, 90 f., 209, 344, 400 f.
- Wesen 13–15, 132, 359, 387
- Wissen, unerläßliches 41
- zerrüttete 400

Eheabschluß 16 f., 130, 327
  s. auch Eheschließung; Ehevertrag
- bedingter 26, 29, 32, 39, 161
- erzwungener 265
- gültiger 131, 391
- Tragweite 44, 46
- Vertragsnatur 141, 205
  s. auch Ehevertrag

Eheauffassung 59, 112, 128
Eheauflösung
  s. Auflösung der Ehe
Eheband 248, 384, 386, 435
Ehebandverteidiger 404, 411, 414, 426–428, 432 f., 457–460, 468, 470, 494, 497–499, 502–504, 506
  s. auch defensor vinculi
Ehebegriff, kirchlicher 309
Ehebruch 2, 5 f., 9, 480, 482, 489
Eheeinwilligung 34 f.
Ehefähigkeit 383
Ehefesthaltungswille 216, 227
Ehegatten 504
Ehegemeinschaft 118, 479
Ehegesetz
- deutsches 155 f.
- österreichisches 317
- weltliches 153, 316

Ehegerichtsbarkeit 379 f., 459
Ehehindernis 139, 435, 437 f.
- verbietendes 199
- trennendes 86, 143, 199, 218, 261, 341, 384, 387, 434, 437, 477, 483, 501

Ehekonsens 7 f., 10, 13–16, 18 f., 22 f., 26–29, 31, 33, 35, 37 f., 41, 47 f., 53, 64, 68, 82, 87, 90, 99 f., 119, 203, 205, 223, 306, 329 f., 338, 365, 390
  s. auch consensus; Ehewille; Konsens
- bedingter 23–26, 40, 121
- fehlender 77, 81, 104

- gültiger 16, 41–46, 48, 64
- hinreichender 14, 41, 58, 391
- innerer 80, 83
- Lehre 40, 331, 388
- mangelnder 317, 384
- simulierter 261
  s. auch Simulation
- Wesensinhalt 6–8, 18, 35 f., 80

Ehelehre 425, 479
Eheleute 497
Ehemündigkeitsalter 438
Ehenichtigkeit
  s. Nichtigkeit, – der Ehe
Ehenichtigkeitserklärung, kirchliche 3, 383–386, 401, 482, 500
- im Verwaltungsverfahren 502
Ehenichtigkeitsgrund 121, 427, 438, 456, 495
Ehenichtigkeitsklage 248, 319, 418, 453
Ehenichtigkeitsprozeß 29, 49, 248, 250 f., 253, 256, 383, 387, 393, 421, 423, 425, 445, 449, 491, 494, 512
  s. auch Eheprozeß
- kirchlicher 393, 455
- ordentlicher 491 f.
- summarischer 501
Ehenichtigkeitsurteil 259, 261, 396, 427, 468 f., 499
  s. auch Nichtigkeitsurteil
Eheproklamation 31, 184, 186, 191
Eheprozeß 1, 113, 248, 347, 387, 395, 411, 418, 433, 440, 444, 452 f., 455 f., 458, 463 f., 472, 474 f.
  s. auch Ehenichtigkeitsprozeß
- kirchlicher 73, 379–381, 386, 393, 403, 416 f., 427, 439
- Reform 467
- summarischer 471 f.
- Wiederaufnahme 509
- Zuständigkeit 418, 445
Eheprozeßordnung 54, 146, 248, 250, 266, 386, 411 f., 417, 426, 474–476, 491, 501 f.
Eheprozeßrecht 403, 444, 446, 457, 460, 473, 476
Eherecht 124 f., 130, 143, 441, 443
- Irland 153
- kanonisches 152 f., 319, 417
- orientalisches 316
- ostkirchliches 299, 317
Eherichter 225, 384
Ehesakrament 95 f., 99 f., 141, 162, 304, 390, 477 f., 484

Ehescheidung 383–386
- staatliche 57, 384 f., 482
Eheschließung 13, 47 f., 82, 130, 148, 214 f., 338, 351, 478
  s. auch Eheabschluß; Eheschließungsakt
- bedingte 27, 39, 110 f., 115, 117–119, 122, 158, 160 f., 299–305, 308, 311, 313, 315–322
- erzwungene 152, 258, 261, 263
- Institutionscharakter 390
- klandestine 319
- Gültigkeit 56, 141, 210, 359
- standesamtliche
  s. Trauung, – standesamtliche
- Stellvertreter 269, 439
- Vertragscharakter 390
  s. auch Ehevertrag
- Vorbereitung
  s. Ehevorbereitung
- zivile
  s. Trauung, – standesamtliche
Eheschließungsakt 88, 207, 214, 218, 389
- kirchlicher 95
- ungültiger 401
- Wesen 389
Eheschließungsform 88, 94, 142 f., 209, 302, 383 f., 392, 435, 438, 472, 477, 483
  s. auch Formpflicht
Eheschließungswille 211–216, 218 f., 221 f., 226 f.
- aktueller 214, 216, 227
- virtueller 226
Ehestand 302
Eheunfähigkeit 53
- psychische 47 f., 479
Eheverkehr
  s. Geschlechtsverkehr
Ehevertrag 2, 16, 43–45, 48, 64, 95–97, 212, 223, 304, 335 f., 339, 342, 350 f., 358, 362
  s. auch Eheabschluß; Eheschließung
- gültiger 141
- Objekt 118
- rechtswirksamer 305
- Vertrag sui generis 389
- Wesen 38, 335, 350
Eheversprechen 301
Ehevollzug
  s. Geschlechtsverkehr
Ehevorbereitung 225, 274
Ehewille 13, 33, 38, 67 f., 70, 81, 98, 111–113, 121, 136, 204, 211, 251, 262, 310, 319, 340, 383, 388, 477, 483

s. auch Ehekonsens; Eheschließungswille
- bedingter 37, 118, 301, 315 f.
Eid 192, 234 f., 237, 243 f., 246, 413, 461 f., 497, 504
Einheit der Ehe 92, 308, 323
s. auch bonum fidei; Treue
Einpaarigkeit 41
Eigenschaftsirrtum 133 f., 136, 138–140, 144–146, 154, 161, 269, 272 f., 276–278, 280
s. auch error, - qualitatis
Eigentumsrecht 335, 362
Einzelrichter 422–425, 428, 435 f., 447–449, 451, 471, 492 f., 503, 506, 508
Empfängnisverhütung 70
s. auch Geschlechtsverkehr, - naturgetreuer; Kinderverhütung
Entfremdung 58
Enthaltsamkeit, geschlechtliche 357, 359–361
Erbrecht 445
Erfüllungswille 16 f., 341
Erlöschen des Rechtszuges 468, 510
error 60, 128, 294 f.
s. auch Irrtum
- condicionis servilis 133, 270, 284–286
- dolose causatus 270, 273, 288 f., 296
- gravis 291, 293
- iuris 132
- non-substantialis 126, 128
- personae 133, 284
- qualitatis 30, 40, 133, 135, 143 f., 163, 268 f., 275, 284 f., 289 f., 292–294
s. auch Eigenschaftsirrtum
- substantialis 126, 128, 130
Erziehung, katholische
s. Kindererziehung
exclusio
s. Simulation; Vorbehalt

Fakultät, kirchliche 442
Familiaris consortio 481
Fastengebot 185, 188
favor fidei 488
favor iuris 248, 483
favor matrimonii 248, 349, 483
Ferntrauung 85
Feststellungsurteil 384
Firmung 244
Form, kanonische
s. Eheschließungsform

Formfehler 472, 501
Formmangel 87–90, 194, 472, 483
Formpflicht 319, 435, 503
s. auch Eheschließungsform
fornicatio 9
forum
- contractus 418, 420, 491
- externum 392, 483
- internum 392, 483
- partis actricis 491
- partis catholicae 418
- partis conventae 420, 491
- probationum 419, 421, 492
- rei 418
Frist 408 f.
- Ablauf 409
- Überschreitung 405, 410
- Verkürzung 467 f.
Furcht
s. metus

Gebrauchsrecht 335, 362
Gefangenschaft 487
Geistesfähigkeit 44, 47 f.
Geisteskrankheit 41, 47–49, 51, 54, 498
s. auch amentia
- habituelle 51
- totale 49
Gelübde 341 f.
- ewiges 150, 345
- Nichtigkeit 152
Generalvikar 435, 447, 503
Gericht 436
- kirchliches 424, 445
 - Diözesangericht 417, 422 f., 444, 449, 459, 476, 492, 495, 516
 - Metropolitangericht 423, 492
 - Regionalgericht 422, 476
- staatliches 445
Gerichtsakten
s. Akten
Gerichtsbarkeit, kirchliche 474
Gerichtsbote 243
Gerichtspersonen 447
Gerichtspraxis 113, 119
Gerichtsurteil
s. Urteil
Gerichtsverfahren 232
s. auch Verfahren
- ordentliches 434, 473
- Separationsprozeß 445, 471, 473, 507 f.
- summarisches 434–439, 502
- vereinfachtes 471

Gerichtsvollzieher 243
Gerichtsweg 436, 507 f.
- ordentlicher 432 f., 436, 439, 503
Gerichtszuständigkeit 417, 420, 491, 509, 512–514, 518
Geschiedene 480
- wiederverheiratete 479, 481
Geschlechtsverkehr 8, 19, 326, 357, 360
- außerehelicher 8, 10
- ehelicher 323, 339, 354, 360 f., 365, 477, 484 f.
- gottgewollter 14
- naturgetreuer 16, 19, 64 f., 109, 323, 325, 344, 346, 350, 354, 356 f.
- Recht auf 8, 13, 18 f., 92, 358
Gesetzbuch, kirchliches
  s. Codex Iuris Canonici
Gesetzeserfüllung 186
Gesetzestechnik 475
Gesetzesverpflichtung 187 f.
- bei Wegfall des Gesetzeszweckes 184
Gesetzesverweisungen 475
Gesetzeszweck 184 f., 187–190, 193
Gesetzgeber 143, 188, 241, 284, 467
- kirchlicher 139, 143, 270, 391
- Wille des 187, 193
Geständnis 75, 413, 465
- außergerichtliches 243
- gerichtliches 243, 253, 464 f.
Gewalt, geistliche 449 f.
- Gesetzgebungsgewalt 426
- Iurisdiktionsgewalt 200, 422–424, 450, 493
- Weihegewalt 450
Gewißheit, moralische 71, 79, 238 f., 241, 246, 250 f., 253 f., 463, 498
Glaubenskongregation 480, 488
Glaubenslehre 477 f.
Glaubensprivileg
  s. privilegium fidei
Glaubwürdigkeit 234, 462, 465, 484
Glaubwürdigkeitszeuge 465–467, 497, 504
Glaubwürdigkeitszeugnis 497
Gnadenakt 484, 489, 503 f.
Gottesurteil 234 f.
Grabrede 244
Gültigmachung der Ehe
  s. convalidatio simplex; Konvalidation; sanatio in radice
Güterrecht, eheliches 445
Gutachten
- bischöfliches 504
- medizinisches 54 f.
- der Sachverständigen 54, 413, 496

Handlungsunfähigkeit 54
Heiligsprechungsprozeß 244
Heilung der Ehe
  s. sanatio in radice
Heiratsentschluß 33, 35, 37, 315
- bedingter 22–26, 32 f., 36–40, 315 f.
- Wesen 35 f.
Heiratsschwindler 93, 98, 395, 397
Heiratswille 108, 110, 204, 351
Hindernis
  s. Ehehindernis
Homosexualität 479

impedimentum
  s. Ehehindernis
Impotenz 143, 193, 202, 437, 462, 497 f., 504
Impotenzverfahren 462, 465, 497
incapacitas adimplendi onera matrimonialia
  s. Eheunfähigkeit, – psychische
indissolubilitas
  s. Unauflöslichkeit
Indizien 74, 77, 236, 246, 465
Inkonsummationsverfahren 462, 465, 469, 497, 503 f.
  s. auch Ehe, – nichtvollzogene
intentio
  s. auch animus
- actualis 28
- habitualis 28
- interpretativa 28
- non adimplendi 309
- non se obligandi 309
- praevalens 354 f.
- prolis 16, 324
- virtualis 28
Interdiözesangericht 492
Interpellation 485 f., 505
Interpretation, authentische 426, 452, 518
Interrogatorium 77, 497
Irritationsklausel 319
Irrtum 40, 123–125, 128, 134 f., 270 f., 274, 278–280, 322
  s. auch error
- bezüglich der Person 133, 269
- über das Wesen der Ehe 130 f.
- über den Sklavenstand 144, 271
- über eine Eigenschaft
  s. Eigenschaftsirrtum; error, – qualitatis
Irrtum und Täuschung im Eherecht der europäischen Staaten 163
- Albanien 163
- Belgien 164

- Bulgarien 164
- Dänemark 165
- Deutschland 166
- Finnland 166
- Frankreich 167
- Griechenland 167
- Großbritannien 167
- Irland 168
- Island 168
- Italien 169
- Jugoslawien 170
- Liechtenstein 171
- Luxemburg 171
- Niederlande 171
- Norwegen 172
- Österreich 173
- Polen 174
- Portugal 174
- Rumänien 175
- Schweden 176
- Schweiz 176
- Spanien 177
- Tschechoslowakei 178
- Türkei 178
- UdSSR 179
- Ungarn 179

iudex assessor
  s. assessor; Beisitzer
ius
  s. auch Recht
- ad actum coniugalem 60 f., 308, 323, 360
- ad usum corporis 362
- coniugale 4, 17–19, 63, 309, 324, 334, 336, 338 f., 350, 356, 358 f., 364, 390
- divinum 416
- exclusivum 388, 391
- exercitium iuris 323–325, 327, 331
- in corpus 2–11, 13, 18, 41, 60 f., 70, 82 f., 85, 215, 308, 335 f., 357, 360 f., 363 f., 388 f., 391
- ipsum 63 f., 308, 323–325, 329, 335–337, 348, 360
- mere ecclesiasticum 416
- perpetuum 388, 391
- radicale 334 f., 362 f.
- usus iuris 62 f., 323–325, 327–331, 333–338, 348 f., 353 f.
- utile 334 f., 350, 358, 362

Jawort 7, 27, 31, 43, 205
Josephsehe 356 f., 359–361
Jurisdiktion
  s. Gewalt, geistliche

Kanonistik 17
Kardinal 244
Kautelen
  s. Mischehenkaution
Kindererziehung 190, 193 f.
- katholische 180, 182 f., 191 f., 194–199, 201 f., 489
- nichtkatholische 189, 195, 197, 202
Kinderlosigkeit 19
Kindersegen 56
- Ablehnung 18, 20, 309 f.
- Ausschluß 11, 20 f., 60, 64, 76, 357
- dauernder 10, 18, 20, 63 f.
- zeitweiliger 19, 65
Kinderverhütung 64, 350 f., 354
  s. auch Empfängnisverhütung
- dauernde 63
- zeitweilige 65 f.
Kinderverweigerung 10, 330
Kinderzahl 347
Kirchenanwalt
  s. promotor iustitiae
Kläger 113, 146, 411
Klage 120, 234, 318 f., 386, 397, 399, 452, 495, 502
Klageabweisung 239, 454 f., 496
Klageanspruch 409
Klagebegehren 119, 495
Klageberechtigung 409, 495
Klagebeschränkung 494
Klageerhebung 409, 452 f.
Klagegrund 102, 203, 256, 393 f., 427, 430, 495
- Koppelung 256, 259
Klagenhäufung 256
Klagerecht 80, 318, 339, 393, 397 f., 399, 452 f., 494, 512
- Ausweitung 452
- Entzug 399
- Interpretation, authentische 452
- Nichtkatholik 494
Klageschrift 453–456, 495
Kleptomanie 49
Kollegialgericht 421–425, 428–430, 433, 436, 448–451, 471, 492 f., 499
Kommunionempfang 480 f.
Kongregation
- für die Glaubenslehre 507
- für Sakramente und Gottesdienst 504
Konkordatseherecht der Lateranverträge 221
Konkubinat 4, 7
Konsens 10 f., 13, 15, 24, 390, 392
  s. auch consensus; Ehekonsens

- bedingter 24, 301, 313
- fortbestehender 91
- futurischer 301
- simulierter 264 f.
  s. auch Simulation
Konsensabgabe 28, 48, 74
Konsensakt 206-208, 211-213, 215, 218 f., 225
Konsensaustausch 99, 143, 211, 217, 223
Konsensdefekt 61, 88-90
Konsensentschluß 84
Konsenserklärung 86, 207, 211, 311
Konsenserneuerung 88-91, 217
Konsenskundgabe 84, 86 f., 90, 100
Konsenslehre, kanonistische 56
Konsensleistung 84, 215, 219, 227
Konsensmangel 4, 9, 13, 72-74, 81, 84 f., 90, 92, 94, 96-99, 208, 211, 213, 224, 317, 384, 387 f., 394-397, 463, 483
Konsensobjekt 389
Konsensprinzip 319
Konsensunfähigkeit 52-54
Konsensvorbehalt 76
Konvalidation 87-91 f., 217-219, 227, 391, 453, 503
  s. auch convalidatio simplex; sanatio in radice
Konzil
- von Florenz 390
- von Trient 128, 142 f., 271, 286, 302, 319, 477
Kopula 1, 42
Kurie, römische 442, 504

Ladung 407 f., 435, 455, 496
Laienrichter 422-425, 449-451, 493
Ledigenstand 472
Ledigenvermerk 503
Leitungsgewalt
  s. Gewalt, geistliche
Lex Ecclesiae Fundamentalis 441 f.
litis instantia 455
litis contestatio 114, 119 f., 434, 455-457, 496
lucidum intervallum 51

magisterium ordinarium 478
matrimonium
  s. auch Ehe
- inconsummatum 484
- in facto esse 327 f.
- in fieri 327
- initum 264
- invalidum 400
- non existens 400

Metropolitangericht
  s. Gericht, - kirchliches
metus 146, 152, 256-258, 261-263, 265, 366-368, 370-374, 376-378
  s. auch vis
- causalis 265, 376
- extrinsecus 265, 376
- gravis 150, 265, 277, 292, 376
- inevitabilis 265, 367
- iniustus 265, 376
Mischehe 182, 216 f., 226 f., 420, 486, 489, 503
- ungültige 194, 202
Mischehenkaution 180, 182, 185, 190-195, 197-200, 341
Missionsgebiet 421, 486
mixta religio 194, 199
Monomanie 49
Motuproprio Causas matrimoniales 417, 445 f., 491, 501

Nachkommenschaft 10, 13, 15, 19, 65, 180, 323-325, 328, 330, 333, 343, 347, 354
  s. auch bonum prolis
Namensrecht 445
Nebenwohnsitz
  s. quasi-domicilium
Nichtehe 400
Nichterfüllungswille 1 f., 4 f., 7, 15-17, 19, 61 f., 70, 308-310, 325, 330, 334, 338-340, 343, 345-348, 351 f., 355
  s. auch animus non adimplendi
Nichtigerklärung 426, 428, 477, 482-484
Nichtigkeit
- der Ehe 8, 18, 20 f., 30, 48, 58, 64-67, 71, 90, 96, 110, 119, 121, 130, 134, 136, 144, 254 f., 262, 265, 326, 343, 349 f., 354, 380, 387, 393, 396, 453, 501
- der Eheschließung 98
- des Rechtsaktes 130
- des Urteils 403, 405-410, 412, 414
Nichtigkeitsbeschwerde 403-405, 408-410, 412, 414
Nichtigkeitsdrohung 412
Nichtigkeitserklärung, kirchliche
  s. Ehenichtigkeitserklärung, kirchliche
Nichtigkeitsgrund
  s. Ehenichtigkeitsgrund
Nichtigkeitsklausel 144
Nichtigkeitsurteil 114 f., 204, 261, 385 f., 426 f., 434
  s. auch Ehenichtigkeitsurteil
Nichtigmachung, schuldhafte 318

Nichtkatholik 194 f., 207, 216, 226, 452, 486, 494, 507
Nichtverpflichtungswille 5, 7, 10–18, 20 f., 61–63, 70 f., 76, 308–310, 330, 334, 338, 344 f., 347–349, 351–353
s. auch animus non se obligandi
Nichtvollzug der Ehe
s. Ehe, – nichtvollzogene; Inkonsummationsverfahren
Notar 243, 424, 430, 434, 447 f., 457, 494, 498, 502 f., 506
s. auch Aktuar
nullitas matrimonii 372
s. Nichtigkeit, – der Ehe
Nymphomanie 479

Obergericht 428–430, 433
Offizial 419, 422 f., 435, 446 f., 461, 471, 492
Offizialanwalt 460 f.
Offizialat
s. Gericht, – kirchliches
Onanismus 324, 329
Ordensgelübde 150, 152, 435
Ordensrecht 443
Ortsordinarius 472
– des angegangenen forum probationum 419
– des Wohnortes 419
Ostkirche 300
Ostkirchenrecht 316, 441

Pakt 8–10, 18–20, 63–65, 349
Parteiaussage 251–255, 463 f., 466 f., 484
Parteibeistand 517
Parteischriftsätze 411
Parteivertreter 457–459, 461
Partikularrecht, kirchliches 445
patronus publicus 461
Paulinisches Privileg
s. privilegium Paulinum
peremptio instantiae 468
Personenstandssachen 469
Polyandrie 487
Polygamie 1, 4–6, 486
praesumptio
– hominis 249, 349
– iudicialis 249, 349
– iuris 249, 349, 413, 483
– levis 249
– probabilis 249
– violenda 249
privilegium Paulinum 485–489, 505

privilegium fidei 485, 489, 506
probatio
s. Beweis
procurator 457, 460, 494, 510
Profeß
s. Ordensgelübde
promotor iustitiae 318, 398 f., 448, 452 f., 460, 473, 494 f., 508
Prozeß
s. auch Gerichtsverfahren
– kanonischer 232, 238
– moderner 234
– Objektivität 484
– summarischer 434 f., 437 f., 501
– Zuständigkeit 445
Prozeßabbruch 509, 511 f., 516
– zwei Formen 510
Prozeßakten
s. Akten
Prozeßbevollmächtigter
s. procurator
Prozeßdauer 427
Prozeßfehler 406
Prozeßform, abgekürzte 434
Prozeßordnung 411 f.
Prozeßrecht 417, 443
– allgemeines 411, 464, 475
– kanonisches 406, 424, 458
– modernes 233
– neues 452
– Reform 471, 476
– weltliches 236
Prozeßstellvertreter
s. procurator
Prozeßunterbrechung 509–511
Prozeßverlauf 408, 495
Prozeßvertreter
s. procurator
Prozeßverzicht 511
Psychiatrie 51
publica honestas 437
publicatio processus
s. Prozeßakten, – Offenlegung

quasi-domicilium 420
Quinquennalfakultäten 194–202

raptus 260, 370, 437
Recht
s. auch ius
– germanisches 233 f.
– kanonisches 235, 317
– kirchliches 149

- römisches 16 f., 163, 233, 302
- weltliches 317
Rechtsakt
  s. Rechtsgeschäft
Rechtsanspruch 484
- auf Feststellung des Ledigenstandes 318
Rechtsbeistand
  s. Advokat
Rechtsbelehrung 498
Rechtsbeständigkeit 187
Rechtsfiktion 313, 468
Rechtsgemeinschaft 4
Rechtsgeschäft 16, 126
- bedingtes 111, 302
- bedingungsfeindliches 302
- nachträgliche Aufhebung 128
Rechtshandlung, arglistig erschlichene 127
Rechtskraft, endgültige 469
Rechtslehre, weltliche 16
Rechtsmittel 403, 409 f., 504, 507
Rechtsprechung 266
- herrschende 2
- römische 253
Rechtsschutz 125, 147, 269–271, 275, 278, 285, 494
- Ehenichtigkeit 279
- gegen arglistige Täuschung 270 f.
Rechtssicherheit 302
Rechtsunsicherheit 146, 272 f., 280, 319
Rechtsvermutung
  s. praesumptio, - iuris
Regionalgericht
  s. Gericht, - kirchliches
Reichsjustizgesetze 237
Rekurs
  s. Beschwerde
Religionsverschiedenheit 194, 199, 435, 487, 489
Richter 54 f., 232 f., 239, 241, 246–248, 250, 252 f., 255, 386, 422, 428, 430, 450, 454, 458 f., 464, 470 f., 484, 497 f.
- beisitzender 422
- erkennender 422, 424 f., 449–451
- Laie
  s. Laienrichter
- Priester 422
- Synodalrichter 422, 447, 492
- Vorsitzender 422, 453
Richterkollegium
  s. Kollegialgericht
Rituale Romanum 216

Sachverständiger
  s. Gutachten, - der Sachverständigen

Sakramentalität der Ehe
  s. Ehesakrament
Sakramentenspendung, bedingte 304
sacramentum formatum 479
sacramentum informe 479
salus animarum 319, 399, 402, 488
sanatio in radice 86–88, 91 f., 194 f., 196–202, 217–219, 313, 389, 391 f.
Sanationsvollmacht 194 f., 197–199, 201 f.
Scheidung 57–60, 68, 109, 112, 116, 401, 479
Scheidungsurteil 384, 495
Schenkung 36
Schiedsgericht 474
Schizophrenie 49–51
Schriftprobe 243
Schriftsätze
- der Parteien 412, 498
- des Ehebandverteidigers 498
Schwägerschaft 143, 435
Seelenheil
  s. salus animarum
Seligsprechungsprozeß 244
sententia
  s. Urteil
separatio
  s. Trennung
Separationsprozeß
  s. Gerichtsverfahren
Siebenhändereid 244, 246, 462, 504
Siebenhänderzeugen 465
Siebenhänderzeugnis 466
Simulation 1, 84, 219 f., 223 f., 256–259, 261 f., 264–267, 309, 366–369, 371 f., 374, 376–378, 396
  s. auch Vorbehalt
- partiale 93, 96, 260, 308, 370
- totale 6, 92–99, 223–225, 260, 370
Sklavenstand 133 f.
Sorgerecht, eheliches 445
Stellvertretungsmandat 439
Sterbeurkunde 508
Sterilität 279
Strafprozeß 240, 248, 474
Strafprozeßordnung 237, 240
Strafrecht 441
Streitfestsetzung
  s. litis contestatio
Streitprozeß, summarischer 471
Streitsache 248
Suppletion 200, 439
Synode, Gemeinsame der Bistümer in der Bundesrepublik Deutschland 479, 481

Tametsi
s. Konzil, – von Trient
Täuschung 123, 280, 322
s. auch Betrug; deceptio
- arglistige 16, 124 f., 127 f., 135, 137–141, 143, 145–147, 150, 152 f., 155 f., 161, 268 f., 271, 273 f., 279–281, 321
Taufbuch 504
Taufe 244, 304, 485, 487, 506
Taufzeugnis 191, 503
tempus utile 409
Terminüberschreitung 467
Todeserklärung 508
Trauung 7, 13, 35, 205, 211 f., 215
- katholische 209, 226
- kirchliche 81 f., 85 f., 90, 92, 94 f., 99, 203 f., 208–210, 212, 214, 216, 218–224, 384
- liturgischer Akt 382
- standesamtliche 81–84, 87, 90 f., 94, 203 f., 207–210, 212 f., 215, 218, 220, 222–224, 227, 383, 392
- Vorbereitung 387
Traubuch 504
Trauungsdelegation 439
Trauungsurkunde 495
Trauungsvollmacht 438
Trauungsvorgang 211
Trauzeuge 472
Trennung
- durch Bescheid 507
- durch Ehebruch 507
- von Tisch und Bett 489
Treue 15, 323
s. auch bonum fidei; Einheit der Ehe
- eheliche 7, 323, 330, 339, 344, 346 f., 352, 354
- Verpflichtung 1f., 4, 6–8, 12, 14
Tribunal
s. Gericht

Unauflöslichkeit 41, 56–60, 67 f., 92, 109, 128, 139, 141, 143 f., 146, 270, 285, 308, 320, 323, 382, 477 f., 480 f., 482 f.
s. auch bonum sacramenti
Ungetaufte 485
Unterhalt 445 f.
Unterscheidungsvermögen 43
Untersuchungsprozeß 503, 506
Untersuchungsrichter 77, 447, 451, 493
Urkundenbeweis 237, 437 f.
Urteil 78, 115, 408, 428, 430, 450, 463, 498, 502
Urteilsbegründung 121, 241, 267, 414 f.

Urteilsfindung 232, 239
Urteilsnichtigkeit
s. Nichtigkeit, – des Urteils
Urteilsreife 42 f.
Urteilsspruch 428, 434
Urteilsverkündung 408
Urteilsvollstreckung 500
usus iuris
s. ius

Vaterschaft 28
Vereinbarung
s. Pakt
Verfahren
s. auch Gerichtsverfahren
- gerichtliches 434
- germanisches 234
- ordentliches 469
- Wiederaufnahme 500
- zur Todeserklärung bei Verschollenheit 508
Verhältnis
- außereheliches 1–3, 7–11
- ehebrecherisches 3 f., 8, 10
Verjährungsfrist 409
Verkehr
s. Geschlechtsverkehr
Verlöbnis 42, 301, 321
Vermutung
s. praesumptio
Vernehmung 424, 458–462, 496 f.
Vernehmungsprotokoll 419, 457
Vernehmungsrichter 424, 447, 449, 451, 457, 459, 497
Vernunftgebrauch 42 f., 46–49
Verpflichtungswille 7, 15–17, 61, 325, 339–343, 346, 348 f., 354 f.
s. auch animus se obligandi
Verschollenheit 508
Versprechen der katholischen Kindererziehung
s. Mischehenkaution
Verteidigung 403, 405, 408 f., 412–414
Verteidigungsrecht 403, 407, 413
- Beschneidung 408
- Beschränkung 408
- Verkürzung 405–407, 414
Verteidigungsschriftsatz 405, 411–414
Vertrag 18, 141, 325, 389 f.
s. auch Ehevertrag
Vertragsaufhebungsfreiheit 389
Vertragsgestaltungsfreiheit 389
Vertragsschließungsfreiheit 389
Vertragswille 16 f., 45, 319

Verwaltungsakt 435
Verwaltungsdekret 503
Verwaltungsfeststellung 435
Verwaltungsgerichtsbarkeit 443, 474
Verwaltungsweg 436, 472, 505, 507
Verwandtschaft, geistliche 435
vicarius
- administrativus 447
- iudicialis 447
  s. auch Offizial
- iudicialis adiunctus 447
  s. auch Vizeoffizial
vis 146, 258-261, 263 f., 266 f.
  s. auch metus
- et metus 258, 368
- moralis 258, 261 f., 368, 371 f.
- physica 261 f., 371
- retroactiva 285
Vizeoffizial 422 f., 447, 461, 492
Vollstreckung 468-470, 500
voluntas
  s. animus; intentio
Vorbehalt 101 f., 104-111, 113-116, 121 f., 309, 394
  s. auch Simulation
- ehevernichtender 76
- einfacher 65
- gegen das ius in corpus 72
- gegen den Kindersegen 8, 11, 13, 70
- gegen die eheliche Treue 1, 3 f., 6, 11, 70
- gegen die Unauflöslichkeit 57, 68 f., 72, 112, 116-119, 121, 253
- gegen ein Wesenselement der Ehe 114
Vorbehaltsprozeß 119
Vorbehaltswille 108, 110-113, 121

Weihe, höhere 435
Weihegewalt
  s. Gewalt, geistliche

Wesen der Ehe
  s. Ehe, - Wesen
Wesenseigenschaften der Ehe 13, 92, 308, 323
Wesenselemente der Ehe 41, 109 f.
Wesensgüter der Ehe 14, 67, 308
Wiederaufnahme eines abgebrochenen Prozesses 514 f., 517
Wiederheirat 480
Wiederverheirateter, geschiedener 480-482

Wille
  s. Ehewille
Willensakt, bedingter 38
Willensfreiheit 41
Willensmangel 17, 136
Willkür, richterliche 241
Wohnort
  s. domicilium

Zerrüttung der Ehe 482, 485
Zeugen 73, 232-234, 236, 244-246, 248, 255, 438, 458, 461-463, 486, 495 f.
- Erfahrungszeugen 234 f.
- klassische 237, 247 f., 250 f.
- nichtklassische 237
Zeugenaussage 233, 235 f., 244, 246, 413, 463
Zivilehe 208, 217 f.
- Einführung in Italien 82
- fakultative 221
Zivileheschließung
  s. Trauung, - standesamtliche
Zivilprozeßordnung 237, 240
Zusammenleben wie Bruder und Schwester 480
Zwang
  s. vis
Zweitehe 480 f.

Stellenregister

1. CIC/1917

Fettdruck: Kanones des CIC/1917
Normaldruck: Seitenangaben

19:	180
20:	408
21:	182, 184, 188–190
35:	409
83:	300, 316 f.
92	420
92 § 2:	420
93:	420
93 § 1:	420
94:	420
95:	420
103:	286
103 § 1:	262, 372
103 § 2:	127, 140, 271, 281, 298, 373
104:	107, 126
200 § 1:	201
209:	200
239 § 1 n. 17:	244
373 § 1:	243
373 § 3:	447
572 § 1 n. 4:	150, 152
779:	244
800:	244
1012 § 1:	304
1014:	248, 349
1016:	153
1043:	183
1044:	183
1061:	180, 197–199, 202
1061 § 1 n. 2:	180
1061 § 2:	195
1067:	311
1070 § 1:	263, 375
1071:	180
1074:	260, 370
1081:	41, 97
1081 § 1:	13, 41, 262, 265, 306, 372, 376
1081 § 2:	1, 8, 13, 41, 82, 215, 332
1082:	41, 46
1082 § 1:	41 f.
1083:	135, 269 f., 273 f., 284 f., 288 f.
1083 § 1:	133, 282
1083 § 2:	268–272, 274 f., 280, 282, 284–287, 290, 296, 298
1083 § 2 n. 1:	133, 282, 298
1083 § 2 n. 2:	133, 144, 270 f., 275, 280, 282, 285, 290, 296, 298
1084:	57, 131
1086:	101 f., 104 f., 327
1086 § 1:	13, 95, 248
1086 § 2:	13, 66, 72, 92, 97, 101–107, 109, 111–122, 228, 248, 253, 258, 260 f., 263–265, 308–310, 323, 334, 352, 368, 370 f., 374, 376, 378, 388, 391, 393 f.
1087:	273, 276, 288, 292, 296, 377
1087 § 1:	258–267, 368–378
1088:	85
1089:	85, 139
1092:	101–107, 115 f., 119, 157, 299, 305–308, 322, 394
1092 n. 1:	106, 115, 306 f., 310, 317
1092 n. 2:	102–104, 106 f., 109, 112–115, 121, 265, 308–310, 376, 393
1092 n. 3:	103 f., 107, 117, 120, 122, 310 f.
1092 n. 4:	104, 107, 116 f., 119 f., 122, 313 f.
1093:	392
1115 § 1:	249
1118:	270, 285, 477
1120 § 2:	487
1125:	486
1128:	473
1129:	473
1130:	473
1131:	473

1132:	473	1836 § 3:	243
1133:	88, 217, 227	1836 § 4:	243
1133 § 2:	91	1861:	410
1134:	88–90, 217 f., 227	1861 § 2:	405 f., 408, 412–414
1135:	88, 227	1862 §1:	413
1136:	88 f., 227	1862 § 2:	411–413
1137:	88 f., 227	1865 §1:	411
1138:	389	1869:	238
1159 § 1:	244	1869 § 1:	238, 463
1559 § 3:	517	1869 § 2:	239, 463
1568:	421	1869 § 3:	238, 240–242, 246, 463
1573 § 4:	422	1869 § 4:	239, 250
1574 § 1:	422, 447	1873 § 1 n. 3:	241
1575:	424, 447	1881:	468
1576 § 1 n. 1:	421	1883:	468
1576 § 3:	492	1892 n. 1:	421
1577 § 2:	423	1894:	406–408
1581:	448	1894 n. 1:	406–408
1582:	424	1894 n. 2:	241, 406
1587:	457	1894 n. 3:	406
1593:	243	1894 n. 4:	406
1620:	467	1895:	405, 408–410
1669 § 1:	256, 366	1960:	418, 445
1680:	493	1961:	418, 445
1710:	454	1962:	418
1725 n. 2:	516	1963:	418
1732:	455, 511	1964:	418, 515, 517
1735:	510	1965:	400, 418
1736:	468, 510	1968:	457
1738:	511, 515	1969:	457
1747–1836:	413	1971 § 1 n. 1:	494
1751:	243, 246, 464	1975:	462, 465, 497
1753:	243	1975 § 2:	244, 466
1758:	244	1978:	498
1791:	244, 251, 463	1981:	498
1791 § 1:	244–246	1986:	426, 468, 499
1791 § 2:	72, 246–248, 250	1987:	115, 266, 426 f., 430, 470, 500
1800 § 4:	243	1990:	434–437, 471, 501
1804:	54	1991:	434, 436
1814:	249	1992:	434, 436
1816:	243	2020:	244
1828:	254	2020 § 5:	244
1829:	254	2033:	244
1830:	254	2201 § 1:	52
1831:	254		
1836 § 2:	243		

2. CIC/1983

Fettdruck: Kanones des CIC/1983
Normaldruck: Seitenangaben

6 § 1 n. 4:	488
6 § 2:	491
129:	493
129 § 1:	493
129 § 2:	493
274 § 1:	493
1060:	483 f.
1061 § 1:	477, 485
1127 § 2:	503
1141:	477 f.
1141–1155:	477
1142:	484
1143:	485
1143 § 1:	486
1143–1150:	485, 505
1144:	485
1145:	485
1146:	486
1147:	486
1148:	486 f.
1148 § 1:	485
1149:	485–487
1151–1155:	489
1400–1655:	491
1407 § 3:	517
1421 § 1:	492
1421 § 2:	493 f.
1423 § 1:	492
1424:	493
1425 § 4:	492
1428 § 2:	493
1430:	495
1432:	494
1435 § 3:	492
1437:	494
1438:	492
1439 § 1:	492
1444 § 1 n. 2:	492
1476:	494
1481 § 1:	510
1490:	494
1504:	495
1505:	495
1506:	495 f.
1507:	496
1508:	496
1508 § 2:	496
1512:	496, 514
1512 n. 1:	514
1512 n. 2:	513 f., 516
1513–1516:	496
1518:	495
1519 § 1:	510
1520:	510 f.
1521:	510 f.
1522:	511, 515
1524:	511
1526–1586:	496
1533:	497
1536 § 2:	497
1559:	497
1569 § 2:	497
1578 § 3:	498
1598:	498
1599:	498
1601–1606:	498
1607–1618:	498
1609 § 4:	498
1614:	498
1628:	499
1630:	499
1633:	499
1643:	500
1644 § 1:	500
1651:	500
1671–1691:	491
1673:	491, 513 f., 517 f.
1674:	494
1674 n. 2:	495
1675:	495
1676:	495
1677:	496
1677 § 2:	496
1677 § 3:	496
1678 § 1:	517
1678 § 1 n. 1:	497
1678–1680:	496
1679:	484, 497 f.
1680:	498
1682 § 1:	499 f.
1682 § 2:	499
1684 § 1:	500
1686:	501
1686–1688:	501
1692–1696:	507
1696:	508
1697:	484
1697–1706:	503
1699:	503
1705 § 3:	504
1707:	508

3. Rota-Urteile

23. 02. 1912 c. Heiner, in: AAS 4 (1912) 377-392; auch in: SRR Dec 4 (1912) 95-111 (defectus consensus): 209

15. 05. 1915 c. Prior, in: SRR Dec 7 (1915) 215-231 (amentia): 48

18. 11. 1918 c. Sebastianelli, in: AAS 11 (1919) 358-363; auch in: SRR Dec 10 (1918) 130-135 (defectus consensus): 81, 209

14. 11. 1919 c. Prior, in: J. Hollnsteiner, Die Spruchpraxis der S. Romana Rota in Ehenichtigkeitsprozessen seit Geltung des C.J.C. Auf Grund gedruckter und ungedruckter Rota-Urteile, Freiburg i. Br. 1934, 63 f.; auch in: SRR Dec 11 (1919) 170-178 (amentia): 42

16. 03. 1920 c. Massimi, in: SRR Dec 12 (1920) 63-70 (simulatio totalis): 515

29. 06. 1923 c. Florczak, in: SRR Dec 15 (1923) 127-135 (amentia): 48, 52

19. 02. 1924 c. Solieri, in: SRR Dec 16 (1924) 58-66 (conditio): 23, 29, 34, 38

29. 02. 1924 c. Jullien, in: SRR Dec 16 (1924) 67-73 (simulatio totalis, vis et metus): 257, 267, 367, 378

14. 03. 1924 c. Chimenti, in: SRR Dec 16 (1924) 105-113 (conditio): 336

08. 04. 1924 c. Mannucci, in: SRR Dec 16 (1924) 126-138 (amentia): 44

12. 11. 1924 c. Jullien, in: SRR Dec 16 (1924) 382-391 (vis et metus): 257, 367

07. 02. 1925 c. Massimi, in: SRR Dec 17 (1925) 61-67 (conditio): 10

11. 02. 1925 c. Jullien, in: SRR Dec 17 (1925) 67-73 (metus): 257, 367

15. 06. 1925 c. Parrillo, in: SRR Dec 17 (1925) 251-255 (vis et metus): 260, 370

07. 04. 1926 c. Grazioli, in: SRR Dec 18 (1926) 108-116 (amentia): 43 f.

27. 05. 1926 c. Florczak, in: SRR Dec 18 (1926) 183-190 (amentia): 43

05. 06. 1926 c. Florczak, in: SRR Dec 18 (1926) 190-199 (conditio): 109

13. 06. 1926 c. Mannucci, in: SRR Dec 18 (1926) 228-235 (conditio): 29

25. 06. 1926 c. Grazioli, in: SRR Dec 18 (1926) 213-221 (amentia): 43

18. 12. 1926 c. Guglielmi, in: SRR Dec 18 (1926) 416-428 (conditio): 109

23. 06. 1927 c. Jullien, in: SRR Dec 19 (1927) 315-322 (metus): 257, 367

02. 12. 1927 c. Parrillo, in: SRR Dec 19 (1927) 473-486 (conditio): 25, 39

17. 12. 1927 c. Florczak, in: SRR Dec 19 (1927) 526-534 (error qualitatis, vis et metus): 145

31. 07. 1928 c. Florczak, in: SRR Dec 20 (1928) 342-346 (simulatio totalis): 72

08. 06. 1929 c. Wynen, in: SRR Dec 21 (1929) 217-231 (conditio): 24

02. 12. 1929 c. Parrillo, in: SRR Dec 21 (1929) 508-517 (metus): 249

20. 05. 1930 c. Quattrocolo, in: SRR Dec 22 (1930) 282-296 (exclusio boni fidei): 2

11. 06. 1930 c. Guglielmi, in: SRR Dec 22 (1930) 326-338 (conditio): 23-25

16. 06. 1930 c. Quattrocolo, in: SRR Dec 22 (1930) 349-358 (conditio): 29

09. 12. 1930 c. Quattrocolo, in: SRR Dec 22 (1930) 652-662 (metus): 258, 262, 368, 372

15. 04. 1931	c. Jullien, in: SRR Dec 23 (1931) 123-131 (exclusio boni sacramenti, metus): 257, 367
24. 04. 1931	c. Grazioli, in: SRR Dec 23 (1931) 150-158 (amentia): 43, 52
16. 06. 1931	c. Wynen, in: SRR Dec 23 (1931) 224-235 (simulatio totalis): 257, 367
08. 08. 1931	c. Mannucci, in: SRR Dec 23 (1931) 371-378 (amentia): 43 f., 52
08. 08. 1931	c. Morano, in: SRR Dec 23 (1931) 379-386 (metus): 257, 367
31. 10. 1931	c. Jullien, in: SRR Dec 23 (1931) 430-450 (metus): 246
30. 01. 1932	c. Morano, in: SRR Dec 24 (1932) 47-54 (exclusio boni sacramenti): 77
16. 02. 1932	c. Grazioli, in: SRR Dec 24 (1932) 64-77 (simulatio totalis): 7, 10[1]

[1] Im Text fälschlich RE 28

20. 06. 1932	c. Mannucci, in: SRR Dec 24 (1932) 230-240 (conditio, error qualitatis, defectus formae): 133
23. 12. 1932	c. Jullien, in: SRR Dec 24 (1932) 557-578 (metus): 258, 368
04. 05. 1933	c. Grazioli, in: SRR Dec 26 (1934) 254-268 (exclusio boni fidei, exclusio boni sacramenti, metus): 14, 257, 367
01. 06. 1933	c. Grazioli, in: SRR Dec 25 (1933) 405-419 (amentia): 43
27. 11. 1933	c. Grazioli, in: SRR Dec 25 (1933) 597-606 (amentia): 43
13. 04. 1934	c. Wynen, in: SRR Dec 35 (1943) 270-281 (defectus ex parte intellectus vel voluntatis): 43
16. 04. 1934	c. Jullien, in: SRR Dec 26 (1934) 191-207 (exclusio boni sacramenti): 257, 367
24. 04. 1934	c. Jullien, in: SRR Dec 26 (1934) 215-225 (conditio): 160
22. 05. 1934	c. Jullien, in: SRR Dec 26 (1934) 302-309 (exclusio boni prolis): 104
21. 07. 1934	c. Wynen, in: SRR Dec 26 (1934) 517-523 (exclusio boni sacramenti): 104
07. 08. 1934	c. Wynen, in: SRR Dec 26 (1934) 611-622 (exclusio boni prolis, conditio): 103
03. 11. 1934	c. Grazioli, in: SRR Dec 26 (1934) 708-717 (amentia): 43
23. 02. 1935	c. Jullien, in: SRR Dec 27 (1935) 76-90 (morphina subministrata): 43
25. 02. 1935	c. Mannucci, in: SRR Dec 27 (1935) 91-96 (metus): 257, 259, 367 f.
11. 05. 1935	c. Jullien, in: SRR Dec 27 (1935) 299-306 (vis et metus): 262, 372
27. 05. 1935	c. Grazioli, in: SRR Dec 27 (1935) 332-343 (simulatio totalis, metus): 257, 367
25. 07. 1935	c. Wynen, in: SRR Dec 27 (1935) 474-481 (exclusio boni sacramenti): 59
03. 08. 1935	c. Heard, in: SRR Dec 27 (1935) 537-542 (exclusio boni prolis): 18, 20
02. 12. 1935	c. Grazioli, in: SRR Dec 27 (1935) 620-631 (simulatio totalis, amentia, metus): 257 f., 367 f.
25. 01. 1936	c. Jullien, in: SRR Dec 28 (1936) 47-53 (exclusio boni prolis): 104
05. 08. 1936	c. Grazioli, in: SRR Dec 28 (1936) 556-570 (exclusio boni sacramenti, metus): 257, 367
07. 08. 1936	c. Grazioli, in: SRR Dec 28 (1936) 570-582 (exclusio boni prolis): 18, 20, 76

28. 11. 1936	c. Jullien, in: SRR Dec 28 (1936) 713–718 (metus): 90
01. 02. 1937	c. Wynen, in: SRR Dec 29 (1937) 55–69 (conditio): 24
10. 04. 1937	c. Heard, in: SRR Dec 29 (1937) 280–286 (exclusio boni prolis): 104, 108
22. 06. 1937	c. Pecorari, in: SRR Dec 29 (1937) 424–442 (conditio): 25, 29, 38–40
03. 07. 1937	c. Wynen, in: SRR Dec 29 (1937) 484–498 (exclusio boni prolis): 103
27. 07. 1937	c. Canestri, in: SRR Dec 29 (1937) 549–556 (conditio): 23, 26
30. 07. 1937	c. Grazioli, in: SRR Dec 29 (1937) 556–567 (simulatio totalis): 58
31. 07. 1937	c. Quattrocolo, in: SRR Dec 29 (1937) 568–581 (conditio): 24
07. 08. 1937	c. Wynen, in: SRR Dec 29 (1937) 601–616 (exclusio boni sacramenti, metus): 367
11. 12. 1937	c. Jullien, in: SRR Dec 29 (1937) 733–740 (simulatio totalis, metus, ebrietas): 257 f., 367
17. 01. 1938	c. Jullien, in: SRR Dec 30 (1938) 38–46 (metus): 257, 367
24. 01. 1938	c. Grazioli, in: SRR Dec 30 (1938) 62–67 (exclusio boni prolis, exclusio boni sacramenti): 104
10. 02. 1938	c. Grazioli, in: SRR Dec 30 (1938) 95–105 (exclusio boni prolis): 20
07. 03. 1938	c. Grazioli, in: SRR Dec 30 (1938) 152–165 (conditio): 25
22. 03. 1938	c. Canestri, in: SRR Dec 30 (1938) 186–194 (conditio): 26
02. 06. 1938	c. Janasik, in: SRR Dec 30 (1938) 320–328 (conditio): 25
30. 06. 1938	c. Grazioli, in: SRR Dec 30 (1938) 369–381 (metus): 257, 367
12. 11. 1938	c. Heard, in: SRR Dec 30 (1938) 591–597 (exclusio boni prolis): 105 f.
30. 11. 1938	c. Pecorari, in: SRR Dec 30 (1938) 646–658 (metus): 257, 367
29. 04. 1939	c. Wynen, in: SRR Dec 31 (1939) 252–262 (exclusio boni fidei): 7, 10
10. 06. 1939	c. Wynen, in: SRR Dec 31 (1939) 389–403 (exclusio boni sacramenti): 58
17. 06. 1939	c. Jullien, in: SRR Dec 31 (1939) 414–428 (conditio): 105
16. 11. 1939	c. Heard, in: SRR Dec 31 (1939) 551–560 (exclusio boni sacramenti): 57, 105
19. 01. 1940	c. Teodori, in: SRR Dec 32 (1940) 81–92 (amentia): 43 f.
29. 01. 1940	c. Grazioli, in: SRR Dec 32 (1940) 93–101 (exclusio boni sacramenti): 58
26. 02. 1940	c. Grazioli, in: SRR Dec 32 (1940) 165–182 (conditio): 24–26, 30
16. 03. 1940	c. Canestri, in: SRR Dec 32 (1940) 216–225 (simulatio totalis): 77
20. 03. 1940	c. Wynen, in: SRR Dec 32 (1940) 226–236 (conditio): 33, 35
01. 06. 1940	c. Wynen, in: SRR Dec 32 (1940) 425–446 (defectus formae): 89
23. 06. 1940	c. Grazioli, in: SRR Dec 32 (1940) 477–494 (exclusio boni fidei): 11
30. 06. 1940	c. Caiazzo, in: SRR Dec 32 (1940) 611–627 (amentia): 52
30. 07. 1940	c. Jullien, in: SRR Dec 32 (1940) 627–645 (metus): 257, 367
31. 10. 1940	c. Wynen, in: SRR Dec 32 (1940) 744–760 (exclusio boni prolis): 20
23. 11. 1940	c. Wynen, in: SRR Dec 32 (1940) 833–846 (conditio): 24 f., 39
25. 02. 1941	c. Wynen, in: SRR Dec 33 (1941) 144–168 (defectus cognitionis aestimativa): 43–45, 131

02. 04. 1941	c. Quattrocolo, in: SRR Dec 33 (1941) 205–222 (exclusio boni prolis, exclusio boni fidei): 4
06. 05. 1941	c. Wynen, in: SRR Dec 33 (1941) 354–386 (exclusio boni prolis): 64, 66, 348
16. 05. 1941	c. Jullien, in: SRR Dec 33 (1941) 407–413 (simulatio totalis): 257, 259 f., 367, 369
28. 05. 1941	c. Caiazzo, in: SRR Dec 33 (1941) 446–455 (conditio): 29, 34, 37 f.
19. 06. 1941	c. Janasik, in: SRR Dec 33 (1941) 515–527 (metus): 257, 367
21. 06. 1941	c. Heard, in: SRR Dec 33 (1941) 528–533 (error qualitatis): 127, 138
21. 06. 1941	c. Wynen, in: SRR Dec 33 (1941) 534–552 (metus): 257, 259, 367, 369
08. 07. 1941	c. Canestri, in: SRR Dec 33 (1941) 600–610 (exclusio boni prolis): 20
15. 07. 1941	c. Canestri, in: SRR Dec 33 (1941) 619–630 (error qualitatis): 4, 94
19. 07. 1941	c. Heard, in: SRR Dec 33 (1941) 651–658 (amentia): 43
24. 07. 1941	c. Janasik, in: SRR Dec 33 (1941) 666–677 (amentia): 54
26. 07. 1941	c. Canestri, in: SRR Dec 33 (1941) 694–705 (conditio): 4
04. 12. 1941	c. Janasik, in: SRR Dec 33 (1941) 885–894 (simulatio totalis): 257, 367
20. 03. 1942	c. Grazioli, in: SRR Dec 34 (1942) 207–224 (simulatio totalis, metus): 245, 257, 367
21. 03. 1942	c. Wynen, in: SRR Dec 34 (1942) 225–231 (exclusio boni prolis): 249
13. 10. 1942	c. Wynen, in: SRR Dec 34 (1942) 750–762 (simulatio totalis): 257, 367
30. 10. 1942	c. Jullien, in: SRR Dec 34 (1942) 782–787 (exclusio boni sacramenti): 105
17. 12. 1942	c. Grazioli, in: SRR Dec 34 (1942) 815–834 (conditio): 24
17. 03. 1943	c. Quattrocolo, in: SRR Dec 35 (1943) 221–228 (metus, conditio): 258, 368
12. 04. 1943	c. Canestri, in: SRR Dec 35 (1943) 262–269 (amentia): 43
22. 05. 1943	c. Canestri, in: SRR Dec 35 (1943) 345–359 (exclusio boni sacramenti, exclusio boni fidei): 257, 259, 367, 369
01. 06. 1943	c. Jullien, in: SRR Dec 35 (1943) 385–392 (simulatio totalis, exclusio boni prolis, exclusio boni fidei, exclusio boni sacramenti): 257, 367
16. 06. 1943	c. Quattrocolo, in: SRR Dec 35 (1943) 431–451 (defectus ex parte intellectus vel voluntatis): 43
19. 06. 1943	c. Heard, in: SRR Dec 35 (1943) 466–481 (simulatio totalis, metus): 257, 367
16. 07. 1943	c. Canestri, in: SRR Dec 35 (1943) 594–612 (defectus ex parte intellectus vel voluntatis): 43, 46
20. 07. 1943	c. Wynen, in: SRR Dec 35 (1943) 623–638 (exclusio boni prolis, exclusio boni sacramenti): 257, 367
10. 08. 1943	c. Pecorari, in: SRR Dec 35 (1943) 706–724 (amentia): 43
06. 11. 1943	c. Wynen, in: SRR Dec 35 (1943) 791–800 (conditio): 35
11. 12. 1943	c. Canestri, in: SRR Dec 35 (1943) 930–944 (metus): 257, 367
16. 12. 1943	c. Jullien, in: SRR Dec 35 (1943) 948–957 (amentia): 43
18. 12. 1943	c. Canestri, in: SRR Dec 35 (1943) 975–993 (conditio): 23

08. 01. 1944 c. Canestri, in: SRR Dec 36 (1944) 1–20 (simulatio totalis, metus): 257, 367

22. 01. 1944 c. Wynen, in: SRR Dec 36 (1944) 55–78 (exclusio finis matrimonii, metus): 257 f., 367 f.

26. 02. 1944 c. Heard, in: SRR Dec 36 (1944) 110–118 (exclusio boni prolis, exclusio boni sacramenti): 57

10. 03. 1944 c. Quattrocolo, in: SRR Dec 36 (1944) 149–161 (amentia): 43

17. 06. 1944 c. Canestri, in: SRR Dec 36 (1944) 404–424 (simulatio totalis, metus): 257, 367

16. 10. 1944 c. Jullien, in: SRR Dec 36 (1944) 618–625 (exclusio boni sacramenti): 57

16. 10. 1945 c. Wynen, in: SRR Dec 37 (1945) 552–564 (ignorantia naturae matrimonii, simulatio totalis): 220 f.

16. 02. 1946 c. Wynen, in: SRR Dec 38 (1946) 120–129 (conditio): 158

07. 03. 1946 c. Wynen, in: SRR Dec 38 (1946) 129–142 (metus): 257, 367

18. 03. 1946 c. Canestri, in: SRR Dec 38 (1946) 159–168 (simulatio totalis): 257, 259, 367, 369

24. 10. 1946 c. Teodori, in: SRR Dec 38 (1946) 451–459 (raptus): 260, 370

07. 12. 1946 c. Jullien, in: SRR Dec 38 (1946) 592–598 (exclusio boni prolis, metus): 257, 260, 267, 367, 370, 378

10. 06. 1947 c. Fidecicchi, in: EJC 5 (1949) 273; PerRMCL 37 (1948) 119–130; auch in: SRR Dec 39 (1947) 356–365 (exclusio boni fidei): 5

12. 12. 1947 c. Staffa, in: SRR Dec 39 (1947) 583–588 (exclusio boni prolis, metus): 257, 260, 367, 370

08. 01. 1948 c. Wynen, in: SRR Dec 40 (1948) 5–16 (metus, raptus): 260 f., 368, 370

21. 02. 1948 c. Canestri, in: EJC 5 (1949) 272; auch in: SRR Dec 40 (1948) 63–70 (exclusio boni fidei): 5

27. 07. 1948 c. Fidecicchi, in: SRR Dec 40 (1948) 308 315 (metus, conditio): 258, 368

26. 02. 1949 c. Wynen, in: SRR Dec 41 (1949) 70–75 (exclusio boni prolis, metus): 259, 369

03. 06. 1949 c. Staffa, in: SRR Dec 41 (1949) 258–261 (exclusio boni prolis): 250

29. 07. 1949 c. Staffa, in: EJC 9 (1953) 386; auch in: SRR Dec 41 (1949) 436–440 (exclusio boni sacramenti): 58

30. 07. 1949 c. Wynen, in: SRR Dec 41 (1949) 440–448 (simulatio totalis, metus): 257, 259, 367, 369

05. 08. 1949 c. Staffa, in: EJC 6 (1950) 576–580; SRR Dec 41 (1949) 461–467 (exclusio boni prolis): 66, 68, 71, 330, 351 f.

28. 02. 1950 c. Felici, in: EJC 6 (1950) 581–585; auch in: SRR Dec 42 (1950) 102–112 (exclusio boni prolis): 132

22. 04. 1950 c. Heard, in: SRR Dec 42 (1950) 244–247 (simulatio totalis, metus): 367, 369

23. 02. 1951 c. Staffa, in: DirEccl 62 (1951) 549–561; SRR Dec 43 (1951) 131–138; AAS 43 (1951) 872–877 (exclusio boni prolis, exclusio boni sacramenti): 324–326, 336, 338

20. 04. 1951 c. Staffa, in: EJC 7 (1951) 375 f.; SRR Dec 43 (1951) 304–307 (exclusio boni prolis): 66, 71, 329

25. 04. 1951	c. Mattioli, in: SRR Dec 43 (1951) 319-325 (simulatio totalis, metus): 367
22. 05. 1951	c. Pasquazi, in: SRR Dec 43 (1951) 393-401 (simulatio totalis, metus): 367
03. 08. 1951	c. Pasquazi, in: SRR Dec 43 (1951) 598-602 (metus): 367
20. 10. 1951	c. Bonet, in: SRR Dec 43 (1951) 649-656 (exclusio boni prolis): 369
16. 06. 1952	c. Wynen, in: J. Torre, Processus matrimonialis, ed. 3, Neapoli 1956, 683; in: SRR Dec nicht veröffentlicht (simulatio totalis, metus): 257
17. 07. 1952	c. Felici, in: SRR Dec 44 (1952) 445-451 (metus): 381
31. 10. 1952	c. Staffa, in: EJC 9 (1953) 134; in: SRR Dec nicht veröffentlicht (conditio): 105
26. 01. 1953	c. Teodori, in: AAS 46 (1954) 256; auch in: SRR Dec 45 (1953) 84-88 (exclusio boni prolis, exclusio boni sacramenti): 325
10. 06. 1953	c. Mattioli, in: SRR Dec 45 (1953) 426-430 (exclusio boni prolis): 66 f.
08. 07. 1953	c. Mattioli, in: EJC 13 (1957) 281 f.; in: SRR Dec nicht veröffentlicht (metus): 257, 367
09. 04. 1954	c. Staffa, in: EJC 10 (1954) 273-279; auch in: SRR Dec 46 (1954) 293-296 (exclusio boni prolis): 327-329
30. 12. 1954	c. Heard, in: J. Torre, Processus matrimonialis, ed. 3, Neapoli 1956, 681 f.; auch in: SRR Dec 46 (1954) 962-966 (simulatio totalis, metus): 257, 259, 367
29. 10. 1955[2]	c. Lefebvre, in: EJC 13 (1957) 108-112; auch in: SRR Dec 47 (1955) 725-729 (exclusio boni prolis, exclusio boni sacramenti): 332 [2] Im Text und in EJC fälschlich 19. 10. 1955.
17. 12. 1955	c. Pinna, in: EJC 13 (1957) 283 f.; auch in: SRR Dec 47 (1955) 859-870 (exclusio boni prolis): 332
09. 02. 1957	c. Mattioli, in: EJC 15 (1959) 244 f.; SRR Dec 49 (1957) 79-85 (exclusio boni prolis): 332, 352 f.
14. 06. 1957	c. Filipiak, in: SRR Dec 49 (1957) 490-494 (simulatio totalis): 204, 222, 228-231
04. 11. 1957	c. Bejan, in: EJC 15 (1959) 246; auch in: SRR Dec 49 (1957) 692-701 (conditio): 316
04. 11. 1957[3]	c. Lefebvre, in: EJC 14 (1958) 105-108; auch in: SRR Dec 49 (1957) 702-705 (exclusio boni fidei, exclusio boni sacramenti): 332 [3] Im Text und in EJC fälschlich 05. 11. 1959.
05. 12. 1957	c. Lefebvre, in: EJC 15 (1959) 212-215; in SRR Dec nicht veröffentlicht (exclusio boni prolis): 332, 353
26. 04. 1958	c. Lefebvre, in: EJC 14 (1958) 350-355; auch in: SRR Dec 50 (1958) 277-281 (exclusio boni fidei, conditio): 332
18. 07. 1958	c. Staffa, in: ME 84 (1959) 47-51; auch in: SRR Dec 50 (1958) 471-475 (conditio): 327-329
23. 01. 1959	c. Sabattani, in: EJC 16 (1960) 205 f.; auch in: SRR Dec 51 (1959) 29-39 (simulatio totalis, exclusio boni prolis, exclusio boni sacramenti): 332, 353
12. 11. 1959	c. Lefebvre, in: EJC 15 (1959) 227-234; auch in: SRR Dec 51 (1959) 491-497 (exclusio boni fidei): 332
13. 11. 1959	c. Sabattani, in: EJC 16 (1960) 205; DirEccl 71, 2 (1960) 72-75; auch in: SRR Dec 51 (1959) 500-507 (exclusio boni fidei): 332 f., 353